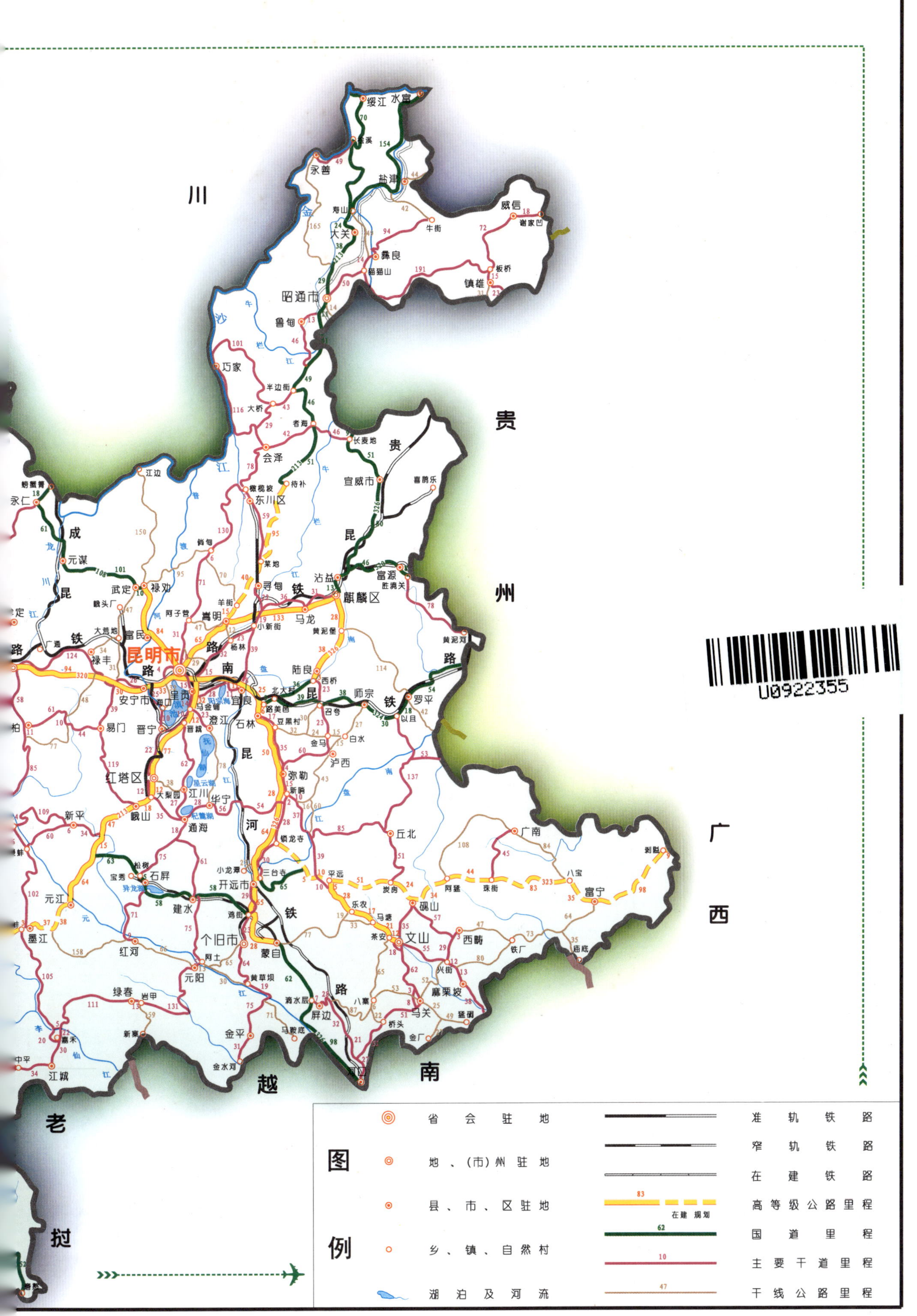

川
贵
州
广
西
越
南
老
挝
成
昆
铁
路
南
昆
铁
路
贵
昆
铁
路
昆
河
铁
路
昆明市
绥江
水富
盐津
永善
威信
大关
彝良
镇雄
昭通市
鲁甸
巧家
会泽
东川区
宣威市
富源
沾益
麒麟区
寻甸
马龙
陆良
师宗
罗平
嵩明
禄劝
武定
元谋
富民
禄丰
安宁市
呈贡
宜良
石林
澄江
晋宁
易门
江川
华宁
红塔区
峨山
通海
新平
石屏
建水
开远市
个旧市
蒙自
弥勒
泸西
丘北
广南
富宁
砚山
文山
西畴
麻栗坡
马关
屏边
河口
金平
元阳
红河
绿春
元江
墨江
江城
图例
省会驻地
地、(市)州驻地
县、市、区驻地
乡、镇、自然村
湖泊及河流
准轨铁路
窄轨铁路
在建铁路
高等级公路里程
在建 规划
国道里程
主要干道里程
干线公路里程
U0922355

云南经济年鉴

YUNNAN JINGJI NIANJIAN

2001

云南省人民政府经济技术研究中心
云 南 省 人 民 政 府 研 究 室
云 南 经 济 年 鉴 编 辑 部

编　辑　说　明

一、2001年，是新世纪到来的第一年，是中国共产党成立八十周年的喜庆之年，又是《云南经济年鉴》创刊十周年。可以说，2001年是一个大喜之年。因此，省委、省政府领导和主管单位领导，对本卷年鉴的编撰、出版工作十分重视，强调要以高度的政治责任感和对事业的责任心，将本卷年鉴在原有基础上，从编撰、出版质量上、水平上提高一步，使其更好地发挥信息性、资料性和权威性的作用，获得更佳的社会效益。

二、《云南经济年鉴》2001年版的办刊宗旨是：坚持以邓小平理论为指导，努力实践江总书记“三个代表”重要思想，坚持为发展经济服务。主要任务是：以办刊宗旨为指导思想，在省委、省政府的领导下，继续围绕省委、省政府的经济工作中心，紧紧依靠各部门、单位、企业的大力支持，不断改进工作，丰富内容，提高质量，办出特色，办出新水平，为深化改革、对外开放服务，为振兴云南、富民兴滇服务，为实现云南建设绿色经济强省、民族文化大省和中国连接东南亚、南亚的国际大通道三大目标作出新的贡献。

三、本卷年鉴按照总体设计方案进行编撰、出版（详见目录）。内容翔实，资料丰富，信息量大，数据准确，装帧高档，具有“政府经济公报”的高度权威性，可提供给各级领导、各有关部门、各行各业以及国内外各界友好人士在进行工作决策和制订工作方案，作为重要的参考依据。

四、《云南经济年鉴》属于年刊，又为工具书。它的问世，是集体劳动的结晶。为此，我们要对上级党政领导部门、各有关企事业单位参与编撰工作的领导和工作人员，以及参与出版、发行工作的同志们，深表谢意，并向大家致以亲切的慰问！

五、2001年《云南经济年鉴》的编撰、出版工作，由于正处于机构改革、有些部门和单位变动之中，给组稿、编校、审稿等工作带来一些困难，加上我们水平有限，未免会出现不足之处。特敬请各位领导和广大读者提出宝贵意见和建议。我们将扬长避短针对存在问题，加强改进措施，把《云南经济年鉴》越办越好。

《云南经济年鉴》编辑委员会
组　成　人　员

《云南经济年鉴》编撰人员

（按篇目顺序排列）

王建中　朱红东　金振东　陈晓光　杨安立　戴启文　何丛蓉

陈兴华　余春祥　张继红　吴仁宇　张宝安　沈润年　王天朝

谭中贵　蔡　玲　杨正良　谢云丹　王志强　杜立基　李维高

潘卫红　秦　勰　杨焕臣　罗培芳　薛　琳　孙　寿　陈志栓

蔡　敏　张云龙　陈朝龙　李凤仙　李海燕　马　红　刘　畅

王白水　李　茜　刘成奇　王　凯　冷少萍　裴根和　苏华伟

武建雷　李苦峰　王信用　沈正操　和开道　崔同富　黄　媛

方　雄　陈忠松　罗　杨　黄忠周　张春生　张洪德　魏兰荣

马舜祖　金和成　尹立新　黎小浪　杨腾辉　王　靓　董晓明

范亚章　董福敏　张宇惠　陈思信　潘世豪　周永碧　王　江

曹智华　杨　甦　徐　波　胡钧森　吴自民　张品金　丁　俊

罗　静　高长华　杨　明　武　炜　徐宗碧　罗万康　徐天才

杨志宏　戴云昆　董进云　周玉康　杨丽娟　唐安娜　黄在楷

和建国　杨家勇　舒　征　谢利智　马　云　赵丕德　沈璐娟

李亚平　赵栋荪　杨永坤　陈　波　李　雁　何友良　赵一丹

熊国璋　施双林　杨育德　吴志湘　陶焰真　和光益　王　军

徐鹏声　周家骅　何兴庚　段忠喜　罗桂莲　白方云　李　平

刘晓艳　张琼芬　姚　斌　马洪纯　赵建雄　李万翔　刘　鹏

程　燕　柳式骞　岩　绍　杨吉堂　杨德坤　朵明先　杨本强

李崇仁　罗荣淮　张宏道　金丽霞　卢　桦　黎　晶

80
热烈庆祝中国共产党成立八十周年
1921—2001

《云南经济年鉴》

吴光范

云南省人民代表大会常务委员会　副主任
中国年鉴研究会地方工作委员会　顾　问
云　南　省　年　鉴　研　究　会　顾　问

为《云南经济年鉴》创刊十周年而题

锲而不舍
铸春秋

吴光範
二〇〇一年九月二十日

创刊十周年

尚丁

原任中国年鉴研究会　会　长
现任中国版协年鉴研究会　名誉会长
云南省年鉴研究会　顾　问

纪云南四化建设伟业
树云南改革发展丰碑

云南经济年鉴创刊
十周年纪念

尚丁敬贺
二〇〇一年八月

热烈祝贺《云南经

云南省发展计划委员会
云南省财政厅
云南省民政厅
云南省劳动和社会保障厅
云南省文化厅
云南省国土资源厅
云南省农业厅
云南省林业厅
云南省对外贸易经济合作厅
云南省工商行政管理局
云南省地方税务局
云南省旅游局
云南省园艺博览局
云南省环境保护局
云南省乡镇企业局
云南省人民政府生物资源开发创新办公室
云南省社会科学院
云南电视台
云南省烟草公司
云南电力集团有限公司
云南冶金集团总公司
云南移动通信公司
中国农业银行云南省分行
中国建设银行云南省分行
中国银行云南省分行
交通银行昆明分行
中国人寿保险公司云南省分公司

中国太平洋保险公司昆明分公司
曲靖市人民政府
玉溪市人民政府
昭通市人民政府
楚雄彝族自治州人民政府
红河哈尼族彝族自治州人民政府
文山壮族苗族自治州人民政府
思茅地区行政公署
大理白族自治州人民政府
保山市人民政府
德宏傣族景颇族自治州人民政府
怒江傈僳族自治州人民政府
昆明市五华区人民政府
昆明市西山区人民政府
安宁市人民政府
开远市人民政府
思茅市人民政府
大理市人民政府
昭通市昭阳区人民政府
中国出版工作者协会年鉴研究会
中华人民共和国年鉴社
世界知识年鉴编辑部
中国国内贸易年鉴社
中国电子工业年鉴编辑部
中国环境年鉴编辑部
中国轻工业年鉴社
黑龙江年鉴社
吉林年鉴社

济年鉴》创刊十周年

哈尔滨年鉴社
天津年鉴社
山西年鉴编辑部
河南年鉴社
青岛市史志办公室
上海年鉴编辑部
江苏年鉴杂志社
江苏省武进市地方志办公室
安徽年鉴社
杭州年鉴编辑部
上海浦东年鉴编辑部
湖北省地方志办公室
长江年鉴社
福建年鉴社
广州年鉴社
深圳年鉴编辑部
香港经济年鉴编辑部
柳州年鉴编辑部
青海年鉴编辑部
四川年鉴社
成都年鉴编辑部
贵州年鉴编辑部
重庆年鉴编辑部
云南年鉴编辑部
昆明年鉴编辑部
昆明市盘龙区地方志办公室
曲靖市人民政府地方志办公室
曲靖年鉴编辑部
中共曲靖市委史志办公室
玉溪市地方志办公室
玉溪年鉴编辑部
玉溪市红塔区年鉴编辑部
昭通市年鉴编辑部
楚雄州年鉴编辑部
红河州年鉴编辑部
思茅地区地方志编纂委员会办公室
西双版纳州地方志办公室
西双版纳年鉴编辑部
大理州年鉴编辑部
保山年鉴编辑部
丽江地区地方志办公室
德宏年鉴编辑部
深圳市得利是印刷有限公司昆明分公司
深圳市（宝安）新兴印刷厂
深圳市佳信达印务有限公司
河南省三门峡光大文化艺术传播有限公司
河南省三门峡市黄河经济文化社

（排名不分先后）

《云南经济年鉴》创刊十周年

主编寄语

主编 欧阳国斌

（任职：1992～1999年）

主编 车志敏

（任职：1992年起）

主编 祝培礼

（任职：2000年起）

主编 张淑静

（任职：1992年起）

庆祝《云南经济年鉴》创刊十周年

(1992—2001)

十年耕耘，十年艰辛，十卷信息，十项硕果。在中共云南省委、省政府的领导下，在各部门、单位和企业的大力支持下，在全体编辑人员和撰稿人员的共同努力下，《云南经济年鉴》公开编辑出版了10卷共1200多万字，向国内外广泛发行。其中6卷分别获得省级年鉴系列评比一等奖和特等奖，受到中国年鉴研究会的表彰和广大读者的好评，在社会上产生了较大影响，对促进经济社会的发展发挥了积极作用。为此，在《云南经济年鉴》创刊十周年之际，我们诚恳地向各位领导和部门、单位、企业以及关心支持工作的同仁们，表示衷心的感谢！

十年来，《云南经济年鉴》努力为促进云南经济发展服务，发挥了“政府公报”的作用，为领导进行经济决策提供了完整、翔实、可靠的经济信息依据，为国内外企业家和各界友好人士投资开发云南提供了准确、丰富、系统的经济参考资料，为经济管理部门和经济研究部门提供了难得的、全面的、历史的经济信息和史料。“温故知新，知往鉴来”。《云南经济年鉴》受到各方面的欢迎和好评，我们和全体办刊人员感到欣慰。但是，必须看到，云南各族人民创造出的成就是第一性的，我们的编辑出版物反映人民成就是第二位的，人民群众才是历史的主人，成绩应当归功于广大人民群众的创造，我们编辑出版《云南经济年鉴》，正是为了反映广大人民群众创造历史的足迹。

回顾过去，展望未来。我们对进一步办好《云南经济年鉴》充满信心。我们将认真总结经验教训，发扬优良传统，克服不足之处，争取更大光荣。今后《云南经济年鉴》将坚持以邓小平理论为指导，努力实践“三个代表”重要思想，坚持为发展经济服务的办刊宗旨，继续围绕省委、省政府的经济工作中心，紧紧依靠各部门、单位、企业的大力支持，丰富内容，提高质量，讲求时效，办出特色，办出新水平，为实现云南建设绿色经济强省、民族文化大省、中国连接东南亚、南亚的国际大通道三大目标做出新的贡献。

本年鉴连续荣获云南省新闻出版局授予的

1997、1998年年鉴系列综合特等奖

1999年年鉴系列综合一等奖

2000年年鉴系列综合特等奖

惊世之美 天地共造化

帕萨特

上海上汽大众汽车销售有限公司云南销售服务中心

一、公司简介：

上海上汽大众汽车销售有限公司云南销售服务中心　是上汽大众汽车销售有限公司在云南地区销售桑塔纳、帕萨特系列轿车的总代理，于1998年6月18日在昆正式成立。该公司总部办公室位于昆明市人民西路368号(原124号）春苑小区口；储运部位于城东经济开发区南口。由上海上汽大众汽车销售有限公司（原上海汽车工业销售总公司）直接派人员实行全方位管理。本公司的主要业务是向整个云南地区销售桑塔纳、帕萨特系列轿车，是上汽集团在云南省的窗口。公司实行微机卫星管理，并与上汽总公司联网，为客户提供快捷、优质的服务。

二、公司的服务宗旨：

用户第一、顾客至上。我公司从真正意义上体现了上汽大众的服务于大众、给用户以最大的便利的宗旨。目的是为了更好地为云南用户服务，并根据市场的具体情况，制定相应的销售政策，在价格上、售后服务上给予用户真正的便利和实惠。同时在昆明经济技术开发区建立了维修中心，使桑车的维护、保养进一步扩展。实行了销售、物流管理、维修一条龙服务，让用户在购买桑车的同时免除后顾之忧。我公司同时还销售出租车、警务用车以及进行旧车置换，为整个云南市场提供全方位的服务，满足社会各行各业对汽车的需求。欢迎各界人士购买桑塔纳、帕萨特系列轿车。随着上海大众各型品牌的不断问世，我公司将以更加热情的服务迎接八方宾客。

特许销售商：

云南上海汽车工业销售有限公司	昆明市人民西路368号	0871－8336254
上海汽车工业昆明销售有限公司	昆明市石安公路大观收费站旁	0871－4624564
云南云汽实业有限公司	昆明市黑林铺直街12号	0871－8186860
云南英茂商务有限公司	昆明市小菜园龙泉路口西侧	0871－5177683
云南华兴经贸有限责任公司	昆明市世博交易中心B座	0871－5013298

上汽大众汽车销售有限公司

服务热线：0871－8336198

上海大众

云南省电力行业

理事长、法人代表：朱志强

电话：(0871) 3151028
地址：昆明市拓东路49号云南电力大厦4楼13号
邮编：650011

云南省电力行业协会 是全省电力行业不分地区、所有制和隶属关系，由各发电、供电、建设、设计、施工、调试、监理、科研、物资、修造等电力企事业单位，自愿参加组成的非营利性社会团体。

云南省电力行业协会经云南省社团登记管理机关核准登记，具有全省性社会团体法人资格。协会宗旨是：遵照邓小平建设有中国特色社会主义理论,坚持党的基本路线，遵守宪法、法律、法规和国家政策，遵守社会道德风尚，围绕本省电力工业改革和发展，开展各项服务活动，接受政府及综合经济管理部门委托，为政府和社会服务；根据行业约归，实行行业管理，为行业服务；按照会员企业要求，为企业服务。行协可以为企业提供技术咨询、质量管理、人员培训等多项服务。

云南省电力行业协会成立以来,大力加强组织建设，积极发展新会员，先后组建或正在组建质量、发电、交通、会计、审计等专业委员会和大理、昆明、滇东、滇南、滇中等10个供用电(农电)工作委员会等分支机构；目前，拥有会员单位90个，其中：云南电力集团公司及所属单位31个；大朝山、漫湾、曲靖、阳宗海、硕多岗河等独立发电公司 5个；大理州、楚雄州、文山州、曲靖市、思茅地区、保山地区、黑白水以及安宁市、呈贡县、罗平县、通海县、弥勒县、勐腊县等地、州、市县电力公司54个。云南省电力行业协会正在培育、发展中，热忱欢迎全省尚未加入本会的电力企、事业单位加入我会，共谋加快云南电力改革发展、积极参加西部大开发、“西电东送” 之大计，为把电力工业建成全省支柱产业，为把云南建成绿色经济强省、民族文化大省、我国连接东南亚、南亚国际大通道作出贡献。

云南省电力行业协会，坚持服务宗旨，严格遵照《章程》，积极开展活动，不断探索，勤奋工作。近年来，受中国电力企业联合会委托，认真履行组长单位职责，完成了中电联10大重点课题之一的《电力行业协会培育与发展研究》，重点研究了省级电力行业培育发展中的若干问题，受到各有关方面高度重视与评价；受省经贸委委托，经省统计局核准,开展了《云南省电力企业基本情况》调查统计；为配合我国电力市场化改革，做好云南“厂网分开、竞价上网”前期调研与收资工作，并邀请全国6个试点单位之一的浙江省电力公司市场改革主要负责人来昆讲课,服务于云南省电力改革，受到电力企业欢迎；受云南电力集团公司委托，完成混凝土电杆入网临时使用许可证发放的前期调研、咨询工作；为继续推进电力企业质量管理，积极开展质量管理活动，取得实效；参与全国电力系统质量效益型企业和全省优秀厂长、经理、党委书记的推荐工作；受云南电力集团公司委托，编辑出版《云南电力年鉴》；编辑出版会刊《云南省电力企业信息》，提供信息服务；同时，积极组织会员企业参加省内外培训和交流。

云南省电力行业协会将在社会主义市场经济体制改革实践中，加强自身建设，努力使自己成为功能服务型、管理自律型、人才复合型；服务网络化、手段现代化、标准国际化；具有广泛的社会性、代表性、公正性的现代化电力行业协会。

2001年常务理事会

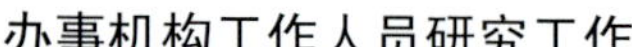
办事机构工作人员研究工作

协 会

召开企业情况调查工作会

承担中电联《电力行业协会发展趋势》
调研课题第一次研讨会在昆明召开

举办“厂网分开、竞价上网”报告会

云南省电力系统第十次QC成果发布会

2001年《云南电力年鉴》撰稿工作会

行协办公地点设在云南电力大厦

曲靖东电实业有限公司办公大楼

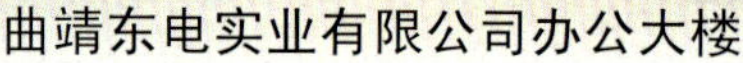

云南省曲靖东电实业

云南省滇东电业局局长
曲靖东电实业有限公司董事长 张滇生

云南省曲靖东电实业有限公司 地处曲靖市珠江源头，是云南省滇东电业局创办的多种经营企业。公司下辖15个分(子)公司,现有员工900余人，固定资产6000余万元，2000年产值近2亿元。主要业务包括送变电工程设计、施工、安装、检修,建筑装潢，电气产品产销，电力物资经营,硅铁生产，煤焦营运，生活物业管理，宾馆餐饮，休闲度假等。

长期以来，东电实业有限公司本着安置与效益并重，滚动发展的原则，先后创办了珠源电灶厂、德力西电器厂、富源铁合金厂、宣威水泥制杆厂、温泉旅游度假村等企业。“珠源牌”电灶获省技术监督局“同类产品技术领先,环保节能”的鉴定结论，并远销贵州、西藏等地；温泉旅游度假村位于曲靖三宝温泉，距市区10公里，以自

滇东温泉度假村游泳馆一角

滇东温泉度假村别墅区

有限公司

然温泉水而著名。度假村集会议、休闲度假、竞技娱乐、宾馆餐饮为一体，是会务、休闲娱乐、旅游度假的好场所；公司生产的德力西电气设备、低压配电箱、水泥杆等产品都具有一定的知名度，设计、施工安装、土建装潢受到各界的好评。近年来，东电实业有限公司先后荣获省政府“重合同守信用单位”、“优秀劳服企业”；曲靖市“优秀劳服企业第一名”，曲靖市麒麟区“双文明单位”等称号。

公司将本着“信誉第一，优质服务，
精益求精，互利双赢”的精神，
诚心倾力服务社会各界。

滇东温泉度假村游泳馆

滇东温泉度假村宾馆一角

曲靖东电实业有限公司珠源电器厂
生产的“珠源”牌电灶

东电实业有限公司地址：
云南省曲靖市廖廓北路
董事长：张滇生
电　话：0874－3391237
0874－3391937

曲靖东电实业有限公司天天
泡菜厂生产的“天天泡菜”

滇南最大的电网枢纽变电站

个旧供电局　光耀南滇

国家电力公司一流供电企业——云南省个旧供电局，座落在全国闻名的锡都个旧。

在国家电力公司、云南电力集团有限公司的领导下，在团结、务实、开拓的党政领导班子的带领下，依靠全局干部职工的艰苦奋斗和不懈努力，到2000年底，已拥有固定资产原值10.76亿元，净值7.99亿元；有10千伏至220千伏输配电线路198条，共计249 7.78公里；有35千伏以上变电站56个，变电总容量184. 92万千伏安；最高日负荷54万千瓦，年售电量27.93亿千瓦时。滇南电网以220千伏线路为主网架、供电半径达250公里，为红河、文山的经济发展和社会进步提供了强大的发展动力。

九十年代以来，个旧供电局全面开展了达标、创一流工作。该局积极实施“科技兴局”战略，不断加大加快科技投入，依靠科技进步、实施科学管理，谋求企业的全面发展进步。使滇南电网不断延伸和完善，装备水平和各项经济技术指标日趋一流，企业的管

开展电力市场优势服务活动

滇南电网调度中心

云南省个旧供电局于2000年7月，荣获国家电力公司“一流供电企业”称号

云南省个旧供电局现代化办公大楼

理、效益、服务水平、员工素质都得到了很大的提高，两个文明建设协调同步发展。先后荣获全国供电系统优质服务先进单位、红河州优质服务单位、红河州文明行业、云南电力系统双文明单位标兵、全国民族团结进步先进集体、云南省文明单位、云南省创建文明行业窗口先进单位、国家电力公司双文明单位等荣誉。2000年7月，被国家电力公司命名为“一流供电企业”，成为我国中西部地区首批一流供电企业之一。

局　　长：刘　林
党委书记：潘寿高
地　　址：云南省个旧市工人村
邮　　编：661000
电话（传真）：(0873) 2124090

花园式的220KV云龙变电站

迈向新世纪的

滇中电业局　是云南电力集团有限公司在楚雄州的派出机构。滇中电网以220千伏谢家河变电站为中心，110千伏输电线路南至玉溪地区新平县的大红山，东至禄丰县，并与昆明电网相联，北至牟定，西北方向至大姚县六苴，形成覆盖整个楚雄州的电网骨架。拥有固定资产8.84亿元，管辖35～500千伏线路62条，总长度 2100余公里米(其中包括被誉为“云南电力生命线”的漫昆Ⅰ、Ⅱ回线路224.5公里米），35千伏至220千伏变电站34座(其中无人值班变电站8座)，主变总容量80余万千伏安。2000年，创下了日供电量309万千瓦时的历史最好记录，供电可靠率达 99.87%， 连续安全运行1234天。2.19% 的线损率，处于全国领先行列。

该局坚持实施科技兴电战略，大力推进科技创新。九五期间，投资近亿元，建设了集控站和无人值班变电站，变电站在微机控制下实现“四遥”远方操作，数据传输可靠、连续。在楚雄市开发区实施的配电自动化试点工程，是全国首

用电信息管理系统的建成投运，为用户提供了更为方便、快捷的服务。（陈健松 摄）

丰富多彩的职工文艺活动。（陈健松 摄）

精神文明建设成果喜人。图为我局荣获中央文明委授予的全国精神文明建设工作先进单位称号。局长、党委书记张祖华（左三），党委副书记、纪委书记何健（右三），副局长、总工程师周海（右二），副局长沙文聪（左二），总会计师谭宗明（右一），工会主席杨子明（左一）。（陈平 摄）

投资人行天桥，美化城市景观。（陈健松 摄）

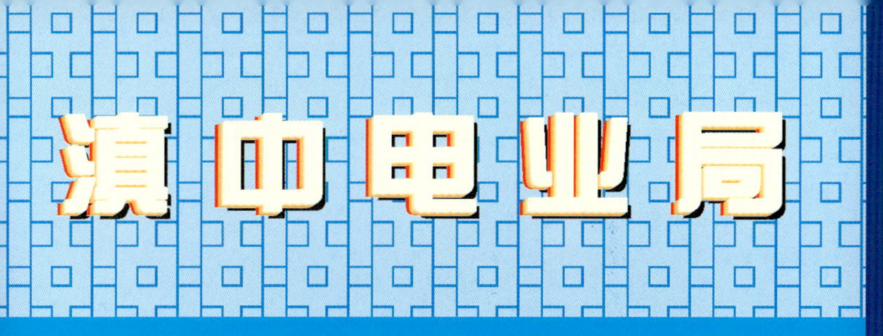

家实现短路和接地两种类型的故障查找和处理的配网自动化系统。自动化软件对故障信息进行显示和处理时间仅为10秒，处于全国领先行列。

“九五”期间，精神文明建设取得了长足的进步。先后获楚雄市、楚雄州、云南省文明单位称号，1998、1999连续两年被集团公司授予“思想政治工作优秀企业”。1999年，中央文明委命名为全国精神文明建设先进单位和云南省精神文明创建先进单位。荣获楚雄州文明行业称号。局长、党委书记张祖华也荣获“国电公司系统劳动模范”称号和“云南省优秀（厂长）经理”称号。党委副书记何健荣获“云南省精神文明建设先进个人”和“全州思想政治工作先进个人”称号。

滇中电业局两个文明协调发展。全局呈现出政通人和，上下一心的局面，全局职工的责任感和荣誉感与日俱增，树立了良好的企业形象。

（陈平　陈健松）

推出供电服务承诺，接受社会各界监督，优质服务受到好评。（陈健松　摄）

500千伏超高压带电作业（陈健松　摄）

云南电力集团有限公司党组书记、董事长、总经理肖鹏（右二）视察滇中电业局220千伏谢家河变电站。（陈平　摄）

高原明珠

领导班子成员

云南省滇北电业局　供电区域包括昆明市东川区、昭通地区各县(市)、曲靖市会泽县及四川省沿江地区。供电面积3万多平方公里，用电人口569万多人。

滇北电业局前身为以礼河电厂供电所，1960年开始供电，是全省继耀龙公司、云锡供电所之后成立的第三家专业供电单位。1992年，正式更名为云南省滇北电业局，成为地级调度网局。自1998年起，相继代管东川市电力公司、昭通地区电力公司及会泽、巧家、镇雄、威信、盐津、水富、鲁甸、大关、彝良、永善、绥江等11个县级电

滇北地区首座220千伏变电站——者海变电站

滇北电业局

力公司。1996年被云南省人民政府评为“重合同、守信用”先进企业；1998年成为省级文明单位；2000年荣获文明行业称号。

滇北电业局现有职工 577人，固定资产2.88亿元。拥有变电站 16 座，其中 220千伏变电站3座，110千伏变电站6座，总变电容量 68.415万千伏安；220千伏至 35千伏各电压等级线路42条共2144.5公里；10千伏及低压配网星罗棋布。年售电量10亿千瓦时。

“征服群山扩电网、名亮八方为客户”。乌蒙山麓、金沙江畔，滇北电业局就象一串璀璨的明珠，为滇北人民永远放射着光和热。

滇北电业局局长　伍程锋

地　址：会泽县世纪小区
电力抢修电话：2800
客户服务中心：5122330
信息中心Email：
dbinfo@Yepg.yn.cn
集团公司网址：
www.yn.sp.com.cn

“两改一同价”施工现场

云南电力集团有限公司总经理肖鹏到临沧供电局开展调研。图为肖总经理（左）看望变电室值班员。

临沧供电局组队参加在昆明举行的“全省电力系统运动会”，荣获“体育道德风尚奖”。

临沧地区行署专员李国伟（左三）在临沧供电局苏振东局长（左四）的陪同下视察该局生活基地。

以电力为主

临沧

临沧供电局 成立于1993年，是云南电力集团公司下属的中型供电企业。截至2000年底，在册职工 308人，平均年龄29岁，中专及以上学历160人，占职工总数的52%。拥有固定资产4.25亿元。220千伏、110千伏、35千伏变电站共17座，变电容量263.8兆伏安。输电线路总长872.4公里。电网覆盖临沧地区、保山地区昌宁县、思茅地区景东县，并承担着向思茅供电局和版纳电业局输送电能的任务。由于背靠小湾、漫湾、大朝山三大电站的优势，在“西电东送”、“云电外送”的战略中具有十分重要的地位，临沧电网将形成一个立足临沧，通往省内外，面向国际市场的供电格局。

该局坚持狠抓安全生产，从未发生过人身伤亡事故、重大设备事故和大面积停电事故。并连续8年实现电费结零，2000年销售电量1.03亿千瓦时，销售收入

临沧供电局每年都要组织开展多次定期或不定期的安全大检查，以确保安全供电。图为技术人员检查消防器材。

发展多种经营

供电局

3757.43万元，向国家交纳税费 298.72万元。2000年与耿马电力公司联合向缅甸果敢特区供电。

该局多种经营企业遵照“以电力为主导，发展多种产业，提高科技含量，全面进入市场，兼顾两个效益，实现协调发展”的方针，摆脱了潜亏的困境，走上了集约化管理、多元化经营的可持续发展道路。现有注册资本 1000万元，具有4级施工资质证书，能承担 110千伏及以下电压等级的输变电工程的施工建设任务。被地区税务部门评为“先进纳税企业”，被驻地某部誉为“文明使者，拥军楷模”。

在搞好物质文明建设的同时，该局紧抓精神文明建设，先后荣获“双达标企业”、县级“文明单位”、地级“文明单位”、地级“青年文明号”、档案工作目标管理达省部级标准和省电力局“双文明达标”单位的称号。

(陈存国 供稿)

临沧供电局在短短的几年时间里，电网建设和电力销售方面都取得重大进展，在狠抓生产经营的同时不忘为职工营造一个良好的生活环境。图为家属区一角。

担负着向临沧、思茅、版纳三个地州供电任务的220千伏临沧变电站。

凤庆至小湾公路是小湾电站建设的一大辅助工程，该工程于2000年初开工建设，预计2001年完工。图为临沧供电局苏振东局长参加凤小公路的开工奠基仪式。

省电力局安全检查组在苏振东局长（左二）和陈明副局长（右三）的陪同下检查基层变电站。

积极利用区位优势的——

西双版纳电业局多种经营，“富电号”大船首航仪式

西双版纳电业局荣获云南省文明单位称号

云南省西双版纳电业局　为云南电力集团有限公司下属从事电力生产和经营的全民所有制中型企业，在原州电力公司的基础上建立于1996年4月3日。全局职工克服重重困难，艰苦创业，各项经济指标不断增长，固定资产逐年上升。

“九五”期间,发电量年均增长7.7%,售电量年均增长14%，固定资产年均增长58.3%。电网建设从仅有 1 座 110kV 变电站发展到现在拥有 1 座 220kV 变电站、5座110kV变电站、 3 座

西双版纳送电枢纽—220kV景洪变电站

云南省西双版纳电业局

西双版纳电业局220kV景洪变电站控制室

35kV变电站；变电容量从1996年的1.6万千伏安增长到2000年末的26.24万千伏安；35kV及以上电压等级输电线路长度由1996年的76.72公里增长到2000年末的348.67公里，构筑起以220kV景洪变电站为枢纽的110kV电网框架，全州电网实现统一规划、统一调度、统一管理，为促进全州经济发展和社会进步提供了强有力的支撑。

西双版纳电业局积极利用区位优势开拓国外用电市场，实现向老挝10kV送电。云南澜沧江水电开发有限公司与泰国合资开发的景洪电站(装机150万kW）将要开工建设，对拉动版纳地区社会经济发展具有一定积极作用。“十五”期间，版纳电业局将抓住“西电东送、云电外送”的机遇，充分利用区位优势，加强电网、变电站等基础设施建设，为党中央西部大开发战略的实施提供强有力的电源保证。

西双版纳电业局110kV勐仑变电站

西双版纳电业局“客户在我心中”用电咨询服务

云南省昆

春城明珠
大放光彩
高严
九七、七、廿

昆明发电厂　坐落在昆明市西山区碧鸡镇车家壁。依山傍水，东临碧波荡漾的云南高原明珠—滇池，南靠风景秀丽的国家级森林公园——西山。

昆明发电厂　隶属于云南电力集团公司，属国家中一型火力发电企业，现装机容量为2×100MW，是云南电网昆明负荷中心的一个骨干电源点。现有员工1243人，离退休人员875人；全厂总占地面积72.45万平方米，其中厂区占地面积64.55万平方米，生活区占地面积7.9万平方米。

昆明发电厂　始建于1956年8月，1957年12月发电；1965年扩建，两期工程共装机4.8万千瓦；1984年11月进行节能改建，2×100MW机组分别于1987年和1988年投产。之后，原有的4.8万千瓦老机组先后退役和封存。

伴随着云南电力产业结构的调整，昆明发电厂近几年来加快了多经产业的发展，2000年由原7家多经法人实体合并组建成云南恒威实业有限公司。公司经营范围：金属材料、矿产品、机电设备；燃料（煤、油）、优质粉煤灰（渣）、农副产品、食品、饮料的生产销售；供水制水；运输业、种植养殖业、餐饮业、生物资源开发、信息技术研究开发、经济中介服务（不含金融、期货、房地产）、电力技术咨询，承接机电设备修试安装，土建工程。公司股东为“云南恒威实业有限公司”职工持股会、“滇能集团有限公司”。

昆明发电厂领导班子成员。（从左至右：总工程师徐志明、工会主席周庭荪、党委副书记谢宝华、党委书记赵延盾、副厂长（主持工作）杨彪、副厂长李建伟、副厂长赖忠芝）

全国环境保护
先進企業
国家环境保护局

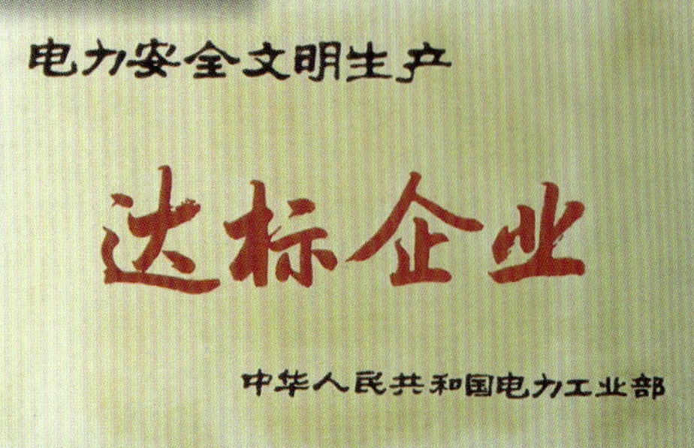

明发电厂

全国政协副主席王文元（前右）一行到昆明发电厂进行环保调研，对昆明发电厂的环保工作给予充分肯定。图为王副主席在昆明发电厂原厂长袁湘华（前左）的陪同下，在生产现场视察。

沐浴着改革开放的春风，发电厂历届领导班子认真贯彻执行党的基本路线，以邓小平理论和江总书记“三个代表”重要思想为指导，坚持“两手抓，两手都要硬”的方针，带领全厂职工发扬“开拓求实、团结奋进”的企业精神，两个文明建设取得了丰硕的成果。厂先后获得了安全文明生产达部标，全国环保先进单位，云南省节能降耗优胜单位，云南省文明单位，国家电力公司双文明单位，昆明市“花园式单位”等荣誉。

43载的开拓求实，一如既往的团结奋进。新千年的到来带来了新的机遇、新的挑战、新的希望。昆明发电厂领导班子与全体职工决心在新的世纪里以“西部大开发”、“云电东送”、“云电外送”为契机，以环保为主线，加快扩建300MW机组的各项工作；加快多经的发展，实现多经“半壁江山”，再攀新的高峰。

座落在滇池湖畔的昆明发电厂全貌

地　　址：昆明西郊车家壁
党委书记：赵延盾
副 厂 长：杨　彪（主持工作）
副 厂 长：李建伟、赖忠芝
电　　话：(0871)8411327转2246
邮　　编：650109

图为厂2×10MW汽轮发电机组。

公司经理黄云勇

公司办公楼

澄江县电力公司

澄江县电力公司 始建于1965年，现有职工98人，担负着全县的生产、生活供电任务。拥有35千伏变电站一座，变电容量2×4000千伏安，35千伏电力线路2.3公里；配电变压器1074台，总容量14.37万千伏安。2000年供电量0.999亿千瓦时，实现利税513万元，拥有固定资产2035万元。

1999年，公司全面进行农网改造，全体干部职工同心同德，上下一心，奋力拼搏，经过1年多努力，共投资1700余万元，完成了全县60％的农网改造任务。根据县域新建龙街、右所、九村、阳宗及组建凤麓5个供电所的实际，按照“为人民服务、树行业新风”示范窗口服务要求，目前公司向社会推出12条供电社会服务承诺，对所改造的村社电网，公司全面实行“三公开、四到户、五统一、二监督、一上墙”的规范化管理，从管理上杜绝违章用电，规范电网结构，提高了供电质量，农村到户电价已从改前平均1.3元／千瓦时降至0.58元／千瓦时，县城所在地降至0.402元／千瓦时，全县每年可为用户减轻250多万元的经济负担，为加快全县农村经济的发展奠定了坚实基础，受到县委、政府及全县人民的好评。

新建的阳宗35千伏变电站

澄江县电力公司连续两年被省农电局评为供电优秀服务集体。1988年澄江被授予农村初级电气化县。公司2000年分别被省电力集团公司、昆明供电局评为优质服务明星单位和城市、农村规范化服务示范窗口单位。

农网改造是电力发展史上千载难逢的机遇，公司将抓住这一机遇，全面完成澄江县农网建设与改造工程，进一步理顺地方供电企业与省电力公司的关系，实现同网同价目标，进一步提高供电可靠性，减轻农民负担，拉动全县经济发展，造福于全县人民，在新世纪全面推进全县电力事业可持续发展进程，为西部大开发和实施西电东送战略创造良好的环境。澄江县电力公司全体干部职工将迎难而上，勇创佳绩。

公司经理黄云勇率全体干部职工，向关心、支持澄江农电工作的各级领导、各界人士表示衷心的感谢！

澄江县城夜景

农村电网改造

经　理：黄云勇
地　址：澄江县凤麓镇环城北路13号
电　话：0877-6916795
邮　编：652500

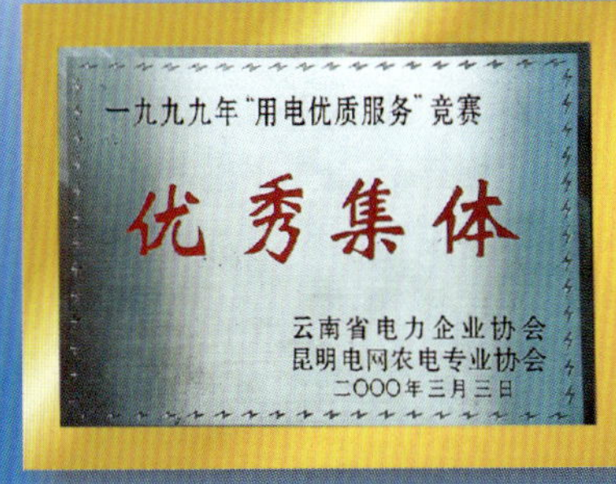

澄江县电力公司受省、市表彰

昆明供用电检修

昆明供用电检修有限公司现任领导班子

ZJQC

北京中经科环质量认证有限公司

质量体系认证证书

昆明供用电检修有限公司

GB/T19002-1994 idt ISO9002:1994 标准

送变电线路，送变电检修，高压试验，配电线路，开闭路，配电盘检修试验，10kV 及以上电缆运行维护试验，送电变配电及电缆缺陷及事故处理；110kV 及以下送变电工程安装、调试的生产、安装和服务

北京中经科环质量认证有限公司 总经理：

北京中经科环质量认证有限公司

昆明供用电检修有限公司 是在国有企业改革的大潮中应运而生的、昆明地区最大的、技术力量雄厚的专业电力检修队伍。

昆明供用电检修有限公司下设3个专业分公司，现共有员工350人，其中大专以上学历的62人，中专以上学历的29人。具有高级专业技术资格的5人，具有中级专业技术资格的25人，具有初级专业技术资格的38人。

昆明供用电检修有限公司主要从事10kV——500kV送变电设备检修；0.22kV——110kV 送电、变电、配电、用电设备的安装和调试；10kV及以上电缆运行、维护、试验；电气设备油、气的试验和处理。

昆明供用电检修有限公司成立以来，依靠高素质的员工队伍和先进的技术设备，保证了昆明电网的正常运行。同时较出色的完成了“昆明世界园艺博览会”及在昆举行的各类大型活动的保供电任务，以及昆明电网的多起大型抢修任务，为昆明地区经济建设和社会稳定做出了积极的贡献。

长期以来，昆明供用电检修有限公司坚持两个文明一起抓的工作方针。2000年被云南省昆明供电局授予“双文明基层”，20个班组被昆明供

座落于昆明市官渡区福德路18号的昆明供用电检修有限公司

ZJQC

Beijing ZhongJing Quality Certification Co., Ltd

CERTIFICATE OF CONFORMITY
OF QUALITY SYSTEM CERTIFICATION

Certificate

KUNMING ELECTRIC POWER EXAMINE AND REPARE CO.,LTD.

GB/T19002-1994 idt ISO9002:1994 standard

TESTING AND COMMISSIONING OF POWER DISTRIBUTION AND ITS LINES; HIGH-VOLTAGE TEST; EXAMINATION AND REPARATION OF POWER DISTRIBUTOR, DISTRIBUTION STATION AND ITS LINES; MAINTENANCE AND TESTING OF 10kV AND ABOVE ELECTRIC CABLES HANDING THE SHIFT OF DELIVERED POWER TO DISTRIBUTED POWER CABLES DEFECTS AND ACCIDENTS; INSTALLATION, ADJUSTING SERVICE OF THE 110kV AND BELOW POWER DISTRIBUTION PROJECTS

Beijing ZhongJing Quality Certification Co., Ltd

General Manager:

Date: 04-06-2001

IAF/MLA GROUP ACCEPTED

颁发的ISO9002质量体系认证证书

电局授予“双文明班组”称号，全公司33个班组均为安全、文明生产达标班组。

为了使自身的检修水平和服务水平上一个台阶，更好地服务于社会，昆明供用电检修有限公司确立了“责任在心，质量在手，管理从严。以先进的技术促进生产，以优质的服务赢得信誉”的质量方针，于2000年开展了ISO9002国际质量体系认证工作，并一举获得成功。

公司员工进行
10kV电力电缆施工

为更好的体现“人民电业为人民”的服务宗旨，使用户得到“优质、方便、规范、真诚”的服务，昆明供用电检修有限公司在保证昆明电网安全运行的同时，竭诚为全省用电客户提供全方位的服务。

公司员工带电更换110kV
单串耐张绝缘子串

昆明供用电检修有限公司愿与全省同行进行广泛的合作和技术交流，为实现国家“西电东送”的战略目标和云南省委、省政府将电力培育为云南省支柱产业的战略目标做出自己的贡献。

地　址：昆明市福德路18号
经　理：邓胜祥　电话：(0871)3069501　3513866
书　记：王泽勋　电话：(0871)3513180
邮　编：650200

公司员工检修220kV变电站

云南省电力调度所

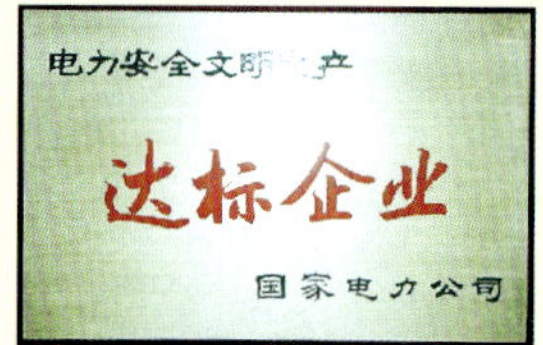

云南省电力调度所 是云南电力（局）集团有限公司所属的生产运行单位，又是电网管理的职能部门，同时还是电网运行的组织、指挥、指导和协调机构，代表省电力(局)公司在电网运行中行使调度指挥权，担负着云南电网安全、优质经济运行任务。它是云南电网的运行指挥中心，是电网电力电量交易中心，是电网继电保护、电力专网通信、电网调度自动化的中心。省调所经过近50年的艰苦创业，已逐步发展成为专业齐全、装备优良、技术力量较强的大一型企业。微波和光纤通信、远程自动发电控制（AGC)、电网安全稳定综合控制系统等方面处于国内先进水平。目前省调所专职员工183人中拥有各类专业技术人才129人，所管辖的地调所有10个(滇东、滇北、滇中、滇西、玉溪、个旧、临沧、思茅、版纳、昭通)；统调的电厂有20个(水电14个，火电6个),500kV变电站1个（草铺变），220kV 变电站 31个；统调装机容量5128.5MW（水电2828.5MW、火电2300MW）；500kV 线路2条，长438.2km，220kV 线路72条，长4152.5km；500kV变电容量1500MW，220kV 变电容量7081.5MW。云南电力集团有限公司授权省调所经营管理的各类电力调度、通信、自动化及继电保护设备资产总额达 3.13亿元。2000 年省调所完成全网发电量208.92亿KwH。

省调所创办的“调度实业总公司”组建于1993年, 2000年经过股份制改造后更名为“云南电力瑞讯达有限责任公司”。公司主要经营：电力系统调度自动化、通信、继电保护、电源系统的开发、设计、咨询、改造、安装及调试，无线寻呼、物资运输业、住宿服务业、物业管理；兼营通信设备、电子计算机及配件、电器机械及器材、电子控制设备、电力系统保护和控制设备（专项商品按规定经营）。公司曾先后承揽过漫湾至昆明微波、滇东北微波、昆明至玉溪微波、曲靖至青山光纤、草铺缠绕光纤、螺丝湾电站电力通信、电网稳定控制系统、220kV 及以上电网继电保护设备技术改造等重大工程项目的设计、施工。

国电公司高严总经理视察我所调度中心

云南电力寻呼台--永不消逝的电波。
人工台:96868　自动台:96889

云南省电力调度所所长：唐 海
地址：昆明市拓东路49号
邮编：650011

云南电力瑞讯达有限责任公司董事长：唐 海
地址：昆明市东风东路157－1号
电话：(0871)3012592
传真：(0871)3177648
邮编：650041

云南电网调度中心

云南省水利厅农村水电及电气化发展局

腾冲县龙江二级电站（2X10000kW）拦河坝

云南省地方电力，经过多年的艰苦努力，在改革开放中发展壮大，取得辉煌业绩。截至2000年底，全省地方电力拥有装机容量283万kW，年发电量112亿kW·h。在全省128个县（市、区）中有 99个县（市）主要由地方电力供电。乡、村、户通电率分别为100%、98.2%和91.93%。地方建成了15个跨地州电网，覆盖了全省82%的面积，肩负着全省64%人口的供电，承担了农村92%的供电任务。地方电力从业人员近4万人，拥有固定资产86亿元，年发（售）电总收入约39亿元，综合售电价0.258元／kW·h，上缴国家税金3亿余元，实现利润2.5亿元，各项主要技术经济指标进入全国同行业的先进行列。地方电力已成为我省广大小城镇、农村用电的主力军，发挥着不可替代的作用，为我省经济发展做出了贡献。

“九五”期间，我省地方电力完成了48个全国农村初级电气化县建设任务，至此，“七五”、“八五”和“九五”，共建成了76个全国农村水电初级电气化县和一个电气化州（德宏傣族景颇族自治州），超额14个县完成了国务院下达我省62个县的建设任务，实现了省八届人大提出的到2000年末建成70个县的总目标。

省委、省政府部署的“村村通电”工作，由水利系统负责组织实施 68个县（市），已完成800多个行政村通电任务，有39个县实现了“村村通电”，解决了约120万农村人口的用电问题，改善了100多万农村人口的用电状况。

农电“两改一同价”工作，云南省实行“一省两贷”。按国家计委要求，由省水利厅负责组织实施文山等8地州33个自供自管县的农网建设（改造），投资规模为7.48亿元。目前正加快建设（改造）步伐，力争2002年上半年完成33个县的农网建设（改造）任务。

进入新世纪，我省地方电力将坚持“为农业、为农村、为农民”的服务宗旨，坚持电力体制改革方向，遵循市场规律，抓住国家实施西部大开发战略及“西电东送”、“云电外送”的机遇，按照省委、省政府的部署，为把以水电为主的电力工业培育成新的支柱产业而奋斗。

华坪县荣将110kV变电站（容量（16000＋25000）kVA）

通过电气化和“村村通电”建设，从未通电的布朗山乡通了电，建起了供电所。

教学楼

云南省

云南省电力学校 创建于1960年，是一所省部级重点中等专业学校，隶属于国家电力公司和云南电力集团有限公司，校址在昆明市北郊黑龙潭，学校占地面积7万平方米，建筑面积4.98万方米，是昆明市“花园学校”,云南省“省级文明单位”。

学校前身为“昆明电力技工学校”，1978年更名为“云南省电力学校”，并由技校升格为中专。1988年9月,为了适应电力发展的需要，学校由昆明市西郊车家壁迁至昆明市北郊黑龙潭。1993年，经办学水平评估、验收，学校被云南省人民政府批准为“省部级重点中专学校”。

学校审批规模为960人，设有发电厂及电力系统、电厂热能动力设备、企业供电、水电站机电设备、计算机及应用等5个专业。

长期以来，学校重视教育质量的提高，不断优化育人环境，倡导“团结、勤奋、严谨、创新”的校风，德育为首，从严治校，学生宿舍实行公寓化管理。学校强化内部管理，形成了良好的校风、学风、教风，受到上级有关部门的肯定。

为适应云南电力改革与发展的需要，学校先后建成了云南电力集团有限公司仿真培训中心、云南电力集团有限公司第二生产技能培训中心、云南电力集团有限公司继电保护培训基地、云南省第二国家电力职业技能鉴定站、云南省电力焊接培训中心。学校现已停止职前学历教育招生，紧紧围绕以服务

电能计量检测设备

大型火电仿真培训楼

实验楼

电力学校

电力企业为宗旨，以培训适应电力改革与发展需要的高质量的技能人才为重点，对外大力拓宽培训市场，对内挖掘潜力，大力开发和完善培训功能，狠抓培训质量的提高。

学校现有固定资产4605万元，图书馆藏书11.5万册，有可容纳60人、120人的多媒体教室两间，拥有110台586计算机的网络教室两个，近30个专业实验室，有一套电气运行模拟装置和一个模拟电厂装置；投资1469万元的曲靖电厂 300兆瓦、阳宗海电厂200兆瓦、宣威电厂300兆瓦大型火电仿真机已经投入运行，投资190万元的变电仿真系统已于 2001年年初建成并投入运行；投资 250万元的云南电力集团有限公司继电保护基地、电能计量基地在学校建成并投入培训。投资 130万元的水电仿真培训系统现正在建设中，计划2001年年底建成并投入使用。

学校现有教职工132名，其中具有高级职称5人、中级职称 77人。师资力量雄厚，有一支素质较好、结构合理、潜力较大的教职工队伍。学校建校41年来，已向国家输送毕业生6525人，各类培训学员8123人，他们中的许多人已成为生产技术骨干和厂、处级领导，受到了用人单位的欢迎和好评。

在云南电力集团有限公司的领导和支持下，学校教职工将进一步解放思想，转变观念，增强培训、服务功能，充分利用学校的资源优势和人才优势，为云南电力工业的改革与发展做出新的贡献。

变电仿真装置

计算机培训教室

继电保护培训设备

篮球场及礼堂

俱乐部舞厅

国家重点技工学校··

承担计算机高新技术培训、鉴定的计算机培训基地。

云南省电力技工学校（云南省电力工业局（公司）第一生产技能培训中心）是国家重点技工学校、云南省第91国家职业技能鉴定所、国家综合性职业培训基地、国家计算机高新技术考核站、云南省文明单位、云南电力集团公司双文明单位、昆明理工大学南方函授（培训）站、云南省电力行业特有工种培训鉴定（考核）站，由云南电力集团有限公司主管。

学校承担的任务主要有：集团公司高级生产技能人才的培养管理；高级技工班；退伍军人学历培训；农村电工培训；职工转岗分流培训；电力系统各单位及从事电力生产、建设以及运行维护、检修等各工种、岗位适应性培训和技术等级鉴定；电力检修软件包的开发应用；电力行业特有工种培训鉴定（考核）等。拥有电工培训基地、变电运行培训基地、高电压培训基地、计算机培训基地、动力设备检修培训基地、电测仪表培训基地、输配电培训基

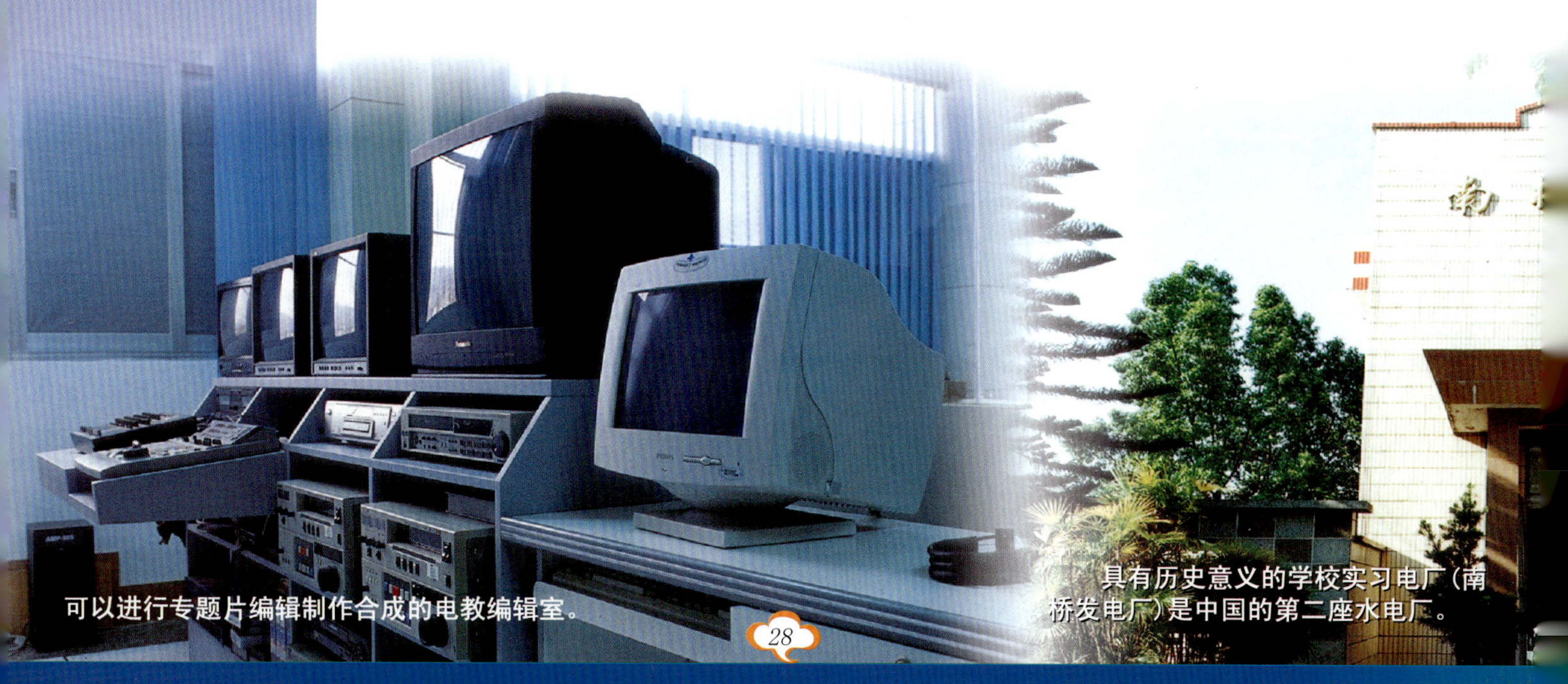

可以进行专题片编辑制作合成的电教编辑室。

具有历史意义的学校实习电厂（南桥发电厂）是中国的第二座水电厂。

电工培训基地。

地、高压开关培训基地、小水电培训基地、变压器培训基地、钳工培训基地等11个教学培训基地。1998年校园局域网建成，普通教室、多媒体教室、网络教室、网络机房齐备。学校占地面积 78亩，固定资产3601万元，员工149人。迄今为止,已为集团公司培养输送毕业生 4000余名。职后培训人数达到6000余人次，职后学历培训313人。

近年来，学校结合云南电力生产和建设实际，坚持“把学校办成为多层次、多形式、多专业、多功能的一流电力职业培训中心”的办学目标，办学成效显著。先后被云南电力集团公司评为“思想政治工作优秀企业”、被中国电力企业联合会评为“教育工作先进单位”、被电力部评为“电力职业技术教育先进学校”、被劳动厅评为“云南省技工教育先进单位”、被国家劳动部命名为“国家重点技工学校”。

曾经提供红塔队训练的学校标准足球场。

云南冶金集团总公司

Yunnan Metallurgical Group

云南冶金集团总公司 是集采矿、选矿、冶炼、化工、加工、勘探、教育、科研、设计、工程施工及内外贸为一体的大型企业集团，1999年经国务院批准，被列为国家520户重点企业（集团）之一。

集团董事长、总经理：陈 智

目前，集团有成员单位及控股参股企业34个，全资及控股企业总资产达到57亿元，净资产16.9亿元，其中国有资产12.4亿元。集团已形成年采矿107.26万吨、选矿66.6万吨、有色金属冶炼26.5万吨、有色金属深加工6.25万吨、锰矿及锰加工产品27万吨、硫酸10万吨的生产能力。公司产品优等品率达到90.4%，产品质量等级品率已达到或接近国际先进水平。主要产品中，“金沙”牌铅锭在LME注册，“云海”牌重熔用铝锭被国家统计局经济景气监测中心、国家经贸委评为国家改革开放20年来最具影响力的品牌之一。“云海”牌重熔用铝锭、铝合金、铝型材、铝铸轧卷、“金沙”牌铅锭、“云鑫”牌电锌、“云晶”牌锗系列产品都是省名牌产品。目前，公司有5个企业通过了ISO9000质量体系认证，1个企业通过了ISO14001国际环境管理标准认证。

2000年昆交会上，兰坪有色金属有限责任公司与英国比利顿公司签定组建合作公司、联合开发兰坪铅锌矿的协议

2000年，集团共完成10种有色金属27.95万吨，工业总产值(1990年不变价)22.52亿元，实现销售收入31.86亿元，分别比“八五”末的1995年增长了127%、92%和98%。实现利润1.26亿元，完成进出口总额1.55亿美元，走上了良性循环的发展轨道。

集团本部办公楼

集团总公司控股的上市公司——云南铝业股份有限公司生产车间

“十五”期间，集团总公司将集中力量发展铝、锌、铅、锗4大主导产品，着重抓好云南铝业公司节能技改续建工程、兰坪公司引进外资建设年产电锌20万吨采选冶工程、会泽铅锌矿深部资源开发及10万吨/年电锌扩建工程、总公司6—8万吨/年粗铅引进高新技术环保节能技改工程4个重点项目的建设以及澜沧铅矿高铁硫化锌精矿加压直接酸浸新工艺高新技术产业化工程、永昌铅锌股份有限公司矿山资源勘探和技术改造等项目的建设。

“十五”末期，集团总公司将力争建设为总资产达到70亿元，10种有色金属产量60万吨，销售收入70亿元，利润5亿元以上，具有较强实力和市场竞争力的全国有色冶金行业特大型企业集团，在发展云南有色金属支柱产业中发挥龙头作用。

法人代表：陈　智（董事长、总经理、党委书记）
地　　址：云南省昆明市白塔路208号
邮　　编：650051　电挂：6200
电　　话：(0871) 3164500
传　　真：(0871) 3135997
总公司网址：www.ymggc.com
电子信箱：info@ymggc.com

集团总公司控股的电铅主体生产企业——云南新立有色金属有限公司

集团总公司控股的电锌主体生产企业——云南驰宏锌锗股份有限公司（会泽铅锌矿）

昆明钢铁集团

中共云南省委书记令狐安慰问昆钢职工

昆明钢铁集团有限责任公司 是国家特大型工业企业和全国520户国有重点企业之一；总部位于昆明市区西南32公里的安宁市，现拥有资产总额107亿元，年销售收入40亿元，具有年产250万吨钢的综合生产能力；是一个集钢铁冶金、机械制造、建筑安装、耐火材料、进出口贸易、工程设计、园林绿化、商贸等为一体的企业集团。

多年来，昆钢以科学的态度和创新精神，在实践中探索出一条挖潜与改扩建相结合，自我积累、滚动发展的企业振兴之路。“七五”、“八五”期间，自筹资金23亿元相继建成了工艺技术先进的第三炼钢厂、50孔焦炉、高速线材厂、15000Nm^3/h 制氧机等一批具有国内先进水平的项目，为昆钢生产的发展和经济效益的提高打下了良好的基础。

“九五”期间，是昆钢改扩建历史上投入规模最大的时期，也是昆钢历史上发展最快的时期。在“九五”期间，昆钢共投入30亿元建成了具有当代国内先进水平的综合原料场、2台130平方米烧结机和2000立方米高炉，同时还完成了650轧机的改造。以2000立方米高炉为标

高速线材厂外景

有限责任公司

志的铁前三大工程的顺利建成，极大地提高了昆钢的技术装备水平，为昆钢跨世纪的发展奠定了坚实的基础。在“九五”期间，昆钢累计产钢855.4万吨、铁707.06万吨、钢材730.7万吨，分别比“八五”增长63.74%、 60.83%和65.81%，实现工业总产值（1990年不变价）114.7亿元，比“八五”增长87.43%，资产总额增加46.4亿元，实现利税25.4亿元，其中利润6.05亿元。

跨入21世纪，昆钢进入了挖潜与改造相结合走质量效益型发展道路的新时期。随着投资21亿元的板带工程及其配套项目的建成投产，昆钢的主体生产工艺将形成经济合理的配置，产品的市场适应性明显增强，“七五”至“九五”期间投入58亿元资金完成的一系列改扩建项目的潜能将得到充分释放。昆钢决心抓住西部大开发这一历史机遇，在新一轮经济结构调整中获取持续发展的先机，在市场经济大潮中不断发展壮大，为云南经济社会的快速发展做出更大的贡献。

从卢森堡引进的2000M³高炉

云南澜沧铅矿

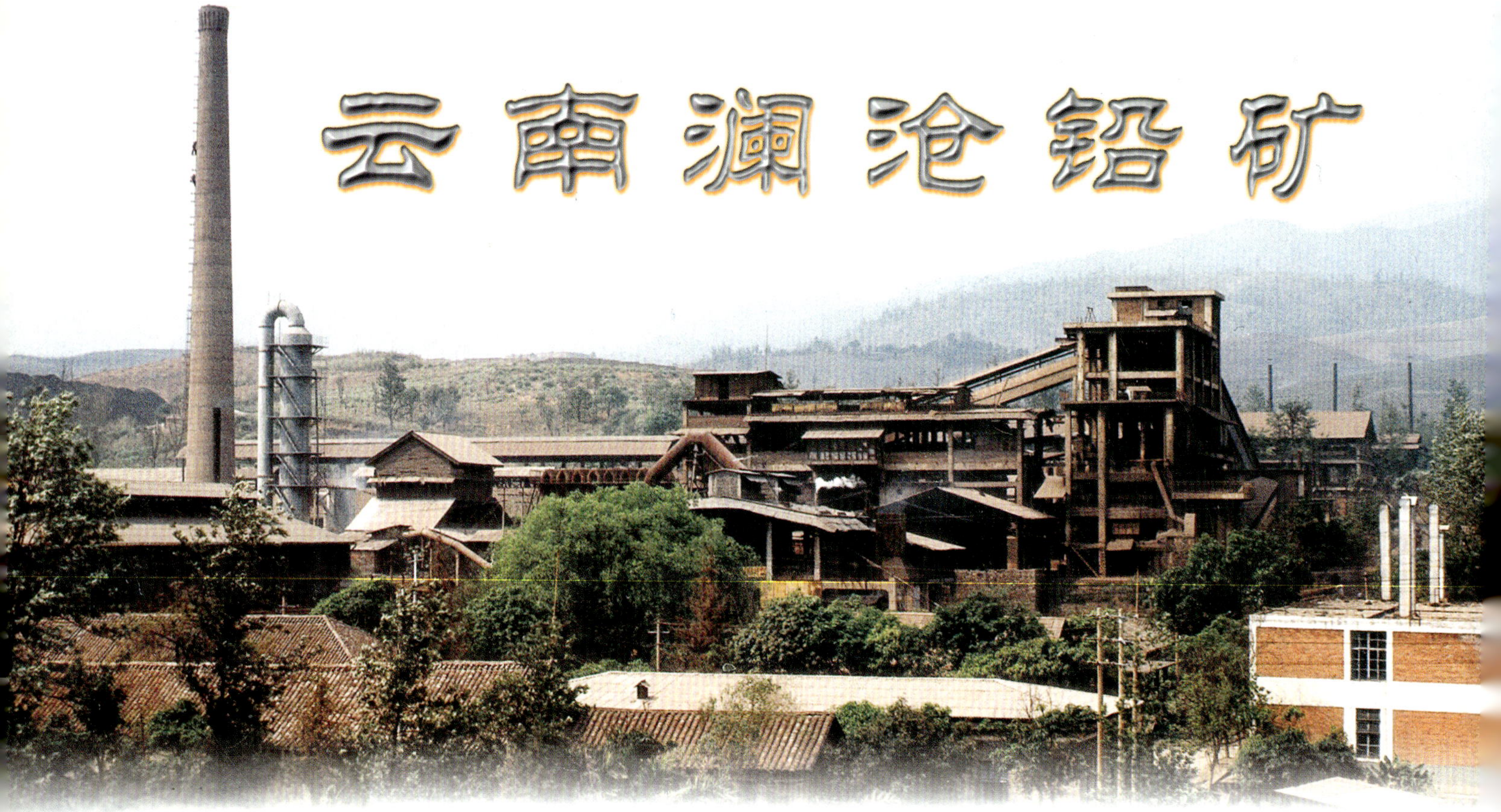

主厂房全景

Yunnan lancang qiankuang

云南澜沧铅矿 隶属云南冶金集团总公司，是具有独立法人资格的国家二级企业，其前身是具有600多年开采历史的澜沧慕乃老银厂，于1955年经国务院批准接管建矿。40多年来，企业经历了艰苦创业、兴旺发展的道路，为边疆民族团结、经济繁荣作出了较大的贡献，并于2000年4月被评为云南省优秀管理达标企业。

云南澜沧铅矿是集采、选、冶为一体的联合企业，现已发展形成日坑采出矿600吨，日选矿量700吨，年产优质1#电铅1.2万吨，附产阳极泥含银25吨，年产电炉活性合金锌粉1000吨的生产能力。企业拥有固定资产原值1.098亿元，占地面积935万平方米，在职职工2080人，其中高、中级专业技术人员97人。

云南澜沧铅矿将长期坚持依靠科技进步，发挥区位优势，逐步建成以矿业开发为主，铅、锌、银为龙头产品的滇西南有色冶金基地。

云南澜沧铅矿一贯奉行“质量第一，用户至上”的宗旨，以高度的商业信誉，为国内外用户提供高质量的产品和满意的服务。

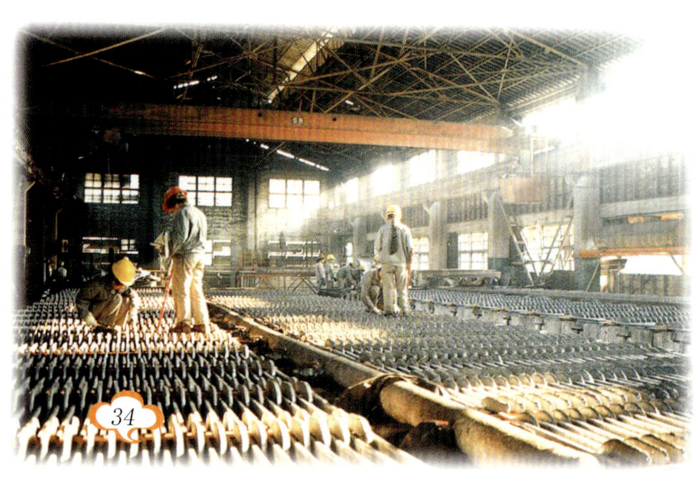

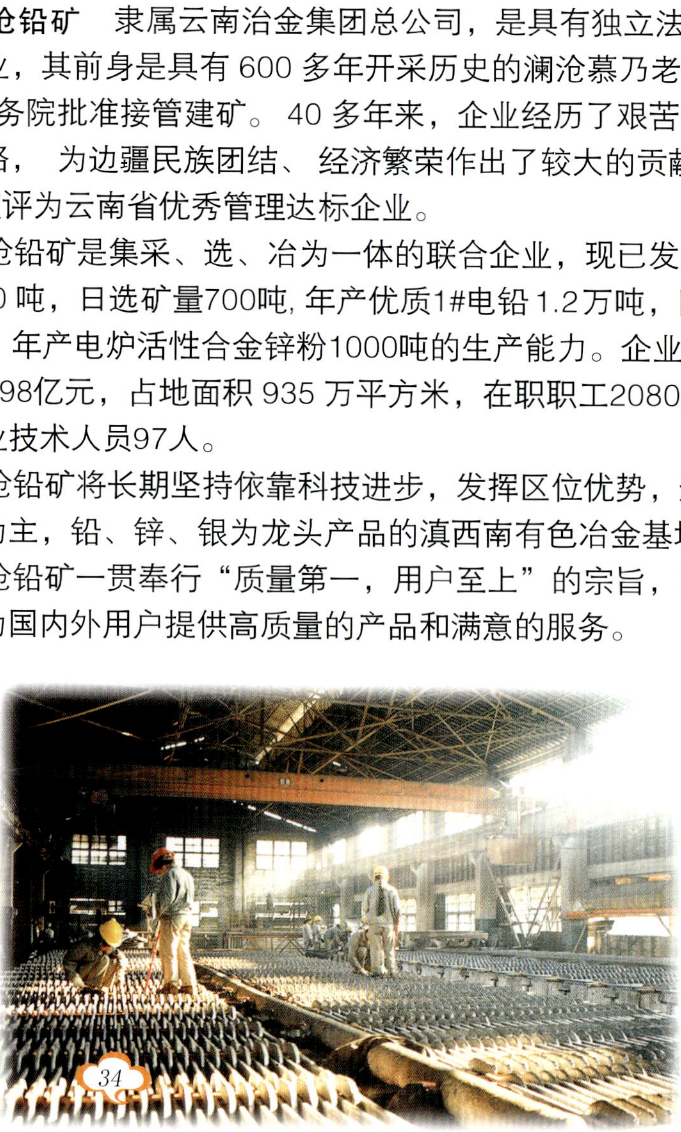

电解厂

云南澜沧铅矿

优质电铅

含银阳极泥

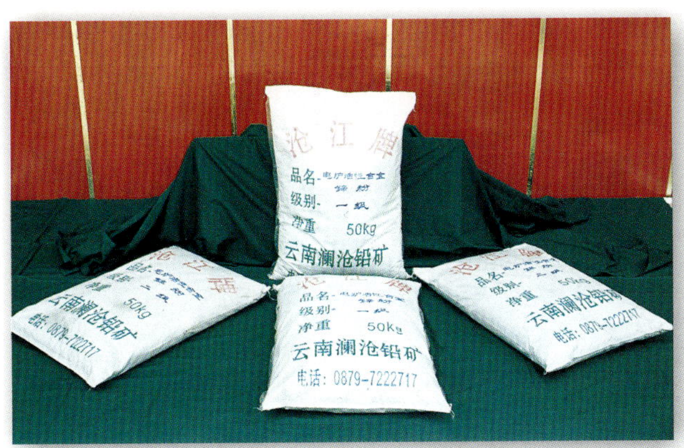

优质锌粉

锌粉样品

地 址： 云南省澜沧县勐朗镇
电 话： 0879—7222121 7222426
传 真： 0879—7222426
邮 编： 665601.

云南省药品监督管理局

省药品监督管理局领导班子成员
左起：王维生局长、念娥美副局长、徐维佳组长

云南省药品监督管理局 是在国家实施西部大开发、深化药品监督管理体制改革的热潮中诞生的，于2000年3月30日正式挂牌成立。

一、主要职能：

（一）贯彻国家药品监督管理法律法规并监督实施；拟定、修订云南省地方药品法规、规章并监督实施。领导全省各级药品监督管理机构。

（二）拟定、修订和颁布云南地方药品标准。

（三）组织审评省内新药、仿制药品、进口药品、中药保护药品；贯彻国家处方、非处方药分类管理制度；负责药品的再评价、不良反应监测、临床试验（验证）、临床药理基地、淘汰药品的审查和临床药理基地的日常管理工作。

（四）依法核发药品生产企业、经营企业、医疗单位制剂、易制毒化学药品许可证；贯彻和监督实施药品生产质量管理规范、药品经营质量管理规范、医疗单位制剂管理规范、药品非临床研究质量管理规范、 药品临床试验（验证）管理规范。

（五）负责审批省内医疗器械生产、经营企业，核发医疗器械产品注册证和生产、经营许可证，对医疗器械临床试用、临床试验单位进行注册。

（六）监督检定、抽验药品和医疗器械生产、经营及医疗单位的药品和医疗器械的质量；发布省药品、医疗器械质量公报；依法查处制售假劣药品、医疗器械和其他违反药品管理法规的行为和责任人；监管中药材专业市场。

（七）审核药品、医疗器械广告；指导全省药品检验机构的业务工作。

（八）依法监管麻醉药品、精神药品、毒性药品、放射性药品及特种药械；监督实施药品的行政保护。

（九）会同有关部门统一管理全省各级药品监督管理机构和所属技术监督机构的机构设置和人员编制及领导干部；对全省药品监督管理系统的财务经费实行统一管理。

（十）负责执业药师（含执业中药师）注册和管理工作；负责组织实施全省药品生产经营企业和药品检验机构的药学专业技术人员职称评定工作；负责药品监督员的考核、管理工作。

（十一）指导全省药物滥用监测和药物依赖防治康复工作。

（十二）协助有关部门实施全省医药行业宏观管理工作，配合有关部门贯彻实施国家和省医药产业政策。

（十三）承办省委、省政府和上级机关交办的其他工作。

二、内设机构：

根据以上职责，省药品监督管理局设置 6个职能处室：办公室、人事教育处、纪检监察处、药品注册与医疗器械处、安全监管处、市场监督处。

三、办公地点：

昆明市东风西路16号中银大厦16楼
邮政编码：650021
联系电话：3640193

云南省药品生产企业换证工作会议

云南省销毁假劣药品现场会

昆明制药集团股份有限公司

KUNMING PHARMACEUTICAL GROUP LTD.,CORP.

——改革推动了昆药大发展

2000年7月1日，国务院副总理吴邦国视察昆药，称赞昆药改革开放、技术进步、经济效益取得了显著成绩。

2000年12月6日，云南省副省长梁公卿、昆药董事长李南高为昆明制药股票上市鸣锣。

新一代抗疟特效药『蒿甲醚』，创出两项世界第一，世界一流医药专家一致认定，蒿甲醚不仅是世界上治疗疟疾的最好药物，也是防治血吸虫病的最好药物。是中国科学家对世界的伟大贡献。

昆药通过中国药品GMP认证的现代化生产线。

昆明制药集团股份有限公司 的前身为昆明制药厂。昆明制药厂成立于1951年3月，是云南省第一家国有制药企业。投产后的数十年间，由于国有旧体制等各种因素的影响，发展一直很缓慢，企业资产负债率高达80%。1995年12月18日，昆药在全省率先进行了现代企业制度改革，企业焕发了从未有过的生机活力。

改革推动了对外开放。 创建了中美合资昆明贝克诺顿制药有限公司、中瑞合资昆明康普莱特制药有限公司和云港合资昆明雅阁臣药业有限公司三个合资公司，实施了中瑞、中法、中日三个国际合作项目。中美合资昆明贝克诺顿制药有限公司开业八年来，取得显著效益，已经收回了当初投资的三倍。利税居云南省外商投资企业30强中的前10位，进入“中国外商投资企业500强”的行列。

改革推动了技术进步。 昆药充分发挥云南天然药物资源优势，通过高新技术,开发了30多个具有国内外先进水平的天然药物新品种。其中国家一类新药5个；国优、部优、省优产品9个；国家中药保护品种1个。新一代抗疟特效药“蒿甲醚”，创出两项世界第一，世界卫生组织认定，蒿甲醚不仅是世界上治疗疟疾的最好药物，也是防治血吸虫病的最好药物。蒿甲醚系列药品，已在美国等45个国家获得国际药物专利注册，在27个国家注册销售，年外销额300万美元以上，居中国自主发明的制剂新药出口创汇前列。 蒿甲醚原料药、小容量注射剂、粉针剂、口服制剂（昆明贝克诺顿公司）、大容量注射剂（昆明康普莱特公司）5个项目通过了GMP认证。

改革推动了股票上市。 2000年12月6日，昆药4000万A股股票在上海证券交易所上市交易，融进了4亿元的社会资金，使净资产由上市前的9855万元增加到5.2亿元，为新世纪企业的发展奠定良好的资金基础。

改革出了新的效益。 改制五年来，生产、销售、利税、净利润每年均以两位数以上的速度增长,绝对数连年创历史最好水平。2000年比改制前的1995年销售收入增长1.7倍，利润增长2.6倍，利税增长2.7倍，员工人均年收入增长1倍多，企业发展实现了良性循环。

改革推动了企业发展。 昆药大步登上了国家大型企业、国家重点高新技术企业、全国医药优秀企业、中国医药工业50强和上市公司的新台阶，已经发展成为拥有十个分公司、子公司、合资公司的昆明制药集团，成为云南医药行业经济实力最强的企业。

公司名称：昆明制药集团股份有限公司
英文名称：KUNMING PHARMACEUTICAL GROUP LTD., CORP.
法人代表：李南高
公司地址：中国云南省昆明市国家高新技术开发区科医路166号
邮政编码：650118
电　　话：0871-8182312　传　真：0871－8181968
E— Mail：Kpc@pbpublic.km.yn.cn
http：// WWW.kpc.com.cn

云南农垦集团公司西双版纳分公司

1961年周恩来总理(右一)视察西双版纳农垦胶园

垦区职工游乐公园

职工体育活动蓬勃兴起

云南农垦集团公司西双版纳分公司 前身是西双版纳农垦分局，始创于1955年。分公司辖10个国有农场，位于北纬21°8'至22°25'之间，是国际植胶权威曾断言的北纬17度以北不可植胶的禁区。但西双版纳农垦人以敢为天下先的精神，在高海拔、高纬度“植胶禁区”地带大面积植胶成功，被誉为世界植胶史上的创举，曾于1982年荣获国家科委“国家发明一等奖”。尔后，西双版纳农垦继续走科技经济一体化发展的道路，创造性地总结出了一整套独具特色的橡胶大面积高产综合技术，于1993年在66.13万亩开割胶园创干胶亩产超 100公斤的记录，远远高于广东、海南以及东南亚各国橡胶主产区。此后无论总产还是单产都保持了较高的增长势头，1998年平均亩产干胶128.68公斤，1999年131.53公斤，2000年129.2公斤，居全国之冠，为世界领先水平，成为垦区橡胶北移成功之后，我国植胶史上的又一伟大创举，西双版纳农垦也曾先后荣获农业部“丰收奖一等奖”、农业部“全国农业科技推广先进集体”、全国总工会“全国‘五一’劳动奖状”、国务院“民族团结进步模范单位”等荣誉称号。

至2000年底，西双版纳农垦拥有14.79万人口、7.05万职工，种植橡胶103.79万亩，国家累计投资总额7.83亿元，累计回收投资 16.45亿元，投资回收率为 210.08%。西双版纳农垦已建成了以橡胶为主，糖、茶、粮、牧、副、渔全面发展，以及电力、建材、制糖、制茶、机械、制药、食品、化肥、塑料编织、橡胶制品等 10个工业门类在内的集生产、科研、教育为一体的中国第二个天然橡胶生产基地，并成为种、养、加一条龙，产、供、销一体化，农、工、商、机、运、建综合经营的大型企业群体。目前，西双版纳农垦正在继续深化改革，以新的精神风貌创造农垦事业新的辉煌业绩。

云南耿马蒸酶茶(集团)有限公司

公司办公楼

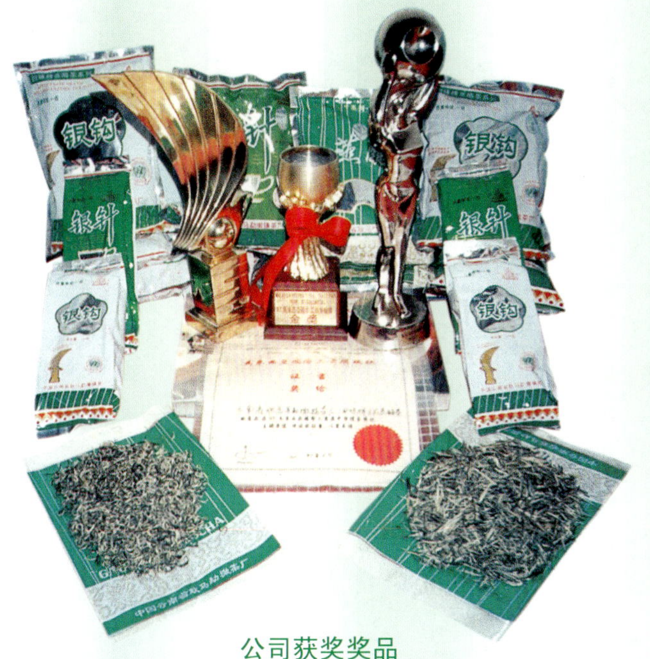
公司获奖奖品

云南耿马蒸酶茶(集团)有限公司 于1999年12月5日挂牌成立，现有职工385人。其中，制茶技术员及助师72人，注册资金3210万元，年生产规模3.5万担,拥有标准茶园1.72万亩。公司下设6个初制加工车间，2个精制车间，1个名优茶生产车间；是目前绿茶企业中质量稳定，市场潜力较大的制茶生产企业，也是全省5大茶叶集团之一。

公司生产的“回味牌”蒸酶茶系列产品，自1985年问世以来，深受广大消费者的喜爱，被评为“九九消费者最喜爱产品”，成为云南名牌产品。荣获“第五届中国新技术新产品博览会银奖”、“第六届中国新技术新产品博览会金奖”、“第三届滇西民族艺术节指定专用产品”，并被联合国技术信息促进系统中国国家分部评为优秀民营企业。

“回味牌”系列高级蒸酶茶主要产品有银针、银钩、蒸酶，2000年又开发出“绿海雪茶”、“青山碧剑”、“勐撒翠螺”。5年内,将有2万亩高优无性系良种茶——云抗10号在全县内投产。其产品销往昆明、北京、上海、福建、安徽、河南、广东、贵州、四川、重庆等省市，并销往缅甸、泰国、新加坡、马来西亚、日本等国家。公司在昆明、丽江、曲靖、攀枝花等地设有营销办事处。

蒸酶茶(集团)公司是各界友人忠诚合作的伙伴，全体员工热忱欢迎各界人士来人、来函洽谈业务。

董事长：路治化
总经理：何正华
地　址：云南省耿马县勐撒镇
电　话：(0883)6417135　6417124
邮　编：677507

采茶

茶园

云南省公路局

抓住机遇乘胜前进

局党委书记、局长：杨家福

云南省公路局 是主管公路修建和公路养护管理的二级局。全局有7个公路修建一级企业，16个公路管理总段，2个公路机械厂，以及沥青油料供应总站、公路科研所、职工大学和云路服务中心，共3.6万余人。具有一流的技术、一流的设备、一流的工程技术管理人员，是集公路修建、养护管理、勘察设计、施工管理、机具生产、教育科研为一体的专业骨干队伍。

"九五"期间，施工企业共完成施工产值123.8亿元，为"八五"的3.73倍，全员劳动生产率和资产总值分别达19.94万元和33.26亿元，较"八五"分别提高了2.46倍和4.02倍。公路养护完成工程费22.6亿元，大中修油路933.8公里，实施GBM文明样板路2083公里，省管公路平均好路率达68.4%，县乡公路平均好路率达56.83%，实现了公路的通、平、美、绿。5年新增公路4.13万公里，全省纳入国家统计的公路达10.96万公里，位居全国第一，其中2级以上公路达2316公里，实现了全省所有的乡镇和98%的行政村通了公路，促进了全省的经济发展和社会进步。

按省委省政府构建国际大通道的战略构想，"十五"我省将建设"三纵三横九大通道"为主的高等级公路网，预计投资400多亿元。省公路局公路修建要立足省内积极拓展省外国外市场，力争实现省内重点工程占产值的65%以上，经济干线占25%以上，年完成产值35亿元以上。公路养护和县乡公路要实现通、平、美、绿，为公路运输提供良好的运输条件。

楚大公路

昆曲公路

玉元公路

芒市公路

云南省第四公路桥梁工程有限责任公司

云南省路桥四公司 组建近50年来，逢山开路、遇水搭桥，共修筑各种等级公路3000公里，各类大中型桥梁 200余座，各型水库30余座，为云南的交通事业和经济发展作出了积极的贡献。

在激烈的市场竞争中，公司以科技进步为龙头，不断提高劳动者素质，始终坚持全心全意依靠职工群众办企业的方针，扬改革之帆，转变观念，群策群力，奋力拼搏，使企业持续健康向前发展，年实现产值已达 5亿元。公司领导班子心齐业精，团结奋进，一切从“三个有利于”和企业实际出发，在积极进行企业内部改革的同时，强化基础管理、质量管理和财务管理工作。先后投资1. 2亿多元，购置大批高、精、尖设备；与云南省委党校联合在公司开办经济管理大专班和本科班，培养中、高级管理人才；对生产工人采取岗位练兵和强化训练的方法，造就技术精、作风硬、能力强的工种带头人。开展多种经营，积极搞好以公路为依托的其它产业；在人事制度方面引入竞争机制，在分配上实行与完成工作量、质量、效益等指标挂钩的项目效益责任工资制，在用工制度上建立内部劳务市场，在施工项目安排上实行内部招投标制。

在新世纪到来之际，公司将以一流的科学管理，一流的工程质量，争取在“十五”期间完成产值20亿元，完成股份制改造任务，进入省级文明单位行列，为西部大开发，为云南的公路建设作出更大的贡献。

云南第二公路桥梁工程有限公司

公司经理徐华安(左五)陪同交通部黄镇东部长(左三)、省交通厅李裕光厅长(左四)、省公路局杨家福局长(左一)等领导到工地视察。

云南第二公路桥梁工程有限公司 设在全国历史文化名城云南省建水县，持有国家一级施工企业资质证书，并通过 ISO9002国际质量体系认证。公司于1996年9月2日改制为有限公司，下设26个分公司、5个多种经营实体，并在开远、曲靖、昆明建有3个后勤保障基地。公司现有员工1800余人，其中有中高级职称的600人，有中专以上文化的900人。公路、桥梁、隧道、 市政工程施工设备成龙配套，现拥有总资产4.2亿元，具备年建筑安装10亿元以上的施工生产能力。

40年发展历程中，云南第二公路桥梁工程有限公司全体员工发扬团结奋进、艰苦创业、努力筑路、争创一流的企业精神，创业的足迹遍布云南省，并跻身国际市场，参加了老挝、北也门、突尼斯、毛里求斯、马来西亚等国的公路桥梁建设。公司共修建各种等级公路70条(段)，总里程为2768公里，其中高等级公路450公里；大中型桥梁95座（含路线桥），总长度为9803延米；建成隧道9座，总长度5270延米。

公司承建的楚大公路九顶山隧道

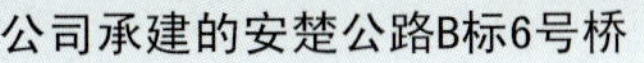
公司承建的安楚公路B标6号桥

公司承建的昆玉公路山心坡隧道

1990年以来，该公司承担了多项工程艰巨、条件艰苦、施工难度大、施工工艺新，科技含量高的标段，修建了长隧道、特大桥，成为云南第一家路、桥、隧为一体的先进施工企业。1991年以来进入 “中国建筑施工企业500家最佳经济效益和最大经营规模企业”之列；1991年进入 “中国建筑企业综合实力百强”，同时被省政府授予公路建设 “先进单位”；1993年被中华全国总工会授予全国先进集体称号，荣获“五一”劳动奖状，同年进入云南省优秀管理十佳企业；1994年获全国优秀施工企业称号；1996年、1997年被交通厅连续评为质量活动年“先进单位”；1999年分别被建水县和省交通厅评为文明单位。

公司决心在国家实施“西部大开发”的历史机遇中，务实创新，锐意改革，以崭新的精神风貌，以创优保质的实际行动，谱写新的篇章。

地址：云南省建水县朝阳北路84号
电话：0873-7612602
传真：0873-7613864
网址：www.lqegs.com.cn

公司从德国引进的先进设备之一--沥青砼拌合楼

公司承建的玉元公路第10-1合同段

云南第五公路桥梁工程有限责任公司

YUNNAN THE FIFTH ROAD &BRIDGE ENGINEERING CO.,LTD

团结务实的公司董事会成员(左五为董事长兼总经理荀家正,左六为公司党委书记李向才)

云南第五公路桥梁工程有限责任公司　前身为云南第五公路工程处，始建于1958年。是云南省第一支铺筑沥青路面的专业队伍，也是首家参与修建云南高等级公路的专业队伍之一。具有国家一级施工资质，通过了ISO9002国际质量认证。全公司现有职工1306人,具有中高级职称的100多人，各类专业技术人员近 700人。下属10个工程项目部，15个分公司。公司经营范围：承建各种等级公路、桥梁、隧道、交通工程、水利工程，承建各类大型土石方工程；房地产开发；销售建筑材料、金属材料、公路施工机械、普通机械、汽车配件等。公司注册资本 7355.55万元，资产总值5.26亿元。拥有工程施工机械160台套,大型机械配套设备69台套。其中具有国内先进水平英国进口的时产160吨的ACP沥青混凝土搅拌站；意大利进口的时产120吨 MARINI沥青拌和站；德国进口的时产300吨STETTER水泥混凝土搅拌站和与之配套的 WIRGE—SP850水泥混凝土摊铺机等，人均装备力达8万元，年施工能力10亿元以上。

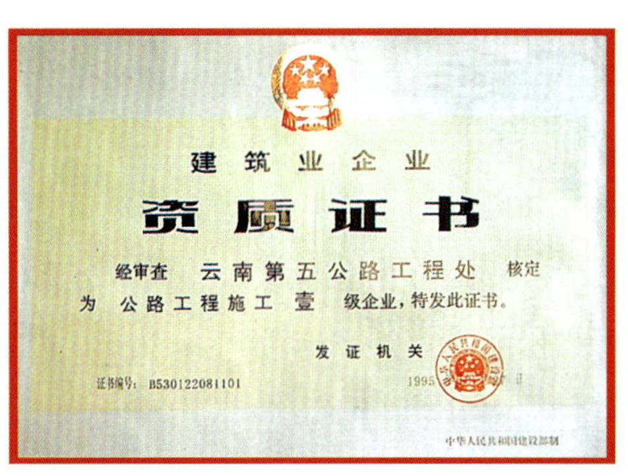

建筑业企业

资质证书

经审查　云南第五公路工程处　核定为　公路工程施工　壹　级企业，特发此证书。

发证机关

证书编号：B5301220811O1

中华人民共和国建设部制

建处44年来，累计完成施工里程达3166公里，其中高等级公路300多公里，大中桥梁113座。公司以优质服务为宗旨，信守合同，坚持质量第一，信誉第一。1992年跨入中国 500家最大经营规模建筑企业，中国 500家最佳经济效益建筑企业的行列；1994年跨入中国铁路、公路、隧道、桥梁建筑行业 100家最大经济规模、最佳经济效益的行列；曾被评为云南省建筑施工企业综合实力百强第４名；云南省大中型企业“争先创优”先进企业。1997年被命名为省级文明单位和昆明市花园式单位，资信评级连年为AAA级。

公司积极倡导“高效、卓越、开拓、创新”的企业精神，为发展现代交通，诚交国内外朋友。

地　址：中国·云南省昆明市
白龙小区龙华街
电　话：(0871)5624919
传　真：(0871)5624892
邮　编：650224
E-mail: ynroad@public.km.yn.cn

公司承建的大保高速公路第四合同段130米特大桥

公司承建的昆玉高速公路第三合同段被评为优良工程

云南大保高速公路建设指挥部

云南大保高速公路　是国家重点工程及云南省“八五”和“九五”期间改造的6条主干线之一，全长166.15公里，总投资达70.4亿元。它东连省会昆明，西接国家级口岸瑞丽、畹町等滇西边贸区，为内陆地区通往东南亚国家国际大道的重要组成部分。在省委省政府提出的“建设三纵三横九大通道的高等级公路网，将云南省建成国际大通道”的初定框架中，大保公路是其重要组成部分。建成后的大保公路对西部大开发及促进滇西8地州经济发展，进一步扩大边境贸易和发展旅游业，具有十分重要的意义。

大保公路是部省合资、西部大开发五纵七横的重点建设项目，全线主要布设于“V”字型峡谷地带,基本处于滇西红层区及地质破碎带，谷深坡陡，施工场地狭窄，地层具有不连续性，高填深挖工程量大，高边坡多，大桥、特大桥集中，桥隧相连现象突出。全线共有特大桥、大桥22.944公里/128座（按单幅计），隧道12座，单洞总长21.617公里，给施工带来了极大困难。其工程难度及艰巨性，在云南省公路建设上尚属首见。全线共划分为26个合同段，招标采取国内邀请招标方式，最后有17家施工单位14家监理单位中标。

昆瑞高速公路公司总经理、大保指挥部指挥长陈跃(左二)在工地现场解决问题。

面对工期紧，任务重，工程难度大，质量要求严，施工环境恶劣等特点，为优质高效建设好大保公路，处理好工程建设与质量、进度、投资、环保等关系，云南大保高速公路建设指挥部集思广益，先后制定并颁布实施了工程质量、工程进度、廉政建设、重大问题集体讨论等30多个涉及工程建设各方面的管理办法，建立起“二级指挥机构，三级监理体系，条块结合”的管理模式，对全线工程建设进行全面、有效的管理。这些制度和措施，有效促进了大保公路建设各项工作的顺利展开，对搞好“质量、进度、投资、保通、安全、环保”等6大目标控制起到了积极作用，受到各级领导及省内外公路界的好评与赞扬，在省内外公路工程建设中得到推广和运用。在全体人员的奋力拼搏下，大保公路路基已基本全部成型，隧道可望提前1年全部贯通，隧道机电设备、交通工程收费、通信、监控系统及沿线服务设施、绿化工程已基本完成招投标工作，部分项目已开始实施。

昆瑞高速公路公司党委书记、大保指挥部常务副指挥长宋明(左一)在工地检查。

经国家交通部、省交通厅多次对大保公路进行的质量大检查表明,大保公路认真贯彻落实了省交通厅的质量管理方针,质量意识强，质量保证体系健全，工程质量总体水平较好。在工程建设过程中，指挥部一如既往地继续加大对投资、质量、进度、安全生产、环保、保通的管理力度，历经国家计委、财政部、审计署资金管理审计及省政府安全生产、省人大环保等检查，均受好评。

大保高速公路的建设者们，将严格遵循“严谨、务实、高效、廉洁、全优”的大保精神，对待工作中的每一件事，向党、向全省人民交上一份满意的答卷。

大保公路五合同段路基明槽全景。

桥隧相连

澄江县交通局

县城至湖滨大道

仙湖路

公路绿化一景

澄江县 地处滇中，距昆明52公里。“九五”期间，澄江县委、县政府把澄江公路网络化建设纳入重要议事日程，经过全县各族人民的共同努力，“九五”期间，共完成交通基础设施投资2.99亿元，完成了澄川二级公路（澄江段）、澄宜二级公路县城至九村段路基工程和669公里县乡公路、烟区公路以及澄马二级公路修复等建设，全县公路通车里程由1995年的609公里提高到2000年的877.3公里，其中：二级以上高等级公路76公里，一般县乡公路150.2公里，乡村公路651.1公里，油（砼）路面率达35%，好路率达80%。

通过全县各族人民的勤奋开发以及各有关部门的通力合作，彻底改变了澄江交通面貌，全县形成了四通八达、纵横交错的公路交通网。高原明珠抚仙湖，举世罕见的动物化石群，优质的磷矿资源，澄江腾飞的经济建设，正以崭新的姿态迈向未来。

建设中的的澄川公路

新建的澄川公路

局 长：李　永
书 记：赵旭光
地 址：澄江县凤麓镇环城北路15号
电 话：(0877)6911487
邮 编：652500

澄江县乡公路建设受省公路局表彰

环湖大道

昆明～玉溪高速公路

永恒的瞬间

昆明至玉溪高速公路于1999年4月17日建成通车。这是云南人民经济生活中的一件大事，也是云南公路建设史上的一个里程碑。

昆玉高速公路的建成通车，结束了西南地区没有六车道高速公路的历史。昆明人高兴——春城长大了！玉溪人惊喜——我们离省城更近了！各族群众赞叹——昆玉路象一条河，流淌翻腾着云南改革的浪花；昆玉路象一首歌，传唱着建设者们逢山开路、遇水架桥的丰功伟绩。

昆玉高速公路，为云南公路建设写下辉煌篇章！它创造了云南公路建设史上的诸多第一：云南第一条配套设施完善的六车道高速公路，全长85.707公里；99中国昆明世界园艺博览会第一配套工程，总投资25亿元；云南第一条由企业（红塔集团）出巨资控股并以股份制形式修建的高速公路；云南高等级公路建设史上建设工期最短的一条路，总工期17个月；云南高等级公路建设中交工验收综合评分最高的一条路，95.85分。这是代表云南高速公路建设质量与建设水平的一条路，也是代表云南交通新形象的一条路。

昆玉高速公路，是在交通部，云南省委、省政府和各级政府部门的高度重视和关心支持下，在省交通厅和昆玉高速公路开发有限公司的直接领导下，在投资体制新、质量要求高、工期紧迫的情况下，出色地完成任务，全路达到创全优工程。开创了由企业和政府联合投资进行公路建设的模式，丰富和积累了一整套高速公路设计、施工、组织、管理的经验。

进入二十一世纪，云南公路建设将会有更大发展：要以昆玉路建设为新的起点，把云南建设成为中国连接东南亚、南亚的国际大通道。

云南昆玉高速公路建设指挥部指挥长
云南昆玉高速公路开发有限公司总经理 吴忠彩

地址：云南省昆明市关上中心区24号
电话：0871-7151166

云岭高速路

—云南省公安厅交警

支队长:余世育

云南十运会上3民警荣获7枚金牌,其中郭建华(女)获5枚金牌。

公安部部长助理孟宏伟(左一)、公安部副部长杨焕宁(左二)听取支队情况汇报。

2001年交通管理工作会议,支队长余世育讲话。

支队荣获公安部“创建平安大道模范集体”,荣立一等功

云南是一个以公路运输为主体的省份,公路客货运量占全省交通运输的90%以上。为发展云南经济,实现富民兴滇战略,云南省举全力加强公路建设,使一条条高速、高等级公路象注入云南经济发展营养的血管,在云岭高原的崇山峻岭之间不断延伸。为确保高速、高等级公路的安全畅通,最大限度发挥高速、高等级公路的作用,1995年11月17日,云南省人民政府高瞻远瞩,在全国率先成立了一支高速、高等级公路交通管理队伍,并于1997年1月1日开始对高速、高等级公路实施统一执法。由此,**云南省公安厅交通警察总队高等级公路支队**(云南省公安厅高等级公路巡逻民警支队)诞生。支队主要负责维护全省高速、高等级公路的交通秩序,指挥疏导交通,纠正交通违章行为,处理交通事故;预防和制止公路上发生的违法犯罪活动,打击车匪路霸;堵截逃犯及其他犯罪嫌疑人;依法查处乱设卡、乱罚款、乱收费行为;接受公民报警;救助遭受意外受伤、突然患病或者遇险的人员;负责履行公安部规定的县、市公安交通管理部门的其他职责。目前,支队已发展到了 470多人,管辖着省会昆明辐射全省的昆曲、昆玉、安楚、楚大、石安、玉元等6条740多公里长的高速、高等级公路经济大动脉。

5年多来,支队在云南省委、省政府的关怀下,在省公安厅和交警总队两级党委的直接领导下,在公路沿线地方各级党委、政府和广大人民群众的大力支持下,高举邓小平理论伟大旗帜,以江总书记“三个代表”重要思想为指导,大胆探索,锐意进取,勇于实践,按照一、二、三、四、五、六的工作思路:牢记“一个宗旨”,即全心全意为人民服务的宗旨。正确处理“两个关系”,即严格执法与热情服务的关系。强化“三种意识”,即公仆意识、法制意识、服务意识。走“四化”建警之路,即队伍建设正规化,执勤执法规范化,管理工作科学化,为民服务本职化。努力实现“五个转变”,即执法观念上,从特权思想向人民满意转变;执法队伍建设上,从松散型行政管理向正规化、规范化转变;执法模式上,从多头执法向统一执法转变;执法手段上,从长期以处罚为主向积极为民服务转变;执法机制上,从被动执法向积极防范、建立群防群治防范体系的转变。发挥“六个职能

交警树新风

总队高等级公路支队

民警在执行任务

作用”，即强化交通管理的工作队、打击车匪路霸的战斗队、传播社会主义精神文明的宣传队、为民排忧解难的服务队、与死神争分夺秒的救护队、哪里有险情就出现在哪里的抢险队。把辖区道路管理成了严格执法的场所，打击震慑犯罪分子的战场，传播社会主义精神文明的走廊，在云岭高速、高等级公路上奏响了一曲曲压事故、保安全、保畅通、热情为民服务的壮歌。

5年多来，支队共为民排忧解难 10万余人次；执行警卫开道任务 600余起，都做到了万无一失；巡逻里程680余万公里，相当于绕地球170多圈；查处各类违章140余万起，捣毁犯罪团伙 25个，抓获犯罪嫌疑人 150余人，缴获海络因 24030克；在车流量每年以18%的速度递增的情况下，辖区事故却以15%稳步下降。为云南边疆地区的经济繁荣、社会稳定、民族团结作出了较大的贡献，为全国高速公路交通管理积累了宝贵的经验，受到了公安部、云南省委、省政府、省公安厅和公路沿线各级党委、政府以及广大人民群众的充分肯定和广泛赞誉。到目前为止，支队有 4个中队被评为县级文明单位，3个中队被评为地(市)级文明单位，2个中队荣获县级青年文明号，3个中队荣获地(市)级青年文明号，2个中队荣获省级青年文明号。1999年支队昆曲大队一中队被中华全国总工会授予“五一”劳动奖状，石安大队被公安部评为“创建平安大道先进集体”。2000年云南省公安厅给支队记了集体二等功，并向全省公安系统发出了向支队学习的决定；云南省人民政府授予了支队“人民满意的交警队”称号。2001年2月支队被公安部授予“创建平安大道模范集体”，并荣记集体一等功。

支队长：余世育
地　址：昆明市西山区秀苑路162号
邮　编：650106
电　话：(0871) 8225678

警车出动

昆曲一中队获“五一劳动奖状”、“省青年文明号”

民警进行列队训练

进行雷达测速

云南顺发铁路行包快运有限公司

总经理：方 向

一、公司概况

云南顺发铁路行包快运有限公司 是专门经营昆明——广州、广州——昆明行包快运专列的专业运输公司，经云南省工商行政管理局批准注册成立，由云南省上市公司之一——云南华一投资股份有限公司与广州顺成货物运输服务有限公司、深圳顺成企业发展有限公司、成都通安达实业运输有限公司、广东大金隆货物运输服务有限公司共同发起组建。公司注册资本 480 万元。经营范围：铁路货物运输，货运配套服务，仓储服务，咨询服务，国内贸易。

二、本专列特点

按列车时刻表运行，采用铁道部最新的P65型篷车。

“方便”：自有18个车皮，不需报车皮计划。
“快捷”：时间快（33小时），中间不进行任何甩挂操作。
“价优”：运输价格由企业协商确定。
“安全”：自装自卸自保，24小时收提货，可送货上门。

昆明关上办公室

三、运营状况

公司现阶段日双向发运货物 2000多吨，有30多个收提货网点，覆盖云南省和广东省全境。

公司总经理：方 向　　电话：13508714238
专 线 地 址：昆明市呈贡县洛羊镇昆明南站外贸专用线内
电　　　话：(0871)7412403、7412404
市 内 地 址：昆明市关上万兴花园写字楼3楼　(0871)7155239
广州公司地址：广州芳村石围塘火车站14道　13802737757

货 场

车皮(P65型)

昆明机床股份有限公司

（昆明机床厂）

昆明机床股份有限公司 是中国机械工业生产大型精密机床的大型骨干企业和机电产品出口基地。现有职工 2476人，资产总额5.75亿元。主要业务为设计、开发、生产及销售机床，对外提供精密机械加工和各类优质铸件的服务。主要产品有卧式镗床、坐标镗床、加工中心、仿型铣床、三坐标测量机、精密位移传感器。主导产品的品种和规格较为齐全，技术水平大都处于国内先进水平。产品以精度高、质量优享誉海内外，深受中外用户喜爱。公司技术力量雄厚，加工手段先进，先后开发了200多种新产品，荣获国家、省、市政府部门颁发的 80多项科研成果奖，18次部以上质量奖，包括2次国优金奖和3次国优银奖，产品品牌“昆机牌”为全国知名品牌，公司为“全国百家质量优秀企业”。1999年通过ISO9001质量体系认证。

邮　　编：650203

地　　址：云南省昆明市茨坝路23号

电　　话：0871—5150186

传　　真：0871—5150317

网　　址：www.CNKMTC.com

电子信箱：KMMTCL@public.km.yn.cn

法人代表：高扬仁

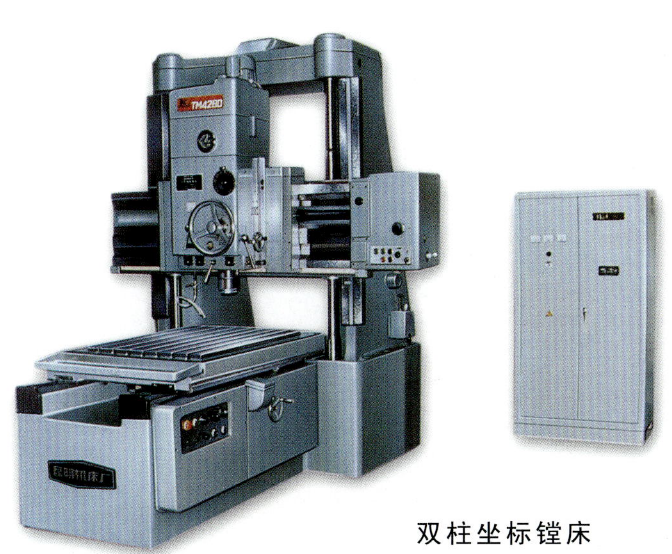

双柱坐标镗床

公司大门

云南变压器电气股份有限公司

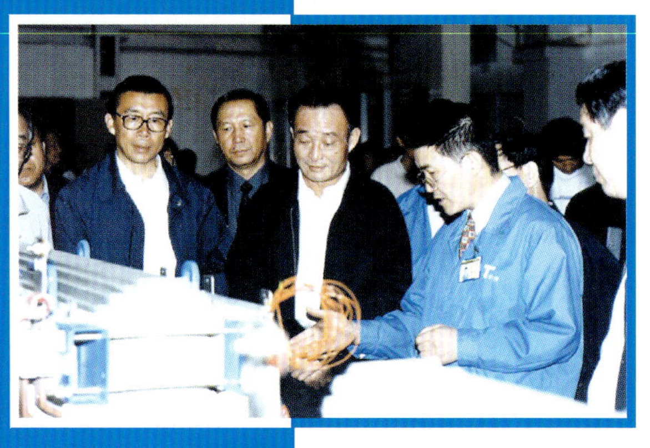
吴邦国副总理来公司视察

云南变压器电气股份有限公司 前身始建于1936年，是中国最早制造变压器的厂家之一，国家定点生产220kV级以下电压等级各种变压器的重点企业。

公司拥有一支实力雄厚的科技开发队伍，技术人员占公司员工数的30%，并具备了国内外先进的生产和测试装备，微机广泛应用于产品设计、产品试验和生产管理。目前，公司的管理信息系统（MIS）通过光纤网络将100多个信息点联结在一起，建立了1.5万多个数据库。被国家经贸委评为“二十一世纪中小企业信息化建设十大典型经验”。

多年来，公司以市场为导向，紧紧依靠科技进步，坚持技术创新，不断开发优势特色产品，促进了产品、工艺和管理现代化的建设。公司主要生产电力变压器、配电变压器、电气化铁路牵引变压器、及各类特种变压器。

公司于2000年12月投资并控股“昆明赛格迈特种变压器电气有限责任公司”（简称“赛电气”），主要生产35kV级及以下电压等级 H级绝干式变压器，该产品技术是公司从法国独家引进，通过多年来技术人员的总结和探索，独立开发的适应我国国情的系列产品，包括电力干式变压器、城市轻轨专用,6项12脉冲、12相24脉冲的干式牵引整流变压器及各种特殊用的干式变压器；产品采用美国杜邦公司C级绝缘的NOMEX材料为绝缘基础，使产品的耐热绝缘等级达到H级，耐热等级高，介电常数小，低压绕组采用德国铜箔，具有较强的抗热冲击能力和过负荷能力；主要技术性能指标领先于国内同类产品，达到国际九十年代先进水平，属我国新一代的节能、安全、绿色、环保型高技术产品。

220kV级高原型、湿热型电力变压器

欢迎各界朋友和用户到公司参观指导。

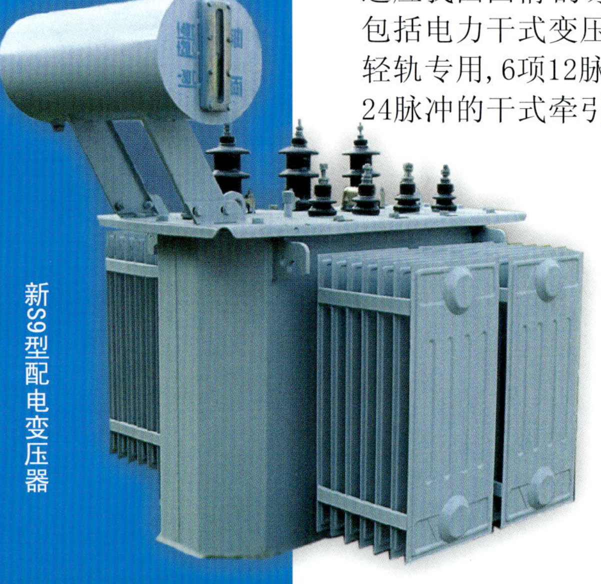
新S9型配电变压器

云南变压器电气股份有限公司

三相不等容牵引变压器

H级绝缘赛格迈(SECURAMID)干式配电变压器

总 经 理：陈　鹰
公司地址：中国昆明西郊马街
邮　　编：650100
电　　话：0871－8182648
传　　真：0871－8182742

地铁牵引整流干式变压器

平衡牵引变压器

云南铜业股份有限公司

董事长：邹韶禄

总经理：孔繁义

云南铜业股份有限公司 崛起在资源富饶冶炼历史悠久的红土高原，是云南铜业（集团）有限公司发起并控股的上市公司。

云南铜业股份有限公司股票(0878)“云南铜业”1998年6月2日上市交易，1999年4月1日入选美国道中88指数股，1999年10月8日入选深圳成份指数股。

云南铜业股份有限公司是中国闻名的铜冶炼大型企业，现已形成年产粗铜12万吨、高纯阴极铜15万吨、电工用铜线坯6万吨、工业硫酸27万吨、金2.5吨、银200吨的年生产能力，并能回收铅锌以及铋、硒、铂、钯等多种有色金属和稀贵金属。

公司按GB／T19002—1994 idt ISO9002：1994，建立的质量保证体系获北京新世纪质量体系认证中心及英国国家质量保证有限公司认证证书。

公司生产的5种主要产品高纯阴极铜、电工用铜线坯、工业硫酸、金锭、银锭均采用国际标准组织生产，确保出厂产品合格率100%，实现质量一流，服务优良，遵守合同，确保信誉的质量承诺。

公司2000年配股募集资金4.48亿元，主要用于大红山铜矿二期工程建设。为搞好铜资源的开发和深度利用，公司不断地调整产品结构，将逐步实现企业产品多样化，使企业获得更好的经济效益。

质量体系认证证书

注册号：120080888

兹证明

云南铜业股份有限公司

云南省昆明市西山区王家桥

邮政编码：650102

质量体系符合

GB/T 19002—1994 idt ISO9002:1994 标准

该质量体系适用于

高纯阴极铜、电工用铜线坯、金锭、银锭、工业硫酸、硫酸铜（非农用）的生产、加工、销售及服务

颁证书日期：2000年12月26日

证书有效期：2003年12月14日

北京新世纪质量体系认证中心

总经理：

2000年12月26日

国际认可论坛多边承认协议（IAF/MLA）集团承认

国家认可注册号：SC 12

地　　址：云南省昆明市西山区王家桥

电　　话：(0871) 8390991

传　　真：(0871) 8390800

邮　　编：650102

电子邮件：info@yunnan-copper.com

NATIONAL QUALITY ASSURANCE

Certificate of Registration

This is to certify that the Quality Management System of

YUNNAN COPPER CO., LTD
WANGJIA STREET, XISHAN DISTRICT,
KUNMING, YUNNAN,
PEOPLES REPUBLIC OF CHINA

applicable to

MANUFACTURE AND SALE OF GRADE A COPPER CATHODES, COPPER RODS FOR ELECTRICAL USE, GOLD AND SILVER INGOTS, INDUSTRIAL SULPHURIC ACID AND SULPHATE OF COPPER (NOT FOR FERTILIZERS)

has been assessed and registered by National Quality Assurance Limited against the provisions of

BS EN ISO 9002 : 1994

This registration is subject to the company maintaining a quality management system, to the above standard, which will be monitored by NQA.

The Seal of National Quality Assurance Limited was hereto affixed in the presence of:

Managing Director

Certificate No: 11777

Date: 22 January 2001

Valid Until: 31 December 2003

EAC Code: 12/17

质量体系认证证书

目　　录

第四篇　地州市经济发展概况

第五篇　城市经济发展概况

第六篇　经济研究概况

第七篇　云南大事记

第八篇　云南国民经济统计资料

第九篇　部分企事业单位概况

第十篇　附　录

彩色插页目录

Main Contents

Special Editting

Chapter 2 Major Economic Laws and Regulations

Chapter 3 Commentary of Yunnan National Economic Development

Chapter 4　Economic Development in Prefectures and Districts of Yunnan

特　　载

在全省地厅级主要领导干部财税与 WTO 专题研讨班上的讲话

（2000 年 3 月 31 日）

中共云南省委书记　令狐安

同志们：

云南省地厅级主要领导干部财税与 WTO 专题研讨班就要结束了。这次研讨班层次较高、时间集中、信息量大、针对性强，理论与实践结合紧密。同志们普遍反映对财税工作重要性的认识明显提高，增强了贯彻执行中央积极财政政策、落实国家西部大开发战略的自觉性和积极性；初步了解了有关 WTO 的知识，对我国加入 WTO 的重要意义，尤其是云南所面临的机遇和挑战有了进一步的认识；对省委、省政府确定的参与西部大开发的基本思路和主要任务的认识有了深化。这些成效，一方面得益于专家们授课的启迪，同时也是同志们认真学习和积极思考的结果。

当前，我国经济已进入了一个结构调整的新阶段；改革开放向纵深发展；高科技尤其是信息网络技术发展突飞猛进；全国统一市场正在加快形成，市场竞争和科技竞争更趋激烈；国家开始实施西部大开发战略；我国即将加入世贸组织。这些重要变化正在引发思维方式、工作方式、生活方式和经济增长方式的深刻变化。在这样的历史背景下，我们必须立足云南实际，对事关全局的一些重大问题进行深入思考。这里我主要强调 4 个问题。

一、关于参与西部大开发和加快发展问题

发展是硬道理，是解决一切问题的关键，也是做好财政税收工作的基础。像云南这样的西部欠发达省区，盲目追求速度是不对的，但又必须保持一定的发展速度，否则与全国平均水平的差距会继续拉大，自身的许多矛盾和问题也难以解决。近年来，由于受周边国家经济不景气和国内大多数工农业产品相对过剩的影响，我省多年来

一直存在的经济结构和城乡结构不合理、基础设施薄弱、劳动者科技文化素质低的深层次矛盾日益凸现，经济增长速度减缓。1997 年党的十五大以后，我们加大了结构调整力度。在加大对科技教育和各项基础设施建设投入力度的同时，随着基础管理和市场开拓工作的加强，烟草产业和矿产业得到巩固提高，生物资源开发和旅游业等新兴支柱产业正在崛起，乡镇企业继续保持较高速度增长，建筑建材和房地产业、小城镇建设、信息产业、畜牧业等新的经济增长点加快了发展速度，非公有制经济的发展明显加快。但是长期形成的结构性矛盾并未从根本上得到解决，仍然是制约云南经济社会发展的主要因素。

在世纪交替的关键时期，党中央作出了实施西部大开发的重大战略决策，为云南发展提供了新的重大机遇。据此，省委六届九次全会明确提出了建设“绿色经济强省”、“民族文化大省”和中国连接东南亚、南亚的国际大通道的目标。在推进西部大开发进程中要做的工作很多，当前最重要的是要转变思想观念、完善开发思路、明确方针对策。按照省委的部署，自去年 4 季度开始，全省上下广泛开展了“以改革开放为动力，以调整结构、开拓市场、搞活流通”为主题的解放思想、更新观念大讨论。下一步，要注意将正在进行的解放思想大讨论与实施西部大开发、加快建立社会主义市场经济体制进程紧密结合起来，加强更新观念的针对性。现阶段，我们要十分注意宣传和树立 5 个观念：

第一，树立自力更生、艰苦奋斗的思想观念。对于相对落后的省份而言，中央的帮助，东部各省区的支持是十分珍贵的，我们要千方百计地争取。但相比之下，破除“等、靠、要”的思想，树立和保持自力更生、艰苦奋斗的精神状态更为重要。从目前掌握的情况看，中央对西部开发的财力投入有一个过程，也是有一定限度的，期望值过高并不现实。我们要积极争取上级的支持，在项目方面认真扎实地做好各项准备，力争能更多进入全国的盘子，特别是“十五”的盘子。但是，我们决不能把云南的开发和发展，单纯寄托在伸手向上边要钱、要物、要政策之上。世界上没有靠救济变富的家庭，没有靠扶持而富裕的省区，更没有靠援助而发达的国家。西部大开发要立足培养自身的“造血”功能，立足于深化改革、扩大开放、勇于创新，即使暂时的输血也是为了实现长远的造血。我们要拿出当年培植、发展烟草产业的那样一般劲头，大胆探索，大胆实践，敢于开拓创新。事情要靠我们自己去做，办法要靠我们去想。没有这一条，云南就没有希望。

第二，树立依靠大开放促大发展的思想观念。我们强调自力更生，但绝不等于提倡自我封闭、“万事不求人”。既要站在云南看云南，也要跳出云南看云南。省委六届九次全会提出要建设国际大通道，要大力开拓市场，搞活流通，实行“走出去”的对外开放战略，就是要充分发挥云南的地缘和区位优势，充分利用国际、国内的资源、市场、资金、技术和人才，形成后发优势，实施跨越战略，以大开放促进大开发和大发展。在对外开放、引进人才、资金以及政策的制定方面，我们广泛吸收了其他省区特别是东部省区好的做法，出台了我省的政策，然而我要强调的是，这些政策，落实的程度不尽人意，有不少外商在这方面颇有怨言。所以，在引进资金技术人才方面，现在主要不是制定新的政策，而是千方百计狠抓落实的问题！这个问题不解决，我们以大开放促大发展就是一句空话。

第三，树立资源开发利用与保护并重的思想观念。西部大开发并不等于大开矿、大开荒，资源开发必须遵循永续利用和可持续发展的原则。最近有两位专家给我写信重点讲了这个问题，他们主张对不可补偿资源的开发使用要十分慎重，一定要采用高科技进行开发，提高附加值，提高技术含量，不能遍地开花大开矿。企图靠这个短期致富，最终必然导致资源的全面破坏。对可再生性资源，如水能资源的利用，要进一步提高认识，加强研究，加大投入，加大开发力度。这对子孙后代，对云南的发展是有好处的。开发生物资源，必须将充分开发利用生物的商品价值与积极筹建“物种基因库”、保护生物多样性结合起来；发展旅游产业必须把发掘民族文化旅游资源与抢救和保护优秀的民族传统文化结合起来；建设矿产支柱产业必须把生态环境保护与精深加工、综合利用结合起来。利用与保护并重是资源开发的一条基本原则。特别是我省地处大江大河上游，要更加注意这个问题。

第四，树立效益和速度相统一的思想观念。

我们强调发展，是要有效益的发展。总结历史经验，往往一种倾向掩盖着另一种倾向，尤其是在强调加快发展时常常忽略经济效益。过去计划经济体制下出现过的一些草率决策、盲目投资、低水平重复建设的严重教训至今影响犹存。对这个问题。全省上下一定要把认识统一到省第六次党代会和省委六届六、七、八、九次全会强调的观念上来。对那些没有市场、没有效益、破坏资源、破坏环境的企业一定要下决心关停并转，这一条千万不能动摇。在这些企业中有一部分是国有企业，有一部分挂着乡镇企业的牌子，基本没有资本金，主要是靠贷款建立起来的，大部分严重亏损，资不抵债，已经成为地方党委、政府和财政的沉重包袱。因为我省经济总量还不大，现在下决心采取措施还有办法逐步调整过来，如果再犹豫耽误时机，包袱会越来越重。我讲这个观点不是只针对小企业的，省委、省政府也从未讲过凡是小企业都要关掉。中小企业在全国、全世界都占企业数量的主体，应该积极鼓励发展。企业不在大小，关键看它的产品是否有市场，有效益，是否符合生态环境保护原则。中央提出国企三年解困扭亏的目标，我省今年有望完成。省属236户大中型企业可以做到这一点，这是一个很大的成绩。但是，我们还有几千户国有小型企业，其中不少企业，包括很大一部分流通企业，问题相当严重。这些企业的负债、亏损比例远高于236户大中型企业，所以我省国有企业特别是小企业的放开搞活任务还很繁重。对其中部分扭亏无望的企业必须下决心“壮士断腕”，实行关停并转。我们必须把大胆探索的勇气和科学求实的精神结合起来，尊重客观经济规律，坚持市场导向，坚持科学民主决策，真正把提高经济效益和经济运行质量放在第一位，努力实现效益与速度的统一。

第五，树立加快产业结构和所有制结构调整步伐，是促进区域经济发展和解决财政问题的关键的思想观念。有些同志思想上对这两个问题的认识并没有真正得到解决。总结云南改革开放20年来的两条基本经验，一条是立足市场需求和资源优势，努力发展特色经济，在“特”字上作好文章；一条是在大胆探索公有制多种实现形式的同时，放手发展民营经济，充分调动全体人民群众的创造性和积极性。公有资产在国民经济中的主导地位和控制力，主要不在于公有制企业的数量和资产的比例，而在于资产运行的质量和总量的增长，包括集体所有制的资产也是这样一个道理。我省非公有制经济近几年发展确实加快了速度，但我们多次强调的信贷、土地、税费等重大政策问题在相当多的地区没有从根本上得到解决，关键还是一个政策落实问题。

关于完善思路和方针政策的问题。省委、省政府已经提出了云南参与西部大开发的基本思路和构想，最近正在制定具体的实施意见和项目计划。关于方针政策的制定修改完善，主要包括两个方面：一是需要中央帮助解决的。我们提出了需要中央解决的7个方面共30多条政策建议，这些非常重要。最近人行成都分行多次就加快西南地区发展、实施西部大开发战略提出金融方面的政策建议，很有价值。另一方面，我们必须充分重视制定、修改、完善我省自己的对策及政策。我们要进一步解放思想，更新观念，在不违反中央方针政策的前提下，按照“三个有利于”的标准大胆突破。需要指出的是，在市场经济条件下搞开发建设，不能再沿用计划经济时期的老办法。参与西部大开发必须遵循客观经济规律，正确处理好发挥政府宏观调控作用和充分发挥市场配置资源基础性作用的关系。

西部大开发，人才是关键。为此，我们要在积极培养和提高本省人才素质的同时，加大智力引进的力度。要变伯乐“相马”为市场“赛马”，积极发挥好各类人才的作用。在人才的引进和使用上也要进一步转变观念。去年有的同志提出，为了加强政策研究，希望增加编制。我讲，现在已进入信息时代，作为政策研究部门，思想应比别人更解放。如何提高研究水平、增强研究力量？是否还要沿续计划经济条件下那一套招兵买马的办法？我建议，首先要实行研究课题招标，要人家“赛马”，自己应该先赛一赛，重大课题也要象经济项目一样招标。经过招标，优化组合，建立课题组。研究人员可以是你这个研究机构的，也可是各类大学、社会科研机构、企业的研究人员。课题完成了，出了成果了，课题组就解散。要让社会上的人才为我所用，才能真正显出政策研究机构领导的水平和能力。随着电脑和信息网络的建设，一部分政策研究人员可能会以在家办公为主，那么就没有必要盖那么多办公室，配一台电脑就解决问题了。所以观念转变问题，处处可见，但我们往往习以为常。此外，还要高度重视高新技术的推广使用，高度重视信息网络技术、生物技术和人文社会科学的研究、推广工作。

总之，西部大开发是一项长期的历史任务，我们既要只争朝夕，又不能急于求成、一哄而起，更不能象邓拓同志写的《一个鸡蛋的家当》一文中批评过的那样盲目讲大话、空话，必须脚踏实地、因地制宜、科学规划，按步骤、分阶段、有重点地推进。

二、关于深化投融资体制改革问题

在我省，投融资体制改革与财政改革有密切关系。在市场经济比较发达的国家中这二者本没有太深关系，但云南多年来是靠财政资金和银行贷款搞建设。这项改革滞后，是制约我省许多地区经济发展的一个“瓶颈”，也是导致我省一些项目投入巨资而未能充分发挥效益的重要原因。我省每年投入的建设性财政资金量位居全国前茅，但带动力不够强。1998 年，上海市财政投入与总投资之比为 1∶27，而我省仅为 1∶7 左右。当然，云南同上海有许多不可比因素，但是我省投融资管理体制改革滞后是财政资金运用效率与先进省区存在较大差距的一个重要原因。因此，从去年开始，省委、省政府多次强调这个问题，把它作为当前深化改革的一项重要任务和课题对待。我在这里再强调一下：

首先，要进一步完善国有资产管理体制和营运机制。要把政府管理社会的公共职能和管理国有资产的经济职能分开，把政府的公共预算和国有资产经营预算分开；进一步完善出资人制度和国有资产授权经营办法；建立与社会主义市场经济体制相适应的产权管理方式，实现由实物形态管理向价值形态管理，由直接管理向间接管理，由单纯投入管理向投入配置、收取回报到再投入全过程管理过渡；加快各类投资公司的改革、改制步伐，建立健全国有资产管理法规和执法体系，强化监督约束机制。我省的投资公司首先要考虑布局的调整，有的要重组，在此基础上建立完善的法人治理结构和现代企业制度。这些公司的大股东是财政，所以投资方向一定要符合省委、省政府制定的产业政策，这是不能动摇的。建立法人治理结构和现代企业制度，提高企业自主权，主要体现为科学民主决策，防止领导个人盲目决策，但是必须按省委、省政府确定的产业政策和发展方向去投资。这是以财政资金为主的投资公司和民间投资公司的重要区别。

第二，要改革建设性财政资金的管理使用办法。在建设起始阶段，财政投入作为启动资金，必须实行政府引导、企业运作的方式。财政投资要通过综合性投资公司和专业性投资公司来运作，切实做到政企分开。我省的建设性财政资金对全省经济发展起了重大推进作用，但也出现不少弊病，主要是管理不规范、监督不严密，导致有些项目效益低下。近两年我们加强了对财政专项基金的管理、清理，摸清了底数，强调加强周转使用，强调了科学民主决策，与前些年相比有很大进步，但还不够。我们改革的方向就是要充分发挥市场对资源配置的基础性作用，包括资金的配置，办法就是要通过综合性和专业性投资公司来运作。要加强这项改革，加强投资公司的规范运作，面临的问题就是要提高投资公司自身的管理水平和领导素质。投资公司的规范运作需要大批专门人才，我们要采取请进来与走出去并举的办法，派人出省、出国培训、实习提高，或采用公开招聘和对口帮扶、挂职等方式，聘请省外、国外的优秀人才到我省投资公司任职。

第三，积极拓宽融资渠道，加大融资力度。当前的重点是要进一步加大直接融资的力度，特别是要促进证券市场发展，规范证券市场管理，加快项目包装上市。公司上市是直接融资的重要渠道。总结过去经验和存在问题，去年省委、省政府明确提出，今后对上市公司的推荐应与我省支柱产业、高新技术产业发展紧密结合，要积极推荐科技含量高、经营效益好、市场前景广的企业（包括民营企业）上市，不能再搞平均分配、地区照顾；要积极选择项目到海外招商引资，采取直接投资、出让企业股权、特许经营权转让等方式，吸纳国外资金；要努力争取扩大地方建设项目和企业，特别是公路、电力、城建等基础设施建设项目的债券发行量；要加大间接融资力度，积极鼓励和帮助企业与银行建立新型的银企合作关系。同时，要继续深化金融改革，强化监督管理，防范金融风险。

第四，积极探索风险投资机制的建设问题。风险投资也称创业投资。长期以来，由于我国、包括我省没有建立能够为科技型和高增长型创业企业提供股权资本的风险投资机制，一些研究成果推广应用步履艰难，不能迅速转化为生产力，影响了高新技术企业发展和实现产业化进程。科研成果转化难，一大原因就是产学研联合体的建立缓慢，没有真正形成以企业为主的创新机制，另一大原因就是风险投资机制滞后。国外把风险投资称创业投资。我们学习“硅谷”的经验除了学习它在人才使用、报酬激励方面的经验外，还要认真研究汲取它建立风险投资机制的经验。没有这一条，加快高新技术产业发展就是一句空话。风险投资机制建立本身就有很大风险，我们不能一哄而起，但也不能消极等待，一定要积极探索研究。有些规定哪怕粗一点也比拖而不决、没有规定好。我们自己有困难，也可引进沿海和国外的风险投资企业到云南来运作。我建议烟草企业拿一部分钱出来建立风险投资公司，支持地方经济结构调整。作为云南土地哺育起来的企业有责任为云南的经济结构调整作出新的贡献。

总之，我们要依照“制定政策、创造环境、加强监管、控制风险”的原则，重视培育风险投资主体，完善中介服务机构，建立健全鼓励和引导风险投资的政策和法规体系。

*第五，认真解决建立国有资产投入——退出——再投入——再退出机制的问题。*特别是在盘活国有存量资产方面，如国有资产置换行为的规范问题，解决市场价值和投入价值不一致的问题等等，要尽快研究出切实可行的办法。

三、关于人口、资源和环境问题

江总书记最近强调：“能不能坚持做好人口资源环境工作，关系到我国经济和社会的安全，关系到我国人民生活的质量，关系到中华民族生存和发展的长远大计”。我着重讲讲人口问题。云南自开展计划生育工作以来，少出生了400多万人口，取得了显著成绩。但由于历史、社会等原因，人口自然增长率仍明显高于全国平均水平和西部多数省区，排全国第7位，在西部10省区名列第2，出生率排全国第4位。人口总量在全国的位次去年又上升了1位，排第13位，与我省经济总量在全国的排序很不相称。

我们要充分认识到人口问题直接关系到经济发展和人民生活条件的改善，是关乎云南未来发展的几个关键性因素之一。所以，各级领导一定要像重视经济发展那样重视人口工作。省委六届九次全会要求，经过一段时间的努力，全省人口自然增长率要逐步接近于全国平均水平。这是根据我省长远发展的要求而提出的。各级党政领导干部要深刻领会中央9号文件强调的“经济要上去，人口数量要下来，人的素质要提高”的句话的丰富内涵，努力实现省委提出的这一目标。云南是个多民族的省份，计划生育基本政策一定要稳定。但从全省各族人民的长远和根本利益出发，有必要依法对现行的计划生育政策进行适当调整。内蒙古自治区人口自然增长率低于全国3个千分点，我省是高于全国3个千分点，当然它的民族人口比我们比重略低一点，但是，他们的计划生育政策比较严格，包括蒙古族的计划生育政策也比较严格。蒙古族的同志已经认识到，人口数量增长过快加大了需求，导致草原的载畜量增加过快，是造成内蒙草原大规模退化和沙化的主要原因。如果再发展下去，对整个民族的生存质量要造成重大威胁。他们10年前就认识到这个问题的重要性，所以，采取了一些比较严格的措施。我们邻近的广东等省市现在采取城镇中的少数民族只能生一胎、发达地区的农村一般也只能生一胎的政策。贫困地区由于经济发展水平低、养老保险发展迟缓，尚不具备只生一胎的条件，但是也实行了比较严格的政策，少数民族最多也只能生两胎。我省区域之间发展不平衡，民族之间发展也不平衡，我们要通过调查研究，从各地区、各民族发展的实际出发，依法对计划生育政策进行微调。当然，这项工作一定要细致稳妥，要在深入调研的基础上，拿出可行的对策。

在严格控制人口数量的同时，要特别注意提高各民族群众的素质。一是要努力为少数民族学生创造更多、更好的受教育条件。除加大投入、改善民族学校的办学条件外，民族学校应增加汉族学生招生比重，普通学校要增加少数民族学生招生数量，以利于各民族学生取长补短、互相帮助，加强民族团结和交流，提高各民族的文化素质。二是从各民族的长远发展和根本利益出发，应注意加强汉语教学和外语教学。要将尊重和保护少数民族传统文化与加强汉语、外语教学，提高少数民族人口素质有机结合起来。三是特别重视边境沿线和民族特困地区的义务教育，在政策、资金等方面要给予明显倾向。实际上我们今年已经在边境一线实行优惠政策。各级领导干部要针对人口计划生育问题，提高人口素质问题，加强汉语、外语教学问题和增加少数民族学生招生比例问题多做工作。少数民族中的党员领导干部更要在本民族范围内多做工作。我很担心到了基层，我们的一些话会简单地变成标语、口号，最后，导致出现一些不必要的矛盾。

以前，我省一些地方出现过这样的情况，有的地方企业实现联合兼并，有的领导同志就想不通，甚至有的地县一级的领导都想不通，认为这是我辛辛苦苦办的企业，为什么叫别的地方的大企业拿走了？甚至有的自治地方的领导说违反民族区域自治法。实际上这是风马牛不相及的两件事。你虽然拿了一点税收，但企业亏得一塌糊涂，包袱越来越重。实行兼并，人家拿去了，照样给你交税，管得好税还交得多，你又不用费心管具体事情，这不是一个大好事吗？为什么还想不通呢？所以，我们不能轻看思想观念方面存在问题的严重性，一定要认真搞好调查研究，深入细致地、耐心地做好思想政治工作和解释工作，真正使基层干部和人民群众认识到这样做，不仅对云南的发展而且对本民族的发展都是最有利的。

同时，我们还要解决好土地、矿产和水资源的保护和合理利用问题，高度重视生态建设和环境保护工作，努力实现可持续发展。

四、关于加强党的建设问题

加强党的建设，是顺利实施西部大开发战略的根本保证，也是做好各项工作包括财政税收工作的根本保证。江泽民同志最近指出："要把中国的事情办好，关键取决于我们党，取决于党的思想、作风、组织、纪律状况和战斗力、领导水平。只要我们党始终成为中国先进社会生产力的发展要求、中国先进文化的前进方向、中国最广大人民的根本利益的忠实代表，我们党就能永远立于不败之地，永远得到全国各族人民的衷心拥护并带领人民不断前进"。这一重要讲话，深刻揭示了中国共产党的本质特征，指明了新形势下加强党的建设的方向，事关全局，意义重大。

加强党的建设，就要始终不渝地坚持"一个中心，两个基本点"的基本路线。首先是要增强党领导经济建设的能力，提高领导现代化建设的水平。江总书记关于"三个代表"的论述中，先进社会生产力是基础、是核心，先进文化是方向、是保证，最广大人民群众的利益是根本、是目的，三者是辩证统一的整体，缺一不可，生产力的发展是首要的，这和邓小平同志提出的"三个有利于"标准是一致的。

加强党的建设，就要十分重视各级领导班子的建设。选拔领导干部，一定要做到德才兼备。要大胆选拔那些政治坚定、廉洁奉公而又勇于开拓、敢于创新的人。要十分注意干部的人品，因为人品集中反映了一个人的世界观、人生观和价值观。这些年来，省委是努力按照中央颁布的干部选拔任免条例去办的，也尽量做到能够全面考察干部。可以说，省委在选拔培养干部的问题上，首先注重的是德才兼备。把思想是否解放，是否廉洁奉公，特别是力图能够做到把开拓进取和廉洁奉公辩证统一起来。同时，也力图通过组织部门考察和群众的反映去观察一个干部，究竟是脚踏实地，真正扎扎实实为群众办实事，还是做得少，说得多，有意识地去宣传自己，推销自己，甚至是有意识地找各种关系为自己的"进步"创造条件。省委力求做到在干部的选拔上公道正派，当然还有差距，因为人的认识有局限性。但是，我们努力依靠各级党委、各级组织部门，也依靠我们常委的集体智慧来努力向这个方向靠近，也希望得到大家的支持和帮助。

人品问题我最近讲了两次，是有意识去讲的，不是泛泛讲道理、讲空话。人品好差是靠大家秉公评论，不是自封的。人品好的同志也不见得没有缺点，没有不足。要通过加强学习，时时提醒自己，特别在遇到名利、权位、进退的问题上，要时时提醒自己正确对待这些问题。有些同志进取心比较强，看自己的优点、成绩比较多，也不能武断地认为他人品不好。因为人们都有个荣誉感和进取心，也希望得到组织、领导、群众、同级客观正确的评价。如果没有积极的进取心，我们的事业也不可能得到发展。但是很重要的一条，就是肯定自己的成绩要客观、实在，不能盲目夸大，更不能有意识地为个人升官"造势"；第二是绝不能去有意贬低别人，一定要实事求是。干部推荐讲"三推"，其中一条是毛遂自荐，这不属于跑官要官，属于干部制度改革的一个内容。但是靠贬低别人去抬高自己，靠封官许愿和利用矛盾去拉拢同志争取支持，是最要不得的。

我们能否真正做到“三个代表”，关键是要言行一致。必须承认，我们不少领导干部、包括我在内，官当久了、当大了，往往容易脱离群众，对群众的疾苦不象在基层工作时那么关心了，对群众的意见不像在基层工作时那样重视了。教育别人时，大道理讲得都很明白，但自己做起来往往言行脱节。一事当前，先替自己打算，后替群众打算；对个人的权位名利往往看得比较重，对群众的疾苦常常漠然视之，形式主义、敷衍塞责、追求享乐，甚至贪污受贿、腐败堕落的现象也就随之而生了。所以，我们各级领导，特别是县以上领导干部绝不能对人马列主义，对己自由主义，一定要真正做到严以律己，以高尚的人格力量和良好的形象去影响、带动各族各界群众。

加强党的建设，必须切实加强思想政治工作。我们正处于改革和发展的关键时期，随着经济成份和经济利益的多元化，社会生活方式和社会组织形式的多样化，就业方式和就业岗位的多样化，思想政治工作面临着大量的新情况、新问题。“法轮功”等邪教组织产生、发展的教训充分说明，我们在党的工作、思想工作、群众工作方面存在着问题。如果我们不注重研究社会思想动态，任随各种错误思潮泛滥，我们就会犯历史性的错误。我们必须从巩固党的执政地位、实现党的历史使命的高度，充分重视和认真做好群众的思想政治工作。当前要认真学习江泽民同志在广东高州市的讲话，在干部群众中开展“致富思源、富而思进”的教育活动，动员各族人民积极投入西部大开发，努力攀登新的高峰。“致富思源、富而思进”的讨论值得充分重视。由于云南经济社会发展不平衡，我们不仅要靠东部省区的支持，也有一个省内相对发达地区支持贫困落后地区的义务。最近10多年来，我省也是这样做的。但是，在西部大开发的新形势下，对口帮扶工作还要进一步开辟新领域、增加新内容，并要不断深化、发展、提高，我们要充分动员自己的力量，特别是发展比较快的地区更要注意这个问题。我省不但要开展这个讨论，而且要扎扎实实地采取一些措施来落实总书记的这个指示，把它作为“西部大开发，云南怎么办”大讨论的一个重要组成内容来对待。

加强党的建设，必须毫不放松地继续抓好“三讲”教育。首先，要按中央要求，认真搞好省级领导班子和地厅级领导班子“三讲”教育回头看工作，抓紧落实和做好整改工作。同时，要精心组织、认真搞好县级“三讲”教育。省地两级党委领导成员都要联系一个县的“三讲”教育工作，加强指导。省委分工我联系武定县的“三讲”教育工作，我在武定县表了两个态，一要力争做到在“三讲”的每一个阶段都要去一次，或采取其它方式听取干部群众的反映；二是武定县的“三讲”教育最终效果是否能达到预期的目标，我负有重要领导责任。其他常委也应该这样要求自己。各地州市党委常委（地委委员）也要按这个要求来办。根据中央领导同志的指示，乡级领导的教育和县以上的“三讲”教育采取的方式方法不一样，主要采取正面教育方式。我省如何抓好乡级领导“三讲”教育试点，省委“三讲”办要根据中央“三讲”办的统一要求，安排部署。

全省在“三讲”教育中要注意推进干部制度的改革，纠正用人上的不正之风，认真贯彻执行干部任免条例，加强干部交流工作。干部制度改革抓好了，“三讲”教育成果就易于巩固，对党的建设、班子建设都十分重要。最近，党中央加强了干部交流力度，对8个省党委或政府的主要领导干部进行了调整，其中多数是采取交流任职或者是交流提拔的方式来实施的。中组部还在10个省的范围内试行部分地州市主要领导干部交流。中组部计划在未来几年之内，要在全国扩大实行地州市主要领导干部交流范围。根据中央的有关要求，最近省委组织部提了一个意见，就是要对“八长”进行交流。这几年，省委已经明显加强了干部交流的力度。最近，省委为了进一步加强政法队伍领导班子和队伍建设，下决心对地州市公检法“三长”进行了交流任职，开了一个好头。省委研究这个问题时，也考虑到有的干部工作确实抓得很好，交流以后可能对本地工作有一定的影响。但我们再三考虑，除了年龄偏大、身体不好的可以在本地进行岗位交流之外，不能有特例。下一步，对一些重要关键岗位，还要按照中央和省委的有关规定，有计划有组织地进行交流。各地州市委、各部门党委（党组）也要按照中央和省委的有关规定精神，在本地区部门完善有关规定和办法，加大干部交流的力度，同时也要避免县市主要领导变动过于频繁。

最后，我还要强调三点：一是高度重视维护社会稳定。当前我省一些地方和单位潜在着一些不稳定因素。境内外敌对势力仍在千方百计利用民族宗教问题进行煽动、破坏活动。极少数“法轮功”骨干分子仍在暗中串联，制造事端。今年，随着经济结构调整力度的加大和一些企业破产、关闭，还将有一批职工下岗和失业。我们各级领导不能仅仅过节时慰问一下，还要抽时间到亏损企业、下岗职工家里去走一走、看一看。我们坐在主席台上总结工作，总是说形势大好，成绩是主流。但是，亏损企业、下岗职工等低收入人群往往情绪低下、心情沮丧，和我们以及中高收入人群的感受不一样。我们要十分关注这个问题，注意解决他们存在的特殊困难。目前，全省正在清理农村合作基金会，并即将进行村级管理体制改革。这两项工作涉及面广，直接牵动着基层干部群众的切身利益，一定要慎重、稳妥地处理好。希望大家十分注意一些动向，发现不稳定的苗头及时报告、及时解决。总之，各级党政领导一定要时时刻刻高度重视社会稳定工作，万万不可粗心大意。二是抓紧做好春耕工作。目前，春耕大忙季节已经来临，各级党委、政府要注意做到“三讲”与春耕两促进、两不误，把“三讲”中焕发出来的热情用到抓春耕生产上，抓好市场开拓和农业产业结构调整，认真解决今年初大面积霜冻和地震等灾害造成的问题，千方百计促进农民增收。“三讲”教育的成效如何，要体现在干部思想素质、政治素质的提高上，最终要落实到抓两个文明建设的成果上。三是加强学习、狠抓落实，反对形式主义。各级领导干部要注意加强学习，提高政治素质和领导能力，了解和掌握新知识，更好地驾驭市场经济。要大兴调查研究、狠抓落实之风，坚决摒弃形式主义。省委、省政府领导要以身作则，讲实话、办实事；少开会，开短会；少发文，发短文；不说空话套话，少参加应酬吃喝，多抽出一些时间，多腾出一些精力，深入基层，深入实际。希望大家结合“三讲”教育和贯彻江总书记在广东高州市讲话精神，力戒形式主义，扎扎实实地狠抓今年各项任务的落实。

在省级党政机构改革动员大会上的讲话

（2000年5月19日）

中共云南省委书记　令狐安

同志们：

省级机构改革是我省当前的一项重要工作，省委对此非常重视。刚才，省政府领导代表省委、省政府，对我省的省级机构改革工作，作了一个动员报告，全面阐述了这次机构改革工作的重要性紧迫性，机构改革的目标、任务、原则等重要问题。省直各部门要连同中央有关机构改革的指示一起认真贯彻落实。

今天，我主要强调讲3个问题。

一、要从讲政治的高度，坚决贯彻落实中央批准的机构改革方案

党中央对机构改革高度重视。早在1982年，邓小平同志就指出，精简机构是一场革命，如果不搞这场革命，是不可能得到人民赞同的。党的十五大把机构改革作为推进政治体制改革、建设社会主义法治国家的五项重要任务之一，明确指出：“机构庞大，人员臃肿，政企不分，官僚主义严重，直接阻碍改革的深入和经济的发展，影响党和群众的关系。”并对机构改革的原则作了明确和深入的阐述。按照十五大的精神，党的十五届二中全会专门研究和部署了党政机构改革工作，审议通过了国务院机构改革方案。全会强调，机构改革是深化经济体制改革、发展社会主义市场经济的客观要求，是密切党和政府与人民群众联系的迫切需要，是党和国家领导制度改革的一项重要任务，也是政治体制改革的重要内容。要通过机构改革，建立起办事高效、运转协调、行为规范的行政管理体系，完善公务员制度，建设高素质的专业化国家行政管理干部队伍，建立适应社会主义市场经济体制的有中国特色的行政管理体系。江泽民同志在全会上指出，这次机构改革，决心要大，改革方案定下来后，大家都要坚决贯彻执行，不能打折扣。

今天的动员大会之后，省委、省政府将正式下发机构改革方案及人员分流意见。省直各部门要把机构改革摆上重要工作日程，按照中央和省委的要求，提出具体工作方案。各部门原则上都要成立机构改革领导小组，由一名分管领导负责具体工作，拟定工作计划，抓好”三定”和人员分流等改革措施的落实。在机构改革期间，特别要强调加强组织纪律，严肃执行党纪、政纪，真正做到令行禁止，对机改中违犯纪律、干扰工作大局的，要予以追究。不论是继续保留的部门还是转体、撤销、合并的部门，不论是继续在职在岗还是即将分流转岗的人员，都必须恪尽职守，确保机关工作正常运转，以实际行动不折不扣地坚决落实中央批准的机改方案。

二、共产党员和党的各级组织，要以“三个代表”为准则，在机构改革中发挥模范带头作用

今年初，江泽民同志指出：“要把中国的事情办好，关键取决于我们党，取决于党的思想、作风、组织、纪律状况和战斗力、领导水平。只要我们党始终成为中国先进生产力的发展要求、中国先进文化的前进方向、中国最广大人民的根本利益的忠实代表，我们党就能永远立于不败之地，永远得到全国人民的衷心拥护并带领人民不断前进”。最近，江泽民同志在江苏、浙江、上海考察时又强调，全党同志特别是领导干部，要用“三个代表”的要求来指导自己的思想和行动。党的各项工作都要坚持、体现和贯彻“三个代表”的要求，要坚持把“三个代表”的要求落实到坚定正确地执行党的路线方针政策中去，落实到党的各项工作中去，落实到建设一支高素质的干部队伍中去，落实到从严治党中去。江泽民同志的重要指示，是对邓小平党建理论的重要发展，对当前各项工作也具有重要的指导意义。在即将开展的省级党政机构改革中，每个共产党员都必须认真学习和实践江泽民同志关于“三个代表”的重要论述，时刻牢记党的根本宗旨，把党、国家和人民的利益放在高于一切、重于一切的位置。要认真落实江泽民同志题词肯定的“领导当楷模，机关作表率，基层树形象”的要求，自觉顾全大局，主动服从大局，从自己做起，努力当好表率。在机构改革中，如何对待个人进退去留和本部门的归属问题，最能反映一个人的世界观、人生观和价值观，最能反映一个领导同志的政治素养。党员尤其是领导干部以什么态度对待机构改革，是胸怀大局、坚决落实中央批准的机改方案，还是斤斤计较个人和部门的利益，这是检验“三讲”成果的重要尺度，是对每个党员干部的考验。

顺利推进机构改革，党组织的核心领导作用是关键。各级党委、各部门党组、省直几个工委要充分发挥好核心领导作用和保证作用，从思想上、政治上、组织上加强领导，精心安排，稳步实施。特别是要充分发挥我们党的政治优势，有针对性地做好思想政治工作。党的各级组织、包括党支部、党小组都要注意掌握思想动态，及时分析各种思想苗头，通过深入细致和及时有效的思想政治工作，化消极因素为积极因素，始终保持机关的思想稳定，为机构改革提供强有力的保证。要组织全体机关人员结合实际，学习邓小平理论的有关内容和江泽民同志的重要讲话，牢固树立大局观念和全局意识，为全省发展着想，为全省4200万人民的根本利益着想，从推进全省改革开放大业、实现跨世纪发展的高度，深刻理解机构改革的重要性、必要性和紧迫性，使个人的进退得失自觉服从于党的事业和人民的利益。

三、正确处理好机构改革和其他各项工作的关系，特别要集中精力抓好经济工作

进行机构改革的目的，是为了促进各项工作的高效运转。各级党委、政府在抓好机构改革的同时，一定要更加重视经济工作。一季度我省GDP增长过缓，但经济运行质量好于去年同期。4月份，工业生产增长明显加快，农业和农村经济形势稳定发展，市场销售稳中见旺，固定资产投资降幅明显缩小，财政收入有较快增长，旅游业发展达到预期目标，城镇居民收入继续增加。但是，经济工作仍然面临许多困难和问题，切不可稍有松懈。我们既要看到经济工作面临困难的客观原因，更要看到主观工作存在的问题；既要看到经济建设面临的一些不利因素，也要充分看到我们今年完成经济社会发展目标的有利条件；既要充分重视一季度经济增长速度偏低这一问题，又不要产生悲观失望的情绪，更不能产生埋怨情绪。应当看到，云南经济工作存在的问题以及深层次的结构性矛盾不可能在短期内解决。但只要我们抓住关键、难点和重点问题，转变作风，狠抓落实，就可以提高经济运行的质量，加快经济发展速度。当前，要着重抓好以下5个方面的工作。

第一，要坚持省第六次党代会确定的“30字”发展思路和省委六届九次全会确定的跨世纪发展目标，通过调查研究，抓紧修改、完善我省参与西部大开发的工作思路和具体实施意见，稳步推进云南的发展。当前主要抓好项目准备和政策制定工作。要进一步完善项目建设库，要舍得花钱下气力做好项目的前期准备工作。同时，要继续加强对中央各部门的汇报沟通工作。要继续抓紧清理我省过去制定的法规、政策，对过时的、阻碍生产力发展的要及时废除，对不完善的要及时修改。同时，要大胆借鉴先进地区的经验，结合我省实际制定新的有利于促进西部大开发的各类政策法规。

第二，着力解决近期经济工作中遇到的关键和难点、重点问题。

一是要抓关键。要牢牢抓住增加投入和烟草营销这两个关键。进一步改善投资软环境，修改完善政策、扩大招商引资，同时积极争取国家支持，从下半年国债增加的配额中争取更大部分。积极、深入地搞好投融资体制改革，完善证券市场，拓宽融资渠道。财政也要挤出资金加大支持力度。“两烟”生产对云南的经济发展至关重要，烟草产业是云南最大、最重要的支柱产业，稍有闪失，就会对经济发展产生极大影响。最近3年烟草在国内生产总值和财税收入中的比重每年下降1个百分点左右，一方面反映了烟草生产营销遇到了一些困难，另一方面也说明我省的其他支柱产业有新的发展，经济结构调整开始收到一定成效。对烟草产业万万不能忽视，要继续苦练内功，加强基础管理和技术创新，采取多种手段加强烟草的促销工作，加快两烟品种结构调整，提高巩固质量。

二是要抓难点。当前最大的难点是金融问题。尽管省委、省政府采取了很多协调措施，但与经济发展的需要相比还有较大差距，我们要千方百计做好工作。财政贴息、担保是我们目前能够采取的比较有效的措施。同时，要进一步支持金融机构加强管理，不断强化企业的金融意识。现在确实存在有些企业有能力还息但拖着不还的现象。今年一季度以来，我省企业拖付利息的比重明显上升。另外，一些企业负债严重、信誉下降。也有些金融机构人员不敢与非公有制企业打交道，担心背上包袱说不清，有些害怕追究终身责任。总之，多种原因导致银行更加惜贷。各级党委、政府领导一定要把银行和企业两方面存在的问题都分析到，认真做好协调工作。这项工作做得如何，对我省今年的投资增长、经济增长能否完成预定目标至关重要。

三是要抓重点。不仅要继续抓好重点地区、重点产业、重点企业和重点产品，而且要十分重视农业生产和流通体制改革。省委提出要深入开展“以改革开放为动力，以调整结构、开拓市场、搞活流通为主题”的解放思想大讨论，抓住了近年来云南经济结构调整中市场意识不强、流通不活的关键，完全符合建立社会主义市场经济体制和实施西部大开发的要求。现在不仅工业产品出现全国性的过剩，而且近年农副产品，包括粮食、肉、蛋、禽以及部分水果、蔬菜，也开始呈现过剩现象。只有重视流通，产品才有销路；只有抓了流通，才了解市场需求，然后才能据此正确调整产业结构。

四是要抓调整。农业产业结构调整要打气侯牌、打绿色牌，发展特色产品，发展无污染、无公害的健康食品，才能扩大市场占有率。工业主要是抓好企业技术改造、基础管理和产品结构调整及市场推销工作。比如卷烟的问题，凡是抓得早的就畅销，凡是抓得晚的就挨打。“红塔山”以前有一段时间比较被动，下苦功夫后现在开始摆脱被动局面。也有的品牌以前很畅销，因为忽视了这个问题，结果出了些问题。

第三，围绕解决影响云南经济发展深层次矛

盾和当前的工作难点，突出抓好专题性的调查研究。糖产业去年搞了专题调研，采取了若干措施，形势有所好转，但是深层次的矛盾没有解决，整个糖产业的效益、规模、劳动生产率与广西比还差一个档次。这个产业涉及千家万户，需要进一步深化调研，及时制定有力措施。明年的烤烟种植计划有可能扩大，如果我们进一步调整优化结构、品种，提高质量，扩大出口，将对农民增收起到重要作用。这相对来讲是一个短平快的项目，对此有关部门要抓紧调查研究，及时制定对策。茶产业关系到我省 600 多万农民的收入。我省茶产业面临企业多、规模小、精品少，大路茶多、农民收入低、茶树老化等许多问题，应该予以重视。林产业发展潜力很大，如果商品用材林政策的修改完善有突破性的进展，会成为我省不少地区的重要支柱产业和我省一大优势产业。还有畜牧业、花卉业、蔬菜产业等都十分重要，也应有计划地列入重点调研的日程。矿产业既是我省的重要传统产业，又是仍具有相当发展潜力的支柱产业，在去年我省的经济增长中发挥了重要作用，但现在也面临着许多难题，包括国家矿山下放、资源枯竭矿山的关闭、矿产品如何深加工增值等一系列的问题，都需要认真研究。前一段由省委政研室牵头，对工业进行了调查研究，突出强调有 8 个传统产业作为改造提高的重点。总的思路是好的，但是还需要一个产业一个产业地研究、调查，制定扶持政策，把工作做细。包括我们提出的 6 个高新技术产业，哪些最具有发展潜力，需要采取哪些具体措施，都要在调研基础上制定切实有效的发展政策。

第四，要进一步解放思想、转变观念，深化改革、扩大开放，为云南的经济发展创造良好的条件。云南发展的一条基本经验就是通过开放促开发，同时深化改革，加快建立社会主义市场经济体制的步伐，进一步减少计划经济的色彩，充分发挥市场对资源配置的基础性作用。当前，对口岸管理改革、投融资体制改革、人才培养引进改革、教育和科技体制改革等重大问题，既要敢于大胆试验，又要坚持科学务实的态度，不违反国家的法律法规，正确处理好各种关系。在对外开放方面，当前要着重做好根据形势的发展变化完善调整政策和下决心改善投资软环境这两项工作。

第五，省级领导机关和直各部门要按照各自的分工，紧紧围绕经济建设这个中心，转变作风，狠抓落实。说到不如做到，一打空话不如一个行动。省委主要是抓重要思路的调研、修改、完善和重大政策的调整制定。政府要具体地、全面地抓好经济工作，着重研究产业政策的制定，切实解决重点、难点问题。人大主要从立法和执法监督的角度，为经济建设服务。政协要发挥优势，调动社会各方面人士特别是海外人士的积极性，参与经济建设。各部门、各单位都要结合全面落实“三讲”整改措施，真正把抓落实贯彻到各项具体工作中，以自己的实际行动推动全省各项工作的顺利进行。

开展“三讲”教育和实施西部大开发是我们加强党的建设和加快经济发展的重大历史机遇。经过“三讲”教育，广大机关干部的思想觉悟有了明显提高。省委相信，有各级党组织的坚强领导，有干部职工的支持配合，我省的机构改革一定能够顺利进行。希望大家进一步解放思想、转变观念、增强团结、形成合力，转变作风、狠抓落实，在顺利开展机构改革的同时，全力以赴完成今年预定的经济社会发展目标。

在部分地州市国有企业改革与发展座谈会上的讲话

（2000 年 7 月 13 日）

中共云南省委书记　令狐安

同志们：

这次我和省政府分管领导同志到玉溪、曲靖、昆明的部分国有企业进行了 3 天调研。今天，6 地州市的领导和企业代表汇报了国有企业改革和发展的情况，介绍了许多好经验，谈到了当前遇到的困难和急需解决的问题，省直有关部门领导也发了言。总的来看，去年下半年以来，我省各级党委、政府认真贯彻落实党的十五届四中全会和省委六届八次、九次全会精神，积极推进国有企业的改革和发展工作，努力帮助企业解决生产经营中碰到的困难和问题，为企业服务的观念进一步增强。企业也普遍重视了市场开拓，加大了苦练内功的力度。我省国有企业改革与发展取得了比较大的成效，主要表现：一是建立现代企业制度的工作正在稳步推进。截止今年 6 月，全省 236 户地方国有大中型工业企业，有 104 户进行了不同形式的改组改制，改制面达到 44.1%。全省纳入统计的 3773 户国有小企业，1999 的底“放小”面达 70% 以上，其中昆明、红河、楚雄等地达 90% 以上。二是脱困工作收到了明显成效。截止今年 5 月，全省 64 户重点扭亏脱困企业，破产兼并的 20 户，扭亏为盈的 10 户，大幅减亏的 22 户，亏损额比去年同期减少 4909 万元，出现了一批好典型、好经验。特别是 32 位省级领导同志重点联系的 64 户困难企业，情况普遍有所好转。预计到今年底，我省 3 年累计 60 户以上企业脱困的任务能如期完成。三是国有经济战略性调整和国有企业战略性改组力度有所加大。全省重点培育的 40 户大企业大集团，已有 30 户基本完成了规范的公司制改革。全省 13 户企业与金融资产管理公司签订了债转股协议，金额达 49.45 亿元。落实朱总理指示，破产关闭 43 户小企业的工作正在抓紧进行，实施后可核销呆坏账 12 亿元。四是用新技术、新工艺改造传统产业的工作正在积极推进。五是流通企业创新营销方式取得初步进展。截止 6 月底，全省 56 户地方国有大中型商业企业中，已有 15 户约 600 个门点实现了连锁经营，6 户开办了仓储式超级市场，3 户开辟了电子商务业务。六是帮助企业解决突出困难和问题取得了明显效果。1999 年，全省为企业协调封闭贷款 3.17 亿元，电价让利 1.35 亿元。到今年 6 月底，我省金融系统对企业短期贷款余额 1262.38 亿元，同比增长 4.1%；对企业中期流动资金贷款余额 62.97 亿元，比年初增加 12.99 亿元，增长 25.98%，同比增长 66.31%。企业分离办社会职能的工作也开始起步。这些成绩的取得，是企业面向市场、坚持改革创新的结果，也与党委、政府和职能部门加强服务、转变作风密切相关。

在取得一定成绩的同时，应当清醒地看到，我省由于受传统计划经济体制的影响和制约比较深，市场化进程较迟缓，低水平重复建设带来的遗留问题远未解决，加之全国买方市场的形成和面临即将“入世”的新形势，国有企业改革和发展面临着许多新情况和新问题，一些深层次的矛盾正在集中暴露出来。主要表现在：计划经济体制下形成的传统观念根深蒂固，观念转变仍然相当滞后，“等、靠、要”的思想较为突出，与市场经济的发展要求很不适应；不少企业内部经营机制不活，缺乏内在动力，产品单一、技术含量低，促销手段落后，缺乏市场竞争力；一些企业班子素质不高，缺乏搞好企业的能力和驾驭市场经济的本领，对加入WTO后面临的严峻挑战认识不足；不少企业基础管理薄弱，缺乏健全、有效的激励机制和监督机制，个别企业腐败问题严重；有些企业未能正确处理好“老三会”、“新三会”之间的关系，党团组织和董事会、监事会、职代会、工会等作用没有得到充分发挥，等等。

为更好地贯彻党的十五届四中全会精神，省委六届八次全会通过了《中共云南省委关于贯彻〈中共中央关于国有企业改革和发展若干重大问题的决定〉的意见》，结合云南实际，提出了今后10年国有企业改革发展的主要目标任务和重大方针、措施。为落实会议精神，今年5月，省政府主要领导同志在省政府召开的全省国有企业改革和发展工作会议上作了一个报告。省委、省政府决定制定14个配套文件，已经出台了2个，今天又印发了9个。可以说，我省关于国企改革和发展的方针、政策已经明确，现在的关键是狠抓落实。

当前，我省国有企业正面临着日趋激烈的市场竞争，特别是面临加入WTO后的极大挑战。应当看到，我省相当一批企业由于生产水平低下、技术设备老化、科技含量不高、内部管理粗放、经营状况不佳，“入世”后必将受到强烈冲击；现行的涉外经济法律、法规和政策，也不完全符合WTO规则的要求；在观念和体制上还存在许多不适应的地方，等等。这些，都需要在深化国有企业改革和发展的实践中加以解决。为确保党中央、国务院提出的国企改革脱困目标任务的实现，根据中央和省委的要求，结合云南实际，我着重强调4个问题：

一、加强党对国有企业改革和发展的领导

加强和改善党的领导是加快国有企业改革和发展的根本保证。坚持党的领导，充分发挥国有企业党组织的政治核心作用，是一个重大原则问题。

首先，各级党委要高度重视国有企业改革和发展工作。全省各级党委必须切实做到认识到位、工作到位、领导到位，动员全社会力量，把帮助企业搞好改革和发展摆上重要议事日程。国有企业改革和发展是建立完善社会主义市场经济体制的中心环节，也是各级党委、政府的“一把手工程”。全省上下一定要真正形成“一把手亲自抓，分管领导全力抓，其他领导共同抓”的格局，切实加强领导，保证中央《决定》认真贯彻落实。按照省委、省政府的要求，通过积极开展“服务企业年”活动，紧紧围绕企业改革、生产、经营和精神文明建设等工作任务，为企业办实事，解难题。

第二，改进作风，深入调研，认真解决企业改革发展中面临的突出问题。各级领导、各有关部门要继续抓好所联系的国有特困企业工作，要挤出时间进厂蹲点，扎扎实实搞好调研，认真听取企业意见，切实帮助企业解决问题。从调查情况看，不少企业在建立完善法人治理结构、强化领导班子建设和加强管理监督方面差距还很大；分离企业办社会职能等突出问题仍未很好解决；目前全省还有数万下岗职工，随着行业结构调整和企业重组步伐的加快，今年还有一批企业要破产关闭，职工安置困难将进一步突出。最近，中办、国办11号文件对资源枯竭矿山的关闭破产问题提出了若干重要政策性规定，我省正在制定具体贯彻落实意见。不少矿山地处偏僻，职工安置工作面临更大难度。解决职工安置问题的关键是广开就业门路，根本出路在于建立健全社会保障体系。要认真贯彻落实朱总理的重要讲话精神，通过再就业中心积极为失业职工寻找新的就业门路，进一步做好三条保障线的工作。我们在制定“十五”计划、安排明年经济社会发展计划和财政支出结构调整过程中，宁肯少上几个项目，也要增加社会保障资金的预算安排。各级政府和有关部门要逐步提高社保资金占财政支出的比重，同时，鼓励多渠道筹集社会保障资金，逐步提高社保覆盖面、征缴率和职工个人缴费比例。省政府已制定下发了分离企业办社会职能的配套文件，各地要积极开展试点工作，切实加强领导和协调，重点解决好“钱从哪里来”、“人往哪里去”的问题。“乱收费、乱摊派、乱罚款”问题讲了多年，目前不少地方企业反映依然强烈。“三乱”问题屡禁不止，根子在于少数部门和单位一心只考虑小团体利益，根本不顾全国、全省改革开放和发展稳定的大局。各级党委、政府必须建立责任制，高度重视，严加查处，决不姑息。

第三，努力改善宏观环境，为企业改革和发展营造一个“好氛围”，形成一个“大气候”。根据中央《决定》和省委《贯彻意见》的精神，在党委的统一领导下，各级人大要强化执法监督，政府要深化各项配套改革、改进服务，政协要有针对性地加强协商和调研，政法部门要公正执法，宣传部门和新闻单位要加大宣传力度，努力为国企改革和发展创造良好的外部环境。全省上下要象广西那样，真正把国有企业的改革和发展作为“天大的事”来抓。

第四，全面加强企业党的建设和思想政治工作。我们在抓好企业领导班子建设的同时，要充分重视加强企业党员的基层组织建设，发挥好党组织的战斗堡垒作用和党的先锋模范作用。要坚持全心全意依靠工人阶级的指导方针，充分重视发挥工会、青年团等群团组织的作用，共同做好新形势下企业的思想政治工作。要坚持和完善以职代会为基本形式的企业民主管理制度，坚持民主评议和厂务公开，设立职工董事、职工监事制度。特别要认真学习贯彻江总书记在全国思想政治工作会议上的重要讲话精神，组织好专题调研，全面总结我省企业思想政治工作的好经验，找出存在的差距和问题，制定并认真落实整改措施。思想政治工作是国企改革与发展的生命线，也是我党的政治优势。困难企业和实行兼并破产的企业党组织，尤其要深入细致地做好群众政治思想工作和宣传解释工作，确保社会稳定和企业改革的顺利进行。

二、按“三个有利于”的标准，深化国有企业改革

坚持“三个有利于”的标准，是贯彻党的实事求是思想路线的集中体现。当前，有的同志对招商引资面临的问题比较注意，但对改革过程中存在的困难和问题相对重视不够。实际上改革和开放是互相促进、不可分割的。由于改革滞后，一些国内外客商对我省投资环境尤其是软环境不满意。因此，从一定意义上可以说，我省改革的滞后制约了开放步伐。为解决和处理好国企改革发展中存在的困难和问题。推动云南全面开放，必须按照“三个有利于”的标准，大胆探索，勇于实践。搞好国企改革和发展，必须加快企业领导体制、投融资体制、社会保障体制、财政税收体制、金融保险体制、对外贸易体制等各项改革。这里，我主要围绕国有企业的改革和发展，讲一讲努力实现“四个创新”的问题。

（一）观念创新。观念落后至今仍是事关国有企业改革和发展的一个重大制约因素。面对同样的条件、同样的环境，有的企业能够不断发展壮大、生机勃勃，有的却举步维艰、难以生存，一个重要的原因是企业职工，尤其是企业主要领导观念上存在着明显差距。观念上的差距导致了我省一些地方和企业改革严重滞后：一是产权制度改革滞后，产权结构单一，企业缺乏生机和活力；二是企业领导管理体制的改革滞后，法人治理结构尚未建立和完善；三是分配制度改革滞后，导致企业能人流失，职工缺乏积极性；四是营销观念和手段落后，难于适应市场需求；五是科学技术是第一生产力的观念树立不牢，企业技术创新机制薄弱，产学研一体化进展迟缓。国企改革是一个系统工程，从长远看，这5个方面的问题都必须认真解决，缺一不可。这里我重点讲讲树立市场观念和破除大锅饭的问题。重生产、轻营销，是我省企业普遍存在的突出问题。去年以来，全省开展的“以改革开放为动力，以调整结构、开拓市场、搞活流通为主题”的解放思想大讨论，抓住了我省经济工作的主要矛盾。我们相当一部分企业尤其是国有企业，促销手段单一，激励政策死板，严重制约和影响了产品的销售，导致一些企业的产品产销率和市场占有率不断下降。在市场经济条件下，消费决定生产，营销决定效益。红塔集团在市场竞争日益激烈的严峻形势下，选配400多人抓市场开拓，与8个省的烟草公司联合组建了联营公司，通过加强营销，今年上半年销售比去年同期增长21.8%。可见，我们必须从根本上转变传统的经营观念和管理模式，变生产导向型为市场导向型，真正把开拓市场放在首位，才能使企业在竞争中生存和发展。各级领导都要清醒地认识到，由于受长期自然经济和计划经济的影响，“不患寡而患不均”的平均主义思想在国有企业中根深蒂固。当前，突出表现为企业经营者、技术骨干和能工巧匠的报酬仍然不尽合理，导致能人流失。昆明烟机集团下属一个企业，过去不少管理和技术骨干辞职出去办私营企业，出了十几个百万富翁，几个千万富翁，企业却一度陷入困境，连职工工资都发不出。后来，他们痛定思痛，大胆改革，情况发生了根本变化。我看，在确保国有资产保值增值、职工收入水平稳步提高的前提下，通过年薪制、期股等多种分配方式，让对企业有重大贡献的管理、技术骨干大幅度增加收入，可以真正富起来，甚至成为百万富翁，这是一件大好事，应该予以肯定。

（二）制度创新。要按照“产权清晰、权责明确、政企分开、管理科学”的要求，推进国有大中型企业建立现代企业制度。

首先，要着重在建立健全公司法人治理结构上下功夫。法人治理结构是现代企业制度的核心，是企业实行科学民主决策和强化监督约束机制的保证，也是我们在国企改革和发展中要重点解决好的一个关键。公司制改革过程中，要依法建立健全法人治理结构，正确处理好新、老“三会”关系，真正形成权责落实、协调高效的运行、约束和自负盈亏机制。政府授权行使国有资产所有者职能的机构或实体，负责向公司委派产权代表，并按出资比例行使权力、承担责任。董事会要制定严格的制度和办法，保证决策科学化，切实改革企业决策权力过于集中和决策失误无人负责的状况。要根据《国有企业监事会暂行条例》和《中华人民共和国会计法》，分别做好向国有独资和国有控股企业派出监事会及财务总监的工作。监事会要以财务监督为核心，根据有关法律法规，对企业负责人的经营管理行为进行有效监督，切实解决职工监事权利不到位的问题。党员董事、监事和职工董事、监事行使重大决策表决权前，要分别向党组织、工会和职代会报告，确保董事会决策充分反映党组织、工会和职代会的意见。在建立健全公司法人治理结构的过程中，既要坚持严格按《公司法》和有关规定的要求办，又要大胆探索，实事求是，注重实效，特别要注意避免人浮于事。

第二，要积极探索，不断总结、完善和推广各种行之有效的改制方式。股权多元化、职工持股是我省企业改制中较为有效的做法，应当在实践中不断完善。除极少数关系到国家经济命脉、情况特殊的国有企业，经批准可改制为国有独资公司和国有控股企业外，一般应改制为多元投资主体的股份制企业，有条件的也可实行职工持股会控股。政府授权经营国有资产的企业集团，以及机构改革中转体而成的集团公司，也要积极推动所属企业改制为多元投资主体的公司或股份合作制企业。昆明市对一些企业内部持股比例的指导思想（即经营者持股可高于一般职工）没有问题，各地可以借鉴。但要注意，不能将财产量化给私人，也不能简单地决定由经营者个人控股或收买职工的股份，还是要一企一策，不下指标，不一刀切，主要看条件。有些地州的经验证明，不少国有小企业原本是大集体或小集体企业，在过去所有制越公越革命的左的路线影响的下，平调上收为国有企业。对这类企业，改革步伐可以更大一些，方式更活一些。在认真做好职工工作的基础上，可以通过科学决策、规范操作，采取多种方式改革。但操作一定要科学、规范，防止随意性，防止国有资产流失。国有流通企业改革是一个薄弱环节，要加快改革和公司制改造步伐。国有商业、物资和外贸企业要适应市场经济的需要，彻底打破原有的管理模式和运作方式，强化内部管理；要充分利用现有的仓储设施、销售渠道，以及资金、人才方面的优势，扩大经营范围；要采用先进的流通方式和营销手段，拓展销售领域和生存空间。

第三，要继续深化“三项制度”改革。国有企业劳动用工、人事和分配制度改革搞了多年，但在相当一部分企业中走了过场，必须进行补课。前一段，我们注重抓了亏损企业的职工下岗分流工作；值得重视的是，一些效益较好的先进企业反而没有认真抓减员增效工作。有的是怕得罪人，但更重要的是眼光短浅，没有居安思危，从全国处于买方市场、竞争日益激烈和我国即将“入世”的新形势出发，认真对待这个问题。希望各地、各企业瞄准国内外先进水平，充分重视“三项制度”改革。通过发展生产，多渠道分流安置职工，不断提高劳动生产率，提高市场竞争力，真正建立职工能进能出、管理人员能上能下、职工收入能增能减的机制，从根本上解决企业经营机制不活的问题。

（三）技术创新。知识就是力量，技术就是财富。在市场经济条件下，技术创新水平的高低，在很大程度决定了企业竞争能力的强弱。没有新技术和先进工艺，就没有高档次的产品；没有新产品开发能力，就不能生产出适应市场需要的商品，也就没有抢占市场份额的“资本”。我省不少企业产品多年甚至几十年一贯制，技术创新能力十分薄弱，这样的企业亏损、倒闭、破产只是个时间早晚问题。云南过去小有名气的“五朵金花”（白玫洗衣机、山茶电视机、兰花电冰箱、春花自行车、茶花汽车）在激烈的市场竞争中过早地凋谢，除投资不足、市场开拓意识不强外，与技术创新能力不强也有直接的重要关系。由于云南中小企业多，技术创新能力弱，各地、各企业要认真贯彻省委、省政府召开的技术创新工作会议精神，千方百计加强与省内外、乃至国内外科研机构、大专院校的合作，建立形式多样的产学研联合体。有条件的企业要建立发展技术创新中心，强化技术创新机构。要善于掌握新形势下国内外、省内外人才和知识的流动规律，采取合作研发、技术入股、工作调入等多种方式吸引和使用人才。也可以派人出国、出省培训、进修。同时要充分重视发挥企业职工特别是能工巧匠的作用，鼓励他们积极参与技术创新。从我省实际出发，要特别重视通过互联网获取技术信息，以人之长补我不足。

（四）管理创新。党的十五届四中全会结束后，我省组织了由牛绍尧同志带队的考察团赴广西考察。“以班子为重点、以产品为中心”对企业进行全面整顿，是广西国企改革的成功经验。抓班子是解决精神状况和科学管理的问题，抓产品则是解决基础管理和市场开拓问题。从调查情况看，大多数企业经过认真整顿，面貌焕然一新，效益明显提高。究其原因，除了领导者自身素质之外，关键是狠抓了企业的基础管理。一汽红塔公司由亏转盈，在激烈的市场竞争中得以生存和发展，除了引进了一汽的品牌和技术、实行了债转股等重大措施外，与企业认真学习邯钢经验、全面加强班子建设和基础管理有十分密切的关系。目前，在一汽红塔公司的汽车总装配生产车间，生产井井有条，你甚至在地上找不到一颗掉下的螺丝钉。针对我省企业普遍存在的基础管理薄弱的问题，省委、省政府决定今年在全省国有企业中开展“苦练内功年”活动，各企业主管部门要扎扎实实抓好落实，加强考核稽察，严格工作纪律，厉行奖优罚劣。要认真落实江总书记的重要批示和全国安全生产紧急会议精神，抓好企业全面质量管理和产品国际质量认证标准贯标工作。搞好无形资产的管理、保护和合理利用。加强发展战略研究，广泛采用现代新技术、新方法和新手段，实现管理上的创新。我们一定要丢掉幻想、眼睛向内、苦练内功，全面提高企业素质，形成真正适应市场经济要求的经营管理机制。有条件的企业要推广计算机网络管理等现代管理技术。

三、加强对企业领导班子的建设、管理和监督

领导班子建设如何，是国有企业改革发展成败的关键。一个好的班子可以使一个困难企业摆脱困境，而一个差的班子可能把一个好的企业搞垮，这种情况在我省已屡见不鲜。特别是企业主要领导人素质如何，对企业的生存和发展举足轻重。对领导班子建设重视不够、管理不严、监督失控，是当前我省一些国有企业管理混乱、亏损严重、职工积极性不高的根本原因。要从 4 个方面着手加强这项工作。

（一）抓好对全省重点骨干企业领导班子状况的调查研究和分析。领导班子状况如何是企业得以生存和发展的关键所在。省委决定由省委组织部和省委企业工委牵头，有关部门参加，对全省 236 户地方国有大中型工业企业的领导班子状况和法人治理结构建立完善情况进行专门调研。主要依靠各企业自检，同时适当进行互检和抽检。通过调研，进一步促进我省国有企业班子建设上一个新台阶，同时，找出后进单位和薄弱环节，结合开展“三讲”教育，采取派检查组、巡视组、督导组等方式，深入帮助进行整改，扎扎实实解决问题。可以选择有一定代表性的企业，作典型调查，解剖麻雀。在认真调研分析的基础上，对企业领导班子及生产经营中存在的突出问题和有代表性的问题，必须限期进行整改。

（二）以“三个代表”为指导着力抓好 5 项重点工作。一是要增强企业领导成员的党性。企业党组织和领导班子成员，要努力学习和带头坚持“三个代表”的重要思想；要以建立健全民主集中制为核心，健全各项规章制度，发挥好党委一班人的作用；要严格遵守党的纪律，认真贯彻执行党的路线方针和政策，充分发挥好党组织的政治核心作用。二是要提高企业领导成员的素质。国有企业领导班子成员不仅要有良好的政治素质，而且必须具备过硬的业务素质；班子成员要做到结构合理、专业互补，特别是企业的董事长、党委书记、总经理、监事会主席、工会主席等领导干部一定要做到党性强、善管理、懂技术。这样，才能有共同语言，才容易相互沟通和密切配合。三是要减少领导班子成员的数量。有些国有企业管理层次和领导成员数量过多，降低了工作效率和决策速度，严重不适应市场瞬息万变的要求。全省都要充分重视和逐步解决这个问题，特别是中小企业，在不影响各自职能履行的前提下，企业领导成员可以适当互相兼职。四是要解决企业领导成员的待遇。企业领导成员特别是主要领导对企业的兴衰发展有举足轻重的重要作用，因此理所应当享受与之相称的待遇和报酬。要下决心解决好这个问题，积极稳妥地推行年薪制、期股等多种分配形式，对经营好、效益突出的给予重奖。五是要切实加强对企业领导成员的监督。必须承认，在我国经济体制转轨过渡时期，由于体制、机制、法制和管理上存在的缺陷和漏洞，一些企业主要领导个人擅自决定企业的大额资金运作和重要人事任免，出现了严重的腐败问题。如，利用职权为配偶、子女经商办企业提供便利和优惠条件，甚至内外勾结，将国有资产转移到私人名下；弄虚作假，谎报成绩，授意或强令财会人员做假账或搞账外账；在设备和原材料购销、项目招投标等方面，采取各种非法手段中饱私囊等等。由于管理不严，监督不力，该批评的不批评，该查处的不查处，对干部管理放任自流，以致酿成大错，给国家和企业造成重大损失的问题层出不穷，影响和败坏了党的声誉。加强监督和管理，就是要做到领导权力行使到哪里、领导活动延伸到哪里，企业党组织的管理就要延伸到哪里、纪检监察就要监督到哪里。为此，必须按照中纪委四次全会精神，从建立健全党风廉政建设责任制和结合完善企业法人治理结构入手，执行好《中华人民共和国会计法》，采取综合的手段，全面加强监督管理。这是一项当务之急的重大工作，必须逐个企业狠抓检查和落实。

（三）改革和完善企业干部管理制度。近年来我们对国有企业干部管理进行了改革和探索，但步伐不快、进展不大。下一步改革的重点，是结合我省实际，认真贯彻执行中办发〔2000〕15号文件，尤其是关于“国有企业人事制度改革”的8项规定，大胆改革创新。要以建立健全适合企业特点的领导人员选拔、激励、监督机制为重点，把组织考核推荐和公开向社会招聘结合起来，把党管干部原则和董事会依法选择经营管理者以及经营者依法行使用人权结合起来，完善体制，健全制度，改进立法，建立与社会主义市场经济体制和现代企业制度相适应的国有企业领导人员管理制度。要完善国有企业领导人员管理体制，各级政府授权的投资机构的领导人员由同级党委管理，投资机构所属企业的领导人员由投资机构管理；要改进国有企业领导选拔任用方式，实行产权代表委任制和公司经理聘任制；同时，建立企业经营管理人才评价推荐中心等中介机构；完善对国有企业领导人员的考核办法，研究制定国有企业领导人员业绩考核评价指标体系和考核标准，建立业绩档案。在积极探索、不断健全企业经营者激励机制的同时，要强化监督约束机制，加强党内监督和职工民主监督，依法建立健全监事会，推行财务总监委派制度，实行国有资产经营责任制和领导任期经济责任审计制，建立重大决策失误追究制度。经营者激励和约束机制问题，既关系到企业长远发展，也关系到企业党风廉政建设，是一个社会普遍关心的敏感问题。要在科学考核审查的基础上，对企业领导班子实行“重帮、重管、重奖和重惩”，真正做到奖优罚劣，奖惩分明。

要按照“两脱钩”的要求取消企业行政级别。省委组织部、省委企业工委管理的企业，其领导干部的任命不再明确享受何种行政级别。

（四）切实做好党委企业工委的组建工作。在党委系统成立企业工作委员会，是中央和省委加强企业领导和企业党的工作的重要举措。省委企业工委是省委的派出机关，主要职责是在省监管的国有企业中贯彻落实党的路线、方针、政策和省委、省政府的有关规定。负责国有企业党的建设、社会主义精神文明建设和思想政治工作；企业领导班子建设和领导人员管理、省政府派出的监事会的派出监事（省政府稽察特派员助理）的管理；监督检查企业领导人员遵纪守法、廉洁自律的情况，加强党风廉政建设；协调所监管企业与地方党委的关系；协助省委组织部做好省监管的国有重点骨干企业省管干部和省政府派出的监事会主席的管理；领导省委企业纪工委的工作；承担省委交办的其他工作。另外，还代管中央驻滇24户企业党的建设、社会主义精神文明建设和思想政治工作。省委企业工委要按照“三定”方案加快筹建工作，尽快做到人员到位、职责明确、工作到位。各地州市委是否成立企业工委，不能一刀切，要区别情况，因地制宜。我个人认为，少数国企数量较多、相对集中的地方可以成立企业工委；而多数地州市没有必要成立。

四、几个有关问题

这次调查中，各地就与国有企业改革和发展有关的若干问题，发表了许多值得重视的意见。我想再强调以下三点：

（一）要加快研究制定我国加入 WTO 后的对策措施。加入 WTO 对我省经济和企业的影响主要表现在两个方面：一方面，加入 WTO 将有利于加快改革开放步伐，促使与市场经济要求相悖的问题尽快解决，有利于企业市场竞争观念的尽快形成，有利于推动国有企业加快建立现代企业制度的步伐，从而彻底转换机制、加快进入市场、更好吸纳国外先进管理经验和高新科技。另一方面，加入 WTO 后各成员国之间按照协议相互实行市场准入，将不可避免地逐步形成国内市场国际化、国际产品国内化、竞争对手多元化的格局；在提供法律保障方面，必须按照“国民待遇”原则，平等地对待外商投资企业和各类所有制企业。这些变化将给规模偏小、技术落后、竞争力弱的国有企业带来极大压力，我省很多企业将面临严峻考验。面对这一新的态势，我们必须早做准备。一是要树立超前意识，把加入 WTO 与建立社会主义市场经济体制、促进我省经济发展有机地结合起来，与实施西部大开发云南行动计划、推进国企改革及我省确定的“三大发展目标”结合起来，加快云南经济结构的调整以及国有企业的重组工作。二是各级领导要树立新的优势观和资源观，一定要充分重视发展有竞争力的特色产业、特色企业和特色产品，一定要充分重视人力资源的开发和软环境的改善。三是企业要树立创新意识，增强紧迫感，采取积极措施，主动迎接挑战；要加快改革步伐，全面提高企业管理水平，努力采用高新技术，促进产品升级换代。四是要学会用国际市场的眼光客观分析面临的机遇和挑战。在经济全球化中，企业要找准自己的定位，采取正确的应对措施，调整结构、组织生产、占领市场，获得新的发展。五是各级人大要按照社会主义市场经济体制的要求和 WTO 运作规则，修改完善相关法律体系。各级政府要积极转变职能，改进工作作风，增强服务意识，简化办事手续，提高办事效率。当务之急是要抓紧培养、引进一批外语水平高、熟悉省情、掌握和熟悉 WTO 规则的专业人才，各级领导干部和企业管理者要认真学习掌握 WTO 的有关知识和规则。

（二）全面理解和准确执行“关小”方针。“九五”以来，国家针对经济结构中存在的低水平重复建设、盲目布点、破坏资源、危害环境等问题，对浪费资源、污染环境、经营亏损的“五小”企业实行关闭停产，这一方针是正确的。从我省目前进展来看，已实行关停的“五小”企业，大都是那些破坏资源、污染环境、没有市场、亏损严重、无法生存的企业。对这类企业实行关闭的决心不能动摇。但我们也必须看到，中小企业最具生机和活力，从经济运行的规律来讲他们是社会生产中必不可少的重要组成部分，在中国如此，在先进发达国家也是如此。从云南生产力发展水平来讲，我们仍然要大力发展中小企业，使之成为失去全省经济发展、解决劳动就业和维护社会稳定的重要力量。对于多数中小企业包括乡镇企业来说，应当通过联合、兼并、租赁、承包、托管、出售和股份合作等多种方式，进一步放开搞活。各地要从自己的实际出发，制定完善扶持中小企业发展的政策措施，认真解决中小企业的贷款担保、土地使用、税费政策、产品开发和人才吸引等方面的问题。要扶持和引导中小企业向“专、精、特、新”方向发展，积极发展为大中型骨干企业和优强企业服务的配套产业，加强为中小企业服务的中介机构建设，努力为中小企业的发展提供良好的社会环境。

（三）关于银企关系问题。现在大家对银行与企业的关系问题比较关注，我们要积极工作，进一步密切银企关系。从国有企业来讲，要通过深化改革和“苦练内功”，增强活力、提高效益，努力还本付息，提高企业信誉。金融机构在强化风险防范、深化自身改革的同时，要深入企业调查研究，努力掌握市场变化，积极帮助企业解危脱困。要进一步支持确有市场订单和还款能力的企业和项目，加大对亏损企业“封闭贷款”和中小企业的贷款支持力度。对项目效益好的信贷员，建议给予重奖。各级党委、政府在加强协调工作的同时，要挤出一定资金，采取贷款贴息等方式，支持企业融资；也可以经过试点，支持多元持股、规范运作、监管严格的担保公司的建立。建议各金融单位积极向央行反映，为支持西部大开发，增加西部省市区金融机构冲销企业呆坏账准备金的提取比例。

以上 4 个方面的意见，欢迎同志们批评指正。

认清形势　振奋精神　团结奋斗
为实现“十五”计划开好局起好步

——在中共云南省委六届第十二次全会上的报告
（2001 年 1 月 11 日）

中共云南省委书记　令狐安

同志们：

这次全会的主要任务是，深入贯彻落实党的十五届五中全会和中央经济工作会议精神，总结 2000 年工作，部署 2001 年任务，动员全省党员和干部群众，认真形势，统一思想，振奋精神，增强信心，扎扎实实地做好新世纪开局之年的各项工作。

下面，我代表省委常委会讲 3 个问题。

一、实事求是分析形势，坚定继续前进的信心

形势决定任务。确定新世纪开局之年的任务，必须全面准确地把握当前的客观形势，实事求是，审时度势，正确估价取得的成绩、存在的困难和问题，并认清做好工作、实现更大发展的有利条件。

（一）2000 年是我省在战胜各种困难中稳步前进的一年。一年来，在党中央的正确领导下，经过全省各族人民的艰苦努力，有效地克服了亚洲金融危机、全国烟草市场竞争激烈和地区封锁、禁伐天然林等繁杂因素的影响，继续努力解决经济发展中一些长期积累的深层次矛盾，战胜了地震、洪涝、干旱、霜冻等自然灾害造成的各种困难，各项工作取得了显著成绩。全省国内生产总值增长 7.1%。第一产业和第三产业增长速度高于全国水平，但第二产业的增长低于全国水平。农业和农村经济形势良好，在全国粮食减产的情况下，我省粮食连续第 8 年丰收；旅游业发展形势喜人；国有大中型企业改革和脱困 3 年目标基本实现，烟草产业之外的工业增加值和税收增长速度高于全国平均水平；乡镇企业和非公有制经济快速发展；财政收入稳定增长，金融运行基本平稳；对外开放逐步扩大，边贸政策有所突破，外贸出口增幅加快；城乡居民收入继续增长，农民现金收入增幅略高于全国平均水平，又有 85 万贫困人口解决了温饱。各项改革进展顺利，省级机构改革“三定”基本完成，财政、金融、投资、计划、外贸、教育、科技、干部人事和以失业、住房、医疗保险为重点的社会保障体制等各项配套改革稳步推进。科技、教育、文化、卫生、体育和人口、资源、环境等各项社会事业全面发展。

精神文明建设取得新的成绩，民族文化大省建设初见成效，思想政治工作进一步加强；民主法治建设进一步加快，各级人大、政协工作取得新的成绩；统战、民族、宗教、政法以及工会、妇联、共青团等群众团体工作有了新进展；打击严重刑事犯罪和经济犯罪力度加大，依法取缔“法轮功”等邪教组织和做好骨干分子的思想转

化工作成效明显；群体性事件得到积极和妥善处置，社会治安综合治理成效突出，维护了社会政治稳定。开展了“三讲”教育、“三讲回头看”和抓“三个代表”学习、抓干部进村住户、抓整改措施落实、促进当前各项工作的“三抓一促”活动，加强了各级领导班子建设和党的思想、组织、作风建设。省级党政机关机构改革顺利完成，促进了政府职能的转变；村级体制改革基本完成，取得了重要成果。基层组织建设进一步加强，各级干部精神面貌发生了可喜变化。干部监督和反腐败斗争力度加大，查处了一批涉案金额巨大、社会影响较广的违纪违法案件，为改革开放和经济发展提供了坚强保证。

去年一季度，由于种种原因，我省经济增速出现明显下滑现象后，省委、省政府及时果断地采取了多种措施，各级党委、政府和广大干部群众团结一心，互相支持，努力奋斗，战胜了各种困难，使国民经济从4月份开始明显回升，保持了逐季增长的良好势头。投资总额相当于去年水平，总量仍居西部省市区第3位，省级财政和国债资金到位情况较好，重点建设项目进度明显加快，为今后的发展奠定了牢固的基础。

（二）“九五”是云南在结构调整中稳步发展的时期。过去的5年，我们既重视保持一定的经济发展速度，又注重打牢经济发展基础；既重视经济发展总量和规模的增加，又注重经济结构的调整和效益的提升；既清醒地看到我省与全国及发达地区的差距，又注重一切从实际出发制定加快经济社会发展的目标和措施；既重视人民群众物质生活的改善，又重视加强精神文明建设和思想政治工作。“九五”期间，累计完成国内生产总值8740.49亿元，比“八五”期间增加4644.53亿元；全社会固定资产投资累计完成3078.35亿元，为“八五”的1.6倍；税制调整后，地方财政收入增幅近年有所减缓，但收入和支出总量规模仍在逐年增加，“九五”期间财政总收入先后跃上了300亿元和400亿元两个大台阶，5年累计比“八五”增长1倍，是云南历史上财政收入增加最多的时期之一；农民人均纯收入比1995年增加200.70元，城镇居民人均可支配收入增加2500元，实现了农民收入和城镇居民收入双增长，物质文明和精神文明双丰收。全省经济总体实力和发展后劲明显增强。总的看，“九五”是我省历史上较好的发展时期之一。这5年，我省有些经济社会发展指标高于全国平均水平，有些低于全国平均水平；有些在西部省市区处于领先地位，也有些处于全国和西部后位。对此，我们要实事求是、一分为二地进行分析，既要看当年，又要看5年；既要看速度、总量，又要看效益、结构；既要横向比，又要纵向比；既要看当前的基础和条件，又要看发展的趋势和潜力；既要在成绩中看到问题，又要在问题中看到希望。1999年，我省国内生产总值增幅虽然低于全国平均水平，但整个“九五”期间，国内生产总值年均增长8.4%，略高于全国平均水平。

“九五”是云南经济结构性矛盾暴露日益明显的5年，也是我们大力进行结构调整的5年。国民经济三次产业的比重由1995年的22.3∶43.0∶34.7调整为20.5∶44.7∶34.8。5大支柱产业占国内生产总值的比重逐年增加。烟草产业在继续为全省经济社会发展和财政税收作出了巨大贡献的同时，占国内生产总值和财政收入的比重下降，既说明烟草行业竞争加剧、增幅减缓，又说明我省的产业结构调整速度加快，其他产业正在成长壮大，如信息、旅游、医药、花卉等产业和乡镇企业平均每年都以两位数的速度增长。传统产业的改造提上了议事日程。全省大力调整农业产业结构，烤烟种植面积从1997年的55.92万公顷压缩到去年的31.83万公顷，启动了天然林保护和退耕还林还草工程；努力推进国有经济的战略性调整和国有企业的战略性改组，加快了组织结构、产品结构的调整和建立现代企业制度的步伐；大力调整城乡结构，城市化水平由“八五”的16.6%提高到22%；所有制结构调整力度加强，非公有制经济在国民经济中的份量逐步加强，其创造的增加值占国内生产总值的比重由1995年的15.6%提高到21%；关闭了1000多户污染严重、浪费资源、技术落后、市场效益差的“11小”企业、1900多个小煤窑和109个布局不合理的矿山，压缩了纺织、冶金、煤炭、制糖等严重过剩的长线产品生产。全省科技进步水平和科技活动产出，由“九五”初期的全国第26位分别提高到第22位和第18位；千方百计地提高经济效益，工业经济效益综合指数排在全国前列。

“九五”以来，省委确定了正确的发展目标、思路和战略，并全面加强了对经济工作的领导。特别是1998年初以来，省委常委会建立了季度经济形势分析研究制度，讨论经济工作和社会发展的次数增加，力度加强。但也应当清醒地看到，我省经济社会发展中存在着许多困难的问题：经济结构不合理、劳动者科学文化素质较低和基础设施相对滞后，仍然是制约我省经济社会发展的3个根本性因素；市场开拓不够和流通不畅的状况还未从根本上得到解决；投融资渠道单一，建设性资金需求短缺；一些重要经济社会发展指标还处于全国后位，1999年农民人均纯收入只居全国第28位，人均国内生产总值居第25位，而人口自然增长率居全国第7位。每万人口大学生和卫生机构人员数量分别居全国第29位和第19位。影响社会稳定的因素还大量存在，有的地方社会治安形势仍然相当严峻，特别是毒品犯罪突出；党的建设和精神文明建设中还有一些突出问题。与此同时，我们仍然不同程度地存在着观念旧、机制死、路子窄、办法少、步子慢、水平低的问题。思想解放不够，创新意识不强，应对办法不多；一些地方和部分干部形式主义、官僚主义作风特别是官本位思想突出，影响了各项方针政策的贯彻落实。对上述问题，全省各级领导一定要给予充分重视，在新的一年里继续采取有力措施，狠抓落实，努力改进和做好各项工作，保持经济的持续、快速、健康发展。

（三）要充分看到做好今年工作的有利条件，坚定继续前进的信心。做好今年工作，我们有许多有利条件：社会主义市场经济体制初步建立，国家成功地治理了通货膨胀和有效抑制通货紧缩趋势，使国民经济正朝着良性循环的方向发展。特别是党的十五届五中全会和中央经济工作会为我们今年的工作指明了方向。

同时，“九五”以来，我们坚持省委第六次党代会确定的“以经济效益为中心，打基础，兴科教，调结构，建支柱，促进经济社会协调发展”30字思路，举全省之力打基础，在能源、交通、水利、通讯、原材料工业、城镇基础设施建设等方面投入了大量的资金，为“十五”云南经济社会的发展奠定了雄厚的物质基础。此外，云南还具有以多样性气候和生物、矿产、景观为特征的丰富资源，毗邻东南亚、南亚的独特区位和丰富多彩的民族文化，这3大优势是云南发展的巨大潜力。特别是随着党中央西部大开发战略的全面实施，在重大基础设施建设、生态环境保护、产业结构调整、科技教育发展、改革开放和财政转移支付、国债投向、市场准入、税收优惠等方面对西部地区实行倾斜，省委抓住这个重大机遇，在六届九次全会上提出了建设“绿色经济强省”、“民族文化大省”和中国连续东南亚、南亚的国际大通道三大目标，为云南经济持续快速健康发展注入了强大的活力。在改革开放的实践中，全省干部群众积累了许多应对各种复杂问题和困难的经验，增强了驾驭市场经济的能力，各族人民推进经济社会全面发展的愿望和决心日益增强。我们可以满怀信心地讲，云南是中国西部最具发展潜力的省份之一。

二、坚持“两个文明”并举，全力以赴做好“十五”开局之年工作

去年以来，党中央召开了十五届五中全会、中央经济工作会议等一系列重要会议，全面部署了“十五”和“十五”开局之年的工作，省委六届十一次全会确定了我省“十五”期间经济社会发展的目标、任务和指导思想，即高举邓小平理论伟大旗帜，以江泽民同志“三个代表”重要思想为指针，坚持党的基本路线、基本纲领，解放思想，实事求是，开拓创新；抓住西部大开发的重大机遇，紧紧围绕建设“绿色经济强省”、“民族文化大省”和中国连接东南亚、南亚国际大通道的三大目标，坚持“两手抓、两手都要硬”，认真实施科教兴滇、可持续发展、城镇化和全方位开放战略；坚持以加快发展为主题，经济结构调整为主线，改革开放和科技进步为动力，提高人民生活水平为根本出发点，促进全省经济持续、快速、健康发展和社会全面进步，推动人民生活水平再上新台阶。在“十五”开局之年，为了全面贯彻落实中央和省委这些会议精神，必须进一步认真形势、坚定信心，统揽全局、把握重点，狠抓落实、乘势前进，结合云南实际，把增加投入、扩大内需与扩大开放、开拓市场结合起来，充分利用国内外两个市场、两种资源，促进经济持续、快速、健康发展和社会全面进步，努力实现“十五”计划的良好开局。根据以上要求，省委建议，2001年我省国内生产总值的增长幅度为7%左右，重点抓好10项工作。

（一）围绕农民增收，继续加强农业基础地位。我省农业虽然实现了持续增长和粮食连续第8年增收，但农业基础薄弱、农民增收缓慢、产业结构不合理、产品销售不畅、生产方式落后、劳动生产率不高等问题仍然十分突出。巩固和加强农业基础的工作一刻都不能放松，要认真落实中央农村工作会议精神，把推进结构调整和增加农民收入作为新一阶段农村工作的中心任务和基本目标，抓紧抓好。

在新形势下，要确保农业发展、农民增收和农村稳定，必须进一步稳定政策，深化改革，采取新的思路和措施。以家庭承包经营为基础、统分结合的双层经营体制必须长期坚持不变，但必须适应生产力的发展而有所创新。当前，要从我省的实际出发，着眼于经营方式的创新和农业整体规模效益的提高，特别要大力推广“公司＋农户”等生产经营模式，加快推进农业产业化经营的进程，建立利益共享、风险共担的经营机制；加快建立农业科技创新体系，积极推广和普及农业科技，促进农业科技进步；支持和建立以农民为主体的各类农村社会化服务体系，大力培育和扶持一批为农业服务的社会中介组织，改革农村信用合作社，加强对农民产前、产中、产后的服务；要以供销社改革为重点，全力推进农村流通体制改革，进一步培育和完善农村市场体系；全面推进乡镇企业以产权制度改革为重点的体制创新，正确处理产权改革与发展壮大集体经济的关系，只要有利于集体资产保值增值，无论采取什么实现形式都应该支持和保护。

今年，要按照中央的精神，在总结试点的基础上，加快推进农村税费改革，从根本上减轻农民负担。这是加强农业、保护农民积极性的一项重大决策，是继实行家庭承包经营之后，农村的又一项重大改革。对农村的发展和稳定，具有重大的深远意义。要改革农村信用合作社，改善农村金融服务。继续搞好粮食流通体制改革，要做好收尾工作，巩固和扩大农村村级体制改革的成果。

我国农业已进入以质量和效益竞争为主的时期，要确保农民增收农业增产，必须进一步加大农村经济结构战略性调整的力度。当前要突出重点、区别对待、分类指导，在稳定总量、保证供给的前提下，着力优化品种、优化品质、优化布局，提高农产品加工转化水平。对烤烟、蔗糖、茶叶、橡胶以及畜牧业、林产业等传统优势产业的改造，要一个产业一个产业地制定措施；畜牧业的发展要加强品种改良；林业工作重点要加大“天保”工程和防护林工程的投入，处理好经济效益与社会生态效益的关系；对花卉、水果、冬早蔬菜等新兴优势产业，要加强政策和科技指导，努力培育成为新的经济增长点；加快农村二、三产业发展，把大力发展乡镇企业、加快小城镇建设和推进以产业化经营为方向、以龙头企业为带动的订单农业作为农村经济发展的重要增长点来培育和支持，促进农村产业结构优化升级，推进农村富余劳动力转移。要加大农村经济的对外开放步伐，重视发展开放型农业和外向型农业。要努力发展特色农业，积极创办绿色产品专营市场，建立大中城市绿色食品批发网络，利用电子商务市场建立绿色食品网站，大力发展名特优新产品和绿色产品。

要继续多渠道增加对农业的投入，搞好以治土改水为重点的农业基础设施建设，抓紧论证今后10年再建500万亩至700万亩高稳产农田的计划，并分步组织实施；继续加强水利基础设施建设，重点建设一批大中型水利工程，抓好小流域治理；农电改造、乡村道路改造和人畜饮水工程建设也要加大力度，进一步改善农业生产条件和生态环境。

扶贫开发仍然是我省本世纪初农村工作的一项重要任务，扶贫资金要相对集中，加强管理，提高效益，要向贫困人口集中的民族特困地区、石山区、高寒山区倾斜，重中之重是民族特困地区。要积极做好扶贫资金进村入户工作，总结推广小额信贷和其他有效投放资金的经验，选准项目、强化管理、改善服务。进一步总结推广异地扶贫经验，充分重视贫困地区的劳务输出工作。

（二）推进经济结构战略性调整，提升国民经济整体素质。当前，要紧紧围绕5大支柱产业的壮大和传统优势产业的改造和提升，千方百计巩固发展烟草产业，进一步加大对生物资源开发创新和矿产资源开发利用的支持力度。要加快发展旅游产业，巩固和提升观光旅游，大力发展商务会展旅游，积极开发休闲度假旅游，加强对旅游市场的规范和管理。要紧紧抓住“西电东送”和“云电外送”的重要发展机遇，加强电力重大项目前期准备工作，为构建我省又一个重要支柱产业奠定基础。在加快对8个工业传统产业改造的同时，加强对农业传统产业的改造。要大力发展个体私营经济，把所有制结构调整同国有企业改革、改组、改造紧密结合起来，同支持个体私营经济发展结合起来，同引进外资结合起来。在继续支持大企业、大集团发展的同时，采取组建担保公司等形式，充分重视小企业、特别是专精特新尖中小企业的发展。要按照“科学规划，合理布局，量力而行，因地制宜”的方针，继续加快城镇建设步伐，推进城乡一体化进程。

经济结构的战略性调整，要落实到具体项目上。要针对每一个产业、每一个项目和每一个企业，提出具体的调整、改造计划，并做到领导落实、资金落实和各类政策措施落实。

（三）千方百计增加投入，积极有效地拉动内需。坚持扩大内需是我国经济发展的一项长期战略方针。投入和消费，是扩大内需的两大重点。要实现有效拉动内需，一是紧紧抓住国家继续扩大内需、实施积极财政政策和西部大开发战略所出台的扶持政策的机遇，积极争取中央财政和国家各部委办局的更多支持。各级、各部门一定要做好项目前期准备，在增加项目前期投入的同时，必须对项目前期准备工作实行招标制，加快在建项目建设步伐，充分重视工程质量。同时，要加快泛亚铁路等重大工程的准备工作和澜沧江——湄公河次区域开发、昆曼公路等建设的速度。二是必须清醒地看到，随着财税体制改革逐步深化，中央财政留给地方的财力和地方可用于建设的财政资金将会逐年减少，因此，我们要进一步发扬自力更生、艰苦奋斗精神，努力培植新的财源，切实管好、用活现有财政资金。三是深化投融资体制改革，多渠道增加投入。各类投资公司特别是风险投资公司，要加大改革力度，建立和健全法人治理结构，尽快实现政企分开，真正成为市场投资主体。加快高新技术企业和具备条件的骨干企业上市步伐，尽快建立企业化运作的担保公司和中小企业担保机构，努力争取增加银行贷款。四是进一步扩大消费。在加快经济发展、增加群众收入的同时，要抓紧清理限制消费的有关政策规定，研究制定促进消费的有效政策措施。通过加快住房制度改革、放宽集团购买力、扩大高校招生和鼓励假日旅游等多种消费政策的制定和实施，启动各类消费市场。

（四）加快以国有企业为中心的各项改革，巩固和扩大国有企业脱困成果。我省大中型国有企业3年脱困目标基本实现，但一些深层次矛盾和突出问题并未根本解决。今年要进一步深化改革，加快体制创新和搞活机制：一是切实加强企业领导班子建设。把领导班子建设和建立规范的法人治理结构、现代企业制度紧密结合起来，抓狠、抓紧、抓实。二是认真抓好产权制度改革。除极少数国家规定领域外，一般不再强调国有资产控股，鼓励和支持中小企业改为民有民营企业。三是继续深化企业内部“三项制度”改革。认真总结和实行“年薪制”，积极探索期权期股奖励和多种要素分配等办法。四是建立企业信用管理制度。要把推动企业内部信用管理制度的建立，作为形成新型银企关系的一项基础性工作做好。五是围绕资金、成本、质量等重要环节，全面加强企业基础管理，建立健全科学决策制度。今年要在全省开展“加强班子建设、提高领导水平和加强基础管理、提高经济效益”的“两加强、两提高”活动。要抓紧建立省产权交易中心，采取有力措施严肃查处企业经济犯罪、严重亏损和有还债能力却久拖不还等问题。

要加快流通企业尤其是国有流通企业的改革步伐。针对国有流通企业的现状和特点，深入调研，制定政策措施。流通企业要按照市场经济和现代物流要求，探索新的流通形式，力争在现行管理体制改革和机制创新方面有新的突破。加快生产要素市场的建设，促进我省国有经济结构的战略性调整。

巩固省级机构改革成果，认真搞好省级人大、政协和地县乡镇机构改革工作，切实转变政府职能。政府要集中精力抓管理、抓服务、抓监督、抓检查、抓调研和政策的制定落实，积极推进政务公开、建立“便民服务中心”、减少审批事项、精简审批环节、对非政府投资项目实行登记备案制等有效措施。

（五）做好加入世贸组织的准备工作，提高对外开放水平。要扎扎实实做好加入世贸组织的准备工作，努力优化“两个环境”，争取实现“三个突破”。

进一步优化软硬两个环境。在进一步加快基础设施建设、改善硬环境的同时，必须紧紧围绕把云南建成西部投资环境和生活环境最好的省份之一的目标，在招商引资观念、思路、方式上有所创新，培养和树立“亲商观念”，强化服务意识，从单纯以引进资金为主，转向资金、技术、人才并重；从以追求数量为主，转向质量、数量并重；减少收费项目，积极推行“零费率”政策和社会服务承诺制，对外商实行“一站式、全过程、全方位”服务。要逐步建立省级领导干部及地州市、省直部门主要负责人与世界500强企业、中国民营企业500强、国内外大企业大集团的联系制度。要抓紧培养一批熟悉世贸组织规则和适应国际竞争需要的专业人才，加大与世界各国的交往与合作。进一步扩大姐告、磨憨、河口、打洛等边境口岸的开放，充分用足、用活、用好各项优惠政策，把开发区真正办成对外开放的窗口。

我省城镇消费人口少，广大农民消费水平低，必须真正把“引进来”与“走出去”结合起来，大力开拓国内外两个市场，提高云南商品在国内外市场的占有率。一是力争在开拓国内市场上有所突破。继续巩固滇沪合作和六省区市七方经济协作，加强与各省市区的合作与交流，采取有效措施，制定鼓励政策，全力开拓国内市场。二是抓住东南亚经济复苏和第4次中国——东盟领导人会晤的有利时机，建设通道，服务全国、发展云南。在坚持实行全方位、多渠道、多层次对外开放的同时，进一步加强与东南亚、南亚周边国家和港、澳、台的合作与交流，支持企业产品和资本、人才等要素输出，主动地走出去开拓市场。三是进一步深化外经贸体制改革，力争在外贸出口、引资、引技、引智上有所突破。

（六）振兴教育事业，推进科学技术创新。必须继续坚持科技是第一生产力、创新是第一推动力和人才是第一资源，进一步落实科教兴滇战略。

要坚持把深化改革、调整结构、扩大开放作为推动教育发展的强大动力抓紧抓好。今年要继续巩固和普及“两基”教育，全面加强素质教育，高度重视复合型、创业型和经营型人才的培养，以满足经济社会发展的需要。素质教育的关键是教师，要有计划、有步骤地搞好教师队伍的培训。继续完善高校院系和专业设置，逐步推进中小学的结构调整，积极发展民办教育事业，鼓励多种形式的联合办学，抓好教育信息网络系统的建设。要十分重视边疆民族特困地区的教育，不断加大投入。

继续深化科技体制改革，推进产学研联合体建设，把科研院所推向生产第一线，凡是具备条件的都要加快改制步伐，把建立现代企业制度作为改革的发展方向。要加快科技信息网络建设，努力使科技网络覆盖到企业、高校、科研机构和广大农村，以信息化带动工业化进程。对领导干部要加强信息网络知识的培训。抓好新技术的研究开发和推广运用。加速科技创新基地建设。推进科技创新系统建设，加速建立技术产权交易中心。以建立完善的法人治理结构、资金自主进入和退出机制为前提，高度重视风险投资机制的建立。加大对传统产业技术改造的工作力度，把各个产业落实到技改项目上。进一步加强科普工作，强化科技普及、推广和合作交流，提高全社会的科技意识和创新意识。要以改革创新的精神，认真编制“十五”科技规划，本着“有所为、有所不为”的原则，重视重点实验室和创新中心的建立。

（七）努力改善人民生活，完善社会保障制度。必须坚持“一要吃饭，二要建设”的原则，统筹安排好财力，把人民生活放在优先位置，规划并搞好与人民生活密切相关的各项工作。

必须坚持把促进就业作为社会经济优先发展的战略目标，不断增加城乡人民特别是低收入者的收入。要通过调整宏观经济政策和发展各种所有制经济，开辟多渠道多层次的就业门路。加快劳动力市场体系建设，加强职业教育和专业培训，全面启动劳动预备制。要做好国有企业职工规范下岗和进入再就业服务中心工作，必须保证下岗职工基本生活费和企业离退休人员养老金按时足额发放，确保公务员和全额拨款事业单位的工资性支出，积极做好增加公务员工资、提高离退休费等工作。要进一步健全和完善社会保障体系，拓宽保障面、确保资金投入、加强立法工作和健全社保机构。要进一步推进城镇职工基本养老保险、失业保险、基本医疗保险制度及医药卫生体制改革，建立和完善城市居民最低生活保障制度。逐步建立农村初级社会保障体系，积极发展社会福利、社会救济、优抚安置和社会互助等社会保障事业。安全生产与人民生活息息相关，必须高度重视。

（八）做好人口、资源、环境等工作，进一步落实可持续发展战略。我省人口工作取得了突出成绩，但人口自然增长率仍高于全国平均水平，一些人口密集的贫困地区，计划生育工作还面临着巨大压力。控制和降低我省人口自然增长率，要在坚持基本政策不变的前提下，经过深入调研，抓好试点，完善计划生育具体政策。要进一步加强水能、土地、矿产、森林、人文和旅游等资源的合理使用、节约和保护，特别要保护好耕地，把生态环境保护和资源合理开发利用结合起来。

要进一步贯彻落实国家实施西部大开发战略出台的一系列政策，继续抓紧抓好退耕还林和实施天然林保护工程等工作，切实做好以治理滇池为重点的9大高原湖泊和6大江河水系的治理保护工作。要借鉴一些地方退耕还林的经验，把退耕还林与产业结构调整结合起来，与农田基本建设结合起来，与扶贫攻坚结合起来，与推广农业科技结合起来。

（九）加强精神文明建设，提高全民综合素质。要紧紧围绕江泽民同志提出的“四个如何认识”、“四个紧密结合”和最近在全国宣传部长会议上的讲话精神，推进民族文化大省建设步伐，用新方法、新手段和新机制解决新形势下精神文明建设的新问题。

在建设有中国特色社会主义的过程中，要坚持不懈地加强社会主义法制建设，依法治国；同时，要坚持不懈地加强社会主义道德建设，以德治国。要加快培育“四有”公民，努力建立适应社会主义市场经济发展的思想道德体系。要高度重视思想战线的工作，要继续宣传好抓住机遇，加快发展的思想；继续唱好主旋律，打好主动仗；深入研究和宣传“三个代表”的要求；要在全社会大力宣传和弘扬为实现社会主义现代化而不懈奋斗的精神，要联系改革发展实际，探索有效途径，做好释疑解惑、理顺情绪、化解矛盾、凝聚人心的工作，增强思想政治工作的针对性和实效性。积极引导人们认清国情和省情，树立正确的世界观、人生观、价值观，大力发扬艰苦奋斗、励精图治、知难而进、自强不息的精神。要加大对广播、电视建设的投入，强化省地两级电台和差转台的建设，加强电台信号，延长播音时间，更新设备，提高收听、收视率。同时，要高度重视“网上斗争”，加强互联网管理，封堵有害信息，有效防范国内外敌对势力利用互联网进行的反动宣传和渗透。

各级党委、政府要按照《云南民族文化大省建设纲要》的要求，结合本地实际，积极做好全省文化体制改革座谈会的准备工作，使建设民族文化大省的战略目标成为全省人民的一致行动。

（十）推进民主法制进程，确保社会政治稳定。建设社会主义法治国家，是我们党和政府治理国家的基本方略。要充分发挥各级人大的作用，清理和废除不适应加入世贸、西部大开发等新形势需要的地方性法规，制定有利于生产力发展的地方性法规和行政规章，全面推进依法治省进程。充分发挥各级政协参政议政、建言献策的作用，加快我省民主政治建设。即将召开的省人大和省政协会议将对云南“十五”计划《纲要》进行审议，各级党委政府要积极支持人大、政协履行职能，认真对待人大、政协的意见和建议，提高科学民主决策和依法行政的水平。

切实加强和改善党对政法工作的领导。全力维护社会稳定，积极推进司法改革，确保严格公正执法，狠抓政法队伍建设，依法调节经济关系，为我省“十五”计划的实施和改革发展创造良好的法制环境。

各级党委、政府要严厉防范和打击西方敌对势力利用“法轮功”等邪教组织和民族分裂势力进行的破坏与渗透。我省与“法轮功”的斗争虽然取得了初步胜利，但我们万万不能有松劲思想。最近“法轮功”问题又不同程度地出现了反弹，李洪志在西方反华势力的支持下，妄图颠覆中国政府、改变社会主义制度的野心已充分暴露。各级领导干部一定要充分认识到这场斗争的重要性、复杂性、长期性、艰巨性，把处理“法轮功”问题作为一项重大的政治任务来抓。

积极开展“打黑除恶”专项斗争，重点打击严重暴力犯罪和有组织、带有黑社会性质的犯罪团伙。加强社会治安综合治理，搞好重点整治，有效遏制“黄、赌、毒”的滋生和蔓延。加强管理，规范和整顿市场经济秩序，深入开展打击制售假冒伪劣商品、骗取出口退税和逃汇骗汇等犯罪活动，严肃财经纪律。

要正确处理人民内部矛盾，积极预防和妥善

处置群体性事件。进一步落实党的民族宗教政策，正确处理好民族宗教领域的难点、热点问题，确保民族团结、社会稳定。多渠道、多形式地开展海外联谊活动，创造性地开展新时期的统一战线工作。

全面加强我省国防后备力量建设，使之与经济建设协调发展。要进一步加强全民国防教育，大力加强预备役部队建设，切实提高民兵队伍的素质，努力提高平战转换能力。要按照“三尊重”、“三关心”、“三原则”加强新形势下的军政军民团结，搞好“双拥”工作，确保边疆繁荣稳定和人民安居乐业。

三、以“三个代表”重要思想为指导，全面加强党的建设

面临错综复杂的国际形势和加入世贸组织的严峻挑战，要实现“十五”计划的良好开局，关键在于全面加强党的思想、组织、作风建设。

（一）加强党的思想理论建设，努力提高综合素质。党的建设最根本的是思想政治建设，思想政治建设的核心是理论建设。要着眼于从根本上提高党员干部的综合素质，高度重视全党的理论学习。苏联共产党理论上出了问题，从思想涣散到组织瓦解，导致了第一个社会主义国家的解体，教训极为深刻。无产阶级政党要具有坚强的凝聚力和战斗力，关键在于坚持和巩固马克思主义的指导地位，以理论创新的精神不断丰富和发展马克思主义。全体党员干部要自觉地坚持邓小平理论的指导地位，并以之作为统领全局、推进各项工作的灵魂，进一步树立自觉学习和运用邓小平理论的风气。各级党组织要结合纪念建党80周年，把学习和实践“三个代表”重要思想引向深入，结合国内外形势的新变化、新发展，加强和改进党的思想政治工作。

大力弘扬理论联系实际的马克思主义学风。要围绕党的基本路线和工作大局，用思想教育推动各项工作不断发展。各级党委要把以科学理论武装头脑的工作始终放在首位，以党委中心组认真、扎实的学习，以领导干部的实际行动，带动全体党员干部的学习。领导干部要坚持理论联系实际的学风，自觉改造世界观、人生观、价值观，言行一致、身体力行，为下级树立一个好榜样。最近，中央先后转发了中组部、中宣部关于加强党委中心组学习和加强干部理论学习考核两个文件，各级党委要认真贯彻执行。全党要通过提高理论素养和执政水平，坚定建设有中国特色社会主义的信念，用宽广的眼界观察和把握大局，在繁重的任务和复杂的形势面前，保持政治上的清醒和坚定。

（二）抓好农村“三个代表”重要思想的学习教育活动，进一步巩固“三讲”教育成果。中央决定，从去冬今春开始，用2年左右的时间，在全国县（市）部门、乡镇、村领导班子和基层部中，有计划、有步骤地开展“三个代表”重要思想的学习教育活动。各级党委一定要原原本本地认真学习胡锦涛、温家宝、曾庆红同志在全国农村“三个代表”重要思想学习教育工作会议上的重要讲话精神，按照省委的统一部署，把这次学习教育活动作为事关农村改革、发展、稳定的大事，作为党建工作的重中之重，扎扎实实地做好这项工作。开展好这次活动，要总结历史经验教训，注意政策，不搞群众运动，不搞无限上纲。要虚心听取群众意见，开展批评与自我批评。要切实搞好整改，针对存在的突出问题制定措施，确保教育活动不走过场，使之在推动农村经济发展、增加农民收入上有新进展，在减轻农民负担上见到切实成效，基层干部的思想作风和工作作风有明显改进，精神文明建设和民主法制建设进一步加强。要结合村级体制改革和县乡机构改革，加强对基层干部的培训教育，进一步提高基层干部队伍素质。

农村“三个代表”重要思想学习教育活动，要同巩固和扩大“三讲”教育成果结合起来。继续认真抓好县（市）“三讲”教育“回头看”活动，切实抓好高校、事业单位“三讲”教育，加强督促检查，抓好整改方案的落实。全面总结“三讲”教育经验，引导各级领导干部牢固树立以经济建设为中心的思想。完善各项规章制度，健全民主集中制。按照党的十五大提出的要求，充分发挥党委总揽全局、协调各方的领导核心作用，使各方都能各司其责、相互配合、形成全力，努力开创党建工作的新局面。

（三）深化干部人事制度改革，加快年轻干部的选拔培养步伐。深化干部人事制度改革，是建设高素质干部队伍，培养造就大批优秀人才的治本之策。中央已经下发了《深化干部人事制度改革纲要》，要按照在扩大民主上有新进步，在干部考核和选拔任用方式上有新改进，在解决干部“能下”问题上有新突破，在企事业单位人事制度改革上有新进展的总体要求，结合实际，积极、稳妥地加快干部人事制度改革的步伐。通过扩大民主，拓宽选人视野，引入竞争机制，健全完善干部德能勤绩考核制度和任免管理办法，建立富有生机与活力的选人用人机制。尤其要充分发扬民主，认真走群众路线，提高干部工作的民主度和公开度。要不拘一格选拔人才，对优秀年轻领导干部要敢于破格提拔。加强对少数民族干部、妇女干部、非中共党员干部的培养选拔工作，健全和落实好有关的制度措施，创造有利于优秀人才脱颖而出、健康成长的环境。按照建设高素质干部队伍的要求，着眼于云南新世纪发展和西部大开发的需要，加大干部培训的投入，改革干部培训的方法，着力于培养高层次、复合型、开放型人才。要实行借人育才、借地育才的办法，加速我省紧缺人才、急需人才的培养，对年轻、有发展潜力的干部可以选送到发达国家培训，也可以选送到国内知名大学培训。同时要加强对各级党校工作的领导。加强各级党校、行政学院的班子建设、队伍建设和基础建设，努力提高培训质量。

（四）坚持标本兼治，推进党风廉政建设。在新的历史条件下，我们要高度关注党与群众的关系和人心向背问题。人心向背，是决定一个政党、一个政权兴亡的根本性因素。政风廉洁，从来是赢得民心，实现政治德明、社会安定繁荣的重要一环。开展反腐败斗争，坚决揭露和惩处腐败分子，是党的自身建设的需要，是国家长治久安的需要，也是我们党有信心、有力量的表现。党的各级干部要真正懂得，我们的权力是人民赋予的，要始终保持与人民群众的密切联系，树立正确的利益观，永远做人民群众根本利益的忠实代表。要按照中央和中纪委的部署，规范领导干部的从政行为。

要加大治本力度，狠抓工作落实，取得反腐败斗争的新成效。依靠民主，健全法制，预防和治理腐败现象；通过体制创新逐步铲除腐败现象产生的土壤和条件；从思想上筑牢反腐倡廉、拒腐防变的堤防；要形成合力，采取各种手段，全方位、多方面从源头上预防和治理腐败现象。各级党委和政府要以反面典型为鉴，狠刹吃喝玩乐歪风。要对公款吃喝玩乐和公款进营业性高消费娱乐场所等违纪违法行为认真进行检查、清理，纪检监察机关要进行不定期抽查，严肃处理顶风违纪行为。认真开展警示教育，发现不良苗头，及时提醒，早打招呼，果断处理和解决。认真清理公务人员收受礼金和有价证券，发现问题，要严肃查处。严格领导干部出国（境）手续的办理，从严控制出国（境）考察人员的时间和范围；坚决制止两处购房、超标准为领导干部建盖、购置和装修住房；做好纠正领导干部配偶子女违反规定经商办企业的工作，健全制度，抓出阶段性成效。要从改革体制、机制和政策入手加大治本力度，减少行政审批事项、规范行政审批行为，大力推进财务制度和干部人事制度改革，认真开展领导干部任期经济责任审计工作。要贯彻执行党风廉政责任制，切实抓好本地区、本单位的党风廉政建设和反腐败工作，在“抓落实”和“抓追究”上下功夫，出成效。

（五）改进领导方法，狠抓工作落实。应当清醒地看到，我省经济社会发展已经出现良好势头，今年的各项任务已经明确，现在的关键是狠抓落实。当前，一些工作落实不够的主要根源就是形式主义和官僚主义作怪，它严重损害党在人民群众中的威信，影响了党和政府同人民群众的鱼水关系，引起了广大干部和群众的强烈不满。搞形式主义，要害是只图虚名，不务实效；搞官僚主义，要害是脱离群众，做官当老爷。我们必须以“三个代表”重要思想为武器，按照中央的要求，狠煞这两股歪风。

要大兴调查研究之风。人民群众是社会实践的主体。各级领导干部要通过调查研究，真正了解群众的需要，感受群众的疾苦，掌握群众的愿望，切实做到相信群众、依靠群众、尊重群众。实干兴邦，空谈误国。在贯彻中央精神，推动各项工作中，绝不能满足于一般号召，以会议贯彻会议，以文件落实文件。各级领导干部都要加强具体指导，着力解决实际问题，特别是要沉下去，到矛盾多、困难大，情况复杂、群众需要的地方去，同干部群众一起研究分析问题，找准症结，制定措施，帮助改变面貌。大力发扬脚踏实地、埋头苦干的作风，重实际、说实话、务实事、求实效。要以强烈的使命感、责任感、紧迫感，创造性地做好工作。

今年，我省将召开第七次党代会，这是我省政治生活中的一件大事。全省各级党组织要认真做好准备，以饱满的精神状态迎接党代会的召开。

同志们，我们已经迈入新世纪。在新的一年里，我省的各方面工作都应当有新风貌、新气象和新进展。让我们紧密团结在以江泽民同志为核心的党中央周围，脚踏实地，稳步前进，努力实现“十五”计划的良好开局。

坚定不移地促进云南大开放大发展

——在云南省人民政府经济社会发展咨询团第四次会议上的讲话（摘要）

（2001 年 6 月 16 日）

中共云南省委副书记、代省长　徐荣凯

同志们：

这次会议期间，各位顾问围绕“优化投资软环境，促进云南大开放和大发展”这个主题，在管理体制、政府职能和工作效率、投资融资、政府政策与要素市场建设、加入世界贸易组织对云南的影响等方面，进行了广泛的交流和探讨。结合今后将开展的工作，我讲六点意见，算是对大家所提建议和意见的一个回应。

一、坚定不移地实施三大战略，努力实现三大目标

党中央、国务院提出的“科教兴国、可持续发展和西部大开发”三大战略为云南省的发展指明了方向，提供了机遇。中共云南省委、省政府在深入调研，分析国内外发展趋势的基础上，提出了建设“绿色经济强省、民族文化大省和中国连接东南亚、南亚国际大通道”三大目标，这是对云南半个世纪以来发展道路和经验的深刻总结。绿色经济强省体现了云南在绿色资源方面的比较优势和巨大潜力，民族文化大省突出了云南多民族、多元文化相互促进、共同繁荣的特色，而建设国际大通道不仅是云南区位优势的集中体现，更是国家全方位对外开放的需要。三大目标自提出以来，得到了中央政府的肯定、兄弟省市的赞成和全省人民的拥护。实践表明，这一思路是正确的、科学的，符合云南的实际。我们在新世纪的发展中将坚定不移地推进三大目标的早日实现。

科教兴国战略在云南省的具体体现就是科教兴滇战略。在科学技术迅猛发展的今天，任何工作的开展，都离不开科技和人才。云南要大力发展教育，把人力资源开发、提高劳动者素质作为改善投资环境的重要因素来考虑。没有高素质的劳动者，没有先进的科技作支撑，再好的目标也不可能实现。我们追求的发展必须是可持续发展，这不仅是一个生态的概念，更是一个经济、社会、环境全面协调发展的概念。在充满竞争的 21 世纪，生态环境也是生产力，而拥有良好的生态环境就拥有了竞争力，这正是云南特色经济的本质所在。从根本上讲，绿色经济强省这一概念本身就包含了可持续发展的内涵。实施西部大开发是我们国家在新世纪初作出的一项重大战略决策，为云南带来了新的发展机遇，必将对云南的发展产生重大而深远的影响。抓住西部大开发的机遇，我们就有可能加快三大目标的顺利实现。

总之，在实施三大战略、实现三大目标这一点上，云南省政府的决心在任何时候都不会动摇。在引资方向和投资领域方面，我们也将把重点放在这上面来。这次会议的主题是优化投资环境，其目的还是要为推进云南三大战略的实施，为实现“三大目标”服务，最终促进云南经济社会的发展。

二、坚定不移地调整结构，加快五大支柱产业建设

通过建设支柱产业推动经济发展，是云南多年来总结出的一条经验。但必须看到，我们支柱产业的发展很不平衡，除烟草产业一花独秀外，包括矿产、能源在内的传统产业虽有一定规模，但总体实力不强，从效益和对经济发展的贡献等方面看，都还不尽如人意。同时，生物多样性资源开发产业、旅游业等虽然有了迅猛发展的势头，但层次和水平都还不高，进一步发展仍然面临不少困难。我们要在继续巩固和提高烟草产业（应当清醒地看到，烟草产业正受到严重挑战）的同时，加快发展生物多样性资源创新产业，大力提升旅游业，全面提高以磷化工和有色金属为重点的矿产业，并加快培育和发展以水电为主的电力产业。应该说，围绕实现三大目标提出的这五大产业，正是云南的优势所在、潜力所在和希望所在。今后，我们将加大结构调整力度，努力引进和集中资金，依靠高新技术和高层次人才，促进上述五大产业尤其是烟草之外其他产业的发展，真正建立起支撑云南经济社会发展的强大群体支柱产业。

三、坚定不移地健全法制，大力整顿市场秩序

经济要发展，法制是保障；中国要开放，更离不开法制的保障。我们坦率地承认，目前云南的法制环境仍不理想，对知识产权的保护力度不够，制售假冒伪劣产品的现象仍然较多，个别政府官员办事拖沓、有法不依、执法不严的问题依然存在。这不仅极大地损害了广大投资者、消费者的利益，而且也严重地损害了政府的形象。在保护知识产权、打击假冒伪劣产品和严肃法纪这一点上，我们的利益是完全一致的。不打假就是打真，不打劣就是打优。健全法制，保护知识产权，有法必依，违法必纠，维护市场秩序，创造公平竞争的环境，这是政府的主要职责。在这里，我代表省政府郑重承诺：凡是涉及知识产权侵权、制售假冒伪劣产品以及其他违法、违纪的行为，都可以各种方式反映和投诉，我们会尽快建立健全处理外商投诉的协调机制。同时，我们将根据国务院的统一部署，加大整顿市场秩序的力度，为引进外资，也为我们自身的发展创造良好的软环境。

四、坚定不移地扩大开放，引进人才、技术和管理

二十多年来，常听到人们批评云南对外开放的步子迈得不够大。这里面有很多制约因素，最大的制约就是人，是人的素质问题。云南要开放，要发展，提高人的素质是关键。在资金、技术缺乏的情况下，人是关键因素；在资金、技术都到位的情况下，人的因素仍将起决定作用。我们要努力提高干部、群众的素质。一个地方，人的素质较高，吸引力自然就强，人才、资金、技术等生产力要素也就会自然而然地流到这里来。今后，我们将尽最大的努力提高云南各族干部群众的开放意识和综合素质，在大力发展学历教育的同时，积极发展在职教育和继续教育，尤其要加强专业人员和各级干部的在岗、转岗培训，切实转变因人为因素阻碍扩大开放的现象，真正做到以自身素质的提高，吸引世界各地的友人到云南投资兴业、共谋发展。

五、坚定不移地转变政府职能，提高行政效率

政府在创造投资环境中的职能就是服务，就是结合自己的国情和省情，制定、执行和监督实施有关法律法规。为适应加入WTO的进程，我国政府已陆续修改和出台了一批旨在逐步与国际惯例接轨的法律，云南省政府也围绕国家相关法律，按照社会主义市场经济的要求，清理、修改和制定了一批地方性法规和规章。当然，由计划经济向市场经济转轨是一个逐步完善的过程。即使在西方发达国家，从法律法规的制定，到法律意识深入人心，社会各阶层严格按照法律法规行事，并形成一套在全社会行之有效的监督体系，也经历了漫长的历史阶段。我们现在存在不少问题，但是回过头来看20年前的情况，毕竟中国在前进、在改进，可以说，有很大的进步。我们既然选择了改革的道路，既然提出了要尽快转变政府的职能，就一定会坚定不移地做下去，而且会做得越来越好。这次会议上讨论最多的，是简化审批制度，增加政策的公开性和透明度以及规范管理，确保现行政策、措施得到有效贯彻和执行的问题。顾问们针对这个问题，提出了许多极富建设性的建议和意见，为我们进一步改善工作、提高行政效率拓宽了眼界，开启了思路。我们一定认真研究大家的意见，制定有效措施，结合云南实际走出一条行之有效的路子，服务好全体人民，服务好外来投资者。同时，要教育好国家机关工作人员，坚持廉洁奉公、勤政廉政、铲除腐败，建设一个勤政、务实、廉洁、高效的政府。

六、坚定不移地与国内外建立稳定的合作关系，发展互信互赖的合作伙伴

咨询团四年来的实践告诉我们，各位顾问不仅是云南省政府的高参，而且还是云南的亲密朋友和很好的合作伙伴。从我的同事的讲话和发言中，我不止一次听到关于您们为云南经济社会发展出谋划策、勤做实事的例子。我为云南有您们这样一批杰出的、真诚的朋友而感到由衷的高兴。白礼顿主席说：外国直接投资——伙伴关系是关键。我很赞成这个观点。并渴望云南省与各位顾问之间建立起长期稳定的、真诚的合作伙伴关系，相互间成为最亲密的朋友和事业伙伴。中国有句俗语说：朋友多了路好走。我们将认真总结咨询团广交合作伙伴的经验，与国内外建立起稳定的合作关系，广交真朋友、好朋友、能相互信赖和真诚合作的朋友，为云南经济社会发展创造最佳的人际环境。

各位顾问，各位朋友，女士们、先生们，我在回复白礼顿主席代表咨询团给我的信中曾明确表示："我重视咨询团工作，并把这项工作作为省长工作的一部分"。我和我的同事将认真汲取本次会议上各位良师益友的金玉良言，把大家的智慧运用到我们的日常工作中去。顾问们提出的许多好建议，我们将认真整理，制定方案，落实到工作中去。

提高认识　统一思想
积极稳妥地推进地县乡机构改革

——在全省地县乡机构改革动员大会上的讲话

（2001年8月9日）

中共云南省委副书记、代省长　徐荣凯

同志们：

根据党中央的统一部署，省委、省政府高度重视我省地县乡机构改革工作，经多次认真研究，制定了具体方案。省委、省政府召开这次全省地县乡机构改革动员大会，主要任务是贯彻落实党的"十五"大提出的任务和江泽民同志在建党八十周年大会上讲话的精神，按照中央及省委、省政府对机构改革的决定和要求，部署我省地县乡的机构改革工作，同时对省人大、省政协及省级群众团体的机构改革作出安排。

一、充分认识地县乡机构改革的重要意义

我们党对机构改革历来十分重视。早在改革开放之初，邓小平同志就指出，精简机构是一场革命，如果不搞这场革命，四个现代化就没有希望。他要求全党增强信心，下定决心，克服困难，务必抓紧抓好这项工作。江泽民同志也十分关注机构改革这件大事，并在党的十四大报告中指出，机构改革，精兵简政，是政治体制改革的紧迫任务，也是深化经济体制改革，建立社会主义市场经济体制和加快现代化建设的重要条件。在党的十五大报告中，江泽民同志再次强调，机构庞大，人员臃肿，政企不分，官僚主义严重，直接阻碍改革的深入和经济的发展，影响党和群众的关系，这个问题亟待解决。在党的十五届二中全会上，江泽民同志又进一步指出，政府机构属于上层建筑，应该适应经济基础的要求，经济基础是在不断发展的，上层建筑也要随之不断调整和完善。要从我国国情和维护广大人民群众的根本利益出发，自觉进行机构改革，以利于把社会主义制度的优越性充分发挥出来。

邓小平同志和江泽民总书记对机构改革的重要论述，从改革、发展战略全局和关系党和国家前途命运的高度，深刻透彻地指明了机构改革的极端重要性和紧迫性，我们一定要认真学习，深刻领会，切实贯彻落实。

*（一）机构改革是经济体制改革的进一步深化，是实现云南新世纪初三大战略目标的需要。*从党的十四大确立建设社会主义市场经济体制的改革目标以来，我省经济社会发展取得了巨大的成就，经济体制改革也取得了重大进展。根据党中央的要求和我省经济社会发展的实际，省委明确提出，要紧紧抓住国家实施西部大开发的重大历史机遇，以改革开放为动力，强化基础设施建设，着力改善生态环境，调整优化经济结构，努力振兴教育科技，把云南建设成为绿色经济强省、民族文化大省和中国连接东南亚、南亚的国际大通道。为实现云南新世纪的宏伟目标，我们必须做好机构改革工作，建立一个好的管理体制和运行机制。只有形成科学、规范的社会组织管理体系，才能有效组织全省各方面力量，提高经济增长的质量和效益，促进社会文明进步。

当前，我们应清醒地认识到，我省地县乡党政机构的设置、职能和运行方式与建立社会主义市场经济体制的要求还有很大差距，严重制约着我省经济体制改革的进一步深化。要按照建立社会主义市场经济体制的总体要求，政企、政事必须分开，政府不能既当“裁判员”，又当“运动员”。政府最主要的职责是加强宏观调控，以弥补市场机制的不足，减少市场信号偏离引发的自发性和盲目性；同时，采取措施防止和减少自然灾害、突发事件对人民生活及经济运行的不利影响。政府管理经济的方式必须转变到运用法律、经济等多种手段来规范市场主体行为，维护市场秩序，将微观的经济活动纳入宏观经济发展的轨道，促进经济、社会、环境的协调发展。这就要求进一步转变政府职能，使政府在公共管理、执法监督、社会服务和社会保障等方面发挥更大的作用。如果不加快进行机构和行政、管理体制等方面的改革，建立适应经济社会发展需要的管理体系，我们就难以担当起实现云南新世纪发展目标的重任。

进行地县乡机构改革，理顺关系，分清责任，切实解决现行管理体制中存在的问题，建立办事高效、运转协调、行为规范的行政管理体系，这既是贯彻中央精神，加强地县乡党政机关的思想、组织、作风建设，建设文明、高效、廉洁的党政机关的重要措施，又是抓住西部大开发的机遇，深化经济体制改革，加快经济社会发展，实现新世纪发展宏伟目标的根本保证。

*（二）进行地县乡机构改革是改进机关作风，加强机关自身建设的需要，是贯彻落实“三个代表”要求的重要举措。*地县乡党政机关直接面对基层和群众，具体担负着组织社会主义物质文明和精神文明建设的重任，在整个党政组织结构和行政管理系统中处于基础的位置。地县乡党政机关是否廉洁高效、运转协调、行为规范、全心全意地为人民服务，关系到地方经济和社会的发展，关系到党和政府在人民心目中的形象，关系到“三个代表”重要思想的贯彻落实。因此，搞好地县乡机构改革，对于促进地方两个文明建设，进一步巩固我们党的群众基础和执政地位意义十分重大。

从总体上看，我省各级机关在促进全省经济建设、改革开放、社会稳定、民族团结和各项事业进步中发挥了重要作用。但是机构重复设置、职能交叉，人员结构不尽合理，人员素质参差不齐，缺乏竞争激励机制；人浮于事、效率不高，助长了官僚主义、文牍主义等现象的发生，容易滋生腐败。这些严重损害了机关形象，严重影响机关工作效率。要通过机构改革，克服弊端，理顺关系，调整人员结构，形成激励竞争机制，增强机关的活力，为加强机关自身建设，建立一支高素质的机关干部队伍打下良好的基础。

目前，我省地县乡机构改革的时机已基本成熟，也具有很多有利的条件。一是随着各项改革的不断深入，一些制约政府职能转变的因素有了明显改善，总体上面临较好的外部环境；二是全省社会生产力、综合经济实力和人民生活水平迈上了新的台阶，边疆巩固，民族团结，社会稳定，为改革提供了较好的社会基础；三是广大干部群众对机构改革的认识逐步深化，改革有着较好的群众基础；四是经过“三讲”教育和农村“三个代表”重要思想学习教育活动，广大干部的政治觉悟和思想水平有了很大提高，为搞好机构改革打下了良好的思想基础；五是省级党政机构改革取得明显成效，为地县级机构改革提供了较宽松的环境和可供借鉴的经验。

总之，进行地县乡机构改革，是促进改革开放、经济社会发展的重要措施。同时，也是从体制上、组织机制上克服官僚主义、消除腐败温床的重要环节，合乎广大人民群众的根本利益，可以说是一件顺民心、合民意的工作。我们要从关系党和国家命运的高度，认识机构改革的重要性，不断增强搞好机构改革的自觉性和紧迫感。

二、明确目标，抓住重点，全面完成地县乡机构改革的任务

这次地县乡机构改革总的要求是：党委部门机构改革要着眼于地方党委发挥总揽工作全局、协调各方的领导核心作用，加强综合管理机构，弱化辅助性机构。政府部门则要抓住职能转换这个关键，加快实现政企分开步伐，加强宏观管理，强化服务，改革行政审批制度，理顺关系，精兵简政，提高效率，建立高效务实、勤政廉洁的政府机构。各级人大、政协机关机构改革要按照统一领导、运转协调的要求，结合工作实际，进一步理顺工作机构与专门委员会及其办事机构的职责关系，调整和规范工作机构、专门委员会及其办事机构的职责权限，使各自职能配置更趋合理，更能充分发挥整体功能；群众团体机关的机构改革要改进运行机制，克服行政化倾向，更好地发挥群众团体作为党和政府联系人民群众的桥梁和纽带作用。

根据我省的实现情况，在地县乡的机构改革中，要突出抓好以下七个方面的工作。

（一）进一步转变政府职能，实现政企分开。转变政府职能，实现政企分开，是解决地县乡现行管理体制中诸多矛盾的根本措施。在社会主义市场经济体制下，政府的主要任务和职能是执法和管理。这要求各级政府要集中精力搞好宏观调控和创造良好的市场环境，而不是干预企业的经营活动。一是要彻底改变政府与企业的行政隶属关系，全面落实企业自主权，以利于企业作为市场主体的作用充分发挥。这次地县乡机构改革，撤并经济专业管理部门要一步到位，不留尾巴，不搞过渡。二是地县乡各级机关，要按照中央关于党政机关和政法机关一律不准经商办企业的规定，解除各级政府主管部门与所办经济实体、直属企业的行政隶属关系，并在人财物方面彻底脱钩。三是要积极培育和发展社会中介组织，将应由社会自我管理和调节的社会事务转给社会中介组织。

（二）注重理顺各方面关系，改进完善运行机制。我国社会主义制度的优越性之一，就是在党的统一领导下，集中各方力量，形成改革和建设的合力。当前，我省要着重抓好两个方面的工作：一是要理顺地县乡上下级之间纵向的事权关系。现在较为普遍的做法是，在地州市级政府与县（区）级政府的关系上，属于城市规划、经济综合、基础设施建设、环境保护等方面的事务，以地州市管理为主；城市的科教文卫及社会服务等，则以县、区管理为主；对城市建设等事务，则实行统一领导，分级管理。县级政府的独立性相对较强，地州市级政府应进一步下放属于县级管理的权限，不要干预县级政府能够自行决定和处理的事务。在区、县级与乡镇政府的关系上，主要是调整县级部门派驻乡镇机构的管理体制。凡能下放给乡镇的，要坚决下放，以完善乡镇政府功能；乡镇与县主管部门双重管理的，也应尽量以乡镇管理为主。对垂直管理部门设在乡镇的机构，也应加强乡镇对他们的监督。二是要分别理顺地县乡级各部门横向之间的关系。要按照便于统一领导和管理的原则，合理调整部门之间的职能，减少和避免交叉；按照“一件事情由一个机构管理为主”的原则，将相同或相近的职能交由一个部门承担。有些工作确需由多个部门共同

参与的，要明确分工，分清主次，确定牵头单位。对于调整、转移、下放的职能，都要以“三定”的形式规定下来，并坚决贯彻落实。

（三）切实改革行政审批制度，规范行政审批权力。为适应我国社会主义市场经济发展、科学技术进步和加入世贸组织的需要，我们必须加快行政审批制度改革。去年，在省级机构改革中，已把清理、减少审批事项作为转变政府职能的一项重要工作加以推进。这次地县乡机构改革也要自上而下，逐级清理行政审批事项，规范各级党政机关的行为，提高行政效率。在清理工作中，要以国家和地方的有关法律法规为依据，凡违反法律法规的审批事项，要坚决取消；能精简的就精简，能下放的要坚决下放；可改为备案的，要改为备案管理；可由市场机制替代的，要坚决通过市场的方式来处理。对确需保留的行政审批事项，要建立健全监督制约机制，公开审批程序和结果，接受群众监督；要简化程序，减少环节，规定时限，提高效率，改进服务。对因审批不当造成严重后果的，要追究审批者的相关责任。

（四）改革行政执法体制，规范行政执法队伍。执法队伍过多过滥，执法行为不规范，是目前在我省较为突出的一个问题。这次机构改革要将清理和规范行政执法队伍作为一项重要任务。省编办要与有关部门抓紧调查研究，尽快提出整顿和规范行政执法队伍的办法。在此之前，省级各有关部门不得再要求地方组建新的基层行政执法队伍，地方政府也不再组建新的行政执法队伍。省级各有关部门要积极鼓励和支持地县乡政府根据本地实际情况，综合设置精干、统一的行政执法队伍，实行相对集中的行政处罚权制度，强化行政执法监督机制，力求在行政执法体制上有所创新。

（五）搞好各级人大、政协机关和群众团体机关的机构改革。人民代表大会制度是我国的根本政治制度，人大作为国家权力机关，行使立法、监督的重要职能，体现广大人民当家作主的权力；人民政治协商会议是中国人民爱国统一战线的组织，发挥着政治协商、民主监督、参政议政的重要作用；群众团体是党和政府联系人民的桥梁和纽带，反映着群众的意见和要求，发挥着团结群众为党和国家的中心工作服务的职能。人大、政协、群众团体在党和国家的政治生活、社会生活、经济建设中都发挥着十分重要的作用。

党的十五大确定了依法治国、建设社会主义法治国家的基本方略和发展社会主义民主政治的目标，对人大、政协和群众团体的工作提出了更高要求。去年，《中共中央关于全国人大机关、全国政协机关机构改革的意见》和《中共中央办公厅、国务院办公厅关于印发〈21 个群众团体机关机构改革意见〉的通知》，对全国人大、全国政协机关和 21 个全国性群众团体机关的机构改革作出了安排和部署。今年初，在全国市县乡机构改革工作会议上，中央明确，对地方各级人大、政协机关和群众团体机关的机构改革，由地方按照上述两个文件精神，结合实际组织实施。按照中央的部署，经过认真调研和反复征求意见，经省委讨论通过，《云南省各级人大、政协机构改革意见》和《云南省各级群众团体机关机构改革意见》即将作为正式文件下发。《意见》根据中央总体部署，对人大、政协机关、群众团体机关机构改革的指导思想、原则、主要内容及组织实施都提出了明确要求。省人大、省政协和省级各群众团体要抓紧研究提出本机关的机构改革方案，报省机构改革领导小组审核，经省委批准后实施；地州市县人大、政协、群众团体机关的机构改革，纳入当地机构改革总体部署，由当地党委统一考虑，统一组织实施。各地要按照上述两个文件的要求，明确责任，周密部署，精心组织，抓紧实施。

（六）大力精简机构和人员编制，优化组织结构和干部队伍结构。精简机构，减少人员编制，是衡量机构改革成效的重要标志，一定要下大力气把这项工作做实做好。

地县乡各级的机构设置要按照中央和省规定的限额执行。党委部门的设置格局基本不变，要按照省委规定的设置限额，精干设置。政府部门要加大改革力度，大力精简机构。在设置限额内，改变过去计划经济体制下形成的按照“产业门类”和“部门管理”原则设置机构的格局，对一些职能相近的部门进行综合设置。在精简前提下，要统筹兼顾，全面考虑机构布局，对那些关系社会稳定、国计民生的部门，要给予一定的关注和重视；受机构限额限制不能设立的，可采取加挂牌子、合署办公等形式，做到职能落实，工作落实。如安全生产监督管理机构，不管采取何种设置形式，一定要加强。对一些中央和省委在机构限额之外有明确要求的部门，如610办公室，也要设立。各级人大、政协专门委员会和工作机构按照《地方各级人民代表大会和地方各级人民政府组织法》和《中国人民政治协商会议章程》的规定，结合实际，本着精简效能的原则设置；各系统、各部门内设机构的设置，都要体现精干的原则，尽可能综合设置，而且愈是下一级机关愈要综合设置。

地县乡三级行政编制总体精简20%的任务，是中央的统一部署、统一要求，根据我省实际，我们提出了各级不同的精简比例，各地要统筹考虑，认真测算，从紧安排，坚决完成精简任务。要把人员编制的精简与深化干部人事制度改革、完善公务员制度结合起来，通过定编定岗、竞争上岗和岗位轮换等途径，促进机关干部有进有出，能上能下，优化干部队伍结构，提高整体素质。省委、省政府机关在机构改革中，普遍实行处级干部竞争上岗、公开选拔，处以下人员双向选择，新老交替平稳过渡，有很多好的做法。这些经验，在地县乡机构改革中应很好借鉴。

乡镇机构和人员编制的精简，必须坚持党政机关与事业单位同步进行，乡镇党政机构要综合设置，大力精简行政编制，坚决清退超编人员和各类临时人员。有条件的地方，可在有利于经济发展和不影响社会稳定的前提下，适当撤并规模过小的乡镇，以利于减少财政供养人员。乡镇事业单位的改革，一是要将设置过多、过散的“站、所”合并成综合性的服务机构，有条件的要走企业化、社会化的路子。二是要按照生源的数量和分布等情况，适当调整现有农村中小学校，精简教师队伍，提高教师队伍素质，合理配置现有教育资源。三是要改革乡镇医疗卫生及计划生育办事机构，充分利用现有资源，发挥各自优势，精减机构，避免重复建设。

（七）切实做好人员分流工作，妥善安置分流人员。人员分流涉及广大干部的切身利益，是人们关心的热点，也是机构改革的难点。比起省级机构来，地县乡机构改革中人员分流的情况更为复杂，难度也更大。我们必须以高度负责的精神，切实做好这项工作。

一是要通过多种途径，妥善安置分流人员。在推进地县乡机构改革中，各地要把机关分流人员安置工作放在优先位置来考虑，采取积极措施，想方设法把分流人员安置好。有的可以转到企业、事业单位工作，使他们进一步发挥特长；有的可以送去学习、培训，以利于今后的发展。同时，还要大力鼓励和支持分流人员自谋职业、自主创业。现在，我省城乡经济蓬勃发展，为分流人员提供了广阔的空间。只要我们积极正确引导，分流人员是可以得到妥善安置的。

二是要认真执行中央和省的有关政策，解除分流人员的后顾之忧。为妥善安置分流人员，减轻精简压力，中央规定了两条政策：一条是在这次地县乡机构改革中的分流人员，在没有找到工作之前，三年内工资照发。另一条是，将分流人员纳入社会保障体系。这充分体现了党中央、国务院对分流人员的关心，省委、省政府要求各地要根据中央的政策规定，结合本地实际制定相应的配套措施，保证妥善安置分流人员。

三是要加强引导，做好深入细致的思想政治工作。在机构改革过程中，各地要及时掌握分流人员的思想动态，有针对性地做好思想政治工作，要倾听他们的意见，满腔热情地帮助他们解决实际困难，让每个分流人员切身感受到组织上对他们的关心爱护。要引导他们识大体、顾大局，正确认识机构改革，正确对待个人工作岗位的变化，正确处理国家、集体和个人三者利益关系，自觉服务组织决定。我们也要相信大多数分流人员是有觉悟的，是通情达理的，只要工作做到家，就一定能够得到他们的理解和支持。

三、统一思想，加强领导，确保机构改革顺利进行

（一）加强学习，把思想认识统一到中央的精神上来。各地要用江泽民总书记在纪念建党八十周年大会上的重要讲话精神和中央关于机构改革的方针政策，统一干部的思想和行动，按省委、省政府的统一部署，把“两个教育活动”与全面启动地县乡机构改革结合起来，提高广大干部对机构改革必要性和紧迫性的认识，并把机构改革作为检验学习教育活动成效的一项标准，因势利导，积极做好地县乡机构改革工作。

（二）加强领导、明确责任，把各项任务落到实处。搞好地县乡机构改革，关键在领导。要认真按照朱总理指出的“把政府机构改革工作做细、做实、做好”和“不动摇、不走样、不变调”的要求，切实做到责任、措施、工作、时间“四到位”。各地州市要按省委、省政府的工作部署，把机构改革列入今年工作的重要议事日程，一把手亲自抓、负总责，分管领导负责具体工作。各级都要成立机构改革领导小组，认真制定工作计划，抓紧各项措施的落实。各级编办要在前一段工作的基础上，集中力量，继续努力，扎扎实实抓好机构改革日常工作，当好各级党委、政府的参谋和助手。编办、组织、人事、财政等各部门要相互配合，相互理解，形成合力。撤并部门的领导要认真负责地做好本部门的划转工作，搞好人员、资产、财务、档案材料等的清理移交，站好最后一班岗；新组建单位和调整单位的负责人要立即到位，迅速着手机构组建、部门“三定”等工作，尽快开展工作，保证工作的衔接；其他部门要切实抓紧抓好“三定”和人员分流等工作。在机构改革期间，要指定领导专门负责日常工作，确保各项业务的正常开展。

要做好调整变动部门的职能衔接和分流人员的工作交接，确保工作的连续性。真正做到思想不散，秩序不乱，人员妥善安排，工作正常运转，确保地县乡机构改革按期完成。

省编办要加强对地县乡机构改革的指导，把握政策，深入实际，了解情况，及时研究解决机构改革中的突出问题。

（三）从实际出发，分类指导。我省各地州市情况差异很大。各地要认真学习、理解、掌握中央和省关于机构改革的精神，坚决按省委、省政府的统一部署进行。又要紧密联系本地实际，把中央和省委、省政府的要求与本地实际很好地结合起来，加强分类指导。各县情况也不同，机构的设置就应当区别考虑，比如民族自治县、少数民族人口众多的县的民族宗教机构设置问题，以及乡与镇、建制镇与县（市）所在镇编制精简问题，就应当区别对待，不搞一刀切。为此，各地州市要从实际出发，认真分析，分类指导。

（四）严肃纪律，强化管理，确保机构改革顺利进行。机构改革是一项严肃的政治任务，也是对各地县乡干部思想、作风建设和法制观念、纪律观念的一次考验。为确保改革顺利进行，各级领导、干部要自觉用党和国家的纪律、法规约束自己，把自己置于党组织和群众的监督之下，坚持从严治党、从严治政，坚持党性原则。要严肃政治纪律，不折不扣地贯彻执行中央和省关于机构改革的方针政策，不许搞“上有政策，下有对策”、阳奉阴违。要严肃组织纪律，任何部门不得借机构改革之机突击进人、突出提干，不得擅自在机关评聘职称；严禁借人员定岗分流之际，搞任人唯亲，打击报复；严肃财经纪律，在机构调整期间，要加强房产、经费和物资设备的管理，防止国有资产的流失；严禁借机构调整之际，违章调度资金，转移资产，私分钱物；严肃工作纪律，机关工作人员要严守岗位和保密纪律，恪尽职守，保持正常的工作秩序。在机构改革期间，纪检、监察、审计、财政、组织、人事、编制等部门要加强监督，对那些借机构变动之际，以权谋私、违法乱纪的单位和个人，要从严处理，以确保机构改革的顺利进行。需要强调的是，省级各部门要积极支持地县乡机构改革，不得以任何形式施加影响干预地县乡的机构改革。

各地州市要按照这次会议精神，对本地机构改革及时作出部署，并抓紧研究上报本级机构改革总体方案。方案一经省委、省政府批复，必须抓紧组织实施，不得无故拖延。

机构改革必然触及到旧体制下的许多深层次的矛盾和问题，将会遇到很多的困难。但我们坚信，在党中央、国务院的正确领导下，通过全省人民的共同努力，我们一定能圆满完成全省地县乡机构改革任务，为云南的经济社会发展做出新的贡献！

谢谢大家！

认清形势　深化改革
努力开创我省财税工作新局面

——在全省财税工作会议上的讲话

（2001年8月12日）

中共云南省委副书记、代省长　徐荣凯

同志们：

今年以来，在全省经济结构不合理等深层次矛盾日益突出的情况下，财税系统全体干部职工克服困难、勤奋工作，财政收入继续保持了平稳增长的势头，支出结构进一步优化，财税工作取得了显著成效，对促进全省国民经济持续、快速、健康发展，保持社会稳定发挥了重要的作用。在此，我代表省政府对财税系统全体干部职工表示衷心的感谢和慰问。财税工作非常重要，取得这些成绩，是与各地、州、市领导高度重视分不开的。下面我讲四个问题。

一、正确认识我省财税工作的特点及新时期面临的形势

改革开放以来，我省财税工作取得的成绩很大，财政收入快速增长，财政实力显著增强。全省财政总收入从1978年的11.7亿元增加到2000年的433亿元，年均增长17.8%。我省已从财政补贴省一跃成为财政净上缴省，为国家作出了重要贡献。

由于经济基础和产业结构的特殊性，我省财政具有与其它省区不同的特点。一是在总量上，我省财政收支具有一定规模，但从经济总量来看，云南经济小省的特点十分突出。2000年，云南财政总收入和地方财政收入在全国排位居前，而GDP总额及人均GDP分别居全国第18位和25位。较大的财政规模与较低的经济发展水平形成鲜明对比。二是在增速上，全国平均水平及发达省区财政收入由前几年的平稳增长转为近年的持续快速增长，而云南财政收入却由前几年的快速增长转为近年的低速增长，与全国的情况正好相反。三是在财政收入的行业构成上，云南财政依靠“两烟”支撑，财源支柱产业单一的局面仍未根本改观。多年来，全省财政收入的70%以上来自“两烟”，2000年，全省来源于“两烟”的财政收入仍达58%。四是在财政收入来源的所有制结构上，全省财政收入主要来源依然是国有经济，非公有制经济对财政收入的贡献比例仍然偏小。五是在财政收入的地区构成上，云南财政地区之间不平衡的矛盾十分突出，财政收入主要集中于滇中比较发达的地区。2000年，昆明、玉溪等7个有烟厂的地区财政总收入占全省的85%。全省128个县市中，财政总收入最高与最低的县区相比相差近150倍，区域之间的不平衡非常明显。

我们在认清我省财税工作新特点的同时，对我省财税工作面临的形势要有一个清醒的认识。随着我省经济结构深层次矛盾的日益显现，财税工作面临的困难也在日益加剧。“九五”到“十五”期间，我省财税情况正在发生三个明显的变化。一是由高速增长逐步向低速增长转变。“九五”前三年，我省地方一般预算收入每年以两位数速度增长，“九五”后两年增速跌落到5%以下，今年的预算也只增长5%，几乎没有太大的增长。二是由财力相对宽余向较为吃紧转变。前几年，我省相当一部分地县的财力情况较好，说起话来也财大气粗，近年来，这些地县的情况也开始闪现“红灯”，出现了新的困难。三是由建设财政逐步向吃饭财政转变。过去我们每年可拿

出上百亿资金搞建设、搞项目。现在多数地、州、市、县保吃饭成了第一大难题。从近期来看，一方面，由于经济结构调整优化需要一个较长的时期，全省财源支柱单一的状况难以在短期内得到根本性改变，所有制结构的调整优化也需要一个过程。同时，随着改革的不断深入，受财政支出刚性的影响，支出还将进一步扩大。因此，在国家财政转移支付制度尚未实施重大变革之前，全省财源建设任务非常紧迫而艰巨，财政增收的形势仍然十分严峻，这一定要引起各级党政部门领导和有关部门的高度重视。但我们也应看到，克服财政困难也有很多有利条件：一是随着西部大开发战略的深入实施，国家对西部地区的转移支付力度正不断加大；二是经过多年培育，我省财源建设也取得了明显成效，旅游、生物资源开发、电力等产业的崛起，将为全省经济发展和财政增收作出更大贡献；基础设施的进一步改善，也为经济发展、财政增收奠定了坚实的物质基础。因此，总体上讲，克服财政困难是机遇与挑战并存、困难与希望同在，我们既要实事求是，深刻认识我省财政的特点和困难，在工作中抓住重点、对症下药，又要树立信心，以开拓进取的精神再创我省财政的新辉煌。

二、培植财源，加快发展是云南财政的根本出路

从长期来看，要扭转我省财政收入增速低缓的局面，根本出路在于加快经济发展，大力培植税源，扩大税基。要在坚持一保吃饭、二搞建设的原则基础上，正确处理好四个关系：一是财源结构与产业结构的关系。近年来，各地县对调整产业结构非常重视，有的县由于路子走得对，已取得了明显成效。如弥勒县过去产业结构比较单一，经过结构调整，现在已培植起葡萄、酿酒等产业，形成了烟、糖、酒等多个支柱，经济上去了，财政收入也有了保证。从这些地区的经验来看，没有产业结构的整体优势，就没有坚实的财源基础。财税部门要从全省经济发展的大局出发，积极支持产业结构调整，将财源结构与产业结构的调整有机结合起来。二是投入与效益的关系。要坚决摒弃计划经济体制下重建轻管、重投入轻产出的做法，适应市场经济发展的新形势，转变观念和工作方式，始终将效益作为投入的基点。三是要处理好现有财源与后续财源的关系。要从不同地区、不同行业的实际出发，既着眼当前，又着眼长远，在巩固和加强现有财源的同时，更要加大对后续财源的培育力度。这里我要强调，开辟财源，必须取之有道，绝对不准搞乱砍、乱伐、乱采等以破坏生态环境和资源的掠夺性开发为代价来培植财源。四是开源与节流的关系。要在发展经济、开辟财源的同时，树立节支也是增收的观念，抓好节流工作。

从当前全省经济发展的实际来讲，处理好上述四个关系，必须抓好五项工作：一是要紧紧围绕建设“绿色经济强省，民族文化大省，连接东南亚、南亚国际大通道”的三大目标，积极支持五大支柱产业的结构调整优化和产业升级，把“蛋糕”做大，扩大税基。二是要继续支持“两烟”的生产和经营，巩固和增加“两烟”对财政的贡献额。三是要充分发挥财政资金的导向作用，加大对企业技术改造和技术创新的支持力度，提高企业竞争能力和对财政的贡献率。四是促进中小企业及非公有制经济的发展，壮大群体财源，改善财政收入的所有制结构。五是要建立有效的财力平衡机制，缓解县级财政困难，促进县域经济发展。

三、突出重点，不断推进各项财税改革

改革是推进经济社会发展的动力，我们必须坚定不移地深化各项改革，特别是财税改革。在过去的历次改革中，财税改革都是突破口，不仅对财税工作和财税自身的发展直到了巨大的推动作用，而且还带动、推动、保证了经济体制其他方面的改革。当前，财税改革要突出重点，坚持体制创新和管理创新，加大改革力度，努力构建公共财政框架。重点要抓好五个方面的改革：

一是财政管理体制改革。最近，省政府常务会讨论并确定了我省省对地州市的财政管理体制。令狐同志对这个新的管理体制给予了肯定。新一轮省对下的财政管理体制进一步明确了各级政府间的财政分配关系，既维持了分税制以来各地州市的既有利益，同时还规范了省对下财政转移支付制度，体现了对民族地区的照顾。这里，我要强调一点，实行新的财政管理体制后，各地、州、市、县要把保“吃饭”放在突出位置，一是要确保工资按时足额发放和机构运转；二是要加大扶贫力度，解决好贫困人口的温饱问题；三是要加快社会保障体系建设，切实解决好国有企业下岗职工和城镇居民基本生活保障问题，维护社会稳定。保证工资按时足额发放要实行责任制。今后，再出现拖欠工资现象，属省财政应补助资金没有及时足额到位造成的，要追究财政厅主要领导的责任；如果省财政已及时、足额拨付补助资金，属地县自己预留缺口或挪用造成拖欠的，缺口资金必须由地县自己调剂解决，同时，还要追究地县领导的责任。请各级领导和财政部门的同志务必高度重视。当前，各级财政部门要在认真总结试点经验的基础上，加快推进部门预算改革，省本级要逐年增加报省人代会审议预算的部门，地州市今年要全面试编部门预算，县级也要积极开展试点。

二是税制改革。中央调整卷烟消费税政策后，对我省的地方收入有一定的影响，财税部门要积极研究对策。除向中央争取专项补助外，要通过推进税收征管改革，在巩固和完善现行征管模式的基础上，进一步探索新的征管手段和符合我省经济发展的征管思路，支持“金税工程”建设，促进依法治税和现代化征管。

三是要积极推进实施国库集中收付制度改革。财政部门要按照国务院批准的指导思想和基本原则开展国库集中收付制度工作，逐步改变目前的收入收缴和支出拨付方式，从完善工资统一发放入手，积极探索和制定国库集中收付的配套办法。

四是全面推进政府采购制度。全省各级都开展了政府采购工作，取得了较好的效果。要进一步扩大政府采购的范围和规模，完善有关制度，加强内部管理，严格操作程序，强化和规范招投标管理，提高服务质量，确保政府采购工作的正常健康运行。

五是推进社会保障制度改革。健全的社会保障体系是社会主义市场经济体制的必然要求。在我国经济体制由计划经济向市场经济转轨的过程中，加快建立社会保障体系的要求非常迫切。最近，到省政府上访的人员较多，绝大部分是破产企业和困难企业的职工，这说明我们的社会保障体系还不健全、不完善。各级财政部门要积极支持推进社会保障制度改革，逐步完善城镇职工基本养老保险制度、失业保险制度和城市居民最低生活保障制度，推进城镇职工基本医疗保险制度和医药卫生体制改革，切实解决好企业下岗职工基本生活保障和离退休人员的养老问题，维护社会安定。

四、依法治税，依法理财，切实加强财税管理

今年5月，国务院出台了《关于整顿和规范市场经济秩序的决定》。结合我省经济发展的实际情况，省政府出台了我省的贯彻意见，对全省整顿工作进行了部署，提出了明确的整顿工作目标。整顿财经秩序是整顿市场经济秩序的重要内容，是加强财政管理的客观要求，财税部门要把整顿财经秩序作为重要而紧迫的工作抓紧抓好，依法治税，依法理财，促进市场经济健康发展。

（一）依法治税，强化收入征管，积极组织收入，确保完成全年收入任务。要继续贯彻“加强征管、堵塞漏洞、惩治腐败、清缴欠税”的征管方针，严格执法，依法治税。坚决制止违反规定的减税、免税、缓税行为，堵塞漏洞，做到应收尽收。依法严厉打击偷税、骗税、逃税和抗税行为，加大清缴力度，切实提高收入征管质量。加强部门之间的配合与协作，明确征管责任，严格征收制度，改进征管手段，积极增收，增强财政实力。

（二）加强财政管理，健全和完善财政监督制度。面对日趋突出的财政收支矛盾，加强财政支出管理尤其重要。我省的财政管理工作总的是好的，但也存在一些不容忽视的问题。从我来云南工作这几个月的感受看，感到有些问题必须引起大家的重视。如支出口子过多、预算管理和审核把关不严、要求追加预算的报告太多；再如审批程序不严，多头审批，“一支笔”和一个口子审批把关的制度不落实；还有的部门和单位花钱大手大脚，每交办一件事动辄就向财政要钱且口子很大。地县的情况也不例外，有的县一方面财政困难，资金紧张，连发放工资、机构正常运转都不能保证，另一方面却管理松懈，不珍惜资金，新建的小学校舍一建成就是危房，造成财政资金的浪费。各级政府和财政部门要切实加强管理，严格按《预算法》和各种规章制度办事，主要领导和分管领导要对资金进出口把关，负主要责任。各级财政在接受人大监督的同时，要认真履行好财政职能，加强对财政资金使用的监督。进一步加强“收支两条线”管理规定，加大清理乱收费工作的力度，强化财政专户管理，继续抓好行政事业单位银行账户清理工作。加强国有资产考核管理，确保国有资产保值增值。强化财税系统内部监督制约机制，完善内部管理，依法理财，规范办事程序，确保财政资金的安全和合理使用。省级各部门和各有关单位要加强对部门资金，包括预算外资金和部门管理的专项资金的管理。从前一段省审计厅对省级28个部门的审计情况来看，多数单位的管理工作是搞得好的，但也有一些单位管理工作较为薄弱，截留和挪用专款、私设小金库、坐收坐支财政预算外资金等问题不同程度存在。这些问题必须引起高度重视，进行认真清查，摸清家底，并切实加以改进。

（三）严格控制不合理支出，集中资金办大事。我省财政收支规模不算小，但是由于经济基础薄弱，社会事业发展滞后，需要财政安排的支出范围较宽，财政收支矛盾仍很突出。要改变我省的落后面貌，必须抓住主要矛盾，选好突破口，集中力量办几件大事。在当前财政增收困难的情况下，财政要为政府提供办大事所需的资金，只有通过严格控制不合理支出来集中资金。首先从省级部门做起，开支一律从严、从紧。要克服花钱大手大脚的思想，杜绝铺张浪费现象，严格控制不合理支出，集中资金办大事。通过控制不合理支出集中的资金，主要用于基础设施建设、教育、科技、社会保障、救灾等方面的投入。加大基础设施建设力度，一是在当前我省经济增长速度偏低的情况下，可以起到拉动经济增长的作用；二是从长远看可以改善我省的投资环境，为我省经济和社会发展奠定基础。增加教育投入，加快教育事业发展是贯彻落实“科教兴滇”战略，提高国民素质的重要手段。加快基础设施建设和教育事业发展，对解决我省经济和社会发展的主要矛盾有重要的现实意义和深远的历史意义。

同志们，江总书记“七一”讲话为我们指明了方向，我们要认真学习，深刻领会江泽民总书记的重要讲话精神，把“三个代表”的重要思想贯穿到财税工作中，进一步解放思想，实事求是，求真务实，勇于创新，努力开创我省财税工作的新局面，为我省经济和社会事业发展作出新的贡献！

谢谢大家！

第一篇　重要文献

云南省国民经济和社会发展第十个五年计划纲要

（2001年2月16日云南省第九届人民代表大会第四次会议通过）

序　　言

世纪之交，我省基本实现了现代化建设第二步战略目标，人民生活总体上开始进入小康，综合经济实力明显增强。

过去的五年，面对错综复杂的国际国内环境，省委、省政府坚持以邓小平理论为指导，认真贯彻党中央、国务院的一系列方针、政策，按照省第六次党代会提出的“以经济效益为中心，打基础、兴科教、调结构、建支柱，促进经济社会协调发展”的思路，坚持解放思想、实事求是的思想路线和改革开放的总方针，立足省情，发展特色经济，抓住国家实行积极的财政政策、扩大内需的机遇，大力推进两个根本性转变，坚持用创新的思路、改革发展的办法解决前进中的问题，改革开放和现代化建设都取得了令人瞩目的成就。

“九五”时期是我省经济社会发展较快、较好的时期之一。主要宏观调控目标如期完成，国民经济持续快速健康发展。经济结构调整不断推进，群体支柱产业培育取得新成效；基础设施建设成绩显著，“瓶颈”制约明显缓解；改革迈出较大步伐，全方位开放格局逐步形成；科教兴滇和可持续发展战略顺利实施，社会事业全面进步；“七七”扶贫攻坚计划基本完成，人民生活水平继续改善；精神文明建设蓬勃开展，民主法制建设不断加强；民族团结进一步加强，社会稳定的局面得到巩固；政府自身建设取得新进展，宏观调控能力得到增强。全省呈现出经济发展、社会进步、民族团结和边疆稳定的大好局面，为实施“十五”计划奠定了坚实基础。

“九五”期间，我省改革开放和现代化建设虽然取得了显著成绩，但从总体上看，经济社会发展仍处于社会主义初级阶段低层次，生产力水平处在工业化初期向中期过渡阶段。经济结构不合理，劳动者科技文化素质偏低和基础设施滞后等制约经济社会发展的深层次矛盾依然突出。同时，还存在着一些困难和问题，主要是：农业基础薄弱，农民增收缓慢，农村贫困面较大；工业企业技术创新能力不强，产品竞争力较弱；各项改革相对滞后，体制障碍仍较明显；市场体系不健全，流通不畅；非公有制经济发展不充分，比重小；企业职工下岗分流人员增多，再就业压力加大；地方财政收入增幅减缓，财政平衡难度增大；投融资机制不活，民间投资增长缓慢；城镇化水平低，城市功能不完善；高层次技术人才和管理人才匮乏。生态恶化的趋势仍未根本遏制。搞好社会治安、维护社会稳定的任务相当繁重。少数干部铺张浪费、腐化堕落，一些地方形式主义和官僚主义还不同程度地存在。

今后五年，是我省进行经济结构战略性调整，完善社会主义市场经济体制和扩大开放，为全面建设小康社会和实现“三大目标”奠定基础的重要时期。根据党的十五大、十五届五中全会精神和省委六届十一次全会通过的《中共云南省委关于制定国民经济和社会发展第十个五年计划的建议》，并与国家发展总体部署相衔接，特制定《云南省国民经济和社会发展第十个五年计划纲要》。《纲要》是云南省“十五”期间（2001—2005年）经济社会发展的宏伟蓝图，既统揽全局，又突出重点，是宏观性、战略性和政策性的计划。

第一篇 指导思想和发展目标

第一章 经济社会发展的指导思想

世纪之交的国际国内环境出现了新的变化。经济全球化程度进一步加深，科技革命迅猛发展，产业结构调整步伐加快，国际竞争更加激烈。我国经过二十多年改革和快速发展，形成了比较雄厚的物质技术基础和有利的体制环境；国家正实施西部大开发战略，我国即将加入世界贸易组织。尤其重要的是党的十五届五中全会通过的《建议》，为今后五年的发展指明了方向。国内外经济形势的深刻变化和发展趋势，给我们带来了新的机遇和挑战。

“十五”经济社会发展的指导思想是：高举邓小平理论伟大旗帜，以江泽民同志“三个代表”重要思想为指导，坚持党的基本路线、基本纲领，解放思想，实事求是，开拓创新；抓住西部大开发的重大机遇，紧紧围绕建设绿色经济强省、民族文化大省和中国连接东南亚、南亚国际大通道的三大目标，坚持“两手抓、两手都要硬”，认真实施科教兴滇战略和人才战略、可持续发展战略、城镇化战略、全方位开放战略；坚持以加快发展为主题，经济结构调整为主线，改革开放和科技进步为动力，提高人民生活水平为根本出发点，促进全省经济持续、快速、健康发展和社会全面进步，推动全省综合经济实力和人民生活水平再上新台阶。

今后五年必须贯彻以下发展方针：

——坚持以发展为主题。发展是硬道理，是解决所有问题的关键。必须坚持以经济建设为中心不动摇，增强紧迫感和忧患意识，抓住机遇，在确保质量和效益提高的基础上，力争经济社会快速发展。

——坚持经济结构调整为主线。以提高经济的整体素质和综合竞争力为目标，把经济结构调整从适应性调整转变为全方位、战略性调整。坚持在发展中推进经济结构调整，在经济结构调整中保持较快发展。通过结构调整增强发展后劲，形成自我调节的机制。以信息化带动工业化，发挥后发优势，实现生产力的跨越式发展。

——坚持以改革开放和科技进步为动力。积极推动经济发展和结构调整，必须依靠体制创新和科技创新，勇于突破束缚生产力发展的体制性障碍，进一步完善社会主义市场经济体制，继续推进全方位、多层次、宽领域的对外开放，不断提高科技创新能力，为经济社会发展提供体制保障和科技支撑。

——坚持以提高人民生活水平为根本出发点。不断改善人民生活，是全心全意为人民服务的宗旨和“三个代表”重要思想的最终体现，是处理好改革发展稳定关系的结合点。必须坚持“一要吃饭，二要建设”的原则，把改善人民生活放在优先位置，在全面建设小康社会中迈出重大步伐。

——坚持以实施人才战略为关键。树立人才资源是第一资源的观念和新的育才用才观，制定和实施人才战略，大力培养、引进和用好人才。建立有利于人脱颖而出、人尽其才的机制，努力营造吸引人才、用好人才的良好环境，形成尊重知识、尊重人才、鼓励创业的社会氛围。大力开发人力资源，全面提高劳动者素质。

——坚持以稳定为前提。正确处理好改革力度、发展速度和人民群众承受程度之间的关系，进一步加强民主法制建设，坚持依法治省，维护司法公正，强化社会治安综合治理，切实维护社会稳定，为我省改革开放和现代化建设创造良好的社会环境。

——坚持经济社会协调发展为目标。坚持“两手抓，两手都要硬”的方针，加强社会主义精神文明建设。处理好经济社会发展与人口、资源、环境的关系，促进经济社会可持续发展。

第二章 经济社会发展的主要目标

国民经济保持较快发展速度，经济结构战略性调整取得明显成效，在确保质量和效益提高的前提下，力争全省国内生产总值增长率、固定资产投资增长率高于全国水平，人口自然增长率逐步接近全国水平。综合竞争力进一步增强，“三大目标”建设迈出坚实步伐，各项改革稳步推进，社会保障体系基本健全，社会主义市场经济体制更趋完善，对外开放继续扩大。就业渠道拓宽，城乡居民收入持续增加，科技教育发展加快、劳动者素质不断提高，生态环境状况开始好转，精神文明和民主法制建设取得新进展。

经济调控的主要预期目标：全省国内生产总值年均增长8%左右，人均国内生产总值年均增长6.5%左右，到2005年，按2000年价格计算的国内生产总值达到2900亿元左右。全社会固定资产投资年均增长12%左右，城镇登记失业率控制在5%以内。力争地方财政收入与国内生产总值同步增长，保持价格总水平基本稳定。

结构调整的主要预期目标：产业结构实现优化升级，到2005年，三次产业增加值比例调整为19:43:38。传统优势产业竞争力增强，群体支柱产业初步形成，高新技术产业增加值占国内生产总值的比重达到12%以上。非公有制经济增加值占国内生产总值的比重达到三分之一左右，城镇化水平达到26%左右。

改革开放的主要预期目标：国有企业建立现代企业制度取得重大进展，社会保障体系比较健全，完善社会主义市场经济体制迈出实质性步伐。全方位、多层次、宽领域的对外开放格局基本形成，外贸进出口总额年均增长8%左右，实际利用外资年均增长15%左右，境外投资明显增长。

社会发展的主要预期目标：全面巩固提高六年义务教育，基本普及九年义务教育，小学、初中毕业生升学率分别达到97%和40%左右，高等教育入学率达到8%左右，青壮年文盲率降到5%。全社会研究与开发经费占国内生产总值的比重达到1%以上。广播、电视覆盖到所有的行政村。各族人民思想道德水平和科学文化素质进一步提高。法制观念不断增强，社会风气和社会秩序明显好转。

可持续发展的主要预期目标：力争人口自然增长率控制在10‰以下。到2005年，森林覆盖率提高到48%，城市绿化覆盖率提高到35%左右。滇池、抚仙湖等九大高原湖泊生态环境的保护和治理取得新进展，城乡环境质量有较大改善，12种主要污染物排放总量比2000年削减5%以上。自然资源保护和利用水平明显提高。

人民生活的主要预期目标：到2005年，人民生活水平总体进入小康。城镇居民人均可支配收入年均增长5%以上，农民人均纯收入年均增长4%以上，稳定解决农村绝对贫困人口的温饱。社会保障体系基本健全。城镇居民人均住宅建筑面积增加到25平方米。城乡医疗卫生服务设施进一步改善，人均预期寿命达到70岁左右。

第二篇　调整经济结构

第三章　巩固和强化农业基础地位

要始终把农业放在发展国民经济的首位。把千方百计增加农民收入作为基本目标，推进农业和农村经济结构调整，以提高农业综合生产能力为基础，以产业化经营为纽带，全面发展农林牧渔各业和农村二、三产业，确保农业稳定发展、农民收入持续增加、农村社会稳定，促进农业和农村经济再上新台阶。

第一节　加强农业基础设施建设

加强以农田水利为重点的农业基础设施建设。积极争取国家支持兴建50座左右中型水库，加大“五小”水利设施投入，发展旱作节水农业，实施山区集雨工程，建设一批旱作农业、节水灌溉、生态农业示范县。进一步建设曲靖、蒙（自）开（远）个（旧）、渔洞水库等大型灌区，改造中低产田地，新建高产稳产农田（地）250万亩，有效灌溉面积达到2300万亩，水利化程度明显提高。进一步搞好农村电网和乡镇道路改造。改善农业生产条件，优化农村生态环境，提高农民生活质量。

第二节　调整农业产业和产品结构

坚持稳粮调结构、提质增效益，引导农民根据市场变化，自主调整种植、养殖结构。在确保粮食生产和人均占有量稳定提高的前提下，全面调整种植业作物结构、品种结构和品质结构，发展优质、高效和市场前景较好的优质稻米和小麦、专用玉米的生产，鼓励发展豆类、薯类作物和具有特色的名优小杂粮等旱粮生产，2005年粮食总产量达到1600万吨左右。搞好热区农业综合开发和冬季农业开发，巩固提高烤烟、甘蔗、茶叶、橡胶等传统经济作物，加速发展新兴经济作物。促进经济作物向适宜种植区集中，优化农业区域布局。把养殖业放在更加重要的位置，调整畜禽结构，着重抓好品种改良、疫病防治、科学饲养、草场建设等环节，大力发展市场前景好的特种畜禽和蜂产业。

第三节　发展特色林产业

念好“山”字经，作好“林”字文。建立森林资源可持续利用机制。在继续抓好森林资源保护和造林绿化的同时，重点发展特色经济林、生物化工原料林、笋材两用竹林、速生丰产用材林、珍贵用材林、短周期工业原料林。加快具有云南特色的珍稀树种选育和造林技术推广。加强特色林产品开发，提高林产品加工水平，引导人造板制造业的有序发展。重点抓好思茅等现代林业开发区建设。

第四节　推进农业产业化经营

推广“公司+基地+农户”、“订单农业”、贸工农一体化等多种经营模式，发展绿色农业和创汇农业。高起点、规模化、优势高效地重点建设优质烟叶、优质甘蔗、茶叶良种、热带水果、蔬菜、鲜切花、中药材良种、天然橡胶等特色农产品商品基地。鼓励发展面向农村多种形式的龙头企业，加快农产品加工保鲜储运技术、设备的引进和开发，搞好粮食和其它农副产品深加工，提高农业的后续效益。加强对农业产业化经营的规划和引导，有重点地扶持建设一批农业产业化经营示范项目。

第五节　积极发展乡镇企业

鼓励乡镇企业和集体经济快速发展，促进农民增收和农村富余劳动力转移。加快产权制度改革步伐，积极开展结构调整、体制创新和技术进步。乡镇企业要与农业产业化经营有机结合，重点发展农副产品加工、储藏、保鲜、运销业、采矿业、新型建筑建材业和农家乐乡村旅游业。依靠科技进步，提高产品质量、技术和管理水平。引导乡镇企业由原来的分散布局向相对集中、连片发展转变，与工业小区和小城镇建设相互依托，相互促进，共同发展。乡镇企业增加值年均增长10%左右。

第六节　完善农业社会化服务体系

抓好产品市场信息和质量标准体系建设，完善以农产品流通为重点的农业社会化服务体系。加快小城镇农贸市场建设，加强市场信息服务，建立农产品市场信息发布制度。发挥各类中介组织在搞活流通中的桥梁作用，拓宽流通渠道，健全营销网络，建设“绿色通道”。大力推进新的农业科技革命，加快现代科技向农业的全面渗透。加快建立和完善农业科技创新、技术推广体系，依托有关科研院所和高校，对关系农业和农村经济发展的重大应用技术进行研究和开发。以“良种工程”为依托，加快农业科技成果的转化和推广，提高农业机械化水平，建设一批农业现代化综合试验示范区（场）和农业高新技术园区。进一步完善乡村科技推广网络，鼓励组建各类农村科学技术协会和农民专业技术研究会，搞好农村技术培训。

第七节　加大政策支持和保护力度

稳定和完善党在农村的基本政策。坚持以家庭承包经营为基础、统分结合的双层经营体制，认真贯彻执行土地承包期再延长30年不变的政策。鼓励有条件的地区积极探索土地经营权流转制度改革，促进土地适度规模经营。引导农民在自愿基础上，发展各类合作经济组织。按照《农业法》的要求，加大财政和信贷对农业的投入；继续动员引导全社会力量，多渠道、多层次、多形式筹集农业建设资金。积极探索适应农村经济发展的农村金融体系，因地制宜地加快农村信用社制度改革，农村信用社要坚持对农业、农村、农民服务的方向，提高金融服务水平；引导民间借贷，充分发挥农村信用社在农村金融中的主力军和联系农民的金融纽带作用。全面开放农业投资领域，吸引国内外资金、技术和人才参与农业开发。建设开放型农业试验示范区。

第四章　继续加强基础设施建设

按照调整布局、提高质量、保护环境、注重效益的要求，加强水利建设，扩大交通网络，优化能源结构，完善城市功能，推动基础设施建设取得新的进展。

第一节　加强水利设施建设

进一步抓好主要江河湖泊的治理，对淤积严重的河湖进行整治和疏浚。继续建设防洪抗旱工程和大中型水利工程，加快病险水库的除险加固步伐，搞好水利设施配套建设和经营管理，充分发挥已建成工程的效益。力争国家立项建设麻栗坝水库、青山嘴水库、引水济洱工程。加强水利规划，调动全社会节水和防治水污染的积极性，提高用水效率。改善乡镇供水设施。开展金沙江引水到滇中地区工程的前期准备工作。

第二节　加快大通道建设

抓紧修建和改善通江达海、连接周边的重大

交通通信基础设施。以通信为先导、公路为基础、铁路为骨干、航空为辅助、水路为补充，建设集信息网络和多种运输方式及枢纽站为一体的国际港大通道。

健全信息网络体系，提高网络容量和传输速度，促进电信、电视、计算机三网融合，建设覆盖全省、连接东南亚国家的高速宽带基础传输网，加快用户接入网建设，把我省初步建成中国连接东南亚、南亚的信息大通道，把昆明建成区域性国际信息港。强化信息网络安全体系。抓好省情、公共资源等数据库、移动和固定通信网、广播电视网，特别是边境和民族地区的广播电视网建设。

加大"三纵三横"、"九大通道"高等级公路建设力度，加快建设出省、通边国道主干线，以及经济干线、旅游干线和扶贫公路；争取国家支持尽快开工建设进藏公路。提高路网通达程度，加大乡村公路建设力度，改善农村及贫困地区道路状况，努力实现地县公路油路化、县乡公路等级化的目标。建成大理——保山、昆明——石林和昆明——曼谷（思茅——小勐养——磨憨段）等重要高等级公路，建设安宁——楚雄、保山——龙陵、罗村口——砚山——锁龙寺等高等级公路，以及昭通——待补、水富——麻柳湾、永仁——武定、祥云——临沧等二级公路。到2005年，公路通车总里程达到11万公里左右，其中高速公路1300公里。重点抓好泛亚铁路云南段的前期工作，加快贵昆线（沾益——昆明东）电气化复线建设，完成内昆铁路建设和昆明火车枢纽站改造，规划建设昆明中心城市同安宁等次级城市之间的快速列车体系。完成临沧、西双版纳、思茅机场的新建和改造，抓紧做好昆明新机场前期工作，力争开发建设红河、文山等支线机场；在重点旅游景区建设直升机起降点，形成以昆明枢纽机场为中心的航空网络。积极发展航运，重点建设澜沧江——湄公河国际航道和中缅伊洛瓦底江陆水联运通道；争取建设珠江水运通道、富宁港、水富港改扩建和水富——宜宾航道整治工程等。配合国家帮助疏通老挝、缅甸境内湄公河航道。

第三节　搞好能源建设

调整煤炭生产结构，建设大型煤矿区。重点做好先锋褐煤液化厂、先锋露天煤矿、恩洪矿区选煤厂和老厂矿区等改扩建。争取国家支持开发大型煤矿和褐煤液化工程，加快滇中油、气田的勘探。积极开展对风能、太阳能、地热能等洁净能源和可再生能源的利用。鼓励发展沼气、微水发电等农村新能源。

第四节　完善市政基础设施

围绕城市综合功能的完善，建设一批与人民生产生活密切相关的重大市政工程，在邮政、通信、电网、安全饮用水、污水与垃圾处理、绿化、道路、消防、人防工程和河道整治等方面取得较大进展，为人民群众提供一个良好的生产生活环境。

第五章　积极推进工业结构优化升级

工业结构调整要坚持以市场为导向、企业为主体、技术进步为支撑，实行有进有退，防止重复建设，切实转变增长方式，不断提高工业的整体素质和综合竞争力。

第一节　改造和提升传统产业

大力发展具有比较优势和竞争力的名牌产品，积极开发适应市场和消费需求变化的特色产品，努力培育一批在国内外市场上具有较强竞争力和较高知名度的品牌，推动产品更新换代。围绕增加品种、改善质量、节能低耗、防止污染和提高劳动生产率，继续支持采用高新技术和先进适用技术改造重点行业、企业和产品，切实提高工艺技术和装备水平。提高食品、建筑建材、机械、橡胶、煤炭等行业的新产品开发和深加工能力。加快昆明钢铁公司板带工程和省建材集团4000吨水泥熟料生产线建设；在抓好短周期工业原料林基地建设前提下，加快思茅等纸厂的发展。冶金、制糖、纺织行业要巩固调整重组的成果，机械、化工、建材、医药等行业要加大产品调整力度。国防工业要发挥人才、技术优势，继续努力开发和生产适应市场需求的民用产品。加快个旧、东川等老工业基地改造，充分发挥其基础雄厚、人才聚集的优势，努力提升产业水平。积极发展建筑业，规范建筑市场，确保工程质量，提高设计、施工水平。

第二节　淘汰落后生产能力

综合运用经济、法律和必要的行政手段，继续依法关闭产品质量低劣、浪费资源、污染严重、不具备安全生产条件和资源枯竭的厂矿。淘汰落后设备、技术和工艺，压缩过剩生产能力。

通过主动退出和积极调整，提高资源配置效率。

第三节 发展高新技术产业

按照有所为、有所不为的原则，突出比较优势和特色，确定有限目标，重点培育现代生物医药、电子信息、新材料、机光电一体化等高新技术产业。中心城市要充分发挥技术、信息和人才聚集的优势，加快发展高新技术产业，逐步形成高新技术产业的局部优势和跨越式发展。鼓励企业与科研院校结合，建立高新技术研究的开发主体，高起点建设一批高新技术重点实验室、工程研究中心，加快高新技术产业化进程。抓好优质钾盐、贵金属功能材料基地等重大工程。组织实施电子信息、生物与医药和新材料产业化，以及机光电一体化、优势资源增值转化、传统产业升级和科技创新能力建设等项目，形成一批高新技术企业集团和名牌产品，加快高新技术产业组织重组，培育有特色的新兴产业群。昆明、玉溪、曲靖、大理等地区要成为高新技术产业的聚集区，带动和辐射周边地区高新技术产业发展。抓好文山三七、楚雄医药和个旧大屯科技等工业园区建设。到2005年，力争高新技术产业产值达到600亿元以上。

第四节 优化企业组织结构

按照专业化工协作和规模经济原则，进而有为，退而有序，抓大要强，放小要活。依靠优胜劣汰的市场机制和必要的经济调控，形成产业内适度集中、企业间充分竞争，大企业为主导、大中小企业协调发展的格局。通过上市、兼并、联合、重组等形式，重点在烟草、有色、钢铁、机械、医药、化工等行业，形成若干拥有自主知识产权、主业突出、竞争力强的大公司和企业集团。鼓励吸纳劳动力强和科技型中小企业的发展，促进中小企业向“专、精、特、优”方向发展，提高与大企业的配套能力。

第六章 加快培植群体支柱产业

以市场为导向、创新为动力，面向国内外开放，依托老企业建设大基地，实施名牌和大集团战略，走高起点、规模化、集约经营和专业分工协作的路子，继续建设和培育五大支柱产业。

第一节 巩固提高烟草产业

坚持科技兴烟，增强技术创新能力和市场开拓能力，以质取胜，提高云南烟草国内外市场占有率。鼓励加快与国际知名烟草企业合作，利用国外先进技术和知名品牌合作生产卷烟，提高经营管理水平。努力建设全国最大的低危害烟草科研和生产基地。以资产为纽带、名牌产品为龙头，把红塔集团培育成跨行业、跨地区、具有国际竞争力的大型烟草企业集团。引导烟草行业提高信息化水平、开发能力和装备水平。积极探索各种现代营销方式和手段，努力巩固和开拓国内外卷烟市场。加快研究开发适应国内外消费需求的混合型卷烟等新产品。全力争取建设造纸法薄片厂。烤烟种植向适宜区集中，继续控制面积和产量，提高质量和效益。到2005年，烤烟产量控制在61万吨以上，卷烟产量达到600万箱以上。

第二节 加快发展生物资源开发创新产业

依靠科技，突出特点，引进与开发并举，改造与培植并重，加快蔗糖、茶叶、天然橡胶、畜牧和水产养殖、林产、以天然药物为主的现代医药、绿色保健食品、花卉及绿化园艺、生物化工等产业的发展。建立人才、科技创新、资金、中介组织服务、政策、法律六大支撑体系，实施基础设施建设、良种、试验示范、绿色通道、信息和市场开拓六大工程，努力实现生物资源开发跨越传统发展模式。抓好中国云南野生生物种质资源库、中华生物谷、国家中药现代化科技产业（云南）基地和昆明国际花卉拍卖市场建设。把我省建成亚洲最大的花卉生产出口基地、全国最大的生物资源开发创新基地，为建成绿色经济强省奠定坚实的产业基础。到2005年，力争年产值达到800亿元左右。

第三节 大力提升旅游产业

发挥自然风光、民族文化和气候多样性的优势，实施精品工程，进一步提升旅游业在国内的知名度、吸引力。加快旅游区和旅游城镇的建设，培育精品旅游景区。提高旅游活动的品位和参与性。加快国内外客源市场的开拓，开发有特色的旅游商品、纪念品。加强旅游从业人员的管理，规范旅游市场，提高导游水平。开放旅游市场，鼓励和吸引国内外有实力的旅行社到我省开展业务。争取旅游企业上市融资。强化环境保护，为旅游业可持续发展提供保障。

突出特色，形成“一个中心，五大片区”的旅游产业布局。建设昆明为中心的以观光游览、休闲度假、会议展览为特点的滇中旅游区，使其成为云南的重点旅游区和旅游集散地；滇西北旅游区以开发生态文化旅游产品为重点，融合少数民族风情，建成世界知名的香格里拉旅游区；滇西南旅游区依托热带雨林、民族风情和边境区位优势，建成特色鲜明的民族、生态和跨境融为一体的旅游区；滇西旅游区依托地热火山、亚热带风光、民族风情和边境区位优势，抓好面向东南亚的边境跨国精品旅游线开发建设；滇东南旅游区重点是岩溶地貌精品旅游环线的开发建设；创造条件，发展以古滇文化和历史遗迹为重点的滇东北旅游区。巩固、开发和提升生态、民俗、边境、会展、休闲度假、康乐体育、科考、探险等八大旅游产品。建设省内、大西南和东南亚三个国内国际旅游环线。把我省建成全国著名的旅游度假和会展基地。到2005年，旅游外汇收入达到6亿美元左右，国内旅游收入达到250亿元左右。

第四节　发展壮大矿产业

立足国际国内两种资源、两个市场，进一步发挥磷化工和有色金属的比较优势，加大技术改造力度，调整矿产开发利用结构，以增量带动存量调整，切实转变增长方式，提高矿业整体经济效益。重点发展高浓度磷复肥和商品磷酸，积极开发磷化工及衍生物等精细磷化工产品。大力发展锌，继续发展铜，巩固提高锡，积极发展铝。依靠科技进步，增强精深加工能力，提高资源综合利用率和产品附加值。加速对老矿区的改造、提升和转移，有选择地新建一批矿业基地。重点抓好国家云南磷复肥基地、兰坪铅锌矿和会泽锌生产基地的建设，加快云南铝业集团二期技术改造步伐，继续做好个旧霞石开发前期工作。鼓励与国外省外合资合作，省内强强联合，组建新的大型集团。把我省建成全国重要的磷化工和有色金属工业基地。到2005年，力争实现产值600亿元左右。

第五节　着力培育电力产业

抓住国家实施“西电东送”的机遇，发挥水能和区位优势，开拓国际、国内市场，坚持以水电为主，优化水火电结构。加快建设一批调节性能优越的大中型水电站，抓紧开工建设小湾电站；积极做好糯扎渡、景洪电站的前期工作并争取“十五”末开工建设；做好前期工作并适时开工建设高桥、马鹿塘、苏帕河梯级、槟榔江梯级等水电站。积极配合国家做好金沙江流域水电开发的前期工作。进一步优化电源结构，配套开发建设一批大容量、高参数火电，建设大型坑口电站；抓紧开工建设曲靖电厂二期、开远电厂和宣威电厂六期，滇东电厂要积极做好前期工作并力争“十五”末开工建设。建设西电东送、云电外送的大通道，参与跨省区输电、全国联网工程建设。积极延伸电网，加快骨干网建设和农网改造，实现全省联网，为小湾、糯扎渡等电站投产向外输出电力作好准备。鼓励探索多种投融资方式，尽快形成全方位、多形式投资办电的格局。到2005年，全省装机容量达1080万千瓦，年发电量456亿千瓦时，向广东送电160～300万千瓦，逐步把云南建成国家“西电东送”的重要能源基地。

第七章　大力发展服务业

坚持市场化、产业化和社会化的发展方向，拓宽领域、规范管理、扩大就业，进一步开拓市场，搞活流通，努力提高服务质量和经济效益。

第一节　改造提升传统服务业

运用现代营销方式、服务技术改造商贸流通、仓储、交通运输和市政服务等传统服务业。在昆明、曲靖、玉溪、大理和开远等主要交通枢纽及货物集散地，培育和发展一批跨地区、跨行业、跨所有制的现代物流管理企业。鼓励生产企业、农业生产基地与内外贸流通企业的联合与合作。进一步完善市政服务、交通运输、公共安全等设施。继续加强重要商品仓储设施和生产资料专业批发市场建设。

第二节　积极发展现代服务业

积极发展金融、信息、会计、咨询、法律服务等现代服务业，带动服务业整体水平提高。大力发展专业化代理配送、连锁经营和电子商务等现代化营销模式。积极稳妥地扩大金融、保险业对内对外开放，吸引国内外金融、保险机构到云南建立分支机构，鼓励创办中外合作银行或独资金融企业，扩大各类保险覆盖范围。规范发展律师、会计师、拍卖师事务所和职业介绍所，以及信息、咨询等社会中介服务机构，建立健全中介网络服务体系。

第三节　鼓励发展面向居民消费的服务业

积极发展面向居民消费的房地产业、旅游、娱乐、健身等产业，增加服务内容，提高服务质量。稳步发展住房、汽车和现代通信等消费服务业。重点发展经济适用住房，加快住房分配货币化进程。制定有利于汽车消费的政策措施，鼓励汽车进入家庭。加快社区服务产业化进程，建立新型社区服务体系，优化配置和充实社区服务设施，鼓励社会投资创办各种便民利民的社区服务业。规范房地产交易，发展二级房产市场。加强和规范对物业的社会化管理。加快经营性文化娱乐、非义务教育、体育健身、医疗卫生、新闻出版等产业的发展，为城乡居民生活提供良好的服务。

第四节　营造有利于服务业发展的环境

应对加入世界贸易组织的新形势，突破体制障碍，打破垄断，放宽市场准入，鼓励非公有制经济兴办服务业。采取必要的政策措施，健全市场法规，加强市场管理，规范市场行为，提高诚信水平。继续完善服务价格政策，规范服务收费和作价行为。加强行业自律，提高和改善服务质量。严厉打击非法操纵市场的行为，改善消费环境，切实保护消费者权益。加快适宜产业化经营的社会事业改革，实行企业与事业、经营性机构与非经营性机构分开。加快机关和企事业单位后勤服务的社会化。实现中介机构与主办单位脱钩，确保独立、客观和公正执业。

第八章　推进国民经济和社会信息化

按照应用主导、面向市场、网络共建、资源共享、统筹规划、技术创新、竞争开放的思路，强化信息基础设施建设，加大信息技术推广应用力度，加快国民经济和社会信息化步伐。

第一节　加快信息化进程

加强信息资源开发，实现公共信息资源共享，推动信息技术在国民经济和社会发展各领域的广泛应用。加快政务信息化步伐，初步建成电子政务，提高行政管理水平。进一步加快统计、金融、财税和政法系统等领域的信息化进程，大力发展网络教育、远程医疗和电子图书馆等，推动社会公共服务和公共安全领域的信息化。积极发展电子商务及其它面向生产者、消费者的信息产品和网络服务。以烟草、旅游、生物医药、机械、电力、磷化工及有色金属等产业为重点，建立以生产控制为核心的自动化控制系统，推进计算机辅助设计、企业集成制造技术和工业智能等信息技术的应用。推动企业信息化重点示范工程，用信息技术提高生产和管理的自动化、智能化、数字化、网络化水平，大幅度降低消耗，提高生产效率和产品质量。到2005年，力争本地电话交换机容量达到770万门以上，移动电话交换机总容量达到900万门左右，上网用户普及率达到8%左右，全省大中型企业的生产管理基本实现信息化，大部分经营活动通过电子商务来完成。全省经济和社会信息化达到全国中等水平。

第二节　培育特色信息业

坚持有限目标、重点突破的原则，加快信息业与其他产业的融合，着力培育有特色的信息业。鼓励和支持软件开发，办好国家云南软件园，重点培育一批软件骨干企业，力争建成我国西部重要的软件基地。加强先进信息技术引进、吸引与创新，发展敏感元件、电子浆料和电子级高纯材料、金融电子装备和太阳能光伏器件等有特色的电子信息产品和设备制造，提高系统集成和信息化装备能力。大力发展信息咨询和网络服务业，积极开拓国内外信息市场。到2005年，力争信息业产值达到300亿元左右，年均增长20%以上。

第三节　创造有利于信息业发展的良好环境

鼓励设立风险投资基金，拓宽筹资渠道，健全孵化器功能，建立良好的投资机制。加强与国内外著名院校及企业合作，发展信息技术教育，形成多元化的人才培育体系。加强信息法制化建设，切实保障信息安全，为推进信息化和信息业发展提供良好的创业环境。

第九章　加快非公有制经济发展

进一步解放思想、更新观念、完善政策，坚持一视同仁和公平竞争，拓宽市场准入，鼓励和促进非公有制经济参与国有经济战略性调整，力争非公有制经济在农副产品加工、高新科技、内外贸易、建筑和服务业等方面有较快发展，建好省级四个个体私营经济园区。

第一节　创造公平竞争环境

适应社会主义市场经济的要求，转变观念、职能和作风，破除制约非公有制经济发展的体制和政策障碍，创造有利于非公有制企业平等竞争的体制环境、市场环境和法律环境。建立、完善中小企业服务体系和融资担保公司、信用担保机构，支持具备条件的非公有制企业上市筹资。非公有制企业可申请使用省科技投资风险资金、技改资金，参与评选全省劳动模范。加大财政扶持力度，省级财政用于个体私营经济发展的专项扶持资金总量达到1亿元，实行滚动发展，对效益好、带动作用大、有市场前景的项目给予扶持。

第二节 放宽市场准入

打破行业垄断，鼓励和促进非公有制经济通过控股、参股、合资合作、兼并、租买结合等多种形式，在更广泛领域参与国有经济战略性调整。引导和支持非公有制企业参加基础设施建设及兴办文化、教育、卫生、体育和中介机构等服务业。加快自身的体制和技术创新，增加科技投入，调整产品结构。完善“交费卡”制度，制止“三乱”现象，规范各种检查，形成有利于非公有制经济发展的良好氛围。非公有制企业要依法经营，规范市场行为，提高诚信度。

第三节 鼓励各类人员从事非公有制经济

国有、城镇集体企业下岗职工申办个体私营企业的，在税、费、证等方面给予优惠。机关事业单位人员向非公有制企业分流的，人事、劳动关系由当地人事劳动部门的人才交流服务机构和就业服务机构负责代理，保留身份待遇五年，在带薪期间连续计算工龄，按有关规定评聘职称，享受国家和省的社会保险、住房、购房等相关优惠政策。鼓励高校、科研机构人员到非公有制企业兼职，创办、领办个体私营企业，对作出突出贡献的科技人员和管理人员，纳入各级人事部门推荐、选拔享受特殊津贴的范围。

第十章 促进区域经济协调发展

坚持分类指导、突出特色、各展优势、协调发展的方针，突破行政区划界限，依托中心城市和交通干线，以线串点，以点带面，建立各具特色的经济区或经济带。引导和调动地方积极性，按市场经济发展规律和经济内在联系，调整经济结构，合理配置产业，加快特色经济的培育，形成布局合理、各有侧重、优势互补、分工有序的区域经济格局。

第一节 增强昆明的龙头作用

昆明市要以提高综合竞争力为重点，强化在全省经济、文化、科技、教育、信息和区域中心的重要地位，充分发挥在全省经济社会发展和南贵昆经济带中的龙头带动作用。大力发展高新技术产业和现代服务业，积极发展开放型经济和现代农业。加快城市现代化、国际化和信息化步伐，使昆明市成为经济总量大、技术水平高、创新能力强、三次产业协调发展的区域经济中心，逐步建成我国面向东南亚、南亚的重要枢纽。

第二节 发挥滇中产业集中区的优势

滇中地区要进一步发挥城市比较集中、经济发展条件较好的优势，加快发展。鼓励有条件的玉溪、曲靖和楚雄等地区进一步提高综合实力和竞争力，利用高新技术改造提升传统产业，积极发展现代工业、农业和服务业。大力发展生物创新工程、机光电等高新技术产业。进一步发展开放型经济，加强与外省区经济联系，广泛参与国内国际技术交流与合作。努力发展科技、文化教育事业，促进科技进步，形成全省科技创新、开发和应用技术推广中心。积极培育次级中心城市，尽快形成滇中地区新的增长极，实现基础设施现代化和经济社会信息化。

第三节 建设沿路和沿边经济带

引导交通干线、边境口岸和邻近外省区的地区，积极参与区域分工，寻求新的发展空间。沿交通干线地区，要以交通结点的建设为重点，兴建市场，发展集市贸易，形成物流中心。推进城镇化和生产力合理布局，培育规模化的特色产业和新的经济增长点，形成各具特色的经济带和经济走廊。沿108等六条主要国道主干线，以及内昆、南昆、贵昆铁路沿线地区，利用承东启西、连接南北的有利条件，主动接受中心城市的辐射，积极参与长江上游和南贵昆经济带的分工与合作，发展能源、建材、矿产和旅游等优势产业。边境地区要加强口岸基础设施建设，完善和扩大边境经济技术合作区，兴建一批形象工程，积极发展跨境旅游、来料加工、转口贸易等开放型经济；加快“走出去”步伐，开展境外投资；进一步促进边境贸易、边民互市和集市贸易发展。要积极参与周边省区的区域经济分工，优化产业配置。

第四节 帮助贫困地区加快发展

继续坚持开发式综合扶贫的方针，以解决绝对贫困人口温饱和巩固温饱成果为重点，以村为单位、户为对象，搞好扶贫开发。引导贫困地区开发本地优势资源，大力发展有市场的林果、畜牧、养殖业和农副产品加工业，积极发展生态旅游。加大对贫困地区特别是尚未稳定解决温饱的少数民族地区、革命老区、边疆地区和特困地区的扶持力度，进行以农田水利和公路为重点的基础设施建设，岩溶山区实施集雨、节水工程，开展山、水、林、田、路综合治理，搞好安居工程。加快发展教育、科技、文化、卫生和广播电视事业，全面普及六年义务教育，切实控制人口增长，提高贫困地区人口的科技文化素质。加大异地扶贫开发力度，在国家支持下，用五年或更长的时间基本完成对丧失生存条件的50万贫困人口异地搬迁。继续帮助原战区发展经济、改善生活，省原定扶持政策不变。

第十一章　扶持民族地区加快发展

进一步做好新形势下的民族工作。采取特殊政策措施，进一步加快民族地区基础设施建设、教育科技发展和人才培养，推进“兴边富民行动”，保持民族团结和边疆稳定，促进民族地区与全省经济社会的协调发展。

第一节　加快民族经济发展

在民族自治地区，优先安排和重点支持一批交通、水利、能源和通信等基础设施建设项目。加快乡村公路建设，特别是边境各县的沿边公路建设，实现村村通路；加大对民族地区电网改造和通信建设工程投入，实现村村通电、通话；发展一批既有民族特色又有现代化气息的中小城市。组织实施“边疆民族县（市）农业技术改造工程”。切实加强民族贫困地区的扶贫工作，对我省独有的少数民族聚居特困乡村进行重点扶持。

第二节　促进民族地区社会进步

进一步加快民族地区“普六”、“普九”步伐，提高寄宿制、半寄宿制学校的办学质量。继续对边境沿线行政村以下学校小学生实行免费教育，尽力解决少数民族贫困学生的生活和学习问题。加大投入力度，发展民族地区的职业教育、体育和广播、电影、电视事业。对民族文艺、语言文字、古籍、文物、广播、影视、报刊、出版等民族文化单位，在经费等方面给予必要支持。对民族贫困县、边境县及散杂居民族地区的文化站（室）和卫生院（室）的建设给予重点扶持。加强民族文化对外交流合作，促进民族文化资源优势转化为民族文化产业优势。

第三节　大力培养少数民族人才

采取多形式、多途径、多层次方式，培养少数民族人才。通过短期培训、挂职锻炼等形式，加大对少数民族公务员队伍的培训力度，使全省地县级少数民族干部都能到上级国家机关轮训一遍。继续加强学历教育，使少数民族县级以上干部普遍达到大专以上学历。借助省院省校合作等多种形式，大力培养少数民族经营管理人才和专业技术人才，为民族地区的发展和进步提供人才保障。

第四节　增进民族团结

全面贯彻党的民族政策，加强重点地区的民族团结，协调好民族关系，不断巩固和发展“平等、团结、互助”的社会主义新型民族关系。完善民族团结目标管理责任制，大力开展争创民族团结进步活动。坚持“团结、教育、疏导、化解”的方针，妥善处理民族地区各类矛盾纠纷。坚持抵制和打击境外敌对势力及民族分裂主义的渗透、分裂、破坏活动，为全省改革开放和现代化建设营造良好的社会环境。

第十二章　加快城镇化进程

积极实施城镇化战略，切实抓好城市规划的编制和实施工作，合理发展特大城市，积极发展中等城市，大力发展小城镇，逐步形成大中小城市结合、城镇规模适度、职能分工明确、服务功能完善、布局和结构合理的城镇体系，加快城镇化步伐。

第一节　合理发展特大城市

加快昆明中心城市发展的步伐，把昆明建成经济繁荣、社会文明、设施完善、生态环境良好的现代化城市。增强城市的生产、流通、服务、开发功能，合理发展主城，大力发展次级城市、县城和一批重点建制镇，构建网络状城镇体系，强化昆明特大城市的聚集和辐射作用。突出昆明春城、历史文化名城和时代特色，保护好历史文化遗产，重视城市特色风貌建设，严格控制城市向滇池方向发展，新区开发与旧城区改造并重，优化新区布局结构，强化主体功能。完善市政基础设施，重视解决城市缺水问题，积极开展引水济昆前期工作，限制高耗水工业发展，把昆明建成节水防污型城市。绿化美化城市，保护、治理和改善城市整体环境，使昆明成为中国西部地区投资和人居环境最好的地区之一，以及我国重要的旅游、商贸城市。

第二节　积极发展中等城市

发展壮大一批中等城市，鼓励有条件的中等

城市向大城市发展，优化全省城市结构和布局。加快滇中城市群、区域性中心城市的建设，完善城市功能，增强城市聚集和辐射能力。积极发展沿交通干线、人口密集区、边境口岸和旅游景区城市，适度扩大城市规模。重点抓好玉溪、曲靖、大理、楚雄和个（旧）开（远）蒙（自）等城市的建设，加快城市现代化步伐。搞好昭通、保山等区域性中心城市的总体规划和建设，发展特色产业，加快工业化进程。发挥区域中心城市辐射作用，带动周围城镇和农村发展。

第三节　大力发展小城镇

充分发挥小城镇对农村人口、产业、市场的吸引力和聚集效应、加快城乡一体化和人口城镇化步伐。坚持科学规划，合理布局，规模适度，注重实效的原则，重点建设县城和一批基础条件好、发展潜力大的建制镇。大力推进有特色的小城镇二、三产业发展，培植产业支撑体系，扩大服务领域。结合交通干线经济开发，加快农贸市场建设，引导乡镇企业合理集中，推动小城镇快速发展。

第四节　建立加快城镇发展的机制

打破城乡分割的体制，推动人口有序流动。加快城镇户籍制度改革，建立市场经济条件下的新型城乡关系。鼓励农村居民和外来人口入城定居和创业，推动农村人口向非农产业转移。改革完善城镇用地制度。调整土地利用结构，盘活土地存量。在保护耕地和保障农民合法权益的前提下，妥善解决城镇建设用地。搞好城镇供排水工作。拓宽投融资渠道，建立城镇建设投融资新体制，形成城镇建设投资主体多元化格局。结合实际，适时调整行政区划，合理确定城镇行政区的数量和所辖地域，推动连片发展。尽快形成符合小城镇特点的行政管理体制，提高城镇管理水平。

第三篇　推进改革开放

第十三章　深化各项改革

要按照逐步完善社会主义市场经济体制，促进结构调整和经济发展的要求，坚定不移地深化以国有企业改革为中心的各项改革，推进体制创新和管理创新，打破制约生产力发展的体制性障碍，为现代化建设创造良好的环境。

第一节　推进国有企业发展

加快国有经济的战略性调整和国有企业的战略性改组，通过放弃控股权、减持股权、多元股权、合资合作、资产变现、租售结合、破产兼并和公开拍卖等多种形式，促进国有经济从一般竞争性领域有序退出。国有大中型企业要加快推进规范的公司制改革，推动股份制改造，建立现代企业制度。鼓励国有大中型企业通过规范上市、中外合资和相互参股等多种形式，逐步改制为多元股权的有限责任公司或股份公司，转换经营机制。鼓励非国有企业、国外投资者等参与国有企业改组改制。推动非上市国有企业股权结构改造。健全责权统一、运转协调、有效制衡的公司法人治理结构。积极探索国有资产管理的有效形式，按照政企分开的要求建立规范的授权经营和监督机制，加快出资人到位。进一步剥离国有企业办社会职能，切实减轻企业负担。加强国有企业领导班子建设，造就适应市场经济发展需求的职业企业家队伍。继续深化企业内部人事、劳动和分配三项制度改革，围绕资金、成本和质量三个环节，建立健全以绩效为基础的激励机制和约束机制，全面改进和加强企业管理。抓紧建立企业信用管理制度。完善对中小企业在资金融通、技术创新、人才培训和信息咨询等方面的服务。采取股份合作、托管、出售和员工持股等方式，改革中小企业产权制度，创新经营机制。

第二节　加快流通体制改革

加快国有商业、物资和贸易企业股份制改革，引导和鼓励企业进行资产运营，拓宽经济领域，提高经营效益。深化农产品流通体制改革，拓宽农产品销售渠道，供销社要以产权制度改革为中心，按照社企分开、社有民营、开门办社、自下而上的思路，改制为股份制或股份合作制企业。鼓励发展一批农产品收购、加工、储运和销售的龙头企业，扶持农产品运销大户的发展，培养一批农产品经纪人。国有粮食企业要严格执行粮食购销政策，转换经营机制。放开搞活粮食销售市场。深化外贸体制改革，以产权制度改革为核心，建立现代企业制度为目标，围绕提高国际竞争力，加快外资企业改组改制，建立符合国际规范和省情的对外经贸促进和服务体系。实行进出口经营权登记制，鼓励各种所有制企业参与进出口经营，改变国有外贸企业独家经营的局面。

第三节　深化投融资体制改革

逐步建立符合市场经济要求的投融资体制和运行机制。改革财政建设资金的使用和管理办法，推动财政投资资本化运作。完善项目的科学化、民主化决策机制，建立投资责任制、招标投标制和风险责任制，形成投资的约束机制。建立风险投资公司、中小企业信用担保公司和产业发展基金，加快投资公司建立现代企业制度和法人治理结构步伐，逐步建立“投入—退出—再投入”机制。推动高新技术企业、投资公司、大企业和大集团上市融资，改善资产结构。加强发展证券业。充分发挥信托、证券、高新技术产业风险投资和产业基金的作用，建立多元化、市场化的投融资体系。按照“平等互利、相互依存、恪守信用、真诚合作”的方针，构筑市场经济条件下的新型银企关系。努力改善金融服务，积极增加贷款，推进金融创新，健全激励约束机制，大力改善资产质量，防范和化解地方金融风险，发挥金融对经济建设的支持作用。

第四节　推进财税体制改革

深化预算管理体制改革，推行部门预算和零基预算。积极稳妥地推进税费改革，清理整顿行政事业性收费和政府性基金，逐步建立综合财政预算体系。进一步加强财政支出管理，建立和完善国库集中收付制度，全面推行政府采购制度。继续完善省对下的财政管理体制，逐步建立规范的财政转移支付制度。严格依法治税，提高税收征管质量。逐步建立和实行“以纳税申报和优化服务为基础，以计算机网络为依托，集中征收，重点稽察”的征管模式，完善税收征管制度，初步形成以信息化和专业化为特征的税收征管体系。按照建立公共财政框架的要求，调整和优化财政支出结构，切实提高社会公共需要的保障能力。压缩财政对竞争性领域的投入，应用财税政策促进企业公平竞争。依法理财，加强财政和审计监督，严肃财经纪律，健全监控机制，强化政府债务监管，防范和化解财政风险。

第五节　深化科技和教育体制改革

全面调整科技力量布局，优化科技资源配置，推动应用开发型科研机构实现企业化转制并建立现代企业制度；社会公益类科研机构分别不同情况实行改革。支持重点行业和大中型企业建立技术创新开发中心，促进企业成为技术进步和创新的主体。鼓励多形式发展民营科技企业和科技中介服务机构。建立风险投资机制，积极推进科技与经济结合，加快产学研结合和高新技术产业化步伐。围绕科技创新的源泉培育、主体塑造、人才培养和环境优化，加快科技创新体系建设。深化教育管理体制改革，调整优化教育结构和布局。鼓励和支持采取多种民间办学形式，尤其是鼓励社会力量举办学前教育、职业教育、成人教育及其它非义务教育阶段的教育，逐步形成政府办学为主、公办学校和民办学校共同发展的格局。改革教材、教法和考试制度。严格实施教师资格制度，优化教师结构，建设高素质教师队伍。深化与毕业生就业相关的劳动人事制度改革。健全奖学金、助学金和助学贷款制度。

第十四章　继续扩大对内对外开放

坚持“调整结构、扩大规模、拓宽领域、改善环境、突出重点、讲求实效”的原则，实施方位开放战略，努力扩大出口，积极利用外资，加快“走出去”步伐，加强区域合作，发展开放型经济。加大对外宣传促销力度，树立云南良好形象。

第一节　做好加入世界贸易组织的准备和过渡期的各项工作

抓紧研究和熟悉世界贸易组织规则，尽快提高各级政府公务员、工商界人士，尤其是领导干部掌握运用国际经贸规则的能力和水平，抓紧培养一批熟悉国际贸易规则的专门人才。加快清理、修订和完善地方涉外经济政策和法规，认真研究例外和保障条款以及给发展中国家的优惠待遇原则，充分利用好过渡期多边框架下可享有的制度及政策，加快与国际接轨的步伐。配合国家政策调整，结合云南实际，引导各行业根据自身情况制定应对措施。提高政策法规透明度。完善产业扶持手段，构建产业保护体系和经济安全体系，最大限度地发挥加入世界贸易组织的正效应，切实提高我省经济的竞争能力和抗风险能力。

第二节　努力扩大对外贸易

坚持大经贸、以质取胜、市场多元化和科技兴贸战略，努力扩大外贸进出口，提高经济的外向度。调整外贸产品结构，增加产品科技含量，完善贸易方式。扩展加工贸易，发展服务贸易，繁荣边境贸易，不断扩大货物和服务出口。增加急需原材料和关键技术设备进口。在积极推进与周边国家经贸合作的同时，巩固发展东南亚、东亚市场，继续开拓欧美、南亚和非洲市场，改善和加强双边或多边贸易合作。建立和完善符合云南实际的边境贸易区管理运行机制，创造良好的边贸发展体制环境。充分发挥姐告边境贸易区的作用，争取建设磨憨、河口边境贸易区。建立健全产品加工及转口边境贸易体系，加强重点商品、重要口岸和外贸企业的仓储设施建设。力争外贸进出口额分别达到10亿美元和15亿美元以上。

第三节　积极有效地利用外资

加大“引进来”力度，把引进外资作为对外开放的重点，制定利用外资战略和规划，推进对台和侨务工作，大力引进外资。放宽准入条件，减少股权限制，实行国民待遇，改善引资服务，进一步简化审批程序；强化贷款项目管理，完善借用还机制，创造优良的招商引资环境，拓宽引资领域和渠道，优化利用外资结构。大胆探索跨国企业并购、BOT、TOT、合资产业基金和风险基金、证券运营等多种合资融资方式，积极试行招商代理制。对吸引国外资金、技术、品牌、管理和人才实行奖励，引入国际大企业集团尤其是世界大公司和国外金融机构，努力争取外国政府和非政府组织贷款。鼓励外资参与产业结构调整、国有企业改革、基础设施建设、支柱产业培植和高新技术产业开发。做好利用外资重点行业的工作，力争在能源、交通、通讯、矿产、农业和高新技术等方面取得突破，加快金融、电信、旅游、商贸和教育等领域的开放引资步伐。办好各类开发区，使之成为招商引资的示范区。力争协议直接利用外资和实际直接利用外资额比“九五”期间翻一番。

第四节　加强对外经济技术合作

努力向外开拓，制定对外投资的优惠政策和保障措施，积极稳妥扩大境外投资。探索新型海外企业管理体制，加大对外投资扶持力度。鼓励有条件的企业以不同形式到东南亚、南亚特别是周边国家开发当地资源和市场，投资办厂、建立研究与开发中心或贸易机构，形成自己的跨国企业，开展全方位国际竞争。加大对国际市场的开拓力度，努力增加劳务和技术输出，着力扩展对外工程承包。积极推进老挝万象优质钾盐、缅甸邦朗电站等项目合作建设。

第五节　大力推进全方位对内开放

继续以滇沪、滇粤合作的省院、省校合作为重点，大力推进西南六省区市七方的横向联合协作，加强与江苏、浙江等沿海地区的紧密合作以及与全国其他省区市的合作。鼓励省外投资参与我省经济建设特别是国有企业改组改造。继续办好“昆交会”，使之朝区域性国际博览会的方向加快发展。积极利用省内外各种交易会、展销会、博览会、大力发展会展经济。努力开拓省内外两个市场，搞活流通，提高我省地方产品在全国市场的占有率。扩大省际间经济技术交流，把对内开放向多层次、宽领域和高水平推进。

第四篇　发展科技教育

第十五章　推进科技进步和创新

加强技术创新，发展高科技，实现产业化。坚持研究方向和市场需求相结合、引进吸收国内外先进技术与自主创新相结合，力争在重点产业的重点技术领域实现技术跨越。争取科技进步状况综合评价排序进入全国中等水平。

第一节　加强研究开发与技术创新

推进新的农业科技革命，加强信息技术、医药、生物、新材料、先进制造、优势资源开发、生态环境治理等领域的应用开发研究。建立经科教、产学研相结合的技术创新体制和机制。鼓励企业建立研究开发机构，加强与国内外高等院校和科研机构联合研究开发。加大全社会科技投入，引导企业成为研究开发的主体。重大科技项目探索由政府资助、科研机构和企业共同投资方式，联合攻关。通过自主创新和引进相结合，加快对结构升级的共性、关键和配套技术的开发。每年重点推广一批新技术、新工艺、新成果，加快高新技术、先进适用技术向支柱产业和优势产业渗透，提高重点、骨干产业技术水平，带动产业结构升级。推广信息技术，提高企业综合管理和生产自动化水平。鼓励支持具有比较优势的基础研究和应用基础研究。重视发展和繁荣哲学社会科学，促进自然科学与社会科学的交叉融合，加快社会科学发展和理论创新。

第二节　加大科技引进与合作力度

实行国内合作与国外合作并举，“引进来”与“走出去”并重，进一步强化与国内外有实力、有优势的高等学校、科研机构和企业的科技合作。靠环境、事业吸引人，靠待遇、情感留住人，用新的机制和办法高起点选拔培养一批省学术和技术创新带头人。实施民营科技企业“三百工程”，即培育百家技工贸总收入5000万元以上的民营高新技术企业，引进、开发百项民营科技重大产业化项目，培育、引进百名民营科技企业家。在引进、吸收国内外先进技术的基础上，围绕农业产业化、支柱产业培植、高新技术产业发展和生态环境治理等重点领域的技术创新，尽快研制开发出一批具有自主知识产权的技术和产品。加强面向国际市场特别是东南亚、南亚和周边国家市场的技术开发。选择合适的国家或地区设立出口示范基地。重点实施高新技术产品出口加工基地建设、高新技术改造传统出口产品、国际技术贸易市场开拓、科技兴贸、“绿色通道”等一批工程。

第三节　营造技术创新环境

建立健全地方性科技法规、规章体系，研究制定鼓励技术创新的激励政策，建立健全工业、农业科技创新、技术推广和技术培训体系，形成省、地、县乡（社区）四级科技服务网络。加速科技型中小企业和民营科技企业的发展。加大科普投入，大力开展科学精神、思想、方法和知识的普及提高，重视民族、边疆、贫困地区科技普及和科技进步。抓紧省科技馆的改造建设，使其成为全省重要的科普基地。搞好国家级和省级高新技术开发区、经济开发区及科技园区的建设，使其成为高新技术的创新中心、孵化基地。加快科技信息网、技术市场和技术产权交易中心等建设。

第十六章　大力发展教育

把教育作为基础性、全局性、先导性的重要事业加快发展，面向现代化，面向世界，面向未来，全面推进素质教育。加快教育信息网络和应用系统建设，扩大中、小学信息技术知识课程覆盖面，发展远程教育，逐步提高教育信息化、现代化水平。

第一节　全面加强基础教育

继续重视“两基”工作，努力提高基础教育教学质量和普及程度。各级财政要依法保证对义务教育投入的稳步增长。调整优化中、小学校点布局，增强师资力量，扩大招生规模。认真实施贫困地区教育扶贫工程，切实改善办学条件，抓好寄宿制、半寄宿制教育，重点推进农村、边远、民族地区的义务教育，做好实验教学普及县试点推广工作，巩固提高普及六年义务教育的成果；不断提升九年义务教育的质量和水平，扩大受教育人口的覆盖面。加大扫盲工作力度，力争基本扫除青壮年文盲。

第二节　大力发展职业教育和成人教育

扩大高中阶段教育规模，在大中城市和经济发达地区率先普及高中阶段教育，努力提高农村高中阶段教育的水平和质量。发展初等职业教育，调整中等职业教育布局，鼓励兴办高等职业教育。加快中等专业学校、技工学校和职业高中教育资源重组，探索合并或联合办学新途径。建立职业教育、成人教育与普通教育相互沟通的教育体系。创新管理和运作机制，鼓励中等职业教育阶段学生考试进入普通高等学校或高等职业技术学院深造；支持普通本科高等学校创办职业技术学院，推进普通高等专科学校向高等职业院校过渡。积极开展技能教学和职业培育，发展成人教育和其他继续教育，逐步形成大众化、社会化的终身教育体系。

第三节　积极发展高等教育

广辟筹资渠道，扩大培养规模，提高教育质量和办学水平。调整优化院系和专业结构，合理配置教育资源；鼓励昆明、玉溪等城市兴建大学园区，逐步解决高校用地不足和教学设施落后的问题；实现高校后勤服务社会化。放宽入学年龄限制，允许分阶段完成学业，推行弹性学习制度。抓好云南大学“211工程”二期和省属重点大学的建设。积极发展研究生教育，努力培育高层次人才。推动有特色、有优势的专业面向东南亚、南亚合作办学，推进教育的对外开放与国际合作。

第十七章　加快人才资源开发

全面实施人才战略，把人才资源开发利用纳入领导目标责任制，大胆创新培养选拔任用制度，健全完善人才激励机制和社会评价系统，营造用好、留住、培养和引进优秀人才的体制环境。高度重视知识产权保护和尊重爱护人才，在全社会形成爱才惜才、求贤若渴的用人氛围，充分调动各层次人才的积极性和创造性。引进人才和引进智力并重，利用互联网等现代信息手段，创新引智方式，形成优秀人才脱颖而出、合理流动、才尽其用的格局。

培养和造就坚持走中国特色道路、掌握现代科学文化和管理知识、并经过实践考验的高素质领导人才队伍。深化干部人事制度改革，重视优秀领导人才特别是年轻干部队伍的培养建设，扩宽渠道，不拘一格，务求选拔任用工作取得突破。积极培养使用具有开拓创新能力的民族、妇女和党外干部。

培养具有科学素养、适应经济和社会发展需要的各类专业人才队伍。完善职务职称评聘制度，落实人才待遇政策，切实做好人才培养、引进、评聘和使用工作。重视青年人才的培养和使用，在充分发挥省内已有各类人才作用的基础上，加大国内人才和智力引进力度，积极吸引海外优秀留学人员到云南创业，建设海外人才信息库、留学人员创业园和专家公寓。抓住省院省校合作的有利契机，培养一批各层各类技术专家、业务骨干，造就一批在国内领先并富有创新能力的学术、技术带头人。

培养造就适应国际竞争的，懂经营、善管理的企业家队伍。建立企业经营管理人才测评体系及上岗资格认证体系，把组织考核推荐和引入市场机制、公开向社会招聘结合起来，按照企业特点建立对经营管理者的培养、选拔、考核和监督机制，并使之逐步形成制度化、规范化。

培养具有较高素质的技术工人队伍、农业产业化经营和农业科技队伍。加强职业技能培训，全面提高劳动者职业技术素质。开发农村人才资源，造就一支用得上、留得住的农村人才队伍。

第五篇　坚持可持续发展

第十八章　控制人口增长

继续坚持计划生育的基本国策，全面落实《中共中央国务院关于加强人口与计划生育工作稳定低生育水平的决定》，稳定和完善现行计划生育政策，进一步降低生育水平，努力使人口自然增长率接近全国水平。巩固“三为主”的成果，坚持完善党政领导人口目标责任制。建立完善计划生育“三结合”及以社会保障制度为重点的利益导向机制。逐步形成依法行政、村（居）民自治、优质服务、政策推动、综合治理的管理机制。加强县乡服务网络建设，切实改善基层设施条件，提高服务水平。实施计划生育重点帮扶和国家西部人口控制工程以及计划生育流动车服务项目，进一步加强对流动人口计划生育的管理，重点搞好农村特别是高生育区和人口大县的计划生育工作。大力提倡优生优育，提高出生人口质量。增加投入，到2005年各级财政投入的计划生育事业经费人均达到10元，其中省级达2元。在有条件的地区，结合农村社会保障体系建设，开展少生家庭奖励试点，使计划生育户在扶贫济困、社会保障等方面得到实惠。

第十九章　有效保护资源

坚持开发与节约并举，加大土地、水、气候、矿产、森林、草原、人文、旅游和种质等资源的保护和合理利用。建立健全资源有偿使用制度和更新补偿机制。

第一节　严格保护水资源

高度重视水资源的战略地位。依法加强资源管理，突出抓好水资源的合理开发、有效保护与高效利用，优化配置水资源，改革水的管理体制，建立合理的水价机制。开展节约用水宣传教育，大力推行各种节水措施，发展节水型产业，建立节水型社会。工农业发展和城市建设要充分考虑水资源的承受能力。引导农民采用现代灌溉技术，促进企业实行污水回用，协调生活、生产和生态用水，努力探索新形势下开源节流并举的对策和机制。增加供水能力，满足经济社会发展需要。积极保护和发展水源林，稳定水源涵养区功能，严格控制地下水超采。

第二节　保护土地和矿产等资源

依据土地利用总体规划，实施土地用途管制，认真执行基本农田保护制度，切实保护好耕地和林地。统筹安排各类建设用地，合理控制新增建设用地规模，确保耕地占补平衡。加强矿产资源勘查和矿山管理，严格整顿矿业秩序，对重要矿产资源实行强制性保护和合理开采。强化对森林、珍稀濒危生物资源和古生物化石保护，严禁毁林开垦和乱批、乱占林地，保护生物多样性。重视历史文化遗产、民族风情习俗等人文资源保护和合理利用。加强自然、文化遗产的申报工作。

第二十章　加强生态环境保护与治理

坚定不移地实施可持续发展战略，坚持保护优先、防护与治理并举，促进生态环境与经济社会协调发展。

第一节 重视生态保护与建设

积极推进天然林保护和退耕还林还草，加大宜林荒山造林和管理力度，不断提高森林覆盖率，建立生态功能保护区。搞好自然保护区和生态示范区建设，加强生物多样性保护。推进岩溶地区石漠化综合治理。处理好生态建设与经济发展的关系，认真搞好山区综合开发。加强以滇池、抚仙湖为重点的九大高原湖泊及六大江河水系的生态环境保护和治理。继续实施金沙江、澜沧江防护林体系建设，初步建立以省内六大江河流域防护林体系、重点生态治理工程为骨干的生态建设与保护基本框架。加快小流域综合治理，减少水土流失，开展重点区域地质灾害调查，实施重点灾害防治工程。重视矿山及建设工程环境恢复，大力开展城市绿化。新增自然保护区面积40万公顷、森林面积150万公顷左右，治理水土流失面积1.2万平方公里，基本遏制生态环境恶化趋势。

第二节 抓好污染防治

强化城市和旅游景区大气、水、垃圾和噪音污染的综合治理，不断改善城市环境质量。进一步搞好湖泊和江河污染源的治理，强化湖泊的截污和排污监管，高度重视以滇池、抚仙湖为重点的九大高原湖泊水污染防治工作，使受污染的湖泊水质逐步好转。推行城市、旅游区污水和垃圾集中处理，逐步实现生活污水达标排放和垃圾无害化处理。加强大气污染防治，逐步实施酸雨控制区和重点城市的大气污染控制工程。推广资源综合利用和清洁生产技术，加强废弃物回收利用，严格控制和治理工业污染源，使工业废水、废气处理率提高到90%，工业固体废弃物综合利用率达到40%、处置率上升到20%。实行建筑垃圾、城市“三废”处理责任合同制，积极开展农村环境监测和综合治理，重点防治不合理使用化肥、农药、农膜和超标灌溉带来的农村化学污染，使农村环境保护取得明显成效。

第三节 强化环境保护措施

广泛深入开展生态环境保护宣传教育，提高全民生态意识，推行绿色消费。通过经济结构调整和产业升级，逐步解决结构性污染，实现环保与经济“双赢”。引进和开发环境保护适用技术，制定和完善环保产业政策和规划，促进环保产业发展。继续推行环境保护目标责任制。强化环保政策导向，全面推行污水和垃圾处理收费制度。进一步增加各类环保投资，积极争取国内外贷款、国际援助资金，建立稳定的投入保障机制。完善环境监测、监督体系，加强执法和监督力度，依法保护环境。继续严格实行建设项目环保一票否决制。

第六篇 改善人民生活

第二十一章 积极扩大就业，完善社会保障制度

努力拓宽就业渠道。初步建成独立于企事业单位之外、资金来源多元化、保障制度规范化和管理服务社会化的社会保障体系。

第一节 多渠道扩大就业

制定和落实优惠政策，重视发展有比较优势的劳动密集型产业，大力发展就业容量大的服务业和中小企业，努力增加就业岗位，扩大就业。加强在职和再就业培训力度，提高职工技能，增强适应职业变化的能力，为下岗职工和失业人员就业和创业创造更好条件。引导劳动者转变就业观念，实行弹性就业，提倡自主就业、家庭就业、非全日制就业和季节性就业等。努力开拓国际劳务市场，扩大劳务输出。加大对福利企业的扶持力度，为残疾人创造更多的就业机会。全面推行劳动预备制度，严格执行离退休制度，建立阶段性就业制度，缓解就业压力。加强劳动力市场建设，规范劳务中介组织，完善就业服务体系，形成市场导向的就业机制，疏通城乡就业渠道，促进劳动力合理流动。

第二节、建立和完善社会保障制度

按照社会统筹与个人帐户相结合的原则，依法扩大养老保险范围，调整和完善城镇职工基本养老保险制度。完善城镇职工基本医疗保险制度，积极推进医疗机构和药品流通体制改革，全面完成医疗保险、医药分开和医疗机构分类管理三项改革。建立社会医疗救助制度，完善大病医疗保险，健全医疗保险费用分担机制，保障职工基本医疗需求。进一步完善失业保险制度，实现国有企业下岗职工基本生活保障向失业保险并轨。改革机关事业单位职工养老保险办法。重视弱势人群的生活问题，加强和完善城市居民最低生活保障制度，将符合条件的城镇贫困人口纳入最低生活保障范围。鼓励有条件的用人单位为职

工建立补充养老保险和医疗保险，发挥商业保险对社会保障体系的补充作用。通过加大社会保险费征缴力度、变现部分国有资产和扩大彩票发行等方式，多渠道筹集社会保障资金。推进社会保障管理和服务的社会化，逐步实现由社区管理离退休和失业人员。全面实现社会保险金由银行等社会服务机构发放。

推进农村社会保障体系建设，按照民办公助和自愿参加的原则，建立以个人投入为主、集体扶持、政府适当支持的筹资机制，逐步提高医疗保障水平。稳步推进农村养老保险制度改革，巩固和发展家庭养老，探索适合农村特点的养老制度。

第三节　发展社会福利事业

发展社会福利、救济、优抚安置和互助等社会保障事业。充分发挥基层组织、社区组织在社会保障对象管理和服务方面的作用，推进社会福利社会化进程。发展慈善事业，加强对捐助资金的监管。重视发展老龄、妇女和儿童事业，加强老年人、青少年服务设施建设，切实保障妇女、未成年人和老年人的合法权益，帮助残疾人康复、就学和就业，为残疾人平等参与社会生活创造条件。发扬团结互助的优良传统，动员各方面力量搞好扶贫济困。

第二十二章　增加居民收入，提高社会公共服务水平

建立全体人民充分分享经济增长成果的机制，在经济发展和效益提高的基础上，不断增加城乡居民特别是广大农民和城市低收入者的收入。进一步提高消费水平，拓宽消费领域，优化消费结构。改善社会公共服务，建立良好的社会秩序，保障人民安居乐业。

第一节　千方百计增加城乡居民收入

大力发展社区服务，多渠道扩大城镇下岗职工和失业人员就业，为增加城镇居民收入提供条件。调整财政支出结构，确保机关事业单位职工工资发放和稳定增长，确保国有企业下岗职工基本生活费和企业离退休人员养老金按时足额发放。坚持按保护价敞开收购农民余粮；推进农业产业化经营，提高农业后续效益；大力发展小城镇，促进农村二、三产业发展；增加农村服务设施建设，取消对农民进城务工的不合理限制，拓宽农民增收渠道。结合农村税费改革，适度撤并乡镇，精简机构和人员，切实减轻农民负担。

第二节　完善收入分配制度

坚持效率优先、兼顾公平的原则，不断深化收入分配制度改革。把按劳动分配与按生产要素分配结合起来，积极探索资本、技术和管理参与收入分配的制度。开展对企业经营者和科技骨干实行年薪制和股权、期权的试点，建立健全收入分配激励机制和约束机制。完善劳动力价格的市场形成机制。规范社会分配秩序，加强对垄断、高收入等特殊行业收入分配的监督和管理。规范全社会的用工制度和工资支付行为。依法保护合法收入，调节过高收入，取缔非法收入，防止收入分配差距过份扩大。

第三节　提高人民生活质量

进一步提高居民吃穿用等基本消费水平，重点改善居民居住和出行条件。扩大社区服务、文化娱乐、教育培训、体育健身和卫生保健等服务性消费。消除不利于扩大消费的体制障碍，改革福利型消费方式，加快实物类分配货币化。建立健全个人信用制度，拓宽消费信贷范围。发展满足不同消费层次的商品住宅，建立廉租房保障供应体系。继续加强城乡水、电、路、通信等基础设施建设，改善居民生活条件。

第四节　改善社会公共服务

推进公共服务设施管理社会化和市场化，实现人人享有基本公共服务。强化政府提供公共服务的职能，增加公共服务投入。县级以上城市都要建立“便民服务中心”。繁荣民族文化，丰富群众精神文化生活。完善医疗服务、预防保健、卫生监督服务体系，巩固农村人人享有初级卫生保健成果。加强对重大疾病的预防，保证居民的基本医防卫生需求，不断降低婴幼儿、孕产妇死亡率。进一步加强农村卫生基础设施建设，巩固和完善三级卫生网，发展新型合作医疗，努力解决农民基本医疗问题。抓好疾病、疫情控制及医疗应急体系、远程医疗等项目的实施，继续抓好传染病及艾滋病等防治工作。加强公共体育设施建设，大力开展全民健身活动，积极发展竞技体育和民族体育，增强人民体质。加快体育社会化、产业化进程。

第五节　加强防灾减灾

坚持经济建设与防灾减灾工作一起抓，以防为主，防抗救相结合。加强防御地震、旱涝、滑坡、泥石流等自然灾害安全网建设，搞好预测和预报。逐步健全责任制和监督检查机制，依法管理防灾减灾工作。抓好救灾物资储备、仓储设施、紧急救援体系的防灾减灾队伍建设。积极开展救灾捐赠工作，加大重灾户救济力度。推进国内外交流与合作，继续做好救灾应急抢险和灾后恢复重建。推广防灾减灾科技应用。加大宣传教育力度，提高全民防灾减灾意识。制定各灾种评估体系。重视安全生产，加强劳动保护。建立健全安全生产制度，增加安全设施投入，消除事故隐患。

第七篇　精神文明和民主法制建设

第二十三章　加强社会主义精神文明建设

坚持两手抓、两手都要硬，全面加强社会主义精神文明建设。认真实施《云南民族文化大省建设纲要》，发扬“爱国爱乡、知难而上、团结奋斗、争创一流、敢为人先”的世博精神，塑造云南“经济繁荣、环境优美、改革开放、高效工作、文明礼貌、热情好客、团结稳定、治安良好”的新形象，为改革开放和现代化建设提供强大的思想保证和精神动力。

第一节　提高各族人民的思想道德水平

坚持不懈地加强社会主义道德建设，以德治省。把深入学习邓小平理论与学习江泽民“三个代表”重要思想结合起来，在全社会深入开展党的基本理论、基本路线和基本纲领教育，爱国主义、集体主义教育，进一步强化有利于社会主义现代化建设的舆论力量、价值观念、道德规范和文化氛围。在农村开展“三个代表”重要思想学习教育活动。探索新时期做好思想政治工作的有效方法；抓好青少年思想政治和道德品质教育。强化法制观念，加大科普宣传，反对封建迷信，破除陈规陋习，开展文明村镇、文明城市等群众性精神文明创建活动和积极向上的文体活动，倡导文明健康的生活方式。重视对社会思潮及其表现形式的认识和引导；加强对社会实践中重大问题的探讨和研究，以科学的理论武装人。加强对新闻舆论、出版文化、休闲娱乐等各种思想文化阵地尤其是新闻网站的建设和管理。深化全社会的信用意识，强化公民诚信教育，不断提高社会的文明程度和管理水平。

第二节　繁荣云南民族文化艺术

弘扬民族的、科学的、大众的有中国特色社会主义文化。坚持“为人民服务、为社会主义服务”的方向和“百花齐放、百家争鸣”的方针，把握时代精神，坚持先进文化的前进方向，推进民族文化大省建设。充分发挥云南民族文化多样性的优势，扩大对外交流与合作，积极吸收世界先进文明成果。加强民族文化资源的保护、开放和利用。加大对代表全省水平和具有地方特色、民族特色的文艺门类、文艺团体的扶持力度。实施系列文化品牌、艺术精品和民族文化等工程，繁荣文学艺术创作，培养造就一批民族文化杰出人才。加强对文化市场的引导和管理，建立科学合理、灵活高效的管理体制和生产经营机制。

第三节　加强文化基础设施建设

继续实施文明走廊、千里边疆文化长廊工程，搞好农村文化馆、图书馆和乡镇文化站建设。加强边疆民族地区广播、电视基础设施建设，加大对外宣传力度，搞好边境地区形象工程。逐步建设多元化、多层次的特色文化区、文化村镇和文明社区。加强城乡居民、老年人以及青少年文化、体育设施建设，抓紧规划建设省民族大剧院、博物馆、音乐厅和体育馆等一批标志性建筑。重视信息服务网站、档案馆等的建设管理。加强文物、考古、遗产发掘工作和历史文化名城保护。

第二十四章　加强社会主义民主法制建设

坚持工人阶级领导的、以工农联盟为基础的人民民主专政，坚持人民代表大会制度和共产党领导的多党合作、政治协商制度以及民族区域自治制度。按经济体制改革和现代化建设的要求，坚持不懈地加强社会主义民主法制建设，不断健全地方法规体系，切实推进依法治省。

第一节　加强民主政治建设

加强民主政治建设，发展社会主义民主。进一步改进政府工作，继续实行重大事项报告制度，完善民主、科学决策程序。积极探索和建立新形势下促进民主选举、民主决策、民主管理及民主监督的制度与方法，重大问题要更广泛地听取社会各界的意见，保障人民享有广泛的权利和自由。加强城乡基层政权组织和群众自治组织建设，完善职工代表大会和村民自治制度，加强社区民主制度建设，扩大公民政治参与。大力推进政务、厂务、乡（镇）务和村务公开。继续做好信访工作，强化群众监督。

第二节　加强法制建设

加强政府规章的立、改、废工作。依法行政，从严治政，建立健全依法行使权力的制约机制，强化对权力运行的监督，推进政府工作和廉政建设法制化。加快推行执法责任制、评议考核制和依法赔偿制，建立健全执法监督制度。加强政法和行政执法队伍建设，提高政法和行政执法机关的技术装备及信息化水平，保证办案经费，改善执法条件。全面培训政法干警和行政执法人员，提高政治业务素质，确保严格、公正、文明执法。加快司法改革步伐，防止司法腐败，维护司法公正。制定和实施“四五”普法规划，增加普法经费，深入持久开展普法教育。加强法律服务和法制保障工作，为弱势人群提供法律援助。增强全体公民尤其是各级领导干部的法制意识，建立良好的法制环境。

第三节　维护社会政治稳定

正确处理人民内部矛盾，认真落实维护稳定责任制和矛盾纠纷排查调处责任制，积极预防和妥善处理群体性事件，针对社会政治稳定面临的新形势和新情况，深入持久开展矛盾纠纷排查调处工作。全面贯彻党的宗教政策，保障公民宗教信仰自由，依法管理宗教事务，积极引导宗教与社会主义社会相适应。

深入开展国防教育，提高全民国防意识。加强国防动员体系建设和人防工作，增强平战转换能力。进一步密切军政军民关系，做好拥军优属、拥政爱民和民兵预备役工作。

切实落实社会治安综合治理各项措施，依法打击敌对分子、民族分裂分子、“法轮功”等邪教组织骨干分子。严重刑事犯罪分子、毒品犯罪和经济犯罪分子，加强禁毒斗争、打黑除恶和扫黄打非工作。搞好监狱建设，抓好劳教工作。探索治安管理的有效办法，预防和减少青少年犯罪。

第八篇　“十五”计划实施

第二十五章　改善宏观经济管理

健全省级经济调控体系，综合运用计划、财政、金融及必要的行政手段，进一步提高宏观管理水平，为计划实施创造良好的宏观经济环境。省级经济调控总的要求是：围绕“十五”计划主要奋斗目标，根据国家宏观调控政策的基本取向和我省经济运行的实际情况，协调各种调控手段，引导和促进经济结构优化升级，保持投资、消费、出口稳定增长，努力实现经济持续快速发展，就业规模不断扩大，人民生活较快改善。

充分发挥宏观经济管理职能部门作用。建立和完善计划、财政、金融等宏观管理职能部门的协调机制，确保形成调控合力。计划部门要准确把握全省宏观经济运行状况，搞好宏观经济监测预警，适时提出经济调控措施并把握好调控的力度和时机；根据供求变化，适时调整价格政策，进一步理顺价格关系。财政部门要逐步建立适应社会主义市场经济要求的公共财政框架，大力调整和优化支出结构，在逐步提高财政保障能力、防范财政风险的同时，用活用好财政性投入，引导银行和社会资金投向经济建设；建立规范的转移支付制度，促进地区经济协调发展。金融部门要加强与计划、财政等部门的协调，进一步搞好银企合作，构筑新型的银企关系。

进一步转变政府职能。按照建立社会主义市场经济体制和应对加入世界贸易组织的要求，尽快调整和转变政府管理经济的模式和方法，强化经济调控和管理，着力创造良好发展环境。理顺各部门、尤其是宏观经济管理部门的职能关系，努力消除过份追求部门利益的倾向，确保政令畅通。下决心清理行政审批事项，大幅度削减省级各部门的行政审批权限，简化审批程序。抓紧清理、修订和废止不符合发展社会主义市场经济要求的地方性政策法规。全面推行政务公开。让各类经济主体充分了解政府经济调控的意图和相关的政策法规。切实转变工作作风，克服官僚主义和形式主义。加强行政监察，严格实行责任追究。

大力整顿和规范经济秩序，创造良好的发展环境。进一步健全市场法规，严格执法，规范市场主体行为和市场秩序。完善市场监督和管理机制，积极运用现代科技手段，加强监管。严厉打击制售假冒伪劣产品、破坏金融秩序、诈骗和侵犯知识产权等破坏市场经济秩序的行为。加大对阻碍执法、暴力抗法和国家公职人员利用职务之便干扰执法等行为的打击力度，确保执法工作顺利进行。整顿和规范建筑市场。严肃财经纪律，加强重大建设项目的稽察工作。尽快建立和完善统一、竞争、有序的市场体系，打破部门、行业垄断和地区封锁，纠正行业不正之风。重点培育和发展要素市场尤其是资本市场。加强建立健全社会信用制度。

第二十六章　保障计划全面落实

实现“十五”计划的主要目标，关键在于加强领导，狠抓落实。要紧紧依靠各级干部和各族人民，解放思想，实事求是，更新观念，创新思路，调动各方面积极性，同心同德，精心组织，开拓进取，扎实工作，为实施“十五”计划创造良好的条件。

与《纲要》相配套，我省还将分批颁布和实施生态环境、支柱产业、高新技术产业、科技教育、信息化、城镇化、国际大通道和水利建设等一批重点专项规划，并在关系经济社会发展全局的关键领域和薄弱环节，组织建设一批重大工程。省人民政府在制定和执行国民经济和社会发展年度计划和财政预算时，将综合运用计划、财政、金融等手段，分年度落实《纲要》提出的目标和任务。各地各部门要把《纲要》作为本地区、本部门“十五”计划和制定经济社会发展政策的重要依据，从实际出发，制定切实有效的具体措施，认真贯彻落实好《纲要》提出的主要目标和任务。要面向社会、面向群众，采取多种形式，利用各种媒体，广泛宣传“十五”计划《纲要》，在全社会形成关心计划、自觉参与计划实施的氛围。

在计划实施过程中，要自觉接受人大、政协和社会各界的监督，及时跟踪调查分析计划执行情况，并对重点专项规划实施完成情况进行检查。计划实施期间，当遇到国内外经济形势发生重大变化或我省出现其他不可抗力的重大原因，导致经济运行严重偏离计划目标时，省人民政府将提出调整方案，报请省人民代表大会常务委员会审议批准实施。

“十五”计划是指导云南新世纪发展的第一个五年计划，是开始实施现代化建设第三步战略部署和社会主义市场经济体制初步建立后的第一个五年计划。全省各族人民要更加紧密地团结在以江泽民同志为核心的党中央周围，高举邓小平理论伟大旗帜，坚持以“三个代表”重要思想为指导，在中共云南省委的坚强领导下，同心同德，扎实工作，抓住机遇，加快发展，为实现“十五”计划目标，为把我省改革开放和现代化建设的伟大事业不断推向前进而努力奋斗！

第二篇　重要经济法规

2000 年云南省经济立法概况

2000 年，云南省的地方经济立法工作取得新的进展。省人大常委会通过了 11 件经济方面的地方性法规，占当年省人大常委会通过地方性法规总件数的 69%。省人民政府制定了 3 件经济方面的规章，占当年省人民政府制定规章总件数的 60%。上述地方经济立法的具体项目为：(1) 地方性法规：《云南省劳动就业条例》、《云南省统计管理条例》、《云南省盐业管理条例》、《云南省节约能源条例》、《云南省防洪条例》、《云南省基本农田保护条例》、《云南省城市房地产开发交易管理条例》、《云南省收费公路管理条例》、《云南省政府采购条例》、《云南省查处窃电行为条例》、《云南省预算审查监督条例》、(2) 规章：《云南省珠宝玉石饰品质量监督管理办法》、《云南省城市建设档案管理规定》、《云南省人民政府关于改革投资项目审批制度的决定》。

云南省劳动就业条例

（2000 年 5 月 26 日云南省第九届人民代表大会常务委员会第十六次会议通过
云南省第九届人民代表大会常务委员会公告第 37 号公布）

第一章　总　则

第一条　为建立与社会主义市场经济相适应的就业机制，保护劳动者用人单位的合法权益，推动经济发展和维护社会稳定，根据《中华人民共和国劳动法》等有关法律、法规，结合本省实际，制定本条例。

第二条　凡在我省行政区域内的企业、个体经济组织（以下统称用人单位）、职业介绍、职业培训机构和达到法定劳动年龄的劳动者适用本条例。

国家机关、事业组织、社会团体招用与之建立劳动合同关系的劳动者，依照本条例的规定执行。国家另有规定的从其规定。

第三条　劳动就业实行劳动者自主择业、市场调节就业和政府促进就业的方针以及城乡兼顾、统一管理的原则。

第四条　县级以上人民政府（以下简称政府）大力发展经济，把促进就业、减少失业纳入经济社会发展的中、长期规划和年度计划，安排必要的经费，加强劳动就业机构建设。

第五条　劳动和社会保障部门（以下简称劳动保障部门）按照管理权限主管就业工作；其所属的劳动就业机构具体负责就业工作。

第二章　促进就业

第六条　政府广开就业门路，发展新兴产业，创造新的就业机会；鼓励开发、引进发展经济与增加就业岗位兼顾的项目；对面临资源枯竭的企业或者政策性停产的企业，在转产和人员分流方面给予指导和扶持。

第七条　政府应当采取有效措施，实行先培训后就业、多渠道就业、多形式就业等制度，组织、引导农村剩余劳动力就地就近就业和按需有序到城镇或者经济发达地区就业。

第八条　政府建立规范化的劳动力市场，鼓励发展多种类型的职业介绍机构和职业培训机构，逐步推行劳动预备制度和职业资格制度。

第九条　政府鼓励劳动者自谋职业或者组织起来就业；动员社会依法兴办各类以安置失业人员为主的劳动就业服务企业。

经劳动保障部门审核、认定的劳动就业服务企业（指承担安置城镇失业人员任务、由国家和社会扶持、进行生产经营自救的集体所有制经济组织）按照规定享受税收优惠政策。

第十条　根据国家有关规定，用人单位当年招用失业人员达到企业从业人员总数60%的，经县级税务机关审查批准，可免征企业所得税3年。免税期满后，当年招用失业人员占企业原从业人员总数30%以上的，经县级税务机关审核批准可减半征收企业所得税2年。

第十一条　根据国家有关规定，领取失业保险金的失业人员自愿组织起来就业或者从事个体经营的，工商行政管理部门免收登记费和2年的管理费；经县级税务机关批准，可减免企业所得税2年。

从事社区居民服务业的，按照国家规定减免营业税和所得税。

对已领取营业执照的，当地劳动就业机构将其应当享受而尚未享受的失业保险金、医疗补助金一次性支付本人。

第十二条　劳动者应当接受职业培训，掌握职业技能，具备职业资格，提高市场择业能力和岗位适应能力。

第三章　就业服务

第十三条　劳动保障部门应当组织技能等级考试和职业资格考核，为劳动者职业技能鉴定和职业资格考核提供服务。

第十四条　劳动就业机构应当指导和监督职业培训机构根据社会需求开展对失业人员的培训。

对组织领取失业保险金的失业人员进行职业培训的，经劳动就业机构审查批准后，其费用由失业保险基金支付或者给予适当补助。

第十五条　劳动就业机构应当指导和监督职业介绍机构开展职业指导和职业介绍工作，广泛收集岗位信息，发展及时推荐就业和对就业特别困难者提供专门帮助等服务。

职业介绍机构要对领取失业保险金的失业人员提供优先介绍服务，其中介服务费用由失业保险基金支付。

第十六条　劳动就业机构应当提供劳动力市场供求信息公告服务，帮助劳动者和用人单位调整择业意向和用人条件。公告服务的主要内容：

（一）产业、行业、单位需求人员及条件和指导性工资价位；

（二）求职人员的状况、素质和择业意向；

（三）岗位供求状况；

（四）需要调整的择业意向和用人条件；

（五）就业服务的内容和有关事项。

第十七条　劳动就业机构应当为劳动者和用人单位提供就业代理服务。就业代理服务的主要内容：

（一）提供劳动保障法规、政策专门咨询；

（二）提供培训信息和岗位信息；

（三）培训、寻找有专项技能或特殊岗位要求的劳动者；

（四）保管就业、失业、保险、培训等相关档案；

（五）代办有关社会保险手续，领取和发放社会保险金；

（六）劳动者和用人单位需要委托代理的其他事项。

第十八条　劳动就业机构应当寻找新的就业机会，多渠道、多形式开发就业岗位，组织、引导失业人员开展生产自救活动。

第四章　就业管理

第十九条　政府把失业率列为重要的社会经济指标，确定社会可承受的失业率，实行失业率监控制度，制定、调整经济政策和就业政策。

第二十条　省劳动保障部门根据经济发展情况和对劳动者的技能要求，制定发布不同行业、岗位的指导性工资价位。

第二十一条　有就业意愿，尚未就业的城镇劳动者，应当到户口所在地的县级劳动就业机构或其委托代理的街道、乡镇劳动管理工作站登记办理《云南省失业人员失业证》。

用人单位应当向劳动就业机构报告岗位空缺情况。

流动就业的，应当按照省政府的规定办理有关手续。

外国人以及台、港、澳人员到我省就业，按照国家和省的有关规定，实行申报审批许可制度。

第二十二条　用人单位招用人员的简章、广告和启事，应当报劳动就业机构审查。

未经审查同意的简章、广告和启事不得发布。

第二十三条　用人单位招用人员后，应当到劳动就业机构办理录用登记，并与劳动者签订劳动合同，建立就业档案。

用人单位招用人员不得向应招人员收取或者变相收取费用。

第二十四条　用人单位不得以招用人员为名欺诈劳动者。

第二十五条　经劳动保障部门批准的社会力量办职业培训机构，实行责任保证金制度。责任保证金为3万至6万元。社会力量跨县开办职业培训机构的，责任保证金为6万元。

社会力量办职业培训违反有关法律、法规，损害培训人员利益的，用责任保证金补偿受损者。责任保证金用于补偿后的缺额，主办者应当在接到通知后的30日内，到劳动保障部门补足缺额。

劳动保障部门应当加强对责任保证金的监督，不得挪作他用。停办职业培训机构的，劳动保障部门收回社会力量办学许可证，经审查没有问题后，全部退还责任保证金及银行利息。

第五章　法律责任

第二十六条　违反本条例第二十一条第四款、第二十二条、第二十三条第二款规定的，由劳动保障部门责令改正，逾期不改正的，可处500元以上5000元以下的罚款，对法定代表人和直接责任人处100元以上500元以下的罚款。对违反第二十三条第二款规定的，劳动保障部门还应责令限期将所收费用退还本人，逾期不退的，可向人民法院申请强制执行。

第二十七条　未取得《中华人民共和国社会力量办学许可证》或者使用无效许可证从事职业培训活动的，由劳动保障部门依法取缔，没收违法所得，对单位或者直接责任人处2万元以上10万元以下的罚款。构成犯罪的，依法追究刑事责任。

社会力量办学责任保证金用于赔偿后，未按照规定补足缺额，通知停止办学期间，仍然进行办学活动的，由劳动保障部门责令改正，没收违法所得，对单位或者直接责任人处以1000元以上1万元以下的罚款。

第二十八条　以招用人员或者职业培训为名欺诈劳动者的，由劳动保障部门责令改正，没收违法所得，对单位或者直接责任人处5000元以上5万元以下的罚款（其中，以职业培训欺诈劳动者情节严重的，吊销办学许可证）。造成损害的，承担民事赔偿责任。构成犯罪的，依法追究刑事责任。

第二十九条　劳动保障部门及其劳动就业机构的工作人员玩忽职守、滥用职权、徇私舞弊，构成犯罪的，依法追究刑事责任；尚不构成犯罪的，给予行政处分。

第六章　附　则

第三十条　本条例自2000年7月1日起施行。

云南省节约能源条例

（2000年5月26日云南省第九届人民代表大会常务委员会第十六次会议通过
云南省第九届人民代表大会常务委员会公告第40号公布）

第一条　为了推进全社会节约能源，合理利用资源、保护环境，提高能源利用效率和经济效益，促进经济和社会的可持续发展，根据《中华人民共和国节约能源法》及有关法律、法规，结合本省实际，制定本条例。

第二条　在本省行政区域内从事能源开发、利用、管理及其相关活动的单位和个人，应当遵守本条例。

第三条　省经济贸易委员会是本省节能工作的行政主管部门，负责全省节能工作的监督管理。州市县人民政府，地区行政公署节能行政主管部门，负责本行政区域内节能工作的监督和管理。

计划、科技、建设、环保、农业、质量技术监督、统计等行政管理部门和有关行业管理部门应当按照各自职责，做好节能监督管理工作。

第四条　省人民政府应当制定优惠政策，鼓励节约能源和开发利用新能源、可再生能源。

用能单位应当建立节能工作责任制和奖励制度，从节能效益中提取一定的资金，对节能工作取得成绩的集体和个人给予奖励。

第五条　省节能行政主管部门应当会同有关部门，审查固定资产投资工程项目可行性研究报告中的节能篇（章）；负责制定本省单位产品能耗限额。

生产高能耗产品的单位，应当遵守国家及本省公布的单位产品能耗限额的规定。

第六条　年综合能源消费总量5000吨标准煤以上的用能单位为本省重点用能单位。对重点用能单位应当按照国家《重点用能单位节能管理办法》进行管理。

县级以上人民政府节能行政主管部门应当组织有关部门对重点用能单位和能源利用状况进行监督检查，可以委托具有检测资质的机构，对重点用能单位依法进行节能检验测试。

第七条　用能单位应当加强能源计量管理，健全能源消费统计和能源利用状况分析制度。重点用能单位应当按照国家有关规定，定期向省节能行政主管部门报送能源消费统计和利用状况报告。

第八条　重点用能单位应当按照《中华人民共和国节约能源法》第二十九条的规定，设立能源管理岗位，聘任专业能源管理人员。专业能源管理人员应当接受节能行政主管部门的业务培训和考核。

第九条　禁止新建、改建、扩建国家和省人民政府规定的技术落后、能耗超标、严重浪费能源的项目。

第十条　本条例生效前已经使用国家明令淘汰的高能耗设备的，应当限期更新改造。

第十一条　单位职工和城乡居民使用企业生产或者转供的电、煤、煤气、天然气、石油液化气等能源，应当按照国家规定计量交费，不得无偿使用。

第十二条　县以上科技行政管理部门和有关部门应当将节能科学技术的研究、开发和引进消化先进节能技术，纳入科学技术或高新技术产业化发展规划，并每年安排一定资金，支持研究开发节能新技术。

第十三条　县级以上人民政府，应当扶持、指导、协调重大节能科研项目、节能工程示范项目和能源综合利用项目的实施。

采用先进工艺、技术、设备、材料的节能技术进步项目，节能高新技术转化项目，可以享受国家和省制定的优惠和奖励政策。

第十四条　建筑物的设计和建造应当与太阳

能等新能源的利用相结合。

第十五条　各级人民政府应当扶持开发利用太阳能、风能、水能等新能源，推广节能灶、沼气综合利用、培植薪炭林。

第十六条　各级人民政府应当鼓励发展和推广热电联产、洁净煤、电机调速调频和电力电子节电、照明节电、能源梯级利用和专业化生产等节能技术，提高能源利用效率。应当加强农村电网建设改造和用电管理。

第十七条　违反本条例第九条规定的，由县级以上人民政府节能行政主管部门报请同级人民政府，按照国家规定的权限，责令停止建设或者停止使用。

第十八条　违反本条例第五条第二款规定，责令限期治理。经限期治理逾期仍未达到单位产品能耗限额用能的，由县级以上人民政府节能行政主管部门，报请同级人民政府，按照国家有关规定，责令停产整顿或者关闭。

第十九条　重点用能单位违反本条例第七条规定，虚报、拒报能源利用状况报告的，由省级人民政府节能行政主管部门责令限期改正，逾期不改的，可处1000元以上1万元以下的罚款。

第二十条　违反本条例第十条规定，拒不进行更新改造或者更新改造后仍达不到国家规定的，由县级以上人民政府节能行政主管部门，依法报请同级人民政府，按照国家的规定，责令停止使用。

第二十一条　重点用能单位拒绝能源检测机构依法进行检测的，由县级以上人民政府节能行政主管部门责令限期改正，逾期不改正的，实行强制检测，并给予通报批评。

能源检测机构不按照规定进行检测的，由县级以上人民政府节能行政主管部门责令限期改正，逾期不改正的，取消检测资格。

第二十二条　节能行政主管部门的工作人员在节能工作中滥用职权、玩忽职守、徇私舞弊的，由有关部门给予行政处分；造成损失的，依法给予赔偿；构成犯罪的，依法追究刑事责任。

第二十三条　本条例自公布之日起施行。

云南省城市房地产开发交易管理条例

（2000年9月22日云南省第九届人民代表大会常务委员会第十八次会议通过
云南省第九届人民代表大会常务委员会公告第45号公布）

第一章　总　则

第一条　为了加强城市房地产开发交易管理，规范房地产市场秩序，保护当事人的合法权益，促进房地产业健康发展，根据《中华人民共和国城市房地产管理法》、国务院《城市房地产开发经营管理条例》及有关法律法规，结合本省实际，制定本条例。

第二条　在本省城市规划区内国有土地上从事房地产开发、房地产交易，实施房地产管理，应当遵守本条例。

在本省城市规划区外国有土地上从事房地产开发、房地产交易，实施房地产管理，参照本条例执行。

第三条　省建设行政主管部门负责全省房地产开发交易管理工作；省土地行政主管部门负责全省房地产开发交易中的土地管理工作。

地、州、市、县建设行政主管部门或者单独设立的房管部门按照分级管理的原则和职责分工，负责本行政区域内的房地产开发交易管理工作；地、州、市、县土地行政主管部门负责本行政区域内房地产开发交易中的土地管理工作。

工商行政管理等部门依法对房地产开发交易的有关活动进行监督管理。

第四条　任何组织和个人有权对房地产开发交易管理工作中的违法行为进行举报。建设行政主管部门应当认真处理，并负责答复举报人。

第二章　资质管理

第五条　从事房地产开发、房地产交易实行资格认证制度。

从事房地产开发、房地产交易的企业自取得营业执照之日起30日内，持下列文件向省建设行政主管部门申请办理资质证书；

（一）营业执照复印件；

（二）企业章程；

（三）验资证明；

（四）企业法定代表人的身份证明；

（五）专业技术人员的资格证书和聘用合同；

（六）国家和省规定的其他文件。

省建设行政主管部门应当自接到申请之日起10个工作日内予以答复。

第六条　设立房地产价格评估机构应当取得国家或者省建设行政主管部门核发的资质证书。

设立房地产咨询机构、房地产经纪机构应当经县或者市建设行政主管部门进行审查，符合条件的，按照国家和省的规定发给资质证书。

第七条　取得资质证书的单位，应当到核发资质证书的建设行政主管部门进行资质年检。

取得资质证书的单位，符合国家或者省规定的上一等级资质条件的，可以向省建设行政主管部门申请晋升资质等级。

取得资质证书的单位分立、合并后需要继续从事房地产业务的，应当重新申请办理资质证书。

第八条　从事土地价格评估的机构，应当持有国务院土地行政主管部门或者省土地行政主管部门颁发的土地估价资质证书，方可承担相应的土地估价工作。

第九条　从事房地产中介服务的人员，应当取得国家或者省建设行政主管部门核发的执业资格证书或者岗位合格证书，持证上岗。

第三章　开发管理

第十条　房地产开发项目应当根据城市规划、建设用地计划和房地产开发年度计划确定。优先开发城市居民普通住宅、市政公用基础设施和国家产业政策鼓励的项目。

房地产开发应当遵守环境保护、文物保护等有关法律、法规。

第十一条　与房地产开发项目配套建设的公用设施、设备、道路、绿化等，在其院落、房屋组团内的，移交小区业主管理；在院落、房屋组团外的，移交项目所在地的县级建设行政主管部门管理。

第十二条　与房地产开发项目配套建设的学校、幼儿园、商业网点、文体用房，已进入项目开发成本的，所有权归小区业主所有；未进入项目开发成本的，所有权归投资者所有。

上款所有权的划分，由房地产开发项目所在地的县级以上建设行政主管部门会同物价部门、审计部门审核认定；土地使用权由土地行政主管部门认定。

第十三条　建设行政主管部门应当自受理房屋权属登记之日起30个工作日内核发房屋所有权证。

第四章　转让管理

第十四条　依法取得所有权的房屋，可以依法转让。

本条例所称转让，包括买卖、赠与等。

第十五条　房地产转让或者变更，应当向县或者市建设行政主管部门办理房产变更登记，并持变更后的房屋所有权证书办理土地使用权变更登记，经同级土地行政主管部门核实，由同级人民政府更换土地使用权证书。

第十六条　转让以划拨方式取得土地使用权用于经济适用住房建设的，应当经有批准权的人民政府批准。

第十七条　转让房地产开发项目，转让人和受让人应当在土地使用权变更手续办理完毕之日起30日内，持转让合同及有关证明文件到建设行政主管部门办理备案手续。

房地产开发项目受让人从事房地产开发，应当先取得与所开发项目相适应的房地产开发资质证书。

第十八条　商品房购销双方应当签订由省建设行政主管部门和省工商行政管理部门监制的《商品房购销合同》。自合同签订之日起30日内，销售方应当到房屋所在地的县或者市建设行政主管部门登记。

第十九条　房地产开发项目转让时已经销售、预售商品房但未交付使用的，项目转让人应当及时以书面形式通知购房人。购房人自收到书面通知之日起30日内有权提出解除原商品房购销合同。

购房人在30日内未提出解除商品房购销合同的，项目转让人、受让人应当与购房人签订变更协议。项目受让人应当在变更协议签订之日起30日内持项目转让人、购房人原签订的《商品房购销合同》、变更协议到原《商品房购销合同》登记机关办理变更手续。

除项目受让人与购房人另有约定外，原购销合同中的各项约定不变。

第二十条　房地产转让，转让方应当自转让合同签订之日起30日内，向房屋所在地的县或者市建设行政主管部门和土地行政主管部门如实申报成交价格。

第二十一条　预售商品房实行许可证制度。房地产开发企业预售商品房，应当按照本条例第二十二条的规定申请办理商品房预售许可证。

预售商品房应当向预购人出示商品房预售许可证。

第二十二条　在工商行政管理部门登记注册的房地产开发企业申办商品房预售许可证，由同级建设行政主管部门核发；但是，在国家工商行政管理部门登记注册的，以及省外房地产企业进入本省从事房地产开发的，由省建设行政主管部门核发。其中：

（一）预售开发项目总建筑面积在10万平方米以上的，由省建设行政主管部门核发；预售开发项目总建筑面积4万平方米以上10万平方米以下的，由地、州、市建设行政主管部门核发；预售开发项目总建筑面积在4万平方米以下的，由县或者市建设行政主管部门核发。

（二）预售开发项目单项工程建筑面积在5万平方米以上的，由省建设行政主管部门核发；预售开发项目单项工程建筑面积在2万平方米以上5万平方米以下的，由地、州、市建设行政主管部门核发；预售开发项目单项工程建筑面积在2万平方米以下的，由县或者市建设行政主管部门核发。

第二十三条　房地产中介服务机构代理销售、预售商品房的，应当取得委托书。代理销售、预售商品房时，应当向购房人、预购房人出示营业执照、资质证书和委托书等证明文件。

第五章　租赁管理

第二十四条　依法取得所有权的房屋可以出租；委托代管的房屋经房屋所有权人书面同意，可以依法出租。

第二十五条　房屋租赁应当签订书面租赁合同。

房屋出租人在租赁期限内转让房屋所有权的，应当提前2个月通知房屋承租人；租赁期不满2个月的，应当提前10日通知承租人。房屋受让人应当继续履行原租赁合同中约定的事项。

第二十六条　房屋承租人在租赁期限内，经房屋出租人书面同意，可以将承租房屋的部分或者全部转租给他人，并签订转租合同。

转租期间原租赁合同变更或者终止的，转租合同随之变更或者终止。

第二十七条　房屋租赁（含转租）合同自签订之日起30日内，房屋出租人应当持下列文件向房屋所在地的县或者市建设行政主管部门办理房屋租赁登记备案手续。

（一）书面租赁合同；

（二）房屋所有权证书；

（三）当事人的身份证明文件；

（四）法律、法规、规章规定的其他证明文件及资料。

出租共有房屋的，还应当提交其他共有人同意出租的书面证明；转租房屋的还应当提交原租赁合同；出租代管房屋的，还应当提交委托代管人授权出租的书面证明。

第二十八条　承租人不得擅自拆改、扩建所承租的房屋及附属物，确需拆改、扩建的，应当经出租人同意，签订书面合同，并不得违反国家和省的有关规定。

第六章　抵押管理

第二十九条　依法取得所有权的房屋和其他地上定着物、预购的商品房、在建房地产工程可以抵押。

抵押依法取得所有权的房屋，其所占用的土地使用权应当同时抵押。抵押在建房地产工程，其所占用的土地使用权应当同时抵押。

抵押房地产，抵押人、抵押权人应当签订书面合同，并按照有关规定办理抵押登记。

第三十条　抵押人所担保的债权不得超出其抵押物的价值。设定抵押权的房地产价值大于所担保债权的余额部分，可以在不超出余额部分价值的范围内再次抵押。

同一房地产设定 2 个以上抵押权的，抵押人应当将已经设定过的抵押情况事先告知抵押权人。

以 2 宗以上房地产设定同一抵押权的，视为同一抵押房地产，但抵押当事人另有约定的除外。

第三十一条　取得房屋部分所有权的房地产抵押，应当经其他所有权人书面同意。

第三十二条　房地产抵押应当经有相应资质的房地产中介机构评估其价值，但抵押人与抵押权人另有约定的除外。

抵押已出租的房地产的，原租赁合同继续有效，抵押人应当将租赁情况和抵押情况告知抵押权人和承租人。

第三十三条　以预购商品房或者在建房地产工程抵押的，抵押人应当办理权属预登记，登记机关应当在抵押合同上作记载。在抵押期限内抵押人取得所有权证书的，抵押人应当重新办理房地产抵押登记。

第三十四条　抵押合同变更或者终止，抵押人应当自变更或者终止之日起 15 日内，到原登记机关办理变更或者终止手续。

第七章　法律责任

第三十五条　违反本条例规定，未取得资质证书或者超越资质等级从事房地产开发、房地产交易的，由县级以上建设行政主管部门责令限期改正，处 5 万元以上 10 万元以下的罚款。

第三十六条　违反本条例规定，擅自预售商品房的，由县级以上建设行政主管部门责令停止违法活动，没收违法所得，可以并处相当于已收取的预付款 1% 以下的罚款。

第三十七条　伪造、涂改、转让、出借、出租资质证书、商品房预售许可证书的，由县级以上建设行政主管部门责令限期改正，没收违法所得，可以并处违法所得 1% 以上 3% 以下的罚款；逾期不改的，吊销资质证书或者商品房预售许可证书。

第三十八条　违反本条例规定，未办理资质年检或者年检不合格的，由县级以上建设行政主管部门责令限期改正；逾期不改的，吊销资质证书。

第三十九条　违反本条例规定，有下列情形之一的，由县级以上建设行政主管部门责令限期改正，没收违法所得，并处 1000 元以上 5000 元以下的罚款或者吊销岗位合格证书：

（一）未取得执业资格证书或者岗位合格证书，擅自从事房地产中介服务的；

（二）伪造、涂改、转让、出借、出租执业资格证书或者岗位合格证书的。

第四十条　违反本条例规定，越权核发资质证书、执业资格证书、岗位合格证书和商品房预售许可证书的，其证书无效，对直接负责的主管人员和其他直接责任人员依法给予行政处分；构成犯罪的，依法追究刑事责任。

第四十一条　国家机关工作人员在房地产开发交易管理工作中玩忽职守、滥用职权、徇私舞弊，构成犯罪的，依法追究刑事责任；尚不构成犯罪的，依法给予行政处分。

第八章　附则

第四十二条　本条例自 2000 年 11 月 1 日起施行。

云南省收费公路管理条例

（2000年9月22日云南省第九届人民代表大会常务委员会第十八次会议通过
云南省第九届人民代表大会常务委员会公告第46号公布）

第一章　总则

第一条　为了加强收费公路的建设、养护和管理，维护收费公路投资者、经营者、管理者和使用者的合法权益，促进公路事业的发展，根据《中华人民共和国公路法》及有关法律、法规，结合本省实际，制定本条例。

第二条　在本省行政区域内从事收费公路的投资、建设、养护、经营、使用和管理活动，适用本条例。

第三条　本条例所称收费公路，是指符合公路法第五十九条和本条例第六条规定，依法收取车辆通行费的收费还贷公路和收费经营公路。

收费还贷公路是指县级以上交通行政主管部门利用贷款或者集资建成的收费公路；收费经营公路是指国内外投资者依法有偿受让收费还贷公路的收费权或者投资建成的收费公路。

第四条　省人民政府应当将收费公路的建设纳入国民经济和社会发展计划，合理布局，总量控制。

省交通行政主管部门负责收费公路的建设和管理工作。

省交通行政主管部门可以决定由有关管理机构行使部分收费公路的管理职责。

第五条　禁止破坏、损害或者非法占用收费公路、公路用地和公路附属设施。

禁止在收费公路上乱开道口，非法设卡、收费、罚款、拦截车辆。

禁止侵占、挪用经营性收费公路企业的合法财产，不得对其强行摊派。

第二章　收费公路的设立

第六条　设立收费公路，应当具备下列条件之一：

（一）高速公路连续里程20公里以上；

（二）新建连续里程30公里以上的一级公路或者连续里程40公里以上的二级公路；

（三）改建连续里程40公里以上的一级公路或者连续里程50公里以上的二级公路；

（四）二车道600米以上的桥梁、隧道。

收费公路的设立由省交通行政主管部门会同省财政、物价行政主管部门审核后，报省人民政府审批。

第七条　开放式的收费公路，在同一条连续的国道主线上，相邻收费站的间距不得少于60公里；在其他连续公路主线上，相邻收费站的间距不得少于40公里。

封闭式的收费公路除出入口外，不得在其主线上设置收费站。

第八条　新建、改建收费公路，资本金应当不低于该收费公路建设投资总额的30%，其余不足部分方可以其它方式筹集。

第九条　收费公路建成后，省交通行政主管部门应当及时组织验收，经验收合格后，方可通行和收费。

第十条　收费公路的收费权依法可以向国内金融机构申请质押贷款。质押贷款只能用于公路建设。

收费公路收费权的质押合同签订后应当经省交通行政主管部门登记。质押合同自登记之日起生效。

出质人未按照国家规定或者贷款合同约定偿还贷款本息时，质权人依法可以对质押收费公路的收费权实现质押权。

第十一条　国内外投资者投资建设和经营收费公路，应当经省交通行政主管部门审核后报省人民政府审批。

收费公路的收费权经省交通行政主管部门同意后可以依法转让。

转让收费还贷公路收费权的收益，应当全部用于偿还建设该收费公路的贷款、集资本息或者投资建设新的公路。

转让收费公路收费权的受让方，未经转让方同意，不得再将该收费公路的收费权转让给第三方。

第十二条　收费公路的经营者应当依法成立经营收费公路的企业。

经营收费公路的企业应当与具有管辖权的交通行政主管部门签订收费公路经营责任书。

第十三条　收费公路的经营者应当根据省交通行政主管部门的规划设立服务区。

第十四条　收费公路的经营期限届满后，该收费公路由国家无偿收回，由交通行政主管部门管理。

收费公路的经营期限届满前3个月，省交通行政主管部门应当对收费公路进行鉴定和验收，经营收费公路的企业移交的收费公路应当符合规定的技术、质量和标准。

第三章　收费公路的管理

第十五条　收费公路车辆通行费的收费标准应当根据投资来源和额度、当地经济发展水平、公路的技术等级和规模、通行能力、还贷期限、使用者受益程度以及投资合理回报等因素分等级确定或者调整，由收费公路的投资者提出方案，报省交通行政主管部门审查后，由省物价行政主管部门批准。

第十六条　收费还贷公路的收费期限不得超过25年；收费经营公路的收费期限不得超过35年。需要延长收费期限的，须经省人民政府批准。

第十七条　除军车、警车和执行扑救火灾任务的消防车外，在收费公路上行驶的其他车辆应当交纳车辆通行费。

本条例所称的军车是指悬挂军队（含武装警察）专用号牌的车辆；警车是指公安、国家安全、司法行政部门和法院、检察院使用，装有警灯、警报器，悬挂红色反光“警”字专用号牌的车辆；消防车指装有警灯、警报器的红色专用车辆。

免交通行费的车辆通过收费站时应当主动停车，接受查验。

第十八条　收费还贷公路收取的车辆通行费纳入财政专户，实行收支两条线管理。车辆通行费按省财政行政主管部门批准的预算用于偿还贷款、集资本息和按国家规定用于收费公路的养护管理、路政管理、收费机构经费。

收费经营公路收取的车辆通行费按照经营责任书和企业章程使用。

车辆通行费的票证由省财政或者地税部门统一印刷。

第十九条　收费站的设置，应当保证车辆安全、便利通行；收费道口应当多于车道数量。收费站不得擅自关闭道口和设置障碍物。

收费站应当悬挂省交通、物价行政主管部门统一制式的收费站标牌，公示审批文号、收费标准、收费年限、收费单位和监督电话。

收费公路收费终止时，其管理者、经营者应当及时拆除收费站设施。

第二十条　收费人员应当经培训合格，持证上岗，依法收费，文明服务，自觉接受社会监督。

收费人员的人身安全和人格尊严受法律保护。

第二十一条　收费公路的管理人员、收费人员不得有下列行为：

（一）违反标准收取车辆通行费；

（二）擅自不收费；

（三）贪污、挪用票款。

第二十二条　收费公路的经营者应当按照国务院和省交通行政主管部门规定的技术规范、操作规程和有关制度做好收费公路的养护、抢修工作。

收费公路的经营者负责收费公路的绿化、公路用地范围内的水土保持和环境保护工作。

第二十三条　收费公路的路政管理依照公路法和《云南省公路路政管理条例》的规定。

第四章　监督检查

第二十四条　县级以上交通行政主管部门和被授权的管理机构依照公路法和本条例规定对收费公路的投资、建设、养护、经营、使用和管理进行监督检查。

县级以上财政、物价、审计、行政监察等部门依法对收费情况进行监督检查。

第二十五条　公路监督检查人员执行公务时，应当出示国务院交通行政主管部门制发的交通行政执法证或者云南省行政执法证。任何单位和个人不得阻挠、拒绝监督检查。

第二十六条　收费公路的经营者、管理人员、收费人员违反本条例规定，任何单位和个人有权投诉或者举报。交通行政主管部门或者被授权的管理机构在接到投诉或者举报后，应当及时调查处理，自受理之日起30日内将办理结果答复投诉人或者举报人。

第五章　法律责任

第二十七条　破坏、损害、非法占用收费公路、公路用地、公路附属设施或者在收费公路上乱开道口、非法设卡、收费的，按照公路法的有关规定处罚。

违反本条例规定，在收费公路上非法罚款、拦截车辆或者侵占、挪用收费公路企业合法财产的，由交通行政主管部门责令停止违法行为，没收违法所得，依法承担赔偿责任，并可以处500元以上5000元以下的罚款；对负有直接责任的主管人员和其他直接责任人员，依法给予行政处分。

第二十八条　违反本条例规定，擅自设立收费站、应当终止收费而不终止或者应当拆除收费站设施而不拆除的，由省交通行政主管部门责令停止违法行为，没收违法所得，并处1万元以上10万元以下的罚款；拒不拆除擅自设立的收费站或者应当拆除的收费站设施的，依法强制拆除。拆除费用由擅自设立收费站的单位、个人或者应当终止收费的原经营者承担。对负有直接责任的主管人员和其他直接责任人员，依法给予行政处分。

第二十九条　违反本条例规定，逃交、拒交、少交车辆通行费的，交通行政执法人员可以责令其停车，补交车辆通行费，并处通行费5倍以下的罚款。

在交纳车辆通行费过程中阻碍车辆正常通行的，由交通行政执法人员排除障碍。对故意阻碍车辆正常通行的，处200元以上2000元以下罚款。

第三十条　以暴力、威胁、辱骂等方式阻碍、拒绝公路监督检查人员和收费公路的管理人员依法执行职务的，由交通行政执法人员先行制止，由公安机关依照《中华人民共和国治安管理处罚条例》处罚；构成犯罪的，依法追究刑事责任。

第三十一条　交通行政主管部门或者被授权的管理机构作出的行政处罚决定不能执行的，经省公安机关批准，可以采取暂扣车辆或者滞留驾驶证、行驶证的处理措施，并告知被处罚人限期到指定的交通部门接受处理。

第三十二条　违反本条例规定，收费公路的经营者不履行或者不按照交通行政主管部门规定的技术规范和操作规程履行收费公路养护、抢修职责的，由交通行政主管部门或者被授权的管理机构责令限期改正，并可处2000元以上2万元以下的罚款；逾期不改的，由交通行政主管部门或者被授权的管理机构派员养护和抢修，所需费用由收费公路经营者承担。

违反本条例第二十二条第二款规定的，由交通、水利、环保行政主管部门依照有关法律、法规处罚。

第三十三条　收费公路管理人员和收费人员滥用职权、徇私舞弊、玩忽职守的，依法给予行政处分或者由其所在单位处理；构成犯罪的，依法追究刑事责任。

第六章　附则

第三十四条　本条例自公布之日起施行。

本条例施行前省人民政府已批准设立的收费还贷公路，可以在省人民政府规定的期限内继续收费。

云南省政府采购条例

（2000年12月1日云南省第九届人民代表大会常务委员会第十九次会议通过
云南省第九届人民代表大会常务委员会公告第49号公布）

第一章　总则

第一条　为了规范政府采购行为，加强对政府采购的监督管理，提高财政性资金的使用效益，促进廉政建设，推动经济和社会发展，根据有关法律的规定，结合本省实际，制定本条例。

第二条　本省行政区域内纳入预算管理的机关、事业单位和社会团体，使用财政性资金进行的政府采购，适用本条例。

本条例所称财政性资金，是指预算内资金、预算外资金和政府性贷款。

第三条　政府采购应当遵循公开、公平、公正和择优、效益的原则。

第四条　县级以上人民政府采购委员会负责领导和协调本级政府采购工作。

县级以上人民政府财政部门负责监督管理本级政府采购工作。

县级以上政府采购机构具体从事本级政府集中采购工作。

第五条　县级以上人民政府财政部门根据本地实际情况，在下列范围内制定本级政府年度采购目录，报同级政府采购委员会批准后公布实施：

（一）小汽车、大轿车、摩托车等交通运输设备；

（二）计算机、复印机、传真机等办公设备；

（三）各行业专用设备；

（四）汽车保险及定点维修；

（五）非生产性修缮和绿化项目。

在本年度政府采购目录公布后，因特殊情况需要在目录范围外采购的，应当报同级人民政府批准。

第六条　政府采购采取集中采购和分散采购两种形式。

纳入政府采购目录，且符合下列条件之一的，由政府采购机构实行集中采购：

（一）采购金额在5万元以上的项目；

（二）采购金额虽不足5万元，但属于需要纳入固定资产管理的项目。

前款规定范围外的采购项目，实行单位自行组织分散采购；前款规定范围内的采购项目，因为特殊需要并经本级人民政府财政部门批准的，也可以实行单位自行组织的分散采购。分散采购接受政府财政部门的监督管理和政府采购机构的指导。

地、州、市、县集中采购的金额标准由本级人民政府制定，但不得超过本条规定的金额标准。

第七条　采购人实施采购时，其工作人员与承办的采购项目有涉及本人、配偶及近亲属利益的，或者有其他利害关系，可能会影响采购公正性的，该工作人员应当回避，供应人或者其他人也可以要求其回避。

前款规定的回避，实行分散采购的，由需求人的负责人决定；实行集中采购的，由政府采购机构负责人决定。

第八条　采购人实施采购时，从事同一项目采购的工作人员应当有2人以上，共同对采购项目负责。

第九条　本条例所称采购人，在集中采购中，是指政府采购机构；在分散采购中，是指需求人。

第十条　政府采购机构应当向本级人民政府采购委员会、财政部门、上一级政府采购机构报告其采购情况。

上级政府采购机构应当加强对下级政府采购

机构的指导。

第十一条　政府采购机构应当每年向社会公布上一年度采购情况，接受社会监督。

任何组织和个人有权举报政府采购中的违法行为。

审计机关应当每年对本级政府采购进行审计，并将审计结果报本级人民政府。审计机关认为必要时，可以对政府采购组织专项审计。

第二章　采购立项

第十二条　需求人需要采购的，应当根据政府采购目录，向政府采购机构提前报送采购计划。

第十三条　政府采购机构负责编制年度采购预算，报经同级人民政府部门批准后实施。

第十四条　根据采购预算和采购计划，需求人就采购项目的名称、数量、质量、规格、技术要求、交付使用的时间等具体内容，向同级政府采购机构提出采购申请。

需求人的采购申请中不得含有本条例第二十四条禁止的内容。

第十五条　采购申请符合下列条件，政府采购机构应当批准立项：

（一）采购项目属于采购预算和采购计划安排；

（二）采购项目不超过国家和省规定的标准；

（三）自筹资金落实。

政府采购机构应当自收到采购申请之日起的15个工作日内，向申请采购的需求人作出答复。

第十六条　县级以上人民政府财政部门负责管理和拨（支）付采购资金。

采购资金中的自筹部分，需求人应当在规定的时间内，存入指定的银行账户。

集中采购的资金由县级以上人民政府财政部门直接向供应人支付。

第十七条　国家财政下达政府采购目录范围内的专项拨款和政府性贷款，按需要实现的级次或者专款下达的级次，由同级人民政府采购。

第三章　采购方式

第十八条　政府采购采取公开招标、邀请招标等方式。

政府采购公开招标和邀请招标的程序，按照《中华人民共和国招标投标法》的规定执行。

政府采购采取公开招标和邀请招标以外的方式，其适用的具体条件和程序由省人民政府另行规定。

第十九条　除本条例第二十条和第二十一条规定外，下列项目应当公开招标：

（一）由政府采购机构采购的项目；

（二）采购金额10万元以上的项目。

第二十条　下列项目可以邀请招标：

（一）公开招标的成本过高，与采购项目的价值不相称的；

（二）采购项目由于其复杂性或者专门性，只能从有限范围的供应人处获得的。

邀请招标应当向3个单位以上相互没有利益关系的供应人发出投标邀请书。

第二十一条　有下列情形之一的，可以不实行招标：

（一）涉及国家安全和国家机密的；

（二）采购项目只能从某一特定的供应人处获得，或者供应人拥有对该项目的专有权的；

（三）属于抢险救灾或者利用扶贫资金实行以工代赈、需要使用农民工等特殊情况，按照国家有关规定，不宜采用招标方式的；

（四）因发生不可预见的急需或者突发事件，不宜采用招标方式的；

（五）法律、法规另有规定的。

第二十二条　政府集中采购项目的招标工作，由政府采购机构负责组织。政府采购机构可以委托具备《中华人民共和国招标投标法》第十三条第二款规定条件的招标代理机构进行政府集中采购的招标代理。

第二十三条　招标人可以根据招标项目本身的要求，在招标公告或者投标邀请书中，要求潜在投标人提供有关资质证明文件和业绩情况，并对潜在投标人进行资格审查，但不得以不合理的条件限制或者排斥潜在投标人，不得对潜在投标人实行歧视待遇。

第二十四条　招标文件不得要求或者标明特定的生产厂商、供应者以及含有倾向或者排斥潜在投标人的其他内容。

第二十五条　招标文件要求投标人提交投标保证金的，投标人应当提交，投标保证金的数额不得高于投标金额的2%。

第二十六条　需求人、投标人对政府采购机构组织的评标委员会的评标结果有异议的，可以向政府采购监督管理部门申请复评。政府采购监督管理部门认为确有必要的，可以责成政府采购机构重新组织评标委员会进行复评。

复评时，应当严格按照招标文件的要求对投标书的内容进行评审。

第二十七条　评标结束后，招标人应当将评标的结论书面通知中标人和落标人，同时退还落标人提交的投标保证金。

第四章　采购合同

第二十八条　招标活动结束后，按《中标通知书》规定的时间、地点，由招标的采购人与中标人签订采购合同。

第二十九条　在签订采购合同时，采购人可以在招标文件规定的范围内对采购标的数量予以增加或者减少。但增减的幅度不得超过中标金额的10%。

合同履行中，采购人需另行采购与合同标的相同项目的，可以在不变更合同其他条款的前提下，与供应人协商签订补充采购合同。补充采购合同的金额不得超过原合同金额的10%。

第三十条　采购合同为持续供货合同的，其履行期限最长不得超过12个月。法律、法规另有规定的，从其规定。

第三十一条　中标人应当按照采购人的要求，向采购人交纳不超过合同金额10%的履约保证金。采购人收到履约保证金后，同时退还中标人的投标保证金，并于采购合同履行完毕后退还履约保证金。

中标人不履行合同的，无权要求返还履约保证金；采购人不履行合同的，应当双倍返还履约保证金。

第三十二条　政府采购机构签订的采购合同涉及产品质量、售后服务、零配件后续供应等问题的，政府采购机构可与需求人约定，并通知签订合同的供应人，由需求人行使合同当事人的权利。

第五章　监督检查

第三十三条　政府采购监督管理部门应当对政府采购进行监督检查。监督检查的内容是：

（一）采购活动是否按照采购计划进行；

（二）采购项目是否符合政府采购的金额、规格等标准；

（三）采购方式是否符合本条例的规定；

（四）采购合同的履行情况；

（五）法律、法规规定应当监督检查的其他内容。

被检查的部门或者单位应当如实提供监督检查所必须的材料，不得拒绝。

第三十四条　政府采购监督管理部门应当受理关于政策采购的投诉，并进行必要的调查。发现有违法行为的，应当及时予以纠正，并依照本条例的规定进行处理。

第三十五条　政府采购监督管理部门发现正在进行的采购活动严重违反本条例规定，可能给国家、社会或者当事人利益造成重大损失或者导致采购无效的，应当责令采购人中止采购，并及时作出处理。中止采购后违约责任的承担，适用《中华人民共和国合同法》的有关规定。

第三十六条　政府采购监督管理部门应当对招标代理机构的招标活动进行监督。发现招标代理机构违反法律、法规规定的，应当及时予以纠正，情节严重的，3年内不得代理政府采购招标。

第六章　法律责任招标。

第三十七条　中标人无正当理由不与采购人签订采购合同的，3年内不得参加政府采购活动，投标保证金不予退还，给采购人造成的损失超过投标保证金数额的，还应当对超过部分予以赔偿，没有提交投标保证金的，对采购人的损失依法承担赔偿责任。

第三十八条　需求人经采购申请立项，政府采购机构已对其采购项目开展采购工作，或者政府采购机构已完成对该项目的采购工作，无正当理由撤回其采购申请或者拒不接受采购标的的，视为放弃该项目的财政预算和计划安排，给政府采购机构造成损失的，应当依法承担赔偿责任，赔偿部分从其本年度或者下年度财政预算和计划安排中扣减。对负有直接责任的主管人员和其他直接责任人员依法给予行政处分。

第三十九条　违反本条例第六条的规定，应当实行集中采购而需求人自行分散采购或者为规避适用本条例而分批分散采购的，不予拨款或者扣减下年度财政预算。对负有直接责任的主管人员和其他直接责任人员依法给予行政处分。

第四十条　违反本条例第七条的规定，承办采购的工作人员经其单位负责人决定回避而拒不回避的，应当依法给予行政处分；明知自己有应当回避的事由而不提出回避，导致其承办的采购项目的公正性受到严重影响或者造成采购失败等严重后果的，应当依法承担赔偿责任，并依法给予行政处分。

第四十一条　政府采购机构违反本条例第三十三条的规定，不如实提供检查所需的材料，依法对负有直接责任的主管人员和其他直接责任人员给予行政处分。

第四十二条　政府采购监督管理部门和政府采购机构的工作人员在采购中滥用职权、玩忽职守、徇私舞弊、贪污受贿的，对负有直接责任的主管人员和其他直接责任人员依法给予行政处分；造成损失的，应当承担赔偿责任；构成犯罪的，依法追究刑事责任。

第七章　附则

第四十三条　本条例自 2001 年 1 月 1 日起施行。

云南省查处窃电行为条例

（2000 年 12 月 1 日云南省第九届人民代表大会常务委员会第十九次会议通过
云南省第九届人民代表大会常务委员会公告第 50 号公布）

第一条　为了维护供用电秩序和社会公共安全，预防和打击窃电行为，保障电网经营企业、电力供应企业（以下统称供电企业）和电力用户的合法权益，根据《中华人民共和国电力法》和有关法律、法规，结合本省实际，制定本条例。

第二条　县级以上人民政府经济贸易行政主管部门是电力行政管理部门，负责本行政区域内查处窃电行为的监督管理工作。

公安、工商、质量技术监督等部门按照各自的职责，配合电力行政管理部门依法维护供用电秩序，查处、制止窃电行为。

第三条　禁止任何单位和个人以任何方式窃电。

禁止胁迫、指使、教唆、协助他人窃电或者向他人传授窃电方法。

禁止生产、销售、提供、使用窃电装置。

第四条　鼓励单位和个人维护供用电秩序，举报窃电行为。

对举报窃电的，应当给予保密；经查证举报的窃电行为属实的，供电企业应当对举报者予以奖励。

第五条　以非法占用电能为目的，实施下列不计或者少计电量行为的，属于窃电行为：

（一）擅自在供用电设施上接线用电；

（二）伪造用电计量装置封印用电；

（三）擅自开启计量鉴定机构或经授权的供电企业加封的用电计量装置用电；

（四）绕越或者损坏用电计量装置；

（五）虽不损坏用电计量装置，但致使用电计量装置计量不准或者失效；

（六）安装窃电装置用电；

（七）采用其他方式窃电。

第六条　窃电时间能够查明的，窃电量按照下列方法确定：

（一）擅自在供用电设施上接线用电的，按照所接设备的额定容量乘以窃电时间计算；

（二）以其他方式窃电的，按照计费电能表的最大额定电流值所对应的容量乘以窃电时间计算。

在高电压上窃电的，计算窃电量还应当乘以

相应的倍率。

第七条　窃电时间难以查明的，窃电量按照下列方法确定：

（一）按照同类产品平均用电的单耗与窃电用户生产的产品产量相乘，加上其他辅助用电量，再减去抄见电量；

（二）在总表上窃电的，按照各分表电之和减去总表抄见电量的差额计算；

（三）按照该用户正常月份的用电量减去窃电后的抄见电量。

按照前款规定仍不能确定的，窃电时间至少按180日计算，但最多不超过365日；生产经营用户每日至少按12小时计算，其他用户每日按6小时计算。

第八条　确定窃电金额的电价标准，按照国家或者省核定的当时当地的电价标准执行。

第九条　供电企业依法配备的用电检查人员，应当按划定的供电营业区范围维护正常供用电秩序，进行用电检查。

用电检查人员进行用电检查，查处窃电行为时，不得少于两人，并须先出示工作证和用电检查证。被检查的用户不得拒绝。

检查中发现窃电行为应予处罚时，供电企业应当报告电力行政管理部门，由电力行政管理部门依照本条例第十二条的规定处理。

第十条　用电检查人员检查中发现用户涉嫌窃电的，可以采取下列措施：

（一）向有关当事人和证人调查，制作调查笔录；

（二）查阅、复印有关资料；

（三）采用录像、摄影等手段收集窃电的证据；

（四）查封窃电的装置；

（五）申请证据保全。

第十一条　经现场检查确认用户窃电的，供电企业应当予以制止，向其发出《制止窃电通知书》，并可以中止供电；同时应当报请电力行政管理部门依法处理。但是中止供电会导致用户生产设备造成重大损害或者给社会公共利益造成损害的除外。在对窃电者中止供电时，不得影响其他用户正常用电。

窃电者按所窃电量补交电费并承担违约责任后，供电企业即应当恢复供电。

用户对中止供电有异议的，可以自被中止供电之日起15日内向电力行政管理部门投诉；电力行政管理部门应当自接到投诉之日起7日内依法处理。

第十二条　对供电企业报送或者其他部门移送处理的窃电案件，电力行政管理部门应当在30日内按下列规定处理：

（一）窃电行为事实不清、证据不足的，予以撤销；

（二）窃电行为事实清楚、证据确凿的，作出行政处罚决定；

（三）窃电行为情节严重，构成犯罪的，交司法机关处理。

第十三条　电力用户被窃电的，由窃电行为发生地的供电企业依照本条例的有关规定负责查处，并由电力行政管理部门依照本条例第十四条的规定对窃电者予以处罚；构成犯罪的，依法追究刑事责任。

第十四条　窃电行为不构成犯罪的，由电力行政管理部门责令窃电者停止违法行为、向供电企业交清电费；并处所窃电量的电费1倍以上5倍以下的罚款。

单位窃电的，除依照前款规定处理外，还应当由其上级主管部门或者行政监察机关对直接负责的主管人员和其他直接责任人员给予行政处分。

第十五条　违反本条例第三条第二款规定，胁迫、指使、教唆、协助他人窃电或者向他人传授窃电方法，不构成犯罪的，由电力行政管理部门责令停止违法行为，没收违法所得，并处2000元以上1万元以下的罚款。

违反本条例第三条第三款规定，生产、销售、提供窃电装置的，由电力行政管理部门或者有关部门责令停止违法行为，没收违法所得、窃电装置和生产窃电装置的设备；并处1万元以上5万元以下的罚款。

第十六条　因窃电行为造成供用电设施损坏、导致发生大面积停电事故或者他人人身伤亡、财产损害的，窃电者应当依法承担民事责任。构成犯罪的，依法追究刑事责任。

第十七条　拒绝、阻碍用电检查人员依法执行职务的，由公安机关依照治安管理处罚条例予以处罚；构成犯罪的，依法追究刑事责任。

第十八条　电力行政管理部门、供电企业在查处窃电行为工作中，违法行使职权，给当事人的合法权益造成损害的，应当依法承担赔偿责任。

电力行政执法人员和用电检查人员在查处窃电行为工作中玩忽职守、滥用职权、徇私舞弊的，依法给予行政处分；造成民事损害的，依法承担赔偿责任；构成犯罪的，依法追究刑事责任。

第十九条　本条例自2001年1月1日起施行。

云南省珠宝玉石饰品质量监督管理办法

（2000年6月19日云南省人民政府令第95号发布）

第一条　为了加强珠宝玉石饰品的质量监督管理，维护市场秩序，保护消费者和经营者的合法权益，促进珠宝玉石行业健康有序地发展，根据《中华人民共和国产品质量法》及有关法律、法规，结合本省实际，制定本办法。

第二条　在本办法所称珠宝玉石饰品是指以天然宝石、天然玉石、天然有机宝石和合成宝石、再造宝石、仿宝石、特殊光学效应宝石及钻石、水晶、玛瑙、珍珠为原料，经过装饰性制作，用于销售的产品。

第三条　在本省行政区域内从事珠宝玉石饰品经营和质量检验活动，适用本办法。

第四条　县以上技术监督行政管理部门主管本行政区域内珠宝玉石饰品质量监督管理工作；依法监督和管理珠宝玉石饰品质量检验机构；负责处理珠宝玉石饰品质量申诉。

工商、旅游、价格等行政管理部门应当按照各自的职责，负责有关珠宝玉石饰品的监督管理工作。

第五条　消费者有权就珠宝玉石饰品质量问题，向经营者查询，并可以向质量技术监督、工商、旅游等行政管理部门及保护消费者权益的社会组织申诉、投诉，接受申诉、投诉的部门或者组织应当依法及时处理。

第六条　鼓励一切组织和个人对珠宝玉石饰品的质量进行监督，对举报、协助查处违反本办法的行为有功的，由人民政府或者有关行政管理部门给予表彰、奖励，根据举报者、协查者的意愿为其保密。

第七条　鼓励推行科学的质量管理方法，对质量管理先进和质量信誉好的珠宝玉石饰品经营者，由县以上质量技术监督行政管理部门通报表彰。

第八条　为社会提供公证数据的珠宝玉石饰品质量检验机构，不得从事珠宝玉石饰品经营活动，并应当具备下列条件：

（一）有相应的检验条件和固定的检验场所；

（二）检验人员不少于3人，并经省以上质量技术监督行政管理部门培训、考核合格；

（三）经省以上质量技术监督行政管理部门计量认证合格。

第九条　符合本办法第八条规定，经省以上质量技术监督行政管理部门考核合格，并颁发审查认可授权证书的质量检验机构为珠宝玉石饰品质量监督检验机构。

珠宝玉石饰品质量监督检验机构可以在省以上质量技术监督行政管理部门授权的范围内，依法从事监督检查检验、仲裁检验和其他检验。

第十条　珠宝玉石饰品质量检验机构在计量认证合格证书、审查认可授权证书的有效期内，由省质量技术监督行政管理部门对其进行监督评审。

获得计量认证合格证书或者审查认可授权证书的质量检验机构，应当在有效期满前6个月内向省质量技术监督行政管理部门提出复查评审申请。

第十一条　经营珠宝玉石饰品应当符合下列条件：

（一）按照国家有关标准和规定，正确标注珠宝玉石饰品的名称、规格、价格和经营者；

（二）明码标价；

（三）单件标价超过3000元的珠宝玉石饰品，经营者应当向消费者提供质量保证卡、有效发票、珠宝玉石饰品质量检验机构出具的附有饰品彩色图片的检验证书或者鉴定证书；

（四）单件标价3000元以下的珠宝玉石饰品，经营者应当向消费者提供有效发票及符合本条第（一）项规定的质量证明或者依照本条第（三）项规定办理。

珠宝玉石饰品质量检验机构依照本条规定向经营者出具检验证书或者鉴定证书收取工本费的标准为：单件标价1万元以下的，收取5元；单件标价超过1万元的，收取10元。

第十二条　经营珠宝玉石饰品不得有下列行为：

（一）用注胶、镀膜或者染色处理的饰品冒充天然珠宝玉石饰品；

（二）用人造宝石、合成宝石、再造宝石、仿宝石饰品冒充天然珠宝玉石饰品；

（三）用拼合珠宝玉石饰品冒充单体珠宝玉石饰品；

（四）冒用其他经营者的品牌；

（五）其他以假充真、以次充好的行为。

第十三条　为社会提供公证数据的珠宝玉石饰品质量检验机构从事珠宝玉石饰品经营活动的，由县以上质量技术监督行政管理部门责令改正，处违法所得3倍以下的罚款，最高不超过3万元；没有违法所得的，处2万元以下的罚款。

第十四条　未取得计量认证合格证书从事珠宝玉石饰品质量检验的，所出具的检验数据无效，并由省或者地、州、市质量技术监督行政管理部门处1万元以上3万元以下的罚款。

未取得审查认可授权证书从事珠宝玉石饰品质量监督检查检验和仲裁检验的，所出具的检验数据无效，由省质量技术监督行政管理部门依照前款规定处罚。

第十五条　珠宝玉石饰品质量检验机构经监督评审和复查评审不合格的，由省质量技术监督行政管理部门责令其限期整改，整改期间不得开展检验活动。逾期未整改或者整改后仍不合格的，注销其计量认证合格证书、审查认可授权证书，责令其停止使用计量认证、审查认可授权的标志。

第十六条　珠宝玉石饰品质量检验机构所出具的检验数据有严重错误的，由省或者地、州、市质量技术监督行政管理部门处年收检验费5倍以上10倍以下的罚款；情节严重的，依法取消其检验资格；给消费者、经营者造成损失的，应当依法给予赔偿。

第十七条　违反本办法第十一条第（一）、（三）、（四）项规定的，由县以上质量技术监督行政管理部门责令改正，处珠宝玉石饰品标价3倍以下的罚款。

第十八条　违反本办法第十一条第（二）项规定的，由价格行政管理部门依法查处。

第十九条　违反本办法第十二条规定的，依照《云南省查处生产销售伪劣商品行为条例》及其他有关法律、法规的规定处罚。

第二十条　伪造、篡改珠宝玉石饰品质量检验数据、检验证书或者鉴定证书的，由县以上质量技术监督行政管理部门责令改正，处1万元以上3万元以下的罚款，构成犯罪的，依法追究刑事责任。

第二十一条　珠宝玉石饰品质量监督管理工作人员玩忽职守、滥用职权、徇私舞弊的，依法给予行政处分；构成犯罪的，依法追究刑事责任。

第二十二条　本办法自发布之日起施行。

云南省城市建设档案管理规定

（2000年6月19日云南省人民政府令第96号发布）

第一条　为了加强城市建设档案（以下简称城建档案）管理，充分发挥城建档案在城市规划、建设、管理中的作用，根据《中华人民共和国档案法》、《中华人民共和国城市规划法》和国务院《科学技术档案工作条例》等有关法律、法规，结合本省实际，制定本规定。

第二条　各级人民政府应当加强对城建档案管理工作的领导，把城建档案事业的发展纳入城市建设事业的发展规划，统筹安排城建档案事业经费。

第三条　县以上建设行政主管部门负责本行政区域内的城建档案管理工作，业务上接受同级档案行政管理部门的指导。

建设行政主管部门领导的城建档案机构具体负责城建档案的管理工作。

第四条　设市城市、历史文化名城和有条件的县城，应当建立城建档案馆（室）。

暂不具备建立城建档案馆（室）条件的县城及其他建制镇，应当由建设行政主管部门确定专人管理城建档案。

第五条　城建档案的保管应当有符合国家规定的专用库房。城建档案机构应当建立科学的管理制度，采用新技术、新设备，逐步实现管理规范化、标准化、现代化。

第六条　在城市规划区（包括各类开发区、旅游度假区）内新建、扩建、改建建设工程的建设单位（包括个人），应当在建设工程竣工验收后6个月内向城建档案机构报送一套建设工程竣工档案。

前款所称的建设工程包括工业、民用建筑工程，市政、公用、公共交通基础设施工程，园林、风景名胜、市容环境卫生设施建设工程，城市防洪、抗震、人防、消防工程等。

报送的城建档案必须是该建设工程在规划、建设、管理过程中直接形成的应当归档保存的文字、图纸、图表、声像、模型等各种载体的原件，并应当完整准确、图形清晰、字迹工整，密级和保管期限明确，技术整理符合标准。

第七条　列入报送城建档案范围的建设工程竣工验收时，应当有城建档案机构参加，负责建设工程竣工档案的初步审查。

第八条　建设系统各专业管理部门形成的业务管理和业务技术档案，应当在5年内向城建档案机构移交。

第九条　城建档案的利用实行有偿服务。具体收费范围和标准，按照国家和省价格行政管理部门的有关规定执行。

利用本单位报送、移交的城建档案，城建档案机构应当无偿提供。

第十条　违反本规定，在建设工程竣工验收后6个月内，建设单位未向城建档案机构报送建设工程竣工档案的，由县以上建设行政主管部门责令改正，处1万元以上3万元以下的罚款；情节严重的，处3万元以上10万元以下的罚款。

第十一条　违反本规定，未在5年内向城建档案机构移交业务管理和业务技术档案的，由县以上建设行政主管部门责令改正，对直接负责的主管人员和其他直接责任人员，依法给予行政处分。

第十二条　村镇规划建设档案的管理参照本规定执行。

第十三条　本规定自发布之日起施行。

云南省人民政府关于改革投资项目审批制度的决定

（2000年8月19日云南省人民政府令第98号发布）

为了更好地实施西部大开发战略，适应我国即将加入世界贸易组织（WTO）的需要，进一步改善投资环境，加大改革开放的力度，促进全省经济的持续、快速、健康发展，省人民政府对改革投资项目审批制度作如下决定：

一、根据法律、法规、规章及产业政策的规定，按照“精简、效能、统一”的要求，经过对14个省直部门负责的84项投资项目审批事项的清理审核，决定取消10项，下放7项，简化6项，保留61项。

二、对取消投资项目审批的事项，符合省人民政府关于登记备案规定的，实行登记备案制。

三、对保留的投资项目审批事项，属省级基本建设的，由省计委负责审批；需要报国务院有关部门审批的基本建设项目，由省计委审核或者会同有关部门审核后报批。属省级技术改造项目中限制类的，由省经贸委负责审批。

四、申请国债资金（含国债贴息）安排的基本建设项目或者技术改造项目，分别由省计委或者省经贸委负责审批。

五、省级各类专项资金（包括基金）用于基本建设项目或者技术改造项目的，其资金由省财政厅及有关部门根据省计委、省经贸委的审批文件和投资计划直接拨付。

六、外商直接投资项目实行公示制、时限制、项目跟踪服务制，由省外资办牵头通过一楼式审批服务办法审批或者登记。

七、今后凡不具备投资项目审批权的部门不得再从事投资项目审批工作，也不得以资金安排或者技术审查等形式变相审批。事业单位不再行使投资项目审批的行政职能。

八、投资项目的审批部门应当根据本决定，制定相应的投资项目审批实施细则，明确投资项目审批的程序和时限。

九、本决定自发布之日起施行。

附件：云南省省直部门改革投资项目审批的事项目录

附件：

云南省省直部门改革投资项目审批的事项目录

一、省计委

（一）取消投资项目审批的事项（5项）

1、符合国家产业政策以及环保和城市规划要求，自筹资金，能自行平衡建设和生产条件的省级审批权限内的一般性基本建设项目；

2、除大中型及重点项目以外的一般基本建设项目的开工报告；

3、利用非国有资金的社会事业基本建设项目；

4、基本建设项目中投资许可证的办理；

5、符合城市建设总体规划，建设规模在3万平方米以下或者总投资在3000万元以下的经济适用住房和商品房开发建设项目。

（二）下放投资项目审批的事项（4项）

1、省财政预算内资金安排100万元以下（包括贴息）的基本建设项目，由省计委下达计划，财政直接拨付资金，地、州、市负责审批；

2、以工代赈项目（国家计委明确要求省级审批的除外），由地、州、市负责审批；

3、总投资在1000万元以下的港口、航道、码头基本建设项目，由省交通厅负责审批；

4、铁路地方货场和专用线基本建设项目，由行业主管部门或者地、州、市负责审批；

（三）简化投资项目审批的事项（5项）

下列基本建设项目，不再审批项目建议书，直接审批可行性研究报告：

1、省财政预算内资金安排100万元以上、总投资3000万元以下的非生产经营性项目；

2、省财政预算内资金安排100万元以上、总投资1000万元以下的高新技术产业项目；

3、省财政预算内资金安排100万元以上、总投资300万元以下的信息化和信息产业项目；

4、建设规模3万平方米以上10万平方米以下或者总投资3000万元以上1亿元以下的经济适用住房和商品房开发建设项目；

5、总装机规模1000千瓦以上1万千瓦以下的电源建设项目或者110千伏以下的电网建设项目。

（四）保留投资项目审批（审核）的事项（28项）

1、国债资金安排的基本建设项目；

2、申请国家安排投资的基本建设项目；

3、省财政预算内资金安排（含贴息）100万元以上的省级重点实验室、中试基地（工程技术中心）新建或者改扩项目；

4、省财政预算内资金安排100万元以上、总投资1000万元以上的高新技术产业项目；

5、省财政预算内资金安排100万元以上、总投资300万元以上的信息化及信息产业项目；

6、省财政预算内资金安排100万元以上或者申请国家专项投资补助的流通设施（包括市场、仓储等）项目；

7、省财政预算内资金安排100万元以上的城市基础设施项目；

8、大中型项目的初步设计，项目的设计变更和概算调整；

9、总投资3000万元以上的非生产经营性基本建设项目或者总投资5000万元以上的生产经营性基本建设项目；

10、省属大型企业集团和控股公司需省平衡资金和协调建设条件的基本建设项目；

11、属于国家产业政策和环保政策限制类的基本建设项目；

12、总装机规模1万千瓦以上的电源基本建设项目或者110千伏以上的电网基本建设项目；

13、年产9万吨以上的煤炭基本建设项目；

14、机场基本建设项目；

15、100公里以上的高速公路或者200公里以上的一、二级公路建设项目，会同省交通厅审核后联合报国务院有关部门审批；

16、汽车枢纽客货运站建设项目；

17、总投资1000万元以上的港口、航道、码头基本建设项目，会同省交通厅审核后联合报国务院有关部门审批；

18、中型以上水利工程基本建设项目，会同省水利厅审核后联合报国务院有关部门审批；

19、国家规定的特殊行业及涉及重要矿藏资源的工业性基本建设项目；

20、省级、地州市级机关办公楼基本建设项目；

21、省级行政事业单位（含全额和差额拨款）办公楼的基本建设项目；

22、建设规模10万平方米以上或者总投资1亿元以上的经济适用住房和商品房开发建设项目；

23、利用国外政府贷款、国际商业贷款和外商直接投资项目；

24、中方机构担保项下外商投资企业对外融资项目；

25、使用国外政府、团体、个人捐赠并需省平衡配套资金的基本建设项目；

26、国家鼓励类境外中方投资300万美元以下的项目；

27、需省计委出具进口设备免税确认书的基本建设项目；

28、大中型及重点基本建设项目的开工报告和竣工验收。

二、省经贸委

（一）取消投资项目审批的事项（2项）

1、省级权限范围内的技术改造项目；

2、省级权限范围内的技术创新项目；

（二）保留投资项目审批的事项（4项）

1、需报国家经贸委审批的国债贴息或者限额以上的技术改造项目；

2、国家经贸委及有关商业银行总行要求审批后方可安排银行专项贷款的限额以下技术改造项目；

3、国家有关部门要求办理专项审批手续（如烟草、新药开发等）的技术改造项目，以及列入国家专项计划的技术改造项目；

4、需要从国外引进设备或者向外汇管理部门购汇的技术改造项目。

三、省财政厅

（一）取消投资项目审批的事项（1项）

社会集团购买力的事项。

（二）保留投资项目审批的事项（5项）

1、国有资产评估的立项与确认；

2、国有企业资产无偿转让；

3、省级财政周转金的债权处置；

4、外债项目中涉及的政府性借款、担保或者财政配套资金；

5、省财政预算内管理的党政机关、行政事业单位和人民团体的非贸易、非经营性购汇限额。

四、省交通厅

（一）下放投资项目审批的事项（1项）

大中型桥梁、100米以上的吊桥或者县乡公路建设，由省公路局或者地、州、市审批。

（二）保留投资项目审批的事项（6项）

1、公路网的规划；

2、需上报国家审批的二级以上公路项目，会同省计委审核后报国务院有关部门审批；

3、省重点经济干线公路项目，会同省计委审批；

4、一般经济干线公路项目；

5、除枢纽站外的汽车客货运站的基本建设项目；

6、1000万元以下的港口、航道、码头基本建设项目；

五、省建设厅

保留投资项目审批的事项（4项）

1、房屋建筑工程项目和市政工程项目的初步设计由省建设厅审批，其中，涉及国家投资和省财政预算内资金安排的项目由省建设厅会同省计委审批；其他项目的初步设计由省计委会同省建设厅审批；

2、省级权限内建设工程的施工图设计文件（涉及消防、环保、抗震等专项审查的，由省建设厅统一受理后，分送有关主管部门审核）；

3、省管建设项目的厂址：

4、城市基础设施专业规划。

六、省环保局

（一）下放投资项目审批的事项（1项）

总投资5000万元以上的生产性建设项目或者总投资1亿元以下的非生产性建设项目的环境

影响报告书、环境影响报告表和环境影响登记表由地、州、市负责审批。

（二）保留投资项目审批的事项（3 项）

下列建设项目的环境影响报告书、环境影响报告表、环境影响登记表：

1、总投资 5000 万元以上 2 亿元以下的生产性建设项目或者总投资 1 亿元以上 2 亿元以下的非生产建设项目；

2、省计委、省经贸委安排省财政预算内资金并审批的建设项目；

3、跨地、州、市行政区域的建设项目或者有关行政主管部门有争议的建设项目。

七、省水利厅

保留投资项目审批的事项（2 项）

1、属 33 个自供自管县范围内的农网建设（改造）项目中 35 千伏以上的输变电工程；

2、中型水利基本建设项目（含纳入基本建设管理的大型灌区、江河治理及病险处理）的初步设计和建设过程中的设计变更，会同省计委审批。

八、省农业厅

保留投资项目审批的事项（1 项）

国家和省财政预算内资金安排 100 万元以上的农业、畜牧、农机、水产等基本建设项目，会同省计委审批初步设计方案。

九、省林业厅

保留投资项目审批的事项（1 项）

国家投资的天然林保护和林基地等项目。

十、省卫生厅

保留投资项目审批的事项（1 项）

大型医疗设备（X—射线计算机体层摄影装置、核磁共振装置、伽马刀装置等）的购置。

十一、省民政厅

保留投资项目审批的事项（1 项）

建设经营性公墓的项目。

十二、省外资办

（一）取消投资项目审批的事项（2 项）

1、符合国家利用外资产业政策，属外商独资企业、且投资总额在省级批准权限内的外商直接投资项目，不再审批项目建议书和可行性研究报告；

2、符合国家利用外资产业政策，属不以国有资产作价入股和不以国有资产作为合作条件的合资、合作企业，且投资总额在省级批准权限内的外商直接投资项目，不再审批项目建议书和可行性研究报告；

（二）下放投资项目审批的事项（1 项）

不需要省级综合平衡建设和生产条件的外商直接投资项目，由地、州、市或者国家级开发区、旅游度假区、边境贸易区负责审批。

（三）简化投资项目审批的事项（1 项）

外商投资企业办理设立企业开工建设、生产经营期间的各项审批手续，事权在省级的，统一到省外商投资服务楼联合审批。

十三、省人防办

保留投资项目审批的事项（2 项）

1、单建式工程：纳入国家计划修建的人防工程，1000 万元以上的大型项目，由省人防办报省军区人防办审查后，报国家人防办批准；300 万元以上 1000 万元以下的中型项目，由省人防办审批；

2、防空地下室：项目总投资 1000 万元以上的新建民用建筑，其防空地下室初步设计方案由省人防办和省建设厅审批；项目总投资不足 1000 万元的，其防空地下室初步设计方案由地、州、市人防主管部门和建设行政主管部门审批。

十四、省扶贫办

保留投资项目审批的事项（3 项）

1、300 万元以上的扶贫专项贷款项目；

2、扶贫温饱试点村、安居工程；

3、异地开发扶贫项目、异地扶贫专项贷款项目。

第三篇　国民经济发展述评

云南经济社会发展述评

云南省发展计划委员会主任　庞锡钧

2000年，云南省抓住中央扩大内需，继续实施积极的财政政策，启动和实施西部大开发战略的难得机遇，狠抓中央一系列重大部署及政策措施的贯彻执行，积极采取有力措施，着力调整结构，稳步推进各项改革，努力克服经济运行中出现的各种困难，全省经济建设与社会发展取得新的成绩，人民生活继续改善。基本实现了年初确定的宏观调控目标，完成了经济和社会发展的主要任务。

一、国民经济持续稳步发展，结构调整步伐加快

2000年，全省国内生产总值完成1955.28亿元，比1999年增长7.1%。其中，第一产业增加值436.2亿元，增长5.7%；第二产业增加值840.21亿元，增长5.4%；第三产业增加值678.87亿元，增长9.9%；人均国内生产总值4637元，增长5.8%；全社会劳动生产率8645元，增长5.4%。市场价格总水平持续下降，全省居民消费价格总水平比上年下降2.1%。按照一产调优、二产调强、三产调快的原则加快产业结构调整，结构调整取得新进展。一、二、三产业增加值占国内生产总值比重，由上年的22.2:44.5:33.3调整为22.3:43.0:34.7。

制定出台了加快发展生物资源开发创新产业的决定，以建设绿色经济强省为目标，运用现代科技开发生物资源创新工程发展势头良好；12项高技术产业化项目实施顺利；9项能带动产业优化升级的重大技改项目列入国家计划并陆续开工，省财政贴息1亿元的60项技改项目已大部分实施；云南磷复肥基地、兰坪铅锌矿、小湾电站、曲靖电厂二期、开远电厂等一批能带动结构调整的重大项目前期工作进度加快。旅游业继续保持对经济增长的贡献。全年接待海外游客100.11万人次，旅游外汇收入3.39亿美元；接待国内游客3841.04万人次，国内旅游收入183.2亿元；全省旅游总收入211.4亿元，比上年增长3.5%。贸易、信息、通信、交通等第三产业快速增长，运输邮电仓储业、批发零售餐饮业、金融保险业、房地产业和其它服务业分别比上年增长9.1%、8.3%、8.6%和10.4%。第三产业对经济增长的贡献再次超过第二产业。

二、综合经济实力有所加强，经济运行的质量和效益提高

经济平稳运行的趋势得到加强，工农业生产形势良好。

全省财政投入支农资金52.3亿元，继续居全国前列。粮食连续8年丰收，总产量1468万吨，创历史最高水平。主要农作物全面增产，畜牧、水产业进一步发展，肉类总产量达205.2万吨，水产品产量16.62万吨，比上年分别增长6.8%和7%。农业总产值、农民收入、农业生产完成或超额完成计划。乡镇企业营业总收入1675亿元，比上年增长20.9%；全省组织各项扶贫资金30.8亿元，又解决了85万贫困人口的温饱问题。

工业生产平稳增长，全年完成工业增加值697.1亿元，比上年增长6.6%。主要能源、原材料、冶金、化工、建材及支农产品保持较快增长，工业企业经济效益明显改善。全省规模以上工业经济效益指数达143.59，比上年提高7个百分点。全年实现利润67.13亿元，比上年增长23.6%，其中国有及国有控股企业实现利润62.4亿元，增长16.2%；亏损企业亏损额22.15亿元，下降了5.6%。

财政收支保持稳定增长，全省财政收入完成434.2亿元，比上年增收28.57亿元，增长7%。地方一般预算收入完成178.1亿元，增长3.1%；一般预算支出413.9亿元，增长9.5%。

金融运行正常，信贷投放力度加大，投向合理，年末全省金融机构贷款余额2121.12亿元，比上年末增加203.3亿元，增长9.7%。其中，中长期贷款比上年末增加102.5亿元，增长17.3%，贷款主要支持了国家西部开发建设项目及工农业发展。年末金融机构存款余额2465.68亿元，比上年末增加218.9亿元，增长9.7%，年末货币流通量为312.9亿元，比上年增长22.2%。保险事业继续发展，全省各种保费收入39.01亿元，比上年增长4.4%。

国内消费品市场需求增加，各种大型商场、超市、连锁店、仓储式商场发展较快。全年社会消费品零售总额583.17亿元，比上年增长8.2%，扣除物价因素，实际增长10.9%。其中个体私营及其它经济实现的零售总额比重达61%，增速比国有经济快12个百分点，成为新的经济增长点。

三、国有企业改革脱困三年目标基本实现，各项改革稳步推进

全省236户地方国有大中型企业有145户完成公司制改造并初步建立现代企业制度。列入国家重点脱困范围的105户企业，已扭亏脱困69户；全省列入重点脱困64户企业，兼并破产21户，扭亏为盈25户，减亏10户；全年剥离、划转债转股147.9亿元，企业资产负债率由72.9%下降到47.3%；上级核销呆坏账近8亿元。国有企业改革脱困目标基本实现。

加快了社会保障制度改革，初步建立了养老、失业保障和城镇居民最低生活保障线制度，确保了国有企业离退休人员养老金和下岗职工基本生活费按时足额发放。全省参加失业保险职工人数191万人，参加养老保险职工196万人，参加基本医疗保险的职工125万人。养老保险覆盖率达90%，养老金社会化发放达到95.6%。全年国有企业下岗职工5.59万人，比上年下降5%；再就业率28.4%。全省16个地州市医疗改革方案已经省政府批准实施；14个地州市100个县（区、市）建立了医疗保险行政和基金管理机构。省级行政机关机构改革顺利完成。计划、财税、投融资、住房、科技、教育等改革不断推进，住房二级市场全面启动，政府调控经济运行的手段有所加强。

四、投资结构继续改善，重点建设继续得到加强

2000年针对全省固定资产投资增势下滑的状况，省委、省政府采取一系列切实措施扩大投资规模。下发了《关于深化投融资体制改革的通知》、《关于改革投资项目审批制度的决定》；有关部门抓紧清理对投资项目的乱收费；加快土地征用，改善投资环境；3次派出稽察特派员深入重点建设项目和国债项目督促检查；由省领导带队多次到国家有关部委争取中央支持，全年争取国债资金超过27亿元；制定了省级机关事业单位住房补贴政策；根据建设项目进展情况，适时调整投资计划；省政府又追加投资6亿元，以带动银行贷款，地方和企业增加投资。经过努力，全省固定资产投资完成及资金到位情况逐月好转。全年全社会固定资产投资完成697.94亿元，比上年下降2.7%，其中：基本建设投资完成361.84亿元，下降3.17%，更新改造投资完成81.12亿元，下降9.64%。其它投资完成171.25亿元，增长6.2%；房地产投资完成83.23亿元，下降9.61%。重点建设进展顺利，31个省重点建设项目完成投资131.57亿元，建成或单项建成投产8个重点项目。建成投产项目新增能力：水库库容4.37亿立方米，高速公路114公里，电气化铁路347公里，民航二级机场1座，电力装机30万千瓦，磷铵12万吨。

五、对内对外开放进一步扩大，市场开拓取得进展

用足用好中央扩大外贸出口和边贸优惠政策。全年外贸进出口总额完成18.13亿美元，增长9.3%，超额完成年计划。其中出口总额11.75亿美元，增长13.6%；进口总额6.38亿美元，增长2%。边境贸易全面恢复性增长，出口创历史最好水平。全年边境贸易出口总额达2.78亿美元，比上年增长20%。2000年全省实际利用外资2.2亿美元，其中外商直接投资1.28亿美元。对外承包工程、劳务合作及设计咨询完成营业额1.54亿美元，第八届昆交会成交总额19.81亿美元，其中进出口成交金额5.32亿美元，外资合同金额13.57亿美元。市场开拓取得成效，全省获进出口经营权的企业337户，遍及30个行业。对亚洲及周边国家贸易出现恢复性回升，贸易伙伴达到106个国家和地区；对亚洲和北美洲出口分别增长14.9%和29.6%。以西南六省区市七方的联合协作为基础，滇沪、滇粤和省院、省校合作为重点，与全国30个省市区开展了多领域、深层次、多形式的联合与协作。全年引进省外资金36.3亿元，比上年增长10%。巩固扩大了卷烟营销网络，卷烟市场销售开始好转。花卉等优势产品省外市场占有率逐步提高，企业的营销意识和促销手段进一步增强。

六、继续实施科教兴滇和可持续发展战略，社会事业全面进步

2000年全省科技总投入24.3亿元，比上年增长28.5%。向社会发布了“2000年云南省高新技术产业化重点领域和重点方向指南”，下达省重点科技项目计划6大类606项。全年取得重大科技成果531项，其中基础理论成果54项，应用技术成果438项。签订技术经济合同2054项，成交金额18.8亿元，受理专利申请1710件，获专利授权1216件。省院、省校合作取得新进展，共实施科技合作项目57个。昆明国家高新技术产业开发区建设初见成效，到2000年拥有高新技术企业118家。创建了“云南大学科技园”、“云南省留学生创业园”和“云南软件园”。全年科技进步对国民经济增长的贡献率达43.5%，比上年提高0.9个百分点。在全国31个省市中，云南科技进步水平由“九五”初期的26位跃居第22位，科技活动产出排序由26位跃升到第18位。

通过实施“义务教育工程”、“国家扶贫教育工程”，加大了“两基”投入和工作力度，较好地完成了“两基”目标。2000年又有22个县实现“普九”，12个县实现“普六”，从而使全省128个县市基本普及六年义务教育，88个县普及了九年义务教育；全年扫除文盲38.13万人，105个县基本扫除了青壮年文盲。普通中学招生69.8万人，比上年增长11%；在校学生185.97万人，增长11.1%；学龄儿童入学率达到99.02%。到2000年，已基本实现省政府确定的每县建好一所职业高中和职教中心的目标。经过努力，争取到中央高等教育国债资金5000多万元，高校办学条件继续改善。普通高校连续两年扩招5000余人。全省教育系统招收研究生1231人，比上年增长49.8%。普通高校招生3.2万人，增长16.4%；在校学生9.04万人，增长22.3%，其中少数民族学生比上年增长25.8%，占在校生的21.6%；成人高校招生2.69万人，增长51.1%，全面完成招生计划。

可持续发展战略实施取得新进展。2000年纳入省国民经济计划的环保项目安排建设资金12.35亿元，依法治理环境得到加强。关停了一批污染严重的企业；开展了大规模的生态环境保护与建设。全年造林面积645.8万亩，森林覆盖率（含灌木林）达44.3%。推进了城市环境和9大高原湖泊环境保护与治理工程，全年实施环境治理保护工程项目471项，其中城市及湖泊污水处理工程36项，工业废水废气处理项目356项，城市垃圾生态处理工程31项，配套完善截污及污水处理的基础设施建设步伐加快。昆明、曲靖、石林、中甸等城市和旅游区垃圾处理及景区、景点环境整治工程实施顺利；天保工程和生态环境重点县建设正抓紧实施。全年治理水土流失面积2300平方公里；限期完成环境污染治理项目814个，项目总投资7.24亿元；烟尘控制区25个，噪音达标区18个，各项环保技术指标全面实现，环境污染和生态恶化的趋势有所遏制。控制人口增长取得积极成效，据第五次人口普查实际登记数预计，全省人口自然增长率为11.48‰。比上年下降0.18个千分点。年末总人口4240.8万人，比上年末增加48.4万人。

围绕建设民族文化大省的目标，加强文化、卫生、新闻出版、广播电视等社会事业建设。艺术精品、边境文化长廊、文明走廊等工程实施效果好，各项社会事业全面发展。全省有各种艺术表演团体130个，文化馆127个，群众艺术馆20个，公共图书馆147个，博物馆28个。以文化娱乐业为主的文化市场不断繁荣发展，年实现利润2.15亿元；新闻出版业实现总产值25亿元，利润近4亿元。广播、电视人口覆盖率分别达到86%和88%，比上年分别提高2.4个和2个百分点。128个县市（区）建立了有线电视传输网，60%的乡（镇）建立了广播电视网。继续加强贫困县医疗卫生建设，全省128个县市初级卫生保健达到合格或基本合格；以农村基层卫生为重点的农村卫生“三项建设”得到加强，村级医疗点覆盖率达到99.8%；全省共有卫生机构1.34万个，比上年增长12.5%。全民健身运动蓬勃开展，经常参加锻炼的人口已达1000万人。竞技体育取得新突破，云南省运动员在国际比赛中获金牌1枚，铜牌5枚；国内比赛获金牌44枚，银牌38枚，铜牌36枚。

城乡居生活继续提高。全年农民人均纯收入1479元，实际增长4%；农民消费支出1271元，实际增长1.8%。城镇居民人均可支配收入6324.64元，人均消费支出5185.3元，按可比口径计算分别增长6.5%和10.2%。居民居住条件继续改善。城镇居民人均居住面积12平方米，农村居民人均住房面积22.18平方米，分别比上年增长5.2%和3.8%。年末全省居民储蓄存款余额1138.22亿元，比上年增长109.3亿元，增长10.6%。城市社区建设得到加强。2000年底，全省建立综合性社区服务设施和便民利民服务网点170个和2718个。年末城镇人口登记失业率2.8%。

随着2000年宏观调控目标的基本实现，“九五”计划的主要宏观调控目标如期完成，使“九五”成为云南省经济和社会发展较快较好的时期之一。国民经济持续快速健康发展，经济综合实力进一步增强；经济结构调整不断推进，群体支柱产业培育成效明显；基础设施建设成绩显著，瓶颈制约有所缓解；改革迈出较大步伐，全方位开放格局逐步形成；科教兴滇和可持续发展战略顺利实施，社会事业全面进步；“七七”扶贫攻坚计划基本完成，人民生活水平得到提高；精神文明建设蓬勃开展，民主法制建设不断加强；政府职能继续转变，宏观调控能力得到增强。全省呈现出经济发展、社会进步、民族团结和边疆稳定的大好局面，为实施“十五”计划奠定了坚实的基础。

七、存在问题

（1）市场开拓不够和流通不畅的状况还未从根本上得到解决。（2）投融资渠道单一，社会投资所占比重过小，建设资金短缺，保持投资规模较快增长任务艰巨。（3）农业基础仍较薄弱，农业结构调整趋同性、盲目性现象较突出；特色种植、养殖不足，产品的竞争力不强、流通不畅，生产与加工脱节，农副产品价格继续下降，农民收入增长缓慢。（4）企业资金紧张，贷款困难，大部分企业流动资金和技改资金短缺。（5）企业技术创新能力弱，整体素质和竞争力不强，部分企业生产经营困难，下岗分流人员增多，就业问题仍较突出。

云南工业发展述评

云南省经济贸易委员会主任　李现武

2000年是“九五”计划胜利完成的最后一年。全省国民经济继续保持了稳定增长态势。国内生产总值增长7.1%。工业经济保持了较快增长，经济运行质量和效益明显提高，国有企业三年改革与脱困目标基本实现，为全省实现“九五”计划作出了积极贡献。但国有企业改革与发展过程中的许多深层次矛盾和问题仍然存在，还有待于在“十五”期间进一步加以解决，促进国有企业的发展，带动全省工业经济更快发展。

一、全省工业经济保持了较快增长，经济运行质量和效益明显提高

2000年全省工业总产值完成1552.12亿元，比1999年增长8.3%。其中：全部独立核算国有及年产品销售收入500万元以上非国有工业（简称规模以上工业）完成产值1028.95亿元，比1999年增长6.7%。主要工业产品产量保持增长，卷烟增长1.5%；发电量增长6.5%；10种有色金属增长16%；化肥增长10.9%；钢增长6%；金属切削机床增长37.7%。

（一）规模以上工业继续保持增长。

其特点是：(1) 各种经济类型企业生产均保持增长。2000年国有及国有控股企业完成产值比1999年增长5.7%；集体企业增长4.9%；股份合作企业增长13.6%；股份制企业增长13.9%；外商及港澳台投资工业增长15.8%；其他经济类型企业增长18.1%。(2) 重工业增长快于轻工业。2000年全省重工业增长11.3%，比轻工业增长1.7%快9.6个百分点。(3) 工业产品销售率有所提高。2000年全省规模以上工业的产品产销率达98.6%，比1999年的98.2%提高0.4个百分点。其中制糖业产销率96.9%，提高3.4个百分点。(4) 经济效益明显提高。2000年全省规模以上工业综合经济效益指数达143.59，比1999年提高7个百分点。其中，总资产贡献率16.28%，比1999年提高0.07个百分点；成本费用利润率8.5%，提高1.05个百分点；流动资产周转率1.27次，提高0.04次；全员劳动生产率达4.81万元/人年，提高5378元/人年；产品销售率98.57%，提高0.35个百分点。工业企业实现利税总额324.86亿元，增长6.6%（其中利润总额67.13亿元，增长23.6%）。亏损企业亏损额下降35.6%。

（二）2000年工业发展中采取的主要措施：(1) 各级党委和政府高度重视工业，积极主动领导工业。省委、省政府主要领导经常深入工业企业调查研究，帮助企业解决矛盾和问题；省政府专门成立了由省政府领导和主要经济部门组成的经济形势分析小组，定期分析经济运行中出现的新情况、新问题，并提出解决具体措施、办法；省政府年内先后召开5次经济运行分析会、电视电话会，分析经济问题，提出对策措施，为全省经济平稳运行起到了关键作用。(2) 坚持落实目标责任制。年内省政府同8个重点行业和16个地州市签定了工业经济发展目标责任书，层层落实指标，并实行权责利挂钩，加大力度，严格兑现奖励，确保了全年经济目标的实现。(3) 对重点企业生产经营加强综合协调。为缓解企业流动资金紧缺的矛盾，继续组织实施“封闭贷款”，落实资金4.08亿元；对制糖业出现的严峻形势及时安排2200万元流动资金贴息贷款，保证了制糖业生产经营，制糖业一举扭亏为盈；对部分高能耗行业，继续实行了电价优惠让利1.35亿元，增加了企业经济效益；出台了国有企业营销工作的政策意见，规范整顿了流通市场秩序，促进了工商企业经营活动。(4) 重点抓好全省安全生产。2000年各级政府加大抓安全生产力度，先后5次召开全省安全生产紧急电视电话会议和工作会议，分析问题，落实措施，强化领导，促进了安全生产工作的深入开展，全年工业企业安全事故下降，经济损失减少。

二、国有企业3年改革目标基本实现

党的十五大提出了用3年左右时间，使大多数国有大中型亏损企业基本摆脱困境，大多数国有大中型企业初步建立现代企业制度的战略决策。中共云南省委、云南省政府结合云南实际，制定了云南省国有企业3年改革与脱困纲要，明确提出了奋斗目标。经过努力，于2000年底，基本完成了国有企业3年改革与脱困任务，为云南省跨世纪的发展奠定了坚实基础。

（一）国有企业3年改革目标基本实现。3年来云南省对国有企业的改革力度不断加大，全省1997年确定的236户地方国有大中型工业企业到2000年底，有145户完成改制任务，改制比例达到61.4%；首批培育的40户大企业、大集团已改制31户。运输、建筑、商贸等领域建立现代企业制度的工作取得了较大进展。科研院所转体改制工作还在抓紧进行，贵金属研究所、冶金研究院等单位已改制为股份有限公司。电力、航空等行业的部分企业开始启动改制、改组工作。大型企业改组和资本经营取得新的突破。红塔集团、云天化、云白药等一批优势企业，通过投资参股、兼并收购，实力进一步壮大。企业上市融资和产权多元化步伐加快，2000年底止，全省国有18户企业实现股票上市，融资规模达

50多亿元；有110户企业经批准成立了职工持股会，吸纳职工股金达10多亿元，持股比例达到新建公司的20%左右。其中，交通运输行业的部分企业实现了职工持股会控股。3年来，通过股份制、股份合作制、兼并、出售、拍卖、破产等途径，全省70%以上的国有中小企业进行了不同形式的改革。

（二）国有企业脱困任务基本实现。全省列入国家重点脱困企业名单的105户大中型亏损企业，脱困率达73.3%，省确定的64户重点脱困企业的脱困率达70%以上。全省14个地州市国有及国有控股工业企业盈亏相抵后实现净利润62.39亿元，超全年目标12.39亿元，增加24.8%。全省16个地州市中有14个实现了整体扭亏和增盈目标，2个地州实现了大幅度减亏目标；重点监测的14个行业中有12个实现整体扭亏和增盈目标，2个行业实现大幅度减亏目标。国有企业3年改革与脱困历史呈现6个特点：第一，有一个全面系统的《云南省国有企业3年改革与脱困纲要》，为全省实现3年脱困目标明确了指导思想，规定了目标任务和政策措施。第二，有一个明确的思路。即始终坚持用改革的思路和办法，坚持稳步推进、实事求是、协调配合、综合治理的原则，将国有企业脱困工作的着眼点放在搞好全省国有经济上，努力的方向是建立现代企业制度，采取“抓大放小”的办法。特别是配套推进国企脱困方面，综合运用了“三改一加强”以及在运输安排、能源供应、电力优惠、封闭贷款等方面予以倾斜的特殊政策措施。3年来，对100多户企业进行封闭贷款9亿多元，对重点能耗企业优惠电价3亿多元，国家对10户重点企业债转股42.5亿元。第三，有一套较为完整的目标责任制。一是省级领导联系64户重点脱困企业；二是明确脱困企业指导责任人；三是每户脱困企业由有关部门组成帮促组；四是层层落实责任目标，制定严格考核办法。第四，每户重点脱困企业都有一个改革与脱困方案。坚持企业是脱困主体，强调企业是第一脱困责任人，按照“一厂一策”的原则，积极引导企业以改革为动力，以增效为目的，以成本控制和项目管理为重点，制定切实可行脱困方案。第五，有一笔脱困专项资金。从第一年（1998年）开始，省政府每年从省财政安排5000～7000万元的脱困专项资金，各地州市也相应建立脱困配套资金，3年累计共支持国企脱困资金达2.47亿元，有力支持了国企脱困。第六，省委、省政府在国企脱困攻坚决战之年的2000年，在全省范围内组织开展了“企业苦练内功年”和“政府服务企业年”活动，使全省企业管理水平逐步提高，企业经济效益不断改善，加速了国有企业脱困。

三、企业技术进步加强，投资效果显著

2000年全省在企业技术进步方面，突出以加快发展，促进结构的调整和产业升级为目标，围绕省政府确定的烟草及配套、有色、磷化工等8个重点产业，集中力量建设一批国家和省级重点技改项目和创新项目，收到了较大成效。

（一）技术改造投资结构进一步优化，投向合理。2000年技术改造投资完成75亿元，重点用于工业特别是有色、磷化工等优势产业。其中有色行业的投资增幅达72%。重点企业昆钢、云铜、云磷、云天化、云内等均增加了技改资金投入，建设了一批大项目。

（二）重点技术改造项目顺利实施。全省列入国债计划的9个技改项目有8个开工实施。落实国债贴息资金5.8亿元，省政府安排再贴息资金5000万元。年内昆钢650轧机、红磷磷酸二铵、云铝环保节能增产等3个项目基本完成。

（三）企业技术创新工作继续推进。年内有5项重点技术创新项目，7项新产品试产项目列国家计划。云南冶金集团等5户获得省级企业技术中心认证，云锡公司获得国家级认证。企业技术创新中介服务体系建设、产学研联合、省院校合作、以及与国际间的技术交流都取得了新进展。

（四）技术改造管理体制改革迈出新步伐。省政府于2000年7月下发了《云南省经贸委关于实行技术改造项目登记备案制的管理办法》，确定今后凡不需上报国家经贸委审批和不需要进口设备的省级权限内技改项目一律实行登记备案制，从而简化了项目审批手续，方便了企业，对技术改造管理体制改革进行了初步探索。

四、非公有制工业发展较快

省委、省政府制定了一系列加快非公有制经济发展的政策，促进了全省非公有制工业迅速发展。2000年，全省非公有制工业企业完成工业

总产值 581.55 亿元，比 1995 年增长 4.53 倍。其中，股份制工业完成产值 186.8 亿元，比 1995 年增长 18.8%；私营工业完成产值 60.97 亿元，比 1995 年增长 1.2 倍。非公有制工业占全省总产值比重达 37.5%，比 1995 年提高 27.2 个百分点。全省资产上亿元的非公有制企业集团达 30 多户，上缴税收逐年增加。非公有制工业的发展，对保持全省工业经济的平稳增长起到了越来越重要的支撑作用，也为全省财政增加了收入，拓宽了就业渠道，促进了社会稳定，支持了国有企业的改革和发展。

五、存在问题

主要问题是：(1) 国有企业改革与脱困基础很不牢固。实现国有企业改革与脱困目标，只是一个阶段性成果。国有企业改革和发展中许多深层次矛盾和问题仍没有根本解决，企业脱困主要还是靠政策的作用，还有待于在发展中巩固成果，实现根本上脱困。(2) 企业改制的质量也有待进一步提高。部分国有企业虽然进行了改制，但在推行投资主体多元化、建立规范的法人治理结构方面效果仍不十分明显，机制不活、社会负担过重等深层次矛盾依然制约着工业经济的发展。(3) 工业结构不合理和支柱产业单一的问题仍较突出。工业内部结构调整较慢，工业产品开发力度不足，产品技术含量较低，名牌产品较少，对市场应变能力相对较弱，“两烟”的单一经济主导局面仍没有大的改观。(4) 技术创新、体制创新不足和科技人才短缺仍是制约企业发展的关键因素。

云南经济体制改革述评

云南省经济体制改革办公室主任　姚建友

2000 年，在省委、省政府的正确领导下，云南省的经济体制改革工作加大了力度，国有企业基本实现 3 年脱困目标，流通体制改革、社会保障制度改革、住房制度改革和县级综合改革试点等工作都有了新的突破。

一、国有企业改革进一步深化

(一) 国有企业基本实现 3 年脱困目标。到 2000 年底，省列入国家重点脱困的 105 户大中型亏损企业已脱困 77 户。全省国有及国有控股工业实现利润总额 62.4 亿元，国家重点脱困企业脱困率达到 73.3%，高于全国平均水平，云南省国有企业 3 年脱困目标基本实现。

(二) 企业上市融资力度加大，产权多元化步伐加快。景谷林业、昆明制药相继上市，使云南省的股票上市企业达到 18 户。组建世博股份公司，可望成为云南省第一家旅游上市企业。云变、昆水泥等 7 户企业的上市工作已经省政府向中国证监会致函同意，根据国家启动创业板市场的安排，昆明贵研所，冶金研究所、英茂通信股份公司等单位有望成为创业板启动的首批上市企业。同时，全省企业改制普遍推行职工持股制度。已成立职工持股会的企业超过 110 户，持股会在新建公司的持股比例平均达到 20% 左右，交通运输等行业部分企业实现了职工持股会控股。

二、流通体制改革平稳推进

围绕全省市场建设规划，按建立社会主义市场经济体制的要求，全省商业、粮食、物资、外贸、供销流通体制改革稳步向前推进。2000 年商业部门已平稳转体为云南商业集团，粮食部门按照“三项政策一项改革”的要求积极推进改革。物资企业成建制转体后，积极探索分块搞活的改制形式，按“新老划断、重组改制、规范运作”的原则，从改革产权入手，实行由总公司出资控股、职工入股，对化轻、物资中心、运输 3 个资不抵债的公司进行分离式改制并取得初步成效。省外贸体制改革也正按国务院有关外经贸改革的政策有计划地稳步推进，组建了云南外贸控股集团有限公司。供销社企业积极进行改制探索，如永平县实施了先终止企业，买断职工身份，分流人员，以出售、转让、拍卖为重点的“出售改制”工作；昌宁、临沧也分别实施了对企业、部分基层社买断工龄或解散出售或保留基层社牌子实行股份合作制等不同形式的改革。

三、社会保障制度改革取得了明显成效

*（一）社会保险制度框架基本确立，已覆盖大部分城镇职工。*省委、省政府按照国务院相继出台的基本养老保险、失业保险、工伤保险、生育保险等方面的决定和条例，结合云南省情，制定了一系列的相关政策和配套措施，进一步明确了制度框架和主要政策，标志着全省适应社会主义市场经济要求，有中国特色的社会保险制度框架基本确立。截至2000年底，基本养老保险参保人数达到233.2万人，失业保险参保人数达到184.02万人，工伤保险参保人数达到99.8万人，生育保险参保人数达到97万人。社会保险管理服务社会化取得重要进展，基本养老社会化发放率达到95.6%以上。

*（二）医药卫生体制改革进一步深化，医改工作步入了综合试点和全面推进相互带动的实施阶段。*国务院体改办等8部委出台了《关于城镇医药卫生体制改革的指导意见》出台后，云南省的医改工作开始全面启动，改革大体分为两个阶段：第一阶段是2月国务院下发《指导意见》到7月份全国上海医改会议召开的启动阶段，全省医改主要是围绕着贯彻落实《关于城镇医药卫生体制改革指导意见》，积极稳妥地开展医改试点。省政府成立了由15个部门组成的“云南省城镇医药卫生体制改革协调会议”制度，下设办公室负责日常工作。并根据国务院《指导意见》的要求，从云南省实际出发，在对省内经济发达、中等发达、欠发达地州（市）县进行调研的基础上，确定了省红会医院、昆明市第一人民医院、个旧市人民医院、姚安县人民医院等4家医疗机构进行改革试点。同时，对部分医疗机构开展的单项或多项改革工作，进行总结和指导。为了贯彻落实国家《关于开展区域卫生规划工作的指导意见，省政府成立了区域卫生规划领导小组，选择了昆烟、昆船等企业医院进行“企业分离办医院”的改革试点，实行资源重组，关闭、合并一批设置不合理的医疗机构，昆明市成立了37个社区卫生服务中心。同时积极推进全省卫生监督体制改革工作，成立了云南省卫生监督所。省药品监督管理局正式挂牌后，进一步加强了药品流通监督和整顿的工作力度，药品流通秩序开始好转。进行了医院药房改为零售企业的试点，并选定了“昆明医学院附二院门诊药房”改为“昆明医学院附二院大药房”试点；GMP认证工作全面启动；药品生产企业的改制和重组工作推进顺利。第二阶段是全国上海医改会议以后，根据李岚清副总理在会上提出的“坚持一个目标，三项改革同步推进”的指示精神，省委、省政府十分重视并认真贯彻落实，全省医改进入了全面实施阶段。2000年9月成立了云南省城镇职工基本医疗保险制度改革和医药卫生体制改革领导小组，下设两个办公室，即云南省城镇职工基本医疗保险制度改革办公室，设在劳动和社会保障厅；云南省城镇医药卫生体制改革办公室，设在省体改办，以加强组织领导，加快改革步伐。2000年10月召开了全省城镇职工基本医疗保险和医药卫生体制改革会议，并下发了实施意见，指导全省医改工作顺利开展。截至2000年底，全省已有14个地州市、100个县（市、区）建立起医疗保险经办机构。16个地州市和69个县（市、区）的公费医疗职能划转劳动保障部门。16个地州市和34个县（市、区）的65.82万职工已按社会统筹和个人帐户相结合的方式启动医疗保险制度。昆明、楚雄、曲靖等地在医院人事制度、分配制度、病人选择医生、医药分开核算分别管理、实行收支两条线管理等方面的改革都不同程度取得进展。2000年12月对红会医院派驻医药卫生体制综合改革工作组，指导和帮助红会医院进行综合改革试点。全省医改工作步入了综合试点和全面推进相互带动的实施阶段。

四、县级综合改革试点任务全面完成

2000年是全省41个县级综合改革3年试点的最后1年，试点县市基本达到省政府提出的试点县（市）经过试点，要实现“两个率先”的要求，实现了各自试点方案提出的改革目标，并在一些领域取得了突破和阶段性成效。一是抓住困扰和制约县域经济发展的关键，把产权制度改革作为改革试点的主攻方向和突破口，采取组建集

团、股份制改造、兼并重组、出售、拍卖、破产等形式，使产权制度改革取得了实质性的进展。到2000年10月，41个试点县（市）国有企业改制面平均达到80%以上，比非试点县（市）高出20个百分点。二是瞄准培育县域经济新的增长点这个重点，大力推进小城镇建设。红河、大理、临沧、玉溪等地州的部分试点县（市），积极探索以地集资、以地生财、以地招商等多种途径的融资模式，加快小城镇建设。有16个县（市）小城镇建设取得明显成效，其中大理市、个旧市、安宁市、弥勒县、临沧县等一批国家级、省级试点市的小城镇以地缘优势和产业优势为依托，建设发展速度较快，成效最为明显。三是各试点县抓住产业结构调整这个重心，深化农村经济体制改革，大力培育新的产业支柱，发展订单农业，实现了县域经济的稳步发展。如弥渡的蒜头，陆良、通海的罗卜丝，石屏的大树杨梅、大青枣，宜良的产业化养鸭，个旧的公司+基地+农户的奶牛养殖等等。这些特色农业和特种养殖都走出省门国门，成为县域经济发展和经济增长的新亮点及农民增收主渠道。同时各试点县（市）进行了第二轮土地延包，巩固联产承包双层经营责任制，全面推进了农村村级机构的改革，为农业二次创业打下基础。四是各试点县（市）在抓好配套改革的同时，十分重视对外开放。各试点县（市）发展横向联合，通过打开“县门”，引进了资金和技术。虽然目前规模还较小，但对当地的乡镇企业和非公有制经济发展起到了积极的推动和促进作用。

五、住房制度改革全面深化

全省全面推行住房公积金制度见成效。截至2000年底，全省住房公积金累计归集额达到47亿元，住房公积金个人住房贷款合计6.4亿元，已有50多个地、州、县（市）住房公积金中心实现了住房公积金管理的电算化。

公有住房出售工作迈出了较大步伐。到2000年底全省城镇已向职工出售公房达6000多万平方米，占存量的90%以上，出售公有住房累计收回资金16亿元。

积极建立住房分配货币化的住房新体制。全省制定并出台了《云南省进一步深化国有企业住房制度改革的指导意见》，企业住房分配货币化工作开始起步。昆明、玉溪、曲靖、大理、巍山等一批市、县的住房分配货币化改革方案已经省政府批准，省级机关、昆明市发放住房补贴的工作已经启动。全省房改工作正按国务院的要求稳步推进。

六、进一步转变政府职能

为适应社会主义市场经济发展的需要，更好地实施西部大开发战略，应对加入世贸组织（WTO）的形势，全省各级政府进一步转变职能，规范政府行为，提高办事效率，强化市场配置资源。省政府发布了《云南省人民政府关于改革行政审批制度的决定》，同时公布了第一批清理行政审批事项目录。列入此次清理的省政府部门共22个，列报审批事项共463项，其中，取消97项、下放43项、备案10项、合并26项、转入服务职能52项，保留235项，取消精简率达49.24%。从而强化了市场配置资源的功能，改善了云南省投资环境。

云南教育改革和发展述评

云南省教育厅厅长　杨崇龙

2000年，全省教育战线以学习贯彻江泽民同志“三个代表”的重要思想和《关于教育问题的谈话》为主线，以贯彻落实全省教育工作会议精神为重点，在省委、省政府的正确领导下，采取一系列措施，加大了教育改革和发展的力度，全省教育事业健康发展，取得了新的进展。

一、基本情况

（一）教育事业健康发展。2000年，全省普通高校在校生9.04万人，比1999年增长22.3%，比1995年增长75.9%，年递增12%；成人高校在校生5.73万人，比1999年增长30.8%，比1995年增长52.8%，年递增8.8%。每10万人口中在校大学生352人，比1999年增加68人，比1995年增加126人。在学研究生2708人，比1999年增长58.8%，比1995年增长85.7%，年递增23.4%。普通中专在校生11.92万人，在高校招生连续扩招、全国普遍下滑的情况下，和1999年基本持平，比1995年增长16.18%，经过布局结构调整，在校生校均规模有所提高。普通中学在校生185.97万人，比1999增长11.1%，比1995年增长46.2%。初中生入学率72.1%，比1999年增加2.5个百分点，比1995年增加23.1个百分点。小学在校生472.06万人，因人口出生率下降，从1999年开始，小学生人数递减，比1999年减少8万人，但比1995年增加9.65万人，增长2.1%。小学学龄儿童入学率99.02%，比1999年增加0.02个百分点，比1995年增加1.6个百分点；辍学率0.9%，比1999年降低1个百分点，比1995年降低3.7个百分点；小学毕业生72.2万人，比1999年增加6.54万人，比1995年增加16.23万人，升学率85.8%，比1999年下降2.1个百分点，比1995年增加11.9个百分点。其它各类教育也有不同程度的发展。

（二）德育工作得到加强。努力做好学校的稳定工作。深入揭批“法轮功”邪教组织，在师生员工中普遍进行了马克思列宁主义唯物论、无神论教育。对“法轮功”练习者立足教育转化，“守堵”和教育转化相结合已取得成效。以爱国主义教育为主线，加强形势与政策教育，引导教育青年学生以正确方式反对以“台独”为核心的分裂主义势力，维护祖国统一。组织学习江泽民同志《关于教育问题的谈话》精神，开展师德教育。根据中央“两课”改革新方案，修订了“两课”7门课新教材，全面培训“两课”教师，对高校“两课”建设进行了评估和督导，推进邓小平理论“三进”。将创建文明学校活动推向深入，有6所学校荣获全国德育先进集体。高校在连续扩招、发展较快的情况下，保持了稳定。

（三）高校党建有新发展。高校党的建设和思想政治工作围绕培养社会主义事业建设者和接班人的根本任务，围绕贯彻《中共中央关于加强和改进思想政治工作的若干意见》和省委贯彻《中国共产党普通高等学校基层组织工作条例》实施细则，在深入调研、反复征求意见的基础上，与省委组织部联合下发了《关于进一步做好我省高校发展大学生党员和青年教师党员工作的通知》。12所本科高校，毕业生离校后学生党员占在校生总数的8.1%；写入党申请书的本科学生占在校学生总数的35%；35岁以下青年教师党员占同龄教师总数的41.5%，接近2002年高校党建规划的发展目标。

（四）“三讲”教育顺利结束。按照中央关于开展“三讲”教育的统一部署，在省委的领导下，在省委巡视组的具体指导下，教育厅（高校工委）和全省高校系统共31个单位的“三讲”教育顺利结束，“三讲”教育取得成效，基本上达到了预期的目的。

（五）“两基”目标如期完成。2000年继续加大对“两基”（基本普及九年义务教育，基本扫除青壮年文盲）的投入，全年共安排4.7亿元“两基”经费。经过努力，21个县（市、区））基本普及九年义务教育，12个县基本扫除青壮年文盲，扫盲38万人，12个县（市）基本普及六年义务教育。至此，全省“普九”88个县，占全省人口71.6%；全省“普六”128个县，占全省人口100%；全省基本扫除青壮年文盲105个县（超计划15个县），占全省人口81.8%。“九五”“两基”目标如期实现，是云南省教育工作一项历史性的伟大成就。全省的扫盲工作受到了教育部、财政部的嘉奖。师宗县获联合国教科文组织颁发的国际扫盲奖，这是2000年我国获此殊荣的惟一单位。

（六）素质教育取得进展。结合贯彻江泽民同志《关于教育问题的谈话》和教育部关于减轻中小学生过重课业负担的有关规定，制定了《云南省减轻小学生过重负担的实施意见》，以严格清理学生用书为突破口，研究加强和改进“减负”工作的措施。设立举报电话，处理学生、家长反映的问题，对反映学生负担过重的地区作了专项督查和随机抽查。年底在昆明市召开了云南省中小学素质教育现场经验交流会，总结了3年来开展素质教育试点的经验，专题研究了中小学全面推进素质教育的有关问题，对全省全面推进素质教育做出了明确的部署。各级教育行政部门和学校努力贯彻教育方针，通过深化教学改革，改进和加强德育工作，改革招生制度和办学体制，加强体育、卫生、艺术、国防教育，在中小学逐步进行开展信息技术教育等途径，积极推进素质教育，初步取得成效。

（七）民族教育持续发展。继续采取特殊措施，加大教育扶贫力度。省拨专款1895万元，对25个边境县（市）的123个沿边乡（镇）的13万名小学生实行“三免费”教育。省拨专款1800万元，补助特殊地区特殊少数民族人群发展教育。拨专款2500万元，扶持25个边境县一中，又安排了800万元补助边境口岸学校建设。召开了“调整校点，集中办学勐海现场会”，进一步落实省委、省政府关于调整校点的指示。投入900万元，收缩调整、改扩建小学1000余所。启动并推进了全省民族贫困地区中小学教师综合素质培训提高的教育工程，在大理、红河、丽江等培训基地开展培训。组织了对傣文等31本民文教材的审定工作，出版发行民文教材3万多册。通过这些举措，边境一线小学生的入学率、巩固率进一步提高，辍学率得到有效控制，民族教育持续发展。

（八）职业教育改革深化。全面启动中等职业教育教学改革，下发了《云南省关于深化中等职业教育教学改革全面推进素质教育的意见》。完成了5所国家级重点学校、10所省（部）级重点学校、5所示范学校、6所合格学校的评估、申报工作。启动了中等职教“1115”工程（建设100所骨干示范学校、100个骨干专业、培养100名专业学术带头人、建设5个师资培训基地），确定了5个省级师资培训基地和10个实训基地，云南大学职业技术学院和省旅游学校被列为全国重点建设50个职教师资培训基地。下放了职业中专的专业设置、招生计划、招生录取、毕业证发放等权力，放宽了中等职业学校招生和入学年龄限制。

（九）民办教育步伐加快。省政府颁发了省教育厅起草的《关于加快云南省社会力量办学的若干意见》，在办学用地、学校税收、办学投入、教师聘用及职称评聘等方面给予倾斜，为民办教育发展创设了更加宽松的政策环境，社会力量办学加快发展，全省民办学校759所，在校生23万人，与1999年相比，学校增加254所，在校生增加3万人。出现了石林育才教育集团、昆明南洋学校等一批具有一定规模的学校。

（十）高等教育成绩显著。四组合并的高校内部进一步整合。经教育部批准，在玉溪、曲靖2所师专基础上，成立了玉溪师范学院和曲靖师范学院。申报大理大学、楚雄师范学院的工作已完成论证和上报。云大、师大试办4所民办二级学院。省校教育合作取得新的进展，教学改革不断深入，已有云南大学等12所院校实行学分制。高校科研投入增加，2000年多渠道争取的经费达1.5亿元，加快了科技成果转化。云南农业大学在国际上首次创建水稻遗传多样性控制稻瘟病理论和技术，被评为2000年中国高校十大科技进展榜首。云南大学“西南边疆民族研究中心”被列为教育部人文社会科学重点研究基地，单克隆抗体研究取得突破，云南农业大学“小耳猪近交系”项目已显示了很好的产业前景，昆明理工大学的微波冶金研究又有创新。高校科技产业全年产值4.5亿元，一批科研项目获国家、省部级科技进步奖、发明奖和自然科学奖。云南省大学科技园被批准为国家级大学科技园建设试点单位之一，在昆明高新技术开发区完成了7000余平方米的孵化器的建设，高校5个省级“产学研联合研究中心”已初见成效。云南省还获得审批高等职业技术学院和硕士点的授权。高校新增博士、硕士学位授予单位各1个，新增2个一级学科博士学位授权点，9个二级学科博士学位授权点，55个硕士学位授权点。

（十一）高校后勤改革启动。制定了《云南省高等学校后勤社会化改革方案》，云南艺术学院、昆明医学院、云南公安高等专科学校等成立了后勤管理处、后勤服务发展中心。大理师范高等专科学校与企业合作，由企业出资成立了华兴高校后勤服务公司。与昆明亚龙冶金集团（国有企业）签署了合作意向书，建设“昆明大学生城”，已开始实施。云南大学、云南农业大学积极引进资金，建设大学生公寓，进一步改善学生居住、生活条件。师大、昆工、财院、蒙自师专等积极探索银校合作、校企合作模式，为推动学校后勤社会化改革奠定了良好的基础。2000年，全省投资1.3亿元，新建大学生公寓10.69万平方米，云南大学、云南师范大学、云南财贸学院等9所院校的后勤机构已从学校剥离出来，成为独立的后勤服务实体。

（十二）就业、助学平稳发展。2000年全省大中专毕业生共6.5万人，比1999年增加近3000人，增幅5%。毕业生就业压力加大，省教育厅加强了对毕业生就业工作的领导，及时了解和分析就业中的难点、热点，深入调研，制订了一系列应对措施，毕业生就业工作发展平稳。

继续管好用好3500万元省级高校贫（特）困生助学基金，出台了《云南省国家助学贷款实施意见》，大多数高校与银行签定合作协议，近3000名学生获得了1000多万国家助学贷款。各校进一步完善奖、贷、勤、补、减助学体系，开设“绿色通道”扶贫助学，全省无一名大学生因贫困而失学。

（十三）师资建设成绩显著。继续抓好中小学教师学历补偿教育，使义务教育阶段教师数量有所增加，学历合格率有所提高。小学专任教师学历合格率90.94%，比1999年提高1.97个百分点，比1995年提高10.94个百分点；普通初中专任教师学历合格率89.04%，比1999年提高2.26个百分点，比1995年提高15.64个百分点；普通高中专任教师学历合格率71.27%，比1999年提高1.26个百分点，比1995年提高9.77个百分点，均已达到和超过2000年规划目标。小学专任教师具有专科及以上学历的人数占小学专任教师总数的8%，普通初中专任教师具有本科及以上学历的人数，占初中专任教师总数的12%，都已达到规划目标。2000年超额完成“小大专”、“专升本”的招生任务，在校学员已达2.2万多人。

高校开始探索人事制度改革。云南大学实行教学工作量认定及酬金发放办法，设立特聘教授岗位，有效调动了教职工的积极性，学校的教风学风明显好转。

（十四）信息技术教育起步。制定了《云南省中小学校信息技术教育建设指导意见》，将信息技术课程列为高完中的必修课，初中、小学由选修课逐步过渡到必修课。中小学信息技术教育加快了发展的步伐。

启动了教育部“明天女教师培训计划”，在省内贫困地区的200所小学各投入1.6万元，建设卫星地面接收站，并培训了200名能熟练使用接收站的女教师，为贫困地区实施现代远程教育奠定了基础。和上海合作，建设并开通了白玉兰远程教育网。

二、存在问题

主要表现在：对教育战略重点地位的认识还需要加强；全省教育整体水平不高，发展不平衡，“两基”的巩固、提高亟待加强；教育投入与事业发展之间的矛盾依然突出，公用经费紧张，办学条件差，学校教学仪器设备达标率较低，使用率低；学校德育工作在认识上、措施上、提高实效性上都存在较大差距，素质教育还没有取得根本性的突破；教师队伍的整体素质与全面推进素质教育和教育现代化的要求还不相适应。

云南科技事业发展述评

云南省科技厅厅长　林文兰

在省委、省政府的领导和科技部的指导下，“九五”暨2000年，云南省科技工作坚持贯彻党中央、国务院制定的科技发展方针和一系列推动科技进步的政策措施，紧紧围绕省委、省政府确定的经济、社会发展战略和三大战略目标，抓住西部大开发的历史机遇，深入实施科教兴滇战略。通过全省广大科技人员、干部和各族群众的奋力拼搏，全省科技工作取得了突破性的进展，科技进步水平和技术创新能力迈上了一个新的台阶，较好地推动了经济、社会的协调发展。“九五”期间，全省科技进步对国民经济增长的贡献率提高到43.5%，比“八五”末提高了14.5个百分点，超过了1995年全省科技大会确定的40%的发展目标。目前，在全国31个省市区中，云南省科技进步水平排序由“九五”初期的第26位跃居第22位。

一、农业、农村科技进步得到有力推进

（一）滇中现代化农业示范工程起到良好的示范作用。自1996年以来，通过种子工程等吨粮技术推广、现代化农业示范和农业产业结构调整，在宜良等52个滇中现代化农业示范县共建成吨粮田178.6万亩。1999年，52个示范县生产粮食和农民年均收入分别比1995年增加7.83亿公斤和520元，提前超额实现了省政府要求到2000年新增粮食5亿公斤和农民人均年收入增加380元的目标。

（二）农业重大科技成果推广工程取得显著成效。“九五”期间，实施了“水稻旱育稀植综合配套技术”、“甘蔗生产栽培综合技术”、“紧凑型玉米及综合配套技术”和“云大—120示范技术”等重大科技成果的试验、示范和推广，共辐射面积3129万亩，新增产量12亿公斤，新增产值14.5亿元。

（三）科技扶贫工程获得阶段性成果。按照“强化组织，主攻重点，系统集成，配套实施”的科技扶贫思路，截至1999年底，全省103个科技扶贫示范乡（镇）已有19.1万户贫困户、89.8万人基本解决温饱。贫困户占农户的比例和贫困人口占农业人口的比例分别比1995年下降了81.1%和82.6%。农民人均有粮375公斤，年均纯收入786元，比1995年分别增长99.9公斤和381.67元。其中，57个乡已通过省政府脱贫验收，占103个科技扶贫乡镇的55%，比全省脱贫进度高7个百分点，收到了“典型引路，技术辐射，超前示范，率先脱贫”的明显成效。

（四）星火科技示范工程促进了农村区域支柱产业的发展。“九五”期间，共安排国家和省级星火计划项目186项，总投入30.5亿元，其中，企业自筹14.7亿元，银行贷款15.5亿元，其它3000万元。通过星火科技示范工程的实施，实现年新增产值25.9亿元，新增利税3.53亿元。建立了昆明市官渡区和玉溪市红塔区2个国家级星火技术密集区以及楚雄市、昆明市西山区、通海县3个省级星火技术密集区；培育了玉溪水松纸厂等一批依靠科技上档次、上水平的星火示范企业；促进了不同层次、不同类型的农村区域支柱产业的发展。

（五）农业科技项目攻关取得重大突破。“九五”期间，共安排国家级科技攻关计划8项，省级科技攻关计划59项，投入科技三项费5790万元。选育成功了水稻、小麦、花卉等优质高产抗病农作物及特色生物资源新品种51份并通过省农作物品种审定，同时形成了相应的繁殖和种植技术，为调整种植业结构，增加农民收入提供了科技支撑；选育成功“滇陆”、“大河”等一批畜禽水产优良品种（系），据初步统计，仅“滇陆”、“滇昆”、“滇玉”3个新品系就已累计向社

会提供母猪1.2万头，示范推广杂优猪34.4万头；农业高新技术研究获得重要进展，一批项目取得了重大成绩，产生了显著的经济和生态效益。如“利用水稻品种多样性控制稻瘟病研究”项目获得重大突破，在国际上首次创建了利用水稻品种多样性控制稻瘟病的理论和技术，在云南、四川等10个省市大面积试验、示范该技术获得显著成效。研究成果所撰写的学术论文在世界权威性科技杂志《自然》上发表，同时《科学》杂志发表评论，标志着我国利用水稻品种多样性控制稻瘟病的研究已跃居国际领先水平。

（六）农业产业结构调整示范工作取得良好成效。1998年以来，先后选择了弥勒、蒙自、祥云、陆良和通海5个烟产业重点县和丘北、南华2个贫困县作为依靠科技进步推动农业产业种植结构调整示范县，及时启动实施了“两烟限产减税后全省农业种植结构调整对策研究及示范”及一批具有当地特色、经济附加值较高的农业综合示范项目，共投入科技三项费900万元。目前大部分项目已取得较好的经济和社会效益，对全省农业产业结构调整起到了良好的示范作用。同时，在玉溪农业高新技术示范园区建设取得初步成效的基础上，又启动了丽江、红河、曲靖3个农业高新技术示范园区的建设工作。

（七）地县科技工作进一步加强。“九五”期间，认真贯彻落实全省科技大会、全省科普工作会和全省技术创新工作会等会议精神，切实加强了对全省地县科技工作的管理和指导。各地普遍实施了科教兴市（州、区、县）战略，制定了推动科技进步的一系列政策措施；组织实施了对地县党政一把手科技工作实绩考核；开展了创建科技工作先进县（市）活动，全省已有52个县（市、区）经省政府批准获得“云南省科技工作先进县（市、区）”称号，其中有18个县（市、区）经国家科技部批准获“全国科技工作先进县（市、区）”称号；表彰了全省工人农民学科学、用科学积极分子、科技管理先进集体和先进个人。截至目前，经省政府表彰的工人、农民学科学用科学积极分子共4414名，其中，工人1431名，农民2983名；加强了地县培训体系建设，广大干部和群众的科技素质明显提高。同时，地县科技经费普遍增加，1999年，全省地县科委管理的科技经费达1.4亿元，比1995年增加8200万元，其中，科技三项费1.02亿元，比1995年增加了7800万元。

二、高新技术产业发展步伐加快

（一）重大技术改造工程推动了传统产业的改革和提升。云南省“九五”期间列入国家重点技改计划项目9项，总投资54.9亿元；列入国家“双高一优”重点技术改造项目4项，总投资7.3亿元。目前，昆明钢铁公司小型连轧、红河磷肥厂磷铵技改、云铝股份公司环保节能降耗等项目即将完成，其余项目正组织实施或即将开发。同时，1999年省委、省政府确定，连续4年每年从省财政预算内安排1亿元，作为省重点技改项目的贴息专项资金。2000年围绕云南省有色、机械、电子、化工等优势行业的技改，该项工作已开始启动，共有60个项目列入计划，并已下达了贴息资金。

（二）应用电子信息技术改造传统产业取得新进展。按照信息化带动工业化、在推进工业化中发展信息化的思路，“九五”期间，安排电子信息计划项目69项，项目总投资近3亿元。项目类型包括生产过程微机控制系统、质量控制系统、综合信息管理系统、电子产品开发及软件开发、CAD/CAM及CIMS应用、专用数据库开发等内容，涉及工业、农业、电信、社会发展等领域。如“云南内燃机厂CIMS应用一期工程”已于2000年通过省级和国家级验收，成为云南省首家国家级CIMS应用示范工程。

（三）高新技术研究及产业化示范工程成效明显。“九五”期间，安排实施了50多项农业生物技术、现代医药、电子信息、机光电一体化、新材料、新能源等高新技术研究与开发项目，取得了一批重要高新技术研究成果，为推动高新技术产业发展提供了支撑。如开展了两系法杂交稻育种研究，育成了“云光8号”、“云光9号”、“云光14号”等优质高产抗病杂交组合，累计示范推广两系杂交稻150多万亩，增产1.5亿多公斤，农民增收3亿多元；研究成功第一个基因工程新药——重组人粒细胞巨噬集刺激因子，已获国家二类新药制剂证书，并转入产业化开发。同时，实施了旨在进行高新技术产业化示范的火炬计划项目65项，其中，国家级24项、省级41项，总投资13.8亿元，其中，企业自筹9.7亿元、贷款4亿元。火炬计划的实施，促进了云南盘龙云海集团股份有限公司、云南南天电子信息产业股份有限公司、云南天元健康食品有限责任公司等一批企业的快速发展。

（四）*积极开展高新技术企业认定和企业技术创新试点工作，进一步规范和强化对全省高新技术企业的管理*。按照省政府颁发的高新技术企业认定标准和办法，截至2000年三季度，新认定高新技术企业161家，其中，在昆明高新技术产业开发区内有111家。同时，启动实施了企业技术创新试点工作，云南白药集团股份有限公司等10家企业被作为首批技术创新试点企业。

（五）*高新技术产业开发区的建设工作进一步得到加强*。昆明国家高新技术产业开发区共引进企业435家，已初步形成了以生物技术及医药、机光电一体化、电子信息技术和新材料为主的4大主导产业。2000年，实现工业总产值54亿元，技工贸总收入57亿元，出口创汇1.02亿美元，利润5.2亿元，税收3.9亿元。区内的昆明高新技术创业服务中心被国家科技部认定为国家级创业服务中心，“云南软件园”被国家科技部列为国家火炬计划软件产业基地。昆明国家经济技术开发区截至2000年9月，已完成工业总产值12亿元，实现税收2亿元，在全国新批准的中西部国家级经济技术开发区中名列前茅。玉溪高新技术产业开发区自1998年底启动运行以来，已审批项目4个，总投资1亿多元，对玉溪产业结构调整及发展产生了积极的推动作用。

（六）民营科技工作取得新的成绩。2000年召开了“全省民营科技企业工作会议”，进一步加大扶持力度和工作力度。2000年全省民营科技企业已发展到2373家，其中，总收入100万元以上的企业达166家、1000万元以上的企业达25家、1亿元以上的企业有4家，涌现出滇虹制药公司、风驰广告集团公司和昆明圣火制药有限公司等一批技术创新能力强、规模大、发展快的民营科技“龙头”企业。

三、科技体制改革工作取得突破性进展

（一）*以省属应用型科研机构实行企业化转制为重点的科研机构管理体制改革工作获得阶段性突破*。“九五”期间，全省围绕贯彻落实《中共中央国务院关于加强技术创新，发展高科技，实现产业化的决定》中提出的“进一步深化科技体制改革”的精神，2000年，在做了大量宣传、调研等准备工作并出台了省科技厅等14个部门联合印发的《云南省11部门所属科研机构管理体制改革的实施意见》和省科技厅等2个部门联合印发的《云南省11个部门所属科研机构的转制方案》的基础上，首批20个省属应用型科研机构开始实行企业化转制。截至2000年12月31日，已有17家科研机构办理了工商登记注册手续，约占应办理企业法人登记注册手续科研机构总数的89.5%。昆明贵金属研究所、昆明冶金研究院等科研机构转制后，已走上了积极改制为现代公司制企业的道路。

（二）*科技计划管理体制改革工作取得重要突破*。2000年，省科技厅对科技计划设置及组织管理模式进行了改革探索，把科技计划的目标和重点进一步集中到当前全省经济社会发展的热点、难点上，更好地推动了全省经济建设和社会发展步伐。设立了“科技型中小企业技术创新”、“新药研究开发”和“优质农产品开发示范”3个专项计划，集中目标、重点支持科技型中小企业、医药企业、农业企业技术创新。为适应政府机构改革的需要，充分发挥科技中介机构作用，探索规范化、制度化、科学化的科技计划项目组织管理模式，2000年省科技厅开始委托有关科技中介机构对各专项计划进行日常事务管理。

（三）*科技奖励制度改革工作顺利推进*。受省政府的委托，开展了新的奖励办法的起草工作，经认真研究，反复修改，并在广泛征求各方面意见的基础上，完成了《云南省科学技术奖励办法（试行）》的起草。省政府于2000年6月27日已正式颁布实施，顺利完成了云南省科技奖励制度改革第一阶段的工作。

（四）*技术市场和中介服务机构的培育工作得到切实加强*。“九五”期间，启动实施了以“全国新技术新产品西南展销中心”为中心，覆盖全省的云南技术市场信息系统，并依托“云南省科技信息网”，实现了技术市场信息在Internet上的传输和交流。积极发展技术中介组织，成立了云南省科技咨询评估中心、云南兴滇科技评估公司、云南技术经纪人事务所，红河州常设技术市场建设也于2000年正式启动。据不完全统计，全省“九五”期间通过技术市场和中介服务机构成交的技术合同达8396项，合同金额达40.74亿元，比“八五”合同金额增加362.95%；全

省技术贸易机构和从业人员分别发展到500个和3.8万人。

四、科技合作与交流深入开展

（一）省院省校科技合作工作向纵深发展。3年来，启动实施了科技合作项目180项，其中，高新技术产业化及企业技术进步、农业试验示范项目134项，研究与开发项目29项，社会发展项目7项，共建企业技术中心及重点实验室10个。这些项目共投入经费7.1亿元，其中，单位自筹和贷款4.8亿元，省财政专项资金2.3亿元。2000年，省院省校合作成功举办了第四次科技成果洽谈会。目前，“云南省高新技术产业规划研究”、“云南省网络规划研究”、“芳樟醇精馏关键技术开发”、“引进良种纯种牛基因建立优良肉牛、奶牛品种基地”、“立窑生产高标号熟料及稳产525号水泥工业性试验”、“云南省园艺植物主要病毒类病害的系统鉴定和分子检测”等一批项目，已对全省科技进步和经济社会发展产生了较大推动作用。

（二）滇沪科技合作成效明显。自1995年云南省科技厅与上海市科委签署了双边对口科技意向书以来，双方形成了一年一度的联席会议制度。合作5年来，共同组织实施科技帮扶项目10项，总投资1121万元，其中上海投资941万元，云南投资180万元。“2010年云南关键技术选择研究”、“云南野生稻遗传资源的保护与研究”等滇沪合作科研项目，已取得应用成果或转入高层次的研究；在红河州、文山州、思茅地区，由上海市政府分别援建3个科技中心，其中，红河——上海科技中心已通过验收并投入使用；共同建成了屏边县希望小学并投入使用；共同在祥云科技职业技术学校培训各类科技人员和管理干部3000多人次。

（三）国际科技合作与交流不断拓展。“九五”期间，与加拿大蒙特利尔、美国犹他州、美国北卡州三角园地区“华联”、美国威斯康星大学、法国国家农艺发展研究中心，越南国家自然科学研究中心等机构建立了长期稳定的合作关系；积极从美国、意大利、俄罗斯等发达国家以及资源丰富的南美等地区引进高新技术和优良农业品种；向缅甸、泰国、越南等周边国家输出云南优势技术、农业品种和机械；按照云南省建设连接东南亚、南亚国际大通道战略目标的要求，积极开展次区域合作。如澜沧江——湄公河次区域合作、中印缅孟相邻地区合作研究以及大盈江——伊洛瓦底江和元江——红河等国际河流为主的次区域开发保护合作的战略研究。“九五”期间，省国际科技合作计划资助对外合作项目79项，下达经费738万元，涉及35个国家、地区和国际组织；实施了“援缅地震监测网络建设”、“援越脱毒马铃薯生产技术示范”等国家级政府间科技合作项目31项，获科技部资助300余万元；审核审批出国项目986项，2973人次；邀请来访项目89项，涉及709人次；每年由省财政安排专项资金200万元，组织工作在科技工作第一线而出国机会较少的科技人员共16批、282人分赴美国、欧洲、澳大利亚等发达国家，围绕技术创新、发展高新技术、支柱产业培育、科技管理等进行考察培训，取得了较好的成效。

五、转变职能，宏观管理得到加强

（一）强化计划集成，优化科技资源配置。“九五”科技计划工作按照“集中目标、突出重点、打好基础、提高效益”的原则，围绕促进科技与经济结合的关键环节，以推动科技成果转化为核心，精心组织“面向经济建设主战场、发展高新技术及产业化、加强基础性研究”三个层次的科技计划安排，着重做好加快农业科技进步，提高农业科技含量；加强高新技术及其产业化，支撑产业结构调整和企业技术创新；加强应用性研究，增强全省科技创新能力；加强对科技体制改革、农业科技进步、生物资源创新工作、技术创新、高新技术产业发展等重大领域的科学决策、民主决策的软科学研究；围绕可持续发展战略的实施，切实加强医疗卫生、计划生育、减灾防灾、公安、检察、可持续发展实验区建设等社会发展的重点工作。“九五”期间，省科技计划共安排项目2176项，下达项目科技经费4.6亿元。

（二）加强科技成果管理与奖励，推动了科技成果转化。“九五”期间，全省共取得科技成果2372项，其中，1986项为应用性技术成果，已应用于生产的有1547项，成果应用率为78.0%。据对已应用于生产的1547项成果统计，项目总投资为54.30亿元，实现新增产值348.12亿元，新增利税45.32亿元，增收节支32.6亿元，创汇2.41亿美元。还有一批科技成果在社会公共福利事业、医药卫生、灾害预防和环境保护等方面取得了显著的社会效益。全省有29项科技成果获国家科技进步奖，2项科技成果获国家发明奖，1项科技成果获国家自然科学奖，765项科技成果获省科技进步奖，130余项获省自然科学奖，295项获省星火科技奖。

（三）切实加强科技保密工作。切实加强科技保密制度建设，制定并与省保密局联合发布了《云南省实施〈科学技术保密规定〉暂行办法》，进一步强化、理顺了各级科技保密工作部门的职责和工作关系；加强科技保密工作的宣传教育和培训；建立健全全省科技保密工作网络；重点加强持密单位的保密管理工作，加强保密制度和组织建设，建立健全国家秘密技术项目的档案管理；积极做好国家秘密技术的申报工作。

（四）切实推进专利管理工作，全省运用专利制度进行技术创新和市场开拓的能力显著增强。“九五”期间，全省专利申请量达6460件，获国家专利授权量达4540件，专利申请量比“八五”增长了68%，批准专利量增加了81%。同时，加大工作力度，加强企业技术创新中形成的专利权保护，全省开发了一批拥有专利权、技术含量高、市场前景好并形成产业化的专利产品。据对593项专利实施的调查统计，实现新增产值56.9亿元，新增利税10.53亿元。

六、科技进步支撑条件不断加强

（一）省级科技经费投入稳步增长。“九五”期间，省财政共安排自然科学事业费8.46亿元，比“八五”增加3.65亿元，年均增长11.93%。安排省级科技三项费4.83亿元，比“八五”增加2.74亿元，年均增长20.65%。

（二）跨世纪人才工程圆满地完成“九五”期间的任务。根据省委、省政府关于“到本世纪末培养、引进200名左右具有国内乃至世界先进水平的中青年学术和技术带头人”的要求，1995年～2000年，遴选了5批共210名省中青年学术和技术带头人后备人才进入培养。其中第一层次19人，第二层次49人，第三层次142人。210名培养对象先后进入培养，其中20余人已成为博士生导师，30余人承担了国家自然科学基金或国家重大项目，17人入选国家“百千万人才工程”第一或第二层次，发表论文1600余篇，出版专著130余部，培养博士或硕士研究生500余名。210名后备人才正在各自的学术和技术领域发挥着重要的作用。

（三）省重点实验室和中试基地建设工作进展顺利。自1992年，省政府批准建立13个省级重点实验室和7个中试基地以来，截至2000年，全省已建成并投入运行重点实验室11个、中试基地5个。它们主要分布在农业、畜牧、生物、信息、机电、冶金化工、材料、能源、医药等重要行业领域。其中，1个中试基地成为国家级的工程技术中心，1个重点实验室成为联合国粮农组织的国际合作研究中心，省部共建重点实验室3个、中试基地2个，省校省院共建重点实验室4个。

七、科技法制建设取得了重大进展

（一）科技立法工作成效显著。“九五”期间，云南科技法制建设已形成了以《云南省科学技术进步条例》为基础的、较为完备的地方性科技法规体系。除制定了一系列的科技政策规定以外，先后颁布实施了《云南省实施〈中华人民共和国促进科技成果转化法〉若干规定》、《云南省园艺植物新品种注册保护条例》、《云南省实施〈中华人民共和国农业技术推广法〉办法》、《云南省专利纠纷行政处理办法》、《云南省澄江动物化石群保护管理规定》等地方性科技法规和政府规章。

（二）科技执法工作得到进一步加强。“九五”期间，省人大常委会开展了对《中华人民共和国促进科技成果转化法》和《云南省实施〈中华人民共和国促进科技成果转化法〉若干规定》执行和实施情况的专项检查工作。省科技厅按照《云南省人民政府关于在全省实施行政执法责任制度体系的通知》要求，制订了包括科技行政执法责任制度、考核评议制度、错案追究制度、依法赔偿制度为主要内容的《云南省科技厅科技行政执法责任制度体系（草案）》，进一步建立健全执法责任制度，规范执法行为，防止执法随意性，提高执法的准确度。同时，建立了科技行政执法队伍，开展了科技行政执法监督工作。加大了科技法律法规的执法检查力度，使科技法律法规得到了有效的监督执行，开创了依法管理科技工作的良好局面。

（三）知识产权保护工作取得明显进步。“九五”期间，一是根据《国务院关于进一步加强知识产权保护工作的决定》和《云南省人民政府关于建立云南省知识产权办公会议制度有关问题的通知》精神，在司法保护和行政保护的基础上，全省已有10个地（州、市）建立了知识产权协调指导机构，强化了全省知识产权保护工作。二是加强了宣传、教育、培训工作，提高全社会的知识产权保护意识和法制观念。共举办了60余期培训班，开展了版权法、商标法、专利法等法律法规的培训，有5600余人次参加了培训。三是加大了知识产权执法力度，切实保护了权益人的合法权益。全省累计专利申请量达到1.13万件，批准专利7078件，受理专利纠纷589件，结案86件，查处冒充专利5件。在著作权保护方面，共登记作品216件，收缴盗版制品14万余套（盘），受理著作权纠纷案件20余起；在商标权保护方面，全省有效注册商标约1.1万件，查处商标侵权及假冒商标案件1613件。在专利权保护方面，省知识产权办公会议办公室、省专利局等4个单位被国家科技部、司法部授予全国知识产权工作先进单位。

八、加大科技宣传和科普工作力度，广大干部和群众的科技素质明显提高

（一）加大了科技宣传工作的力度，为加速科技进步营造了良好的社会氛围。“九五”期间，云南省科技宣传工作以深入宣传邓小平同志关于科学技术是第一生产力的思想和党的科技方针，进一步弘扬科学精神、科学思想，普及科学方法、科学知识为重点，切实把科技宣传工作纳入重要议事日程，做到了机构落实、人员落实、计划落实、措施落实、经费落实和工作落实。据不完全统计，全省各新闻单位创办了《科普苑》、《科海漫游》、《大众科技》、《科技长廊》等科技宣传专栏达45个；出版发行了《学科学破迷信》、《科技群星》、《科技创新和高新技术知识问答》、《云南100科普丛书》等科技读物，录制了《旱地甘蔗丰产栽培技术》、《澄江古生物群》、《绿色的希望》等科技专题电视片180多部；省委宣传部和省科技厅围绕科教兴滇战略的实施和全省科技大会、全省加快发展高新技术产业工作会、全省技术创新工作会议、全省科普工作会等主要会议的要求，联合组织了30余次重大科技宣传活动。省科技管理部门围绕科技体制改革、高新技术及产业化、技术创新、省院省校合作、科技扶贫、跨世纪学术技术带头人的培养引进等科技重点工作和科技人员、科技工作先进典型，组织了近百次的科技宣传活动，发稿6000余篇，为推进科教兴滇战略的实施，创造了良好的舆论氛围和社会环境。

*（二）科普工作深入开展。*各级政府将科普工作列入工作议事日程，加强领导，召开专门会议研究部署。以广大农民、青少年和干部为重点，积极开展普及科学知识，宣传科学思想，倡导科学方法，弘扬科学精神的科普活动，组织广大干部和群众，积极同“法轮功”邪教组织、伪科学等进行斗争，使全省各族群众的科技文化素质和应用科技解决经济社会发展中存在的问题的能力得到普遍提高，增强了公众抵制各种愚昧活动、反科学、伪科学活动的能力。“九五”期间，科普工作一是建立健全了科普工作的组织网络。全省16个地（州、市）、128个（市、区）、1576个乡（镇、办事处）设立了科委，负责牵头组织科普工作；地（州、市）、县（市、区）和1375个乡（镇、办事处）都设立了科协；发展了省级学会129个、会员达15万多人，地（州、市）级学会524个、会员近15万人，县（市、区）级学会2268个、会员达46万多人，职工技协536个、会员近9万多人，农民专业技术研究会696个、会员达11.4万人；二是科普投入增长较快，以政府投入为主的多元化科普经费投入机制正在形成，2000年省级科普专项经费达1300万元，比1996年增长了1.6倍。三是建立完善了一批科普阵地，建立了30个省级科普教育基地和一批青少年活动中心，设立了579科技培训机构、148个公共图书馆，建立了150多个科普宣传廊。四是开展内容丰富、形式多样的科普活动，充分利用广播、电视等各种宣传媒介开展广泛的科普宣传活动，并结合科教兴农，组织开展科普教育、科普培训活动。同时，结合各地的民族节日、庆祝活动等活动，各级科普机构举办科普周、科普月、科普街等活动。五是科普创作队伍在一定程度上得到了加强。表彰了一批全省科普工作先进集体、科普工作先进工作者和优秀科普作品，出版了一系列优秀科普作品。

九、存在问题

主要问题是：(1) 全社会的科技意识、创新意识还较为淡薄，依靠科技进步推动云南经济、

社会发展的紧迫感还不够强，有利于加强技术创新、发展高新技术产业和加速科技成果转化的社会大环境有待进一步形成。(2) 建立符合社会主义市场经济要求和科技发展规律的新的科技体制尚在积极探索和逐步完善之中，科技和经济脱节的问题还未得到根本解决。(3) 综合科技实力弱，科技创新能力对经济发展和结构调整提供的动力还远远不足。科研力量仍较为薄弱、分散，有市场竞争力、能够支撑全省产业结构调整的技术成果和技术储备严重不足；企业技术创新能力普遍较弱，整体技术水平和自身发展后劲不足，企业还未完全成为技术投入和技术创新的主体。(4) 科技队伍的总量不足，整体素质偏低；人才的结构与分布不够合理；高层次尤其是复合型人才紧缺；人才的使用效益不高，“缺”、“余”矛盾突出。(5) 科技投入总量不足，投入渠道单一，投入的地区和行业不平衡性均十分明显，全社会、多层次、多渠道的科技投入体系尚未形成，如何使有限科技资源得到更加合理配置的问题仍然存在。

云南新闻出版事业发展述评

云南省新闻出版局党组书记　贺全礼

2000年，云南省新闻出版工作以邓小平理论和江总书记“三个代表”的重要思想为指导，以国家实施西部大开发和云南省三大战略目标为契机，牢牢把握正确导向，服务大局，多出好书，在加强管理、依法行政、推进新闻出版业结构调整、深化新闻出版体制改革、进一步加大“扫黄”、“打非”工作力度等方面取得显著成绩，为发展社会主义新闻出版事业，形成健康向上的舆论环境，促进全省两个文明建设尤其是民族文化大省建设方面做出了积极的贡献。

一、滇版图书质量继续提高，市场竞争能力不断增强

全省各出版单位2000年没有出过一本坏书，平庸出版物得到进一步控制，出版了一大批为建设民族文化大省、面向“三农”及向建党80周年献礼的图书。图书获奖特别是获国家级、省部级大奖的品种又有了新的增长。云南省出版的《云南民族文化大观丛书》、《图说百年西藏》、《小霞客游记》、《云南野生动物》、《澄江动物群——5.3亿年前的海洋生物》5种图书获得“中国图书奖”，创历史最好水平。云南科技出版社出版的《毒品预防读本》2000年重印4次，累计发行200万册，成为两个效益俱佳的滇版图书的典型代表。圆满完成了全省中小学教材的出版、印制、发行任务，保证全省中小学生“课前到书、人手一册”目标的实现。图书印装质量也取得大的成绩，2000年中小学教材印装质量获全国质量第7名，进入了全国先进行列。全省出版单位积极参加全国书市及国外的一些大型图书展销活动，仅在全国南京书市订货码洋就达到371.7万元，比上届书市增长了40%。版权贸易总体水平有所提高，版权贸易达89项，贸易项目比上年增长7%。在全省文化产业展览洽谈会上，省内出版界56家单位参加了洽谈、订货、展销活动，签订了合资项目9个，合同金额达1.2亿元，标志着云南省出版业在加强对外合作、融资扩大发展工作中迈出了一大步。2000年，全省8家出版社出版图书2228种，其中租型图书584种，省版图书1644种。在省版图书中，新出图书1002种，重版图书642种。各种图书总印数1.34亿册。各种书总印张660843千印张。

全省出版各种公开发行报纸70种，总印数3.90亿册，总印张676417千印张。全省出版各种公开发行期刊125种，总印数2877万册，总印张93757千印张。

二、新闻出版管理工作法制化、规范化程度和管理水平进一步提高

《云南省出版管理条例》2000年3月31日经省人大常委会审议通过并颁布实施，为全省出版业的依法管理奠定了基础。为加强报刊管理，省新闻出版局与省委宣传部出台了《关于认真贯彻建立违纪违规报刊警告制度的实施意见》、《关于进一步加强社会文化生活类报纸管理的意见》。结合巩固治散治滥的成果，对全省8家厅局报纸进行了调整，进一步优化了报刊结构。开展了电子、音像出版单位和音像复制、印刷企业、图书发行单位的年检工作，较好地坚持了报刊、图书的审读和报刊、图书出版单位双月通气会和谈话制度。进一步加强了选题、书号、条码管理，严格禁止买卖书号。对内部资料出版物进行清理并重新登记，进一步规范内部性资料出版物管理工作。为认真贯彻执行新闻出版署《出版物市场管理暂行规定》，重新修订了“出版物铁路运输准提准运制度”，增强了该制度贯彻实施的可操作性；下发了《关于进一步加强对中小学教学用书发行管理的通知》，下发了《关于加强报刊市场管理的通知》，进一步规范了报刊自办发行和流动售报行为。加强了对违规行为的查处力度。对4种报纸亮了“黄牌”，查获非法批销非法报纸大案1起。在规范机关办事程序、提高机关工作效率等方面，也取得了明显的进步。

三、出版物市场“扫黄”、“打非”工作取得新的突破

在全省先后建立起“扫黄”、“打非”责任制度、举报奖励制度、表彰奖励制度、成果统计报表制度。实施集中行动与加强日常管理相结合、重点整治与全面清理相结合的工作运行机制，有力地打击了各类非法出版物违法犯罪活动，进一步遏制了“贩黄”、“制黄”和侵权盗版的势头。5月，全国“扫黄打非”领导小组办公室在瑞丽召开“打盗版——中国2000大行动”云南公开销毁走私盗版现场会，标志着云南开展打击盗版活动取得了重大成效。据初步统计，参与“扫黄”、“打非”各级各部门共出动行政执法人员4.17万人次，清理整顿中对5311家的违法经营行为进行了处罚，取缔无证摊点983个，破获案件116起，抓获涉案嫌疑人66人，收缴各类非法出版物202万册（盘）。

四、局属出版单位经营管理及产品产量局面改观

2000年初，教育部发出了“减负”令，对局属出版社、印刷厂、新华书店的产品、产量及销售都带来了很大的影响。局系统出版企、事业单位认清形势，克服困难，积极开拓，进一步加强管理，社会效益、经济效益仍然取得了好的成绩，销售收入达到了18.82亿元，比上增长1.47%，实现利润8525.71万元，增长15.3%。

（一）出　版。省新闻出版局要求各出版社要进一步强化市场意识、精品意识，增强危机感，下大力提高图书质量，多出精品、多出好书，特别是多出双效益书、畅销书，压缩平庸书，要保持住“九五”期间经济增长的良好势头。局属5家出版社深入市场调查，努力掌握读者的需求，结合自己的特点及专业分工，精心策划适销对路的图书选题，同时加强发行工作，多渠道扩大发行量。

云南人民出版社坚持正确导向，坚持走文化积累和高品味的出版道路，对图书结构、选题思路进行全面调整。2000年，计划选题112种，发稿89种；增补选题175种，发稿122种。《百年西藏》获第13届“中国图书奖”，《云天红霄》获团中央“五个一工程一本好书奖”，《第三次解放思想的政治宣言》、《丰饶的苦难》、《新世纪的云南形象》、《木天王》、《俄罗斯白银时代文化丛书》、《百鸟图》等6种图书被评为云南省优秀图书。在租型教材质量控制管理工作中也做出了突出的成绩。2000年获得了全国质量管理先进单位铜奖。本版图书在2000年5月省书刊印刷产品质量检测中，被授予“一九九九年度书刊印刷产品质量管理先进单位”称号。全社销售收入达到3.37亿元，实现利润总额2491万元。

云南教育出版社受“减负”的冲击较大，为了摆脱对教材教辅的依赖，充分发挥自己专业的特点和优势，努力调整图书选题结构，积极开拓民族文化、学术著作、素质教育类图书。《先明的智慧·彝族古代哲学》等5种（套）书获得了“中国民族文化优秀图书奖”；《铸魂丛书》在中西部第六届优秀图书评比中荣获特别奖，有的图书在不到半年时间就销售一空，实现了两个效益

同时并进。列入国家“九五”重点图书出版规划的《云南物质文化丛书》、《中国少数民族教育史》、《携手并进共创辉煌——中国东西部相互支援共同发展对策研究》等3种（套）书也于2000年全面完成。为了开拓市场，增加新的经济增长点，创办了《学生广角》刊物，开始了“社刊工程”的启动工作。2000年成功地克服了“减负”带来的经济损失，全年实现图书销售收入6709.52万元，比上年增长了38.51%。

晨光出版社总结近几年发展的经验及教训，逐步走上有自己特色的发展道路，开始创造出了自己的品牌，提高了知名度。如：动脑筋、低幼卡通、学生实用、“兵器名车”、“漫画旅游”等5个系列丛书在少儿出版界中产生了影响，尤其是“动脑筋”与“低幼卡通”系列已经有了一定的市场份额。《向孩子学习》获得了团中央“五个一工程一本好书奖”和“云南省优秀文化精品奖”。《绿草地金太阳》获得了“冰心图书奖”，《我爱科学知识》、《趣味海洋知识》获得了第九届“上海市中小学优秀课外图书奖。”《成功之路》被香港购买了版权。图书印装质量有了明显提高，在新闻出版署质检中心的检查中，没有一种图书批量不合格，受到了表扬。销售也发生了可喜的变化，在全国少儿图书订货会上，订货数占到了总订货数的5%，排名由上届的第10位上升为第6位。全年实现销售收入6167.57万元，比上年增长了4.1%。

云南科技出版社不断完善内部管理，2000年，省新闻出版局将该社列为人事制度改革的试点单位，实行全员聘用制，部门负责人竞争上岗，极大地调动了职工的积极性。对科技人员的使用专门制定了相关的规定。为压缩平庸书的出版，多出精品、多出好书，成立了选题策划论证委员会，加强了选题的监督、检查管理工作，以确保两个效益的稳步增长。先后策划出版的《中国名医手术经验丛书》、《预防毒品读本》等常销书、畅销书，是两个效益高度结合的代表。2000年，经济效益进一步提高，销售收入937万元，实现利润67.35万元。

云南美术出版社由于底子薄，一直处于“打基础，求生存”的状态，现已转入“出精品，求发展”的新阶段。与云南教育出版社合作出版的《壮丽中华》精品画册获“五个一工程一本好书奖”；《云南工笔重彩画精品选》、《刘自鸣画集》已重版2次；策划出版了高档精品画册《历史的凝眸——清末民初昆明社会风貌摄影纪实》，并利用该画册中的历史照片举办大型摄影展，与此同时，销售画册达1000多册。版权贸易方面取得突破，引进出版了美国哈佛大学出版社《中国西南古纳西王国》一书，受到哈佛大学高度的赞赏，认为是一本“高质量、高水平的图书”，并将其列为该校图书馆的收藏。其他图书质量也有了明显的提高，已有36种图书重印。经济效益取得了历史最好水平，实现利润96.45万元，比上年增长12.15%。

二、印　刷。云南新华印刷实业总公司盘活国有资产、异地搬迁、技术改造大项目受到省政府的高度重视。精品生产线在局的大力扶持和省政府有关部门的支持下，公司筹集资金3600万元，引进了具有世界先进水平的扫描仪、海德堡2000型四色胶印机、罗兰五色自动上版胶印机、柯尔布斯胶钉联动线等一批设备，为印制精品奠定了重要基础。在加大自身技术改造力度的同时，努力向外开拓发展。在2000年云南省文化产业展览洽谈会上，与上海紫光印刷机械公司签订了投资3000万元合资建立云南紫光印刷股份公司的项目合同；与宁夏吴忠仪表股份公司公司签订了投资3500万元合建商厦项目合同，另外还签订了与缅甸教育部合作在仰光建立印制缅甸中小学教材工厂的合作意向书。总公司下属各厂及分公司在加强内部管理、分配制度改革、强化质量控制等方面都有了新的进展，特别是产品质量稳中有升，在全国1000家印刷厂家图书质量测评中获得了第16名，进入了优质产品企业的行列。经济效益开始回升。销售收入为7643万元，实现利润257.32万元，比上年分别增长7.23%、116.24%。

三、发　行。云南省新华书店的改制工作进入了实质性阶段。8月份正式注册登记成立了云南新华书店集团有限公司，接着针对不同情况对原直属单位和地州书店分批分情况进行不同的改制。首批将昆明、红河、曲靖、玉溪等10个地州书店改制为集团有限公司的子公司，把原来的图书、音像批销中心改制为有限责任公司，实行投资主体多元化，迈出了深化国有企业改革重要的一步。中小学教材、教辅的发行一直是省新华华书店的一项重要的政治任务，同时也是主要业务之一，为克服"减负"带来的业务损失，省店加强了与省内出版社的合作，加大图书宣传力度，努力增加发行量，扩大本版图书的市场占有率，并结合教育体制改革，精心挑选质量上乘、价格适中的素质教育辅导材料补充市场，满足学生的需要。经过艰苦努力，2000年教材、教辅发行总量与上年基本持平。针对读者对图书品种和服务要求越来越高的情况，对零售部门按专业化进行改进，逐步形成具有各自特色的书店，积极增加销售网点，扩大发行，在大商场、超级市场开设销售点，收到了较好的效果。2000年实现利润1382.44万元，比上年增长11.2%。精神文明建设取得了较大的成绩。全省近80%的新华书店获得"文明单位"的称号，其中17个获得省级"文明单位"称号，西双版纳、保山、文山州等地的文明书店创建率达到了100%。云南省外文书店几年来经营业务在逐年减少，经营的主要产品——音像制品受到盗版的冲击，虽然采取了一些措施，克服面临的困难，但还是出现了多年来未出现的亏损。

四、物资供应。云南省印刷物资供应公司坚持精兵简政，不断完善经营承包责任制及调整部门、人员经济指标结构，坚持业务培训，在总结前几届举办展览会的基础上，2000年又成功举办了印刷物资展销会，拓宽了订货、销售渠道，提高了公司知名度。通过加强售后服务、对外合作、扩大营业范围等措施，在全国印刷物资销售疲软的情况下，全年销售收入3915.95万元，比上年增加50.7%，人均创利2.49万元。

五、存在问题。

为进一步增强云南省出版事业在市场经济条件下的适应能力和保持经济持续发展的强劲势头，全省出版的编、印、发等单位的管理体制、运行机制还应进一步按市场经济规律进行改造、创新；进一步扩大经营规模，提高集约化经营程度和产业化水平；进一步提高出版物质量，创造品牌，提高市场竞争力，加大对高级人才的培养引进的力度；出版物市场管理力度加大而基层管理机构、经费、人员不足的矛盾还需解决。

云南民族自治地方经济发展述评

云南省民族事务委员会主任　格桑顿珠

2000年，在省委、省政府的正确领导下，云南省民族自治地方坚持以邓小平理论为指导，努力学习和实践江泽民总书记"三个代表"的重要思想，以发展为主题，以提高各民族群众物质文化生活为重任，以结构调整和科技创新为主线，以西部大开发和"兴边富民行动"为契机，克服困难，团结拼搏，经济社会持续稳定发展。2000年全省民族自治地方完成国内生产总值687.58亿元，比上年增长8.3%，增幅与全省相比高近3个百分点，经济总量有较大提升。其中第一产业完成230.32亿元，比上年增长2.5%；第二产业完成216.32亿元，增长10.1%；第三产业完成240.94亿元，增长12.9%，人均国内生产总值由上年的3081元增长到3304元，增加值比全省高38元。三次产业结构由上年的35∶31∶34调整为33.5∶31.5∶35，产业结构更趋合理。

一、农业和农村经济全面发展

以稳粮调结构为战略，以市场为导向，加快传统农业向优质、高效、环保的现代化新型农业的转变，取得明显成效。农业产业结构中，农业产值、林业产值有所下降，畜牧业、渔业产值有所上升，产业结构更趋合理。农业正朝着产业化、商品化、社会化迈进，农业和农村经济呈现出良好的发展前景。2000年民族自治地方实现农业总产值365.83亿元，比上年增长4.9%。粮食总产量750.87万吨，比上年增长1.4%；主要农产品产量除甘蔗受自然灾害和结构调整影响有所下降外，其余均有不同程度增加，特别是油料增幅最大，产量达14.13万吨，比上年增长28.9%。畜牧业中猪牛羊肉产量较上年也有较大增长，产量为95.83万吨，增长7.9%。

二、国企改革进一步深化，工业保持稳定增长

面对结构调整、改革深化、市场约束的机遇和挑战，民族自治地方工业生产保持了较快的增长态势。按照“抓大放小”和“产权清晰，权责明确，政企分开，管理科学”的原则，坚持将改革与改组、改造、加强管理结合起来，对国有及国有控股企业采取下岗分流、减员增效等措施，同时对企业实行科技改造，努力向产业升级迈进，使一部分企业呈现出扭亏增盈的良好局面，重新焕发生机和活力。国企改革的大步推进使工业结构逐步趋向合理，提速与增效并重，工业经济得到稳定增长。2000年民族自治地方实现工业总产值518.82亿元，比上年增长9%。各项工业产品产量为：原盐31.58万吨，机制纸5万吨，发电量112.41亿千瓦时，生铁22.6万吨，农田氮磷钾化肥（折纯）总计57.48万吨，依次比上年增长38%、1%、17%、16.3%、30%。卷烟、糖、原煤产量有不同程度减少。

三、财政收入稳步增长，金融运行基本正常

2000年民族自治地方国民经济运行质量明显提高。按可比价计算，地方财政收入实现48.83亿元，比上年增长8.7%，增幅明显高于全省平均水平；地方财政支出实现127.68亿元，比上年增长8.9%，保持了较好的增长势头。企业亏损面的下降是地方财政收入增长的主要因素之一，利润总额与上年相比增加11.97亿元，亏损企业亏损总额下降6.3亿元。

金融运行状况良好。2000年民族自治地方全部金融机构各项存款709.56亿元，贷款562.34亿元，分别比上年增长11%、7%。

四、城乡人民生活明显改善

2000年民族自治地方农民人均纯收入达1285元，比上年增长5%，增幅与全省相比高2个百分点，农民人均有粮363公斤，增长1%；城乡居民储蓄存款余额455.1亿元，增长20%；社会消费品零售总额208.92亿元，增长7.1%。在农村居民消费性支出中，医疗保健、交通通信、娱乐教育文化服务所占比重明显上升。

五、基础设施进一步改善，固定资产投资力度增强

针对民族自治地方基础设施建设较为滞后这一实际，国家和省委、省政府继续加大对民族自治地方的投入力度。2000年国有单位固定资产投资总额达124.58亿元，比上年增长5.4%，民族自治地方道路交通、水电设施、邮政通信等基础设施有了进一步改善。8个民族自治州中4个拥有民用机场。到2000年，公路通车里程达9.45万公里，实现乡乡通公路和97%的行政村通公路，有96%的行政村通电，94%的行政村通电话，自来水受益村达79%，极大地改善了民族自治地方的生产生活条件。

六、边境贸易成就喜人

按照省委、省政府“以面向周边国家市场为重点，以沿边开放为重点”的两个开放带动战略，实行全方位、多层次、宽领域的对外开放，随着以市场多元化、经营主体化和出口商品结构的进一步优化，克服了国内经济环境对外向型经济的不利影响，边境贸易与上年相比又有新突破。2000年边境贸易进出口总额达33亿元，比上年增长40%，其中1～10月边境小额贸易进出口、出口、进口总额分别占地州市总额的43%、48%、32%，边境小额贸易较快增长。“九五”期间瑞丽、畹町、河口、盈江口岸年均边贸提供的税收分别占口岸财政收入的29%、75%、48%和21%，边境贸易成为经济增长的亮点。

七、扶贫攻坚成效显著

按照省委、省政府的战略部署，以贫困人口集中的少数民族地区、革命老区、边境地区和自然条件恶劣的特困地区为扶贫工作重点，积极推进兴边富民工程建设，把一些农民生活特别贫困的少数民族聚居乡定为帮扶对象，在资金、项目、技术上给予倾斜照顾，加强对民族贫困地区的农田水利、交通、能源等基础设施建设，改善其生产生活条件，坚持开发式扶贫。由于思路清晰，措施扎实，扶贫工作取得显著成效。一是电脑农业推广再创佳绩。在省委、省政府的领导下，电脑农业专家系统推广工作又上一个新台阶，2000 年全省 55 个推广县累计推广面积 309.3 万亩，增产粮食 1.63 亿公斤，新增产值 1.8 亿元。国家智能化农业信息技术应用示范工程云南示范区第二轮项目，经国家 863—306 主题办专家验收，云南示范区项目获 A 级，为全国示范区验收最高级别，探索了一条民族地区科技扶贫的新路子。二是“兴边富民行动”取得初步成效。“兴边富民行动”是深入贯彻中央和全省民族工作会议精神的重要举措，是西部大开发战略的重要组成部分。2000 年在国家民委和国家财政部的支持下，在各级党委、政府的领导和社会各界的关心帮助下，全年投入资金 4682 万元，实施边境扶贫温饱工程、边境免费教育工程、边境科技扶贫工程、边境文化扶贫工程。首批确定了麻栗坡县、绿春县和金平县者米拉祜族乡、贡山县独龙江乡、勐海县布朗山乡、景洪市基诺山乡、勐腊县关累镇、澜沧县竹塘乡、江城县曲水乡、河口县桥头乡、富宁县田蓬镇、潞西县三台山乡、沧源县南腊乡、腾冲县猴桥乡为试点，覆盖了全省 8 个边境地州、5 种人口较少民族及周边接壤的越南、老挝、缅甸 3 个国家，具有较强的示范、辐射和带动作用，取得良好的政治、社会效益。三是为解决金平县者米拉祜族乡 5000 多名拉祜族同胞温饱的“155”扶贫工程取得明显效果。截至 2000 年底，整个工程到位资金 1719 万元，13 个项目顺利启动。其中，省民委安排安居工程资金 426 万元，提前 2 年超额完成下拨任务。通过“155”温饱扶贫工程的实施，群众生产、生活条件得到极大改善，12 个村寨 517 户群众搬进新居，90% 以上农户饮用上洁净的自来水，新型耕作方法和科学养殖技术得到推广和应用，人均有粮提高到 296 公斤，比 1998 年净增 114 公斤，人均纯收入也由 1998 年的 148 元增加到 417 元，有 457 户 2521 人解决了温饱，4100 人解决了吃饭问题。2000 年全省解决温饱的绝对贫困人口 85 万人，且大多数都是少数民族，脱贫率达 35%，农村贫困发生率下降到 4.7%。

八、各项社会事业长足发展

（一）民族教育事业蓬勃发展。省委、省政府历来重视少数民族和民族自治地方教育事业，始终坚持以教育为本。先后办起半寄宿制、寄宿制民族中小学，采取设立民族重点高中班、民族部、民族中专班等多种方式，配合国家实施“国家贫困地区义务教育工程”，加大资金投入力度，改善办学条件。从 2000 年起，每年由省民委拨出 1800 万元专项资金，对 25 个边境县（市）的 123 个沿边乡（镇）以下的 1549 所学校（点）的 12 万名在校小学生实行免课本费、学费、文具费的“三免费”教育。到 2000 年止，全省高等院校在校少数民族学生 1.95 万人，占总在校生人数的 21.5%；中等专业学校在校民族学生 4.41 万人，占 31.1%，普通中学在校少数民族学生 57.79 万人，占 31.1%，小学少数民族在校生 168 万人，占 35.9%，少数民族儿童入学率达 98.66%。

（二）民族自治地方文化事业较快发展，卫生医疗条件进一步改善。到 2000 年末，广播覆盖人口 1734 万人，电视覆盖人口 1838 万人，占总人口的 89%。拥有 X 光机 399 台，CT 机 32 台，核磁共振仪 4 台，B 超 461 台，救护车 233 辆，医疗条件进一步改善，人均寿命提高到 69 岁。

（三）少数民族干部和专业人才队伍不断壮大。少数民族干部占全省干部总数的 30%，在省、州、县领导班子中，少数民族干部的比例分别达到 29.3%、41.6% 和 37.1%。企事业单位少数民族专业技术队伍发展迅速，占全省总数的 24.4%，现全省主要行业均有少数民族的中高级专业技术人才。

九、存在问题

主要问题是：(1) 农民增收空间较窄，短期内要有大的突破较为困难；(2) 由于地方财政困难，对科技投入显得力不从心；(3) 产业升级任务艰巨；(4) 劳动者素质有待进一步提高。

云南信息产业发展述评

云南省人民政府信息产业办公室主任 杜以升

伴随着新世纪的到来，以微电子技术和网络技术为代表的信息革命，推动人类进入信息经济时代，信息化已成为衡量一个国家现代化和综合国力的重要标志。省委、省政府高瞻远瞩，在省政府机构改革中，新组建了云南省人民政府信息产业办公室。这标志着全省信息产品制造业、软件业、无线电通信业和国民经济与社会信息化工作走上了规范化管理的新阶段。

一、基本情况

云南省信息产业行业把握机遇，调整结构，开创了信息产业工作新局面。2000 年，全省信息产业总收入 89.5 亿元，比 1999 年增长 25%。其中电信业务收入达到 66 亿元，通信和信息服务水平有了较大提高：固定电话交换机容量达 372 万门，移动电话交换机容量达 258 万门，电话普及率约 12 部/百人；计算机约 29 万台，上网 10 万台，上网用户达 25 万人。全省有无线台站 150 万个，寻呼机站 2243 个，寻呼用户 260 万户；蜂窝基站 1874 个，移动通信用户 143 万户；广播发射台 238 座；电视发射台 124 座，电视差转台 1 .43 万座，有线电视用户近 250 万户；纳入电子信息统计的国有企业工业总产值 11.47 亿元，“九五”期间年均增长 24.7%，销售收入 14.84 亿元，年均增长 51.7%，利税 1.59 亿元，年均增长 35.8%，利润 6234 万元，年均增长 6.4%。出口创汇 315 万美元，年均增长 4.1%；新增信息产业大行业销售收入超过 10 亿元。

二、云南信息产业的发展及成果

（一）大集团公司在信息产品制造业中的骨干作用日益明显。随着企业改革和重组，资源、人才、市场份额进一步向优势企业集中。云南南天集团公司经过多年的发展，已成为中国计算机产业的大型企业集团，连续 10 年进入中国计算机行业前 10 名，连续 10 年列入全国电子百强企业，是中国最大的金融电子化装备供应厂商及中国金融电子化市场系统集成商。多年来，云南南天集团与美国 UNISYS、IBM、SGI、HR、CISO 公司、意大利 OLIVETT、GS 公司、德国西门子等公司建立了良好的合作关系，在小型机、多媒体工作站、网站、ATM 等产品和技术领域形成了广泛的国际合作和多元化发展产品格局，为中国金融界提供了数千台自动柜员机设备、10 多万台高级存折打印设备、600 多台自动服务终端和金融专用设备系统软件产品。2000 年云南南天集团公司各项经济指标在云南省信息产品制造业中所占比例为：工业产值占 95%，销售收入占 95.4%，利税占 99%，利润占 100.6%，出口创汇占 100%。

云南半导体器件厂 1999 年 9 月一次性通过了 ISO9002 国际质量体系认证，成为继云南南天集团之后全省电子行业第二家通过质量体系认证的单位。2000 年完成了国家“双加”重点技术改造项目“硅太阳电池生产线技术改造”，完成了国家“九五”重大攻关项目“多晶硅太阳电池研制及产业化”。其主导产品晶体硅太阳电池，在产品技术、质量及应用配套能力方面都处于全国领先水平。

（二）技术创新取得成果。“九五”期间完成技术改造项目 18 项，总投资 4.45 亿元，其中政府拨款 1025 万元，自筹 3.75 亿元，银行贷款 6040 万元。18 个项目中，包括国家“双加”重点技术改造项目 2 项，上市募集资金进行技术改造项目 12 项，基本建设项目 11 项，科技攻关项目 5 项，其他省级重点创新项目、产业化项目、省校合作项目 5 项。

应用信息技术改造烟草、机械、有色金属、

磷化工等传统产业，取得了明显的经济效益。计算机辅助设计（CAD）在全省建筑设计行业中推广应用率已达100%，计算机出图率达70%以上。全省已建成统计、经济、科技情报、土地、法律规章、人才、劳动就业等数十个数据库和电子检索系统。

（三）*所有制结构从国有经济为主转变为向多种经济成份并存发展*。据不完全统计，全省民营和股份制电子企业700多家，销售收入已超过10亿元，虽然民营和股份制企业未纳入统计，但其发展对行业经济起到的影响已经是举足轻重。如昆明金沙烟草数据设备有限公司、云南山灞图像传输有限公司、云南创智汉唐有限公司等一批软件开发企业，立足开发具有自主知识产权的软件产品，在系统软件、嵌入式软件、运用软件等几大领域，部分产品在全国已有相当的知名度。云大信息产业公司自主研究开发的Netcase2000应用软件系处于国内的先进水平，并在烟草、教育等领域得到了较广泛的应用，具有较强的竞争力；成立仅1年多的昆明云金地科技有限公司紧跟世界新技术发展动态，结合云南省地理信息系统的发展，研究开发了具有自主知识产权的地理信息系统系列软件，取得了很好的经济效益和社会效益；云南山灞图像传输科技有限公司以远程可视医疗宽带网络服务，带动医学影像数据管理及通信系统软硬件产品的产业化，为开拓全国医疗行业信息化建设市场奠定了坚实的基础。

三、大力推进国民经济与社会信息化

在推进信息化建设中，采取政府为主导，按市场经济机制运作的方式，通过少量的政府资金的投入，带动了大量的社会资金投入到云南的信息化建设中。以实施关键性、基础性的网络基础设施和信息工程项目为突破口，推进信息化进程。“九五”期间，经省信息办批准实施的信息工程项目共10个，总投资3.4亿元，其中省财政投入8514.9万元，其他资金都是通过社会筹资、银行贷款等途径获得。

（一）着力实施云南省的3项重大信息化工程。一是云南省公用信息网络交换平台项目。委托昆明理工大学编制的《云南省公用信息网络交换平台项目可行性研究报告》通过了专家评审，并分步实施。先后建立了云南省交互网互联中心，将163网、CERNET云南网络中心、中国工程技术网云南网络中心、金桥网、联通网、科学院网络中心等几家省内的ISP进行互联，目前正在安装调试阶段。二是广播电视宽带网建设。已完成全省16个地州市共7000公里光缆线路联网建设，并通过省网沿途加芯的方法，推动全省各县的建网工作，省网已覆盖76个县。同时，已建成连接16个地州市2.5G容量的SDH传输骨干网和连接16个地州市的ATM交换平台核心层建设。三是云南省综合信息库项目。综合信息库包括宏观经济数据库、世界经济数据库、统计数据库等一系列有实际应用价值的数据库及其相应的查询及决策支持系统，主要服务于政府部门，部分信息也可供社会公众共享。目前项目可行性研究报告已经通过省计委论证批准，进入实施阶段。

（二）配合云南省经贸委全面启动云南省企业上网工程，开通了云南企业上网主站点。该网作为中国国家企业网在云南的子网，是全国较早开通的省市子网。承担着全省企业对外宣传、信息发布、招商引资等任务，有效地推动企业进入电子商务领域。

（三）实施了政府上网一期和二期工程，建成了云南省政府主站点。一期完成了12个省属部门及1个地州的网站建设，二期完成了46个省属部门的网站建设。

（四）推进各领域的信息工程项目的建设，其中，云南省人才市场信息系统已实施；云南省新闻网、英茂宽带卫星通信网、省无线电监测网等项目已通过可行性研究报告专家论证。

（五）开展了信息化宣传和培训工作，举办了网络知识培训。成功地解决计算机“2000年问题”。

四、积极培育云南省软件产业

（一）为推动云南省软件业的发展，增强信息产业创新能力和竞争能力，省政府信息产业办会同云南省国税局等6个厅局共同拟订了《云南省关于软件企业认定与软件产品管理工作的通知》，正向有关厅局征求意见，作为云南省“双软”认定的依据。

（二）筹备成立云南省软件行业协会，发挥软件行业协会在市场调查、信息交流、咨询评估、行业自律、知识产权保护、资质认定、政策研究等方面的作用。

（三）将云南软件园申报为国家软件园区。配合省计委，会同省高新技术开发区组织编写项目建议书和申报材料，组织专家论证，并派专人向国家计委和信息产业部汇报，积极申报国家级软件园区。

五、建立健全全省信息产业政策法规体系

（一）会同省文化厅等厅局，对全省公众电脑屋进行了重新审核登记，并对部分地州进行了检查。

（二）制定了《云南省计算机信息系统集成资质管理办法》并报省政府批准转发，为下一步在全省范围内开展计算机信息系统集成资质审核发证做了前期准备工作。

（三）会同省计委制订了《云南省信息工程管理办法》，对全省信息工程从立项、招投标、质量控制、验收等方面作了详细规定。该管理办法已报省政府批准。

这些规范管理文件的出台，有效地促进了全省信息产业沿着健康有序的轨道发展。

六、无线电管理工作

2000 年，省无委办完成了全省无线电监测网建设规划的起草、送审和申请立项工作；组织了多次大规模的全省无线电管理执法监督交叉检查；认真开展无线电监测，查处违法违章设台，及时排除干扰。2000 年共受理干扰申诉 130 多宗；开展全省无线电台站设备核查及数据库的维护更新工作；完成了无线电寻呼台站的重新登记；在全省防汛抗旱、抢险救灾、护林防火以及′99 世界园艺博览会、首届昆明国际旅游节、首届昆明民族服装服饰博览会和 2000 年七星国际越野挑战赛等大型活动中发挥了积极的保障作用。

七、完成机构改革任务

在省政府机构改革中，根据省政府有关文件，将原省电子工业办公室和省电子工业总公司的电子行业行政职能、原省无线电管理委员会办公室的行政职能、原省信息化工作领导小组办公室的行政职能和原省广播电视厅承担的广播电视传输网统筹规划和行业管理、组织制订广播电视传输网络的技术体制与标准的行政职能进行合并，组建了云南省人民政府信息产业办公室。在各有关部门的支持配合下，顺利完成了组建任务，于 2000 年 9 月 12 日正式挂牌办公。省政府信息办的成立，强化了政府职能，加强了对行业的宏观指导与监督管理，促进行业健康发展。

八、省信息工作中的不足

云南省信息产业在“九五”期间虽然以较快速度发展，但由于基础较差，投资较少，没有形成规模。硬件产品结构调整步伐缓慢，产品门类不多，大多数企业缺乏技术创新能力。软件和系统集成产业力量分散，缺乏响亮的品牌和信誉，具有自主知识产权的软件产品不多。全行业对外开放程度不高，缺乏有竞争力的知名产品而难以吸引投资，尤其是国际投资。这些问题和不足，要在今后的工作中认真加以解决。

九、云南省信息产业发展“十五”规划

（一）*发展方针*。以党的十五届五中全会精神和江总书记“三个代表”的重要思想为指导，以信息网络设施建设为基础，以有特色的硬件制造、软件开发和电子信息技术改造传统产业为重点，以提高经济效益为中心，大力发展信息服务业特别是网络服务业，以创新为动力，以人为本，以信息化带动工业化，发挥后发优势，推进经济结构的战略性调整，加快国民经济和社会信息化进程，实现云南的跨越式发展。

（二）*发展原则*。一是政府推进与市场导向相结合。政府营造发展环境，加强宏观指导，实施政策倾斜，依法治业；按照市场机制运作，鼓励平等竞争，合作开发，建立多元化投资机制。二是全面推进与重点突破相结合。坚持有限目标，有所为，有所不为，重点建设基础性和对产业发展具有带动作用的信息化工程项目。三是自主创新与引进合作相结合。广泛开展国际合作，引进吸收，高起点启动，实现技术跨越。四是联合建设与有序竞争相结合。打破条块分割和体制障碍，以资产为纽带，按照市场规律，有序竞争。五是信息化与工业化相结合。加快利用信息技术改造传统产业，以信息化加速产业升级，以信息化带动工业化，以工业化全面推动信息化，实现经济结构的战略性调整。

（三）*发展目标*。到 2005 年，信息产业成为带动全省国民经济增长、结构升级的先导产业和

增强综合竞争力的战略性产业。全省信息产业总收入达到300亿元，年均增长达到23%以上。信息化在西部处于前列，在全国达到中等发展水平。

（四）主要任务。（1）加快网络基础设施建设。抓住西部大开发的机遇，发挥云南省独特的区位优势，配合面向东南亚、南亚国际大通道所形成的物流、资金流、人流，加快与之相适应的国际信息大通道建设。采用世界先进技术，对现有信息网络进行优化配置，建成符合世界信息网络发展趋势的高速、宽带信息传输基础网。（2）培育信息产业，使之成为云南省新的经济增长点。重点发展软件和系统集成业，通过云南软件园培育一批软件骨干企业，使云南成为西部重要的软件产业基地；积极创造有利于信息网络服务业发展的环境，大力发展信息增值业务，促进信息网络服务业的发展；引进国际大公司、大集团，采用多种合作形式，促进电子信息产品制造业的结构调整，建设大型企业集团，使之成为电子信息产品制造业的主力军。重点抓好新型元器件、电子级高纯材料、金融电子装备、太阳能光伏器件、网络产品、通信产品、数字视听产品等有特色的信息产品制造。（3）加快信息化向国民经济各领域的渗透。以云南烟草、旅游、生物医药、磷化工及有色金属等支柱产业和优势产业为重点，广泛采用信息技术提高生产和服务的自动化、智能化、数字化、网络化水平，推动企业信息化重点示范工程；大力发展电子商务，为电子商务发展创造技术、网络、商务和法制环境，建设电子商务安全认证和信用体系；积极推进电子政务建设，促进政府办公自动化，管理和决策科学化；重点推进旅游、农业、金融、财税、保险、外贸、商业、交通、科技、教育、环保、社会保障等领域的信息化。（4）提高全民素质，加快信息化人才培养。大力加强信息化宣传，增强全民信息化意识，不断提高信息产业从业人员整体素质。充分发挥全省现有各类院校及社会办学力量，通过与国内外著名大学及企业合作，形成多元化的人才培养体系，培养和造就信息化建设所需要的各类复合型人才，选拔和培养一批学术带头人，聚集并形成基本满足云南省信息化建设需要的中高级信息技术和管理人才队伍。

云南卫生事业发展述评

云南省卫生厅厅长　尧挥彬

2000年云南省卫生工作紧紧围绕农村卫生、预防保健、中医药三个战略重点，以改革促发展，顺利地完成各项卫生工作任务，为促进全省社会经济发展做出了贡献。

一、农村卫生工作不断发展

在各级党委政府的重视下，农村卫生工作取得了新的成绩。一是全省128个县、市、区达到合格和基本合格，其中合格118个，基本合格10个，实现了“2000年人人享有初级卫生保健”规划目标，有力地推动了农村卫生事业的健康发展。二是“农村三项建设”取得实质性进展。2000年国家和省政府共投资“农村三项建设”资金4880万元，安排建设项目404个。到2000年底，全省共筹集“农村三项建设”资金9亿多元（其中中央投资3402万元，省级投资2.95亿元，地、县、乡投资3.08亿元，其它投资及捐赠2.98亿元），安排建设项目1626个（乡镇卫生院1378个，县级防疫站124个，县级妇幼保健站124个），占应改造项目总数1780个的91.35%；完成改扩建业务用房128.12万平方米；安排设备购置经费1.18亿元，安排“三项建设项目”设备项目934个，装备乡镇卫生院311个项目，县防疫站41个项目，县妇保健站30个项目。三是农村合作医疗稳步发展。全省已有771个乡镇、2616个行政村开展合作医疗，农村合作医疗覆盖达19.46%，参加合作医疗的人数456万人，占农村人口的13.05%。四是乡村卫生管理“一体化”蓬勃发展。全省已有552个乡镇、2627个村卫生室积极开展了乡村卫生组织一体化管理，管理覆盖率以乡为单位达35.66%，以村为单位达19.55%。五是实施国家启动“农民健康工程”后，积极编制了73个贫困县县医院的建设规划，争取到国家支持35个贫困县县医院建设项目。

二、疾病防治进一步得到加强

继续贯彻“预防为主”的方针，根据云南省近年来鼠疫、艾滋病、疟疾、霍乱、结核病等传染病的暴发流行态势，加大了对这些传染病的防治监测力度。2000年全省传染病发病率为175.08/10万，比1999年同期下降15.4%。

地方病防治工作取得了明显成效。2000年全省有17个县市115个村寨发生鼠间鼠疫流行，其中个别村寨波及人间。省卫生厅先后派出30多人次的工作组到文山、红河等地，配合当地卫生部门开展了积极有效的防治工作，控制了疫情的蔓延。2000年，经广大防疫工作者的共同努力，全省17个血吸虫病流行县中，已有11个县市达到消灭血吸虫病标准，3个县达到基本消灭血吸虫病标准。2000年还开展重点地区和边境地区疟疾联防工作。2000年1～10月疟疾发病7625人，与上年同期相比，发病率下降了33.52%。同时，加强了对霍乱等肠道传染病的监测与防治，全省范围内积极开展了结核病的防治宣传活动。全年共监测腹泻病人粪便标本1.31万份，监测生活废水及医院污水水样4500多份，均未检测出霍乱弧菌。在消灭脊灰AFP监测保持高敏感性的基础上，各项监测指标均达到无脊灰证实要求。常规免疫接种率稳步提高，全省1.67万个接种点，年运转6次以上的达到1.56万个，占接种点总数的93.48%，70%的县实施了“六病保偿”工作。

艾滋病防治工作。全省16个地州市及63个县（市）级成立了艾滋病、性病防治领导和办事机构。积极开展了健康促进和干预、咨询等服务工作，6268/艾滋病工程建设任务进一步落实，艾滋病/性病监测系统也得到调整、完善、充实，内地8地市和重点的48个县（市）建立起了艾滋病初筛实验室、接诊咨询室、宣传教育室和资料处理等功能的基础设施。各地广泛开展大众宣传教育，与报纸、广播、电视等新闻媒体及基层社区一道，开展了丰富多彩的预防艾滋病知识宣传活动。围绕“预防艾滋病，男士责无旁贷”的主题成功地组织了省、地、县“世界艾滋病日”活动。圆满完成了儿基会项目和爱德基金会项目计划，实际利用外资300余万元；启动运转了云南省中英艾滋病性病防治合作项目。

三、妇幼保健工作取得长足进步

各地在贯彻《母婴保健法》、《云南省母婴保健条例》，实施《云南省婚前医学检查制度实施办法》，及规范母婴保健服务，狠抓降低孕产妇死亡率和儿童死亡率，创建等级妇幼保健院和爱婴医院等方面不断取得新的成绩。特别是通过实施中加、中英、降消等8类国际和国内合作项目，建立健全了妇幼卫生服务网络、引进了大批适宜诊疗技术、培养了妇幼保健的专业技术人才、促进健康教育和医疗保健救助的发展，各项目地县的妇幼保健工作取得较快的发展，全省新生儿破伤风由1.24‰降至0.31‰，住院分娩率由36.13%升至48.89%，新法接生率由52.9%升到84.24%。婴儿死亡率降至35.91‰，5岁以下儿童死亡率降至45.16‰，孕产妇死亡率降至95.31/10万，是云南历史上孕产妇死亡率第一次降至100/10万以下。

四、加大卫生监督执法力度

各地认真贯彻《餐饮业食品卫生管理办法》，紧紧围绕春节和省内举办的重大活动，开展食品卫生大检查，确保了重要宾客、旅游者和城市居民的饮食安全卫生，为成功举办中国昆明国际旅游节、中国昆明国际花卉节、首届中国民营企业交易会做出了积极的贡献。为积极做好“假日旅游”卫生保障工作，省卫生厅及时制定下发了《云南省假日旅游卫生监督检查方案》，配合省假日旅游产业领导小组办公室，深入旅游景点地区检查“假日旅游”卫生保障工作，对促进旅游产业的发展，起到积极的作用。各地还进一步加强了职业卫生、放射卫生、环境卫生和学校卫生的综合监督管理。

五、依法行政，进一步加强医政管理

认真贯彻《医疗机构管理条例》、《中华人民共和国医师法》和《广告法》，强化医疗机构和人员的准入制度，建立良好医疗秩序。2000年共审校检《医疗机构执业许可证》56件，组织全省14个类别、32个科目、1.41万名医师资格考试，组织全省4346名护士执业考试，完成医疗广告审批178件。按照《关于加强血液管理工作的通知》，制定了《云南省贯彻〈献血法〉实施意见》，并经省政府审定后下发。

以提高医疗质量为重点，加强了医疗机构的管理，不断完善和规范了诊疗技术规程，开展了对一次性输液（输血、注射）器使用和处理情况的大检查，对医疗机构进行了执法检查，完成了省里大型活动的医疗和救护保障任务。修订了2000年度医疗执业保险条例；积极稳妥地推进医改，完成了全省城镇医疗机构的基本分类登记，启动病人选择医生的改革试点工作。

六、中医药事业稳步发展

全省各级卫生行政部门认真贯彻落实“中西医并重”的方针，以深化卫生改革为主线，不断提高医疗质量和服务质量，突出抓好中医药队伍建设、中医药科技进步和农村中医工作，提高中医机构的应急能力、科技创新能力和中医药适宜技术的推广应用并取得显著成绩。各地积极采取多种形式培养中医药管理人员和业务人员。启动了省级首批中医师带徒工作，确定的20名指导老师和40名继承人已进岗带教；完成了国家中医药管理局“县级中医医院技术骨干培养计划”，共培训中医技术骨干190人；制定了《云南省中医急诊人员全员培训计划》和《云南省中医临床护士规范化培训办法（试行）》并在全省实施；举办继续医学教育班20期，培训4226人。积极推进乡村医生中医药知识培训，至2000年底，已有2.87万名乡医通过中医药知识考试合格，培训合格率达74.8%。完成了国家中医药管理局的《中医药在西部大开发中的作用研究》总课题中的《云南中医药（民族医药）在西部大开发中的作用研究》子课题的科研任务。

七、科技教育成绩显著

贯彻“依靠科技与教育”的卫生工作方针，全省医学科技坚持“基础研究与应用研究相结合，开发应用研究与引进推广新技术相结合”的发展策略，2000年，在临床应用研究方面取得了一批能反映云南省综合医学水平的成果，科技水平迈上了一个新的台阶；鼓励医学科技工作开展“重点疾病”防治技术研究，并采取有力措施确保科研经费的投入，调动广大医学科技人员的积极性，申请科学技术奖99项；引进新技术240项，推行科技成果101项。

全年共举办省级继续医学教育项目122项，参加学习1.83万人。同时，加强了临床住院医师的培训力度。

八、爱国卫生运动深入开展

2000年是全省第四次创建卫生城检查年，全省有26个市县（区）荣获“甲级卫生城”，有30个市县（区）荣获“乙级卫生城”称号。各地借成功举办'99昆明世博会的契机，再次掀起以整顿治理环境卫生为中心，加强和改善城市基础设施建设的爱国卫生运动。农村改水改厕工作成效显著，改水受益人口累计达2726.36万人，累计建成卫生户厕318万个，促进了农民的生存环境、生活质量和健康水平的提高。

九、医德医风明显好转，精神文明得到加强

1年来，各级卫生单位结合贯彻落实《关于城镇医药卫生体制改革指导意见》，切实加强思想政治工作，在广大医疗卫生人员中大力开展救死扶伤和全心全意为人民服务的宗旨教育，把思想统一到中央加快卫生改革步伐的精神上来。针对卫生行业的特点，深入持久地开展创建“百佳医院”、“文明单位”、“文明家庭”、“青年文明号”等活动。经过广大职工的努力，目前，在昆的厅直单位中，有省级“文明单位”2个；获得“青年文明号”称号的有1999年度省级“青年文明号”玉溪市中医院推拿科，1999～2000年厅级“青年文明号”省一院计生科、肾内科，省中医院急诊科，生物所疫苗二室，皮研所信息科，职防所住院部医疗点等6个集体。大力纠正医药购销中的不正之风，卫生厅下发了《关于进一步做好纠正医药购销中不正之风的意见》的通知，要求各地认真做好医药分开核算、分别管理制度的落实。加强了对医院药品收入实行“收支两条线”的管理。同时，抓紧进行药品集中招标采购的试点工作。

云南计划生育工作述评

云南省计划生育委员会主任　刀爱民

2000年云南省的人口与计划生育工作，以贯彻《中共中央国务院关于加强人口与计划生育工作稳定低生育水平的决定》（以下简称中央《决定》）为动力，抓住西部大开发的机遇，认真贯彻全国和全省人口、资源、环境工作座谈会精神，全面落实“九五”计划各项指标，推进了人口再生产类型的转变和人口、经济、社会、资源、环境协调发展。

一、圆满完成了“九五”人口控制计划

2000年全省人口出生率为19.05‰，死亡率为7.57‰，自然增长率为11.48‰；全省出生人口为80.3万，死亡人口为32万，净增人口为48.3万，年末总人口为4240.8万。与“九五”计划相比，5年出生人数412.4万，比计划少57.6万人，5年平均出生率20.24‰，比计划低2.67个千分点，5年自增251.2万人，比计划少出生48.8万人，5年平均自增率12.21‰，比计划低2.28个千分点。自1959～1962年全省人口出生低谷期之后，全省人口出生率首次下降到20‰以下。

二、认真组织学习、宣传中央《决定》精神

2000年3月2日，中央《决定》颁布后，省委书记令狐安作了重要批示；省委召开了第137次常委会议，听取全省贯彻中央《决定》意见的汇报；省计生委召开地州市计生委主任会议作了全面部署，并利用“5.29”协会成立20周年和“9.25”《公开信》发表20周年纪念日，组织了全省性学习宣传系列活动。省委政策研究室和省计生委牵头组织了“完善现行生育政策”的课题研究，进行了万人问卷调查。召开省人口与计划生育工作领导小组会议、省政府常务会和省委常委会专题研究未来十年的人口与计划生育工作，形成了《中共云南省委云南省人民政府关于加强人口与计划生育工作进一步降低生育水平的决定》。

三、巩固“三为主”成果

按照国家计生委的要求，结合云南实际，进一步改进工作方法，加强基层基础工作，完善计划生育服务网络，提高管理和服务水平。2000年12月，经国家计生委检查考评确认，云南省已基本实现国家“三为主”规划目标。

四、“三结合”工作成效显著

在全省农村开展计划生育“三结合”“百乡千村”活动中，共投放资金759万元，对102个贫困乡、1446个贫困村的12.91万个计划生育户进行重点帮扶，使10.45万户基本脱贫；投放计划生育基金314万元用于“少生快富”工程，直接受益群众达1万多户。

五、法制建设稳步推进

完成了云南省人口自然增长率接近全国平均水平的课题研究和国家人口与计划生育方法研究项目。对计划生育规范性文件进行了全面清理。认真落实国家计生委“七个不准”规定，完善了计划生育行政执法责任制，深入开展计划生育行政执法检查监督。重点突出了流动人口计划生育管理，召开全省流动人口计划生育管理工作会，对流动人口计生管理工作进行分析和布置。加强了对基层行政执法队伍的培训。完成了“三五”普法的总结验收。

六、基层基础工作得到加强

把计划生育工作的重点放在农村，狠抓基层和基础工作，制定了《云南省县、乡、村计划生育服务机构生殖保健基本项目》，对计划生育服务站、所、室的基本服务内容作了规定，召开了

优质服务现场研讨会和计划生育服务站工作会议，总结推广先进经验，全面启动了“优质服务”工作。制定了全省计划生育流动服务车配置方案，第一批30辆已投入使用。县级建站率达到98%，乡级建站率达到77%。

七、责任目标管理进一步落实

制定了《2000年全省人口与计划生育责任目标考核办法》，对全省16个地州市责任目标管理的落实情况进行了抽样调查和评估。昆明、楚雄、玉溪、思茅、西双版纳完成了全部7项指标，曲靖、红河、文山、大理、保山、丽江、怒江、临沧完成了6项指标，昭通、德宏、迪庆完成了5项指标。

八、宣传教育活动不断深入

以“婚育新风进万家”活动为载体，大力宣传避孕节育、优生优育、生殖保健等科学知识，引导广大群众树立晚婚晚育、少生优育、生男生女都一样的新型婚育观念和生育文化。组织了“三下乡”巡回演出队，与《东陆时报》合作开设“计生风采”专栏。在《公开信》发表20周年之际，全省上下以多种形式开展了纪念活动。

九、计生协会蓬勃发展

组织建设得到加强，全省计生协会专兼职工作人员已达2.33万人，基层协会1.7万个，会员360万人。活动和服务有了更大的进步，充分利用省计划生育帮扶基金，开展“三结合”工作，实施幸福工程和少生快富工程，较好地发挥了计生协会带头、宣传、服务、监督、交流的作用。

十、扩大对外合作交流

开展了东西部对口支援工作，加强了与上海等地的联系，草签了对口支援协议，得到了以技术服务网络建设为重点的多方面援助。与联合国人口基金会和有关国际组织的合作项目成效明显，成功承办和接待了国际计生联亚大地区执委会议和印度高官访问团，宣传了中国和云南省人口与计划生育工作的良好形象。

十一、问题与困难

存在的问题和困难主要是：(1) 云南省的人口基数大，密度高。2000年年末全省总人口在全国排列第13位，人口密度达每平方公里108人，比1995年增加7人。(2) 生育水平较高，潜在生育压力还很大。(3) 全省人口与计划生育工作基础较差、基层薄弱、发展不平衡的被动局面尚未从根本上得到改变。(4) 面临着流动人口和失业人群增加、生殖健康需求急剧增长等新情况新问题。(5) 计生工作的管理机制、工作方法、服务手段、投入保障以及队伍素质还不能完全适应形势发展的要求。

云南财政工作述评

云南省财政厅厅长　赵　钰

2000年，在省委、省政府的正确领导下，在各级各部门的关心支持下，全省财政部门克服困难，加强管理，圆满完成了当年和“九五”财政工作任务。

一、“九五”时期云南财政发展取得的主要成就

(一) 财政收入跃上新台阶，实现了“九五”财政收入增长目标。“九五”期间，在国民经济平稳发展的基础上，财政收入跃上了新的台阶，全省财政收入从1995年的285.3亿元增加到2000年的433.16亿元，年均增长8.7%，并在1996年和1998年分别跃上了300亿元400亿元两个大台阶。其中，上划中央“两税”收入从1995年的186.91亿元增加到2000年的252.41

亿元，年均增长6.19%，提前2年实现“九五”收入计划目标；地方一般预算收入从1995年的98.35亿元增加到2000年的180.75亿元，年均增长12.94%，基本实现了“九五”计划确定的地方财政收入增长目标。

（二）财政支出结构有所改善，重点支出得到保障。在财政收入不断增长的基础上，财政支出规模不断扩大。全省财政支出从1995年的235亿元增加到2000年的414.11亿元，增加179.11亿元，年均增长12%。“九五”期间财政支出总额达1704亿元，比“八五”时期增加832亿元，增长95.4%。财政支出结构所有改善，保证了国家机构的正常运转，加大了对重点建设和事关全省改革、发展与稳定大局的支出项目的投入和保障力度。

1.保证了国家机构的正常运转和政权建设需要。全省各级财政部门按照保障党政机关发放工资、保证机构正常运转、促进社会稳定的原则，正确处理吃饭与建设的关系，积极采取措施，加强财务管理，调整支出结构，确保行政政法经费的必要投入，为国家机构的正常运转和政权建设提供了必要的资金保障。

2.进一步加大基础设施建设投入。5年累计完成预算内基本建设支出246亿元，比“八五”时期增加129亿元，增长一倍多，大大超过了财政收入的增长速度。5年累计建成投产62个重点项目，新增高等级公路600公里，新增电力装机260万千瓦，新增水库库容9.7亿立方米，极大地改善了云南的基础设施条件和投资环境，有力地推动了全省经济、社会的发展。

3.加大了对企业改革和社会保障体系建设的支持力度。“九五”期间，仅省级财政投入企业的无偿资金、税收返还、有偿资金“借改投”、“债转股”资金就达109亿元，有力地支持了企业、特别是国有企业的改革与发展。财政按照国家有关政策要求，积极筹措资金，加大了对社会保障体系建设的支持力度。“九五”期间，全省社会保障经费（财政决算数）累计支出246.52亿元，年均增长30.18%，逐步建立并完善了以养老、失业、医疗保险为重点的各项社会保障制度，逐步形成了国有企业下岗职工基本生活保障、失业保险、城市居民最低生活保障的“三条保障线”。

4.重点保证了对科技、教育、农业的投入。“九五”时期，全省财政预算内科技经费支出58.07亿元，比“八五”时期增加27.02亿元，增长87.02%，年均增长9.31%；教育经费支出301.7亿元，增加156.07亿元，增长107.1%，年均增长10.92%；支农支出274.02亿元，增加141.74亿元，增长107.16%。财政对科技、教育、农业的投入，在连续多年增长、基数较大的情况下，仍保持了相当的增长速度。

（三）财政改革不断深化，财政职能进一步得到健全。“九五”是我国经济体制转轨时期，财政政策的运用受到高度重视并取得显著成效。如通过实施“借改投”、“债转股”等政策，有力地支持了国有企业的改革与发展；通过实施《云南省“九五”时期县域财源建设实施办法》，加快了财源建设步伐，促进了县域经济的发展，增强了县级财政的实力；通过实施《云南省县级财政“以奖代补”考核奖励办法》和《云南省地县级财政1998年—2000年“消除赤字平衡预算”以奖代补考核奖励办法》，调动了地县领导和财政部门强化管理、开源节流、发展经济、消除赤字、自求平衡的积极性，全省赤字县从1995年的106个减少到2000年的9个，赤字额由1995年的11.7亿元减少到2000年的4800万元，实现了预定的“消赤”目标。

财政管理体制和预算编制改革取得突破性进展。1994年国家实行分税制财政管理体制后，云南从本省实际出发，实行了3年的“过渡期”财政管理体制。从1997年起，正式实行了省对地州市的分税制财政管理体制。新体制按照“大稳定，小调整，重机制建设，促财源培养，保预算平衡”的原则，划分收入范围，以财力定支出，短收少支，超基数分成。把增收潜力大的税种留作地县固定收入，并加大了省对地县的补助，增强了县级活力。省财政还制定并实施了省对下专项转移支付补助办法，进一步提高和增强了财政分配的科学性和规范性。1999年以来，省级和部分地县先后推行了“零基预算”和政府采购制度，增强了预算的透明度和约束力。

会计管理体制改革迈出重大步伐。1998年以来，全省各级财政部门根据省委、省政府的要求，积极推进会计管理体制改革，大力推进会计委派制度，会计管理体制改革迈出重大步伐。到

2000年底，全省已有7个省直单位、2个地州市、45个县、763个乡镇开展了会计委派制试点，主要采取会计集中核算、派驻财务总监、统管统派、财务监管、分级委派、零户统管、村账站管等7种形式，取得了较好的效果。

（四）财政管理得到加强，财政法制建设初见成效。预算外资金管理取得突破性进展。制定了《云南省预算外资金管理条例》等地方性财政法规和政府规章，加强了法规、制度建设；全面清理了行政事业性收费项目和政府基金，取消了一批不符合规定的收费、基金项目；认真落实“收支两条线”管理，推行收缴分离办法，大大提高了预算外资金财政专户管理比例；清理了行政事业单位银行帐户，取消了单位多头、重复开立的帐户，为加强预算外统筹和管理奠定了基础。

地方性财政法规建设和“三五”普法工作取得明显成果。“九五”以来，省级财政部门按照立法程序先后起草上报了《云南省预算外资金管理条例》、《云南省会计条例》、《云南省国家赔偿费用规定》、《云南省政府采购条例》等一批地方性法规和政府规章，制定和完善了一系列内部管理规章制度。在“三讲”过程中，省财政厅还结合实际，制定了12项加强内部管理的规章制度，对财政工作和办事权限、程序等进行了规范。

财政监督管理工作进一步得到加强。5年来，通过税收财务物价检查、预算外资金检查、会计信息质量检查、内部监督检查等工作，共查出各种违纪金额8亿元，应收缴财政6.7亿元，已收缴入库5.8亿元，并依法严肃处理了一批违纪单位和责任人员，有力地维护了财经法纪。

二、2000年全省财政工作情况

2000年，在中共云南省委、省政府的正确领导下，财政工作认真贯彻落实积极的财政政策和《中共云南省委、云南省人民政府关于进一步加强财税工作的决定》，大力开源节流，加强财政资金管理，积极支持经济发展，努力保障社会事业发展需要。经过全省各方面的共同努力，圆满完成了省九届人大三次会议批准的财政收支任务。

（一）全省财政收支执行情况。2000年，全省地方一般预算收入完成180.75亿元，比年初预算超收4.6亿元，比上年实际完成数增长8亿元，增长4.68%，超额完成了年初确定的增长目标。全省地方一般预算支出完成414.11亿元，为年度预算的94.9%，比上年增长9.54%。

（二）全省财政的主要工作情况。为了做好2000年的财政工作，财政部门认真贯彻落实党和国家的财政方针政策，依法理财，加强管理，积极推进改革，不断提高理财水平，按照省人代会批准的预算和工作安排，主要做了以下工作：

1.发挥财政职能作用，促进经济持续发展。在近年来财政收入增幅减缓，而人员经费等刚性支出增多的情况下，财政部门抓住中央实施积极财政政策和西部大开发的重大机遇，积极配合有关部门做好项目申报和配套资金落实工作，努力争取中央国债资金支持。2000年，共争取到国债资金27亿元，实际已到位21.55亿元，加快了基础设施建设、生态环境保护和企业技术进步。当年，全省财政基本建设支出达60.6亿元，为全省交通、城建、环保、水利、天然林保护等工程的实施提供了有力保障。继续加大旅游业投入，增加旅游发展资金，加快了旅游景区景点和配套基础设施建设。继续执行国有企业所得税超基数返还和债转股政策，安排国有企业技改贴息资金4.87亿元，企业脱困资金和破产企业职工安置补助费1.8亿元，安排横向联合资金3000万元，促进企业开展联合经营，提高竞争能力；增加个体私营经济扶持资金3000万元，支持个体私营经济发展，使个体私营经济逐渐成为新的经济增长点。配合实施西部大开发战略，加强与国际金融组织的合作，完成了元磨高速公路、掌鸠河引水工程等项目的谈判、签约工作。这些措施，对促进经济增长起到了积极的推动作用。

2.积极组织收入，超额完成了财政收入任务。为了确保完成年初人代会批准的收入任务，把收入任务层层分解落实到各级国税、地税和财政部门。各级财税部门按照依法治税的要求，严格税收减免，强化税收征管，加大清欠力度，做到应收尽收。通过调整烤烟种植结构和卷烟产品结构，使“两烟”继续发挥了支柱财源的作用。由于产业结构调整和深化国有企业改革，第三产业和非公有制经济发展加快，企业效益明显好转，所得税增长较快，保证了全年收入目标的实现。

3.围绕省委、省政府的中心工作，加大重

点支出保障力度。一是确保行政事业单位职工工资发放。为了帮助各地解决拖欠工资问题，省财政筹措2.5亿元资金，加上天然林禁伐减收补助共5.6亿元，按照规范的转移支付办法测算后补助到各地，使拖欠工资问题基本得到解决。二是支持社会保障工作，维护社会稳定。省财政安排拨付国有企业下岗职工基本生活保障、企业职工基本养老保险、城市居民最低生活保障补助等资金13.4亿元，比上年增长231%。省财政筹措救灾救济和灾区恢复重建资金4.1亿元，重点保障了灾民生活救济和宁蒗、姚安等地震灾区恢复重建资金需要。三是贯彻落实科教兴滇战略，努力筹措资金，支持科教事业发展。省本级教育事业费预算占财政支出预算的比重比上年提高了一个百分点。筹措资金5亿元，用于普及义务教育和扫盲工作，全省教育事业费支出达62.3亿元，保证了“九五”“两基”目标的按期完成。科技三项费用投入比上年增长24.9%。省财政从预算外统筹资金中安排省院省校合作资金1亿元，推进了高新技术产业化和创新人才的培养与引进工作。四是围绕农民增收和农村稳定，加大了农业投入。全省财政支农支出完成52.3亿元，支持了农业基础设施建设、农业产业结构调整、农业科技推广、天然林保护和退耕还林还草工作的顺利实施，促进了农业和农村经济发展。继续加大对贫困地区的扶持力度，投入扶贫资金13.1亿元，促进了扶贫攻坚目标的实现。五是认真贯彻建设民族文化大省的决定，多渠道筹集资金，继续实施千里边疆文化长廊、边境地区广播电视设施、体育场馆建设和广播电视“村村通”工程，有力地促进了文化事业发展。六是支持政法部门改善工作条件和执法手段，拨付经费23.4亿元，促进了社会稳定。七是积极支持全省村级体制改革。省财政共安排村民委员会选举和原村干部一次性生活补助费1.1亿元，确保了村级体制改革的顺利开展。

4. 稳步推进财政支出制度改革，进一步加强了财政支出管理，一是积极推进预算管理改革。省本级全面试编了2001年部门预算，省本级和绝大部分地州市县实行了“零基预算”，使预算编制方法更加科学、规范。二是积极探索实施国库集中收付制度。通过实行财政统一发放工资和财政采购，为实行国库集中收付制度积累了经验。三是积极推进政府采购工作。《云南省政府采购条例》已颁布实施，为进一步规范政府采购活动奠定了基础。全省16个地州市都已全面推行政府采购制度，采购规模达6.8亿元，平均节约率为9%。四是加大预算外资金管理和集中统筹力度，积极推进综合财政预算管理改革。

5. 按照依法行政的要求，进一步强化财政管理和监督。认真学习宣传《会计法》、《云南省预算审查监督条例》、《云南省政府采购条例》等法律、法规，研究制定了贯彻落实措施，并针对财政管理中的薄弱环节，建立和完善了财政内部监督制约机制和预算执行监督体系。从预算编制、资金拨付到资金使用进行全程监督管理。规范财政资金账户管理，按照“精简、安全、效能”的原则，对财政收支业务账户进行了清理归并，压缩了账户。建立了行政事业单位银行账户开设审批、登记和备案制度，强化了对预算资金拨付的审核和监督。积极推行会计委派制，全省有12个县试行了“会计核算中心”，749个乡镇推行了“零户统管”，乡镇的各种站所撤销会计机构，实行报账制。整顿了经济鉴证类社会中介机构，强化了监管。

6. 顺利完成了省级财政机构改革。省级财政部门于2000年下半年顺利完成了机构改革，撤销了省国有资产管理局，职能并入省财政厅。通过这次机构改革，省财政厅（含省有国资产管理局）行政处室由22个减少到17个，人员编制由191个减少到125人。

三、存在问题

主要问题是：（1）地方财政收入增长减缓，财政供需矛盾仍然十分突出，尤其是县级财政困难程度加深；（2）财政管理体制与建立社会主义市场经济体制和公共财政框架的要求还不完全适应，财政改革有待进一步深化；（3）财力分散，财政资金使用管理不严、效益不高的问题依然存在，财政监督还要进一步加强。

云　南　国　税　工　作　述　评

云南省国家税务局局长　段捷庆

在国家税务总局和省委、省政府的领导下，2000年全省国税系统认真贯彻党的十五届五中全会和省委六届十一次全会精神，全面落实各项税收政策法规，以组织收入为中心，深入学习和实践江总书记“三个代表”重要思想，依法治税，从严治队，运用科技手段，强化税收征管，不断提高工作质量、效率和管理水平，各方面工作都取得了较好成绩，全面完成了“九五”计划各项目标。

一、应收尽收，圆满完成全年税收收入任务

全省国税系统层层落实收入计划，及时把计划逐级分配到基层，坚持领导分片包干、挂钩联系制度，实行收入目标责任制，把任务落在实处。各级国税机关领导坚持深入征收一线，深入重点企业、重点税源地区，及时督促检查收入情况。经过全省上下积极努力，2000年云南省国税系统共组织税收收入323.21亿元（不含海关代征和利息所得税），比1999年增长0.79%，增收2.53亿元，完成国家税务总局下达全省税收收入计划314.26亿元的102.85%。其中：国内增值税和消费税“两税”收入285.92亿元，增长0.07%，增收2132万元，完成总局下达云南省计划280.31亿元的100.7%。营业税收入3.57亿元，与1999年相比，下降9.37%，减收0.37亿元；企业所得税收入32.04亿元，增长7.49%，增收2.23亿元；涉外企业所得税收入1.52亿元，增长47.06%；办理出口退税7.91亿元，增长39.65%。“两税”收入中，国内增值税收入127.63亿元，增长1.19%，增收1.50亿元；国内消费税收入158.31亿元，下降0.8%，减收1.28亿元。

二、依法治税，税收政策全面落实到位

全省国税系统坚持依法治税的原则，严格税收管理权限，规范执法行为，增强执法刚性。同时，结合云南实际积极深入开展调查研究，增强执行税收优惠政策的预见性、准确性、科学性和实效性，切实把各项税收政策，特别是有关西部大开发的税收政策落实到位，严格规范各税种管理。(1)进一步贯彻落实省委、省政府关于全面实施西部大开发战略的若干意见的要求，以及省政府领导的批示精神，在广泛调查、认真研究的基础上，形成了《云南省国家税务局优化服务规范征管实施办法》和《云南省国家税务局现行税收优惠政策办理程序和时间规定》等，对有关税收优惠政策的执行更具体，更规范，要求更严格，为云南实施西部大开发战略营造了良好的税收环境。同时，为贯彻落实国家计委关于解决云南边贸发展问题的复函要求，在深入调查研究的基础上，规范了姐告边境贸易区税收（国税）管理办法，为边贸区的发展创造了良好的税收环境。(2)在全省国税系统开展税收执法大检查，进一步纠正执法不规范的行为，检查各级制定的税收规范性文件，是否与国家税收法律、法规、规章以及国家关于西部大开发的税收政策相抵触，有无违反统一税法或以权代法、以言代法问题以及各级在贯彻执行税收法律法规中是否正确，是否公正执法、热情服务，是否遵守财经纪律，严格税款入库制度等情况。查出改变法定税率和税基，违反税法规定少征税款问题1件，混淆入库问题1件，对小规模纳税人不依率计征25件，行政处罚不当48件，执法文书使用不规范123份，均全部作了纠正。(3)针对云南卷烟产销状况面临的严峻形势，加强了卷烟产销变动对“两税”收入影响的分析，研究制定《卷烟消费税计税价格审核管理办法》的实施措施，加大了卷烟“两税”征管的力度，有效地防止了侵蚀税基行为的发生。(4)进一步做好增值税防伪税

控系统的推广工作，明确内部职责，理顺工作关系，通力协作，各司其职，共同搞好防伪税控系统的推行，同时，广泛深入地开展操作培训，因地制宜地开展技术服务和技术支持，做到了组织管理有人抓，技术支持有依托。目前，全省已发行“两卡”并纳入增值税防伪税控系统管理的企业计1327户，其中：百万元票以上274户、十万元票（含万元版）1053户。（5）认真开展了储蓄存款利息所得个人所得税的调查研究，针对实际制定了切实可行的征收措施，使这一新税种的征收工作进展顺利，月扣缴税款呈逐月增长态势，2000年储蓄存款利息所得个人所得税入库税款达2.53亿元。（6）为支持云南外贸的发展，加大了出口退税力度，一方面努力提高办理出口退税的服务质量和效率，在出口企业申报单证齐全无误的情况下，做到“当日接单、当日审核、3日内退库”，并对出口企业申请开具的出口转内销证明、代理证明凭证等事项作了服务承诺。同时，进一步搞好退税企业的业务指导和日常检查，定期辅导和帮助企业解决退税操作中遇到的难点和疑点问题。另一方面，重拳出击，严厉打击出口骗税。认真贯彻国务院召开的打击骗取出口退税工作会议精神，扎扎实实开展打击出口骗税活动专项斗争，深入开展了出口货物税收专项检查，根据云南地处边疆的特殊形势，进一步加强打击骗税的宣传力度，与公安、海关、外经贸、金融等部门合作，形成了一道反骗防线。（7）全面落实涉外税收政策，提高涉外税收管理水平，在加强日常征管的同时，进一步加大对预提所得税和出口“免、抵、退”的管理力度，高质量地开展2000年的联合年检和涉外税务审计试点，并完成了1999年度的外商投资企业和外国企业所得税汇算清缴，进一步加强了监督管理和检查，为云南省国税系统组织涉外税收再创历史新高提供了有力的保证。

三、深化改革，征管质量和效率进一步提高

针对一些地区征管工作中不同程度地存在的“疏于管理、淡化责任”的问题，全省国税系统大力运用科技手段，强化管理，建立“科技加管理”的新机制，对提高税收征管质量，防范税收流失，促进税务干部队伍建设起到了积极的作用。（1）运用科技手段加强税收管理，切实加快金税工程建设。目前，省局线路和MODEM已按照总局要求调试完毕，全省各地大部分地、州、市的线路都已到位，并制发了《云南省金税工程网络建设工作专项考核办法》，确保网络的高效、畅通和安全。（2）广泛推行了全省统一的税收征管软件“YNNT2000－ntcm”2.0版，功能模块大大增强，适用范围和征管效率不断提高。还推广了重点税源管理软件和企业所得税税源管理软件，并研究开发了纳入统一管理平台的云南国税系统税收综合管理系统软件（YNNT－ntgs），将重点税源有关数据纳入了计算机管理，建立起重点税源数据库。（3）完成了省局机关和23个地、州、市、县局的办公自动化推广工作，目前省局机关和试点单位已基本实现了无纸化网上公文处理，省局与试点地区的公文实现网上远程传递。（4）认真贯彻国务院关于清理整顿成品油市场的通知和全省清理整顿加油站电视电话会议精神，做好加油站安装税控装置工作。全省已安装了5215台税控装置，占应安装数的65%。（5）在全省范围内开展对登记率、申报率、入库率等7个指标交叉大检查，并对查出的问题进行整改，综合评价了被检查单位征管工作水平，促进了各地进一步规范日常征管活动。（6）强化稽查，加大税务稽查执法力度，处罚率和入库率都达到了总局的要求。同时，积极开展税收专项检查，除认真完成总局安排的检查项目外，还结合全省情况，对酒类生产企业、各级卫生防疫站及药品检验所进行了专项检查，收到了明显的效果。全省共查补税款2.51亿元，罚款2543万元，加收滞纳金323万元，合计2.8亿元，有力地打击了涉税违法行为，维护了正常的税务秩序。（7）严格执行财经纪律，进一步加强税收入库报解管理。严格按照《国家税务总局关于严格执行税收入库和退库制度严肃财经纪律的紧急通知》要求，对税款征收入库和退库及会计核算工作进行了全面检查，按照税收会计制度规定，严格核算和如实反映各项应征税款、减免税款和欠缴税款，有效地防止了弄虚作假、隐瞒不报和少报欠税现象的产生，规范了代扣代征手续费的提取和使用，进一步加强了内部财务管理。

四、加强思想政治工作，干部队伍素质得到明显提高

全省国税系统以“三个代表”重要思想为指导，认真贯彻全国税务系统队伍建设工作会议精神，以思想政治工作为突破口，以机构改革为契机，狠抓了干部队伍建设。

（一）把握方向，抓好“三个代表”重要思想的学习和实践。各级国税机关深入动员，统一思想，全面掌握“三个代表”重要思想的精神实质和丰富内涵，重点抓好各级领导干部的学习来带动全系统的学习，并结合国税工作特点努力实践，用“三个代表”重要思想总揽全局、认识问题、分析问题和解决问题，以此确立国税工作思路、衡量工作效果，促进国税事业发展。

（二）抓住关键，加强领导班子建设。开展了创建“先进领导班子”活动，对领导班子理论学习、团结协作、领导作风、工作实绩、廉洁自律等方面进行考察，提高各级班子的争先创优的积极性；深化人事制度改革，引进激励机制，加大竞争上岗，异地交流和轮岗的力度，增强选拔任用领导干部的透明度，激发各级干部积极向上的竞争意识和责任意识；坚持民主集中制，切实提高各级党组民主生活会的质量，增强各级局领导班子的凝聚力、向心力、战斗力。

（三）严格管理，狠抓机关和基层建设。不断完善目标管理责任制，经对地、州、市局目标管理工作考核，16 个地、州、市局均为一级局。继续开展文明创建活动，2000 年有 11 个（市）局被授予“文明系统”，28 个单位被授予“文明单位”，10 个县级局领导班子被授予“先进领导班子”，36 个内设机构被授予“先进集体”；举行了征收管理与税务稽查、计会统与财务、计算机应用与管理三个系列在职干部共 8572 人参加的业务考试，调动了学习积极性，培养了钻研业务精神；按照总局批复的方案，圆满完成省局机关机构改革工作。坚持把做好深入细致的思想政治工作贯穿于改革始终，确保干部思想稳定，同时对副处级干部实行竞争上岗，对一般干部实行“双向选择”。通过改革，省局机关内设职能处室由原来的 17 个减少到 14 个，机关人员精简比例达到 12%，有 22 个副处级领导职位实行了竞争上岗，干部交流轮岗比例达到了 30%，职能配置更加科学合理，工作职责更加明确，人员的年龄结构和知识结构进一步优化。

（四）强化监督，从源头上抓党风廉政建设。大力开展党的性质、宗旨和党纪国法教育，引导全体国税干部增强党性观念、公仆意识和遵纪守法观念，树立一切以党的利益为重，以人民利益为重，以国税事业为重的思想，开展警示教育，筑起拒腐防变的坚固防线；强化了对税收执法权和行政管理权的监督制约；配合有关部门做好行风评议跟踪检查工作和中央收入征管情况审计工作；进一步查处了违法违纪案件，2000 年共立案 28 件，结案 26 件，处分 31 人，移送司法机关处理 1 人，挽回经济损失 1122.26 万元。

五、存在问题

主要问题是：(1) 虽然全系统特别是基层的基础设施总体上已大为改善，但在某些方面和地方还比较薄弱，还需要加快建设步伐；(2) 一些基层单位存在的“疏于管理，淡化责任”的问题仍没有得到根本解决” (3) 干部的政治、业务、文化素质与新形势的要求尚有一定差距，应对复杂局面的能力有待进一步提高；(4) 抓落实力度不够，工作质量还不够理想。

云 南 地 税 工 作 述 评

云南省地税局局长　冯登坤

2000 年，全省地税系统在省委、省政府的领导下，继续深入贯彻“加强征管，堵塞漏洞，惩治腐败，清缴欠税”的税收工作 16 字方针，严格依法治税，不断调整完善征管措施办法，稳步推进税收征管改革，加大税收征管力度，同时，加强干部队伍建设，努力提高队伍素质，圆满完成了省委、省政府交给的任务，为云南经济建设和社会发展作出了应有的贡献。

一、地方税收入持续稳定增长

2000年，全省地税部门共组织收入128.14亿元，比1999年增收9.06亿元，增长7.61%，工商税收、农业税收均超额完成省委、省政府下达的任务，从而为“九五”税收工作划了一个圆满句号。其中：工商税收完成105.55亿元，增收8.05亿元，增长8.3%，完成计划的104.1%；农业税收完成22.59亿元，增收1亿元，增长4.68%，完成计划的112.94%。

整个“九五”期间，地税部门累计征收地方税收入496.97亿元，每年均超额完成省委、省政府下达的收入任务。其中，工商税收累计完成427.99亿元，实现了年均增收12.89亿元、年均增长11.24个百分点的增长速度；农业税收累计完成68.98亿元。地方税收入占地方财政收入的比重由1994年地税机构组建时的44.41%上升到2000年的71.95%。各税种均大幅增收，个人所得税、印花税、屠宰税、土地增值税、土地使用税、房产税、车船使用税、企业所得税等8个税种实现了收入翻番。从1998年8月开始负责企业职工基本养老保险费的征缴工作以来，全省地税部门累计征收养老保险费40.8亿元，养老保险费征缴率不断提高，1998年达到89.97%，1999年达到94.1%，2000年达到94%以上，均完成了省政府的考核要求。

收入任务的圆满完成，为全省经济建设和社会发展提供了重要财力保障。特别是近年来为云南省配合国家实施积极财政政策，应对亚洲金融危机冲击，保持国民经济持续健康发展作出了积极贡献。这一成绩的取得，是“九五”期间全省国民经济持续稳定增长的标志；是省委、省政府和国家税务总局正确领导、全社会大力支持配合地税工作的结果；是依法治税、加强征管、深化税收征管改革的体现；是全省地税干部队伍开展“三讲”，努力实践“三个代表”重要思想，大力加强干部队伍建设，提高干部队伍素质取得的结果。

二、加大调研力度，不断完善政策措施

2000年，为进一步完善税收政策，各级地税部门加大了调研力度：(1) 对营业税管理中反映出来的18个政策问题在昆明、曲靖等几个地区深入调查，提出了处理意见；(2) 按照国家税务总局的要求，做好了城市维护建设税和车船使用税改革的调研工作；(3) 积极配合省农村税费改革领导小组和有关部门做好全面推开农村税费改革试点的准备工作，对调整农业税和农业特产税政策后对地方税收的影响进行了反复测算和充分调研，提出了制定全省农村税费改革方案的意见和建议。(4) 对云南省如何贯彻落实中央关于加快西部大开发步伐有关税收优惠政策进行调研，向省政府提出意见和建设。

通过不断完善税收政策，有力地堵塞了税收漏洞，促进了征管的加强，维护了税收执法的严肃性，使依法治税的原则在全省得到进一步贯彻。同时，也使地方税收调节和鼓励经济发展的职能作用得到了进一步发挥。通过对新办第三产业、高新技术产业、个体私营企业、乡镇企业、农村个体工商业户、企业下岗职工自谋职业、新办私营企业和个体工商业户以及老、少、边、穷地区企业等给予税收减免优惠，加快了这些企业的发展步伐，促进了国民经济结构的调整，为云南省实施“十五”计划打下了基础。

三、征管力度日益加大

各级地税部门进一步建立和完善各项税收征管制度。夯实征管基础。(1) 逐步建立和完善了征管质量考核指标体系。在1998年开始对纳税申报率、申报准确率、税款入库率、欠税回收率“四率”进行考核的基础上，从2000年起，进一步对登记率、处罚率和滞纳金加收率进行考核，从而形成了以“七率”为内容的全省地税系统的征管质量考核体系。(2) 加强源泉管理。对重点纳税户的生产、经营、财务情况实行重点监控，密切掌握税源变化情况，做到管户清，税源明。(3) 加强税收核定征收管理。对账制不健全、无账可查的纳税人实行税收核定征收管理；对已实行核定征收的纳税人，根据其生产经营情况，不断调整税收定额。(4) 进一步加强发票的规范管理工作，实行以票控税。(5) 加强税收日常检查和专项检查工作，堵塞税收漏洞，打击偷逃税行为。(6) 完善单项税费征管办法，提高管理质量。进一步规范了娱乐服务业临聘人员、保险营销员和企业营销人员个人所得税征税办法，律师事务所和会计师事务所征税办法，装饰装修工程

投调税、车船使用税、房产税、印花税、屠宰税、农业特产税、契税等征管办法，制定实施了文化事业建设费征收管理实施办法和旅游宣传促销费征收管理暂行办法。(7) 加强协税护税网络建设。进一步密切同公安、工商、银行、技监、交通、房管、土地等部门的合作，继续完善代扣代缴制度和代收代缴制度，进一步克服地方税税源零星分散、征管难度大的矛盾，加强了源泉控管。(8) 加大了对省级地方税收的征管力度。经省政府批准，于2000年1月2日成立了省地税局直属征收分局，主要负责昆明市（除东川区外）的省属企事业及金融保险企业的地方税收征管，同时对全省省级地方税收负有监督检查权。直征分局成立1年来，共组织省级收入11.39亿元，占全省省级收入的66.5%。

四、征管改革稳步推进

（一）继续推进新、旧征管模式的转换，在纳税人中广泛开展自行申报纳税、自行计算税款、自行解缴税款的“三自”纳税，逐步改变过去税收专管员“一人进户，各税统管”的做法。

（二）加快办税服务厅的建设，统一规范办税程序，变分散办税为集中征收，为纳税人提供优质服务。

（三）加快稽查队伍建设，建立机构，充实人员，加大对税收违法行为的打击力度。

（四）实行科技兴税战略，大力推广计算机在税收工作中的运用，加快计算机局域网建设和全省统一运用的征管软件开发步伐。

通过稳步推进征管改革，税收征管新模式所内涵的优越性正日益体现出来：(1) 促进了纳税人纳税意识的提高。目前，全省已有95%以上的企业、90%左右的个体工商户实行了申报纳税。(2) 缓解了人少事多的矛盾。计算机在税收工作中的逐步推广运用，使一批地税干部从繁琐的手工操作中解脱出来，充实到稽查部门。(3) 通过重点稽查，有力地打击了偷逃税行为。2000年，全省地税系统通过稽查共查补入库税款4.48亿元，既维护了税收法纪，也为完成收入任务作出了积极贡献。整个“九五”期间，全省地税系统稽查部门针对征管薄弱环节以及一批钉子户实施重点稽查、重点处罚，推动了整个稽查工作的深入开展，5年累计查补入库17.29亿元。(4) 通过改革，强化了地税系统内部监督制约机制，有效地纠正了收“人情税”、“关系税”等不正之风，促进了地税系统的廉政建设。

五、队伍建设不断加强

全省地税系统按照中央和省的有关规定，从思想政治、业务素质、党风廉政和贯彻执行民主集体制等全方位加强领导班子建设，并按照干部管理权限，对下级班子进行考核，调整、充实了各级领导班子，一批德才兼备的同志走上领导岗位，使地税系统领导干部结构逐步向“革命化、年轻化、知识化、专业化”方向发展。通过深入开展“三讲”教育，较好地解决了领导班子和领导干部在党性党风方面存在的一些主要问题。

干部队伍的综合素质不断提高。各地从实际出发，坚持学以致用的原则，把提高干部政治理论水平、税收政策法律水平、税收会计业务能力、查账能力和普及计算机应用技能作为重点，按照分级负责的培训原则，不断探索和改进培训方法，采取以会代训、专门业务培训、选学送培、鼓励自学等形式，有针对性地解决了干部队伍思想业务素质方面的薄弱点和空白点，增强了干部队伍在新时期下做好地税工作的本领和能力。

行风建设也取得了新的突破。通过深入开展“三爱一树立”、文明办税“八公开”、争创文明办税服务厅、军民共建文明单位等内容丰富、形式多样的精神文明创建活动，各级地税干部转变工作作风，增强服务意识，优化服务水平，涌现出一大批先进集体和先进个人。同时，加大了党风廉政建设和反腐败工作力度，进一步完善监督制约机制，从源头上治理和防止腐败现象的发生；建立健全了监察机构，围绕税收中心任务开展税务执法监察；聘请了一批特邀监察员，依靠和发动群众建立起广泛的外部监督网络。通过坚持不懈地加强行风建设，1999年地税系统在全省行风评议中满意率达到98.65%，在2000年全省行风评议跟踪检查中，地税系统的整改落实情况得到了评议组的肯定，也受到各级党委、政府和广大纳税人的好评。

六、存在问题

主要问题是：由于种种原因，个别地区还存在超越权限擅自减免税收的情况，维护和执行地税系统垂直管理体制的自觉性还不够，税收征管还存在“疏于管理，淡化责任”的漏洞和薄弱环节。税收征管改革虽取得一定进展，但由于缺乏资金与技术，网络建设与软件开发的进度低于全国平均水平，改革步伐需要加快。干部队伍的综合素质离税制改革和形势发展的需要还有一定差距，少数干部还存在执法不严、为税不廉、税风不正的问题，班子建设、干部队伍建设亟待进一步加强。另外，对地方税收如何进一步促进云南经济结构调整和支持西部大开发云南行动计划的开展，需要加大调研力度。

云南工商行政管理工作述评

云南省工商行政管理局局长　何远灿

2000年是云南省工商行政管理系统垂直管理新体制全面运行的第1年。经过全系统干部职工的共同努力，各方面都取得了新成绩。概括起来讲，2000年的工作就是三句话：树立了指导思想、推进了职能到位、加强了自身建设。

一、树立了指导思想

2000年，全省工商行政管理系统干部职工认真学习和实践“三个代表”的重要思想。省局领导班子、机关各处级单位和各地州市县工商局都开展了学习讨论，注重找准“三个代表”重要思想和工商行政管理实际工作的结合点，在理论联系实际上下功夫。从根本上说，工商行政管理的各项工作，都是为了支持和促进社会生产力的发展，都是为保护和弘扬反映社会生产力的发展要求的先进文化，都是为了维护和保障最广大人民群众的根本利益。因此，工商行政管理工作，就是实践“三个代表”重要思想的工作。“三个代表”的重要思想，指引着我们前进的方向，是我们各项工作的出发点和目标，也是我们言行的准则。我们2000年的工作之所以取得成效，最重要的就在于学习和树立了“三个代表”指导思想，用“三个代表”来指导规范我们的工作实践。这是2000年工作取得成绩的根本原因，也是我们今后做好工作的根本经验。

二、发挥了职能作用

（一）做好个体、企业登记注册监督管理和商标广告工作，为支持国有企业深化改革和个体私营经济发展作出了积极的努力。准确、及时地完成了商业、轻工、石化等厅局以及省属科研院所、电信和高校后勤等部门改制后的登记工作。积极配合有关部门做好产品无市场、长期亏损、扭亏无望和资源枯竭企业的关停并转工作，清理整顿浪费资源、技术落后、质量低劣、污染严重的“五小”企业，全省共注销了此类企业55户，吊销22户，变更3户。严格遵守企业登记程序，完成了新办企业和国有企业改制后的登记工作。

截至2000年底，全省共有各类企业13.05万户，其中国有企业3.75万户；集体企业6.75万户；联营企业657户；股份合作制企业3778户；公司1.46万户。结合《个体独资企业法》的颁布实施，开展个人独资企业的登记工作，全省登记个人独资企业569户。积极支持私营企业兼并、购买国有中小企业和集体企业转制为私营企业。鼓励、引导国有企业下岗职工从事个体经营或到私营企业工作，实现再就业。2000年全省个体私营经济共安置国有企业下岗职工1.41万人。截至年底，全省共有个体工商户62.6万户，从业人员93.6万人；私营企业2.01万户，从业人员34.7万人，注册资金171.7亿元。利用云南成功举办世博会的契机，进一步扩大开放，加大招商引资力度。全省有外商投资企业1631户，比上年增加2.2%，投资总额累计达47.6亿美元，注册资本金累计达30.6亿美元。积极引导企业运用商标广告战略增强市场竞争力，开拓市场。昆明卷烟厂的“云烟”商标被国家工商局认定为中国驰名商标。2000年，全省的商标注册申请数为1458件；广告经营单位1490户，从业人员1.12万人，营业额达7.4亿元，仍以年均1个亿的速度增长。

（二）加大执法力度，打击假冒伪劣，为改革开放和经济发展创造良好的市场环境。2000年，全省共查处制售假冒伪劣商品案件9129件，捣毁制假售假窝点389个，查获假冒伪劣物资价值1225万元。查处商标违法案件474件，收缴和销毁假冒商标标识90多万件（套），罚款40多万元，责令赔偿经济损失19万元。立案查处广告违法案件105件，收缴非法印刷品广告60余万份。以反仿冒、反误导为重点，加大了反不正当竞争执法力度，维护公平竞争的市场秩序。全省共查处不正当竞争案件368件，立案199件。其中强制交易8起，不正当有奖销售8件，假冒、仿冒、误导246件。加强重要合同的监管工作，打击合同欺诈违法行为。全省共鉴证各类合同18.3万份，涉及金额82.6亿元；检查6761个企业的合同履行情况，检查合同84.8万份，发现不合格合同2.1万份，涉及金额1000万元；查处欺诈等违法合同案件8件，涉及金额595万元。各地工商行政管理机关陆续开通了工商“12315”投诉举报电话，查处侵犯消费者合法权益案件2291件，案值491万元。各级消费者权益保护组织接待消费者来访咨询36万多人次，受理消费者投诉1.97万件，解决率达99.3%，为消费者挽回经济损失540万元。支持消费者向法院起诉223起。清理和取缔各类违法违章生产经营活动。检查国有、集体药店900多户，个体药店1.68万户。取缔无证无照经营680户，取缔无证行医诊所1390户，没收非法进口和假冒伪劣药品、医疗器械价值229.9万元。对市场内消防安全、个体私营采矿、易燃易爆物品的生产销售等重点部位进行大清查。检查各类市场7000余个，经营户18万户次，清理取缔存在危害人民群众生命财产安全隐患的的违章违法生产经营户4166户。进一步规范文化娱乐服务业，对电子游戏、舞厅、卡拉OK厅、桑拿按摩洗浴、美容美发、酒吧、网吧、茶室、录像放映等经营户进行了检查、清理，检查4.5万户次，取缔无照经营449户，停业160户，限期整改802户。严厉打击传销和变相传销行为，遏制了传销和变相传销蔓延势头。全省查处传销及变相传销案件56起。集中开展整顿队伍作风的专项行动，公开处理了一批违法违纪人员，惩治了执法腐败，强化了廉政建设。共查处不廉洁执法行为15起，涉及15人，查处不公平执法行为3起，涉及6人，查处不文明执法行为8人。

（三）加强对各类市场的监管。为有效地加强对粮食收购、加工、运销等环节进行监管，全省共出动检查人员6960人次，检查市场2011个，检查粮食经营企业7382户次（含个体工商户），取缔无证经营企业71户，查处非法收购、运销粮食案件81起，有效地维护了全省粮食市场的正常经营秩序。加强与有关部门的协作配合，取缔私货市场，打击私货交易行为，全年共查处走私贩私案件132件，立案107件，案值885万元。开展“扫黄”、“打非”专项行为，对出版物市场进行了清理整治，全省共查获非法出版物3.5万册，收缴盗版光盘4万余片。加强对商品交易市场的日常监管，全省共查处商品交易市场内一般违章违法行为3.3万余起，罚没金额221万元，有效地维护了市场交易秩序。

（四）法制工作取得新成绩。“九五”期间，全系统共举办150余次法律知识培训，培训干部职工2万余人次。“三五”普法期间，全省工商行政管理系统共举办了2000余期普法教育培训，市场经营人员参与培训人数达10万余人。抓紧对《云南省保护消费者权益条例（修正草案）》的修改、论证工作。基本完成了对《云南省无照经营处罚条例》的草拟、修改工作。参加近百件涉及工商行政管理的地方性法规的论证和修改工作，从立法源头上防止行政权的交叉、重复和冲突，保证工商行政管理职权的完整性和有效性。加强执法监督工作，强化了案件核审、复议、应诉、组织听证等工作。全省核审案件5887起，受理复议申请92起，对102起案件实行了听证。

三、加强自身建设

（一）明确发展思路。经过1年半的新体制运行实践，2000年，省局党组较为完整地制定和提出了全省工商行政管理工作的发展思路；抓好四大建设，推进职能到位。四大建设就是体制建设、队伍建设、基础设施建设和社会主义精神文明建设；职能到位就是国家法律法规赋予的执法监管行政职能必须到位。

（二）深入开展“三讲”教育，搞好机构改革，加强班子建设。深入开展省工商局领导班子和领导干部“三讲”教育回头看活动，组织开展地州市工商局领导班子和领导干部“三讲”教育及“回头看”活动。通过“三讲”教育，各级领导班子和领导干部普遍受到一次深刻的马克思主义理论教育，思想上有了明显的提高，政治上有了明显的进步，作风上有了明显的转变，纪律上有了明显增强。特别是通过认真学习江泽民总书记“三个代表”的重要思想，进一步增强了为人民服务的宗旨意识，提高了依法行政的责任感和使命感。对十个地州市局领导班子的成员作了组织上的调整和充实，健全和加强了班子建设。省局机关顺利地完成了机构改革。省局机关内部职能部门变动较大，保留办公室、人事教育处、监察室、法制处、个体私营经济监督管理处、市场监督管理处、广告监督管理处。公平交易局更名为公平交易处。企业注册局更名为企业登记管理处。撤消商标管理处，设立商标管理办公室，新设立计划财务处、消费者权益保护处。省纪委在省局设纪检组。公务员编制精简了 47.5%，领导干部轮岗面达到 60% 以上，新提拔处级职务 26 人。九个地州市局健全了纪检监察机构。

（三）行风建设持续进展，治乱减负工作扎实有效。狠抓行风评议跟踪督察，继续推进行风建设。根据在 1999 年全省工商行政管理系统行风评议会上，省政府评议组提出的工商系统在行风建设方面存在的问题和程映萱副省长对工商系统行风整改提出的三点要求，结合自查自纠中发现的问题，认真抓了行风评议跟踪监督。检查结果表明，全系统行风建设整改抓得有力，行风建设取得了新的进展，受到了检查组的好评。各级工商行政管理机关自上而下开展了治乱减负自查自纠工作。针对少数县（市、区）不同程度地存在收年检贴花费、动产抵押贷款登记费、年检标识费、年检材料费和打印费，以及在工商年检时强行收取个体工商户和私营企业协会会费，极个别地方还存在上路设卡收费等问题，各地本着有则改之、立整立改的态度，进行了严肃认真的整改，停止了各种违规收费行为，切实减轻了企业和个体工商户的负担。

（四）制度建设取得新进展。省局党组十分重视制度建设和落实，各地市局、县级局和工商所都在制度建设上取得了新成效。基本上做到了用制度管人、管财、管基建，用制度管事。主要表现在：制定和完善了各级党组和领导班子的议事制度，重大问题坚持了集体讨论制度，不搞一言堂；初步建立起工商行政管理系统内部干部人事管理制度，明确了省、地两级工商局党组在干部管理工作中的职责并作出了具体规定，制定和实施了党风廉政建设，严肃惩治腐败的制度；形成了新体制下全省系统内财务管理的各项制度，健全了具体的管理办法；坚持了各项执法监管的制度，并在实践中不断健全。

（五）加强对基层工作的指导。2000 年是全省工商行政管理系统的调查研究年，省局党组提出了心往基层想，人往基层走，钱往基层用的指导原则，省地县局三级领导深入基层调查的力度大、时间多、解决问题实在。省局领导和省局机关处室负责同志，深入到了三分之一以上的县级局和 100 多个工商所，围绕新体制建设，切实帮助基层解决了一些实际困难。特别是围绕省委、省政府提出的建设连接东南亚、南亚国际大通道的战略目标，先后深入到瑞丽姐告、红河河口、勐腊磨憨等三个口岸调研，形成了建设“国门工商”的部署，受到了省委、省政府领导的肯定。

（六）思想政治工作和精神文明建设取得新进展。召开了全省工商行政管理系统思想政治工作和精神文明建设现场会，在全系统内明确提出“精神文明学楚雄”的口号。全省各地州市局贯彻楚雄会议精神，分别对各地加强和改进思想政治工作、加强社会主义精神文明建设作出了部署和安排。全系统内群众性思想政治工作和精神文明建设活动不断广泛深入开展。组织开展了云南省工商行政管理系统首届“红盾杯”运动会，进一步增强了队伍的凝聚力。

中国人民银行昆明中心支行工作述评

行长 雷滇生

2000年，人民银行昆明中心支行以邓小平理论和党的十五届四中、五中全会精神为指导，认真学习贯彻“三个代表”的重要思想，在上级行党委的领导下，团结一致，开拓进取，较好地发挥了省会城市中心支行的职能作用，圆满完成了年初确定的各项工作任务。

2000年，全省金融运行平稳发展，各项存款持续增长，企业存款增势转好，储蓄存款增幅减少；贷款结构调整明显，贷款进度后期加快，货币政策工具作用较大。12月末，云南省金融机构各项存款余额为2465.68亿元，比年初增长9.74%。全省金融机构各项贷款余额为2121.12亿元（含国家开发银行在云南统贷数），比年初增长9.72%。截至12月末，全省外汇收支18.88亿美元，其中结汇收入10.67亿美元，售汇支出8.21亿美元，顺差2.46亿美元。

一、积极支持地方经济发展

（一）金融调查分析研究。(1) 深入分析云南省、昆明市经济金融运行情况，及时提出存在的问题和有针对性的政策建议。(2) 通过召开行长联席会、信贷员座谈会以及深入企业进行调查研究，积极宣传稳健的货币政策，进一步理顺货币政策传导机制，落实好国家已经出台的各项货币信贷措施；同时，进一步了解银行需要什么、企业需要什么，促进了银行与银行之间，银行与企业之间的相互了解和沟通，为提高金融服务水平打下了基础。(3) 对“银行难贷款，企业贷款难”的问题进行了认真调研和分析，提出了政策建议。

（二）货币信贷政策指导。认真贯彻货币信贷支农政策。除及时发放支农再贷款外，还积极督促农村信用社改善支农服务，确保支农资金的专款专用。

积极支持国有企业改革与发展。(1) 加大封闭贷款政策的实施力度，12月末，全省封闭贷款完成4.08亿元，实现年初省政府确定的目标。(2) 积极推动银企合作，督促做好国债技改贴息项目贷款及债转股的工作。积极配合、协调有关部门督促云南省债转股的落实，全年实际实施债转股13户，债转股金额49.37亿元。(3) 积极参与国有工业企业的兼并破产，努力维护金融债权。对债权债务的界定、落实、转移、清偿等工作进行了全过程监督，把维护金融债权工作落实到实处。

督促商业银行大力拓展消费信贷。针对开展消费信贷业务过程中遇到的新情况、新问题，与有关部门共同商讨进一步推动消费信贷较快发展的措施建议，有效地推动了全省消费信贷的开展。到12月末，全省消费信贷余额约83亿元，比年初增加53.13亿元，增幅达177%。

积极推进教育信贷。根据国务院的有关精神，中心支行配合有关部门制定了《云南省国家助学贷款实施意见》，迅速组织辖内金融机构大力开展宣传工作，积极指导商业银行和农村信用社尽快发展业务，并协调处理有关事务。截至12月末，各商业银行与省内高校签订后勤设施贷款协议金额11.84亿元，实际贷款1.03亿元。4家国有商业银行与14所高校签订助学贷款协议，助学贷款12月末预计发放1550万元。

（三）对金融机构的信贷资金支持。灵活运用再贷款，引导金融机构加大对地方经济发展的支持力度。截至12月末，中心支行累计办理再贷款66.95亿元，其中，发放短期再贷款23.6亿元；对昆明市商业银行发放专项再贷款5亿元，用于支持中小企业及个体私营经济及消费信贷的发展；用活用足支农再贷款，向农村信用社累计发放支农再贷款10.33亿元，基本满足了

“三农”经济发展的合理资金需要。

积极推广票据业务，办理票据贴现、再贴现，合理引导贷款投向。截止12月末，累计办理再贴现8.83亿元，逐步扭转了年初以来全省再贴现业务萎缩的局面，有力支持了云南省和昆明地区重点企业的发展。三是充分发挥利率的调控和监督作用，引导金融机构按产业政策和客户的信用等级浮动利率。同时，加强利率监管，维护促进各银行的公平竞争环境。

二、进一步强化金融监管

金融监管工作以创建金融安全区为目标，以督促监管对象提高资产质量，健全内控制度，依法合规经营，防范和化解金融风险为重点，通过完善监管体系，提高监管水平，加大监管力度，把改善金融服务、支持经济增长、深化改革与防范化解金融风险有机结合起来，使金融监管工作更加深入、扎实、有效。

（一）对银行的监管。(1) 为准确掌握国有独资商业银行不良贷款剥离后贷款质量的真实性情况，加强对国有独资商业银行贷款质量的监管，认真完成了贷款质量真实性现场复查工作，并将复查报告按时上报。(2) 对4家股份制商业银行1999年度现场检查整改措施的落实情况进行了专项检查，督促其进一步健全内控制度，依法合规经营。(3) 对银行承兑汇票业务进行专项检查，及时发现了银行承兑汇票中存在的风险，为此项业务的健康发展奠定了基础。

（二）对非银行金融机构的监管。重点对昆明辖区内3家信托投资公司进行了清理整顿，并多次配合省政府研究信托投资公司分类处置方案，得到成都分行的肯定，处置方案在成都分行辖内率先正式上报国务院。同时按照人总行的要求，于8月顺利将昆明市辖区内35家典当行监管职责全部移交云南省经贸委。

（三）对辖内金融机构进行真实性检查。为全面掌握各商业银行的经营情况，我行按照上级的布置，开展对辖内商业银行的真实性检查工作，专门成立了真实性检查领导小组，抽调工作人员共159名，分别组织行长约见谈话和座谈会586次，281个金融机构1463人参加。谈话结束后，中支又抽调240人有针对性地抽查了各类金融机构70个，并根据查出的问题，及时提出整改要求。

（四）协助清理农村合作基金会。为配合省市政府做好清理工作，我行成立了协助配合云南省人民政府清理整顿农村合作基金会领导小组，并从有关处室抽调16人成立办公室，负责指导协调全省清理整顿工作。自3月3日云南省清理整顿工作正式启动以来，“协清办”共派出20余人的工作组对全省清理整顿农村合作基金会工作进行指导，正确地宣传和贯彻了清理整顿农村合作基金会的有关方针、政策，当好政府的参谋和助手。经过5个多月的努力，全省农村合作基金会全部统一关闭，顺利实现了农村合作基金会的市场退出，并于8月15日开始兑付个人股金。此外，为确保整顿工作的顺利进行，我行还发放清理整顿农村基金会专项贷款28亿元。

（五）维护金融秩序稳定。(1) 加大对城乡信用社的现场检查力度，督促其合规经营，进一步建立健全各项内控制度。(2) 通过加大对中小金融机构的再贷款支持，缓解中小金融机构的资金供求矛盾，增强竞争实力。(3) 积极运用法定存款准备金手段，及时有效地缓解了5家城乡信用社的支付困难。(4) 迅速妥善地处置了昆明市商业银行突发挤兑事件，维护了昆明市金融秩序的稳定。

（六）外汇监管。(1) 强化对外汇指定银行外汇业务经营合规性的监管，促使其认真履行国家赋予其对外汇收支合规性监管把关的职责，提高监管的有效性。配合全国国有股份制银行系统结、售汇和付汇业务真实性、合规性检查工作的开展，对我省四家国有股份制银行的7家分支机构1998年至1999年结、售汇和付汇业务开展了全面检查。(2) 根据国家外汇管理局有关要求，布置全省43家国际旅游社对其外汇收支及管理现状进行了自查，在此基础上，我行重点选择了5家进行现场检查，弄清了情况、发现了问题，为强化旅游外汇收支监管打下了基础。(3) 对1998－1999年，单笔金额在50万美元以上的出口逾期未销余额最大的前30家进口付汇企业进行了清理催收；对1999年4月－12月辖内企业挂失的新版出口收汇核销单进行了清理。

（七）对各类金融违规违法行为进行查处。(1) 加大了对商业银行违规行为的处罚力度，对违规的金融机构和人员进行了处罚。(2) 协助公安机关查处“万宝通银行”非法活动。(3) 对一些不规范或在经营中有违规行为的典当行进行了处理，为移交工作奠定了基础。(4) 继续治理和查处金融“三乱”，组织查处非法集资案。(5) 积极配合有关部门，对外汇黑市进行了严厉打击。(6) 积极参与组织全省打击制贩假币联合行动，有力地打击了我省的制假贩假活动。(7) 成功堵截银行承兑汇票诈骗四起，并配合公安机关抓获犯罪嫌疑人。

三、金融服务水平再上新台阶。

(1) 圆满完成了银行卡信息交换系统工程的成员行入网工作，实现了银行卡网络的全面开通，昆明市9家发卡银行全部入网，实现了银行卡资源信息的共享。同时，为向广大用户和商家提供更加快捷和便利的用卡环境，在全国第一次开创了划分商户市场的先河。(2) 电子联行业务在保证联行汇路安全、快捷、畅通，确保业务增长和稳定运行的基础上，今年又继续完善了电子联行“天地对接”系统，加强了对各商业银行行端的技术指导和服务，扩大了业务的覆盖面，同时完成了9个人行地州中支的电子联行“天地对接”推广应用工作，占全省总数的75%。12月末，共接收来帐35.44万笔；发送往帐66.35万笔，为各行端和客户查询帐户7488笔。手工联行全年处理往来帐务99339笔，并创造了手工联行对帐史上未核对来帐仅200多笔、未核销联行来帐最少仅2笔的前所未有的记录。(3) 银行信贷登记咨询系统进一步向深度和广度推进。至年底，全省128个县市都运行了信贷登记咨询系统，发配贷款卡5.3万张。全省金融机构联结贷款网点达480个，每月各金融机构通过系统查询借款人信息近千次。同时，外币贷款、银行承兑汇票、信用证、保函等信贷信息已上报入库。

各有关服务单位和部门，也通过加强内部管理，改进工作作风，促进了服务质量的进一步提高。全省的金融科技服务工作得到改善，建立了双向联系制度，努力提供“找得到、服务得好”的技术保障服务，面向业务部门“变等待服务为主动巡回”，面向基层“变拿来修理为上门服务”。同城清算在确保业务平稳运行的基础上，利用同城清算业务的有利条件，开展了交换信息查询业务，增加了信函交换业务，免费为各交换单位提供数据重组、数据统计信息。国库管理内控制度更加完善，对国库资金的监管更加严密，基层国库管理水平有了进一步提高。全年销毁残损人民币总量进一步加大，对第四套人民币及小面额货币销毁力度加强，流通中人民币整洁度全面提高。经济金融数据统计更加准确、快速、全面，对经济金融形势的分析灵敏、及时。

中国农业发展银行云南省分行工作评述

行长　黎维彬

2000年是党中央、国务院进一步深化粮棉油流通体制改革的一年，也是农业发展银行坚持以人为本、提高素质、强化管理、加快发展的一年。一年来，中国农业发展银行云南省分行在总行和省委、省政府的领导下，认真贯彻执行党中央、国务院的方针政策，抓好党的十五大和十五届三中、四中全会精神、中央经济工作会议等一系列重要会议精神的贯彻落实，紧紧围绕封闭管理这一中心工作，不断健全管理机制，强化管理措施，提高管理质量与水平，防范和化解信贷风险，巩固和扩大收购资金封闭管理的成果，积极参与和推动全省粮油流通体制改革，为支持促进云南农业和农村经济发展做出了积极的贡献。同时通过省分行机关的“三讲”回头看、省级以下机构的“三讲”教育，全省范围内的职业道德教育和县（市）支行“三定”等活动，进一步加强党的建设、干部队伍建设和思想政治工作，努力提高干部职工素质，强化制度创新和经营管理，为农发行今后的改革与发展奠定了坚实基础。

一、以封闭管理为中心的各项工作成效显著

按照以人为本，规范管理，严格管理，努力把农业发展银行建设成为“机构精干、素质优良、管理严谨、手段先进、效率一流”的农业政策性银行的工作思路，分行强素质、重管理、严要求，经过一年来的不懈努力，封闭管理工作成效卓著，七项业务考核与监测指标完成较好：(1) 贷款收回率109.86%，(2) 利息收回率95.99%，(3) 资金利用率98.35%，(4) 不合理占用贷款下降率26.41%；(5) 新收购（含调入）粮油价值与新放收购（含调销）贷款比率100%；(6) 销售货款回笼率100.71%；(7) 回笼销售货款归行率113.8%。

（一）切实加强信贷管理，全面提高封闭管理水平。按照“库贷挂钩、钱随粮走、购贷销还、封闭运行”的原则，分行狠抓信贷管理基础工作，使信贷管理逐步走上了规范化的轨道，封闭管理工作质量不断提高。

1. 进一步加强“贷、库、收、清”四个关键环节的管理，努力提高封闭管理工作质量。一是严把贷款发放关，既确保收购资金的及时足额供应，又严防贷款源头上的“跑、冒、滴、漏”。各级行严格执行“收一斤粮发放一斤粮的贷款”的规定，狠抓了贷款核放报帐制的规范操作，做到认真核打收购码单，严格按码单发放贷款，有效地防止了收购资金被挤占挪用，使粮棉油新收购（含调入）价值与新发放收购（含调销）贷款相吻合。全年累计发放贷款20.14亿元，支持收购、调销粮食17.23（混合原粮）亿公斤，油脂1729万公斤。同时，切实加强信贷资金管理，努力节约信贷资金，减少资金占用，收购费用贷款每公斤由上年的0.033元下降为0.0182元，库存粮食平均占用贷款下降，银行资金使用效益明显提高，企业经营成本也相应降低。二是强化库存监管，使资金动态与实物动态相互契合。各级行建立健全了库存明细帐，完善了出入库报告制度。绘制了仓容平面图和企业分布图，基本实现了标仓管理。各基层行信贷人员严格执行联库制度，根除了大的空库现象，库存监管质量不断提高。三是狠抓销售环节的监管和收贷收息工作。加大了顺价销售的监管力度，跟踪监测货款归行和回笼，严格销货款的分割，切实做到应收尽收。全年归行货款23.90亿元中，收贷20.97亿元，收息9630万元，圆满完成了总行下达指标。四是大力清收不合理占用贷款，积极做好信贷资产的保全工作，降低信贷资产风险，提高信贷资产质量。结合信贷资产五级分类工作，分行对不合理占用贷款进行了全面的清理、清收，全年收回不合理占用贷款1964万元，不合理占用贷款下降率达26.41%。此外，积极与财政、审计等部门合作，依法加强信贷资产债权管理，采取多种资产保全措施，防止企业逃废债，有效防范、化解了信贷资产的显性和隐性风险。

2. 在保证国有粮企保护价粮食收购资金及时、足额供应的同时，积极探索非保护价粮食购销贷款管理办法，大力支持企业的非保护价粮食购销活动，促进企业搞活经营，加快自身改革与发展。全年共发放非保护价粮食收购贷款3.56亿元，支持粮企收购非保护价粮食4.37亿公斤。粮食企业通过经营退出保护价粮油，全年实现毛利1.45亿元。一是加强学习，扩大宣传。在国务院粮食购销“双退”政策出台后，及时组织学习传达，使全行干部职工系统全面的掌握文件精神，领会政策实质和意图。经过学习后，全行干部职工尤其是信贷人员统一了思想，提高了认识，克服了等待观望情绪，达成了一致共识：“双退”政策的实行，一方面对粮企的经营理念、经营管理、自身改革和竞争实力带来了极大的困难和前所未有的挑战，另一方面有利于粮企转变经营观念，调整工作思路，加强经营管理，强化自身变革，扭转亏损格局，谋求更大发展。因此，大家一致认为，退出保护价粮食的收购，对粮企来说是挑战，但更是机遇。在统一全行干部职工的思想认识的同时，还向社会尤其是向各级政府、粮食主管部门及粮企大力宣传，赢得社会各界的广泛认同、支持与理解，为非保护价粮食购销贷款的有效管理创造了良好的外在环境。二是开展广泛深入的调查研究，及时出台具体的配套管理办法。“双退”政策实施后，分行领导带头组成专题调查组，分赴全省各主要产粮区，进行了全面、深入、细致的调查研究，掌握了全省非保护价粮食购销方面的第一手资料，很快就明确了“坚持政策，积极支持，区别对待，以效定

贷，全程监管”这一非保护价粮食购销贷款管理的工作思路，并在充分调研，科学论证，广泛征求意见的基础上，及时出台了“非保护价粮食信贷工作意见”。同时加强了非保护价粮食购销贷款的分类指导工作，提出了具体管理要求：“态度要积极，性质要分清，范围要明确，管理要分开”，从而有效地推动了此项工作的顺利开展。三是改进信贷和结算服务，推动粮企深化改革。在信贷管理方面，通过多种途径为企业提供政策咨询、市场购销价格以及市场预期走势等信息服务，为企业经营管理出谋划策，帮助企业确立市场观念、强化竞争意识、加强经营管理、加快内部改革。在结算服务上，本着“正确组织核算，真实反映盈亏，信息服务粮企”的原则，帮助企业正确使用会计科目、统一核算口径、提高核算质量、努力克服核算中的随意性，客观真实反映经济活动，提高数据时效性。同时努力向企业提供快捷、高效、优质、完备的结算服务。

3. 积极稳妥地推进陈化粮的销售处理工作，努力帮助企业调整、优化库存结构，大力促进顺价销售。针对云南省陈粮、陈化粮比重较大、企业潜亏严重、农发行信贷风险加大这种现状，我分行高度重视企业陈粮、陈化粮的销售处理工作，不但出台了“推陈储新管理办法”，而且要求各级行把陈粮、陈化粮处理工作作为一项重要工作来抓，支持各级行和粮食企业积极探索，大胆尝试，积极按政策组织销售。经过努力，全省共销售陈化粮 6.7 亿公斤。不少粮企通过销售陈粮、陈化粮，丢掉了历史包袱，降低了库存均价，促进了顺价销售，扭转了亏损局面，为进一步健康发展打下了基础。

4. 争取政策，加强协作，狠抓国家烟叶储备贷款的管理，圆满完成了烟叶储备任务。(1) 就烟叶储备贷款工作，进一步向总行、国家烟叶总公司争取政策支持。(2) 加大对外宣传力度，赢得了监管行的理解与支持以及烟草企业的积极配合。(3) 加强部门协作。召开了省烟草公司、农发行以及相关部门的联系会议，联合发文下达了烟叶储备计划，明确了补贴办法及补贴来源，规范了烟叶储备管理。(4) 按照封闭管理的要求，进一步细化了烟叶储备贷款管理办法，明确了工作职责，严格了监管要求，提高了烟叶储备贷款管理质量，有效地防止了贷款风险。

（二）采取积极有效措施，努力提高资金运用率和粮食财政补贴到位率。

1. 核算意识进一步增强，资金调度频率加快，资金使用效益提高。2000 年，分行进一步转变观念，增强资金核算意识、成本意识和大局意识，既保证资金供应，又提高资金使用效益，认真执行“统一调度，分别平衡”的管理办法和“小额勤调”的操作要求，坚持“全年计划，按季下达，跟踪监测，适时调整”的资金管理办法，强化头寸管理，小额勤调，勤借勤还，加速资金周转，使头寸资金保持合理的水平，最大限度地提高了资金营运质量与效益。全年共调度资金 611 笔，金额 58.9 亿元，比上年多调资金 102 笔，增加金额 26.2 亿元；全年下拨资金 206 笔，金额 18.5 亿元；收回资金 377 笔，金额 18.8 亿元；向总行借款 10 笔，金额 11.5 亿元；归还总行借款 18 笔，金额 10.1 亿元。年末系统内借款余额 73.3 亿元，比上年增加借款 1.5 亿元；资金合理运用率 98.35%，比上年提高 0.84 个百分点。

2. 协调沟通重监督，切实加强财政补贴的管理与拨付工作。全行上下提高认识，转变观念，规范制度，加强协作，分类督导，跟踪监测，彻底扭转了云南省财政补贴到位率不理想导致收购资金封闭管理难度加大这一被动局面，全省财政补贴资金管理与拨补工作成效显著：省级储备粮油利费补贴、新增财务挂帐利息补贴（含 1999 年和 2000 年责任部分）、粮食风险基金（省级应到位）三项资金全部拨补到位，中央财政承担的新增财务挂帐利息补贴（2000 年度）和中央配比的粮食风险基金也全额到位，地县储备利费补贴到位 93.99%、地县超储补贴到位 89.32%。一是着力进行制度创新，财政补贴资金的管理与监督拨付工作逐步进入规范化、制度化的轨道。在内部管理上，建立了财政补贴专人、专户、专管制度，严格执行了按月分析监测通报制度，拟定了财政补贴资金管理操作规程，设计启用了粮食财政补贴系列台账和财政补贴系列分析图表，从而进一步细化监管职责，提高了基础数据的准确性、真实性、权威性和客观性，并通过严格奖惩，使跟踪监测的质量与时效大大提高。在对外监督上，一方面与财政部门增进了解，扩大互信，达成共识，减少政策理解上的偏差；另一方面与财政和粮企主管部门建立了定期、不定期的工作联系制度、财政补贴请拨制度以及联合行文统一计算口径、统一操作办法、授权下级部门预拨资金制度。二是把握关键和重点，找准突破口。历年财政补贴到位不理想的主要原因在于粮食、财政、农发行在应补数额的计算口径上不一致，相互分歧较大。通过多次在省政府有关办公会上宣传政策，并积极主动与粮食、财政部门加强沟通，争取统一计算口径，采取“先易后难，逐个突破”方法，先解决相互意见一致的当年应补到位问题、粮食风险基金筹措问题、新增财务挂帐利息补贴问题，后解决相互分歧较大，一时难以达成全面共识的历年欠补问题。由于突出了重点，抓住了要害，分清了主次，并采取了灵活机动的处理办法，从而使当年应补到位率低的难题迎刃而解。三是加强分类指导，实行重点帮扶。针对全省16个地州市的粮食财政补贴结构状况、欠补程度、问题症结各不相同这一实际状况，加强了分类指导工作。针对各地的特殊情况，分别提出有针对性的处置办法，对个别欠补严重的地区实行重点帮扶，如帮助省分行营业部落实国储和中储补贴；对超储比例占50%以上的德宏、丽江等地州行，则重点督促粮食风险基金的筹措，取得了较好成效。

（三）进一步加强经营管理，改善财务状况，防范和化解信贷风险

1. 严肃财经纪律，加强财务管理，提高经营效益。一是狠抓制度建设，完善了财务管理体制，各级行都成立了财务管理领导小组，进一步明确了财务审批权限和审批程序，严格执行了大额费用集体研究和“一支笔”审批制度，制定了机关财务管理实施细则，上下级行长之间签定了《遵守财经纪律责任书》，制定完善了联行对帐考核实施细则及质量考核按季通报制度。二是严格执行制度，严肃财经纪律，认真处理违规违法行为。按照总行部署，从8月中旬开始，历时45天，在全省范围内开展了农发行成立以来规模最大的财务检查。在各级行全面自查的基础上，省分行组织6个工作组，对所有二级分行和60%以上的县支行进行了重点交叉检查，并配合总行工作组进行了重点检查，同时接受了人民银行的全面稽核。对检查出来的问题，逐一进行整改，并通报全辖，对严重违反财经纪律的分支行进行了严肃处理。三是以会计等级行的考核验收为契机，进一步强化会计基础工作，从帐务设置、会计凭证的管理、会计帐务记载的真实规范以及会计报表的合规合法等基础工作抓起，使全辖会计核算单位全部达到总行的会计等级行考核标准。同时加强了联行往来帐务处理工作，全年共办理全国联行往来业务17984笔，金额56.2亿元，结算服务质量不断提高，结汇差错率进一步下降。四是加强经营管理，严格财务支出，加强财务核算，努力改善财务状况。各级行抓好经营分析，监测收息进展，调整利息帐户，加强服务核算，做到应收尽收。省分行对收息工作做到按月分析、按季通报，有效地促进了收息工作：全年收回贷款利息4.6亿元，贷款收息率达95.99%。加强会计核算，严格财务管理，合理控制费用支出，全年实现财务收入100291万元，各项财务支出100235万元，收支相抵帐面盈利56万元，比上年减亏8345万元。

2. 完善内部管理，健全内控机制。一是进一步加强了稽核监督。稽核部门围绕全行中心工作，占面结合，突出重点，进一步完善规章制度，强化基础管理，加大了查处力度，提高了稽核实效。开展了粮油收购资金贷款管理现场和非现场稽核、信贷管理月报表真实性稽核、大额费用和基建项目合规合法性稽核、分支行长离任稽核、养老保险统筹基金稽核等项工作。全年共组274人次，投入1719个工作日，对169个县（市）次，111个粮企业，13个离任分支行行长进行了全面的稽核。通过稽核检查，发现违规贷款27.5万元；纠正制止企业坐支现金23万元，多头开户存款91万元；发现有问题大额开支841万元，纠正267万元。全年稽核部门作出稽核结论和处理决定84份，提出整改意见391条，落实整改368条，充分发挥了稽核的监督保障作用。二是强化党风廉政建设，层层签定了《党风廉政建设责任书》，严格推行党风廉政建设量化考核，强化警示教育，并加大案件防范和违法违规行为的查处力度。坚持预防为主、标本兼治的方针，以“三项工作”格局为重点，关口前移，建立案件防范预警机制，深化、细化规章制度，着力从源头上制止腐败。严格执法监察，监察粮食流通体制改革政策的执行情况，进一步加大了对各种违规违法行为的查处力度，并加大了对内

控制度执行情况的监察和查处力度。

3．加强安全保卫工作，保证安全营运。坚持“预防为主、确保重点、打击犯罪、保障安全”的工作方针，加强领导，层层签订安全保卫工作责任书；强化安全防范教育，进行防抢、防盗、防窃预案演练，提高应急防范能力；加大安全防范设施建设，全省44个营业场所安装了电视监控和自动报警系统，35个营业场所安装了防弹玻璃，6个营业场所与110联网，从而全面提升了安全防范能力，有效地防止了各类案件和事故的发生，确保了全行干部职工人身及财产安全。

4．狠抓资产保全工作，提高信贷资产质量，防范化解信贷风险。一是对划出的附营业务占用贷款采取了有效的资产保全措施，进一步加大了对企业悬空、逃废银行债务的监管力度，切实做好信贷资产质量状况的监测、分析和反映工作。二是圆满完成了信贷资产的五类清分工作，建立起了较为完备的信贷资产质量监测体系。三是认真搞好呆、坏帐的核销工作，对拟核销的呆、坏帐作了分类排队，按政策规定完善了有关手续，及时上报材料争取核销。

5．围绕全行中心工作搞好电子化建制，充分发挥现代化科技手段对封闭管理的支撑促进作用。一是切实抓好统计基础工作，加强各类统计报表的管理，提高了统计数据的准确性、及时性和全面性，加大了统计分析的力主度，为领导和有关部门决策提供依据。二是顺利地解决了“计算机2000年问题”，为封闭管理工作提供了有力的技术保障。三是大力做好农发行管理信息系统和门柜业务软件的升级、推广应用和完善工作。四是自行开发“信贷管理软件”，并在省分行营业部、曲靖、玉溪等7个地州市分行系统推广应用，使台帐建立、报表生成实现了自动化处理，极大地减少了基层信贷人员的工作量，提高了信贷管理的科技含量与工作质量，加速了信贷管理的现代化进程。五是加强局域网、广域网和电子邮件系统的建设，提升了网络运行能力，加速了公文电子化进程，提高了我行电子化水平。六是进一步规章建制，尤其加强了计算机保密工作、计算机及辅助设备管理、机关办公自动化、计算机机房管理等方面的制度建设，使我行的信息电脑工作进一步向制度化、规范化、科学化管理迈进。

（四）切实加强全系统党的建设、干部队伍建设和精神文明建设。

1．省分行机关认真开展“三讲”教育“回头看”活动，以“登高望远知不足，寻找差距求进取”的气魄和胸襟，进一步搞好思想教育，强化整改措施，扎扎实实解决实际问题，不断巩固和扩大既有成果，努力开创以收购资金封闭管理为中心的各项工作的新格局。

2．高标准，严要求，认真扎实地开展地州市分行和县支行的“三讲”教育。通过“三讲”集中教育，使地县（市）支行的领导干部和广大干部职工受到了一次深刻的马克思主义教育，政治理论素养和思想认识水平明显提高，领导班子建设和干部队伍建设进一步加强，提高了分支行的经营管理水平，同时也为搞好县（市）支行的“三定”工作及职业道德教育奠定了基础。

3．树立人本思想，扎扎实实地开展职业道德教育。这次集中教育以“爱岗敬业，遵纪守法”为主题，着力加强对全行干部职工的思想教育、从业纪律教育、从业基本素质教育。通过教育，进一步增强了干部职工认真负责、求真务实、敬业献身、开拓创新的精神，其事业心、责任感、自信心和进取意识明显增强，为农发行加强人本管理、深化改革、加快发展提供了思想和人员素质上的准备。

4．切实加强领导班子和干部队伍建设。一是调整充实了各级行领导班子成员，解决了班子成员不齐、助理过多等问题。二是加大了基层行领导干部培训力度，对全辖所有县（市）支行的行长、营业部经理共68人进行了一次集中培训，提高了他们的政治政策理论素养和经营管理能力与水平，为推动基层行的改革作好了干部准备。

5．积极稳妥地推进县（市）支行的“三定”工作。在充分调研、审慎决策的基础上，严格按照总行的部署，积极稳妥地进行了全辖54个县（市）支行的“三定”工作，合理调整、科学配置了有限的人力资源，充实了业务部门尤其是信贷部门的人员配备，压缩非业务部门的人员，强化干部职工的竞争意识，有力地推动了封闭管理工作。

6．抓好思想政治工作，积极推进精神文明建设。一是按照中央金融工委和总行的部署，切实把思想政治工作摆上各级党组织的重要议事日程。以收购资金封闭管理工作为中心，充分发挥工青妇组织的桥梁和纽带作用，积极探索加强思想政治工作的新途径、好方法，思想政治工作成绩斐然：如富源县支行思想政治工作典型经验在总行交流；省分行团委组织的“我为农发行增光添彩”巡回演讲活动，极大地调动了全行干部职工投身于农业政策性金融事业的热情，有力地推动了以收购资金封闭管理为中心的各项工作的顺利开展。通过深入细致的思想政治工作，帮助干部职工克服了“三种不良情绪”，理顺了干部职工思想，为顺利推进县（市）支行“三定”工作和积极推进干部人事制度改革作了很好的铺垫。二是加强精神文明建设，积极创建文明单位和开展评先创优活动。全省有4个单位获省级文明单位称号，17个单位获地级“文明单位”称号，27个单位获县级文明单位称号，有4个单位被评为总行级“青年文明号”，有28个基层行工会被命名为合格“职工之家”，有10个基层工会申报“先进职工之家”。有12名同志受到总行“十岗百佳”表彰，有2名同志被总行授予“先进工作者”荣誉称号。

二、主要工作经验

（一）把握工作关键，突出工作重点。

在全行工作头绪多，阶段性任务重，事情纷繁复杂的情况下，省分行党委统揽工作全局，把握工作关键，突出工作重点，始终把加强收购资金封闭管理作为主线，重点抓了业务管理、内容管理、党建和思想政治等工作。各个处室和部门，也突出了工作重点：信贷部门重点抓非保护价粮食购销，突出收贷收息；财会部门以财务大检查为重点，强化制度建设和基础管理工作；资金计划部门，以财政补贴的管理和监督拨补为重点；办公室以规范办公秩序，提高办文质量和办事效率重点；人事部门以提高干部职工素质，加快人事干部改革为重点。由于面上和点上的工作都突出关键，抓住要害，在精力分配上做到了主次分明，重点突出，因而全行的各项工作形成了整体推进、重点突破的良好格局。

（二）强化制度建设，着力进行制度创新。

制度建设既是管理赖以顺利进行的基础和前提，也是管理得以优质高效开展的保障，全行上下都把强化制度建设、进行制度创新作为最紧迫的任务抓紧抓好。省分行机关共修订完善了14个制度，新建立了10个制度；各处室也紧密结合工作特点进行制度创新，如资金计划处就如何规范财政补贴监管及拨补问题，不仅自行设计启用了财政补贴系列台账和分析图表，而且创造性地建立了多部门定期联系制度、财政补贴请拨制度和财政补贴跟踪监测制度，从而使全省的财政补贴逐步进入了规范化、制度化的轨道；财会部门为严肃财经纪律，规范财务行为，严格财务手续，制定了《省分行机关财务管理实施细则》和《省分行经费实拨管理与核算实施细则》；信贷部门为了适应非保护价粮食购销形势的需要，研究制定了省分行《关于做好非保护价粮油收购资金贷款管理工作意见》，对基层行顺利开展工作提供了指导作用。

（三）积极开展工作，做好部门协调，营造良好环境，推进各项工作。

1．加强与党政部门的联系，积极争取政策支持和工作上的理解。一是积极反映情况，加强与农业厅、林业厅等部门协调，农发行列进了全省退耕还林还草工作领导小组，为全省退耕还林还草中的粮食供应、资金结算和贷款本息回收等项工作的顺利开展创造了条件。二是通过向中国烟草总公司，农发行总行和人民银行积极反映争取，我分行的的烟叶储备贷款管理进一步规范化，既稳住了这项贷款规模，又提高了信贷资产质量。三是通过多次汇报，主动反映情况，及时阐释国家政策，使省委和省政府的主要领导进一步对农发行的各项工作给予了理解与支持，并多次召开联合办公会，解决我省粮食流通体制改革中的各种遗留问题和现实问题，推动了我省粮食流通体制的不断深入。

2．搞好部门协调，积极争取相关部门的理解、支持与配合。一是按照总行要求，与计委、财政、粮食等部门建立了工作联席会议制度，定期开会，沟通情况，解决具体问题。二是进一步加强与财政部门的合作，理顺关系，积极配合，妥善处理粮食财政补贴到位不理想的问题。三是与省烟草公司就国家烟叶贷款管理、国家烟叶仓储管理、烟叶储备利费补贴等达成共识，使烟叶储备贷款发放、库存监管、收贷收息等项工作逐步进入了规范化、制度化的轨道。四是与省计委、财政、粮食局等组成联合调查组，对退出保护价粮食的购贷销还及退耕还林还草中的粮食供应等进行了系统、全面、深入的调查研究，为省委省政府决策提供了决策依据和决策建议。五是采取各种形式加强银企合作，共同推进粮食流通体制改革。

（四）重检查，严整改，强管理，不断提高管理工作的质量与水平。2000年，全省共进行全行性业务等检查16次，有关处室检查24次。通过检查发现管理漏洞及存在的问题，有针对性地研究制定措施，不断完善制度，切实加强管理，全行经营管理质量有了明显提高。特别是通过总行组织的财务大检查、人民银行组织的业务稽核，省分行党委高度重视，针对检查中存在的财务会计管理问题，逐一研究整改措施，限期整改落实，取得了明显成效，促进了全行财会管理工作的制度化和规范化。

中国工商银行云南省分行工作述评

2000年是省工商行取得较好成绩的一年。在总行和省委、省政府及人民银行的正确领导下，省工商行认真贯彻落实年初全国分行行长会议和党建工作会议精神，继续实施“二十四字”发展战略，加快改革创新步伐，着力调整经营格局，大力提高资产质量，奋力扩大资金来源，切实加强内部管理，努力提高经营效益，全面完成了各项工作目标和任务。

一、推进信贷结构调整，各项贷款适度增长

全行认真按照总行“支持、适度支持、限制、禁入（退出）”四个层次的贷款分类管理要求，制定信贷进入退出指导意见，把信贷结构调整作为调整经营格局的主要措施抓实抓好。年末，各项人民币贷款余额464亿元，按含剥离口径计算，比年初增加28.39亿元。其中：流动资金贷款增加10.81亿元；住房贷款增加10.81亿元，比上年多增4.48亿元；项目贷款增加5.9亿元，比上年多增0.84亿元；个人消费贷款增加2.24亿元，比上年多增近2亿元。95%的新增贷款投向A级以上的优质客户，重点支持了云南省石油、烟草、电信、环保、旅游、冶金、公路、住房等优势产业和新兴的个人消费信贷领域。

采取坚决有力措施锁定不良贷款。省分行建立不良贷款责任制考核机制，全面推广应用信贷管理台帐，实行定期报告、通报、考核、预警制度，防范和化解信贷风险，确保了不良贷款有所下降。新增贷款不良率控制在0.5%，按“一逾两呆”口径统计，三项不良贷款较上年下降了6.87个百分点，较好地控制在上年9月末的水平上。完成了不良贷款和债转股资金的剥离工作，当年剥离90.7亿元。其中：不良贷款本金76.38亿元，表内利息4.85亿元；债转股本息9.27亿元。核销呆坏帐本息4.33亿元。消化历史包袱1亿多元。

二、大力提高服务质量，各项存款稳定增加

全行各项人民币存款余额657亿元，比年初增加37.47亿元，增长6.04%，加上代理发行国债18.33亿元，完成总行下达计划的144%。其中：对公存款余额326.21亿元，比年初增加21.87亿元，增长7.18%；储蓄存款余额331.29亿元，比年初增加15.6亿元，增长4.94%，存款工作有四个明显特点：一是认真实行一把手负责制。面对开年对公存款持续负增长的严峻局面，各级行及时分析研究存款下降的原因，适时采取有效措施，加强对存款工作的领导，帮助解决存款工作中的实际困难，扭转了存款持续下滑的被动局面。二是增强激励机制。省分行和各二级分行建立健全考核管理办法，对公存款实行按旬监测，按月通报，按季考核，年终兑现奖励，有效地提高了对公存款管理水平，调动了各级行稳存增存的积极性。三是储蓄存款结构进一步优化。活期储蓄105.65亿元，比年初增加17.71亿元，增长20.14%，所占比例从上

年的27.86%上升到31.89%。四是外汇存款大幅增长。各项外汇存款余额2.38亿美元，比年初增加0.25亿美元，增长10.44%，为近几年增加较多的一年。

三、加快改革创新步伐，经济效益状况良好

一是机构改革迈出较大步伐。2000年是省分行历史上撤并机构网点、分流人员力度最大的一年。共撤并降二级分行1个、县支行25个、分理处14个、储蓄所35个，分流人员1354人，顺利平稳地完成了机构改革任务。二是科技创新成效显著。完成了大机主机升级，新增50台ATM和5个自助银行，实现了ATM、POS的跨行使用，9个二级分行网上银行系统投产，开通了同总行一级卫星网的联网工程等。通过加强管理和完善技术，大机安全运行率达99.8%，为全行业务发展提供了有力的技术保障。三是新业务拓展有新的突破。省分行成立“新业务开拓领导小组”，加强了对新业务的开发、推广和运用，收到显著效果。牡丹卡发卡量163万张，比去年增加36万张，交易额124.74亿元，比去年增加12.26亿元；中间代理业务达11大类30多个品种，累计代理额220亿元；国际结算8亿美元，比年初增加3亿美元，增长40.29%，结售汇4.04亿美元，外汇业务实现利润380万美元。先后开办了个人小额短期信用贷款、个人综合消费贷款、国家助学贷款、代售火车票、券商融资、网上银行、银证通等新金融产品，开通了95588电话银行中心，拓宽了盈利来源，增强了服务功能，提高了综合竞争力。

坚持以资产利润率为中心，加快实施全面成本管理，对费用管理制度和集团购买管理办法等进行改革，认真落实收息责任制，强化增收节支激励机制，开展盈利、减亏“双十佳”竞赛活动，对亏损的5个二级分行实行实拨费用管理，调动了各行增收节支的积极性。圆满完成了总行下达的利润计划。收息率79.27%，比上年提高了4.47个百分点。中间业务收入在总收入中的占比1.24%，较上年上升了0.32个百分点。

四、加大内部管理力度，各项业务健康发展

各级行认真落实从严治行、从严管理的各项措施，建立健全各项制度，切实防范和化解各类经营风险，提高经营管理水平。一是信贷管理进一步加强。省分行把加强信贷管理，提高资产质量作为“管理年”的主要内容，要求从严治行从信贷管理入手，从严管理从信贷基础工作开始，采取坚决有效措施，上收贷款审批权，严格授信管理，建立责任考核机制，实行信贷资产质量定期报告和预警制度，健全风险管理体系等，确保了新增贷款质量。二是依法合规经营力度加大。全面加大稽核力度和密度，开展专项和常规稽核项目692个。配合总行对1999年度财务收支真实性进行稽核，完成6个二级分行行长的离任稽核和25个撤并支行、离任行长的稽核。三是案件查防工作责任制进一步落实。按照“三不放过”原则，对有关案件的责任人进行了严肃查处。全年发生经济案件3起，涉案金额413.87万元，分别与上年持平和下降57%。四是“三防一保”措施得到强有力的落实。针对社会治安形势的新情况、新动向、新特点，及时研究和采取应对措施，细化和完善“三防一保”，特别是防抢劫的安全管理，开展2次安全大检查、5次重点抽查和2次全面自纠自查，受查支行168个、营业网点930个、金库157个、运钞车307辆，提出整改意见338条，发出整改通知书63份，对整改不力的单位进行了经济处罚，并投入4000万元对安防设施进行了加固和完善。此外，还涌现出翠湖北路储蓄所成功防范抢劫银行案件的“8.11”英雄群体。

五、加强全行党建工作，文明建设协调发展

各级行党委认真组织学习党的十五届五中全会文件和江泽民总书记“三个代表”的重要思想，加强党的思想、组织和作风建设。在各级行领导班子中开展了“三讲”教育回头看活动，开好一年一度的党委民主生活会，切实解决思想、作风方面存在的问题。认真贯彻中央思想政治工作会议精神，注重加强和改进思想政治工作。坚持干部“四化”标准，对省分省营业部、玉溪等10个二级分行的领导班子进行调整充实。各级行领导干部严格执行了中纪委“五个不准”和中央金融纪工委“十个严禁”，廉政建设和反腐败斗争取得新的成效。在广大员工中开展了职业道德教育和“学英雄、树新风、作贡献”活动，组织“8.11”英雄群体到全辖巡回作英雄事迹报告。通过各种渠道培训员工1.5万人次。党建和思想政治工作的不断加强，为全行的改革发展提

供了强有力的思想、组织保障，促进了精神文明建设。全辖已创建省级文明单位76个，地县级文明单位77个，“青年文明号”339个，“优质文明示范窗口”33个。工会、共青团、老干部工作在全行工作中发挥了积极作用。

2000年，在各级行领导的带领下，全行员工振奋精神，克服困难，开拓进取，辛勤工作，努力扭转被动局面，各项工作在困境中求得了新的发展，取得了全国一级分行行长综合考核排名第8位的成绩。

六、存在问题

主要问题是：(1) 经营管理中有存在薄弱环节。有的行有章不循、违章操作问题仍十分突出，案件事故时有发生。在全国分行行长会议上，总行通报批评了玉溪分行牡丹卡办事处违规转款形成诈骗案的问题。(2) 集约化经营的基础还不够坚实。组织机构的粗、大、散问题仍有待进一步解决，业务结构，特别是信贷结构还不够优化，商业银行的“三性”原则和经营理念有待切实增强。(3) 工作作风不够深入。由于深入基层和企业的时间少，对经营管理和业务发展工作中存在问题研究不够，解决问题的针对性不够强。

(中国工商银行云南省分行　供稿)

中国农业银行云南省分行工作述评

行长　姜仕俊

2000年，全省农行认真贯彻落实全国分行长会议精神，紧紧围绕年初分、支行长会议确定的四项任务和八大目标，勇于开拓，勤奋工作，较好地完成了总行下达的各项经营指标，改革和发展取得了明显成效。

一、加大资金组织力度，各项存款增长较快

2000年，各级行进一步提高对资金组织工作的再认识，认真落实各项工作措施，促进了各项存款的稳步增长。年末，全行各项存款余额达491.97亿元，比年初增加63.3亿元，增长14.6%。其中，储蓄存款净增41.1亿元，对公存款净增22.2亿元。本年度是近3年来各项存款净增最多的一年。各项存款增量份额在四大国有商业银行中占39.56%，同比提高12.2个百分点，增量排名第一；年末存量份额达28.2%，同比提高1.2个百分点。常专存贷余额比由年初的120.3%下降到了年末的103.9%，下降16.4个百分点，有效地缓解了全行的资金供求矛盾。

(一) *广泛开展优质文明服务活动*。各级行认真开展了规范化服务达标活动，服务态度、服务环境和服务质量有了新的提高。为了提高广大临柜人员的业务技能，省、地、县三级行都开展了首届零售业务技术比赛活动。

(二) *加大存款市场拓展力度*。各级行充分发挥上下联动和部门配合的整体优势，加大对系统行业和垄断部门的公关力度，大力发展中间业务，紧紧抓住各级政府清理财政性帐户、清理农村合作基金会及改革财政工资分发办法等有利时机，大力组织资金，促进了各项存款，尤其是对公存款的稳步增长。全行中间业务已达9类57个品种，服务品种比上年增加14个。代收代付累计金额达201.78亿元，月均沉淀资金26.77亿元，分别比上年增加21.1亿元和5.88亿元。

(三) *大力发展银行卡业务*。各级行着力改善用卡环境，规范受理行为，加强硬件基础设施建设，加大银行卡，尤其是储蓄卡的营销力度，促进了银行卡业务的快速发展。全行发卡量达157.5万张，比年初增加67.4万张，增长74.8%。银行卡存款余额达37.8亿元，比上年增加19.2亿元。发卡量和卡存款均创造了历史

最高水平。

（四）加强高产网点建设。按照效益优先的原则，各级行共集中资金近6000万元，重点对74个城区高产网点进行装修改造，进一步提高了城区高产网点的市场竞争力。继续推进“1·8·5工程”建设，进一步调动了基层营业网点组织存款的积极性。

二、信贷投放把握较好，信贷结构调整初见成效

2000年，全行进一步改善金融服务，积极、稳妥地发放贷款，着力调整信贷结构，切实加强信贷管理，有效地支持了城乡经济发展和扶贫攻坚工作。年末，全行各项贷款余额达509.99亿元，比年初减少5.55亿元，剔除剥离贷款实际比年初增加36.96亿元。其中，常规贷款余额381.66亿元，专项贷款128.33亿元。

（一）积极发放贷款，全力支持城乡经济发展和扶贫攻坚工作。全行累计发放农业贷款38.2亿元，重点支持一大批农业综合开发、农田水利基本建设、生物资源开发和退耕还林还草等项目建设的正常资金需要，有力地促进了农业和农村经济发展；累计发放烟草贷款22.4亿元，支持烟草部门收购烟叶1050万担；累计发放固定资产贷款24.6亿元，先后支持了交通、能源、通信、城镇改造等基础设施项目建设；累计发放扶贫贷款18.8亿元，其中小额信贷2.6亿元，为支持贫困地区解决温饱问题发挥了积极作用；累计发放住房、汽车、助学等个人消费贷款12.4亿元，进一步拉动了经济增长。曲靖市分行营业部等16个县级支行开办了“金融消费超市”。

（二）调整信贷客户结构，优化信贷资源配置。省分行制定了《2000—2004年信贷结构调整纲要》，明确了今后一个时期调整信贷结构的目标、原则、重点及保障措施。各级行坚持以市场为导向，以优化客户结构为中心，以提高经营效益为目标，合理配置信贷资金，新增贷款主要投向了优势产业和优良客户。仅农村电网改造和个人消费贷款就新增18.2亿元，占常规非烟贷款增量总额的97.07%。全行常专两项共集中资金33.1亿元，重点支持了交通、能源、通信、旅游、生物资源开发等基础产业和新兴行业及上市公司的发展。年末，全行常专优良、一般客户贷款余额达311.5亿元，占贷款总额的68.19%。

（三）认真做好资产保全工作，有效地控制住了不良资产上升势头。各级行严格按照政策，按时完成了常规不良贷款4.09万户，本金38.5亿元，利息2.6亿元的剥离工作。办理债转股2户，涉及金额4.34亿元。针对上半年不良贷款持续攀升的严峻形势，各级行把从严控制不良贷款增长放到突出位置来抓。一方面努力盘活不良贷款。把盘活任务依次分解落实到基层处所及每个信贷岗位，实行分片包户清收责任制，并把清收完成情况与信贷员的经济收入挂钩，严格考核奖惩，进一步调动了广大员工的清收积极性，全年共盘活常专不良贷款29.1亿元。另一方面切实加强对信贷资产质量的监管。对符合条件的贷款客户，积极稳妥地推行了“借新还旧”的流动资金管理办法，有效地控制住了不良贷款攀升的势头，圆满完成了总行下达的年末控制任务。

（四）规范信贷决策行为，防范道德风险和能力风险。省分行制定《规范信贷决策行为实施细则》、《贷款审查委员会工作规则》等一系列管理规定，实行了贷款调查、审查、审批等主责任人制度和贷款报备制度，省、地两级行和98个县级支行实现了审贷部门分离，规范了各级贷款审查委员会的议事规则和议事程序，初步建立起信贷决策的纵、横向制约机制，有效地规范了道德风险和能力风险。

三、加快电子化建设步伐，为业务发展提供科技支撑

各级行当年累计投入资金9500万元，重点对计算机通信网络进行了大规模改造，有效地提高了网络的吞吐能力。新建电子化网点112个，网络覆盖率达97%，比上年末提高了12个百分点。新置自动柜员机87台、POS146件、自助银行16个，硬件基础设施得到了进一步加强。严格按照人行和总行的要求，圆满地完成了昆明地区的“金卡工程”全国金穗借记卡联网工程建设。为了适应市场开发的要求，先后开发了代理电话费、税款、讼诉费等20多种软件系统，并对过去的代理业务软件进行了改进和完善。电子化建设为全行的业务经营，特别是市场开发提供了强劲的科技支撑。

四、强化计划财务管理，努力提高经济效益

2000年，各级行进一步增强核算观念，强化经营管理，超额完成了总行下达的利润计划。全行常规业务实现帐面利润2.37亿元，考核利润2.29亿元，占总行下达考核利润指标2亿元的114.48%。帐面利润和考核利润分别比上年增加8965万元和1.33亿元，分别增长60.96%和139.67%。本年度是云南农行向商业性银行转轨以来经营效益最好的一年。

（一）加强资金计划管理，提高资金使用效益。省分行进一步完善资金计划管理办法，对各二级分行的借款和上存资金，实行计划内、外管理和差别利率政策；对各行不合理资金占用进行专户管理，实行加罚息制度。全年净归还总行借款17亿元，全行平均资金备付率由上年的10.23%下降6.62%，资金自给率和利用率得到进一步提高。

（二）加强财务管理，努力增收节支。一是大力开展增收活动。全行常规贷款表内收息率达97.94%，比下达计划超2.94个百分点，比上年提高4.88个百分点；专项贷款表内收息率达88.52%，比上年提高2.01个百分点。二是完善经营目标考核办法。把帐面盈利与利息实收情况结合起来，加大了对利润质量的考核力度。三是改革费用分配办法。在继续将费用总额分为人员基本费用、效益费用、业务发展费用、专项费用的前提下，加大了费用与经营效益的挂钩力度，将效益费用权数由上年的10%提高到15%。四是从严控制费用开支，全行费用严格控制在总行下达指标之内。五是深入开展会计基础工作规范化达标活动。祥云县支行等3个单位荣获“三铁”称号，玉溪市分行等9个单位达到了“二级”标准，昌宁县支行等37个单位达到了“三级”标准。

五、坚持从严治行，加强内控管理

（一）加大稽核力度，进一步规范经营行为。一是调整和充实了省分行内部监督委员会成员，明确了内部监督委员会的职责、任务和议事规则。二是对全省所有对外营业机构1999年度经营指标完成情况的真实性和权限管理进行了全面稽核，对过去稽核出来的违规违纪问题的处理情况进行了追踪检查。三是按照事前介入、独立进行和下审一级的原则，全年共对125名地、县级行长和217名处所主任进行了任期内和离任前的责任稽核。四是组织稽核人员2450人（次），对全省所有营业机构进行了常规现场稽核，稽核面达100%。五是对全行国际业务和信用卡业务进行了专项稽核，对1995年以来签发的银行承兑汇票进行了一次全面稽核调查。

（二）加强纪检监察工作，从严查处各类案件。年内各二级分行和大部分县级支行均已成立了监察室，配备专职纪检监察人员227名，改变了地县行无单设机构和无专职干部的状况。制定了《中国农业银行云南省分行党风廉政建设责任制实施细则》，切实加强对各级领导干部，尤其是“一把手”的教育、管理和监督。对大额贷款、信用证和银行承兑汇票制度落实情况及《基层营业机构负责人办事规则》执行情况进行了执法监察。严肃查处了安宁、官渡等4个县级支行违规签发银行承兑汇票的问题，有效地遏制住了全行违规签发银行承兑汇票的势头。从严查处各类案件，全年共立案查处各类违法违纪案件24件，当年结案率83.3%。

（三）加强安全防范工作，确保业务经营正常运行。各级行层层签订了安全目标责任书；广泛开展了“安全防范月”教育活动，加强对各类金融诈骗案件的预防工作，成功地堵截了10起金融诈骗案，避免了2000万元的经济损失；各级行累计投入资金6820万元，用于购置运钞车辆和加强安全基础设施建设；加大对安全保卫工作的检查力度，及时发现和清除各种安全隐患，杜绝了重大恶性案件的发生。

（四）“第二道防线”的作用得到了进一步发挥。各级业务主管部门进一步增强风险自律意识，认真履行业务经营和自律监督的双重职责，切实加强各项基础管理，建立健全各项规章制度，加大对规章制度的执行情况的检查力度，规范全行的业务经营行为，有效地控制住了违规违法行为的蔓延。全年违规违纪案件明显减少，促进了业务经营的健康发展。

六、积极推进内部改革，进一步增强经营活力

（一）加强领导班子建设，积极探索干部制度改革。一是调整和充实了部分二级分行领导班子。在全面考察的基础上，按照“四化”标准，

对德宏等8个二级分行和两所培训学校的领导班子进行了调整和充实。二是深化干部用人体制改革。省分行机关率先进行了部分处级干部公开竞聘。营业部、思茅等部分二级分行也先后进行了机关中层干部和县级支行副行长的公开竞聘试点。三是顺利完成了全员劳动合同制的签订和鉴证工作，进一步规范了全行的劳动用工关系。

（二）调整网点布局，优化资源配置。全年累计撤并边远亏损网点79个，年末对外营业网点1162个，城乡营业网点布局由1995年的2∶8提高到了目前的5∶5。在盈亏平衡测算的基础上，省分行还制定了《2001—2002年营业机构撤并计划》。顺利完成了省分行机关内部管理机构的重组、更名和职能调整工作。顺利完成了长城资产管理公司昆明办事处的分设和工行24个县支行的业务划转及部分人员接收工作。

（三）继续推进内部分配体制改革。各级行坚持和完善工效挂钩考核办法，将个人工资收入划分为固定工资和绩效工资，并适度提高了绩效工资比重。在充分保证固定工资的前提下，把绩效工资收入任务完成情况挂钩，严格考核兑现，拉开收入档次，进一步调动了员工的积极性，促进了各项业务的快速发展。

七、加强系统党建和员工队伍建设，为业务经营发展提供了坚强保障

（一）认真开展“三讲”教育“回头看”活动。按照中央金融工委和总行党委的统一部署，于上半年在省、地、县行领导班子和党员领导干部中，扎扎实实地开展了“三讲”教育“回头看”活动。通过“三讲”教育“回头看”活动，全行各级领导班子及领导干部在政治上有了明显进步，作风上有了明显转变，思想上有了明显提高，工作上有了明显起色。

（二）切实加强系统党建。制定和实施了云南农行《基层党支部建设规划》和《实施意见》，建立了党建工作联系责任制，在各级党组织中广泛开展了“创先争优”活动，基层党支部的战斗堡垒作用和共产党员的先锋模范作用得到了进一步发挥。

（三）认真抓好职业道德教育工作。按照中央金融工委和总行的部署，共用五周的时间，在全省广大干部职工中认真开展了以“爱岗敬业、遵纪守法”为主要内容的职业道德教育。通过职业道德教育，广大干部职工的政治素质得到了进一步提高，遵纪守法的意识明显增强，行风行貌有了较大改观。

（四）切实加强思想政治工作和职工队伍建设。(1)始终坚持“两手抓”的方针，加强和改进思想政治工作，多种形式地对职工进行理想宗旨、法律法规和形势政策等教育，增强广大职工的拒腐防变能力。(2)广泛开展群众性的“争先创优”活动，涌现出了一大批先进单位和先进个人。全行共有7个集体和11个个人受到了省部级以上的表彰和奖励。(3)加强业务培训，先后对3440名信贷、银行卡、安全保卫人员进行了持证上岗资格培训考试，选送136名县级支行长参加了总行组织的统一培训，先后对264名县级支行副行长和新入行的169名复转军人及大学生进行了培训。

中国银行云南省分行工作述评

行长　李永秾

2000 年，在总行党委的正确领导下，在省委、省政府的关心支持下，在人民银行的指导、监管下，省分行紧紧围绕创建良好公司治理机制这一主题，积极拓展业务，狠抓内部管理，较好地完成了总行下达的各项任务和年初分行党委确定的各项经营目标，各方面工作取得较好成绩。

一、主要工作

（一）资产负债总额平稳增长，人民币贷款增幅较大，信贷结构调整成效明显。截至 2000 年末，本外币实有资产 214 亿元，比 1999 年增加 17.2 亿元，增长 8.7%，较“八五”末增加 98 亿元，增长 84%；实有负债 206 亿元，比 1999 年增加 15.5 亿元，增长 8.15%，较“八五”末增加 92 亿元，增长 80.70%。

各项人民币贷款余额为 98.07 亿元，比 1999 年增加 1.62 亿元，剔除剥离本金 13.8 亿元因素，实际净增 15.4 亿元，比 1999 年增长 16%，有力地支持了我省经济建设的发展和经济结构的调整，从新增贷款投向上看：(1) 积极支持我省基础设施建设，加大对交通、通信、能源等行业的投入。发放 6 亿元贷款支持我省高速公路的建设；发放 9000 万元贷款支持房地产开发；与我省支柱产业和基础设施建设行业的重点企业先后签订了 1.8 亿元授信额度协议和 1000 万美元国际贸易融资授信额度协议。(2) 积极支持国债项目，支持国有企业加快技术改造步伐。与昆明钢铁集团有限责任公司签订了 1000 万美元的授信额度协议，并审查批准了昆钢板带国债贴息项目 5000 万美元的外汇技改贷款；对云南磷肥厂、昆明开关厂两个国债技改项目发放了 1.5 亿元人民币贷款。(3) 对外贸企业区别对待，积极配合外贸企业改制，支持外贸企业当期业务。通过发放打包贷款、封闭贷款等形式支持了外贸企业走出困境；开办了出口退税帐户质押融资业务，支持外贸企业扩大出口。(4) 积极支持“高营销、高盈利、高创汇”的外商投资企业和高新技术产业的开发。重点支持了一批跨国公司在滇投资企业。(5) 积极支持高校服务社会化改革。相继与云南大学、云南农业大学、昆明医学院三所院校签署了银校合作协议，对云南农业大学和西南林学院的学生公寓建设分别发放了 500 万元人民币的贷款；为我省 2000 年“两基”教育项目发放了 2 亿元人民币的贷款；为昆明医学院校区建设发放了 3600 万元贷款。(6) 加大消费信贷市场拓展力度，在部分地区推出了汽车及耐用消费品贷款业务，开办了国家助学贷款业务，扩大了住房按揭贷款业务。到年末消费贷款余额达到 6.9 亿元，新增 5 亿元，比 1999 年末增长 263%。同时，在完善业务操作，防范风险方面取得了新的进展。目前我行发放的各类消费贷款中不良贷款率为 0.09%，收息率为 100%。

（二）狠抓不良资产清收，按时完成不良资产的剥离任务，信贷资产质量有所提高。各级行通过诉讼、重组、置换等措施狠抓不良贷款清收，全年共清收不良资产 4.93 亿元，完成总行下达清收任务的 350%。截至 2000 年末，本外币不良资产率为 21.96%，比上年末下降了 10.48 个百分点，辖属各行不良资产率均不同程度有所下降。省分行积极配合组建了东方资产管理公司云南工作组，并集中人力、物力完成了全行不良资产剥离任务，共剥离本外币不良资产本息 18.1 亿元。同时，严格执行统一授信、审贷分离、授信业务尽职调查等制度，从源头上防止不良贷款的产生，到 2000 年末本外币新帐不良贷款率控制在 2.87%。

（三）按照“大零售”的发展战略，促进零售业务平稳发展。在全行实现通存通兑后，又推出了自助银行、教育储蓄、定期一本通、银证通等多项新业务，深入开展了创建精品网点和争创亿元所活动，提高了储蓄网点的吸存能力和经营效益。现有亿元所12个，5000万元所（柜）25个。

在省级行政事业单位统发工资服务的招投标中顺利中标，争取了近300个省级行政事业单位的代发工资业务，增加了一批优质客户。

银行卡业务发展态势良好。继续按照总行“六统一”的要求，进一步强化集约经营，实现全省信用卡帐户大集中；率先在我省推出了长城国际卡业务；在全省推广了长城电子借记卡；配合昆明市银行卡电子结算中心做好ATM、POS机的入网工作。促进了银行卡业务向质量效益型转化，长城卡和代理外卡业务有了明显增长。

（四）国际结算业务市场占有率有所回升。由于客观原因，近年来国际结算业务出现了大幅下滑趋势。对此，采取了一些有针对性的措施：(1) 积极开展业务公关，加大公关力度，形成了四个层次的公关网络，与一些业务发展前景良好的客户建立了银企合作关系。及时了解企业的情况和业务需求，主动宣传优势业务，为优质客户提供利率和汇率方面的优惠。(2) 处理好业务发展与风险防范的关系，在控制风险的前提下最大限度地拓展业务。简化手续，加快授信审批速度，提高服务效率，更好地为客户服务。(3) 针对一些外贸企业因长期拖欠贷款担心银行强行收贷而将业务转走的情况，向客户宣传贷款新老划段的政策，消除其后顾之忧。通过上述措施，使国际贸易结算出现了回升势头。截至2000年末，国际结算业务总量完成了5.01亿美元，基本稳住了结算业务下滑的势头。

（五）实现全省数据集中。新一代会计系统上机工作已经启动，电子化建设步伐进一步加快。在总行“集中、统一、高效”的科技改革方针指导下，坚持“安全运行和安全生产”的原则，逐步实现信息资源的集中、统一和共享，为各项业务的发展奠定了良好基础。电子化建设取得新的进展，保证了省分行各项业务的实施：(1) 严格按照昆明银行卡中心的要求步骤，完成了金卡工程项目的编制、测试、投产和日常维护工作，对昆明地区设备、软件进行了更换；(2) 完成了人民银行天地对接延伸系统的编制和测试，并在昆明11个支行安装了该系统；(3) 研究开发并在昆明、红河两地推出了“银证通”业务；(4) 完成了全辖所有分支机构设备和系统的升级换代工作，并对全省数据通信二级网、三级网进行了升级和提速，进一步地提高了网络的运行质量和效率，保障了全省数据集中处理的安全运行；(5) 完成了电子联行、SWIFT、收付清算、国际收支、新一代国际结算出口、信贷清分、信贷登记咨询等系统的升级工作；(6) 完成了人民银行IC卡查询系统，实现了凭证式国债的电脑化操作。

坚持总行科技发展战略，顺利实现全省数据集中处理。2000年6月如期完成了全辖机构网点业务数据集中处理，实现了全省一个信息处理中心；在全辖所有网点开通了储蓄业务的通存通兑；完成了电子借记卡、国库券等新业务的推广，促进了业务的规范化、科学化管理。全省数据集中，大幅提高了业务处理能力，促进了资金的合理利用，优化了资源配置，确保了电脑系统的安全运行。

做好“新一代”综合业务系统的上机准备工作。按照总行的部署，初步完成了“新一代”综合业务系统的上机准备工作，为推广“新一代”综合业务系统，进而提高全辖网点的服务能力和质量奠定了良好基础。

（六）会计核算水平有所提高，财务费用控制能力得到增强，经营效益继续保持稳步增长。按照总行新的财务管理要求，继续坚持以效益为中心，在加强费用开支管理，提高费用开支使用效益，降低经营费用成本等方面积极开展工作，使分行费用支出结构得到改善，盈利能力有所提高。全年实现本外币利润6896万元，比1999年增长126.58%，超额完成总行下达的5000万元的利润计划。同时，结合总行会计核算的有关要求，加强会计检查辅导，规范业务操作，使全行会计核算质量得到提高。

（七）继续深化各项改革，体制和机制创新工作有了新的进步。为适应商业银行运作的需要，继续加快和深化各项改革措施。(1) 完成了二级分行的内部机构改革，初步建立起决策层、管理层和监督层的内部组织架构。(2) 在充分调查研究的基础上，制定了部分县支行撤并方案，并做了大量准备工作。(3) 加快人事制度改革，结合聘任制，在全辖实行竞聘上岗和员工双向选择。各级党委坚持任人唯贤、德才兼备、民主公平的原则，使大批优秀年轻干部脱颖而出，为今后的发展注入了生机和活力。(4) 根据总行安排和布置，进行了稽核体制改革，建立了由省分行统一对全辖实施稽核检查的稽核制度。(5) 进一步加强内部管理，配合人民银行和外审部门的“真实性检查”、“外汇业务大检查”、“结算业务大检查”，认真开展自查，针对问题进行整改，完善各项规章制度和业务操作流程，杜绝业务处理中的各种违规现象。(6) 认真开展经营管理绩效考核。在配合完成总行对一级分行经营管理绩效考核的同时，集中力量对11个二级分行和4个直属支行进行了经营绩效考核，对各行盈利水平、发展能力、效益质量和综合管理等进行了深入的调查研究，摸清了全辖经营情况，找准了目前经营管理中存在的突出问题，制定了相应的整改措施，对今后的经营管理起到了很好的促进作用。

（八）认真开展“三讲”教育回头看活动，巩固“三讲”教育成果。各级领导班子认真开展了“三讲”教育“回头看”活动，收到了较好的效果，达到了预期的目的。通过“三讲”教育“回头看”活动，各级领导班子再次受到了深刻的思想教育和党性锻炼，加深了对中央提出“治国必先治党，治党务必从严”的认识。各级领导班子感到中央金融工委提出的加强内部管理和党风廉政建设，特别是针对金融行业实际，对金融系统干部职工提出的“十个严禁”和过好“五关”要求，具有很强的针对性和现实性，增强了按照规定要求约束自己的自觉性。同时，继续深入抓好党风廉政建设和反腐败斗争，党风廉政建设责任制得到进一步落实，从源头上预防和治理腐败的工作进一步深入。

（九）深入开展职业道德教育活动，职工队伍素质得到提高。根据总行的部署，在全辖深入开展职业道德教育活动，取得了以下成果：(1) 进一步增强了广大员工加强学习，提高自身政治和业务素质的自觉性和紧迫感。(2) 强化了遵纪守法的意识。通过剖析典型案例，广大员工普遍强化了遵纪守法、按章办事的意识，把外在的约束变为内心的自律，自觉遵纪守法。(3) 增强了全行的凝聚力和向心力。通过开展谈心活动，增进了员工之间，员工和领导之间的相互了解和信任，消除了隔阂，化解了矛盾，增强了团结。全行的向心力、凝聚力进一步得到增强，促进了文明优质服务活动的开展。

（十）内控制度得到加强，内部经济案件明显下降。紧紧围绕“加强内部管理年”的要求，切实加强内控制度建设，抓好防案工作。按照人民银行《加强金融机构内部控制的指导原则》，对内部各项规章制度进行了修改补充，进一步完善内控制度。充分发挥稽核、监察等部门的职能作用，加大检查力度。全年对辖属158个机构网点进行了146次全面、专项、常规、离任及责任稽核，稽核面达92.4%；配合外审部门进行了83次检查；对11个地州市分行和4个直属支行的消费信贷、储蓄业务及“四项制度”执行情况进行了执法监察，二级分行和直属支行对16个县级支行进行了执法监察。同时，加强防案教育，坚持“以人为本，育人为先”的理念，开展了以查违规经营、违反法规、违章操作和防风险、防案件、防重大责任事故为主要内容的“三查三防”教育和“了解人、关心人、帮助人、教育人、凝聚人”教育，达到了重在教育提高的目的。通过这些措施，内部案件明显下降，全年全行未发生一起“四类案件”。

二、存在问题

主要问题是：(1) 受宏观经济政策和环境的影响以及内部因素的制约，人民币存款增长乏力。(2) 受宏观经济环境和外汇政策的影响，近年来外汇贷款需求不旺导致外汇贷款出现持续负增长。(3) 信贷资产质量尚未根本好转，控制授信业务风险和提高资产质量方面的任务仍然十分艰巨。(4) 违规越权经营、财务核算和业务操作不规范等问题在一些行仍时有发生。

中国建设银行云南省分行工作述评

行长　帅晋昆

2000年，建设银行云南省分行以党的十五届五中全会精神为指针，以总行提出的指导思想、战略目标和要求为指导，以西部大开发战略的实施为契机，以市场为导向，以客户为中心，以效益为目标，以深化、细化市场定位和“四重”营销策略为重点；深化改革，强化市场营销，加大吸存工作力度，优化信贷投向，加快中间业务的发展，强化内部管理，规范经营，防范风险；切实加强党的建设，不断提高领导干部和员工队伍素质。全行整体经营状况良好，年底一般性存款（含本外币）余额达450.49亿元；各项贷款（含本外币）余额达300.23亿元，比年初新增41.89亿元；中间业务净收入比上年增长104%；完成总行核定利润计划的112%。

一、认真贯彻党的十五届五中全会精神，抓好5年规划的制定，为支持西部大开发、加快全行业务的发展奠定基础

面对新的经济金融形势，省分行党委审时度势，把制定新一轮的改革和发展规划作为一项十分紧迫的战略任务来抓。年初，抽调专门人员组成课题小组，进行系统深入地分析研究，完成了《西部大开发与建行云南省分行发展问题研究报告》。在此基础上，制定了《建设银行云南省分行三年改革与发展纲要》。根据十五届五中全会精神，总行提出的未来五年经营指导思想和战略方针，又对原制定的三年改革与发展纲要作了修改、补充和完善，形成了《建设银行云南省分行五年改革与发展规划纲要》，明确提出了全省建行未来五年的总体发展思路和目标。

二、加大吸存工作力度，优化信贷投向，“四重”营销策略初见成效

全行从加大整体吸存工作力度、优化信贷投向、提高审批效率入手，深化、细化、“四重”营销策略。（1）加大对重点客户的服务工作力度。先后下发了三级联动稳存吸存的三个办法。特别加强了对无贷款客户的服务，以稳定和巩固主要的存款来源。（2）提高贷款审批质量和效率。加强贷款前期管理，积极储备信贷项目；切实重视项目评估和客户评价的组织管理工作，努力提高贷款项目申报材料的质量；增加了对7大优质客户的授信额度；优化信贷业务审批程序，对终审权属分行的信贷优质客户实行一级审批，切实提高审批效率和质量，进一步密切了与优质客户的银企合作关系。(3) 优化信贷投向。把增加以个人住房贷款为龙头的个人消费信贷作为信贷结构调整的战略重点，在规范贷款程序，防范风险的前提下，简化个贷审批手续，扩大授权范围，提高个贷服务效率。此外，选择3个二级分行进行客户经理制试点，为强化市场营销提供了示范。到年底，全行存款超额完成计划；贷款累计投放与上年相比增加29.8亿元，其中个人住房贷款增势强劲，比年初新增18.5亿元，市场份额从年初的37%提高到43%，成为支撑信贷业务增长的龙头业务。新增贷款从投放的地区上看，昆明、曲靖、玉溪、红河、大理等经济较发达地区的二级分行的新增贷款就占全部新增贷款的83.46%。从行业上看，新增贷款主要集中在交通、电信、城市基础设施、个贷等重点行业和领域，其投放量占全部新增贷款的89.71%。

三、巩固与拓展并重，中间业务取得突破性发展

根据总行中间业务工作会议的精神，加强了对中间业务管理体制的调整和完善，重点构建统一、完善的组织体系，统一完善的业务体系和统一完善的考核体系。在进一步明确总体发展思路和体制框架的基础上，提出了发展中间业务的重

点工作任务。各级行加大工作力度，狠抓落实，加快了中间业务发展的步伐。(1) 继续保持代理中央、省级预算内基建、国债、地勘资金拨付业务的优势，代理财政委托业务取得新进展。在上半年成功争取 81 家省级单位在建行开立工资专户和公用经费帐户的基础上，下半年，通过竞标，被云南省财政厅选为省级行政机关和学校统发工资的代理行之一。昆明、红河、玉溪、大理等重点地区行也已赢得了代理行资格。(2) 资本市场业务取得新突破。积极协助景谷林业和昆明制药两家公司股票成功发行上市，实现了全行代理上市公司业务零的突破。(3) 积极拓展新的代理业务领域，培养新的业务增长点。利用资金清算网络和结算业务优势，成功代理了昆明市商业银行签发银行汇票业务，实现了代理非本行支付结算业务零的突破。密切关注省体育彩票正式发行动态，赢得了独家代理彩票资金清算业务的资格。代理进出口银行业务取得突破性进展，昆明市掌鸠河引水供水工程建设管理局已向进出口银行出具书面意见函，确认建行为其外币业务经办行。(4) 商业保险代理业务稳步发展。在以开办"太保"、"平保"产寿险代理业务的基础上，又与中国人寿保险公司云南省分公司签定全面合作协议，进一步扩大了省内保险代理业务市场的份额。(5) 国际结算业务。采用"一户一策"的营销策略，为客户提供差别化服务，争取了一批优质进出口公司客户，为提高贸易项下的结算量占比奠定了基础；推出远期外汇买卖、近期外汇交易等外汇业务新品种，拓宽了外汇结算收益来源。(6) 发挥科技对中间业务的支撑作用。重点开发了代收移动通信公司手机收费系统、代理财政统发工资系统、中保人寿代收代付业务系统、实时代收云南国信寻呼费系统、银证转帐优化升级系统、银行卡工程、及时打卡、信用卡消费积分管理系统。

四、强化成本控制和财务管理，进一步提高经营效益

(一) 充分发挥综合经营计划的导向作用。在财务资源的分配上突出投入产出的关系，并加强业务运行中的分析调控，细化财务资金管理，认真落实增收节支的各项要求，促进了全行各项业务的协调发展和经营管理水平的提高。

(二) 推行管理会计，强化成本控制，节约费用。根据总行实施管理会计的要求，分步推广"本级财会业务处理系统"，对营业费用按部门细分，为管理会计的全面实施奠定基础。全年贷款收益率继续保持较高水平。贷款实收率为 94.85%，存款付息率控制在较低水平。非人力费用也得到有效控制。

五、加强内部控制管理，规范经营和风险防范成效明显

(一) 强化审计监督，规范经营行为。审计部门在确保总行统一安排的审计项目完成的前提下，针对省分行领导和部门关注的热点难点问题，及时组织力量开展了一系列富有成效的内审工作。对 13 个二分行 1999 年底有余额的银行承兑汇票、贴现、信用担保及信用证业务，对 15 个二级分行房改和住房信贷业务，对 22 个二级分行的不良资产剥离业务及现有资产状况进行了审计，对人行业务监管报告和真实性检查中反映出来的问题进行了专项审计，内审工作的针对性和效能进一步增强。

(二) 切实加强了对现有资产经营风险的控制。在认真分析存量贷款结构和分布的基础上，结合新增贷款投向分布，测算潜在的不良贷款，制定全年不良贷款控制额和利息收入目标，纳入全行综合经营计划，并进行纵横向和时间进度的分层分解落实。

六、党建工作和思想政治工作进一步加强

(一) 深入扎实地开展"三讲"教育"回头看"活动。省分行领导班子在抓好自身"回头看"活动的基础上，班子成员亲自带队深入 7 个二级分行进行检查指导，使全行"三讲"教育"回头看"活动收到了扎实效果。同时采取末位淘汰、诫勉谈话、班子调整等措施，解决"三讲"教育中反映出的突出问题，巩固"三讲"教育的成果。

(二) 切实提高民主生活会质量。省分行党委规范了民主生活会程序，增强民主生活会的思想性、原则性和斗争性，全辖各级党组织民主生活会质量有所提高。

(三) 认真抓好党风廉政责任制建设。为贯彻落实党风廉政建设各项规章制度，逐级建立责任制，签订责任书，建立廉政档案，实行量化管理，将考核结果纳入综合经营目标管理。

为加强和改进思想政治工作，制定了《关于加强和改进思想政治工作的实施意见》，建立了思想政治工作领导干部责任制度、定期分析制度、联系会议制度、调查研究制度、考核奖惩制度。8至11月，在全辖系统进行了以“爱岗敬业、遵纪守法”为主要内容的职业道德集中教育，组织优秀员工巡回演讲报告团，使广大职工受到了一次深刻的思想教育。

一年来，全行各项工作虽然取得了明显成绩，但也存在一些问题，比如存款结构不够合理，不良资产仍占一定比例，基层党的建设和思想政治工作有待进一步加强等等，必须予以高度重视。

交通银行昆明分行工作述评

副行长　郭静华

一、综　述

2000年，交通银行昆明分行认真贯彻落实交通银行全国分、支行长会议精神和交通银行深化改革、加快发展的思路及工作实施要点，制定分行“三年发展规划”，围绕年度工作目标，坚持“三个坚定不移”。在经营环境比较困难，同业竞争比较激烈的条件下，经过全行上下的共同努力，私人金融业务、中间业务、电子化建设取得了长足发展，有两项业务指标在交行系统排前10名，为实现3年改革与发展目标打下了一定基础。

2000年末，全行人民币存款余额达105.52亿元。比上年增加2.01亿元，增长1.95%；其中人民币储蓄存款余额达29.30亿元，比上年增加1.33亿元，增长4.76%。外汇存款余额达2.69亿美元，比上年增加725万美元，增长2.76%；其中丙种存款余额达9209万美元，比上年增加3632万美元，增长65.12%，在交行系统排名第5位。人民币贷款余额84.29亿元，基本与上年持平。外币贷款余额为1.42亿美元，比上年减少1919万美元。国际结算完成5.26亿美元，完成计划95.1%。实现利润1.14亿元，在交行系统排名第6位。太平洋卡发卡量36.76万张，相当于前6年发卡量的4倍，完成总行下达任务的400%，新增卡存款（活期）2.7亿元，增长390%，交易笔数200万笔，交易额40亿元，交易额比上年增长800%。

2000年的工作主要有以下五个方面的特点；

（一）业务制度建设进一步加强。结构性矛盾有所缓解，私人金融业务、中间业务、电子化建设等成效明显，为分行下一步改革与发展打下了一定基础。由于业务制度建设进一步加强，年内相继制定和完善了《昆明分行信贷管理实施细则》、《市场营销工作操作务实》、《风险资产管理暂行办法》等近30项规章制度，全行上下遵守业务规章制度的自觉性明显增强，内部管理机制进一步健全。

长期困扰交行昆明分行的结构性矛盾有所缓解，在稳定涉烟存款份额的基础上，初步形成了“一行一[illegible]”的格局，具有一定的行业特色，促进了全行存款结构的调整。

2000年，全行私人金融业务成效明显，主要表现在，太平洋卡全年新增发卡近37万张，全年每天平均发卡量在1000张以上；丙种存款新增3632万美元，完成年度计划的227.56%，成为外币存款稳中有升的重要资金来源；个人消费贷款有了明显进展等。

中间业务取得突破性发展，与7家证券公司开办银证转帐业务；与云大等一批高等院校和中国联通、五华、盘龙医保中心等企事业单位签订了协议，开办了代收代缴费业务。

电子化建设取得显著成绩，在全行建成了

65家自助银行，为太平洋卡这一优势品牌提供了一流的用卡环境。同时，弥补了网点少、覆盖面小的不足。建立了客户服务中心和电话银行，架起了客户与交行直接沟通的桥梁。创办了具有特色的办公管理网络系统——电子分行，初步实现了办公自动化。

（二）指导思想明确，工作思路清晰。2000年年初，分行党委制定了《交通银行昆明分行2000—2002年改革与发展规划》，确立了“围绕一个中心，营造两个环境，实现一个目标”的指导思想，在业务发展上提出了“存款上规模、贷款上质量、经营上效益”的目标，规划成为全行干部员工的行动纲领，追求方向。此外，分行还结合年度工作计划提出了“三个坚定不移”，即坚定不移高举发展大旗，坚定不移推进改革，坚定不移严抓管理。要求业务工作抓死、抓细、抓目标，管理工作抓紧、抓严、抓高效，改革工作抓实、抓稳、抓创新，思想工作抓深、抓活、抓面貌。对年度工作方针进一步明晰，做到了既有长远规划，又有短期安排。

（三）改革工作初见成效，激励机制初步建立。推行了百基分综合考核计奖办法，将各支行(部)、机关处室工作以100分为基分进行量化考核，奖金分配与完成任务情况直接挂钩，倾斜一线，多劳多得。

在机构设置、人事制度等方面也进行了一系列改革，为分行的改革与发展注入了活力，激发了干部员工工作的积极性和创造性，初步建立了干部能上能下，员工能进能出的动态管理体制。

（四）强化内控机制，严格内部管理，确保一方平安。2000年，根据市场变化的情况和业务发展的需要，强化了内控机制和风险控制，通过加强组织领导，健全、细化各项规章制度，完善各项措施等，努力把经营风险和事故案件降到最低程度，确保了一方平安。

（五）以“三讲”教育“回头看”和职业道德教育为契机，进一步加强了队伍建设。分行党委坚持高标准、严要求，坚持一个阶段一个阶段抓落实，确保了两项活动达到预期目的，促进了干部员工队伍思想、作风建设。

二、市场营销

（一）发挥指导和管理职能，增强工作的计划性和目标性。制定并实施了《交通银行昆明分行市场营销工作操作务实》，同时，进一步强化了市场营销管理部门内部管理细则，细化各个岗位的工作流程，落实职能，责任到人。

（二）积极组织存款，加强行业指导。2000年，交行昆明分行对全行的存款结构进行了分析研究，在拓展存款市场的工作中，注重整合现有的市场资源，实施“一行一业”的营销战略，存款结构有所改善。

（三）加强股权管理，密切股东关系。交行昆明分行在2000年4月份召开了43家股东单位参加的交行昆明地区股东座谈会。通过座谈，进一步密切了交行与股东单位的关系，增进了彼此间的合作与理解，拓宽了双方的业务合作领域。

6月份，交通银行在上海召开2000年股东代表大会，云南省有4位股东代表137户股东单位出席大会，不能直接参会的股东可通过委托方式参加表决，云南省内股东委托率达100%。会上，云南红塔集团代表被选为交通银行董事会董事。随后，根据交行《关于认真做好定向募股工作的通知》和《交通银行定向募股实施办法》，定向募股7000万股，进一步扩大了交行在云南的股份。

（四）发挥对公业务优势，促进公私业务联动。全面开办个人消费信贷业务，制定了个人消费信贷市场营销方案，先后与云南一汽汽车销售有限公司、昆明自更房地产开发有限公司、昆明国基房地产开发公司等签订合作协议，协议贷款总额近5000万元。与中国联通云南公司达成代收费协议，突破了中间业务长期徘徊的局面，为全行中间业务的发展打下了一定的基础。

（五）发挥市场调查研究职能，当好领导和基层的参谋。为配合云南省实施西部大开发的行动计划，制作了《交通银行昆明分行参与和支持西部大开发的行动计划》；为有效指导全行对公营销业务，增强工作的计划性，在调查研究的基础上完成了《交行昆明分行对公客户基本情况》、《交行昆明分行总分行联动贷款调查》、《交行昆明分行委托贷款业务调查》。为了配合中间业务的开展，制作了《全球通话费代收项目营销方案》、《外汇“圆梦宝”市场营销策划书》、《银证业务情况调查》等。

三、授信管理

（一）整章建制，狠抓制度落实。认真贯彻

人民银行、交总行关于信贷管理的各项规章制度，结合实际工作，从整章建制，狠抓制度落实入手，确保全行的信贷管理和控制体制系朝着规范、科学、有效的方向发展。

（二）加强信贷风险管理，规避和防范金融风险，提高信贷资产质量。机构分设后，实现了“部门分设、职能分离、各负其责、相互制约”，真正做到了审查、审批两条线分开并相互制约。同时，还对贷审会制度进行了修改完善。

（三）完成了全行客户信用等级评估、五级分类等工作。按照《交通银行客户信用等级评估选择办法》的要求，及时组织信贷人员培训，认真填写输入表，确保了信用等级评估、五级分类等工作顺利完成。

（四）加强信贷档案管理。

四、风险资产管理

（一）加强内部管理，完善规章制度。先后制定和完善了《交通银行昆明分行风险资产管理暂行办法》、《交通银行昆明分行风险资产管理暂行办法》、《交通银行昆明分行清收不良资产专项奖励管理办法》等8项规章制度，确保了全行的不良资产清收工作有章可循，逐步规范化。

（二）加大清收力度，抓好不良贷款的重组工作。在不良贷款大户中，国有企业和股份制企业占比较大，且多集中于外贸、商业和房地产等，致使清收工作十分困难，但通过努力，共收回现金1亿余元。同时，对于符合总行规定条件的不良贷款进行了重组和转贷。

（三）加强经济纠纷案件的管理和抓好呆坏帐核销工作。对全行经济纠纷案件采取集中式管理，全年审批经济纠纷案件18起，涉诉标的8000万元，共依法收回现金2500万元。按照总行的要求，充分应用呆帐核销手段，全年共核销呆坏帐678万元。

（四）加强不良贷款的监控与管理。分行建立了不良贷款日常监控台帐体系，及时反映各支行（部）不良贷款增减变化情况及贷款企业的变化动态，向网点户管信贷员了解新增不良贷款形成的原因、采取的措施以及落实还款情况等信息，并将这些信息及时反馈给行领导，对不良贷款实行动态监控管理。为了加强对诉讼贷款的管理，建立了诉讼贷款管理监控台帐，有效配合法院做好判决后的执行工作，提高了案件的结案率。

（五）积极开展有关法律、法规的宣传教育，提高信贷人员的法律意识。

五、财务会计管理

（一）加强财会管理，提高管理水平。针对部分网点财会管理较弱的情况，组织了财务制度培训；及时制定财会收支计划，召开年度财会工作专题会议，定期召开季度财务分析会，指导全行业务朝着健康的方向发展。

（二）抓制度落实，加强基础工作，发挥监督管理职能，强化检查辅导工作。首先是对全行网点执行财会制度的情况进行全面自查，其次是认真抓好会计人员培训，再次是组织了全行业务技术比赛。

（三）优化结算手段，防范金融风险。积极准备，保证了本外币一体化电子汇兑实时处理系统按时进行，积极做好综合业务处理系统的试点工作，做好电子汇兑二级网建设的准备工作。

（四）加强固定资产管理。对营业网点、办公场所进行了一次普查。

（五）完成了上年度股利分配和换发股权证和重新填报股东情况表的工作，协助完成了募股工作。

（六）组织人民币管理条件宣传月和反假币知识的宣传活动。

（七）努力增收节支，较好完成全年的各项财务指标。

六、计划资金管理

（一）适应新的计划管理体制要求，改进计划分配与调控，做好综合平衡，较好发挥计划工作对全行各项工作的指导作用。

（二）加强资金管理与调度，确保支付，努力提高资金使用效益。

（三）继续抓好资产负债比例管理工作，充分发挥其预警管理作用。

（四）加强统计工作，确保统计质量，提高分析水平。

（五）进一步规范现金、利率管理，加大检查指导力度。

（六）配合分行机构改革，对新设立支行的计划人员进行了计划、统计、资金管理、资产负债管理等培训。

七、私人金融业务

（一）加大营销力度，完善服务功能，大力拓展太平洋卡业务。

（二）建立健全内部机制，安全管理，稳健经营，推动业务发展。

（三）明确工作职责及业务流程，确保全行制卡、资金清算、帐务处理的正常进行。

（四）发挥客户服务中心在为客户提供个人理财咨询、信息收集反馈、受理客户投诉、为客户提供救助等方面的作用，向客户提供银行产品和市场信息，树立了良好的交行形象。

八、稽核工作

（一）完成了稽核体制改革工作。已建立起分行“垂直领导、下查一级”的稽核体制，为全行稽核工作的顺利、高效开展奠定了基础。

（二）紧紧围绕年度稽核工作要点，有步骤、有计划地完成了各项稽核检查任务。

（三）制定了详尽、细化的工作计划及稽核基础管理制度，为提高稽核质量和工作效率提供了保证。

（四）加强业务培训和思想政治教育，努力提高稽核人员综合素质。

九、电子化建设

（一）为全行的业务发展提供科技支持。2000年是电子化建设投入最大的一年，建设规模大，地点分布广，工作量大，全体电脑人员克服重重困难，保证按时开业运行。做好应用项目的推广升级工作，完成了电子汇兑二级网的推广、零售业务系统的升级及昆明市金卡工程等工作。做好全行投产计算系统的运行维护工作，及时解决运行过程中的各种问题和故障。完成分行行政办公自动化网络——电子分行的开发和推广工作。

（二）组织人员积极研究开发。主要开发的项目有：代收费、实时对帐、银证合作、客户服务、集中式对公处理系统、电子分行等。

（三）进一步加强计算机系统运行管理和计算机安全防范工作，确保了网络安全可靠。

广东发展银行昆明分行工作述评

行　长　江南云

广东发展银行昆明分行是经中国人民银行批准，于1997年4月12日成立的国有控股商业银行。3年多来，在云南省委、省政府、人民银行和广发总行的正确领导下，在社会各界的关心与支持下，通过全体行员的共同努力，各项业务得以稳步发展。截至2000年底，全行各项存款余额达35.88亿元，比上年增长50.33%；全行各项贷款余额达13.41亿元，增长42.4%；实现利润3488万元，人均创利12.5万元，取得了良好的社会效益和经济效益，有力地支持了地方经济建设，真正体现了“与云南人民共致富、与云南经济共发展”的经营宗旨。目前，广东发展银行昆明分行在云南省设有一级分行1个，下辖玉溪、曲靖等11个支行和5个分理处，现有行员280人，已成为一家初具规模、充满活力的新型股份制商业银行。

2000年昆明分行紧紧围绕总行“强化管理、防范风险、稳中求进、提高效益”的工作方针，提出“以开拓求发展、以发展促稳定、以稳定保开拓”的工作思路，全行上下团结一心，踏实工作，圆满完成了总行下达的各项工作任务。

一、存贷业务

年初分行统筹部署：一方面通过优质服务和先进业务品种稳定原有的客户群，积极拓展新客户，提出“抓大不放小”的吸存方针，合理改进存款结构，抢占新的市场份额，全行由年初占全省份额的1%，增加到1.4%。另一方面注重贷款营销质量，积极寻找和支持符合国家产业政策和总行信贷政策的效益好、增长快的信贷项目，重点支持了云南交通、市政基础设施建设、“两烟”、有色金属等支柱产业和云南生物资源创新工程、旅游资源开发项目，累计向这些企业发放贷款6亿多元；同时还积极扶持那些有发展前景、有信誉的国有中小企业和私营企业，共向中小企业发放贷款2亿多元，支持了云南地方经济建设，形成了优质的贷款客户群。年末存贷比为38.4%，新增贷款质量严格控制在总行监测指标范围内。

二、票据业务

2000年6月分行成立了票据管理中心，负责对全辖票据业务实行统一管理，积极开办银行承兑汇票贴现、再贴现、转贴现及回购业务，拓宽收入渠道，全年累计办理银行承兑汇票贴现5.4亿元，办理再贴现和回购3.8亿元，再、转贴现率为81%，收入达906万元，贴现利息收入占全行全年总收入的4%，被人民银行成都分行选定为西南地区票据业务试点银行。2000年下半年，在分行票据管理中心和保卫部的协助下，营业部、国际业务部、曲靖支行先后成功堵截3起假银行承兑汇票诈骗案，涉案金额达1463万元，受到总行、人行和当地公安机关的通报表彰。

三、电子化建设

2000年分行着力于电子化服务项目的推广与完善，并取得新进展。一是通过多次测试，于2000年1月1日顺利解决分行计算机“千年虫”问题。二是按照总行科技开发工作的部署，积极参与网上银行、综合业务系统和理财通卡的开发及改造，推出IP电话卡、奥运卡、上网卡、电话费代收代付等中间业务，全年共发行理财通卡1.22万张，本外币收单量1760万元，银行卡在当地的市场占有率由上年的2.5%上升到3.25%。三是积极参与当地金卡工程建设，为金卡工程的开通作出了贡献。四是大力推广办公自动化系统的广泛使用，加快全行电子化管理的进程，其中MIS系统的开通使全辖财务报表、资金统计等业务实现了电子化管理；而LOTUS NOTES系统的正式启用更使辖内文秘工作跃上了一个新台阶，全面实现了公文处理“双规化”，提高了工作质量和效率。

四、内部管理

以提高效益为中心，强化管理，有效防范经营风险，提高经营效益和管理水平。（1）引进竞争和激励机制，实行分类定级管理办法，不同类别的支行和部门享有不同的权益，实现了权、责、利相匹配，使各单位由被动服从变为自觉管理，通过1年2次的考核，实现了管理围绕效益、责权分明、能上能下的行之有效的科学管理体制。在经济环境较为困难的条件下，昆明分行仍然圆满完成了总行下达的各项任务，存款、利润等主要经济指标均达到了建行以来的最好水平。（2）进一步建立健全各项规章制度，实行五个集中，包括：授权授信集中、审贷集中、财务费用审查审批集中、事后监督集中和同城内款项押运集中，防范经营风险。2000年安全区测评分值达92.5分。（3）结合实行情况，在工作中落实“5个挂钩”：制度分行领导与支行挂钩、分行职能部门与支行挂钩、分行党员负责人与支行党支部挂钩、支行与支行挂钩、党员与非党员挂钩，加强了分行与支行的沟通、党员与群众的联系，发挥了党员的先锋模范带头作用，将广大行员紧紧地团结在党的周围，行员的工作积极性和遵章守法的自觉性得到不断提高，建行以来未发生过案件。这项富有创造性的开展思想政治工作的方法，得到了有关部门和总行政工办的肯定和好评。（4）工会和共青团组织通过形式多样、丰富多彩的活动，活跃了行员的文化生活。2000年举办的活动主要有：组织向贫困地区送温暖活动、援建丽江县广发希望小学、向首届昆明国际花卉节捐赠花车等。

华夏银行昆明分行工作述评

行长　梁光辉

2000年，华夏银行昆明分行在省委省政府、各级人民银行的正确领导下，根据总行关于“全方位开拓市场，大力推进金融创新，强化内部管理，加快业务发展，开创二次创业的新局面”的年度工作要求，在年初确立了“规范管理、提升服务、拓展市场、全面创新”的年度发展目标，牢牢把握“以效益为目标、以存款为中心、以内控为保证、以服务为手段”的工作思路，全行上下讲团结，一心一意抓发展，取得了累累硕果。

一、各项指标完成较好

截至2000年12月31日，全行资产达44.1亿元；2000年实现利润3700余万元，实现一般性存款本外币合计41.4亿元；存款比59.52%，不良贷款率仅0.36%，利息实收率达99.6%。年末实现储蓄存款余额2.94亿元，个人贷款余额8501万元。华夏卡发卡19.65万张，卡均存款1051元，在华夏银行系统内以及当地同业中均名列前茅。年末全行实现国际结算量1.51亿美元，贸易结算量稳居全省9家外汇指定银行的第4位。2000年实现中间业务收入已占利润总额的18%。保函业务、票据业务均在省内名列前茅。3年累计实现利润8500万元，向地方财政上缴税金5000余万元。

以上各项指标全面超额完成总行下达的任务指标，并在云南省内股份制银行中名列前茅。

二、市场拓展与客户开发力度不断加大

*（一）继续推行“三体系两层次”的客户发展战略。*加大了筹资力度，在稳定原有大客户的基础上，保证了存款的稳定增长。

*（二）丰富客户各类和融资渠道。*在完善筹资体系的同时，优化存款结构、增加存款沉淀量。真正树立“凡是有金融服务需求的每一个领域，都是我们的市场”的观念，进一步拓宽了客户领域。

*（三）采取多样的吸存方式和规范的服务手段。*主要是重视和推广客户开发当中的“链条效应”，重视与客户的信息交流，提供完善的后期服务，以优质的售后服务来吸引客户，力争做到以最短的时间为客户提供最满意的服务，极大地提高了存款的稳定性。

三、信贷业务、中间业务和国际业务不断扩大

面对云南省信贷市场有效需求仍不足、外部经营环境不宽松的不利形势，我分行积极创新，以支持支柱型、基础型、集团化国有大中型企业、上市公司和准上市公司为重点，认真贯彻国家金融方针，根据总行有关信贷政策和云南省发展地方经济的有关产业政策，继续确立“大力支持烟草、交通、旅游、邮电、通信、绿色生物制药、花卉、市政基础设施建设，以及集团化、股份化国有大中型企业”的信贷政策，积极慎重地发放了项目资金贷款，有力支持了省内的支柱型、基础型、效益型及世博会配套项目建设，受到了地方党政部门的一致肯定。同时稳步推进名牌客户战略，不断发展和扩大客户队伍。继续全面推进“客户经理制”，完善了对客户经理的考核与管理。

中间业务。（1）“西部大开发”的实施，使云南省迎来了历史上最好的发展时期。面对西部大开发庞大的市场，分行针对自身资金实力不强、市场份额相对较小的现状，在开展好传统存贷业务的同时，积极拓展中间业务市场，努力把中间业务作为支持西部大开发的切入点和新的利润增长点。首先以公路保函为切入点，对其下属公路建设指挥部、公路施工企业提供从项目招投标到工程决算交付的“一条龙”全程配套金融服

务，并以此为契机延伸，向西部开发项目吸收存款。2000 年累计办理保函业务近 7 亿元。较 1999 年业务量增长了 30 倍，华夏大大提高了中介业务盈利水平，取得了良好的社会效益与经济效益。其次以票据业务为依托迈出了银银合作、银证合作的新路子，通过加大对票据业务的投放来调控贷款余缺。2000 年共办理承兑汇票 6.1 亿元，较 1999 年的增长 11 倍；办理票据贴现 8.7 亿元，是上年贴现业务的 15 倍，票据贴现业务量已居全省各家银行之首。中间业务的快速发展带动了华夏银行昆明分行负债业务与相应效益的同步增长。2000 年办理中间业务为分行带来的大量派生存款，已逐步成为新的利润增长点。（2）在上年工作的基础上，认真贯彻总行“以国际结算为龙头，带动各项本外币业务全面发展”的指导方针，从客户营销拓展和业务管理规划两方面着手，边调整边发展。继续发挥本外币一体化经营战略的优势，制定客户发展战略。重视规范经办行前台营销与国际部操作管理之间的协调合作。根据市场要求及时调整贸易融资政策。成立了专门的外币利率工作小组，对执行总分行下达的外币利率的情况进行监督管理。

四、全面创新，进一步完善三个特色

分行自成立以来就提出了“本外币一体化、金融电子化、个人金融服务创新”3 个特色，3 年来为此进行了深入的探索与实践。2000 年，分行深入贯彻总行领导提出的“凡是我们还没有开办的业务和品种，都是创新的领域”的要求，从大处着眼，从小处着手，力求达到“突破雷同、发扬个性、展现特色、稳健发展”。

（一）发挥本外币一体化运作业务优势。2000 年分行本外币一体化工作着重在“营销一体化”方面予以加强，尤其在柜面综合服务和对外营销的一体化方面加大了工作力度。着重加强外汇从业人员特别是客户经理和柜面人员的技能培训，使各级客户经理真正把人民币业务与外汇业务同时抓起来。通过进一步完善和加强以本外币一体化的营销组合策略和风险防范系统，开创了工作新局面，年终国际业务各项指标优异，稳居云南省 9 家外汇银行的第 4 位。

（二）把握“科技兴行”的理念，利用高科技手段进行银行业务的扩张。2000 年在电子化方面加大投入。进行了更为深入的探索。一方面进一步优化和完善原有的综合业务、华夏卡、支付清算和国际结算系统；另一方面在企业内部网、IC 卡、自助银行、客户服务中心、银证转帐等方面做了大量基础性工作，并配合总行进行网上银行的开发及各种业务系统的开发和测试工作。8 月 25 日，华夏银行昆明分行企业内部网一期工程建成并投入试运行，这标志着分行已经开始拥有现代化的办公方式。同时，分行与天泉网络超市联合发行“华夏天泉网络联名卡”、与云南省药材公司联合发行“华夏延寿卡”的工作正积极推进，还将与昆明市儿童医院联合进行医疗 IC 卡的开发与建设。7 个自助银行网点的筹建工作已基本完成，开业后将极大地改善华夏卡持卡人的用卡环境。

（三）大力拓展个人金融业务，实现多样化发展。2000 年分行个人金融业务紧紧围绕“以扩大华夏发卡量、加快吸收储蓄存款为主要目标，继续改善用卡环境，全面推进个人信贷业务，并以联名卡、认同卡的发行为核心搞好华夏卡的功能延伸，大力开拓个人理财业务”的经营思路，大力拓展市场，成绩喜人。各项个人业务指标均超额完成总行年度计划；卡均存款在华夏银行系统内以及当地同业中均名列前茅。按照年初工作安排中提出的“每个经办行都必须把发行联名卡和认同卡作为今年卡业务的重点工作来抓”的要求，进一步加强市场营销，积极寻求合作伙伴，除发行“华夏天泉卡”、“华夏延寿卡”、“华夏银行玉溪商业大厦”等联名卡外，还与昆明万怡酒店、云南天恒大酒店、昆明金龙饭店和云南泰丽国际酒店等达成了有关华夏卡消费优惠的协议，利用联名单位大力开拓了华夏卡市场。此外，顺利实现了和当地金卡工程的对接，金卡交易笔数及交易量在工、农、中、建、交之后排名第 6。保管箱业务采用分点式布局，根据投入产出效益原则要求，在所属 5 个支行设置了保管箱库，年内已全部建成并投入市场。

五、内部控制和基础管理得到切实加强

（一）合理配置人力资源，重视行员队伍建设。华夏银行昆明分行自建行以来就奉行“以人为本”的管理理念，努力使每个岗位上的行员都能发挥自己最大的优势和潜力，在促进全行各项业务共同发展的同时，每个行员都能体现出自我价值。（1）完善激励机制。全面实施临时行员制

度，制定并下发了《临时行员管理办法》，实现了正式行员与临时行员的竞争与轮换，使每个岗位上的行员都能发挥自身优势和最大潜能。针对分行机关管理层工作完成情况，制定并下发了《行长嘉奖令和处罚令》、《阶段性工作不满意书》等管理办法，使奖、罚更全面地与待遇挂钩，有效地提高了行员的工作效率。行员激励机制的完善，充分调动了大家的积极性和创造性，营造了一个良好的内部竞争环境。(2) 加大培训力度。重点抓了3个方面的培训工作：一是对新行员的基础知识、技能培训，学习各个岗位技能达标教材，积极组织岗位培训，经总行统一考核后持证上岗。二是继续进行业务知识培训，对信贷、国际业务等经办员进行业务知识的巩固加深，使行员的专业知识水平和综合素质得到很大程度的提高。三是为中层管理者提供出省、出国交流的机会，学习同业的先进经验，提高分行的管理水平。

(二) 规范业务操作和监督管理，健全规章制度，防范金融风险。(1) 继续强化“四个不搞”和“四个确保”的风险防范指导思想。(2) 领导班子高度重视金融风险的防范工作，把抓好风险防范与保持较快的发展速度摆在同等重要的地位，从根本上保证了全年经营管理的稳健。(3) 从建章立制出发，继续抓好内部控制制度建设，1年来出台了涉及银行业务经营各方面的20多个内控制度、操作规程及考核办法，健全了整套信贷规章制度体系。严格保障各项制度的贯彻落实，确保按章操作。制度约束使得分行有效增强了抗风险的能力，全年成功堵截了3张假银行承兑汇票，合计金额980万元。(4) 保证资产的良性运行。为确保分行对2000年信贷资产项目实行分、支行两级职能部门共同调查，使分行管理层均掌握第一手资料，辅以科学的测评手段，使贷审工作规范到公正、科学、具有前瞻性的轨道上来，同时也规范了审贷委的议事规则，使项目评审工作公正、公开、科学的轨道上运行，大大减少了评审失误带来的风险隐患。(5) 开展了积极的、有针对性的专项稽核，同时配合总行和人民银行搞好各项稽核工作。通过现场稽核、非现场稽核和开展法律事务活动，促进内部机制的进一步完善。

(三) 强化行员安全防范意识，把安全保卫纳入模式化管理。2000年是金融案件频发的年份，全国各地发生了多起对银行的抢劫暴力事件。在此严峻形势下，分行把防范“四类”案件、确保重点要害部门和主要环节的安全作为保卫工作的重点。通过专业人士的生动授课和有关文件的认真学习，增强了广大员工的安全经营和防范风险意识。拟订安全保卫模式化管理方案，逐步细化、完善了安全保卫的各项规章制度；及时完善《安全保卫责任书》和《重点要害人员登记表》，严格落实安全管理责任制。工作中突出重点，对金库、营业网点、运钞环节等的安全防范采取有力措施，确保了重要部门和重要环节的安全，对全行各项业务的顺利开展起到了保驾护航的作用。

六、党建和企业文化建设取得新进展

分行自成立以来，始终坚持“两手抓、两手都要硬”的指导思想，在抓好业务建设的同时，强调要加强党的基层组织建设、弘扬良好的职业道德，通过“以人为本”的管理，为分行的可持续发展提供内部保障。2000年，在实现业务快速稳健发展的同时，精神文明建设和职业道德教育也取得了良好的成绩，行内呈现出行员敬业爱岗、拼搏奉献、进取向上的企业氛围，为分行第一个三年发展规划的顺利实施提供了有力保障。

(一) 加强党建工作。昆明分行下属的各个支行都设立了党支部（总支），建立、健全了各种党内学习制度、组织生活制度，组织活动的开展基本保持了正常化与规范化。(1) 始终不渝地加强领导班子的建设。在选配基层行领导班子时，不仅考虑其金融资历、文化水平、业务素质等等，还重点考虑其政治素质，确保至少有一位行领导是党员，保证基层党建工作的顺利开展。(2) 按照总行“把党支部建在基层”的工作要求，正式党员在3人以上的经办行都建立了党支部。建立了党委联络员制度，正式党员不到3人的，通过党委联络员经常保持机关党委与经办行的党务工作联系。(3) 把基层党建设思想政治工作与业务发展有机地统一起来，建立了党建和思想政治工作责任制，形成分行党组、机关党委对各总支（支部），每位行领导对分管的处室和联系的经办行，各行处领导对本部门行员的三级目标管理体系，不仅负责业务工作指导，而且负责思想政治工作，做到不留空白点。行员们有工作或思想上的问题，可直接找部门领导或通过行长热线、行长对话日同行领导进行交流，使党建工作与思想政治工作落到了实处。(4) 加强党风廉政建设。领导干部和各级管理者带头贯彻执行中央金融工委提出的“六个严禁”，过好“政治关、权力关、金钱关、享乐关、亲朋关”，切实做到勤政廉政。要求各级领导干部用自身的人格魅力影响部属，切实严格执行“六严禁”、“五不准”的规定。建立了“下级行禁止给上级领导和处室送礼制度。并得到了总行肯定。

(二) 坚持“以人为本”的管理理念，营造团结和谐、奋发向上的工作氛围。主要抓好几项工作：(1) 坚持“以人为本”的人本化管理，强调各级领导都要用自身的人格魅力来影响、教育和带动部属，加强自身修养，在日常的思想政治工作中注意尊重、理解、启发、关心和激励行员，用自己无言的行动在广大行员中树立威信，使思想政治工作真正做到“随风潜入夜，润物细无声”。(2) 以形式多样的集体活动，活跃文化氛围，凝聚行员的情感归属。举办了“华夏银行昆明分行第一届趣味运动会”，从活动组织到现场落实都取得了良好的效果。重点开展了“争先创优活动”，创建了 2 个省级青年文明号，3 个省级国家机关系统青年文明号，城北支行还获得了昆明市人民政府授予的“重合同、守信用单位”荣誉称号，官渡支行获得官渡区区级文明单位。(3) 致力于解决行员的后顾之忧，并在力所能及的范围内为行员创造良好的工作、学习和生活环境。注重改善福利待遇，多做得人心、暖人心的工作，把解决思想问题与解决实际问题相结合，把好事办实、把实事办好。

七、机构网点建设和 CI 形象宣传取得新成绩

(一) 机构建设速度快质量好。2000 年，分行新增了 2 个同城支行——官渡支行和红塔支行，使华夏银行昆明分行的网点机构增加到了 8 家，大观支行的报批、开业筹备工作也已经完成。至此，分行已在昆明市的经济发达地区设置了 7 个同城支行、玉溪设置了 1 个异地支行，逐步建立了科学合理的机构网络，形成了覆盖昆明地区辐射发达城市，服务云南经济的新格局。与此同时，还加快了 7 个自助银行的筹建进度，并于近期开业。这对极大地改善分行华夏卡用户的用卡环境，提高分行业务的电子化进程产生了积极的推动作用。

(二) CI 战略实施与营销宣传活动不断深入。(1) 加大宣传力度，利用行庆 8 周年、奥运会、民交会以及 3 年创业各项业绩的突破等一系列有利时机，进行积极广泛的宣传，抢占广告媒体的宣传阵地，做到“有字、有声、有影、有反响”。全年在报刊杂志上刊登了近 100 篇介绍华夏银行昆明分行的文章。(2) 充分利用一系列大型活动，借助新闻媒体来播发华夏银行昆明分行的报道、信息、广告等，对宣传分行崭新的金融企业文化形象，提高分行的知名度起到了积极的作用。12 月 2 日，分行借 3 周年行庆之际，举行大型“创业者的足迹”演讲比赛，充分展示了华夏银行昆明分行行员的文化水平，更加增强了分行的凝聚力和向心力。(3) 积极投身于社会公益活动，形成良好的社会效益。积极支持配合昆明市“文明畅通工程”的实施，成功举办了“向昆明市 8 万小学生赠送安全小黄帽”的大型捐赠活动。

中国光大银行昆明分行工作述评

行长　费克强

一、概况

2000年，中国光大银行昆明分行按照总行“建立可持续的比较竞争优势”和“三三二”指导思想，从市场、客户、人才、技术、管理着手，立足发展、创新、稳健，以创新求发展，以创新求生存，以人为本，加强内部规范管理和内控机制的完善，合规经营。经营中，根据总行阶段性要求和昆明地区实际，围绕目标，适时调整工作思路。全行员工同心同德，奋力工作，各项目标完成较好，存款稳步增长，市场占比较上年有所提高，资金运行良好，各项业务真实平稳发展，增资扩股工作圆满完成，利润较上年有较大幅度增长，增长率达55.3%。

截至2000年12月末，本外币各项存款余额17.06亿元，较年初增加1.646亿元，增长10.68%，完成总行下达年末达16.5亿元计划的103.37%；完成总行下达阶段性存款目标17亿元的100.33%；日平均存款余额达15.17亿元，完成总行下达全年日均余额14亿元的108.39%；其中，储蓄存款余额2.122亿元，较年初增加6483万元，增长43.97%，高于昆明地区银行机构平均增长水平；同业存款余额1.065亿元，比年初增加1.05亿元，增长76.7倍，完成总行下达年末同业存款达1亿元的106.52%；各项贷款余额8.959亿元，较年初增加6659万元，增长8.03%，第四季度日均存贷比50.6%，严格控制在总行下达的指标内；无外币贷款；总资产19.45亿元，较年初增加1.26亿元，增长6.93%，不良资产率和不良贷款率分别为1.34%和2.9%，本期贷款收息率和累计贷款收息率分别为95.09%和93.92%。完成国际结算量2036万美元，比上年同期的752万美元增加1284万美元，增长170.74%；超额完成总行下达全年1000万美元计划的203.6%。结售汇量919万美元，比上年同期的689万美元增加230万美元，增长33.38%；全年实现利润1668万元，较上年全年利润额1074万元，增加594万元，增长55.3%。

二、存款

自1999年下半年以来，世博会投资拉动大大减缓，优势产业“两烟”逐年受控。面对云南不理想的经济形势，昆明分行抓存工作着力于完善内部机制、抓好业务创新、抓好重点客户服务和管理，并切实制定相应的措施和办法。

（一）完善内部组织机构，成立公司银行部和私人银行部。抽调和充实人员，加强调研和基本客户群及业务的拓展。并以全新的理念，要求每一个客户经理就是一个流动银行，针对目标客户，找准突破口，加强服务推介。同时，根据工商企业情况，设计整理出《重点客户基本情况联系表》，有重点、有目的地对各类企业进行排队筛选，建立客户信息档案，选择了一批重点客户作为重点服务和发展对象。

（二）抓稳存和增存。对存款大户，进一步做好服务，根据客户需求上门收款和送单、送票。对股东单位和存款在1000万元以上的企业，行领导亲自管理。

（三）拓展新客户，增加新存源。继续抓好云南省工商行政管理局企业注册资金验资专户业务，今年共为466户企业办理了注册验资手续，累计存入验资款10.06亿元，验资专户日平均余额达5500万元，同时抓好新注册企业开户和重点客户的存款工作。

（四）进一步做好优质文明服务，抓好储蓄存款。对大户存取款主动上门服务。尤其抓好外币利率上调的柜台宣传工作，促进了外币储蓄的持续增长。

三、中间业务

光大银行昆明分行一直把金融创新视为体现银行整体服务水平和竞争能力的重要标志，在做好传统业务的同时，加强市场信息的捕捉，致力于零售业务和中间业务的拓展。一直利用现有设备和条件，积极开展中间业务。在1999年前开办代理中国进出口银行代理业务、代收寻呼费、银税一体化（代收代缴税收）、企业注册资金验资等中间业务的基础上，又开办了银证一体化、汽车消费贷款、住房按揭贷款等业务，7月份在全国光大系统首家推出了储蓄活期帐户银证转帐，为今后综合柜台系统、阳光卡系统开展中间业务奠定了坚实的技术基础和成熟的业务经验。11月份在云南同业中又首家推出网络银行业务，极大在促进了银企合作关系。目前已与光大证券昆明营业部、海通证卷、云南金旅证券3家证券公司合作，业务发展较好，12月末，3家证券公司在昆明分行存款余额1.065亿元。积极与上市公司合作，稳妥地与上市公司红河光明办理了网上发行国家A级债券质押贷款1500万元，质押金价值3700万元，已提前归还。同时，按照总行的整体部署，圆满地开通了全国储蓄通存通兑，按时完成了收付清算系统上线工作和阳光卡柜台系统、ATM、POS等调试上线工作，积极地发展特约商户，目前已发卡112张，布设ATM2台，签约特约商户3家，已申请领卡1万张，并拟定了为1户企业用阳光卡代发工资。

四、国际业务

昆明分行紧紧抓住效益好的企业，加强联系和合作。行领导会同客户部、国际部、信管部同志多次走访了云南铜业集团、云南冶金集团进出口公司、昆明钢铁总公司进出口公司等企业，并达成了国际业务结算协议，全年国际结算2036万美元。在办理国际业务过程中，昆明分行十分重视信用风险和政策风险的防范，稳健经营，至今无一笔信用证下垫款和不良资产。

五、贷款

在总行下达的存贷比控制指标内，积极开拓信贷业务，优化信贷结构，加大了对国有大中型企业、上市公司、股份制企业的信贷投入。在贷款投向上，昆明分行力争进入经济效益好的各类企业进行多品种的金融服务。在服务手段上，向客户进行多品种的金融产品推介，对客户实行综合授信管理，在业务品种上实现多样化。至12月末，共对省内效益好的6家大型企业实行综合授信，授信额度8.04亿元。对7户企业实行统一授信。在贷款投向投量上65%的贷款用于支持国有大中型企业、上市公司及股份制企业。通过综合授信和投向上的把握，对优化信贷资产质量奠定了较好基础，保持了较好的贷款结构。积极开展票据贴现业务，12月末贴现余额50万元，其中：贴现7050万元，转贴现2500万元，向人民银行再贴现4500万元。同时，加快私人银行业务发展。积极开展消费贷款和小额抵押贷款业务。全年发放小额抵押贷款2477万元，12月末小额抵押贷款余额1860万元，住房贷款1159万元，汽车消费贷款189万元，住房装修贷款52万元，私人业务的拓展和资产的多样化，扩大了社会影响，资产结构日趋合理。

六、资产负债管理

3年来，昆明分行在积极拓展业务、大力推行金融创新的同时，本着“发展与管理并重”的原则，建立和完善商业银行运行机制。

（一）资产负债管理机制。1998年批准经营外币业务后，昆明分行即建立了全行本外币合一的资产负债管理，并按中央银行的监管要求和商业银行的运行，加强资产负债的管理和资金的调度，认真匡算资金，既保证支付，又减少闲置资金。多余资金及时上存总行。全年累计上存总行人民币44亿元，年末上存总行资金余额人民币4.75亿元，美元1775万美元，港币395万港元；同时向华夏银行昆明分行拆出资金5笔，金额8000万元人民币，到期已全部收回，无不良资产。在负债结构上，主要抓好定活期存款结构的调整，努力抓好活期存款，除低资金成本，通过努力活期占比逐渐提高，年末活期占比为63.24%，比上年末的54.92%提高8.32个百分点。使资金的安全性、流动性、效益性得到了有机的统一。

（二）银行业务营销机制。按市场经济发展的客观要求和市场的需要，实现信贷体制由单纯的收放型向以客户为中心的综合集约营销型转变。将信贷部改为客户经理部和信用管理部，（客户经理部分公司银行部和私人银行部），构筑以市场为目标、营销为手段、服务为中心的营销体系，使银行的各项工作围绕客户转、围绕市场转。

（三）金融风险防范机制。在组织机构上，成立了信用审查委员会，信用审查委员会由正式委员、候补委员、专家委员构成，设立信用管理部。管理程序上贷前调查和贷后审查由客户经理部负责，对符合贷款条件的企业，客户经理部提供贷前调查报告，对每笔贷款均进行风险度计算，为贷前调查提供决策依据，交由信用管理部审查。对贷款超过500万元的提交信用审查委员会审查。构架起了以审贷分离为核心的信贷工作程序化、标准化、科学化、效率化的运作制约机制。从制度上增强对分支机构信贷工作的指导和检查力度，形成较健全的“内外制约、上下制约、岗位制约”的内控框架。

（四）稽核监督内控机制。昆明分行加强稽核和事后监督力度。稽核部工作重点是合规性和风险防范；对象是重点岗位和易造成错弊的关键岗位；形式以现场稽核与非现场稽核相结合。开展了对贷款“三查”合规性和利率执行情况的专项稽核和对现金管理、重要空白凭证、库存现金等进行稽核检查，对所有的信贷资料进行了查阅，查验了抵（质）押品，对发现的问题及时纠正整改，通过稽核检查，全行经营合规。事后监督工作对各营业网点上日所有业务从票据的真实性、合法性，凭证要素及业务规范性，利率的执行和计算、重空核销、印鉴、机器录入勾兑业务流水等方面进行全面监督。监督发现问题立即填发差错通知书通知业务人员并督促整改，坚持事后监督周报制度和重大情况立即报告制度。

五、员工培训教育

昆明分行建立以人为本，对内培养具有现代人风、传统气节、奋发向上的文化思想；对外最大限度地营造生存环境、争取生存空间的全新理念。加强员工的法制教育、职业道德教育、规章制度和业务的培训和教育。邀请专家对员工进行党性教育和法律知识及企业会议的培训。组织了全行员工进行《会计法》培训和考试。全年组织各种培训9次，培训人数630余人次。同时积极组织员工开展各种活动，增强员工凝聚力。在中国人民银行昆明中心支行组织的金融系统的文艺汇演中获一等奖。10月份，昆明分行按总行的整体要求，以观瞻规范、行为规范、操作规范和政策规范4方面开展全行规范管理。通过1月多的规范化管理和教育、培训，培养了光大人为事业奉献、爱岗敬业的企业人气节，创造了一个具有现代人风、传统气节、奋发向上的文化思想氛围。

六、增资扩股

9月收到总行开展增资扩股工作通知，昆明分行立即组织有关部门召开紧急会议，并组成了增资扩股领导小组。行领导及有关部门多次走访了云南省烟草公司、玉溪红塔烟草集团有限公司、红河卷烟厂、曲靖卷烟厂、昆明卷烟厂、云天化集团公司、云南省冶金集团公司、昆明钢铁总公司等企业，并积极地为企业解决实际问题，确保了增资扩股任务超额完成。

七、三防、一保

对“三防一保”工作做到常抓不懈，在每次员工大会和办公会上，都反复强调，并结合案例，讲安全、讲发展，做到警钟长鸣，对存在的安全隐患及时地整改。加强经警的教育管理，对经警实行军事化管理，实行统一住宿、统一训练和学习，建立交接班制度，使经警的思想政治素质和技能都有较大提高。通过对员工的安全防范和职业道德教育，增强了员工防范意识和责任感。年内，昆明分行员工成功地堵截了3起诈骗案，受到人民银行和公安部门的表彰。昆明分行组织了一次防抢劫实地演练和经警擒拿格斗表演。通过演练，提高了全行员工防范意识，全年做到了安全无事故。

上海浦东发展银行昆明分行工作述评

行长　杨国樑

上海浦东发展银行昆明分行自2000年初开业以来，在省委、省政府和人民银行的支持和帮助下，在总行的正确领导和各部门的大力支持下，认真贯彻全国金融工作会议精神，并结合昆明分行的实际制定了全年奋斗目标，经过全体员工的勤奋工作，至年底基本完成年初制定的各项发展目标，初步形成了一定的经营规模，为今后的发展奠定了良好的基础。在坚持抓各项业务的营销和开拓的同时，努力抓制度建设、队伍建设和规范管理，初步建立了适应业务发展的组织机构、规章制度和内控制度，形成了一支较为精干的员工队伍，全行各项业务稳步协调发展，品种功能逐步完善，3个同城支行的筹备工作已全面完成，即将陆续开业，国际业务和东方卡业务硬件环境已构建完毕，待有关批复下达后可投入使用。

一、各项指标完成情况

（一）存款。全行存款保持了较快的增长速度，截至年末，各项存款余额为9.036亿元，完成年计划的113%。其中：企业存款余额7.199亿元；储蓄存款余额3004万元；其他存款余额1.536亿元。在各项存款余额中，活期存款余额6.838亿元；定期存款余额2.197亿元。

（二）贷款。全行各项贷款余额6.002亿元，完成计划的102%，在各项贷款中，个金贷款余额6498万元，完成计划的162%。

（三）利润。全行实现利润12.5万元，完成计划的12.5%。

（四）有效控制金融风险。当年没有发生违规经营和贷款风险，全行贷款收息率为100%，不良资产率为0。

二、几项主要工作

（一）积极探索经营思路。突出四个重点——突出以防范风险为重点；以优质服务，完善功能为重点；以云南的支柱产业和特色经济为重点；以优质客户为重点。坚持三项原则——坚持“依法合规，稳健经营”的原则；坚持不断探索，勇闯新路的原则；坚持发展与管理并重的原则。围绕二个中心——围绕以客户为中心；以经济效益为中心。建立一个体系——建立和健全以客户经理制为主体的公司金融、个人金融和机构金融三位一体的全方位综合营销体系。

（二）开拓市场积极营销。分行从开业之初就根据总行的安排和布置，结合分行实际情况，创造性地开展综合营销工作，并把存款的营销作为业务工作的重中之重，切实抓紧抓好。通过一年的努力，基本完成了年初制定的发展目标，在综合营销方面做了以下几方面的工作：

1、建立了综合营销基本框架。结合分行自身实际情况，初步建立了以公司金融部、信贷管理部、资金财务部为主，其他部门为辅，全行上下团结协作的全员营销格局。在负债业务的营销上，采取全行动员，全行营销分类管理，分工负责的办法，对重点客户确定专门部门管理；在资产业务和中间业务的营销上，采取以公司金融部归口负责为主、各部室配合的方式。形成了人人关心存款和效益，努力为发展作贡献的良好氛围，为最终建立“三位一体”的全方位综合营销体系创造了条件。

2、建立客户群，奋力拓展存款业务。开业之初，分行在认真分析昆明当地社会经济发展的特点、资金流量及分布的基础上明确提出了依托支柱产业，着力发展大集团、大企业等优质客户，迅速扩大市场占比的营销思路。以国家的宏观经济发展目标、产业政策、区域经济发展特点和信贷政策为指导，把在云南具有较大影响、综合实力强的大型企业集团、上市公司和国有大中型企业，做为营销的重点工作来抓，行长亲自挂帅，发挥部门优势指定专人具体负责重点客户的营销工作，有力地促进了存款业务的快速发展。

（三）加强制度建设，完善内部管理。建行以来，分行本着“发展与管理并重”的原则，依据总行的有关规定，遵循系统性、权威性、强制性、持续性、可行性、可监督性、可衡量性和弹性的原则，各部门结合其工作职责，把建立和完善各项规章制度作为重点，认真、扎实地抓紧抓好，保证各项工作有章可循、照章执行。到目前为止，分行按照总行对新建机构的要求基本完成了各项规章制度、内控制度和岗位职责等制度的建设，使各项工作初步能够按照制度化、系统化、科学化开展。

（四）制度落实确保安全。分行从成立之日起，就把“三防一保”工作放在十分重要的位置，围绕着思想防范、制度防范、技术防范、设施防范和狠抓检查落实来展开。分行成立以来，多次开展安全检查，对发现的安全隐患进行整改，实现安全无事故，确保了全行的安全经营。

（五）加强企业文化建设。根据总行企业文化建设的总体规划，分行在建立一套科学而切合实际的企业文化体系方面开始起步，并进行了初步的探索，有针对性地开展了企业文化建设教育。分行领导进行专题讲座，通过对全行员工宣传和贯彻浦发“笃守诚信，创造卓越”的理念及其“满意服务，奉献社会”的价值观，使浦发理念融入全行经营管理的各个环节，并真正体现在各自工作的实际中，从根本上增强员工的凝聚力、向心力、战斗力，树立满意服务、奉献社会的观念，为浦发各项事业的发展创造了好的条件。

（六）加强职工队伍建设，提高整体综合素质。根据分行人员结构，开行之初就制定了员工的培训计划，通过各种渠道和方式加强业务技能和提高综合素质，特别是熟悉和掌握高科技条件下处理金融业务和国际贸易结算，使之适应全球化发展的客观需要。

三、存在问题

主要问题是：（1）作为新开设的分行，各项业务刚刚起步，经营管理工作的许多方面还是粗线条的，在规章制度的系统建设和执行上还有待进一步完善。（2）存款总量不大、占比偏小，且结构欠合理，市场和客户基础还不是十分牢靠，合理客户群还有待于开拓；资产、负债结构有待进一步调整，资金使用效益需要进一步提高。（3）网点数量少，业务品种功能不全，不利于业务的开展，个人金融业务和中间业务还需大力开拓，加快发展。（4）客户经理制、综合柜员制等综合营销支持体系和分配激励机制有待进一步探索和完善。

昆明市商业银行工作述评

行长　李万清

一、概况

2000年，昆明市商业银行在中共云南省委和云南省人民政府、中共昆明市委和昆明市人民政府的领导下，认真接受人民银行的有效监管，积极贯彻1999年中央经济工作会议精神和2000年云南省银行证券保险工作会议精神，克服了经营上的许多困难和不利因素，保证了各项业务的稳健运行，并实现了资产规模和经营效益的持续增长。截至2000年末，全行资产总额为111.70亿元，较上年末增加33.63亿元，增长43.08%；负债总额为106.92亿元，较上年末增加33.26亿元，增长45.61%；各项存款余额为64.62亿元，各项贷款余额为39.32亿元。全年实现利润3000余万元，为地方经济的发展做出了应有的贡献。

二、存贷款情况

截至2000年末，全行各项存款余额为64.62亿元，比1999年末上升3.33个百分点。在2000年存款增长乏力的情况下，为保证稳健经营，一方面积极调度资金，提高资金使用效率，使2000年的实际贷款规模与1999年持平；另一方面努力调整信贷结构，把有限的资金用于支持经济的发展。

1、进一步加大对非公有制经济的信贷支持力度。在继续增加对非公有制经济信贷投入的基础上，积极配合财政和工商管理等部门，在省、市政府的大力支持下，共同探索解决非公有制企业贷款担保难的问题。目前已分别与盘龙区、五华区和安宁市的相关部门签订了筹建贷款担保中心（公司）的合作协议，为解决贷款担保难问题开展了实质性工作。

2、积极支持昆明市政建设。除继续保持对昆明金碧路改扩建工程的贷款外，对螺蛳湾商品批发市场改扩建工程、宜良县柴石滩水库以及昆明——石林高速公路建设工程都发放了贷款。

3、继续保持对云南省四大支柱产业的信贷投入。截至2000年末，对云南省四大支柱产业的贷款余额为2.14亿元，其中对烟草行业的投入达到1.34亿元。

4、积极拓展消费信贷业务。在1999年的基础上，新增了商铺按揭贷款、个人授信贷款等消费信贷品种，进一步扩大了消费信贷规模。消费信贷年末余额为0.63亿元，较上年末增长186.36%。

2000年7月，人民银行总行批准市商行开办银行承兑汇票业务。下半年起，大力开展该项业务，半年来累计签发银行承兑汇票5.10亿元，适时满足了企业的资金需求，在一定程度上缓解了资金的供求矛盾。

三、业务创新

2000年市商行加大了科技投入和新业务的开发力度，进一步完善了服务功能。

1、完成了综合业务系统和管理信息系统（MIS）的开发。1999年建设完成的综合业务系统经过2000年近一年的测试和上点试运行，运转已基本正常。与此同时，开发的管理信息系统（MIS）也陆续投入使用。MIS系统包含11个子系统，几乎覆盖了所有业务的经营和管理。综合业务系统和MIS系统的开发运用，明显提高了全行的业务处理速度，有效改善了经营管理水平。

2、完成了春城卡开发工作。市商行自2000年初即开展了春城卡的开发工作。经过几个月的艰苦努力，2000年6月末基本完成了春城卡的开发及测试，并向本行员工发行了部分春城卡进行试用以检验其运行效果；7月，春城卡通过了人民银行昆明中心支行和昆明电子结算中心的验收；9月末，与好又多量贩联合发行了联名卡；11月，春城卡正式加入昆明银行卡网络工程；12月末，正式向社会推出春城卡，使昆明市民又多了一种便于存取款和消费的理财工具。

3、进一步完善结算手续，加快资金周转速度。2000年初，实现了人民银行电子联行系统与市商行综合业务系统的链接，使所辖各支行能直接收发电子联行来往帐，真正实现了电子联行的“天地对接”，减少了票据的传递环节，更好地发挥了电子联行在异地结算中的作用。

4、积极参与货币市场和债券市场的运作，有效降低资产风险。2000年，市商行认真分析货币市场的发展状况，继续坚持积极参与、恪守信用、努力降低交易风险和提高资金使用效益的原则，充分利用资金余缺的时间差，积极参与货币市场的运作，货币交易量大幅度上升，全年累计货币交易量达69.2亿元，取得了一定的经济效益。

2000年，在营运资金较为紧张的状况下，市商行克服重重困难，充分发挥拥有国债、金融债承销团成员资格的优势，继续加大债券一级市场的参与力度。另外还积极组织销售、兑付国债、企业债，有效地服务了社会公众。

5、积极办理贴现、转贴现业务，努力创造新的收益增长点。在认真学习其他城市商业银行开展票据贴现业务经验的基础上，市商行于2000年11月成立了票据中心，并遵循防范风险、提高效率、增加效益的原则积极开展业务。在短短一个月时间里，累计办理银行承兑汇票贴现、转贴现2.61亿元，实现了较好的收益。

6、2000年市商行与建设银行云南省分行和工商银行云南省分行签订了代签银行汇票的协议并积极开展代签银行汇票业务，借助国有商业银行的优势，拓宽了资金通汇渠道。

四、内部控制

2000年，市商行继续完善一级法人管理体制，采取各种措施强化内控机制，以此防范和化解经营风险。

1、规范营业网点设置，树立企业整体形象。经人民银行批准，2000年初，市商行在原城市信用社体制下遗留的38个服务点全部改建为不具有核算主体资格的支行，成为市商行正规的营业网点。部分服务点在改建为支行的过程中，通过重新调整地域布局、改造装修及充实业务力量，使机构设置更加规范、企业整体形象更具特色。

为扩大市商行的服务地域和防范城市信用社可能出现的金融风险，经人民银行批准，市商行与安宁市城市信用社和昆钢建设街城市信用社在平等、自愿的原则下进行了合并。2000年4月，2城市信用社正式并入市商行并改建成为2个具有核算主体资格的支行。在此基础上，2000年7月，安宁市人民政府与市商行签订了经济金融合作协议，总行授权安宁和昆钢2支行与安宁市政府有关部门开展全方位的政银合作，一方面促进了安宁市地方经济的发展，另一方面也推动了市商行业务的发展。

2、增设内控职能部门，完善监督管理措施。为加强对不良资产的管理和处置，市商行于2000年初设立了特殊资产管理部，对不良资产进行集中管理和处置，有效地化解了资产风险。

为加强全行会计业务的事后监督，市商行于2000年11月正式设立了事后监督中心，对全辖35个支行的会计业务开展了事后监督。通过近半年的工作实践，为2001年实现全辖集中的会计业务事后监督以及进一步扩大事后监督的范围奠定了坚实的基础，提高了内部控制的时效性。

3、加强制度建设，狠抓贯彻落实。2000年，市商行继续把完善规章制度，规范经营秩序作为健全内控机制的重要工作来抓。1年来，市商行按照“内控优先”的原则，在开办新业务时坚持制度先行。为规范业务操作，先后制定了《昆明市商业银行债券结算代理业务管理办法》、《昆明市商业银行综合业务管理办法》、《昆明市商业银行承兑汇票管理办法》、《昆明市商业银行个人授信贷款管理办法》、《昆明市商业银行事后监督中心业务管理办法》和《昆明市商业银行营业网点营业库箱接送操作规程》等10多项规章制度。

1年来，市商行先后开展了现金大检查、凭证式国债销售情况检查和文档管理工作检查等；配合人民银行开展业务经营真实性检查、营业网点设置规范化检查和执法大检查等；充分发挥稽核监督的职能作用，对辖内30个支行的内控状况进行了调查。

4、加强安全经营观念，解除经营后顾之忧。2000年市商行检查了全辖所有营业网点的安全保卫设施，并对15个营业网点的安防设施进行了改造。经过努力，市商行自设的业务库于2000年正式启用，统一办理各支行的现金解缴和营业库箱的寄存，实现了资金集中管理和使用。

昆明市农村信用联社工作述评

社　长　高　波

一、基本情况

昆明市农村信用联社（以下简称市联社）成立于1986年8月，是全国首家地（市）级联社。1996年底与农业银行昆明市分行脱离行政隶属关系，1998年1月由正科级单位升格为正处级单位，专门行使对辖内农村信用社的行业管理和服务职能。

目前，市联社下辖12个县（区、市）联社、2个直属信用社和1个营业部；共有法人机构161个，营业网点406个；有职工2656人，代办员120人，临时工186人。在职工中，具有大专以上学历的472人，占职工总数的17.78%；具有中级以上职称的247人，占职工总数9.30%。

二、经营情况

2000年，昆明市农村信用社在人民银行的领导下，在地方党委和政府的关心和支持下，经过全体干部职工的共同努力，取得了“三增一减一调整两提高”的经营成果。

“三增”：一是存款增加。全市农村信用社各项存款余额同比增加6.12亿元，增长7.47%；二是各项贷款同比增长11.8%；三是盈利社利润增加。全市农村信用社共有149个社盈余，盈余金额1503.27万元，同比多盈339.27万元。

“一减”：亏损社10个，同比减少8个，亏损金额887.04万元。盈亏相抵后净盈余616.23万元，同比增加盈余337万元。

“一调整”：资产业务结构向好的方向调整。主要表现在：（1）压缩效益差、产品无销路的大户贷款，加大支农力度。年末，农户及农业经济组织贷款余额为13.66亿元，比年初增加1.38亿元，占新增各项贷款余额的23.1%，突出了为“三农”服务的宗旨。（2）以信贷政策和市场为导向，大力拓展消费信贷，官渡、西山、长春信用社等经济发达地区信用社开办了汽车消费贷款、个人住房按揭贷款业务，两项业务累计发放贷款6000万元。

“两提高”（1）银行间货币市场业务量提高，全年业务量突破40亿元；（2）电子化水平明显提高。全市农村信用社通存通兑网点由去年的56个增加到131个，金碧卡与“金卡工程”实现联通。

三、主要工作情况

（一）积极组织存款，优化存款结构。一是开展优质服务，改变以往坐等客户上门的“官商”作风，积极主动地把支农贷款、致富信息送到农户手中，受到广大农民好评。二是积极协助政府清理整顿农村合作基金会，派出了一批业务骨干参与基金会的清理，并配合各地政府做好股金兑付工作，赢得了地方党政部门的信任。三是采取多种形式大力开展宣传工作。如：通过报送内部信息简报、召开社企座谈会、在新闻媒体上做宣传等方式，提高了农村信用社在地方党委、政府和群众中的声誉和威望，为拓展储源创造了有利条件。四是通过开展劳动竞赛和岗位练兵，提高职工业务技能和服务水平。由于狠抓存款组织工作，年末全市农村信用社各项存款已达88.18亿元。

（二）积极调整信贷结构，突出支农重点，促进地方经济发展。全市农村信用社根据国家产业政策，积极为“三农”服务。（1）出台《昆明市农村信用社小额农户联保贷款管理办法》，鼓励农民开展联保、互保，解决农业生产资金需要。（2）按省委、省政府建设绿色经济强省的要求，积极贷款支持烤烟、花卉、蔬菜、水果、养殖业等特色经济的发展，培植了呈贡斗南花卉基地、宜良养鸭基地等产业化农业。到12月末，共发放农户及农业经济组织贷款达14.77亿元，比年初增加2.49亿元，占新增各项贷款余额的38.5%，有力地促进了农村经济的发展。(3)按建设旅游大省的要求，继续支持了南亚风情园、福保文化城、九乡风景区等一批旅游重点企业，促进了旅游业的发展。四是积极支持了高科技农业生物工程，如云大科技植物调节生长剂的产业化发展。

（三）优化资产结构，拓展货币市场业务和中间业务。(1)加大中间业务操作力度，提高资金利用率。充分利用银行间同业拆借市场交易成员和政策性金融债券一级承销商的资格，加强资金融通工作，解决了辖区内各联社资金余缺调剂问题，又为全市农村信用社闲置资金寻找出路，保证了资金安全、高效运行，降低了经营风险，实现融资业务净收益及手续费收入1385万元。(2)在有条件的县、区联社，开办了代发工资，代收水电、煤气、电话费，代收税款等代理业务，为进一步拓展业务积累了一些经验。

（四）加强信贷管理，努力盘活不良贷款，防范化解金融风险。(1)加强信贷检查，组织进行大额贷款、抵贷资产、已核销贷款的检查，及时提出整改意见，严肃查处，有力地杜绝了一些关系人贷款的发生，促使信贷管理更加规范化、制度化。(2)积极主动地做好大额贷款的信贷调查、咨询、审批工作，防止形成新的不良贷款。(3)针对不良贷款占比高的问题，因地制宜采取了“一社一策”、“一企一策”的措施，综合运用经济的、行政的、法律的手段开展依法收贷，效果较好。(4)层层落实清收责任，制定出强硬的经济手段，采取了“绩效挂钩”的考核办法，使职工有压力，又有动力，以调动积极性。

（五）加强财务管理，提高经济效益。(1)采取有力措施，严格控制费用支出。核定下达各县（区、市）联社的费用指标和费用率，签定了目标责任书，在一定程度上降低了费用支出。(2)严格执行固定资产购建的报批制度，控制非生息资产的增加；(3)从提高会计人员的业务素质入手，加强业务培训，参加持证上岗考试，促进了核算水平的提高。(4)通过自查、重点抽查等方式，加强会计检查和监督工作，先后进行了结算纪律、盈亏真实性及财务管理等方面的大检查，及时指出各社在财务核算、费用管理、结算业务等方面存在的问题，健全了内控机制，堵塞了漏洞，财务收支情况趋于良好。(5)认真做好财务报表的统计上报工作，强化财务分析，及时掌握营运成本的增减变化规律，改善经营管理。

（六）加快电子化建设，提高服务水平。树立“科技兴社”的发展战略，加快电子化建设步伐。(1)加快小型机网点的联网步伐，联入小型机的网点由65个增加到131个，通存通兑资金达1亿多元，方便了城乡群众的生产和生活。(2)金碧卡与“金卡工程”联通，实现了一卡通用。(3)实现金碧卡“即办即发”，减少中间环节，扫清了金碧卡发行、推广的障碍。(4)成立了计算机安全领导小组，从技术、人员、制度上加强防范、检查，防止电脑案件发生。(5)组织计算机业务操作培训4期，共计培训250多人次。

（七）加强人事管理，加大考核培训力度，提高人员素质。(1)认真开展干部职工年度考核工作，全面掌握了干部职工情况，为工效挂钩及干部聘任聘用工作提供科学依据。(2)组织员工持证上岗的考试。通过3个多月的培训，2402名职工参加了上岗考试，取得了优异成绩，合格率达98.2%。(3)学历教育与岗位培训相结合，组织各种形式的岗位培训；制定了《昆明市农村信用社职工教育培训管理暂行规定》，鼓励职工参加成人教育学习，不断提高队伍素质。(4)健全人事管理制度和岗位考核评价措施，制定下发了《昆明市农村信用社劳动纪律管理办法》、《关于市联社机关职工进行奖惩考核的通知》，使员工管理有章可循。

（八）狠抓“三防一保”制度的检查和落实，确保全年安全无事故。面对社会治安十分严峻的形势，全市农村信用社做到了思想上重视，人员上落实，设施上配套，制度上健全，确保全年安全无事故。(1)把“三防一保”、枪支弹药的使用和管理纳入四个目标责任书进行“一票否决制”的考核，层层落实责任。(2)加强检查，定期不定期地到各县（区、市）联社、各营业网点进行检查或抽查，并进行安全保卫交叉大检查，及时发现隐患并提出限期整改措施，把安全保卫工作落到实处。(3)加大硬件设施投入，提高防范能力。优先安排防范设施所需费用，增加监控设备和报警系统，购置专业防弹运钞车，加强防护力量。(4) 加强教育，强化防范意识，组织押运人员参加培训，规范操作程序；加强临柜人员反抢劫的模拟演练，提高处置突发事故的能力。(5) 加强经济民警队伍建设，提高经警队伍素质。

（九）加大监察稽核力度，强化内控，确保金融平安。(1) 坚持预防与查处相结合、服务与监督相结合的原则，认真做好监察工作。年内，共立案查处各类违法违纪案件4件，调查处理涉案人员5人；接待处理群众来信来访27件，受理电话举报（投诉）21人次。(2) 加大了稽核工作力度，规范全市农村信用社经营行为。抓好离任稽核，共开展离任（职）稽核29人次，追究经济责任21人，涉嫌犯罪移交司法机关4人；共开展现场稽核41项（次），对21个网点进行全面稽核，对违规单位和责任人进行了稽核处罚。(3) 抓好定期常规稽核制度的落实，促进了信贷、财务管理的不断规范。(4) 整章建制，制定了《昆明市农村信用社现场稽核规程》、《稽核工作监督考核暂行办法》，督促各社加强内部控制，完善内部管理。

（十）加强党建工作，促进党风廉政建设。市联社党委在抓好业务工作的同时，始终把加强党的建设、加强思想政治工作摆在议事日程上，常抓不懈。

中国人民保险公司云南省分公司工作述评

总经理　向可碧

一、主要工作

2000年，全省系统各级公司以党的十五届四中、五中全会精神和江泽民同志“三个代表”的重要思想为指针，从云南的经济社会发展实际出发，继续把工作的重点放在以经济效益为中心，调整和改善业务结构，提高管理水平和业务增长质量，实现业务增长方式的转变上，通过全省系统各级公司广大干部职工的努力，全面完成了总公司下达的各项经济指标，取得了较好的经营成效。

全年共实现保费收入16.25亿元，比上年增长3.17%；人均保费收入72.1万元，比上年人均增加2.18万元；处理各类赔案18.7万件，支付赔款8.81亿元，综合率54.2%。

面对经济生活中出现的通货紧缩趋势没有根本好转、一部分企业在改制过程中经营困难加剧、保险市场有效需求明显不足等客观形势，坚持在发展中解决问题，确定积极调整、适度发展的方针，继续实行以利润为中心的关键业绩指标考核办法，适度体现地区与地区之间的差别，促进全省系统全面协调发展。对地、州、市分公司不再下达指导性保费计划，而是作为考核指标，一并纳入考核范围，加大利润计划与工资费用挂钩的力度，对经济条件较差的地、州、市分公司从2000年起下达利润计划并严格考核，改变过去只实行赔付率控制的办法，促使其加快发展。

为了进一步改善险种结构，提高业务质量，各级公司对现有的骨干险种进行改造，清理、淘汰了一些长期亏损的险种，调整、压缩了一些效益差的险种，加大新业务和分散性业务的展业公关力度，推广总公司总颁的财产险基本险和综合险等44个新的附加险条款，开发和推广有市场竞争力的普通型和多功能型家财消费险种和个人抵押贷款房屋保险和个人购置住房抵押贷款保证保险、医疗事故职业责任保险，试办分期售车信用保险，机动车消费贷款保证保险等。坚持依法批改长效险无限期，并在出险时依法终止“长效险”，逐步化解了地震责任风险。在有条件、有市场、有管理能力的公司发展个人代理业务，拓展分散性业务市场，积极培育新的业务增长点。

继续开展以“95518”专线服务电话为特色的各项创名优工程活动，在全省范围内实施集中受理报案、预约投保、简单咨询、投诉举报等一体化的保险网络服务，推行“车辆保险救助卡”，开辟“绿色通道”等特色救助服务项目，初步建立了服务项目系列化、服务质量星级化、服务环节全程化、服务方式科学化的服务质量目标体系，促进了骨干险种的规模效益和结构优化效益的提高，保持了效益、速度、规模、质量的同步发展。

按照总公司的部署和要求，顺利完成了省分公司与昆明市分公司的机构体制改革工作。按经济、合理、精简、高效的原则，在深入调查、反复论证的基础上，对业务量小、人均水平低、发展潜力不大的9个县支公司予以降格。进一步推进了3项制度改革，减员增效、调整人员结构工作迈出了实质性的步伐。截至2000年底，全省系统共减员161人，接收、引进公司急需的专业人才17人。继续试行了干部职工竞聘上岗，加大了分配制度的改革力度，增强了干部职工的责任感，提高了工作积极性。

根据2000年总的经营目标，调整完善了全省系统《经营目标责任制管理办法》。严格执行授权经营规定，坚持用《保险公司管理规定》规范和约束经营行为，在全省系统开展财务审计检查和以车险为重点的执法监察，纠偏查弊，防止和纠正了越权和违规违法现象；全面实施对业务、财务等基础性工作规范化管理，强化了监督制约机制，全面完成了储金清理任务；加快电子化建设步伐，积极推进了数据集中、收付费软件、机动车辆险核保核赔系统和业务、财务中心的推广试点工作，办公自动化在省分公司机关率先试运行，管理的科技含量明显提高。

健全基层党组织，注重党员教育和党员发展工作，全年共发展新党员40人，培训党员315人，较好地发挥了基层党支部的战斗堡垒作用和党员的先锋模范作用。开展了《准则》教育、职业道德教育和警示教育、理想信念教育等一系列活动，职工队伍的思想素质明显提高，有效地保证了公司各项改革的顺利推进和各项任务的圆满完成。在党风廉政建设上，狠抓党风廉政建设责任制和领导干部廉洁自律规定的落实，认真开展重大案件的预防工作，杜绝了大案要案的发生。按照纠建并举的方针，加大了纠正行业不正之风的力度，严格执法监察，有效防止了“五假一私存”和小金库歪风的滋长，为公司的改革和发展提供了保障。

（一）机动车辆保险。2000年全省系统车险保费收入上10亿元台阶。全年保险费收入10.62亿元，同比增长6.83%，增速居各险种之首，占总保费收入的65%，同比上升2%，保费位居全国系统第9位，承保数量突破50万辆。出险率31.8%，支付赔款6.129亿元，赔付率57.7%，与去年同比下降2.3个百分点，结案率达到97%。

2000年车险业务以市场为导向，根据保户不同需求，力求推出多险种搭配的承保方案，尽量做到一车多保，提高附加险含量。采用灵活的承保方式，一年期保险、短期保险、定额保险齐上；展业手段多样，集中展业、分散展业、上门展业、代理展业、联合展业并用；密切关注当地政府实施车辆保险采购动态，精心设计投标方案，保证政府采购中标。积极充实完善代理网络，以抓好私有、分散性业务的承保为突破口，通过促进代理业务规模的扩大，形成新的业务增长手段。把积极稳妥推广试办机动车辆消费贷款保证保险作为新的业务增长点。强化精细管理，向管理要效益，规范业务操作，不断提高业务质量。坚持一手抓发展确保业务规模巩固扩大，一手抓管理保证经营稳健合规；业务职能部门认真组织、实施业务质量的自纠自查工作，将业务的规范化管理贯穿在展业、承保、售后服务的始终。

全面推行集中定损，建立新的理赔模式。对机构设置、定损权限、定损运作、定损中的报价、双代、服务联动等方面力求高起点、高科技含量、高效益、做到机构、人员、地点、设施、方法5个集中。目前，全省系统共建立省会城市定损中心3个，地（市）级定损中心15个，县级支公司设专职定损岗位，专职定损员共63人，初步实现了保赔分离的理赔专业化。

继续完善适应市场要求的服务体系，深化车险创名优工程，重点推出了以95518全国统一保险服务电话为核心的服务措施。云南省“95518人保专线服务电话”于7月1日与全国同步正式开通启用，截至年底，全省共受理各类电话1万余件，其中报案电话8000件、咨询电话2000件、投诉电话10余件，使公司保险服务网络的柜架基本形成，车险服务有了统一的对外窗口。

（二）财产保险。2000年，全省财产险业务（企财险、家财险、工程险、责任险、及新险业务）保费收入达4.185亿元，与去年同比增长0.73%，赔款1.752亿元，平均赔付率为41.8%。

农业保险保费收入5866万元，同比增长4.04%，赔款6335万元（因1999年12月份版纳、思茅、临沧发生20年未遇的霜冻灾害，2200余万元的赔款到今年结案，影响了赔付率上升），赔付率108%。

2000年财产保险业务发展工作，采取"调整和开发并举"的策略，本着"以增量调存量"的原则，在夯实传统业务基础的同时，加大新型业务的市场开发力度，以此保证财产险业务总体上实现适度发展。全省各级公司遵照财产保险业务要坚决扭负为增的目标，准确把握财产保险业务的着力点和增长点，突出工作的主攻方向，经过1年的艰苦努力，各项工作得到了较好的贯彻落实，基本实现了年初确定的业务工作目标。

（三）货运险业务。全省系统货运险业务全年保费收入8439万元，同比负增长9.96%，货运险累计赔款2863.1万元，综合赔付率33.9%。同比下降10.2%。今年货运险业务发展遇到了前所未有的困难，首先是"两烟"双控直接制约了公司以"两烟"运输为主的公路货运险业务的发展；二是产品产销率不高；三是受市场供求关系的影响，保额大幅度减少；四是铁路部门的保价任务增加，对云南省的铁货险业务也产生影响；五是对一些长期以来赔付率一直居高不下、导致入不敷出的货运险业务，公司采取了优化业务结构的方式，有选择地放弃了部分业务。

（四）代理业务。2000年代理业务有了加强。公司加强了代理人队伍建设。组织全省系统代理人员分4批进行了考前强化培训，参加全国统一资格考试。全系统代理人队伍有2594人获得《代理人资格证书》。

（五）信息技术处工作。2000年，认真贯彻全省信息技术工作的指导思想，切实抓好了地市公司数据集中及建立数据中心的试点工作，探索建立业务处理中心、财务处理中心和客户服务中心的路子，为逐步实现保险内部经营管理全过程一体化的电脑管理打下了坚实的基础。全省已建立起一整套实现车险数据集中的程序和办法，在此基础上进行了在地市公司建立核保中心、县支公司建立出单中心的试点，并为2001年即将实施的业务处理中心，财务处理中心、客户服务中心做好了前期准备工作。同时，2000年还完成了省分公司机关办公自动化软件的应用，储金清理程序的试点和推广，全省收付费软件的推广培训等等工作。

数据集中工作、办公自动化建设、家财险储金业务清理工作、软件应用、培训等工作，都取得了好的成绩。

（六）组织人事工作。2000年，全省系统在组织人事工作方面本着继续加大改革力度的原则，积极推进三项制度改革，努力探索减员增效途径，严格遵照总公司部署进行机构体制改革，着重抓了以下几个方面：（1）加大干部调整交流力度。调整充实了省分公司机关部分部门领导9个地、州、市分公司领导班子；考核、提拔了10名年轻干部；11名超过任职年龄规定的老同志退出领导岗位，担任非领导职务；全省系统内交流6人。（2）严密部署、稳步推进省系统机构体制改革工作。经过思想动员、调查摸底、方案论证、征求意见，分步实施，省系统机构体改工作进行得有条不紊，机构人员得到精简。（3）根据总公司关于"减员增效、下岗分流、严格控制人员总量"的要求，制定下发了新入司人员管理办法，同时积极推进减员增效工作，进一步调整人员结构，使基层公司在调整人员结构、合理配置人力资源上收到初步的成效。全年共减员158人（含自然减员）。（4）党建工作努力做到规范化、制度化。通过对基层公司党建工作的调研，提出省系统开展"创先争优"活动的实施方案，做好党员发展工作。

（七）教育培训。继续抓好职工教育，努力提高职工素质。制定下发《中国人民保险公司云南省分公司学历教育函授班学员管理规定》，认真做好函授大专班工作。组织系统全员职工技能开发调查，为制定云南省分公司5年教育培训计划收集信息、提供依据。截至年末，省系统2000年度一共举办各类培训71个班次，培训人员3000人次。

完善专业技术职务管理规章，努力做到专业技术职务的设岗、聘任、考核、管理工作规范化。制定上报《云南省分公司专业技术职务岗位设置方案》、《云南省分公司高、中、初级专业技术职务岗位、政工岗位设置及占岗情况表》以及主体系列各专业各层次的岗位职责，并得到总公司批准同意。

（八）计划财务。2000年公司计划财务公司紧紧围绕管理创新和经营机制转换，贯彻以经济效益为中心，为业务发展服务，为提高经济效益服务的原则，强化财务、资金管理、夯实会计、统计基础工作，以普及《会计法》知识为契机，更好地发挥计财部门管理、服务、综合和协调的职能作用，开展了一系列卓有成效的工作。截止2000年末，全面完成和超额完成总公司下达的各项指标。

（九）稽核审计。按照总公司和有关部门的规定，建立省系统经理经济责任审计制度。根据下审一级的原则，为明确各级公司负责人在其任职期间有关经济责任履行情况，资产、资金情况，保险业务经营状况，以及维护国家政策、方针的贯彻执行和国有资产的保值增值等情况，年初草拟完成《中国人民保险公司云南省分公司经理经济责任审计暂行规定》，经过反复修改、补充、完善于4月底下发各地（市）级分公司并贯彻执行。

开展地、市级分公司经理离任经济责任审计。根据有关规定，结合云南省实际开展了对文山、临沧、红河、昆明分公司原任总经理离任经济责任审计。

开展对省分公司国际部、国内部计财处资产、负债及经营成果的就地审计。此项工作的开展，清晰地掌握了被审计部门内控制度建设情况，财产的安全管理及保值、增值情况，业务发展情况和部门经营状况，并指出存在问题，提出审计建议和意见。

开展对思茅、大理、迪庆、玉溪分公司的督促检查，以依法规范经营行为，防范和化解经营风险。

（十）纪检监察。2000年，全省人保系统党风廉政建设责任制进一步落实。16个地、州、市分公司有15个进入优秀行列，1个为良好。玉溪分公司、省分公司营业管理部、文山分公司、保山分公司被评为2000年党风廉政建设责任制量化管理先进单位。同时，按照总公司的部署，结合我省人保系统的实际，重点围绕“五假一私存”和“小金库”方面的问题，对各级公司建立和执行规章制度、财务和业务管理情况开展了执法监察，进一步增强了各级公司依法合规经营的意识。

2000年人保系统未发生经济案件。玉溪、红河、楚雄、文山、怒江5个分公司为全年无信访举报公司。省分公司纪委监察室和玉溪分公司纪委监察室被西南四省区金融纪检特派办、监察专员办公室评为1999—2000年度纪检监察工作的先进单位。

（十一）精神文明建设。在全省系统干部职工中开展政治理论的学习教育、理想、信念教育和“三观、三德”教育、以《员工行为准则》为主要内容的职业道德教育、以各种精神文明创建活动为载体，不断加强人保公司的企业文化建设。在全省系统广泛开展“文明单位”、“文明家庭”、“青年文明号”、“重合同守信用”和“先进职工之家”的创建活动，全省系统涌现出一大批“文明单位”、“文明家庭”、“青年文明号”和“重合同守信用”以及“先进职工之家”。同时，大力宣传英雄模范人物的先进事迹，树立典型，鞭策工作，学有目标，树立识大体、顾大局、讲稳定、讲团结、讲拼搏、讲奉献的思想，做到人心齐，干劲足，队伍稳。由于公司坚持一手抓物质文明建设，一手抓精神文明建设，精神文明得到进一步加强，有力的促进了公司各项工作的全面发展，实现了精神文明和物质文明双丰收。

（十二）营业管理部。2000年5月16日推开了省、市公司机构体制改革工作。成立了新的营业管理部，精简了机关职能部门，合并了部分营业机构；顺利完成了营业管理部新老领导班子的交替，领导班子成员的平均年龄由54.5岁下降为44岁；提拔了10名学历高、懂专业、年纪轻的干部担任机关职能部门正（副）处长和基层公司正（副）经理；经省分公司人事处考核并经省分公司党委同意，盘龙、五华、官渡、西山支公司和北郊营业部经理按副处级配备；年龄超过50岁的干部退出机关部门领导和县支公司正（副）经理岗位，不再担任领导职务。

中国人寿保险公司云南省分公司工作述评

总经理 刘文选

“九五”期间，中国人寿云南省分公司通过卓有成效的工作，实现了由小到大，由弱到强的历史性转变，业务规模由1996年的4.6亿元发展到2000年的16.87亿元，年均增长29.53%。公司资产、偿付能力大幅提高，整体实力大大增强，员工队伍素质、现代化服务水平显著提高，管理技术与手段发生巨大变化，精神文明建设全面进步。

2000年，全省系统坚定不移地贯彻落实总公司发展战略，改革创新，务实发展，顽强拼搏，战胜了前进中的困难，取得了显著成绩，圆满地完成了年初确定的各项任务目标，成为云南省最大的保险公司。

一、经济指标完成情况

2000年，中国人寿云南省分公司实现保费收入16.87亿元，完成年计划的104.6%，比上年增长10.5%，保费绝对增长额1.6亿元。其中：寿险保费8.15亿元，同比增长3.82%，占总保费49%；养老年金险保费5.11亿元，同比增长22.82%，占总保费30%；意外险及健康险保费3.61亿元，同比增长21%，占总保费21%。首年寿险新单保费6.7亿元，占总保费39.7%，其中期缴首年保费2.5亿元，趸交4.19亿元。公司资产总额34.6亿元，比上年增长19.5%。共为1152万人次提供寿险保障，保障金额4603亿元。支付各类赔（给）付款共5亿元。

二、主要工作

（一）坚持发展不动摇，全面推动业务发展。2000年，面对社会经济环境偏紧，业务发展遇到种种困难的不利局面，全司系统各级干部职工坚持“发展才是硬道理”，统一思想，坚定信心，贯彻落实中国人寿总公司的各项发展措施，查原因，定措施，狠抓发展。

各地分公司、营业部结合各自的实际和特点，先后开展了多种多样的劳动竞赛和促销企划推动活动，掀起了公司各项业务发展的新高潮。

在个人业务方面，公司从分业之初的一片空白，经过几年的高速发展，2000年已达到9.25亿元，占总保费的比重较去年有较大增长，达到55.1%。2000年，公司主要通过开展劳动竞赛活动和促销企划活动，掀起业务发展高潮，特别是进入10月份，省公司发起了“决胜2000年大会战”活动，拉开全省业务决战，激励了全省系统的斗志，鼓舞了士气，调动了方方面面的积极性、主动性，全面推动了业务发展。团体业务一直是我司的优势所在。2000年，在积极稳妥推进发展，紧紧把握“合规、效益”的大原则下，我司选准方向，大力推进团体业务的发展。主要工作是：加强统一规划，加大对意外险业务的考核力度，制定企划方案；理顺内部销售体制，充分发挥直销、营销、代销3大展业方式各自的作用；探索新的销售组合形式，加大短期险的销售力度，设计下发了驾乘险、旅游险、“幸福家庭”系列保险的销售组合方案，推动了全省短期险业务的发展；拓展城乡市场，大力发展兼业代理业务，不断地开辟了更多的发展业务渠道。

（二）管理意识不断增强，经营管理明显改善。2000年，中国人寿云南省分公司着重抓好财务和业务的集中管理，从建立好“财务处理中心”和“业务处理中心”入手，抓好经营管理。(1)通过试点运行，公司出台并推广了有关全省财务中心的运行制度及办法。各公司的财务处理中心均于2000年底组建完毕，并逐步进入正常运行。为公司财务集中统一管理奠定了坚实的基础。(2)加强代理人制度的基础建设，进一步理顺代理人的管理关系。通过认真贯彻中国人寿总公司《代理人管理暂行办法》和《组训队伍建设与管理办法》，积极推行《营销员活动管理规范》和《主管活动管理规范》，加强了对代理人销售活动的日常管理，提高了各级营销人员的专业技能。(3) 开发完成了老业务管理系统，使老业务管理系统得到进一步推广运用，提高了公司老业务的管理质量。(4) 在全省试点并推广了地市分公司一级的集中管理模式，逐步构建以承保、保全、理赔、客户服务为架构的业务管理体系，实现了以地、州（市）分公司一级的统一出单、统一单证档案的集中处理模式。(5) 信息化建设初具规模。以计算机网络为依托，公司实现了业务、财务、OA 办公自动化的网络化管理以及省公司网站的建设，为公司人寿保险的经营和管理，创造出更大的经济效益和社会效益。(6) 加强了财务预算制管理的力度。公司在 2000 年继续实行费用从紧政策，控制费用开支，降低经营成本。加大了资金集中管理力度，加快资金结算速度，降低活期存款的比重，保证资金安全及时调度。(7) 通过对银行定期存单稽核，对主要领导干部的离任责任审计，加强执法监察和责任追究制度，提高了公司风险防范能力。

（三）积极稳妥推进改革，制度创新取得成效。2000 年，公司顺利完成了省分公司营业部与昆明市分公司的合并，组建了省公司营业管理部，初步改变了机构重复设置的状况。在全省系统内顺利完成了“三定方案”的任务，大胆改革公司用人制度，首次在省公司机关实行中层干部竞聘上岗，职工实行双向选择，有力地推进了 3 项制度改革，为解决公司职工能进能出、干部能上能下、分配能多能少进行了积极有益的尝试。

（四）加强员工队伍建设，提升精神文明层次。(1) 狠抓领导班子建设。对全系统 10 个地、州（市）分公司的领导班子进行了考察、调整，使各分公司、营业部负责人的年龄结构和综合素质有了明显改善，为做好各项工作提供了坚强的组织保证。(2) 加强职工队伍教育培训工作。系统省、地两级公司通过举办学历教育和岗位培训，极大改善职工队伍的学历结构和知识结构，提高了员工的职业技能和职业素质。(3) 有一大批地、州（市）、县（区）级公司获得当地政府颁发的“青年文明号”、“文明单位”、“重合同守信用”单位称号。精神文明建设结出硕果。(4) 不断开展多种多样、积极向上，增强凝聚力、向心力的文体娱乐活动，全面推进了企业文化建设，培养了企业精神文明群体形象。(5) 在全省系统积极学习和实践江泽民同志“三个代表”的重要思想，深入开展了“三讲”教育回头看活动，在党员干部和职工中分别开展了警示教育和以“爱岗敬业、遵纪守法”为主要内容的职业道德教育，大大提高了广大职工的政治觉悟，增强了职工爱岗敬业的主人翁责任感。(6) 加强宣传工作，提高宣传效果。结合中国人寿总公司新的 CI 方案和广告宣传方案，进一步加大宣传力度，扩大宣传的广度和深度，宣传公司精神文明建设的成果。响应保监会的有关要求，成功开展了云南省“保险宣传周”系列活动，在全省各地、州、市、县广泛宣传保险知识，加强群众保险意识，也使中国人寿逐步被公众认识和接受。

（五）转变机关作风，面向基层，服务一线，促进发展。首先从省公司开始，实行了各处室与各地州的业务工作联系点制度，并且把工作效果跟机关年终工作考核挂起钩来，为了带动全系统工作作风的转变，省公司还拟发了《中国人寿云南省分公司“苦练内功”、“服务基层”活动实施意见》，确立了全省系统切实转变工作作风，树立机关服务基层意识，强化经营管理的观念。上半年省公司机关还组织 4 个工作组分赴滇东、滇东北、滇南、滇西对全省业务发展形势等情况进行调查摸底，写出了调查报告和建议措施，为省公司正确帮助指导基层，科学决策起到了积极作用。

不少地州公司提出并实施了“领导包片，科室挂县，责任到人，利益挂钩”等办法措施，切实转变机关服务作风，对基层业务发展起到了很大促进作用。

澄江县房地产开发公司

澄江县房地产开发公司 成立于1992年8月，注册资本 500万元，现有正式职工18人，拥有固定资产 432万元，属城市房地产综合开发叁级资质的国有企业。

公司成立 8年以来，积极配合城镇住房制度改革，先后开发建设了“仪凤”、“翠竹”、“园丁”、“磷化”、“竹园”等住宅小区计11万M^2，极大地改善了干部职工的居住条件，为他们解除了后顾之忧，取得了较好的社会效益。

营造21世纪新澄江，把澄江建设成为最适宜人类居住的地区之一，房地产开发任重道远、前景美好。竭诚欢迎社会各界前来投资合作、共同开发、风险共担、利益共享。

公司经理　吴正兴

经理：吴正兴
地址：澄江县城振兴路1号
传真：（0877）6916669
电话：（0877）6911471
邮编：652500

磷化小区住宅楼

庭院式住宅

新开发的庭院式住宅

迅速崛起的矿电企业

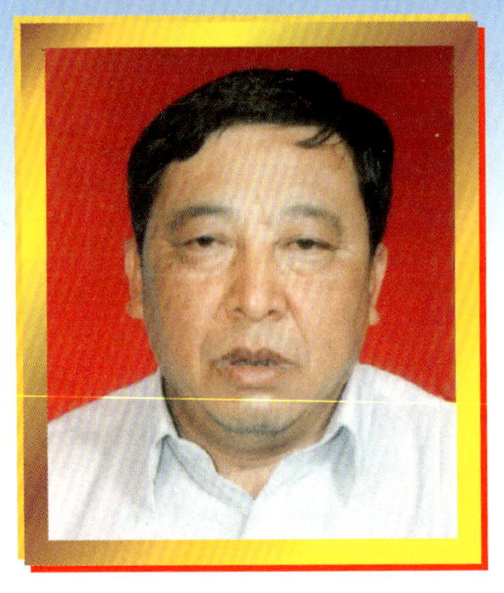
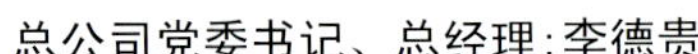

总公司党委书记、总经理：李德贵

锌电股份公司董事长、总经理：杨嘉勤

罗平县锌电公司 是一座矿电结合而具有进出口权的国有中型企业，所属矿山位于罗平县北部的块泽河谷，电厂位于罗平白腊山北的九龙河畔，冶炼厂位于县城北郊的老鹰山脚。全公司现有在册员工1330人，拥有总资产3.49亿元。主要产品有电解锌、电解镉、工业硫酸、普通过磷酸钙、工业硅等。电解锌产品除在国内有广阔而稳定的市场外，还出口越南等东南亚国家，具有较好的社会形象和良好的信誉。

公司的前身是罗平县矿冶集团公司和罗平县电力集团腊庄电厂。矿冶集团公司于 1994年 8月在原罗平县富乐铅锌矿和罗平锌厂的基础上组建，经过深化改革和强化管理，企业如滚雪球似地发展壮大起来，铅锌矿日采选规模从100吨扩大到300吨，电解锌年生产规模从5000吨扩大到1.2万吨，走出了一条依托资源优势发展矿业经济的路子。2000年，全公司实现总收入 3.45亿元，利润 1191万元，上缴税金 506万元。腊庄电厂拥有水力发电装机容量 6.48 万KW，年发电量近 3亿KW.h，是20世纪90年代全国最大的县级水电站，社会经济效益十分显著。

锌厂全景

主产品锌锭

发电厂机房

选矿厂车间一角

为充分发挥罗平矿电两大资源优势，罗平县委、县政府确定了建立电矿支柱产业目标和电矿结合发展战略，两大集团实行资源共享，电力厂网分开，组建罗平县锌电公司，按照现代企业制度的规范，进行公司制改造，并作为主发起人联合云南省冶金集团总公司、罗平县迅达实业公司、昆明天浩实业公司、昆明三达实业公司、昆明寻甸化肥厂、罗平县医药公司等6个单位，创立了云南罗平锌电股份有限公司，制定了“矿电集约经营战略”和“规模扩张战略”，利用现有铅锌矿和电力资源进行电锌再度技改；利用所属矿山是全国少有的富含镉锗的铅锌矿床，优化镉工艺，开发锗技术，提高主产品的附加值；利用股份上市募集的资金，开发一批突出主业而科技含量高、经济效益好、市场前景广阔的后续项目；利用土地资源和区位优势，优化和引进科技项目，进行主产品的深加工，从而更好地发挥龙头企业的作用，带动罗平经济的全面发展。

腊庄电厂一角

越南客商考察锌电公司

公司办公大楼

地址：云南省罗平县城九龙大道南段
电话：(0874) 8211726　8214064

云南省石屏异龙水泥有限责任公司

（回转窑生产水泥企业）

董事长：郭建明

总经理：李曲屏

云南省石屏异龙水泥有限责任公司 是红河州州属水泥企业中生产工艺最先进、设计规模和产量最大的企业。固定资产投资8000多万元，年产水泥20万吨。

公司生产工艺采用现代新型干法回转窑生产线，生产控制采用电子计算机、微机核子称、钙铁分析仪等现代先进设备，质量控制及时准确。公司能及时按用户要求稳定地生产各类优质水泥。产品特点是标号高，早强性能好，游离氧化钙低，各批号水泥质量相当稳定。产品已广泛用于各种高层框架结构建筑、普通民用建筑、隧道、桥涵等工程及水泥制品加工。产品自1995年以来，在西南第一大桥—景洪大桥及玉(溪)—元(江)高等级公路等国家重点工程中多次中标。

公司是红河州水泥企业惟一获得52.5水泥生产许可证的企业，1999年4月获得采用国际标准产品标志证书，2000年1月达国家全面质量管理部颁标准，2001年公司将成为红河州水泥企业中第一家 ISO 9000认证企业。产品多年来被国家和省作为优质建材产品进行推广和推荐。公司率先在红河州执行产品使用质量保证承诺制度，彻底消除您使用“异龙”水泥的后顾之忧。

主导产品		
52.5	42.5	普通硅酸盐水泥
42.5	32.5	大坝、道路硅酸盐水泥
	32.5	普通、复合硅酸盐水泥

建一流工程 用异龙水泥

公司地址：红河州石屏县城东郊
董事长：郭建明　总经理：李曲屏
电　话：0873-4861901（总机）
4861836（办公室）
4861835（营销部）
传　真：4861836　邮编：662200　电挂：3136
电子信箱(E-mail):spsl@ynmail.com
网　址：http://www.spyl.com.cn

昆明双星化学清洗有限责任公司

公司实验研究室

昆明双星化学清洗有限责任公司 是集科研、生产、销售、清洗服务于一体的化学清洗专业企业，是中国锅炉水处理协会会员。公司技术力量雄厚，拥有一支由化学高级工程师、经济师、会计师、技工组成的职工队伍。其中，公司总经理——杨兴富，化学高级工程师、YXF型锅炉除垢防垢剂的发明人，荣获“当代科技之星”称号，成果入选《世界优秀专利技术精选》；业绩被载入《中华科技精英大奖》、《中国专家人才库》和《世界科技咨询专家》(中国卷)《中国专家大辞典》、《中华魂·中国百业领导英才大典》等多种文献。

公司市场部

目前，公司生产的锅炉除垢防垢剂系列产品，已在云南省内的昆明、曲靖、昭通、玉溪、楚雄等地区广泛应用；省外的上海、江苏、浙江、四川、贵州、重庆、湖北等省市也拥有多家用户，为锅炉安全、节能、经济运行作出新的贡献。公司在上海建有生产厂即上海华峰清洗剂厂，生产的“华峰牌”系列产品被评选为“98上海新产品”，与公司在昆明生产的“晶星牌”系列产品是同一技术的同类产品。

公司已成功地为近千家企事业单位提供锅炉、压力容器、热交换器、工业管道等清洗服务。 锅炉蒸发量从 0.05t/h 到 35t/h，压力以常压到点3.9mpa的中压发电锅炉，容积从 0.2m^3 到1000m^3 都能清洗；对不同性质的水垢及疑难清洗工程，都能处理。

公司真诚愿意和有意合作经销的客户共同携手建立购销关系，并以良好的信誉和可靠的质量服务于广大用户。

公司除垢、防垢系列产品

公司地址：昆明市小石坝民办科技园
电　　话：0871-7426517 7426991 4622573
邮　　编：650501　　传 呼：95950-115439

为让玉石更璀璨

昆明凯通珠宝工贸公司

董事长兼总经理　赵兴龙

昆明凯通珠宝工贸公司 创立于1981年，主要经营珠宝玉石加工和销售。经过十多年的艰苦创业，公司现有固定资产5000多万元，年产值3000多万元，是云南省较大的、集产供销一条龙，技工贸一体化的珠宝生产经营专业企业。在昆明有600多平米的珠宝专业商场；在德宏、保山等边境地区设有多家分公司，以保证原材料的供应；在香港、深圳、广州设有窗口。目前，正在筹划着将业务拓展到上海、北京、沈阳、大连和青岛等地。

地址：云南省昆明市国防路37号云泰大厦10楼
电话：(0871)3645697　　邮编：650032

中·華·寶·鑒

“中华宝鉴” 由昆明凯通珠宝有限公司赵兴龙、陈云诚创意策划，中国工艺美术大师蔚长海、郭石林设计、监制，北京工艺美术大师王希伟、赵立平、崔奇铭等雕琢。

作品采用高档翡翠制作。造型为龙纽方印形。高990mm、长宽各360mm，重量386公斤。鉴面琢有阳纹篆体“中华宝鉴” 印文。鉴身四周雕琢毛泽东、邓小平、江泽民肖像和其历史功绩。

大型翡翠作品 “中华宝鉴”，创意新颖独到，命题精绝，造型气势恢宏，材料名贵，雕琢精美，用色巧妙。属不可多得的国宝翡翠惊世之作。具有极高的文化价值、艺术价值和收藏价值。

经专家审议评估，确认为我国当代玉器艺术绝品。评估价值为8000万美元。

澄江县残疾人联合会

理事长张浩

助残日宣传系列活动

澄江县残疾人联合会 于1991年成立。几年来，在县委、县政府的正确领导下，在各级、各部门和社会各界的关心、支持下，“九五”期间，全县残疾人事业工作取得了显著的进展。

一、康复工作成绩可佳。

通过完善社会化的康复服务体系，实施“视觉第一中国行动”等重点康复工程，161 名残疾人得到了不同程度的康复；为残疾人提供特殊用品和辅助用具132件，残疾儿童的社区康复工作逐步落实。

二、教育工作有了新的发展。

残疾儿童少年义务教育纳入国家义务教育体系，统筹安排，同步实施。视力、听力、语言、智力残疾儿童少年义务教育入学率达87%。

三、、就业工作全面开展。

依法实施的按比例安排残疾人就业、个体就业和自愿组织起来集中就业迅速发展，全县已按比例安排338名残疾人就业。

四、扶贫解困成效显著。

县委、县政府将残疾人扶贫工作纳入扶贫攻坚计划，同时制定实施了残疾人扶贫专项计划，加大残疾人扶贫工作力度，扶持 588户1188名残疾人发展种植、养殖业和开办个体服务业等10多个项目，现有350名残疾人脱贫。

市、县领导慰问残疾人

“十五”期间，残疾人工作要以保障残疾人基本生活、改善残疾人生存状况为重点，认真做好扶贫、就业、康复、教育、社会保障等工作。大力弘扬人道主义，宣传现代文明社会的残疾人观，倡导理解、尊重、关心、帮助残疾人。要进一步加强法制建设，推进无障碍建设，广泛开展文化体育活动，为残疾人平等参与社会生活及残疾人事业发展创造有利的条件。

让我们大家一起来关心、爱护残疾人吧！

地址：澄江县北正街
电话：(0877)6918481

澄江县残疾人获『第六届全国残疾人运动会』金牌

云南电视台

云南广播电视大楼夜景

云南电视台台长 张德文

云南电视台 于1969年10月1日正式开播。迄今，云南电视台共办有5套节目，即：卫视频道、经济频道、旅游文体频道、生活频道(有线频道)、影视频道(有线频道)。云南电视台卫视频道于1989年在全国省级电视台中率先上星播出，现在使用的是亚太—A 卫星第8转发器，除覆盖全国外，有43个国家和地区可收看到云南电视台节目，云南省内覆盖率达到86.8%。

经过30 多年的发展，云南电视台在宣传上形成了以新闻节目为骨干，社教、文体、娱乐节目设置较为合理的格局。卫视频道每天播出的新闻节目有《早间新闻》、《午间新闻》(直播)、《云南新闻》（直播）、《晚间新闻》、《云南报道》(英语新闻)、《经济报道》和《体坛快讯》，有每天播出1期的新闻评论节目《今日话题》，有每周固定播出1期的《一周要闻》（双语新闻）。社教、文体、娱乐方面，卫视频道主要的栏目有《走遍云南》、《警坛20分》、《云南纪事》、《法制大视野》、《百姓生活》、《东方峡谷文化时间》、《世界博览》、《电视新周刊》、《七彩时光》、《今夜星辰》、《欢聚云南》等25个；经济频道开办的栏目有 《大众——电视杂志》、《大众财经》、《供求热线》、《读书》、《直言演播室》、 《股市沙龙》； 旅游文体频道开办的栏目有 《旅游指南》、《美食购物广场》、《走云南》、《边走边唱》、《国际影视》等；生活频道开办的栏目有《企业界》、《挑战极限》、《七彩立交》、《市场回环》、《开心舞台》、《家庭欢乐园》、《文体魔方》等。

除新闻和各类专栏节目外，云南电视台每年还制作几十部集电视剧、专题纪录片和一批综艺晚会、体育竞赛节目。专题片《关肃霜》获全国 “五个一工程”奖，专题纪录片《最后的马帮》、《李香香》、《走过雨林》等获国家级奖，并已销往台、港、新加坡和韩国。

走过30年历程的云南电视台，综合实力有了明显增强，她将立足云南，面向全国，放眼世界，抓住西部大开发的契机，在新世纪创造更加辉煌的业绩。

地址:昆明市人民西路182号
电话:5310156
邮编:650031

YNTV

云南电视台播音员王旭东、张齐
主持2000年新闻直播节目

围绕中心

为实现云南省的“九

中共中央政治局常委、书记处书记、全国总工会主席尉健行同志视察云南工会工作。

省总工会主席梁福祥为受灾职工“送温暖”。

工会是工人阶级的群众组织，是党联接职工群众的桥梁和纽带。围绕全局，发扬特色，为实现党的任务而奋斗，是工会组织的根本职责。“九五”期间，在各级党委和政府的正确领导和大力支持下，云南省的工会工作取得了长足的进步，为推进全省的两个文明建设作出了积极的贡献。

5 年来，全省各级工会紧紧围绕经济建设这个中心，动员组织广大职工，以自己的聪明才智和辛勤汗水，为云南省的两个文明建设建功立业。先后组织职工广泛开展了劳动竞赛、合理化建议、技术协作、技术革新和发明创造等群众性经济技术活动，共创造直接经济效益 41.09亿元，为实现云南省的“九五”计划作出了积极的贡献。这些活动的开展，还有力地推进了云南省“四有”职工队伍的建设，先后涌现了劳动模范和先进工作者347人。

大力推进厂务公开，全省涌现一批先进单位。

发扬特色

五”计划建功立业

云南省总工会

弘扬劳模精神，动员全省职工为实现“九五”计划建功立业。

在维护人民整体利益的同时，维护职工合法权益，是调动、保护职工积极性和创造性的基本途径。5年来，云南省各级工会热情为职工服务，努力为职工说话办事，赢得了广大职工的信任和支持。履行“第一责任人”的职责，使全省下岗特困职工的基本生活保障率达到99.3%；免费培训下岗职工2.38万人，为他们实现再就业提供了积极的帮助；长期坚持“送温暖”，先后得到工会组织帮助的职工达50多万户；全省已建立送温暖基金组织341个,基金总额达7233万元；全省工会干部结对帮扶困难职工1.77万户，其中4000余户已解困。积极推行厂务公开，维护职工的民主权利，全省已有7667个企事业单位实行了公开。大力推进非公有制企业组建工会，努力维护非公有制企业职工的合法权益。全省已有4838户非公有制企业组建了工会，入会职工已达25.92万人。推行平等协商、签订集体合同制度，维护职工的劳动权益,全省已有5941户企业签订了集体合同，覆盖职工144.89万人。

此外，各级工会还通过来信来访、建设职工之家、组织健康有益的文娱体育活动、与职工交朋友等形式，为职工排忧解难，做了大量好事实事，受到职工群众的赞誉。

组织全省职工开展计算机知识普及应用大赛。

全省各级工会实行了工作目标责任制。
图为省总工会与昆明市总工会签订责任书。

云南省社会保险

在改革发展中推进的云南社会保险事业

局长:赵京

云南省的社会保险事业，在省委、省政府的高度重视和劳动保障部门的直接领导下，经过10多年艰苦卓越的工作，到目前，一个以养老保险为中心的社会保障体系已经建立，为云南的社会稳定和经济健康发展作出了积极的努力，维护了全省改革、发展、稳定的大局。

2000年，是世纪之交和“九五”计划完成的最后1年,也是云南省社会保险事业发展取得显著成绩的1年：一是确保养老金发放成果得到进一步巩固，地税部门保征收、财政部门保拨付、劳动保障部门保发放的新的养老保险运行机制已初步建立。全年，全省共发放养老金 48.78亿元，其中补发原中央行业统筹单位资金缺口2.06亿元，补助地州市养老金缺口和补发了历年拖欠的基本养老金5504万元，全省确保基本养老金的发放率达到 100%，确保了全省 66.14万名离退休人员基本养老金的按时足额发放。二是养老金社会化发放取得突破性进展，实现了历史性的跨跃。截至2000年底，全省养老金社会化发放在128个县（市、区）、3006户大中型企业、1000个乡镇、1万余个村公所和办事处实行，实行养老金社会化发放的离退休人员达到 60.25万人，养老金社会化发放率达到96.01%，发放金额 41.38亿元；机关事业单位选择26个单位进行养老金社会化发放的试点，发放人数达到622人。与此同时，我们还建立了参统职工和离退休人员2个数据库。养老金社会化发放的基本实现，充分体现了市场经济体制下政府职能的重大转变，在建立独立于企业事业单位之外的社会保障体系的道路上迈出了坚实的一步。三是养老保险覆盖面有了一定扩大，到2000年底，

省劳动和社会保障厅的领导在接受群众咨询社会保险政策。

全省已配有微机143台，图为昆明市将职工个人帐户输入微机。

事业管理局

铸就2000年社保辉煌 为实现“三大目标”再立新功

全省参加养老保险统筹的人数达252.29万人，其中企业16.91万人，机关事业单位35.37万人，离退休人员 66.14万人。四是工伤和生育保险制度改革大步推进。到2000年底，全省工伤和生育保险覆盖率达91.3%，参加工伤和保险的人数各达到100万人。

社会保险事关社会稳定和经济发展，事关千家万户，关系着每个人的切身利益。我们将竭力做好新世纪的社会保险工作，为云南的社会稳定和经济发展作出积极的努力：一是继续把确保发放作为中心任务；二是把全面强化管理作为工作主线；三是把抓重点抓典型作为基本方法；四是把数量进度质量作为考核指标；五是把提高队伍素质作为组织保证。具体就是突出三个重点：以落实省政府调整费率方案为重点；以构建社会保险新体制为重点；以健全完善 2 个数据库为重点。抓好 9 项工作：做好完善体系前期准备；开展离退休人员社区管理服务试点； 进一步完善养老保险“ 三方”机制；开展社会保险稽核；加强社会保险基金管理；规范社会保险关系；大力推进工伤和生育保险；开展社会保险宣传和干部队伍自身建设。

玉溪市召开大会发放职工
基本养老保险个人帐户

女工生育保险为职工及子女带来福音

云南电脑农业推

省委副书记王学仁（左一）听取民族地区电脑农业推广情况的汇报

二十一世纪，我国农业将进入一个新的历史时期，为农业服务的农业科技工作，正在积极地调整战略重点与方向。云南推广电脑农业专家系统，是实施“科教兴滇”战略，真正把经济建设转移到依靠科技进步和提高劳动者素质轨道上来的重要举措。云南省自1992年开始试点，1997年由省政府正式组织电脑农业专家系统的研究开发和大范围推广应用,并成立推广领导小组，办公室设在省民委，从各处室抽调人员开展工作。同年纳入国家 863 计划，成为国家农业信息技术应用示范工程的云南示范区。相继开发出农业专家系统工具 DET、数据库获取工具 DAT、土壤空间信息系统 SIIS和 6 种粮经作物应用系统AES，并先后在55个县成功应用。

黄炳生副省长（左三）召开省电脑农业专家系统推广领导小组会议

1998年，国家科委副主任韩德乾(左一)到云南调查研究电脑农业专家系统推广工作

中科院院士、工程院院士石元春(前排右二)十分欣赏云南电脑农业技术应用成果

广工作成绩斐然

4年来，云南应用示范工作取得了可喜成绩。1997年，全省推广面积84万亩，仅水稻、玉米、小麦3种作物新增经济效益 7624.47万元；1998年推广 197万亩，新增经济效益 1亿多元，当年国家科委对1997～1998年云南示范区项目的验收“综合评价为Ａ”，委托省科委组织鉴定认为云南示范区项目“达到国际先进水平”；1999年推广面积突破 200万亩，新增经济效益超过1.4亿元；2000年推广面积309.3万亩，新增粮食 1.62 亿公斤，新增经济效益1.86亿元。国家 863计划智能计算机主题专家组对1999～2000年的云南示范区项目验收“综合评价为Ａ”，名列全国20个示范区之首位。

开展多层次、多形式、多渠道的技术培训是确保电脑农业系统进村入户的重要措施。图为宁蒗县农技人员在现场辅导群众按苹果专家系统管理果树

党委、政府领导率先垂范，树立样板是推广工作取得成效的保证。图为屏边苗族自治县县委领导示范样板田。

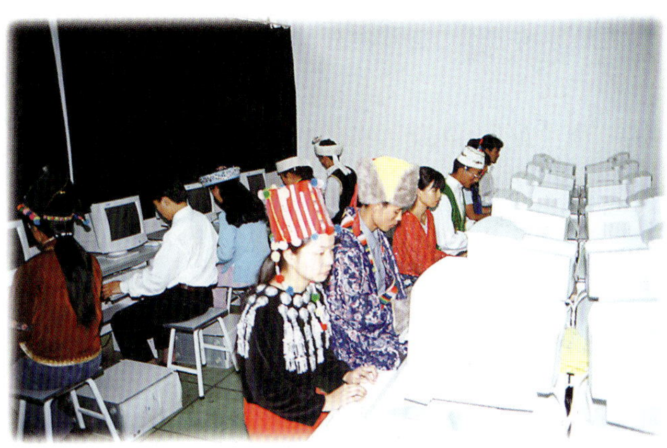

1997年以来，省推广领导小组办公室举办了12期培训班，对55个推广县的技术人员进行系统的电脑农业专家系统技术培训。图为各民族学员在学习应用软件二次开发技术

2000年11月1日，国家科技部和云南省主办的云南省电脑农业技术应用成果展示会，在云南民族博物馆隆重开幕

云南生物资源开发

云南省人民政府生物

云南烟草连续数年保持"全国第一"的地位。云南烟草行业实现税利占全国的一半,占云南全省财政收入的80%左右。

1995年，中共云南省委第六次党代会决定，云南省在巩固提高烟草、茶、糖、胶等支柱产业和优势产业的同时，把以食品为重点的生物资源开发产业作为全省的支柱产业之一来建设。经过 5年多的努力、探索、实践,花卉、天然药物、咖啡、香料、无公害蔬菜、热带果品、马铃薯、魔芋、葡萄等新兴生物资源开发产业成效显著。

为了使生物资源开发创新产业目标更明确，重点更突出，省委、省政府决定将生物资源开发涵盖为10大产业，即两烟支柱产业、糖、茶、胶、畜、林产业和天然药物、绿色食品及保健食品、花卉及绿化园艺、生物化工等 4个新兴产业。由云南省人民政府云南生物资源开发创新办公室，负责协调整个生物资源开发创新产业的工作，并重点抓好 4个新兴产业的发展。

1999年，云南甘蔗种植面积达400多万亩，食糖年产量达160万吨。蔗糖产业成了云南国民经济的优势产业之一。

据省统计局统计，以天然药物为主的现代医药产业、以绿色食品和保健品为重点的食品产业、以出口为导向的花卉产业、以生化新技术为标志的生物化工产业 4 个新兴产业 ，1999年全省总产值达87.77亿元。其中:生物制药医药产业总产值10.28亿元，食品产业总产值 64.15亿元，花卉产业总产量5.05亿元，生物化工产业总产值8.29亿元。 4个新兴产业实现增加值43.84亿元,增幅比1998年增长24.7%。

截至2000年底，累计实施省级生物资源开发项目101项，除15项在建项目外,投产、半投产项目86项，累计投资35.48亿元,其中企业自筹16.37亿元，银行贷款19.11亿元。实现销售收入23.9亿元,利润2.75亿元，上缴税金1.77亿元，分别比1999年增长67.17%、91.34%和49.26%。

在5年多的生物资源开发实践中，有2条成功的经验：一是在产业的推进过程中，始终以扶持龙头

云南拥有竹类植物28属，220余种，约占世界竹类总数的五分之一，亦为世界其他国家和地区所不及。图为中国著名竹类学家薛纪如教授(中)与他的学生们正在考察竹子。

云南被称作 "南药宝库"、"药材之乡"。据有关资料统计，目前全国查清的药用植物约6000种，云南就有5000余种。图为文山三七种植基地。

云南橡胶栽培经过近百年几代人的努力和实践，引进培育了适合云南生长的优质高产良种，并打破了北纬17度以北地区是植胶禁区的固有模式，将云南植胶区扩大为北纬21-25度之间、海拔76-1000米的范围。

创新产业发展势头良好

资源开发创新办公室

企业为核心；二是大量的工作都围绕为龙头企业服务开展。5年多来,在生物资源开发中，涌现了一批机制灵活、市场适应能力较强的开拓创业型企业。如：盘龙云海、南药制药、昆药、文山金泰得等公司，2000年都创造了销售收入超亿元或近亿元的业绩。销售收入超过5000万元或接近5000万元的企业还有云大科技产业公司、河口绿大地公司、官渡绿化苗木公司、高原葡萄酒业公司等等。

一批新产品成为家喻户晓的品牌，如“排毒养颜胶囊”、“香格里拉”青稞干红、干白等产品。文山金泰德制药总公司开发研制的三七总甙系列药品，先后获国家级重点新产品和云南省首批名牌产品称号，对云南省传统三七药向规模化工业生产转变起到了重要的推动作用；“云南红”干红葡萄酒被钓鱼台国宾馆指定为“国宴接待用酒”，成为继“红塔山”香烟之后的又一“红”；“云大120”植物生长调节剂，先后被列为国家科技重点推广计划及中国农业丰收计划。

为使云南成功地走向世界，举办“澳新”招商洽谈会，澳、新两国共有 251家企业和科研单位前来洽谈，提出洽谈的项目达到 290个，签约项目17个，签约金额2770万美元。同时，启动了云南与美国“BRD”合作项目。圆满完成联合国ITC云南花卉出口促进一期项目，先后组织 5 次政府、企业考察团对荷兰、以色列、哥伦比亚、厄瓜多尔、马来西亚、新加坡、肯尼亚等10余个国家和地区进行了考察，并争取了联合国ITC的进一步援助,启动了“中国云南省出口导向型花卉产业发展项目”。2000年,成功举办了“昆明国际花卉节”,共有269家中外花卉企业参展,达成花卉经贸成交额11.89亿元。

“十五”期间,云南省生物资源开发创新产业将随着西部大开发的实施,更上一层楼,开创新局面。

云南是中国的主要产茶区，目前全省茶园种植面积250多万亩,居全国茶园面积第一位。

咖啡是云南在全国又一个具有突出优势的绿色产业。图为繁星一样镶嵌在云南高原坝子的小粒咖啡。

云南省生物资源开发创新办公室
地 址：昆明市五华山
邮 编：650021
电 话：(0871)3624204

云南地处低纬度,高海拔的自然地理环境，具有热带、亚热带、温带、寒带的多样性气候，故水果繁多，全省果树种类达37种、75属、133种，种类之多居全国之冠，图为珍稀水果人心果。

程政宁厅长视察小城镇建设

2000年，全省建设工作以贯彻《省委省政府关于加快城镇建设的决定》为契机，以工程质量监督管理和城乡规划管理为重点，加快以经济适用住房为主的住宅建设、城市基础设施建设和小城镇建设，稳步推进住房制度改革、城市建设投融资及管理体制改革、勘察设计行业改革、国有企业改革等项改革,加强法制建设、抗震防灾、建设科技教育和党风廉政、精神文明建设等方面工作,全省城乡建设事业发展取得了可喜成绩。同时，“九五”期间也是城镇建设快速发展并取得显著成绩的重要时期。

◆ 城镇化水平稳步提高

到2000年底，全省城镇化水平由“八五”末的16.6%提高到22.0%左右,形成了“一大”(昆明市)、“二中”(曲靖市、个旧市)、“十二小”(玉溪市、大理市、楚雄市、潞西市、瑞丽市、宣威市、昭通市、思茅市、保山市、景洪市、安宁市、开远市),拥有建制镇461个的城镇结构，城市功能日趋完善。

◆ 城市基础设施建设明显加强

到2000年底，全省县城及设市城市日供水总规模比“八五”末增长2倍多，供水普及率达97%；城市人均公共绿地面积5.7平方米；城市燃气用气普及率60.5%；城市粪便垃圾无害化处理率达 63.83%；城市基础设施的承载能力大大提高，服务功能得到强化。在中国 ’99昆明世界园艺博览会期间，昆明等大中城市的市政和环境建设实现了超前发展。

◆ 村镇建设步伐加快

建制镇数量稳步增加，小城镇规划编制与修编率不断提高，省级财政投入逐年加大，小城镇市政公用基础设施得到较快改善和发展,镇域农民和镇区居民的生活环境和质量得到完善和提高。小城镇功能多样化，出现了口岸型、商贸型、交通枢纽型、综合发展型、旅游型、工矿型和现代农业型等。

◆ 勘察设计业、建筑业长足发展，工程建设标准定额管理体系逐步完善

到2000年底，全省拥有部属驻滇及省属勘察设计单位512家，工程造价咨询单位 128家，各类建筑施工企业2571个。“九五”期间是建国以来建筑业发展的最好时期，从1996年到1999年，全省建筑业对国民经济的贡献率分别为 3.9%、 9.9%、16.6%、9.2%,成为全省国民经济发展的一支中坚力量。建筑市场进一步规范，全省已建立了 22 个有形建筑市场，工程招投标率提高到98.3%。工程质量水平稳步提高，2000年工程质量合格品率达100%，优良率达32.19%。

锡都夜色

楚雄市中心广场

◆ 住宅建设及房地产业发展迅速

2000年，全省设市城市和县城人均居住面积提高到12平方米，比“八五”末增加了3.4平方米；建成规模在2万平方米以上的住宅小区300余个。城市住宅综合开发率达58%；住宅成套率达75%以上。全省房地产业快速发展，“九五”期间，全省房地产开发共计完成投资301.6亿元，竣工商品房屋1624万平方米；商品房屋销售额达到187.2亿元，其中40%以上销售给个人。到2000年底，全省有取得房地产开发资质并经年检合格的房地产开发企业近500家，从业人员1万余人。

◆ 住房制度改革全面深化

截至2000年底，全省住房公积金累计归集额达到 47亿元，住房公积金个人住房贷款合计6.4亿元。全省城镇向职工出售公房达6000多万平方米，累计收回资金160亿元；住房分配货币化的住房新体制开始建立，省政府出台了《云南省深化城镇住房制度改革加快住房建设实施方案》、《云南省机关事业单位职工住房补贴暂行办法》，批准出台了《云南省进一步深化国有企业住房制度改革的指导意见》等一系列文件，推动了全省住房制度改革的步伐。

◆ 风景名胜区建设成绩显著

“九五”期间，全省共有国家级风景名胜区10个，省级风景名胜区50个，国家级历史文化名城5座，省级历史文化名城、名村(镇)5座，丽江古城列入世界文化遗产。到“九五”末，云南省风景名胜区域面积占全省国土面积达到3.3%，地域从海拔76米到6740米，涵盖了各种气候带，形成了多姿多彩的动物、植物、地质、地貌，特有的边境异国风光、热带雨林、溶洞石林、高原湖泊、冰川雪景、火山地热以及独有的民族文化和民族风情，风景名胜资源在面积、数量、品位3个方面均达到全国第一。

◆ 抗震防灾成效明显

初步建立了新建工程抗震设防管理体系，逐步建立完善了抗震设防审查制度，橡胶隔震垫等工程抗震新技术的推广应用收到了良好的效果。1995年至1999年，孟连、武定、丽江3个地震灾区共完成恢复重建投资27.39亿元，完成项目3592个，共计建筑面积552万平方米；地震灾区城镇面貌发生了显著的变化。

同时，建设科技教育取得长足进步，建设法制体系日趋完善，精神文明建设和党风廉政建设也取得了显著的效果。

保山市天然气厂

回顾"九五"切实抓好云南农业

云南省

黄炳生(右一)副省长到茶园视察工作

潘政扬(中)厅长到田间地头现场办公

"九五"期间，云南各级党委、政府和全省农业系统广大干部职工以邓小平理论为指导，认真贯彻中共十五大及十五届三中全会精神，落实省委和省政府关于发展农业和农村经济的各项政策措施，加强对农业的领导，深化农村改革，增大农业投入，改善农业生产条件，加快农村产业结构调整，促进了全省农业和农村经济的健康、持续、稳定发展。云南农业为全省提供了22%的国内生产总值，解决了75.3%的劳动就业，使全省400万人口得到了脱贫，是云南边疆巩固、民族团结、社会进步的牢固基石，也是云南顺利实现党的十五大制定的国民经济和社会发展第二步战略目标的最重要的保障。云南农业和农村体制改革的不断深化和完善，为城市经济体制改革特别是国有大中型企业改革积累了有益的经验和提供了充足的保障。

农业和农村经济发展成绩显著

主要农产品持续、快速增长，实现了由长期供应短缺到自求平衡丰年有余的历史性跨越。

2000年，全省粮食总产量达到1467.8万吨，人均占有量为346.11公斤，提前两年超计划完成原定1340万吨和全省粮食基本自求平衡的目标和任务。实现了经济作物快速增长，其中，油料产量26.98万吨；甘蔗产量 1420.29万吨；烤烟因国家产业政策的调整，产量为64.61万吨，减少11.46万吨；茶叶产量7.94万吨；水果产量76.95万吨；肉类总产量205.17万吨，人均占有肉产量54.98公斤，全省实现了肉类生产自给有余；水产品产量 16.62万吨。 几十年来，长期制约云南国民经济和社会发展的粮食瓶颈得到了彻底缓解，实现了全省农产品长期短缺到自求平衡丰年有余的历史性跨越。

农村经济迅猛发展，农民收入持续增长，扶贫攻坚成效显著，农民生活逐步跨越温饱向小康迈进。

2000年云南农业总产值实现（现价）642亿元，农业增加值405亿元，乡镇企业增加值424.3亿元，农村经济总收入1890.9亿元,农民人均纯收入1490元。通过实施"七七"扶贫攻坚计划，农村贫困人口由80年代中期的1200多万下降到1999年的245万，绝大部分农民生活逐步跨越温饱向小康迈进。

农村产业结构得到不断优化和调整，农业和农村经济步入稳定、协调、健康发展轨道。

"九五"期间,云南农业产业结构向深度和广度延伸的战略性调整步伐明显加快。种植业中花卉、咖啡等新型生物资源开发和养殖业中奶、蛋、特色水产品等在 "九五"期间得到了快速发展。第一产业占国内生产总值的比重由1995年的25.3%变为21.0%,农村非农产业在农村经济总量中所占的比重也由1995年63.1:8.5:26.8:1.6调整为60.4:6.6:30.5:2.5，种植业中粮经（含其他作物)作物比由1995年的73.5:26.5调整为67.1:32.9。全省农业和农村经济结构呈现出勃勃生机和活力，有力地支撑了云南农业和农村经济的快速发展。

展望未来和农村经济工作

农业厅

脱毒薯网室扩繁

农业和农村经济发展的环境和条件有了质的改善，为农业可持续发展奠定了基础。

“九五”以来，云南把农业特别是粮食生产置于经济发展的首要地位和总揽一切工作的出发点，制定了《云南省“九五”农业发展纲要》，并以此为行动指南，从组织领导、思想认识、政策措施上为农业和农村经济的发展提供了良好的社会经济环境。突出以土地延包，减轻农民负担，深化农产品流通体制改革为核心，不断完善农村政策，保护农民利益，充分调动了农民的生产积极性。2500万亩高产稳产农田建设的全面完成，云南农业基础设施建设和生产条件的改善实现了质的飞跃；以龙头企业为依托的农业产业化正在兴起，以农村小集镇建设为主的市场体系逐步建立和完善，有力地推动了农业和农村经济的增长。

“十五”农业发展的主要目标和任务

积极创建与工业化发展进程相适应的现代化农业基础，加快农业产业化和现代化步伐，初步建立农村社会主义市场经济体制，基本实现小康目标。保证主要农产品产量的稳定增长，具体目标是粮食面积稳定在5500万亩左右，全省计划每年增产粮食30万吨，“十五”末达到1600万吨；油料400万亩，达到50万吨；烤烟550－600万亩，产量达到80万吨；甘蔗面积350万亩，产量达到1600万吨；茶叶面积240万亩. 产量达到11万吨；水产品26万吨；橡胶330万亩，产胶203万吨；蔬菜550万亩，产量1150万吨；水果500万亩，产量达到100万吨；花卉10万亩；肉类产量250万吨；农民人均纯收入达到1940元以上。

今后云南农业的工作思路和重点

高举邓小平理论伟大旗帜，以农民增收为重点，以战略性结构调整为主线，以改革开放和科技创新为动力，以全面提高农民生活水平为出发点，继续稳定党在农村的各项基本政策，积极开展农村税费改革，不断深化农村改革，调动和保护农民的生产积极性，继续加强以农田水利为重点的农业基础设施建设和生态环境建设，稳步提高农业的综合生产能力，坚持“稳粮调结构，提质增效益”的方针，全面提高农业和农村经济的整体素质和效益。

- 继续加大科技兴农的工程实施力度。
- 继续实施种子产业化工程。
- 实施现代化农业示范工程。
- 加快特色农产品基地建设工程。
- 以发展现代集约型农业为重点，搞好节水农业示范工程。
- 努力推进畜牧现代化建设工程。
- 实施农业机械化工程。
- 搞好渔业现代化工程。
- 实施市场信息及质量标准工程。
- 抓好农业生物减灾工程。
- 启动和实施生态家园富民工程。

（本文作者为云南省农业厅厅长 潘政扬）

腾冲县牛羊基地配套建设的肉牛育肥示范场

从澳大利亚引进的波尔山羊

云南省农业厅

地址：昆明市新闻南路25号

云南省气象局

云南省气象局局长、党委书记：刘建华

“九五”期间，全省气象部门大力加强气象法制建设和双文明建设，不断提高气象现代化建设水平和效益，创造性地开展工作，取得令人瞩目的成绩。16个地州市气象预测、预报和情报信息实现通过网络直接为各级党委政府决策提供及时有效服务；气候区划、农业气象适用技术运用等为农业产业结构调整和农民脱贫致富提供有效依据和途径；气象服务领域不断拓宽，预报服务内容日益丰富，生活指数气象服务、“121”气象信息服务深入百姓生活，专业专项气象服务覆盖全省各个行业；防灾减灾服务能力不断增强，全省16个地州市、100余个县开展了人工增雨防雹和防雷减灾服务，每年取得经济效益达数亿元。

西部大开发，气象部门将紧紧围绕云南省三大战略目标，建设气象防灾减灾工程、气象服务系统工程、气候资源开发利用及气候生态环境保护工程、气象科技人才系统工程、气象台站基础设施建设工程和气象现代化保障系统工程，全面提高气象服务手段、能力、水平和效益，为云南社会经济发展做出新的贡献。

1998年9月28日，省政府新闻办公室、省气象局联合举行贯彻实施《云南省气象条例》新闻发布会，副省长李汉柏到会并讲话。

2000年12月24日，中国首部新一代多普勒天气雷达在昆明交付使用，省委常委杨健强、副省长黄炳生、中国气象局副局长李黄到会并讲话。

前进中的省残联两所特殊教育学校

云南省华夏中等专业学校 是省残疾人联合会创办的全国第一所残疾人职业中专学校，招收参加成人中考的社会残疾青年和应届初、高中残疾学生。自1991年9月开学招收经济管理专业39名学生，到现在达8个专业、600余名学生。至2000年，华夏中专共向社会培养输送477名残疾中专毕业生和1500名有一定专门技能的初、中级技术人才。1993年，省民政厅、省教委、省残联授予华夏中专“特教先进学技”称号；1996年学校党支部被评为全省先进党支部，受到中共云南省委表彰，1997年国务院残疾人工作协调委员会授予华夏中专《残疾人之家》称号。

省华夏中等专业学校工艺美术班老师向聋哑学生授课

省残联地址：
昆明市白云路志强路口（大白庙）
电　　话：(0871)5725872
法人代表：郭志强
邮　　编：650224

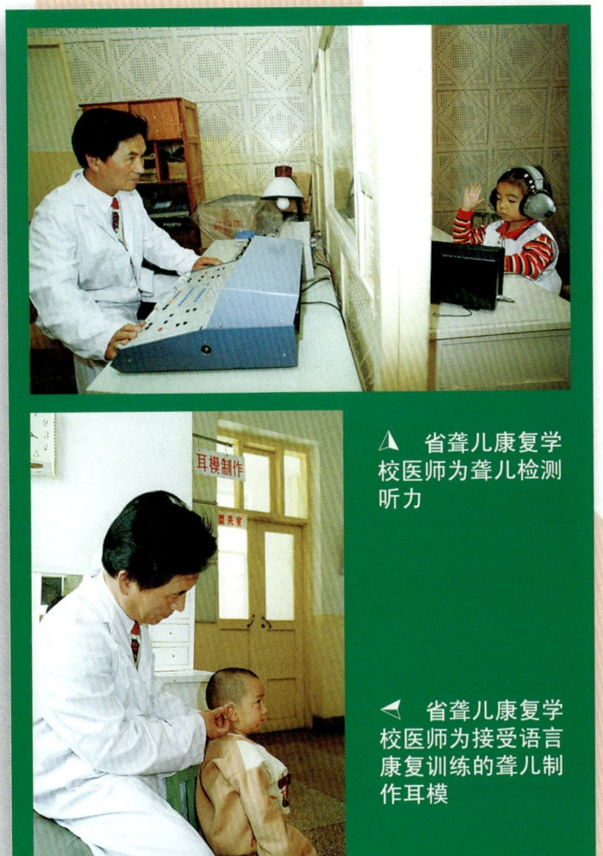

▲ 省聋儿康复学校医师为聋儿检测听力

◄ 省聋儿康复学校医师为接受语言康复训练的聋儿制作耳模

省残联直属的云南省聋儿康复学校 于1988年12月开班招生，1994年与原省新星幼儿园合并。是省聋儿语训中心和智残儿康复中心。设语训部、幼教都、听力部、社区康复部、启智部。现有7个教学班，幼儿86人，聋儿33人，教职工29人，专职语训教师16人。学校面向16个地州市招收2至7岁聋儿进行康复训练。并组派康复小分队到10个地、州、市的34个县市开展社区残疾儿童康复工作。几年来，学校共检测聋儿1620人次，做耳模546只。“九五”下达该校聋儿语训任务105名，实际完成151名，完成144%，其中升入普通小学27人，入普率19%。1996年4月，该校荣获卫生部、民政部、国家教委、财政部、中国残联等11部委颁发的“全国智残儿童康复训练工作先进单位”奖匾。

“十五”期间，华夏中专将在现有基础上进行扩建，争取创办残疾人高等教育学校；新建省级聋儿康复中心。

云南省农

省农科院拥有一支业务能力出众、成果突出的科技队伍。图为中华农业科技贡献奖获得者蒋志农研究员"九五"期间培育的产量高、品质优的滇粳优1号田间示范。

云南省农业科学院 是省政府直接领导的多学科、多专业综合性农业科学研究机构，1976年建院，是云南省农业科学研究的中心。全院设有粮食作物、生物技术、园艺、品种资源、油料作物、甘蔗、茶叶、蚕桑、蜜蜂、热资圃、土肥、植保、热带亚热带经济作物、高山经济植物、农业科技情报等15个专业研究所。在职职工1846人，其中科技人员849人,高职143人,中职355人,全国先进工作者、劳模和国家有突出贡献专家5人,省劳模和国家有突出贡献专家26人，有21人享受政府特殊津贴，是一支有相当水平、有一定实力的农业科研队伍。全院有科研、生产、生活建筑设施20多万平方米，科研试验基地7000多亩，拥有开展细胞工程、基因工程实验研究及分析测试等工作的先进仪器设备。至"九五"末，已建有甘蔗、大叶茶、温带果树砧木3个国家级种质资源圃，及 "云南省农业生物技术重点实验室"、"云南省农作物原种繁育中心"、 "云南省家蚕原种场"、"云南省花卉研究中心"等一批工程中心。

"九五"期间，承担各类科研项目200多项，收集保存农作物种质资源2.4万份，育成和审定省级优良农经作物新品种（系）39个，占全省审定品种45%以上。获国家和省部级科技成果奖54项，进入省政府重大农业科技推广计划23项，承担省农业综合开发项目14项，科技成果示范推广

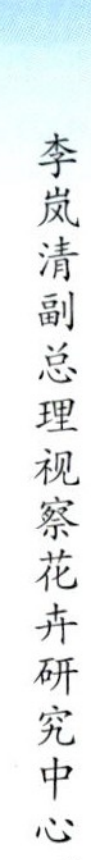
李岚清副总理视察花卉研究中心。

业科学院

达1.11亿亩，增产粮食18亿多公斤，新增产值58亿元。成功分离克隆农业重要功能基因23个，一系列转基因产品进入生产应用。全院优质农经作物种苗年生产能力超过6000万株，蚕蜂所年产30万张优质蚕种，两系杂交水稻、优质小麦良种、杂交玉米新品种、甘蔗新品种和丰产技术等均在生产中大面积推广,院选育的粳稻、油菜新品种推广应用占云南省同类作物生产面积的70%以上。经过“九五”，省农科院组建了一批依托自身科技优势支撑的规范的骨干产业开发实体，如粮作所的“云南金瑞林业有限公司”、热经所的“云南思农种业发展有限公司”、蚕蜂所的“红河绿延蜂业有限公司”。目前，院“十五”发展规划已初步形成，将在学科组建和资源优化配置方面有进一步发展。

法人代表：黄兴奇
联系电话：0871-5136637
地　　址：昆明市江岸小区
　　　　　省农科院综合楼
邮　　编：650231

省农科院不断加强国际、国内的技术交流与合作。图为黄兴奇院长(前左)与北京大学副校长陈章良签订科技合作协议。

云南省地方税务局

冯登坤局长在2000年全省地税局长会议上指出,加强思想建设是抓好领导班子建设的首要任务。

国家税务总局领导深入我省大理州地方税务局亲切慰问基层一线的干部职工。

坐落于昆明市曙光中路1号的云南省地方税务局办公大楼

2000年是云南地税不平凡的一年，在省委、省政府和国家税务总局的领导下，在各级地方党委、政府和有关部门的重视和支持下，全省地方税务系统紧紧围绕年初财税工作会议提出的指导思想、基本任务和工作目标，以“三讲”教育为动力，全面加强领导班子和干部队伍建设，积极稳妥地做好机构改革工作，牢固树立依法治税、从严治队的观念，推动税收征管改革，提高征管质量和水平，加大稽查执法力度，扎扎实实开展工作，全力以赴组织收入，取得了显著的工作成绩。全年共组织收入128.14亿元，比1999年增收9.06亿元，增长7.61%，超额完成了各项税收任务，为“九五”税收工作划上了一个圆满句号。全省地税系统组织收入规模占地方财政收入的比重，由组建时的44.41%上升到现在的70.13%，成为云南省地方财政收入的重要来源，为全省经济建设和社会发展作出了积极的贡献。

进入新世纪，我国即将加入世界贸易组织，“十五”计划正式启动实施，西部大开发正如火如荼地进行，经济环境的变化对地税工作提出了新的要求。云南地税将在省委、省政府的领导下，继续认真贯彻“加强征管、堵塞漏洞、惩治腐败、清缴欠税”的方针，坚持以组织收入为中心，牢牢把握队伍建设、征管改革、信息化建设和依法治税四个重点，进一步解放思想、开拓创新，发扬“四铁”精神，在各项工作中取得实质性进展，为实现“十五”计划的开门红而努力奋斗。

国家开发银行在云南

国家开发银行 自1994年成立以来，认真贯彻国家宏观经济政策、产业政策和区域发展政策，努力拓展在云南省的信贷业务，积极支持国家重点工程建设、国有企业改革和技术改造，为促进云南省经济持续、快速、健康发展作出了重要贡献。

国家开发银行先后支持了南昆铁路、内昆铁路、玉溪至元江高速公路、大理至保山高速公路、昆明巫家坝国际机场、大朝山水电站、漫湾水电站、曲靖电厂一期工程、云南省电网输变电工程、云南磷肥40万吨重钙、云南兴云煤矿等一批国家重点、基础设施和支柱产业项目的建设。

国家开发银行投资支持建设的成昆铁路电气化.

5年来，国家开发银行在云南省共签定合同金额348亿元，累计发放贷款214.5亿元。截止到1999年6月，在云南省贷款项目72个，贷款余额204亿元，其中铁路107.7亿元、电力37.1亿元、公路22.4亿元、化肥18亿元、冶金6.5亿元、民航4.5亿元、煤炭3.9亿元、林业0.9亿元、其他工业3亿元。

1999年下达云南省贷款项目计划52.2亿元。

已承诺贷款但未发放的约有162亿元；已意向承诺和已下达评审计划的项目申请贷款约35亿元。这些项目主要集中在铁路、电力、公路、民航等行业。

国家开发银行在云南省贷款项目的资产质量状况良好，优良资产主要集中在铁路、电力、公路、民航等4个行业。但同时，由于政策、市场、历史等原因，有的行业部分项目效益较差，形成了一定数量的不良贷款，给银行的金融风险防范与化解带来了压力。

为了加强信贷管理，防范金融风险，有效地发挥政策性银行作用，积极支持中西部地区经济建设，国发行在云南省设立了昆明分行。**国家开发银行昆明分行** 作为国家开发银行在云南省的分支机构，将认真履行总行赋予的职责。我们也热切地希望在今后的工作中能够得到云南省各级政府和各行业主管部门的理解和支持，与云南人民一道，携手迈入二十一世纪，为云南经济发展作出更大的贡献。

投资支持建设的昆明机场候机楼

投资支持建设的大朝山水电站

局长　林家德

罗平县财政局

省财政厅赵钰厅长（右二）到罗平视察工作

罗平县财政局　在县委、县政府的领导下，认真贯彻落实各级党委、政府的方针、政策，紧紧围绕经济建设这个中心，坚持理财育人两手抓。在资金管理上当好政府的管家，在经济建设中积极为县委、县政府出谋划策，当好参谋，充分发挥财政在经济建设中的主渠道作用，积极向上争取资金、争取项目，支持结构调整，加大科教文卫投入，强化农业、基础设施建设，发展优势产业，培植后续财源。从严治政，依法理财，树立良好的职业道德，做到管钱不贪财，用财不谋私，理财不徇情，治财不枉法，确

支持乡镇企业发展

支援农村电网改造

发挥财政职能 服务经济建设

农村基础设施建设

授予罗平县财政局
全省財政工作先進集體
云南省人民政府
一九九四年五月

一九九八年度全市财政系统
先进集体
曲靖市人民政府
一九九九年四月二十四日

荣 誉

保了全县经济建设持续、健康发展，财政收支快速增长，自1990年至2000年10年间，财政收入每年平均以10.8%的速度增长，到2000年全县财政收入达到9661万余元；财政支出每年平均以14.23%的速度增长，到2000年全县财政总支出达到 1.914亿余元。在保重点建设，保社会稳定，保各项事业发展，保职能运转中作出了积极贡献，取得了突出成绩，先后多次荣获省政府、市政府（地委、行署），县委、县政府授予的先进集体称号，自1995年以来一直保持市级（地级）文明单位称号。

局 长：林家德
书 记：刘存德（撰稿）
地 址：罗平县城文笔路西段
电 话：(0874)8211176 8212232
邮 编：655800

农业综合开发

昆明市人民政府

便民服务中心

昆明市人民政府便民服务中心（暨投资服务中心），设在原云南机床厂厂区内，占地3000平方米。省委常委、市委书记杨健强对便民服务中心的建立多次作出重要指示；昆明市人民政府成立便民服务中心领导小组，由市委副书记、市长章振国任组长，常务副市长刘绍忠和分管外经外事的副市长雷晓明任副组长。领导小组下设办公室，由市政府副秘书长顾体明任主任，市外经委主任许建国、机关工委书记冯立贤、市编办副主任邹益先、市财政局副局长叶一杉、市物价局局长潘兴平和外资办副主任潘惠礼任副主任。中心工作人员155人，于2001年1月18日建立并开始试运行。

昆明市人民政府便民服务中心的指导思想是：坚持以邓小平理论和江泽民总书记“三个代表”重要思想为指导，以把困难留给自己，把方便带给群众和投资者，服务社会为宗旨；按照建立社会主义市场经济体制的要求，转变政府职能，转变传统的管理方式，全面提高政府部门的服务意识、办事效率和行政水平。

该中心实行“五公开”服务和“五制”办理的原则。“五公开”即：服务内容公开、办事程序公开、申报材料公开、承诺时限公开、收费标准公开。“五制”办理即：一般事项的直接办理制、特殊事项的承诺办理制、重大事项的联合办理制、上报事项的负责办理制、控制事项的明确答复制。

进入中心的单位主要是涉及行政审批、管理服务、政策咨询等39个政府职能部门和7个办事机构；设有服务窗口74个；审批项目486项，其中可以当日办结的104项，承诺 5个工作日内办结的129项，承诺5个工作日以上办结的253项。另外，中心下辖车辆管理、物价、客管、房产交易 4个分中心，审批项目62项。

该中心已配备电脑143台，各类证照打印机104台、专用设备及网络设备17台及BDDA专线。服务大厅安装了 2台大屏幕显示屏、 6 台查询机，动态发布有关审批业务办理情况、服务指南和统计数据等信息。极大地方便了市民和投资者，树立了良好的政府形象。

云南省人民政府昆明便民服务中心现场办公会

省委常委、市委书记杨健强在省政府现场办公会上讲话

邵琪伟副省长主持省政府现场办公会

章振国市长在省政府现场办公会上汇报“中心”工作情况

省政府秘书长邹纲仁(右3)带领各地州市领导参观中心

参加省政府现场办公会的市领导

便民服务中心大厅

便民

服务

外国人在“中心”办理有关外事手续

地址：昆明市人民东路198号

（云南机床厂内）

电话：0871—3139055

传真：0871—3139051

邮编：650011

外国人到“中心”办事

土地局

局长 陈永军

宜良县土地局　在过去的岁月里，以服务于全县国民经济和社会发展为出发点，在昆石高速公路征地拆迁、乡镇企业用地调研、土地监察、建立“局长接待日”、完善乡级土地管理目标责任制等方面，扎实工作，成绩显著。先后被省、市、县人民政府授予“土地执法模范县”、“市级文明单位”、“‘三五’普法与‘二五’依法治县先进单位”等光荣称号，并荣获“2000年度土地管理目标责任一等奖”。

在“十五”计划中，宜良县土地局要以江总书记“三个代表”的重要思想为指导，对昆石高速公路征地拆迁第一阶段的工作认真总结；协助各级政府抓好“九石阿”公路的征地拆迁工作；做好玉桥和温泉小区、第四自来水厂、污水处理厂、第三块高尔夫球场、澳地利康体休闲娱乐中心等项目的用地全程跟踪管理工作；拟在九乡、古城、汤池、草甸、匡远、狗街、南羊、竹山8个乡（镇）实施小城镇发展战略；要在确保耕地占补平衡、土地资源市场配置、国土资源信息化建设、加强地籍管理等方面，开拓进取，重点突破。

法人代表、局长：陈永军
地址：昆明市宜良县匡远镇花园街13号
电话（传真）：0871-7524331
邮编：652100

现代化管理

业务大厅

云南广播电视大学

云南广播电视大学 创办21年来，依托中央电大提供的教学资源，努力发挥现代教育技术的优势，以灵活、开放的办学方式，坚持为基层、边疆广大渴望接受教育的人们提供本科、专科、中专学历教育，提供各种类型的继续教育和岗位培训。目前有本科、专科、中专在校生4.5万人。

沐浴着新世纪的春风，云南广播电视大学凭借着卫星电视、计算机网络和遍布全省的分校、工作站的办学系统，依靠丰富的管理经验，发挥教学特色显著的优势，加快教学现代化步伐，朝着灿烂的未来奋进。

▲个别化视听阅览室

◀多媒体网络教室

地　　址：(650223)昆明市学府路113号
校办电话：(0871)5134049
招办电话：(0871)5110269
校办电子信箱：yntvu@public.km.yn.cn
学校网址：http://www.yntvu.edu.cn

祥云县飞龙实业有限责任公司

经理：杨 龙

祥云县飞龙实业有限责任公司 系私营企业，前身是1995年5月成立的祥云县电解锌厂。公司距祥云县城 1公里，楚大高速公路红土坡立交桥 1公里、广大铁路祥云火车站1.5公里，交通通信十分便利。

公司目前投资总额达 1.76亿元，下辖祥云县电解锌厂、云龙县电解锌厂、祥云县化工冶炼厂。 公司现有员工1500名，是祥云地区乃至大理州内起点高、规模大、技术新、效益好的私营龙头骨干企业。1999年，公司被云南省人民政府命名为100强私营企业，大理州人民政府授予了优秀私营企业光荣称号。

公司生产的产品质量完全符合国家规定标准，云南省乡镇企业局、国家农业部分别给企业颁发了“全面质量管理达标证书”。几年来，主导产品电锌长期稳定地销往国内十几个省区和东南亚周边国家，深受中外客商的欢迎，产品一直供不应求。在2000年首届中国民营企业交易会上，飞龙公司以优质的产品，展示了企业的品牌，中外客商十分青睐，并与公司达成了生产销售锌锭 1亿多元的供货合同。

发展，是飞龙公司永恒的主题，“团结、务实、开拓、创新、忠诚”是飞龙人的精神。跨入新世纪，进入新千年，飞龙公司又投资8000万元，对电锌、硫酸生产线进行技改扩建，届时，电锌年产量可达5.5万吨，硫酸可达4万吨，公司每年可创产值5亿元，飞龙公司将实现更大的经济腾飞。

公司的宗旨是“质量第一，信誉第一”。公司经理和全体员工真诚地欢迎各位新老客户和社会各界前来参观指导，共商发展大计，同创明天的辉煌。

祥云县飞龙公司下属厂：
祥云县化工冶炼厂生活区一角

祥云县飞龙公司下属厂生产车间一角

公司地址：祥云县祥城镇城西清红路西侧
电　　话：0872－3120888
传　　真：0872－3126888
邮　　编：672100

中国民主同盟云南省委员会

2000年8月，民盟第12次部分省市高教研讨会在昆举行，高晓宇同志在会上讲话。

2000年8月，丁石荪副委员长在昆明视察工作，高晓宇同志陪同视察。图中右三为丁石荪，右四为高晓宇。

中国民主同盟（简称民盟）是主要由从事文化教育以及科学技术工作的高、中级知识分子组成的，具有政治联盟特点的，致力于社会主义事业的政党。民盟云南省委员会始建于1943年5月，是民盟的第一个地方组织，也是最早在云南建立和开展活动的民主党派地方组织。

民盟云南省委从成立至今共历10届，罗隆基、楚图南、苏鸿纲、寸树声、杨明、高晓宇等知名人士先后担任历届主任委员。至2000年12月底，民盟云南省委共有昆明、大理、个旧、开远、玉溪、曲靖、昭通７个市委员会、蒙自县委员会和281个基层组织，盟员5530人。

中华人民共和国建立前，云南民盟组织在中共云南地下组织的支持和帮助下，团结进步知识分子和爱国青年学生，参加抗日民主运动和反对国民党内战独裁政策争取和平民主的斗争。配合中共云南地下组织发动了著名的“一二·一”爱国运动。为了争取和平民主，1946年7月，民盟云南省支部领导人李公朴、闻一多先后被国民党特务暗杀于昆明。此后，云南民盟组织转入地下秘密斗争，参与做以卢汉为首的地方当局的策反工作，为云南和平起义作出了贡献。

中华人民共和国成立后，云南民盟组织参加了新政权的建设、各项民主改革和一系列重要社会政治活动。“反右”和“文化大革命”中，民盟受到冲击和迫害，面对挫折和考验，民盟组织和盟员仍然坚信共产党，坚信社会主义。中共十一届三中全会后，云南民盟组织逐步恢复和发展，工作重点转移到以经济建设为中心，为社会主义现代化建设服务上来。民盟云南省委坚持四项基本原则，维护安定团结的政治局面，加强自身建设，围绕国家中心任务，积极参政议政，发挥参政党作用。与此同时，发挥自身特点和优势，开展科技咨询、讲学办学、智力支边扶贫等面向社会，为现代化建设服务工作，推动盟员做好本职工作，在社会主义物质文明和精神文明建设中建功立业，为社会主义现代化建设和富民兴滇作出了积极贡献。

1999年高晓宇率世博会推介团出访美国、加拿大等国时，和加拿大蒙特利尔市市长会见。

1997年，民盟省委社会服务部的同志和民盟省委对口扶贫的文山东山乡政府同志视察为东山乡修建的蓄水池。

昆明市人民政府

机关事务管理局

昆明市人民政府机关事务管理局 成立于1990年，是主管市政府机关后勤事务的工作机构。

昆明市政府机关事务管理局的主要职责是：研究和推动市级机关后勤体制改革；负责市政府的行政和事业经费管理，负责市级机关行政房产的综合管理，建设、管理和分配市政府办公用房和市级机关职工住房；对市政府国有资产行使管理职能，实施归口管理；承担市级国家机关召开的重要会议；归口管理市政府机关精神文明建设、社会治安综合治理和绿化、计划生育、爱国卫生、交通安全等工作。

昆明市政府机关事务管理局自成立以来，在市委、市政府的领导下，以党的十五大精神和邓小平理论为指导，按照“三个代表”思想的要求，以“为机关服务，为领导服务，为机关职工服务”为宗旨，大胆探索，勇于创新，各项事业得到快速发展。

局长：左珍贵
邮编：650011
地址：昆明市东风东路17号
电话：3135492

管理局领导为先进颁奖

✼在后勤生活保障上，从饮食、理沐、娱乐、子女入托等方面为机关干部职工提供全方位的服务。

✼在办公区的管理上，已实现市政府大院消防、安全管理的电子化、自动化，大院环境实现园林化。

✼在职工住房上，先后组织建设并集中解决了机关干部职工2000多户的居住问题。机关住宅的物业管理工作率先实现了专业化、市场化，所管理的几个机关住宅小区均被评为安全文明小区。

✼在工程建设管理上，在省内率先开创了在签订施工合同书的同时签订廉政合同书,保证了工程质量,成为云南省建筑业施工组织管理的先进典范。

✼在完善后勤服务体系建设上,兴办了一批效益好、成长快的后勤服务实体，形成了集生产、服务、经贸等多种经济结构和所有制的产业公司和宾馆、饭店、餐饮、娱乐、维修、油料销售、物业管理等一批经济实体。还有具备相当规模的合资合作企业。

✼在干部队伍建设上，注意发挥各人的专长，敢于压担子，交任务，干部素质提高很快。

✼在廉政建设上，采取经常性教育与制度保障、专业化共建与预防为主的廉政建设措施，成效明显。

机关事务管理局负责管理的市政府机关大院和办公室

奔向21世纪的——嵩明县

SONG MING

县城远眺

田园如画

嵩明县 位于云南省中部，地处昆明市东北部，为昆明市辖近郊县，县城嵩阳镇距昆明市区43公里。全县总面积1357.29平方公里，嵩明坝子面积达414.6平方公里，为云南省第7大、昆明市第2大平坝。全境气候属北亚热带暖温带季风型气候，年均气温14.2℃，降雨量在 900～1300毫米之间，年日照时间 2073小时。现辖3镇6乡105个村委会，总人口33.3万人。2000年国内生产总值11.3亿元，粮食总产14.65万吨，地方财政收入 8649万元，农民人均纯收入2162元。综合经济实力跻身云南省20强县行列。

嵩明已被国务院批准列为昆明次级市规划建设。昆明国际机场迁建已初步确定选址嵩明。改革开放以来，嵩明先后建成全国商品粮生产基地县、烤烟生产重点县，云南省商品猪生产基地县、肉牛羊基地县、优质蚕豆基地县和

丰收在望

优质烤烟基地

开发区变电站

龙腾狮跃——嵩明县首届花灯艺术节

兰公祠

兰茂—明代著名医药家、音韵学家、诗人、教育家、“理学宗匠”,所著《滇南本草》、《韵略易通》、《声律发蒙》、《玄壶集》等影响日盛。

昆明市渔业、水果、蔬菜、优质米生产基地县。杨林肥酒、KK啤酒、高纯氧化锌、黄磷、铝材、造纸、皮革等一批工业产品在省内外具有较强的市场竞争力。投资 3.2亿元的云南省花卉示范园区已完成一期工程，招商入园工作势头良好。省级杨林工业开发区初具发展规模，区内基本实现水、电、路、通信、排污等基础设施配套。嵩明地处滇东北交通枢纽位置，境内公路、铁路、航空线纵横交错，昆曲高速公路、嵩待高速公路纵贯全境,具有“三线出省,五路连昆，八龙聚嵩”的交通优势。程控电话、移动电话、无线寻呼已覆盖了全县城乡,程控交换机容量达 2.8万门,电话普及率达10.5%。全县有110KV变电站 2座，供电总负荷达 4.9亿千瓦小时，农网建设改造工程基本实现“两改一同价”目标,荣获国家“农村电网改造先进县”称号。

杨林肥酒系列产品

云南第一路——昆曲高速公路

县境内的213国道

回顾「九五」成就 谱写「十五」新篇

思茅地区

“九五”期间，在省委、省政府的正确领导下，思茅地委、行署始终坚持以邓小平理论和党的十五大精神为指导，经过全区各族人民的共同努力，经济社会发展取得令人瞩目的巨大成就。2000年，全区国内生产总值达到52.8亿元，比1995年增长53.3%，年均增长8.9%，高于全国、全省平均水平；基础设施建设成效显著；农业生产保持了持续稳定增长；乡镇企业保持了较快增长速度；个体私营经济发展迅速；税收和财政收入大幅度增长；金融平稳运行；各族人民生活水平有了较大的提高和改善。

“十五”期间经济社会发展的指导思想是：高举邓小平理论伟大旗帜，以江泽民同志“三个代表”重要思想为指导，坚持党的基本路线和基本纲领，解放思想，实事求是，开拓创新；坚持以发展为主题，结构调整为主线，改革开放和科技进步为动力，提高人民生活水平为根本出发点；继续贯彻落实地委、行署确立的“三个三”经济社会发展思路，抓住西部大开发的历史机遇，实施基础设施优先、科教兴思、特色经济、城镇化、可持续发展五大战略，围绕建设绿色生态经济大区、民族文化特色大区、连接东南亚国际大通道的重要枢纽（“两大一枢纽”）战略目标，推动经济发展、社会进步，民族团结、边疆稳定，两个文明协调发展，人民生活上新台阶。

热区开发

根据以上思路，到2005年预期目标是：国内生产总值平均递增8%，科技进步对经济增长的贡献率达40%，森林覆盖率提高并保持在70%左右，城镇居民人均可支配收入和农民人均纯收入平均递增5%以上。

要完成上述目标，必须着力抓好以下十三个方面的工作。一是进一步加强农业基础地位；二是切实加强基础设施建设；三是大力发展特色支柱产业；四是放手发展非公有制经济；五是加快城镇化建设；六是创建充满活力的市场经济运行机制；七是扩大对内对外开放；八是全面实施科教兴思战略；九是坚持走可持续发展道路；十是努力改善城乡人民生活；十一是加强社会主义精神文明建设；十二是加强社会主义民主法制建设；十三是加强党的建设。

思茅机场

民族大团结

全国粮糖茶生产基地县—勐海

省级口岸——打洛

勐海　位于云南省西南部，西双版纳傣族自治州西部，县境西南与缅甸交界，国境线长146.6公里，全县总面积5511平方公里。居住着傣、哈尼、拉祜、布朗等25个兄弟民族，2000年末总人口29.34万人。境内最高海拔2429米，最低海拔535米，属亚热带季风气候，冬无严寒，夏无酷暑，年均气温18.3℃，年降雨量1295毫米，适宜各种动植物生长。

勐海是全国商品粮生产基地县、国家级糖料基地县及国家级茶叶生产基地县。粮、糖、茶是勐海县的三大骨干产业。勐海茶厂生产的普洱茶、滇红茶、滇绿茶、紧压茶四大品类107种产品远销港澳、日、俄、美等国家和地区。勐阿糖厂生产的“甘林”牌、景真糖厂生产的“彩珍”牌白糖，已成为全国最著名的品牌之一，产品远销国内外。1999年9月，国务院授予勐阿糖厂“民族团结进步模范单位”的光荣称号。2000年，全县粮食总产达1.35亿公斤，甘蔗产量75万吨，茶叶产量 6451吨。城镇居民人均可支配收入达到 5928元，1995 年以来年均递增 14.4%；农民人均纯收入1461元，1995年以来年均递增8.9%。

滇南粮仓——勐遮坝子

勐海有茂密的亚热带原始森林、浓郁的民族风情、旖旎的自然风光，令人流连忘返，跨国旅游更是吸引了众多的游客。打洛，自古以来就是我国的边陲口岸重镇。2000年，接待国内外游客 151.6万人次，旅游综合收入2.3亿元，办证出境游客36.2万人。

勐海交通通信便捷，全县电话普及率达到7.5%，已开通了13个乡镇程控电话网和8个900兆、3个450兆的移动电话站及无线寻呼网。目前，县城及打洛、勐遮又相继开通了“小灵通”业务。

“十五”期间，勐海将围绕“农业强县，工业富县，通道活县，科教兴县，依法治县”的思路发展，发挥气候、资源、区位三大优势，巩固粮、糖、茶三大支柱产业，壮大个体私营、乡镇集体、三资企业三大经济成分，打好基础设施、基础产业两大基础，实施科教兴县、对内对外开放、可持续发展、城镇化四大战略，实现特色经济强县，旅游贸易活县，民族文化兴县三大目标。

随着国家改革开放的深入和西部大开发战略的实施，勐海的区位和资源将成为真正的优势。勐海将是各位有识之士大展鸿图的理想之地。

糖业生产基地

茶叶基地

开拓进取 再创辉煌

大理州计划委员会

大理白族自治州 是祖国西南边疆开发较早的地区和云南最早的文化发祥地之一，由于地处滇西区位中心和交通枢纽，在国家实施西部大开发战略和云南省构建通往东南亚、南亚国际大通道战略中占有十分重要的地位。“九五”以来，在党中央、国务院和省委、省政府的正确领导下，全州各族人民团结拼搏、开拓进取、克服困难、乘势前进，较好地保持了全州经济的快速健康发展和社会进步，较好地完成了“九五”计划提出的各项任务目标。2000年全州国内生产总值达137.7亿元，五年年均增长9.4%，财政总收入达 20.09 亿元，年均增长12.1%，综合经济指标列全国30个少数民族自治州的第四位和全省16个地州市的第五位；先后建成了广大铁路，楚大高速公路、大理机场等一批重大建设项目，基础设施条件得到了极大地改善；五年累计解决58万贫困人口的温饱问题，人民生活有了较大改善；科技教育等社会事业蓬勃发展，精神文明和民主法治建设稳步推进。“九五”成为自治州历史上发展最快、最好的时期之一，全州呈现出经济繁荣、民族团结、社会进步、人民安居乐业的良好局面。

大理州计划委员会主任　苏红军

今后五到十年，是大理州抓住机遇、加快发展的重要时期，按照州十届人大四次会议审议批准的《大理白族自治州国民经济和社会发展第十个五年计划纲要》，全州人民将高举邓小平理论伟大旗帜，认真贯彻党的路线、方针、政策，以加快发展为主题，结构调整为主线，改革开放和科技进步为动力，提高人民生活水平为根本出发点，紧紧围绕把大理建成“滇西经济中心，中国连接东南亚、南亚国际大通道的滇西枢纽，中国一流，世界知名的旅游胜地，全国两个文明建设搞得最好的民族自治州之一”的战略目标，坚持“调整结构、建立支柱、改革创新、扩大开放、依靠科技、加快发展”的基本发展思路，重点加强（交通、市场、信息）三大网络建设，培植(烟草、旅游、生物资源开发、建筑建材业)四大支柱产业，实施（基础设施建设工程、农业二次创业工程、工业化和城镇化工程、以提高民族素质为中心的人才工程、民族文化大州建设工程）五大工程，全面加快经济社会发展，再创大理新的辉煌。

国家发展计划委员会曾培炎主任视察大理
（右起：大理州常务副州长赵立雄、曾培炎、原大理州委书记张金康、州长李映德、计委主任苏红军）

宏伟蓝图已经绘就，政策措施已经明确。大理州计委充分发挥计委的职能作用，振奋精神、开拓进取、团结拼搏，以崭新的精神风貌、饱满的工作激情、高效务实的工作作风，全面加强对计划执行情况的跟踪检查，积极协调解决实施中出现的新情况、新问题，抓事关经济社会发展重大建设项目的组织实施，当好党委政府的参谋助手，为全州经济社会的持续快速健康发展和“十五”计划的顺利实施作出新的、更大贡献。

面向新世纪　研究新战略
—大理州计委系统研究"十五"计划纲要

思茅市电力公司大楼

职工代表大会

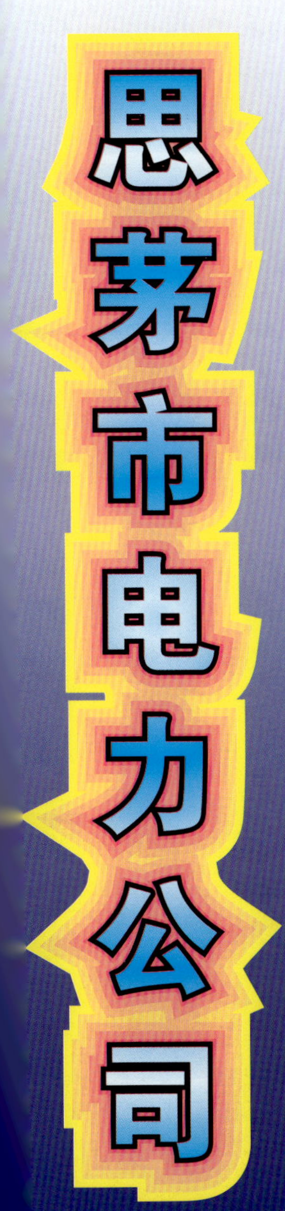

思茅市电力公司 于1992年元月诞生，沐浴着改革开放的春风茁壮成长起来。目前，公司拥有固定资产2496万元，有职工199名。拥有6座梯级水电站，总装机容量为 7200千瓦。年发电量 3200千瓦时。拥有35千伏变电站11座，容量12995千伏安；35千伏输电线路172.115公里；10千伏输电线路 880公里。思茅市电力公司是一个主营发、供电兼安装架设输变电线路及种、养殖业的独资公司。自1998年以来，根据国务院和省政府有关“两改一同价”工作精神和要求，公司在各级党委、政府的大力支持指导，乡镇电管站体制改革和农村集体电力资产的上划工作，走在了全区各电力公司的前列。“两改一同价”工作有序进行。并被思茅供电局评为1999年度“两改一同价”工作先进单位。10千伏输电线路新建、改造完成55.05 公里，投资 275.25万元，400伏线路建设，改造完成32.36公里，投资97.09万元，一户一表完成 6227户，目前为止农网改造建设工程总投资1029.09万元。

变电站

思茅市电力公司在抓生产建设的同时，重视精神文明建设，做到两个文明一起抓。1999年被思茅市委评为 “市级文明单位”、2000年被思茅地委、 行署评为“地级文明单位”、“先进企业”，精神、物质取得双丰收。公司所属的思茅港供电所被列入创建国家电力公司“为人民服务，树行业新风”乡镇电管站示范窗口。

抚今追昔，展望未来。新千年蕴含着人类的憧憬、企盼，也面临着前所未有的挑战和历史的机遇。思茅市电力公司总经理杨旭暨全体员工充满信心，振奋精神，同心同德，开拓创新。竭诚相邀海内外有识之士前来共谋发展，共筑云南电力新世纪的辉煌！

大中河三级电站

北回归线标志园

哈尼族自治县

县长：罗德忠

墨江哈尼族自治县　位于云南中南部哀牢山中下段，县城距昆明 348公里，北回归线穿城而过，是祖国内地通往西南边疆乃至东南亚的交通要道。全县总面积5312平方公里，2000年末总人口35.2万人，其中少数民族占70％。

墨江境内 99.8%为山区，气候温和，雨量充沛，年均气温17.9℃，年均降雨量1353毫米。资源丰富，以其特产紫米酿制的“紫米封缸酒”荣获1992年法国巴黎国际名优酒“金奖”和1994年第二届巴拿马国际万国名酒博览会特别“金奖”。境内森林资源丰富，有“绿海明珠”之称。各种矿藏资源享有盛名，尤以金、镍为最。

2000年，墨江县经济总量稳定增长，国民经济持续、快速、健康发展。全县国内生产总值达49610万元,比上年增长 9.6％。工业总产值达17171万元,比上上增长8.3%。主要工业产品水泥、松香、黄金、铁合金、白糖、复合肥、地板条等都比上年有所增长。粮食总产量11.08万吨,比上年增长1.7%；经济作物好于往年。

至2000年末,全县在交通、水利、农田、科技、教育、卫生等方面，累计投入扶贫资金13609万元,使全县贫困人口从“八五”末期的 19万人减少到4.6万人。全县科技、教育、文化、卫生等各项事业也取得长足进展。

墨江全县各族儿女正意气风华，为实现“十五”计划开拓进取，努力奋斗。

墨江紫谷

墨江资源优势产品

云南西部崛起的永平泡核桃

永平县人民政府县长　张正贤

永平县自然条件得天独厚，是云南省大理州重点核桃主产区之一，年产泡核桃3000吨，泡核桃具有个大、壳薄、仁白、粒饱、味香和出油率高的特点而驰名中外，泡核桃已成为永平县的一根经济支柱，是山区脱贫致富奔小康的一项支柱产业，到2000年底，永平县泡核桃数量已达20万亩，全县各乡（镇）均有分布，有五个乡已建成了初具规模的泡核桃商品基地。主要经验：一是各级领导高度重视，充分发动群众是搞好泡核桃发展的重要条件和基本保证。二是林业科技的推广和应用是加快泡核桃发展速度的技术保证，县林业局以营林、森防、种苗为科技中心，进行规划、指导和督促各农户发展泡核桃。三是县委政府出台了一系列泡核桃发展扶持政策。制定了［2000］8 号文件，明确了发展泡核桃的补助标准；并鼓励机关干部职工到农村兴办、创办核桃基地，给予假期和优惠，深受广大农户和机关干部职工的欢迎，在全县掀起了发展泡核桃的高潮，涌现出一大批个体或联办核桃基地大户，2000年全县造了万亩泡核桃示范基地，有50个村形成龙头村，全县50亩以上有200户、100亩以上有50户、300亩以上有近20户，现有部分村社靠泡核桃的收入达到致富以至于小康水平。如厂街岩北村，全村人口1300 人，核桃产量300吨，人均核桃收入 0.23 万元，现全村家家有新房、有电器，实行了“三通”。龙门乡大龙午村，70 年代前仅有十多棵泡核桃，党的十一届三中全会后，实行规范化种植，林粮间种、一地多用、稳产高产，到2000年已发展到8000亩，全村人口1370人，2000年泡核桃收入人均收入1130元。

“十五”期间，永平县又制订了泡核桃发展目标，计划在“十五”期间末，永平泡核桃面积要发展到30万亩。只要彻底解放思想、转变观念、抓住机遇,按照高起点、高标准、高质量要求，打牢“三分种”、“七分管”的坚实基础，进一步抓好各项措施，到“十五”期末全县泡核桃发展到30万亩的目标一定能够实现。

铁核桃改良示范村

总面积：八千亩

四至界线：东至：冷饭坡李子树河，南至：东山河，西至：三丘田，北至：大厂。

项目实施单位：大龙午村委会、北斗林场。

项目管理单位：永平县林业局。

永平县人民政府
二000年一月

昆明市五华区绿化处

“昆都夜市”

云南省风景园林绿化经营资格证

单位名称：昆明市五华区绿化处

证书等级：城市园林绿化工程设计丙级、施工丙级

证书编号：云建绿246号

发证机关：云南省建设厅

2001年03月09日

昆明市五华区绿化处 成立于五十年代初。经过近半个世纪的发展，现已成为一支从事园林绿化、养护、管理及园艺植物繁殖、培育的专业队伍。现有职工113人，具有职称的专业技术人员21人，其中园林工程师7名，助理工程师4名，技术员10名；高级技术工人54名。具备风景园林绿化经营设计和施工的丙级资质，承接城市园林绿化 5公顷以下的项目的设计和10公顷以下项目的施工。

小西门广场

随着城市绿化建设和管理水平的提高，该处建有共 400多亩的大型苗木基地，拥有高枝修剪车、剪草机、打孔机、绿篱修剪机、油锯以及浇水车、施肥车、农药喷洒车、绿化工程车、粉碎机等各种工程设备。严格坚持“三分种植、七分管理”的原则，按照一级养护标准，高质量、高速度、高水平地完成了昆明市“秋园”、大观河两岸、小菜园立交桥、人民中路、金碧路、翠环路环湖、东风西路花园大道等绿化建设工程及个旧市金湖草坪和个旧市体育馆球场的绿化工程。

近年来，相继完成了昆明市环西路、一二一大街、五一路、环城南路等路段的绿化改造工程及昆明大学、世博园等绿化工程，并承担昆明市重大活动和节假日摆花工作。在全处干部职工的齐心努力下，无论是设计还是施工都按“争创一流”的目标，已创多项优质工程和精品工程，多次受到各级政府嘉奖，为昆明市的绿化、美化作出了突出贡献。

金马碧鸡、金碧路绿化

省博物馆花坛

法人代表、处长：苏榆平
地址：昆明市东风西路瓦仓庄52号
电话：(0871)3634411　3623836
传真：(0871)3629060
邮编：650032

具有得天独厚优势的昆明市官渡区

龙泉镇

政府办公大楼

镇长:刘峻松　　书记:陈绍忠

龙泉镇 位于昆明市区北部，东接双龙乡，南邻金马镇、联盟镇，西以长虫山脊与西山区相连，西北邻茨坝镇，北抵小河乡，总面积82平方公里。全镇辖金星、云波、宝云、源清、上坝、中坝、岗头、右营、北仓 9个办事处,44个自然村，6个委会。1999年末常住人口67829人，其中城镇居民44090人，农业人口23739人；驻镇的中央、省、市、区单位68家。

龙泉镇具有得天独厚的区位优势和良好的投资环境，是昆明市经济基础较好，并具有较大开发潜力和发展后劲的乡镇之一。境内地势平坦，交通、通信等基础设施日趋完善，相继建成或扩建成的昆曲路、烟草路、北京路延长线、中二环路、穿金路、龙泉路等公路干道纵横交错，并与城市主干道相连，使龙泉与市区连为一体；小庄变电站、金刀营变电站、松华坝水库、源清水库、二水厂、六水厂坐落在境内,供电供水充足。昆明火车北站紧靠镇南端，全镇电话实现传输数字化。正在建设中的掌鸠河引水工程七水厂、高尔夫球场和一批上规模、上档次的住宅小区的开发建设，使龙泉镇成为昆明市建设发展的重点区域。昆明卷烟厂、云南农业大学、云南农科院等大中型企业、科研院所为我镇发展提供技术、资金、人才。随着北市区开发建设加快，投资环境进一步改善，将大大地加快龙泉地区经济社会的发展和城市化进程的步伐。

改革开放以来，特别是近几年来，龙泉镇坚持把党的路线、方针、政策同镇的实际相结合，充分发挥和利用得天独厚的区位、资源、交通等优势，外引内联，调动各方面的积极性，走以农业为基础，乡镇企业为支柱，市场为导向,第三产业为突破口,依托城市建设、服务城市，把一个传统的农业城郊型乡镇建设成为以二、三产业为主体，城乡兼容的具有多功能的新型城镇。到1999年底，乡镇企业营业总收入达到276393万元，总体财政收入达到2608.4万元，农村人均纯收入达到 6011元。 经过努力，乡镇企业已形成以房地产开发、建筑、建材、仓储、商饮服务、包装、运输等多行业并举的格局。截止到2000年9月底,共发展乡镇企业4225个，其中：集体207个，个体4018个，完成乡镇企业营业总收入235751万元，财政总体收入完成3369万元。粮食生产在耕地逐年减少的情况下，总产量仍保持在1000万千克以上，蔬菜总产量达5407吨，生猪存栏达11373头，出栏达到11259头，全镇首批进入昆明市农村奔小康先进乡镇行列。

在抓好物质文明建设的同时，把精神文明建设放在突出的位置，常抓不懈。1999年全年共创建省级文明单位3个，市级文明单位4个，区级文明单位4个,文明片组2个，文明村2个，文明行业示范单位2个。

面向新世纪，全镇人民将团结一心，抓住西部开发的历史机遇，共同建设，管理我们的家园。与此同时,龙泉经济社会发展离不开社会各界的关心、支持，我们将坚持改革开放，发挥优势，以更加完善的基础设施和更好的投资环境，真诚地欢迎国内外有识之士前来投资开发，共创龙泉的美好明天。

镇　长：刘峻松
书　记：陈绍忠
地　址：北京路延长线金星立交桥旁
电　话：(0871)5701315 5701331
邮　编：650224

龙泉房地产公司开发的“江东花园”住宅区

正在新建的省一流的高尔夫球场

云南省国防科工办

省国防科工办主任 王仁凯

云南省人民政府国防科学技术工业办公室（以下简称省国防科工办）是主管全省国防科技工业的省政府直属机构，代表省政府对全省兵器、船舶、航天、核工业、航空军工企事业单位行使政府管理职能。党的十一届三中全会以来，经历了60年代的“三线建设”和80年代的“保军转民”，云南国防科技工业在省委、省政府的直接领导下，解放思想，艰苦创业，初步形成了集科研、教育、设计、制造、外贸一体化的工业体系，构成了以夜视产品、水中兵器、轻武器、防空武器和特种弹为主的军品系列，形成了以民爆器材、机械制造、光机电产品、化工产品、建材、采矿及冶炼为主的民品系列。其中，烟草机械、物流自动化处于国内领先地位，光学仪器、民爆器材、红外产品在国内占重要位置，电工产品在省内首屈一指。2000年完成工业总产值突破20亿元，全行业实现扭亏为盈，在军工系统为全国最好的省份之一。

面对保军、转民、改革、稳定的新形势，云南国防科工办将在党中央、国务院的正确领导下，忠于职守，竭尽全力，认真履行对全省国防科技工业各单位的督导、检查、协调、服务职能，为云南国防科技工业的发展作出更大的贡献。

云南省科学技术协会

由云南省科协承办的“中国西部能源资源开发及优化配置学术研讨会”在昆明成功举办。会议向党中央和国务院提出的建议，得到党中央和国务院的高度重视，对西部大开发起到了积极的推动作用。

（摄影：徐宁）

中国科协书记处书记徐善衍，在参加云南省科协举办的科普活动后，对云南省科普活动给予充分肯定。图为省科协副主席涂济民向徐善衍介绍云南科普工作的情况。（摄影：徐宁）

地　址：云南省昆明市护国路22号
电　话：(0871) 3103837
联系人：罗元明
邮　编：650021

大理三月科普潮（摄影：张希贤）

昆明云大科技产业股份有限公司 是以自主研发体系为主，云南大学等多家科研院所为技术依托，以科技成果产业化为中心，科工贸一体化的专业型集团公司。其前身是于1992年成立的云南大学南亚生物化工厂。公司于 1998年9月经整体改制在上海证券交易所挂牌上市(股票简称“云大科技”，股票代码600181）。

公司在昆明国家高新技术产业开发区建立了以生化制品为主的，拥有100亩现代化产业园区的科研、生产基地。目前，公司总资产达13.5亿元；员工总数2498人，其中研究生以上学历的有84人，大专以上学历占员工总数的70%。

昆明云大科技产业股份有限公司

公司致力于生物及化学技术领域的开发，在多年发展高科技农化产品的同时，积极向医药、花卉行业拓展。一方面积极进行农化产品的深入研究，保持在该领域内的国内一流、世界领先地位；另一方面利用现代生物技术手段对天然药用动植物资源进行深入研究和开发利用。

公司凭借良好的运行机制及科研成果产业化的经验向医药领域拓展，目前已形成良好的产业优势。公司下属云大科技研究院对科研机构（云大科技微生物研发中心、国家芸苔素内酯类产品技术研究推广中心、云大科技药物研究中心、云南省天然药物中心、云大科技博士后流动工作站等）进行管理。公司同时还与参股企业云南特安呐制药股份有限公司合作、研究、开发云南特有资源——三七。并托管“中华老字号”制药企业“云南老拨云堂药业有限公司”，积极向医药市场推进。

公司于1995年被评定为高新技术企业。1999年底顺利通过ISO9001国际质量体系认证。

云大科技奉行以人为本、足踏实地的企业文化和精神，坚持严格管理、规范运作、科学决策的管理思想，以科技先锋、实业报国为己任，依靠良好的企业运行机制，强大的人才优势，凭借雄厚的科研实力，力争创造良好的经营业绩更好地回报社会。

云大-120 生产线

普洱哈尼族

普洱哈尼族彝族自治县 位于滇南腹地，无量山脉南部边缘，地跨北回归线，南临东南亚周边国家，国道213线与弥宁公路、景普公路交汇于普洱，交通便利，为滇南要冲。全县辖9乡2镇,总人口18.5万人，其中农业人口占总人口的83.2%。全县居住有哈尼、彝、傣、汉等19种世居民族，少数民族人口占总人口的49.1%。全县总面积3670平方公里,境内最高海拔2851.1米，最低海拔551.7米，年均气温18.1℃，降水量1400毫米。气候温和，四季如春。

普洱有着丰富的自然资源。土地、森林、矿藏是普洱的主要资源优势。全县热区土地总面积242.69万亩，宜林、宜农、农牧荒地灌丛175万亩，耕地37万亩。全县森林面积220万亩，森林覆盖率72.8%，活立木蓄积量1875万立方米，有以思茅松为优势树种，西南桦、棕、竹、紫胶寄生树等高价值树种200余种，野生树种2503个品种，南药664种。境内矿产资源丰富，主要有盐、煤、铜、铁、银、铅、锌、石灰石、彩色石等20余个品种。全县河川径流量26.1亿立方米，水能蕴藏量53.7万千瓦，可供开发的有16.1万千瓦，地下水资源10.7亿立方米，可供开发利用的1亿立方米。

普洱是"普洱茶"的故乡，是"普洱茶"集散地和原产地之一。据史籍记载，普洱茶于东汉时期开始作为商品行销内地和西藏;宋朝时普洱"以茶易西番之马"逐渐形成历史上的"茶马古道"；清朝在普洱设立普洱茶局,统一管理茶业生产与营销。普洱茶不仅销往国内各省区，在印度、缅甸、泰国、日本等国也享有盛名。在曹雪芹的《红楼梦》、托尔斯泰的《战争与和平》等文学巨著中，都有品尝普洱茶的描述。普洱茶兴于东汉，商于唐朝，始盛于宋，定型于明，繁荣于清衰于清，复兴于建国后八十年代末。茶叶是普洱的一项传统产业，全县现有茶园面积 4万余亩，2000年产量上千吨，产值达1700万元；开发有高、中、低档三大类，50多个品种。目前，已创制了部优名茶"板山毫峰"、"长寿玉针"、"普洱银剑"、"普洱春毫"、"早春毛尖"、"贵妃玉坠"、"普洱碧莲"等一大批优质产品。

林产业是支撑普洱财政收入的一大支柱产业，每年六分之一的财政收入来源于林产业。目前开发的有定向结构板、中密度板、细木工板、人造板、实木门、松香、火柴等林化产品，已形成了具有一定规模的林产工业。

咖啡是普洱近10年发展起来的新兴特色产业,现已拥有5.5万亩的种植规模，是全国最大的咖啡种植基地县。2000年，已投产和初投产1.9万亩，产量2000余吨,产值2400余万元。经雀巢公司鉴定认可，对普洱咖啡给予了"普洱小粒咖啡世界一流"的赞誉。

普洱历史悠久,自然风光、人文景观奇放异采。近年来,新的纪念地和游览区又陆续开辟和建设。

普洱小粒咖啡

普洱百合

改革开放二十多年来，普洱经济快速发展，综合实力明显增强，人民生活水平不断提高。2000年，国内生产总值达6.14亿元，财政收入达到 6770万元，农民人均纯收入达 1300元，人均粮食达389.8公斤,城镇居民人均可支配收入达5945元；交通、能源、通信等基础设施大为改善，全县87个村（居）委会实现村村通路、通电、通话目标；科技、教育等社会各项事业蓬勃发展。

普洱投资环境优越。在天时、地利、人和的基础上，又增添了土地、税收等方面的优惠政策。**在土地使用上：**一是县外投资者来该县从事能源、交通、水利、科教、文卫等社会公益事业项目用地的,可以以划拨方式获得土地使用权。二是凡投资用于居住、办厂、旅游、商业娱乐等项目用地，按国家规定支付征地成本费（包括土地补偿费、安置补助费、青苗补偿费、地上附着物补偿费和耕地占用税)后，即可获得土地使用权。三是国内外客商与县内企业、个体私营企业主合资兴办企业，县内的合资合作可以用原获得使用权的土地或新征土地作为股金投入。**在税收上：**一是对投资于能源、交通、水利、环保和城市公共设施、基础设施建设的投资者，经批准自开始经营的1～3年，上缴增值税中地方分享的25%，除按比例扣减上解地区的部分外（下同）由同级财政全额返还。从开始获利年度起，3年内缴入地方的所得税,由同级财政全额返还。二是投资兴办经确认为高新技术产业，从获利年度起，3年内缴入地方的所得税，由同级财政全额返还。三是利用非耕地资源从事农、林、牧业开发及相关生产性项目,从有收入年度起，前3年的农业税和农特税由税务机关征收后，再由同级财政全额返还。四是投资兴办商业、旅游等服务性行业，以及从事技术转让、技术咨询、技术服务、技术培训等,年净收入在30万元以下的，从开业之日起3年内征收的所得税由同级财政全额返还。五是在该县的投资者，以其利润在该县再投资,且经营期在3年以上，第一次再投资部分缴纳的所得税由同级财政全额返还。**其它方面：**一是外商在该县从事各种合法经营，固定资产投资20万元人民币以上或年缴纳税收1万元以上的,在县内落户、购买商品房、子女入学等方面，享受当地居民同等待遇。二是外商在该县企业的投资额占企业总资产25%以上的，享受外商投资企业的优惠政策。三是凡到该县领办、承包、租赁微利企业、亏损企业、乡镇企业人员，按新增税后利润的15%给予奖励,奖励资金列入企业成本。四是自带项目、技术、设备到县内进行研究推广应用科技成果，开发新产品的人员，在该成果或新产品生产经营中，按实现利润额的20%给予奖励，奖励资金进入成果应用单位成本。

在新的世纪,普洱将以崭新的姿态、更加宽松的政策、良好的环境、优质的服务笑迎八方宾客，竭诚欢迎各界朋友到普洱投资兴业，共建繁荣、富裕、文明的普洱茶乡。

普洱大棚西瓜

普洱精品甜瓜

昆明盛天腾信息技术有限公司
SunTitan InfoTech Co.,Ltd.

一、公司概况

昆明盛天腾信息技术有限公司是一家专业的应用信息系统方案提供商、软件开发商和系统集成商，与Sun Microsystems、IBM、SAP、Siebel、Sybase、Oracle、Cisco、Veritas、Maxtor、Lucent Technology、柯达、长城、东大阿尔派、深圳桑达等国内外知名公司保持着良好的合作伙伴关系，并与这些厂商合作致力于金融、电信、电力、交通、新闻媒体、出版等行业的系统集成及应用软件开发工作。公司从结构化综合布线工程设计与施工、信息系统集成设计与实施、应用软件开发、电子商务等各方面业务范围来看，综合实力都较强，并能在云南地区提供及时、有效的本地化服务。

二、公司技术实力情况

★软件开发能力：

现有程序员20人、开发助理1人，全部具有大学本科以上学历，有较丰富的开发经验，能满足各种用户的不同应用开发。有经验丰富、配合熟练的web设计人员提供相当水平的网站建设。

★软件开发环境：

拥有Sun Enterprise 450 Unix服务器及Ultra 10工作站，可以为各种不同的用户和应用需求提供优质完善的服务；专业数据库Sybase Adaptive Server Enterprise；客户机/服务器结构体系的最佳开发工具PowerBuilder；用于大型数据库设计的专业工具Power Designer DataArchitect Suite；安全性、可移植性最好的编程语言，浏览器/服务器结构体系的最佳开发工具Java、JavaBean、Enterprise JavaBean。

★系统集成能力：

多名系统工程师、布线工程师、网络工程师、技术支持人员全部具有大学本科以上学历，经历过多个系统集成项目的锻炼，拥有：Lucent认证布线工程师、Cisco CCNA、Sun系统工程师、IBM主机系统工程师、Veritas系统工程师、Maxtor MaxAttach技术支持、柯达影像系统工程师等专业技术人员。

★系统设计、施工及测试环境：

包括：技术领先的Fluke DSP4000数字式电缆分析仪、Lucent SYSTIMAX 4线测试仪、Lucent专业光纤端接工具、网络分析仪、CAD辅助设计等。

三、主要产品情况

联合出版系统(自主开发)
公文流转及督办系统(自主开发)
旅游线路和物品订购系统(自主开发)
Sun Microsystems云南地区合作伙伴
AutoTech International西南地区合作伙伴
柯达商业影像系统部授权系统集成商
Veritas存储备份系统授权集成商
IBM PC及服务器产品授权代理
Lucent Systimax SCS布线系统授权集成商
Lucent(Avaya)网络交换设备特约集成商
Sybase数据库系统特约集成商
Cisco网络交换设备经销商
Oracle数据库系统集成商
北大明天统一消息平台代理商
Maxtor网络存储设备云南地区代理

典型工程经验

云南省新闻出版大楼信息系统建设项目
此项目由云南省新闻出版局及五家直属出版社共同使用。
项目包括：
1、综合布线：1400多个信息点。
2、网络系统：采用二级星型结构，500多个10/100Mb交换端口。
3、综合信息系统：采用Sun Enterprise服务器构成硬件平台。自主开发了出版业务信息系统及出版局管理信息系统。
此项目促进了云南新闻出版行业的信息化建设。

网站工程：为云南省新闻出版局建立了政府网站

公司法人代表：周晓成
公司地址：昆明市光明电脑城高新软件园C座216号
电话：(86-871)8324761
传真：(86-871)8324765
邮编：650106

国营昆明市春城农工商白沙河公司

总经理　王文晶

国营昆明市春城农工商白沙河公司(改制名:昆明白沙河实业有限责任公司)于1958年4月成立,是一个具有独立法人资格的经济实体。公司占地面积21.12平方公里,拥有固定资产净值3100余万元,流动资产3400余万元。公司下属种植场、园艺场、食品厂、冰淇淋厂、香料厂、机修厂、电缆桥架厂、汽车修理厂、物业公司及工贸公司等10家分场(厂)。产品有:“云花牌”冰淇淋粉,全脂奶粉系列,水果类系列固体、液体饮料,冰淇淋、雪糕等冷冻食品;还有“天女牌”云烟浸膏、皂角浸膏、烟用添加剂等30多种香料产品以及XQJ系列电缆汇线桥架、轻型龙骨架等。产品质量优良,其中冰淇淋粉曾荣获省优、部优称号,获金奖一枚,银奖三枚;全脂奶粉获银奖、铜奖各一枚;全脂淡奶粉获首届中国农业博览会银奖。1996年,公司被云南省人民政府授于“重合同、守信用”先进单位;2000年10月,公司及下属昆明市春城农工商白沙河工贸公司、昆明云花食品厂、昆明市春城香料厂同时被昆明市人民政府命名为连续10年以上“重合同、守信用”企业。

法人代表:王文晶
电　　话:(0871)3811530　3859390
地　　址:昆明市东郊茶旺山
邮　　编:650216

乳制品系列产品

香料系列产品

澄江县给排水公司

公司经理：李自明

澄江县给排水公司 前身为澄江县自来水站，始建于1965年，当时供水设施简陋、人员少，后经过两次技术改造和近年来的投资建设，到目前为止，公司拥有固定资产4133万元，职工108人，专业技术人员29人。设监察节水办、文明办、生产技术科、财务科、化验室、计量科、办公室等内部机构。下辖一水厂、二水厂、三水厂、自来水劳动服务公司、污水处理厂、碧城大酒店。目前公司日供水规模为15500立方米，承担着城区和近郊 5000余家用户和3万余人的供水任务。

在县委、县政府的领导、支持下，公司经过35年的发展，现在已拥有各种类型供排水设备，有 Dn100－80口径的供排水管网 61.3公里；有抽水变压器7台，总容量为940KVA；有供排水加压泵站6座，各类抽水加压设备21台／套。

目前，公司内抓管理，外树形象， 本着水质第一，服务第一，信誉至上的办厂方针， 承担着县城居民和近郊农村生产、生活用水的供排水业务，取得了精神和物质文明建设双丰收。在 1998年玉溪地区双文明评比中获得精神文明建设标兵单位荣誉称号；1999年被评为云南省精神文明单位； 2000年被评为玉溪市第二届文明单位。

污水处理厂概貌

经 理：李自明　　电 话：0877－6912330
地 址：云南澄江县凤麓镇凤翔路13号　　邮 编：652500

污水处理反应曝气池

正在施工中的污水处理管网

云南省泸西千山生物工程有限公司

YUNNAN LUXI QIANSHAN BIO-ENGINEERING CO.LTD

总经理:杨建文

以信为本
以质取胜
共同开拓
共享成功

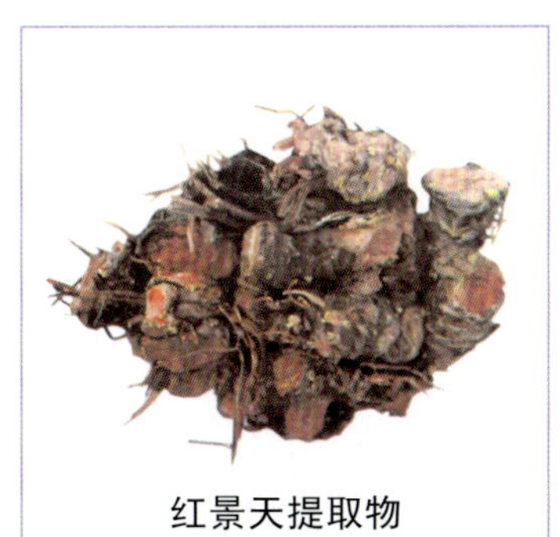

红景天提取物

绿茶提取物

灯盏花提取物

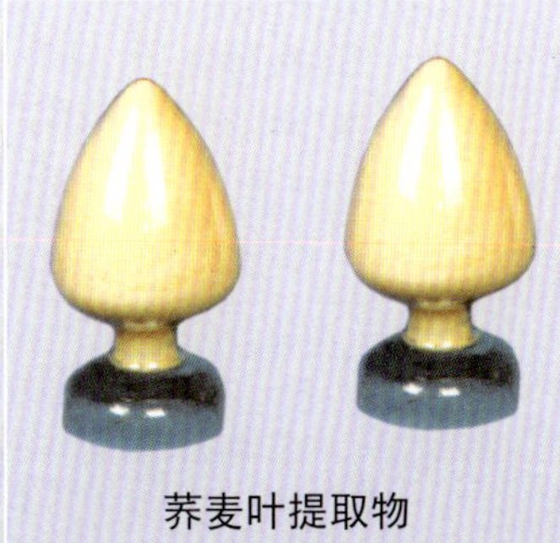

荞麦叶提取物

枳实提取物

云南省泸西千山生物工程有限公司 是集天然植物产品开发、生产和商贸于一体的新型高科技企业，坐落在云南第一洞——阿庐古洞旁，距离著名的石林风景区80公里。

公司产品有：红景天提取物、枳实提取物、杜仲提取物、葡萄籽提取物、绿茶提取物、葛根提取物、灯盏花提取物等几十种天然植物产品，已经远销法国、美国、日本、德国、新加坡等国家和地区，深受客户的好评和信赖。

公司以科研部门、高校院所为依托,具有开发新产品的雄厚实力。除了公司的常规产品，也可以根据客户要求，从指定的植物中提取客户所需要的产品。

我们将以先进的技术、优质的产品、合理的价格、完善的服务与四海的朋友携手合作，共展宏图！

地　　址：云南省红河州泸西县阿庐大街花生园

邮　　编：652400

公司电话：86-873-6636101

公司传真：86-873-6621108

贸易部电话、传真：86-871-3200491

E-mail：Qssw@km169.net 或 ww364748@mail.hh.yn.cninfo.net

昆明冶研新材料股份有限公司

（原昆明冶金研究院）

董事长、法人代表：董　英

昆明冶研新材料股份有限公司经云南省人民政府批准成立，系原昆明冶金研究院整体改制组建、由云南冶金集团总公司作为主发起人，与北京四家股东公司共同发起设立。

公司原单位昆明冶金研究院创建于1953年，以矿产资源开发利用为主要方向，以有色金属为重点，服务领域遍及全国20多个省、市、自治区，与近20个国家的相关单位建有科技合作关系。建院以来累计完成科研项目约2000项，有250余项成果获国家、部、省级嘉奖。根据科研成果建成了200多个矿冶企业（其中大型30余个），向企业推广新技术成果（含新工艺、新装备、新产品）40余项，3项产品和技术荣获国家发明奖，为云南及我国冶金工业发展做出了贡献，被认定为云南省高新技术企业。2000年7月，通过中科院和科技部的『双高』认证，是云南省惟一一家通过『双高』认证的高科技企业。

改制设立的股份有限公司，以有色金属新材料、电子功能粉体材料、精细化工材料以及装备与仪表为产业发展重点。公司的红外光学锗单晶、高档精密异型材生产具有国内先进水平；弥散强化铜基复合材料填补国内空白；氧化钴、氧化铋功能粉体材料达到电子级质量水平，产品覆盖全国；单元集成式斜窄流浓密及分级设备为国内独家研制与生产，达到国际先进水平；核子类检测及计量仪表，质量及性能在国内领先。

公司将紧紧抓住国家西部大开发战略和中国即将加入世界贸易组织的良好契机，扎扎实实做好本职工作，树立『质量第一、用户至上』的宗旨。以人为本，完善自我；不求最大，但求最佳。公司将立足云南、面向全国、走向世界，创出一条高科技企业发展的新路，用高质量和高效益服务于社会，回报于社会。

公司地址：昆明市圆通北路86号

联系人：季龙官

电话：0871—5181624　传真：0871—5151471

副董事长、总经理：王喜良

科研工作、硕果累累。图为公司成果展厅一角

中国·昆明电器科学研究所

KUNMING ELECTRIC APPARATUS RESEARCH INSTITUTE.CHINA

该试验室可模拟海拔0～7000米，气压106～41kPa;湿度10～95%,温度−30～50°C等环境条件,能进行高原电工产品和其它项目的研究及鉴定试验。

昆明电器科学研究所 成立于1961年,现有职工210余人,专业技术人员140余人，具有高级职称专业人员30余人，主要任务归口管理全国高原地区电工产品及其环境技术的试验研究工作，开发研究、生产电气控制设备、自动控制设备、特种电机、高压、低压成套开关设备及机电一体化技术、计算机应用技术等产品。云南省电器产品质量监督检验站、云南省电器产品质量检验中心、云南省电工仪表产品质量检测站、云南省进出口商品检验局电工产品及仪表认可实验室都设在本所，承担全省电工产品质量监督及进出口检验任务。

建所以来，建成了国家级电工产品大型人工气候模拟室，消声试验室，“三防”试验室，电机、电器、电晕试验室。广泛开展了我国西南、西北地区电工产品受高原环境影响的调查和试验研究工作，取得大量的科研成果，制定了若干电工产品高原环境技术指导性文件和标准，为国家大型工程所使用的发电设备、高压输变电设备、高、低压电器设备的设计、制造以及运行提供了可靠依据，为我国西部地区的开发建设作出了贡献。近年来，加强了技术成果商品化、产业化工作，建成了生产产值达5000万元的生产基地，为云南省的电力、煤炭、冶金、化工、轻工、机械、建筑、建材等行业的建设和技改工程设计、生产了上亿元具有较高技术含量的成套电器设备和自动控制设备。

随着我所产品产量和质量的不断提高,产品出口也渐趋扩大,先后向缅甸、越南、巴基斯坦、 孟加拉等国的糖厂、木材加工厂、铁道轨枕厂、水电站、水泥厂等提供了大批成套电控、配电设备，至今已出口近1000台套电气成套设备。

1998年我所与重庆大学、东方大电机研究所共同被国务院学位办公室授予“电气工程”一级学科，“电机与电器”等二级学科博士学位授权资格，共同培养博士生。

根据国务院关于科研机构管理体制改革的决定，昆明电器科学研究所已转制为科技型企业，员工观念、管理体制、运行机制进一步按市场机制运作转变。通过深化改革、体制创新，增强技术创新能力和市场竞争力，加强高新技术产业化工作，昆明电器科学研究所将进一步稳定快速发展。

GCK型低压抽出式开关柜

用途: 能适应各种供电配电的需要，广泛适用于交流50Hz，额定电压380V及以下的电力系统中,作为化工、冶金、纺织、矿山等各工矿企业的电能分配及电动机控制之用。

所　长:张南华
地　址:昆明市龙泉路上马村
电　话:0871-5123882　5165662
网　址:www.keari.com
邮　　编:650221
传　　真:5152382
电子信箱:ykeari@public.km.yn.cn

PK-2 PK-2G PKB-Ⅱ型控制和保护屏

用途: 适用于中小容量发电厂、变电站、厂矿企业等电力用户,作为遥控、遥测与保护发电、变电及配电设备之用，是电力系统所必需的保护设备。它能有选择性、快速、灵敏、可靠地切除系统中发生的故障,发出各种信号或警报，减少对用电单位的影响，避免引起设备损坏。

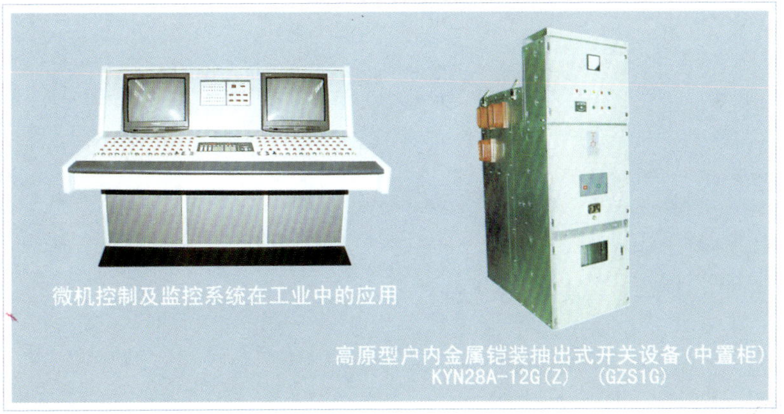

微机控制及监控系统在工业中的应用

高原型户内金属铠装抽出式开关设备(中置柜)
KYN28A-12G(Z)　(GZS1G)

作用: 该装置由工业控制计算机和PLC组成电气控制及监控系统。该系统已成功用于磷化工、煤矿、机械等行业，在危险及环境恶劣的场合实现远程监控，实时进行控制、管理。

产品主要用于发电厂送电，电力系统和工矿企业变电所受电、配电，还可用于控制频繁起动的高压电动机等。该产品特别适合高原地区使用。

云南云峰化学工业有限公司

云南云峰化学工业公司于 2000年 6月改制更名
云南云峰化学工业有限公司，图为公司生产区大门。

云南云峰化学工业有限公司生产区远眺。

云峰公司年产23万吨的硫酸装置已投产10年，
20万吨硫磺制酸技改项目正在建设中。

云南云峰化学工业有限公司 始建于1966年，2000年6月改制变更为现名，属国家大一型企业。目前，公司固定资产14亿元，拥有职工4000人，专技人员占23.5%。经过多年的技术改造，已形成年产合成氨 13万吨；碳铵24万吨；甲醇、甲醛各 1.7万吨；硝酸9万吨；硝铵11万吨；硫酸23万吨；磷酸(P_2O_5%)8万吨；复合肥32万吨（其中磷酸二铵14万吨），冰晶石或氟硅酸钠8500吨，自发电功率6KKW/h的实际生产能力。

多年来，云峰公司在省委、省政府及上级主管部门的正确领导和大力支持下，坚持团结进取、求实文明的企业精神，“两个文明”建设不断取得丰硕成果，曾先后荣获过“全国化肥生产先进企业”、化工部“科技进步先进企业”、“节能先进企业”、“清洁文明工厂”、“无泄漏工厂”、“环境优美工厂”、云南省“经济效益优秀企业”等称号，连续6次被评为原省石化厅、曲靖行署（市）“文明单位”，四次被评为化工部、云南省“思想政治工作优秀企业”，连续 6年被评为化工部“安全卫生优秀企业”。1999年11月，由于成本管理成效显著，被省经贸委命名为 “学邯钢、抓管理优秀企业”。

1994年，该公司复合肥产品荣获首届“中国大西南名牌产品博览会金奖”； 1999年4月又被中国农学会评为“全国优秀植保推荐产品”。今年8月，该公司已初步完成改制和剥离分流，并完成 5.06亿元债转股。投资2.6亿多元的20万吨硫磺制酸、8万吨磷酸、20万吨 DAP挖潜改造项目正在兴建。2000年，由于深化了成本管理，在每吨原焦价格上涨近百元的情况下，合成氨、总磷成本创下历史最好水平，比1999年综合成本下降3000万元。随着经营管理机制的不断完善，云峰公司将实现更大的发展和腾飞， 以良好的业绩成为云南化工的中流砥柱。

公司地址：云南宣威市板桥镇
电　　话：0874-7987888
传　　真：0874-7987777
邮　　编：655413

云南省国有资产经营有限责任公司

公司董事长：段曰灿

公司党委书记：周 鸿

公司总经理：李鸿书

云南省国有资产经营有限责任公司（以下简称公司）由原云南省国有资产（持股）经营有限责任公司与云南省技术进步开发投资有限公司合并组建。公司直属省政府，党组织隶属省委企业工委，业务归属省财政厅。公司的成立，是进一步深化我省国有资产管理改革，搞活国有企业，促进政府转变职能，实现政企分开的又一硕果。公司注册资金10亿元人民币，目前运营资本20亿元人民币，控股、参股企业逾100家。同时为了帮助中小企业解决贷款难，扶持高新技术企业的发展，经省政府批准成立了云南省融资担保有限责任公司，作为云南省国有资产经营有限责任公司的全资子公司，注册资金3亿元人民币。

公司的主要经营范围：公司资本金范围内的投资入股、股权买卖、企业改制上市、企业托管等自营业务；受省政府及有关职能部门的委托，管理和经营财政有偿资金债权转股权；省级财政其他投资入股业务；省政府或有关部门授权的国有资产管理和经营业务；经批准的其他业务。省融资担保公司主要承担我省中小企业、高新技术企业的融资担保工作。

公司的宗旨：根据国家的经济政策和省委、省政府经济改革目标及要求，通过资产运作，盘活存量，调整增量，积极参与全省经济结构、产业结构调整，优化资源配置，扶优、扶强，搞活国有经济，确保国有资产安全，保值增值；积极进入资本市场，多渠道筹集资金，支持地方发展；开展融资担保业务，为中小企业、高新技术企业提供融资担保，扶持企业发展；稳健经营，高效营运，促进资产合理流动，实现国有资产的保值增值。

公司的性质：公司是省政府出资成立的国有独资有限责任公司，依法自主经营、独立核算、自负盈亏、照章纳税，具有独立法人资格企业。公司资本来源主要是省财政拨款、股权划转等。

公司根据《中国共产党章程》的规定，经云南省委批准，成立了中共云南省国有资产经营有限责任公司委员会，党委书记周鸿，副书记段曰灿，委员李鸿书、秦正麟。

公司按照《中华人民共和国公司法》等有关规定，建立了董事会、监事会和经理层组成的职责明确、协调运转、相互制衡的法人治理结构：其中：(1) 董事会分别由省财政厅、省经贸委和公司的10人组成：董事长：段曰灿；副董事长：周鸿；董事：杜悦妹、李鸿书、秦正麟、龚立东、任晓珍、计毅彪、安建委、李继成。(2) 监事会由省政府监事会办公室的 5人组成：监事会主席：刘家贵；监事：张毅华、熊燕、徐叶锋、张玲玲；经理班子由4人组成： 总经理：李鸿书（兼省融资担保公司董事长）；副总经理：秦正麟、宋兴举、周环（兼省融资担保公司总经理）。

人员情况：公司现有职工35人，其中大学专科以上学历30人。专业构成：经济类22人，理工类7人，行政管理类2人，法律类1人。中高级职称13人，初级职称11人。职工平均年龄34岁。

公司目前的内部机构设置包括：党委办公室、办公室、人力资源部、财务部、项目投资部、股权管理部等。

公司的特点主要有以下几个方面： 一、公司是联结政府和企业的纽带和桥梁；二、公司主要从事资本运作、产权经营；三、公司是集投资、担保、管理于一身的国有独资企业。

随着我省经济改革的继续深化，公司将通过建立现代企业制度为目标的国有企业改革，完善法人治理结构，在改革的大潮中坚持解放思想，实事求是，积极实践和探索投融资体制改革和国有企业改革发展的新路子。按照公司“稳健经营、控制风险、讲求效益、确保安全、促进国有资产保值增值”的经营理念，不断提高驾驭社会主义市场经济的能力，取得较好的经济效益和社会效益，为祖国西部开发、云南经济建设贡献力量。

云南腾冲古林木业有限责任公司

云南腾冲古林木业有限责任公司（原古林木材厂）始建于1994年，是腾冲县较早的木制品加工企业之一。1998年前主要生产木制地板、国标实木门，1999年因国标实木门逐渐被国际标准实木门取代，厂领导大胆决策，扩建工厂上马了一条国际标准实木门生产线，年产实木门4万扇。该生产线投产后，由于产品木材综合利用率较高，加之工艺先进、消费市场广阔等特点，呈现了较强的生命力。

原料丰富

在腾冲县委、县政府的关心支持下，通过多方努力，在距县城6公里的中和乡石头山划拨给我企业土地100亩，新建一个规模和设备均具现代化的新工厂，同时2000年夏秋对企业进行股份制改造，成立现在的古林木业有限责任公司，为企业奠定了发展基础和市场竞争的必要条件，建立健全了一个识大体、顾大局、信科学、讲效益，理想远大，遵纪守法的以公司董事会为核心的高层领导班子，并根据公司实际需要，培养提拔了一批精通生产工艺、能吃苦耐劳、有创业思想、团结上进的中层和基层管理班子，稳定了一大批勤劳好学的生产骨干和产业工人。

秩序井然

实践证明公司的“实木门”产品十分适合腾冲林业大县县情，有利于腾冲县社会经济的发展，而且有力地推动了全县林业经济的发展。

厂址：腾冲县古永乡古永林场内
新厂：腾冲县石头山
昆明经营部地址：西南木材产品交易市场3道97-100号
电话：0871-8173472

蒸气锅炉

公司远景

工厂大门

驻昆解放军化肥厂

驻昆解放军化肥厂　始建于1958年，是云贵高原上第一座氮肥企业，经过四十多年的锤炼，现已发展成为以褐煤为主要原料生产多种化肥、化工产品的国家大型煤化工企业。企业通过了 ISO9002国际质量体系认证。是云南省 100家重点骨干企业之一，被云南省政府列为首批重点培养的大企业大集团之一，为全国十二家农化服务中心之一。被中国烟草总公司、玉溪卷烟厂指定为烤烟复合肥定点生产厂。

企业坚持“以肥为主，多种经营”的发展方向，现年产合成氨25万吨、硝酸铵28万吨、尿素13万吨、复合肥25万吨、硝酸钾 1万吨以及多孔硝铵、硝酸钠、亚硝酸钠、酚类、燃油等30多种主副产品。其中，“红河”牌硝酸铵、复合肥为云南省名牌产品，复合肥、硝酸铵、工业硝酸钠、亚硝酸钠 4个产品获得国家技术监督局颁发的采用国际标准产品标志证书。运用料浆法生产的复合肥有 9大系列 23个品种，复合肥荣获首届大西南博览会金奖。企业产品畅销全国各地以及东南亚国家。企业已连续八年保持盈利，2000年企业实现工业总产值 4.9亿元。

近年来，企业强化内部管理，紧紧依靠科技进步，引进国内外先进技术；以市场为中心，积极调整产品结构，增强了企业竞争实力，使企业在生产、经营、管理等各方面都迈上了新台阶。先后荣获全国优秀化工企业金球奖、全国化工思想政治工作优秀企业、云南省争先创优优胜企业、云南省优秀管理达标企业、云南省重合同守信用先进单位等殊荣。

面对新世纪，企业正加快技术创新的步伐，向高科技产品及生物化工发展，目前正与科研院校联合开发帕拉金糖醇、煤基合成油、硝酸钾等产品。

竭诚欢迎社会各界来厂投资、洽谈。

引进国外先进技术的环保装置

厂　址：云南省开远市
电　话：(0873)7163306

环境优雅的生活区一角

厂区一角

地矿部云南省中心实验室

云南省非金属矿产应用研究所

地矿部云南省中心实验室　云南省非金属矿产应用研究所 创建于1954年，现有职工133人，其中高级工程技术人员32人，固定资产总值2000万元，1993年获云南省高新技术企业认定证书。已发展成集无机非金属材料实验研究、开发、分析测试、销售为一体的科研型高新技术企业。曾获国家、部、省级科技成果奖12项。配置了先进的非金属超细粉碎、提纯、改性、改型加工和天然食品、中药材等深加工设备，致力于无机非金属材料开发，以电子、冶金、化工所需的超细粉体材料，造纸、橡胶、塑料所需的各类填料，以及新型结构陶瓷材料、水环境治理净水剂为重点研究开发方向。拥有配套齐全的先进分析测试仪器，对矿物的13个类别142个检测项目依法公正检测，是云南省矿泉水法定年检单位。

无机非金属材料深加工

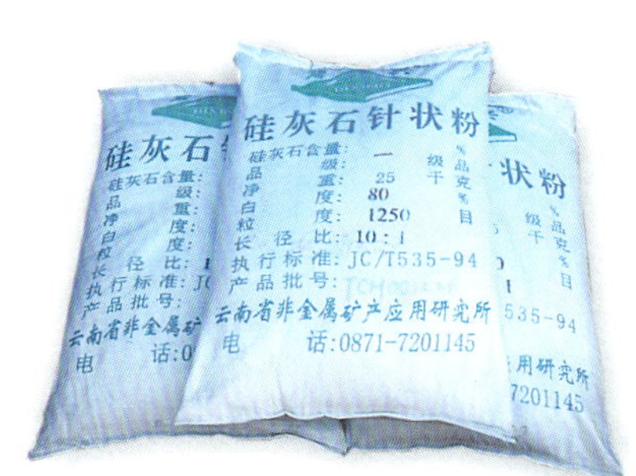

配备有门类齐全的非金属矿物加工设备，可对硅灰石、方解石、滑石、石英、高岭土、沸石、硅藻土等一系列非金属矿物进行超细粉碎、改型、改性等深加工，可按用户要求提供各种规格、粒度（400～2500目）、高长径比（10:1～15:1）的无机非金属粉体材料。

分析测试

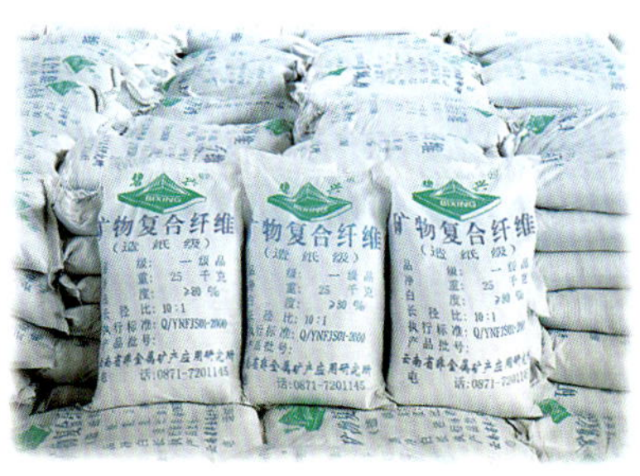

开展有色、黑色、稀有稀散、贵金属矿及其产品的成分和物化性能检测；非金属矿及其产品的成分和物化性能检测；岩石成分及物化性能检测；水质及饮用天然矿泉水检测；区域地质样品、化探样品、水文地质及工程地质样品、环境地质及城市地质样品、农业地质样品、医学地质样品的分析测试；矿石物相分析；稀土分量的测定；工程地质试验，岩土物理力学、物化性能测试；其他矿产物料中的无机成分测定。

实验研究

开展金属、贵金属选冶实验研究；非金属矿物提纯、改性、改型实验；无机非金属新材料应用开发实验研究；无机非金属粉体材料在工业、农业及科学技术等领域的应用研究。

天然药物及食品深加工

对三七、灵芝、天麻、银杏叶、绞股蓝等天然药物，茶叶、南瓜等食品，在不改变其生物活性的原则下，进行常温、低温细胞级超细粉碎深加工，可按用户要求进行来料加工。

地　　址：云南省昆明市东郊大石坝
法定代表人：施玉北
邮　　编：650218
电　　话：(0871)7201137 7201141
传　　真：(0871)7201945
E — mail：ynfis987@public.km.yn.cn

德宏州

芒市力宇建材市场

开业典礼剪彩

董事长张勇(左一)总经理段继丽(中)

芒市力宇建材市场 是德宏目前最大的专营建筑装饰材料的市场。

2000年，潞西市政府实施城市通畅工程，千方百计引进资金，优先在芒市经济开发区划土地建市场。张勇先生紧抓边贸商机，投资1500万元，建成了占地30.55亩（市场18.55亩，仓库12亩），设施完善的芒市第一个专营建材市场。

董事长：张　勇
总经理：段继丽
市场管理办公室电话：0692-2212068
地　址：芒市经济开发区珠宝路

董事长张勇本着在潞西树立优质建材市场的理念，为消费者提供一个放心的购物环境，严把进入市场商品的质量关、信誉关，选择了一批质量高、信誉好的品牌和商家进入市场。四川、福建、江西、浙江、湖南、云南及国外知名建材产品共70户商家捷足先登，进入市场批发经营，其品种有:板材、实木门、木地板、瓷砖、花岗石、卫生、水暖洁具、电缆电器、灯头、塑胶管、漆类、铝材、阳光板、防水材料、防盗门窗、不锈钢加工、五金建材等,还有家俬成品供顾客挑选。

力宇市场齐全的建材，宽敞明亮的通道和停车场，周到热情的服务和信誉的保证，是购物者理想的去处。

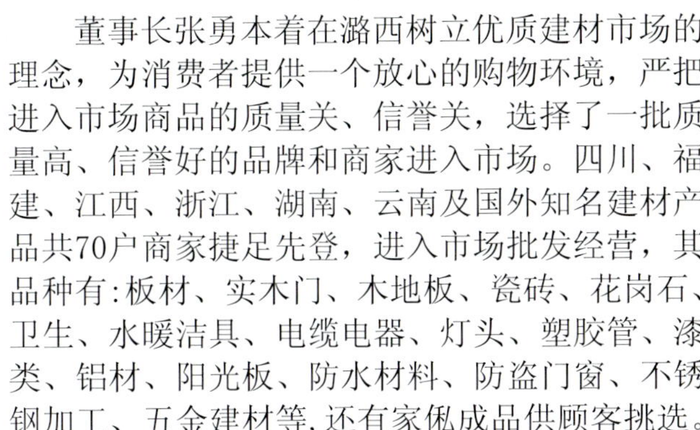

州、市有关领导亲临力宇市场考察

力宇市场外景

让历史铭刻宏胜足迹

立身以道德为本

处世秉仁义当先

◀经理 李国全（高级工程师）

德宏州宏胜建筑有限

德宏州宏胜建筑有限责任公司 始建于1984年，注册资本518万元，是独立核算集体企业。2001年在册职工148人（固定工108人，合同工40人），其中四级以上工人70人，管理人员25人。2000年建筑总产值1700万元，固定资产原值306万元，净值287万元；有施工机械设备总台数 399台（件），总功率1614.5千瓦；可承担高50米、跨度24米12层以内工业与民用建筑工程，及施工配套线路，管道设备安装，建筑装修、装饰工程。

17年来，公司严把工程质量关、信誉关，严格按照国家标准规范施工。经理李国全以“立身以道德为本，处世秉仁义当先，积善余庆”为座右铭，已赢得社会认可。由于公司领导层一贯坚持科学的人生观和世界观，与几十家客户建立了友好合作关系，知名度不断扩大，仅1994年以来承建7800平方米以内，5－11层框架结构的办公楼、综合楼、宾馆、宿舍楼并经德宏州和潞西市质监部门的验收评定的优质工程就达10余幢。公司一贯坚持“以质量求信誉，以信誉求效益”的经营方针，使“宏胜”这个精干的建筑公司小有名气，深受合作方的信赖，树立了良好的社会形象。1997、1998、1999 三年连续被德宏州潞西市人民政府评为“重合同、守信用”的企业。

公司以信誉和质量勇于在全省建筑市场招投标，谋求中小型建筑工程，欢迎来电来函联系。

优质工程选登

州运输公司南站大楼（优良工程）

州国税局宿舍（优良工程）

潞西市工商局办税厅（优良工程）

向云南展示宏胜风彩

公司管理人员、技术人员

重合同守信用企业

部分奖旗

责任公司

经　　理：李国全（高级工程师）
手　　机：13987022577
宅　　电：（0692）2122575
副 经 理：李文德（高级工程师）
手　　机：13988227470
办公室电话：（0692）2137037
公司地址：德宏州潞西市芒市大街北段

优良工程—八达公寓

公务员小区住宿楼(优良工程)

人民商场(优良工程)

公司副经理李文德(中)，高级工程师张国银，会计师李雪莲(右)

斗南花卉

中国昆明斗南花卉有限责任公司
DOUNAN FLOWER CO., LTD. KUNMING CHINA

2000年9.28-10.3中国昆明国际花卉节斗南花卉展销会"斗南花卉"宣传花车

投资花乡，寻温馨事业，找美丽财富

斗南 位于滇池之滨，昆明市郊。斗南花卉始于1984年，经历了引种示范自找市场、扩大规模形成市场、形成规模建立市场三个发展阶段。斗南花卉市场于 1999年1月建成投入使用，占地100亩，建设起点较高，功能较完备：有12000平方米交易大厅，有与农业部信息中心联网的信息服务系统及33平方米的信息显示屏，有冷藏保鲜、金融、税务、科技服务、货运、信息服务、旅游服务等多项配套设施。斗南花卉的发展是市场需求刺激花卉生产，生产发展规模化又培育了市场，形成生产与市场相互促进、共同协调发展的格局。

昆明斗南花卉有限公司是斗南花卉市场的管理主体。公司成立于1998年，是从事市场建设、管理、花卉销售、培训等业务的综合性管理企业。公司现有员工80余人，现代企业制度健全，运作两年多来，以品质、价格、信誉为优势赢得众多客商的青睐，业务发展到国内很多大中城市和国外，积累了相当的市场管理经验并具备开拓进取精神。在各级领导的关心支持和公司全体员工的共同努力下，特别是首届中国昆明国际花卉节斗南花销会的成功举办，斗南花卉市场辐射面和影响力不断扩大，交易规模日益增加。目前，斗南花卉市场每天有5500余人进场交易，上市鲜花66个大类、300多个品种、400－550万枝，成交额220－250万元。每天有60余吨鲜花通过航空、铁路等渠道销往国内 60多个大中城市， 部分还出口日本、 韩国、 香港等国家和地区。1999年，市场被国家农业部列为全国鲜花定点批发市场，2000年5月，又成为国家林业局和全国花卉协会共同命名的"全国重点花卉市场"之一。 公司注册的"斗南花卉"品牌经上海无形资产评估所评估具有32亿元的品牌价值。

随着国内花卉业的发展和我国国际化进程的深入，特别是加入 WTO后，斗南花卉面临更加激烈的市场竞争。斗南花卉的决策者们深思远虑，决心抓住国家实施西部大开发战略的机遇，建设一个立足本省、辐射全国、面向东南亚，上规模、上档次、功能齐备的具有一定超前性的花卉产地批发市场，以市场建设作为关键和重点，进一步推动斗南花卉发展壮大。

欢迎四方宾朋、有识之士，投资花乡斗南，共创辉煌！

中国昆明斗南花卉市场

1、 1996年2月原国务院副总理现全国人大副委员长姜春云到斗南视察工作
2、 1998年9月27日波利维亚科恰班巴市市长到斗南参观考察
3、 1998年4月1日黄炳生副省长到我乡视察工作
4、 1998年4月4日省人大常委副主任张宝三到斗南视察工作
5、 1998年5月6日市委书记杨健强视察斗南花街，并听取选新址情况介绍
6、 1998年7月10日全国人大副委员长田纪云到斗南参观视察
7、 1998年7月3日亚洲银行官员到斗南参观视察
8、 1998年7月14日全国政协副主席叶选平到斗南视察工作
9、 1998年8月原云南省委书记赵健民，副省长朱奎、昆明市委书记李原等老领导到斗南参观考察
10、1998年8月3日 原云南省第一省委书记郑伯克到斗南参观视察工作
11、1998年9月10日全国人人常委副委员长布赫到斗南视察工作
12、1998年9月15日全国政协副主席杨汝岱到斗南参观考察
13、1998年10月17日老挝国会主席到斗南参观考察
14、1999年2月2日全国政协副主席王文元到斗南参观视察
15、1999年3月16日黄炳生副省长到斗南参观视察
16、1999年3月27日中共中央政治局常委、全国政协主席李瑞环亲临斗南花卉市场参观视察工作
17、1999年4月22日全国政协副主席任建新到斗南参观视察工作
18、1999年5月13日全国政协胡副主席到斗南参观视察工作
19、1999年5月29日原全国人大常委会委员长乔石到斗南参观视察工作
20、1999年6月5日国务委员吴仪到斗南参观视察
21、1999年6月23日 中共中央政治局委员、 中国社会科学院院长李铁映到斗南参观视察工作
22、1999年10月13日原国务院副总理宋平到斗南参观视察
23、1999年10月31日国务院副总理李岚清亲临斗南花卉市场参观视察工作
24、2000年5月14日 全国政协副主席王文元、全国人大副委员长许嘉璐参观视察斗南
25、2000年5月22日外经贸部龙永图副部长到斗南参观视察工作
26、2000年6月16日 中共中央政治局常委、中纪委书记尉健行视察斗南
27、2000年7月2日国务院副总理吴邦国视察斗南

- 1998年10月被国家农业部定为"全国定点花卉市场"
- 2000.9.28—10.3.中国昆明国际花卉节斗南展销会，获先进集体、表扬单位奖
- 1999—2000年度全市文明市场

地　　址：昆明市呈贡县龙街乡斗南办事处
联系电话：0871-7496022
联 系 人：段怀荣
邮　　编：650500

乙亥二月 碧龍蘭苑 吴应祥题

碧龙寿梅

碧龙喜蝶　　碧龙奇莲

黑珍珠　　碧龙虎蝶

碧龙奇蝶

碧龙兰苑 座落在中国云南大理洱源县城。建筑具有白族民居风格，苑内兰文化浓郁。苑名由中国兰界泰斗吴应祥题写，落成碑记由中国兰花协会副会长、云南省兰花协会理事长潘光华撰写。全国人大常委会副委员长王光英、程思远，全国政协副主席王文元，原国家副主席、军委副主席李德生,中国文联党组书记、原文化部部长高占祥，原农业部长、现中国花卉协会会长、现中国花卉协会名誉会长何康为兰苑题赠墨宝，中国兰学会理事长陈心启、中国兰花协会秘书长何清正、《中国兰花》主编刘清涌为兰苑题赠题词。中国著名虎画专家吴寿谷大师为碧龙兰苑惠赠稀世珍宝《五虎图》，中国书画界著名书法家、画家欧阳中石、沈鹏、刘艺、黎雄才、肖锋、范敬于、陈立夫、郭农、孔仲起、蒋开发、王涛、张新民等为兰苑题辞、赠画。中国著名作家贾平凹欣然为兰苑题辞。　中国当代书法家马丽生为兰苑书创《 百兰图》。 兰苑有白族画家张寿培画作 《历代名人爱兰画卷》、《古代南中七贤赏兰图》。 兰苑五大名兰：“碧龙寿梅、碧龙红素、碧龙荷、点苍梅、碧龙洁”和“兰苑标志、龙、凤、芘碧花、兰”等形象制成浮雕，镶嵌在兰文化楼外墙上，并将庐山、峨眉山、黄山、华山、泰山锦绣风光画在文化楼的楼面上。兰苑被中国兰花协会命名为“中国莲瓣兰样品园”。1998年元旦，《中国兰花》推出“碧龙兰苑专辑”。2000年，《中国兰花》推出“迈向二十一世纪的碧龙兰苑专辑”,面向海内外发行5万多册。这些举措，在中国兰界尚属首创。

白族养兰名家、苑主李映龙曾种过田，当过兵，于1995年至今，参加国家于昆明、汕头、北海、中山、无锡、杭州等城市举办的兰花博览会，获得13枚金牌（其中张学良纯金奖两枚）、9枚银牌、4枚铜牌、 1个特别荣誉奖、 1个总季军、4个优秀奖和3个栽培奖,8个兰花品种被登录为中国兰花名品。苑主李映龙的养兰业绩被收选《世界优秀人才大典》、《世界名人录》、《世界人物辞海》、《中华之子》、《东方之子》、《中华英才荟萃》、《中华之魂》、《跨国界的芬芳—华夏城市之花》、《澳门回归特辑》、《名家笔下的大理》、《大理三月好风光》、《不谢的金花》等专集。日本东京铁木真电视公司慕名专程到碧龙兰苑拍摄制作“人与兰花”专题片，向世界播放。苑主李映龙因业绩突出,被评为云南省百名退伍军人建功立业优秀人物。苑主李映龙现为中国兰花学会理事、中国兰花协会理事、云南省兰协理事、广西北海市兰协顾问、大理州兰协副会长、洱源县兰协副理事长。

苑主先后收到全国各地兰友和兰花爱好者数千封信函，中央电视台、中央人民广播电台、香港亚洲电视台、云南电视台、大理电视台以及人民日报海外版、光明日报、经济日报海内与海外等各级各类报刊传媒先后宣传报道过碧龙兰苑。苑主李映龙热忱欢迎各界人士到碧龙兰苑旅游、观光、指导，选购兰花。

碧龙兰苑的服务宗旨是：**恪守信誉，无花不寄；注重质量，弱苗不寄；强调时限，特快专递。**

联系电话：0872—5123368（兰苑）　　邮 编：671200
手　　机：013987211110
联系地址：云南省大理州洱源县城新区碧龙兰苑
联 系 人：李映龙

碧龙红素　金奖　GOOD

莲瓣奇花素

碧龙菊

点苍梅

碧龙宝莲

剑阳蝶

全国人大副委员长王光英在京亲切见白族养兰名家李映龙

中国文联副主席.中国书协主席沈鹏为白族养兰名家李映龙题词

中国著名作家贾平凹为白族养兰名家李映龙题字

中国兰协秘书长何清正给苑主李映龙授样品园匾牌.印章

中国联通

中国联合通信有限公司 是经国务院批准成立的国有重要骨干企业，是国内唯一经营综合类电信业务的运营公司，其业务范围为：固定电话业务、移动通信业务、数据通信业务、长途通信业务、无线寻呼业务及其他电信增值业务。中国联通公司于 2000年6月21、22日在纽约、香港成功上市，标志着公司正式步入国际资本市场，成为一个国际性的电信运营公司。

中国联通云南分公司自1998年GSM130数字移动通信在昆明地区开通运营以来，各项业务蓬勃发展，网络建设与服务质量齐头并进。GSM 130 数字移动通信网络覆盖已达全省16个地州市，省内陆续开通IP电话业务、165国际互联网及193长途业务、126/127、128/129、191/192、198/199卫星联网寻呼业务。

爱立信公司与中国联通云南分公司GSM五期之设备合同签字仪式
中国联通云南分公司总经理:刘海鹰(左二),爱立信公司总裁:柯德川(右二

·GSM130数字移动通信业务

已在国内300多个城市实现全网漫游,连接世界200多个国家(地区),目前，GSM130网络已覆盖云南全省16个地州市的县以上城市及大部分乡镇、风景名胜区;网上用户已达60余万户，预计年内将超过100万户；继开展呼叫转移、短消息、如意呼等增值业务后，其他增值业务也将陆续开通，让用户享受到全方位，高质量的移动通信服务。

·CDMA(码分多址)数字蜂窝移动通信业务

CDMA是第三代移动通信(3G)的首选技术，具有系统容量大、频谱利用率高、抗干扰能力强、通话质量高、掉话率低、辐射低等优点,并享有“绿色手机”的美誉,可以预言，21世纪是CDMA通信技术广泛运用的年代。

2001年，中国联通将斥资 200亿元，完成覆盖全国31个省、自治区、直辖市的300个以上的城市。其中:云南省一期工程的建设，将建307个基站，覆盖全省 16个地州市及县以上城市、著名风景区及重要乡镇、整个网络将于今年10月份全面开通，届时，一个前所未有的高质量的移动通信网络将呈现在广大消费者面前。

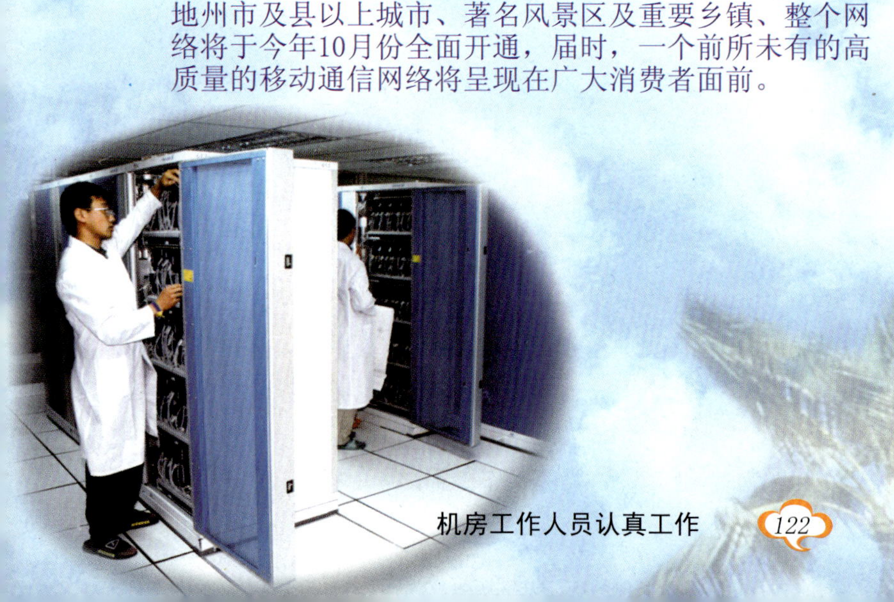
机房工作人员认真工作

2000年是新世纪的第一年，是联通云南分公司各项业务蓬勃发展的一年，也是联通云南分公司实现持续、快速、健康发展的关键性一年。为进一步提高联通网络通信质量，为营销工作奠定基础，联通分公司全面启动GSM三期、四期及四期扩容工程，使130网络覆盖范围从 7个地州扩大到13个地州，为建设联通精品网络打下了坚实的基础。我省数据网一期工程于 1999年6月开始启动，经过全体员工的共同努力，于 2000年7月建成并开通了IP电话 17911业务，实现了移动电话的“一机两网”；随后在昆明地区向公众网固定电话用户开通了IP电话及 165INTERNET接入等数据业务，这标志着云南联通按照总部的“两新、两高、一综合”的发展战略，经营的电信业务从单一的移动电话业务向综合业务的进一步拓展。 2000年9月，联通云南分公司数据网二期工程正式启动。

2000年，联通云南分公司坚持“加快建设的目的是尽快拓宽市场,提高市场占有率”的原则，以经济效益为中心，主动抢占市场，强化销售和服务工作，不断加大市场营销力度，多方面、多渠道地展开营销工作。截止12月，联通云南分公司已发展GSM130移动用户近30万户，GSM130移动用户业务大客户集团共7个，用户4087户；数据业务大客户4个。无线寻呼业务共发展用户36万户，全省寻呼用户数为 150万户。为加快对客户服务中心建设力度，联通云南分公司搭建过渡型客服系统，开通了“1001”客服号码，为用户提供了24小时服务的自动业务咨询、话费查询及人工受理等业务，使联通 130客服工作更加完善，更加到位。

云南分公司

· 数据通信业务

目前，IP电话17911一次拨号、17910二次拨号业务可通达全国200多个城市，云南省内已全部开通，并在160多个国家和地区开通了IP电话国际漫游业务。联通IP电话，开辟了国内、国际长途电话的新领域。

联通165国际互联网采用 ATM宽带传输技术，国内165拨号上网业务开通144个地区，云南省内已全部开通，可根据用户需要提供各类宽带、窄带的灵活接入和全国漫游上网、专线接入上网、虚拟专用网等多种业务，同时具有可靠完善的用户认证与计费系统。

中国联通董事长杨贤足(左二)视察云南分公司

· 193长途业务

中国联通193长途网是国务院批准经营长途电信基本业务和增值业务的长途通信网，具有拨号便捷、接续速度快、通话清晰、资费优惠（按秒计费）等特点。193长途网目前覆盖国内 300多个主要城市，国际长途电话通达200多个国家和地区。云南省内均已全部开通。

· 无线寻呼业务

在云南省内拥有126/127本地寻呼台、128/129全省联网台、191/192、198/199卫星联网台，可满足不同用户的需求。在不断拓展新业务的同时，继续完善网上寻呼、银行对帐、集群寻呼、电子邮件寻呼等业务，为用户提供宝典无线掌上电脑的无线电子网站综合信息、电子邮件、股票资料、PDA、 中文传呼等5项超强功能的服务；并为GSM130移动通信用户和126、128、191、198联通寻呼用户推出“如意呼”个性化服务。

中国联通云南分公司在云南省委、省政府及社会各界的关心和支持下，在中国联通公司的正确领导下，在短短的三年时间内，以年均 300%的发展速度向前高速发展。中国联通云南分公司将一如既往，以“建立新机制，建设新网络，采用高技术，实现高增长，发展综合业务”为指导思想，抓住机遇，加快发展，努力提高服务水平，为云南省通信事业的发展和经济的腾飞贡献力量！

电话:0871-3037814

地址:昆明市人民中路金牛街
联通大厦19楼

邮编:650051

中国联通云南分公司2000年工作会议

2000年5月30日移动分公司揭牌庆典仪式

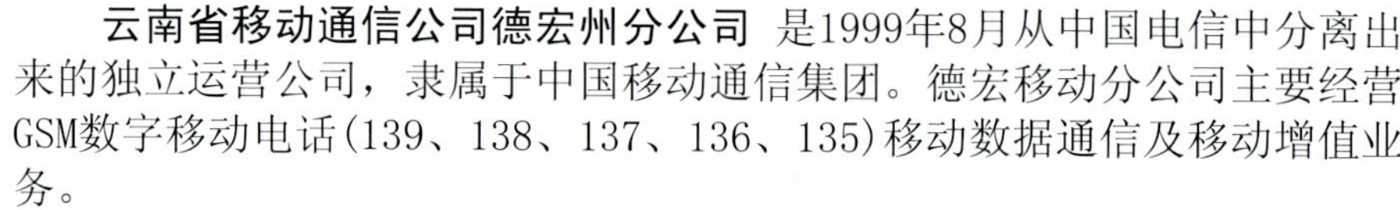

移动分公司党委书记、经理尹以辉

云南省移动通信公司德宏州分公司 是1999年8月从中国电信中分离出来的独立运营公司，隶属于中国移动通信集团。德宏移动分公司主要经营GSM数字移动电话(139、138、137、136、135)移动数据通信及移动增值业务。

德宏州移动通信分公司处在各项基础比较薄弱、困难重重、千头万绪需要理顺的关键时期,在省公司、地方党委政府的正确领导和关心支持下，认真贯彻执行了省公司关于“搞好工作衔接，扎实起步，迎接腾飞”的战略方针,加强企业管理,制定发展策略，调整发展步伐，2000年，各项通信业务及建设得到了突飞猛进地发展,取得了令人瞩目的成绩。

经济技术方面:全州完成业务总量1.287亿元,完成年计划的139.90%，完成业务收入8073万元，完成年计划的134.55%，全州人均劳动生产率达到87.9万元。

业务发展方面:全州完成净增用户4.2万户,完成年计划的223.4%，年末在网用户达到5.94万户，全州移动电话普及率达5.94%。

通信建设及通信质量方面：通过六期通信工程建设，全州新建基站23个，扩容站3个，搬迁站1个，新建6万线交换局1个，全州移动基站达到58个,交换机容量达到6万线，网络信号覆盖全州各县市、边境口岸及大部分乡镇，自然村和公路沿线达到间隙覆盖。移动通信的 8项质量考核指标全部达到集团公司、省公司考核要求,通信质量处于全省领先水平。

芒市营业大厅

瑞丽姐告营业厅

设立在瑞丽的移动通信广告

中国移动通信
CHINA MOBILE
德宏区域网络覆盖图

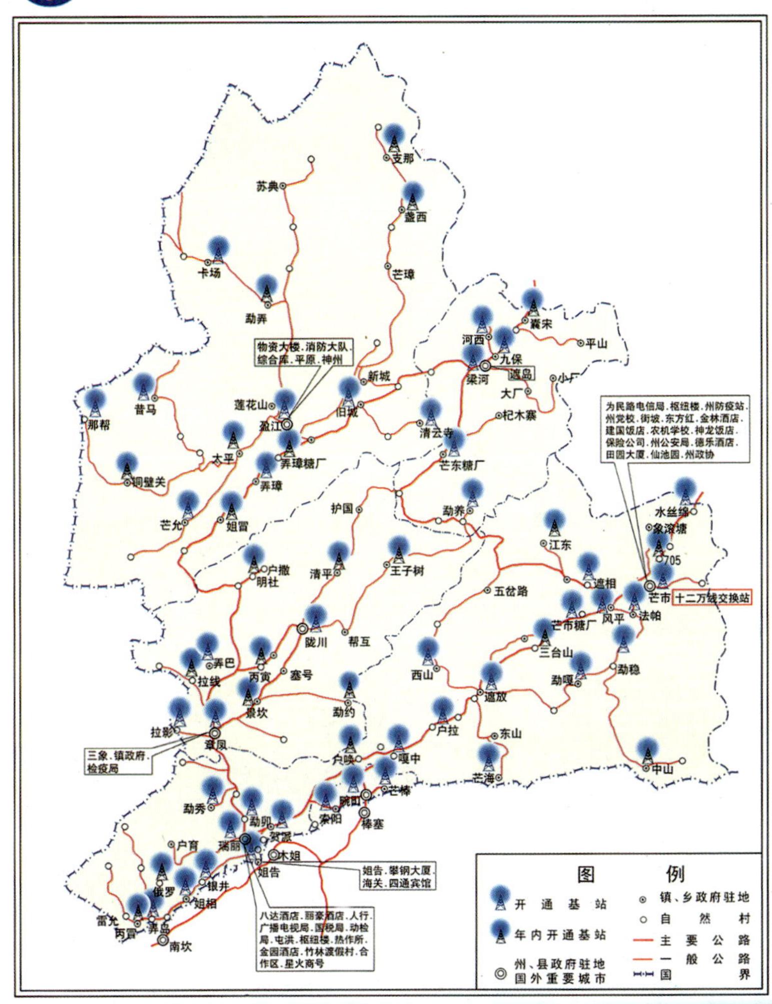

服务环境和服务水平方面：移动分营后，通过克服各种困难，全州装修了7个营业厅，建立了22个移动业务代销代办点，以科学、美观、适用为目的，规范了全州移动通信对外营业，为客户提供便捷、舒适的条件，开通了1860服务热线，免费查询、寄送话费收据及提供通话清单，时逢佳节及生日为客户发送祝福语、赠送生日礼品等，赢得了社会的广泛好评。移动分公司正以崭新的服务意识和企业形象服务于人民、奉献于社会。

德宏移动通信分公司已拥有固定资产1.315亿元，2001年将投入通信建设资金1亿元，用于新建基站46个、交换机扩容6万门、基站扩容19个；届时，德宏移动分公司的通信基站将达到104个、交换机容量达到12万门、承载12万多用户，实现全州各县、市、乡镇有网络信号。网络覆盖面、覆盖质量将在2000年的基础上有更大改善。德宏移动分公司将继续保持在德宏移动通信领域的领先地位。分公司的宗旨是：成为世界一流的移动通信运营公司和社会发展贡献者。

盈江营业厅

畹町营业厅

6万门移动通信交换机

云南博多装饰工程有限公司

云南博多装饰工程有限公司 是经过云南省建设厅资质等级认证的建筑装饰装修工程设计与施工二级资质专业化公司，注册资本 600万元，业务范围覆盖省内外。公司主要承接建筑装饰装修工程设计与施工，以及相配套的钢、木家具的制造与销售、绿化工程等, 为客户提供设计、施工、监理一条龙优质服务。公司拥有技艺精湛、管理水平较高的专业化管理、施工队伍。总经理王爱春毕业于云南大学经济管理系，毕业后赴日本留学，期间曾先后到多个发达国家进行考察、研究,回国后创建了云南博多装饰工程有限公司。

公司从1998年创建至今，已取得了骄人的成绩。公司本着质量是企业生存之本，严格管理方能出效益的思想，经公司完成的项目均为优良工程，获得了权威质检部门和客户的一致好评，其中有的项目还被推荐为云南省“鲁班奖” 的申报项目。 公司不但注重工程的质量，还尤其注重环境质量的改善。材料选用上尽量使用无污染环保型的装饰建材，制作安装上配套家具工厂化，避免了环境污染，做到真正的环保装修，为提高社会效益、改善环境作贡献。

公司在创造了良好的经济效益的同时，不忘为社会奉献爱心。公司总经理王爱春及员工得知寻甸县六哨乡大村小学的一位教师在上课时被屋顶瓦片坠落击聋的消息后，立即奔赴大村进行考察。看到破败不堪、即将倒塌的土墙教室里，孩子们依然在认真学习。王总毅然决定，率员工捐资40余万元为大村建起了一所能容纳300人的花园式学校， 还为教师们修建了配套宿舍，为孩子们购置了崭新的课桌椅及体育用品等教学用具，使贫穷的大村人深深地感受到了共产党领导下新时代企业家的博爱之心。

总经理:王爱春

破旧的原大村小学

公司办公室一角

新建的大村希望小学

公司完成的形象工程之一

公司完成的形象工程之二

公司完成的形象工程之三

公司完成的一系列室内装饰形象工程

地址:中国.云南.昆明市人民中路36号如意大厦21层A.B座 电话:0871-3647450 传真:0871-3610556 邮编:65002

云南龙都装饰设计工程公司

LONGDU DECORATION DESIGN & ENGINEERING CO .

企业性质：集体所有制
注册资金：2148万人民币
单位地址：昆明环城南路267号黄河大厦七楼
联系电括：(0871)3548142 3540449 传真：(0871)3544432
资质等级：国家建设部审定建筑装饰甲级、壹级施工企业
公司法人：黄吉淳

云南龙都装饰设计工程公司 创办于1993年，现有各类建筑装饰设计、工程技术管理和经济管理高、中级职称人员40余人。已完成建筑装饰工程产值2亿余元。其中多数工程被质检部门评定为优良工程。

完成主要工程项目：龙都国际疗养中心、云南电力大楼电力调度中心、云南罗平鑫源宾馆、思茅地区建行大楼、红河州财产保险大楼、昆明晋宁大酒店、云南新闻大楼、西南勘察局金泉大酒店、昆明大腾酒店海鲜广场、云南省农发行大楼、西双版纳州城建局大楼、昆明九九世博会环艺、珠江源国家风景区环艺等。

1997年8月参加中国建筑装饰协会在北京举办的《首届中国装饰成果展》获优秀设计奖；1998年装饰作品收入中国建筑装饰协会编著的《中国当代优秀装饰工程法规标准大全》，1999年装饰作品参加建设部举办的《改革开放20年建筑装饰行业成就展暨全国优秀工程大奖赛》获银奖、铜奖；1999年装饰作品刊登《云南百年》封二、封三。

公司结合云南自然与人文特点，逐步形成环境艺术与建筑相融台，民族特色与现代风格结合的具有云南特色的生态建筑风格，受到建设部领导和专家的好评，中国建筑装饰协会会长张恩树在参观公司后题词“一流的设计，优秀的企业，装饰界明珠”。

公司全体同仁将继续努力，以“一流设计，一流施工，一流服务”的企业精神为云南和全国的建筑装饰行业作出更大的贡献。

建设部总工程师姚兵与公司总经理合影

大腾海鲜广场 餐厅

云南电力调度大楼调度中心 大厅

迅猛发展的云南华昆会计师事务所有限公司

云南华昆会计师事务所有限公司
主任会计师、法人代表：史金生

1996年首批获得“工程造价咨询甲级资质证书”的昆明华昆审计事务所，是1992年由中华人民共和国审计署驻昆明特派员办事处组建的，1999年按照国务院体制改革的有关规定，率先完成了脱钩改制，更名为昆明华昆会计师事务所，成为云南惟一一家由中国注册会计师协会直接管理的、注册会计师发起设立的、具有较强实力的会计师事务所。

2001年，为了适应中国加入 WTO后的新形势和注册会计师行业发展的需要，根据财政部、中国注册会计师协会鼓励事务所联合、合并，规模发展的要求，昆明华昆会计师事务所、云南经纬会计师事务所、玉溪宏信会计师事务所、楚雄华信会计师事务所，合并新设为云南华昆会计师事务所有限公司，有从业人员 200余人，注册会计师88人,注册评估师28人，注册税务师24入，注册造价师15人；职工队伍中80%的人具有大专以上学历，75%的人具有会计师、工程师、经济师等专业技术职称；取得了除证券、期货相关业务审计资格以外的所有资格，是云南规模最大、实力最强、影响最广、质量最好的事务所之一。

云南华昆会计师事务所有限公司工程审计部
主任、高级工程师、注册造价师：王敬良

云南华昆会计师事务所有限公司，包括合并前的四家会计师事务所，自成立以来,主要从事中央在滇的特大型、大中型企业和省、地、州中小型企业的财务收支和工程概、预、结（决）算审计验证服务。近几年来,服务范围扩大到资产评估；会计报表、经济效益、经济责任审计；破产清算；税务代理；金融查证；司法鉴定；会计咨询；人员培训等。在云南烟草、邮政、电信、移动通信、冶金、电力、金融、保险、航空、商业等行业，树立了良好的形象，获得较高的信誉。

基建工程概、预、结（决）算审计验证，是云南华昆会计师事务所有限公司的优势服务项目。现有15名注册造价师，还有一批高级工程师、工程师、经济师和预算员，专业比较齐全；有专用的基建工程审计软件，配备现代化的办公设施；特别是具有近十年专门从事基本建设工程审计的经验，已承办过大中型新建、改建、扩建工业、民用建筑安装工程，超高层综合服务楼，四星级宾馆，移动通信网站，大型民用机场等，能够为不同客户提供满意的、客观公正的服务。2000年，仅合并前的华昆会计师事务所一家就完成工程造价审验项目41项，审验金额8.21亿元，净核减7671万元，实现业务收入近 500万元。云南华昆会计师事务所有限公司成立后，进一步规范基建工程审验工作，提高服务质量，具有更强的综合执业能力。

主任会计师、法人代表：史金生
常务副主任会计师：辛允棣
副主任会计师：聂　明、期晓岐、李同荣

办公地点：云南省昆明市东风西路139号云商大厦10楼
联系电话：华昆总部　0871－3137963、3638218
华昆(玉溪)会计师事务所　0877—2021308
华昆(楚雄)会计师事务所　0878—3017171

云南华昆会计师事务所有限公司发起人(自右至左)：史金生、聂　明、期晓岐、左翔、李同荣、辛允棣

中国太平洋财产保险股份有限公司昆明分公司工作述评

总经理　吴致钊

一、主要工作情况

2000年，是中国太平洋保险公司发展历史上具有重要意义的一年。昆明分公司在确保积极稳妥地实施产、寿险分业经营机构体制改革，顺利完成产寿险公司分设的同时，认真贯彻落实“在发展中调整”的战略方针，全面完成了年度经营目标计划。分业后的中国太平洋财产保险股份有限公司昆明分公司在总公司的正确领导下，认真贯彻落实全国经济工作会议和保险工作会议精神，统一思想、精心组织、坚持一手抓业务发展，一手抓管理，在恶化的市场环境下，以积极的心态，认真研究新问题，解决新矛盾，经过公司辖内全体干部职工的努力拼搏，克服各种困难，取得丰硕的成果，为产、寿险公司分业经营的顺利推进打下了坚实基础。公司全年完成财产险保费2.08亿元，超计划14%，同比增长率16.2%，上缴税金1956万元，受理灾险案件1.708万件，赔款支出7227万元，结案率80.63%，综合赔付率34.75%，认真履行了保险的经济补偿功能，为云南省经济的发展作出了贡献。

紧密联系实际，顺利实施改革。2000年8月，中国保监会根据国务院批复的意见，下发了《关于中国太平洋保险公司分业经营机构体制改革的通知》，对昆明公司提出了产、寿险分业经营机构体制改革要在年内完成的要求。根据总公司制定的分业改革实施方案，9月，成立了分公司改革领导小组，组织落实大量的财务账务机构及人员的具体分设工作，并相应落实了风险防范、工作衔接移交等具体事项，同时确保了改革与发展两不误，始终抓住业务发展不放松，到年底全司实施了分业与业务发展共同推进的好结局，为2001年产、寿险分公司的发展打下坚实的基础。

二、主要措施

（一）认清市场形势，规划发展目标。总公司确定了全司2000年工作的指导思想是“从调整中发展转变为发展中调整”。昆明分公司认真分析云南省的保险市场状况和各保险公司的发展情况，制定了全年的发展目标和计划任务。从太保昆明分公司在云南省保险业务的份额看，太平洋保险始终未达到一个较为理想和合理的比率。进入2000年，各保险企业均加大了改革力度，对市场形成较大的竞争压力。面对严峻的市场形势，分公司根据上年的保费完成情况和总公司下达的业务计划，于2月底及时确定和划分了各机构、各部门的业务计划，业务发展总体原则为新成立的机构和所在地经济基础好的机构保持较大增幅，反之增幅小一些，使各机构各单位均有适度的压力和紧迫感，积极寻求发展机遇。各机构在安排计划时普遍自定计划高于分公司下达的计划，为分公司完成全辖年度计划奠定了较好的基础。

为确保业务发展能按计划实现，分公司特别注重突出重点，点面结合做好重点客户、重点项目的稳定和挖潜工作。在公司已有的一批基本客户中，其保险业务量大，综合效益好，但占总份额偏小。经几个业务部门共同协作，寻找契机，多方努力攻关，取得了新的突破。医疗职业责任险在巩固1998年取得的成绩基础上，进一步稳住了这块业务。各支公司、办事处认真组织，开拓市场。玉溪、大理、红河、春城、宜良均超额完成了年度计划，特别是玉溪支公司全体职工团结奋斗，实现业务超计划、利润超计划的良好发展态势。水险部在外贸企业经营不佳的情况下，经过艰苦努力使进出口保险业务保持较好的市场份额，铁路货运险在上半年运力严重不足的情况下，使铁货险保费稳中有升。

（二）更新观念，激活用人机制。结合上年全司工资调整前后的考核，公司党委在全司干部使用及用工机制上作了适度的调整。分公司及所辖各机构于年内采取了不同形式的劳动报酬与业绩挂钩的考核制度，并在有条件的机构进行试点，对不称职的干部作低聘、解聘。对表现不好、业绩差的员工，推行了末位淘汰制甚至解除劳动合同等处理办法。遏制住少数干部员工工作松懈等不良风气，调动了广大干部员工的工作积极性。

（三）加强服务意识，搞好内外服务。分公司及辖内各机构，对各业务管理及办公行政人事管理部门提出“一切为业务发展服务”的要求，只要是有利于业务发展，只要是业务发展需要，各有关部门就义不容辞地搞好后勤保障，业务人员或业务部门遇到困难和难以解决的问题，业务管理部门都能尽力在不违反法规的前提下共同研究解决办法，把业务的流失降低到最小限度。分公司各部门认真负责工作，确保了正常的工作秩序。重视和做好对外对内的协调，加强了信息的传递，组织好对外宣传，为分公司全辖完成和超额完成各项业务及利润指标起到保驾护航的作用。

（四）严格管理规定，狠抓电子化建设。根据总公司加强业务管理，实行“三集中”的规定，分公司根据辖内各地情况，确定了2000年5月底前实现二级管理“三集中”。在业管部、电脑室共同分析调研的基础上，拟定了分公司本部及全辖直接机构二级核保，四地六点一级核保的实施方案。在电脑室及理赔部的共同配合下，拟订了二级核赔的实施方案，在全辖各机构及分公司各部门的通力配合下，于5月底实现了“财务、核保、理赔”初步的“三集中”，经过半年多的运行，对提高分公司的管理水平起到了积极的作用。业管部与人事教育处配合认真作好常规业务集中管理的培训和新险种推广的宣传培训，跟上了业务发展的步伐。理赔工作已基本实现电脑化。

2000年，分公司确定了各机构费用包干的办法，对总公司核定的费用指标，分公司仅留下少量作为分公司全司会议、活动及全辖调控使用，绝大部分由各机构自行安排使用，为各机构发展业务，解决自身实际问题创造了条件。计财部结合“三集中”的要求，分别到各机构指导帮助，使执行收支两条线落到实处，实行内部利润考核，真实反映各机构的经营水平。由于基础工作做得实，使产、寿险财务账务分设如期完成。在认真执行资金集中上划规定的同时，根据本地各代理单位的实际情况和要求积极向总公司申请政策，既基本满足了业务发展的需要，也满足了总公司资金集中管理的要求，按计划和进度完成了总公司上划资金量，对改善分公司的财务状况起到积极的作用。按总公司的规定，单证纳入计财部管理，并运用微机管理，抓住了风险防范的源头。

（五）强化考核交流，调整机构构架。2000年初，分公司组织了人事教育部、稽核科及相关部门参加的考核小组，对分公司辖内干部进行了认真的考核，获取了职工对干部评价的资料。对职工评价好，业绩突出的干部予以提拔；对职工公认度差，所在部门团结不好，发展不力的干部作了不同情况的调整。并对干部作了适度的交流。

分公司总结承保高速公路建安工险的经验及教训，针对高速公路出险的概率较高，天气变化的随机性强，保险责任难以界定的因素，确定设立风险管理部，对分公司全辖高风险标的进行统计分析及必要的管理。变过去被动赔付为预防为主的过程管理，在过程管理中注重融工程技术与保险业务为一体，提高对保险风险的认识，提高施工风险的预警能力和出险后的定性、定量的赔付能力。风险管理部与昆明理工大学建筑工程系联合成立了灾害评估及保险对策研究室，借助大专院校的技术力量提高保险公司的风险控制水平。

（六）适应新情况，主动调整代理工作。2000年是代理业务格局变化较大的一年，由于保监会新确定的代理原则与原规定有较大变化，对分公司原来的代理业务形成了巨大的冲击。分公司极为重视新情况，与代理业务管理部共同研究对策，分别向各省级商业银行做好宣传解释工作，分析保险市场现状和发展趋势。同时解决实际问题，最终使后续业务得以稳住，业务发展良好。为适应新的代理业务管理规定，分支公司共同研究、相互配合，顺利完成了代理业务管理的属地管理移交工作，并形成对口的管理部门，对新的代理关系也按新的规定努力做工作，争取本着实事求是，因地制宜，有利于发展及风险管理的原则，适度地发展代理关系及范围。

（七）以人为本，严格纪检监察工作。2000年公司严格按照总公司对纪检监察工作的要求，狠抓了领导干部廉洁自律、防范各类经济案件及加强干部员工法制教育等工作。2000年分公司辖内未发生经济案件。由于分公司发展到一定规模，难免出现一些矛盾，一系列改革举措也会触及部分人的利益，对此，公司本着维护稳定团结的大局，正视矛盾，解决矛盾。对举报信等方式公司党委、纪委也给予高度重视，对举报信的内容专题研究，布置并带领纪检监察部门进行深入细致的调查，本着实事求是的原则，对查出违规违纪的人和事，都做了相应的处理。特别是对问题较多的个别地区，经过多次深入细致的思想政治工作和调查研究，解决了不少阻碍公司发展的问题。

对1999年的经济案件，公司保卫部门积极配合检察院对涉案的各个环节进行认真的调查取证，2个案件中已结案1个，另1个已经调查结束，待法院审理。

（八）发挥党组织、工会、共青团的积极作用。分公司十分注重在新形势下，以党的政治优势和党的核心领导作用作为公司思想政治工作建设的强大精神力量。各级党组织关心爱护干部群众，牢固树立依法治司、发扬民主的观念，坚持“两手抓，两手都要硬”的方针，注意利用各种培训长期坚持对干部员工进行科学理论的教育及政治学习，利用重大节庆日组织丰富多彩、积极向上的文体活动，在公司大兴崇尚科学、健康积极、团结奋斗的良好风气，保障了公司的各项改革与发展顺利实施。

根据市场的发展情况，为了不失时机地开拓业务，分公司党委和工会，及时组织了时间过半、业务任务过半的“双过半”劳动竞赛，3季度又组织业务“夺标赛”，按总公司的统一布署组织全司职工参加总公司的“太平洋杯劳动竞赛”，辖内各机构认真动员，精心组织，使每一次竞赛都取得了较好的效果，涌现了一批业务骨干和工作积极分子，受到了精神鼓励和经济奖励。

中国太平洋人寿保险股份有限公司昆明分公司工作述评

副总经理　姚向东

2000年，经国务院和中国保监委批准，太平洋保险公司自下而上地成功实施了产、寿险分业经营体制改革，中国太平洋保险开始迈入了一个崭新的发展阶段。2000年太保昆明分公司全年累计完成保费收入2.4亿元，同比增长27.28%，上缴税金220.3万元，实现利润384万元。

一、顺利实现产、寿险分业经营改革

2000年8月，按照中国保监会下达的国务院批复精神，总公司科学缜密地制定了产、寿险分业经营机构体制改革方案。9月，昆明分公司按照统一的部署，全面进入改革实施阶段。公司提出：要以讲党性、讲政治、讲大局、讲纪律的高度，统一全体干部、员工的思想和行动，严格按照总公司的改革进程精心组织实施分业改革，确保分业的顺利进行。在分公司改革领导小组的统一领导下，按照分公司制定的分业改革实施方案，全辖内坚持做好改革实施和业务发展同步推进，真正做到了在整个分业改革期间人心不乱，业务不掉，最终实现了产、寿险分业经营的平稳过渡，并超额完成总公司下达的年度业务指标，取得了的较好业绩。

二、寿险业务稳步发展

2000年产、寿险分业经营机构体制的重大改革，成为寿险发展的一个新起点。面对日益激烈的市场竞争，公司始终把工作重心放在抓市场机遇，促业务发展上。在一手抓改革的同时，一手抓业务发展不松劲，通过加大投入，加强管理，理顺关系，开展劳动竞赛，全年业务取得了明显的效果，业绩同比稳步增长。总体特点为：团寿险超额完成全年下达计划，队伍架构建设进一步加强，辖内业务全面启动。公司通过加强业务归口管理和加大考核力度、充实团险队伍、业务培训、重点攻关等一系列措施，为团险业务的稳步、长期发展打下了良好的基础，使全年团险业务出现较大的上升势头；个人寿险通过营销机制调整及“龙腾盛世业务竞赛”、“夏季极峰挑战赛”、“寿险关爱工程活动”、“寿险业务冲刺”等一系列业务竞赛活动，促进了业绩的增长。此外，经对续收工作专业化管理的加强，确保了全年较高的续保率水平；意外险业务总体发展平稳，归口管理明显加强，在原有的业务基础上，通过紧紧抓住省内频频举办国际艺术节、中国民族服装服饰博览会、国际花卉节等大型活动，在激烈的市场竞争中奋力拓展业务，保费收入同比持平；健康险业务方面：分公司紧紧抓住2000年医疗制度改革深化进行的这一时机，将医补险作为团险企业的基础险种而加以大力推进，并以此影响和带动其它业务的拓展。与往年相比，健康险业务增长显著，医补险成为新的业务增长点。全司业务发展的另一个特点是：地州支公司的团险、个人寿险、健康险业务出现了较大的上升势头，与往年相比，分、支公司间业务发展极不平衡的状况有了很大改变。

三、各项基础建设收效显著

严格管理、强化管理及风险防范是公司在2000年坚持抓实抓好的一项重要工作。全年中，主要围绕几个方面来开展工作：一是在全司范围内全面进行有价单证、各类协议、存量保单的兜底清理，解决了一些长期遗留的问题，对强化内部管理，消除隐患取得了实实在在的成效；二是进一步强化整章建制工作，狠抓制度的落实与执行。针对以往对规章制度的落实、执行不力，以及在制度建设方面存在的不足，注重强调制度建设向纵向、深层次上的发展，进一步规范、细划、完善业务及管理流程。三是加强客户基础管理工作，不断提升客户服务质量。在充分准备的基础上，分公司顺利实现了2000年首次给付高峰。顺利实施了昆明地区新业务处理系统切换后续期银行转帐业务的启动。此外，与交行全面合作的银行转帐业务及“太平洋万事顺联名卡”业务也顺利进入试运行阶段，客户服务已实现了全日制体检，客户档案管理进一步规范化。四是电子化基础建设步伐大大加快。在经1999年底完成全省业务系统切换工作后，积极探索在新的环境下如何更好地发挥新系统的功能，充分应用电子化手段提高工作质量、工作效益是2000年电子化工作的中心内容。通过及时更新软件模块、调整综合业务统计系统、切换分共保、营销人事系统、开发单证管理系统、团体承保测算程序、急难救助客户管理程序等，大大提高了管理效率和工作效率。

四、加大全员职工教育培训力度

加强培训工作，提高员工素质，是分公司2000年工作计划中的一项重要内容，也是分公司可持续发展战略的一个重要组成部分。分公司先后开办了团险实务培训、寿险业务实作培训、代理网点业务操作培训、寿险营销理念及实务培训、计算机应用系统初级维护员培训、经济形势与保险讲座、2000年新入司人员培训等各层次、各人员的多种培训。为扎扎实实收到培训实效，分公司一方面紧紧依靠现有专职讲师、技术人员、业务骨干等师资人力，另一方面通过邀请社会知名专家、人士，丰富培训内容，提高培训质量。从培训的总体效果看，理论指导与实战传授相结合，内部学习与外部信息传递相结合，大大增强了各类培训的实效性，培训收效甚好。通过举办多层次、多样化的各类培训，员工强化自身，充分提高的意识普遍增强，公司也不积累起丰富的经验，为人才培养，队伍建设奠定了厚实的基础。

五、竭诚保险服务，力塑公司形象

在总公司的统一管理下，分公司坚持以“一流的服务质量、一流的工作效率、一流的公司信誉”为宗旨，依法稳健经营，面向市场，面向大众，通过优质、高效、快捷的保险服务，为地方的改革和发展提供风险保障。特别是自7月开展“太平洋寿险关爱工程活动”以来，通过客户大回访、保险宣传咨询、客户问卷调查、发放“太平洋急难救助卡”等一系列服务活动，使2000年的客户服务更加贴近客户、贴近市场。目前公司在客户服务方面建有：全国范围内急难救助计划、95500全国统一客户服务电话、24小时值班报案制、咨询投诉处理、理赔承诺服务、客户体检服务等。

为切实履行保险风险保障的职能，充分发挥保险“社会稳定器”的作用，为地方建设和经济发展作出贡献，全年中公司出资承保的大型活动有：省、市人才交流会、政协“两会”、2000年全国足球甲A联赛红塔足球俱乐部主场比赛、罗大佑在昆大型演唱会、“同一首歌”祝福云南大型演唱会、云南省“人与自然”国际夏令营活动等。在公司承保项目中，为2000年昆明市见义勇为勇士承保人身意外伤害保险受到社会各界的好评。

中国平安保险股份有限公司昆明分公司工作述评

总经理　战　鹰

2000年，昆明分公司在省委、省政府的关心支持下，在省人行的指导下，经过公司员工的共同努力，很好地完成了全年各项任务指标，在内部管理、思想教育、业务经营、队伍建设、服务品质等方面都取得了长足的发展。

一、主要业务指标完成情况

2000年，昆明分公司产寿险共实现保费收入2.716亿元，与1999年相比基本持平，其中：个人营销比1999年增长16.2%，续期保费增长25.12%，产险业务与1999年持平，累计赔付（给付）金额1.150亿元，为众多家庭和企业提供了充分的保险保障。

二、主要措施与收效

（一）加强企业文化建设，抓好思想教育工作，充分调动员工积极性。现代企业的竞争，归根到底是企业文化的竞争，公司把2000年定为企业文化宣传年。一年来，结合业务发展和员工队伍状况，普遍开展了丰富多彩的企业文化宣传活动，并先后组织“职业道德、家庭美德、社会公德”大讨论，“个人价值与公司价值最大化”演讲比赛，“我与平安”征文大赛，使广大员工在生动活泼、形式多样的活动中受到感染与熏陶。“企业是树，文化是根”，通过健康向上的企业文化的推广，调动了员工的工作热情，坚定了大家“依存于平安、奉献于平安、发展于平安的”信念，增强了公司的凝聚力。

（二）转变经营观念，创新激励手段，挖掘员工潜能，促进业务发展。首先加大对业务人员的培训辅导工作。从试用业务员、各级主管到营业部经理开办了多方位、多层次的培训班，以提高技能、转变观念，全年共开设各类培训班90期，人均接受培训6.26次，大大超过往年水平。通过及时有效的培训，很好地实现了“公司每一个好的想法，让每个员工都知道，公司每一个好的做法，让每个员工都去做”的意图。强化了公司政策的落实力度。其次，在员工的激励方式上，将以往的“结果激励”改为“超前激励”或者叫做“负债经营”，收到了非常好的效果。这一激励方式的改变，将“要我做”变成“我要做”，从思维模式到工作模式都发生了根本的变化，很好地调动了员工的积极性、主动性和高昂的工作热情。

（三）充分运用“竞争、激励、淘汰”三大

机制，激活内部管理，提高工作效率。在认真抓好各项基础管理工作的同时，分公司于2000年开始，下到每一个普通岗位，上至部门经理，全面实行“竞争上岗”，不论资排辈，只讲能力、讲贡献。“能者上、庸者下”，让每个人都按自己的意愿，根据自己的特长，竞争工作岗位，明确了努力的方向、奋斗的目标，大大地提高工作效率。

对总经理室领导，分公司同样采取了有效的监督机制，定期开展“总经理室民主恳谈会”，让公司中层干部、员工代表对总经理室工作，开诚布公地提出意见和建议，并就大家关心的问题进行探讨，集中大家的智慧于公司管理之中，促使公司领导直接面对问题以保持清醒的头脑，保证公司各项决策的正确性。

（四）培育新人，优化结构，加强干部队伍建设。一是在一年一度的工作考核中对员工队伍中有管理潜质，品行优秀的人员重点关注，并给予多方面的倾斜政策，帮助成长，时机合适，提拔到相应管理岗位，加强培养和锻炼；二是执行指导人制度，公司规定室主任以上干部定期对分管的每位员工进行交流沟通，关心他们的工作和生活，人事部定期检查考核指导人的工作情况。在制度上保证了员工一级带一级，一级帮一级，互相学习，共同提高的工作作风的形成，使每位员工都能在上一级领导的正确指导下，快速地成长。

（五）新产品不断上市，为春城人民提供了更为全面的保险保障。2000年特别是7月份以来，平安先后在昆明市场上率先推出健康保险、分红保险和投资连结保险等新型保险产品，第一次实现了云南市场上传统分红保险和非传统保险商品零的突破，实现了与国际保险产品的接轨。这些新商品一上市，就受到广大客户的普遍欢迎，很好地满足了人们保险保障和投资理财的双重需求，为个人和家庭提供了一种比较理想的投资理财工具。

健康险的推出，成为社会医疗保障的有效补充，为中低收入阶层提供了较全面的医疗保障，使保险商品真正开始走进千家万户。同时，它的推出，将对正在进行的医疗体制改革起到有力的支持。

这些新险种的推出，为春城百姓提供了更加全面的保险商品，也为分公司提供了业务增长的新契机。

（六）开展扶贫救灾活动，回馈社会，回报客户。分公司在取得良好经济效益的同时，不忘根本，不忘自己对社会、对客户、对国家所承担的责任。同往年一样，分公司开展了多项回馈社会活动，主要有：(1) 一对一教育扶贫——每位员工为一个贫困山区学生定期捐款，以帮助山区学生实现在校读书的愿望。(2) 捐资修建陕北防护林。(3) 捐资支援西部缺水地区改善饮水困难。(4) 看望丘北平安希望小学师生，并赠书赠物。(5) 组织大型的为期2个月的客户服务节活动，包括少儿绘画比赛、客户联谊、保险咨询等项活动。(6) 响应政府的号召，多次为受灾地区捐资捐物，奉献爱心。

云南农业发展述评

云南省农业厅厅长　潘政扬

“九五”期间，全省农业认真贯彻执行中央和省委、省政府关于农业和农村工作的各项方针、政策，面对农产品价格低迷、各种自然灾害频繁发生，国家对云南实施烤烟“双控”和天然林禁伐、农民增收缓慢等严峻形势，紧紧围绕农民增收、农业增效，采取有力措施，加大农业和农村经济结构调整的力度，使全省农业保持持续、健康、稳步发展，全面超额完成了“九五”

计划，保障了市场供应，促进了农村经济的发展，增加了农民收入。

一、农业生产全面发展，农民收入有所增加

通过结构调整和大量科学适用技术的推广及应用，全省农业生产水平显著提高，主要农产品产量增加，保障了市场供应，促进了农业的全面发展，切实增加了农民收入。据统计，2000年全省农业总产值达680.86亿元（现价），比1995年增长206.4亿元，增43.5%，比1999年增长38.39亿元，增6%；粮食总产量1467.8万吨，比1995年增加278.89万吨，增23%，比1999年增长68.55万吨，增4.9%；油料26.98万吨，甘蔗1420.29万吨，茶叶7.84万吨，水果76.95万吨，分别比1995年增长7.4、364.37、1.53和21.24万吨，分别增38%、35%、24%和38%，分别比1999年增长6.36、106.24、0.43和18.12万吨，增31%、-7%、5.7%和4.2%；水产品产量达16.62万吨，比1995年增加8.18万吨，增96.9%，比1999年增加1.09万吨，增7%。随着农作物新品种的推广和一些农业新技术的应用，农作物单产也有较大幅度提高，2000年粮食作物平均亩产量达245.14公斤，比1999年增长14.36公斤，增6.2%。近年来云南省农民增收与全国的形势一样，总体上增幅递减，但仍有较大增长。2000年全省农民人均纯收入达1478.60元，比1999年增加50元，增2.85%，比1995年增加467.63元，增46.26%。

二、种植结构趋向优化，经济作物稳步发展

全省在继续抓好粮食生产，提高农业综合生产能力的同时，大力发展经济作物、油料作物和绿肥作物。种植业结构出现了新的变化和发展。粮食、经济作物、饲料作物比例已达73∶21∶6，接近“九五”期间70∶20∶20的计划目标。近年来，通过种植业结构调整和优化，经济作物有了较快发展。烤烟种植坚持“调整结构，控制总量，狠抓质量”的原则，2000年烤烟播种面积达330.05万公顷，比1999年增长3.7%，产量则由1999年的60.95万吨增至64.61万吨，增6%。花卉产业作为云南的优势越来越受到重视。总播种面积达4135.4万平方米，比上年增1534.1万平方米，总产值22亿元，其中鲜切花面积2001万平方米，比上年增400.2万平方米，增25%，产量13亿支，增30.5%。甘蔗种植面积26.01亿平方米，由于冬季干旱严重，水分散失的缘故，产量1420.29万吨，比上年减少106.21万吨，减6.96%；茶园面积16.74亿平方米，其中当年采摘面积14.14亿平方米，产量7940万公斤，比上年增长430万公斤，增5.73%。西部大开发战略实施以来，东桑西移。全省蚕桑发展势头看好，蚕桑种植面积2.334亿平方米，投产面积1.867亿平方米，养蚕27万张，与上年基本持平，产茧量8100吨，比上年增600吨，增8%。在常规的经济作物保持稳步增长的同时，一些特色经济作物正在开发和发展。其中：冬玉米41.7万亩，冬大豆47.4万亩，冬薯类51.3万亩，油料78.8万亩，冬绿肥44.3万亩，冬早蔬菜、瓜果及其它216.3万亩。

三、畜牧水产发展迅速，成为农民增收支柱

“九五”期间是云南省历史上畜产品增量最大的时期，成功实现了自给有余，畜牧业正成为全省农业和农村经济发展中的重要支柱产业。到2000年，全省畜牧业总产值已占农业总产值的30%，为农民人均增收约35元。畜牧业收入占全省农民收入的40%左右，占山区、半山区农民收入的60%以上，对提高人民生活水平，增加农民收入和稳定社会起到了重要作用。主要表现在实现了六大突破：一是肉类总产突破200万吨，达到205万吨，比1999年增6.8%，比1995年增59.9%，年均递增9.8%。二是肉蛋奶人均占有量突破50公斤，达到54.98公斤，比1999年增8%，比1995年增46.7%。三是禽蛋生产走出长期徘徊的局面，产量突破10万吨，达10.6万吨，比上年增13.4%，比1995年增52.2%。蜂产品达到6729吨，比1995年增58.9%。四是肉猪出栏突破2000万头，达2033万头，比1999年增6.5%，比1995年48.6%，年均递增8.2%。五是畜牧业产值（按现行价计）达201.5亿元，比1999年增6.72%，比1995年增57.5%。六是水产品产量达16.62万吨，比1999年增7%。

四、区域化布局基本形成，产业化经营初见成效

自1988年起，在各级党委、政府的支持下，经过12年的努力，云南省已建成了烟、蔗、茶、胶、林、果、蔬菜、蚕桑、花卉、咖啡、生猪、

牛羊、水产、禽蛋、药材、蜂等10多类农业商品基地。据初步统计，到目前为止，共有各类农业商品基地县600多个，其中粮食基地县47个，面积3089万亩，产量占全省总产量的60%；烤烟基地县24个，面积200多万亩，产量约30万吨，占全省总产量的55%；甘蔗基地县20个，面积292万亩，甘蔗产量826万吨，占全省总产量的78%；茶叶基地县30个，面积183万亩，产量5万吨，占全省总产量的65%；水果基地县50个，面积约200万亩，产量39万吨，占全省产量的65%；蚕桑基地县26个，面积42万亩，产茧6991吨；干果基地县25个，面积67万亩；以板栗、核桃为主，速生丰产用材林和优质用材林基地县34个，面积350万亩；生猪基地县46个，出栏生猪992万头，占全省出栏数的51%，猪肉产量162万吨，占全省产量的84%；牛羊基地县37个，出栏肉牛124万头，出栏肉羊311万只；禽蛋基地县12个，年出栏禽7343万只，蛋产量9.7万吨；蔬菜基地30个，面积100万亩，产量200万吨，占全省总产量的31%；橡胶基地41个，面积215万亩，干胶产量14万吨；咖啡基地22个，面积6万亩，产咖啡豆3000多吨；花卉基地10个，产鲜切花10亿支，产值超亿元；香料基地10个，面积4万亩，香料产量653吨；水产基地43个，养殖面积112万亩，产量10万吨，蜂业基地4个，加工蜂蜜60吨，生产“花粉蜜酒”16吨。全省商品基地建设正逐步形成坝区以粮食、烤烟、蔬菜、花卉、水果、商品猪禽为主，半山区以商品牛羊、药材、茶叶、甘蔗、橡胶为主，山区以用材林、畜禽为主的区域化布局和专业化生产格局。

随着云南省农村经济的发展和大量商品基地的建成，一批农产品加工、流通企业积极参与农业产业化经营并逐步发展壮大，有力地推进了农业产业化进程，“贸工农一体化”、“产加销一条龙”和“公司+基地+农户”等多种农业产业化运作模式应运而生，并涌现出了一批农业产业化的典型，形成了紧密型、中紧密型产业化经营的多种模式。

五、市场网络初步形成，农产品交易量有所回升

农业产业结构调整，必须遵循市场的基础性配置作用。近年来，云南省在进行产业结构调整中，切实加大对市场的研究和建设力度，建成了一批产地批发市场，农产品市场体系不断完善。据统计，全省现有各类消费品市场3833个，其中农副产品市场589个（农副产品综合市场388个，农副产品专业市场201个）。2000年度农副产品总成交额53.1亿元。其中：农副产品综合市场成交额25.4亿元；农产品专业市场成交额27.7亿元；主要农产品粮食类成交量135.5万吨，成交额24.9亿元；油脂油料成交量14.1万吨，成交额8.8亿元；棉烟麻成交量2.6万吨，成交额1.9亿元；肉食禽蛋成交量75万吨，成交额82.9亿元；水产品成交量12.6万吨，成交额12.3亿元；蔬菜类成交量196.3万吨，成交额31.9亿元；干鲜果成交量72.2万吨，成交额18亿元；大牲畜成交量67.7万头，成交额8.6亿元；家畜幼禽成交量19.5万吨，成交额16.3亿元。初步形成了多渠道、多层次、多元化的农产品市场网络。

六、农业生态环境有改善，基础设施进一步加强

通过种草养畜、退耕还林还草和有机食品示范基地项目的建设和加强对农产品药残的监控、防治，不仅使全省农业生态环境有所改善，促进了农业的良性循环，又提高了农产品品质，增强了市场竞争力，完善了农业基础设施。为加快产业结构调整，提高农业整体效益，近年来全省加大了农业基础设施建设，并取得了较大进展。到目前为止，共完成基本农田建设面积3519.2万亩，占耕地总面积的36.4%，其中高稳农田建设完成2511.8万亩，占耕地面积的26.1%。“九五”期间，通过以工代赈除坡改梯、中低改以外的片区综合开发、农业综合开发、扶贫攻坚项目及滇中现代化农业示范工程项目等实施，使全省农田水利化程度由“八五”期间43.5%提高到47%，“九五”期间建成的高稳产农田面积占近10年的43.35%。设施农业也有较大发展，截至目前，共建成温室大棚6万亩，其中自动大棚600亩、半自动4000亩、普通大棚5万亩。发展较快、较好的昆明、玉溪、曲靖、楚雄、红河等5地州市，在全省起到了较好的示范推广作用。畜牧业通过实施良种工程，良种繁育体系初步建成。畜牧业从1995年以来，先后从国外引进西门塔尔、短角、婆罗门、安格斯等优良肉用种牛，建成了3个原种牛场，并向全省供种；改造完善了昆明和大理2个种公牛站（冻精站），每年可生产冻精40万支，液氮10万立升，并建立了4个液氮中转站；在全省各地配套建设了600余个冻精改良站（点），进一步扩大肉牛改良面工作；1998年建成投产的省原种猪场，已具有年提供合格种用公母猪一万头的能力，开始向省内外供种；新建和完善了一批地县良种猪场、良种禽场，良种自给能力有了较大提高。在加强地方良种保护、利用的同时，从澳大利亚引进波尔山羊180只，在省种羊场建立了纯繁场，已向省内外供种，获得较好的经济效益；畜禽良种繁育体系的逐步完善，为加快全省畜禽改良和良种推广奠定了基础。

七、存在问题

1、流通滞后，产业化程度低，不适应新时期农业发展的需要。进入“九五”后，云南省和全国一样出现了农产品阶段性、结构性、区域性的供大于求。特别是近两年，市场流通不畅，价格低迷，农民收入增长趋缓，挫伤了农民的积极性，影响了产业结构调整。究其原因，主要是农业产业化程度低，产销衔接不紧密，农业生产区域化布局、专业化生产不够，产品输出主要以原料输出为主，附加值较低，形成了直接生产的农民不赚钱，小打小闹的小商贩有利润，加工升级的大商家获得暴利的局面。近年来，云南省在产业化经营方面做了大量工作，做了一些有益的探索，但与新时期农业的发展不相适应，组织化程度底，引导农民组织生产不力和经营机制不健全，仍是制约农业发展，农业结构稳步推进的重要因素。

2、市场信息体系不健全，对结构调整缺乏系统的政策、价格和市场信息引导。云南是边疆多民族省份，山区面积大，贫困人口多，通信落后。信息闭塞一直是制约全省经济发展的一个重要原因。现代化的农业生产要求准确、快捷的信息及时引导农民组织生产。目前全省除昆明有一定规模的市场外，大多数地区，特别是边远地区、少数民族地区和贫困山区的市场建设十分落后。有市无场，以路为市，以街为市和设施简陋等问题较为突出。除呈贡花卉批发市场配置信息网络服务外，几乎其余所有市场只能进行简单的交易行为，极易被商贩操纵，时常出现压级压价牟取暴利等不法行为。严重挫伤了农民的积极性，影响了农业生产。

3、农业基础设施薄弱，农产品品质总体较低。经过多年的努力，全省农业基础设施虽有较大改善，但因自然灾害频繁，投入不足，特别是边疆多民族地区基层农业技术推广单位设备简陋，办公条件差，加之农民基本农田水利化程度还较低，自救能力弱，难以改变“靠天吃饭”的被动局面，严重制约着农业经济的发展。云南资源丰富，物产较多，但缺乏上规模、上档次形成批量的农产品，出口创汇以原料输出为主、加工升值的非常少。产品多、乱、杂的局面未能得以改观。如云南省每年均外销近100万只楚雄黑山羊、龙陵黄山羊和宁蒗黑头山羊等驰誉省内外的地方优良品种山羊，省外老板收购后，运至广东、海南、福建加工升值后出口香港等国际市场。农民受益较少，受益最多的还是省外老板。可见，加大对农产品的精深加工，增加附加值是提高农业综合效益的重要措施。

4、农业对外开放程度低，对外经济合作与交流滞后。云南农业对外经济交流与合作与同行业全国其他省市和省内其他行业相比，还有一定差距。主要表现在对外合作的地区少，合作项目单一，涉及品种较少，吸引和利用外资少等方面。据初步调查，省农业厅组织实施的引进外资农业合作项目居全省之尾，仅有12个，在10个地州23个县市组织实施，而涉及的建设内容主要是花卉方面。据统计，2000年全省有三资企业106个，协议引进外资2.974亿美元，实际利用外资1.281亿美元，农业三资企业18个，占全省的17%，协议外资2203万美元，占7.4%，实际利用外资只有477万美元，仅占全省的3%。

云　南　林　业　发　展　述　评

云南省林业厅厅长　陈继海

一、发展与成就

2000年，全省共完成造林40.62万公顷，为年计划40万公顷的102%。其中飞播造林11.9万公顷，人工造林28.72万公顷。完成封山育林54.39万公顷。国家重点防护林工程建设，包括长防、珠防、天然林保护、退耕还林工程共完成造林5.16万公顷。参加全民义务植树人数达2082.66万人，尽责率为93.8%；以资代劳142.1万人，收取绿化费725.72万元。全民义务植树1.394亿株，人均植树6.7株。植绿篱109.67万米，铺草坪1327.4万平方米，种植各种花卉45.7万盆（株）。新建义务植树基地158个（片），办产业20个。各级领导办样板林、绿化点1920个，造林面积3.31万公顷。义务植树的建卡登卡率为92.1%。

（一）退耕还林还草试点示范工作稳步推进。通过编制实施方案，层层签订目标责任状，制定管理办法及优惠政策，及时解决试点中出现的困难和问题，确保了工程质量。截至年底，已完成退耕1.33万公顷，为计划的100%；退耕地还林还草0.69万公顷；荒山荒地造林种草2.89万公顷。

（二）天然林保护工程进展顺利。继续抓好“天保工程”区停止天然林商业性采伐工作，认真做好项目的实施和生产经营工作。截至2000年11月底，全省已落实森林管护面积577.86万公顷，占计划的103.3%；完成公益林建设99.25万公顷，占计划的118.98%。已完成总投资4.24亿元。

（三）造林绿化快速发展。生态防护林体系建设工程逐渐成为全省生态建设的主体。完成长防林工程1.87万公顷、珠防工程0.63万公顷、澜防工程1.27万公顷、南汀河防护林工程0.4万公顷。

商品林建设持续发展。干果基地造林0.98万公顷，速生丰产用材林基地完成2.71万公顷，扶贫绿色工程完成3.48万公顷。此外，德援项目、世行贷款项目、以工代赈林业项目、农业综合开发造林项目等均取得了较好成绩。

全省省级共投入营造林资金1.02亿元（不含天保工程），完成造林40.62万公顷，为年计划的102%，其中人工造林28.72万公顷，飞播造林11.9万公顷。完成封山育林54.39万公顷，义务植树1.3亿株；完成绿色通道绿化1.59万公里。

（四）森林资源管理保护工作得到强化。进一步清理整顿木材经营、加工企业，严格执行木材凭证运输、经营、加工和建设项目征占用林地审批制度。开展了以查处大案要案和新闻曝光为手段的保护森林资源和林地资源的“三号行动”并取得显著成效。

规范了野生动物的调配和运输管理，对进出口的野生动植物及其产品进行认真审核。开展了野生动、植物及湿地资源三项调查工作。

全省森林公安机关按照新森林法规定更名、扩建，执法权得以明确。积极开展“南方二号”行动等“严打”专项斗争和林区治安综合治理，取得明显成效。据统计，2000年全省共查处各类森林和野生动物案件1.01万件，打击处理各类违法犯罪人员1.5万人，收缴木材1.8万立方米、野生动物5.31万只（头）、野生动物制品2.15万公斤、野生动物皮张2164张，为国家挽回直接经济损失6734万元。

全年新建农村户用沼气池10万户、改灶节柴8万户、推广太阳能热水器6万平方米。全省森林病虫害防治面积19.21万公顷。

（五）林业科教取得新进展。组织编报了高新技术产业化项目12项，有5个林业科技推广项目被国家林业局列为100个重点推广的科技成果。认真做好科技攻关工作，为天然林保护、退耕还林、林业基地建设项目提供了科技支持。

（六）林产业行业管理逐步加强。编制了《云南省林产业重点产品及骨干企业发展规划》和生物资源开发创新工程林特资源培育基地规划。加强了林业产业宏观管理和指导，加大了全省林业产业行业规划的落实力度。

切实加强企业管理工作。协助困难企业落实有销路产品流动资金贴息贷款300万元，贴息25万元；落实省级重点3户企业脱困资金借款5650万元，基本实现了脱困目标。认真做好企业下岗职工基本生活保障工作和企业职工自愿解除劳动关系工作。强化了安全生产管理。

（七）森林防火工作跃上新台阶。全年全省共发生森林火灾192次，其中火警154次，一般森林火灾38次，无重大森林火灾。各项考核指标都达到省政府的要求，其中受害面积降到历史最好水平，火灾次数为历史第二个最低年份。

（八）法制建设与政策研究采取新举措。进行《云南省实施森林法及其实施细则的若干规定》的调研和起草工作，完成《云南省林木种苗管理条例》修改、送审工作；起草了《云南省天然林保护条例》。开展林业行政执法大检查，培训地州县各级执法人员885人。

基本完成森林分类区划界定工作。为实施生态公益林补偿制度打下了基础。对加强林地管理、森林生态效益补偿及林业税费改革等问题组织了专门调研，为省委、省政府及国家林业局提供了决策依据。

（九）精神文明建设取得新成效。认真学习、深入实践江总书记“三个代表”重要思想，开展新一轮解放思想、更新观念大讨论。加强基层党组织建设，强化对党员的监督、管理和教育工作。认真落实老干部工作目标管理责任制，组织开展了厅机关处级领导干部“三讲”教育“回头看”活动及厅属事业单位“三讲”教育工作。

（十）厅机关机构改革工作顺利结束。通过改革，厅机关处级干部平均年龄由49.9岁下降到43.5岁，下降了6.4岁，文化程度全部达到大专以上，确保了干部队伍的年轻化、知识化、专业化。

二、存在问题

主要问题是：(1) 6大江河及9大高原湖泊的治理资金严重不足，林业生态环境建设的任务十分艰巨；(2) 商品林基地建设滞后，远不能适应建设绿色经济强省的需要；(3) 森林资源保护与利用的矛盾依然突出；(4) 野生动植物保护经费投入少，影响了群众保护野生动物的积极性；(5) 林业基层基础建设薄弱，人员思想观念落后，综合素质有待提高。

云南水利水电工作述评

云南省水利水电厅厅长　孔垂柱

“九五”期间全省水利和地方电力工作，在省委、省政府和水利部的领导下，努力抓住中央实施西部大开发战略，加强以水利为重点的基础设施建设的机遇，采取统一思想，深化认识，加强领导，明确责任，因地制宜，加强管理，严把质量，确保效益等措施，使全省水利和地方电力建设在“八五”的基础上又有新的较大的发展，为全省经济社会的发展做出了新贡献。

“九五”期间，全省水利总投入209.32亿元(其中：水利投资113亿元，水电投资96.32亿元)。有效灌溉面积净增230万亩，累计达到2105万亩；水利化程度达到33.42%。旱涝保收面积净增110万亩，累计达到1255万亩，节水灌溉面积净增141万亩，累计达到381万亩，降涝面积净增30万亩，累计达到326万亩。水土流失治理面积净增1.06万平方公里，累计达到3.09万平方公里。建成堤防长度净增1084公里，累计达到7824公里，堤防保护人口和耕地面积分别净增156万人、155万亩，累计达到保护人口521万人、耕地面积550万亩。解决人畜饮水困难净增400万人、325万头，累计解决1763万人、1181万头。建成和基本建成大中型水库37座，增加库容7.6亿立方米；建成小型水库300座，增加库容1.55亿立方米；水库总数累计达5179座，库容87亿立方米（其中：大中型水库149座，库容55亿立方米，小型水库5030座，库容32亿立方米）。水利工程年供水量净增16亿立方米，累计供水能力达到134.5亿立方米。地方电力装机容量新增115.32万千瓦，累计达到283.11万千瓦。年发电量新增51.43亿千瓦时，累计达到111.8亿千瓦时。

2000年，全省水利及地方电力投资49.39亿元（水利基本建设投资12.2亿元，小型农田水利建设和水土保持补助、水利事业费14.3亿元，地方电力建设投资23.34亿元）。新增有效灌溉面积39万亩、旱涝保收面积34万亩；解决81万人、67万头牲畜的饮水困难；治理水土流失面积2439平方公里；新增水利工程年供水量6亿立方米。新增地方电力装机23.61万千瓦，新增年发电量19.1亿千瓦时。

一、政策法规和水资源管理进一步加强

2000年，全省各级水行政主管部门在各级党委、人大、政府的重视和支持下，在深入开展水利法制宣传教育，加强水利立法，加大执法力度，巩固规范水资源开发利用和保护管理等方面都取得较好的成绩。

5月26日，云南省第九届人民代表大会常务委员会第16次会议审议通过了《云南省防洪条例》，7月1日起正式施行，为云南省的防汛抗旱工作提供了法律保障。

水政监察规范化建设继续深入发展。全省已有文山、迪庆、楚雄、临沧、大理等10个地州成立了水政监察支队；新平、安宁等108个县（市）成立了水政监察大队，共有水政监察员4121名。已有文山、曲靖、昭通、昆明等10个地州市建设了水行政执法责任制。

在水资源管理方面稳步开展水资源管理基础工作，继续以推行取水许可证制度为重点，加强水资源统一管理。全面开展水资源保护工作，完成了全省水功能区划分和水资源保护管理监测规划，布置了昆明、玉溪、曲靖3市编制城市水源规划工作。水资源管理体制改革取得突破，红河州蒙自县成立了云南省第一个水务局。认真履行水行政主管部门职责，编发了《云南省水资源公报》，并在《云南日报》上发布，引起了社会的强烈反响。为了搞好行业用水额定的编制工作，在宣威市企业水平衡测试点工作取得经验的基础上，全省企业水平衡测试工作全面启动。积极配合省、市政协对昆明市水资源问题进行调研。地州市水资源微机管理试点工作和24个取水计量试点县的也已通过验收。成立了全省节约用水办公室，进一步加强了对全省节约用水工作的领导。

二、防汛抗旱和江河治理取得显著成效

云南省由于降雨时空分布不均、单点暴雨多、降雨强度大，造成的洪涝灾情重、损失大、水利设施损坏严重。全省因洪旱灾害造成直接经济损失43.9亿元，占全省各种自然灾害总损失128亿元的34%。2000年云南省防汛抗旱工作做到及早部署，责任到人，宣传到位，依法推进，取得了很大成绩。全年投入江河治理资金预计1.24亿元，其中国家扩大内需6000万元，省级配套2000万元，地方配套4400万元。国家重点支持的南盘江曲靖—宜良段、瑞丽江—大盈江盈江段、澜沧江景洪段、南汀河孟定段、怒江六库段、龙川江楚雄城区段等一批省内重点江河、国际河流及界河的重要河段的防洪工程建设进展顺利。全年下达防汛抗旱经费预计1.18亿元，其中防汛抗旱费2200万元，水毁修复费3300万元，震损修复1100万元，水利基金5250万元。由于领导得力，措施到位，防汛抗旱工作为确保人民生命财产安全发挥了重要作用，全省2000年水利工程抗旱减灾效益和防洪减免直接经济损失共29.4亿元。其中抗旱减灾效益5.2亿元，减免洪涝灾害直接经济损失24.2亿元。

三、规划计划工作步伐加快

2000年完成了《国家西部大开发云南省水利水电发展思路报告》、《国家西部大开发云南水利水电第一批上报项目计划》和《云南省水利水

电发展“十五”计划和2015年长远规划》；基本完成《云南水利水电发展研究》；配合珠江委进行怒江规划踏勘，开展了《怒江流域综合规划纲要》调查、《怒江流域水资源开发利用规划》和《红河干流梯级开发规划》审查工作。

进一步规范和加强前期项目管理，抓好水利基本建设项目储备。促成国家水利部安排水规总院对麻栗坝水库项目建议书进行审查，并获通过；组织协调楚雄青山嘴水库、大理引水济洱项目前期工作；完成了栗树营水库、大石头水库、庄寨水库3件除险加固工程及暮河水库、五茂林水库、施甸渔洞水库、保山红岩水库等4件新建水库工程的可行性研究审查；完成对羊坪水库除险加固工程、大沙坝水库工程、黄草坝水库工程、云荞水库渠道工程、大水沟灌渠工程、维西叶枝、康普泵站工程建设等6个项目的初设批复；完成了景洪防洪治理一期工程可研初审及景洪新桥段、南盘江曲靖段、瑞丽江治理一期工程的初设批复。

四、农田水利基本建设迅猛发展

云南省农田水利基本建设突出了全面规划，综合治理，各地早计划，早安排，落实项目，筹措资金，广泛深入地组织发动群众，强化资金和工程质量的管理，全面完成了2000年的任务，取得了新的成绩。据1999年10月1日到2000年4月30日统计，全省投入劳动积累工7.03亿工日，各级政府累计投资21.79亿元，群众累计投资8.302亿元，累计完成土石方量6.044亿立方米，新增灌溉面积65.3万亩，改善灌溉面积419万亩，新增节水灌溉面积47.83万亩，新增除涝面积44.88万亩，改造中低产田93.64万亩，解决和改善农村饮水困难152.27万人，修复水毁工程5.47万处，加高加固堤防885.5公里，疏浚河道1999.9公里，加固新修大中型水库10座、小型水库252座、塘坝926座，增加蓄水能力4971.18万立方米。

在广大山区，大力开展“五小”水利工程建设。在冬春农田水利建设中，全省共投资7.9亿元，投工2.9亿工日，新建“五小”水利工程10.09万件，新建基本农田88.64万亩，新增、改善灌溉面积218.7万亩，解决和改善了108万人的饮水困难。此外，全省完成渠道“三面光”衬砌4060.26公里，其中，干渠1615.28公里，支渠1002.84公里，田间渠1442.14公里，减少渗漏，提高了渠系水利用率。

完成了大型灌区续建配套与节水改造规划，并通过水利部初步审查，申报了蒙开个、曲靖、洱海和祥云4个灌区改造项目，并获批准，现已安排下达投资4800万元，其中中央下达3200万元。西山、红塔、宣威和腾冲4个县（市、区）列入国家节水灌溉示范项目，已启动实施，中央投资500万元。

五、水利基本建设再创佳绩

2000年云南省基本建设省预算内投资安排计划项目在建水库35件、江河治理项目7件，全年完成投资12.2亿元。其中，省财政贴息贷款的10件中型工程，除鹤庆三锅桩水库渠系扫尾于2001年2月完工外，均能在年内完工投产；2000年度汛工程4件，在5月31日前已基本完成度汛任务；1999年新开工工程10件，其工程进度、质量和项目管理基本正常，腾冲大河、泸西阿味、剑川玉华、富宁清华洞、蒙自五里冲三期等5件工程有望在2001年底完工；弥勒雨补、新平平甸河、巧家炉房、马关大丫口水库等4件枢纽工程基本完工，现主要进行渠系建设；昆明柴石滩水库枢纽工程已于2000年12月3日基本通过蓄水安全鉴定，有望在2001年下闸蓄水；昭通渔洞水库枢纽工程经过2年的试运行，已在12月25日正式通过验收。当年新增大型水库1座（渔洞）、中型水库4座（安宁张家坝、永仁尼白租、祥云小官村、永德忙海）、小型水库42座。

六、水土保持工作全面推进

2000年云南省水土保持工作以加强水土保持生态环境监督管理规范化建设为重点，落实开发建设项目“三同时”制度，认真组织实施小流域治理，积极开展示范工程创建活动，各项工作进展顺利，治理水土流失面积2439平方公里，超额完成国家下达2400平方公里的治理任务。

楚雄、思茅、玉溪3个全国水土保持生态环境监督管理规范化建设试点地（市）和官渡区等52个全国水土保持生态环境监督管理规范化建设县（市、区）建设进展顺利，成效显著；省人大常委会进一步加强了对水土保持工作的执法检查，2000年分别对“大—保”高速公路、“内—

昆”铁路等重点项目建设中《水土保持法》执行情况进行视察。视察组重点就交通、铁路等有关职能部门执行《水土保持法》等法律法规，防治水土流失，保持生态环境，建设单位水土保持方案编报和实施，水土保持工程与主体工程“三同时”制度执行情况，建设中造成水土流失、行洪河道阻塞整治，以及各级职能部门对人为造成水土流失案件查处情况和存在问题进行了认真的视察。并就西部开发中加强水土保持工作提出了要求，对建设单位宣传力度不够、造成水土流失情况较多、没有编制单独的水土保持方案等问题，提出了具体整改意见。

利用“国债”开展的水保项目，2000 年投入专项资金 3450 万元，已全部下拨各项目县，完成水土流失治理面积 522 平方公里，占计划的 91%。“长治”工程截至 12 月底，重点防治的 29 县市已完成防治面积 546 平方公里，完成国家下达任务。云南省有牟定、姚安、永仁、元谋、绥江、西山、宣威 7 县（市、区）被命名为“全国水土保持生态环境建设达标示范县”，临沧遮奈 24 条小流域被命名为“全国水土保持生态环境建设达标示范小流域”。

七、资产财务工作出现新的起色

2000 年省财政资金补助地州项目的投资拨款方式由原来通过省水利厅拨款改为由财政垂直下拨，对这部分资金省水利厅积极做好投资计划、预算资金的跟踪、落实、协调下达等内外衔接工作，保证重点水利建设工程项目资金的及时完整供应。同时进一步加强财务管理，理顺财务关系，严格财经纪律。加强了对各项资金的自查和跟踪检查，对事业性行政收费进行重新报审，对不合理的项目予以取缔；进一步加强了内部财务制度，完善了各种开支报销手续。

进行了全省水利单位国有经营性资产与非经营性资产管理划分工作。加强了对非经营性资产转经营性资产的审查，对省水利水电培训中心、产业中心、物资站等单位的资产进行了审查，对设计院的不良资产进行了处理。为推动全省水价改革，在调查测算的基础上草拟了《云南省水利工程供水价格管理暂行办法》（讨论稿）。

八、科技教育和外事工作稳步发展

2000 年上报科技项目 3 项，并对 1999 年安排的 7 个项目加强了跟踪管理，其中：云南省水利产业科技进步贡献率研究、“FA 旱地龙”在云南农作物上的推广应用、潜水泵站节能技术研究与推广、RM 高充填合金膜在水利工程上的应用等 4 个项目已组织鉴定验收，其余 3 个项目将在 2001 年组织验收。

全年接待外宾 3 批 14 人次。4 月份，接待了英国国际开发署的专家和官员，并对南涧进行实地考察，对“中国水利行业发展‘南涧农村供水’赠款项目”进行了会谈；10 月份，邀请日本 JICA 防砂专家到东川小江流域考察，召开“中日合作小江流域防砂学术交流会”，并签署了合作备忘录，圆满完成该项目短期专家派遣阶段的任务。

举办全省县水电局长培训班 2 期 90 人次，培训 195 人，占县市局长总人数的 52%。正式启动了省水电厅人才培养计划，分别与四川大学、昆明理工大学、云南农业大学进行研究生学历教育，目前已有 11 人考取四川大学研究生，56 人参加研究生课程进修班。积极促成了云南省水利水电学校和云南农业大学联合办学，提高省水利水电学校的办学档次。

九、地方电力和农村电气化建设大步前进

2000 年云南省地方电力完成投资 23.34 亿元，在建规模 42.9 万千瓦，新增装机容量 23.61 万千瓦，年末装机达 283.11 万千瓦，新增年发电量 19.1 亿千瓦时。全省第三批 48 个农村初级电气化县，现已验收 47 个，超额完成了国务院下达云南省 40 个县的建设任务，提前完成“九五”电气化县建设任务，使全省的农村水电初级电气化县达到 75 个。至 2000 年底，全省已开发的中小水电装机容量居全国第 5 位，年发电量居全国第 3 位，年供电量居全国第 2 位。全省 128 个县（市）中，119 个县（市）拥有地方中小水电，地方电力供电覆盖了全省 78% 的面积，肩负着全省 60% 的人口供电任务，成为地方经济发展的支柱之一。国家计委下达云南省水利系统农网建设（改造）投资规模为 7.48 亿元，其中 2000 年资金为 3 亿元。

十、机构改革全面完成任务

在省委、省政府的直接领导下，厅党组按照省机构改革领导小组的统一部署，经过动员学

习、处级领导干部竞争上岗、处级以下非领导职务人员定岗、确定分流人员及其去向、人员到位交接工作、编写职位说明书建章立制、机构改革工作总结前7个阶段，历经40多天认真、严肃、紧张、细致的工作，厅行政编制由109名减少到60名，行政处室由12个减少为9个。省防汛抗旱办公室在水利厅单独设置，行使行政职能，使用事业编制，参照公务员管理，核定事业编制15名。顺利稳定地完成了机构改革的各项任务。通过改革，人员有了大幅度的精简，干部的年龄、文化结构有了较大的改善。据统计，处级干部平均年龄由机构改革前的48.57岁降到42.35岁；大专以上文化程度的由20人上升到23人。

按照上下对口的原则，成立了管理水利系统水电建设的机构“云南省水利厅农村水电及电气化发展中心（局）”编制为27名，继续履行云南省水利厅管理水利系统电力国有资产，发展地方水电，开展电力扶贫的职能。

云南农垦经济发展述评

云南省农垦总局局长　古希全

2000年，云南农垦在自然灾害频繁受灾损失严重的情况下，知难而进，深化企业改革，加强企业管理，努力克服经济运行中面临的困难，经过全系统广大职工的共同努力，保持了垦区大局稳定，改革向前推进，经济平稳运行，农垦的各项事业稳步发展。

一、经济发展概况

（一）主产品产量完成情况。全年生产干胶11.65万吨，比上年增长0.46%；机制糖5.33万吨，增长0.44%；茶叶0.66万吨，减少10.14%；水果3.6万吨，减少18.89%；各类胶鞋834万双，增长25.41%；发电量2.71亿千瓦小时，减少12.85%；肉类7280吨，增长7.02%；禽蛋497吨，增长20.92%；粮食2.49万吨，增长9.71%；咖啡1367吨，增长76.15%；水泥12.05万吨，减少5.82%；砖瓦5408万块，减少18.09%；金属硅4875吨，减少11.54%；锰铁4671吨，增长9.88%，土豆片2248吨，减少24.59%；咖啡粉39.36吨，减少41.68%。

（二）主要经济指标完成情况。完成国民生产总值（现价）12.57亿元，比上年增长5.22%，其中第一产业92548.34万元，增长2.34%；第二产业14784.15万元，增长53.49%；第三产业18410.71万元，减少5.29%。工农业总产值（1990不变价，下同）16.46亿元，增长1.65%。其中农业产值12.14亿元，增长2.87%；工业产值43219.12万元，减少1.61%。出口商品金额6547.47万元。完成固定资产投资额18275.49万元，减少0.11万元，缴纳税金及附加10039万元，减少4.8%。综合平衡后亏损7758万元，比上年减亏35.25%。职工工资总额47706.24万元，职工年平均工资5109元。职工人均国内生产总值（现价）13466元，增长26.61%。

二、主要工作

2000年初，召开了云南农垦集团工作会议，认真分析了形势。会议认为，必须解放思想、转变观念、抓住机遇，调整所有制结构去适应垦区生产力发展的现状和改变传统的行政管理体制去促进适应市场的经营机制的建立，在垦区企业的改革和发展上实现真正的重大的突破。会议明确新时期垦区工作的指导思想和目标、任务，在此基础上，重点抓了以下工作：

（一）以建立现代企业制度为目标，加快实施企业改制。认真贯彻执行《云南省人民政府关于加快国有农垦企业改革和发展的通知》，对《云南农垦工商企业改组改制实施办法》中的改制形式和做法、相应的配套政策和措施作了补充完善。经过努力，垦区大多数工商企业都在积极准备改制方案，经济开发公司已完成方案制定及资产评估工作，正等待省有关部门对其资产处置进行确认。芒市民族橡胶厂申请破产经资产清算确认进入收购或拍卖阶段。对规模较大、整体素质较好的橡胶农场，继续推动其内部经营层次改革试点。以建立现代企业制度为目标，实施资产重组和多元投资结构的改造，集团公司将依照国有股权份额实行控股或参股。在橡胶基层生产经营单位，进一步扩大产权改革、优化所有制结构的试点工作，一类型植胶区，且规模较大、生产水平较高的，改组成模拟法人运转的股份合作制。景洪农场在1999年进行4个生产队试点的基础上，2000年进一步总结完善了实施办法，开展了44个队的改组工作，并计划2001年在全场所有橡胶生产队全面推开。通过所有制结构调整和企业管理体制改革来促进企业适应市场经济的经营机制的形成。弥勒东风农场建立现代企业制度方案已经集团公司审核同意，省经贸委批准执行，进入方案实施阶段，为垦区非主营橡胶农场提供可借鉴的改制经验和工作方法。

为推动垦区国有企业改革，集团公司严格控制国有资产投资，加强基本建设程序管理。在橡胶和经济作物开发中继续鼓励多元投资，一些农场以职工投资为主的新生产经营格局正在形成。通过实施小额信贷促进职工自营经济的进一步发展。在弥勒东风农场实施小额信贷取得成功经验的基础上，在其它贫困农场困难职工中扩大发放小额信贷款，困难职工利用贷款发展养殖业、种植业等自营经济项目，走上了自我脱贫之路，有的做到了当年贷款，当年见效，当年增加收入。目前，垦区职工发展自营经济的达49389户，占职工总数的70%；创工农业总产值20378万元，职工人均纯收入1674元。

*（二）依靠科技进步和强化管理，垦区割制改革、学邯钢初见成效。*通过对1999年冬天垦区热带经济作物寒害情况调查，进一步总结了寒害规律，证明了垦区的抗寒植胶“三对口”措施的科学性，为种植业布局的结构调整提供了科学依据。

开展了“胶木兼优”橡胶新品种的引进和试种，在垦区部署了良种繁育基地和试种单位，通过推广“橡胶中小树胶园覆盖与化学除草技术”和落实农业丰收计划，垦区中小树抚管质量显著提高。

2000年度云南农垦下达重点科技项目5项，组织实施了国家、部省、云南农垦重点科技项目19项。组织评审了1998/1999年度云南农垦科学技术进步奖及优秀论文奖。

推行橡胶新割制是垦区经济工作的重要措施，是橡胶农场深化改革的重要内容。垦区割制改革推广面积在1999年89.5万亩的基础上，2000年达到了98万亩，占开割橡胶面积的97.2%。四天一刀割制扩大到16.3万亩，实现了减员增效、降低成本、优化胶工队伍、增加干胶产量、提高胶工收入和提高劳动生产率的目标。从1998年到2000年，通过三年割改，全垦区累计增产干胶18249吨，2000年每吨干胶成本为4094元，比1997年降低1487元，胶工人均收入比1997年增加1505元，劳动生产率提高50%以上，三年累计增收节支5.89亿元，取得了极其显著的经济效益。在割改中还着重抓了配套工程措施的落实：为解决胶工挑胶难的问题，增设了收胶站，整修了胶林道路；全面安装防雨帽；杜绝违规加刀；实行三保一护，加强营养诊断，增施肥料亦为近几年最多的一年；根据产胶动态，科学使用刺激剂，做到科学采胶，加强对病虫害的防治和护林保胶等，这些工作和措施产生了显著成效。大灾之年，垦区主业橡胶产量仍比历史上的最好水平1999年增产400吨。2000年度垦区投入资金2000多万元，完成橡胶新开荒种植面积3.6万亩。12月份组织了对垦区1999～2000年种植的橡胶及制胶厂建设情况的检查验收，验收合格率97%。

继续深入学习推广邯钢经验。4月份召开会议对学邯钢工作进行了总结。三年来，根据农垦各产业均有、多行业并存的特点，按照整体推进，突出重点，抓点促面的原则，确定了垦区30个各行业学邯钢重点的实施单位，使学邯钢与转换经营机制结合、与强化经济责任制相结合、与技术改造相结合，使集团公司推广邯钢经验取得阶段性成果。垦区三年合计减支33833万元。通过学邯钢经验，橡胶生产农场进一步解决吃橡胶大锅饭问题。许多企业学习邯钢经验，模拟市场核算，减少开支，控制成本，努力扭亏为盈。省热作所是事业单位，按照“三改两加强”的要求，结合学邯钢经验，大胆探索，实施企业化管理，仅热带花卉园1999年即创收500多万元。

在治理污染方面，垦区有26户企业列入2000年达标排放重点考核单位。年内26户企业通过工程验收，全部达标。

2000年，垦区认真贯彻执行了国务院、国家经贸委、省政府及省经贸委有关安全生产的各项重要指示精神，围绕“掌握安全知识，迎接新世纪”为主题，抓住安全生产基础建设、完善安全生产责任制；开展了“安全生产周”活动；开展查隐患、促整改的安全生产大检查活动；参与“全国安全生产与工伤保险有奖知识竞赛“活动；对莲花山硅厂特大火灾事故进行了处理。在安全生产方面取得了较好的成绩，死亡率、重伤率均低于省下达垦区的考核指标。

（三）做好社会统筹和救灾工作，维护垦区社会稳定。2000年通过认真清理，将历年拖欠29685人8282万元的养老金和应增加离退休人员的基本养老金808.38万元全部下拨发放到位，落实了中央关于增加退休人员工资的政策。2000年就贯彻省政府有关文件执行情况进行了检查，对历年企业欠缴养老保险金情况进行清理，回收企业欠缴的基本养老保险费。努力做好垦区2000年社保统筹方案的实施，截至11月，垦区已收缴养老金1.64亿元，占全年收缴的84%，基本上保证了离退休费的发放。

在频繁的自然灾害面前，集团公司、各分公司、农场积极采取措施，组织职工生产自救，广大干部职工积极投入抗灾斗争，努力减少灾害损失。为帮助受灾的河口垦区农场和职工，集团公司在垦区范围内组织了献爱心捐赠活动，共捐赠人民币685222.35元，及一批衣被等物资。省政府通过民政部门对垦区安排了400万元，对汇流电站安排了40万元救灾资金。

（四）加强企业民主管理和社会治安综合治理工作。垦区各级工会进一步动员、组织职工发扬“艰苦奋斗，勇于开拓”的农垦精神，在全垦区积极推动社会主义劳动竞赛，组织动员广大职工开展“双增双节”、“扭亏增盈”、“提合理化建设”、“农垦巾帼建功”活动，为垦区的两个文明建设作出了贡献。元旦、春节期间，垦区共筹集资金122.298万元，开展“送温暖”活动。走访企业74个，慰问困难职工8459人。集团公司制定和下发了关于在垦区实施场务、队务公开的意见，规范了“公开”的内容、程序和形式，明确把这一工作列入企业领导班子考核的重要内容。现垦区开展这一工作的已有58个单位，占应开展数的83%；职代会制度比较健全的企事业单位77个，占98.7%。

加强了垦区社会治安综合治理工作。全年刑事案件发案比上年有所下降；加强了对垦区禁毒工作的领导，推广了瑞丽、陇川农场的禁毒经验。

三、存在问题

主要问题是：(1) 企业改革推进缓慢，不利于企业转换经营机制，不利于垦区国有资产的经营和保值增值。(2) 由于投资机制和市场变化的原因，产业结构调整的经济效果还不明显。(3) 垦区经济管理水平不高，对面临市场经济新情况还很不适应，由于市场变化，决策失误，经营不善，上当受骗，造成的投资沉淀、资金损失、新增拖欠等问题还比较突出，资产负债率仍呈上升趋势。激励和监督机制都不够完善，甚至出现违纪违法经济案件增加。(4) 政企职能尚难分开，社会保障制度不够完善，企业负担仍然过重，管理费用过大，综合经济效益比较差。(5) 垦区主产业资产重组和产业化进程缓慢，产业的科技进步还有待提高。(6) 垦区企业亏损面比较大，职工的贫困面还比较广，垦区职工的收入生活水平较低，增长幅度不大。

云 南 气 象 工 作 述 评

云南省气象局局长　刘建华

2000年，全省气象工作按照国家气象局和省委、省政府工作部署，围绕全省气象工作会议提出的主要任务，突出抓实云南西部大开发机遇，坚持和实践部门“1333”发展思路，团结拼搏，真抓实干，开拓进取，圆满完成了全年的各项重点任务，也为“九五”气象事业发展画上了圆满的句号。

一、服务减灾再创最好水平

2000年，云南气候为平水年，气温正常，全省经历了近30年来罕见的低温霜冻和数十年一遇的雪灾，汛期局部地区洪涝灾害突出，农业生产经受了严峻的考验。在复杂天气气候情况下，气象工作坚持服务宗旨，为全省的社会经济发展做出了新的贡献。

（一）*决策服务及时优质*。全省各级气象部门始终把为各级党委政府的决策服务放在首位，千方百计提高中短期天气和短期气候预测准确率，社会经济效益显著。1月29～31日全省65个县市大到暴雪天气、2月下旬倒春寒天气，雨季开始期、第一场透雨等重大关键性天气，省台、各地气象台和大多数县站都作出了准确预报，大范围灾害性天气无漏报。1月15日姚安地震、1月27日丘北、弥勒地震、8月21日武定地震，专题气象服务当天就送达政府和有关部门及灾区，6月20日永胜遭受历史罕见特大冰雹袭击，丽江气象台提前一天作出了灾害天气预报。由于年度预测、春播预报和汛期关键预报准确及时，省政府领导两次对省台提供的预报作批示，要求转发各地州市政府参阅，充分肯定气象决策服务工作。

（二）*为农业服务成效显著*。各地气象台站围绕农村经济结构调整和各农事关键季节，普遍开展了气候资源合理开发利用和农业气象情报工作。有77个县市开展了气象科技扶贫工作，开展科技扶贫项目61个，引进推广实用技术33项，举办各种技术培训班166个，培训农民14100人次。通过推广农业气象实用技术和科技扶贫，气象为全省农村脱贫致富作出了积极贡献。

（三）*减灾工作取得新成效*。全年有8个地州市、39个县开展人工增雨，经济效益达5800万元；10个地州市48个县开展人工防雹，减少雹灾损失5亿元。全年开展人工防雹的地区较1999年增加2个地州市、7个县，仅曲靖市就新增防护面积90多万亩，经济效益达2亿多元。

（四）*经贸文化活动保障普遍成功*。各级气象部门坚持主要领导挂帅和坐阵服务，昆明国际旅游节、昆明国际花卉艺术节、丽江七星国际越野挑战赛、腾冲火山热海旅游节、沾益珠江源旅游节等气象服务保障也十分出色，受到了当地党政领导和社会各界好评。开展生活气象指数、环境预报服务等受到社会市民欢迎。由于气象服务工作突出，省气象局被省政府授予1996～2000年森林防火先进单位，同时荣获首届中国昆明国际旅游节贡献奖；1位职工被科技部等四部局授予全国农业科技先进工作者称号；1位职工被中国气象局评为重大气象服务先进个人；省气象台等5个单位和10位气象职工受到省局通报表彰。

二、气象现代化建设取得新进展

（一）*测报质量稳步提高*。通过加强目标管理、质量动态跟踪和全体测报人员的努力，严格执行观测规范和各项制度，地面测报错情率从上年0.32‰下降为0.27‰，超额完成中国气象局下达的0.5‰的指标；日射错情率为0.1‰，农气测报错情率＜1.0‰，高空控测6项指标等全部超额完成中国气象局指标。

（二）9210 工程建设效益得到较好发挥。通过努力，全省有 99 个县站完成了 PCVSAT 单收站建设，省台、气候中心与各地资料基本实现网络收集和处理传输，常规资料、信息化资料、公文、灾情、服务产品、雷达报等信息上星交换正常，保证了上报中国气象局信息资料质量，延伸了省局现代化建设效益，实现了新业务流程逐步转轨。

（三）新一代天气雷达建设又有新进展。在克服外部因素造成的不利影响后，昆明新一代多普勒雷达建设仍然取得了较快进展，安装测试工作按期完成并已验收投入试运行，选址拆迁重建雷达楼工作进展顺利。文山新一代天气雷达立项启动建设，昭通、文山、德宏、丽江新一代天气雷达已列入国家和地方"十五"计划，思茅新一代雷达建设已意向性列入国家和地方计划。

（四）办公自动化建设进展加快。省局到中国气象局电子邮件系统开通运行，省局机关处室电子邮件基本开通，80%的地州市局完成了决策服务系统建设，目标管理软件基本研制完成，德宏、曲靖等建立了气象信息网站和网页。

（五）档案建设攻关成效显著。年内迪庆、丽江、怒江 3 地州局档案管理全部达国家二级、澄江、峨山两个县局档案也先后达国家二级，创多年档案管理达国家二级单位之最。至此，全省气象部门已有 20 个国家级档案达标单位，其中省局达国家一级，16 个地州市局和 3 个县局达国家二级，提前 5 年实现了国家气象局"十五"计划目标要求。年内档案工作又受到国家气象局通报表彰，7 个先进单位、29 个先进个人受到省局表彰。

国家气象局部署的"九五"办公自动化建设任务，全省已圆满完成。

三、创新与科教取得重要成果

（一）"九五"科技攻关成果丰硕。国家重中之重攻关课题《云南短期气候预测系统研究》和中国气象局重中之重课题《预报逐级指导技术研究》云南部分课题已按计划全部完成了科研任务，大部分子课题已结题验收，课题研究总装集成工作基本完成，"九五"攻关课题研究取得前所未有的成果。年内全省又新开项目课题 29 项，组织鉴定科研成果 15 项，结题 10 项。有 10 项成果获省局科技进步奖，各地州市多项科研成果受到当地政府奖励。

（二）气象队伍结构改善。通过引进和岗位培训等多形式促进了队伍结构改善。在职职工中，适应部门发展需要的计算机专业等非气象类人才明显增加；大专以上学历从 1995 年占 27.7%提高到 2000 年的 37.0%；高级技术职务人员达 60 人，其中正研级 3 人；中级技术职务人员达 670 人。形成了一支结构基本合理、层次分明、学科众多的气象科技人才队伍。全年共举办各类业务技术培训班 12 个，培训职工 690 人次，出国培训学习 6 人次，人才培养力度加大。

（三）良好创新政策环境开始形成。在经费紧缺情况下，省局决定从年内起每年挤出 10 万元专项资金重奖科技创新项目，同时为学科带头人分类增发津贴；各地州市局也从营造有利于科技创新环境出发，制定了鼓励创新的激励措施。

四、部门改革继续深化

（一）干部人事制度改革启动。根据国家气象局《关于深化气象部门改革的若干意见》和上海全国气象部门人事工作会议精神，省局于年内召开全省气象局长研讨会，全面布置了人事制度改革工作，拟定、修改、制定了《云南省气象局关于深化改革加快发展的实施意见》、《云南省气象部门事业单位聘用合同制实施办法（试行）》等 10 个人事制度改革文件，为 2001 年初开始的干部人事制度改革创造了条件。

（二）科技服务与产业效益继续提高。年内从事科技服务及产业的专兼职气象职工已达 877 人，行政管理、基本气象业务、科技服务与产业构成的部门新三部分已基本形成。全省有 58 个单位开通了"121"气象信息服务，114 个单位开展了防雷工作，43 个单位开展了气象影视服务，42 个单位开展了气球广告服务，125 个单位开展了专业有偿服务，科技服务和产业经济效益较 1999 年增长了 2.6%。

（三）艰苦台站人员待遇改善。经过多方努力，又有 32 个基层台站共 270 名科技人员经中国气象局批准享受县以下浮动工资，进一步稳定了边疆民族艰苦台站气象职工队伍。

五、依法行政取得新成果

按照省局部署，各地将《气象法》、《云南省气象条例》学习纳入单位普法计划，促进了广大气象职工自觉学法、知法、懂法，依法管理、依法行政。

年内对115名县局行政执法人员进行了岗位执法培训，取得了省政府法制局行政执法证。至此，省、地、县三级建立了一支181人的气象行政执法队伍，为《气象法》和《云南省气象条例》的贯彻实施提供了有力的组织人员保证。

年内，省政府办公厅下发了《关于进一步加强防雷减灾安全管理工作的通知》，以传真电报形式下发了《关于进一步加强气象探测环境保护工作的紧急通知》，为部门进一步创造了良好执行环境。8月，省局与省政府法制局组织两个气象行政执法监督检查组，对昆明、曲靖、保山、德宏、大理等5个地州市的11县进行了执法检查。9月，省局和省安委会牵头组成防雷安全检查组，对昆明、楚雄等4地州15家单位进行了检查；临沧、丽江、红河等其他地州也会同有关部门进行了防雷安全检查，两次大检查明显推动了全省气象依法行政工作。

六、气象服务云南西部大开发主要任务确定

全省“十五”计划编制完成。各级气象部门通过加强与政府计划部门联系，了解当地规划动态和重点项目计划，运用《气象法》和《云南省气象条例》相关内容，结合部门发展制定气象“十五”计划，整体工作进展顺利，为“十五”气象事业新的发展奠定了良好基础。

气象服务西部大开发六大工程确定。根据国家气象局关于“积极参与，主动服务，项目带动，加快发展”的指导思想和意见，结合云南建设绿色经济强省、民族文化大省和连接东南亚、南亚国际大通道等三大战略目标，省局制定了全省气象部门参与西部大开发的6项重点工程，即气象防灾减灾系统工程、气象服务系统工程、气候资源开发利用及气候生态环境保护工程、气象科教人才系统工程、气象台站基础设施建设工程、气象现代化保障系统工程。各地州市局在参与当地西部大开发方面也取得了积极的进展。

七、文明行业创建取得显著进展

年内，通过“三讲”教育，各级领导干部进一步坚定了共产主义信念，增强了贯彻执行党的路线、方针、政策的自觉性，达到了思想上有明显提高、政治上有明显进步、作风上有明显转变、纪律上有明显增强的教育目的。

经过5年努力，2000年结束了部分台站无党员状况。通过认真贯彻党风廉政建设责任制，推行处级领导干部竞争上岗和任前公示，严肃查处领导干部失职案件，加强财务审计监督等，领导干部廉洁自律工作和党风进一步好转。

8月，省局在楚雄召开了文明行业创建工作现场经验交流会，与有关地州市局签订了建设文明行业责任书。通过目标管理、现场会推动和开展气象服务“三满意”活动等有效形式，文明行业创建工作力度明显加大，全省气象部门建成文明单位达111个，其中省级7个，地级37个，县级67个，文明单位建成率达85.4%，已初步达到了省级文明行业的条件要求。年内1位职工被人事部、国家气象局授予全国气象系统先进工作者称号，保山地区气象局、省气象台和5位职工分别被国家气象局授予全国气象部门双文明建设先进集体和先进个人称号；省气象台、保山地区气象局被省政府授予科普工作先进集体称号，受到通报表彰。

八、存在问题

主要表现在：(1) 气象监测、预报、服务和气候资源开发利用能力与社会需求不适应的矛盾还比较突出，预报准确率有待提高，气象服务内容、方式、手段有待继续改善。(2) 业务现代化建设与维持的问题仍未解决，社会保障改革部分仍难与地方同步，经费仍是困扰部门的瓶颈。(3) 台站综合改善的任务仍十分艰苦，基础设施现代化建设相对滞后。(4) 事业发展需要的高层次人才严重不足，培养滞后，人才结构和地区分布不合理的情况仍较突出。(5) 气象科技服务进入市场方面还存在不小差距。

云 南 乡 镇 企 业 发 展 述 评

云南省乡镇企业局局长　李如林

2000年，云南省乡镇企业在“三讲”教育、机构改革等全省中心工作的推动下，通过深化改革，调整结构，开拓市场，克服了资金投入下降、市场竞争加剧、企业经营困难等不利因素，继续保持了持续快速健康发展的势头，为繁荣全省农村经济，增加农民收入，促进国民经济增长，发挥了积极的作用。

一、发展特点

（一）主要经济指标全面增长。2000年云南省乡镇企业主要经济指标完成情况良好。按新口径计算（注），全年完成营业收入1675亿元，按可比口径比上年增长20.9%；总产值（现价）1294亿元，增长19.8%；工业总产值（1990年不变价）415亿元，增长11.9%；增加值285亿元，增长19.3%；利税总额133亿元，增长17.9%；从业人员271万人，增长14%；年末固定资产原值500亿元，增长14.3%。出口产品交货值13亿元，增长90.8%。

（二）非公有制经济发展迅猛。全省各级乡镇企业主管部门始终把个私企业作为乡镇企业的发展重点，加大工作力度，认真履行对个私企业的宏观管理、政策指导、依法监督、积极扶持的职责，使个私企业保持了强劲发展势头。新办企业基本上是私营企业。农村个私企业达到64.6万户，占乡镇企业户数的98.7%，比上年新增7.9万户；从业人员198.5万人，占乡镇企业从业人员的83.3%，新增37.9万人；实缴税金22亿元，净增5亿元，增长31.2%，占乡镇企业实缴税金的59.2%；完成营业收入1156亿元，增长38.8%，占乡镇企业营业收入总量的69%。

（三）贫困地区发展速度加快。加强了对贫困地区乡镇企业的指导，加大了扶持力度，使发展乡镇企业与扶贫攻坚紧密结合，新上了一批吸纳劳动力多，带动脱贫面大的种养加项目，促进了贫困地区乡镇企业的发展。贫困面大的怒江、迪庆、临沧3个地州的营业收入发展速度分别达到32.2%、24.3%和25.4%，比全省平均增长速度20.9%分别高11.3个、3.4个和4.5个百分点。

（四）经济效益明显好转。2000年，乡镇企业的各项工作都围绕提高经济效益这个中心来开展，突出了对效益指标的考核和奖励，从而促进了经济效益的提高。实缴税金在上年出现负增长的基础上达到37亿元，增长15.8%；纯利润84亿元，增长34.1%；利润总额、利税总额分别增长23.8%和17.9%。新转移农村剩余劳动力33万人，增长14%。发放工资总额121亿元，增长15.9%。

（五）安全、环保工作明显进步。各地认真贯彻江泽民总书记对安全生产工作的重要批示，进一步落实安全生产目标责任制，加大督促检查的力度，全系统认真开展了“五月安全月”活动和“百日安全无事故”活动。省局进行了4次安全大检查，促进了安全生产形势的好转。全年发生死亡事故69次，死亡87人，比上年分别下降21.6%和17.1%；重伤事故11起，与上年持平，重伤14人，下降22%。1997年以来发案率较高的建材业的安全事故大幅度下降，小煤窑、冶金矿山、烟花爆竹等事故多发行业的事故和伤亡人数也大为减少。

省局进一步重视和加强环保工作，强化污染源的治理。省政府确定的1042户重点考核企业中的351户乡镇企业，经治理后全部通过考核验收，实现达标排放（其中停产、转、迁企业89户），同时，严格控制新的污染源，认真落实国务院《建设项目环境保护管理条例》，坚持建设项目的环境影响评价，坚持环保“三同时”制度，避免再走先污染后治理的老路。

二、主要措施

（一）继续推进企业改革。2000年，云南省各级乡镇企业主管部门以产权制度改革为核心，大力推进企业改革。各级干部深入基层，调查研究，发现、总结新典型、新经验，进行推广，特别注意分析和解决改革中出现的新问题、新矛盾，推动改革的不断深入。全年完成改革的企业达到8750户，占集体企业总户数的96.8%。8750户中，涉及产权制度改革的2176户，占24.9%，其中股份合作制440户，股份有限公司210户，有限责任公司656户，产权转让638户，拍卖、兼并、破产134户，组建企业集团98户。开展了“改制企业回头看”活动，对已经改制但没有按新机制运行的，督促、指导企业按新机制运作，对制度不健全或不够合理的帮助企业进行健全、完善。引导已改制企业落实法人治理结构，明确责、权、利三者关系，调动所有者、经营者、生产者的积极性，提高企业的整体素质和市场竞争能力。

（二）努力加快结构调整。认真贯彻国家农业部《关于加快乡镇企业结构调整的意见》，在深入调研的基础上，初步提出了全省乡镇企业结构调整的指导思想、基本原则、主要目标和措施，加强对结构调整工作的指导。各地加大了产业结构和产品结构调整的力度，新上了一批符合产业导向、具有比较优势、市场前景好的项目，关闭了一批“十五小”企业。积极发展带动农业产业化的龙头企业、高新技术企业、外向型企业和东西部合作企业。通过调整，所有制结构趋向合理，优势产业的支柱作用有所增强，产业结构有所改善，传统产业的技术改造加快，一些产品的档次提高，乡镇企业向小城镇及工业小区集中的步伐加快。

（三）积极扩大对内对外开放。努力拓宽乡镇企业对外开放的领域，加大东西部合作的力度。为26户企业申办自营进出口经营权，使具有进出口经营权的企业达到50户。大力加强出口产品生产。到年底，全省乡镇企业系统累计建成出口商品企业88个，共有职工1.8万人。出口产品生产总值（现价）22.5亿元，出口产品发展到化工、机械、矿产、轻工、食品、纺织、工艺品等12大类、60多个品种。产品远销美、越、德、日等10多个国家和地区。出口产品生产总值较多的行业为：矿产业11亿元，化工业6.7亿元，轻工业2.2亿元。全年全省乡镇企业出口产品交货值达到13.2亿元，比上年增长91.3%。采取措施进一步加大了东西部合作的力度。新上报全国乡镇企业示范区4个、东西部合作示范区15个。年底，全省共有全国乡镇企业示范区2个、东西部合作示范区22个。组织昆明、玉溪、曲靖、楚雄等地州市的乡镇企业带着32个合作项目到江苏、上海、浙江考察学习、洽谈合作项目，达成了部分意向合同，并抓紧组织落实。8月中旬组织了有105户企业近400人组成的代表团参加在贵阳举办的全国乡镇企业东西部合作经贸洽谈会，签订经济技术合作项目及供货合同57项，涉及资金6.5亿元。据不完全统计，全省乡镇企业累计达成东西部合作项目350多项，其中东西部合作企业190多户，合作方涉及上海、山东、福建、浙江、广东等14个省市区。投资总额18多亿元，引进先进适用技术200多项，引进管理、技术人才1000多名。省、地、县主管部门与东部地区的主管局结成对子50多对。

（四）重视加强科教工作。省局出台了《关于大力推进云南乡镇企业技术创新的意见》，提出了全省乡镇企业技术创新的指导思想、工作目标和建立技术创新机制、增强创新能力、促进科技成果转化的一系列措施，并积极组织落实。各级主管部门引导企业根据市场需求，重点开发应用技术、适用技术和“名特优新”产品；加强对引进技术的消化和创新，提高产品的附加值和技术含量；加快对建筑建材、矿山冶金、农副产品加工等传统产业的技术改造，提高技术装备水平，积极鼓励有条件的骨干企业创办科技开发机构。加大产学研结合的力度，省局与昆明冶金研究院联合成立“云南省矿产资源产学研联合开发中心”，为企业提供服务。加强科技合作项目的选项及实施工作，有63个项目参与省院省校合作。在省有关部门的配合下，积极参与“星火”计划、“火炬”计划项目的实施，9个项目获省级以上星火奖和科技进步奖。加强了质量管理工作，全省已有QC小组1382个。进行了全省烧结砖质量整顿工作，已有397个企业验收合格。玉溪市溶剂厂、永胜水泥厂、澜沧江啤酒企业集团、昆明市福保彩印厂、玉溪市水松纸厂、千佛茧丝绸集团被农业部评为“全国乡镇企业创名牌重点企业”。

（五）加大市场开拓力度。通过广泛开展以“调整结构、开拓市场、搞活流通”为主要内容的解放思想大讨论，加强对市场的调查，研究和开发。采取措施强化销售网络，完善营销体系，建立营销激励机制，组织好售后服务，积极采用先进、实用的营销手段，最大限度地拓展营销空间。重点开拓农村市场，同时，重视开拓国际市场，千方百计扩大产品出口。产品销售情况逐步好转，一季度工业产品产销率仅为78.4%，二季度上升为89.2%，三季度达到92.3%，全年达到94%。

三、存在问题

主要表现在：（1）一些地方对乡镇企业的认识高度、重视程度减弱。（2）资金投入继续下滑。乡村集体企业固定资产投资额，在前三年连续下降的基础上2000年又下降21.7%。（3）改革的步履艰难。已改革的企业中，真正触及产权的只占30%左右。一些乡镇领导怕集体企业改制后失权、失利，改制中各个环节的收费较多，造成改革的成本高，一般要占企业资产的5%左右，主要是土地出让金、土地房产资产评估费、契税、交易税。由于收费过多，不少企业不愿去搞触动产权的改革。（4）企业规模小，实力弱，发展后劲不足。全省9040户集体企业户均资产只有4.16万元，户均职工不足10人。产值超亿元的集体企业仅16家，5000万元至1亿元的175家，除少数骨干企业外，绝大多数企业从业人员素质较低，技术装备差，管理方式落后，产品单一，科技含量不高，市场竞争能力弱。

（注：根据省乡镇企业局、省经贸委、省统计局、省工商局四部门的联发文件，从2000年1月1日起我省乡镇企业实行新的统计口径。本卷上的数字同历年数字作对比时要进行折算。）

云南扶贫工作述评

云南省人民政府扶贫开发办公室主任　和铁梁

2000年，是我省实施“七七”扶贫攻坚计划的最后一年，也是打好扶贫攻坚战最关键的一年。一年来，在省委、省政府的正确领导下，围绕基本解决群众温饱问题的奋斗目标，大力开展扶贫到村到户工作，加大扶贫投入和各项工作力度，切实加强贫困地区基础设施建设，积极推进农业科技扶贫，加强农村产业结构调整，确保农民增产增收。通过全省上下的共同努力，全省全年解决了85万贫困人口的温饱问题，贫困地区农民人均纯收入增长率为6%，高于全省平均水平。贫困地区的生产生活条件进一步改善，科技、教育、文化、卫生等各项社会事业有新的发展，基本实现了我省“七七”扶贫攻坚计划的目标。

一、2000年扶贫攻坚主要成就

（一）“五大工程”等基础设施建设得到进一步加强。全年全省贫困地区新建基本农田地84万亩；新增经济林果面积160万亩；解决了67.2万人和34.1万头大牲畜的饮水困难问题；新修公路4900公里，解决了33个行政村通公路问题；解决了118个村通电、81个行政村的通电话问题。

（二）异地开发扶贫有新突破。在总结1999年异地扶贫开发工作的基础上，调整相关政策措施，实现了以跨地区安置、产业开发向就地安置解决温饱为主的重大转变。在1999年启动40个异地开发扶贫项目县（市）的基础上，2000年共完成了30个项目县的立项工作，共投入无偿资金2.59亿元。其中，省级资金1.99亿元，地县配套资金0.6亿元。投入信贷资金1.27亿元，转移安置了7万人。

（三）小额信贷扶贫成效显著。2000年新增小额信贷专项资金1.5亿元，使资金总规模达7.46亿元，实施范围由1999年的115个县、729个乡（镇）、31606个自然村、50万户贫困农户、21109个中心、106863个小组，扩大到2000年的115个县、835个乡（镇）、8575个行政村、83.3户贫困户、26257个中心、165511个小组。

（四）安居、温饱试点工程进展顺利。在总结1999年安居、温饱试点工程的基础上，2000年共投入专项资金4500万元，用于安居、温饱试点工程，比上年增加了1500万元。其中，温饱试点村投入3700万元，涉及16个地（州）市、117个县、273个温饱村工程建设。安居工程800万元，覆盖43个县的2962户贫困户。目前，安居、温饱工程已全面启动，干部群众积极性高，效益明显，发展势头良好。

（五）科教扶贫对农民增产增收发挥了重要作用。2000年，全省扶贫系统共举办各级各类培训班2525期，培训27万余人次。省扶贫办共举办各类培训班18期，培训人员878人，其中，地州市完成27万余人。累计投入科技推广资金3500余万元，其中，省级投入2250万元。投入地膜玉米“温饱工程”资金1000万元，完成219.29万亩，完成计划的208.8%，每亩平均增产120公斤以上。陆稻科技扶贫重点在省内西部、南部贫困山区推广，计划推广60万亩，实际完成67.4万亩，超计划12.3%，平均单产182.3公斤，比非项目区平均单产增35.7公斤。镇沅、维西两县科技扶贫试点工作资金已全部就位，准备检查验收。新启动了巍山县财政支持科技扶贫试点项目，工作进展顺利。

（六）利用外资扶贫取得了新的进展。全省世界银行贷款项目到2000年12月，累计完成总投资8.85亿元，占项目总目标的85%。在抓好世行扶贫项目实施质量和进度的同时，2000年云南省不断加强了与国际组织的合作，启动新的外资扶贫项目，取得了明显的成效。欧盟红河环保与扶贫项目自1997年11月启动实施以来，共完成投资1255万元，占总投资的87%，顺利通过欧盟独立评估团的评估。香港乐施会社区发展综合扶贫项目已完成投资150多万元，赈灾投资238万元。英国环保与扶贫项目，英方同意提供676.6万英镑（折合人民币8000万元）的无偿援助，项目执行期4年，2000年11月正式启动。中德合作扶贫项目2000年共投资144万元（含中方配套资金），累计投资547.2万元（含中方配套资金）。国际爱心扶贫项目计划每年投入资金200万元，已开展试点。中加柏仁学院合作项目总投资3400万元，已完成准备工作，加方正在审议中。中加合作妇女创收项目已收入49万加元，开展小额信贷进展顺利。

（七）社会扶贫工作有力地推进了扶贫攻坚。中央国家机关12个部委定点帮扶全省11个地州的28个贫困县。全年共投入帮扶资金4000多万元，上海对口帮扶云南省3地州的22个贫困县，全年共投入对口帮扶资金2.32亿元（含实物折款），建设温饱试点村401个，建成培训中心3个，帮助培训师资9745名，派遣支教老师70名。年内省级挂钩单位共投入挂钩扶贫资金3185.8万元，建设项目485个。

二、基本做法及经验

（一）围绕解决贫困群众温饱问题的奋斗目标，进一步调整思路，强化措施。在继续推广扶贫开发成功经验的同时，仍把扶贫范围由贫困县、攻坚乡转移到以贫困村为主战场，以贫困户为主要对象，集中人力、物力和财力打好攻坚战，在区域布局上，重点突出民族山区、高寒山区、石山区和生存条件恶劣地区。在措施上，全面启动异地开发扶贫，安居、温饱试点工程，小额信贷扶贫等有效措施，实行资金、项目进村入户。在方法上，实行主要领导挂帅，分管领导主抓，专职人员落实，一级抓一级，层层抓落实，实行任务指标责任到人的目标责任制。并建立相应的奖励机制，与部门的工作业绩与考评挂钩，项目的实施效果与资金的分配挂钩。

（二）增加扶贫投入，加强资金管理，确保扶贫攻坚效果。为如期完成国家“八七”扶贫攻坚计划和全省“七七”扶贫攻坚计划，确保实现党中央、国务院扶贫工作既定目标，中央和省都进一步加大资金投入力度，使全省2000年扶贫资金投入总量达28.8亿元，其中，中央投入21.62亿元，省级投入5.71亿元（未含地县配套资金)，外资1.5亿元。在资金管理上，严格执行《云南省扶贫资金管理暂行办法》，按照部门分管负责制，坚持专账核算，专户储存，专款专用，资金跟着项目走。部分项目实行预拨款报账制。在监督管理上，制定了《云南省违反扶贫资金管理办法处理规定》，将以省政府文件下发执行。

(三) 以市场为导向，以抓农村产业结构调整为突破口，促使农民增产增收。根据近年来产品市场疲软，价格走低的现象，各地结合实际进行了农业产品结构的调整。一是以发放农村小额信贷资金作为启动资金，在一些地区实施“公司+基地+农户”的做法，使农产品的流通走向加工、销售一体化的轨道，做到公司有原料，农民有市场。一些地方以农民入股的形式在农村进行股份制经营，以资金或物资作为股份，形成农村经济实体，以实体带动农户，逐步扩大规模，形成规模经济，便于政府进行宏观指导，搞活了农产品市场，使农副产品的销售量有新增加，特别是三季度以后出现新的增长。近年来，烤烟、甘蔗生产不景气，2000年也出现了较好的发展势头。二是在贫困地区大力推广农业科技生产项目，提高粮食单产。三是围绕市场调结构、活流通，各地依托市场，积极生产适销对路的产品，通过签订协议、合同，在农村大力推广订单农业，搞活了农业生产。

(四) 依靠农村基层组织，以解决农民富裕问题为重点，切实抓扶贫到户工作。通过加强基层组织建设，既密切了党群干部关系，又把党在农村的各项方针政策落到实处，特别是小额信贷的中心组活动，既教会农民发展生产，又促进农村精神文明建设，做到两手抓，两手都要硬，创造了良好的发展环境。同时抓住实施西部大开发的历史机遇，在广大贫困地区大搞基础设施建设，创造良好的投资环境，吸引外商投资，解决贫困地区剩余劳动力就业问题，搞活农村经济。

(五) 坚持自力更生为主，外界扶持为辅，依靠群众自身力量改变贫困面貌。云南省立足于自力更生、艰苦奋斗。同时，拓宽扶贫资金渠道，积极争取国际援助与合作。借鉴和学习国际上反贫困的经验，使广大贫困地区做到资金渠道的多样化，项目管理的多元化，更好地适应各地社会经济发展的要求，为我国加入WTO，实现项目管理与国际接轨积累了宝贵经验。

三、存在问题

主要问题是：(1) 扶贫资金监督管理制度还不够完善。拉用、挪用扶贫资金的现象在一些地方仍然存在。特别是小额信贷出现还款率下降问题，领导重视力度不够，有的政策措施难以落到实处。(2) 少数地方对扶贫坚认识不足，重视不够，缺乏有效的措施。部分地、州、市、县对省委、省政府要求配套的资金落实不好，在贯彻扶贫开发工作的有关方针、政策上存在差距。(3) 一些扶贫开发项目基础工作不扎实，调查研究不够，使资金没有真正用于应该使用的地方。有的资金投向与解决温饱问题无关的领域，没有围绕解决群众温饱这个中心来安排，出现不分贫富一起扶的现象。(4) 到上年底全省还有160万贫困人口未解决温饱，且有70%的分布在生态恶劣地区、岩溶地区、高寒冷凉地区，发达地区也还存在着“插花贫困”。(5) 扶贫系统工作艰苦、条件差，办公楼及办公设备简陋问题十分突出，扶贫项目工作经费紧缺，与全省艰巨的扶贫任务不相适应。

云南城乡建设发展述评

云南省建设厅厅长　程政宁

2000年，全省建设工作以工程质量监督管理和城乡规划管理为重点，加快以经济适用住房为主的住宅建设、城市基础设施建设和小城镇建设，稳步推进住房制度改革、城市建设投融资及管理体制改革、勘察设计行业改革、国有企业改革等项改革，全省城乡建设事业发展取得了可喜成绩。

一、城乡建设得到快速发展

（一）抓住机遇，认真做好城乡规划工作，积极推进城镇化步伐。年初，全省城镇建设工作会议后，各地按照会议精神，先后召开了专题会议进行传达贯彻落实，按照《省委省政府关于加快城镇建设的决定》，采取切实措施开展工作。

开展城市规划综合研究。根据省委、省政府的有关要求，完成了“中国西部大开发云南行动计划”有关云南城市化发展课题的研究。并完成了城镇建设特色等研究工作。

城市测绘与勘察方面，完成了玉溪、南伞、文山等城市的地形测量和晋宁、曲靖、云县、凤庆、大姚及昭通地区8个乡镇的城市（镇）测量检查验收工作。共验收地形测量180平方公里，航空摄影测量334平方公里，地形测量中数字化成图占86%。

进一步调整城乡结构。完成了思茅地区、红河州域城镇体系规划，个开蒙城市群规划，大理市、曲靖市、水富县城城市总体规划（修编），姐告边境贸易区控制性详细规划等7个规划成果的审批；完成了对中甸县城、景洪市、玉溪市、昭通市城市总体规划（修编）4个方案的论证评审；完成了14个县城的人口规模、用地规模的核定工作。根据省委、省政府要求，完成了20个市、县的城市规划修订审批工作。完成了盐津县城黄葛槽新区建设、镇康县城搬迁的可行性研究工作。

加强历史文化名城（村、镇）管理。结合建设民族文化大省这一战略目标，开展第二次历史文化名城（村、镇）的调查，初步完成了宾川县州城镇、洱源县凤羽镇、维西县叶枝乡、保山市板桥镇世科村的调查。完成了《广南历史文化名城保护规划》的评审与审批工作。根据省政府批示，接待了全国政协调研组到昆明、丽江、巍山、建水考察国家级历史文化名城的保护规划情况；协助建设部组织欧洲遗产中心的官员到昆明、丽江、大理考察历史文化名城。

积极组织参与了“昆明城市规划建设委员会”成立及工作。完成了“注册城市规划师”认定考试、城市规划设计资格审查认定、理顺城市雕塑市场等项工作。

（二）加快城市基础设施建设。开展了城市供水、排水及污水处理、燃气、绿化、环境卫生及垃圾处理等专项规划，完善省级项目库，加强项目的前期管理工作和监督检查工作。同时积极筹措城市建设资金，全年国家共计补助资金4.029亿元，省内自筹2.3907亿元。

全面启动城市供水“403030”工程（即昆明市掌鸠河40万吨/日引水供水工程，楚雄、曲靖等10城市30万吨/日供水工程和建水、陆良、腾冲等30个县城的30万吨/日供水工程）；以“高原湖泊城市、重点风景名胜城市、经济条件较好的设市城市污水处理率达到70%左右”为目标，城市污水处理工程项目前期工作基本完成；开展重点城市环境卫生及垃圾处理工作；依托市场发展燃气。

城市投融资改革有进展。全省已有40个县以上城市实行了城市供水价格改革，改变了城市供水靠政府单一投入的状态，促进了城市供水产业的良性发展。配合实行垃圾处理收费制度，开展了城市垃圾处理收费量化指导价的调研工作。

加强城市管理。（1）强化城市燃气行业管理，在确保燃气安全供应的同时，积极开展建设昆明燃气二气源工程、开远城市燃气工程技改、曲靖城市燃气工程和保山燃气工程项目前期工作；结合“3·15”，对燃气器具市场进行了整治。（2）加快城市交通建设。配合国家养路费改燃油税的改革，建立了城市道路工程项目库；按照国务院办公厅和省政府办公厅通知要求，成立了由省建设厅、交通厅、财政厅、公安厅、物价局等部门参加的云南省清理整顿城市出租汽车等公共客运交通领导小组，开展了清理整顿工作。（3）以“三江”并流国家级风景名胜区申报为重点，抓好省内国家级风景名胜争创世界品牌的工作；对《云南省风景名胜区管理条例》执行情况进行了检查。（4）创建国家和省级园林城市。根据省政府《关于在全省开展创建园林城市工作的通知》要求，完成了《云南省城市绿化大苗培植科研基地网建设项目》。昆明市、安宁市、开远市、元阳县城、河口县城5个城市被授予云南省首批园林城市称号。

（三）落实小城镇发展战略，促进小城镇建设快速发展。2000年以来，小城镇建设规划步伐加快，全年投入216万元，完成了102个小城镇规划的编制工作，列入重点的小城镇规划修编大部分已完成。加强了规划特别是县域小城镇规划的编制审批工作。

加强重点小城镇基础设施建设，全年共安排小城镇基础设施建设资金8226万元。同时，各地在小城镇基础设施建设中，采取多渠道投资方式，用于小城镇的供水、排水、道路、市场、园林绿化、环卫等基础设施建设，小城镇面貌焕然一新。

按照省委省政府的要求，抓好1000个乡镇一条文明卫生路和一个集贸市场的建设，及时向各地州的乡镇下达了2000年度省财政补助资金。此外，对永胜县、宁蒗县遭受特大冰雹灾害及时进行了现场调查。

加强对小城镇建设的督促检查，组织对1999年安排专项经费的小城镇建设、资金到位及使用、工程质量情况进行了检查。

积极开展村镇工作调查研究。完成了《关于我省小城镇建设的调研报告》，按照省政府领导的要求转发各地。加紧村镇建设管理人员的培训，全年共计培训县和乡镇助理员288人。

（四）认真组织经济适用住房的实施，加快住宅建设步伐。继续稳步发展经济适用住房建设。会同省有关部门下达经济适用住房计划759.812万平方米；参加昆明市经济适用住房开发建设实施及开发单位资格招投标工作。2000年，全省经济适用住房开工面积达538.03万平方米，完成投资37.34亿元，竣工面积550.83万平方米，（预）销售面积498.62万平方米。

积极推进住宅产业化。拟定了云南省城市住宅示范小区、住宅产业化现代化、商品住宅性能认定等实施办法，批准云康园、翠明苑、新世纪村（花园）分别为云南省实施国家康居示范工程预备项目、省生态小区示范和省住宅示范小区预备项目，开展了前期准备工作。

消化空置商品房取得显著效果。审查认定符合享受国家消化空置商品房扶持政策的空置商品房61.33万平方米，按原销售价计销售额为9.034亿元。

2000年，全省房地产业完成投资83.22亿元，其中商品房建设投资68.37亿元；商品房屋施工面积959万平方米，其中住宅711.67万平方米；商品房屋竣工面积426万平方米，其中住宅342.9万平方米；商品房屋销售面积343万平方米，其中住宅为311万平方米；商品房屋销售额为47.85亿元，其中住宅为41.84亿元；全省城镇竣工住宅面积2272万平方米，完成投资127.8亿元。全省设市城市和县城共有住宅建筑面积1.28亿平方米，居住面积6696万平方米，居民人均居住面积达到11.7平方米。

积极发展房地产市场，促成搞活房地产市场一系列政策的出台：简化住房二级市场“准开”审批程序；取消已购公房上市“准入”申请、审批程序；降低了已购公房上市交易税费（综合税率由3.5%降为2%、其他规费减半收取）；经省政府批准，将国家给予消化空置商品的优惠政策时限延长2001年年底；与省财政厅达成一致意见，向省政府报送了《关于盘活单位闲置住房的意见》；降低购买商品房办理蓝印户口时收取的城市配套设施增容费。报经省人大常委会审议通过了《云南省城市房地产开发交易管理条例》。各地住房二级市场开放步伐加快，到年底已有

20余个市县（区）开放了住房二级市场。

加强房地产行业管理。完成全省房地产开发企业的清理换证工作，审定并换发了350余家企业的资质并向社会公告。与省工商行政管理局共同修订了《YJG—98商品房购销合同》文本。根据省委、省政府要求，为改善房地产投资环境，对各地房地产行政主管部门管理程序及办事公开制度等作了明确规定。规范物业管理，进行物业管理公司资质的年检定级和新设立公司的资质审查认定，有170家物业管理公司取得了资质。

加强房地产中介机构的管理。拟定了云南省“房地产经纪机构资质管理规定”及“房产测量机构资质管理规定”，开展房地产评估机构脱钩改制工作，并在部分市、县进行试点。

提高房地产从业人员素质。举办了物业管理部门经理及管理人员、房产测量、房地产评估人员岗位培训班，800余人取得了建设部或省颁发的岗位合格证书。

（五）继续深化住房制度改革，积极引导住房消费。按照国务院和省委、省政府的统一部署，继续深化住房制度改革。一是与财政厅积极协商，统一了全省住房补贴的测算依据和指标口径。二是督促各地加快制定并出台进一步深化城镇住房制度改革实施方案，审核并上报省政府批复了昆明市、玉溪市、曲靖市、大理市、中甸县以及巍山、漾濞县的房改实施方案。

加快公房出售步伐。根据省政府有关文件确定的机关事业单位职工住房补贴面积标准，提出了完善现行房改售房政策的方案，对新老政策衔接和有关配套问题作了明确规定，省委办公厅、省政府办公厅发文各部门执行，保证了房改售房工作的顺利进行。

继续指导并督促各地抓紧已售公房个人档案的建立。全省共发出个人档案册80万套，大多数地方完成了建档工作。

促进企业房改进一步深化。省建设厅、财政厅、经贸委、总工会四部门联合下发了《云南省进一步深化企业住房制度改革指导意见》。

加强住房公积金管理。强化对全省住房公积金管理工作的指导，完成了对全省住房公积金机构和已售公有住房基本情况调查统计；加大住房公积金电算化管理工作推广力度，使实行电算化管理的地、州、市（县）住房公积金中心达到40多个。

（六）积极推进城市建设各项改革，提高城市建设和管理水平。由省建设厅牵头组成考察组，结合城市规划、管理、城市投融资体制改革、城市市政基础设施建设政策、措施、城市管理体制、小城镇促进城乡经济协调发展、管理人才的培养及云南省与上海市在城市规划、建设方面的合作项目等专题，对上海进行考察学习。

探索在昆明、曲靖、玉溪等有条件的城市成立城市建设投资开发总公司，并研究各部门在政策措施上支持城市基础设施建设投融资体制的改革；有计划地推进城市市政公用价格、管理体制改革，建立“政府入资、银行贷资、社会融资、合理计价、有偿使用”投融资体制。

印发了《云南省建设系统进一步改善投资环境，扩大对外开放的若干意见》，在城市规划、小城镇建设、城市基础设施建设、房地产开发经营及物业管理建设等方面提出了放宽城镇规划、建设、管理及运行中的各种限制；放开搞活建筑市场，促进云南建筑业发展；进一步转变政府职能，提高服务水准，为引进外资搞好服务等方面的33条措施。

（七）继续加强法制建设，加快“依法治建”实施步伐。年内省人大颁布了《云南省房地产开发交易管理条例》，省政府批准了《云南省城建档案管理办法》、《云南省建设工程造价管理条例》、《云南省城市绿化管理办法》，上报省政府法制办待出台；《云南省历史名城及城市传统街区保护条例》、《云南省建设工程监理管理条例》、《云南省住房公积金管理条例》、《云南省工程建设抗震设防管理规定》、《〈云南省城市建设管理条例〉实施办法》、《云南省〈城市道路管理条例〉实施办法》、《〈云南省城市供水条例〉实施办法》等法规规章正在调研或已起草待上报。

开展了建设行政执法培训及执法指导监督工作。对3000余名建设行政执法人员进行了培训，其中95%以上的人员通过了执法证的年检。

继续开展“三五”普法工作。开展了《招投标》、《建设工程质量管理条例》、《合同法》、《建筑法》等建设法律法规的普法学习。

做好省人大、省政府有关部门征求意见的法律、行政法规、部门规章草案的答复，办理了

51件人大代表建议和政协委员提案，代表和委员们的满意率达97%以上。根据政协委员提案，制定实施了《太阳能热水器安装、维修企业资质标准和管理办法》，全省已有134家太阳能热水器安装、维修企业纳入规范化管理。

（八）加强党风廉政和精神文明建设。按照省纠风办的部署，在省驻建设系统评议组的帮助下，以全省规划、自来水、城市监察三个行业为重点开展了建设系统行风评议工作。从社会问卷调查情况看，社会对建设各行业行风建设满意率在90%以上。2000年，昆明世博园被中央文明委、建设部、国家旅游局授予“第三批全国文明风景旅游区示范点”，玉溪市环卫站、昆明市佳园小区物业管理公司被建设部授予“全国建设系统文明示范点”；昆明市自来水公司朱智被省委授予“思想政治工作先进个人”称号。

二、“九五”期间是云南省城乡建设事业开拓进取、成绩显著的重要时期

（一）城镇化水平稳步提高。到“九五”末，全省设市城市由原来的17个撤并为15个，省辖市由“八五”的2个增加为3个。全省共有5个地区、8个自治州、3个省辖市、12个县级市、109个县和461个建制镇（含县政府所在地的109个镇）。全省有人口4201.8万人，从事非农产业的城镇人口893.45万人，城镇化水平由“八五”末的18.37%提高到22.0%左右。全省县城以上城市的建成区面积767.27平方公里，形成了“一大”（昆明市）、“三中”（曲靖市、个旧市、大理市）、“十一小”（玉溪市、楚雄市、潞西市、瑞丽市、宣威市、昭通市、思茅市、保山市、景洪市、安宁市、开远市），拥有建制镇461个的城镇结构，城镇体系进一步合理化，城市功能日趋完善。

（二）城市基础设施建设明显加强。“九五”期间，全省城市基础设施建设投资达124.52亿元，新增固定资产87.01亿元，“九五”前四年新增城市自来水日供水能力79.73万吨，城市自来水管道428.81公里，城市污水日处理能力68.5万吨，城市道路扩建面积687.94万平方米，人均城市道路面积8平方米。

到2000年底，全省县城及设市城市日供水总规模达210万吨，比“八五”末增长2倍多；供水普及率达97%，比“八五”期间提高0.9个百分点；城市人均公共绿地面积5.7平方米，建成区绿地率24.97%，绿化覆盖率27.56%；城市燃气用气总人口304.59万人，燃气用气普及率达60.5%；城市粪便垃圾无害化处理率达63.83%，城市基础设施的承载能力大大提高，服务功能得到强化。在中国’99昆明世界园艺博览会期间，昆明等大中城市的市政和环境建设实现了超前发展。

（三）村镇建设步伐加快。建制镇数量稳步增加。小城镇总数由“八五”末的1468个减至1455个，其中建制镇由248个增加到340个(不含县政府所在地的109个镇)；人口由500多万发展到1170万，乡集镇由1220个减至1115个，建制镇占小城镇的比例由16.89%提高到23.27%。

小城镇规划编制与修编率不断提高。全省建制镇总体规划由“八五”末的199个增至301个，完成比例为88.53%；编制乡集镇总体规划由“八五”末的894个增加到980个，完成比例87.63%；调整完成建设规划由“八五”末的167个增加到207个。累计调整建设规划由“八五”末的359个增加到407个，完成比例提高到41.53%；累计编制村庄建设规划由“八五”末的8070个增加到9917个，调整完善建设规划增加到1549个。

省级财政投入逐年加大，村镇公用基础设施不断改善。根据省委有关文件决定，将连续4年，每年建设一条文明卫生路和建一个规范的集贸市场为重点的小城镇建设。1999年四季度，省政府投入小城镇基础设施建设资金4400万元；2000年三、四季度省政府又投入5226万元用于小城镇基础设施建设。1999～2000年，两年中省政府共计投入15626万元，用于317个乡镇建设一条文明卫生路和一个规范的集贸市场；补助18个重点中心小城镇建设，如口岸型小城镇耿马县孟定镇、旅游型小城镇宾川县鸡足山镇等；补助60个乡镇新建扩建和改造自来水厂，累计小城镇自来水厂由“八五”末的182个增加到242个，供水设施（供原水）由496个增加到680个。小城镇市政公用基础设施得到较快改善和发展。

镇域农民和镇区居民的生活环境和质量得到完善和提高。“九五”期间小城镇新建、扩建、改造住宅9658万平方米，有94万户喜迁新居，其中砖木、砖混结构住宅占建房总量的33%左右；人均住房使用面积由“八五”末的18.5平方米增加到20.2平方米；累计公共建筑面积6732万平方米，生产性建筑面积3945万平方米；“九五”期间新增公共建筑面积1852万平方米，生产性建筑面积765万平方米。

小城镇规模不断扩大，功能不断完善。建制镇建成区面积由“八五”末的18535公顷增加到24586公顷，乡集镇建成区面积由“八五”末的29075公顷增加到32924公顷。小城镇的功能已由过去的单一传统农业型逐步发展成口岸型、商贸型、交通枢纽型、综合发展型、旅游型、工矿型和现代农业型等。口岸型小城镇如片马、章凤、姐告、孟定、南伞、天保等已成为对外开放的窗口；旅游型小城镇如喜洲、周城、石鼓、打洛、勐罕、勐仑等已成为中外游客必到的地方。

（四）住宅建设及房地产发展迅速。“九五”期间，是城市住宅建设和房地产业发展的重要历史时期，特别是“九五”后三年，住宅市场化、商品化取得了突破性的进展，房地产业发展取得了长足进步。城市住宅建设实现了国家、地区、企业、个人多元化投资，且个人投资比重明显加大；住宅分散建设得到了有效控制，综合开发、配套建设比例大大提高；住宅分配由实物型开始转向货币化，特别是1998年国家明令停止住房实物分配以后，货币化分配、市场化供应的观念已越来越为人们所接受，住房商品化步伐大大加快；社会化、专业化的住房物业管理体制启动并有良好发展势头。

“九五”期间，全省完成住宅建设投资639.2亿元，竣工住宅建筑面积1.18亿平方米，分别为“八五”期间的5.5倍和4.9倍。到“九五”末期，预计全省设市城市和县城拥有住宅建筑面积1.2亿平方米，人均居住面积11.7平方米，增加了3.1平方米；建成规模在2平方米以上的住宅小区300余个，城市住宅综合开发率达58%，比“八五”期间增长18%；住宅成套率达75%以上，超额完成“九五”计划指标。

“九五”期间，全省房地产业快速发展，由房地产开发经营企业、中介服务机构、物业管理企业为主构成的房地产企业群众体，逐步走向成熟，住宅业已发展成为国民经济新的增长点和支撑点。“九五”期间，全省房地产开发共计完成投资301.6亿元，竣工商品房屋1624万平方米，分别为“八五”期间的4.2倍和2.3倍；商品房屋销售额达到187.2亿元，其中40%以上销售给个人。到2000年底，全省有取得房地产开发资质并经年检合格的房地产开发企业近500家，从业人员10000余人。有取得资质的房地产中介服务机构100余家，其中80%为房地产评估机构，其余为咨询或经纪机构，从业人员700余人。并有取得执业资格的房地产估价师180余人。有物业管理企业近200家，从业人员3000余人。

已购公有住房交易市场开放后，房地产市场日趋完善。据对昆明等5城市的初步统计，共实现交易量500余起，成交面积3万多平方米，成交金额近4000万元。到2000年底，预计全省设市城市和县城房地产买卖成交面积500多万平方米，成交金额69亿元；房屋租赁面积115万平方米，租金收入0.59亿元。

物业管理自90年代初起步以来得到不断发展，其覆盖面已从新建住宅小区向旧有小区延伸；从住宅小区向楼宇和单位自管房屋拓展。全省住宅小区物业管理覆盖面已接近50%。

（五）住房制度改革全面深化。“九五”期间，全面推行住房公积金制度见成效。截至2000年底，全省住房公积金累计归集额达到47亿元，归集余额36亿元，个人支取11亿元，住房公积金个人住房贷款合计6.4亿元，已有50多个地、州、县（市）住房公积金中心实现了住房公积金管理的电算化。

公有住房出售工作迈出了较大步伐。从1996年开始，全省取消了标准价出售公有住房。到2000年底全省城镇已向职工出售公房达6000多万平方米，占存量的90%以上，出售公有住房累计收回资金160亿元。

租金改革稳步推进。2000年新房租金全省平均达1.36元/平方米（使用面积），租金占双职工家庭平均工资的5%左右。

积极建立住房分配货币化的住房新体制。省政府出台的《云南省深化城镇住房制度改革加快住房建设实施方案》、《云南省机关事业单位职工住房补贴暂行办法》两个文件，标志着全省住房制度改革跨入了新的发展阶段。经省政府领导同意，省建设厅牵头制定并出台了《云南省进一步深化国有企业住房制度改革的指导意见》，企业住房分配货币化工作开始起步。昆明、玉溪、曲靖、大理、巍山等一批市、县的住房分配货币化改革方案已经省政府批准；省级机关、昆明市发放住房补贴的工作已经启动。全省房改工作按国务院和省政府要求稳步推进。

（六）风景名胜区建设成绩显著。“九五”期间，全省共有国家级风景名胜区10个，省级风景名胜区50个，国家级历史文化名城5座，省级历史文化名城、名村（镇）5座，丽江古城列入世界文化遗产。“三江”并流国家级风景名胜区申报世界自然遗产工作正式启动。

到“九五”末，全省风景名胜区域面积占全省国土面积达到3.3%，地域从海拔76米到6740米，涵盖了各种气候带，形成了多姿多彩的动物、植物、地质、地貌，特有的边境异国风光、热带雨林、溶洞石林、高原湖泊、冰川雪景、火山地热以及独有的民族文化和民族风情，风景名胜资源在面积、数量、品位三个方面均达到全国第一。

（七）建设法制体系日趋完善，依法治建步入轨道。“九五”期间，《云南省建筑市场管理条例》等10个地方性建设法规规章先后颁布实施，建设法规管理体系进一步得到健全，为规范市场提供了重要的法律保障。

三、存在问题

主要问题：（1）城市规划缺乏严肃性、权威性。城市建设特色不明显。全省城镇化水平仍较低。中小城市发展不充分，特别是县城和小城镇基础设施开发建设严重滞后。（2）城市市政、公用、环卫、园林等基础设施建设仍然满足不了建设发展的需要。主要表现在：城市水资源时空分布不合理，城市排水系统标准和城市污水处理率低，城市生活垃圾围城情况日益严重，城市道路不适应城市交通增长需求。（3）房地产中介服务发育不充分，尚需进一步规范；物业管理尚未进入市场，管理及服务质量不高。（4）城市市政公用基础设施设施投融资体制及管理体制不适应社会主义市场发展的要求。（5）部分地区的和部门的抗震管理工作有待加强。农村地区的抗震工作重视不够。（6）工作中存在思想不够解放、创新意识不强等问题；行风建设还存在薄弱环节，“四难”现象在一些部门和单位仍不同程度地存在。

云南环境保护工作述评

云南省环境保护局局长　吴晓青

一、基本情况

2000年是全省环境保护工作的落实年。江泽民总书记、朱镕基总理等中央领导对云南省资源环境保护工作做了一系列重要指示，国家环保总局领导多次到云南调研指导工作，省委、省政府围绕建设绿色经济强省和民族文化大省，做出了切实加强生态环境保护工作的一系列重要决策。全省自然保护工作取得长足发展；工业污染防治和滇池污染治理力度加大，并取得阶段性成果；“一控双达标”工作圆满完成，全省环境污染恶性化趋势基本得到控制，部分地区生态环境质量有所改善；环境法制建设和环保宣传教育得到加强，环境监测、科研、监理、信息、信访等基础工作进一步加强，环保国际合作与交流不断扩大，促进了全省经济社会的可持续发展。

二、主要工作和措施

（一）认真贯彻落实中央及省人口资源环境工作座谈会精神。中央人口资源环境工作座谈会是促进我国经济和社会可持续发展的一次重要会议，江总书记、朱总理从我国经济和社会发展的战略全局对环保工作提出了明确要求，2000 年 2 月，省委、省政府召开了人口资源环境工作座谈会，省政府领导作了重要讲话，对全省环保工作提出了明确要求，要求各地一定要按照江总书记的要求，党政一把手负总责、亲自抓、亲自调查研究、安排部署，督促检查，真正做到责任、措施、投入三到位，切实抓出成效。座谈会后，全省绝大部分地州市相继召开座谈会贯彻落实省委座谈会精神，及时解决当地环境保护工作中存在的问题已成制度。各地州市党委、政府还采取措施及时解决环境保护工作中存在的问题，昆明市还加大了城市环境综合整治的力度。

（二）“1369”跨世纪绿色工程计划取得显著成效。“1369”跨世纪绿色工程计划是我省“九五”环境保护的主要任务。全省围绕“1369”跨世纪绿色工程计划，实施了一系列环境治理工作，截至 2000 年底，全省 100 家重点工业污染源，共 129 个限期治理项目已完成；安排了城市污水处理及管网工程 36 项，新增城市污水日处理能力 35.5 万吨，超额完成任务，全省已形成了污水处理能力 41 万吨/日；针对六大水系（金沙江、澜沧江、南盘江、红河、怒江、伊洛瓦底江）水污染综合防治，实施了工程造林、封山育林、退耕还林、低效林改造和金沙江流域、西双版纳州全面禁止采伐天然林等工作，完成了澜沧江流域环境规划、南盘江流域水污染防治规划和金沙江流域水污染防治和生态规划，六大水系流域内森林覆盖率逐步回升。以滇池为重点的九大高原湖泊（滇池、洱海、抚仙湖、泸沽湖、阳宗海、程海、杞麓湖、星云湖、异龙湖）水污染综合防治工作取得了阶段性成果，按照国务院批准的《滇池流域水污染防治“九五”计划及 2010 年规划》的要求，建成了 7 座污水处理厂，污水处理规模达 37 万吨/日，完成了盘龙江中段截污、大观河整治、西园隧洞工程；组织开展了滇池治理“零点行动”；完成滇池草海底泥疏浚一期工程，疏浚底泥 424 万立方米；在流域内全面禁止经销和限制使用含磷洗涤用品；列入世行贷款的滇池治理 12 项工程 11 项开工建设。另外 8 个湖泊水污染综合防治工作也全面启动，分别编制了 8 个湖泊的环境规划，有 4 个已经省政府批准，江川县污水处理厂投入运行，澄江、通海污水处理厂竣工；大理、永胜、宁蒗泸沽湖、宜良阳宗海、石屏等污水处理厂及管网正在抓紧实施，杞麓湖清除淤泥 300 万立方米，异龙湖完成了试挖 30 万立方米底泥任务；洱海、星云湖底泥疏浚工程前期工作正在进行；洱海、扶仙湖、阳宗海取消了燃油机动捕鱼船；洱海、抚仙湖、星云湖、杞麓湖和程海、泸沽湖流域内禁止经销和使用含磷洗涤用品；九大高原湖泊均取消了网箱养鱼。2000 年 9 月，省政府在省环保局会同八个省级部门充分调研、论证的基础上，召开了九大高原湖泊水污染防治现场办公会，对九大高原湖泊水污染综合防治作了全面部署，成立了九大高原湖泊水污染综合防治领导小组。并决定本届政府任期最后两年，每年投资 5000 万元专项资金用于九大高原湖泊水污染综合防治。进一步推动了九大高原湖泊水污染防治工作的全面实施。

*（三）加大自然生态环境保护和建设工作力度，生态保护取得较大进展。*按照建设绿色经济强省的要求，全省自然环境保护工作取得进展。国务院正式批准建立了西双版纳纳板河流域和无量山两个国家级自然保护区，同意调整扩大白马雪山国家级自然保护区并将怒江省级自然保护区纳入高黎贡山国家级自然保护区；组织完成了南华大中山省级自然保护区并入哀牢山国家级自然保护区和南滚河国家级保护区扩大范围的论证以及金平分水岭、大围山、珠江源等自然保护区申报建立国家级自然保护区的论证和申报工作；新建腾冲火山热海、曲靖青峰山、易门翠柏等县级自然保护区，“九五”期间，全省新增自然保护区 20 个，新增保护区面积 40 万公顷。截至 2000 年底，全省共建立自然保护区 121 个（其中国家级 8 个、省级 49 个、地州县级 64 个），保护区面积已达 240 万公顷，基本完成了“九五”环保计划确定的自然保护区面积占省国土面积 6.1% 的目标，自然保护区数量位居全国第一。加强对自然保护区的管理，重点抓了大理苍山洱海和西双版纳纳板河自然保护区的有效管理，完成了保护区界标、界桩设立等基础设施建设。生物多样性保护工作得到加强，珍稀物种数量有所增加，滇东北的黑颈鹤数量由 1990 年的 800 余只增加到 1200 多只，无量山保护区的黑长臂猿增加 400 头，白茫雪山自然保护区的滇金

丝猴增加1000多只，西双版纳亚洲象种群数增加到250多头。开展了全省生态环境现状调查，完成了地州市数据收集汇总工作和调查报告的编写；加大了对西双版纳、通海、永平3个生态示范区的管理力度；威信磺区生态恢复初见成效，取缔土法炼硫炉1492座，完成坡改梯1680亩，新造和补造林木5700亩。加大了对“十五小”企业的取缔力度，截至12月20日，全省“十五小”取缔率已达到98.2%。积极开展了宣威市嘉泰精锌厂火法炼锌污染治理技术的扩大试验研究；在全省范围内开展了秸杆禁烧工作；禁止采集和销售发菜、罅滥挖甘草和麻黄草工作得到落实。

（四）污染治理成绩显著，“一控双达标”工作圆满完成。“九五”期间，全省共投入工业污染治理资金17.66亿元，建设工业污染治理项目1021项，基本完成了100家重点工业污染源的限期治理，依法关停污染严重的“十五小”企业1916家，关停率98.2%，淘汰了一批落后的生产工艺、设备。在国民经济快速增长的情况下，实施污染排放总量控制的12种主要污染物的11种控制在国家规定范围内，工业污染对环境的影响有所减弱。2000年底，全省工业废水、废气处理率和固体废物综合利用率分别达到87.3%、84.5%、29.2%，COD、石油类、有毒污染物、工业固体废物、烟尘、二氧化硫排放均有不同程度下降。加大了城市环境综合整治力度，启动了一大批城市环保基础设施，积极治理城市空气污染，建设烟尘控制区，改造城市燃煤锅炉，加大城市绿化力度，昆明、临沧、版纳、文山、思茅5个地州市全面开展了机动车尾气治理，列入国家酸雨和二氧化硫控制区的7个城市制定了二氧化硫防治规划，经同级政府批准，正在组织实施，昆明市实施了禁煤、禁磷、禁鸣行动，积极创建环境噪声达标区。积极推行环境影响评价报告书集体审批制度，成立了省环保局建设项目环境保护审查委员会，建立了责任制和制约机制；拟建了省内第一个建设项目环境影响评价技术评审专家库；建立了建设项目环境管理档案；对环评持证单位进行了年度考核；全省执行“三同时”项目138项，其中新建项目98项，扩建项目20项，技改项目20个，全省“三同时”执行率83.1%，省环保局验收项目6项，“三同时”执行率为100%，地州市为87.5%，县为77.5%。

2000年是全省实现工业污染达标排放的最后期限，也是完成达标排放任务的攻坚和冲刺阶段，云南省把“一控双达标”工作作为全省环境保护工作的重中之重，省政府多次部署，不断加大宣传和执法力度。各级环保部门按照“分三步走”的要求，采取有效措施，反复督察、狠抓落实。省政府成立了省级达标排放领导小组，制定下发了《云南省2000年工业污染达标排放考核实施方案》，省环保局和各地州市政府、环保局也相应成立了领导小组和办公室，制定下发了《监测方案》、《验收计划》、《宣传方案》、《监理方案》，真正做到了领导挂帅、组织落实。省环保局按地州市分片包干抓落实，分三个阶段三次对责任区进行督查，共出动监理人员1881人次，检查企业626家次，对100家重点污染企业实施了专人督办。各地州市环保局将限期治理通知书发到各重点考核企业，做到了“一厂一文”；建立达标排放督办责任制，做到“一人一厂”；制定考核计划及验收监测计划，做到“一厂一策”；及时掌握达标进度，做到了“一月一报”。省政府向社会公布了1042家重点考核企业，省环保局分阶段向社会公布达标、未达标、未动工企业名录，省地州市都建立了达标排放倒计时牌，对污染治理进展缓慢的企业在新闻媒体曝光，接受舆论监督，有效的促进了达标排放进程。省政府及各级环保部门采取贴息贷款、专项治理资金、环保专项资金、排污费返还等多种途径为企业筹措治理资金，80家企业兑现了1596万元贴息，其余9家企业，有4家企业已验收正在办理贴息手续，1家停产、4家企业待验收，截至2001年1月1日零时，全省1042家企业有1038家实现了达标排放，4家关停，达标率为99.6%，圆满完成了党中央、国务院要求的2000年全省工业企业达标排放任务。

（五）环境法制建设和环保宣传教育得到加强。环境法制建设进一步加强。2000年，抓紧完成了《云南省建设项目环境保护管理办法》、《云南省风景名胜区环境管理办法》等环境保护法规、规章的送审报批工作；起草了《云南省机动车尾气污染防治管理办法》、《云南省旅游区环境保护管理办法》；按照省人大要求和省政府安排，对现行的地方性法规、规章和规范性文件进行了集中清理。对昆明市、曲靖市、红河州取缔小土焦进行了督促检查，对怒江、德宏、保山等地州2000年工业企业的达标排放工作进行了监督检查，对滇池流域工业企业达标排放巩固情况进行了抽查；开展了全省环境系统“三五”普法教育；编制《云南省环境保护工作手册》4000套；培训环境保护行政执法人员50多人，规范了执法程序，提高了执法水平。有力推动了全省环境法制化建设。

加大了环境保护宣传力度。继续开展了以“保护绿色”为主题的“2000年云南环保世纪行”活动和纪念“6·5世界环境日”的宣传报道活动；首次采用多媒体形式发布了《云南省1999年环境状况公报》，受到了国家环保总局的认可和社会各界的好评；按照《全国环境宣传教育行动纲要》在全省开展了创建“绿色学校”活动；围绕工业企业达标排放工作开展了广泛的宣传活动，组织编印云南省工业污染源达标排放宣传材料、指导手册、简讯6000多册及时宣传达标排放工作动态；在《云南日报》公告了实现达标排放第一批企业名录，对未动工38家企业进行了点名曝光，有力地促进了达标排放工作；省市各新闻媒体围绕以滇池为重点的九大高原湖泊水污染防治进行了大量宣传报道。

（六）环保投入有较大增长。“九五”期间，抓住中央扩大内需实施积极财政政策的有利时机，多渠道争取资金，建设环保基础设施项目20项，中央支持资金10.9亿元；省与中央配套扩大内需环保基础设施建设项目，补助资金1000万元，为加快“1369”绿色工程计划实施提供了有力的资金支持。截至2000年底，投资规模达到26.24亿元，环保基础设施在建项目遍布10个地州市，取得了长足进展。在全省工业污染源达标排放工作中，各级政府、环保部门和企业主管部门共为企业解决污染治理资金5925万元，直接拉动企业投入2.24亿元用于达标治理，部分地州市人民政府（行政公署）也安排了专项资金用于企业达标治理工作，共补助资金1120.5万元，为加快企业达标排放进程创造了有利条件。“九五”期间累计引进外资用于环境保护的贷款1.55亿美元，赠款1150万美元。

（七）环保科研、监测、监理、信息、档案、信访等基础工作进一步加强。围绕重大环境课题，进一步提高了环保科研水平。滇池蓝藻治理及面源污染控制已获国家科技部支持立项，共投资5000万元进行技术攻关和示范工程；围绕滇池污染治理和“一控双达标”中的技术难题，确定了一批科研项目，进行技术攻关，为工业企业达标排放提供了有力的技术支持。滇池凤眼莲、蓝藻资源化和水生生物净化技术半工业性试验中重要资源参数与资源优化配置研究获1999年度省科技进步三等奖。2000年省环境科研所共承担研究课题141项，课题经费900万元。滇沪环保合作项目已拟定工作计划，正在分步实施。3S（遥感、地理信息系统和全球定位系统）技术广泛应用于环境评价、环境规划、资源调查、动态监测以及生物多样性保护等方面，取得了明显成效。环保系统已建立各级环境监测站90个，监测人员达1096人，已有43个通过国家和省级的计量认证。制订了云南省重点环境监测网络方案。建成了云南省环境信息中心，顺利完成了世行贷款省级环境信息中心国家信息通讯网中卫星通讯的安装、调试等工作。

在坚持“依法、全面、足额”原则的基础上，加强对乡镇企业、第三产业、个体私营企业的排污收费和噪声、固体废弃物等排污因子的收费，在“酸雨控制区”内继续全面开征二氧化硫排污费，全省共征收排污费1.1亿元，完成了年度征收计划。严格实行排污费收支两条线，排污费严格纳入财政预算管理，按规定及时解缴国库，严格按规定使用排污费形成的污染原治理基金、环保科技开发基金和环保补助费。2000年下达省级污染治理专项基金贷款3000万元，1993～2000年省级污染源治理专项基金累计贷款7000多万元，为企业达标排放提供了资金支持。安排省级科技开发基金项目26个，金额88.3万元，安排省级环保补助费项目35个，金额293.5万元。

着重开展了对全省达标排放重点考核工业企业污染治理项目的现场监督检查，对省政府确定的“九五”限期治理项目100家工业企业进行了三轮现场监理，据不完全统计，现场监理企业12500家次，派出人员1000多人次，现场监理企业2000多家，及时掌握了达标排放工作进展情况，为各级环保行政主管部门研究解决难题、部署阶段工作奠定了基础。坚持每月对滇池流域100家重点污染企业的22家进行排污现场监理，监理次数达264家次，出动环境监理192人次，杜绝了污染事故的发生，有效的巩固了滇池流域“零点行动”成果；继续开展了中、高考期间环境噪声污染的现场监理工作，全省出动1000余人次现场巡查，查处违法行为17起、限期整改11起、行政处罚2起、处理投诉113起；组织开展了生态环境保护监理试点工作；目前全省已按国家环境监理规范化要求成立了各级环境监理机构104个，监理支队3个，大队10个，中队2个。开展了环境监理政务公开活动；加强执法证件、标志管理，全省环境监理人员基本做到了持证上岗、亮证执法。

2000年，省环保局共受理省人大代表、政协委员有关环保建议、提案共29件，全部按要求、按规定时间办理完毕；共收到群众来信75件，71件办理完毕，4件正在办理；自2000年6月25日实行“局长接待日”以来，共接待群众来访30起，已办理26起，另外4起正在办理中；配合“一控双达标”工作，2000年12月20日至2001年1月1日，设立了达标排放举报电话，共受理群众举报61件，其中47件已处理完毕。

（八）环境保护对外交流与合作不断扩大。环境保护国际合作日益活跃。中英技术合作《云南环境发展项目》于8月3日两国政府正式签署换文，英国政府将为该项目提供676.6万英磅的无偿援助，项目2001年1月启动实施，周期4年，该项目是至今为止英国最大的对华无偿环保援助项目；争取到世界银行280万美元优惠贷款用于《云南省九大高原湖泊水质监测系统能力建设项目》；荷兰援助《云南省乡镇企业清洁生产审计项目》完成了示范企业的审计报告和清洁生产中期研讨会和终期研讨会；香港乐施会援助《澜沧江—湄公河流域农村扶贫和生态环境恢复示范项目》已在永平县正式启动；亚行援助《湄公河次区域环境管理和消除贫困（第二阶段）》项目和《湄公河次区域环境战略框架》项目已取得积极进展。举办了“中国云南—加拿大蒙特利尔环保技术和投资研讨会”，协办了“云南—奥地利环境保护技术研讨会’、“云南—英国供水和污水处理合作研讨会”、“旅游清洁生产国际研讨会”。组织了20批、55人次出国或出境培训考察；接待了90多个外国政府、国际组织、研究机构、民间团体人员的来访。

三、存在问题

主要问题是：（1）水环境污染突出，六大水系水质污染程度呈加重趋势；九大高原湖泊遭到不同程度的污染。（2）城市环境污染加重，全省主要城市地表水监测断面中水功能达标的仅占26.3%，饮用水源水质呈恶化趋势，几个进行降水酸度监测的主要城市（镇）中，出现酸雨的城镇占67%。（3）水土流失严重，全省水土流失面积14.1万平方公里，占全省国土面积的36.9%，接近全国平均水平。（4）环境污染结构发生变化，生活和农村的面源污染比例呈加大趋势，工业污染比重趋于稳定甚至降低，而面源污染治理要比工业污染治理难度大得多。

云南国土资源管理工作述评

云南省国土资源厅厅长　陈西京

2000年，是云南省国土资源管理体制发生重大变革的一年，也是省国土资源厅成立挂牌，对全省土地、矿产资源实施统一管理的第一年。在省委、省政府的领导下，国土资源系统广大干部职工，以江泽民同志“三个代表”的重要思想为指导，切实贯彻中央人口资源环境工作座谈会和十五届五中全会精神，以建立一支集中统一、责权明确、精简高效、科学合理、廉洁勤政的国土资源管理队伍为目标，做到思想不散、秩序不乱、工作不脱节，在顺利完成省级政府机构改革的同时全面完成了国土资源管理工作任务，主要做了以下工作：

一、依法行政，推进国土资源法制建设

完成了《云南省地质环境保护条例》的起草论证及《云南省土地登记条例》、《云南省土地监察条例》的起草工作。完成了省政府规章《云南省鼓励外商投资勘查开发矿产资源实施办法》的论证和报批工作。清理并修订、废止、保留了一批国土资源的规章及审批事项，部署了《云南省矿山建设用地办法》部门规章的调研、起草工作。

组织督办了一批土地、矿产违纪违法案件，其中10余件申请当地人民法院强制执行，通报了几个典型案例，全省共查处土地违法案件3700件。结合实际，因地制宜开展了国土资源法规的宣传教育和培训。表彰了49个土地执法模范县。“三五”普法教育经上级检查并得到好评。受理和指导地县行政复议案10余件，处理人民来信189件，接待群众上访47批123人次，并及时予以处理，促进了社会稳定。

二、实施国土资源大调查，加强地质环境保护

（一）国土资源大调查取得新的进展。全年争取国家投资2584万元，重点安排固体矿产远景调查项目12项，区域地质调查项目7项。全省共投入地质勘查资金30691.95万元，其中中央财政拨款23740.35万元，完成机械岩心钻探工作量139572米，坑探工作量6932米。通过一年来的工作，取得了一批新的资源勘查成果，查明了个旧老厂、兰坪花坪、蒙自白牛厂、泸水阿维大、巧家松梁、澜沧勐佛、彝良龙街等地的矿产储量。

（二）地质环境保护。“九大高原湖泊”治理列入省政府重要工作议程。全年争取国家投资及省配套资金近1000万元，开展了5个地质灾害多发县灾害评估和岩溶石山贫困地区的扶贫找水工作。应省政府派遣，组织10余次应急地质灾害调查组，及时迅速赶赴盈江、兰坪、永仁、南涧等滑坡、泥石流灾害现场，开展应急勘查以及避险应急方案、防治工程可行性研究。在兰坪县城城南滑坡治理中，为省政府参谋决策，省财政及时拨付500万元专项治理资金。接手和推动省计委移交的国土规划整治后续工作。积极开展矿山环境管理、灾害防治培训工作。年内上报的石林和澄江古生物化石群两个国家级地质公园项目已通过专家评审。

三、开源节流，确保实现耕地占补平衡

配合省委省政府重大决策，保证了重点建设项目用地，出台了支持国企改革脱困和个体私营经济用地的系列鼓励政策，就土地征用程序简化、土地规费征收、禁止搭车乱收费等事项进行了公示，下发了《云南省具体建设项目供地审批办法》。抽调地州土地局16位负责人，组成6个交叉检查组，对省与地州市签订的土地管理目标责任制进行了考核检查。

在全省加快基础设施建设、城镇化建设的前提下，实现了耕地占补平衡，补大于占。（1）保障建设用地，全年审批用地12.36万亩，其中耕地6.925万亩。通过盘活存量土地、实行旧城旧村改造等工作，尽量少占耕地。全年共盘活存量土地17197亩。收取新增建设用地有偿使用费1亿多元，为土地开发整理项目实施提供了必要资金。（2）加大土地开发整理力度。省政府召开了全省土地开发整理工作会议，出台了云南省土地开发整理办法和项目技术要求等系列文件。组织专门班子，论证和上报了第一批8个土地开发整理项目，获国土资源部批准，并争取到国家专项投资3000万元。全年开发整理增加耕地31.42万亩。

四、积极推进土地有偿使用，深化土地使用制度改革

充分发挥市场在土地资源配置中的基础性作用，垄断土地一级市场，规范二级市场，加大土地有形市场建立的力度。进一步加大国有土地使用权出让力度，993个乡镇开展了“两小出让”，全省有偿出让土地12184宗，16242.3亩，收取出让金82990万元，其中拍卖6970宗，2505亩，收取出让金40460万元，拍卖面积占小城镇出让土地面积的41.5%，为耕地开发和小城镇建设提供了资金支持。

进一步规范企业改革中的土地处置工作。共

为796家企业评估、确认和处置土地1819宗，面积21735亩，总值117424万元。其中：以出让方式处置1375宗，面积12721亩，价格56453万元；租赁10宗，面积121亩，价格2150万元；作价出资（入股）118宗，面积2328亩，价格58821万元；保留划拨316宗，面积6565亩。

规范土地使用权流转，全年共转让土地6314宗，面积158480亩，转让收入28739.47万元；出租16580宗，面积2848.5亩，收取租金3864.94万元；抵押12607宗，面积125146.35亩，实现抵押权金额36.6358亿元。

五、巩固矿业秩序全面好转成果，促进矿产经济结构调整

在“全面好转”基础上，经省政府批准，拟定并部署了“根本好转”的两年目标任务。结合煤炭关井压产和矿产勘查、开采两证换发，又关闭了一批无证开采或开采浪费资源、破坏生态、安全措施差的小矿山；协助地方政府处理了建水锰矿、会泽铅锌矿等一批矿山纠纷；配合国土资源部妥善处理了位于川滇交界处的永仁纳拉煤矿问题；在地州和矿山主管部门、企业的积极努力下，个旧、会泽两地矿山的一体经营有望实施。

在国家矿产资源产业政策调整的宏观指导下，通过持续不懈的治理整顿，全省矿业经济结构逐步得到调整。至年底，全省矿山总数由7695个减少到5660多个，而矿业经济却保持了快速发展的好势头，为全省GDP增长作了突出贡献。完成了矿产资源补偿费收缴入库1650万元的任务，勘查和采矿许可证换发证率分别达100%和90%以上。

六、改善投资环境，开拓“两个市场”

云南作为国土资源部矿业对外开放试点省，在授权审批发放外商“两证”后，又授权云南省对外商勘探成果和矿产储量的评审认定权。国土资源部、省政府与加拿大政府联合在昆明召开了“中加矿业合作研讨会”，部省联合召开了“实施矿业‘走出去’战略昆明座谈会”。中央电视台4频道《中国报道》专题采访报道了云南矿业对外开放的政策实践。

2000年，是国际跨国矿业公司进入云南省，投资风险勘探和联合开发，云南省企业“走出去”参与东南亚矿业开发取得突破性进展的一年。在中央领导、部委和省委省政府领导的关注、直接推进下，英国比利顿公司出资5亿美元，先期可研投资1900万美元的兰坪铅锌矿合资开发项目已启动；澳大利亚西部矿业公司先期投资800万美元和金平镍矿勘探项目已取得阶段性勘查成果，全年多家外国公司投资云南省风险勘查资金约1500万美元。云南地矿工程勘查公司（集团）作为业主的老挝万象钾盐勘探和开发项目已进入前期工作阶段。该项目已争取到国家发展计划委员会、财政部投资及云南省配套资金共约5000万元。

继续致力于矿业投资软硬件环境建设，加大对外商投资矿业全过程主动服务的力度。利用省政府建设“外资服务楼”之机，设立窗口，完善和简化审批手续，提高办事效率，取得了一些初步成效，也得到外商的信赖和赞许。

七、实施机构改革，加强班子和队伍建设

2000年是我省国土资源管理体制进行重大调整改革的一年。自6月份新班子组建以后，在省委、省政府的领导下，厅党组着力巩固扩大“三讲”教育成果，狠抓思想作风建设，在机构分流、合并、重组的考验下，做到波澜不惊，平稳过渡。顺利完成了地矿厅与地矿局的人财物分割，地矿与土地、测绘等部门的合并，计委国土职能的移交，厅“三定”方案的实施和办公场所的搬迁。就办事议事程序、廉政建设目标责任制、人事劳动管理、实行政务公开、机关财务管理等修订和实施了一系列机关建设的规章制度，保障了厅机关工作有序健康地运行。

八、存在问题

主要问题是：（1）云南省面临人口增长较快，基础设施建设及城镇化水平较低而未来对土地需求量大、需生态退耕300万亩双重压力，加之原来耕地质量不高，中低产田约占80%，未来粮食和土地供求前景不容乐观。（2）云南省地质矿产勘查呈逐年萎缩趋势，部分老矿山面临资源枯竭闭坑，后续接替基地难以为继。矿产资源和矿业经济结构性问题突出，粗放经营，对资源的耗费和生态环境的负面影响等深层次矛盾短期难以根本解决。地质灾害呈现多发趋势。（3）国土资源管理体制没有完全理顺，市场配置国土资源的基础作用没有得到充分发挥。

云南地质矿产勘查开发工作述评

云南省地矿局局长　李晓明

“九五”期间，云南省地矿局按照党的十五大精神，以“建立新体制、经济上台阶、同步进小康”为目标，加强地质勘查工作，稳步实施战略性结构调整，大力培植主导产业，放开搞活小企业，初步建立起以矿产勘查开发为主导产业，工勘施工、旅游和外经贸业为支柱的产业格局，保持了地勘经济持续、稳定发展的良好势头，各方面工作取得显著成绩。

一、地勘经济平稳发展，经济实力进一步增强

“九五”期间，全局累计实现总收入29.8亿元，年均增长9.2%，比“八五”翻了一番。其中约2/3来自经营性收入。生产增加值9.3亿元，比“八五”增长88.8%，年均增长10.5%。年均节约与收益540万元。基本建设投资2.4亿元，完成竣工面积26.5万平方米，其中职工住宅建设投资1.45亿元（国拨0.25亿元，职工集资和单位自筹1.2亿元），完成职工住宅面积21.4万平方米。全局97%的带眷户住进了套房，“九五”安居计划已全面完成。“九五”末，全局资产总量8.5亿元，其中净资产3.3亿元，分别比“八五”末增长54%和32%。资产负债率由“八五”末的55.2%降到“九五”末的50%。职工年均收入6928元，比“八五”增加1351元。

2000年，全局完成总收入6.63亿元，比上年增长1.4%，其中预算内2.27亿元（含地质调查1876万元，地方及其它拨款902万元）。生产增加值2.1亿元，利润578万元。

（一）地质找矿和科研获得一批重要成果。“九五”期间，新发现矿产地32处，尤其是实施“三江特别找矿计划”以来，德钦羊拉铜矿、兰坪白秧坪铜多金属矿、思茅大平掌铜多金属矿、腾冲老厂坪子铜多金属矿等获得重要成果。白秧坪地区银矿远景储量达7000吨；“三江”南段取得以南汀河、南角河多金属矿为代表的找矿新成果。“九五”新增储量：铜57万吨、铅锌248万吨、锡3万吨、金45吨、银5500吨、硫铁矿2300万吨。区域地质调查、水工环地质工作及信息建设已全面完成计划。这些成果的取得，为国家和省实施“西部大开发”提供了矿产资源战略储备，为省地矿局“十五”矿产勘查开发业的发展奠定了良好基础。

岩溶石山地区扶贫找水工程取得重大进展。在昭通、文山地区施工的探采结合井，出水量大，在文山柳井开发了一条流量为2900多立方米/日的暗河，有效解决了当地群众的饮水困难。“九五”期间，由省、部、局共同出资建立的地勘扶贫基金，总计投资6000万元，完成79项勘查项目，成果突出，社会效益和经济效益显著，为贫困地区脱贫致富作出了贡献。

五年来，找矿及科研项目获得省、部级奖励48项。“非金属矿在造纸中的应用”、“金宝山低品位铂钯矿资源综合利用”、“硅灰石部分替代木浆造纸扩大试验”等一批科技攻关和科技成果产业化项目获得了重要成果。非金属矿中试基地顺利建成。以“澄江动物化石群研究”、“高原湖泊研究”为代表的基础地学研究取得新的进展。信息系统建设取得新成果。全省1/50万数字地质图、1/20万化探数据库和1/100万重力数据库已基本建成，为数字国土工程打下了良好基础。

（二）初步建立“三大产业”格局。矿产勘查开发业，在全局经济中的主导地位日益明显。五年中探明矿产形成探矿权资产价值近2.7亿元，以黄金和其它高效益矿种的开发累计完成收入2.7亿元，生产黄金2660公斤。一批骨干矿

山相继建成投产，为今后发展奠定了基础。

2000年，全省国土资源大调查取得可喜成果。羊拉里仁卡发现了规模较大的铅锌矿体，估算铅锌远景资源量90余万吨；老厂坪子、南汀河芦子园外围发现蚀变花岗岩型锡矿、富锰银矿和远景规模在中型以上的小干沟金矿；金平—绿春项目，新发现4个原生金矿体，估算金资源量大型以上。区域地质调查、区域物化探及岩溶石山地区地下水资源勘查与环境地质调查取得了一批成果。

对外合作不断扩大。五年来与多家国际矿业公司签订风险地质勘查合同金额2750万美元，其中到位617万美元。赴老挝勘查开发钾盐项目，已经国家计委批准，开始启动运作。

工勘施工业，已成为局的支柱产业。五年累计实现总收入11.9亿元，占全局经济总量的34%，是“八五”5亿元的2.4倍，年均增长7.1%。在发挥优势、开拓市场、大力引进新技术、新工艺，更新设备，拓展服务领域，寻找新的增量等方面，取得了新成绩。

旅游和外经贸业，已形成一定规模。其中，外经贸进出口额由1995年的5215万元增加到2000年的7200万元，展现出良好的增长势头。

（三）加强管理，提高经济运行质量。实施增资减债取得明显效果。1998年以来全局的银行贷款从1.11亿元降低到5700万元。五年来，各单位努力加强以财务为核心的各项管理，加强内部审计和经济监督。重视安全教育和督查，杜绝了特大事故和重特大火灾事故的发生，控制和减少了重大事故和一般事故的发生，保持了全局安全生产平稳态势。

二、地勘体制改革取得重要进展

实现了地勘管理体制属地化和政事分开。按照国务院关于地质勘查队伍管理体制改革精神，1999年7月9日，国土资源部与云南省政府签署了《地质勘查队伍属地化管理会商纪要》，顺利完成了队伍属地化管理，保持了地勘队伍稳定。按照政事分开原则，在2000年省级党政机关机构改革中，对省地质矿产厅与省地质矿产勘查开发局合一的管理体制进行了彻底改革。新组建的省地矿局，按照精简效能原则完成“三定”工作，实现了机关机构改革平稳过渡。

地勘经济结构的战略性调整取得初步成效。“九五”期间，以产权制度改革为突破口，在清产核资、界定产权、剥离社会职能、放开搞活小企业等方面做了大量基础性工作。改革地勘投资政策，实行地质事业费与地勘投资分开运行，将部分地勘投资实行资本运营。实行商业性地质勘查与公益性地质勘查分体运行，组建了具独立事业法人地位的地调院。按照产业关联或地域关联原则，先后完成了8个地勘单位的合并重组。有效控制了全局队伍规模，在职职工总数从“八五”末的11967人减为“九五”末的9999人，年均递减3.3%。

“三项制度”改革方面，全局98%的职工签订了劳动合同。近2000名下（待）岗职工，通过签订“留职协议”、“待岗协议”规范了关系。打破干部工人身份界限，在引入竞争机制、实行聘任制等方面进行了有益尝试。以岗位工资为主的分配制度逐步在各单位推开，初步形成了个人劳动报酬与劳动贡献相结合的分配机制。

实施“人才工程”。“九五”期间，以岗位培训为重点，培训了各类干部5300人次，有964人参加了成人高等学历教育。有计划地培养了一批博士、硕士等复合型人才和地学类、经济类专业技术人才。继续推进普教社会化，相继撤销了一批队办学校，减轻地勘单位办社会的压力。

社会保障工作顺势推进。1996年7月全局整体参加了省级机关事业单位的养老保险和失业保险，建立起全局养老保险金缴纳、给付的社会保障机制，确保全局9000多离退休金的按时发放。随着地州市医疗保险逐步启动，一大队等8个单位已相继参加了当地医疗保险，取得了较好效果。

三、党的建设和精神文明建设取得新成绩

“九五”期间，全局以党的十五大精神和江泽民同志“三个代表”的重要思想为指导，围绕地勘经济改革发展的中心工作，坚持两个文明一起抓，加强党的建设和精神文明建设，为“九五”任务完成提供了政治保证和精神动力。通过“三讲”教育，有效地促进了领导班子和领导干部的思想、作风建设。坚持开展创建“五好”班子活动，建立队处级干部理论学习考核办法，大力推进干部制度改革，加大干部新老交替力度，坚持能上能下。各级党组织积极探索新形势下党建工作新途径。健全党委工作制度，推行党员民

主评议制度，实行支部工作目标管理，重视党员队伍建设，有效促进了党建工作。加强党的领导，充分发挥工会、共青团的作用。坚持职代会制度，推行队（厂）务公开制度，促进和强化了民主监督和民主参与意识。关心职工生活，建立送温暖基金，努力抓好解困送温暖工程。开展“争先创优”活动，涌现出了一大批先进单位和个人。

云南煤炭工业发展述评

云南煤矿安全监察局局长
云南省煤炭工业局局长　周世贵

2000年，全省煤炭工业广大干部和职工进一步解放思想，更新观念，努力推进煤炭企业的改革和发展，不断加快经济结构调整，以市场为导向，以经济效益为中心，强化内部管理，全面落实扭亏脱困责任目标，大力发展多种经营、第三产业和非公有制经济，实施科教兴煤，加强行业管理，继续抓好关井压产，整顿煤炭经济秩序工作，加大安全监察执法力度，完成了煤炭工业管理体制的改革，各项工作取得了一定成绩，其本保持了职工队伍和矿区的稳定。

一、经济平稳运行，目标全面实现

2000年，全省共生产原煤2215.6万吨，同比下降16.80%。其中，省煤炭局直属煤矿生产281.34万吨，同比增长3.54%；省监狱管理局属煤矿生产471.91万吨，同比下降11%；地县国有煤矿生产206.73万吨，同比增长5.4%；乡镇煤矿生产1255.65万吨，同比下降24.6%。“九五”原煤生产总量比“八五”净增1990.43万吨，增长16.2%。

全省生产洗精煤208.25万吨，比上年增长4.36%。“九五”洗精煤总量比“八五”净增319.68万吨，增长44.12%。

省煤炭局直属煤炭企业工业总产值（现行价）完成6.83亿元，同比增长10.91%。

商品煤销量，省煤炭局直属煤矿完成232.22万吨，同比增长6.81%。其中，省内销量比上年同期增长1.82%；省外销量比上年同期增长4.99%。产品销售率达104.01%，同比增长6.01%。

省煤炭局与省政府签订的4项经济考核目标全面实现。工业总产值考核指标38500万元，实际完成38687.25万元，完成考核指标的100.75%，产销率考核指标为98%，实际为104.01%，超考核指标6.01%；利润考核指标为亏损740万元，实际亏损700万元，比考核指标减亏40万元；成本费用利润率考核指标为-1.3%，实际完成-1.29%，比考核指标下降0.01个百分点。

二、关井压产取得成效，依法办矿意识增强

2000年国家下达达云南省煤炭行业关井压产任务是：关井1015处，总量控制指标为1936万吨。年末，全省共关闭非法开采、布局不合理和不具备基本安全生产条件的小煤矿1106处，完成关井任务的108.79%；生产原煤2215.61万吨，扣除曲靖电厂、阳宗海电厂专供煤外，完成了国家下达的总量控制指标。经过整顿煤炭经营秩序，全省共取缔非法煤焦经营企业132户，换发“煤炭经营资格证”153户，新办证12户。通过关井压产、总量控制和煤炭经营秩序的整顿，全省小煤矿随意布点、越层越界、私挖滥采和煤炭经营秩序混乱的现象得到一定程度的遏制；办矿秩序、生产秩序和经营秩序有了明显好转，依法办矿，依法治矿意识逐步增强。

三、结构调整步伐加快，企业改革持续深入

2000年，全省煤炭工业对组织结构、产业结构、产品结构和所有制结构加快了调整步伐。按照减人提效、下岗分流的原则，大量精减了非生产人员和管理人员；大胆进行了跨地区、跨行业的企业联合，省、地、县部分国有煤炭企业分别组建了一批集团公司、有限责任公司，煤炭企业组织结构发生了重大变化。按照“有进有退”和退二进一、退二进三的原则进行了产业结构调整，加快了一、三产业的发展，完成综合利用多经项目19个，主要产品生产能力已初具规模。积极探索公有制的多种实现形式，大力发展矿区非公有制经济并取得了新的突破，局属单位从事非公有制经济人员达1436人，年经营额达6000多万元。

全省煤炭企业改革持续深入。建立现代企业制度工作取得初步成效。后所煤矿采取分离式改制方法已初步建立了现代企业制度，昆明煤机总厂和省煤炭供销总公司改制方案已完成，部分单位完成了股份制改制工作，部分地县国有煤炭企业的改革、改制力度加大，效果显著。组建职工持股会工作不断推进，省煤炭局直属企业已有11户建立了职工持股会，积极参与公司制改造。直属企业二级单位已有36户完成或正在进行股份制、股份合作制改造。煤炭事业单位改革步伐加快，关闭破产工作稳步推进。来宾煤矿破产工作已进入法律秩序，羊场、田坝、一平浪煤矿局部破产项目的前期工作已基本完成。

四、“多经”“三产”得到巩固，综合利用成效显著

2000年，省煤炭局直属煤炭企业多种经营、第三产业总产值达到4.36亿元，已形成了电力、化工、冶金、建筑、建材、商贸、宾馆、旅游及养殖、种植等多种产业，全省煤炭行业从事多经三产人员达10000余人。煤炭企业充分利用煤矸石、剥离废弃物及粉煤灰等生产矸石砖、陶粒砌块、水泥等建筑材料，既保护了资源又减少了环境污染。这些综合利用产品，通过了云南省资源综合利用认定委员会的认定，并享受到国家免税的优惠政策。

五、强化企业管理，促进扭亏脱困

2000年，牛绍尧副省长对局属煤炭企业提出了“扭五、减三、破一”的扭亏脱困目标，并将羊场、田坝两矿列入全省64户重点脱困企业。省煤炭厅局党组积极向省政府和国家煤炭管理部门争取到了政策和资金上的支持和扶持，为企业的扭亏脱困创造了必要的外部条件；每个厅领导都明确了对口联系帮扶的企业，深入企业调研，现场办公，帮助企业研究解决困难的措施和办法；狠抓市场营销和货款回收。经过多方努力，牛绍尧副省长要求“扭五、减三、破一”的目标，除羊场、田坝煤矿未完成扭亏目标外，其余目标全部实现。

六、地勘基建成效明显，重点项目进展顺利

2000年，省煤田地质局共提交地质报告8件；合作科研报告2件；提交各级新增地质储量9000余万吨。完成一类地勘项目1个，二类地勘项目1个，三类及社会地质项目13个。组建了省煤田地质勘察院，将以独立法人身份承担全省煤田地质工作。

1996～2000年，全省完成煤炭基本建设投资13.46亿元。由国家投资建设的兴云煤矿已经省级验收合格，正式移交生产。先锋褐煤液化、老厂白龙山矿井、恩洪矿区洗煤厂和滇东煤层气开发等重点项目前期准备工作进展顺利。全省煤炭工业“十五”发展计划和中长期发展规划已编制完成。

七、安全工作力度加大，煤矿安全监察体制改革顺利完成

2000年，全省煤炭企业及其主管部门认真贯彻落实“安全第一，预防为主”的安全生产方针，把安全工作列入了各级领导的重要议事日程，建立健全了安全生产责任制，实行了严格的安全目标管理和重奖重罚制度，严格执行安全生产法律法规，不间断地进行安全生产大检查和事故查处。开展了质量标准化和各种安全生产竞赛活动，加大了职工安全教育和安全技术培训力度。同时，按照国务院对煤矿安全管理体制改革的要求，对煤矿安全管理体制进行了改革。原云南煤炭工业管理局已改组为云南煤矿安全监察局，并组建了曲靖、红河、大理3个煤矿安全监察办事处，加大了安全监察执法力度。尽管做了大量工作，但总体效果不够理想。2000年全省煤炭企业原煤生产百万吨死亡率达10.69人，其

中，局直属煤炭企业百万吨死亡率12.5人，已严重超标；千人死亡率和千人重伤率分别比考核指标下降0.285人和0.423人；地县国有煤矿百万吨死亡率达4.35人；乡镇煤矿百万吨死亡率达15.05人，其中无证矿百万吨死亡率高达37.03人。虽然恩洪煤矿、一平浪煤矿和宣威煤炭局等一批单位实现了安全生产，但安全总体形势仍然十分严峻。

八、职工生活有所改善，住房小康基本实现

2000年，全省煤炭工业企事业单位努力发展生产，千方百计提高企业经济效益，努力增加职工收入，提高职工生活水平。积极稳妥地推进职工住房改革，全面治理矿区脏、乱、差的状况，广泛开展植树造林、绿化美化矿区生活环境，职工生活质量有了明显提高。到2000年末，在职职工人均年收达7607元，比“八五”末净增了2080元；省煤炭局直属单位人均居住面积达8.04平方米，成套率达61%以上，职工物质文化生活、文化娱乐设施、居住环境均有明显改善。

九、党的建设不断加强，精神文明建设成果显著

2000年，全省煤炭行业各级党组织面对煤炭行业改革发展的新形势，坚持从实际出发，不断加强企业党的基层组织建设、思想建设、作风建设和党风兼政建设；加强和改进了职工思想政治工作；开展了“三讲”教育回头看活动；广泛开展了精神文明创建活动、形势教育活动、职工文化体育娱乐活动、送温暖活动等群众性活动、为全省煤炭工业“九五”计划的顺利完成提供了有力的精神动力和组织保障。

十、存在问题。

和要问题是：（1）煤炭经济运行困难，成本高、价格低、效益差，发展后劲不足。国有重点煤炭企业总产量比重小，结构矛盾突出；小煤窑低水平重复建设禁而不止，生产技改投入不足，接续紧张；深加工程度低，煤炭产品单一。（2）安全投入不足，生产隐患多，事故频发。（3）煤炭企业社会负担重，承受能力差，非营业性支出高，生产经营举步维艰。（4）企业养老保险缴费比例高，基金来源过窄，基金缺口较大。（5）思想解放不够，观念转变滞后，创新意识不强，改革力度不大。（6）思想政治工作难度大，稳定压力大，职工队伍素质普遍偏低，队伍难以稳定。（7）职工收入水平低，贫困面逐年增长，2000年末，局直属单位还有5368户职工生活水平低于城镇居民最低生活保障线。

云南电力工业发展述评

云南省电力工业局局长
云南电力集团公司总经理　肖　鹏

2000年，云南电力集团公司按照实施“两个战略”、狠抓“一个管理年”和落实“三项责任制”的要求，积极推进西电东送，不断深化电力改革，努力提高企业管理水平和经济效益，大力加强党的建设和精神文明建设，实现了预期目标，胜利完成“九五”计划的各项任务，为新世纪云南电力工业的发展奠定了基础。

一、全面完成电力生产、建设和经营任务

（一）实现资产经营考核目标。2000年，云南电力集团公司售电量198.31亿千瓦时，同比增长4.15%（其中省内196.7亿千瓦时，同比增长7.03%）。预计产品销售收入51.98亿元，同比增长8.1%；销售成本48.92亿元，同比上升11.18%；电费回收率100%。与国家电力公司考核指标相比，实现利润总额 3.1463 亿元，超额 4463 万元；完成资产保值增值率 102.94%，高于指标 0.85 个百分点；完成投资收益率 5.94%，高于指标 0.85 个百分点；完成资产负债率 49.72%；低于指标 6.13 个百分点；上交投资收益 7500 万元；应收电费余额 24235 万元，完成了指标。

（二）电力生产实现安全经济运行。2000 年云南省电网完成发电量 208.92 亿千瓦时，同比下降 0.54%；供电煤耗率 409 克/千瓦时，同比降低 8 克/千瓦时。其中云南电力集团公司直属电厂发电量 103.22 亿千瓦时，同比下降 9.55%；供电煤耗率 433 克/千瓦时，同比降低 18 克/千瓦时。电网供电线损率 6.12%，同比降低 0.87 个百分点；电网频率合格率 99.97%，监测点电压合格率 99.26%；10 千伏系统用户供电可靠率 99.75%。电网未发生特大事故和大面积停电事故；一般设备事故 13 次，比上年减少 12 次。

2000 年云南省汛期来水较好，云南电力集团公司实行“以水补火”办法，充分利用来水多发水电，合理调控系统内水火电出力，完成了各独立电厂购售电合同，取得了较好的经济效益。积极推进技术改造，网内无人值班变电站已达 115 座，大寨电厂和以礼河二级电站进入无人值班（少人值守）试运行阶段，小龙潭电厂脱硫改造工程已进入试运行，公司系统各火电厂全部实现达标排放。各发供电单位加强生产基础管理和安全管理，电网保持安全稳定运行，圆满完成了昆明国际旅游节、花卉节及中国民营企业交易会等重要保供电任务。

（三）电力建设再创新成绩。2000 年，云南省电网大中型电力项目及城乡电网建设计划投资 54.99 亿元，完成投资 45.62 亿元（其中电源 24.62 亿元，电网 21 亿元），同比增长 21.99%，其中集团公司所属项目完成投资 24.47 亿元。电网投产新增 110 千伏和 220 千伏变电容量 85.3 万千伏安、输电线路 858 公里。

2000 年，各单位认真落实电力建设“四十八字”方针，狠抓安全和质量管理，保证了各项工程顺利进行。宣威电厂五期扩建 8 号机组实现并网发电，螺丝湾电站通过竣工验收，大朝山电站工程完成进度计划。电网建设加快步伐，完成了 500 千伏宝峰变电站土建工程，实现了大昆南回线路工程全线开工，建成投产了 3 座 220 千伏变电站和 10 座 110 千伏变电站。

城乡电网建设改造积极推进。昆明、玉溪、曲靖城网建设改造工程全面开展，完成投资 4.52 亿元，为下达计划的 100%；昆明城网改造取得明显成效，被列为全国 13 个竣工城市之一。农网建设改造完成投资 10.83 亿元，为下达计划的 60.7%，累计完成投资 23.43 亿元，首批 20 个重点县农网建设改造工程已通过省级验收，40 个计划竣工县投资完成过半。迪庆州电网和怒江州兰坪县电网与省电网并网运行，电网延伸取得进展。

（四）多种经营实施战略调整取得成效。2000 年，云南电力集团公司系统多种经营完成总收入 23 亿元。年内，集团公司加强多种经营的领导，推进“两个层次”协调发展，加快推进多经企业资产重组和股份制改造，23 个单位的资产重组、改制方案和 18 个单位的职工持股会方案已获批准。调整多种产业投资结构，开展资本运营，加大投资力度，组建了洋浦耀龙、云电光彩等专业公司，参与投资云南高新企业，架构新的发展平台取得进展。昆明供电局多经收入达 6.5 亿元，滇东、个旧供电（业）局和滇能公司多经收入超过亿元。

二、推进西电东送工作取得重大进展

为贯彻落实党中央西部大开发战略，推进西电东送，2000 年 8 月 3 日云南与广东两省政府签署了“云电送粤”协议书，9 月 30 日云南省政府与国家电力公司签署了《关于进一步加快云南电力发展，实施西电东送战略的会谈纪要》。11 月 16 日云南省委六届十一次全会正式提出把以水电为主的电力产业培育和发展成为云南省新的支柱产业。

根据上述《协议》、《纪要》和国家电力公司、省委、省政府的要求，公司认真调研，积极会同省计委等部门，根据市场导向和省培育支柱产业的决策，初步形成了云南西电东送的总体思路，积极工作，取得成效。（1）进一步研究、调整了云南省原上报的电力“十五”计划及 2010 年远景规划，对原定电源项目及相应电网项目重新进行了安排，得到了国电公司和省委、省政府的肯定。（2）电力项目前期工作取得重大进展：

2000年10月27日《云南澜沧江水电开发有限公司发起人协议书》正式签署，并通过公司章程。小湾电站列为我省实施西部开发战略的首选项目，并经国务院同意，国家计委正式批准立项，电站场地“五通一平”工程已全面开展，为2001年开工奠定了基础。曲靖电厂二期和开远电厂已签订投资协议书，可研报告已通过电规院预审查。宣威电厂六期、滇东电厂前期工作正抓紧进行。糯扎渡电站可研工作完成计划进度；景洪电站已签署中泰投资协议书，向泰国送电初可研已通过国家电力公司审查。(3)加强与国家计委、国家电力公司等多方的联系，获得广泛支持；加强与南方公司、周边省区及广东的沟通理解，形成共识，促进合作，协商落实云电送粤协议。(4)云南西电东送工程进入实施阶段，经国家计委批准，11月5日云南宝峰—罗平500千伏输变电工程正式开工，揭开了云南西电东送建设的序幕。

三、认真落实责任制，开展“管理年”活动取得成效

（一）积极推进管理创新，公司发展战略研究取得初步成果。完成了公司总体战略及9个子战略征求意见稿。电力法制化管理工作取得进展，《云南省查处窃电行为条例》经省人大常委会通过并颁布实施。

（二）强化资产经营责任制，推行全面预算管理，努力提高经济效益。加大售电量、成本、利润、电费回收指标考核力度，成本得到有效控制，财务费用下降41.56%，全员劳动生产率11.74万元/人·年，年增长10.5%。实施内部审计体制改革，加强审计监督，查处违规金额1069.5万元，核减工程造价929.3万元。

（三）强化安全责任制，推行安全目标管理。以安全性评价、可靠性管理和现场安全设施标准化为重点，安全生产管理取得一定成效。电力生产无人身死亡事故，一般设备事故13次，为历年最低。全公司29个发供电单位有23个实现公司安全目标，有5个实现国家电力公司安全目标。集团公司实现了与省政府签定的安全目标。

（四）加强市场营销服务管理，狠抓电费回收工作。积极开展电力营销宣传和优质服务活动，加快一户一表工程，简化程序，受理报装业务10.28万户。按照省政府要求，对部分黄磷、有色、冶金企业实行让利优惠预计1.43亿元，在企业效益受损的情况下，促进了省内经济发展。开展营业普查，追收电费及违约费1225万元。加大电费回收考核力度，大力抑制欠费上升，实现当年电费结零。

（五）深化达标创一流工作，科技、教育取得成效。坚持以人为本、以设备整治为基础，大力推进达标创一流工作，滇东电业局、个旧供电局被国家电力公司命名为一流供电企业。积极推进科技创新，建立了公司技术中心，完成了漫湾、鲁布革计算机监控系统升级改造、云南电力信息主干网基本形成，2项成果获得国家电力公司科技进步奖。全公司加大职工培训力度，初步建立起专业技术带头人队伍和高级生产技能人才队伍。

四、电力改革稳步推进

2000年，认真按照国务院、国家经贸委的部署，配合省有关部门做好省电力局和集团公司的行政、行业、企业职能界定，为移交省电力工业局行政职能，实施政企分开作了准备。继续推进公司制改组，与云南省开发投资公司共同出资组建了宣威发电有限公司；撤消滇南发电总厂建制，并入小龙潭电厂，积极探索厂网分开、主辅分开的新路子。农电体制改革实现代管89个县(市)电力公司，新建及改制乡镇供电所572个，完成农村一户一表改造118万户，实行“四到户”达157万户；农村到户电价显著降低，年减轻农民电费负担1亿元；县级供电企业股份制改造取得突破。全公司实施新一轮减员增效，职工在册人数同比减少7.04%。

五、党的建设和精神文明建设取得新成果

2000年，公司党组召开了思想政治工作会议，加强和改进思想政治工作，促进企业两个文明建设的协调发展。围绕西部大开发和实施两个战略开展了解放思想转变观念的大讨论；深入开展双文明单位系列创建活动，继续深化行业作风整顿和供电营业规范化服务窗口建设活动，认真做好离退休管理工作。发挥工会和职代会民主管理与监督作用，实行厂务公开的单位应建数达到100%；积极组织职工认真履行集体合同，开展群众性劳动竞赛促进了企业两个文明建设。广大团员青年积极开展青年文明号管理年活动，提高了思想和技术业务素质。全公司精神文明建设取得优良成绩，云南电力集团公司获得全省首家“文明行业”称号，公司系统被授予全国精神文明建设先进单位3人．全国民族团结进步先进单位3个；省级文明单位38个，省级精神文明建设先进单位10个，省级思想政治工作优秀企业3个。

云南烟草发展述评

云南省烟草专卖局局长　李维林

2000年，是云南烟草在激烈的市场竞争中经受考验初步走出困境的一年。一年来，在国家局和云南省委、省政府的正确领导下，全省烟草系统认真贯彻落实“一要规范，二要改革，三要创新”的行业工作重点，狠抓了规范管理，制定了切实有效的措施，保证了各项工作的顺利开展，经过全省上下的共同努力，全省烟草的生产经营保持了平稳发展的态势，各项指标与去年相比均有所进步，经济运行的质量和效益都有提高。2000年，全省烟草共实现税利342亿元，与上年同期相比基本持平，扣除让利因素，实际上略有增长，较好地完成了国家局和省委、省政府年初制定的各项考核指标及目标任务。

一、烟叶“双控”取得明显成效，烟叶质量和等级合格率明显提高

各级党委政府和烟草部门进一步提高了对“双控”的认识，采取了有效措施，巩固了“双控”成果，保证了烟叶种植面积和收购计划的顺利完成。通过3年的努力，烟叶“双控”的目标基本实现，扭转了烟叶盲目超计划种植的局面，开始步入健康的发展轨道。2000年全省与烟农签订考烟种植合同190.63万份，约定种植面积444.5万亩，比1999年减少11万亩。截至12月底，全省共收购烤烟1131.03万担，占收购计划的107.72%，其中上等烟比例30.03%，同比下降4.97个百分点，中等烟比例59.83%，同比增加16.13个百分点，收购等级综合合格率82.25%，同比增长8.5个百分点。收购均价9.065元/公斤，同比增加0.377元/公斤，收购总额53.539亿元，同比增加1.205亿元。全省烟叶商业库存707万担，同比增加60.4万担。省外拖欠烟叶款10.9亿元，同比减少1.2亿元。2000年烤烟收购工作在收购秩序、收购进度以及等级合格率三个方面都超过了预定目标，取得了显著成绩。

二、卷烟产销协调发展、价格稳定

1999年，云南烟草的卷烟生产和销售遇到了前所未有的困难。2000年，在外部环境，特别是市场的环境没有出现根本性转变的情况下，在国家局和省委、省政府的正确领导和支持下，全省烟草系统广大干部职工转变观念，开拓进取，迎难而上，采取积极的应对措施，确保了全省卷烟产销协调发展和价格稳定。特别是在销售上，采取了积极的营销策略和应对措施，在卷烟订货会之前，都召开产销衔接会，主动征求销区意见。在“175”让利政策的基础上又出台了相应的奖励政策，再加上各烟草企业加大了市场开拓的力度，全省卷烟产销同步增长，价格稳定，库存下降，出现了销量大于产量的好局面，使全省年末卷烟工商库存保持在较为合理的控制范围。2000年，全省生产卷烟612.77万箱，同比增加8.8万箱，增长1.46%。国内卷烟销售622.08万箱，其中，省外销售506.67万箱，同比增长7.84%；省内销售115.41万箱，同比增长9.63%；出口卷烟2.23万箱，比上年同期增长33.66%。工商库存30.29万箱，同比减少

12.93万箱。在产销保持增长的同时，卷烟价格基本稳定，库存保持在较为合理的水平。在2000年11月的全国卷烟交易会上，共签订2001年上半年订货合同204.6万箱，基本达到预期目标。

三、加强企业管理，深化改革迈出积极步伐

全省烟草系统加强了以财务、成本、质量、安全为重点的企业内部管理，各项基础工作更加扎实。年初，省局（公司）主要领导率各烟厂的厂长和财务负责人，到邯钢学习，及时提出了全年增收节支10亿元的目标，经过努力已超额完成。同时，加强了多元化经营的管理，采取了切实可行的措施，对产权关系进行了清理、整顿和重组，基本摸清了家底，在历史遗留问题的解决、存量资产的盘活、股份的多元化等方面开始了积极的探索，取得初步成效。多元化投资管理体制也得到进一步理顺，规范、科学、民主的投资决策程序基本形成，盲目投资、重复建设、个人决策的现象得到了有效遏止。2000年，预计全系统投资收益将突破7亿元，比1999年增长10%以上，多元化经营已初步进入良性发展的轨道。

根据国家局的统一部署和要求，2000年对7个“三合一”企业领导班子实行了分设，并采取了竞争上岗、任前公示、改任非领导职务的办法，调整、充实了领导班子。重新调整后，平均年龄为45.1岁，降低3.6岁。

红塔集团的组织结构调整迈出了实质性步伐，楚雄烟草企业和大理烟草企业加入红塔集团的具体方案已经确定。云南红塔集团将对这两个厂实行产供销、人财物、内外贸一体化管理，为做大做实红塔集团迈出了坚实的一步。对春城卷烟厂的帮扶工作，按照省长办公会提出的方案，各项准备工作正在进行。对连年亏损、资不抵债的绥江卷烟厂实现了平稳关闭，各项工作进展顺利。

加大了省局（公司）机关和企业内部的人事、分配、用工和机构的改革。

四、狠抓规范，专卖管理工作得到加强

一年来，按照国家局提出的两个“三年阶段性目标”和省局提出的“辣手治乱、强化管理、净化市场、提高素质”的要求，全省烟草系统根据国家局的统一部署，重点加大了整顿烟叶流通秩序的力度，全系统还加强了打击“假、私、非、超”卷烟的专项斗争，据不完全统计，全省专卖队伍共出动打假打私人员近8万人次，捣毁制假窝点181个，查获各种制假设备62台套，假冒商标卷烟1.77万件，假冒卷烟商标标识532万张，制假辅料707吨，到省外监销假冒云产卷烟23万件，兑现奖金5045万元，执法部门对触犯刑律的给予了相应的惩处。通过打击，有力地遏制了各种违法犯罪行为，两烟流通秩序出现明显好转。此外，花大力气取缔了全省卷烟自由批发市场，加强了对卷烟市场的清理和零售户的管理，推进专销结合，有力地推进全省城乡卷烟销售网络的建设，促进了省内卷烟销售数量和效益的同步增长。

五、实施科技兴烟战略，产品开发取得成效

各企业根据市场的需要，积极采用多品种、多产地、多等级的卷烟配方技术，在膨胀烟丝工艺研究以及卷烟降焦、降害技术的研究和推广上，取得了进展，加速了科技成果运用和转化的步伐，适时将精品红塔山、金牌云烟、特醇福牌、红河精品88和99、精品小熊猫等一批具有市场竞争力的产品推向市场，深受消费者的认同和欢迎。此外，狠抓了优质烤烟基地的建设，弥勒、宾川和宣威3个科技示范县的建设，促进了优质烤烟的集约化发展。全省烟草系统在烤烟新品种选育、良种种植区域化、科学施肥与栽培规范化、病虫害预测预报、综合防治、烘烤调制等方面也取得了新的进展。

六、对外经济技术合作有了突破性进展

在国家局和省委、省政府的支持下，云南烟草与英美烟草公司决定联合生产《迅牌》卷烟，2000年10月双方签订了技术合作意向书，现已有部分产品试销，得到了经销商的好评。在11月的定货会上，签订了试销合同。与此同时，文山、曲靖、玉溪等地企业积极同英国、美国、瑞士、德国等国的企业在烤烟种植、烤房改造以及科技等领域加强了合作，迈出了实质性的步伐。玉溪红塔集团与德国SAP公司合作，投资1亿多元人民币建立了在全国处于领先水平的现代化的信息网络，优化了业务流程，减少了消耗，提高了经济效益，促进了企业的发展。

七、以“三讲”教育为契机，大力推进烟草系统的精神文明建设

2000年，按照中央的有关文件精神，在国家局和省局党组的统一部署下，全省地州市烟草专卖局分两批开展了以“讲学习、讲政治、讲正气”为主要内容的党性党风教育，达到了预期目的，取得了显著的效果。

通过“三讲”教育，党员领导干部受到了一次深刻的马克思主义教育，提高了学习理论、增强党性锻炼的自觉性，增强了政治意识、大局意识、责任意识和发展意识，接受了一次群众观点、群众路线的教育，增强了宗旨意识，促进了作风的转变和拒腐防变自觉性的提高，经受了一次严格的党内生活的考验，增强了政治敏锐性和政治鉴别力，党组织的领导核心作用和党员的先锋模范作用得到了更好的发挥。通过整改，针对存在的困难和问题，制定了切实有效的措施，推动了企业发展。“三讲”教育的开展，使全省烟草系统的干部在思想、作风和纪律上有了明显的进步和提高。

另一方面，党风廉政建设也得到了进一步加强，全系统把开展警示教育作为提高领导干部廉洁自律意识、构筑“两道防线”（思想道德防线和法纪防线）的一项重要措施来抓，集中两个月时间，开展了以胡长清、成克杰案件为主要内容的警示教育。加大了办案力度，严厉查处两烟生产和流通领域中的违纪案件，一年来，全系统共立案查处45起违法违纪案件，受党纪政纪处分51人，保证了烟草经济的健康发展。

云南机械工业发展述评

云南省机械工业行业协会副会长　马舜祖

云南机械工业在经历了连续4年的滑降和1998、1999年的低速徘徊之后，随着2000年调整和改革的推进，行业发展出现了明显的转机，发展速度加快，工业总产值突破历史最好水平，全行业扭亏为盈，经济运行的质量和效益取得了实质性改善。全省机械工业大行业，完成工业产值76.5亿元（1990年不变价），同比增长13.7%；实现税利3.437亿元，同比增长36.9%，是全省工业经济中发展态势最好的产业之一。其中，省机械系统工业的发展相对更快更好。

一、经济运行

（一）省机械系统工业，全年运行“四增一降”，实现了全年高速增长。全年工业总产值46.7亿元（1990年不变价），比上年增长21.5%；工业增加值10.04亿元，同比增长15.5%；产品产销率97.58%，同比提高0.5个百分点；出口交货值3.2亿元，同比增长18.2%；库存总额10.3亿元，同比下降2.4个百分点。

（二）在10个机械小行业中，除食品及包装机械行业外，全部实现了产销双增长。汽车、电工、农机、机床等主要行业发展加快；其中，汽车行业生产完成15.31亿元，增长34.6%，销售11.3亿元，增长27.1%；电工行业生产完成11.6亿元，增长11.9%，销售10.6亿元，增长12.1%；农机行业生产完成9.5亿元，增长12.3%，销售8.6亿元，增长3.4%；机床工具行业生产完成3.6亿元，增长30.6%，销售3.6亿元，增长19%；上述4个主要行业产值、销售合计40.1亿元、34.1亿元，分别占全部工业总产值和销售产值的85.9%、85.7%。

（三）在全省16个地州市及5个企业集团21个单位中，昆明、玉溪、红河等10个地州市，一汽红塔汽车集团、昆机股份等2个集团，均实现了产销增长。其中昆明市完成工业产值21.9亿元，销售18.9亿元，同比分别增长

17.8%、11.9%；一汽红塔汽车集团公司完成工业产值12.5亿元，销售8.4亿元，同比分别增长53.5%、61.5%，均超过了历史最好水平，成为2000年云南机械工业快速发展的主要增量部分。

（四）在全省重点监视的24种机电产品中，13种产销增长。其中汽车产销分别为2.21万辆、2.28万辆，分别增长112.8%、120.4%；内燃机商品量产销分别为401.3万KW、363万KW、分别增长30.3%、12.7%；变压器产销分别为36.7万KVA、335.8万KVA，分别增长4.4%、4.4%；金属切削机床产销分别为7333台、7171台，分别增长37.5%、25.6%。此外，光学仪器、金属制设备、小型拖拉机、轴承等产品，也出现了较大反弹式增长。

（五）全年库存报表反映总量下降2488万元，下降2.4%。考虑到库存中已有订货合同待交及已发货未收到款的4.566亿元，占全部库存的44.4%，故实际库存水平比上年已有较大的下降，表明企业产品的产销衔接比上年仍有较大的改善。

（六）据财务快报：2000年，全省机械工业系统已实现扭亏为盈3806万元（上年全行业亏损9366万元），实现利税合计1.807亿元。亏损企业69户，亏损企业亏损额1.472亿元，亏损面41.3%，分别比上年下降17%、38%、9.7%。是自1996年连续亏损4年之后的全行业盈利。全年综合经济效益指数65.95%，比上年提高4.6个百分点。

（七）横向比较：2000年，在全国31个省市机械工业中，云南机械工业总产值排在第22位，发展速度排在第4位，出口交货值总量排在第17位，出口交货值率排在第5位，工业经济效益综合指数排在第18位。

二、调整与改革

2000年国家实行积极的财政政策，加大投入，扩大内需，这是全省机械工业加快发展的外部条件；而企业立足市场，推进结构调整，深化改革，则是实现自身较好发展的内在因素。2000年，全省机械工业新产品产值率达到21.9%，全部产品优等品产值率达11.3%；企业组织结构也在改制兼并、联合的重组调整中得到优化。

（一）产品结构调整。机床工具行业围绕云南传统优势产品——机床的升级换代，加快了数控机床的开发和营销，使数控机床、精密机床、大型机床这3类附加值高、技术含量大的产品比重大幅度上升；数控机床产量增长201.9%；大型机床增长177.6%，精密机床增长36.4%。围绕汽车需求市场变化，一汽红塔汽车制造有限公司果断调整产品结构，研制开发出新型解放小卡，一举投放市场1.3万多台，迅速打入省内外市场，其销售量占该公司当年销售总量的66%。此外，公司还充分发挥了多年投资形成的冲压生产线能力，当年完成驾驶室冲压件6.4万多套，大幅度提高了企业的生产经营效率，全年实现利润1484万元，同比增长42.8%。重型行业、农机行业也从省内冶金、农业设施建设需求出发，不失时机地增加适销对路产品的生产，全年冶金轧制设备增销39.9%，内燃机商品量增长30.3%。

（二）产品结构的调整促进了企业组织结构调整的步伐。2000年，全省机械系统企业中，23户地州中小国有企业、集体企业改制为股份合作企业或民营企业；17户企业停产整顿待重组；2户企业由大企业兼并，有3户企业宣告破产。系统企业由上年182户变为168户。全年职工人数比上年减少1988人。以工业增加值计算的全员劳动生产率1.84万元，同比增长22.4%。

（三）随着市场经济的发展，省机械工业管理体制也进行了根本性的改革和调整。在2000年地方机构改革中，省委、省政府决定，原省机械工业厅转体组建为云南省机械工业行业协会，率先走出了政府部门改为行业协会的改革路子。2000年10月，省委、省政府先后任命了行协党组和行政班子，顺利地完成了机构改革的各项工作。省机械行协作为省委、省政府领导下的人民团体，不再是政府部门，而是党和政府联系全省机械工业企事业单位的桥梁和纽带。按照“为政府服务、为企业服务、为行业服务”的宗旨，行协主要是通过与广大会员单位的联系沟通，把国家和省政府指导、扶持、帮助企业发展的政策、措施落实好，把行业内企业发展中的各种关系协调好，把大家共同的呼声、建议、意见反映好，团结起全省机械工业各企事业单位，为云南机械的“十五”振兴而努力。

三、问题和挑战

纵观“九五”，云南机械工业遭遇了国内机电产品由卖方市场向买方市场转变的严峻考验。5年中出现了2个负增长，连续4年全行业亏损，除少数自主开发能力强的企业乘自己名牌产品之势继续发展外，多数企业一时间库存上升，生产下降，出现了大面积亏损。全行业“九五”平均递增速度仅2.9%，远低于过去几个五年计划期间的年均增长速度，也低于全省“九五”国内生产总值年平均增长8.4%的水平。从外部因素来说，有国家抑制通胀，加强宏观调控后经济由过热增长回落期间形成的市场有效需求不足，但根本上讲，是机械工业长期积累的结构性、素质性矛盾的总反映。云南机械工业历史上形成的以生产资料为主的产品结构，以“国家所有”为主的企业所有制结构，以“分散、重复”的“小而全”为主的生产组织结构，不仅不适应买方市场上机电产品品种、质量、价格的竞争，也不适应市场化过程的企业运作机制和生产方式。机械工业作为装备部门，其发展速度和自身科技进步水平理应保持对其它产业部门的适度超前，但事实是，云南机械工业整个“九五”期间，除2000年外，其余4年均低于全省工业增长速度。从投资扶持上看更为明显：在“八五”以前投入已经很少的云南机械工业，“九五”全部固定资产投资总量再次下降12%，其中技改投入仅6.226亿元，比“八五”下降33.6%，占全省“九五”工业技改投资的1.2%。很显然，缺乏社会及政府有效的投资支持，对于机械工业这种以社会效益为主，自身积累困难的传统产业来说，引进技术开发产品，更新改造关键工艺装备均是心有余而力不足。不言而喻，全面的结构优化调整最大的瓶颈就是资金短缺。

综上所述，尽管2000年云南机械工业实现了快速而有效的发展，成为“九五”时期经济运行最好的一年，但是多年困扰云南机械工业发展的根本矛盾尚未得到根本解决。云南机械工业在前进，但与东部地区机械工业的差距继续在扩大。2000年，全省机械工业大行业只占全省工业总产值的4.9%；机械系统产值仅占全国机械系统工业产值的0.73%。系统内尚有亏损企业69户，行业现状与“十五”全国全省国民经济发展的要求极不适应。因此，紧紧围绕“十五”各产业结构优化升级开发研制先进适用的装备，围绕用信息技术为代表的高新技术改造云南省传统机电产品，提高质量，增加品种，降低成本，扩大出口，全面提高全省机电产品的市场竞争能力，仍是全省机械工业“十五”调整的当务之急。

云南化学工业发展述评

云南石油化工集团有限公司董事长　赵孟云

2000年，全省化工行业遇到了前所未有的困难，出现了全行业亏损的局面，但云南化工在各级政府的正确领导下，全体职工积极努力，奋力拼搏，抓管理，抓营销，促进结构调整，基本完成了省政府下达的任务，为云南经济的发展做出了贡献。

一、生　产

2000年，云南化学工业完成工业总产值（1990年不变价）86.22亿元，同比增长19.75%；实现工业增加值（现价）20.77亿元，同比增长6.51%。主要产品的生产能力比以前大幅提高，产量增加。2000年生产磷矿（折30% P_2O_5）857.68万吨，硫酸（折100%）203.36万吨，农用化学肥料177.28万吨（其中氮肥96.29万吨），磷肥（折100%P_2O_5）80.07万吨，合成复合肥料（实物量）63.99万吨，合成氨134.39万吨，尿素（实物量）120.94万吨，黄磷 21.78 万吨，烧碱 3.75 万吨，纯碱 7.73 万吨。

二、经济效益

2000 年，云南化工生产发展，产量增加，但由于遇到化工产品价格降幅大，货款回收困难，资金紧缺，部分原材料价格上涨及铁路运输制约等因素，造成企业经济效益不好，亏损面增大，亏损额增加。云南石油化工集团有限公司所属 13 家企业，全年共完成工业总产值（1990 年不变价）24.82 亿元，实现销售收入（现价）29.28 亿元，分别比 1999 年增长 16.2%和 4%，产销率达到 95.6%，进出口额完成 1 亿美元，但除云南化工厂和云南磷肥厂外，其余 11 家均亏损。

三、建 设

云南省现有化工企业 500 多个，纳入化工统计企业 161 个，其中大型企业 17 个，中型企业 34 个。2000 年全省化工固定资产总值 126.5 亿元，从业人员 9.3 万人。“九五”期间，全省化工固定资产投资完成 77.4 亿元，其中基本建设 28.9 亿元，技术改造 48.5 亿元，新增固定资产 82 亿元。

2000 年，投资新建了一些项目：云南磷肥厂 15 万吨磷酸陈化、60 万吨磷铵（与美国嘉吉公司合作）、18 万吨湿法磷酸国产化项目，云峰公司 18 万吨磷铵挖潜技改项目，昆阳磷肥厂 20 万吨无熟化粒状普钙，云南化工厂聚氯乙烯优化聚合工艺和计算机控制技术改造等。

积极推进云南磷复肥基地建设。根据我国磷复肥发展需求和云南所拥有的磷矿资源，调整了云南磷复肥基地建设方案，总体规模确定为年新增磷铵 240 万吨，按“统一规划，分步实施”原则，近期先按年新增 120 万吨磷铵及配套装置建设。

四、安全环保

“九五”期间，化工系统平均千人重伤率和平均千人死亡率两项指标均低于云南省安委会下达的指标。“九五”期间环保投入大幅度增长，5 年环保投入累计达 4.9 亿元，其中企业自筹 1.5 亿元，年均增长率为 104.6%。到 2000 年，全省大中型企业按省政府的要求，完成了重点污染源限期治理任务。

五、对外贸易

2000 年全省化工外贸进出口额 3.3 亿美元，其中出口 2.7 亿美元，与 1995 年相比，进出口额增长 65%，其中出口增长 70%。“九五”期间进出口额年均增长 10.2%，其中出口额年均进出口额年均增长 10.2%，其中出口额年均增长 11.2%。

六、科技进步

2000 年，全省化工科技进步工作取得显著成绩。云南石化集团有限公司获云南省科学技术进步二等奖 2 项：（1）云南磷肥厂的曼海姆硫酸钾增产技术工业试验。（2）驻昆解放军化肥厂的 1 万吨/年煤焦油加氢精制生产汽油、柴油。三等奖 1 项：驻昆解放军化肥厂的低温甲醇洗应用于鲁奇炉煤气净化技术项目。

全省化工企业坚持利用高新技术改造传统产业，在合成氨原料路线改造方面，东风氮肥厂焦改煤获得初步成功；石化集团公司所属国家级磷化工技术中心积极开展工作，在利用磷资源方面，进行了“滇池地区中低品位磷资源的开发利用研究”、“磷矿矿床数学——经济模型研究”、“中低品位磷矿石制一级品钙镁磷肥工业试验”、“腐植酸烟草专用肥的开发”等；在磷化工产品精制化研究方面，进行了“多功能食品级磷酸盐装置的开发”、“高纯黄磷生产工艺的开发”、“湿法磷酸净化的研究”等；在生产技术攻关和技术改造方面，进行了“浓酸固化法生产重钙技术”、“8 万吨/年湿法磷酸装置国产化技术”、“曼海姆炉法硫酸钾生产技术”、“硫磺掺烧硫铁矿制工业硫酸技改项目”等等，共完成国家、省科研项目或技改项目 20 余项。

七、教 育

2000 年，培训职工 1.64 万人。其中“三高”人才培训 98 人，高层管理人员培训（工商管理）68 人，高级科技人员培训（市场营销和化学工程）146 人，高级技术工人培训 856 人，其他岗位技术培训 1.52 万人。云南省化工学校被省人民政府认定为省部级重点中专，云峰公司子弟中学被省教育厅认定为一级三等完全中学，驻昆解放军化肥厂子弟中学被省教育厅认定为省级文明学校。

八、主要措施

2000年，云南化工生产经营遇到了前所未有的困难。经济运行的特点是：产量、产值、销售收入、货款回收率增加，进出口基本平衡，成本有所下降，但产品市场价格大幅下跌，大多数企业出现亏损。究其原因主要有：（1）化肥产品价格低，降幅大，企业之间竞争激烈。（2）货款回收困难，资金紧缺，无法正常周转。（3）部分原、燃料如焦炭、煤、电等价格上涨。（4）受铁路运输制约，主要产品压库较大。面对困难，公司坚决贯彻年初制定的工作指导思想，积极采取各种有效措施，使各项工作均达到或超过年初制定的指标。主要措施如下：

（一）深入广泛地开展“解放思想、转变观念”大讨论。坚决贯彻落实党的十五大、十五届三中、四中全会、中央经济工作会议、省委六届八次、九次会议、全省对内开放工作会议及全国石化行业经济工作座谈会等一系列重要会议精神。围绕如何推进国有企业的改革和发展、增强企业竞争力，如何扩大对内对外开放、发展比较优势、建设支柱产业等问题，有组织地开展了大讨论，统一了认识，转变了观念，在广大干部职工中确立了创新、质量、竞争、风险、营销、品牌、形象等意识。

（二）开展“苦练内功年”活动，强化企业内部管理。针对化工生产特点，提出并贯彻以“安、稳、长、满、优”为主线，以“三创”活动为重点，以经济效益为中心的管理模式，通过广泛开展“学邯钢”、“学亚星”、“学创结合，务求实效”等一系列苦练内功活动，促进各项工作。由于加强管理，抓住营销龙头，牵住成本“牛鼻子”精打细算，控制费用，企业消耗和成本有所下降。

（三）把营销工作作为重中之重来抓。面对市场竞争的日益激烈。狠抓了营销工作的“六个一”，即：树立一个观念——以产品市场开发为中心，不断增强企业竞争力的观念；制定一个战略——企业营销战略：建立一个目标责任体系——企业主要领导营销工作目标责任制和营销部门营销管理目标责任制体系；形成一套机制——责权利相统一的激励约束机制；建设一支好队伍——具有较好综合素质、精干高效的企业营销队伍；形成一套有效手段——灵活多样的促销手段。

（四）积极推进国企改革与脱困工作，狠抓“债转股”和“技改专项贴息”政策的落实。云南云峰化学工业有限公司完成改制；云南磷肥厂、云南沾益化肥厂、云南磷化学工业（集团）公司经国家经贸委批准实施债转股，列入云南省改制计划；云南溶剂厂的破产工作取得突破性进展。

（五）抓技改、促调整。“九五”以来，云南省化工确立了以发展高效、高浓度化肥、精细磷化工产品、橡胶加工为主线的产业结构和产品结构调整方向，产品结构调整初见成效。2000年，新上了一批技术含量高、发展前景好的项目，通过技术创新，引进高新技术，进一步促进了产业结构和产品结构的调整。

（六）注重人才培养。通过厂校联合等多种方式，对在职职工进行全员培训，提高管理者和员工素质，实现人才结构的优化配置。

（七）深化机关改革，转变政府职能。原云南省石油化学工业厅历经40余年，领导云南石化工业从无到有，从小到大，不断发展，使云南石化工业成为云南工业行业第二大产业。为适应省政府机构改革的要求，原省石化厅于2000年8月18日整体改制为云南石油化工集团有限公司，转变了政府职能。

九、存在问题

结构不合理是影响云南化工经济增长质量和效益的主要原因。云南化工以农用化肥为主，属基础原料型产业，整体效益不高。从企业组织结构上看，企业的经济规模小，中小企业比重过大，缺乏竞争实力，“大而全、小而全”的局面尚未打破。从产品结构上看，产品结构趋同的问题比较突出，初级产品比重大，生产能力过剩，产品链短，深加工产品少，精细化率低，高附加值产品少。从技术结构上看，大中型企业工艺装备较为先进，部分接近或达到国内、国际先进水平、但较多的中小企业工艺装备落后，技术进步缓慢，消耗高，污染大，企业普遍存在资金不足，资产负债率高；企业社会负担重，活力较差；市场意识不强，市场营销能力弱；应收货款多，资金周转困难，流动资金严重匮乏，普遍经济效益差的问题。

云南冶金工业发展述评

云南冶金集团总公司董事长、总经理　陈　智

2000年，云南冶金工业积极按照中央和省委、省政府的整体工作部署，坚持以邓小平理论和江总书记“三个代表”重要思想为指导，不断深化企业改革，狠抓内部管理，努力提高企业的素质和市场竞争力，克服了产品市场价格波动、原材料价格上涨、运费增加以及政策性增支等不利因素，实现了产品产量、产值和效益持续增长，保持了较好的发展势头。

一、生　产

2000年，全省产钢189.41万吨，成品钢材183.71万吨，生铁309.42万吨，分别比1999年增长5.98%、0.93%和31.72%；生产铁矿石503.53万吨，锰矿石30.15万吨，铁合金17.78万吨，分别比上年增长8.65%、-10.64%和-4.90%；全省生产10种有色金属74.91万吨，比上年增长4.63%。其中云南冶金集团总公司生产10种有色金属26.86万吨，比上年增长18.71%，生产铝11.08万吨、锌7.74万吨、铅7.94万吨，分别比上年增长32.58%、10.87%和7.93%。昆明钢铁集团有限责任公司全年产钢185.26万吨、生铁204.35万吨、坯材总量182.75万吨（其中钢材150.94万吨、商品坯31.81万吨）、烧结矿326.05万吨，分别比上年增长5.85%、15.63%、8.51%和18.96%。全省黄金产量累计完成2376.87公斤。

二、经　营

2000年，全省冶金工业完成工业总产值（1990年不变价，下同）22.52亿元、销售收入30.28亿元、进出口总额1.55亿美元、实现利税3.6亿元、利润1.38亿元，分别比上年增长20.35%、26.29%、23.98%、55.17%和44.19%。昆明钢铁集团有限公司完成工业总产值24.8亿元，完成销售收入37.2亿元，实现利税6.59亿元，其中利润2.02亿元，分别比上年增长12.8%、16.36%、74.8%和296.93%。

三、科技进步和技改项目建设

2000年，全省冶金企业注重依靠科技进步，努力提高技术和装备水平，并积极为“十五”发展建设项目做好前期准备工作。云南冶金集团总公司进行了澜沧高铁硫化锌精矿冶炼技术攻关，7月份提交了10公斤级扩大试验报告，并提出了日处理1.8吨的半工业试验方案；委托北京矿冶研究总院进行了澜沧高银铅精矿的矿浆电解工艺研究小型试验；云南铝业公司切实加强人员培训和技术管理工作，把消化、吸收先进技术与创造性地发挥原有生产技术优势相结合，着力理顺利生产流程，提高技术指标，到8月份，一期技改工程的202台186KA电解槽已全部顺利投产，各项指标基本达到设计要求，实现了技术跨越式的提高和创新。云南兰坪有色金属公司对氧硫混合浮选工业性试验和1万吨冶炼工艺试验改扩建工程进行技术攻关，各项技术经济指标有了较大提高，特别是氧硫混合浮选工艺试验取得了基本成功，为今后的大规模开发提供了技术依据；根据云南省矿业调研组的建议，开展了“高砷铜精矿湿法除砷新工艺”研究；参与了国家重点工业性试验《6000吨/年矿浆电解新工艺处理多金属复杂金精矿》项目的研究工作，并于3月顺利通过了项目验收和科技成果鉴定。在项目的前期准备上，云南冶金集团总公司6万吨/年粗铅技改项目已被国家经贸委列入全国“双高一优”项目导向性计划，被国家计委列为国家“运用高新技术改造传统产业”推进项目。云铝公司环境治理节能技改续建工程、6万吨/年粗铅技改工程、

会泽铅锌矿深部资源综合开发技改工程被省经贸委列入“云南省申报国家财政技改专项第四批计划”。另外，云南铝业公司通过了云南省高新技术企业认证，昆明冶金研究院通过了国家“双高”企业认证和云南省高新技术企业认证。昆明钢铁集团有限公司在科技进步和技改项目建设上也取得了较大进展，5 月 11 日，云南省最大的外商独资项目——梅塞尔集团云南梅塞尔公司一万空分供气装置在昆钢顺利投产。一万空分供气装置是云南省为保证昆钢 2000 年达产 200 万吨钢综合生产能力，于 1998 年与德国梅塞尔集团签订的合作项目，项目总投资为 2000 万美元。一万空分供气装置的投产，可为云南省提供瓶装气体、散装液态气体、现场制气系统及管道气体输送系统。11 月 8 日，投资 1.5 亿元的昆钢 4 号焦炉工程开工，整个工程预计 2002 年 5 月 30 日完工投产。12 月 26 日，昆钢有史以来最大的技术改造工程，也是云南省“十五”重点技改项目和国债贴息重点技术改造项目的昆钢板带工程奠基开工。该工程是昆钢提高产品档次，以高新技术改造传统产业，调整结构、淘汰落后工艺的一项跨世纪工程。工程总投资 21.5 亿元，引进美国 TIPPINS 公司制造的具有当代世界先进水平的全新设备。建设工期为 18 个月，计划 2002 年 6 月建成投产。

四、改　革

2000 年，云南冶金工业认真贯彻落实国家和省关于国有企业改革脱困的政策措施，在改革发展上迈出了坚实的步伐。云南冶金集团总公司对会泽铅锌矿进行了分立式改制，以会矿为母体和主发起人，将其大部分生产经营性优良资产与其他 5 家法人单位共同投入 1.369 亿元，于 7 月 20 日发起组建了“云南驰宏锌锗股份有限公司”。根据深化科研体制改革的有关精神，在昆明冶金研究院由事业单位转为科技型企业进入集团并成为全资子企业后，云南冶金集团总公司将该院进行了整体改制，以其主要生产经营性资产和高科技成果出资，与其它 4 家股东于 10 月 16 日共同发起设立了“昆明冶研新材料股份有限公司”，公司总股本 3600 万元。在建立激励约束机制方面，云南冶金集团总公司以分配制度改革为核心，加大了收入与成本、效益挂钩的考核力度，完善了年终奖励办法，并对云南铝业股份有限公司、云南新立有色金属有限公司的经营管理者试行了年薪制。在落实中央西部大开发、企业债转股等有关政策上，3 月 17 日，云南保山铅锌股份有限公司分别与中国长城和华融两家资产管理公司签订了债转股协议，国家经贸委批准的转股金额为 9471 万元，实际转股金额 9573 万元。实施债转股后，因股东和股权结构发生了变化，根据实际情况，12 月 8 日，由云南冶金集团总公司和原保山公司的主要股东联合中国长城、华融资产管理公司共同发起组建了云南永昌铅锌股份有限公司，公司总股本为 1.569 亿元，其中云南冶金集团总公司占有 26.54% 的股份。5 月 25 日，昆明钢铁集团有限公司与中国信达和华融两家资产管理公司签订了债转股协议，转股金额为 10.85 亿元，其中由中国信达资产管理公司实施债转股 6 亿元，由中国华融资产管理公司实施债转股 4.85 亿元。实施债转股后，昆钢的资产负债率将有较大下降，资产及负债结构也将得到调整和优化，为企业的进一步发展提供了有利条件。

五、对外经济技术合作

在对外经济技术合作方面，云南冶金集团总公司继续抓好兰坪铅锌矿的引资开发工作，在 2000 年 6 月 6 日“昆交会”上，云南兰坪有色金属公司与英国比利顿公司签订了联合开发兰坪铅锌矿的协议，合资成立了“云南华英锌业有限公司”，进行兰坪铅锌矿开发的预可行性和可行性研究，10 月 10 日，该项目已完成预可行性研究工作，项目建议书已上报国家计委待批；开展了与越南太原有色金属公司的经济技术合作，11 月向越方移交了昆明冶金研究院编制的 1 万吨/年电锌项目可行性研究报告；进一步加强了集团主要产品的对外贸易，2000 年云南冶金集团进出口公司的进出口总额名列全省第一位，成为全省惟一一家被国家外经贸部列为全国 100 户重点联系出口企业名单的外贸企业。

六、企业管理

2000 年，全省冶金企业结合开展“学邯钢”和“苦练内功年”活动，在继续坚持“模拟市场核算，实行成本否决经营机制的基础上，不断健全完善了各项成本管理制度。会泽铅锌矿完善了质量否决产量、成本否决一切的“双否决”考核办法和浮动工资动态考核办法，对主体生产和辅助单位实行“三联一挂”，对处室和其他单位实行“两联两挂”的考核机制，同时进一步加大了浮动工资考核力度，将考核比例由过去的45%提高到52%。云南铝业公司加大了收入与成本指标挂钩的考核力度，将浮动工资比例由15%提高到35%。会泽铅锌矿和兰坪公司等单位还开展了大宗物资公开招标采购工作，规范采购行为，增加物资采购工作的透明度，有效地降低了采购成本。在质量管理上，坚持以质量为中心，标准化计量为基础，切实提高产品实物质量，经国家、省级质量监督检验中心（站）抽检，云南冶金集团总公司的产品合格率达到100%，云南兰坪有色金属公司、云南保山铅锌股份公司被评为计量工作先进单位。12月10日，云南保山铅锌股份公司通过了北京新世纪质量体系认证中心的现场审核认证，成为云南冶金集团总公司第五个通过ISO9000质量体系认证的企业。云南铝业公司去年在总公司系统率先开展了ISO14001环境管理标准贯标活动，并于12月21日通过了有关单位的现场认证。以降低能耗、物耗、提高技术经济指标为目的的QC小组活动取得了明显效果，云南冶金集团总公司有16个QC小组获得了各级表彰奖励。加强了企业达标排放工作，实施并完成了环保治理工程，截至2000年12月27日，云南冶金集团总公司被列入全省1042家重点考核企业名单的9个企业的污染源达标排放工作已全部通过了验收。此外，还结合贯彻实施新的《会计法》，开展了对各企事业单位的会计基础规范化考核验收工作；根据省政府加强国有企业管理的有关精神，开展了管理评价、管理达标、管理示范、管理创新工作，省经贸委考评认定澜沧铅矿为优秀管理达标企业，云南保山铅锌股份公司为管理达标企业，认定会泽铅锌矿、云南铝业公司、云南兰坪有色金属公司为省企业管理评价一级企业，澜沧铅矿为企业管理评价二级企业。2000年，昆明钢铁集团有限公司先后被评为“2000年全国质量管理先进企业”、“质量效益型先进企业”。

七、精神文明建设

2000年，云南冶金工业各级党组织紧紧围绕集团及各单位的生产经营和改革发展中心，扎实有效地开展思想政治工作性群众性精神文明创建活动，保证了生产经营和改革发展的顺利进行，促进了“两个文明”的协调发展。2000年，云南铝业公司和云南永昌铅锌股份公司被评为“云南省思想政治工作先进集体”，云南铝业公司和昆明地质调查所分别被评为“省级文明单位”和“市级文明单位”，昆明冶金研究院和会泽铅锌矿职工医院通过复评继续保持了“省级文明单位”荣誉称号。

云南建筑业发展述评

云南省建设厅副厅长　赵正洪

2000年，由于国家继续实行扩大内需的政策，随着全省固定资产投资规模的不断扩大，基础设施建设的加强，住房制度改革的深入，使全省建筑业保持了良好的发展势头，取得了可喜成绩，为促进国民经济的持续增长、人民生活质量的不断提高和社会全面进步做出了新的贡献。

一、加强和完善行业管理，推动建筑业健康发展。

（一）加强管理，确保工程质量。为从根本上解决工程质量问题，省建设厅加强了对勘察设计质量的监督管理，2000年共完成了省气象大楼等40多项建设项目的初步设计审查任务；建立建设工程施工图审查制度，省属工程、大型工程施工图设计均纳入了审查程序。

整顿、规范建筑、勘察设计市场，基本完成了对全省施工企业、勘察设计单位的资质年检工作。重点加强勘察设计资质证书、外省、外地勘察设计单位的管理；严格注册建筑师、注册结构工程师对设计的执业签字负责制度等；完成了全省甲级、乙级、丙级建筑工程设计资质证书的换证工作。通过合并重组，将全省建筑乙级单位数量由30家削减为26家，压缩了15%，57家单位换发建筑工程丙级设计资质证书；8家单位换发建筑工程丙级（暂定）设计资质证书；15家单位建筑工程设计资质由丁级升为丙级（暂定），63家建筑丁级设计单位换证，全省约50%的市县取消设置建筑设计丁级。达到了建设部关于换证中削减建筑设计单位数量的指标要求。

建立勘察设计合同管理制度。会同云南省工商行政管理局联发了转发建设部、国家工商行政管理局《关于印发〈建设工程勘察设计合同管理办法〉和〈建设工程勘察合同〉、〈建设工程设计合同〉文本的通知》的通知》，通过合同的备案审查加强工程勘察设计咨询市场管理，规范市场行为。加强勘察设计有关法规宣传工作，通过全社会监督，遏制无证勘察、无证设计的现象。

在1999年全省16个地州建立有形建筑市场的基础上，部分县一级也建立了有形建筑市场，加强了对有形建筑市场运作的规范管理和队伍建设；继续推行双合同制（施工合同、廉政合同）；制定出台了《评标专家库管理办法及实施细则》。

抓好建筑施工安全生产，召开了全省安全生产工作座谈会和安全生产表彰大会。按照省政府的要求，牵头组织省经贸委、省技术监督局、省化工厅等部门，对昆明、红河、文山等地的安全生产进行了大检查。

加大了建设监理工作的力度。对昆明、大理、曲靖、玉溪等地州的80余家监理企业进行了首次年检，组织了两期监理人员上岗培训，共计培训监理人员500多人。有635人获得了监理工程师上岗证。

以解决工程质量通病为重点，组织完成了10项科技成果、新技术、新产品开发项目的技术鉴定，审查并公布了经省建设厅批准推广的68家省内、省外化学建材生产厂家，38家防水材料生产厂家的产品。“九五”重点攻关项目橡胶隔震垫支座技术通过了省级技术鉴定，冷轧带肋钢筋技术等推广运用工作取得新的进展，完成科技成果、新技术、新产品技术鉴定33项，有8个先进单位和60名先进个人受到了表彰，创造直接经济效益与间接经济效益100多万元。评选出10项云南省建设系统科技进步奖，其中一等奖12项、二等奖3项、三等奖6项；勘察设计水平有显著提高，128项建筑、规划设计、工程勘察项目1999年度省级“四优”项目，6项获得建设部优秀勘察设计奖。

（二）以建立现代企业制度为目标，加大国有建筑业企业、勘察设计企事业单位改革步伐。2000年以建立现代企业制度为目标，加快国有建筑企业改革步伐。确定了大理州建筑公司、昭通地区建筑公司、省建三公司、省建五公司4家企业为全省国有建筑企业改革试点企业。

勘察设计单位体制改革取得了阶段性进展。召开了勘察设计单位座谈会，并就制定全省实施方案进行了调查研究。省政府办公厅主持召开了“贯彻《国务院办公厅关于工程勘察设计单位体制改革若干意见》及煤炭、化工、轻纺设计院体制改革问题座谈会”。

为配合勘察设计单位改革，就省属和划归地方管理的勘察设计单位参加社会保险统筹等扶持政策，与有关厅局进行了协调。印发实施了《关于贯彻落实〈国务院办公厅转发建设部等部门关于工程勘察设计单位体制改革若干意见的通知〉的实施意见》和《云南省勘察设计单位体制改革方案》。此外，多次对煤炭、化工、轻纺3个设计院和由部属院划归云南省的两家大设计院（昆明有色冶金设计研究院、有色昆明勘察院）等设计单位的体制改革进行研究并作指导，协调帮助解决遇到的困难。

逐步推进工程造价管理体制改革。组织编制并发布了《全国统一建筑工程基础定额云南省预算基价》；修编《云南省建筑安装工程费用定额》，进一步规范建设工程价格行为。

（三）全面提高建筑行业队伍素质。组织各层次的继续教育与岗位培训工作，完成了市政施工员、材料实验员、质检员、安全员、机械管理员、监理工程师等的岗位培训、验证、换证1100人次。到2000年，全省共有一级注册建筑师108名、二级注册建筑师879名，一级注册结构工程师258名，二级注册结构工程师68人，注册人员总计1313人。

云南省建筑工程学校申报国家级重点中专学校工作顺利完成，该校被教育部正式评为首批国家级重点中专学校。

二、“九五”期间建筑业发展成效显著

（一）建筑科技取得长足进步。至“九五”末，化学建材与节能产品、建筑节能、建筑业10项新技术推广应用取得长足进步。全省预拌混凝土生产能力达320万立方米/年，约占全省混凝土用量的20%；冷轧带肋钢筋设计生产能力为8万吨/年，为国家节省钢材4万吨，以目前市场价计，节约资金约1.04亿元；新型墙体材料的用量达到16%左右；太阳能技术在房屋建筑的应用上为全国第一，安装面积250多万平方米，每年节约能源折合标准煤49万吨，节能、环保效果显著。

城市住宅试点小区建设、全国建筑业推广应用10项新技术示范工作与小康住宅示范小区的建设取得佳绩。春苑小区获国家银奖，西华小区获国家金奖，金康园小康住宅示范小区实现了当年开工、当年竣工和一次性总建筑面积22万平方米，创两项全国第一。

科技成果的开发研究取得显著成绩。“九五”期间通过科技、新产品鉴定98项，其中有两项技术通过部级鉴定，有12项获部省级科技进步奖。

重点科技攻关成绩显著。橡胶垫隔震技术是“九五”期间全省重点科技攻关项目。经过3年多的努力，顺利通过了技术鉴定，建设了一批示范项目，达到国内同行业先进水平。

（二）勘察设计业、建筑业长足发展，工程建设标准定额管理体系逐步完善。至“九五”末期，全省拥有部属驻滇及省属勘察设计单位512家，其中：甲级23家、乙级52家、丙级182家、丁级255家。从业人员近2.8万人，工程技术人员近2万人。勘察设计范围涵盖建筑、水利、电力、公路、市政、林业、冶金、化工、轻纺、煤炭、农业、铁道、建材、医药、机械等20余个行业。“九五”期间，完成固定资产投资的勘察设计任务1500多亿元，总收入48亿元，上缴税金3.4亿元。

“九五”期间，推行工程建设标准化初见成效。在抓好标准制定工作的同时，加快了标准实施与监督制度建设，推进工程建设标准管理体制改革，逐步实行关键岗位的持证上岗制度。同时，工程造价管理逐步形成了与开放的生产资料市场、技术劳务市场、资金市场相适应的动态管理模式；建立了以土建、安装、市政、园林、修缮、抗震加固、煤气管网及工期定额为主的建设工程计价依据体系；并在全国率先实行了工程造价咨询机构的资质管理制度，培养和造就了一大批高素质的专业技术队伍。到2000年底，全省有工程造价咨询单位128家，其中：甲级44家、乙级46家、丙级38家。工程概预算从业人员近2万人，其中有303人取得了造价工程师执业资格。

至“九五”末期，全省共有各类建筑施工企业2571个，其中：一级企业34个，二级企业149个，三级企业883个，四级企业1178个，非等级企业327个。拥有固定职工67万人。加上全省企业和外省企业使用的劳务工，全省施工企业从业人员继续保持在100万人左右，就业人数位居国民经济16个行业第4位，是仅次于农业、制造业、批发零售贸易业的一大行业。

“九五”期间，全省建筑业总产值从1995年的181.21亿元增加到2000年的345亿元，增长了90.4%，年平均增长13.7%；建筑业增加值从1995年的21.59亿元增加到2000年的70亿元，增加48.41亿元。“九五”期间是建国以来建筑业发展的最好时期，建筑业的发展为国民经济的发展起到了强劲的拉动作用，从1996年到1999年，全省建筑业对国民经济的贡献率分别为3.9%、9.9%、16.6%、9.2%，成为全省国民经济发展的一支中坚力量。“九五”期间，建筑生产能力不断提高，全省建筑企业全员劳动生产率从1995年的3.73万元/人提高到2000年的6.27万元/人；“九五”末期全行业技术装备率达6063元/人；动力装备率达到4.41千瓦/人，分别比“八五”末期提高2154元和0.01千瓦。

建筑市场进一步规范。至2000年，全省已建立了22个有形建筑市场，工程招投标率从“八五”末不足30%提高到98.3%。全省批准设立监理企业127家，有专业监理工程师4000多人，“九五”期间，监理工程4000多项，总建筑面积3200多万平方米，公路2400多公里，监理工程覆盖面达到了71%。工程质量水平稳步提

高，2000年工程质量合格品率达100%，优良率达32.19%，比1995年提高了18.1个百分点。“九五”期间，累计有13项工程获建设部样板工程、中国建筑工程鲁班奖和国家优质工程奖，296个项目获省样板工程和省级优质工程奖。

“九五”期间，全省建筑业房屋施工面积累计达1.589亿平方米，竣工房屋面积9337.33万平方米，其中住宅面积4874.92万平方米。同时，按照全省国民经济和社会发展“九五”计划确定的目标，建筑业为全省基础产业及基础设施建设作出了突出贡献，建成投产了阳宗海电站扩建、小龙潭煤矿扩建、南昆铁路、昆玉高速公路、昆明机场扩建等重大项目以及滇西水泥厂等一大批生产性项目，工程技术水平不断提高，涌现了世界第一高拱坝——小湾电站178高双曲拱坝等一批高水平的设计项目，为云南省促进国民经济和社会发展，改善城市环境和城乡居民的居住条件，提高物质文化生活水平打下了坚实的物质基础。

（三）*抗震防灾工作成效明显*。2000年，抗震防灾工作继续得到加强，（1）严格抗震设防标准的审查。对昆明、丽江、大理、保山、德宏等地、州、市部分高层建筑及重要建筑进行了抗震设防审查，累计审查了40多项单项工程；（2）安排年度抗震加固项目，加强了对旧房改造中维护房屋抗震性能的管理和监督，完成了10余项旧房改造工程的审查和鉴定；（3）积极推广建筑工程隔震免震技术。全省已有昆明、大理、红河、丽江、楚雄等地州市开展了此项技术的推广应用工作，累计完成单项工程50余个；（4）开展抗震救灾和重建家园，完成了宁蒗、宣威、澄江、姚安及弥勒——丘北地震的应急抢险工作，按省政府的要求，完成了上述地震灾区恢复重建规划、计划的编制和审查工作，并做好地震灾区恢复重建计划的实施、管理和监督工作。到2000年底，宁蒗地震灾区恢复重建已完成计划的85.8%，实施项目161个，完成投资1.287亿元；姚安地震灾区民房恢复重建基本完成，教育、水利、卫生及基础设施恢复重建资金累计完成投资1.524亿元，开工项目5437项、竣工面积6.27万平方米，以上项目已经完成80%的工作量，灾区民房恢复重建工作已基本结束。为确保工程质量，省建设厅先后组织了5批15人的专家组驻地震灾区帮助工作。驻宁蒗灾区专家组共审查设计项目100多项，纠正不合理的设计39个，累计节约投资120多万元。

“九五”期间，全省初步建立了新建工程抗震设防管理体系，逐步把抗震工程贯彻到基本建设的全过程；在全省重点监视防御区内，加固了一批重点工程项目，“九五”期间完成抗震加固工程量约20万平方米；加强对新建工程尤其是高层建筑和重点项目的抗震设防管理，逐步建立完善了抗震设防审查制度，昆明等许多县市广泛开展了此项工作，已初见成效，曲靖等城市抗震防灾规划编制、实施情况较好。积极推进工程抗震新技术的推广运用，橡胶隔垫震技术已广泛运用在大理、丽江、红河等地州及省属20多个项目中，收到了良好的效果。

1995～1999年，孟连、武定、丽江3个地震灾区共完成恢复重建投资27.39亿元，完成项目3592个，共计建筑面积552万平方米，地震灾区城镇面貌发生了显著的变化。建设行业有24个单位、69名个人受到了省委、省政府的表彰奖励。

三、存在问题

主要问题是：（1）建筑企业改革有待进一步深化；（2）建筑有形市场的运作中存在政企不分等问题，有待进一步规范；（3）工程投资管理体制改革力度不够，工程拖欠款现象严重，1999年建筑企业被拖欠款达61.72亿元，占全省建筑业总产值的19.7%，严重影响了建筑业的发展。

云南建材工业发展述评

云南建材集团有限公司董事长、总经理　崔利军

一、在困难中开拓前进

“九五”期间，云南建材集团发展遇到了国家加强宏观调控，控制固定资产投资规模，建材市场需求不足，企业产销不旺，营销难度不断加大等诸多困难。面对困难，在省委、省政府的正确领导下，云南建材集团坚持深化改革和在发展中前进的方针不动摇，经过艰苦努力，生产建设及各项工作取得了一定成绩，扭转了近两年来效益急剧下滑的局面，经济运行质量有所改善，国企改革和脱困3年目标基本实现。

深化集团体制改革，建立现代企业制度迈出了新步伐。通过由原建材局转体为云南建材工业总公司，而后成立集团公司，组建云南建材集团，昆明水泥厂、开远水泥厂、昆明玻璃厂相继改制为股份公司，建立了以产权清晰、权责明确、政企分开、管理科学为主要内容的现代企业制度，进一步完善了公司法人治理结构，集团初步建立了适应社会主义市场经济体制要求的运行机制，增强了竞争能力。

结构调整取得新成绩。先后完成了昆明玻璃公司400T/D大浮法玻璃生产线改造，引进美国技术建设50万平米/年磁控溅射镀膜生产线，昆明水泥公司120万吨水泥生产线真平补齐技术改造，开远水泥公司4＃窑及呈贡粉末站建设等项目，淘汰了玻璃垂直引上六机窑、玻纤单台坩锅拉丝、粘土实心砖、沥青纸胎油毡和小水泥装备及配件一批落后的生产工艺及设备，使集团水泥综合生产能力达到200万吨，浮法平板玻璃生产能力达到278万重量箱，镀膜玻璃生产能力50万平方米，结束了省内不能生产优质镀膜玻璃的历史，有力地推动了集团产品结构调整，增强了市场竞争能力。

通过加强企业管理，依靠技术进步，产品质量有显著提高。新技术推广、新产品开发、节能降耗、环保治理等取得一批成果。

建材教育、科研、地质、质检也上了一个新台阶。云南建材工业学校按在校生1200人规模完善了配套设施，被国家教育部批准为国家级重点中专学校。地质中专学校在校生规模达到380人。建材科研院转制为企业，使科研与市场紧密结合，促进了科技成果向生产力的转化。云勘总队面向市场地勘工作取得了新成绩。建材质检站进一步完善基础设施建设，增强了质检能力。省建材工业协会、省硅酸盐学会和省建材工业会计学会为促进行业发展积极开展工作。

至“九五”末，集团完成工业总产值（不变价）3.341亿元，比“八五”末增长5.08%；“九五”期间共生产水泥798万吨、平板玻璃1005万重箱，比“八五”增长30.8%和38.2%，但利税和经济效益比“八五”有所下降。

二、战胜困难，实现扭亏为盈，各项工作整体推进

（一）*经济运行质量改善，集团实现整体扭亏为盈。*2000年，在生产经营遇到较大困难，建材产品市场萎缩，特别是水泥市场需求不足，产品价格下滑，销售困难，应收账款上升，出现了近20年来从未出现过的停窑限产的严峻形势，集团根据年初制定的工作方针，以企业改革和发展为中心，加强管理增效益，狠抓扭亏保稳定，加快发展增后劲，经过广大职工的奋力拼搏，最终实现了整体扭亏为盈和列为省重点扭亏企业的昆明玻璃股份有限公司扭亏为盈两大目标，为20世纪和“九五”计划画上了一个圆满的句号。全年实现工业增加值2亿元，生产水泥116万吨；平板玻璃268.81万重箱；实现利税（合并报表）8209万元，其中，实现利润994.4万元，

与上年亏损2041.3万元相比，减亏增盈3035.7万元。

（二）深化企业改革，扭亏脱困取得实质性进展。遵循“三年两大目标”的要求，集团公司始终不移地抓好省重点脱困企业的扭亏脱困工作和小企业的解困工作，达到了预期目标。

（1）着力抓好列为省重点脱困企业昆玻公司的扭亏脱困工作。1999年，通过省有关部门的协调、集团公司和企业的多方努力，完成了“债转股”前期工作，转股金额为1.797亿元，使企业摆脱沉重的债务负担。企业以此为契机，开展“以市场为导向，以创新为灵魂，以创利为目标”的解放思想大讨论，内抓管理，外拓市场，调动了全体职工的积极性。以成本管理为核心，积极调整产品品种结构，提高产量、质量，增强了市场竞争能力，销量和销售收入大幅回升，一举扭亏为盈，实现了脱困目标。

（2）按照“一厂一策”的原则，继续抓好小企业的解困工作。继云南建材机械厂实施全员分流下岗工作以后，集团公司全力抓好昆明玻纤厂和云南新型建材厂的全员分流下岗工作，组成帮促小组深入企业宣传政策，反复做好职工的思想工作，帮助解决具体问题，积极争取有关部门的支持，使工作稳步推进。目前，3个企业已完成了全员分流下岗方案的实施，共计分流下岗1614人，保障了职工基本生活费的发放，结束了困难企业长期欠发工资的局面，稳定了职工队伍，减少了新的亏损。

（三）企业内部管理有所加强

（1）深入开展“学邯钢、抓管理”活动。集团公司结合开展“企业管理年”活动，调整充实了”学邯钢、抓管理”领导小组，引导企业认真分析和正确认识企业管理现状，按现代企业制度要求，从求生存、求发展、强化竞争优势的高度去发现问题，分析矛盾，制定加强和改进管理的措施，进一步明确了“企业管理年”的目标，提出“苦练内功”的6个重点，即加强成本管理、加强资金管理、加强质量管理、加强技术进步管理、加强基础管理、加强管理达标检查考核，从而加大了企业管理力度，把企业管理达标活动引向深入。昆泥公司、开泥公司、昆玻公司推行了“模拟市场核算，实行成本否决”，使大宗原燃材料采购成本明显下降，取得了较好效益。昆玻公司采取“抓两头，卡中间”的办法，即一头抓强化产品销售工作，另一头是抓主要原燃材料比价采购工作，“卡中间”就是卡死生产成本和各部门定额费用。根据各项指标制定责任成本费用计划，按照各个不同品种生产难易程度制定分品种的责任成本费用和考核单价，实行全计件工资制。对分厂按工作性质进行分类考核，对管理人员按责任大小，对技术人员按技术的复杂程度，对一般工人按劳动技能和强度进行定岗定员，做到岗变薪变，末位淘汰，严格劳动管理，收到了好的效果。

财务基础管理进一步加强，通过贯彻新《会计法》，进一步提高了企业依法开展会计工作的能力和水平，集团公司、昆明水泥公司、开远水泥公司、昆明玻璃公司和云南建材工业学校达到了会计基础管理工作达标要求。

（2）积极开展产品质量认证和ISO9000系列质量体系认证工作，进一步规范了质量管理相关制度，提高了质量管理水平。水泥、平板玻璃质量控制在实施新标准不降等的前提下实现了新老标准的平行过渡，使产品质量又上新台阶。昆明水泥公司烧成车间质量体系整改QC小组等2个成果获2000年国优成果奖，昆明玻璃公司技术处化验室QC小组、开远水泥公司化验室物检QC小组等9个成果获2000年度省、部优成果奖。

（3）努力开拓市场，完善营销体制。为适应市场竞争，企业重视了市场调研和市场开拓，加强了营销队伍和营销网络的建设，转变营销观念，把销售摆在重要位置，调整充实销售队伍，进一步制定完善了产品促销和货款回收管理办法，实行营销责任制，健全营销网络，抓销售，促生产取得实效。

（4）加强企业技术进步工作的管理。先后组建了集团科技委员会和昆明水泥公司技术中心，集团科技进步工作逐步走向规范化管理。企业围绕提高产品产量、质量、节能除耗开展技术创新活动，先后开发了玻璃熔窑富氧燃烧技术、改进玻璃冷端堆码装置，进一步改进和完善水泥窑磨工艺，取得了好的效果。

（5）加强安全生产和环保管理工作。修改完善安全考核实施细则，定期进行安全生产大检查，狠抓事故隐患整改，按照“四不放过”的原则认真查处事故，重大人身伤亡事故得到遏制。2000年，集团共发生轻伤26起，同比降低48%，重伤和死亡事故为零，圆满完成省安委会下达的安全生产指标。昆明水泥、开远水泥、昆明玻璃3个股份公司均按省政府要求抓紧污染源治理，实现如期达标排放。

（四）4000T/D项目前期工作和昆泥公司上市工作稳步推进

在省政府和有关部门的关怀和支持下，经过项目组的不断努力，集团4000T/D项目前期工作克服了重重困难取得新进展。根据国家国债贴息技改项目协调会的精神，调整了技术方案，确定了建设一条具有国内先进水平的4000T/D熟料水泥生产线的改造方案，编制上报了可行性研究报告，通过了国家建材工业局和中国国际工程咨询公司项目评审，环境评价报告已经国家环保局批准，同时，积极与银行联系办理申请国债贴息专项贷款，银行出具了贷款承诺意向书和贷款评估意见。按照建设项目法人负责制的要求，组建了云南东骏水泥有限公司，办理了工商注册和税务登记，对项目实行规范管理。

配合4000T/D项目的实施，昆泥公司的股票上市工作有条不紊进行。2000年，按上市公司的规范要求进行了股权调整，完成了土地评估工作，办理了土地使用权出让和租赁手续，上市前规范公司运作辅导以及有关完善工作正在进行，为尽快向国家证监会申报上市创造了条件。

（五）精神文明建设取得好成绩

（1）领导班子建设进一步加强。一是抓好制度建设。集团公司先后制定了党委领导工作制度、党委议事决策制度、行政班子议事规程、集团公司决策失误追究制度等，进一步完善了班子的决策程序，规范了工作行为。二是抓好各级领导干部的理论学习。三是抓好党风廉政建设，推行职工民主管理。在所属企事业单位积极推行“厂务公开”，制定了《云南建材集团成员单位厂务公开工作考核检查标准》，各单位分别拟定了“厂务公开”的内容和具体实施办法。

（2）职工思想政治工作进一步深入。2000年，集团各成员单位结合我国即将加入WTO和国家实施西部大开发战略的新形势，积极对职工进行爱国主义、集体主义和主人翁精神教育。针对企业改革的热点、难点和围绕生产经营这个中心，充分发挥党组织的政治核心作用，把理论学习、宣传教育与实际工作结合起来，开展解放思想大讨论，使广大职工提高了对市场经济客观规律的认识，增强了使命感和责任感，在做好本职工作的同时，积极开展创优争先劳动竞赛、创建“青年文明号”和争当“岗位能手”、创建文明单位等活动。昆泥公司荣获全国建材系统精神文明先进集体称号。

云南国防科技工业发展述评

云南省国防科工办主任　王仁凯

2000年，云南省国防科工全行业在党的十五大和十五届四中、五中全会以及省委六届八次、九次、十次全会精神指引下，认真贯彻落实中央经济工作会议、国防科工委工作会议及省政府经济工作会议精神，紧紧围绕改革、调整、管理、稳定四项基本任务，深入开展“服务企业年”和“苦练内功年”活动，进一步加强领导班子建设和精神文明建设，在解决矛盾中发展，在克服困难中前进，各项工作取得了可喜的成绩。

一、2000年主要工作情况

（一）主要经济指标完成较好。兵器工业完成工业总产值（现价，下同）9.711亿元，比上年同期增长29.3%，其中部属企业完成3.587

亿元，增长 30.4%，地方军工完成 6.123 亿元，增长 28.6%；实现销售收入 8.657 亿元，同比增长 16.6%，其中，部属企业实现销售收入 2.742 亿元，增长 14.3%，地方军工实现销售收入 5.915 亿元，增长 17.7%；实现利润 4354 万元，比上年同期增长 3.45 倍，其中，部属企业亏损 1214 万元，比上年同期减亏 60.8%，地方军工实现利润 5568 万元，同比增长 3.2 倍。

昆船公司完成工业产值 6.01 亿元，比上年增长 9%，实现产品销售收入 5 亿元，实现利润 1200 万元。

航天公司完成工业总产值 4877 万元，比上年略有下降；完成销售收入 4552 万元，完成计划的 57%；全年亏损 1020 万元，比上年减亏 300 万元。

核工业（省属单位）完成工业总产值 3738 万元，比上年有明显增长，实现销售收入 3647 万元，节约收益 250 万元。核工业云南二 0 九大队和核工业云南地质调查队根据国家关于核地质改革调整方案，年内正式属地化划归省国防科工办管理后，理顺了关系，增强了发展后劲，已全面完成了经济承包合同责任目标。

2000 年全行业工业总产值突破 20 个亿，其中，兵器工业实现工业总产值超过 11 亿元，利税总额突破 1 个亿，全行业实现扭亏为盈，盈亏相抵实现盈利突破 5000 万元，创历史最好水平，在军工系统成为全国最好的省份之一。同时，全面完成军品任务。

（二）扭亏增盈成绩显著，改制脱困目标基本实现。11 个省属预算内军工企业工业增加值比上年增长 20.9%。其中，云机三厂实现了产值和销售收入“双突”亿元大关和实现利润 4265 万元的佳绩，成为云南兵器系统新升起的一颗明星。安化也实现了产值超亿元的目标。机四厂、包装厂、铸造厂实现了扭亏为盈，分别实现利润 201 万元、80 万元和 52 万元。地方军工亏损面由 7 户减少为 4 户，扭亏率为 43%。云机二厂生产经营成效显著，产值、销售收入分别比上年增长 75.9% 和 94%。模具二厂新一届领导班子团结带领全厂职工以百折不挠的勇气，知难而进，奋力工作，完成产值比上年增长 1.48 倍，实现销售收入比上年同期增长 50.3%，为尽快实现扭亏为盈打下了良好的基础。

在改制方面，昆船公司早在 1998 年就实现了整体转制，按公司制经营运作。兵器系统首先在二九八厂实现整体改制，将云南光学仪器厂整体改制为云南北方光学电子集团有限公司（简称云光公司），对原有机构进行了重组，按照母子公司体制设立 16 个子公司。三五六厂将车间改为 10 个分厂，对亏损严重的分厂进行了内部资产重组，盘活存量资产 300 多万元，安置下岗职工 100 余人。云南燃料二厂也于 12 月 28 日实现了改制挂牌，组建了云南燃二化工有限公司，开始按照《公司法》建立法人治理结构和规范运作。云机四厂、燃料一厂、安宁化工厂为改制作了大量的前期准备，2001 年上半年可望实现改制挂牌。

（三）科技创新取得新的进展，对外合作取得新的成效。

（1）科技意识进一步提高，科技投入有所增加。科工办召开了云南兵器工业发展战略研讨会，编制了云南国防科技工业参与西部大开发规划，参与了省科委“云南十五科研发展规划研究”。三五六厂在资金极为困难的情况下，投入大量资金购置加工中心和数控机床为军品科研和民品开发再上新台阶创造了条件。云机四厂引进国外专用设备，新组建了一条自动喷塑生产线，大大提高了产品质量和生产效率。继昆船技术中心获得国家认证后，云南民爆技术中心和云南光学技术中心又获得省级认证，现已正式起动，微光、红外等 5 家公司被认定为云南高新技术企业。昆船公司的企业集成自动化系统工程和企业综合物流自动化创新项目，分别经国家计委、国家经贸委批准立项，并在资金上得到扶持。其所承担的红河烟厂的技改项目也获得了国家验收。航天公司与上海合作联合开发管道机器人项目被纳入昆明市科委重点科技计划，并得到市科委资金支持。民品开发有了新的进展，云机三厂完成了 6000 米防雹降雨弹的研制并通过鉴定试验，正在组织设计定型。云机四厂又有 4 个新产品通过鉴定，新产品产值率达到 50%，燃料一厂新抗菌素——克拉霉素已完成国家新药审批并投放市场；燃料二厂与四川合作，完成了衣康酸用玉米淀粉发酵生产的中试试验，使衣康酸成本每吨降低 5000 元。年内兵器系统又有 4 个产品被命名为省级名牌产品。昆船公司以新型制丝线和自动化物流系统为重点的技术创新计划完成了以现场总线技术的控制系统等27个项目，其中21项已完成样机试制，其余完成图样设计。航天公司在市场调研基础上与昆明静烈厨具有限公司合作开发节能炉灶产品已全面启动。

（2）对外经济技术合作进展顺利。海云公司为缅甸国防部建设的民爆器材项目又有2条生产线全面起动，与老挝、越南的贸易和业务往来比上年有较大幅度的增加，首次向老挝出口防爆器材及有关作战训练武器。全年公司取得了实现利税410万元的好成绩。云岭公司仅用了半年时间就完成了ISO9002质量体系标准认证工作，进一步规范了业务活动，同时公司不断加强内部管理手段。与老挝国防部合作承担的军用徽章和搪瓷生产线、与老方合资建设的石棉瓦厂生产线已建成投产。寮云公司在老挝经济形势困难、外资公司纷纷亏损的情况下，实现了利润4.8万美元，受到了老方的高度评价。三五六厂与缅甸地方政府在机械制造、机械加工方面的合作发展势头良好。核工业与老挝国防部联合进行地质勘探开发有色金属和花岗岩的合作前景看好。云南国防科技工业整体进军东南亚的态势已形成。

（四）结构调整步伐加快，技术改造得到加强。昆船公司历经4年前期准备，8年建设，投资5.47亿元实现五厂整体调迁建设全部完成并通过国家验收。成为云南省国防科技工业三线调迁项目的成功典范。2000年全省兵器系统完成固定资产投资8415万元，施工面积14万平方米，竣工面积7万平方米。技术改造项目进展顺利，安宁化工厂年产6000吨膨化硝铵炸药项目已建成投产。云南开关厂110KV高压开关项目主体车间已建成投产。主要产品110KV罗盘式变电站实现工业增加值3000余万元。云南燃料一厂工业电雷管技改和甲红霉素及GMP改造项目已开始实施。云南包装厂兼并八六六厂调迁项目已开工建设，与云南化工厂合资实施电石技改项目盘活存量资产600余万元。云南模具三厂环保仪设备项目已完成前期准备并获得省环保局的环保治理许可证，燃二厂污水治理项目已进入设备安装调试阶段。

（五）科工办机构改革圆满完成，机关自身建设得到加强。2000年从7月中旬至9月下旬，科工办机关机构改革工作圆满完成。这次机构改革有3个显著特点：（1）明确省科工办代表省政府对全省国防科技工业企事业系统进行管理；（2）由微观管理转变为宏观管理，为此确定了科工办的12条主要职责；（3）内设机构和人员编制实行了大幅度精减，精兵简政、精干高效。一年中，尤其是机构改革后，在人员减少、任务繁重的情况下，机关各处室努力实践江总书记关于“三个代表”的要求，忠于职守，履行职责，积极工作，服务基层，为所属企事业单位办了大量实事，得到了基层单位的应有评价。

（六）党建工作、思想政治工作和精神文明建设全面开展。（1）认真学习贯彻江总书记关于“三个代表”的重要思想，加深了广大党员、干部、职工，尤其是各级领导干部对这个重要思想精神实质和重要意义的理解，及积极实践的自觉性，全面促进了党建工作和其他各项工作的开展。（2）紧密联系实际，认真贯彻落实中央和省委思想政治工作会议精神。结合企业改制、结构调整、转换机制等实际，开展了解放思想大讨论，促进了思想观念转变，为改革发展提供了思想保证；积极开展爱岗敬业、形势政策、民主法制和维护稳定的教育，为改革、发展、脱困提供了前提条件；加强了马克思主义唯物论和无神论教育，开展了对“法轮功”邪教组织的斗争。（3）以加强领导班子建设为重点，全面加强党的建设。对11个单位的领导班子作了调整充实，改变了一些班子长期结构不合理的状况。科工办机关开展了“三讲”教育回头看活动，得到省里好评。在所属3个事业单位开展了“三讲”教育，使领导班子经受了一次深刻的党性党风锻炼。广泛开展争先创优活动，党组和各单位党委，对一批先进基层党组织、优秀党员和优秀党务工作者进行了表彰。（4）按照中央和省里要求，结合本系统实际，加强了领导干部坚持群众路线和廉洁自律的教育。

二、“九五”发展简要回顾

（一）工业生产稳步增长，扭亏增盈成效明显。2000年全行业与“八五”末期的1995年相比，工业总产值增长31.6%，其中兵器系统增长16.8%，昆船集团增长100%，航天公司比“八五”末有所下降；地方军工实现利税增长144%。“九五”期间，昆船集团产值、销售收入和人均年收入都实现了翻一番的目标。

（二）全面完成了军品科研生产任务，确保了部队装备的需要。初步形成了军用光学仪器、枪械等为主体的军品科研生产体系，为国庆50周年阅兵、高新技术武器装备以及其他军品装备配套作出了积极的贡献。

（三）结构调整初见成效，民品开发进展较快。“九五”期间，在以前工作的基础上，航天、船舶、兵器、核工业的三线企业基本完成了调整搬迁的后期工作，兵器系统的最后一个调迁项目（九八一五厂兼并八六六厂）也在抓紧实施。同时，下大功夫开发新产品、新技术、在保军的前提下，初步形成了以军为本，以民为主的发展格局，其中船舶的烟草机械和物流自动化系统，兵器的民用爆破器材，光学产品、机电产品、生物制品、核工业的有色金属勘探在省内占有重要的地位。“九五”期间，共完成固定资产投资4.9亿元，三线调迁总竣工面积50万平方米，建成经济适用住房23万平方米，技术改造竣工面积1.2万平方米，共争取省补助及贴息等项目资金8908万元。

（四）外向型经济得到较大发展，对外开放的格局正在形成。中美合资的安宁戴科公司、中老合资的寮云公司建成投产，运营良好；与缅甸签约承建的工业雷管等6条生产线已陆续进入实施阶段。云岭公司“九五”期间实现进出口1.246亿元。昆船公司烟机出口继1993年成套出口越南后，去年又签订332万美元的出口合同。航天公司与上海交大联合研制开发管道机器人项目被列入昆明市科委重点科技计划。核工业云南地调队迈出了进军老挝、缅甸可喜的一步。2000年全行业进出口实现创汇3532万美元。

（五）企业改革深入推进。航天公司、昆船公司以及二九八厂、燃料二厂完成了改制。减员增效、下岗分流工作取得成效，仅兵器系统就有10户企业累计4121名职工下岗，凡按规定程序下岗的职工均领取到了基本生活保障费，其中6户企业享受了“三三制”政策中的财政兜底政策，共争取资金3532.5万元，500余名下岗职工通过培训、竞争上岗实现了再就业，1000余名下岗职工与企业解除劳动关系，实现了自谋职业。航天公司的电冰箱厂实施破产后，卸掉债务包袱8800万元，核销不良资产4600万元。

（六）党的建设和精神文明建设得到加强。各级领导班子和领导干部的政治业务素质进一步提高，在改革、发展、稳定中发挥了骨干作用；学习邓小平理论和其他各种思想教育进一步开展，促进了干部职工的思想解放和观念更新；以发挥“三个作用”为目标，党的建设有了新的起色；党风廉政建设、厂务公开、民主监督等工作已形成制度并取得成效；尤其值得一提的是许多单位在困境之中，保持了局势的稳定。

（七）职工收入和生活有了明显改善。昆船公司、核工业二0九大队和地调队“九五”都实现了人均年收入翻一番的目标，兵器系统人均年收入由1995年的4824元增加到7718元，增长60%。

总结“九五”的工作，主要体会是：(1) 国防现代化建设的需要，是国防科技工业发展的基本源泉，必须始终坚持以军为本、军民结合、保军转民、自主创新和加快发展高新武器装备，满足国防现代化建设和形势发展需要的战略思想；(2) 大力推进军转民，发展军工经济是国防科技工业发展的重要途径，必须彻底破除等靠要的思想，面向市场、参与竞争、依靠科技、自主创新、走出一条突出特色、发展自己的新路子；(3) 深化改革、扩大开放、推进体制创新和科技创新，是国防科技工业发展的强大动力；(4) 加强人才队伍建设和精神文明建设，是国防科技工业的根本保证。

云南电子工业发展述评

云南省电子工业总公司总经理　傅其中

2000年，随着云南省机构改革和经济体制改革的不断深化，新成立了省政府信息产业办公室，行使政府对全省电子信息产业的管理职能。云南省电子工业总公司作为全省电子信息行业的大型骨干企业，下属14个企事业单位，肩负着云南省电子工业发展的重任。总公司在省委、省政府的领导下，坚持国有企业改革的方向，采取有效措施，克服各种困难，在激烈的市场竞争中求生存、求发展，2000年各项主要经济指标仍保持较好水平。

一、主要经济指标完成情况

2000年是“九五”计划执行的最后一年，省电子工业总公司完成工业总产值从1995年的4.655亿元增加到2000年的6.436亿元，“九五”期间年平均增长7.15%；销售收入从1995年的4.325亿元增加到2000年的4.403亿元；上缴税收从1995年的127万元增加到2000年的1862万元，年平均增长2.73倍，其中南天电子信息产业集团公司完成工业总产值5.527亿元，销售收入3.715亿元，实现利润3800万元，上缴税金1746万元。云南半导体器件厂完成工业总产值2353万元，实现销售收入1776万元，利润36万元。云南无线电厂完成工业总产值1919万元，实现销售收入2047万元，利润48万元。云南电子管厂完成工业总产值138万元，实现销售收入142万元，亏损240万元。云南省计算机软件中心实现销售收入2917万元。云南省电子工业研究所完成工业总产值347.5万元，上缴利税37.8万元。省电子产品检验所创收50万元。

二、深化企业改革，积极推进结构调整和技术创新

总公司认真贯彻中央关于国有大中型企业改革脱困的方针政策，积极开展工作，取得一定的成效。云南无线电厂在“外抓市场，内抓管理，确保军品，稳定发展”的工作方针指导下，努力拼搏，克服困难，2000年实现扭亏为盈。云南半导体器件厂完成“九五”技术改造，建成了年产1.5MW的125×125mm硅太阳能电池生产线，使其生产经营规模上了一个新台阶，2000年生产硅太阳能电池首次突破500KW大关，创企业历史最高水平。省软件中心、省电子工业研究所等科研机构顺利改制为科技型企业，并取得良好的经济效益，省软件中心完成“经济型工业计算机应用开发平台”攻关项目，达到国内领先水平。企业股份制改造在实现“南天信息”股票上市后，继续积极探索，做好股份制改造的前期准备工作，争取二板上市。总公司经过多年努力，多方支持，建起了22层的云南电子大厦，为企业树立了形象，为今后发展奠定了良好基础。

三、存在问题

云南省电子工业总公司作为省大型电子企业，总体水平不高、实力不强，在全省经济发展中比重小，没有应有的地位，同沿海地区、中部发达地区的电子行业相比，差距悬殊，与西部地区其他一些省份的电子行业相比，也存在较大差距。究其原因，客观上虽然同云南电子工业投入少、规模小、基础差、市场发育滞后、人才匮乏等有关，但更深层的原因，还是体制性和机制性的矛盾比较突出，经营机制不活，技术创新能力不强，传统体制不适应市场经济的要求，部分企业生产经营艰难，亏损严重，一些职工生活困难，推进国有企业改革与发展任重而道远。

云 南 物 资 工 作 述 评

云南物资集团有限公司董事长　宫国信

2000年，云南物资集团有限公司在省委、省政府的领导下，全体干部职工团结一致，迎难而上，积极进取，紧紧围绕物资企业改革与脱困的3年奋斗目标，在扭亏脱困工作中取得了一定的实效，部份企业实现了年初下达的主要经济指标，呈现良性发展的趋势。

一、深化企业改革，建立现代企业制度

经过3年多的酝酿，集团公司的企业改革改制工作在2000年有了较大突破。集团公司党委对各成员公司的改制工作采取分类指导的原则，根据不同公司的不同情况采取不同的改制方法，自1997年以来，以分立方式改制成立了化建、兴物、汽修、运销等4个有限责任公司，以自下而上方式改制金属、机电、燃料3个公司，成立了26个有限责任公司，以整体方式改制生资、再生公司，开辟了国有企业改革和发展的新思路。

（一）以企业改制为契机，大力推进三个公司改革。金属、机电、燃料3个公司的改制是集团公司2000年的一项重要工作。3个公司按照中央《决定》的精神和省委、省政府对改制的要求，以“三个有利于”为标准，坚持“抓大放小，有进有退，有所为有所不为”的原则，从产权制度入手，通过企业资产结构、组织结构、经营结构调整和人员重组，进行公司制改造，建立现代企业制度，切实转换经营机制，提高公司竞争力，最终实现扭亏脱困的目标。

金属、机电、燃料3个公司在原来专业公司的基础上，通过改制成立了25个新公司，其中国有绝对控股的有限责任公司10个，国有参股的有限责任公司10个，股份合作制公司5个。通过资产重组，实现股本结构多元化设置。

在改制中，3个公司都对经营效益好、有市场的业务实行控股，对有一定基础但目前经营困难的业务实行参股或者完全退出，实现了经营业务结构的调整和重组。

3个公司共分流职工478人，其中320人与公司解除劳动合同进入了改制公司，158人自谋职业。进入新公司的职工由原来国有企业的职工变为新公司的员工和股东双重身份，通过持股成为企业名符其实的主人后，在分配制度上采用按劳分配和按股分红的方式，同企业形成了风险共担、利益共享的利益共同体。

改制后，新公司具备了一定的市场竞争力和发展潜力，有的改制公司改制当月就实现扭亏为盈，大部分改制公司经营亏损的状况有了明显改观。

半年多的工作实践证明，3个公司的改制基本上达到了预期的目的：一是职工对改制的思想认识得到了提高，对改制的必要性认识加深；通过一段时间的运行，对改制以后公司的发展也有了信心。二是以资产为纽带，职工和企业的利益通过股权联系结合在一起，职工既是出资人，也是劳动者，这种双重身份的改变，让职工成为企业真正的主人，主人翁意识增强了，对企业的关心程度大大提高了。三是改制公司的法人治理结构规范，各公司都按《公司法》设立了董事会、监事会和股东会，规模较小的公司也有执行董事和监事。四是经过资产重组、业务重组和人员分流，改制公司轻装上阵，资产结构较合理，保持了优势业务，人员大幅度减少，营销手段灵活，增强了企业的市场竞争能力。五是改制成立的企业大部分落实了企业独立法人的自主权，企业有了经营自主权，管理自主权和分配自主权。

（二）以职工安置为重点，积极筹备运输公司破产。截至2000年10月末，运输总公司账面资产总额为2380.43万元，账面资产负债总额为

2527.25万元，资产负债率为106.17%，所有者权益总额为-146.82万元。如果计算呆坏账损失1254.3万元和应付银行利息、应交税金894万元，实际负债率高达303.8%。据不完全统计，共欠有债务2793.73万元。按在职职工计算，人均负债10.66万元。

经集团公司认真分析认为，省物资经营运输总公司仅靠自身的力量，寻找脱困的路子走出困境的前景十分渺茫。运输总公司既然已无力清偿到期债务，只有破产，但因难以进入国家的政策性破产范围，运输公司一直未能实现破产。2000年7月14日，牛绍尧副省长率有关部门对云南物资集团有限公司改革与发展的有关问题召开了专题调研会议。省政府决定，同意将云南物资集团下属的云南省物资经营运输总公司作为我省流通企业第一家破产试点，依法按程序破产。

集团公司抓住省政府同意运输总公司作为全省流通企业破产试点的机遇，积极配合做好破产的各项工作。集团公司已经成立了破产工作指导组，制定了破产工作计划，对职工安置费用和资产变现能力进行了初步测算，草拟了破产实施方案。

(三) *以现代企业为目标，加紧完善企业改制工作*。将物资企业改制成现代企业需要一个逐步过渡的过程。1997年改制成立的化建有限公司和兴物有限公司以及1998年改制成立的资源股份有限公司，在内部机制、内部管理上加大改革力度，不断完善。2000年，化建有限公司通过业务重组，实行补偿，有47人自谋职业；兴物有限公司在租赁业务中想方设法为职工谋取职位，安置职工25人。

根据中央“有进有退”的指导思想，今后的物资流通企业不属于国家保持国有经济控制力的范围，国有经济要逐步退出。在全面准确地领会中央精神的基础上，结合物资企业的实际，2000年，集团公司提出在条件成熟的资源有限公司实施重大改革措施，转让400万元国有股份，吸收民营资本700万元，使资源公司成为集团公司直属企业中第一个非国有经济控股的企业，这是国有股份物资企业深化改革的一个重要标志。

二、坚持多业并举，“三足鼎立”各展所长

(一) *改革营销方式，主营业务交易灵活*。各公司按照集团公司“三足鼎立”的发展战略，集中精力抓主业，经过几年的努力，有的公司主业经营更上一层楼，实现了上规模出效益。

再生公司在竞争日趋激烈的情况下，抓住报废汽车回收这个主要创效业务，积极争取相关政策，加大人员、资金、设备的投入，引入新的营销方式，加快整体销售，使销售量有较大幅度的增长，2000年回收报废车3695辆，实现销售额突破1000万元。与此同时，再生公司恢复了废旧金属回收这个传统主业，抓住机遇采取灵活多样的营销方式占领废旧金属市场，组织收购点的废钢供应贵钢、昆钢，发货近4.3万吨，全年实现销售收入3200万元。

化建有限公司针对近年来化工、建材市场的发展趋势，对没有效益，供大于求的产品果断下马退出，3个月没有效益的分公司一律撤消，1997年改制时的18个分公司如今精简到只有4个分公司。集中资金保证主营业务的运作，集中精力组织大宗产品，2000年销售收入超过1亿元，创3年来的最好水平。

生资公司分析了自身资金少、实力弱的实际，明确以钢材为主要经营品种，集中力量保证钢材经营，2000年上半年，抓住钢材市场价格上涨的好时机，重点抓了建筑用钢，扩大了销售，一举扭亏为盈。

(二) *项目稳步发展，开发实业初见成效*。在改革开放的社会主义市场经济条件下，物资流通企业注重加强贸工联合，为了争取质优价廉的货源，与生产企业实现利益均沾、风险共担，也取得了一些成效，但仍然受生产企业自销的冲击，市场份额大大下降。为了在资源、价格上占优势，集团公司在开发实业这个发展方向上做了很多尝试，上马了一些生产型项目，并逐渐显现了效益。大西洋电焊条厂、金红石厂、富源铅锌矿等运行情况较好，各公司的投资也有一定回报。

金属公司投资控股的金盛新型材料有限公司2000年取得了较好成绩。金盛公司自投产以来，认真抓好产品质量和管理工作，目前呈现出产销两旺的好势头，特别是外墙板的销势较好，全年预计销售可达5500万元，盈利180万元左右。金盛牌铝塑板在云南的市场占有率已达50%，具有较好的发展前景。

(三) *出租出让结合，盘活存量不断挖潜*。

各公司按照集团公司“三足鼎立”的经营方针，把多渠道增收创效和盘活存量资产作为重要工作来抓，除了抓好原有的代储代运和闲置房屋、沿街门市出租的创收外，也摸索了出让、开发土地的经验。除内部租赁外，2000年各公司在盘活存量资产上的收入达5058万元。

出租业务成效最显著的是兴物有限公司。2000年，兴物公司抓住永康路占道经营被取缔的时机，在公司大楼永康路一侧建成了公司商场，开发出15间铺面，预收租金，仅收取转让费一项就净增30万元。今年共实现收入86万元，以后年收入保持在56万元。

屋业开发公司开发了翠湖北路的1.63亩土地，利用土地价值增加积累，为下一步集团公司改造招待所和东风西路13号奠定了基础。机电公司在吴井路194号的仓库用地，也将开发建设为云南机电产品交易市场和“绿洲花园”商住小区，目前该项目已进入开工阶段，标志着集团公司“盘活存量”的工作已经从以前简单的场地出租发展到了进一步的深度开发。可以肯定，物资企业的土地是最重要的开发资本，要充分发挥土地的潜在价值，上规模、上档次，增值增效。

三、强化企业管理，提高企业整体效益

（一）加强制度建设，严格管理出效益。再生公司严格抓了节支增效工作，在内部70多辆汽车的管理方面拿出了一套切实可行的办法，有效降低了汽车的维修费用。机电公司对改制成立的控股公司加强了监管力度，由机电公司的总经理和党委书记及其他领导分别担任新公司的董事长，并按法人治理结构的有关要求对新公司的经理实行经营授权管理办法。原黑土凹仓库改制后，为抓好内部的整个仓储运输业务工作，制定了62个管理制度、汇编成册印发实施。其他改制公司，都分别按公司改制的要求开始拟定和建立了相应的内部管理制度。

（二）强化资金管理，避免损失有突破。针对物资企业财务基础工作薄弱、人员素质不高，造成账务混乱的情况，2000年集团公司抓了企业财务基础工作规范化，大部分公司通过了考核；还组织了财务人员的岗位培训工作，保证人人持证上岗。通过这些措施，企业财务基础工作有了较大的进步，管理能力大大加强。

化轻公司主动与华融资产管理公司接触，争取到政策，把4500万元低效资产剥离出来，交给了华融资产管理公司，大大减轻了化轻公司的债务包袱，避免了损失，是困难企业减轻负担的一个突破，也使困难企业走出困境有了一线生机。

生资公司面对自有资金不足，银行贷款难的局面，出台了《资金管理规定》和《加快资金周转、安全管理的规定》，一方面保证了现有资金的安全运行，杜绝了不正常的赊销经营，另一方面，通过加快资金周转来缓解经营资金不足的矛盾。

（三）努力盘活库存，压库促销显成效。2000年，省政府同意集团公司对1999年以前形成的各种投资损失、库存潜亏、呆坏账等不良资产进行处理，各公司抓住机遇，甩掉了一些历史包袱。

金属公司结合企业改制工作，积极处理库存物资，原分管销售库存物资的黑色公司全年销售老库存物资3000吨，到年末，总公司2000年10月底以前的库存已全部处理完毕。

燃料公司的库存物资占用到2000年底为61万元，比上年末的1791万元减少1730万元，下降了95%，超额完成了集团公司下达的压库指标。

（四）明确追究责任，清欠工作不断深入。2000年，经过各成员企业的共同努力，共清收回不良债权2451.57万元，其中：一类债权1373.31万元，二类债权711.18万元，三类债权367.08万元。收回的债权中，货币资金有2266.69万元，以物抵款有184.88万元，货币资金占收回总额的92.46%。清收难度大的二、三类债权共完成1078.26万元，占总额的43.98%。

2000年，燃料公司对清欠工作加大了人力、物力、财力的投入，采取上门清收、诉讼清收、以物抵债等多种方式，全年收回不良债权1000多万元，其中货币资金800多万元，为国家挽回了损失。

生资公司做了大量艰苦的工作，把多年无法拿回的水钢集资款800多万元换成钢材拿了回来，而且完全实现销售、清欠工作的突破。各公司都采取各种行之有效的办法，加强力量做好债权的清收工作，把损失降到最低限度。

自1997年集团公司在省政府的支持下制定《清欠奖惩办法》以来，清欠工作取得了明显的成效，清收回来的资金大大缓解了流动资金紧张状况。根据集团公司的计划，必须对不良债权责任人进行界定和责任追究，2000年出台了有关文件，对在经营活动中，因违法违规等人为因素给国家财产造成损失的有关责任人，要按照有关法律、法规、法纪认定和追究，依法维护企业的合法权益，防止国有资产的流失。这项工作在各公司纪委监察的积极工作下，已初步完成。

四、存在问题

主要问题是：（1）企业改制后，机制转换还有待落实；（2）亏损额大，扭亏增盈任务艰巨。

云南重点建设工作述评

云南省重点工程建设指挥部指挥长　曾永德

2000年，云南省重点工程建设以党的十五大精神为指针，抓住国家西部大开发的机遇，继续贯彻执行中央关于扩大内需的战略方针，结合云南实际，加强基础设施、基础产业建设的同时，重视国有企业的技术改造，促进经济结构调整。着重安排水利、交通、能源、环保、城建等基础设施、基础产业项目，同时兼顾教育、科技、文化、卫生等社会发展项目。在省委、省政府的领导下，圆满完成了年度计划目标，为拉动全省国民经济的增长发挥了积极作用。同时，开展了对建设项目的稽查工作，促进了建设项目的规范化管理。

一、圆满完成2000年计划任务

2000年全省共安排重点建设项目31项，其中：计划建成投产8项，续建14项，新开工9项。行业结构为：交通12项，能源6项，水利4项，通信1项，化工2项，有色冶金1项，环保2项，城建1项，教育1项，文化1项。年度计划（草案）总投资157.3亿元，执行计划总投资为131.1亿元。

1～12月份，全省31项重点工程共完成投资131.57亿元，为年度计划（草案）的83.65%，为执行计划的100.33%。

计划建成投产的8个项目中，昭通渔洞水库灌区南干渠已贯通；昆明柴石滩水库大坝通过技术鉴定，具备下闸蓄水条件；玉溪——元江高速公路正式通车；临沧飞机场建设完工；云南大学“211”工程建成投入使用；红河磷肥厂12万磷铵技改建成投资；云南铝业公司电解铝节能技改完工投入试生产。此外，续建项目中的成昆铁路电气化改造工程全线电气化牵引开通运行，准备实施昆明站的改造；宣威电厂五期扩建第一台机组并网发电；邮电通信工程ATM宽带网建成并投入使用；成昆铁路电气化外电供电工程已建成供电。以上共11个项目建成投产和部分建成投产，超额完成了建成投产8个项目的计划目标。建成投产项目的新增能力为：水库库容4.37亿立方米，输水干渠102公里，增灌农田32.2万亩；高速公路114公里；民航二级机场1座；电气化铁路347.2公里；22万伏输电线路115公里，11万伏输电线路294公里；电力装机30万千瓦；在校学生7000人；磷铵12万吨；省内ATM宽带多媒体通信网1条。

二、加强对项目的督促检查

2000年，云南省重点建设为了抓住国家西部大开发的机遇，进一步扩大了投资规模，全省31个重点工程，年初计划（草案）总投资额达157.3亿元，是全省重点建设历史上投资规模最大的一年，为1999年的186.3%，净增72.9亿元。但在实施过程中，由于受部分项目前期工作不落实，征地拆迁及林木砍伐受阻，资金到位较晚和部分资金不落实等因素的影响，建设进度缓慢，投资完成情况不理想。上半年全省 31 项重点工程只完成投资 51.05 亿元，这一情况反映到省政府后，引起了省领导的高度重视，省政府召开了常委会议，专门研究了防止投资下滑、有效拉动经济增长的措施办法，并提出了全省固定资产投资实现“保平争超”的目标。省政府又于 8 月和 9 月份，先后两次召开了全省固定资产投资工作会议，给建设项目追加 6 亿元的预算内资金，对工程的进度起到极大地推动作用。省计委、省重点工程建设指挥部及时贯彻落实省政府常务会议精神及全省固定资产投资会议精神，狠抓重点工程的建设进度，一方面积极协调财政、金融部门，落实建设资金到位；一方面加强对建设项目的情况调度，督促各地州和建设项目管理单位，集中精力，排除干扰，加快工程进度，力争多完成工程量。同时，派出稽察特派员，深入各建设项目施工现场，逐项进行检查督促。省重点建设指挥部也派出人员分别深入到公路、铁路、电力等重点工程施工现场，协调解决了工程建设中大量的征地、拆迁、大件运输的困难和问题，为建设项目创造良好的外部环境，确保项目的顺利实施。

三、贯彻和落实国家及省颁布的关于基本建设的一系列法律法规

《中华人民共和国招标投标法》和《国家重点建设项目管理办法》已颁布实施，紧接着国家计委第 3 号、第 4 号、第 5 号令也相继领发。1999 年云南省也制定了《云南省重点建设项目管理办法》和《云南省对重点建设项目实行奖励的规定》。另外，对建设项目违纪违法的处理，对工程质量实行终身责任制，对概算资金的管理，对开工条件的审查等等，国家和省都制定有一系列规定和办法。2000 年以来，全省对参与重点建设的勘察、设计、施工、监理及建设单位，都认真进行宣传贯彻，并进行了监督检查落实工作，加强了对项目的执法监督力度。特别在落实国家的《招标投标法》方面，根据国家计委颁发的各项政令精神，结合云南省的实际，进一步完善了执行国家《招标投标法》的实施细则，明确了各部门的职责职权及项目招标投标过程中的操作规范，将云南省建设项目招标在公开、公平、公正方面推上了一个新的台阶，使全省重点建设项目在工程质量、建设工期和造价控制方面进一步得到保障。

四、组织开展了建设项目的稽察工作

云南省实施向重点建设项目委派稽察特派员的制度，由于省委、省政府的重视，这一工作已走在全国的前列。1999 年在省级机关内选拔了特派员及助理进行培训后，经考核合格者 2000 年已全部到位，组成了 5 个稽察组并正式开展工作。从 9 月份开始，已 3 次深入项目，分别对 15 个地、州、市的 91 个国债项目，31 项重点工程和 100 项追加省财政资金的建设项目进行了稽查。通过对各项目的建设程序、工程质量、资金使用、建设管理等方面的检查，对查出的有关违纪违规问题，立即要求整改，问题严重的进行了通报；对建设项目存在的困难和问题，及时提供有关部门给予协调解决。稽察特派员制度的实施，进一步强化了政府对投资项目的监管力度，保证了国家和省投入资金的安全，同时对工程质量和工期进度的要求也进一步得到保证，有力地促进了建设项目的规范化管理。

五、维护建设项目的正常秩序

（一）严格建设项目开工条件的审查。云南省有部分建设项目为了争资金“抢盘子”在前期工作尚未落实的情况下就仓促上马。开工后或施工设计跟不上，或征地拆迁实施不了，或建设资金到不了位，工程干干停停，进度上不去，影响了全省投资计划的完成。因此，对新开发项目严格实行开工条件的审查，凡属“三边工程”的项目，一律不得列入年度投资计划项目。

（二）落实建设资金到位。部分地县和部门，在申报建设项目时，为了使项目获得批准，不顾自身能力乱承诺投资比例，待项目正式实施后所承诺的资金又无法到位。甚至项目建成后有的地县资金仍然不到位，拖欠工程款的现象十分严重，最后出现较大的资金缺口，增大了省财政投资的困难。今后对连续两年建设资金不到位的地县和企业，将停止新建项目的审批、省财政资金的匹配和支持。

（三）扎扎实实地做好征地拆迁和移民安置工作。建设项目在前期工作中，要严格按照土地法及有关规定的测算标准，尽量打足征地拆迁及

移民安置的资金概算，使农民丧失土地和家园后生产、生活的安置不得低于原有的水平，并因此获得重新开发脱贫致富的机遇。同时，要求建设项目所涉及的县、乡各级政府，要做好宣传动员和开发安置工作。不得趁机搭车乱提条件和要求，不准煽动群众阻挠施工，不准层层克扣征地拆迁及安置补偿费。各级政府都要积极配合、大力支持国家建设。对于工作不力，投资环境恶劣的地、县，要限期进行整改，否则省有关部门将停止对该地、县其它投资项目的审批。对层层克扣征地拆迁款的，要严肃查处，触犯刑律的，追究刑事责任。

（四）严格整治对建设项目乱收费的行为。关于治理整顿省内涉及固定资产投资项目的行政事业性收费问题，省计委、省财政厅已制定了具体的措施办法，各级政府和有关部门必须认真贯彻执行。总的原则是，对重点建设项目的各项收费，国家有规定的，一律取下限；地方自行规定的，实行减免或暂缓征收。

（五）要求各行业、各部门相互支持，相互配合，共同创造良好的外部环境。建设项目在实施过程中，涉及大量的电力、公路、通信、管网等线路的改移和超大件设备、材料、物资的运输，要求铁路、交通、电信、供电、城建等部门要顾全大局，相互支持，提供方便，转变观念，搞好服务。不得相互制约，提高造价，制造障碍。顾全大局，共同为云南省重点建设作出努力。

云南民营科技型企业发展述评

云南省民办科技机构管理委员会主任　左汝锡

2000 年从年初省委、省政府领导对民营科技企业的调研开始，到年末“云南省加快发展民营科技企业工作会议”的召开，一年来的民营科技工作紧张有序，收获颇多。

一、民营科技企业在总体上奠定了在新世纪大发展的良好基础

据不完全统计，至 1999 年末，云南省的民营科技企业数已达 2363 家。按国家科技部政策体改司 2000 年公布的统计数据，云南 827 家民营科技企业年总收入 69.95 亿元，资产总额 131.78 亿元。与 1999 年相比，上报到国家科技部的民营科技企业的数量及相关数据都有一定的增长。

云南省民营科技历经 20 年的发展，呈现出以下走势并在总体上奠定了在新世纪大发展的良好基础：(1) 在格局上，昆明、玉溪、曲靖、红河，集中了民营科技企业的绝大部分，有渐次向周边和偏远地州推进的趋势。在昆明高新技术产业开发区和昆明经济技术开发区内，民营科技企业更为集中。(2) 在其从业的领域上出现了在生物技术及医药产业、电子信息、光机电一体化、新材料和节能、环保等 4 个方面的集聚。(3) 成长出一批具有较大规模、较强实力的大企业（集团）和具有“专、精、特、新”特征，有市场竞争能力的科技型中小型企业。“盘龙云海”在 5 年中实现了快速增长。到 2000 年 11 月中旬，仅“排毒养颜胶囊”就已实现销售额近 7 亿元，全年预计能突破 8 亿元，单项药品销售额跻身全国前茅，占省产药品年销售额的 1/3，并成功地进入欧美市场；“滇虹药业”的康王系列小产品做出了大市场，在 5 年的时间里，资产已由 28.73 万元剧增至 1.5 亿元，销售收入连续几年突破 1 亿元，成为全省同行的利税大户；跻身中国广告业 50 强的“风驰明星”，在按现代企业制度构造企业方面成效显著，资产迅速从 20 万元扩张到 1.87 亿元，1999 年实现销售收入超过 2 亿元。(4) 民营科技企业中体制和机制的创新方兴未

艾，技术创新的能力持续得到提高。“圣火制药”与国有企业合作，构造了国有资产占51%、采用民营机制运行的高新技术企业，实现了优势互补；昆明中友硅藻土科技公司，让技术成果的持有者持有企业股份并出任公司要职，对无形资产、智力要素参与分配进行了大胆实践和有益尝试；云南欧亚高科技发展有限公司，通过与英国莱斯特大学、拉福堡大学以及国内的清华大学、浙江大学等知名院校进行技术合作，在电子电力学应用领域开发生产出多项技术领先、受到市场欢迎的高新技术产品。(5) 农村产业结构调整促成了与民营科技企业的互动：云南凯雄实业有限公司香蕉组培苗培育及示范化种植；红河人帅葡萄园艺场优质葡萄种苗引进选育及大面积种植；玉溪三高有限责任公司购买的“武定鸡农大Ⅰ系选育利用研究”科技成果的规模化、商品化养殖；江川孤山花卉种植场生产香水百合带动一方农民致富都是实例。(6) 对外开放、合作有了新的拓展：“风驰明星”和香港TOM.COM国际互联网公司达成了合资协议，构建了一个与国际接轨的更高的平台，在主动参与国际竞争方面迈出了重要的一步；昆明中友科技产业集团有限公司与新加坡狮岛．索龙集团建立了合作关系，共同生产和经营“ZY6000”系列产品，目标是将市场覆盖到全国并走向国际。

二、“云南省加快民营科技企业发展工作会议”意义深远

“全省加快民营科技企业发展工作会议”是省科技厅年内工作的重点之一。以此为主线，作了充分的铺垫和准备。

年初全省技术创新工作会议前，令狐安书记等领导对民营科技企业进行了调研。令狐安对“风驰明星”的科学管理印象深刻，责成省经贸委等一些部门帮助总结经验并在一定范围内宣传推广；对其“不创新必灭亡”的警句称赞有加，认为“风驰明星”已具备了现代企业的雏形。令狐安评价“圣火制药”是建立在高科技基础上求得快速发展的典型和两种所有制合理结合的典型；企业艰苦创业，不断进行科技创新、不断进行产品开发的科技兴业以及与云维合股，重新构造企业的制度创新等方面的经验，滇虹是老有所为的典型，是科技致富的典范，是“致富思源，富而思进”，也是政府扶持企业发展的典范。

省民办科技管委会的3个调研组，与当地科委一起，在德宏、保山、文山、红河、玉溪以及昆明等6个地（州）市进行了调研。省政府原秘书六处、省民管会在联合调研后形成了《关于云南省民营科技企业发展有关问题的调研报告》，并以省政府办公厅《情况简报》的形式报送给了省委、省政府等有关部门。令狐书记针对报告中有关建立和完善风险投资机制的问题专门作了批示，推进了此项工作的进程。此外，省科技厅宣教中心还组织了有各新闻单位参加的赴红河州“科技采风”活动。通过调研，一批有特色、有创新、具有示范作用的民营科技企业的经验得到了总结。同时，会议的筹备过程也对各地的民营科技管理工作起到了推动作用。

在省科技厅的直接领导下，经过充分准备，“云南省加快发展民营科技企业工作会议”在12月成功召开，梁公卿副省长在大会上作了重要讲话。这次会议回顾总结了云南省民营科技20年的工作；7个单位交流了经验；“风驰明星”等23家优秀民营科技企业和曲靖市科委等7家民营科技管理工作先进单位受到了省科技厅表彰；部署了新世纪之初云南省的民营科技工作。会议体现了党和政府对民营科技企业的重视和支持，在全省民营科技界引起了很大反响，将对全省民营科技的发展起到积极的推动作用。

三、民营科技企业得到重视和支持，环境进一步改善

在全省技术创新工作会议上，省委令狐安书记对云南省民营科技的历史、现状及其作用作过精辟分析，提出进一步解放思想，着重加强对民营科技企业“引、扶、帮”的要求。强调要通过政策鼓励、引导和扶持，推动技术开发、技术创新能力强的民营科技企业加速发展。

各级民营科技企业管理部门的服务工作也屡出新招：省民办科技管委会为40家民营科技企业举办了关于省科技厅2000年新设立的“新药研究开发”、“优质农产品”和“科技型中小企业技术创新基金”3个专项计划的项目申报培训班，并协助企业对项目申报文件进行修改完善。推荐上报后直接的效果是8个企业的8个项目得到了共计573万元的资金支持；曲靖市科委举办了67人参加的民营科技企业法定代表人培训班，取得良好效果。此外，通过银企之间多次协调

后，颇有新意的《曲靖市民营科技企业流动资金贷款试行办法》出台并开始运作，曲靖市南宁城市信用社首轮已向连保的3家企业放出第一批流动资金贷款180万元。

民营科技企业的不俗表现、云南省处于社会主义初级阶段低层次需要大力发展民营科技企业的实际以及对其在经济结构调整中作用的期望导致了在过去的一年中民营科技企业得到了更多的承认和支持："风驰明星"总裁李践被省政府授予"云南省个体私营经济组织劳动模范"称号；"云南省1999年度私营企业100强"及"云南省1999年度先进个体工商户、私营企业"名单中，数十家民营科技企业榜上有名；云南民族医药研究所所长关祥祖、云南晨霞掌纹研究所所长王晨霞、昆明中友科技产业集团有限公司总经理刁杰峰等3人，经评审获2000年"云南省有突出贡献优秀专业技术人才"三等奖，还有一批民营科技企业家也获得了其他各种荣誉；在产业化项目方面，云南和田科工贸有限公司"藻渣、污泥无害化处理及制备10万吨/年复混肥"、昆明中友硅藻土科技公司参与的云南省公路科学研究所"硅藻土改性沥青混合料在高等级公路建设中的应用"、中国科技开发院云南分院"生物肥料种原FABY复合菌"等被国家发展计划委员会确定为"2000年高新技术产业化推进项目"；一批民营科技企业得到了国家、云南省科技型中小企业创新基金或其他科技计划的资助；云南红塔创新投资有限公司和云南高新创业投资有限公司也已将风险投资的目光投向有发展前景的民营科技企业。

四、推动全省民营科技企业发展的工作要更加强调落实

云南省加快发展民营科技企业工作会议专题研究、部署了民营科技工作，确定了到"十五"末云南省民营科技实现的目标：

（一）全省民营科技企业数增长至5000家。其中昆明、玉溪、曲靖、红河等经济总量较大的地区，增长幅度明显应高于其他地区，偏远地区要实现零的突破并有所发展；

（二）"十五"期间，全省民营科技企业的技工贸总收入每年以不低于20%的比例递增，"十五"末达到或超过100亿元；

（三）高新技术企业中民营科技企业所占比例，由"九五"末的60%增至"十五"末的70%。

（四）开展对涉及民营科技企业的法规、政策落实情况的调研；

（五）加快科技计划管理体制的改革，使民营科技企业在"公开、公平、公正"的条件下，参与各类科技计划的竞争；

（六）要在建立民营科技企业贷款担保机制上取得突破。探索并建立"政府注入引导资金、企业入股、联合金融机构按市场导向以企业化方式运作"的"贷款担保公司"，缓解民营科技企业"贷款难、担保难"的矛盾；

（七）继续推动风险投资机制的建立与完善。云南的风险投资业刚刚起步，既要鼓励支持积极发展，又要注意加强引导、规范，作好试点工作；

（八）尽快启动省科技型中小企业技术创新基金管理中心的组建工作，提出实施方案；

（九）组织实施"三百工程"。即在5年时间里，在全省范围内培养出100名民营科技企业家；培育出100家年技工贸收入达到5000万元的民营科技企业；从省外、国外引进、开展合作和到省外、国外发展的高技术产业项目100项；

（十）强化对民营科技企业的服务意识。变民营科技企业工商登记前经科技行政部门的前置审批程序为登记认定制，即经工商登记注册的企业只要符合民营科技企业条件，就可向科技行政部门提出认定申请。经认定的民营科技企业可享受其优惠政策。

以上目标的实现和相应措施的实施，只有集全省之力才有可能。而且，还要下决心在以下工作中有所突破，一一落实：此次会议确定的"三百工程"需要与地（州）市科技行政管理部门进行商议，提出相关的标准并将指标进行分解；科技型中小企业创新基金管理中心的组建启动工作要抽调人力并尽快提出方案；为缓解民营科技企业贷款担保问题，设立"贷款担保公司"的工作要迈出实质性一步。与有关各方面的协调工作、"贷款担保公司"的组建方案、运行规则等都必须在确定的目标下抓紧进行。

云 南 商 业 工 作 述 评

云南商业集团有限公司董事长 陈思雄

2000年是云南省商业行政部门经历重大变革的一年，省贸易厅整体转制退出政府序列，管理全省商品流通的职能移交省经贸委，标志着自50年代初开始实行的专业化商业行政管理体制宣告使命结束，代之以适应社会主义市场经济要求的实行宏观管理的商业行政管理体制开始启动运行。而转体成立实施授权经营的集团有限公司组建企业集团，又标志着省直商贸流通企业步入了适应现代市场经济要求的集团化运作的新阶段。在省级政府机构发生重大变革的一年里，省贸易厅在省委、省政府的领导下，一手抓全省流通工作，一手抓自身的机构改革，既确保了商业行政管理工作的连续性，又顺利实现了省贸易厅机关向企业化的集团公司的平稳过渡，基本实现了年初提出的工作目标。

一、推进营销改革，促进流通组织创新

深化营销改革，是实现流通现代化，建立高效率流通体制的根本手段。根据令狐安书记要着力解决好“云南省城乡营销方式落后”状况的指示，以及全国营销改革工作会议精神，继续按照省贸易厅确定的重点推进连锁经营，发展超市、电子商务、拍卖的营销改革工作思路，2000年加大了对全省营销改革工作的指导，各地州市商业部门以市场为导向，不断改革传统的经营方式和业态，连锁店、便民店、超市遍布各地，极大地方便了消费者，活跃了当地市场，企业的经济效益也得到提高。省直企业跨出传统经营范围，积极开拓新的市场，取得显著效果。省商业储运总公司食糖交易市场开展网上交易，全年食糖成交量2万吨左右，大昌医药公司年销售额达2800万元，熊谷酒业股份有限公司酒产销178吨。

二、扩大对外交流与合作，引导云南产品升级换代

为了紧跟中央实施西部大开发战略决策，扩大云南与东部省、市的合作与交流，2000年4月，按照省政府的部署，由省贸易厅牵头组织云南省经贸展洽团参加2000年“天交会”，省展洽团作为云南的窗口，把云南突出的绿色食品，如野生食用菌类、芦荟系列新产品和地方名、优、新产品的豆制品类、茶叶等数百个品种展示在“天交会”上。在展销会期间签订合同和协议25项，引入资金与技术项目5个。为加强滇沪两省市商贸流通的合作与帮扶，省贸易厅与省经协办多次组织商贸企业赴上海考察和商谈，根据令狐安书记等领导关于组织企业走出去开拓市场，扩大云南名特优新产品市场占有率的指示，于2000年12月下旬，在上海市举办首届云南名优、土特新产品展销会，重点展销云南名优土特农副产品、天然药物、天然保健产品等，有14个地州市250个企业参展，参展商品26个大类，500多个品种。会上成交额2.08亿元，其中协议成交2.03亿元，零售490万元。

三、加强对重要商品流通的监控

（一）把“百城万店无假货活动”继续引向深入。为促进全省流通市场的健康规范发展，与省委宣传部牵头，工商局、技术监督局、物价局、商检局、省消协协调配合，把“百城万店无假货活动”继续引向深入，加强媒体宣传的舆论导向，加强培训和职业道德教育，提高了全省全社会的打假防伪能力和依法经营观念。通过采取典型引路，重点抓好全省6条示范街、60个示范店、2个示范市场的建设，组织参加面上的大规模抽查自查活动以及送货下乡等一系列活动和措施，使全省“百城万店无假货”活动在2000年顺利深入发展。

（二）加强生猪屠宰管理。让人民群众吃上“放心肉”是生猪屠宰管理体制的重大改革。为确保《生猪屠宰管理条例》在全省得到贯彻落实，在上年工作的基础上，一是抓了定点屠宰场的设置和审批程序的规范完善。目前，全省已有126个县的1567个乡开展了生猪定屠宰和检疫。二是进一步加强执法培训，壮大执法队伍。与省法制局共同组织举办全省生猪屠宰执法人员培训班，全省有200多名公务员获得了生猪定点屠宰行政执法证。三是加强组织对生猪定点屠宰的日常执法检查和组织生猪定点屠宰大检查，积极协助处理执法过程中的大案要案。

四、加强对特种行业的管理

根据《中华人民共和国拍卖法》和《旧货经营暂行管理办法》，在认真总结以往工作经验的基础上，大胆探索特种行业管理的新途径、新办法。对拍卖从业审批制度进一步发展完善，并建立许可证管理制度。为确保拍卖市场规范发展，按照有限度自由竞争的行政管理观念，制定了跨地区拍卖的审核备案制度，促进了规范有序的竞争。全省拍卖企业36家，拍卖成交额近10亿元。根据公物拍卖的有关规定，开展公物拍卖指定人试点工作，并完善了相关管理制度，有效避免业内盲目或不正当竞争。旧货经营业已完成清理整顿工作，为下一步规范操作奠定了基础。

五、狠抓直属企业的扭亏增盈工作

2000年是省贸易厅扭亏增盈工作比较艰难的一年。一方面需要大量处理企业库存积压商品，尽量减少资金占用；另一方面又需尽量减少亏损。面对这一矛盾，省贸易厅选择了尽量压低经营性亏损以弥补处理库存商品损失的扭亏增盈工作思路，主要抓了以下几方面工作：一是建立健全扭亏增盈目标责任考核体系；二是对企业实行分类指导；三是建立完善对口帮扶责任制度；四是落实了扭亏增盈工作党政一把手责任制；五是加强了库存商品处理的监管，尽量降低处理损失。通过以上几方面的工作，扭亏增盈工作略有成效，库存商品处理速度加快。

六、大胆推进省直国有商业企业改革，促进机制转换

大力开展解放思想、搞活流通大讨论，转变观念、统一认识，并采取“走出去，请进来”的方式，于2000年12月组织集团有限公司机关中层干部和直属企业领导到广州、珠海、深圳进行为期10天的考察学习培训，认真学习考察广东国有商业企业“三改”的成功经验，开阔眼界，拓宽思路。深化三项制度改革，促进机制转换，省贸易厅制定了《直属企、事业单位干部人事、劳动用工、分配改革的实施意见》，选择省财贸学校等单位为试点单位。省财贸学校实行了校长由厅里聘任，副校长在民主推荐的基础上由校长提名，厅里考核同意后由校长聘任的重大改革，精简了领导人员，提高了办事决策效率。省级直属企业改革已迈出了实质性步伐，初步形成了“增量调存量，局部改制带动整体改革”的建立现代企业制度的路子，新成立的9家企业全部按照建立现代企业制度和产权多元化的要求组建，3家直属企业推行内部改制，新组建公司制企业7户，2户企业推进了整体改制。

七、精心组织实施贸易厅转体组建集团工作

精心组织实施转体组建集团工作是2000年厅机关工作的重中之重。为确保厅转体组建集团工作的顺利进行，完成省政府机构改革目标，厅党组领导识大体顾大局，精心组织策划，主要做了以下几个方面的工作：(1) 认真组织力量对转体组建集团方案及相关报批材料进行认真修改完善，为省政府顺利批准创造了有利条件；(2) 组织力量对直属企业的情况进行了大量摸底调研，基本摸清直属企业资产负债及人员结构状况；(3) 加强与相关部门的协调联系，为落实方案的各项政策创造了有利条件；(4) 按照“思想不散、工作不断、组织不乱”的机构改革要求，厅领导与机关同志谈心，组织大小会议达数十次，加强了对广大干部职工的思想政治工作；(5) 针对有部分同志需提前退休而很可能出现空档的情况，厅党组抓了集团公司筹备班子的组建，并明确了各处室临时负责人和移交职能的清理，有效确保了工作的连续性；(6) 鉴于省机械厅将转体组建行业协会，下属流通企业无人接手的情况，厅党组抓紧组织力量加强衔接，使机械厅下属6户内贸企业在省政府批复前顺利并入云南集团。以省政府下发文件和10月30日在连云宾馆召开成立大会为标志，省贸易厅整体转制，云南商业集团有限公司宣告成立，云南商业集团正式组

建。

八、积极发挥党组织的核心作用

2000年是省贸易厅经历重大变革的一年，在省委、省政府的领导和大力支持下，省贸易厅党组围绕中心工作，紧密结合实际，认真贯彻党的路线、方针、政策，促进了厅机关党的思想、组织、作风、勤政廉政和两个文明建设。(1) 坚持理论学习，进一步加强党的思想政治工作，为厅机关的转体改制工作奠定了良好的理论基础；(2) 巩固“三讲”教育成果，推动党风廉政建设；(3) 推动省直系统厂务公开工作的全面落实。在各级党组织的领导下，厂务公开工作已逐步形成规范化、制度化，省财贸学校、省贸易联营公司、省商业储运公司的工作受到省财贸工会的好评；(4) 在厅机关转体改制过程中，积极发挥党组织的核心作用，切实做到了工作不断、人心不散、秩序不乱，确保了各项工作的顺利进行。

九、存在问题

主要问题是：(1) 省直国有商业企业改革任务艰巨。大多数老企业未改制，而改制不仅需要观念上的转变，更需要支付改革成本才能推动企业改革。(2) 国有企业人员老化，离退休人员负担重，债务重、资金短缺、经营困难、资产负债率高等等，难以从根本上解决。(3) 新组建的集团公司基础薄弱，下属企业80%仍在亏损，寻求发展难度大。

云南粮食工作述评

云南省粮食局局长　王显达

2000年，在省委、省政府的领导下，在国家粮食局、省发展计划委员会的指导下，云南省粮食系统广大干部职工认真贯彻执行以“三项政策、一项改革”为重点的粮改方针政策，在粮食出现阶段性、结构性供过于求，市场粮价长期低迷，顺价销售困难等不利条件下，勤奋工作，努力奋斗，各项工作仍然取得了较好的成绩。

一、认真贯彻落实“三项政策、一项改革”

（一）克服困难，认真执行按保护价敞开收购农民余粮的政策。全省国有粮食购销企业在收购中不拒收、不限收、不停收、不打白条、不压级压价、不代扣代缴除公粮以外的其他一切税费。在粮食顺价销售困难的情况下，顾全大局，想方设法，对未退出保护价收购范围的粮食品种坚决按各地州市政府制定的收购保护价敞开收购农民出售余粮；对已经退出保护价收购范围的粮食品种，也本着随行就市的原则积极收购，尽量满足了农民售粮要求。2000年粮食年度（2000年4月1日至2001年3月31日），全省国有粮食企业收购粮食12.7亿公斤（贸易粮，以下同），比上年同期多入库0.4亿公斤，其中：定购粮入库4.7亿公斤，比上年同期减少1.5亿公斤。

（二）千方百计扩大粮食销售。在粮食流通市场管理欠规范，市场粮价持续下滑的情况下，全省各级政府和粮食部门加大了粮食促销工作的力度。各地粮食企业普遍采取建立责任制、定销售指标、定销售费用、联销计酬、奖勤罚懒、改进服务等营销措施，努力推销粮食，粮食销量逐步回升。2000年粮食年度，全省粮食企业销售粮食15.5亿公斤，比上年同期多销2.5亿公斤，增长19.2%。全省多数地区实现了当年粮食销售数量大于收购数量的可喜局面，库存总量有所下降。到2000年粮食年度末，库存总量20.3亿公斤（不包括中央专项储备），比上年同期下降6.4亿公斤。其中商品周转库存15.4亿公斤，比上年同期下降4.9亿公斤；省地县专项储备4.8亿公斤，比上年同期下降1.4亿公斤。

（三）粮食购销资金封闭管理的政策执行比较好。全省各地粮食部门和农发行（或农发行代理行）紧密配合，认真执行粮食收购资金封闭运行政策，做到库贷挂钩，钱随粮走。全省粮食收购资金库贷挂钩率和粮食销货款归行率均达到了百分之百，没有发生给粮农打白条和挤占挪用收购资金的现象。

（四）国有粮食企业自身改革取得一定进展。全省各级粮食部门认真贯彻落实各项粮改政策，按照“四分开、一完善”的要求切实搞好自身改革，重点抓好政企分开、机构分设和人员分流等几项工作，加强企业内部管理，降低经营成本，取得了初步的成效。目前除个别县外，地州市县粮食局都实现了政企分开，重新核定了地、县粮食主管部门的行政编制；全省粮食购销企业从改革前的1300多个减少到现在的743个，从事购销业务的在职职工已从1995年的3.39万人减至目前的2.38万人。同时，各地粮食经营企业改革也在向前推进，不少地方对经营企业进行了拍卖、租赁、股份制、股份合作制。到目前全省已改制企业123个，其中：股份制企业47个，承包租赁企业7个，出售企业11个，兼并、破产、重组企业58个。

二、深入开展粮食流通体制改革调研

粮改工作情况复杂，政策性强。2000年，省粮食局先后抽调40余人次，会同省级有关部门组成调研组，深入到地县乡调研，总结经验，发现典型，宣传政策，指导工作，并将粮改中存在的困难和问题多次写成专题报告或综合报告向省委、省政府及有关部门反映，有针对性地提出进一步完善粮改政策措施的意见和建议。全省各地州市县粮食部门也积极主动地开展了调查研究，实事求是地向当地党委、政府汇报反映粮食工作取得的成绩以及存在的困难和问题，为上级领导机关制定粮改政策和措施提供科学、真实、可靠的决策依据。

三、强化企业管理，狠抓扭亏增盈工作

（一）加强领导，层层下达扭亏指标。针对粮食企业近年来亏损额较大的问题，在认真分析亏损主客观原因的基础上，年初制定减亏计划，从省到县层层下达扭亏指标。

（二）各地普遍强化企业内部管理，建立企业目标责任制。对粮食销售实行费用定额管理，指标量化到人，采取工效挂钩，联销计酬和有奖有罚等措施，促进企业经营机制的转变，增强了企业市场竞争力，提高企业经济效益。

（三）各级粮食部门在当地农发行或代理行的支持下，加强企业财务核算和管理，压缩费用开支，控制不合理费用支出，对亏损企业，不准购买小汽车、装修办公楼、企业领导人不准出国等，为扭亏控亏起到了重要作用。经各级粮食主管部门和粮食企业不懈努力，全省粮食企业亏损势头得到了遏制，但亏损局面仍难于扭转。2000年全省粮食企业盈亏相抵后净亏损6.51亿元，剔除销售陈化粮及住房基金转入两个不可比因素后，比上年同期亏损3.85亿元，减亏1.65亿元，减幅42.68%。其中：粮食购销企业亏损5.2亿元，经营企业亏损1.28亿元，股份制企业亏损316.6万元。

四、发展多种经营，为粮食流通体制改革服务

（一）接收粮食购销企业富余人员，为粮改工作顺利实施创造了条件。到目前全省粮食系统从事多种经营的人员1.25万人，占职工总数的30.5%。

（二）多方筹集资金，不断扩大投资，努力发展多种经营。到目前全省多种经营项目累计完成总投资6.25亿元，涉及一、二、三产业；

（三）加强领导，强化管理，持续发展。全省绝大多数地州市县粮食局都有领导分管多种经营工作，有的还设有专门的工作机构抓此项工作。

五、加强粮食设施的建设

1998年国家投资给云南省新（扩）建8个中央直属粮库，总规模3.6亿公斤的仓容，总投资2.949亿元，目前8个库已基本建成，正进行新库装新粮的压仓试验。2000年国家又批准云南省新（扩）建文山、玉溪两个中央粮库，总规模0.5亿公斤，总投资3282万元，目前两个库正在建设之中。同时，省发展计划委员会批准了省粮食学校改扩建项目总体规划，该项目总投资1464万元，其中省计委补助金额800万元左右，

现已拨款180万元。省粮食局和省农科院合作开发优质米产业项目，省计委已下拨建设补助资金160万元作为启动资金。全省还建设了20个粮食批发市场，总投资4980万元，其中省计委补助1430万元，企业自筹3550万元。目前多数市场已建成投入使用。新建的嵩明县、大姚县、红河县储备库，瑞丽市畹町、维西县直属库等正在紧张施工。2000年，省粮食局还积极配合省农发行向国家农业发展银行总行争取到了6000万元简易建仓贷款指标，全省建设简易粮库和维修改造粮库面积358.73万平方米，总仓容3.593亿公斤，并由省财政金额贴息。

六、组织完成新库装粮和中央储备粮指标划转工作

年初国家粮食局下达云南省7个新（扩）建中央粮库装粮指标2.17亿公斤，至5月底，全省共完成新库装粮任务2.07亿公斤，基本按计划完成任务。根据国家粮食局下达的有关文件要求，拟定了云南省中央储备粮划转方案。经过努力，到10月底，各有关地州市，各新（扩）建中央直属粮库都已进行了账面划转。10月20日，中国储备粮管理总公司成都分公司与省粮食局签订了“中央储备粮油管理工作移交协议”，完成了云南辖区内中央专项储备粮油账面移交工作，同时完成了3个中储公司直属库的上划移交工作。

七、加强安全储粮和粮油质量管理

按照国家粮食局以及中国储备粮管理总公司的要求，云南省多次对中央储备粮油进行了安全大检查和库存清查，发现储粮安全隐患及时整改，杜绝储粮安全事故的发生。对群众反映的一些储备粮管理方面的问题进行了认真的调查，提出解决和处理意见。在库存粮食过大的情况下，全省各级粮食部门积极开展“一符四无”（即账账相符、账实相符和无事故、无鼠、无虫害、无霉变）粮仓活动，狠抓储备粮的“一符三专四落实”工作。加强制度建设和检查工作，加强储藏管理，勤预防、勤检查，采取科学保粮和安全储粮措施，全年没有发生大的人为的坏粮事故，库存粮食安全可靠。为认真贯彻执行好新的国家粮油质量标准，先后派出有陈化粮鉴定资格的5家粮油质量检测机构40多人次参加了国家粮油质量管理中心组织的专门培训，并在部分地州市举办了培训班，培训了一部分基层收储人员。积极争取到了部分财政资金，为基层收储企业购置了部分粮食检测仪器。会同省质量技术监督局等有关部门完成了全省5个陈化粮检验机构资格审查认证工作和部分地州市化验室的质量、计量认证工作。认真做好全省陈化粮的调查和原省级储备粮的销售处理工作。

八、加强企业领导班子建设

按照中央和省委的要求，各地粮食部门大多开展了企业领导班子考核和建设工作。省粮食局年初对11家局直企业1999年的经济指标完成情况进行了一次认真全面的考核，并提出2000年各单位经济目标考核指标。调整充实了省储备库和昆明西国家粮食储备库的领导班子。各地州市粮食局也把加强国有粮食企业领导班子的建设工作当作企业改革、发展与稳定的大事来抓，不少企业的领导班子得到调整和加强，使企业增添了生机和活力。

九、圆满完成省粮食局机关机构改革工作

2000年8月25日，云南省人民政府办公厅《关于印发云南省粮食局职能配置内设机构和人员编制规定的通知》下发后，经过近2个月时间的学习动员、定编定员、竞争上岗、双向选择、人员分流等工作，顺利完成省局机构改革工作。局机关内设机构由原来的10个处室精减为7个处室，人员编制由82个减少为38个（不含老干办），精减53.7%。通过这次机构改革，使省粮食局的公务员队伍向“革命化、知识化、专业化、年轻化”方向前进了一步。

十、存在问题

主要问题是：(1) 粮食生产品种结构调整难度大；(2) 国有粮食企业顺价销售难度大；(3) 粮食库存成本高，潜亏大；(4) 粮食企业亏损的局面仍难于扭转，附营企业贷款难；(5) 粮食购销市场管理不完善；(6) 国有粮食企业改革仍然滞后；(7) 离退休职工多，企业负担沉重。

云南供销社工作述评

云南省供销社主任　李　星

世纪之交的2000年，云南省供销社认真贯彻落实国务院有关文件及全国供销合作社“三代会”精神，全系统广大职工以扭亏为核心，以改革为动力，在深化改革、积极参与和推进农业产业化经营、拓展农村市场、做好农村生产生活资料供应等方面做了大量工作，取得很大成绩。

一、扭亏增盈成效显著

按照全国总社扭亏增盈工作“三年目标、两年实现”的要求，省社先后4次召开供销社主任会议和扭亏增盈现场会，把扭亏工作列为重中之重，建立目标责任制，层层下达扭亏、控亏指标，向亏损大户开刀，消灭亏损源，要求通过改革、改制建立起不亏损机制。树立“盈利光彩、亏损无颜、盈利有奖、亏损该罚”的是非观、奖惩观。并明确企业法人和财务科长为第一、二责任人。由于各级领导重视，扭亏责任明确，措施有力，全系统扭亏增盈成效显著。在1999年有效地遏制住连续6年增亏的势头，在当年减亏24.8%的基础上，2000年全系统盈亏相抵后亏损1.322亿元，同比减亏1.005亿元，减幅43.25%。其中基层社盈亏相抵后亏损6383万元，同比减亏5414万元，减幅43.5%；省级公司盈亏相抵后亏损138万元，同比减亏341万元，减幅71.2%。按照省社扭亏增盈考核指标检查，已有楚雄、昆明、曲靖、红河、保山、大理、玉溪、临沧、德宏、版纳等10个地州及省属农资、副食、棉麻、日用工业品、储运、土产等6家公司达到考核目标；按照全国总社财务挂账分列考核检查，剔除1998年前财务挂账支付利息后，已有昆明、楚雄、保山、大理、玉溪、版纳和省级6个公司盈利。

二、确保农村生产、生活资料供应，做好为农服务工作

面对多渠道经营和竞争激烈的市场趋势，各级供销社坚持把为农服务放在首位，顺应形势变化，提高自身竞争能力。一是推行系统内的联系与合作，巩固和扩张经营网点；二是通过代理制、股份制等加强与外单位、外系统、生产企业的联合，结成利益共同体，以保证货源、降低成本；三是改进经营作风，提高服务质量，系列化服务到村到社，改善与农民的关系，以赢得市场主动权。

2000年，全系统商品销售总额73.4亿元，其中组织投放农村市场各种日用消费品14.64亿元。商品购进总额60.9亿元，其中收购和推销各种农副产品4.6亿元。楚雄州供销社通过农副产品收购和推销，帮助全州农业人口人均获得收入68.7元。全系统销售各种化肥348.4万吨、农药1.53万吨，与上年同比略增和持平。供销社系统化肥、农药的供应量已占全省社会需求量的80%左右，确保了农业生产的需要，发挥了主渠道作用。2000年全省有农资供应网点3128个，建立庄稼医院713所、农机队19个、农资科技服务点852个、农资咨询服务站140个、配肥站95个。测土施肥3869公顷，试验示范田3.23万公顷，提供技术培训、咨询服务66.89万人次。全省生产、生活资料货源充裕、价格稳定、市场秩序良好。

三、社企改革起步，一些地方产权制度上有较大突破

按照中央两个文件指明的改革方向和全国供销社“三代会”精神，省社在调查研究的基础上，先后印发了《关于进一步深化全省供销社改革的指导意见》和《省社直属企业改制实施方案》(讨论稿)，指导和推动系统改革。各级供销社坚持“抓大放小、有进有退、有所为有所不为”的原则，抓一批放一批、活一批死一批、盘

活存量、激活增量，积极调整经济布局和企业结构，进行战略性改造改组。各地做法是：通过调整和优化企业结构，发展和支持一批以农资、农产品收购、加工、仓储、销售为主体，具有竞争实力的龙头企业，稳定一批有一定创利能力的商品经营和服务企业，以租赁、兼并、转让、承包等形式，淘汰一批包袱沉重、经营困难的企业；通过盘活资产、减员增效，减轻了企业的债务和人员包袱，社有资产配置趋于合理，职工队伍得以优化；通过实施产权制度改革，建立有限责任制度，初步实现了企业投资主体多元化；通过深化企业内部人事、劳动和分配三项制度改革，逐步形成了竞争和激励机制，做到了职工能进能出，管理人员能上能下，收入分配能增能减。据不完全统计，通过改革，2000年全系统新组建股份有限公司12个，有限责任公司14个，股份合作制企业91个。全省基层社按经济区域调整设置后，由1998年的1238个减为1187个；经营网点由1998年的2.19万个调整为1.81万个。与1998年相比，全系统减员1.35万人。

四、积极参与农业产业化经营，拓宽服务领域

各级供销社认真贯彻江泽民总书记的重要指示，主动适应农业、农村经济结构调整的要求，由单纯购销向为农村经济提供综合服务转变，开辟新的经济增长点，取得很大进展。

一是建立或改造了一批以加工型和流通型为主的龙头企业，成为供销合作社参与和推动农业产业化经营的骨干力量，也促进了当地经济的发展。如思茅的咖啡、玉溪的冬早蔬菜、曲靖的蓖麻、保山的茶叶、石屏的水果等都是以供销社为主，或有供销社参与实行产供销一条龙、贸工农一体化经营，这些产业已成为当地经济收入的主要来源之一。

二是专业合作社得到发展和完善。截至2000年底，全系统共发展各种种植、养殖业专业合作社275个，入社农户7486户。通过近几年的发展，许多专业合作社进一步完善了服务功能，由单纯的购销型开始向贸工农一体化转变，“龙头企业+专业合作社+农户”已逐步发展成为供销社参与农业产业化的一种重要形式。

三是通过自办和联办建立商品基地，帮助农民致富。据不完全统计，全系统利用承包荒山荒坡，通过自办和与农民联办，建立商品基地486个，其中种植业430个，面积75.8万亩，养殖业56个，养殖禽畜112万只（头），这些基地联结2.75万户农户，农副产品年销售额近9000万元。这些商品基地不仅绿化了荒山荒坡，增加了供销社的货源，也成为当地农民增收致富的示范和样板。

四是建立农贸市场和各种批发市场，便民利民，带动一方经济。各级供销社充分利用占地宽、房屋面积大、位置好的优势，通过盘活资产，2000年兴建农贸市场和各种批发市场218个，年交易额1.4亿元。各种市场的建立方便了农民买卖，有利于产销见面沟通信息，对带动一方经济起到了积极作用。

五、存在问题

主要问题是：（1）发展不平衡，从源头上抑制亏损、增加盈利的新机制还没有真正建立起来。（2）改革的力度和进度与全国先进和发达地区相比差距很大。全省改革虽有成绩，但局限于人员分流、内部管理机制转换的多，真正实施产权制度改革的面还比较小，许多深层次的矛盾还没有得到根本解决。（3）参与农业产业化的步子还有待加快，如何与农民结成利益共同体，还有待探索。

云南质量技术监督工作述评

云南省质量技术监督局局长　鲁寿生

2000年是云南省质量技术监督工作取得重大进展的一年。从1999年2月国务院决定在省以下质量技术监督部门实行垂直管理的文件下发后，同年7月，省政府下发《关于批转省质量技术监督局〈云南省质量技术监督管理体制改革实施方案〉的通知》，决定对全省地、县两级质量技术监督部门实行垂直管理。经过1999年下半年和2000年一年的努力，全省质量技术监督系统垂直管理体制改革工作如期顺利完成。各级质量技术监督部门在营造良好的市场环境、消费环境和投资环境，在提高质量、净化市场、加强技术基础、强化安全监察等方面做了大量的工作，使质量技术监督在国民经济和社会发展中的地位更加突出，作用更加明显，为全省国民经济持续快速健康发展做出了应有的贡献。

一、整顿队伍、配好班子，抓好法制建设和行风建设

（一）认真配好地州市质量技术监督局领导班子。省局在充分听取当地党委、政府、组织部门以及广大干部职工意见的基础上，始终坚持德才兼备和“四化”的原则，结合知识结构和年龄结构特点，对地州市局的领导班子重新做了配备。

（二）省局机关改革工作顺利完成。2000年8月，省政府办公厅下发《关于印发云南省质量技术监督局职能配置、内设机构和人员编制规定的通知》，对省局的“三定”作出了明确规定。根据职能调整，省局稽查队加挂监督处的牌子，机关混合可使用的编制数为55人。并明确省局是政府管理标准化、计量、质量和特种设备工作（包括锅炉、压力容器、压力管道、电梯、起重设备、防爆电器、厂内机动车辆、客运索道、游乐设施）并行使行政执法监督职能的直属机构。

（三）大力抓好法制教育工作。一是立法工作。配合省政府法制办制定出台了《云南省珠宝玉石饰品监督管理办法》；办理国家局、省人大、省政府法制办及有关厅局发送的有关立法项目征求意见的复函46件；对《云南省工业产品准产证管理办法》和《云南省标准化监督管理条例》做了前期准备工作，并已将送审稿报省政府法制办。二是执法监督检查工作。配合全国人大对《产品质量法》执法情况进行了抽查检查工作；办理行政复议案件8件，其中撤回申诉3件，维持2件，变更1件，未结案2件。三是普法工作，举办1期稽查队长培训班，举办2期《云南省珠宝玉石饰品监督管理办法》培训班，邀请国家局专家到昆宣讲新《产品质量法》1期。

（四）行风建设取得新进展。近几年来，省局遵照朱镕基总理“有了公正廉洁，就站得住；失去公正廉洁，就会垮台”的教诲，大力抓好行风教育。根据省政府办公厅转发省监察厅、省政府纠风办《关于2000年开展民主评议行风工作实施意见》的要求，从5月开始，进行了近7个月的民主评议行风工作，推动了各项工作的开展。

二、结合云南实际，抓好各项业务工作

（一）质量工作不断深化。一是正确履行了统一管理全省工业产品生产许可证工作的职能。在机构改革中，省政府赋予了省质量技术监督局统一管理全省工业产品生产许可证的工作职能，根据国家质量技术监督局和全国工业产品生产许可证办公室的统一安排，2000年全省共受理了白酒、建筑门窗、水泥、电线电缆、低压电器、特种劳动防护产品等几类产品生产企业的生产许可证取（换）证申请703份，已组织完成企业生产条件考核248家企业，安排了对248家企业的

263个产品进行生产许可证取发（换）证。二是改进了质检机构的市直认可方式，促进内部管理水平提高，实现了实验室认可零的突破。2000年组织对质检机构的审查认可（验收）按照国家局要求的省级“二合一”评审精神，重点考核质检机构的实际承检能力，加强了对人员素质和仪器设备的考核，增加现场比对检验的要求，促进了质检机构内部管理水平的提高。举办一期国家实验室注册内审员培训班，共培训实验室内审员68名，评审质检机构18个。省质检所经过所领导和全体职工的努力奋斗，于2000年12月底顺利通过了国家局组织的“三合一”评审现场考核，实现了云南省质检机构“三合一”评审零的突破，也实现了全省质检机构通过国家实验室认可零的突破。三是推进企业质量体系认证和产品认证工作，对认证工作的监督、管理、引导进行了探索。全年组织了2期质量体系认证审核员预备知识培训班，推荐了4个企业向中国方圆委申请认证均获通过。截至目前，全省已有101个企业取得质量体系认证、产品质量认证证书共132份，其中76份为质量体系认证证书。开展了对企业质量体系内审员的培训和注册工作，举办内审员培训班2次，注册企业内审员68名，培训企业质检人员388名，为开展认证工作提供了有益的帮助和支持。四是规范秩序，加大引导消费，扶优扶强的力度。国家局《产品质量免于监督检查管理办法》发布后，积极组织企业申报，经审核，共有昆明钢铁公司、昆明水泥厂等12家企业的12个产品作为免检产品上报国家局，现正等待国家局的审批。在“质量月”活动中，推荐了玉溪红塔烟草集团、昆明卷烟厂、昆百大、昆钢、云南白药、云南变压器厂等6家企业受到国家局给予的“质量管理先进企业”表彰，推荐的张樱等10名同志受到国家局给予的“质量管理先进工作者”表彰，云南省送变电工程公司的卢西同志荣获国家局表彰的“质量管理突出贡献者”称号。这是落实《国务院关于进一步加强产品质量若干问题的决定》的一大举措，在全省企业中引起了强烈的反响。

（二）打假工作向纵深发展。2000年，由于各级质量技术监督部门高度重视“打假”工作，上下齐心协力，集中力量，对制售假冒伪劣商品行为给予了沉重打击，取得了明显成效。据不完全统计，全年全省质量技术监督系统出动执法人员4.64万人次，共查获假冒伪劣产品标值总额6062.53万余元，销毁假冒伪劣商品标值金额为1343.72万元，捣毁制售假冒、伪劣商品窝点289个，查处制售假冒伪劣商品违法案件7838起，办理大案要案上百起，罚没款共计1946.22万元。

2000年10月国务院召开联合“打假”行动电视电话会议、全省开展联合打假行动以来，全省各级质量技术监督部门进一步加大了打假力度，取得了突出成果。到目前止，在这次联合打假行动中，全省质量技术监督系统出动执法人员2.21万人次，查处各类质量违法案件2735起，查获假冒伪劣商品标值总额5159.75万元，捣毁制售假冒伪劣黑窝点157个。

（三）进一步加大对产（商）品质量的监督力度。一是全省质量技术监督系统共抽查4247个生产企业的6218个批次的产品，合格4873批次，批次平均合格率为78.36%；其中各季度的批次合格率分别为：83.33%、71.27%、80.78%、80.78%。全省共抽查3606个经销企业的6393个批次商品，合格3976个批次，批次平均合格率为62.19%；其中各季度的批次合格率为分别为：47.68%、55.35%、72.81%、53.03%。二是省局对重点产品加大了检查力度。对大瓶装饮用水、汽车零配件、汽油柴油、电线电缆、天然石材装饰材料、阀门、热轧带肋钢筋、插头插座、化玻仪器、装饰用墙地砖、珠宝玉石饰品等11种产品开展了产品质量监督检查。并对包括机床、化肥、啤酒、饮料、玻璃、电脑、水泥、有色金属、电池、电线、服装等类产品的30个生产企业进行省级重点监控，对30个省级监控产品进行质量监督抽查，全部合格。有效促进了这些企业的产品质量的稳定、提高，防止了重复抽查，减轻了企业负担。三是结合云南省近年来的实际情况，重新明确、修订了2000年全省定检产品目录，共涉及定检产品39种，增强了定检工作的可操作性和定检工作的有效性。四是认真贯彻落实新修改的《产品质量法》，进一步加大监督抽查后处理的力度。工作的重点突出了对市场商品质量的监督抽查。在监督抽查中，除瓶装饮用水和省级监控的30个生产企业的30个产品为生产领域的监督抽查外，其余均为市场监督抽查。在监督抽查中，认真坚持已有的后处理制度，即：质量监督通报制度、公告制度、整改制度、处罚制度（主要是申诫处罚）、质量跟踪制度外，全面落实新修改的《产品质量法》，加大对监督抽查中有严重质量问题产品生产企业的处罚（包括经济处罚），按照年初的工作计划，把责任逐级落实，确保监督抽查的有效性。五是认真开展了国家首次统一开展产品质量免检工作。按照国家局2000年第7号令和国家局文件，认真组织了全省水泥、热轧带肋钢筋、尿素和皮鞋等8类产品生产企业开展产品质量免于监督抽查的工作，全省上报国家局的首批12个企业已经通过审查，在减轻企业负担，扶优治劣上迈出扎实的一步。六是质量申诉情况。据不完全统计，2000年1～3季度，全省质量技术监督系统共接受产品质量申诉543件，处理质量申诉530件，涉及商品总标值463.15万元，挽回经济损失360.20万元。七是积极开展创建购物放心一条街的活动。按照国家局的布置，省局于“3·15”前上报了云南省6条创建活动的街区，并通过学习，层层培训，组建机构，落实责任，扎实创建，认真验收，使创建活动在全省开展起来，目前已有昆明正大电子城、曲靖市麒麟南路等两条街区通过省级验收，并上报国家局。八是认真贯彻落实新《产品质量法》；牛绍尧常务副省长就贯彻实施新《产品质量法》在报刊上发表署名文章；在2000年9月9日的质量月宣传咨询服务活动中，重点安排布置各地、州、市质量技术监督局宣传贯彻新《产品质量法》；省局稽查队在2000年9月1日新《产品质量法》生效第一天，就查办了某珠宝城经销以假充真的珠宝玉石饰品案；组织云南省30家生产企业参加全国千家企业“新世纪质量宣言”活动。

（四）标准化工作取得较好成绩。一是2000年完成地方标准制修订19项，其中强制性地方标准8项，推荐性地方标准11项，涉及农业项目18项，为卷烟生产服务的标准1项。二是紧密围绕全省支柱产业“两烟”和元江农业综合标准化示范项目大力开展农业标准化工作。省局共审核签封烟叶收购样品1320把，地州市局审核地级仿制样品4.31万把。对元江芒果示范区工作检查2次，改良品种2966亩，对示范区有关农户开展了20期600多人次的宣传彻贯、培训，并在元江县园艺站、林业局建立了服务网点，开展技术咨询服务。根据文山州政府发展文山三七的提议，组织有关专家起草了《三七综合标准》，为文山三七产业的进一步发展奠定了良好的技术基础工作。三是消灭无标生产工作取得新进展。到年底全省累计验收34个县，其中有11个是国家级消灭无标生产试点县，德宏州消灭无标生产工作已全面通过验收，成为全省第一个消灭无标准生产的地州市局。四是积极开展采用国际标准和国外先进标准工作。2000年全省有12个企业的15个产品通过采标验收，到目前为止，全省累计有453种2581个产品通过采标验收。五是根据省政府83号令，对70项申报云南省名牌产品进行了标准水平认定工作。

（五）计量工作的作用进一步发挥。一是加强对重点计量器具的监督管理。省局对电能表、衡器、水表等3种产品按要求进行了质量监督抽查，对抽查合格的企业进行了重新考核换证，对达不到要求的吊销其“制造计量器具许可证”。二是对中心城市住宅建设中使用的电能表、水表、燃气表使用前的检定情况进行了检查。三是与省电力集团公司联合下发了《关于贯彻落实“关于加强用于贸易结算电能表强制检定监督管理的通知”的意见》，明确了用于贸易结算用电能表的监督管理和强制检定工作的有关事项，理顺了电能表量传的监督管理体制。四是组织制定了《云南省“光明工程”计划实施方案》，标志着云南省“光明工程”工作已开始起步。五是加强企业完善计量检测体系工作和中小企业计量工作。全省有沾益化肥厂、云南铜业股份有限公司、个旧市自立矿冶厂等3家企业列入国家完善计量检测体系确认计划，同时，推行《中小企业计量检测保证规范》，帮助中小企业、乡镇企业加强计量基础工作。

（六）锅容管特安全监察工作进一步加强。一是坚决贯彻执行江泽民总书记及中央其它领导同志对安全生产的重要指示精神，结合云南省的实际情况对强化锅、容、管、特安全工作做了认真研究，制定了一系列管理办法，精心组织并参加了省安委会组织的多次安全生产大检查，发现了620多处锅、容、管、特方面的安全隐患，采取了切实可靠的防范措施，为确保昆明国际旅游节、国际服装节、国际花卉节顺利举办，做了大量有成效的工作，促进了全省锅、容、管、特设备安全状况明显好转。二是在机构改革中从讲政治的高度做到了思想不乱、队伍不散、工作不断、力度不减，积极努力地完成了大量的锅、容、管、特的安全监察工作任务，尤其是在安全监察职能和业务与一些部门发生交叉的情况下，按照国务院、省政府的职能划分，与有关部门做了大量的协调工作，保证了政府赋予的安全监察职能无一丢失。三是理顺了省、地、县三级安全监察机构和省、地检验单位的职责范围，避免了相互间的业务交叉冲突，使各级监察机构、检验单位明确了职责并按各自的职责范围有序地开展工作。四是组织召开了全省安全监察检验工作会议，传达贯彻学习国家局11号、13号令、省政府183号文件，使全省安全监察机构、检验单位进一步明确了职责、统一了思想、开拓了思路，坚定了严格执法做好安全监察工作的信心。五是通过依法行政强化监察力度，对省建设厅所属的未取得省局安装资格就进行楚雄大旧庄液化石油气储备站安装的金城公司施工现场进行了查封，并按《云南省劳动保护条例》进行了处罚。另对省经委所属的未取得省局颁发的检验资格证书的劳动保护检测站下发了监察意见通知书，停止了该站的检验工作，树立了质量技术监督部门的威信，对理顺安全监察工作职能取得了明显效果。六是加强调查研究，深入到丽江、迪庆、怒江、保山、德宏、红河、曲靖、玉溪等地，行程6000多公里调查了解安全监察和检验工作的情况，掌握了第一手资料，为确定锅、容、管、特安全监察工作的计划及工作重点创造了良好的工作条件。七是起草了9个锅、容、管、特安全监察管理制度的实施细则讨论稿发各地征求意见，即将修定正式出台。八是据不完全统计，全省共检查186个基层单位的49个锅炉房，107台锅炉，231台压力器，24个液化石油气充装站，3个医院的高压氧舱，16个居民生活小区的液化石油气管网和煤气管网，128个宾馆饭店的574台电梯，多个厂的32台厂内机动车辆，6个单位的44台游乐设施以及4条客运架空索道，发现各种安全隐患620多处，发出各种安全监察意见通知书147份，整改率达到85%。

二、存在问题

1、县区质量技术监督局机构设置和人员编制问题。全省128个县有127个县设置了质量技术监督局，但大多数县（区）局都是刚从计委、经贸委等部门中分离出来的，全省共有88个县（区）局是非独立建制，许多县（区）局至今没有固定的办公场所，只能在外面临时借房或租房办公。许多县（区）局人员编制较少，人员一般为4～6个，严重制约了质量技术监督工作的进一步开展。

2、技术机构检测设备落后问题。由于长期缺乏资金投入，造成全省各级各类技术检测机构的检测设备陈旧，检测手段落后，许多检测设备是五六十年代的产品，影响数据的准确性和公正性。

3、全省质量技术监督系统人员素质有待于进一步提高。

云南公路水路运输及建设发展述评

云南省交通厅厅长　李裕光

在完成“九五”交通规划目标工作中，2000年是不平凡的一年。在世纪之交的关键时刻，中央做出了实施西部大开发的战略决策。省委、省政府做出了云南跨世纪发展“三大目标”的决定，对全省交通工作，特别是公路建设提出了新的任务和要求。全省交通系统广大干部职工在省委、省政府的直接领导下，在交通部的关怀支持下，抢抓西部大开发历史机遇，克服重重困难，推动全省交通工作上新的台阶，各项工作有新的进展和突破，为云南省“十五”及西部大开发的交通发展作了必要的准备。

一、公路水路运输及工业生产

（一）公路运输。2000年，全省机动车总数达159.72万辆，比上年增长11.75%，净增16.79万辆，其中民用汽车60.02万辆，私车（营运车）26.53万辆，分别比上年增长3.83%、15.57%。全省公路运输服务设施进一步完善，有汽车站305个，站外发车场区173个，货运交易市场56个。货运站完成零担、集装箱货物吞吐量98万吨，货运交易市场完成交易量51万吨。全省经营公路旅客运输的线路、里程比上年分别增长2%和0.9%。日发班次中，县境内、地区境内和跨地州市的比上年增长6.1%。97.7%的乡镇和68.2%的行政村（办事处）开通了班车。高等级公路高快客运线路已达22条150余班次。全省有拖拉机34.8万辆，其他机动车62万辆，农用车2.8万辆，参运的各种运输工具全年完成货运量4.8亿吨，货物周转量296.65亿吨公里；客运量3.16亿人次，旅客周转量171.24亿人公里，分别比上年增长3%、2.9%和2.6%、4.3%。为改变云南省国有专业汽车运输企业“多、小、散、弱”的状况，提高企业的竞争实力，根据交通部加强运输市场整顿及进行结构调整的精神，经厅研究后请示省政府同意，对全省专业汽车运输企业实施战略性改组，在德宏州试点并率先组建交通运输集团公司后，丽江地区、迪庆州也相继成立了交通运输集团公司；其他地州市也普遍加大了工作力度，正在顺利推进集团公司的组建工作。

（二）水路运输。2000年，全省内河通航里程达1580公里，其中：水深1米以上的航道1078公里，与上年相比分别增长3.27%和11.13%。全省民用机动运输船舶保有量869艘，比上年增长15.14%，净载重量1.89万吨，载客量1.8万客位，其中：交通水运部门有机动船舶129艘，净载重1.69万吨，载客量5301客位。水路运输全省完成货物运输量134万吨，货物周转量9826万吨公里，比上年分别增长13.56%、6.30%；客运量241万人次，旅客周转量7802万人公里，比上年分别增长2.12%、21.19%。水运交通部门完成货运量14万吨，货物周转量3411万吨公里，比上年分别增长16.67%、6.89%；客运量103万人次，比上年下降3.74%，旅客周转量2674万人公里，比上年增长5.03%。

（三）交通工业及财务决算。2000年省属交通工业6户，完成产值2.105亿元。全省交通企业财务决算户数120户，其中盈利企业77户（省属22户），盈利金额2706万元；亏损企业43户（省属3户，占省属企业25户的12%），亏损面35.83%，亏损金额2425万元（省属为1501.89万元）；盈亏相抵后，盈利281万元，其中：省属企业盈利1205.38万元，比上年下降51.68%。

二、交通基础设施建设

2000年，全省完成固定资产投资104.34亿元，比上年增长5.35%，其中公路建设及路网改造完成投资100.77亿元，是云南省公路建设连续4年投资不断增加后最高的一年，比上年增长6.37%（重点公路66.43亿元，路网改造和县乡扶贫公路分别为25.01亿元和9.27亿元）。全省新增公路里程7155公里，其中高速公路112公里，即玉溪至元江高速公路于2000年10月19日建成通车。到2000年底，全省纳入国家统计范围的公路里程10.95万公里，比上年增长6.99%，公路通车里程仍居全国第一位。二级及以上公路2316公里，增长21.13%，占路网比例为2%。按交通部颁布的等级标准划分：高速公路517公里，一级公路77公里，二级公路1722公里，三级公路8798公里，四级公路9.14万公里；此外还有未纳入统计里程的等外公路2.88万公里。在上年乡乡实现通公路后，又有135个行政村（办事处）通了公路，使全省通村公路率达到98.3%。到2000年底，除昭通、红河、丽江、怒江、迪庆5个地州外，其他地州市都实现了村村通公路的目标。

（一）重点公路建设。坚持抓住重点，突破难点，确保公路建设顺利进行。面对繁重的建设任务，各级交通部门、建设单位强化管理力度，多方筹集资金，精心组织施工。三季度末，及时贯彻全省重点工程会议精神，动员全省公路建设战线广大干部职工，抓紧施工黄金季节大干100天，在确保质量的前提下，加快了施工进度。在建的重点项目大理至保山、元江至磨黑、曲靖至胜境关、嵩明至待补高速公路及昭通至麻柳湾二级公路正在抓紧施工；澜沧江至临沧二级公路，昆明至石林高速公路于年底相继开工。

（二）经济干线公路建设。各地州市抓住西部大开发机遇，在建公路项目建设加快了进度，经济干线公路建设按照交通部的要求，行业管理得到进一步加强，严格按照基本建设程序抓经济干线公路建设项目、项目变更、技术变更审批制度取得成效。

（三）县乡扶贫公路建设。2000 年共审批县乡公路、一般经济干线公路建设项目 66 个。通过加强行业管理，确保了公路建设质量。在审批的 46 个县乡公路建设项目中，近 60%的项目评为优良工程。县乡公路在“三提高”方面，新铺弹石以上硬化路面 843.4 公里，改建公路 857.4 公里，新修乡镇文明卫生路 60 个乡（镇）计 67 公里，路网服务能力得到明显提高。

（四）公路养护。在具体实施步骤上，围绕年初确定的“通、平、美、绿”的目标，推行了养路工程费制，节约了养护成本，人工费从原来的 51%下降到 40%，材料费从 30%增加到 42%，把有限的资金更多地用在养路上。建立了养护内部市场，市场竞争能力有所增强。推行聘用制，促进了机构精减和人员分流。抓了机械化养路工作，推进了机械化养路步伐。强化日常养护，较好地保证了公路畅通。由于坚持了公路“建养并重，协调发展”的方针，2000 年全省公路平均好路率达 63.67%，其中：省管公路 68.83%，县乡公路 56.83%，分别比上年提高 2.61、3.43 和 1.63 个百分点，同时加强了路政管理，特别是超限运输车辆管理，保障了公路的完好畅通。

（五）水运港航建设。2000 年完成投资 4608 万元，比上年增长 7.16%。“九五”累计完成投资 1.780 亿元，比“八五”增长 2.17 倍。完成了澜沧江景洪至 243 号界桩六级航道 71 公里的整治工程及国家级口岸思茅港的建设，并建成大理港客运码头，改建渡口 85 道，渡船 20 艘。全省通航里程 1580 公里，比“八五”期末增加 256 公里。澜沧江——湄公河国际航运开发取得突破性进展。为中缅陆水联运通道的开发做了大量前期工作，取得了一定成绩。

三、存在问题

主要问题是：（1）全省公路交通总体上还处于滞后状态，主要表现在质的问题上，道路等级普遍较低，高等级公路少，路况条件差。（2）公路建设难度加大，给保证质量和控制投资带来新课题；筹资难是长期困扰的问题，实行“费改税”及国家改变资金拨付方式后，筹资难度加大，今后筹资将更加困难。（3）公路建设外部环境不利因素增多，如征地拆迁阻力大，名目繁多的税费挤占工程费，把公路建设当作“唐僧肉”的敲诈行为以及频繁的重复检查等问题尚未得到根本解决。（4）按照建立社会主义市场经济体制和政府转变职能的要求，全省交通行业管理体制不顺和行业内部结构性矛盾还比较突出；部分企业组织结构不合理，机制不活，市场竞争力不强，效益低下，甚至出现严重亏损。（5）队伍建设上，少数部门和单位的领导班子不适应形势的问题还比较突出；少数干部违纪违法问题时有发生；在管理上有些方面权责不清、制度不严造成严重后果。

云南铁路运输业发展述评

昆明铁路局局长　齐文超

2000年，是实现铁道部提出的三年扭亏为盈目标的最后一年。全局职工按照路局年初确定的“以经济效益为中心，深入改革，强化管理，提高素质，实现突破”的总体工作思路，发扬开拓进取、勇于奉献、争创一流的精神，使改革、运输生产、基本建设等各项工作取得了前所未有的成绩。

一、各项改革稳步推进

2000年，是昆明铁路局历史上改革力度最大的一年。按照全国铁路“网运分离”的改革方向，围绕路局确定的“统筹规划，调整结构，积极稳妥，取得实效”的指导思想，各项改革稳步推进。

以一级管理为主线的客运公司改革，走在了全路5个客运公司改革的前列：建立了完全的一级管理的新体制，构建了公司化管理的新机制，开拓了客运营销的新局面。在力度很大的“三项制度”改革上也是成绩突出。列车三乘（客运乘务员、检车乘务员、值乘民警）一体化管理和建立“非在岗职工管理中心”等改革举措的实施，和年底实现了“三大目标”，受到铁道部的充分肯定，傅志寰部长称赞昆明客运公司改革是“全路改革的排头兵”。

以干部能上能下机制、全员竞争上岗的劳动用工机制、工效挂钩的分配机制为主要内容的改革取得实质性突破。当年，路局下达了运输站段新的定员标准，核实了站段行管、服务人员的定员标准，建立并完善用工机制，促进了基层站段的减员增效工作。到2000年底，全局净减员9529人，比铁道部下达的指标多减1629人，劳动生产率达到52万吨公里/人，比上年增长16%。路局机关精简机构和改革干部人事制度后，机构精减14.5%，人员减少17.55%，定编控制在320人以内，成为全国各铁路局机关的最低数。同时，路局机关还首次公开招聘31名处、科职干部，有效地改善了路局机关干部队伍的年龄、文化结构。

教育、生活系统进行剥离、分立的探索。教育改革主要按照国家对教育改革的政策进行，目标是实现与运输主业分立，发挥学校规范化、社会化的整体功能。至2000年，路局对教育管理中心实施经费包干责任制，对全局中、小学的布局和结构进行了调整。中学从12所调至6所，小学从10所调至6所。生活系统组建了生活服务总公司，正朝着股份制、股份合作制、承包租赁等多种所有制形式企业的方向进行探索，取得突破。

房建系统实施分离改革。2000年8月，路局撤销昆明、昆明东、开远3个房产建筑段，成立昆明房地产开发建设总公司和开远房建工程公司。前者实行一级管理，模拟法人，独立核算。今后，局属各单位要进行房屋大修，直接与房建公司签订合同，建立经济关系。

投资体制、工程管理体制改革迈开实质性步伐。路局成立国有资产办公室，在强化全局大项目资产管理的同时，逐步建立资产设备的有偿占用、投资回报机制。物资管理上逐步实行集中统一管理和招标化采购。路局还成立了建设项目管理中心，基建、大修和更新改造全部进入中心，实行公开招标。

构建多元经营的新格局。路局确立“以资产为纽带、资产重组、进入市场”的原则，逐步把公司建成独立的法人企业，建立投资与被投资的关系；多元企业与运输主业实行“企业分设、财务分账、人员分开”，立足分离重组，构建格局，实现新发展，使多元经营成为建立现代企业制度的突破口和路局发展的支柱财源。

住房制度改革基本步入良性循环轨道，医疗制度改革的前期准备已经启动。路局的房改和医改均按铁道部和地方政府的政策进行。年底，房改已进入与市场接轨阶段，医改进入前期准备。为使全局医院提高竞争能力，路局4季度追加计划投资1000万元，给各大医院购置大型医疗设备，使全局的医疗系统更加具有活力和发展后劲，使职工群众就医保健更为方便。

支线改革已经起步，米轨铁路改革正在论证之中。全局有4条准轨铁路支线，其中罗茨支线年运量仅10万吨，准备报停；昆阳、东川和羊场支线已实行分账核算。米轨铁路现已实行分账核算，路局初步拟定两个改革方案，思路是从内部和外部两方面着眼，重组资源，优化结构，开拓经营渠道，争取各方面的支持，通过改革增强活力，实现发展。

路局对改革进行总体设计，分步有序推进，把改革与落实资产经营责任制融合在一起，相互依托，相互促进，取得了运输生产、经营管理体制和机制上的突破与创新，使全局资产经营发展的方向越来越明确，优势越来越突出，效益越来越明显，在各种经营权责的关系上取得了实质性突破。可以说，改革凝聚了集体的智慧、力量和全局职工的心血和奋发向上、敢于创新的求实精神，为全面完成2000年资产经营责任制的目标，为进一步推动路局今后的发展形成了一股强大的前进动力。

二、运输生产和经营再创佳绩

1999年，路局抓住世博会的大好机遇，运输生产创历史新高。2000年继续再创佳绩，难度可想而知。世博会结束后，客运量很难再出现世博会期间的高潮；有车无货和有货无车的难题依然存在，加之运输市场日趋激烈的竞争，营销工作难度加大；运输总支出因电、油、钢材涨价等因素的影响，刚性支出就增加1亿元以上；随着改革的深入，涉及职工切身利益的问题越来越多，增强企业效益，提高全体职工物质文化生活水平已是迫切需要解决的问题。据此，路局提出“以进一步深化资产经营责任制为主线，强化经营管理，提高管理水平，完成铁道部下达的资产经营目标，创造更大效益”的指导思想。在生产组织、经营营销、基础工作等方面下大力抓管理、抓落实，并通过全局职工的努力，创造了在没有世博会的情况下，各项生产任务大幅度增长的局面。

2000年完成旅客发送1530万人，比年计划1450万人超80万人，比上年增长1.86%；货物发送3500万吨，比年计划3350万吨超150万吨，比上年增长6.5%；换算周转量完成212亿吨公里，比年计划188亿吨公里超24亿吨公里，比上年增长14.1%；运输收入21.8亿元，比铁道部调整后计划20.6亿元超1.2亿元，比上年增长9.27%；清算收入20.3亿元，比年计划18.6亿元超1.7亿元，比上年增长9.9%；实现利润7350万元，比年计划4100万元超3240万元，比局奋斗目标7250万元增盈100万元。出省物资完成1670万吨，比上年增长11%。

多种经营完成销售收入12亿元，比铁道部下达的指导计划9.9亿元超2.1亿元，比上年增长29%，实现利润3510万元，比铁道部下达的指导计划3480万元超30万元，比上年增长7.2%；集体经济完成销售收入1.8亿元，比上年增长4.67%，实现利润850万元，比上年增长28.2%。

运输安全有序可控，基本稳定。安全是运输质量和运输效益的前提条件，安全不稳定，局无宁日。“九五”期间，路局按照铁道部党组“规范管理，强基达标”的总体要求，以落实安全逐级负责制为龙头，制定了“强基”标准，规定了干线及支线行车设备的质量标准、人员标准、人员素质和安全管理标准，使安全基础建设标准明确，考核量化。在技术装备上，采用LKG—93型机车运行监控记录装置和先进的移频式机车信号；车辆采用第二代红外线轴温探测装置并实现联网使用；运输上推广使用“平调”设备，基本实现铁道部要求2000年甩掉灯旗信号的目标；工务上引进具有国际先进水平的动态轨道检测车，GASS型无缝线路焊接生产线；通信信号方面，南昆、贵昆、成昆和昆河线（昆开段）铺设了通信光缆，准轨铁路干线全部实现6502电气集中联锁。安全装置科技含量的提高，对提高运输效率，保障行车安全起到了至关重要的作用。从昆明铁路局组建时的1997年4月1日至2000年12月31日，实现1371天无责任行车重大、大事故，安全天数在全国14个铁路局中居第3位。2000年下半年，在全国铁路第3次大提速中，全局的37对旅客列车和140对货物列车均实现提速的安全平稳过渡。

三、基本建设成就辉煌

“九五”期间特别是建局3年多来，铁路建设突飞猛进。据不完全统计，“九五”期间全局管内的铁路基本建设计划投资总额突破96亿元。

南昆铁路1998年开通运营后，为大西南提供年2000万吨以上的运输能力，为云南省开辟了最为便捷的出海通道，带动了沿线地方经济的发展。同时，也使全局的经营规模得以扩大，运能与运量的矛盾得以缓解。南昆线运营期间，昆明局克服地质、地形复杂和资金紧缺等诸多困难，运用技术创新方法对线路病害进行整治，取得明显成效，使南昆线的时速从开通初期的60公里/小时提高到2000年的80公里/小时，管内客、货列车从开通时的8对增加到现在的19对。伴随南昆线建设而进行的南昆引入昆明枢纽改造相关工程，使昆明东编组站二级三场扩展为三级四场，建成全自动化驼峰，成为“西南科技一峰”，建成昆明局历史上第一个客车检修基地——昆明车辆（客车）段。

成昆线电气化改造工程系国家“九五”重点建设项目，成昆南段（攀枝花至昆明）1998年8月30日开工，2000年9月30日开通运营。昆明局受铁道部委派为建设单位代表，精心组织指挥，仅用2年时间且提前计划工期3个月安全优质完成改造建设任务，成为高科技的川滇大动脉。成昆南段实现运输指挥的微机联锁控制，牵引变电所的远动控制，电力变电所采用微机保护装置先进技术，读书铺站驼峰采用目前国内最先进的可控减速顶设备，无线通信列调设备为国内先进产品。成昆全线电气化开通后，南段年运输能力可达2420万吨，比改造前提高一倍，列车速度也将进一步提高。至此，局管内的南昆、贵昆、成昆3条准轨干线全部实现电气化。作为成昆电气化改造建设配套工程之一的昆明站改扩建工程，总投资3.2亿元，2000年进入竞选建筑设计方案阶段，建设指挥部已向铁二院和铁四院、清华大学、同济大学、云南省设计院等6家单位发出竞选邀请函，设计方案在论证之中。

盘西支线电气化改造工程，由路局建设项目中心具体组织实施。2000年3月开工，年底已完成投资3亿元。

在加快铁路基本建设的同时，职工生活基本设施的建设也加大了投入。1999年至2000年，路局投入近5亿元进行职工住房建设，加上各单位自购的经济适用房，共计分房和调整1.8万套，人均住房面积从建局时的9.3平方米增加到11.7平方米，配套率由建局时的57.8%增加到70.2%，基本达到小康水平；路局又投资2400万元进行小区改造和整治，美化职工生活环境；在文明运输线建设上，投资942.8万元用于解决铁路沿线地区吃水、文化娱乐、生活福利等困难；投资243万元用于解决劳动保护方面的问题；投资4500万元用于昆河线的电力贯通；投资2767.2万元用于职工医疗卫生设施设备建设，为职工和家属创造良好的生产、生活和医疗保健条件。2000年，路局还对全局职工调整工资，人均收入比上年增长8.6%。

四、存在问题

主要问题是：(1) 随着我国加入WTO后，外资企业参与铁路运输的竞争或参与公路运输等情况出现，形成替代性竞争，使铁路面临极为严峻的竞争环境；(2) 旅客货主对铁路运输能力和质量的要求会越来越高，如何占领市场份额，迫使我们必须提供高层次、高质量的服务档次和服务水平，从而推动铁路运输企业向现代企业的目标迈进；(3) 路局的改革正处于起步阶段，许多改革只是刚刚有了一个好的开端，现代企业制度还处于试点阶段，企业结构不合理，所有制结构单一，能否继续保持创新发展的势头，需要迎难而上，去研究并解决新的问题和课题；(4) 在经营管理上，运输总支出将因电、油、钢材涨价等因素而加大刚性支出，全路实行新的清算办法后，必将带来利益格局的调整和面临新的经营困难；基础管理还跟不上改革的需要，尤其是在运输安全和劳动安全上还存在许多隐患，还需要深入细致地分析研究，采取有效措施加以解决。

云南民用航空事业发展述评

中国云南航空公司总经理
中国民航云南省管理局局长　罗朝庚

2000年，中国云南航空公司（民航云南省管理局）认真贯彻全国民航工作会议、公司（省局）工作会议精神，紧紧围绕公司（省局）中心工作，不断加大安全管理工作力度，狠抓经济效益和优质服务工作。认真落实“管理年”活动各项措施，深入开展增收节支活动。大力加强党的建设、思想政治工作和精神文明建设。通过广大干部职工的共同努力，确保了全年的飞行安全，服务质量得到社会各界认同，经济效益逐步好转，各项工作均取得了一定成绩。

一、基本情况

（一）*安全形势总体平稳*。按照国务院、民航总局召开的一系列安全会议部署，开展了经常性的安全管理和安全教育。认真落实总局《航空安全教育暂行规定》，坚持“安全教育日”、“安全补课日”制度。为确保各项安全措施落到实处，与各单位、航站签订了安全责任书。坚持每日安全生产讲评会及每月安委会制度，及时通报情况，对存在的问题制订了改进措施。高度重视换季工作，组织有关单位学习了各种天气条件下保证安全的有关规定措施，查找了存在的隐患。根据节日期间安全工作要求，制定了预想预防措施并加强督促检查，保证了节日期间的安全运输。认真吸取兄弟单位事故教训，进行了以“整顿作风纪律，落实安全法规”为主要内容的安全整顿，对各单位安全工作情况进行了多次检查，发现问题，及时纠正，杜绝了安全隐患。开展了“安全生产周”等竞赛活动，促进了安全工作的开展、安全教育的深入和各项规章制度的落实。举办了各种特殊飞行条件下的知识讲座，丰富了飞行人员有关知识，提高了特殊情况下的处置能力。在充分准备的基础上，完成了航路移交工作，顺利通过了适航检查和运行合格审定。以防爆炸、防劫机为重点，狠抓了隔离区、航空器活动区等重点部位的管理及安全防范。全年共保证各类飞行9.87万架次，完成运输起降7.98万架次，安全飞行5.69万小时。完成航线维护3.81万架次，A检173架次，C检22架次，4C检1架次，D检1架次，排除飞机各类故障缺陷7465条。查获易燃易爆物品39件、枪支21支、弹药119发、管制刀具485把及其它违禁物品195件。没有发生一起事故征候，没有发生劫、炸机事件及航空地面事故。

（二）*经济效益逐步好转*。认真落实民航总局关于大力加强管理、提高经济效益的8条措施。根据总局“管理年”活动要求，制订下发了《公司（省局）“管理年”活动实施方案》。完善经营承包责任制，对收入、成本费用进行细化，分别建立利润责任中心和成本费用责任中心。将业务接待费、车辆维护费、房屋和场道维修费、电话费、水电费、机上供应品、宣传费、绿化费等指标承包给各职能部门，职能部门再按月分解下达各部门。差旅费、办公费直接下达各单位，由各单位掌握使用，超支不予开支。对机上供应品、航材及其它综合材料采购资金核定其采购计划和库存限额，对飞机、发动机大修、维修和飞行人员培训下达了专项资金使用计划。加强了预算内收入管理，对出租、出借的国有资产进行了清理和重新登记，规范了机场服务收费标准和管理规定。制订了各航线保本点，加强了航线航班管理。严格执行总局航线联营政策，16条航线与国内其它航空公司实行了联营。针对春运、泼水节、昆明国际旅游节、昆明国际花卉节、昆交会、民交会等运输高峰期，合理安排航班座位，适时安排加班、包机。加大了对代理人及包机管理力度，积极开展了直销工作。加强了营销队伍建设及营销网络的拓展，加大了新辟及省外偏远航线的宣传、推介工作。适时推出“常旅客”、“自由行”等特色产品，扩大市场占有份额。抓住海鲜、水果等高价值货物和季节性货物的运输，加大回程货运市场的开发力度，提高了航班货运收益。全年累计完成运输总周转量3.69亿吨公里，旅客运输量345万人，货邮运输量7.8万吨，分别为年计划的86%、73%、89%；主营业务收入比上年降低18.66%，主营业务成本比上年增长1.28%。

（三）服务质量不断提高。以创文明机场、特色服务为龙头，力求服务水平上档次、上台阶。认真对照文明机场达标考核细则，不断完善服务设施及各项规章制度。做好不正常航班旅客服务及要客服务。遇有航班不正常时，除耐心细致地向旅客解释外，还主动加强信息联系沟通并及时通报旅客。现场服务员始终把“三心”（细心、耐心、融心）、“四语（迎接欢迎语、询问回答语、登机祝福语、送客告别语）贯穿于整个服务过程，做到“多说一句、多看一眼、多帮一把、多走一步”。在各种节假日、重大活动期间，地面服务员、机上乘务员身着白族、傣族、佤族等民族服装为旅客提供优质服务，宣传民族文化，营造节日气氛。广播室适时插播介绍云南风景名胜、民风民俗、天气预报等知识。在候机楼内设立“无行李旅客值机柜台”和“中转旅客值机柜台”，大大缩短了旅客办理乘机手续的时间。专门设立金孔雀会员休息室，为公司（省局）常旅客提供方便。贵宾室休息室从小处着眼，在服务档次上下功夫，深受VIP的好评。根据需要增设了无人陪伴儿童的服务内容。服务质量的提高，得到了社会各界的认同。

（四）基础设施建设及科教工作进展顺利。本着“保证生产急需，逐步提高生产水平”的原则，安排年度投资计划4.484亿元，其中民航总局安排资金9778万元，省局自筹3.662亿元。全年基础设施建设完成总资金2.284亿元，其中民航总局资金2813万元，省局自筹资金1.77亿元，地方及指挥部拨款2300万元。昆明机场扩建跑道或新建第二机场的方案论证工作已完成并上报民航总局。开展了红河机场、文山机场的前期工作，进行了新航管办公楼，航修厂化工库、大理机场围场路、保山巡场道、变电站改造等项目的前期工作，实施了昆明机场跑道破损的修复处理工作。航空小区建设已完工并进入收尾阶段。大理机场滑坡整治、芒市及昭通盲降、货运中心、FOC等工程项目正在进行中。支线飞机引进的选型工作已完成并签定了购买合同。

注重强化职工业务技能培训。为飞行、机务、通信、运输、企管等人员提供出国前的理论和英语培训，选送出国学习人员。聘请了大专院校的教授、专家到场授课讲学，传授法律、先进的管理知识。与中国民航学院联合开办机电维修、机场电气、航空运输3个大专班，114名职工参加学习。全年举办飞行、机务、航气、通信、运输等专业培训班23期，培训人员1097人次。积极鼓励职工参加函授、夜大、电大的自考学习，132人取得大专以上学历。飞行人员培训方面，完成B737－300/700型机副驾驶初始训练26人，副驾驶转升正驾驶训练22人，B737－700差异训练81人，重新获得资格和间断后熟练飞行训练7人，模拟机复训180人，应急生存训练198人。完成B767－300型机副驾驶转机型训练6人，正驾驶转机型训练2人，模拟机复训40人，副驾驶转升正驾驶训练1人，应急生存训练36人。选送6人到澳大利亚进行航空英语培训。组织175名飞行员参加了英语模拟陆空通话考试，73名飞行员取得了合格证。组织乘务员、安全员应急生存训练326人。

（五）管理体制改革不断深化。从调整机构入手，成立了现场运行管理中心。为适应物业管理需要，将原房管处易名为物业管理公司。为理顺投资关系，明确投资主体，将原民航经营开发总公司、云南电讯综合服务部改制为云南航辰经营开发有限公司、云南民航电信有限公司。积极探索合资途径，完成了云南民航凯亚信息有限公司的工商注册登记工作，与中国保利集团合资组建的亚太航空公务有限责任公司前期筹备工作已完成并积极开展公司成立前的准备工作。在劳动工资制度改革方面，按照总局《关于严格控制工资总量切实按规定进行工资制度改革的紧急通知》要求，对公司（省局）工资制度改革情况进行了自查和整改，合理下调了绩效工资基额，统一了招聘制职工与正式职工的年工资，统一了临时工的工资标准，制定了《关于对工资制度控制总量的管理办法》，将工改工资总量按总局下达的控制总量进行剥离。在认真研究和探讨的基础上，全面铺开职工社会保险工作。积极推行国家职业技能鉴定和职业资格证书制度，并经国家劳动和社会保障部及民航总局批准，在公司（省局）成立了“民航特有工种第17职业技能鉴定站”。

（六）党的建设、思想政治工作进一步加强。加强了领导班子思想政治建设和干部队伍建设。坚持党委中心组学习制度，定期召开民主生活会，贯彻执行民主集中制，不断完善党内规章制度。把坚持职工代表大会制度，积极推行厂务公开作为加强班子思想政治建设的一项重要任务来抓。根据总局部署，在公司（省局）领导和机关副处以上干部中开展了“三讲”教育活动，领导班子民主生活会的质量有了明显提高，群众反映的一些问题得到不同程度的解决，各级领导干部思想作风、工作作风明显转变。结合领导班子思想政治建设，对104名处级领导干部和34个处级领导班子进行了民主测评，指导各处级单位对所属科级干部进行了民主测评考核。

加强了基层党组织建设，健全了基层党组织机构。加强了对党员的教育管理，积极开展了民主评议党员和“创先争优”活动，评选出先进基层党组织10个，优秀共产党员44名，优秀党务工作者11名。将思想政治工作融入公司（省局）安全、效益、正常、服务的各个环节，开展生动丰富的思想教育活动，强化干部职工的主动性和创造性，引导干部职工正确处理国家、集体和个人之间的关系。坚持“两手抓，两手都要硬”的方针，不断加大了社会主义精神文明建设的力度。加强党风廉政建设，建立健全党风廉政建设责任制，狠抓了廉洁自律各项规定的落实。积极配合有关部门完成了对公司（省局）的审计工作，对存在的问题进行了整改。认真对待信访举报，全年处理来信举报22件（次）。

二、存在问题

主要问题是：（1）个别单位、个别人员“安全第一，预防为主”的思想不够牢固，规章制度落实不够严格，人为因素差错仍有发生，空防安全仍存在隐患。（2）运输生产指标未完成全年计划任务。（3）改革进程中的思想政治工作有待进一步加强。

中国联通云南分公司工作述评

总经理　刘海鹰

中国联合通信有限公司是经国务院批准成立的国有重要骨干企业，是国内惟一经营综合类电信业务的运营公司。其业务范围为：固定电话业务、移动通信业务、数据通信业务、长途通信业务、无线寻呼业务及其他电信增值业务。中国联通公司于2000年6月21、22日在纽约、香港成功上市，标志着公司正式步入国际资本市场，成为一个国际性的电信运营公司。

中国联通云南分公司自1998年GSM130数字移动通信在昆明地区开通运营以来，各项业务蓬勃发展，网络建设与服务质量齐头并进。GSM130数字移动通信网络覆盖已达全省16个地州市，省内陆续开通IP电话业务、165国际互联网及193长途业务、126/127、128/129、191/192、198/199卫星联网寻呼业务。云南省CDMA一期工程将于2001年10月全面开通，覆盖全省16个地州市及县以上城市、著名风景区及重要乡镇，届时，一个前所未有的高质量的移动通信网络将呈现在广大消费者面前。

2000年，云南分公司在联通总部的正确领导下，在云南省各级政府及社会各界的关心支持下，克服困难，在工程建设、业务发展、机构融合等工作中都取得了较好的成绩，为今后的发展打下了坚实的基础。

一、各方通力协作，千方百计加快工程建设

2000年是中国联通发展史上发生重大变化的一年，在党中央、国务院继续对联通公司的发展给予大力扶持的同时，云南联通借着公司重组上市，完成股票首次发行成功的东风，紧紧围绕改革和发展两条主线，解放思想，开拓进取，圆满完成全年各项任务，取得了可喜的成绩。

信息行业的快速发展，为分公司创造了良好的外部环境，云南省委、省政府的积极支持关心为公司的发展提供了有力的政治保障，分公司抓住这一良好机遇，加速工程建设，扩大网络规模，取得了较好成果。

（一）GSM130移动通信建设取得重大进展。2000年，分公司工程建设与1999年相比，有了质的飞跃。分公司坚持把工程建设摆到突出位置，精心组织，科学安排，加快工程建设任务。

为进一步提高联通网络通信质量，为营销工作奠定基础，分公司全面启动GSM三期、四期及四期扩容工程。面对时间紧、任务重、工程量大等现状，全体员工齐心协力，以饱满的精神，认真负责的态度确保了各项工程建设任务的完成并顺利投入试运营，使130网络覆盖范围从7个地州扩大到13个地州，为建设联通精品网络打下了坚实的基础。同时，在昆明业务区新建1个短消息中心，使联通云南分公司第一次可以在130网上开展增值业务，为开展多种业务和增值服务奠定了良好的基础。

（二）加快全省联通长途和数据网工程建设。全省数据网一期工程于2000年7月建成并开通了IP电话17911业务，实现了移动电话的“一机两网”；随后在昆明地区向公众网固定电话用户开通了IP电话及165 INTERNET接入等数据业务，这标志着云南联通按照总部的“两新、两高、一综合”的发展战略，经营的电信业务从单一的移动电话业务向综合业务的进一步拓展。2000年9月，全省数据网二期工程正式启动。

按照国家西部大开发的战略部署，联通总部已将昆明列为新建长途局的五个西部城市之一。2000年8月，云南联通着手对中国联通长途三期昆明节点工程进行设计、初勘，为明年初全面开通长途业务做好了准备。

二、狠抓互联互通工作，保证各项业务顺利开展

互联互通工作是联通云南分公司与其他电信运营商寻求共同发展不可或缺的工作重点，随着我国电信体制的改革，联通在高速发展的过程中如何确保全程全网的畅通，向用户提供更加完善的服务，如何与其他电信运营商在网路和业务层面上实现互联互通，并在一定的竞争基础上寻求互利合作的发展渠道，使得互联互通工作在各项业务发展过程显得尤为重要。

2000年8月，联通云南分公司在运维与互联互通部成立了互联互通办公室，负责与中国电信、中国移动相关部门的互联互通具体事宜。根据有关文件规定，中国联通云南分公司与中国电信集团云南省电信公司签订了《中国联合通信有限公司云南分公司GSM数字移动公众通信网与中国电信集团云南省电信公司公众网互联互通业务处理和费用结算协议》，各地州联通分公司以此为范本，也相继与各地市电信部门签署了相关互联互通业务处理和费用结算协议和全省7个地州市（昆明、玉溪、曲靖、楚雄、大理、丽江、红河）联通长途通信网《网间互联及结算协议》和《租用互联互通中继电路协议》两份全省框架协议。这些协议的签署为今后互联互通工作的顺利开展提供了保障。

在互联互通工作中，分公司加强与云南省邮电管理局、云南省电信公司、云南省移动公司及各地州电信部门的联系沟通，经过多次协商，目前电信已正式下文开通联通云南16个地州市的IP电话17910、17911和165互联网接入业务及193长途业务，并于11月在昆明地区完成了联通方两个关口局与移动方两个关口局的直联，这样不仅在较长时期内满足了双方移动网网间话务流量，也为今后两网开展数据、长途等业务提供了传输保证。

三、全力拓宽市场，提高经济效益

2000年，分公司坚持“加快建设的目的是尽快拓宽市场，提高市场占有率”的原则，以经济效益为中心，主动抢占市场，强化销售和服务工作，不断加大市场营销力度，多方面、多渠道地展开营销工作。

（一）130移动通信业务。2000年年初，由

于市场竞争异常激烈。130卡销售工作处于十分艰难的局面。针对市场情况，分公司多次召开市场营销会议，集思广益，探寻一条既能充分发挥自身优势，又能充分体现联通特色的市场销售之路。截至12月31日，130网上用户已达31万用户。

分公司加大经销市场管理力度，完善销售网络。在工作中，一方面采取多种手段发展和培育经销商，改变了原来由总代理及仅几家经销商销售的模式，放开了分销渠道。仅昆明地区，建立了以昆明小西门营业厅为中心，辐射76个经销点的销售网络。目前，经销成为分公司主要的销售方式，经销点销售占总量的80%以上。另一方面，充分利用融合后国信现有的营销网点和营销系统，由原来只受理单一业务（寻呼业务）改为受理综合业务（寻呼业务、130业务、IP业务）。

认真做好售后服务。分公司在发展农行代收话费的基础上，又发展了交通银行，实现了现金代收与自助交费，方便了广大用户。

（二）数据业务。自7月分公司开放数据业务以来，业务销量一直未进入正常销售状态，用户发展未走出低谷期。面对激烈的市场竞争，分公司数据业务为走出困境，全体员工团结协作，群策群力，一方面不断完善网络服务，贴近用户消费习惯，一方面采取积极主动的销售方式，利用联通综合优势，对IP卡、上网卡与其他业务实行一揽子销售；建立了统一管理、分级负责的分销售体系，监督、激励等可行的管理机制。

（三）大客户发展初见成效。根据总部关于大客户发展工作的有关思路和要求，分公司一直把大客户发展放在重要的位置。首先在省、地市分公司成立了大客户发展中心，专门针对公务/商务集团用户，以统一纳费、决不冲击零售市场为发展要求，从联通综合业务优势出发，针对不同大客户量体裁衣，订立了可行性方案，并制定了售前、售中、售后服务体系，加强了内部建设，逐步完善了大客户工作流程。

截至12月，分公司已发展GSM130移动业务大客户集团7个，用户4087户；数据业务大客户4个。大客户发展将成为分公司业务收入的另一重要来源。目前，包含GSM业务、数据业务在内的一体化服务推广正在逐步融入部分企业的大客户服务中。2001年，大客户服务工作要更好地利用联通综合优势，更好地对GSM、寻呼、数据、长途业务进行整合，达到综合业务全面发展的目的。

（四）无线寻呼业务。2000年9月，原云南国信寻呼有限公司融入中国联通云南分公司改为无线寻呼事业部，一方面不断优化服务质量保住老用户，调整资费政策，吸引新用户；一方面利用联通的综合业务优势，在营销渠道上实现营业网点共享；在营销方式上积极发展组织销售业务，将移动业务、数据业务、寻呼业务组合，以一揽子销售形式，促成云南联通综合业务全面发展。截至12月底，全年共发展用户36万户；目前全省寻呼用户数为150万户。

（五）做好计费、客服、结算与信息系统工作。2000年是分公司工程建设和综合业务快速发展的一年，GSM用户从年初的5万户增至年底的30万户，原有的计费系统软、硬件已远远不能满足迅速增长的用户的需求。为保证业务的正常开展，年初分公司迅速启动GSM计费系统三期工程，缓解了因用户迅速增长而对计费系统造成的压力，使8个营业厅的前台计费系统在软、硬件上都能满足用户的需求。按照总部在计费软件方面要实现真正的集中计费、集中营业、集中管理的要求，为保障分公司移动业务的快速发展，配合地市分公司营业厅的开业，分公司对GSM计费系统进行四期扩容。

分公司加快对客户服务中心建设力度，搭建过渡型客服系统，开通“1001”客服号码，为用户提供了24小时的自动业务咨询、话费查询及人工受理业务，使联通130客服工作更加完善，更加到位。

（六）做好融合工作，促进分公司全面发展。根据联通总部有关融合工作的要求，分公司坚持“稳定、融合、发展”的方针，勇于实践、认真组织、精心策划，按照总部整体部署于10月份基本完成了整体融合工作。在融合工作中，云南国信与联通云南分公司始终围绕稳定是前提、融合是手段、发展是目的的工作方针，以稳定促融合，以融合促发展，并努力做到整个融合过程中思想不能乱、队伍不能散、工作不能断、发展不能慢，紧抓融合、发展两不误，充分发挥员工的积极性、主动性和创造性，以高度负责的精神扎扎实实的工作作风，圆满完成了在业务机构、财务、资源、综合事务等方面的整体融合工作。

（七）积极加强与政府部门的联系，努力创造有利于自身发展的政治氛围。省委、省政府对联通在云南做出的成绩表示肯定，将联通云南分公司的发展列入云南省发展计划的大盘子；并制定了相关措施要求各厅局、地州市政府积极支持联通在全省各地的工程建设和业务发展。省委、省政府的大力支持为加快联通发展步伐、拓展联通业务提供了政治保证。

云南邮政事业发展述评

云南省邮政局局长　李永康

2000年是“九五”最后一年，也是邮政发展的历史转折时期。邮政事业的发展，挑战与机遇同在，压力与动力并存。面对现实，云南邮政抓住机遇，迎接挑战，寻求发展，以“求真务实，艰苦创业，团结奉献，勇创新高”的精神和步履走过了两年独立运营与发展之路。在国家邮政局、云南省委和省政府的领导下，各级地方党委和政府以及社会各界给予云南邮政关心、支持，邮政全体干部职工拼搏奉献，创造了云南邮政百年发展史上的最好水平：“九五”期间业务收入年均增长20%，2000年达到7.014亿元，是1995年的2.5倍；“九五”最后两年，共减亏5亿元，减亏幅度达到63.2%；2000年全员劳动生产率达到5.484万元，比1999年增长16.71%。

云南邮政网络能力明显增强，基本形成汽车、飞机、火车等多种运输传递相结合的具有一定规模的实物传递网络。已建成电子化支局485个，邮政生产用房63.69万平方米，开通邮路1024条，单程总长度12.76万公里。邮政营投网得到较快发展，按照“大集中、辐射网”的要求，以邮区中心局体制为核心，进行网络布局、生产作业组织、网络结构和邮件传递时限频次的调整与优化，提高了邮政网络运行能力和竞争能力。

科技的不断加大投入及进步，使云南邮政从劳动密集型向高新技术行业迈进。全省已实现了报刊发行微机网、邮政储蓄计算机网、特快专递跟踪查询网、信函自动分拣机、包裹分拣机和营业窗口电子化的“三网两机一化”；报刊发行计算机网络系统与全国200多个发报刊局实现联网运行；533个“绿卡”网点实现省内联网，其中201个网点实现全国通存通兑。综合计算机骨干网初步建成，将为电子邮政以及邮政现代化作业、经营管理架起支撑平台。

顺应社会经济发展的需要，云南邮政及时调整全省业务结构，从“三足鼎立”向“四业并举”发展，沿着大力发展轻型邮政业务的经营策略，发挥云南民族文化资源丰富的优势，使邮政储蓄、集邮、特快专递、音像图书等业务持续发展，商业信函、邮购、邮送广告等新业务启动并保持平稳发展，代字号业务项目和范围不断扩展，发展势头良好。

为适应市场经济发展，在经营体制上对投递体制进行改革，对常年亏损的支局所实行承包经营和委代办，并实施“三项制度”配套改革，使云南邮政从体制上初步适应邮政市场竞争和体制改革的需要。

云南邮政始终坚持“两手抓，两手都要硬”的方针，使精神文明和物质文明建设同步前进。2000年，全省有省级文明单位40个，地州市级文明单位20个，县区级文明单位19个。玉溪市邮政局还被授予市级文明行业称号。大理州邮政局建设路综合营业室获全国“青年文明号”称号，全省邮政还有8个青年集体荣获省级“青年文明号”称号。

“十五”时期云南邮政将进入新的发展阶段，云南邮政“十五”规划确定了“1348”发展目标和战略（达到一个目标，实现“三个翻番”，完成四项指标，实施八方面发展战略任务），以发展为主线，以改革开放、科技进步、队伍建设为动力，增强邮政的发展后劲，“建设现代化邮政，满足社会需要”。通过改革和创新，促进云南邮政运行机制有突破性转变，市场开发有突破性进展，管理水平有突破性提高，经济效益有明显增长，实现整体扭亏，为21世纪云南邮政的可持续发展打下良好基础。

西部大开发和云南省“十五”建设“绿色经济强省”、“民族文化大省”和中国连接东南亚、南亚国际大通道三大目标的实施，把云南邮政从末梢变为前沿，拓展了邮政发展市场，我们要抓住机遇创新经营，培育企业核心竞争能力，加快发展，树立一个崭新的云南邮政形象。

云南对外经济贸易发展述评

云南省对外贸易经济合作厅厅长　彭木裕

“九五”期间，云南外经贸是在困难较多的环境中发展和前进的。1997年以来，我们经受住了亚洲金融危机产生的强烈冲击，东南亚国家货币大幅贬值、经济急剧下滑，国际市场上受到广泛波动，扼制了世界经济的发展速度；我国国民经济发展内需不足，经济增长放慢，出口动力不足，金融改革深化，银行放贷更加审慎；云南外贸企业改革严重滞后，外经贸企业竞争力减弱，积累、发展能力不足，加之，出口产品结构中“双高产品”比重低，外贸整体发展水平受到限制，利用外资项目由于投资者能力大大减弱而深受影响，边境贸易的发展一度落入低谷，从总体上看，外经贸企业受到了内外双重压力，发展非常困难。但是，在中央扩大内需、扩大出口退税政策的促进下，在省委、省政府的正确领导下，在各地、各部门的关心和大力支持下，全省外经贸职工坚持以改革为动力，集中精力抓大商品、大企业、大项目，虽身处逆境，仍艰苦拚搏，顽强进取，在“九五”末期，快速实现了外经贸的全面恢复性增长。

一、对外贸易

“九五”期间，全省进口总额累计达到86.48亿美元，较“八五”期间增长29.5%；其中：出口累计完成55.13亿美元，同比增长35.7%，进口累计完成31.35亿美元，同比增长19.8%。

单位：万美元

年份	进出口总额	进口总额	出口总额
1991	75700	23200	52500
1992	96600	31700	64900
1993	121300	43900	77400
1994	160300	55000	105300

1995	212100	79000	133100
1996	205900	91700	114200
1997	201100	79700	121400
1998	203500	77200	126300
以上年份为本行业业务统计数据：以下年份开始使用海关统计数据			
1999	165900	62500	103400
2000	181300	63800	117500

2000 年，云南省对外贸易进出口总额完成 18.13 亿美元，比 1999 年增长 9.23%。其中，出口总额达 11.75 亿美元，比 1999 年增长 13.64%；进口总额 6.38 亿美元，增长 2.1%。

一般贸易进出口总值 12.76 亿美元，占全省出口总额的 70.37%；比上年增长 4053 万美元，增长 3.28%。其中出口 7.977 亿美元，占全省出口总额的 67.89%，比上年增长 9.16%；进口 4.778 亿美元，占全省进口总额的 74.94%，比上年减少 5.24%。

外商投资企业进出口增幅较大，突破历史最好水平。一批有实力、有特色优势产品的三资企业经营渐入佳境。2000 年进出口总额达 1.97 亿美元，占全省进出口总额的 10.84%；比上年增长 40%。其中：出口 0.81 亿美元，占全省出口总额的 6.9%，比上年增长 92.86%；进口 1.15 亿美元，占全省进口总额的 18.1%，比上年增长 17.35%。外商投资企业出口“九五”期间年均增长 18.7%。

边境小额贸易继续实现恢复性增长，进出口总额达 3.56 亿美元，占全省进出口总额的 19.65%；比上年增长 23.61%。其中：出口 2.78 亿美元，创历史新高，占全省出口总额的 23.66%，比上年增长 19.82%；进口 0.78 亿美元，占全省进口总额的 12.23%，比上年增长 39.28%。

从贸易方式看，一般贸易占进出口总额的 70.37%，比上年下降 4.05 个百分点；外商投资企业贸易额占 10.84%，比上年增加 2.4 个百分点；边境小额贸易占 19.65%，比上年增加 2.31 个百分点。

外贸经营主体进一步多元化，全省有进出口经营权的外贸、工贸、商贸、科研单位已由“八五”末期的 91 家增至 2000 年末的 396 家，比上年增加 127 家。其中新批获权企业有 3 家是私营企业，私营企业累计达 6 家，外经贸经营主体进一步多元化，形成了国有、集体、民营、股份制等多种所有制形式的外贸队伍，对外贸易的质量和水平不断提高。

2000 年云南省的 10 大贸易伙伴

单位：万美元

国家（地区）	金额	占进出口总额 181283 万美元的%	国家（地区）	金额	占进出口总额 181283 万美元的%
缅甸	36299	20.02	美国	9314	5.13
香港	34180	18.85	德国	5570	3.07
日本	12813	7.07	印尼	4816	2.66
澳大利亚	11956	6.6	加拿大	4646	2.56
越南	10030	5.53	印度	4509	2.49

在出口总额中，初级产品为2.2亿美元，占全省出口总值的18.7%，比上年减少8.38个百分点；工业制成品出口9.55亿美元，占81.3%，比上年提高8.38个百分点。

出口1000万美元以上的商品有31个，共8.126亿美元，占出口总额的69.2%，其中出口5000万美元以上的商品有4个，共计2.934亿美元，占出口总额的24.97%，其分别是：锡9755万美元，同比占8.3%；黄磷7993万美元，占6.8%；铅5981万美元，占5.09%；烤烟5613万美元，占4.78%。5000万美元以下的商品分别是：焊锡4119万美元，占3.5%；磷酸氢二铵3413万美元，占2.9%；钢材2915万美元，占2.48%；松茸2898万美元，同比占2.47%；棉绦纶布2761万美元，占2.35%；铝2497万美元，占2.12%；三磷酸钠2452万美元，占2.09%；锌2195万美元，占1.87%；磷酸2156万美元，占1.83%；石蜡1985万美元，占1.69%；磷矿石1830万美元，占1.67%；服装1787万美元，占1.52%；卷烟1777万美元，占1.51%；过磷酸钙1716万美元，占1.46%；电线、电缆、电机、变压器1552万美元，占1.32%；棉纱1531万美元，占1.3%；宝石1487万美元，占1.27%；钯1393万美元，占1.18%；药品1284万美元，占1.06%；木制品1259万美元，占1.07%；柴油机、手扶拖拉机1232万美元，占1.04%；电池1148万美元，占0.98%；生铁1101万美元，占0.93%；激光视盘放像机1100万美元，占0.93；茶叶1060万美元，占0.9%。

从国别地区来看，同云南省有贸易往来的国家、地区共有89个，比上年的111个减少22个，其中，出口国别地区有102个，比上年减少3个；进口国别和地区有54个，比上年减少5个。出口1000万美元以上的国别、地区有19个，占国别总数的21.35%。

2000年云南省出口的10大贸易伙伴

单位：万美元

国家（地区）	金额	占出口总额的%	国家（地区）	金额	占出口总额的%
缅甸	29306	24.49	印尼	4740	4.03
香港	21086	17.94	荷兰	2594	2.21
日本	11729	9.98	印度	2539	2.16
越南	9264	7.88	台湾	2468	2.1
美国	6172	5.25	意大利	2461	2.09

进口1000万美元以上的商品有12个，比上年增加1个；金额62889万美元，占进口总额的98.62%。

2000年云南省进口的10大贸易伙伴

单位：万美元

国家（地区）	金额	占进口总额的%	国家（地区）	金额	占进口总额的%
香港	13904	21.8	美国	3142	4.93
澳大利亚	10868	17.04	智利	2764	4.33
缅甸	6993	10.97	法国	2631	4.13
加拿大	4292	6.73	印度	1970	3.09
德国	3668	5.75	韩国	1386	2.17

二、外贸企业改革

全省外经贸企业的改革力度进一步加大，地州市外经贸企业通过多种方式进行改组、改制，焕发了生机与活力，省级外贸企业改革也加大了力度，改革成为一些公司寻找发展出路的必然选择。

三、利用外资

“九五”期间，云南省新批三资企业643家；合同外资14.4亿美元，比“八五”增长6.2%；实际利用外资6.98亿美元，比“八五”增长9.5%；单个项目利用外资金额比“八五”增长一倍，利用外资的质量明显提高；投资云南的外商已涉及25个国家和地区。

云南省利用外资统计

单位：万元

年份	批准成立外商投资企业户数	协议外资	实际利用外资
1984～1991	73	5238	2364
1992	202	16800	2313
1993	509	51174	16500
1994	262	28482	20300
1995	269	37399	23500
1996	153	20172	10500
1997	127	26700	16600
1998	119	33000	14600
1999	138	33200	15400
2000	106	29700	12800
合计	1958	281865	134877

从总体来看，利用外资对云南省国民经济的贡献突出地体现在：

*（一）为云南省经济提供了重要的发展动力。*利用外资项目涉及烟草、旅游、磷化工、绿色产品、制造、制药建材、花卉、电力、通信、交通、航空、技改等，项目涉及国民经济的许多重要领域，有效地调整、优化了云南的产业结构，极好地带动了云南企业管理的进步和企业的科技进步，增强了云南企业产品的国际竞争力和在国内、国外市场的占有率；带动了名牌效应作用的发挥和名牌战略的实施；加快了云南改革开放的进程，抓住了国际、国内经济大发展的重要历史机遇，使云南经济在整体基础很低、开放条件非常落后的情况下，实现了经济的发展。

*（二）为云南经济发展提供了重要的开放动力。*引进外资项目后，对云南的社会进步、观念更新、思想解放、参与国际经济大循环、自觉和世界贸易组织相接轨、重视科学、重视人才、重视资金、重视技术引进、管理、营销等等方面，都起到了良好促进作用。

*（三）促进了云南经济所有制的多元化，为经济体制改革的深化创造了有利条件。*个体私营经济、集体经济由被社会歧视转变成被社会重视，私营经济在社会发展中的积极作用日益显现，极大地解放了社会生产力，推动了社会的发展。

*（四）利用外资有效地促进了云南省产业结构的优化和升级。*增强了产业的自我发展能力，形成了产业特色，提高了产品对技术进步、科技含量的追求。投资结构日趋合理，农业类项目利用外资全面增长。由于云南旅游业作为支柱产业的前景越来越好，成为外资看好的热点，使投资旅游设施及酒店业的项目增多，投资金额进一步扩大。在服务领域，外商投资项目取得突破性进展，云南引进了世界第一的商业仓储跨国公司——沃尔玛，尝试性地在昆明投资经营管理超市，对商业流通业转变观念、改善管理，起到了积极的作用。

（五）利用外资开始由以数量为主转变为数量和质量并重。尽管“九五”期间云南利用外资受到了很大冲击，发展速度有所下降，但项目质量明显提高，不仅引进了国际大企业的先进技术、设备和管理经验，同时也有效地弥补了省内建设资金的不足，创造了更多的就业机会，为增加税收、带动相关产业的发展起到了积极的推动作用。

（六）提高了就业率。由于外商投资企业的不断发展和壮大，几年来，在云南外商投资企业的就业人数均保持在6～7万人左右，外籍人员1999年为869人。

（七）提高了云南经济的外向度，增加了云南省的税收收入。2000年1～12月15日，全省外商投资企业交纳国税5.5亿元人民币，比上年增长35%；交纳地税1.5亿元人民币，同比增长14%，外商投资企业的纳税已成为云南省增长最快的税源之一。

（八）利用外资项目成为云南省开发区建设的支撑力量。全省共有省级以上经济技术开发区、边境经济合作区14个，其中经国务院批准的国家级经济技术开发区1个（昆明经济技术开发区）、国家级边境经济合作区3个（瑞丽、河口、畹町边境经济合作区），其余均为省政府批准的开发区。据不完全统计，2000年，各开发区已有进区项目2677个，投资总额234.7亿元。其中有外商投资项目141个，投资总额4.11亿美元。

2000年，共审批外商投资企业106家，比上年减少23.19%，其中：独资企业48家，比上年减少12.73%，合资企业38家，比上年减少43.28%，合作企业20家，比上年同比增长25%；协议外资2.97亿美元，比上年减少10.54%，实际利用外资1.28亿美元，比上年减少16.88%。至2000年，已累计批准外商投资企业1958家，其中：中外合资企业1215家，占总数的62.05%；中外合作企业158家，占8.07%，外商独资企业585家，占29.88%。

投资云南省的外商涉及21个国家和地区，亚洲地区仍是云南省外商投资的主要来源，按合同外资统计，居前5位的分别是：香港1.693亿美元、美国9805万美元、台湾692万美元、荷兰500万美元、泰国345万美元，合同外资金额2.830亿美元；占总额的95.3%。投资来源进一步显现多元化趋势，表明云南为越来越多的国家和地区所了解和接受。

外商投资涉及国民经济的许多领域，投资结构日趋合理。农业类项目合同外资2203万美元，占合同外资的7.42%，比上年增长318.8%；实际利用外资477万美元，占实际利用外资的3.73%，比上年减少25.82%。工业类项目合同外资4700万美元，占合同外资总额的15.82%，比上年减少70.29%；实际利用外资2840万美元，占实际利用外资金额的22.18%，比上年减少52.6%。

生产性项目利用外资未取得较大突破，仍是云南省利用外资的一个薄弱环节。

服务项目合同外资1.131亿美元，占合同外资总额的38.9%，比上年减少32.95%；实际利用外资4849万美元，占实际利用外资金额的37.88%，比上年减少44.58%。

当年外商投资上千万美元的大项目有9个，比上年减少50%，合同外资2.032亿美元，比上年增长16%，占全省外资总额的68.44%，大项目是云南省外商投资的主要支撑力量。

到2000年全省累计合同利用外资28.19亿美元，实际利用外资13.49亿美元。

到2000年，外商投资的结构为：第一产业项目114个，合同外资0.6亿美元，分别占总量5.82%和2.12%；第二产业项目1229个，合同外资13.97亿美元，分别占总量的62.77%和49.56%；第三产业项目615个，合同外资13.63亿美元，分别占总量的31.41%和48.35%。世界500强企业中有5家在云南投资。据初步统计，国外大公司、大财团在云南省共投资20个项目，占项目总数1.05%，合同外资3.048亿美元，占总量的11.5%，且资金已经全部到位。这些项目的规模和影响较大，对全省利用外资工作起到了较好的促进和带动作用。随着利用外资工作的发展，云南省利用外资领域有所扩大。目前已有外商投资的行业性投资公司——云南新世界医药投资公司、英国比利顿、澳大利亚西方矿业公司等大企业纷纷进入云南进行矿产资源风险勘探和开发；国有企业利用外资积极性增强，一批国有企业利用外资成功进行嫁接改造。

四、对外经济技术合作

“九五”期间，云南省共签订对外承包工程、劳务合作、对外设计咨询合同566份，合同累计11.34亿美元，年平均增长率为30%；完成营业额6.18亿美元，年平均增长率为28%；批准带动国产设备材料出口4.6亿美元，派出人员7100人次。与“八五”期间相比合同数增长300%，合同额增长152%，营业额增长209%。

对外经济技术合作队伍不断壮大。全省外经企业从“八五”期间的15家发展到29家，已遍及省内一些主要行业，部分民营企业也获得了外经经营权，从事外经工作的人员已达10万余人，基本建立了一支门类齐全、具有一定市场开拓和竞争力的外经队伍；初步形成外经、外贸、外资、边贸有机结合、相互促进、共同开拓周边市场、海外市场的良好局面，业务范围不断扩大，合作形式日趋多样化。

外经市场不断拓展。在巩固和扩大周边国家市场的基础上，外经业务已逐步扩展到了东南亚、南亚、非洲及沿印度洋一带，遍及20多个国家和地区。

国际工程承包和劳务输出进一步扩大。一批大型合作项目的成功实施，大大带动了国内设备和技术的出口，扩大了云南省在周边国家的影响，如云南省与缅甸电力部合作的缅甸邦朗电站引水发电系统建设项目（装机28万千瓦，合同总金额1.7亿美元）、我国政府与老挝政府合作开发万象钾盐项目等，都为云南省外经工作树立了良好形象。

境外投资取得实质性进展。云南境外非贸易性投资（包括境外加工、边贸小经合）的主要领域为医药生产和销售、机电产品组装、建材生产、生物制品、食品及生活日用品。境外投资的主要对象国家是缅甸、老挝、马来西亚、泰国、南非、也门。“九五”期间，云南省境外非贸易性投资额达4100多万美元，与“八五”期间相比增长了近一倍。

接受国际援助和承担援外的项目逐年增多。“九五”期间，全省共接受国际多边和双边无偿援助项目20个，累计受援金额7235万美元，与“八五”期间相比增长了131.6%。受援项目涉及经济、环保、扶贫、文化、教育、卫生、妇女保健、就业、能源、交通、农业、畜牧业等领域。通过借用外经贸部多种形式援外专项基金，全省共承担政府援外项目7个，援外金额达到3008万美元。

云南省外经统计资料

单位：万美元

年份	签订合同（份）	合同金额	营业额	年末在外人数	年份	签订合同（份）	合同金额	营业额	年末在外人数
1991	24	2621	800	211	1996	27	8700	12700	1844
1992	21	4601	2397	477	1997	69	9800	9500	1451
1993	12	4102	2587	493	1998	83	31000	10000	
1994	32	10500	3367	800	1999	207	33900	16700	1442
1995	46	23000	10500	2319	2000	169	30000	15000	1780
					合计	766	163051	87604	12046

2000年新签对外承包工程、劳务合作合同168份，比上年减少39份；合同金额3亿美元，比上年减少11.5%；完成营业额1.5%亿美元，比上年减少10.78%；项目带动国产设备出口1.6亿美元，比上年增长40.35%；年末在外人数1780人，比上年增加338人。

至2000年底，云南省境外非贸易性的投资企业已有37家，累计投资金额为5000万美元。

云南省现有外经公司29家，其中，综合性国际公司5家：云南省国际经济技术合作公司、云南省成套设备局、昆明市国际经济技术合作公司、德宏州国际经济技术合作有限责任公司、文山州国际经济技术合作有限责任公司；专业性外经公司11家：云南省路桥总公司、云南省建工集团、云南省化工建设集团、云南省铁路建设总公司、云南省地矿总公司、云南省水电十四局、云南省十四冶金总公司、云南省电力公司、云南省公路局桥工处、昆明市第一建筑工程公司、昆明市第二建筑工程公司；设计咨询单位5家：云南省设计院、公路设计院、云南省有色冶金设计院、昆明林勘院、昆明水电院；有外经权的外贸公司4家：云南省机械设备进口公司、云南省机械进出口公司、德宏州出口公司、玉溪市进出口公司。

五、2000中国昆明出口商品交易会

本届昆交会共有856家海内外企业前来参展。海外有30多个国家和地区及港澳台的136家企业参展；国内有28个省区组成的25个交易团共720家企业参展。在参展企业中，跨国公司达到33家，比上年增加了2倍；有外商投资企业70多家，极大地提高了昆交会的国际化程度和知名度。

本届昆交会仍有来自美国、法国、日本、澳大利亚、缅甸、越南、老挝、马来西亚、和香港特别行政区、澳门地区、台湾省等50多个国家和地区的海外企业参展，应邀到会客商3000多人，其中，有政府代表团10个，商务代表团20多个。国内有10万余名客商和来宾参观、洽谈。

本届昆交会对外经贸总成交19.66亿美元，比上届增长7.55%。其中：进出口成交总额5.32亿美元，比上届增长0.8%；出口4.03亿美元，比上届增长6.5%，进口1.25亿美元，比上届下降17.6%。

一般贸易成交额为4.07亿美元，比上届减少3.1%。出口成交按大类商品分：粮油、土畜、医保类7174万美元，比上届减少29.67%，轻工纺织3500万美元，比上届增长38.45%；电子电器2239万美元，比上届减少8.72%；化工类9746万美元，比上届增长18.02%；有色冶金类4778万美元，比上届减少20.5%；机械类7507万美元，比上届增长43.02%。成交的大宗商品有锡、焊锡、锌锭、磷酸二铵、黄磷、松茸、化肥、各类机械设备等。按进出口成交地区和国别划分，日本8191万美元，比上届减少33.94%；港澳台地区7925万美元，比上届增长23.56%；美国2333万美元，比上届减少58.34%；泰国1756万美元，比上届增长144.22%；印度尼西亚1339万美元，比上届增长70.14%；缅甸1101万美元，比上届减少57.99%；老挝1554万美元，比上届增长122.96%；越南2077万美元；韩国719万美元，比上届增长4.35%；孟加拉国891万美元；西欧共同体3857万美元，比上届增长113.21%；澳大利亚616万美元，比上届减少48.92%。

历届昆交会统计概况

年份	省市区组团（个）	到会境外客商		达成交易额（亿美元）				
		国家、地区（个）	人数（个）	总额	外贸		协议外资	协议外经
					进出口	出口		
1993	19	45	5169	17.57	8.3	5.6	9.21	0.06
1994	24	59	5466	14.62	7.78	5.01	6.42	0.42
1995	22	51	4690	15.16	7.22	4.38	6.83	1.11
1996	26	61	4600	12.53	6.37	3.37	5.6	0.56
1997		56		15.67	7.53	4.17	3.78	0.72
1998	21	57	6000	18.17	9.42	7.19	7.88	0.73
1999	21	48	7000	18.28	5.28	4.09	12.02	0.94
2000	25	50	3000	19.66	5.32	4.03	13.57	0.83
合计	158	427	35925	131.66	57. 22	37.84	65.31	5.37

昆交会展馆分设国内企业展区和境外企业展区，采取综合馆与专业馆相结合的方式分别设立各省区市综合馆，按特色分类设置境外展馆、边境贸易馆、外商投资企业馆、招商引资馆、澜沧江——湄公河次区域合作专题馆、生物资源创新工程馆。其中，出口贸易分为大型机械馆、机械电子馆、纺织服装馆、五矿化工馆、食品土畜馆、医疗保健馆、轻工工艺馆、烟草馆等专业馆。昆交会场馆设置专业化、规范化程度进一步提高，专业馆的设置极大地方便了客商的业务洽谈，提高了昆交会的办会水平，大型电子商务的开通和使用，使客商的交易活动效率得到充分保障。

云南边境贸易发展述评

云南省对外贸易经济合作厅副厅长
云南省对周边国家经济贸易局局长　黄　毅

2000年由于省委、省政府高度重视，沿边8地州外经贸管理部门、企业积极努力，在中央驻滇单位及有关厅局部门大力支持下，全省边境贸易实现全面恢复性增长。据海关统计，当年完成边境小额贸易进出口总额3.562亿美元，比上年同期增长23.8%。其中，出口完成2.78亿美元，净增4625万美元，增长19.9%，进口7821万美元，净增2227万美元，增长39.8%。

一、主要特点

（一）进出口总额为“九五”以来的最好水平，出口超过历史最好水平。“九五”期间由于受国内边贸政策调整及东南亚金融危机的影响，边境贸易呈现较大的起伏，进出口一度跌入历史低谷，1997年仅为7412万美元。经过各级政府和管理部门的通力协作，边贸企业积极运用边境外经、易货贸易等政策，千方百计扩大出口。1998年开始出现恢复性增长，特别是2000年不仅进出口额突破3.5亿美元，接近1993年的历史最高年份，而且出口超过历史最好水平。

（二）边境贸易所占全省外经贸比重迅速增加。历史最好时期为1993年，边境贸易占全省外贸的比重曾经达到30.74%。1994年国家实行汇率并轨，由于汇率统计因素边贸所占比重随之下降近30%。最低1997年仅占3.69%，从1998年开始呈恢复增长态势，2000年占到19.7%，其中出口达到23.7%。

（三）对缅、老、越进出口增长率均超过两位数，成为对周边国家贸易的重要贸易方式。全省对3国的进出口额为4.825亿美元，增长24.6%，占全省对东南亚国家贸易总额的76.9%，其中对缅甸为3.629亿美元，增长21.2%，占57.9%；对越南首次突破亿美元，完成1.003亿美元，增长38.9%，占16%；对老挝的1926万美元，增长23.4%，占3%。对3国贸易增长中，一般贸易比上年净增2669万美元，增长26.8%。边境贸易比上年净增6852万美元，增长23.8%。在边境贸易的净增额中，对缅甸增加5495万美元，占净增额80.2%。对越南增加1380万美元，占净增额20.2%。对老挝减少24万美元。

（四）沿边8地州中涌现2个上2亿美元的州，边境贸易仍为主要贸易方式。2000年沿边8地州外经贸进出口总额为5.712亿美元，比上年增加1.167亿美元，增长25.7%。占全省进出口的比重为31.5%，较上年上升4.1个百分点，其中边贸增量占总增量的58.7%。在8个地州中红河州进出口首次突破2亿美元，达2.106亿美元，增量最大，达到6788万美元，占8地州出口增量的58.1%。德宏州进出口也首次突破2

亿美元，达2.08亿美元。增加2052万美元，占8地州进出口增量17.5%。在全省16个地州市中，进出口总额排前5位的地州市中有3个边境地州，即红河排第二，德宏排第三，西双版纳排第五。

德宏、保山、西双版纳、怒江、思茅、临沧地州的边境贸易仍是对外经贸的主要方式，2000年分别占本地州对外贸易的88.7%、63.6%、96.9%、74.4%、93.7%、91.1%。

地州名称	进出口总额	比上年±%	出口总额	比上年±%	进口总额	比上年±%
德宏州	20807	10.9	16835	11	3972	10.5
边贸	18458	15.9	15219	10.9	3239	46.9
保山地区	3991	9.9	2504	99.4	1487	53.1
边贸	2539	76	1104	162.2	1435	40.4
西双版纳州	6405	30.6	4863	24.9	1542	52.1
边贸	6210	30.8	4728	26.1	1482	48.2
思茅地区	1299	-0.5	737	-31.3	562	142.2
边贸	1218	6.7	685	24.7	533	129.7
临沧地区	1337	35.6	902	39	435	29.1
边贸	1218	35	784	38	434	29.9
怒江州	168	211.1	31	-16.2	137	705.9
边贸	125	635.3			125	635.3

（五）*主要口岸发挥重要作用，部分冷点口岸有较大突破*。全省海关监管的边境州18个口岸中，瑞丽仍是最大的进出口口岸，其进出口额为6629万美元，其中边贸进出口达到6027万美元，占全省边贸总额的16.9%。其次为河口达5459万美元，占15.3%，景洪为3229万美元，占9.06%。

章凤、盈江、南伞、腾冲、沧源、保山口岸其进出口增长率也超过两位数。值得一提的是，勐腊、天保、金水河等口岸，在困难的条件下，经过努力，实现进出口的成倍增长。

（六）*边民互市首次突破20亿元人民币*。2000年全省边民互市实现20.78亿元人民币，比上年同期增长26.8%，是“九五”期间增速最高的年份。超过亿元的地州有德宏、版纳、临沧、红河、文山。互市已成为这些地区边境贸易的重要组成部份。

（七）*易货贸易有一定增长*。2000年全省批准易货进出口计划1.895亿美元，较上年的6274万美元增长2.27倍，涉及德宏、保山、临沧、思茅、版纳、红河6个地州，实际执行8323万美元，执行率达43.9%。其中由易货方式出口3667万美元，净增1500万美元，占出口总额的13.2%，同比提高4个百分点。

（八）*边境对外经济技术合作仍是带动边贸出口的重要形式*。2000年，签订对外承包工程、境外投资合同共118项，合同金额9731万美元，比上年同期减少55项和6632万美元，金额降40.5%。根据边境地州统计上报及分析，带动设备及原材料辅料出口为6817万美元，增加近1000万美元，占边贸出口总额的24.5%，基本与去年持平。主要是由于1999年部分工程未执行完，结转到2000年执行而带动出口增加。

主要涉及行业有：农田水利、民房修建、石料开采、农作物种植、码头建设等。从事边境外经的企业包括国际公司、边贸公司、专业中、小建筑企业、设计院，这样的队伍结构为不同市场的各异需求提供了较好的供给，为企业进行系统优势配合和互补提供了条件上的保证。

（九）*仍然保持以初级产品为主的进口结构*。木材、桂圆干成为两大龙头产品。2000年进口上千万美元商品有木材4290万美元，桂圆干

1037万美元，比去年同期分别增加36.94万立方米、1535万美元和1.29万吨，728万美元，是支撑2000年进口增长的主要商品。上百万美元的商品有8种，即：玉石、水产品、豆类、铬矿砂、锌矿砂、锰矿砂、天然橡胶、藤条，其中比上年增长的有3种，即水产品、豆类、天然橡胶，增加金额共320万美元，下降的2种，即铁矿砂、银粉，减少金额336万美元。

边境贸易进口呈现：(1) 进口商品品种仍然比较单一，近几年商品结构没有发生变化，基本上固定于木材、玉石、矿产品及农副产品，占进口的80%以上。(2) 进出口极不平衡，进口大宗商品开拓力度弱。长期以来，云南省边贸都是在顺差情况下运行。2000年比上年虽有减少，但进、出口仍然达到1:4，已成为阻障进一步扩大边贸总规模的重要因素。

2000年，在国家进口配额增加的情况下，天然橡胶、棕榈油成为云南边贸突破100万美元的大宗商品，进口分别为112万美元和204万美元，合计占进口的4.04%。其它在“九五”期间消失的大宗产品，如海产品、辣椒干、芒果干、动植物药材、畜产品及一些高价值的矿产品，如银粉、铜等，在报表上反映，进口时有时无，形不成一定规模。

(十) 出口工业制成品比重上升1.2个百分点，机电产品成为边境贸易第一大类出口商品。2000年出口46大类商品，超过千万美元的有6类，即食用植物及产品、纺织品、黑色金属、化工原料、各类机械、家用电器，金额达1.572亿美元，占出口额的56.6%，比上年增加1类即黑色金属产品。6类商品出口净增2588万美元，其中净增超过千万美元的是化工原料增1053万美元，家用电器增1133万美元，而纺织品减少469万美元。

边境贸易出口呈现：(1) 机电产品出口增长近30%，成为出口的第一大宗商品。2000年，机电产品出口15大类，商品金额达7167万美元，比上年同期增长29.6%，占出口总额的25.7%，主要市场在缅甸，金额为6852万美元，占机电产品出口的95.6%，越南为180万美元，占2.5%，老挝为135万美元，占1.9%。机电产品中，柴油机、机械零配件、农林机械、自行车、电风扇、黑白电视机、VCD都是增长较快的商品。(2) 涉及配额许可证商品出口额在出口中的比重下降。2000年全省边贸出口涉证商品6种，出口金额为1741万美元，比上年增加81万美元，但所占出口比重由7.2%下降为6.3%。其中：成品油、大蒜则由于境外市场及国内供货价格的原因比上年分别下降27.8%和36.4%。

(十一) 边境地州出口大幅增长。边境8地州出口退税总额达1.8亿元人民币，较上年增长20%，成为推动边境外经及易货贸易发展的重要动力。在进口方面，主要是藤条和木材，全年先征后返总额为388.1万元人民币，对拉动进口起到了一定的作用。

(十二) 贸易主体趋向多元化发展，但发展仍不平衡，有实力的企业逐年增加。2000年，经年检获得边贸经营权的企业为601户，其中国有210户，占34.93%，集体177户，占29.4%，股份制122户，占20.3%，民营92户，占15.3%。在601户企业中，开展经营的470户，比上年增加54户，其中，进出口额在1000万美元以上的有6户。前10位的企业平均经营额达到1430万美元，进出口总额占边贸进出口的40%，但集中分布于德宏、西双版纳、红河、保山4个地州，其它4个地州企业的经营规模都比较小，进出口超过100万美元的，文山仅1户，思茅6户，临沧4户，怒江还为空白。

(十三) 边贸企业转换经营机制初见成效。根据省外经贸厅、省周边局的工作部署，边贸企业分批分期进行改制或资产重组，新批的75户企业均按《公司法》的要求组建，产权清晰、管理规范。有18户企业是综合实力较强的股份制企业，其资产都超过千万元，这些企业的发展为边境贸易注入了新的活力。

(十四) 姐告边境贸易区开始按新政策起步运作。姐告是云南省进出口额最大的陆路边境口岸，2000年4月经国务院批准，同意设立姐告边贸区，对从缅甸进入边贸区的货物和物品海关不实行监管。这是全国首创的特殊监管模式，使姐告成为我国最开放的内陆口岸之一，边境贸易持续、大幅增长，当年进出口总额完成1.77亿美元，增长50%。同时，姐告边贸区实施出入境管理、投资贸易、税收、工商管理、金融管理等方面的优惠政策后，项目投资日趋活跃，房地产开发明显回升，姐告区域经济全面复苏。

二、基本经验

（一）省委、省政府高度重视。2000 年边贸面临的新问题，省委、省政府多次听取工作汇报，并作出了一系列指示。邵琪伟副省长还亲自率队到海关、国税、铁路等有关部门协调，并深入到边境口岸调研，进一步研究、解决边贸发展有关问题，有力地促进了边境贸易的发展。

（二）抓主要问题，各个突破。（1）积极向国务院办公厅、外经贸部、国家计委、海关总署汇报情况，争取政策；（2）根据边贸企业的实际情况，在商品配额分配上实行重点倾斜确保配额的有效利用。并抓住出口退税、进口先征单证齐全商品，加快退税和返税进度，德宏州还开始探索边贸用出口退税帐户质押融资的路子，取得了初步的成效。（3）深入边境口岸调研，进一步分析、研究边贸发展问题，与基层管理部门和企业共同探讨解决的办法和措施。（4）举行滇缅边境会晤，双方就边贸运作中需要解决的问题广泛、深入地交换了意见，达成了共识，缅方对部分制约发展的管理办法作了调整放宽。

（三）积极培育有增长潜力的经贸方式。在边贸发展的进程中，边贸企业创造性的运用边贸发展政策，利用边境外经、易货贸易等方式开拓境外市场，得到国税、海关的大力支持，他们把中央的政策要求与云南的实际有机结合，提出了有利于云南边境贸易发展的操作办法并积极宣传政策使企业都知道；分期分批培训管理部门和企业的人员使之熟悉操作程序，使这些贸易方式成为边境贸易发展的新增长点。

云南国际经济技术合作发展述评

中国云南国际经济技术合作公司董事长、总经理　晏连昆

一年来，中国云南国际经济技术合作公司（以下简称云南国际公司）通过深化改革、强化管理、开拓创新、扎实工作，使公司继续保持了健康、持续发展的好势头，各项业务都取得了较好成绩。

2000 年，是云南国际公司遵照省政府决定，实行“国有资产经营责任制”的第 4 个年头。公司全年有一定盈利，全面完成“国有资产经营责任制”规定的保值、增值目标；1999 年获得的 ISO9001 质量认证资格，经北京九千标准质量体系认证中心审核、已顺利通过 2001 年年审。公司成立于 1984 年 6 月，16 年来以年年都有盈利的业绩，为告别本世纪划上了圆满的句号。

一、经营状况

当年新签和在建的对外承包工程 26 项，全年实现合同额 2361 万美元，营业额 1593 万美元，派往国外工作的 400 余人次，在建工程（包括保修期项目）累计合同总价为 6011 万美元；当年实施的对外劳务合作 18 项，在国外工作的工程师、医生、缝纫工、农业研修生等 120 人，当年培训各类出国劳务人员 148 人；进出口贸易主要是出口，全年实现进出口额为 565.4 万美元；公司在国外举办的独资、合资企业 12 家，分布在新加坡、马来西亚、缅甸、老挝、柬埔寨 5 国，业务涉及建筑、建材、贸易、海产加工、医药、种植、养殖、采矿、包装制品 9 个行业；国内多种经营 7 项，年产值约 2000 万元人民币。

二、业务拓展情况

公司主要业务是：对外承包工程（包括国家下达的援外任务）、对外劳务合作、在国外举办独资和合资企业、进出口贸易，在确保主业发展的前提下，国内也开展多种经营。一年来，业务涉及毛里求斯、巴基斯坦、马尔代夫、新加坡、马来西亚、印度尼西亚、哥伦比亚，密克罗尼西亚、斐济、阿联酋、荷兰、老挝、越南、缅甸、柬埔寨、泰国、日本、台湾等 18 个国家和地区。

（一）对外承包工程和劳务合作。对外承包工程进展良好。如：1994年11月，公司为老挝建成的年产7.3万吨第一座水泥厂投资以来，产销两旺，1998年老方又与公司合资合作，共同再建年产20万吨第二座水泥厂，于2000年7月1日正式开工。目前，工程进展顺利，2000年年底已完成土建工程80%和部分设备安装，预计2001年下半年可以建成投产。

公司承建的我国援老挝“国家文化中心”主体工程和室外工程，已于2000年1月竣工，2月被外经贸部评为援外优良工程，3月17日正式移交给老挝政府。为了表彰公司在建设老挝文化中心项目中所取得的成绩，老挝政府授予公司和项目组有关人员6枚国家级劳动勋章，云南省人民政府授予公司“为国争光”铜匾。文化中心的全景还上了老挝2000年发行的邮票。

公司承建的我国援密克罗尼西亚联邦“示范农场”项目，1998年11月开工，2000年2月竣工，该国领导人盛赞农场办得成功，促进了密国农业发展。应密方要求，我国政府同意续办至2002年2月，以使示范农场发挥更大作用。

2000年，公司10月执行我国政府赠予泰国皇后云南宜良种鸭任务；12月执行的江主席赠予老挝为该国国庆25周年施放礼花任务，均出色完成。政治影响大，效果良好。

2000年，向外输出劳务，在毛里求斯市场保持了好的势头，向多家制衣厂输送的云南缝纫工96人。今后还有可能继续增派，继续为社会就业增添一些份额。

（二）进出口贸易。2000年主要是出口，全年实现进出口额为565.4万美元。

（三）国外独资、合资企业。2000年，公司在国外举办的独资、合资企业12家，其中：独资3家，合资9家。分布在新加坡、马来西亚、缅甸、老挝、柬埔寨5国，业务涉及；建筑、建材、贸易、海产加工、医药、种植、养殖、采矿、包装制品9个行业，多数经营是好的。如：

1997年10月，公司在缅甸紧靠安达曼海的美可瑞市，建成了第一座海产品加工厂，投产3年来，已累计加工销售海虾1000多吨，远销日本、韩国、加拿大等国和香港、天津、昆明等地，随产随销，年年盈利。鉴于经济效益、社会效益颇好，2000年，公司又在仰光建成第二座海产品加工厂。

针对柬埔寨市场缺医少药的状况，公司在金边建成一座“大输液”生产厂，已于2000年11月试产，该厂投产，不仅标志着中柬在制药事业上的成功合作，而且结束了柬埔寨“静脉大容量制剂”完全依赖进口的历史。

（四）国内多种经营。2000年实施的7项，年产值约2000万元人民币。

三、深化改革

公司从1994年初开始，按照现代企业制度的要求，着手建立、健全内部激励机制和自我约束机制，对公司的用工制度、分配制度、财务制度、审计制度等方面，进行了25项较大的改革，有效地促进了管理，调动了职工积极性。

2000年，公司一方面对已建立的机制加以完善，认真实施，另一方面，继续围绕“人员能进能出，职务能上能下，收入能高能低”，又进行了三项改革：一是理顺工资关系，突出体现奖勤罚懒；二是调整国外工作人员待遇，使这部分人员的待遇更趋合理，调动了出国人员的积极性；三是进一步完善公司所有经营部门、管理部门经营责任制，盈利、节约有奖，亏损、浪费受罚，增强了公司职工主人翁责任感。

四、基本经验

（一）领导班子步调一致。领导班子中有分工，有协作，大事集体讨论，形成决议，各负其责，分头贯彻，互相支持，从不扯皮。领导班子团结奋进，带动了职工团结，形成上下一心共创佳绩的良好氛围。

（二）坚持以经济效益为中心。公司要有规模，但决不盲目追求合同额，坚持规模必须建立在有经济效益的基础上。为此，公司一切经营活动，都严格遵循以经济效益为中心。无论追踪项目、投标、议标，还是实施项目，都以加强核算为前提，最大限度地排除风险，开源节流，精打细算。

（三）坚持“质量第一、信誉至上。在经营中，始终严格履行合同，强化质量管理，高标准、严要求地完成各项工程，有的项目宁愿微利、甚至没有利润，也要把质量放在首位，使客户满意。这样做的结果，使公司在国际市场上赢得了信誉，后续项目源源不断。还使公司继

1999年获得ISO9001质量标准认证基础上，2000年顺利通过年审。

（四）敢于突破、不断创新。实施老挝第二座水泥厂工程，公司以主包商身份，继1999年对设计、施工安装通过招标选定分包商，获得了满意结果之后，2000年又对设备、材料采购，通过招标选定分包商，同样获得成功，不仅打破了以往习惯投标、议标的常规操作，一批能做招标工作的职工，从中积累了不少经验。

自1999年，公司在国内首次投出亚行贷款的云南昆阳磷肥厂改造工程标一举成功之后，及时总结了规律、程序和经验，2000年，又相继投出世行在国内贷款建设的个旧污水处理厂、晋宁污水处理厂项目，业主已通知将予授标。为今后承担国际投资在国内建设的承包工程，打下了稳固基础。

充分利用社会人才。作为一家外经公司，经营门类包罗万象，自己又不可能储备如此种类繁多的技术人员，为此，以公司业务骨干为基础，充分利用社会人才是一条重要途径。目前，公司在国外实施的大中型项目，都走了这条路子，聘用省内有中高级职称的技术人员达20余人，效果显著。

（五）两个文明一起抓。公司在抓物质文明建设的同时，也不放松精神文明建设。坚持每周半天政治学习，开展谈心、组织职工参观展览、观看电视等形式多样、生动活泼的教育，使职工始终明确政治方向，保持旺盛的工作热情；与此同时，切实关心职工生活，解决职工存在的实际问题，增强了凝结力、向心力。

五、存在问题

公司虽按现代企业制度的要求不断建立、完善内部激励机制和约束机制，这对规范公司经营行为、调动职工积极性、促进公司发展都起到了较大作用。但对国有企业深层次的问题并未解决，一定程度上还制约着公司的发展。因此，公司下决心，2001年起将从产权改革入手，抓住改革根本，加快改革步伐。2000年12月，公司已向省委、省政府呈递报告，要求将公司列为国企体制改革试点单位。

云南口岸工作述评

云南省政府口岸办公室主任 何光烈

2000年，云南口岸工作在抓口岸管理与建设上下功夫，正确处理好有所为、有所不为的关系，较好地完成了全省口岸的协调管理工作。

一、高标准做好重大活动的口岸协调管理工作

继'99世博会后，云南省的重大国际、国内活动从未间断。为做好旅游节、花卉节、昆交会、民交会等大型活动的口岸协调和接待工作，省口岸办制定工作方案，现场与查验单位协调有关通关事宜，提高了通关速度，确保口岸安全、畅通。截至2000年底，昆明国际机场口岸入出境人员达60.75万人次，其中，入境29.95万人次，出境30.80万人次；检查出入境交通工具5089架次，其中入境2546架次，出境2542架次；进出港货物4670吨，其中进口货物1220吨，出口货物3450吨。

二、编制“十五”规划，绘口岸发展蓝图

根据《海关总署关于做好“十五”口岸开放规划编制工作的函》的要求，省口岸办编制了《云南省申报“十五”口岸开放规划的意见》上报省政府。结合云南的实际，“十五”期间拟将云南的大理、丽江机场申报为国际航空口岸机场；拟将孟定、孟连、打洛3个二类陆运口岸、瑞丽雷允中缅陆水联运通道申报为一类口岸；将瑞丽、天保陆运一类口岸扩大对第三国人员开放。按此规划发展，到2005年云南一类口岸将由现在的11个发展到16个。

三、突出重点建设，发挥口岸功能

口岸建设本着突出重点，先急后缓的原则，2000年重点抓了河口、瑞丽、磨憨、景洪港、思茅5个一类口岸的查验设施建设。经过各部门的共同努力，目前思茅港已建成并通过省政府组织的初验，2001年初申请国家有关部门验收并宣布对外开放。景洪港口岸现场查验设施已进入工程收尾阶段，2000年底全部建成，2001年初组织初验。磨憨口岸现场查验设施工程将依据中老两国达成的公路建设协议，重新选址建设。河口口岸现场联检设施建设2000年底竣工验收，2001年1月8日与口岸公路大桥一并投入使用。在抓重点口岸建设的同时，积极向国家有关部门申报口岸的扩大开放。经多方努力，国务院于2000年4月正式批复腾冲猴桥为国家一类口岸。

四、推进口岸改革，加强口岸管理

2000年全省口岸改革的重点，放在瑞丽口岸“境内关外”的试点工作上。按照省政府《关于进一步做好姐告地区对外开放工作的会议纪要》决定，瑞丽口岸在1998年实行口岸管理体制专项改革试点的基础上，于2000年1月1日开始试行“境内关外”双线管理的服务工作。经过近1年的实践，结束了瑞丽口岸边境贸易自1996年以来连续近3年半时间进出口额大幅度下滑的局面，口岸出入境人员、车辆、货流量明显增加，姐告开发区投资及房地产市场开始复苏，边境贸易、边境旅游出现生机。据统计，截至2000年底出入境人员达478.10万人次，比去年同期增长5.8%；出入境货物28.03万吨，比去年同期增长25%；进出口总值达15.21亿元，比去年同期增长47%。实践证明“境内关外”双线管理决定体现了省委、省政府决策的正确性，展现了云南在西部大开发中的胆识和气魂。为云南其它口岸提供了成功经验。

五、口岸查验部门既把关又服务

各检查检验单位坚持“把关、服务、促进”的宗旨，克服查验工作、生活条件差的困难，依法把关，文明服务，保证了口岸的健康、有序发展。

边防检查部门注重业务建设，不断提高查验人员的素质，完善执勤制度。截至2000年底，共检查入出境人员1045.16万人次，其中入境515.96万人次，出境529.20万人次；检查入出境交通运输工具131.85万辆（艘、架、列）次，其中入境67.77万辆（艘、架、列）次，出境64.06万辆（艘、架、列）次；查获偷渡外逃人员200起425人；查获毒品案24起，缴获海洛因45.52公斤、鸦片11.08公斤；军用枪支29支，子弹451发。有效地防范和打击了各种违法犯罪活动，维护了口岸的良好秩序和社会安宁。

海关积极推行现代海关通关制度的改革，不断深化报关转关查验制度的改革，既加速了验放速度，又实现了有效的监管。全年共监管进出口货物223.95万吨，其中进口货物119.14万吨，出口货物104.82万吨；完成进出口贸易总值16.27亿美元，其中进口额为5.71亿美元，出口额为10.56亿美元；监管交通运输工具40.58万辆（艘、架）次；侦查查获走私案件73件，价值人民币1945万元；侦查查获海洛因5.9公斤，鸦片24.67公斤，冰毒13.41公斤。较好地完成了查验工作，促进了口岸贸易的发展。

出入境检验检疫局在去年“三检合一”机构改革后，边理顺内部机构设置、人员配置，边按照“六个一”要求认真履行查检职责。全年共检验检疫出入境货物8.28万批次，货值125.41亿元；出入境人员278.69万人次；交通工具25.18万辆（艘、架、列）次。其中：检验出口商品3.13万批次，货值66.86亿元；出口查验854批次，货值4.21亿元；委托检验536批次，货值1.48亿元；检验进口商品（含边贸）1.80万批次，货值3.67亿美元；出具索赔证书5343份，索赔金额831万美元；检疫出入境动植物及其产品3.34万批次；货值28.16亿元；对2.43万人次进行了传染病检测，共检出各类传染病667例，其中艾滋病45例；检验进口食品8059批，货值3.9亿元；检出不合格进口食品30批，货值39.2万元；较好地完成了全年口岸检查检疫任务。

六、清理整顿全省二类口岸

2000年10月，海关总署口岸验收组来滇，对二类口岸进行清理整顿。省口岸管理部门积极配合，检查组先后对云南的片马、孟定、打洛等二类口岸进行了实地考察清理。通过检查，验收组一致认为，云南省二类口岸的布局合理，监管有效，方便进出。海关总署原则同意云南省保留现有的9个二类口岸，即：孟定、南伞、沧源、孟连、田蓬、章凤、盈江、打洛、片马。

七、精简机构，提高工作效率

2000年4月，省委下发了中共云南省委、省人民政府关于印发《中共云南省委机构改革方案》、《云南省人民政府机构改革方案》和《云南省级党政机构改革实施意见》的通知。《通知》中明确不再保留省政府口岸办公室，其职能并入省经贸委，对外挂口岸办公室牌子。8月份正式并入经贸委办公，9月参加了省经贸委的机构改革。机构调整后，省口岸办人员由原来的编制25人减少到8人。为做好人员的分流和稳定工作，严格按照省委办公厅文件精神和经贸委党组的统一安排办。做到了留下的安心做好各项口岸业务工作，调出的愉快的走上了新的工作岗位，培训学习的认真复习准备，迎接新的挑战，一时还没有明确的工勤人员也能坚守工作岗位，认真做好各项工作，从而较圆满地完成了机构改革任务。

八、务真求实，加强自身建设

（一）认真调查研究，提高了口岸的协调管理能力。各级口岸办和各口岸管理部门重视调查研究，不断改进工作作风。全年先后有35人次300多天深入到8边境地州进行了口岸的实地调查，同地州、县（市）的领导和口岸查检单位共商口岸管理的办法，及时协调疏通各个环节。同时对今后口岸的规划和建设做到心中有数，掌握了工作的主动权。文山、红河、德宏、思茅、版纳等口岸在调查研究、管理协调方面积极主动，做了大量艰苦细致的工作，口岸工作取得了明显的成效。

（二）加强同各省口岸同仁的互相学习与交流，全年接待海关总署领导、各省口岸领导和查验单位领导15批次年近120余人。接待地州、县（市）口岸办领导12批次80余人。学习借鉴了外省口岸管理方面好的经验和做法，为促进云南的口岸开放与管理发挥了积极作用。

九、存在问题

主要问题是：全省口岸建设资金还未彻底理顺，以至中央下拨给云南省的口岸查验单位配套设施建设资金逐步到位后，地方配套建设资金未能得到落实；全省口岸管理费问题未能理顺，不是取之于口岸，用之于口岸；口岸管理部门的自身建设抓得不紧，口岸管理部门帮助查验部门协调解决实际问题的难度较大。

云南经济协作工作述评

云南省政府经济协作办公室主任　汪正新

1996至2000年是云南对内开放极不平凡的5年，在省委、省政府的领导下，全省各地各部门解放思想，开拓进取，创造性地开展工作，推动对内开放实现了历史性突破，成为促进云南省经济社会发展最活跃、最积极的因素之一。“九五”期间，全省共签定经济社会合作项目5240项，项目协议总投资655.35亿元，引进省外到位资金130亿元，交流干部、培训人才和输出劳务3项共计3.16万人次，超额完成了“九五”计划，其中引进省外到位资金是“八五”的5倍。2000年创造了历史最好成绩，共签订合作项目1122项，项目协议总投资238.94亿元，引进省外到位资金36.3亿元，交流干部和培训人才9414人次，输出劳务2690人次，商贸协议超过80亿元，主要指标比1999年增长10%以上。“九五”对内对外开放的深入发展，拓宽了合作领域，提升了合作层次，丰富了合作内容，提高了合作成效，为对内开放在“十五”和新世纪的全面发展奠定了坚实的基础。

一、“九五”期间对内开放工作发生了深刻的历史性变化

（一）首次召开全省对内开放工作会议，推动云南对内开放步入了全面发展和整体推进的新阶段。云南省是在全国率先召开全省性对内开放会议的省份之一。1999年，省委、省政府召开云南首次全省对内开放工作会议，全面总结和分析了改革开放以来的对内开放工作情况，系统研究并确立了对内开放的指导思想和发展思路，作出了以“对内对外开放并重、实施双向开放战略、重视和推进民间合作、全面优化投资软环境”等为主要内容的以大开放促大发展的工作部署，在全省形成了“全党动员、全民动手、全社会参与、全方位推进”的对内开放新局面。

（二）思想认识不断深化，促进了对内开放工作的深入发展。

伴随着全省“解放思想、更新观念”大讨论的不断深入，进一步深化对内开放地位作用和内在规律的认识，确立了“优势互补、互惠互利、联动发展、共同繁荣”的指导思想，“市场取向、双向互动、企业自主、依法办事”的工作原则和“政府推动、企业自主、突出重点、梯次推进”的运作方式，形成了“实现一个目标、坚持两个结合、实行三个并举、建立四个体系、突出五个重点、力争六个突破”的工作思路。促进了全方位、多层次、宽领域对内开放格局的基本形成，进一步提高了全省的对内开放水平。

（三）省领导率团出访推动了对内开放格局的形成，省际间合作呈现出日益强劲的发展势头。“九五”期间，云南共组成20多批由省领导率队的代表团，先后出访上海、广东、福建、浙江、江苏等10多个省区市，推动了省际间合作不断向纵深发展。1996年滇沪对口帮扶协作全面展开，1997年滇粤合作全面启动，2000年滇浙、滇苏和滇闽合作进一步拓展，同时与天津、陕西、新疆和西南各方的合作也不断得到巩固和加强，并先后和上海、广东、浙江、江苏、四川、重庆等省区市签订了加强合作的《会谈纪要》，建立了稳定的合作关系。在省领导率团出访活动的推动下，形成了“以六省区市七方区域经济合作为基础，以滇沪、滇粤和省院、省校合作为重点”的省际间合作格局。

（四）成功地主持召开六省区市七方经济协调会第15次会议，进一步推动了区域经济社会的协调发展。区域经济合作一直是云南对内开放的起点和基石。1996年以来，除组团参加六省区市七方经济协调会第十二、十三、十四、十六次会议外，于1999年6月成功地主持召开了第十五次会议，这是历届会议中规格最高、规模最大的一次会议。会议以“基础先行、产业联动、携手迈向21世纪”为主题，确定了构建对外开放大通道、联合发展旅游产业、加强生态环境保护、加强科技教育等4个合作专题，集中反映了各方的迫切需要，促进了区域合作的进一步发展。

（五）全面实施滇沪“九五”对口帮扶协作计划，滇沪合作取得丰硕成果。1996年中央确定上海对口帮扶云南后，两省市及时签署《上海—云南对口帮扶与经济社会协作“九五”计划纲要》，成立对口帮扶协作领导小组，建立定期联席会议制度，确立了“经济协作以昆明、玉溪、曲靖为重点，对口帮扶以思茅、文山、红河为重点，梯次推进，全面发展”的工作思路。“九五”期间，上海在云南共实施对口帮扶项目956项，无偿投入各类帮扶资金2.8亿元。在上海的帮助下，经过当地干部群众的奋力拼搏，3地州的贫困人口由1995年的236万人减少到了2000年的87.5万人。与此同时，经济协作不断深入，两省市共实施经济社会合作项目520多项，投入资金21.96亿元，交流培训各类人才3万多人次。

（六）节会招商和市场开拓成效明显，双向开放战略取得实质性进展。随着双向开放战略的实施，招商引资和开拓市场已成为云南省对内开放工作的两大根本任务，走出去和请进来已成为云南省扩大对内开放的重要途径。近年来，省内外节会招商引资和市场开拓成效越来越明显，仅2000年，全省组织参加了10多个省外交易会，取得20多亿元的项目合作和商品交易成果；在昆交会上，全省签定国内合作项目180项，协议总投资48.6亿元，协议引进省外资金23.3亿元；在民交会上，全省签定合作项目334项，协议总投资191.7亿元，签定商贸合作493份，涉资73.13亿元。

（七）以省院、省校合作为重点的科技合作发展势头强劲，促进全省科技创新能力的提高。在科技兴国兴滇战略的推动下，以省院、省校合

作为重点的科技合作已成为云南省对内开放的又一重点。3年来，省院、省校合作发展迅速，1998至2000年，全省共签定合作项目169项。在省院、省校合作的推动下，各地州市与院校的合作也得到了较快发展，仅临沧地区在2000年就实施地校合作项目16项。越来越多的科技合作项目的启动实施，加快了全省高新技术产业的发展，提高了云南省产业和产品的科技含量，科技进步对经济增长的推动作用明显增强。

（八）民间合作发展迅速，进一步提高了云南省的对内开放成效。大力推进民间合作是迅速发展民营经济的有效途径。首届民交会的举办，更有效地促进了民间合作的深入发展。在推进民间合作中，省外在滇商会发挥了重要的作用。仅温州就有10多万人在滇经商办企业，为云南注入了数十亿元的民营资本；曲靖市在2000年昆交会上签定国内合作项目26项，其中，19个项目为民营企业投资，占签约项目的73%。

（九）积极开展省内结对协作，推动了省内合作的深入发展。“九五”期间，省委、省政府借鉴东西部对口帮扶的做法，创造性地作出了开展省内结对协作的工作部署，确定了昆明与迪庆、玉溪与怒江、曲靖与临沧3个结对协作对子。几年来，结对协作在经济技术、资源开发、结构调整、科技进步、干部交流、文教卫生等方面取得了明显的合作成效。近几年来，每年的省内合作项目均占全省合作项目总数的50%左右，形成了与省际间合作平分秋色、占有“半壁江山”的局面，有效地促进了全省经济社会的协调发展。

（十）投资软环境得到明显改善，初步树立了云南对内开放的良好形象。在投资软环境制导作用越来越显现的情况下，省委、省政府作出了建立和完善法律法规、政策、服务和监督保障4个体系的工作部署。目前，工作已取得了初步成效：（1）制定了内容全面且具可操作性的开放政策。省委、省政府先后出台了《关于进一步扩大对内开放的决定》、《关于进一步改善投资环境、扩大开放、全面实施西部大开发战略的若干意见》，省政府出台了《关于鼓励省外来滇投资发展的若干规定》，省直和昆明市相关部门制定了22个配套实施细则，各地州市也出台了一系列的政策；（2）建立了行政公示制，所有涉及省外在滇投资的部门部门和具有垄断性质的企事业单位，都已向社会公布了管理内容、审批程序、办事地点和工作时限；（3）推行了省外在滇投资企业和省内合作企业认证制度和省外在滇投资企业收费登记卡制度；（4）成立云南省省外在滇投资企业投诉中心，有些地州市也成立了投诉中心；（5）公布了鼓励省外投资的产业产品目录。

（十一）建立横联扶持资金，促进了省际间重点合作项目的顺利实施和健康发展。“九五”期间，省政府在全国率先建立了每年3000万元的横联扶持资金，主要用于扶持重大联合协作项目。1997至2000年，全省经协系统向省财政厅推荐了75个省际间合作项目，共使用横联扶持资金9720万元，对推进省际间合作发挥了积极作用，达到了促进合作的目的。

二、对内开放工作有力地促进了全省经济社会的发展

（一）促进了基础设施建设。通过与相关省区市的合作，完成了南昆铁路电气化工程和西南微波通信光缆工程，如期开工建设内昆铁路云南段，修通了一批省际间的断头公路和断头桥，建成了曲靖电厂、温湾电站等一批电厂电站，促进了全省基础设施的进一步改善。

（二）加速了扶贫攻坚的进程。“九五”期间，全省紧紧依托资源优势，签定和实施了一大批资源开发合作项目，促进了云南省优势资源的开发，带动了项目所在地农村贫困人口的脱贫致富，尤其是滇沪对口帮扶协作的开展，大大加快了重点帮扶地州的扶贫攻坚步伐。

（三）促进了支柱产业的建设和产业结构的调整。省外企业和投资者围绕优势产业的发展和特色产品的开发，与云南省签定并实施了一大批合作项目，有力地促进了云南支柱产业建设和产业结构调整，如隆格兰花卉公司促进了昆明花卉产业的发展，红河人帅葡萄园艺场促进了红河葡萄产业的发展和农业产业结构的调整，百果洲集团有限公司带动了版纳种植业的发展壮大。

（四）促进了国有资产战略性重组和企业竞争力的提高。随着对内开放的不断深入，越来越多的省外企业和投资者以各种形式，积极参与云南省国有资产战略性重组，并取得了显著成效。1997年，由中国一汽集团、云南红塔集团和云南轻型汽车集团按51%、33%和16%的比例对

原云南省蓝箭汽车制造厂实行控股式兼并，成立一汽红塔云南汽车制造有限公司，使近10亿元的国有资产重新发挥了效益；2000年，在楚雄州委、州政府的支持下，经楚雄州经协办牵线搭桥，四川省乐山德胜（集团）钢铁有限公司出资7600万元收购禄丰钢铁厂。新成立的云南楚雄德胜钢铁有限公司目前已形成了月产1.76万吨的生产能力，并使1700名下岗工人重新上了岗；元江水晶厂、昆明啤酒厂等企业也是通过开展跨地区资产重组，实现了从濒临破产到“起死回生”的转变。

（五）促进了科教兴滇战略的实施。以省院、省校合作为重点的科技合作的深入发展，推动了产、学、研一体化和传统产业改造的进程，如昆机和西安交大这两家名企、名校的合作，即使西安交大的科研成果通过昆机实行规模化、市场化和产业化生产，又使昆机依托交大取得技术支持和持续发展的项目来源，从而实现了科技与经济的直接对接。

三、存在问题

主要问题是：（1）投资软环境还不够优化，办事效率不高，服务意识不强，不及时兑现优惠政策、不认真履行合同协议的事时有发生；（2）招商引资方式还比较单一，除开展节会招商和组团招商外，其他办法和方式还不多；（3）市场开拓力度不大，引导、支持、组织省内企业和产品开拓市场的步子不快；（4）部分地州市经协机构较弱，县级经协机构不健全，尚未做到机构、人员和手段三落实等。

云南生物资源开发创新工作述评

云南省生物资源开发创新办公室主任　海　波

自1995年起，按照省委六次党代会决定精神，云南省在巩固提高已有的支柱产业、优势产业的同时，把以食品为重点的生物资源开发产业作为全省四大支柱产业之一来建设，有力地推动花卉、天然药物、咖啡、香料、无公害蔬菜、热带果品、马铃薯、魔芋、葡萄等新兴生物资源开发产业的发展。经过5年的探索、实践，证明省委的这一决策是正确的，云南的生物资源开发是最具生命力和发展潜力的。2000年省委、省政府在广泛听取多方面意见后，决定生物资源开发涵盖十大产业，即两烟支柱产业、糖、茶、胶、畜、林产业和天然药物、绿色食品及保健食品、花卉、生物化工等四个新兴产业。省生物资源开发创新办负责协调整个生物资源开发创新产业的工作，并重点抓好四个新兴产业的发展。“九五”期间，云南省生物资源开发创新工作成效显著，成绩喜人。

一、新兴生物资源开发产业呈现出快速发展势头

据省统计局统计，以天然药物为主的现代医药产业、以绿色食品和保健品为重点的食品产业、以出口为导向的花卉产业、以生化新技术为标志的生物化工产业四个新兴产业1999年全省总产值达87.77亿元。其中：生物制药医药产业总产值10.28亿元，食品产业总产值64.15亿元，花卉产业总产值5.05亿元，生物化工产业总产值8.29亿元。四个新兴产业实现增加值43.84亿元，增幅比1998年增长24.7%，预计2000年增长幅度不会低于25%，总产值将超过100亿元，继续呈现出快速发展势头。生物资源开发创新产业已经成为推动全省经济发展的新增长点和支撑点。

二、进一步明确了目标，完善了思路，并出台了一系列的政策、措施

2000年9月，省委、省政府召开了全省生物资源开发创新工作会议，围绕建设“绿色经济强省”的战略目标，全面总结了云南省生物资源开发5年来的经验，进一步明确和完善了生物资源开发的思路，明晰了生物资源开发创新产业的内涵，拟定了生物资源开发创新产业的发展规划，制定了支持生物资源开发创新产业发展的若干政策措施，进一步加强了生物资源开发创新工作的领导，成立了云南省政府生物资源开发创新领导小组，并进一步确定了生物资源开发创新办公室作为领导小组办事机构的工作职能。出台了《中共云南省委　云南省人民政府关于加快发展生物资源开发创新产业的决定》、《云南省生物资源开发创新项目管理办法》、《云南省生物资源开发创新项目贷款贴息办法》；制定了《云南省生物资源开发“十五”规划纲要》、《云南省花卉示范园区引进外资奖励办法》、《云南省花卉示范园区园内企业新品种保护办法》等一系列文件，这是今后几年推动全省生物资源开发创新工作的关键所在，为“十五”期间全面推进云南省生物资源开发创新产业建设奠定了基础。

三、培育了一批在国内外有一定影响的品牌、产品和开拓创业企业

在5年多的生物资源开发中，初步培育了一批在全国有一定影响的新品牌，如“排毒养颜胶囊”、“皮康王”、“美肤冲剂”等产品被列为国家中药保护品种；文山金泰德制药总公司开发研制的三七总甙系列药品，先后获国家级重点新产品和云南省首批名牌产品称号，对传统三七药向规模化工业生产转变起到了重要的推动作用；“云南红”干红葡萄酒被钓鱼台国宾馆指定为国宴接待用酒，成为云南继“红塔山”香烟之后的又“一红”；“云大120”植物生长调节剂先后被列为国家科技成果重点推广计划及中国农业丰收计划。诸如此类的品牌和产品发挥了重要的示范先导作用。

与此同时也涌现了一批机制灵活、市场适应能力较强的开拓创业型企业。特别是盘龙云海、滇虹药业、南药制药、昆药、文山金泰得等公司2000年都创造了销售收入超亿元或近亿元的业绩。销售收入超过5000万元或接近5000万元的企业还有云大科技产业公司、河口绿大地公司、官渡绿化苗木公司、高原葡萄酒业公司等。这些企业在发展过程中，都在不同领域和层面上实现了创新与突破，成为推动全省生物资源开发创新发展的重要力量。

四、进一步改进和完善了项目管理，加大扶持力度，推进项目的实施，促进了企业的发展

2000年，黄炳生副省长主持召开省政府生物资源开发联席会议，审议通过了2000年度省政府生物资源开发项目导向目录56项，已分别向有关银行推荐，并于2001年1月1日在云南日报登载公示，完成了项目审批制向登记备案制过渡。根据《云南省生物资源开发创新项目贴息办法》，对64个项目企业自2000年1月始，用于项目实施的中长期贷款共计贴息1026.08万元。贴息贷款规模3.87亿元。对14个项目企业自2000年1月始，用于项目的流动资金贷款贴息173.01万元，贴息贷款规模6265万元。两项贷款共贴息1199.09万元。

截至2000年底，累计实施省级生物资源开发项目101项，除15项在建项目外，投产、半投产项目86项，累计投资35.48亿元，其中企业自筹16.37亿元；银行贷款19.11亿元。实现销售收入23.9亿元，利润2.75亿元，上缴税金1.77亿元，分别比1999年增长67.17%、91.34%和49.26%。

五、启动建设特色产业园区，培育云南省绿色经济发展的新增长点

2000年经省政府批准启动实施了省花卉示范园区、玉溪江川花卉示范园区、西双版纳热带花卉园区、文山三七产业园区四个园区建设项目。省花卉示范园区已进入“三通一平”及水渠布网施工，其余三个园区均进入建设方案可行性研究及初步设计阶段。省政府向四个园区建设投资补助共计5200万元，其中云南省花卉示范园区补助3000万元；江川花卉示范园区补助400万元；西双版纳热带花卉园区补助800万元；文山三七产业园区补助1000万元。建设特色产业园区的新举措，有力地推动了全省特色产业发展，使园区建设成为全省生物资源创新开发的新增长点。

六、对面临的重点和难点问题，召开了一系列专题工作会，重点落实解决

为加快云南生物资源开发创新产业的发展，

围绕生物资源开发创新所面临的重点和难点，省委、省政府领导进行了专题调研。2000年11月、12月黄炳生副省长分别主持召开了“全省甾体皂素产业发展专题会议”、“文山三七产业发展专题会议”及“西双版纳热带花卉园专题会议”，对全省生物资源产业开发进行了深入分析研究，提出了产业发展思路、指导思想和奋斗目标，调整了产业布局，加大了促进产业发展的工作力度。

七、实施“走出去”战略，以开放促开发，取得丰硕成果

2000年成功举办首届昆明国际花卉节。通过花卉节期间的一系列活动，充分展示了云南花卉产业蓬勃发展的现状和花卉大省的形象，宣传了云南省花卉产业的巨大发展潜力和相关规划、政策。共有269家中外花卉企业参展，达成花卉经贸成交额11.89亿元。特别是花展、花车制作巡游的组织工作，在市场化、商业化方面进行了富有成效的尝试，达到了“国内一流、国际有影响”的总体要求。

成功举办“澳新”招商洽谈会。组织云南省农业部门和生物资源开发企业代表团分别在新西兰首都奥克兰和澳大利亚的墨尔本及悉尼举办了三次洽谈会，并对澳、新两国的农业和生物资源开发产业进行了考察。洽谈会期间，澳新两国共有251家企业和科研单位前来洽谈，提出洽谈的项目达到290个，签约项目17个，签约金额2770万美元。云南“澳新”招商洽谈会的成功举办，标志着云南省农业外向型经济开始向一个新的阶段发展。

启动了云南省与美国“BRD”合作项目。组织云南省专家赴美参加由美国BRD组织的“生态经济及GAP分析”培训班；形成了双方合作项目实施的框架性文件；圆满完成联合国ITC云南花卉出口促进一期项目，先后组织五次政府、企业考察团对荷兰、以色列、哥伦比亚、厄瓜多尔、马来西亚、新加坡、肯尼亚等十余个国家和地区进行了考察，了解了世界主要花卉生产国的生产状况以不同的发展模式、发展措施及优惠政策。在此基础上，争取了联合国ITC的进一步援助，启动了“中国云南省出口导向型花卉业发展项目”。

云南旅游业发展述评

云南省旅游局局长　刘　平

一、云南旅游产业“九五”发展概况

“九五”期间，云南旅游主要经济指标快速增长，云南旅游形象逐步树立，旅游市场开拓初见成效，云南旅游产业体系基本形成，旅游产出水平大幅度提高，旅游支柱产业作用初步显现，已成为全省国民经济中新的增长点之一。

“九五”期间，云南省主要旅游经济指标年增长率均高于全国水平。全省累计接待海外游客435万人次，年均增长率10.9%，比全国平均水平高3.2个百分点；旅游外汇收入累计14.5亿美元，年均增长率15.5%，比全国平均水平高3.9个百分点；累计接待国内旅游者1.47亿人次，年均增长率18.8%，比全国平均水平高15.4个百分点；国内旅游收入累计625.1亿元，年均增长30.9%，比全国平均水平高11.6个百分点；国际国内旅游总收入累计744.8亿元，年均增长率达28.1%，比全国平均水平高11.5个百分点。2000年，全省接待海外旅游者100.1万人次，旅游外汇收入3.39亿美元；接待国内旅游者3841万人次，国内旅游收入183亿元；旅游业总收入211.4亿元。全省拥有星级饭店432家，旅行社448家，旅游车船服务公司30

多家，旅游汽车2000多辆、游船200多艘，旅游定点餐馆300多家，旅游定点商店250家，各类旅游景区景点500多个，国家级、省级旅游度假区10个，以食、住、行、游、购、娱为主的旅游产业体系基本形成，接待条件和水平位居西部地区前列。

与此同时，旅游支柱产业的作用初步显现。按国家旅游局的计算口径，2000年全省旅游业总收入相当于全省GDP的10.8%（省统计局用投入产出法计算，全省旅游业增加值占GDP比重为5.4%）；旅游外汇收入占全省出口创汇收入比重的28.8%；旅游业直接从业人员25万人，间接从业人员122.5万人（按国际口径1∶3.9测算），直接和间接从业人员占当年全省劳动力就业总人数的6.5%。旅游产业的快速发展拉动了全省第三产业的快速发展，推动了云南的对内对外开放，带动了贫困地区脱贫致富，提高了人民群众的文明素质，促进了社会主义精神文明建设。

回顾“九五”期间云南省旅游业的发展历程，之所以能够取得较好的成绩，主要经验是加强领导，确立了旅游业在全省国民经济发展中的地位，为旅游业发展提供了重要保障；基础先行，加大基础设施建设力度和改善重点旅游城市的市容市貌，为旅游业发展提供了强有力的支撑；规划先行，坚持精品和名牌战略，是提升云南旅游业的整体竞争力的关键；遵循规律，坚持全民旅游全民办是旅游业发展的重要举措；创造亮点，适时举办大型会展和节庆活动是旅游业发展的重要手段；重视教育，大力培养旅游人才队伍是旅游业发展的重要保证。

与国内外发达地区相比，云南省旅游产业发展仍存在较大的差距，主要问题是：发展旅游业的观念有待更新，旅游基础设施及环境条件有待完善，旅游产业的对外开放有待扩大，旅游产业内部机制有待进一步完善，旅游管理水平有待提高等。

二、“十五”至2020年云南旅游产业发展的规划要点

为更好地抓住机遇、迎接挑战，加快旅游支柱产业的建设步伐，进一步提升云南旅游业的整体素质，“十五”至2020年云南旅游产业发展的指导思想是：高举邓小平理论伟大旗帜，以江泽民同志“三个代表”重要思想为指针，立足日益增长的旅游市场需求，依托丰富的特色旅游资源，抓住机遇，顺势而谋，实施特色发展、精品名牌和市场多元化三大战略，以创新为动力，以旅游产品结构调整为主线，深化改革、扩大开放、加强指导、加大扶持力度、强化管理、提高服务质量，加快发展步伐，把旅游支柱产业做大做强，努力将云南省建设成为旅游经济强省。

通过“十五”期间及其后15年的努力，在实现云南旅游产业持续稳定发展的基础上，进一步提升云南旅游在国际国内的知名度和吸引力，使云南成为中国和亚洲地区水平较高、特色鲜明的国际旅游目的地，成为联结东南亚、南亚国际旅游市场及中国西南地区国内旅游市场的重要游客集散地，成为中国西部投资环境、旅游环境最好的地区之一，把旅游业培育成云南重要的支柱产业之一，并保持在全国旅游业中的位次。至2005年，全省接待海外游客达150万人次，旅游外汇收入达到5.5亿美元；接待国内旅游者达到5500万人次，国内旅游收入达到280亿元；旅游业总收入达到330亿元，年均增长速度为10%。至2020年，接待海外游客达480万人次，旅游外汇收入达到35.8亿美元，接待国内旅游者达到6000万人次，旅游业净收入达到770亿元，真正实现全省旅游产业从数量扩张向效益增长的转变。

根据旅游产业发展的指导思想和目标，“十五”及以后15年，按照“一个旅游中心、五大旅游区、六条旅游精品线、八大特色旅游产品、三个旅游圈”进行总体布局和开发。“一个旅游中心”是指以昆明为中心的滇中旅游区建成云南重点旅游区和旅游客源集散中心、中国西南和东南亚著名的观光度假旅游胜地和高尔夫球运动和会展基地。“五大旅游区”是指滇西北旅游区以开发生态旅游产品为重点，融合少数民族风情，建成连接西藏、四川、世界知名的具有较强吸引力的“香格里拉”旅游区；滇西南旅游区以热带雨林、民族风情和边境旅游为特色，建成具有国际水准和特色鲜明的旅游区；滇东南旅游区主要抓好喀斯特地貌精品旅游环线的的开发建设，将其建成面向越南和连接广西、贵州的喀斯特景观旅游区；滇西旅游区主要依托地热火山、亚热带风光、民族风情和边境区位优势，将其建成面向

东南亚的边境跨国旅游区；滇东北旅游区主要以昭通为集散中心，依托区域内特色旅游资源和连接四川、贵州的区位优势，努力建成独具特色并与其他旅游区互相补充的跨省区旅游区。六条精品旅游线”即：滇中高原观光、度假、会展旅游线，滇西北、“香格里拉”生态文化精品旅游线，滇西南热带雨林及跨国精品旅游线，滇西边境旅游及地热火山精品旅游线，滇东南喀斯特地貌景观及边境之旅精品旅游线，滇东北历史文化与跨省区之旅精品旅游线，同时围绕六条精品旅游线为主线，进一步开发各种特色旅游专线。“八大特色旅游产品”是指：生态旅游、民俗旅游、边境旅游、商务会展旅游、休闲度假旅游、体育健身旅游、科考旅游、探险旅游。“三个旅游圈”是建成联结省内各主要旅游景区景点、重要旅游城市之间的方便快捷、内容丰富的省内旅游圈；建设与西藏、四川、重庆、广西、贵州等省区市紧密联合的大西南旅游圈和与沿海发达省区市相联结的国内旅游圈；建设和形成与新马泰及越柬缅老等东南亚国家和地区、与日本、韩国、欧美、非洲及大洋洲等区域、与印度、孟加拉等国家相联结的国际旅游圈。

云南园艺博览工作述评

云南省园艺博览局局长　郭方明

2000 年，在省委、省政府的领导及有关部门的关心、支持下，省博览局认真贯彻落实党的十五届四中、五中全会和省委六届十次、十一次全会精神，高举邓小平理论伟大旗帜，以江总书记“三个代表”重要思想为指针，不断加强思想政治学习，继续发扬世博精神，解放思想、努力拼搏，各项工作均取得了重要进展。

一、坚持强化世博品牌战略，提高世博园管理服务水平

一是在认真做好世博园设施设备运行维护工作的同时，坚持“人与自然”主题，加强园林园艺建设，特别是对景观植物进行了精心调整，不断强化各项管护措施。一年来，世博园累计增种和更换乔灌木 6 万多株、草坪 1 万多平方米，各景区、景点累计摆放各种鲜花 330 多万盆，始终保持了绿影婆娑、花团锦簇的优美和谐景观。二是按照 ISO9000 质量管理体系、ISO14000 环境管理体系认证标准和国家 AAAA 级旅游景区申报要求，积极推行标准化管理，努力以一流的管理体系为游客提供一流的服务和一流的环境，并取得了明显成绩，形成了管理有序，环境优美、秩序井然，员工工作扎实高效、服务文明热情的新局面，被中央文明办、建设部、国家旅游局授予了“全国文明风景旅游区示范点”称号，并评定为全国首批 AAAA 级旅游景区。三是组织开展形式多样、特色鲜明、内容丰富的文化活动，从每天清晨主入口庄重的开园仪式、热烈的龙狮和威风锣鼓表演、诙谐的卡通演奏开始，到中国馆观礼台和艺术广场的歌舞、曲艺、杂技等表演，国内室外展区地方特色风情展示，国际室外展区异域风情歌舞表演，花车游行表演等活动，让人目不暇接，极大地提高了世博园的参与性和趣味性。四是发挥世博效应，通过国内一些主流媒体，加强宣传促销，继续扩大世博园的影响。在创经济效益的同时，注重创造良好的社会效益，每逢公众节假日都邀请社会各界代表入园参观游览，以此增进同社会各界的沟通和交流，建立世博园良好的社会口碑和公众认同感。

2000 年 1 月 1 日至 12 月 31 日，世博园共接待海内外游客 195 万多人次，日均入园游客 5356 人次，其中，接待国家领导人 15 位、省部军级领导 498 位，接待外国国家领导人 10 位、部级贵宾 48 位。

二、抓好基本建设，努力创建世界名园

为贯彻落实党和国家领导人以及省委、省政府关于世博园后续发展建设的有关指示精神，省博览局认真对各项基本建设作出布置和安排，加快了世界名园建设步伐。一是按要求完成了世博园夜景工程建设。夜景工程于2000年1月10日开工建设，4月11日正式对游客开放。完工后的夜景营造出了若干个灯光高潮区和视觉兴奋点，突出了亮、彩、型、动四个特点，创造出具有时代性、艺术性和高科技性的“世博神奇梦幻之夜”的效果，成为了世博会后世博园的一个新亮点，吸引了广大游客前来参观游览。在半年的时间里（夜景于10月10日暂停对社会开放），参观夜景人数达20多万人次。二是建成了名花艺石园。在省政府世博园后续发展规划领导小组的领导下，与上海市园林局等单位通力协作，组成了强有力的工作班子，切实加强工程建设的领导和管理。该园自2000年6月正式动工建设以来，进展顺利，至12月20日基本完成了建设任务。累计移栽种植各类乔灌木14万多株（丛）；培植名花66个种类近400个品种2000多株（丛）；布置安放国内16个省区市26个地区石头种类52种，计5000多吨、营造艺石景点56组，为造园史上之最。名花艺石园于12月26日举行开园仪式，并向游客试开放。三是艺术广场雨蓬及舞台改造工程开工。通过前期设计方案比较、分析，选用了“开启式”策划方案，经调整管理并实行总承包，2000年12月1日开工，于2001年3月底完工。

三、以经济效益为中心，抓好经营工作

2000年是集团公司正式按市场化动作的第一年。尽管面对国家经济结构调整、社会有效需求不足、整个市场仍较疲软等诸多困难和压力，公司始终把搞好经营工作当作头等大事来抓，通过艰苦努力，取得了一定的经济效益。集团公司所属14个企业共完成经济收入2亿多元（含世博园门票），在对效益投资所形成的固定资产计提折旧后，基本实现了收支平衡、略有盈利的经营目标。究其原因，一是强化了经济责任和目标管理。集团公司向所属企业下达了明确的经济计划目标，制订了操作性强的考核办法，多数企业结合自身实际，将经济计划分解落实到部门，使部门、班组和个人的工作职责更加明确。二是本着合理定岗定员，减员增效的原则，进行了机构和人员的精减。世博会期间，集团公司系统共有干部职工3308人，经裁减后现有1300多人，实际减少了近2000人，有效地节约了开支。三是完善规章制度，加强内部管理。集团公司及时组织修订、编制了36种基本管理制度，并在日常工作中加以贯彻和落实。四是千方百计寻求机会开拓市场，扩大经营。集团公司与云南师范大学联合创办了云南师范大学世博学院，对校企联合办学作了有益的探索；展览公司积极争取办展业务，成功地举办了“世博2000汽车品牌展”和“中国昆明国际花卉节花卉展”、“中国绿色食品2000年昆明博览会”，取得了良好的经济和社会效益；园艺公司在确保世博园花卉需求的前提下，积极拓展花卉外销业务，承揽新的园林园艺建设项目，收到了明显的效果；世博交易公司与云南医药公司、北京恒氏工贸公司共同发起设立“云南医药股份有限公司”，将对集团公司介入生物制药业产生积极的促进作用；世博广告公司在广泛开展媒体销售活动的同时，还较好地完成了首届中国昆明国际花卉节、首届中国民营企业交易会筹办工作中所承担的任务，被省工商局、广告协会列为云南省“广告行业形象企业”。

四、抓紧资产核实重组，加快改制上市工作

一是按计划完成了世博园项目结算，累计审查工程结算合同746份，审定金额13.39亿元，审减资金近3亿元，实现了不超概算的目标，为资产评估及资产重组工作创造了条件。二是引入中介机构，加快改制上市工作。2000年4月以来，集团公司引进了券商、会计、审计、律师等5家中介机构，开展改制上市的各项前期准备工作。在省体改办、中国证券会驻昆特派办、省经贸委等有关部门的直接参与下，经过近4个月的努力，确定了资产重组方案。昆明世博园股份有限公司于12月29日正式挂牌成立。三是组建职工持股会，促进改制工作的顺利进行。10月20日召开了集团公司职工代表大会，通过了设立职工持股会的有关文件，按规定报省经贸委批复同意，即组织职工认购出资。11月27日，召开了职工持股会会员代表大会第一次会议，审议通过了持股会章程和管理办法等，选举产生了第一届理事会，展开了持股会的资本管理和运作。

五、深入开展可持续发展研究

世博会后，党和国家领导人以及省委、省政府提出了把世博园建设成“一园三基地”的指示。为进一步明确世博园实现可持续发展目标的措施、步骤等问题，5月初，组织了50多个科研院所100多名专家学者和研究人员分别对“世博园可持续发展和管理创新”、“世博社区可持续发展建设”两个课题进行研究，初步明确了后续发展的基本思路和总体框架。规划遵循的指导思想是：立足时代前沿与全局高度，延伸人与自然和谐的主题，勇于创新，科学规划，把世博园建成具有显著经济效益、社会效益、生态效益的“一园三基地”。周边开发的目标是：通过对世博园周边环境资源的保护、改造、提高、利用，扩展世博品牌，建设融居住、旅游、会议、科研为一体的可持续发展的绿色生态社区。

六、加强思想政治学习，为企业的发展提供坚实的思想保障

为确保今年工作目标的顺利实现，公司党委十分重视思想政治工作和党风廉政建设。结合企业转体改制、按市场化原则运作的实际情况，定期组织机关干部职工和所属企业负责人集中进行政治理论、时事政策学习，广泛开展解放思想、更新观念大讨论活动，学习党的方针、政策，学习江总书记“三个代表”的重要理论，提高了干部职工的思想认识和政治觉悟。同时，按照中央和省里勤政廉政的工作部署和要求，深入进行党风廉政教育，增强了班子成员的政治责任感和使命感，工作中身先士卒，以身作则，为广大干部员工树立了讲政治、顾大局、廉洁奉公的榜样，使全公司上下讲学习、讲团结、比成绩蔚然成风，思想政治教育和党风廉政教育取得了突出成绩，为集团公司各项工作的顺利开展提供了保障。

2000年，尽管集团公司在经营工作、名园建设和转体改制等工作上取得了进展，但也存在着不足之处，主要是：部分干部职工的思想转变还不适应要求；部分企业与市场接轨进展缓慢；管理上还存在薄弱环节，工作制度没有得到全面执行；人才还相对缺乏。

云南药品监督管理工作述评

云南省药品监督管理局局长　王维生

2000年2月13日，云南省人民政府批准组建云南省药品监督管理局，2000年3月31日，云南省药品监督管理局正式挂牌成立。

新组建的云南省药品监督管理局，在省委、省政府的领导、关心、支持下，在局党组的带领下，强化队伍建设，强化药品监管与执法，加大市场整顿力度，切实转变职能、转变观念，提出了以江泽民总书记提出的“三个代表”重要思想为指导，坚持“以监督为中心，监、帮、促相结合”的工作方针，加大监管执法力度，确保人民群众用药安全有效，促进云南医药事业健康快速发展的工作指导方针。

一、加强执法队伍建设，提高依法行政和依法监管水平

新局成立，局党组就提出“新的药品监督管理局要以廉洁、高效、良好的对外服务形象展现在全省人民面前”的要求，对此，局机关全体干部把学习江泽民总书记“三个代表”重要思想同省委提出的“领导当楷模，机关做表率，基层树形象”结合起来，牢固树立全心全意为人民服务的思想和公仆意识，转变职能、转变观念，彻底摒弃“门难进、脸难看、事难办”的作风。本着新机构、新形象的原则，各处室结合工作实际，公开办事程序，对到机关办事的同志热情接待、认真办事、依法行政，做到边组建、边工作、边学习。

药品监督管理方面的法律、法规和规章是依法监管的法律依据，又是具有很强药品专业知识的培训教材，针对依法行政、依法监管的职能，局机关对全体干部进行了培训，编印了《药品监督管理法规汇编》，下发了国家药品监督管理局出台的相关规章制度，做到人手一册，采取集中学习和自学、讨论等多种形式，让每一位机关工作人员熟悉和掌握药品监督管理相关法律、法规，提高依法行政、依法监管自觉性，确保监管工作依法开展。同时，充分利用各种渠道和新闻媒体对药品监督管理法律法规进行宣传，让广大群众充分了解和认识药品监督管理工作。充分利用召开全省药监工作会，生产、经营企业换证会，医院制剂许可证换证会，医药工业统计会的机会，加强对全省各地药品监督管理人员及药品生产、经营单位领导进行药品监督管理法律、法规及政策培训，让他们了解法律的要求，办事的程序，以及如何利用法律手段保护自己。通过这些培训，在全省创造一个依法行政、依法办事的良好氛围，确保执法公正、公平、公开，以提高云南省药品监督管理执法水平。

二、加大药品监管力度，整顿清理医药市场，严厉打击制售假劣药品违法犯罪行为

加强对药品流通市场的监督管理，整顿流通秩序，搞活流通渠道，是药品监管工作的重要方面。针对云南省药品流通市场的特点，省药品监督管理局认真贯彻党中央国务院整顿医药市场，规范流通秩序的精神，采取突击性与经常性，整顿治理与疏导相结合的办法，坚决取缔非法药品集贸市场，强化对药品市场的治理整顿，坚持药品经营企业的申办条件和换证条件，严厉打击无证经营、出租、转卖证照行为，从严、从重、从快处理重大假劣药品案，强化药品质量管理，加强药品质量监督抽验，全年药品抽验1.67万批次。经过药品监督执法人员的共同努力，关闭了“春苑药品非法市场”，16家直接或变相的“一顶帽子大家戴”的违规者得以整治。省局直接立案查处违法经营及假劣药案55件，行政处罚108件，罚没金额50.61万元，涉及品种329个，数量30.84万瓶（盒），折合正品价值658.72万元。2000年11月3日在昆明组织召开了销毁假劣药品现场会议，销毁假劣药品1000余件，折合正品价格360万元。2000年，云南省全省共立案查处假劣药品案件1312件，查处假劣药品329种，折合正品价格1082.8万元，没收金额56万元，罚款77.98万元。

在加强监管力度的同时，根据云南药品市场特点，省药品监督管理局积极促进和加大搞活药品流通，通过严格监督、规范管理、健全制度，使昆明东站菊花园药材市场成为管理规范、经营业绩好并在全国具有一定影响力的药材市场，为云南中药走向全国发挥了积极作用。

三、充分发挥帮、促作用，发展云南医药产业

由于历史、社会等多种原因，云南医药经济总体发展水平比较落后，结构不合理、低水平、重复发展、重复生产、重复建设突出，严重制约着云南医药产业的健康发展。全省160多家制药企业，只有7家企业通过药品生产企业管理规范（GMP）认证，7家企业产值上亿元，单品种销售上亿元的知名品牌仅4家。省药品监督管理局在对企业品种、产品质量、技术以及GMP认证工作中，为企业积极出主意，想办法，制定了《关于促进云南医药产业发展的若干措施》，立足于以监督为中心，在帮促上下功夫，从总体上为云南医药经济发展提供一个良好的监督环境，为企业提供最优的服务，为促进云南医药发展提供了良好的环境。“九五”期间，以民族药开发为重点，经卫生部、国家药品监督管理局、省内批准的新药有200个以上（其中民族药160多个），是建国以来新药研究开发创新成绩最好的时期。国有医药工业企业的改革也有突破性进展，省属和地县国有药品生产企业80%以上都以不同形式进行了改制和组建，2000年141家药品生产企业换发了医药生产企业许可证，比“八五”时期的61家增加了80家，同时，省药品监督管理局引导和促进有条件的企业联合或重组，以减少内耗，形成合力，扩大市场占有率，鼓励和支持科研机构及民间资本，通过多种形式，参与省内中、小药厂改制、改革，以推动其技术进步和GMP认证，通过多种形式的帮促，使云南药品生产企业向着良好健康的方向发展。2000年，云南省医药工业产值1990不变价为29亿元，较“八五”末的1995年的7.4亿元净增了21.6亿元，年平均增长率达40%以上，全省医药工业实现利税3.8亿元，较“八五”末1995年的0.54亿元净增了3.26亿元。

四、开展执业药师注册管理工作，提高药品经营从业人员素质

为加强全省执业药师队伍建设，提高药品经营企业管理水平，省药品监督管理局及时研究制定执业药师工作有关政策，根据国家药品监督管理局的要求，先后制定了《执业药师注册工作实施意见》和《2000年培训计划》，并于8月1日至22日，分别组织昆明地区和各地州市县执业药师考前培训班，聘请医药专家、教授13人担任授课教师，培训学员361人，8月下旬组织全省经过认定或考试取得《合格证》的药学人员参加国家局举办的执业药师注册继续教育培训班，同时在全省开展执业药师注册工作，目前，全省取得《合格证》的152名执业药师的注册审查工作已经完成。

五、存在问题

主要问题是：(1) 一支强有力的稽查队伍有待建立和完善。省稽查队伍及省以下垂直管理的地、州、市药品监督管理机构还没有建立，执法力量不足，职能分散，责权不统一，政企不分的状况仍然存在，监管工作难以到位。(2) 整顿医药市场虽然取得一定成果，但是巩固成果，防止非法市场死灰复燃和打假治劣任务十分艰巨，一些公司搞非法挂靠，已经形成了非法药品集贸市场的雏形，假劣药品在市场上不断出现，整顿规范药品市场任重而道远。(3) 执法经费严重不足。随着国家对整顿市场力度的加大，药品监督执法任务日益艰巨、繁重，执法无办案经费、交通工具、通信设备，给执法工作带来了很大困难。执法经费的不足，已经在不同程度上影响了执法工作的开展。

云南食品工业发展述评

一、基本情况

2000年，全省全部国有及500万元以上非国有独立核算食品工业企业累计完成总产值428.91亿元（按当年价计算），按可比价计算比1999年下降2.18%。其中食品加工业完成54.72亿元，占全省食品工业总产值的12.76%（下同），工业增加值为13.83亿元；食品制造工业完成3.32亿元，占0.77%，工业增加值为0.95亿元；饮料加工业完成8.16亿元，占1.90%，工业增加值为2.58亿元；烟草加工完成362.71亿元，占84.56%，工业增加值为288.46亿元。主要产品产量：卷烟612.77万箱，比上年（下同）增长1.5%；蔗糖152.25万吨，减少6.3%；茶叶7.94万吨，增长5.7%，出口约6000吨减少25%；原盐49.43万吨，增长17.33%；软饮料11.11万吨，增长20.36%；白酒21.68万吨，增长0.06%；啤酒15.87万吨，减少0.5%；酒精15.27万吨，增长3.19%；罐头7667吨，增长15.98%；乳制品7621吨，增长15.1%；味精390吨，减少11%；糖果1835吨，减少61.80%；糕点4.14万吨，增长16.04%；茶叶（精加工）2.82万吨，减少3.32%。全省肉类总产量达205.17万吨，增长6.8%；水产品产量16.62万吨，增长7%。到2000年，全省食品行业共有18个企业的28个产品使用绿色食品标志，其中AA级5个，A级23个。13个产品被批准为保健食品。44个产品被认定为云南名牌。

二、课题研究和调研

遵照省委、省政府领导的指示，围绕云南三大战略目标，省经贸委、省计委、省经研中心、省生物创新办等共同编撰了“云南省食品工业‘十五’计划及2015年发展规划”、“云南省人民政府关于发展茶叶产业的若干决定”、“云南省生物资源开发创新产业规划纲要（草案）”、“西部开发云南省食品重点项目计划"、"产业产品结构调整"等文稿。同时，由省经贸委牵头开展了全省糖业现状和发展的调查，并在此基础上形成报告，为政府宏观调控蔗糖产销提供决策参考。省茶协和茶苑集团共同提出了"澜沧江中下游8万亩生态茶园建设方案"、并派员参加生态茶建设项目组，分赴临沧、保山、思茅、西双版纳、德宏5地州进行调查，编制项目可行性报告，省计委于7月31批复同意项目立项。

三、生物资源开发创新

2000年9月，省委、省政府在昆明召开了全省生物资源开发创新工作会，省委书记令狐安、副省长黄炳生到会作了重要讲话。会后，省委、省政府出台了《关于加快发展生物资源开发创新产业的决定》，确定云南省重点发展的十大生物资源产业，把绿色食品和保健食品继续作为要抓好的一大产业。并提出实施六大工程（基础设施建设工程、良种工程、试验示范工程、绿色通道工程、信息工程、市场开拓工程）、建立六大支撑体系（人才支撑体系、科技创新支撑体系、资金支撑体系、中介组织服务支撑体系、政策支撑体系、法律支撑体系），以更好地为发展云南生物资源产业服务。

四、支持食品产业资金

2000年全省加大食品产业的扶持资金投入，省经贸委省管项目共投入资金约3亿元，主要投向蔗糖业以及云南红河光明股份有限公司果酒厂的4000吨/年干红葡萄酒技改项目、云南邓川蝶泉乳制品有限责任公司的保鲜牛奶加工生产线技改项目、永胜三川火腿厂技改一期工程等。省生物创新办当年用于食品产业项目固定资产贷款1.73亿元，固定资产贴息475.5万元；流动资金贷款4405万元，流动资金贴息109.3万元；咖啡寒害补助484.41万元；澳洲坚果种苗补助93.32万元；葡萄种苗补助930.88万元；魔芋种植示范基地200万元。

五、云南省蔗糖工作会议

云南省蔗糖工作会议于2000年10月在昆明召开。会议总结了上榨季取得的成绩，分析了蔗糖业面临的形势，研究了如何提高云南糖业水平和效益，继续扭亏解困的问题。牛绍尧副省长到会讲话，强调云南省2000年糖业虽然扭亏为盈，但就全行业而言仍然扭亏不解困。因此要继续抓好4个方面的工作：1. 坚决贯彻结构调整方针，已批准关停糖厂必须不折不扣地关停；2. 抓紧做好扩大优良品种的工作，按照省政府的决定用2～3年的时间扩大甘蔗良种面积，决不允许走盲目扩种的路子；3. 搞活产品流通是糖厂面临的突出问题，要进一步解放思想，通过创新改变流通体制；4. 切实做好蔗款兑付工作。

六、全省茶叶产业发展座谈会

省政府于2000年2月在昆明召开了全省茶叶产业发展座谈会，全省主产茶叶的5个地州、7个主产茶县的政府领导和5大集团及省直有关部门的领导共80余人参加会议，这是1996年以来专题研究茶叶产业发展的全省性会议，较全面地分析了茶叶产销形势和发展中所面临的问题，提出了云南省实现茶叶产业化的5项措施：1. 组建以优秀骨干企业为龙头，以资产为纽带的茶叶集团或茶产销联合体；2. 实施名优茶工程，瞄准市场，生产市场适销的茶叶；3. 加强与内地和沿海口岸及外商的联系，引进外资，开发云南茶叶；4. 开展茶文化活动，加大云南茶叶的宣传力度；5. 建立全省茶叶行业的管理和协调机构、加强茶叶的宏观管理。

七、茶叶市场

2000年4月3日，云南省第一个茶叶联合营销体——云南绿色名茶联销中心在昆明成立。8月，省茶叶协会和思茅思佳工贸有限公司经过考察、招商，共同创办的省级茶叶批发市场在昆明开业，结束了产茶大省在中心城市昆明没有专业茶叶批发市场的历史。该市场占地33亩、商铺200间，自开业至今运转良好，受到省内外客商和生产厂家的欢迎。

八、实施云南名牌战略

按照省政府颁布的《云南省名牌产品认定和管理办法》，继续组织引导食品企业深入开展实施名牌战略。一方面帮助扶持已创出云南省名牌产品的企业维护名牌信誉，发展壮大名牌，把产品做大做强，提高市场竞争能力；另一方面支持鼓励企业苦练内功增强实力，创优争先树立形象。2000年共受理了59个企业申报的59个产品的审定，经过实事求是的筛选和严格的审查，最后经云南省名牌认定委员会的认定，确认了7个产品为1999年度云南省名牌产品。到2000年底，全省食品行业共有44个云南省名牌产品，扣除烟草有26个，分别占全省现有176个名牌产品的25%、14.77%。

九、中国绿色食品2000年昆明博览会

中国绿色食品2000昆明博览会于11月11日至14日举行，全省16个地、州、市的170个企业参展，设81个展位，占展位总数的1/3，参展的各地名、特、优、新和绿色食品共1368个。博览会期间，现场贸易70多万元，签订销售协议金额达2.5亿元。

十、开拓国际市场

2000年，云南省食品企业依托优势资源，积极开拓国际国内两个市场。其中云南王国食品有限公司生产出口罐头食品2335吨，实现销售收入1692万元，出口创汇199万美元，利税167万元。该公司被列为云南生产出口产品型企业，连续4年出口罐头食品居全省第一位，并被法国家乐福零售集团、敖卜拉集团等欧洲4大跨国公司指定为优质绿色食品生产基地。为促进云南生物创新工程民族食品工业发展，该公司年产2万吨出口果蔬罐头食品扩建工程已获批准，正组织实施。云南邓川蝶泉乳品有限责任公司内抓管理、外拓市场，巩固提升名牌产品“蝶泉奶粉”生产的同时，开发了新产品液体奶，公司产量、销售收入、利润、税金分别比上年增长4.92%、3.3%、459.3%、12%。该厂生产的奶粉45%出口周边国家，云南百果洲食品有限公司2000年度西番莲浓缩汁、菠萝浓缩汁的产量达2000多吨，出口1224.532吨，创汇100多万美元。

云　南　测　绘　工　作　述　评

云南省测绘局局长　杨俊东

2000年，云南测绘工作正确处理改革、发展、稳定的关系，努力实践“三个代表”的重要思想，取得了新的发展。

一、主要发展

（一）*测绘管理出现新局面*。一年来，省测绘管理部门进一步转变观念，转变职能，把主要精力切实放到依法行使政府测绘管理职能上。1、测绘立法工作取得了新进展。《云南省地图编辑出版管理规定》经资料收集、调研、起草、征求意见，已完成论证稿。“九五”期间，云南省政府颁布了《云南省测绘成果管理办法》和《云南省测量标志保护规定》及《云南省测绘任务登记管理规定》。省测绘主管部门制定了《云南省测绘成果管理规定》和《云南省测绘行政处罚程序暂行规定》等规范性文件。2、加强测绘行政管理。组织测绘产品质量检验和测绘仪器检定，检验了玉溪城市控制网成果，临沧、丽江测区1:1万地形图航测外业494幅成果，航测内业成图135幅成果，《云南省地图》（1:5万）和昭通测区1:2.5万数字化图76幅，检定测距仪、经纬仪1320台，确保了测绘产品的质量；测绘资格审查管理，受理18个测绘单位的测绘资质申请，经审查新颁发《测绘许可证》14个，《测绘工作证》87个，开展全省388个持《测绘许可证》单位5年1次的资质复审、换证；密级地图管理，组织对13个单位领取的密级地图941幅（1622张）进行了保密检查，对楚雄市建设局规划管理处保管的1:5万地形图20份下落不明事件进行了查处；地图审查管理，审查了滇西北1:25万地形数据库，《云南省交通图册）和各种专题图47幅，发现并查处了一例违反一个中国原则的地图产品，针对地图采编混乱问题，建立了《云南省地图资料征集证》制度；测绘任务登记管理，审查、办理了41个测绘项目登记；测绘标志管理，组织完成楚雄、禄丰等6县境内的305个国家等级的测量标志的普查，重新办理委托保管手续，普查结果是三角点完好率77.1%，水准点完好率为79.9%。

“九五”期间，省测绘主管部门努力使云南有一个明确的执法主体，使测绘管理部门与省政府有关部门长期形成的工作渠道保持不变，做了大量工作，收到了一定成效；认真开展测绘资格认证、测绘资格证年检和复审换证工作，给予9个单位注销了测绘资格，确保了进入测绘市场的主体资格合法；开展测绘执法人员培训和测绘执法证年检；组织全省测绘执法检查，在地（州）自查的基础上对80余个测绘单位执法情况进行了抽查；建立了测绘任务登记制度，审查登记项目215项；加强了地图编辑出版管理，对涉密涉外和新出版的46幅（册）地图进行了审查，查处了地图严重盗版侵权2起，收缴非法盗印的地图5万多张；组织测量标志普查，将5076个三角点，3767个水准点交县（市）测绘管理机构管理，先后安排34.5万元对1006座测量标志进行普查，查处了毁坏测量标志事件3件；开展密级地图保密检查，对22个单位使用的3141幅（张）地形图进行了抽查，发现了密级地图管理中的种种问题，有76张地形图下落不明。开展了测绘产品质量检验和测绘仪器检定，控制了测绘产品质量。

（二）测绘工作取得新成果。省测绘主管部门不断开拓进取，为构建“数字云南”基础框架，推进基础测绘工作。一年来，加强基础测绘的领导，组织制定了《云南省测绘事业“十五”计划和2015年长远规划》和《云南省三等水准项目规划》，编制了《云南省1:1万基础地理信息数字化产品技术规定》和《云南省地图集编制大纲》；组织测绘项目的实施，完成个、开、蒙城市群GPS控制网测量，建立108个四等控制点，组织600公里的三等水准点选埋，在临沧、丽江和云贵边界完成1:1万地形图航外控调448幅，航测内业测图277幅，测制昭通1:2.5万地形图76幅，更新地县挂图30幅，更新《云南省地形图》系列图和《昆明市政区图》，建立《云南省地数据库》工作，已完成云南的62个县的资料收集，地（州）界，县（市）界勘界测绘6529公里，1:2.5万地形图印刷80幅，为满足云南经济和社会发展对测绘的需要奠定了基础。

基础测绘单位树立开放型测绘观念，增强主动服务意识，扩展测绘应用服务领域，为昭通、玉溪、镇康等10多个地、县施测GPS控制点64点，测制1:5百地形图541幅，数字化图1058幅，1:2千地形图136幅，1:5千地形图66幅，为会泽铅锌矿矿山建设，待昭等公路建设，西洛渡电站建设和造林工程建设测制1:1万地形图245幅，为贵州、甘肃等省测绘局完成航片扫描2900片，为昆明、迪庆、红河等地、县、市编制了《云南省区位示意图》、《昆明市楼市图》和《广南县交通图》等32幅，开发出（云南黄金旅游图》和《世纪之游——昆明市导游图》等4幅新图种，为保山、文山和思茅等8个地市采编了经贸旅游交通图，完成《昆明市地名手册》、《武警志书》和《探索与创新》等20册书刊的印刷。

“九五”期间，省测绘管理部门对基础测绘筹集、投入资金1723万元，组织完成一等水准复测351公里，测设三、四等水准1648公里，水准选埋384点，施测三、四等控制902点；组织航空摄影7.74万平方公里，测制1:1万比例尺地形图859幅，1:2.5万比例尺地形图82幅，共组织勘界测绘1.93万公里，重新编制云南省系列图、地（州、市）县（市）挂图地图册205幅（册）。基础测绘队伍为城市规划，公路、水利、电站、港口、煤矿、机场等建设和土地管理提供了及时测绘服务。施测三、四等水准475公里，GPS控制点524点；测制1:5百地形图5545.6幅，1:1千地形图364幅，1:2千地形图1088幅，1:5千地形图145幅，1:1万地形图685幅；编制地、县政区图8幅，交通旅游商贸等专题图66幅，制作立体地图19幅。

（三）测绘保障作出新贡献。省测绘主管部门加强测绘成果管理，重视测绘成果的应用服务。一年来，为测绘生产单位提供三角点6125数组，水准点500数组。航摄底片39卷，航摄像片1696片；为民政、林业、电力、科技、矿山、交通、通讯，城建和水利等部门提供1:1万比例尺地形图，各种挂图1.56万幅（张），其中1:1万地形图2704幅（张），1:5万地形图7923

幅（张），挂图1999幅，满足了云南经济建设，西部大开发对测绘的需要。“九五”期间，云南省测绘资料档案馆通过努力，通过了国家二级科技事业单位档案管理认证；向测绘单位共提供高等级三角点1.73万数组，水准点1653数组，航摄底片156卷，航片7523张；向农业、水利、通讯等部门772个用图单位提供各种比例尺地形图7.87万幅（张），各种挂图1.65万幅。测绘成果在云南经济建设中发挥着重要的基础作用。测绘工作还为各级政府领导进行宏观经济决策和管理提供服务。省测绘管理部门主动为省委、省政府和省政协领导，为地（州、市），为省计委、省文化厅和省国土资源厅等部门，为云南驻北京、上海等办事处装裱了《中华全图》、《云南政区图》和《云南与中南半岛图》等大型挂图，作为工作用图；为省领导向中央领导汇报工作标绘、提供挂图，5年来，共免费提供各种大型挂图250幅；为配合省政府在香港招商引资，制作了《澜沧江——湄公河次区域开发模型》运往香港，收到好的效果；专门替省政府制作了内装《云南省交通图》和《世博导游图》的礼品包，供省政府接待来宾使用，现已免费提供258个；为省委办公厅制作了《全国人大来昆考察团考察线路图》150张；为省政府丽江现场办公会制作、提供有关挂图6幅；利用现代测绘技术，在省政府办公楼大厅制作、设置灯箱图13幅；为满足云南经济发展和实施西部大开发战略的需要，标绘、提供了《云南省“十五”规划图》、《云南省国际大通道图》和《云南省三江流域资源开发图》等328幅专题地图，提供了地图集（册）391本（册），《云南省交通图》和《云南省旅游精品战略图》等2503幅（张）。

二、主要措施

（一）加强基础测绘计划管理。省测绘管理部门按照基础测绘分级管理的原则，努力争取建立云南基础测绘更新机制。组织考察团，赴德国、英国考察，学习基础测绘管理经验，云南基础测绘从1997年起列入了省国民经济和社会发展计划，为建立云南基础测绘更新机制创造了条件。“九五”期间省财政对基础测绘共投入1402万元，推动了云南基础测绘的发展。

（二）提高测绘生产力。省测绘管理部门实施科技兴测绘战略，通过上下努力筹集资金1353.28万元（5年），购置设备，引进培训人才，努力提高测绘装备水平和技术水平，极力推动云南测绘从传统技术体系向数字化测绘技术体系转变，提高省测绘系统的综合实力。5年来，已建成具有一定规模的基础测绘地理信息数据生产基地，利用现代测绘技术和基础地理信息，为云南经济建设和社会发展提供服务，完成了《云南省1:1百万地形数据库》地貌要素的采集；建成了《云南省1:25万地形数据库》；利用数字化测绘技术编制、出版了《云南省地图册》和《世博导游图》；制作了《三江并流流域系列电子地图和三维立体景观图》和《澜沧江流域系列专题电子地图》；研建了《昆明市、世博园多媒体安全信息系统》、《滇池流动污染治理信息系统》、《红河州弥勒县土壤类型查询系统》和《云南省综合国情地理信息系统（一期工程）》；测制了《昆明市移动通信数字地图》、《安宁1:1万坡耕地分布电子地图》和《官渡区人防专题电子地图》，基本满足了经济和社会发展对数字测绘产品日益增长的需要。

三、存在问题

主要问题是：（1）基础测绘更新机制尚未建立，基础测绘滞后云南经济和社会发展的被动局面还没根本扭转。需要制定《云南基础测绘管理办法》，使云南基础测绘更新机制在云南法规中得以确认，确保云南基础测绘顺利开展。（2）测绘行政执法还比较薄弱。云南测绘管理机构的规格与其履行的测绘行政管理职能不相适应，测绘行政管理职能交叉，关系不顺的问题仍然存在，有法不依，执法不严的现象普遍存在。（3）测绘保障能力有待提高，测绘与经济建设结合不够紧密，服务不到位的问题比较突出。

云 南 民 政 工 作 述 评

云南省民政厅厅长　高祖兴

2000年，全省各级民政部门紧紧围绕“改革、发展、稳定”大局，按照年初民政工作会议确定的工作目标，齐心协力，开拓创新，各项民政工作得到全面发展，为维护社会稳定、巩固军政军民团结和推动社会全面进步做出了积极的贡献。

一、救灾救济工作

2000年是云南省的重灾年，全省16个地州市先后不同程度地遭受了霜冻、地震、风雹、洪涝、泥石流、滑坡等严重自然灾害。据统计，全省受灾人口3466.1万人次，成灾人口2568.76万人次，因灾死亡494人，伤病14.21万人，被困人口14.74万人，饮水困难人口377.51万人，17.27万人无家可归，8.80万人急需转移安置；民房倒塌11.44万间，损坏139.20万间，1.5万户灾民居住在危房和危险地段（点）急需搬迁；农作物受灾3861.29千公顷，因灾损失粮食8.63万吨，减产176.97万吨；水利、电力、交通、通信、教育、卫生等基础设施遭受不同程度的损坏。全省因灾直接经济损失128.24亿元，其中农业损失67.06亿元。

面对频繁严重的自然灾害，各级民政部门在党委、政府的领导下，认真履行职责，采取有力措施，确保了灾民贫困户的基本生活。全年共投入救灾资金4.39亿元，救济灾民428万人，补助修复倒损民房88万间，补助9850户受泥石流滑坡威胁的农户搬迁；地震灾区民房恢复重建工作进展顺利。姚安地震后，共组织接收救灾捐款1800多万元，接收捐赠物资价值800多万元；成功开展了“扶贫济困送温暖”捐助活动，接收捐款62.9万元，衣被42.6万件，并出色完成了上海市对口支援450多万件捐赠衣被的接收发放工作，帮助240多万灾民贫困户解决了冬季御寒问题。救灾基础设施建设进展顺利，省、地、县救灾通信网络基本建成，省、地17个救灾物资储备仓库已有8个建成并投入使用。省级机构改革完成后，省政府救灾协调职能划归民政，民政救灾职责得到进一步加强。

二、城市居民最低生活保障工作

在1999年完成县城以上城镇建立城市居民最低生活保障制度的基础上，2000年低保覆盖面扩大到全省所有城市和80%以上的乡镇。到年底，保障人数达11.9万人，全年共发放保障金8660万元。保障经费列入了省、地、县各级财政预算安排。年内，与财政、监察、劳动和社会保障部门两次组织联合检查组，对全省保障金的管理使用情况进行了检查，进一步规范和完善了全省城市居民最低生活保障工作。

三、勘定行政区域界线工作

2000年圆满完成了省、县行政区域界线的勘定任务，为依法管理行政区域界线奠定了基础。完成了界线最长、争议较多的川滇线的勘定任务，从而全面完成了4条总长为3946公里的省界、32条总长为7304公里地州间县界、205条总长为1.4万公里的各地州市辖区内县界，提前1年完成了国务院决定用5年的时间完成省、县两级行政区域界线的勘定任务，为依法治界提供了依据。

四、行政区划和地名管理工作

年内，参加了省计委组织的《云南省“十五”城镇化发展研究》课题组研究工作，积极承办行政区划变更工作，其中完成了昭通、保山、丽江3地改市的上报工作，国务院已批准昭通、保山地改市；全省因乡镇撤并而减少4个乡；批准了35个乡改镇。到2000年底，全省有1555

个乡镇，其中乡909个，民族乡190个，建制镇456个。加强了城市地名管理。根据国家标准设置城镇地名标准试点工作已在玉溪市红塔区展开，初步开展了全省行政区划地名读音审定工作。

五、社团和民间组织管理工作

2000年是民间组织管理任务较重的一年，也是成效显著的一年。除继续配合有关部门积极开展对“法轮功”邪教的斗争外，还对全省105个气功类社团进行了清理，通过认真做工作，除一个正办理注销手续外，已注销95个，撤销1个，取缔8个。严厉打击查处了非法社团组织，撤销全省性社团25个，注销26个，社团结构日趋合理，质量得到提高。坚持培育发展与监督管理的方针，全年成立登记社团19个，办理变更登记90多次，并组织了社团登记管理人员和全省性社团秘书长培训。昆明市五华区、玉溪市红塔区两个民办非企业单位复查登记试点工作圆满结束，为2001年全面开展民办非企业单位复查登记工作积累了经验。

六、老龄工作

为贯彻《中共中央、国务院关于加强老龄工作的决定》和全国老龄工作会议精神，经省委、省政府研究决定撤销云南省老龄问题委员会，成立了由李汉柏副省长任主任，22个省级部门负责人为成员的云南省老龄工作委员会，办公室设在民政厅。丽江、红河、怒江等地也根据中央、省的有关精神，理顺了老龄工作机构。年内重点抓了《老年法》和《云南省老年人权益保障条例》的宣传学习，并由省人大内司委牵头组织了执法检查；组织开展了一系列有益老年人身心健康的活动；完成了老年人情况百村调查和城乡老年人口状况抽样调查，为进一步做好全省老龄工作提供了有价值的基础数据。

七、双拥优抚和安置工作

（一）拥军优属、拥政爱民活动广泛深入开展。在面临机构改革的形势下，各级党委政府重视双拥工作，省双拥办继续保留，临沧、玉溪等地双拥机构和人员得到加强，全省双拥领导小组达1898个，1751名党政一把手任组长或副组长，双拥工作列入各级党委、政府和部队的重要议事日程。元旦、春节、“八一”期间，成功组织了两次大规模、高规格的走访慰问活动，尤其对基层连队和边防官兵进行了重点慰问，收到良好效果。建立拥军优属服务组织1.96万个，参加服务人数38万多人，为407.7万多人开展了服务，为部队补助粮油水电燃料款2764万元，补助建房款1267万元，划拨“菜篮子”用地844亩，解决部队子女入学困难2362名，安排随军家属319人，解决住房困难480户；建立拥政爱民服务组织3377个，为民治病234万多人次，减免医疗费211万多元。部队积极参加地方建设，出动车辆机械2.4万余台，投入经费456万元，主动参加抢险救灾，出动官兵17万余人次，抢救转移灾民7.7万人，在“1.15”姚安地震、“7.22”河口特大洪灾等重大自然灾害抢险救灾中立下了功劳，并向灾区捐款捐物近千万元。“爱心献功臣”行动收到良好的效果。下拨省级筹集捐款273万元和省财政专项补助100万元，全年全省共投入经费4586万元，困难优抚对象中的住房难、医疗难、生活难的问题在一定时期内得到了缓解。顺利完成了“三属”、革命伤残人员、三类红军人员抚恤补助标准的提高工作；在全省开展了纪念抗美援朝战争50周年活动，走访了志愿军老战士、老“三属”和伤残军人；筹集优待金3000多万元，落实了义务兵家属及部分重点优抚对象的优待政策；部署启动了全省优抚对象和优抚事业单位的普查工作，培训了一批普查干部和微机录入员，为全省普查奠定了基础。

（二）安置工作继续走在全国前列。2000年是安置工作任务最重、难度最大的一年，全省共接收退役士兵1万余人。面对机关分流、企业职工下岗、大专院校毕业生就业难的严峻形势，各级政府采取有力措施，民政干部艰苦努力，年底在城镇安置7000多人，占99.5%，走在全国前列。接收安置复员干部62人，新接收的878名军休干部和1654名无军籍退休干部职工也得到了妥善安置。

八、基层政权与社区建设工作

（一）村民自治全面实施。在全省村级体制改革工作中，首先是完成了村干部底数及报酬状况的调查，编写了《云南省村民委员会工作手册》，并出台了村改委档案管理、印章管理等一系列相关制度，规范了村改工作，举办村改委选举骨干示范培训班6期，培训选举干部800余人，为村改工作的开展提供了干部准备。截至12月底，全省1.35万个村公所（办事处）已有1.2万多个完成了村改委工作，除迪庆州外，村改工作已全部完成，全省农村基层民主政治建设迈出了重要的一步。

（二）城市社区建设取得重要进展。通过社区建设座谈会，听取有关部门和专家学者对社区建设的意见和建议，在广泛调查研究的基础上，参照中办、国办转发《民政部关于在全国推进城市社区建设的意见》，草拟了《云南省社区建设实验区工作实施方案》和《中共云南省委、省人民政府关于加强城市社区建设的意见》，为2001年启动5个省级社区建设实验区和全面开展社区工作做了前期准备。

九、社会福利和社会事务工作

（一）社会福利事业健康发展。年内，社会福利彩票发行克服重重困难，取得全年发行1.2亿元的好成绩，筹集福利资金3600万元。尤其是四季度盘龙区发行5000万元大奖组，实销4500万元，创即开型现金兑奖大奖组实销量全国最高纪录，受到中国彩票发行中心嘉奖。

截至2000年底，全省有各类社会福利院、儿童福利院、精神病院、老年公寓、敬老院等福利机构822所，床位1.68万个，收养孤残儿童、老年人和精神病人1.35万人；福利企业633家，其中国有156家，社会办福利企业477家，安置残疾职工1.03万人，年销售收入18.1亿元，较1999年增长7亿元，利税总额3.3亿元，增长7300万元。

（二）社会事务管理进一步加强。年底共有收遣站（点）96个，其中收遣站50个，收遣点46个，收遣设施有所改善，全年共收容遣送人员10.60万人次，是云南省10多年来收遣人员最多的一年，为加强流动人口管理，维护正常社会秩序，促进社会治安综合治理和保证省内多次重大活动的顺利开展作出了贡献。殡葬管理得到加强，全省33个殡仪馆火化遗体2.52万具。收养方面，认真宣传贯彻《收养法》，办理国内收养1585件，涉外收养136件，加强了涉外收养捐赠款物的使用管理。

十、存在问题

主要问题是：(1) 民政经费紧缺的状况没有得到根本缓解，优抚救济标准偏低，保障面小；(2) 由于经济发展不平衡和认识上的原因，社区建设、社会福利社会化进程与先进省市相比还有较大差距；(3) 民政法制建设与依法行政的要求不相适应，执法依据和手段不健全，工作难度大；(4) 创新意识和业务素质还不适应不断发展的经济、社会形势，有待进一步提高。

云南城镇劳动力管理与就业工作述评

云南省劳动和社会保障厅厅长　皖佑慈

2000年全省劳动和社会保障工作，以江泽民总书记“三个代表”重要思想为指导，在省委、省政府的高度重视下，在各级党委政府的直接领导和有关部门的共同努力下，从改革发展稳定的大局出发，按照2000年全省劳动保障工作会议提出的目标和任务，继续巩固“两个确保”，稳步推进各项改革，圆满完成了全省劳动保障工作的各项任务。

一、国有企业下岗职工基本生活保障工作

2000年全省国有企业下岗职工基本生活保障工作取得明显的成效。到2000年底，全省滞留中心的下岗职工有5.78万人，进中心的下岗职工100%签订了协议，其中有5.67万人足额领取了基本生活费，占总数的98.1%。楚雄、曲靖、玉溪、大理、保山、文山、思茅、德宏、丽江等地州市进中心的下岗职工100%的足额领取了基本生活费。全年全省通过各种渠道共筹集到基本生活保障资金2.50亿元，其中企业筹集4517万元，劳动保障部门筹集6314.2万元，中央和地方财政安排1.42亿元，分别占全部资金总量的18.1%、25.3%和56.6%。全年共支出基本生活保障资金2.45亿元，其中发放基本生活费1.42亿元，代缴养老和失业保险费9181.8万元，发放门诊医疗补助费和代缴医疗保险费1157.5万元，人均月基本生活保障水平达到351.89元。

二、就业和再就业工作

全省各级劳动保障部门紧紧围绕建立以市场为导向的就业机制这一重要环节，借助《云南省劳动就业条例》正式颁布实施的良好时机，采取有效措施，大力扶持第三产业和个体私营经济发展，全面做好各项就业和再就业工作，继续保持了全省就业形势的基本稳定。在经济增长放慢，就业岗位严重不足的形势下，2000年全省国有企业下岗职工再就业工作仍然取得了一定的成绩，全年有1.23万名下岗职工实现了再就业，占出中心人数的65.4%。昆明、红河、大理、楚雄等地州市在采取有效措施、积极落实优惠政策、做好专项技能培训、开发社区就业岗位等方面取得了较大进展，尤其是玉溪市实施的7000万元下岗职工小额信贷扶困工作取得了显著成绩。2000年全省新进中心的下岗职工有2.13万名，当年出中心1.88万人，全年下岗职工进中心人数略大于出中心人数。

全省狠抓了劳动力市场建设和规范化管理。目前昆明、玉溪、曲靖、楚雄、红河、大理、版纳等7个地州市和东川、镇雄、武定等县市区建立了劳动力市场，逐步实现了劳动力资源的优化配置。全省共建立职业介绍机构1311个，开展招聘登记38万人次，求职登记39.9万人次，介绍成功28.2万人，成功率为70.5%；全省有就业培训机构367个，开展就业培训9.96万人，培训后就业5.8万人，就业率为58.2%。城镇登记失业人员16.3万人，其中新增失业人员10.1万人，城镇登记失业率为2.6%。全年共组织昭通、文山、大理、思茅、怒江等地区跨省劳务输出14.1万人，完成异地扶贫开发劳务输出1.5万人，有力地帮助了当地贫困地区群众增收脱贫。

三、劳动综合管理工作

全省已基本完成了劳动关系的清理工作。到2000年底，全省国有企业共清理停薪留职、放长假等各类人员13.6万人，占职工总数的8.5%。楚雄、昆明、曲靖、玉溪、红河、大理、文山等地州市在开展清理工作中，进一步规范了劳动合同管理，为企业实施减人增效、深化改革创造了良好的条件。在总结宜良、通海、富源3个试点县经验的基础上，全省各极劳动保障部门组织人力，在全省范围内全面开展了以私营企业、个体商户为重点的签订劳动合同工作。到年底，全省累计签订劳动合同总数为251.08万人，占全省同口径职工总数的99.98%，其中：国有单位161.18万人，非国有企业为89.90万人。曲靖、红河、楚雄、大理等地州市非国有企业劳动合同签订率达到了80%以上。全省累计报经劳动行政部门审核通过的集体合同6136份，涉及职工127.46万人。全省16个地州市都建立了预防处理突发事件相关工作制度，积极参与处理突发事件。2000年全省群众来信来访5.8万件次，其中集体来信来访947批，涉及人员6.8万人。共受理仲裁案件679件，涉及人员1129人，结案667件，结案率98.2%。

职业技能培训工作不断完善。为提高劳动者素质，各级劳动保障部门加强职业技能开发工作，积极推行劳动预备制度，动员社会各方力量开展职业培训，培训就业率明显提高。全省在各种困难因素增加的情况下，通过各方面的共同努力，组织61所技校录取新生8078人，为技校毕业生验印1.49万人，核发技校毕业生报到证4608份。在3所省属重点技校试办了高级技工班，共招生270人。完成对省电子技校、楚雄州技校、红河州技校申报省属重点技校的评估工作，并经省政府正式发文认定。组织了首届全省技校学生技能竞赛活动。与省教委共同对云南省发展高等职业教育进行了前瞻性研究，草拟了技工学校调整改革意见。进一步加强了技校师资队伍建设。全年有32名教师获得了高级职称资格，57各教师获得了中级职称任职资格。职业技能培训与鉴定工作稳步发展，全省新增职业技能培训站6个，审批建立职业技能鉴定所21个，总数分别达到89家和153所。全年对13万企业职工进行了职业技能培训，并面向社会开展了80个工种的社会化鉴定工作，昆明、大理、德宏、迪庆等地州市还超额完成了省厅下达的培训任务。全省共组织各类学校毕业生2.98万人参加技能鉴定考核，核发职业资格证书2.96万人。全年共审批高级技师13人，中级技师1681人。评选表彰省级技术能手9人，并有4人次获得了“全国技术能手’、“全国青年岗位能手”称号。

劳动保障法制建设和监察工作取得明显成效。“九五”期间，全省劳动保障立法工作紧紧围绕社会保障体系建设和市场就业机构的形成，结合云南省的省情，在社会保障、促进就业和医疗保险改革等方面取得了显著成绩。报经省人大审议通过了《云南省企业职工失业保险条例》、《云南省企业职工基本养老保险条例》、《云南省劳动就业条例》等6个地方性法规。报省政府审核批准，以省长令的形式发布了《云南省国有企业富余职工分流安置实施办法》、《云南省城镇职工基本医疗保险暂行规定》等6个政府规章。同时，省政府和省政府办公厅还分别下发了《关于进一步做好国有企业下岗职工基本生活保障和再就业工作意见的通知》等30余份规范性文件。这些法规和政策的制定，进一步完善了云南省的劳动保障法规体系建设，为做好新时期劳动保障工作提供了法律依据。在此基础上，各级劳动保障部门加大了劳动保障执法监察力度。按照国务院办公厅、监察等部门的统一部署，2000年全省共组织了3次社会保险基金大检查活动。共清理和回收挤占、挪用的社会保险基金共计634.67万元（其中养老保险基金627.63万元，失业保险基金7.04万元）。对8.13万户企业进行了劳动保障执法年审，涉及劳动者190.9万人。全年共累计受理群众举报8915件次，立案处理7868件次，结案7513件，结案率达到95%。全省行政执法监督制度进一步完善，昆明、曲靖、楚雄等地州市也相继组建了行政复议工作机构。省厅完成了1990至1999年的劳动保障法规、规章和规范性文件的清理工作，提出修改和废止文件68件。

劳动保障基础工作进一步加强。2000年底，省厅完成了机构改革工作，通过实施全员竞争上岗，全厅有42名处级干部走了上新的工作岗位。劳动保障工作年度目标管理考核继续取得了较好效果。经过反复征求意见，省厅编制了《云南省劳动和社会保障事业发展“十五”规划纲要》和《2001年云南省劳动和社会保障事业发展计划》，16个地州市结合实际也制定了本地劳动保障事业“十五”发展规划。

云南职工工资及社会保险事业发展述评

云南省劳动和社会保障厅副厅长　杨绍红

2000年，全省劳动和社会保障工作在省委、省政府的高度重视下，在各级党委政府的直接领导和有关部门的共同努力下，在深化改革、促进发展、维护稳定，适应社会主义市场经济要求中继续向前推进。全省“两个确保”工作成效显著，企业职工工资分配制度改革力度加大，初步建立起了以城镇职工基本养老保险制度、基本医疗保险制度、失业保险制度为主体的社会保险制度，为推进全省国有企业改革维护社会稳定作出了重要贡献。

一、“两个确保”工作成效显著

继续做好企业离退休人员基本养老金按时足额发放和国有企业下岗职工基本生活保障工作，是2000年全省劳动保障工作的重点。年内，全省召开了“两个确保”工作会议，贯彻落实国务院有关文件精神，进一步明确了全省两个确保的工作任务和有关政策措施。到2000年底，全省参加养老保险统筹的离退休人员达到了64.87万人（其中企业离退休人员61.58万人），全年共发放养老金41.96亿元，参保离退休人员基本养老金都按时足额发放。全省养老金社会化发放率达到了96%。各级劳动保障部门积极采取有效措施，多方筹措资金，对困难地区和行业实行了重点帮助和监控。一年来，仅省劳动保障厅下拨给困难地区和行业的调剂金就达到了2.19亿元，对确保离退休人员养老金按时足额发放发挥了重要作用。

国有企业下岗职工基本生活保障工作也取得明显成效。到2000年底，全省滞留中心的下岗职工有5.78万人，进中心的下岗职工100%签订了协议，其中有5.67万人足额领取了基本生活费，占总数的98.1%。楚雄、曲靖、玉溪、大理、保山、文山、思茅、德宏、丽江等地州市进中心的下岗职工100%的足额领取了基本生活费。2000年，全省通过各种渠道共筹集到基本生活保障资金2.50亿元，其中企业筹集4517万元，劳动保障部门筹集6314.2万元，中央和地方财政安排1.42亿元，分别占全部资金总量的18.1%、25.3%和56.6%。全年共支出基本生活保障资金2.45亿元，其中发放基本生活费1.42亿元，代缴养老和失业保险费9181.8万元，发放门诊医疗补助费和代缴医疗保险费1157.5万元，人均月基本生活保障水平达到351.89元。

二、企业工资分配制度改革力度加大

全省企业工资收入分配工作继续从着重管理国有企业微观分配行为向调控全社会宏观分配转变。在改进和完善工效挂钩、工资总额包干等办法的同时，在省、地两级基本建立起了企业工资指导线发布制度，在6户企业中试行了工资集体协商决定办法。全省劳动力市场工资指导价位制度试点城市从1999年的1个增加到6个，共调查发布了60个职位和工种的工资指导价位。国有企业经营者年薪制试点企业从1999年的134户扩大到2000年的164户。年内全省对2000户省属企业的工资内外收入进行了重点抽查或审计。按照建立与现代企业制度相适应的工资收入分配制度的要求，进行了持股分配试点工作。

三、医疗保险制度改革取得突破性进展

全省16个地州市的医改方案已经省政府正式批准实施。12个地州市的大病补充医疗保险办法已经省厅审核批准，并将与基本医疗保险方案同步实施。目前，全省已有15个地、州、市81个县、市、区共125万人按新的医改方案启动实施，其中楚雄州、玉溪市、大理州的所有县市区已实现全部启动。有15个地、州、市和119个县、市、区成立了医保经办机构。为适应医保工作的要求，2000年全省共举办了500余期1.5万人次的骨干培训班。相继出台了《云南省城镇职工基本医疗保险暂行规定》、《云南省城镇职工大病补充医疗保险暂行规定》、《云南省政府办公厅转发劳动保障厅、财政厅关于实行公务员医疗补助实施意见的通知》等18个医保配套文件。据不完全统计，全省已选定定点医院、药店420家。《云南省基本医疗保险药品目录》也即将颁布施行。

全省医疗保险计算机信息管理系统建设已完成了立项、可行性研究报告的审批和招标、定标工作。省医保中心的设备已基本安装调试完毕，楚雄州、玉溪市的计算机信息系统已开始运转，目前已制作发放全省统一的社会保险IC卡14万张。全省各地州市基本上已完成计算机管理信息系统建设方案的报批工作，曲靖、临沧、文山、怒江、迪庆、红河、昆明等7地州市已陆续开始组织实施。

四、社会保障体系框架初步建立

云南省的社会保障体系建设在省委、省政府的高度重视下，取得了显著成绩。从实施养老保险制度改革，推行失业、工伤、生育等社会保险，到全面启动城镇职工基本医疗保险；从推动国有企业深化改革，实施减员增效，建立再就业服务中心，保障下岗职工基本生活，到明确提出两个确保的要求；从建立三条社会保障线，到提出建立和完善独立于企事业单位之外、资金来源多元化、保障制度规范化、管理服务社会化的社会保障体系。伴随着国有企业改革的深化和社会主义市场经济体制的建立，云南省的社会保障体系建设也取得了巨大的成绩，初步构筑起了以养老保险、下岗职工基本生活保障和失业保险、医疗保险、城市居民最低生活保障为主体的社会保

障体系框架。

（一）养老保险制度规范化。全省养老保险制度改革始于 1986 年 10 月，13 年间经历了三次重大改革，在制度上取得了 4 个重大突破：(1) 基本理顺了行政管理体制，把原分散在劳动、人事等多个部门的社会保险职能统一划归劳动保障部门管理；(2) 在统筹层次上实现了省级统筹；(3) 在相关制度、缴费基数、养老金计发办法等政策方面实现了全省统一；(4) 基金实现了收支两条线管理，企业职工养老保险费也改由地税部门征收。全省在基金运作上形成了"地税保征收，财政保拨付，劳动保障保发放"的三方工作机制，基本建立了"多层次、全覆盖、社会统筹与个人帐户相结合、管理服务社会化"的新型养老保险体系。目前全省参保人数达到 232.27 万人，其中在职职工 167.4 万人（国有企业职工 130.36 万人，集体企业职工 14.77 万人，私营企业、个体及其他职工为 3.53 万人，外资企业职工 1.22 万人，机关事业单位职工 17.52 万人）。全省扩面和基金征缴工作取得较好成绩，2000 年全省共收缴养老保险基金 35.53 亿元，收支相抵基金缺口 6.43 亿元，其中：中央财政补助资金 7.71 亿元，中央借支周转金 1.3 亿元），全年新增参保人员 5 万人，其中楚雄、玉溪、曲靖、大理、丽江等地州市较好地完成了扩面和征缴任务。

（二）养老金社会化发放工作成效显著。全省各级社会保障部门结合实际，推行了"城市化发放、半城市化发放、乡村（山区）化发放"养老金的模式，对委托企业发放等不规范形式进行了调整。2000 年底全省实现社会化发放养老金的企业离退休人员达到 59.12 万人，占全省离退休人员总数的 96%，已超额完成了 95% 的预定工作目标，其中楚雄、曲靖、大理、昭通、德宏、思茅、临沧等地州市社会化发放率已经达到了 100%。

（三）失业保险覆盖面日益扩大。"九五"期间，全省失业保险参保单位达到 2.7 万户，参保职工达 191.2 万人，征缴基金 7.45 亿元，分别比"八五"末期增长了 52%、47% 和 445%。2000 年全省失业保险基金共支出 1.72 亿元，其中调剂用于再就业服务中心资金 5128 万元。到 2000 年年底，全省领取失业保险金人数为 5.43 万人，其中新增 3.54 万人，较 1999 年同期增长 49%。基金累计结余已达 5.1 亿元，为"八五"期末的 3 倍。失业保险已成为社会保障体系的重要组成部分，在下岗职工基本生活保障和失业人员救济中日益发挥出显著作用。

（四）工伤、生育保险制度逐步完善。目前，全省 16 个地州市中已有 116 个县市和 27 个行业参加了工伤、生育保险，参统人数达 106 万人。2000 年全省共收缴工伤保险基金 7363 万元，收缴生育保险基金 6590 万元。针对全省工伤、生育保险制度的运行情况，2000 年分别下调了行业的缴费费率，为企业进一步减少了支出。工伤、生育保险制度改革的稳步推进，为企业深化改革，参与市场平等竞争创造了必要条件。

（五）农村养老保险基本稳定。到 2000 年底，全省已有 15 个地州市、110 个县开展了农村社会养老保险工作，参保人数达到 140 多万人，基金累计滚存 6 亿元，已陆续有 6000 余人开始领取养老金。全省共建立各级农保经办机构 896 个，有管理人员 5927 人。

昆 明 仲 裁 工 作 述 评

昆明仲裁委员会副主任　李常林

2000 年，云南省的仲裁工作取得了明显性进展。

一、加强队伍建设，提高素质

由于仲裁制度是一项新的法律制度，要求仲裁委的工作人员勤于钻研，深化认识，更新观念，不断提高理论水平和自身综合素质，在实践中摸索出仲裁工作的新路子，加强工作的针对性和有效性，仲裁委全体工作人员坚持学习《仲裁法》、《仲裁规则》以及相关法律知识和专业知识。为秉公执法，依法办事打下坚实基础。

二、加强宣传，扩大影响

仲裁委员会利用多种途径、多种形式集中宣传，根据市场经济的办法，解决市场经济的纠纷，以满足市场经济健康发展的需要，维护社会主义市场经济的秩序的仲裁法律制度，把宣传工作引向深入。通过新闻媒体，专题宣传仲裁法，与部分大型企业建议了联系制度，重点面向建筑、房地产、租赁、公路、交通、知识产权、金融保险等 8 个市场领域，推行仲裁法律制度。创办《昆明仲裁》专刊，设置仲裁信息、仲裁研究、工作动态、法律法规、案例分析、仲裁员专访等 6 个栏目，全年共印发《昆明仲裁》10 期，作为向省政府领导汇报和与仲裁员、联络员交流联系的方式。举办 4 期《仲裁法》培训班，参加人数 150 人，推进了《仲裁法》宣传工作。

三、加强仲裁员队伍建设，提高仲裁案件的质量

昆明仲裁委员会换届工作结束后，为建立一支精干的仲裁员队伍，通过经济、司法等部门推荐，经昆明仲裁委员会审核，昆明仲裁委员会第二届委员会第一次会议批准聘任了 143 名仲裁员，通过仲裁法培训和专题考试后，8 月 19 日昆明仲裁委员会主任邹纲仁向 143 名仲裁员颁发了仲裁员证书，并在报刊上向社会发了公告，建立了一支数量适当，素质较高，年轻精干，结构合理的专业型队伍，为全面推行仲裁法律制度、提高办案水平提供了组织保障。

四、依法办案、扩展业务

2000 年，昆明仲裁委员会在办理仲裁案件过程中，坚持以事实为依据，以法律为准绳，公正、及时、审慎、勤勉地办理各类仲裁案件，不断提高办案水平和质量，杜绝冤假错案。全年共受理仲裁案件 56 件，争议标的 1.7 亿元，其中购销合同纠纷 19 件，建筑工程纠纷 9 件，房地产纠纷 6 件，租赁合同 6 件，承包经营合同 3 件，知识产权合同 1 件，共结案 39 件（含裁决、调解、合解、撤案），结案率 69.64%。办案做到廉洁、优质、高效。为保障社会主义市场经济健康发展起到了积极作用。

五、加强办事处、联络处管理工作

为贯彻省政府办公厅文件精神，昆明仲裁委员会在大理、楚雄、保山、红河、西双版纳 5 地设立了仲裁办事处，将昆明仲裁委员会仲裁业务辐射到各地。为加强办事处的管理，在大理召开了各地办事处主任会议，并经昆明仲裁委员会四次委员会会议审议通过了《昆明仲裁委员会办事处的管理办法》，规范了对全省各地所设立的仲裁办事处的管理，使其较好地在市场经济中发挥作用。为进一步推行仲裁法律制度，扩大仲裁服务领域，以适应西部大开发的发展，9 月份在昆明市政府经济技术协作办公室设立了昆明仲裁委外地驻昆机构联络处。

六、加强交流与合作

6 月份，经国务院法制办批准，第五届全国仲裁经验交流会议在昆明召开。与会代表认为，

这是一次高水平、高规格、高质量的全国仲裁会议。昆明仲裁委也派人出席了在长沙召开的推行仲裁法律制度现场会议、在西安召开的仲裁法研讨会和在青岛召开的保险系统推行仲裁法律制度现场会议。

云南统计工作述评

云南省统计局局长　赵钟岳

2000年是世纪之交的重要一年，也是云南省统计改革与建设、机遇与挑战并存的一年。在省委、省政府及国家统计局的领导下，全省各级统计部门和广大统计人员高举邓小平理论伟大旗帜，认真学习贯彻江总书记“三个代表”重要思想和党的十五届五中全会精神，以提高统计数据质量为中心，下大力气改革统计工作生产方式及机关工作作风，以提供优质服务为中心，突出重点，狠抓落实，进一步开创了全省统计工作的新局面，为云南的改革开放和经济建设作出了积极贡献。

一、统计数据质量管理

统计数据质量是统计工作的灵魂。2000年，全省各级统计部门采取各种有力措施，促进了统计数据质量的提高。

（一）严格执行国家各项专业统计报表制度。按照国家统计局的要求，加强以国内生产总值（以下简称GDP）为中心的数据质量评估工作，进一步细化评估指标和评估办法。在全省范围内形成了一套各专业相互配合，重点突出，逻辑性较强的审核、评估统计数据质量的方式方法。

（二）加强统计基础工作。加大建立健全基层调查单位统计台帐、原始记录及相应管理制度的力度，特别是进一步完善了《农村抽样调查基础工作规范化制度》和《农村基层统计工作规范化方案》。同时，加强对农村乡镇统计网络的建设和基层统计人员的培训，有力地促进了数据质量的提高。

二、第五次全国人口普查工作

在情况空前复杂，工作难度非常大的情况下，根据国务院统一部署，经过各级政府、统计局和普查机构的努力，云南省高质量地圆满完成了第五次全国人口普查登记工作，取得了阶段性的重要成果。

（一）狠抓组织领导。全省各级政府按照国务院和省政府的要求，切实加强组织领导，把第五次全国人口普查列入各级政府的重要议事日程。政府主要领导既挂帅又出征，分管领导具体抓，切实解决了工作中的许多重点、难点问题。

（二）搞好两个深化。一方面深化普查工作，将传统的、具有云南民族特色的形式与现代传播手段相结合，宣传工作有声有色，成效显著。另一方面强化部门协调，紧密配合，协同作战，形成了齐抓共管的良好氛围。

（三）抓住四个关键。重点抓住培训试点、普查物资准备、调查摸底、普查登记四个关键，为确保人口普查数据质量奠定了坚实的基础。

（四）严把现场登记关。现场登记是整个普查工作的核心，是对前一阶段准备工作的检验，也是后一阶段工作的基础。登记期间全省各级人普机构都建立了24小时值班制度，保持上下联系；派出大量人员深入基层加强检查、指导和督促，随时掌握现场登记工作进展和质量，发现问题及时解决。

（五）建立了人口普查数据处理网络。根据数据处理方案要求，在较短时间内完成了争取资金、技术支持、设备安装与调试、人口培训及16个地州（市）的网络开通，利用人口普查数据处理工作，初步建立了国家——省——地州（市）广域骨干网，推进了全省统计信息自动化建设与应用。

三、统计制度方法改革

按照国家统计局的总体部署，云南省积极探索，大胆实践，统计制度方法改革步伐明显加快。

（一）加快推进抽样调查技术的应用。2000年，在全省范围内，个体批发零售贸易业、餐饮业调查完成了由全面报表向抽样调查的过渡。旅馆业企业抽样调查对部分无效样本进行了及时更换。农村经济调查方面，积极稳妥地完成了县以下抽样样本转换工作；畜牧业抽样调查采用了新网点。认真组织实施了农村经济核算省级试点。工业统计方面完成了规模以下工业抽样调查。同时，个体私营经济调查也采用了抽样调查方法。

（二）统计资料汇总方式的改革向纵深发展。工业统计顺利实施了规模以上工业企业经济效益月报企业直报制度，进行超级汇总。同时，实行了生产月报分企业上报，进行超级汇总。固定资产投资统计将500万元以上项目数据扩大到50万元以上。定期报表由过去报送综合库改由上报基层库，实行超级汇总。对纳入国家的重点房地产企业，进行了联网直报的各项筹备工作。

（三）加快了价格统计制度方法改革。生产投资价格调查方面，工业品的采价方式由时期价改为时点价，上报时间提前了十多天，消费价格调查实行新旧制度双轨运行，在按照新方法制度采价、登记的同时，认真完成原制度下的采价、编制指数工作，为2001年编制以2000年为基期的居民消费价格定期指数做好了准备工作。工业生产指数试算方面，在做好宣传准备工作的同时，进一步加强了对地县工作的指导；同时，还积极承担和完成了“工业品价格指数紧缩法”国家级试点任务。

（四）开展一系列专项调查和监测体系工作的建立。根据云南经济发展的需要和省委、省政府的要求，建立了《云南省个体私营经济统计调查制度》，并于2000年4月开始实施。对《云南新兴生物资源产业开发统计调查制度》进行了修改、完善，继1997年后再次承担和圆满完成了调查任务。新的《旅游业统计制度》也正在研究中。同时，还开展了一系列专项调查和监测体系建立工作。如云南省个体私营经济固定资产投资重点调查、商品交易市场快速调查、高新技术产业快速调查、医疗卫生行业统计调查、企业景气调查、上市公司调查、体育彩票市场调查、三条社会保障线快速跟踪调查、知识产权调查、妇女基本情况调查等专项调查，并建立了重点企业、企业集团、上市公司、省委大中型工委管理与联系的重点企业和企业集团等5个监测体系，还受云南红塔集团委托，开展了“云南红塔企业集团统计报表制度研究”。

四、统计信息咨询服务

2000年，全省各级统计部门围绕党委、政府的中心工作和普遍关心的“热点”、“难点”问题，加强经济运行监测，积极开展统计调研，认真搞好信息资源开发，取得了明显效果。

（一）强化经济运行监测，及时向党委、政府反映经济发展情况。省统计局坚持每月15日前及时向省委、省政府报告全省经济运行态势和存在问题，逢季度、年度分析既提供情况、特点、问题和原因，又提出发展趋势与对策建议。这些报告已成为省委、省政府掌握全省经济发展动态，指导全省经济工作的重要依据。各地统计部门也把对经济运行的监测作为重点，向各级党政领导提供了大量的进度分析报告，受到充分肯定。

（二）围绕热点、难点问题，认真开展专题研究。2000年，全省各级统计部门在抓好基础工作，确保数据质量的同时，重视统计分析，加强与有关部门的合作，课题研究与专题分析取得了新的成绩。仅省局就完成《云南农村劳动力就业问题研究》、《云南农村社会环境与经济发展水平问题研究》、《云南城市化的战略选择》、《个体私营经济发展问题与对策》等20多项课题或专题分析报告，受到省委、省政府和有关部门的重视。其中《对云南经济增长率回落的分析》专题报告，省委、省政府领导作了上千字的重要批示，并作为省委六届十次全会的参阅材料印发；许多专题报告还入选省委、省政府和有关部门刊物。

（三）政务信息开发与组织上报工作成绩显著。为加强统计政务信息工作，各级统计部门都提出了新的要求。信息采集要求抓重点、难点和热点，充分在信息的深度、高度和广度上做文章；信息报送严格要求做到“三性”，即针对性、时效性和真实性。同时，坚持考评，把信息工作落实到单位、地州和个人，形成了信息工作的良好氛围，信息工作取得显著成绩。2000年省委、省政府、中办、国办和国家统计局采用省统计局上报信息389条，比上年增长近一倍，分别被省委、省政府授予信息工作最高奖项一等奖和特等奖。

（四）统计新闻宣传力度进一步加大。2000年，在继续坚持每季度召开一次经济形势新闻发布会和对统计新闻制度进一步规范、完善的同时，省统计局还与《云南日报》、《云南经济日报》、《中国信息报》、云南广播电台、云南电视台、云南经济电视台等新闻媒体建立了较为稳定的信息发布网络，信息发布开始向多途径、多形式、多手段发展。

（五）继续做好云南农村贫困监测、小康监测、国家物价点监测和妇女儿童NPA监测等多项工作，为省委、省政府领导和有关部门提供了科学的决策依据。

五、统计法制建设

2000年，全省认真贯彻落实中办和国办《关于坚决反对和制止在统计上弄虚作假的通知》精神，以提高统计数据质量为中心，统计法制建设取得了新的进展。

（一）继续加强全省统计普法教育。2000年，以新修订的《统计法实施细则》和《云南省统计管理条例》公布为契机，全省再次掀起了《统计法》宣传的高潮。省统计局共印制发放了4.5万册《统计法律法规学习手册》和2000张《云南省统计管理条例》塑料挂张。同时，深入县（市）采取多种形式大力宣传统计法律法规，增强了基层统计人员的法律意识，提高了知法、守法、执法的自觉性。

（二）加大统计执法力度。根据国家统计局《关于做好2000年统计执法检查的通知》精神，省统计局共组织7个检查组分赴10个地州（市）进行了重点检查，共查处57件统计违法案件；还两次专门组织了固定资产投资项目数据质量检查。同时，加强了对部门统计调查项目的审批管理，共完成7个部门10个云南地方统计调查项目的审批复议工作，对违规行为进行了严肃处理。

六、机关思想政治建设与干部队伍建设

（一）切实加强机关思想政治建设。为巩固“三讲”教育的成果，扎扎实实地开展了“三讲”教育回头看活动，制定出一系列整改措施，促进了各项工作的顺利开展。认真组织了对江总书记“三个代表”重要思想的学习。同时，为加强党风廉政建设，成立了以局领导为组长的局党风廉政建设领导小组，制定了必要的规章制度；根据中纪委等部门的部署，认真组织开展了反腐倡廉警示教育活动。

（二）干部队伍建设迈出较大步伐。省局（队）机关处级干部空缺十分严重的情况得以缓解，机关干部队伍建设得到明显加强。同时，进行了处级以下干部的交流和职位轮换，仅在机构改革中交流轮岗面就达28.4%。

（三）省局机关机构改革圆满成功，达到了“因岗配人，人尽其才”改革目标。一是划清行政、事业单位和人员属性，初步实现了机关职能的转变。二是局机关人员按要求得到了精简，干部队伍文化程度高、年龄轻。在机关工作人员中大专以上文化程度达97.9%，40岁以下人员达62.8%。三是工作效率得到提高。在全局干部职工（含分流人员）的努力下，做到了思想不散，秩序不乱，工作不断，全省统计工作没有因机构改革而受到大的影响。

第四篇　地州市经济发展概况

昆明市经济发展概况

市长　章振国

2000年是“九五”计划的最后一年，全市人民深入贯彻党的十五大精神，按照中共昆明市委的部署，执行扩大内需方针，调整经济结构，促进投资增长，推动了城市形象的提升，保持了民族团结和社会稳定，基本实现了十届人大六次会议批准的经济和社会发展计划。

一、国民经济

2000年，全市国内生产总值625亿元，同比增长8.4%，“九五”期间年均增长11%，实现了预期目标。农业形势良好；工业效益改善；全社会固定资产投资扭转了负增长的局面，与上年持平；财政总收入119.4亿元，地方财政收入56.3亿元，增长7.5%；三次产业比重为8.2∶47.2∶44.6；非公有制经济占国内生产总值比重达34.9%，比上年提高1个百分点。

二、农　业

全市投入支农资金5.6亿元，加强农田水利基本建设，推广运用科学技术，以市场为导向，调整优化农业产业结构，发展高效农业和现代农业。农村综合生产能力继续提高，农业产业化经营逐步发展，农业总产值、增加值和农民人均纯收入分别增长7.7%、3.5%和5%，完成年度预期目标。全年粮食总产量达123.2万吨；烤烟收购7.8万吨，中上等烟比重为92.6%，连续4年被评为全国、全省烤烟生产收购先进市。乡镇企业营业总收入超过1000亿元，创历史最好水平。花卉、蔬菜、畜牧等优势产业的生产量和商品上市量增加，其中，主要品种的外销比例提高；水利化程度达到70%，全市造林面积、各类水利工程建设分别完成年计划的102.5%和124%。气象监测和防灾系统建设得到加强。

三、工业·第三产业

全市落实国有企业改革的政策措施，加快工业改组改造，强化管理，扶优扶强，推进技术进步，完成16项重点技改项目，压缩淘汰落后生产工艺，为企业内强素质、调整产品结构和促销增效创造良好环境。2000年，继续抓好国有工业企业改制工作，依法对3户大中型和8户中小企业实行破产，冲销呆坏账2.2亿元，全面放开搞活中小企业，进行股份合作制等多种形式改制。以昆烟为试点，开始启动剥离企业办社会职能工作。进一步落实扭亏增盈责任制和扶持资金，帮助企业脱困，列入考核的市属199户国有企业的亏损面由36%降为27%，基本实现扭亏增盈目标。经过3年的努力，列入考核的71户国有大中型工业企业改制面为87%。21户国有大中型企业基本实现改革和脱困目标。

工业经济快速增长，效益逐月上升。全年实现工业增加值240亿元，同比增长8.8%，国有及规模以上工业企业利税总额69.2亿元，增长6.4%，实现利润增长28.5%，产销率为98%，各类企业的经济效益综合指数都有不同程度提高。

第三产业成为经济增长的重要推动力量。增加值年均增长13.2%。对GDP的贡献率由22.5%提高到48.8%。商品短缺状况基本结束，多元化流通格局初步形成。跻身全国10大旅游热点城市，首批进入“中国优秀旅游城市”行列。金融保险、交通运输迅速发展。信息技术得到广泛应用，信息网络开始深入社会经济各个层面。经济结构在发展中得到调整，产业结构调整取得成效。“两烟”支柱产业继续巩固，旅游业不断发展壮大，传统工业调整初见成效，高新技术产业快速发展，法律服务、房地产等新兴产业迅速崛起。多种所有制经济共同发展。县（市）区经济在发展中调整提高。

四、重大工程建设

全年执行扩大内需方针和积极财政政策，围绕重点工程，加强资金协调工作，鼓励社会投资，扭转了上半年固定资产投资负增长的情况，全市完成固定资产投资239亿元，与上年持平。计划实施基本建设项目50个，年内已竣工29个，其中，14个国债项目完成总投资的95%。为扩大投资需求，市级财政基本建设预算加上净结余和追加投资计4.4亿元，城市维修费投入3.6亿元，争取金融贷款4.4亿元，保证了全市重大水利、交通、治理滇池、燃气供应安全以及文教、政法等方面的建设项目，发挥了财政投资的积极作用。掌鸠河引水供水大坝枢纽工程进展顺利，第七自来水厂开工建设，水库淹没区第一批3000多人顺利迁入新居，城市日供水能力达到69.3万吨；新建改扩建城市道路69条，行政村基本实现村村通公路。落实日本协力银行贷款1.7亿美元。入滇池河道清污分流整治工程及其余8项新建市政基础设施项目进展顺利，已竣工6项。柴石滩水库和车木河水库主体工程基本完工，东部、北部污水处理厂和一水厂扩建完成土建工程。全市农村电网改造累计完成总投资3亿元，为计划总投资的70%。电信本地网实现光纤化，城市市话普及率达45%。30万户用电农户进行了“一户一表”改造，为应改造总数的50%以上。房地产开发完成投资62亿元，竣工面积241万平方米，住宅小区达到245个，大批居民搬入新居。

完成《昆明城市总体规划》修编工作，分区规划、专项规划、详细规划编制得到加强。进一步强化了政府管理城市的职能，开展大规模的城市环境综合治理，市容市貌发生显著变化，市区公用事业社会化程度有所提高。

五、商贸旅游业

2000年，全市商贸流通体制改革进一步深化，便民超市、连锁店等新型营销业发展迅速。城乡市场的有效供给增加，消费品价格平稳。全市社会消费品零售总额为239.5亿元，实际增长13.5%。旅游会展经济推动了商贸、交通运输、邮电通信、餐饮等服务行业的发展；个人消费信贷出现多元化，商业银行投放住房、汽车、耐用消费品和教育等方面的贷款增加，重要生产资料销售量有所回升。旅游业继续发展，全年接待海外旅游者52万人次，创汇1.4亿美元；接待国内旅游者1106万人次，旅游业综合收入101.9亿元。

六、经济体制改革

全市国有大中型企业改革面为85%，重点考核的21户企业基本实现脱困。初步建立国有资产管理营运体系。组建云内等15户工商企业集团，绝大多数的中小企业进行了多形式改革。实施兼并破产，减员增效，市属国有企业资产负债率由70.3%下降到55.8%。

社会保障制度初步建立，养老、失业、工伤、生育保险覆盖面进一步扩大。医疗保险改革启动，“三条保障线”制度基本建立，国有企业下岗职工基本生活费和离退休人员基本养老金按时足额发放，下岗职工分流安置率达到70.5%，城镇登记失业率控制在2.5%以内。

国民经济市场化程度进一步提高，一般消费品基本由市场定价。新建劳动力市场和再就业服务中心，市场在资源配置中的基础性作用明显增强。财税、投融资、外贸等改革取得积极进展。

落实党在农村的各项政策，土地承包期延长30年工作顺利完成。村级管理体制改革基本结束，农民负担低于国家规定限额。乡镇企业产权制度改革积极推进，粮食流通体制改革成效显著。

七、外贸出口

努力营造良好的投资环境，壮大外贸出口企业队伍，多元化开拓国际市场取得明显进展，出口商品种类增加，工业制成品出口比重提高，自营出口拓展到80多个国家和地区。海关进出口总额11.5亿美元，其中出口7.1亿美元，分别增长5.6%和15.3%。新批准外商投资企业35

户，增长7户，合同外资1.1亿美元，利用外资嫁接改造国有企业和农业综合开发有了突破。“九五”期间，批准设立外商投资企业249户，累计达到1295户，实际利用外资8.7亿美元。外商投资企业累计完成税收14.5亿元，，是“八五”的4.1倍。兴办境外企业，对外工程承包和劳务合作有新的发展，3个开发区累计实现收入265.8亿元，正在成为新的经济增长点。2000年，通过花卉、旅游、民族服饰等会展形式，进一步扩大招商引资领域，昆交会外经贸成交额5亿美元，国内协作资金37亿元。首届中国民营企业交易会签约项目69个，协议资金总额39.8亿元，促进了开放型经济发展。

国际友好城市关系继续巩固和发展，与玻利维亚科恰班巴市和泰国清迈市结为友好城市。海外联谊活动和民间交流日益增多，实施国内协作项目650多项，引进到位资金31.4亿元。外地驻昆各类机构3000多个，与湛江、杭州、宁波、长春等市和迪庆州结为友好城市。

八、各项社会事业

组织实施重点科技攻关项目58项，推动了农业结构调整和企业传统技术改造。市属应用型科研机构体制改革稳步进行，全市民营科技企业发展为1000多家，成为科技进步的重要力量。各类教育发展，引进和培养人才的工作力度加强。全面推进中小学素质教育，改善了一批薄弱学校办学条件，完成了基本普及九年义务教育和基本扫除青壮年文盲的任务，3所师范学校合并工作顺利进行，新建4所高标准中学的规划选址已完成。新建寄宿制小学100所，撤并“一师一校”教学点230多个。城镇教职工住宅成套率85%，处于全国领先水平。全年深化医疗卫生体制改革，加强疾病预防控制和卫生监督，城乡人民医疗条件和健康水平有所改善，县乡计划生育服务网络进一步健全，全市人口自然增长率为7.73‰。

九、人居环境和生活质量

2000年，以滇池为重点的环境综合治理取得新进展。新建两座污水处理厂，城市污水日处理能力由25.7万吨提高到36.5万吨。完成部分河段截污和整治工程。滇池治理“零点行动”实现预期目标。加强“烟尘控制区”和“噪声达标区”的建设和管理。城市大气环境质量达到国家二级标准，声环境及地表水环境质量有所改善。

绿化建设成效显著。新建5个绿化广场，建成区绿化覆盖率由21.7%上升为30.2%，人均公共绿地7平方米。天然林保护和退耕还林还草工程取得积极成果，森林植被覆盖率由34%提高到48%。

城乡人民生活总体上达到小康水平，城镇居民人均可支配收入和农民人均纯收入分别比1995年增加2824元和785元。城镇居民居住条件改善，生活水平提高，城镇居民人均住宅建筑面积达到17平方米，农村居民人均居住面积26平方米。全年基本完成全市扶贫攻坚计划，新解决2万农村贫困人口的温饱问题；继续完善了城乡职工基本养老、失业保险和城镇居民最低生活保障制度为基本框架的社会保障体系，增加社会保障投入，确保国有企业下岗职工基本生活费和离退休人员基本养老金按时足额发放。努力扩大就业渠道，开展扶贫济困，加大再就业工作力度，全年下岗职工累计完成就业9727人。

十、存在问题

主要问题是：(1) 投资需求增长减慢，有效需求不足，结构调整中的深层次矛盾更为显著；受农产品价格下降因素影响，农民增收难度加大，城乡和县区经济发展不平衡，非公有制经济发展不足；(2) 企业贷款困难，资金紧张的状况仍然突出，工业产品更新换代慢，经济整体素质还不高；(3) 科技教育水平不高和基础设施滞后的状况，仍然制约着经济的发展。

曲靖市经济发展概况

市长　王学智

2000年是为新世纪、新千年打基础的一年。经过全市各族人民的共同努力，曲靖市国民经济保持了持续、快速、稳步发展的态势，社会事业取得新的成绩。全市国内生产总值达213亿元，比上年增长8.2%。第一产业实现增加值39.5亿元，增长3%；第二产业实现增加值90.6亿元，增长9.8%；第三产业快速发展，实现增加值69.5亿元，增长90%。

一、农业

2000年，全市各级党委、政府认真贯彻落实党中央、国务院保护和扶持农业发展的一系列政策，坚持把农业和农村经济放在发展国民经济的首位，农业生产获得全面发展。全市农业总产值达90.3亿元，按可比价格计算比上年增长7.0%。其中：农业产值52.4亿元，增长4.6%；林业产值1.7亿元，增长2.9%；牧业产值34.9亿元，增长10.1%；渔业产值1.3亿元，增长25.4%。

粮食生产由于种植面积减少，产量略有减少。粮食总产量为192.7万吨，比上年减少0.5%，其中小春粮食受自然灾害影响较大，总产32.3万吨，减少7.6%，大春粮食总产160.4万吨，增长0.99%。油料作物实现恢复性增长，总产5.7万吨，比上年增长5.1%。

烤烟产量有所增加，质量有所提高，蚕桑、林果等产业发展较好。烤烟产量17.6万吨，比上年增长5.6%，蚕茧产量5206吨，增长5.5%。水果生产由于受自然灾害的影响，产量5.4万吨，比上年减少3.8%。

畜牧业生产有所好转，呈良好的增长趋势。全年生猪存栏355.3万头，比上年增长2.0%；生猪出栏385.1万头，增长9.2%；大牲畜年末存栏100.9万头，增长1.6%；羊存栏106.4万只，增长2.8%；肉类总产量42.8万吨，增长12.1%；水产品总量2.1万吨，增长15.9%。

全市农业生产条件进一步改善，农业投入增加。全年化肥施用量18.6万吨，比上年增长3.5%，农村用电量3.5亿千瓦小时，增长5.7%。

二、工业

2000年，全市工业总产值继续增长。工业总产值166.3亿元，比上年增长11.6%，其中，500万元以上企业工业总产值122.4亿元，增长13.1%，500万元以下企业工业总产值43.9亿元，增长7.6%。烟草工业产值38.9亿元，增长3.2%。

在500万元以上企业工业总产值中，轻工业产值完成46.5亿元，增长5.6%，重工业总产值完成75.9亿元，增长17.6%。国有工业完成88.3亿元。增长7.7%；集体工业完成8.8亿元，增长6.9%；其他工业完成25.3亿元，增长33.6%。由于市场竞争激烈，部分产品受市场需求制约等因素影响，主要工业产品产量有增有减。全市（含驻曲中央、省属工业企业）主要产品产量：原煤953万吨，减少13.6%；焦炭174.9万吨，减少6.8%；发电量89.1亿千瓦小时，减少4.9%；水泥234.5万吨，增加3.1%；汽车1.92万辆，增加204.7%；卷烟93.8万箱，增加2.5%。

三、固定资产投资

固定资产投资增加，基础设施进一步改善。全市全社会固定资产投资完成63.5亿元，比上年增加10.2%。其中，地方全社会固定资产投资完成32.9亿元，增长3.6%。在全社会固定资产投资中，国有及国有控股投资完成49.1亿元，增长14%，集体单位投资完成5.9亿元，下降9.8%，城乡个人投资完成6.9亿元，增长9.1%。

在国有及国有控股固定资产投资中，基本建设投资完成35亿元，增长12.5%，更新改造投资完成11.5亿元，增长45.7%，其他固定资产投资完成0.9亿元，下降43.7%，房地产开发投资完成1.7亿元，下降30.3%。

全市基本建设和更新改造在建项目680个，比上年增加16个，其中，新开工项目450个，增加30个；基本建设和更新改造施工面积完成262.1万平方米，增长8.7%；完成竣工面积190.9万平方米，增长7.6%，其中，完成住宅竣工面积130万平方米，增长7.4%。

四、交通、邮电

2000年，全市交通运输得到较快发展。全年列入国家统计的公路里程达1.09万公里，比上年增加239公里。

全市完成邮政业务总量2179万元，比上年增长34%。完成电信业务总量2.13亿元，增长9.9%；完成移动业务总量3.81亿元，增长135.1%；完成国信寻呼业务总量221.7万元，增长23%。年末，全市拥有电话户数15.6万户，比上年增长21%。无线寻呼用户达16.6万户。GSM移动电话用户达14.95万户。

五、国内外贸易和市场物价

国内消费品市场供应充足，销售有所增长。2000年，全市社会消费品零售额达47.3亿元，比上年增长7.1%。分经济类型看，国有商业完成10.6亿元，增长0.2%；集体商业完成6.9亿元，增长8.8%；个体私营经济完成23.6亿元，增长9.3%，其中个体经济完成20.8亿元，增长11.6%；其他经济完成6.2亿元，增长10.1%。

2000年，全市外贸出口总额达1634万美元，比上年增长16.5%，进口总额80万美元，增长185.7%。

市场物价平稳，全年居民消费品价格和商品零售价格分别比上年下降1.9%。

六、财政、金融、保险

2000年财政收入增长，金融形势正常。全市实现地方预算收入14.1亿元，比上年增长1.0%；全年财政支出完成25.6亿元，增长4.7%。金融机构年末存款余额177.6亿元，比上年增长11.0%，其中，城乡居民储蓄存款达90.8亿元，增长11.8%；全年金融机构贷款余额达140.9亿元，增长3.6%。货币投放28.5亿元，下降4.2%。

保险事业取得新的进展。全市财产保险承保额达201.3亿元，比上年下降32.8%，财产保险费收入1.76亿元，增长1.88%；人寿保险承保额达365.7亿元，增长252.6%，保费收入2.2亿元，增长15.5%。

七、社会事业

2000年科技队伍逐步壮大，科研和科技推广成效显著。全年全市企事业单位具有专业技术职称人员7.5万人，比上年增长4.8%，其中，高级职称1378人，增长4.3%，中级职称1.76万人，增长8.3%。全年申报科技进步奖49项，获奖35项，其中，一等奖3项，二等奖9项，三等奖24项。申报星火奖13项，获奖13项。

教育事业取得新的发展，义务教育工作稳步推进。2000年全市有各类学校2455所，其中，高等学校1所，中等专业学校8所，职业中学20所，普通中学254所，小学1998所，幼儿园175所。各类在校学生98.9万人，比上年下降7.0%。

文化事业进一步发展。全市有各种艺术表演团体10个，群众艺术馆1个，公共图书馆11个，总藏书量934千册。有线广播电视台9个，乡广播电视站33个，全市广播覆盖率达94.87%，电视覆盖率达93.02%。

卫生事业稳定发展。全市有卫生机构222个，共有病床9178张，比上年增加179张，有卫生技术人员8916人，其中：中西医师3228人，护师、护士2807人。拥有医院174所。

城市建设、环境保护取得新的成绩。2000年，全市建成区绿化覆盖面积达615公顷，建成区绿化覆盖率达7.1%，城市人均公共绿地达4.1平方米。全市城市出租车达3178辆。全市工业废水排放达标量为1427万吨，达标率为69.6%，比上年提高57%。

八、人口与人民生活

人口增长得到有效控制。2000年，全市年末总人口达545.07人，比上年增长1.8%，其中，非农业人口达64.67人，增长2.5%。人口自然增长率为11.05‰。

城乡居民收入稳定增长。2000年城镇居民人均可支配收入达6300元，比上年增长2.3%；农民人均收入达1463元，增长16.8%。

职工工资水平进一步提高。2000年，全市从业人员工资总额达25.7亿元，比上年增长14.1%，在岗职工人均工资9445元，增长16.8%。全市从业人员人数达27.1万人，比上年下降4.6%，其中，国有单位职工人数24.3万人，下降3.5%。全市离岗职工2.2万人。

九、存在问题

在经济社会发展中还存在一些突出的矛盾和问题：经济结构不合理、人才缺乏、基础设施滞后等仍然是制约全市经济社会发展的“瓶颈”。农民增收难，企业解困难，财政平衡难；农业产业化经营水平不高，企业整体素质和竞争力不强，高新技术产业发展滞后，非公有制经济发展不快，对外开放整体水平不高，城市化水平低，影响社会稳定的因素仍然突出，部分干部思想不够解放，创新意识不强，形式主义和官僚主义不同程度存在。

玉溪市经济发展概况

市长　孙学明

2000年，玉溪市紧紧抓住国家西部大开发战略的机遇和中央继续实行积极的财政政策的有利时机，围绕市委工作会议和市人代会提出的经济发展目标和“农民增收、企业增效、财政增长”的工作思路，调整结构，深化改革，扩大开放，促进了全市经济社会的稳步发展，取得了新的成绩。全市现价国内生产总值达到294.55亿元，按可比价格计算比上年增长3.2%，其中，第一产业27.34亿元，增长7%，第二产业201亿元，增长2.9%，第三产业66.21亿元，增长2.2%，人均现价国内生产总值1.47万元。全市现价工农业总产值339.95亿元，按1990年不变价计算为171.46亿元，比上年增长6.7%。

一、农业

2000年，玉溪市农业种植结构进一步调整，加快农业产业化经营步伐，促进农产品结构优化，使农业生产的综合效益进一步显现，实现了农业增产，农民增收。全市现价农业总产值达44.12亿元，按1990年不变价计算为21.79亿元，比上年增长7.1%，是自1996年以来增长最快的一年。主要农产品产量中，粮食因面积调减和小春自然灾害严重，总产量比上年有所下降，但仍达6.12亿公斤；烤烟产量突破1亿公斤，达1.056亿公斤，上中等烟比重达到87.99%，比上年提高11.78个百分点；油料总产、蔬菜总产和包谷单产再创历史最高水平，其中油料总产达1878万公斤，蔬菜总产达5.7亿公斤；粮食作物与非粮作物的比例关系由上年的59.4∶40.6调整为54.2∶45.8，种植结构得到进一步优化。农业生产条件继续改善。年底，全市实有高稳产农田94.34万亩，占耕地总面积的54.4%，水利化程度达到73.8%。

全市畜牧业产值达6.67亿元（1990年不变价），比上年增长8.1%；肉蛋奶总产量达到1.3亿公斤，增长7.3%。水产品产量持续增长，名特优水产品含量增加。全市渔业产值4572万元（1990年不变价），增长1.8%；水产品产量达1.02万吨，增长1.9%。完成造林合格面积18.02万亩，四旁零星植树473万株；退耕还林3.04万亩。

乡镇企业继续深化改革，加大发展力度，加

快产业结构调整步伐，推进科技创新，强化企业管理，促进了乡镇企业健康稳定发展。全市乡镇企业营业收入达到 226.46 亿元，比上年增长 15%；完成现价总产值 183.03 亿元，增长 15.8%；实现利税总额 12.38 亿元，实交税金 5.39 亿元，分别增长 17.7%和 16%。年底，全市乡镇企业发展到 6.79 万个，从业人员达 27.9 万人。个私经济快速发展，年内，个私经济营业收入达到 185.48 亿元，比上年增长 28%。

二、工业、建筑业

工业企业改革进一步深化，工业生产总量扭转了下降局面，市县工业经济效益改善，工业运行水平提高。由于卷烟产量增加和市县工业增长较快，拉动了全市工业由上年下降转为增长。全市现价工业增加值达到 189.88 亿元，按可比价格计算，比上年增长 3.3%；现价工业总产值 295.83 亿元，1990 年不变价工业总产值为 149.67 亿元，比上年增长 6.6%。

市县工业经济效益明显改善，随着国内经济环境的改善，有些重要工业产品价格的回升以及扭亏减亏、扭亏增盈工作力度的加大，全市扭转了市县工业经济效益连续 3 年下滑、1999 年全行业净亏损的局面，实现了经济效益的明显好转。全市限额以上独立核算的市县属工业企业（即不含中央省属工业）实现利税总额 4.76 亿元，比上年增长 2.68 倍，实现利润总额由上年的净亏损 2.1 亿元转为净盈利 9853 万元；亏损企业由 102 户减少到 91 户，亏损面由 46.3%下降为 44%，亏损总额由 4.73 亿元减少为 2.63 亿元，减亏 2.1 亿元，下降 44.4%。

建筑业平稳发展。全市建筑业现价增加值 11.13 亿元，按可比价格计算比上年下降 1.8%；完成现价总产值 31.03 亿元，增长 11.2%；实现利税总额 1.51 亿元，增长 26.1%。年底全市共有建筑施工企业 937 个，从业人员 7.39 万人。

三、固定资产投资

随着元磨公路开工建设形成投资以及工业、邮电等投资的增长，拉动了全市固定资产投资总量由降转升。全市完成固定资产投资 58.33 亿元，比上年增长 5.3%，其中，中央省属项目投资 24.46 亿元，增长 37.4%，市县属单位投资 33.86 亿元，下降 9.9%。

全市工业投资完成 10.25 亿元，比上年增长 29.7%，扭转了工业投资连续 4 年下降的局面，其中，电网改造投资 2.41 亿元；农林牧渔业投资 1.41 亿元，交通运输投资 18.85 亿元，邮电通信投资 3.71 亿元。全市新增固定资产 74.62 亿元，增长 68.4%。年内共有 1706 个项目建成投入使用，主要项目有：总投资 36.63 亿元、全长 112 公里的玉元高速公路（2000 年 10 月 29 日建成通车）、澄川公路、中心城区玉带路、杯湖路、元江城市道路、玉溪红塔集团中试车间项目、玉溪移动通信公司新建项目、玉溪市医院内科大楼、玉溪市工商银行办公大楼、江川阳光海岸培训中心等。

四、交通运输、邮电

至 2000 年年底，玉溪市公路总里程达到 1.39 万公里，比上年增加 436 公里。其中，高速公路达到 141 公里、二级公路达 201 公里，高速和二级公路占全市公路总里程的比重从上年的 0.79%提高到 2.48%。年内，全面启动了县乡公路油路、水泥路面铺筑及乡村公路提高抗灾能力和村社公路通达工程。全市公路运输客运量完成 1107.1 万人次，比上年增长 9.8%；旅客周转量 9.36 亿人公里，与上年基本持平。完成货运量 2222.5 万吨，下降 5.2%，货物周转量 20.11 亿吨公里，增长 3.2%。昆玉铁路完成货运量 104.5 万吨，比上年增长 14.4%，其中，运出 45.6 万吨，运进 58.9 万吨，分别增长 18.4%和 11.5%。

全市邮电业务总量达 6.56 亿元，增长 56.4%，实现业务收入 4.62 亿元，增长 32.5%；固定电话交换机总容量发展到 29.25 万门，电话机总数达到 21.03 万部；移动电话发展迅猛，用户达到 15.8 万户。电话普及率每百人达到 18.5 部。

五、财税、商业贸易和物价

2000 年，由于受卷烟因素的影响，全市财税总收入为 145.85 亿元，比上年下降 9.8%，其中，国税系统收入 126.3 亿元，下降 11.6%，地税系统收入 18.88 亿元，增长 1.5%。全市地方财政收入达到 26.45 亿元，增长 1%，在增收难度大的情况下，实现了增长目标。地方财政支出 28.03 亿元，增长 2.6%。

消费品市场平稳增长。全市社会消费品零售总额为35.86亿元，比上年增长2.3%（扣除物价下降因素，实际增长5.6%）。从经济类型看，国有经济零售下降2.9%，非国有经济零售增长9.3%。从行业看，批发零售贸易业下降4.1%，餐饮业增长5.7%，工业增长24.5%，农民对非农业人口零售增长31.5%。

市场物价总水平继续下降，服务项目价格继续上扬。全市商品零售价格总水平比上年下降3.1%；居民消费价格下降2.2%；农业生产资料价格下降0.5%；农贸市场农产品成交价格下降7.9%。

六、外向型经济

年内，玉溪市对外招商引资工作取得新成绩。全市新批准成立外商投资企业4家，批准增资企业1家，投资总额3260.1万美元，合同利用外资1133.7万美元，其中，实际到位资金376万美元。组织参加了2000年的昆交会、民营企业交易会、广西五省区投资贸易洽谈会、第四届中国投资贸易洽谈会、印度经贸洽谈会、柬埔寨（中国）商品交易会等6个国内外大型招商会，共签订外资投资协议项目14项，协议总投资253亿美元，协议利用外资1.35亿美元。

外贸进出口持续增长，出口商品结构改善，对外经济技术合作有了新的突破。全市外贸进出口总额达到1.26亿美元，比上年增长27.8%。外贸出口商品种类由上年的19类60个品种增加到到21类75个品种，出口商品中，农产品比重下降，工业品比重上升；同玉溪市有贸易往来的国家和地区从33个发展到53个，其中，出口国家和地区从29个增加到48个。玉溪市获得“对外经济技术经营权”之后，就工程承包、劳务输出等向周边国家拓展市场，承接了老挝国家体育运动场的改造工程，总投资173万美元。工程竣工后，质量和效率受到老挝有关方面的好评。

国内经济技术协作发展势头良好，成效明显。全市新签国内经济技术协作项目80项，启动实施61项（含上年结转2项）。经济技术协作有以下明显特点：一是项目合作从数量型、资源型合作为主转向质量型、科技型合作为主，玉溪市与全国各大专院校、科研院所的合作与交流逐步向纵深推进，一批省院省校、市院市校合作项目相继启动；二是“请进来”与“走出去”并重的双向开放格局已经基本形成；三是开辟了玉溪市与西北地区的合作；四是外来投资规模较大，独资企业增多，首次突破单项项目外来投资超亿元大关。

七、科技和教育

科技工作围绕加强技术创新，发展高科技，实现产业化这条主线，实施人才培养、高新技术产业、生物资源创新、现代化农业发展、技术创新5大工程取得了新的进展。取得了一批科技成果，科技队伍发展壮大。在加强市院市校合作方面，玉溪与省内外8所院校签订了全面、长期、稳定的科技合作协议，两年来共安排与院校合作项目37项（其中，省级安排9项），总投资2.26亿元，项目实施进展顺利。其中，已有3个重大项目（省校合作1项、市校合作2项）通过了省科技厅组织的科技成果鉴定，这3项科技成果在国内处于领先水平。在2000年云南省省院省校科技成果洽谈会上，玉溪市又与省内外的26所高校、科研院所签订了55项科技合作协议，在全省名列前茅。年内，有3个项目被列为国家2000年度火炬计划项目。

教育事业稳步发展。随着元江县实现“普九”，全市圆满完成了普及九年义务教育；组建玉溪师范学院的工作顺利完成，玉溪师院已于2000年10月正式挂牌运行。

八、文化、卫生和体育

文化事业进一步繁荣活跃。全市8个艺术表演团体年内共演出973场，其中，国外演出320场，国内观众达47.4万人次。玉溪滇剧团上演的大型古装滇剧《西施梦》在个旧举办的滇中南歌舞戏剧节演出，获得了综合奖排名第一的最佳演出奖。年内，玉溪市实现了行政村“村村通”广播电视的目标，正在向自然村“村村通”的目标迈进；全市广播、电视综合覆盖率分别达到97.8%和98.1%，卫星电视地面接收站发展到2053座。年内，玉溪电视台制作的反腐倡廉警示片《警钟为谁鸣》被评为全省惟一的一等奖。

卫生服务体系逐步健全。全市有医疗卫生机构376个，其中，县及县上医院32个，乡镇卫生院78个；病床总数5530张，比上年增加144张；卫生技术人员7984人，每万人中有卫生技术人员39.6人；农村有村级卫生所629个，设置医疗点 704 个，有乡村医生 1865 人。

体育工作广泛开展全民健身运动，提高人口身体素质和备战全省十一届运动会，举办和参加了多项体育赛事，并取得了好成绩。4 月，举办了玉溪市首届龙舟赛和云南省第二届横渡抚仙湖长游活动；玉溪市 4 名优秀残疾运动员入选省队代表云南参加了第五届全国残疾人运动会取得 7 金 2 银 4 铜和 1 个第四名的优异成绩；红塔区 91 名运动员参加了在大理举办的全省第四届城市运动会，取得了奖牌总数和团体总分均为第二名的好成绩；7 月，在通海举办的全省第五届农民运动会上，玉溪市参加了全部 6 个项目的比赛，夺得 19 枚金牌、14 枚银牌和 13 枚铜牌，金牌总数和团体总分名列前茅；8 月，玉溪市承办了玉溪“红塔杯”世界女排大奖赛。年内，红塔区获得全国体育先进县称号，6 个乡镇获全省体育先进乡镇称号。到年底，全市已有 3 个县区被评为全国体育先进县，56 个乡镇被评为全省体育先进乡镇。

九、环境保护

环境保护工作力度加大，重点工业污染源得到有效治理。全市确定的 81 家重点企业全部实现达标排放；加强基础研究，抓好在建项目，“三湖一海一库”污染防治取得新的进展，杞麓湖通过连续几年的疏浚和对湖区周围重点污染源的治理，到 2000 年第四季度，水质已由原来的Ⅴ类转向了Ⅳ类。“三湖一库”径流区面源污染防治试点工程已经启动，在 5 个县区实施了禁磷措施，从源头上控制了磷对水体的污染。玉溪市中心城区禁煤成果得到巩固，禁烧秸秆工作取得成效，使空气环境得到明显改善。根据监测评价，空气环境质量达到Ⅱ级标准，全省 14 个城市环境综合整治考核，玉溪市名列前茅。

十、人民生活

2000 年末，全市总人口为 201.68 万人，人口自然增长率为 9.3‰。全市职工平均工资首次突破万元达到 1.1 万元，比上年增长 15.3%；城镇居民人均可支配收入 7413 元，增长 6.1%；农民人均纯收入 2337 元，增长 3.7%。年底，全市城乡居民储蓄存款余额达到 100.49 亿元，人均储蓄 4983 元。

社会保障事业整体推进，各项改革措施不断完善。年底，全市有 4189 个单位（含个私经济）12.3 万职工参加养老保险，有 822 个企业 5.23 万职工参加工伤、生育保险；职工医疗保险改革于 2000 年 10 月 1 日正式启动，参保单位 3402 户，参保人员 15.29 万人；全市享受居民最低生活保障的人数达 4.7 万人，其中，城镇 1.53 万人，保障资金 1649 万元。年底全市城镇登记失业率为 2%。

十一、存在问题

主要问题是：（1）“两烟”产销形势严峻，产业结构单一的状况突出；（2）农业产业化程度不高，农民增收困难；（3）企业改革滞后，技术创新乏力，效益不高，亏损严重；（4）城乡结构仍不尽合理，城镇化进程还不适应经济和社会发展的需要；（5）投融资渠道单一，社会投资比重过小，保持投资规模较快增长任务艰巨；（6）新财源培育办法不多，力度不够，财政增收困难等。

云南人民广播电台

云南人民广播电台 创建于1950年3月4日。在党中央、国务院的亲切关怀下，在中共云南省委、云南省人民政府的领导下，几代广播工作者经过半个多世纪的艰苦努力，现已建成具有相当规模和较高水准的集采、编、播为一体的广播新闻媒体，主要技术设备的现代化程度达到了世界先进水平。为适应宣传工作的需要，云南人民广播电台经过多次改革、调整和充实，现办有卫星广播、民族语广播、对外广播、经济广播、音乐广播、交通广播六套节目。

云南人民广播电台的节目通过卫星、中波、短波、调频等几种手段用普通话、西双版纳傣语、德宏傣语、傈僳语、景颇语、拉祜语、越南语向国内外广播，每天累计播音近80小时。

云南人民广播电台坚持正确的舆论导向和新闻的党性原则，各套节目根据自己的宣传任务，从实际出发开办了独具特色、深受听众欢迎和喜爱的广播节目。迅速、快捷、大容量的新闻报道；丰富翔实、脍炙人口的专题栏目；高保真的立体声调频广播；主持人直接与听众热线交流；异彩纷呈、绚丽多姿的音乐、戏曲、文学、广播剧等文艺节目；各种知识性、趣味性、服务性、娱乐性节目及广告信息节目同时并举，交相辉映，不断地满足了广大群众精神文化生活需要，赢得了广大听众的赞誉和厚爱。自八十年代以来，采编、制作的众多节目在全国、全省获奖，其中广播剧《关肃霜》、《及格保险公司》、《山娃看戏》连续三年获中央宣传部五个一工程奖，为云南争得了荣誉，被中央人民广播电台选播的稿件数量不断增加，名列前茅；较好地发挥了“广播电视是教育、鼓舞全党、全军和全国人民建设社会主义物质文明、精神文明的最强大的现代化工具”的作用。为云南的社会进步、经济繁荣、民族团结、边疆稳定作出了卓越的贡献。

云南人民广播电台的节目受到广大听众的欢迎和好评。图为交通广播节目主持人在播报路况信息。

中共中央政治局委员、中央书记处书记、中宣部部长丁关根两次视察云南人民广播电台。图为1999年10月21日，丁关根部长（前排左二）在副省长梁公卿（前排左一）、台长刀承锦(前排右一)等陪同下视察云南人民广播电台。

云南人民广播电台的主要设备的现代化程度达到了世界先进水平。图为发射机房的工作人员在工作。

云南人民广播电台从1955年7月1日起，开办了西双版纳傣语、德宏傣语、傈僳语、景颇语、拉祜语五种少数民族语言广播节目，向边疆各族人民宣传党的路线、方针、政策，为促进民族地区经济建设、民族团结、边疆稳定发挥了积极的作用。图为民族语广播的编辑们在研究宣传工作。

上海浦東發展銀行 昆明分行

SHANGHAI PUDONG DEVELOPMENT BANK KUNMING BRANCH

昆明分行行长杨国樑

上海浦东发展银行昆明分行 是上海浦东发展银行在西南地区设立的第二家分行，昆明分行的正式成立标志着滇沪合作已进入一个优势互补、多元发展的时期。昆明分行开业以来，在总行、云南省委、省政府的正确领导下，在各部门和中国人民银行的热情指导、帮助下，秉承“笃守诚信，创造卓越”的浦发精神，贯彻“客户至上、满意服务、奉献社会”的服务宗旨,抓住西部大开发的重大机遇，在社会各界的关怀和支持下，坚持发展才是硬道理的重要思想,把发展做主题,规范运作,稳健经营,强化管理，突出服务，追求特色，树立形象。通过全行员工的艰苦努力和勤奋工作，开业当年实现了盈利，特别除了传统业务外，2001年初又开办了东方卡业务和国际业务，使浦发昆明分行能更好地为云南经济建设服务。

上海浦东发展银行发行的东方信用卡是国内首张符合人民银行金融IC卡规范的银行卡。能让持卡人在逛超市、进商店，代发代扣代缴等日常生活中全方位地使用，方便实惠。东方借记卡是上海浦东发展银行发行的具有储蓄、转账结算、消费和个人理财等功能的人民币个人卡。它申办简单，即办即取，还可以让您轻松理财，实现备用金账户余额与定期存款自动互转，并可以用东方卡借记卡约定转存的定期存款作质押，申请质押贷款，让您最大限度获取银行利息。

上海浦东发展银行的国际业务主要业务范围包括:外汇存款、外汇贷款、外汇汇款、外币兑换、进出口贸易结算、非贸易结算、结汇、售汇业务和总行授权的外汇担保业务。经过几年的发展，上海浦东发展银行国内外代理行网络已遍布全球63个国家和地区的529家银行，并与世界470多家银行建立了 SWIFT密押关系。同时，浦发总行正继续扩大与国际金融界的业务往来和人员交流，与部分境外代理行缔结了战略合作关系，进一步加强国际间金融合作。竭力为客户提供准确、快捷的国际结算服务及其他金融服务。

浦发行昆明分行与云南省证券公司签订银证合作协议

海基会会长汪道涵与云南省副省长程映萱为浦发行昆明分行举行揭牌仪式

浦发行昆明分行与华兴公司签定银企合作协议

腾冲县农村信用合作社联合社

腾冲县农村信用合作联社
主任 陈国熙

信用社综合办公营业大楼

腾冲县农村信用合作社联合社 自1954年创建以来，植根于农村，服务于农民，是农村金融的重要组成部分。1997年与农行脱钩，接受人民银行领导和监管，坚持合作制原则，把信用社办成农民自己的“银行”。在支持农业增产、农民增收、农村经济发展上,积极探索新思路，充分发挥“农村金融主力军”的作用。各项业务在竞争中得到长足发展，资金实力不断增强。截至2001年 5月，各项储蓄存款余额达 4.89亿元，居全县金融系统之首；各项贷款余额达到 4.8 亿元，其中：农业贷款达 3.71亿元，占77.3%；固定资产达2662万元；实收资本达2671万元,均创历史最好水平。资金实力的增强为支持农民致富、农村产业结构的调整和农村经济的发展做了积极的贡献。

信用社的机构网点严格按照人民银行的规定进行设置，达到既保障安全经营又方便群众的要求。县联社作为一级法人，设置了22个乡级独立核算单位，31个村级分社，形成了县、乡、村三级服务网络。到目前为止，共有在编职工234人,其中：中级师19人，大专文化20人。

信用社办理集体、个体经济组织存贷款业务和个人储蓄，执行人民银行制定的法定利率。以服务“三农”为宗旨，对入股社员实行“贷款优先，利率优惠”。积极探索为农服务方式，增加农业收入，活跃农村经济。采取盘活设施加速资金周转，化解农村金融风险，为农业增产、当地骨干产业的发展、繁荣农村市场经济发挥信用社的积极作用。

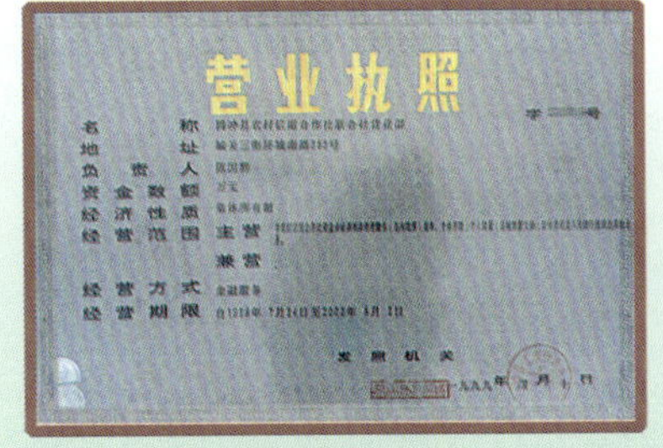

营业执照

名称
地址
负责人
资金数额
经济性质
经营范围 主营
兼营
经营方式
经营期限
发照机关

营业执照

信用社支持大春春耕生产

昆明市农村信用合作社联合社

昆明市农村信用合作社联合社 成立于1988年8月，是全国首家地（市）级联社。1996年底与农业银行昆明市分行脱离行政隶属关系，1998年1月由正科级单位升格为正处级单位，专门行使对辖内农村信用社的行业管理和服务职能。

目前，市联社下辖12个县(区、市)联社、2个直属信用社和 1个营业部；共有法人机构161个，营业网点406个；有职工 2656人，代办员120人。职工中具有大专以上学历的占17.8%；具有中级以上职称的占9.3%。

在新世纪开局之年，市联社党委将按照“以农为本、改善服务、开拓创新、稳健经营、强化管理、降险增效”的经营思路，带领全市农村信用社干部职工团结一致，齐心协力，真抓实干，为新千年昆明市农村信用合作事业的发展开好头起好步。

地址：昆明市兴仁街50－54号
电话：0871-3193589
邮编：650021

社领导深入呈贡花卉种植公司了解资金需求情况

云南省监狱管理局中心医院

医院大门

政委:李广安

政委：李广安
电话：3853689
地址：昆明市官渡区金马寺寺瓦路
邮编：650216

云南省监狱管理局中心医院（原云南省公安医院），创建于1974年。是一所集医疗、防疫、培训为一体的二级综合医院。位于昆明市金沙小区。设施齐全，诊疗方便。获昆明市官渡区花园式单位、文明单位称号。其工作方针是:面向监狱，服务监管；方便群众，服务社区。

政委李广安携全体医务警官，在服务监管的同时，热忱欢迎社会各界人士及社区群众前来诊疗、就医。

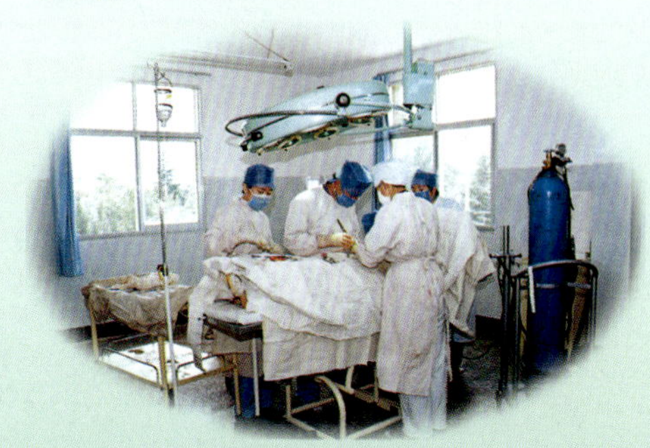
医务人员开展手术

云南中医学院

院长、教授：李庆生

党委书记：郭玉鉴

云南中医学院 始建于1960年5月，是经教育部批准成立的全国第二批高等中医药院校。建院40多年来，已培养出各类型、各层次的中医药人才6200余名，为我省社会经济的发展作出了贡献。

学院占地140余亩，教学、科研设备价值已达901万元。图书馆藏书24.5万册，其中有部分是珍本、善本。学院建成校园网一期基础工程，开通了连接国际互联网和中国教育科学网的“云南中医学院网站”。拥有独具特色的《神农本草经》标本室和《滇南本草》标本室。

学院现有两系（中药系、医学系）三部（基础部、社科部、成人教育部），6个研究机构（实用中药研究所、药物分离提取中心、现代药物制剂中心、中医经络研究室、民族医药研究室、微量元素研究室）和7个综合性实验室（下设 24个专门性实验室）。学院设置有8个本科专业及专业方向（中医学、中西医结合、针灸推拿学、中医骨伤科学、针灸学、中药学、中药制药、制药工程），5个专科及高职教专业（中药市场营销、中医康复护理、中医营养与食疗、中医运动保健和中药材种植与养殖），6个硕士研究生学位授予点（ 25个研究方向）。成人教育部开办了夜（函）大中医学专业以及中医学、针灸学和乡镇中医等7个专科和中医学本科的学历教育。 学院是云南省中医学自学考试主考院校，同时开展中医学专科自学考试的脱产助学教育。2000年起学院具有了对留学生开展学历教育的资格。

改革开放以来，学院着力培养高素质的教师队伍，以各种方式选送年轻教师和骨干教师到省内外和国外进修，现已形成了一支热爱教育事业，教学实力雄厚的教学、科研、医疗队伍。现有教授（主任医师、药师）36人，副教授（副主任医师、药师）195人，硕士生导师 35名，享受政府特殊津贴和有突出贡献的专家14人，享有名中医、名誉名中医称号17人。

学院重视学生实践性教学基地的建设。学院已建成一所附属医院，另一所附属医院正在筹建中，6所实习医院、8个医学教学实习点，共计2100张病床。10个药厂和研究所构成院外药学教学基地。聘请兼职教师 364位。还与部分省、地、县的医疗卫生机构、制药企业和科研单位建立了相互协作关系。

学院注重教学与科研结合，现有 4个省级重点学科，取得了14项省部级和 7项厅局级的科研成果。作为国家药品监督管理局“临床药理基地”，承担了3种国家级中药新药、26种省级中药新药的临床试验研究工作。研制了“小儿宝泰康”、“美肤冲剂”、“气血双生液”等12种中药新药和保健制剂。“云南中医学院制药厂”作为教学、科研和产业相结合的一种有效尝试，已正式投入生产。

学院积极加强对外交流与合作，通过国际、国内的互访互聘等多种形式，与西班牙、法国、美国、德国等国家和香港特别行政区在教学、科研、管理和信息等方面建立了广泛的联系。1994年10月“中国.云南--西班牙.加泰罗尼亚中医学院”正式开学。1997年8月，与法国波比尼大学签署了成立“波比尼大学医学院中医文凭教育培训中心”的合作协议。 2000年11月，先后签订了《中国云南中医学院与美国高级性科学研究院合作协议》、《中国云南中医学院与德国慕尼黑自然医学研究院合作协议书》、《中国云南中医学院与法国昆明协会合作协议》、《中国云南中医学院与美国美洲中国文化医药大学合作协议书》等。参与并承建了’99昆明世界园艺博览会“药草园”工程，得到了党和国家领导人的肯定。

在21世纪之初，学院新一届领导班子把学习贯彻《中共中央、国务院关于深化教育改革全面推进素质教育的决定》与落实《面向21世纪教育振兴行动计划》紧密结合起来，抓住全国高等教育大发展，中医药走向世界，国家实施西部大开发和我省加快发展以天然药物为主的现代医药产业的大好机遇，编制了《云南中医学院“十五”发展规划及2010年远景目标（草案）》。总体规划在2010至2015年建成在国内外有一定影响的具有开放式高等中医药教育体系的“云南中医药大学”。同时积极发掘和发展民族医药，争取在2010年建成以中医药为主体，集教学、科研、医疗服务、社区服务、医药商贸为一体的“云南中医药文化城”。改革中的云南中医学院正以崭新的姿态迎接着中医药高等教育事业跨跃式的大发展。

云南中医学院

地　　址：云南省昆明市关上双桥路 201 号
邮　　编：650200
联系人：李　铭
联系电话、传真：0871-7150982

SHILIN

石林 位于云南省东部石林彝族自治县境内，距省会昆明市86公里，她以奇特的自然景观和浓郁的民族风情，构成了雄、奇、险、秀、幽、雅的喀斯特地貌风光，吸引着来自世界各地的众多游客，被誉为“天下奇观”。

石林风景名胜区管理局

电　话：7711439

地　址：昆明市石林县石林风景区

邮　编：652211

天下奇觀

SHILIN

雄·奇·险·秀·幽·雅

国家级风景名胜区

开发区第一启动区全景

抓住西部大开发机遇 努力实现第二次发展

曲靖经济技术开发区 是1992年7月13日省政府在曲靖召开的滇中三地州市对外开放座谈会上确定建立的，1992年8月13日省政府以云政发［1992］第157号批复批准曲靖、玉溪、楚雄建立省级经济技术开发区。1992年9月29日省政府云政发［1992］第 201号文件明确了三个经济技术开发区有关政策,1992年11月12日，曲靖经济技术开发区在省、地、市、政府的关心和支持下,举行了隆重的奠基典礼，并正式启动运行。

曲靖市市长王学智带领市直有关部门领导到民营企业国雄饲料公司现场帮助企业解决生产建设中的问题。

开发区建立以来，现辖的三个启动区截至2000年底，共有工商企业2111个,其中国有企业133户，集体企业127户，股份制企业200户，私营企业18户，个体工商户1633户，1～8月工商企业营业额完成17.31亿元；国有工业企业实现工业总产值33.03亿元，实现利润3762万元，上缴地方税收4189万元，上缴国家税收4272万元，辖区内工商企业生产经营状况呈现出增长的态势。

2000 年以来，随着西部大开发的实施，国家的宏观政策资金投向对西部的基础设施建设给予了倾斜。在这千载难逢的机遇中，市委、市政府及时确定了曲靖开发西片区的思路,并对曲靖的城市总体规划进行修编，按照99城市修编，到2020年要把曲靖建设成为面积达49平方公里，城市人口50万的大城市,城市用地发展方向确定了以西发展为主，适当向东南方向发展的目标。根据这一规划，在今后三至五年内开发建设曲靖西片区成了开发区管委会的主要任务，市内几个大项目也准备进入西片区,新组建的曲靖教育学院已规划建在西片区,曲靖卫校等一些市属机关院校也将选址西片区。为了加快这些项目的建设，开发区抓紧做好前期工作，规划好这几个项目的建设用地和配套设施建设。2000年,开发区财政收入达4957万元，超额完成年初计划 4000万元的目标责任制，为开发建设翠峰西路主干道和支线提供了资金保障,2000年已投入建设资金5000万元，在2001年1月18日已建成一条长1.5公里、宽60米的翠峰西路延长线以及长800米、宽36米的支线工程并投入使用。

开发区当前和今后一个时期主要目标就是集中人力、物力发展西片区,严格按照新修编的城市总体规划开拓新城区，力争在本届政府任期内开发区财政每年投资 3000万元，另外筹资3000万元，加上引进国家开发银行贷款1.3亿元，建成2～3平方公里的新城区。财政收入实现翻番。办好高新技术产业园和非公有制经济园，拉动经济增长。

2000年6月2日，西片区主干道工程开工，副市长、开发区管委会主任周云讲话。

2000年8月21日，市委书记柴王群、市长王学智、常务副市长尹欣等市级领导到开发区检查工作。

彝州"小特区"扬鞭奋进

云南省楚雄经济技术开发区

中共楚雄市委常委、市政府常务副市长、开发区党委书记、管委会主任 吕琳麟

省、州领导为楚雄天然药业园奠基培土

楚 雄·省级经济技术开发区，位于滇中名城楚雄市，于1992年经云南省人民政府批准成立，属云南对外开放的重要窗口，也是中国开发区协会的成员单位。开发区面积113平方公里，首期规划19平方公里，东距昆明165公里，西距大理180公里，320国道、广大铁路、安楚和楚大高等级公路横贯东西，地势开阔、环境优美，区位优势十分明显。

建区8年来，开发区以优美的投资环境、优质的管理服务和优惠的招商政策吸引投资者，在对外开放中取得了辉煌的成绩。至2000年底，开发区投入基础设施建设3.69亿元，已建成新区面积4平方公里，实现"六通一平"；累计引进项目385项，立项投资35.65亿元，引进外资1654.65万美元；建成项目264项，实际完成投资16.54亿元；实现社会总产值13.5亿元，完成地方财政自收收入5225万元。开发区已成为彝州新的投资热点和新的经济增长点。

高速发展的楚雄经济技术开发区，正向着集科、工、贸为一体，多种经济成分共同发展，经济特色显著，人与自然和谐的高新技术开发区迈进，她将在西部大开发中再创辉煌。

地　址：云南·楚雄市永安路168号
电　话：(0878) 3394590 3399723 3390714
传　真：3393917 3394067

日新月异的彝州"小特区"，诚招天下客！

商机无限的楚雄开发区

（摄影：杜志刚）

省级大理高新技术产业开发区

大理州经济开发区 经云南省人民政府批准，成立于1992年10月。2000年10月经云南省人民政府批准为省级大理高新技术产业开发区。开发区成立8年，开发面积7平方公里，建成区面积5.5平方公里；引进项目615个；引进资金72亿元，实施项目382个，投资43亿元，财政收入2.76亿元，自筹建设资金2.9亿元，现已建成了锦兴、富海等5个约25.2万平方米商住小区，漫湾、金达等 15家约 3000个床位的星级宾馆酒店，建成广丰食品城、滇西蔬菜批发等七大市场，两所学校、一所医院和云岭大道，初步建成天井商贸旅游区、上登工业区、凤仪仓储区，开发区已具备良好的投资环境。

"十五"期间，省级大理高新开发区将发挥其得天独厚的区位优势，丰富的动植物、矿产资源条件，致力于天然生物制药园区、绿色食品保健园区、新技术新材料园区的建设；吸引国内外客商，发展高新技术项目，以创建新的经济发展模式和建立新的经济增长点的方式，发展科技生物创新工程，走科技经济发展的路子，把开发区建成21世纪科技、商贸、旅游、信息和现代居住中心城市和通往东南亚、南亚国际大通道的重要枢纽。

电　　话：0872—2123150
传　　真：0872—2123142
E—mail：dljkxmzx@public.km.yn.cn

开发区云岭大道

高新区一景

省级云南玉溪高新技术产业开发区

云南玉溪高新技术产业开发区 是1998年7月经云南省政府批准的“省级高新技术产业开发区”，与玉溪市中心城区紧密相连。被誉为滇中明珠的玉溪，高新技术产业的兴起，越来越引起海内外人士的关注，高新区正成为玉溪对外开放的窗口和新的经济增长点。

玉溪是云南交通最便捷的地方之一。距省会昆明和昆明机场均仅80多公里，铁路及高速公路贯穿其中；通信设施超前发展，已建成光纤微波数字传输网、移动电话通信网、无线寻呼漫游网、本地程控电话网，电话交换机总容量达26.7万门；地方发电量达9.2亿千瓦时，实现了与国家大电同步增长和有效补充，电力较为富裕。

玉溪高新区重新确定的四至界线范围为 14.53平方公里，到2000年止，高新区建成新区4平方公里，“五通一平”的基础设施配套基本完成，投入基础设施建设资金3.66亿元，建成道路27条，全长21.4公里，铺设通信线路16.5公里，架设电力网线15.51公里，完成供水管道21.86公里，排水管道50.78公里，征用土地6414亩，建设使用5239亩，引进审批项目205项，完成投资总额68亿元，吸引了一批以卷烟为主导的现代工业，以包衣种剂和高档花卉为代表的现代农业，以精细化工和包装材料为辅助的高新技术项目相继到高新区落户投产。2000年实现总收入12亿元(不含烟厂)，实现利税6000万元。

在世界经济发展已呈科技化趋势之际，玉溪高新区借西部大开发和我国加入WTO的东风，进一步完善高新区的基础设施及市政建设，优化硬环境，同时下大功夫营造好软环境，完善服务体系、服务功能，力争在原有各项优惠政策的基础上，出台高新区引资、引智的更加优惠的政策。热忱欢迎海内外有识之士，同我们并肩携手，共建高新技术产业开发区，让滇中明珠——玉溪，在新世纪之初插上腾飞的翅膀。

李江市长、高新区主任黄宪庭同外商(美国)洽谈项目

高新区内的玉溪邮政电信大楼

宣威
经济技术开发区

开放之花 （王俊熔 摄）

宣威市委、政府、政协主要领导视察开发区 （杨自强 摄）

宣威经济技术开发区 于1992年12月19日经原曲靖地区行政公署批准成立，1993年5月17日在城西举行奠基典礼，1994年2月18日经国务院批准宣威撤县建市，同年8月12日省政府将宣威经济技术开发区列为省级开发区。

开发区位于宣威市中部，地处城市东西两翼，规划面积6平方公里，在城市总体规划范围内，地理位置优越，是城市可持续发展的黄金地带；交通条件优越，贵昆铁路经过东片区，326国道贯穿西片区，客运、货运十分便利。

宣威开发区经过八年的开发建设，前期开发 2平方公里，基础设施投资1.18亿元。现已发展为初具规模、设施配套、环境优美，集商贸、物资、金融、通信、文化、娱乐、服务、绿色食品和房地产开发为一体的新城区。截至2000年底，累计引进项目135个，投资总额1.6亿元，已建成项目111个，完成投资1.4亿元。

宣威开发区独特的区位优势，日臻完善的基础设施，为宣威旧城区改造、新城区发展创造了良好的投资环境。新的千年，新的希望，改革开放，加快发展，将是时代的主旋律。实施西部大开发，加快城市化建设，促进城市经济的发展，是开发区的主要任务。一方热土，商机无限。热忱欢迎国内外朋友前来投资开发，真诚合作，共谋发展！

开发区东片区 （赵播 摄）

开发区西片区 （赵播 摄）

云南建设工程造价工程师事务所

Yunnan JianShe GongCheng ZaoJia GongChengshi ShiWuSuo

办公室一角

云南建设工程造价工程师事务所　是云南省建设工程造价咨询甲级资质单位。由于全体成员努力工作，发挥联系面广的优势，团结聚集一批有丰富经验和学识的专业工作者，具有较强的专业技术实力,能提供建设工程造价管理全过程服务。靠优质服务赢得市场，相关业务已拓展至全省各地,先后完成全省各地涉及各种专业的600余项工程造价的编审工作。事务所从白手起家发展至今拥有百余万元的固定资产，取得明显的社会效益和一定的经济效益。

我们一贯坚持实事求是的原则，认真执行国家和省的有关规定，依法编审预、结算和标底，为合理确定和有效控制建设工程造价尽心尽力，坚持以“改革求发展、作用求地位、实力求生存、信誉求效益”为座右铭，努力开创工作新局面。

法人代表：马桂秋
单位地址：昆明市西昌路169号四楼
邮政编码：650032
电话：（0871）4151167　4109624　4175534、4109665　4158685
传真：（0871）4151167

事务所主要成员

昆明理工大學

欢庆学院成立

校办工厂

院内华圃

综合教学楼

校园全貌

楚雄应用技术学院

昆明理工大学楚雄应用技术学院 是中共楚雄州委、州人民政府为全面落实“科教人才”战略，与昆明理工大学合作，在楚雄州工业学校的基础上成立的。学院东临风景秀丽的龙江公园，南与楚雄州客运站相邻，北与楚雄经济技术开发区隔江相望。校园环境优美，交通便利，教育教学设施齐备。

学院依托昆明理工大学雄厚的办学实力和丰富的办学经验，面向地方经济建设与社会发展，培养适应生产、科研、管理、服务一线需要的高等应用型人才。

学院现有校园面积45万平方米，建筑面积3万平方米，各类实习实验室11个，拥有计算机室、电子阅览室、多媒体教室及校园信息网等现代化教育教学设施，并在校外建有多个实习实训基地。学院师资队伍由学院教师和昆明理工大学专业教师组成，具有较强的教学和技能培训实力。

学院的教学、管理、考核，由昆明理工大学组织实施和指导，并由昆明理工大学核发毕业文凭。学院毕业的优秀学生可进入昆明理工大学接受本科以上学历教育。

招生对象及条件 普通高职生：面向楚雄州招收应、往届毕业生和三校生。成人函授、高职学历教育：面向楚雄州招收在职具有高中及同等学历（含三校生的应、往届毕业生）；报考第二专业专科学历的须有国民教育大学专科以上毕业证书，可免试入学。

毕业待遇 普通高职生：可获得由昆明理工大学颁发的国家统一的大学专科毕业证书。成人函授：成人高职生由联办院校颁发省教委驻印，国家统一印制的成人高等教育专科毕业证书，国家承认其学历，享受与普通高校毕业生相应的同等待遇。普通中专生：颁发由云南省教委统一印制的中专学历证书。

专业简介 电子商务(高等职业教育)、建筑施工与监理(高等职业教育)、城镇规划(成人专科)、国民经济管理(成人专科)、水利水电工程(成人专科)、财务会计(成人高职)、计算机网络技术(成人高职)、电子商务(普通中专)、发电厂及电力系统(普通中专)、农田水利工程(普通中专)、汽车拖拉机运用与维修（普通中专）。

计算机教学

财会模拟实习

校办工厂加工的彩板瓦

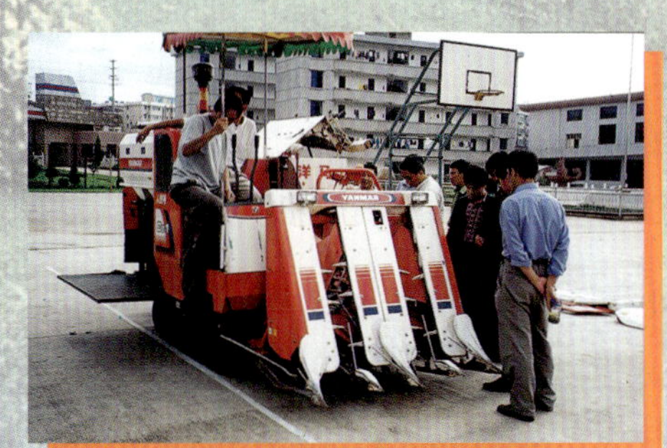
农机培训现场教学

学生在金工车间实习

云南省物资学校

党委书记：李增德

云南省物资学校 创建于1979年，是一所省部级全日制财经类中等专业学校。学校座落在昆明市北郊茨坝黑龙潭公园畔，校园占地67亩，建筑面积2.5万平方米，固定资产1200万元，拥有教学楼、实验楼、计算机室、语音室、旅游模拟实习室、汽车维修实习室、图书馆、运动场、学生宿舍楼等较完备的教学和生活设施，可容纳学生1800余人，现有教职工100人，高级职称10人，中级职称30人，拥有一支高、中、初级职称结构合理、专业门类齐全、博学敬业、教书育人、治学严谨的师资队伍。现有 23 个教学班，在校生1256人（在册生1653人）。

学校坚持以教学为中心，市场为导向，德育为主线，把着力提高学生的综合素质作为学校工作的出发点和落脚点，走教、研、产结合之路，瞄准市场前沿的人才需求信息，鼓励学生一专多能、一人多证，注重学业证书和技能证书的有机结合，积极参加全国、省市计算机等级证、导游资格证、普通话等级证、电算化会计合格证、公关员证、推销员资格证、网络技术证、珠算等级证、汽车驾驶证、汽车维修证等考试。强化专业技能训练，增强学生适应市场的能力。

校领导班子成员

中层干部

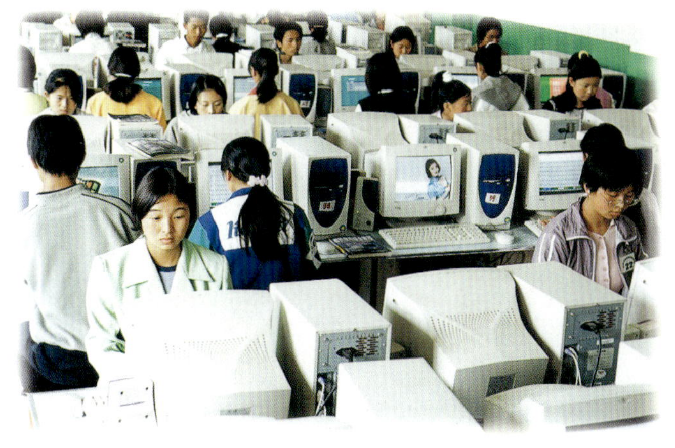

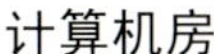

计算机房

多媒体教室

学校现开设了现代物流、旅游管理、物业管理、电算化会计、电子商务、 计算机网络技术、计算机应用与维修、汽车经营与维修、市场营销等专业，由建校初期单一的职工培训机构，发展成与省内外大专院校联合办学的成人大专（函授）、全日制中专、成人中专、函授中专、全国计算机高新技术考试培训（云南省第二辅导钻）、省级机关事业单位工人技术岗位培训等多渠道办学形式，形成了院校与校企之间的联合办学，学历与非学历，职前与职后，职教与成教，脱产与函授相结合的格局。2000年学校被省政府批准为省部级重点中专学校。

建校20多年来，共为全省企事业单位培养输送各类中高级专业人才6500余人，许多人成为了各企事业单位的领导和各级物资部门的经理和技术骨干。

近10年来，学校被昆明市官渡区评为“学雷锋，树新风”先进单位,昆明市“花园式”单位。学校党的建设和精神文明建设连续四年被省物资集团有限公司评为“先进单位”，学校连续两次被昆明市政府评为“市级文明单位”。

随着我省职业教育改革发展和深入，学校面对新的机遇和挑战。云南省物资学校将进一步深化内部改革，优化教育资源，适应市场需求，为云南经济建设和发展培养大批合格人才，向国家级中专学校、省级文明单位的目标迈进，为创建全省一流的中专学校而努力。

党 委 书 记：李增德
常务副校长：张　垠
党委副书记：张红武
教学副校长：马永俊
后勤副校长：牛　华

地　址：昆明市北郊茨坝
电　话：(0871)5214546
邮　编：650204

足球场

形体健身房

托起明天的太阳

国家级重点中专—云南省财经学校

校　长　李保春

经济学硕士、高级讲师

云南省财经学校　创建于1934年11月6日，前身是云南省立鼎新初级商业职业学校,1942年易名为省立昆华高级商业职业学校，1959年定名云南省财经学校。学校有着光荣的传统和历史，曾在抗日战争的硝烟中坚持办学,在悲壮的"一二.一"运动和保卫省城的革命活动中发挥积极作用。

学校位于昆明市北市区龙泉路408号,依山傍水,与昆明世博园遥遥相对。占地面积249亩,建筑面积6万多平方米。藏书21.6万册；拥有教学用微机300多台；建有140 套设备的两个多媒体教室和具备教学管理和信息交流的校园网,并配有电子阅览设备24 套；有标准的田径运动场和室内综合体育馆；教学用模拟实习室 11个；教学、生活设施配套齐全。学校面向云南省招收初高中毕业生，学制分别为三年、二年。在校全日制普通中专学生2000多人,现有教职工172人，教师95人,其中,高级讲师32人、讲师50人,具有"双师"证的教师14人。学校设有财务会计、会计电算化、涉外会计、财政与会计、投资经济管理、审计与会计、国有资产管理、审计电算化、会计与文秘等9个专业。

中华人民共和国建立以来，学校曾隶属于云南省商业厅管理和领导，1963年云南省会计学校与云南省财经学校合并，定名云南省财经学校，由省财政厅主管。在省财政厅和省教育厅的领导下，坚持社会主义办学方向，确立了"立一等志向，塑一等品格，求一等学识，创一等事业"的育才目标；形成了"团结、勤奋、求是、创新"的良好校风；炼就了"严谨、务实、敬业、奉献"的文明教风；培养了"虚心、好学、善思、勤勉"的扎实学风。树立了"平等、礼貌、准确、高效"的行政后勤工作作风。造就了一支素质优良的教师队伍，为国家输送了 3万多名财经专业人才，而且绝大部分已成为所在单位的业务骨干，有的走上了重要领导岗位，为云南的经济建设与发展作出了贡献,被誉为云南省财经管理干部人才的摇篮。学校分别于1980年11月、1994年8月和2000年5月三次蝉联国家级重点中专,并在云南省国家级重点中专学校中名列第一。1995年11月,中共中央政治局常委、国务院副总理李岚清在云南省委、省政府主要领导陪同下视察我校，肯定了学校的教育工作。

学校大门

国务院副总理李岚清在省委省政府主要领导陪同下视察我校

环境优雅，文化氛围浓郁的花园式校园

改革开放以来，学校在突出中专办学特色的同时，实行多渠道、多形式办学，举办了各类长短期培训班。在云南省财政厅的大力支持和帮助下，先后与中国人民大学、中央财经大学、上海财经大学联合建立了干部专科、本科函授站。1995年11月被财政部确定为全国财政系统定点培训基地，1998年7月被云南省人事厅确定为云南省公务员培训基地。经云南省教委批准，学校自1994年起为在校生开办了大专自考点，自2000年12月起，与上海财经大学联合举办中专大专直通班。1996年学校被昆明市人民政府命名为“市级文明单位”和“花园式单位”，是国家财政部表彰的全国财政系统先进单位和云南省人民政府表彰的全省财政系统先进单位。1998年学校将每年的5月定为“校园文化艺术节”，迄今已成功地举办了四届。1999年1月被云南省教委命名为省级文明学校。1999年5月学校300名学生参加’99昆明世界园艺博览会开幕式大型文艺表演，受到省市领导的表彰。

面对新世纪的曙光，学校发展的目标是：规模适当，确保质量，工作上A等，学校创一流。学校发展的方向是：开展多形式、多层次的职业技术教育，创建有特色的职业技术名校。

多媒体教室

标准田径运动场

校长、党委副书记、高级讲师　李保春

党委书记、高级讲师　刘直珍

地　址：昆明市龙泉路408号
邮　编：650222
电　话：(0871)5812723
传　真：(0871)5812723

室内综合体育馆

热烈庆祝德宏民族师范建校45周年
热烈庆祝德宏民族师范晋升省一级中师

省一级中师评估专家组与学校领导合影

书记、校长尹光鼎(高级讲师、特级教师)

申报省一级师范复评会

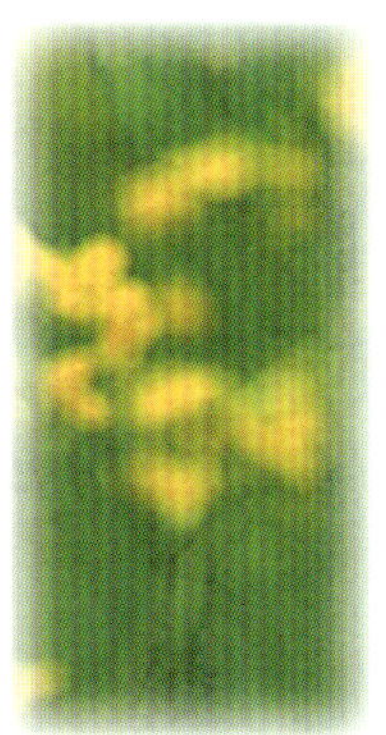

学校现任领导班子

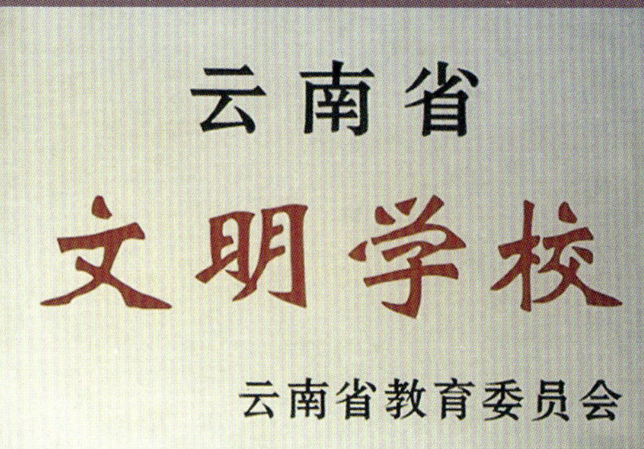

荣誉奖牌

学生在做化学实验

云南德宏

民族师范学校

数码钢琴室

学生上机训练

校庆庆典大会

校庆千人文艺表演

云南德宏民族师范学校 位于德宏傣族景颇自治州首府芒市二公山下，面积108亩，学校依山傍水，四周绿树翠竹环抱。校园花红草碧，假山池塘相映成趣，是全州有名的花园式学校。

该校是全州惟一的一所培养小学师资的专业学校，已有45年建校史。45年来，学校始终坚持党和国家的教育方针，把政治思想工作放在突出位置落实教学工作的中心地位，深化学校改革，注重“以人为本”和制度建设，使学校工作不断迈上新台阶，取得了良好的办学效益和社会效益，为边疆培养各族干部教师1万余人。据不完全统计，该校毕业生中，有1000多名担任了各级党政部门、各类学校领导，200多名被评为小学高级教师，成为全州各项工作的栋梁。

学校有教学大楼、科技楼、实验楼、音乐楼、阶梯教室、室内球场、标准田径场、电脑网络、多媒体教室、微机教室、数码钢琴教室、电子阅览室、生物园以及各科实验室、专用教室；师资有特级教师、高级讲师14人，专任教师74人中，合格学历达95%，高中级职称比例达80%。学校开设体师、幼师、音乐、美术、民代、民普、普师等20个教学班，专业齐全。2001年经省、州政府批准开设小教大专班。

学校领导班子廉洁开拓，教职工团结进取，各项工作有声有色，学风浓，校风好，广受社会各界好评。1994年省委、省政府授予“民族团结进步先进集体”，1997授予“省级文明单位”，1998年省教委授予“文明学校”称号，2000年学校晋升省一级师范，成为全省办学条件较好的学校。

德宏州民族奋勇进取

2000年5月15日，全国人大常委会副委员长许嘉璐、全国政协副主席王文元在省、州领导陪同下，视察州民一中。图为许嘉璐等与学校领导及师生代表合影

德宏州民族第一中学 2000年应届高中毕业生参加高考的成绩，取得了自1994年以来的第五次新突破：达省定本、专科录取最低分数控制线的人数为118人，达线率为44.36%。正式录取人数为206人，首次突破200人大关，录取率为78.03%，其中录入重点大学和一般本科院校121人，占录取人数的58.74%，无论是达线人数还是正式录取人数均超过了自恢复高考制度以来有统计数据的任何一年。

该校千方百计筹措办学资金，加快标准化建设的步伐，年内在基本建设方面投资102.67万元，主要完成了行政办公楼的装修，新建青年教师砖木结构住房8套184.8平方米，铺设预制花砖操场2046平方米，修建男、女生宿舍楼和卫生间474平方米，修建了两块标准篮球场等。投资130多万元的现代技术教育大楼年底已开工。

科技创新教育成绩突出：8月8日在安徽

团结务实的学校领导班子

学校领导与州、校表彰的优秀教师、先进班主任合影

云南省青少年科技教育

一级示范学校

云南省科学技术协会 云南省教育厅

第一中学

乘势而上

合肥举行的第十届全国青少年科技创新大赛活动中，高一134班李希雯的论文《德宏州名木古树及其生态景观调查报告 》和高三122班许新科及高二 127班何丹娜等同学的发明作品《新型夜间照明IC卡电话》各获一枚银牌；应届高中毕业生张毅高一年级时发明的《超速查式新英汉词典》参加 8月底在北京举行的全国“长江小小科学家”奖励评选活动，9月1日在人民大会堂举行的终评展示暨颁奖仪式上获二等奖，获奖金 6万元。年内校团委被评为州直机关 “五四红旗团委 ”，学校被中共德宏州委评为“德宏州思想政治工作先进单位”，被云南省科协、省教育厅授予省级优秀科技活动组织奖，并被评估认定为首批“云南省青少年科技教育一级示范学校”。

年底学校成立了晋级升等领导小组和工作机构，将大力加快学校的标准化建设步伐，力争在2001年实现晋升一级二等完中的目标。

2000年全省中学生游泳运动会在州民一中举行

坚持法制教育，增强法制观念

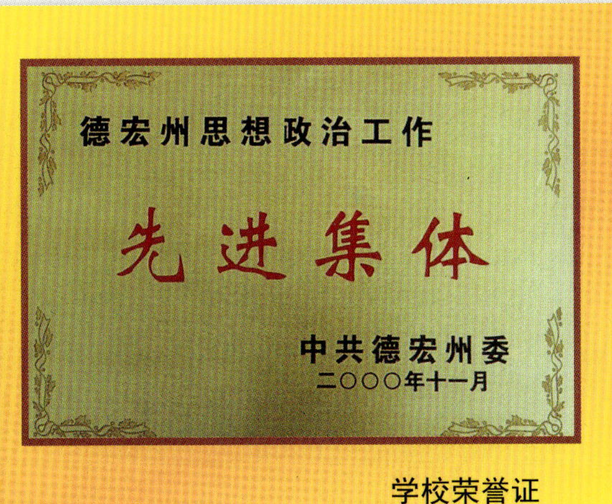

学校荣誉证

荣获全国“长江小小科学家”奖二等奖的高三学生张毅

前进中的官渡一中

云南省昆明市官渡区第一中学 创建于1977年，占地42.6亩。建有足球场1块，篮球场5块；拥有50台586的计算机教室2间，60座的多媒体语音室1间,多功能大屏幕投影报告厅1间，多媒体教师备课室1间。现有教学班30个，学生1484人，教职工129人,是云南省二级一等完全中学。

近年来，全校教职工转变教育观念，确立了“争创一流的教学、一流的服务、一流的作风、一流的师德、一流的效益”的办学思想，坚持以提高教学质量为中心；立足于提高教师素质和学生素质；着眼于优化教育环境，优化教育过程，优化教育结构；依靠依法治校，改革活校，科研兴校，特色立校；努力创建具有一流的教育环境,一流的教学质量的示范性学校。1998年被推荐为全国校园环境建设示范学校。

校园全貌

经过努力，学校办学形成了三大鲜明的特色,即：以卓有成效的体艺教育为龙头，带动学生素质全面提高；以强有力的德育工作为保证,切实推进素质教育；以健康向上、富有文化氛围的绿化、美化、净化的育人环境，构建了素质教育的隐性教育渠道。

在教学中，学校坚持“以学生为主体，以教师为主导，以思维训练为主线”的“三主”教学原则，落实“密、实、活、强”的“四字目标”（密——内容要密，实——双基要实，活——思维要活，强——能力要强）；坚持面向全体与因材施教相结合,教书与育人相结合，育知与育智相结合，教师主导作用与学生主体作用相结合；优化教学目标、优化课堂结构、优化教学法、优化教学环境、优化师生关系、优化学习策略；加强教研管理，提高教研质量。重视对教研成果的收集、整理和推广工作，做到“课题落实、人员落实、措施落实、经费落实、评价落实、推广落实”5个落实。近年来，教师论文参加评选获区级奖 76人次，省、市级奖39人次。

1998年9月，我校被省教委确定为《运用现代教育技术促进素质教育实施》的课题实验学校。1999年9月学校领导班子进行了调整，新班子组建后,把课题实验提在科技兴校的重要位置，对课题实验加强了管理，把原来的20个子课题调整为有专人负责的语文、数学、英语、物理、化学、政治、地理、生物8个学科的8个子课题。学校在上级教委的支持下，投入了100余万元的资金进行现代教育技术的环境建设。由此，在构建新的教学模式，推动课堂教学改革，创建新环境，改变学校面貌迈出了可喜的一步。

目前学校已建成了多媒体素材库，开发和积累了多媒体课件700多个。现代教育技术的广泛运用，有效地调动了学生的学习积极性，发展了学生的智力，减轻了学生的负担，提高了课堂教学效益，提高了学生的综合素质。

由于学校面向全体学生，实施素质教育，全面提高教育质量，取得了较好的办学效益。先后被授予云南省文明单位、省德育先进学校、省电化教育优类学校、云南省“运用现代教育技术,促进素质教育实施”课题实验学校、《云南省中学德育分年级实施方案》试点学校、省“军警民共建”先进单位、昆明市文明学校、市实验工作先进学校、市体育传统学校、市劳技教育合格学校、“昆明市开展课外活动”试点学校、市依法治校先进集体、市家庭教育先进学技、官渡区德育示范学校、区青年文明校园、区“学雷锋、树新风”先进集体等荣誉称号。中考、高考成绩名列全区前茅。

目前，全校正在为晋升省一级完中而奋力拼博，负重前进。我们坚信：前进中的官渡一中，一定会创造出更加辉煌的业绩。

地　　址：昆明市关上关平路96号
校长、书记：王　庆　华
电　　话：(0871)7171936

官一中塑胶跑道的运动场

陆良县马街镇
马街小学

全体教职工风采

学校领导班子　(左)副　校　长:杨光富
(中)校长:宋春阳　(右)教导主任:王发泉

云南省曲靖市陆良县马街小学　始创于清朝同治13年，即公元1874年，原身为“义学”，1943年改名马街萃山中学，1950年又更名为马街小学。其办学历史悠久，具有光荣的革命传统。

马街小学由幼儿园和小学两部分组成。现有教学班32个，在校学生1618人，教职工77人。1997年，马街小学被定为陆良县示范学校。自1980年以来,学校积极开拓进取,锐意改革，全面贯彻党的教育方针，全面提高教育教学质量，取得了显著成绩。1987年获市级体育卫生先进单位称号；1998年被评为省、市绿化美化甲级学校；连续几年被评为县级“文明单位”和“文明学校”。 教师中1人被评为国家级模范班主任，获市县各类先进30多人。学生参加奥林匹克竞赛9人获一等奖，学校体育、文艺在各级各类比赛中多次获奖。

马街小学致力于教学改革，现已基本形成了“严勤诚实、德智谦恭”的校风，“敬业乐教、求实探索”的教风，“惜时勤奋、向上成才”的学风；教学设施基本齐全，以悠久的办学历史和幽雅古朴的校园育人环境享誉省内外，深受社会的赞誉和学生家长的欢迎。

在实施素质教育的今天，学校正通过各种途径，积极推进素质教育,把素质教育落在实处,尤其是严格执行国家《课程方案》，积极投身减负工作，加大学校工作力度，发挥本校优势，创出自己的特色，不断深化教育教学改革，积极探求发展之路，充分发挥着窗口和示范作用。

校　　　长：宋春阳
副　校　长：杨光富
园　　　长：郭石英、李桂芬
办学单位领导：彭林生、陈国先、杨玉林
教导主任：王发泉
总务主任：蔡叶青

舞蹈《欢乐中国年》

少先队大队活动

爱的乐园

地址：陆良县马街镇钟灵路120号
电话：(0874)6981307　邮编：655065

学校教学大楼

云南省粮食学校

云南省粮食学校 是我省惟一的一所粮食学校，为省(部)级重点中专。以理工科为主兼设管理、文财类专业，具有雄厚的师资力量和办学规模。经过多年的办学实践，学校实行了毕业证、职业资格证“双证制”，以提高学生的综合素质和就业能力。

在社会主义市场经济和粮食行业深化改革的推动下，学校对办学层次、办学结构不断进行调整和完善，现已形成了普通中专、职业技术培训和与高校联合等多层次办学格局。2001年起学校根据人才需求和考生具体情况，制定了“专业大类招生，小专业分流”的招生方式，即招生按“理工类”和“文财管理类”两大专业，录取进校学习一年半的基础课后，再根据市场需求和学生志愿进行第二次选择专业，这样将有助于学生更好地选择学习方向和就业方向。

学校位于昆明北郊黑龙潭风景区，空气清新，气候宜人，环境优雅，是办学科研的理想场所。学校致力于培养综合素质全面，知识结构合理，理论与实践相结合的中等专业人才，努力为云南经济建设服务。

校　长：张静波
地　址：昆明茨坝
邮　编：650204
电　话：5213890
联系人：徐树林

完善的语音设备

先进的计算机网络机房

昆明市粮食储备公司

昆明市粮食储备公司 成立于1998年12月，系按照国家粮食流通体制改革要求，在昆明市粮食局的领导下，主要从事各种储备粮油管理、储藏、轮换的专业公司，负责对全市各粮油购销企业的储备业务进行指导、监督。公司以确保各级储备粮油安全为宗旨，坚持“一符四无’的工作方针，以对党、对政府、对人民负责作为公司工作的最终目标。所属质检机构拥有先进的设备，一流的专业技术人员，已经国家认证，质量技术监督部门授权可对全市粮油及粮食制品实施检验、监督。

地址：昆明市民航路68号

昆明市粮食储备公司

云南省粮油产品质量监督检验站

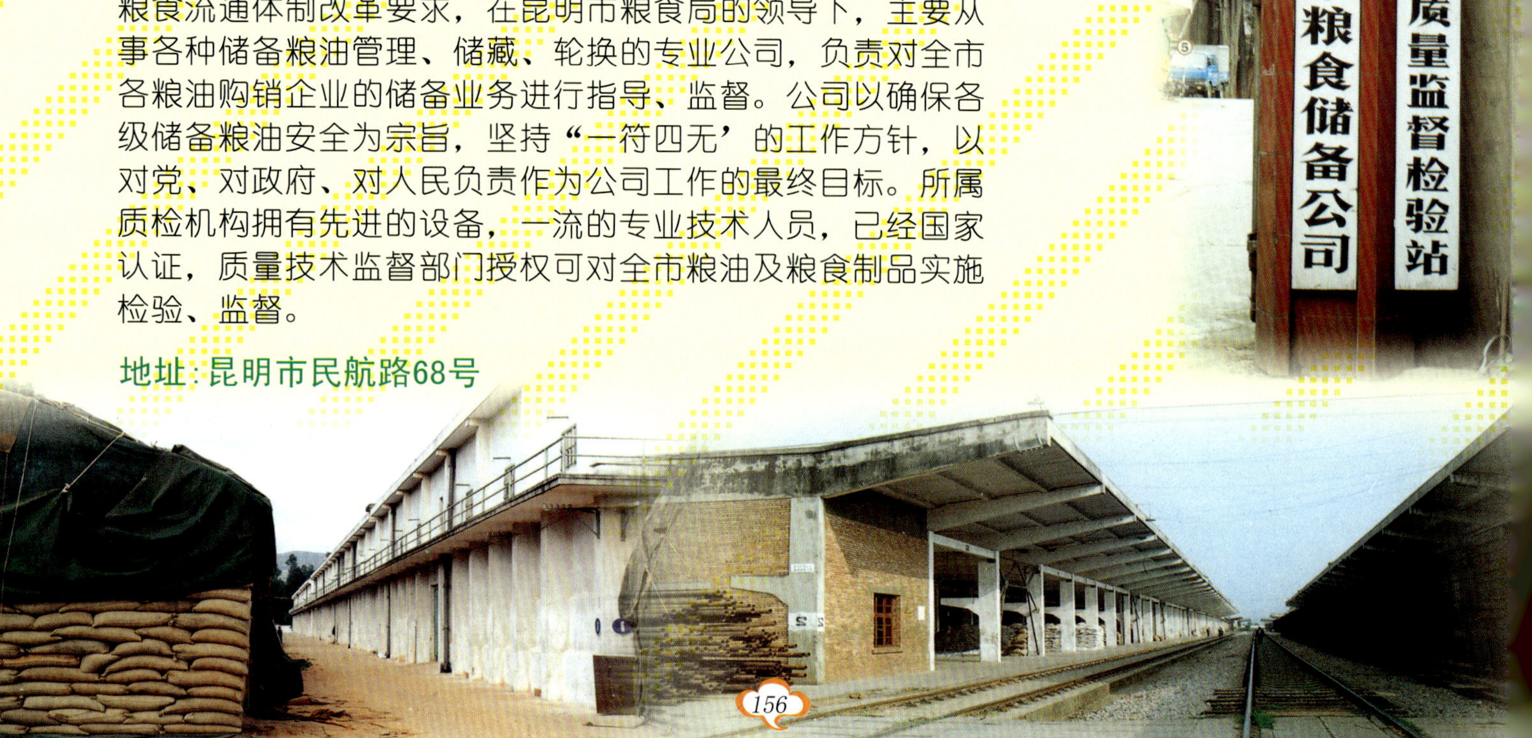

云南杨林工业开发区

城市一角

国务院总理朱镕基(前排左二)到嵩明视察

嵩明县为云南省省会昆明的市辖县，云南第一条高速公路从昆明直达嵩明县城，距离仅43公里。全县总面积1357平方公里，土地平坦，是云南省第七大平坝，是全国商品粮基地和烤烟生产重点县，省、市的生猪、肉牛羊、优质米、渔业、水果基地。投资3.2亿元的云南省花卉示范园区已在境内开工建设，招商工作势头良好。

嵩明县建有农业十大基地、阳光现代农业综合开发区和县乡工业八大支柱。2000年全县国民生产总值6.65亿元(可比价)，工业总产值14.91亿元（可比价），为云南省综合经济实力二十强县之一。

云南杨林工业开发区是省政府批准的省级县乡工业开发试验区，通过高速公路与昆明相连，距昆34公里，是云南省的昆（明）曲（靖）工业走廊的组成部分，总体规划7.48平方公里，首期开发 0.9平方公里，开发区配套设施较为完善。

开发区交通条件优越，昆曲高速公路、贵昆电气化铁路、昆昭公路都从开发区经过，是云南连接全国各地的交通枢纽；开发区内电力充足，分别建有11万伏、3.5万伏的两个变电站，装机容量分别为63000千伏安和3800千伏安，年可提供项目用电5亿千瓦时以上，尤为适宜兴建耗电加工业。电话、无线通信网均属昆明市话网络，与全国及世界各地连通；开发区有日供水10000吨的水厂，企业连通管道即可使用；开发区有近千亩的平整旱地，连同基础设施配套费，土地出让一次性收取的出让金3－5万元。使用年限为:商业用地40年，工业用地50年，住宅用地70年，综合和其他用地50年。

嵩明县人民政府为鼓励海内外客商投资，给予以下优惠政策：

1、免征固定资产投资方向调节税；
2、耕地占用税按1.60元/平方米收取；
3、入区企业，从投产之日起，免征土地使用税、房产税三年；
4、入区企业，从投产之日起，两年的增值税地方部分（25%）和三年的企业所得税财政予以返还；
5、开发区管委会提供“一条龙”优质服务，代办企业各项手续；
6、享受国家、省、市出台的其它优惠政策。

随着昆曲高速公路的开通和嵩明社会各项事业的迅速发展，开发区的投资环境必将得到进一步改善。嵩明33万各族人民竭诚欢迎海内外客商和朋友前来携手合作,互惠互利,开发嵩明，共谋发展。

开发区现代化的电力设施

昆曲高速公路
贯穿嵩明全境

杨林工业开发区位置示意图

昆明市区　嵩明县城(次级县)　开发区　昆曲高速路　贵昆铁路

云南省嵩明县人民政府
云南杨林工业开发区管理委员会
联系人：李明华　罗加富
联系电话：(0871)7911183　7914572
传真号码：(0871)7914572
邮政编码：651700

昆明滇池

公司领导和市领导合影

庄严肃穆、气势雄伟、巍巍屹立在滇池之畔的日月坛

昆明滇池泰和陵塔园 是由呈贡县民政局主管，昆明滇池泰和陵园开发有限公司乘西部开发东风，投身西部大开发的滚滚洪流之中，和呈贡县大渔乡海晏办事处合作兴建的一座融古典建筑精粹、集苏州园林艺术风格于一体，兼备旅游、观光、休闲、塔陵文化、追思祭祖等功能的陵塔园。陵塔园位于滇池岸边海晏办事处彩云山上，距昆明市29公里、玉溪60公里。西临百里滇池烟波浩渺、渔帆点点，南望大梁山呈现卧虎之势，东观并紧靠昆玉公路车水马龙。交通便捷,地理位置十分优越,民风淳朴，气候宜人。迷人的田园风光，把大小湖湾、林园、山峰点缀得婀娜多姿，生态环境极为优美，是一处极高品位的往生净土。

陵塔园建于彩云山龙脉的怀抱之中，占地400亩之广，绿化面积达70%以上,是一座绿草如茵、风景如画的环保陵塔园。其中有清道光十九年建立的名寺——石龙寺，陵塔园的总体设计再现了我国古建筑和现代人类文明的精髓。主塔高九层，造型雄伟壮观，飞檐斗角，琉璃辉煌，耸立于青山绿水之间，虎踞龙盘，上指蓝天，下立灵地，巍然于天地人和之中，实为一大壮观景象。整座陵塔园内，日月坛耸立,吉祥、如意二阁环拥,设计古朴庄重，悠

融古典建筑精粹.集苏州园林艺术风格于一体的泰和陵塔鸟瞰图

泰和陵塔园

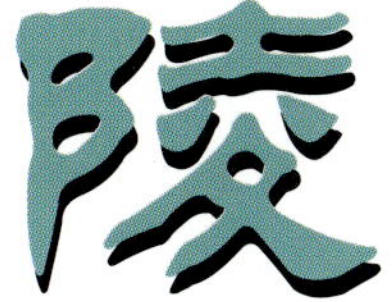

悠情怀，供生者寄托哀思。大雄宝殿庄严肃穆，气势恢宏，佛光熠熠。内供如来金像，两侧十八罗汉各显慈像，使生者丢弃无限愁思邪想，立地为佛，宁静和平。殿后彩云山上望海观音居高临下，静观大千世界，显露出无穷大慈大悲，劝人为善，劝人积德。园区内林木苍翠，小桥流水，亭台楼阁，布局和谐，宛若人间仙境。休闲中心、管理中心、名人堂、大排坊、二十四生肖雕像与自然景观相得益彰，为人们提供了一个品位高雅、自然舒适、寄托哀思、告慰先人的极佳福地。

“泰和陵塔园”以全新概念的园林设计，丰富的塔陵文化内涵和五星级服务；以经营慈善事业的功德之心，为云南建设绿色大省、旅游大省贡献自己的力量。放眼未来，造福子孙，奉献于社会，实为海内外炎黄子孙之首选风水宝地。泰和陵塔园——西南边陲一个跨世纪的、空前规模的环保陵塔园典范。

法人代表、总经理：胡小华 先生
联系人：朱宁 先生　13708487447
地址：呈贡县大渔乡海晏村彩云山
电话：(0871)7434193　7434185
邮政编码：650500

富丽堂皇的接待大厅

“奇妙、奇真、奇美”的日月坛地宫宝莲图

壮 丽 的 绿 色 泰 和 陵 塔 园

云南省 德宏州人民医院

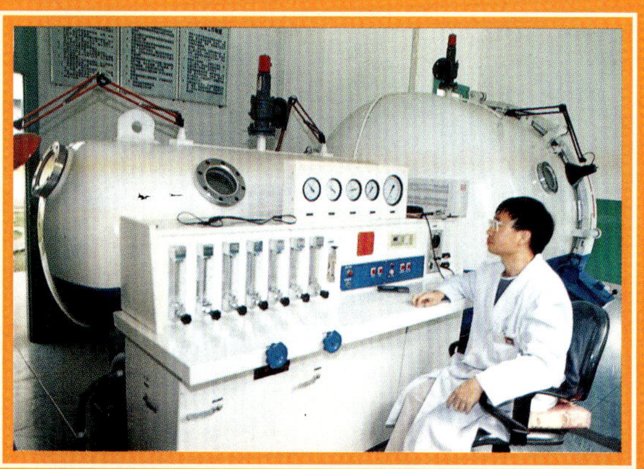

院长、书记赵文胜(心血管内科主任医师)

德宏州人民医院 前身是潞西民族医院，于1954年建成，1957年8月升格为德宏州民族医院，1999年8月改称为德宏州人民医院。建院46年来，在各级党委、政府的关心下，医院不断发展，现已成为一所功能齐全的现代化综合医院。全院占地面积5.6万平方米，总建筑面积5.1万平方米。设病床400张，在职工作人员达536人，卫生专业技术人员429人；设有41个科室，全院年门诊量最高达32万人次，年出院病人9134人次，年手术人次2690台次，技术辐射州内外8个县市及缅甸东北地区。

医院拥有东芝全身CT机、东芝500毫安X光机、美国阿洛卡彩色B超、日立7170型全自动生化分析仪等一批大中型先进医疗设备，在10万元以上的仪器有60余台，医疗设备价值达2160万元，为提高诊疗水平奠定了良好基础。

医院领导十分重视人才引进、培养和使用，每年选送20余名医疗技术人员外出进修和脱产学习，并邀请省内外专家教授到本院讲学和临床指导。又与大理医学院合办了临床医疗大专班、临床护理大专班，全院有154名学员参加学习。

医院年年都要开展一些新技术项目，不断扩大医疗技术服务范围。各科开展一些高水平的诊疗项目，均获得成功，受到社会的好评。

医院设两个图书馆，藏书3万余册，订医学杂志425种，外文杂志109份。保证医技人员学习、科研、教学的需要。

该院是德宏州的医疗、教学和科研中心，每年新开展技术项目14余项，发表论文20余篇，带教大、中专毕业实习生108人，被省卫生厅及省教委评定为高等医学院校临床教学基地。

1985年起，该院连续7年荣获云南省卫生厅授予的“文明医院”称号。1995年，经云南省等级医院评审团考核验收，评定为“三级乙等医院”，医德医风综合满意度居全省第一，被评为全省“医德医风建设先进集体”。医院的医疗质量、护理质量、医德医风建设和医院综合实力都上了一个新台阶。近来又耗资70多万元，建立了微机联网信息管理系统，使医院管理迈入科学化、规范化、制度化、信息化的科学管理轨道。

地址：潞西市芒市青年路7号
电话：(0692)2121798(院办公室) (0692)2121796(急诊科)

高压氧舱

美国产PTSI医用中心制氧设备

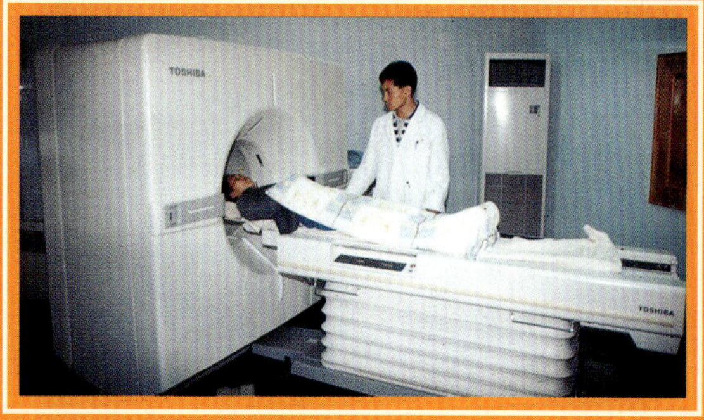

价值250万元的日本东芝TCT-300CT机

德宏州人民医院门诊大楼

人民健康的卫士

楚雄市卫生防疫站

团结战斗的站领导班子
(前中为站长刘宝生,前左为党支部书记董有书)

楚雄市卫生防疫站 始建于1953年6月2日，是云南省最早建立的县市级卫生防疫站之一，在党委、政府的领导下，在各级卫生行政部门的指导下，已走过了近半个世纪的光辉历程，经受了风雨的严峻考验，经过艰苦的改革和建设，理顺了机构，壮大了队伍，规范了管理，激活了机制，各项事业有了较大的发展。全站设一室九科；现有在职职工83人，其中专业技术人员76人（副主任医师 1名，主管医师21名，医师、医士54名）；占地面积3247 平方米，其中业务办公楼2148平方米；已装备了气相色谱仪、原子吸收仪、示波极谱仪、B超、心电图、200毫安 X光机及3台微机，3辆工作车等，与建站初期相比，发生了巨大的变化。

在半个世纪的进程中，历届站党政领导和干部职工始终牢记“全心全意为人民服务”的宗旨，坚持“预防为主”的方针，发扬艰苦奋斗的工作作风和自力更生的创业精神，坚持不懈地深入基层，扎根于群众之中，吃尽千辛万苦，说尽千言万语，宣传党的卫生工作方针政策，大力普及卫生防病知识，增强群众的自我保护意识。忠实肩负起人民健康卫士的重任，努力钻研科技知识，运用预防医学科学理论和先进的手段进行“超前”预防，有效地消灭和控制了天花、鼠疫、霍乱等传染病、地方病，各种疾病的发病率明显下降。卫生执法力度加强，执法水平不断提高，较好地把住了“病从口入”关，全市人民的健康水平明显提高。1991年初，通过国家卫生部验收，楚雄市荣获“全国食品卫生示范县先进单位” 称号；1993 年市卫生防疫站被省卫生厅命名为“文明卫生防疫站”；1996 年楚雄市被评为 “全省甲级卫生城市”；1997年市卫生防疫站达到“省级档案管理标准”；1998年创“三级二等卫生防疫站”；2000年12月，市卫生防疫站被省卫生厅、公安厅、教育厅、广播电视厅评为“云南省预防与控制艾滋病、性病先进集体”，受到表彰奖励。

鼠疫检测

市卫生防疫站有较强的技术力量和先进的仪器设备，设有预防医学门诊部，热忱为各类疾病患者服务，科学治疗，效果较佳，深受患者好评。

全站干部职工正以新的姿态、以实际行动贯彻江总书记“三个代表”的重要思想，为西部大开发提供良好的大卫生环境，为提高全市人民的健康水平作更大的贡献。

到农贸市场监督食品卫生

销毁有毒有害食品

上街宣传计划免疫

院长：张云

澄江县中医院 始建于1984年8月，1988年新建门诊、住院楼正式开诊营业。17年来，在各级领导的关心支持下，全体医务人员弘扬祖国中医药事业，团结奋斗，爱岗敬业，乐于奉献，取得了可喜的成绩。医院先后被评为全国卫生先进集体、全省示范县中医医院、国家二级乙等中医医院、云南省文明单位、玉溪市文明单位及县文明单位，目前已成为澄江县集中医、西医、中西医结合的全民所有制综合性中医医院。

医院现有职工120人，其中副主任医师4人，主治医师30人，设有中医、西医、中西结合、急诊、骨外伤、普外、手术室、风湿、民族医药、针灸推拿、康复、痔瘘、中医专科、咨询服务部、方便门诊部、皮肤泌尿、药剂、心电、B超放射、化验、医学美容等20余个临床职能科室。医院分2个病区，有病床70张，年门诊量14-16万人次，收住院病人1500余人次，业务收入500余万元。经多年发展，医院现拥有德国产西门子B超诊断仪、日本产kx—21血细胞分析仪、美国产心电监护仪等高科技的诊断检查康复治疗仪，能满足患者的医疗需求。医院注重把传统中药和现代中药相交融，对骨外伤采用手术、手法复位及小夹板固定，具有较好疗效；采用针灸推拿、牵引、按摩治疗颈椎病、腰椎间盘脱出等症有独道之处，治疗效果好。医院管理规范、整洁卫生、环境优雅，每天都有高、中职中医、西医、中西医结合的医生和专科医生为患者服务。

澄江县中医院全体员工热忱为大家提供文明、优质的服务！

中医院门诊大楼一角

优雅、安静的院内环境

院　长：张　云
院　址：澄江县城环城西路89号
电　话：0877-6911253
　　　　0877-6918645
邮　编：652500

受全国卫生系统表彰

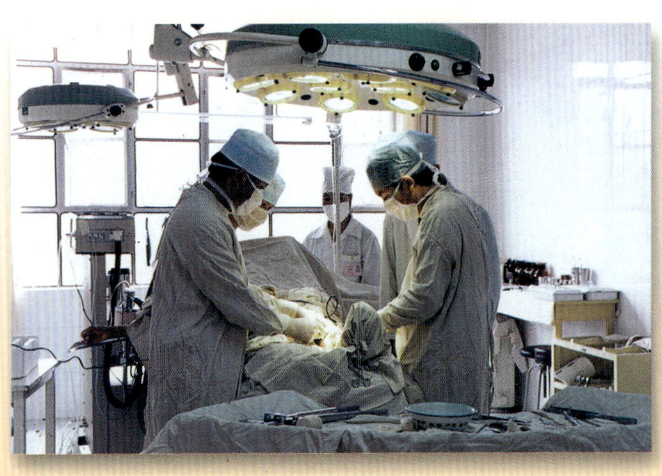
手术治疗

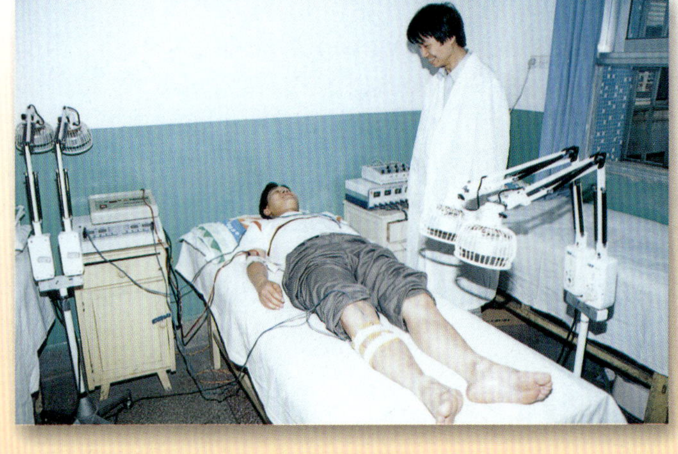
中医针灸治疗

昆明市发展计划委员会

抓大事，抓大项目，

昆明市计划委员会主任　杨翼雄

“九五”期间，**昆明市计划委员会**　紧紧围绕市委对计划工作提出的“三抓四加强”的要求，把抓大事、抓大项目、抓大协调作为转变计划职能、转变思维方式和工作方式的根本要求，勇于探索实践，发挥参谋助手作用，增强责任感和服务意识，圆满完成了“九五”各项工作和市委、市政府交办的各项任务，取得了明显的成绩。

一、放眼全局，抓大事

“九五”期间，市计委结合转变职能，完成了一批关系全市经济社会发展的重大调研课题和管理规定、办法。一是在固定资产投资管理方面，完成了加强高档房地产建设的调研，形成《加强高档房地产建设的管理和控制新建高档商住楼、宾馆、饭店、大中型零售商场项目的通知》上报，市政府以昆政发(1999)22号文件下发执行；制定了《昆明市财政预算用于基本建设前期项目工作费用管理暂行办法》，以市计投资(1999)76号发文执行；昆政办(2000)52号转发《关于市计委关于贯彻国家计委〈党政机关办公用房建设标准〉的实施意见的通知》；昆政通(2000)17号《关于批转〈严格控制市级财政资金基本建设项目投资超概算的规定〉的通知》等。初步提出了筹建“昆明市建设项目管理中心”的方案。二是在结构调整方面，完成了《昆明地区工业主要行业现状分析及对策》、《昆明工业布局调整规划意见》、《加快工业结构调整、依靠科技进步，促进昆明工业经济发展》等研究课题。三是完成了《“九五”计划执行情况总结》、《“十五”计划经济社会发展目标预测》、《经济结构调整的基本思路》、《生产力布局的思路和措施》、《昆明可持续发展的思路和措施》、《社会发展的思路、任务、措施》和《多渠道筹措资金与优化投资结构思路》等7个“十五”重点研究课题，为编制“十五”计划纲要创造了条件。

二、突出重点，抓大项目

“九五”期间，围绕经济社会发展目标，贯彻扩大内需方针，一是认真抓好以“水、路、树、房”为重点的全市“18项重点工程”；以滇池治污、城市基础设施、生态环境建设为重点的“扩大内需项目”和以城市供水、市政道路、绿化广场、滇池污染治理清污分流工程为重点的“市十大市政基础设施建设”等一批固定资产投资建设重大项目。牵头组织与市政公用局共同对城市入滇池河道清污分流、螳螂川河道整治、生态环境建设、小城镇

世博园

建设等项目的前期评审工作，对项目的顺利实施起了积极促进作用。已完成的项目中，有解决80万人饮水问题的民心工程——“2258”引水工程；有创建园林生态城市的美化亮化工程—盘龙江沿江绿化工程、废弃米轨绿化、五大绿化广场、十大公园改造、春城路、白塔路、青年路亮化工程等；有创建历史文化名城的精品工程——“品字三坊”等。二是认真抓好以工代赈工作。“九五”期间国家安排昆明市以工代赈总投资15595.14万元，其中国家以工代赈资金7970万元，省财政配套资金1090.75万元，市、县(区)配套资金902万元，群众投劳折资3224.44万元。完成一批“五小”水利工程、中低产田地改造、治理水土流失等项目，解决13.5万人，13.01万头大牲畜的饮水困难；新修和改造农村通讯线路466杆公里，522对公里；配合各有关部门积极做好扶贫工作，使全市43.8万人基本解决了温饱。三是认真抓好生态县建设工作。从1998年开始，昆明市被国家计委纳入生态环境建设重点地区，禄劝、东川、嵩明、寻甸和富民等县区先后列为国家生态环境建设重点县区，共安排生态环境建设资金7646万元。完成治理水土流失面积200多平方公里，人工造林4500公顷，封山育林1万公顷等，这些项目的开发，将进一步促进全市生态环境建设。三是抓好滇池沿湖项目。1994～2000年全市共审批滇池沿湖项目建设65项，总投资47978.11万元，其中企业自筹26356.61万元，申请银行贷款21621.5万元，项目主要以农产品加工、种养殖业为主，完成项目后实现年产值138504.35万元，企业实现年利润22024.11万元，从1996～1999年市财政共贴息893.06万元。

滇池治理

三、加强服务，抓大协调

市计委抓住国家实行积极财政政策，拉动经济的机遇，积极上报项目争取国家、省及金融部门支持。“九五”期间共争取到国家扩大内需资金17.3亿元；其中中央预算补助6.2亿元，地方借债11.1亿元，其中特别为掌鸠河引水供水工程争取到2.75亿元国债资金。共安排近60个基础设施建设项目；二是积极争取省的支持，“九五”期间省预算内资金安排列入计划资金和补助资金4.423亿元。协调金融部门向重点建设项目贷款17.5亿元。三是支援南昆铁路建设，协调官渡区912亩耕地占用税，调减710万元；呈贡、宜良、石林5100亩耕地占用税调减2500万元。对南昆铁路顺利建成起到了积极地促进作用。

四、认真抓好“十五”计划研究编制工作和实施西部大开发战略基础设施项目规划的牵头研究工作

根据国家计委、省计委的要求，为确保编制工作按进度完成，计委精心组织，把“十五”计划研究编制工作作为重中之重，集中精力，抓紧抓实。同各课题负责单位签订了《目标责任书》，在选定的27个课题中，计委在保证完成日常工作的前提下，调动干部职工的积极性，承担完成了7个重点研究课题。共编发《十五研究动态》21期，“十五”计划《纲要》，已经昆明市十一届人大一次会议审批通过，批准执行。

盘龙江治理

在做好“十五”计划研究编制工作的同时，抓好实施西部大开发战略行动方案工作。1999年12月，市计委成立了实施西部大开发战略和研究基础设施项目规划组。5月份，市计委初步确定了一批西部大开发战略基础设施项目，6月，与市建委、经贸委、外经委、财政局共同研究，筛选出第一批49个前期研究项目，提交市长办公会议讨论，原则同意近期实施。其中环境建设项目13项；基础设施项目21项；结构调整项目15项。编写《昆明市实施西部大开发行动方案及招商、引资重点项目简介》，提出第一批吸纳外资招商项目300多个。

五、积极推进价格改革，加强价格法制化、规范化管理，强化价格监督检查，拓展价格工作新领域

昆明市物价局“九五”期间，团结向上、奋发进取，为我市的经济发展和社会稳定作出了应有的贡献，取得了一定的成绩。一是“九五”初期，昆明市的价格调控工作主要着力于抑制通货膨胀，实现国民经济“软着陆”。为抑制通货膨胀、控制物价上涨势头，继续实行控价目标责任制，加大了对市场的宏观调控，抓好“菜篮子”工程建设，建立和完善重要商品储备及风险基金制度，充分发挥国合商业企业的主渠道作用，做好市场供应，平抑市场物价；全面贯彻实施国家反暴利的规定和《昆明市制止价格欺诈、价格垄断和牟取暴利的暂行规定》；对生活必需品实行提价申报和调价备案制度；加强市场价格的监督检查，坚决制止乱涨价行为。经过多方面努力，控价工作取得明显成效，价格总水平逐渐回落，全市商品零售价格指数从1996～1998年逐年回落，三年分别为104.8%、101.8%、99.1%，成功地实现了经济“软着陆”。二是积极稳妥地推进价格改革。“九五”期间，昆明市对粮食、食盐、牛奶、自来水、电、煤气、公共汽车票价、出租车基价、公园门票等进行了调整，对促进生产发展起到了积极作用。1996年以来，对商品房价格实行价格审查备案制，制定了安居工程价格管理实施细则、房屋重置价格管理办法；规范了物业管理服务收费等一批新的价格管理工作。结合昆明市创建优秀旅游城市、举办世博会等活动，进一步规范了餐饮、娱乐、旅店、短线旅游客运、公用电话、邮电代办、公共汽车、停车场收费、公园门票等价格管理，为创造良好的市场价格秩序提供了政策保障。三是1997年以来加大了全市“清费、治乱、减负”工作力度，严格了《行政事业性收费许可证》管理，连续几年坚持开展了一系列围绕减轻企业和城乡居民负担，促进经济发展的专项调研、专项治理和监督检查工作，坚决查处乱收费行为。1998年清理了全市各类行政事业性收费，基本摸清收费情况，全市共有683项收费项目，宣布取消282项，合法收费353项。在2000年的清理中又取消30项行政事业性收费项目，进一步规范了行政事业性收费管理。四是加强制

小菜园立交桥

昆禄公路

度建设，提高依法治价工作水平。为认真实施依法治价，1996年以来制定了《昆明市行政事业性收费管理条例》、《昆明市物价局执法责任制、错案追究制和依法赔偿制实施方案》、《价格违法行为和案件的审理规定》、《价格举报中心工作制度》、《昆明市物业管理服务收费管理办法》、《昆明市涉案物品价格认证管理办法》等规章制度和规范性文件，使各项工作沿着规范化、制度化、法制化轨道健康、有序地发展。五是积极开拓价格工作新领域，做好价格服务工作。“九五”期间进一步拓宽了价格监测、成本调查的服务范围，加强了市场价格和主要商品生产、经营成本的动态监测，逐步转变工作职能，为工农业生产服务、为产业结构调整服务、为领导决策和企业经营决策服务，并开展了交通事故财产损失认证工作，发挥价格主管部门的价格认识服务职能，积极为司法机关、行政执法机关和纪检监察机关的涉案物品提供价格认证工作。六是价格监督检查。加大了价格监督检查工作力度，共查处价格违法行为及案件166932件，实行经济制裁总额4043.27万元，其中：没收价格违法罚没收入2996.43万元，退还用户及消费者1046.84万元，有力地遏制了乱涨价、乱收费势头，为全市经济的发展创造了良好的价格秩序。

六、认真办理市人大代表建议和市政协委员提案工作

市计委历来把人大代表建议办理工作作为一件大事抓紧抓好，5年共办理人大代表建议48件，政协委员提案45件。面商率、满意率达100%，得到了市人大检查团领导和上级有关部门的肯定和好评。完成市领导批办、交办事项167件，其中党委、政府重大决策和重要工作部署30件，件件均按时按质按量完成。

七、转变政府职能，提高工作效率

按省、市政府要求,进一步转变职能，增强服务意识。选派两位同志进入昆明市便民服务中心设立“窗口”,开展“一站式”服务。进入窗口服务的项目20项，简化办事程序、提高办事效率，方便了广大人民群众和投资者。

“九五”计划胜利完成，市计委得到了上级部门和领导的肯定，先后荣获“迎世博先进单位和世博会暨文明城市创建活动”先进单位，“双拥”先进单位等称号，评为市“创建中国优秀旅游城市”、“建设现代文明机关”先进单位。

跨入新世纪，第三步战略部署开始实施，昆明市计划委员会决心高举邓小平理论伟大旗帜，深入学习实践江总书记“三个代表”的重要思想，在市委、市政府的正确领导下,开拓进取，廉政勤政，扎实工作，在谋思路、定政策、抓大项目等方面，当好参谋助手，完成好“十五”期间的各项任务，再创辉煌成绩。

云南·大理市

DA LI SHI

城市介绍

大理市地处云南省西都，市域面积1468平方公里，总人口52万人（其中白族占65%），市辖9镇1乡，区内设有一个省级经济开发区和一个省级旅游度假区。大理市是一座集国家级历史文化名城、风景名胜区、自然保护区和首批中国优秀旅游城市四项桂冠于一身的新兴城市。随着大理的航空、铁路、高速公路和内湖航运的立体交通网络及通信系统的建成和完善，大理正成为一座四通八达的对外开放城市，并显示出良好的发展前景。

经济发展概况

2000年，全市国内生产总值完成 56.96 亿元，“九五” 期间年均递增16.02%，其中：第一产业6.96亿元，第二产业30.49亿元，第三产业19.51亿元。全市人均GDP已突破10000元大关。财政总收入完成4.83亿元，其中地方一般预算收入完成3.43亿元。辖区工业总产值（1990年价）完成28.25亿元，年均递增7.98%，其中，市属工业总产值（1990年价）完成15.45亿元。农业总产值完成4.98亿元，年均递增12.37%。全市社会消费品零售总额完成15.57亿元。辖区金融机构各项存款余额64.41亿元，各项贷款余额44.60亿元。全社会固定资产投资完成15.56亿元。第二步战略目标如期实现。

经济结构调整

“九五”以来，大理市不断深化对市情的认识，确立了“以旅活市，以工贸富市，发展高效农业，促进两个文明建设协调发展”的工作思路和“三、二、一”产业发展思路，按照“有进有退，有所为有所不为”的原则，在发展中推进经济结构调整，在经济结构调整中促进经济发展，所有制结构、产业结构、产品结构和城乡二元结构不断优化互促。到2000年，全市一、二、三产业结构比例为12：54：34。旅游、商贸、建筑建材、生物资源开发以及烟辅工业等支柱产业不断巩固发展，经济增长的质量和效益不断提高。

大理狠抓民族旅游产品开发，促进“以旅活市”战略(图为深受中外游客喜爱的大理白族扎染布艺)

作为历史文化名

(

大理市重视加强城市市政设

市民休闲公共场所建设（图

造一新的大理市下关人民公

理市,狠抓历史文化旅游项目恢复建设工作
复重建的大理古城五华楼)

—以旅游业为龙头的第三产业快速发展。2000年，第三产业占GDP的比重达34.25%。2000年全市接待国内外游客445万人次，年均递增12.8%，其中，海外游客11万人，年均递增30.47%。旅游业直接收入14.77亿元，全市直接间接从事旅游行业人员达13万人。

—工业生产以市场为导向、效益为中心，以建立现代企业制度为方向，从企业产权制度改革入手，抓大放小，调整结构,着力培育产品有市场、发展前景好的卷烟辅料、建筑建材、食品等支柱产业，基本实现国有大中型企业三年改革脱困目标，放开搞活了国有小型企业。初步形成了以卷烟、建材、食品为骨干，纺织、造纸、制药、印刷等共同发展的工业体系。

—农业和农村工作以奔小康总揽全局，强基础、兴科技、调结构，创品牌、增效益，推进农业二次创业。不断加强了农业基础设施和生态环境建设，实施了苍山十八溪等河道泥石流灾害防治工程和小流域水土保持综合治理工程。加强了洱海灌区环湖泵站的改扩建工作。至“九五”末，全市农业有效灌溉面积达 17.3 万亩，水利化程度达90.6%。农村水电初级电气化建设已通过省级验收。加强了以苍山及海东面山为重点的森林资源保护和植树造林工作，组织实施了“天保工程”，“九五”期间累计完成造林17.03万亩，植树352.55万株,2000年全市森林覆盖率达43.8%。按照稳粮增效调结构的思路，种植业结构调整取得重大突破，粮食总产继续保持在 1.5亿公斤以上，山区“三上山”科技扶贫取得显著成效，优质米、鲜食玉米等优质粮食基地建设不断发展。蔬菜、商品果等高效农业快速发展,苍山百合、山药、园艺花卉等新兴门类不断拓展。畜牧、水产等骨干产业保持稳定增长，农业综合效益明显提高。乡镇企业稳定发展,农村二、三产业持续增长,农村经济结构不断优化。2000年全市农村经济总收入达 71.51亿元，“九五”期间年均递增30.99%。农村精神文明建设继续加强，农村卫生保健、文化、教育、科技等社会事业协调发展，实现了村村通公路。大力整治村容村貌，加强村镇规划建设管理，全市有2个10亿元乡镇，11个亿元村，76个市级小康村（其中州级小康村36个），全市农村已提前三年实现小康目标。

旅游接待设施的不断完善为大理旅游支柱产业的发展壮大创造了有利条件（图为建于大理经济开发区内的四星级漫湾大酒店）

云南·大理市

DA LI SHI

科技进步与创新

认真实施“科教兴市”战略.科技与经济进一步紧密结合,科技进步对经济增长的贡献率及成果转化率有了较大提高。认真实施可持续发展战略，生态环境建设取得新的成绩，进一步加大苍山洱海自然保护区的保护力度，先后禁止了苍山面山和海东面山石料开采，取消了洱海机动渔船动力设施和网箱养鱼，洱海治理和保护取得新进展，城市环境综合整治成效明显，全市工业废水处理率达 47%，废气处理率达 89%，工业固体废弃物综合处理率达89%，重点企业“三废”实现了达标排放，保持了大气环境质量三级,洱海水环境质量二级,区域环境噪声二类，全市生态环境质量有了改善，人口、资源、环境和经济社会协调发展。

提高人民生活水平

随着经济社会的发展，消费环境和消费结构不断改善，人民群众物质文化生活水平不断提高。2000年,全市城镇居民人均可支配收入达6955元,“九五”期间年均递增7.26%,农民人均纯收入达2905元,“九五”期间年均递增12.71%。城镇居民人均居住面积从“九五”初的12平方米增加到14.67平方米。人均受教育年限从“九五”初的6.6年提高到7.1年。

非公经济和招商引资工作取得新成绩

在不断改善投资硬环境的同时，着力在优质服务、转变政府职能、制定优惠扶持政策等软环境上下功夫。成立了外商投资管理服务中心、经济技术协作办公室和非公有制经济管理办公室，建立了发展非公经济和招商引资的激励机制，把非公经济发展与国有企业的战略性改组和结构调整结合起来，不断拓宽非公经济发展领域。2000年非公经济增加值占国内生产总值的37.5%，全市个体工商户达15193户，私营企业664户，全市非公经济已经逐步向规模化、集约化方向发展。对外开放不断向深层次、全方位、宽领域扩展，“九五”期间，共签订合同及协议254项,合同及协议资金40.54亿元,其中,实际到位资金13.16亿元。大理经济开发区和大理旅游度假区发展加快,成为对外开放的示范窗口。“三资”企业从无到有，先后批准“三资”企业27户，投资者分别来自美国、新加坡、菲律宾、香港、台湾等国家和地区。

市政基础设施的不断改善，为大理经济腾飞创造了有利条件（图为新建成的大理飞机场）

一年一度的大理“三月
(图为大理

市政府领导

市　长：杨志东

男，白族，1961年11月

大学文化，农艺师，

1999年3月当选为大理市

作为旅游开放城市,大理狠抓市貌和对外形象塑造工作（大理民族广场和“高原明珠

成为大理对外文化交流和商品贸易的盛会
月街”民族节开幕仪式文艺表演)

常务副市长：	忻德昆	男，彝族
副 市 长：	张　松	男，白族
	张和平	女，汉族
	杨　辉	男，白族
	陈元生	男，汉族
	马永福	男，回族

城市形象显著改善

围绕建设具有鲜明特色的中等规模城市，形成区域性经济社会发展中心的目标，以规划为龙头，完成了《大理市城市总体规划（修编）》工作，编制了《大理古城控制性详细规划》、《大理市西洱河城市中心区控制性详细规划》、《下关北片区控制性详细规划》，全面完成了村镇规划编制工作；制定了214线、大丽公路、东环海公路沿线建设的控制性规划，有效保护了苍洱大景观。抢抓各种机遇，扩大投融资渠道，旧城改造和新区开发同步推进。配合国家完成了广大铁路、楚大公路、大丽公路、环海公路、关巍公路等重大建设项目；完成了大理古城墙修复一期和文献楼、五华楼恢复重建，大理复兴路一期、二期改造，文献路改造，实施了下关建设路中段、苍山路、泰安路、茫涌路和开发区云岭大道、双鸳路、滇源路的改造建设，进行了人民公园的改造、人民路灯光隧道工程和开发区民族广场的建设。进一步加强旅游景点景区建设，恢复重建了建极大钟楼和雨铜观音殿，加强了蝴蝶泉前导空间建设，积极引进投资建成了苍山、感通两条旅游索道；实施了紫云街、鸳浦街、广发大厦建设，兴建了第五自来水厂和凤仪水厂，铺设了大理至下关截污干管；加强城市绿化、美化、亮化工作，深化城市管理体制改革，引入竞争机制，建立了适应市场经济要求，城建、城管等部门联动配合的城市管理新机制，使城市形象显著改善。出台了加快小城镇建设和房地产开发的政策措施，开展了白族民居建筑风格整治工作，下关镇、凤仪镇、喜洲镇、七里桥乡等小城镇建设和小区开发全面启动，“三城四镇”布局和功能不断完善。全市建成区面积从“九五”初的15.8平方公里扩展到22平方公里，城镇人口从16.66万人增加到21万人，城镇化率从35.55%提高到41.87%，中等规模城市框架基本形成。

乘着改革开放的春风，大理正以崭新的面貌展现在世人面前
(图为大理经济开发区云岭大道夜景)

安宁

满目葱翠的城市环境

安宁明珠--百花东湖

街心花园一角

整治后的螳螂川河道

1995年10月，**安宁**经国务院批准撤县设市。设市以来，市委、市政府抢抓机遇，果断决策，用高起点、高标准、新思路、跨世纪的建设思想，坚持“不求最大，但求最佳、最美”的原则，大力实施城市化发展战略，勇于探索、积极实践，以“敢为天下先”的豪迈气魄，不断加快环境建设步伐，推动了全市经济社会全面发展，在全省赢得了“远学张家港，近学安宁市”的赞誉。目前，城市建成区面积达到15平方公里，城市绿化率32%，绿化覆盖率35%，人均公共绿地面积15㎡，城市化水平达到了55.5%，荣获了“云南省首批园林城市”称号。

城市绿地

新兴的园林生态城市

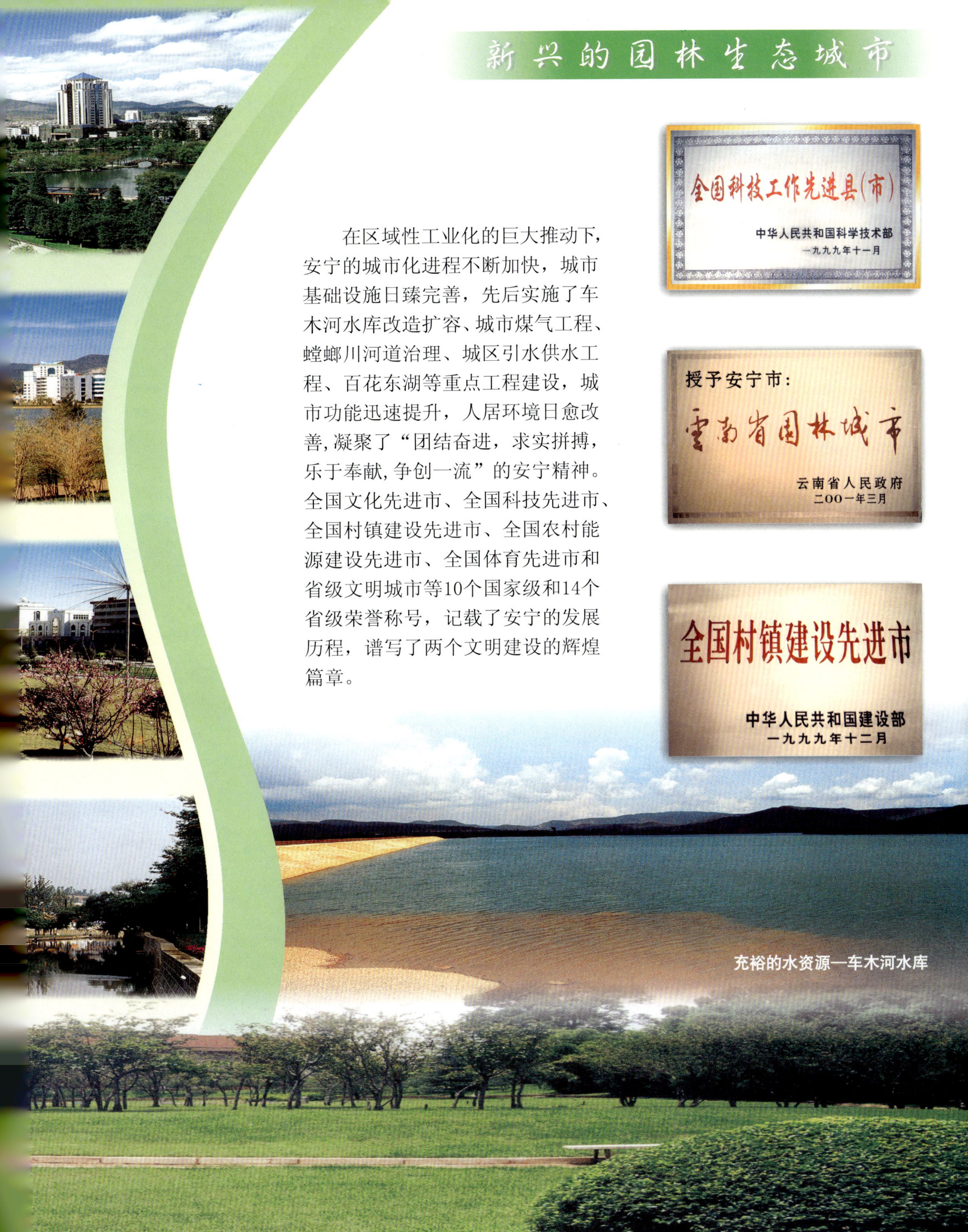

在区域性工业化的巨大推动下，安宁的城市化进程不断加快，城市基础设施日臻完善，先后实施了车木河水库改造扩容、城市煤气工程、螳螂川河道治理、城区引水供水工程、百花东湖等重点工程建设，城市功能迅速提升，人居环境日愈改善,凝聚了“团结奋进，求实拼搏，乐于奉献,争创一流”的安宁精神。全国文化先进市、全国科技先进市、全国村镇建设先进市、全国农村能源建设先进市、全国体育先进市和省级文明城市等10个国家级和14个省级荣誉称号，记载了安宁的发展历程，谱写了两个文明建设的辉煌篇章。

充裕的水资源—车木河水库

新兴的园林生态城市

安宁

AN NING

昆钢从卢森堡引进的$2000M^3$高炉

“十五”期间，安宁市将实现由传统的冶金重化工城市向现代科技工业、商贸旅游和园林生态城市的历史性转变。城市发展的总体目标是：

① 建成云南省和昆明市的工业基地；

② 建成昆明市高新科技产业基地；

③ 建成昆明市乃至全省的旅游、休闲、度假基地；

④ 建成昆明市乃至全省生物资源开发和创新的重要基地。

全国最大的黄磷生产基地

花园式的盐矿生产区

螳螂川河畔的水车

现代新型材料生产基地
—金盛新型材料公司

玉龙湾东南亚影视城

新兴的园林生态城市

围绕上述目标，安宁市委、市政府将竭力抓住国家实施西部大开发战略和云南省建设全国最大的磷化工基地、昆明市建设安宁科技工业城和安宁被列为优先发展的重要次级城市等重大机遇，坚持以经济建设为中心，以科技创新为主导，全面实施“科教兴市、工业强市、对外开放、城市发展推动和建设园林生态城市”五大发展战略，紧紧围绕“冶金矿产、盐磷化工、建筑建材、旅游商贸、房地产及绿色产业”五大支柱产业，并优化结构，大力发展以高科技为主的综合性工业及相关配套的第三产业，努力实现把安宁建成集工业城市、旅游城市和园林生态城市为一体的重要次级城市的宏伟目标，为安宁的改革开放和现代化建设事业谱写更加壮丽的新篇章，再创新世纪辉煌。

安宁市委、市政府热忱欢迎海内外、省内外人士前来安宁投资开发，共绘安宁美好的未来。

(撰稿: 李平 摄影: 宋玉昆)

读书铺火车站客货运编组中心

现代化的教学楼--安宁一小

靓丽的城市夜景

珠江源头第一县——开放的沾益欢迎您

沾益县政府

县委书记周宗(右)、县长唐德荣(左)
在研究沾益县城区规划、改造、建设的蓝图

沾益　地处云南省东部，是祖国三大江河之一——珠江的发源地,被誉为珠江源头第一县，距省会昆明市150公里，总面积2801平方公里，总人口38万人,有汉、回、彝、苗等民族。

沾益属低纬度高原季风气候区，冬无严寒，夏无酷暑，日温差大，年温差小，无霜期长，雨热同季，阳光充足，十分温暖适宜,是云南省重要的烤烟和化工基地。

沾益早在秦朝时期修筑的“五尺道”，被称为“南方丝绸之路”，从中原蜿蜒来到沾益，成为云南通往内地的第一条交通大动脉，为承载和传输华夏文明发挥了极其重要的作用。三国时期，蜀相诸葛亮在这里七擒孟获，留下了有关“毒水”的经典故事；到了元朝，沾益改沾益州,从此,这里作为州县行政区一直沿袭下来。明朝著名的地理学家徐霞客为探索珠江正源，两次来到沾益，踏遍了源头的山山水水。

今天的沾益，以独有的旅游资源、丰富的矿藏，成为迅速崛起的现代化山水园林城市,塑造着全新的形象;以更加开放的格局，良好的投资环境和众多的基础设施项目，为中外客商敞开投资的大门，恭迎更多的国内外嘉宾到沾益投资兴业，携手共绘21世纪的宏伟蓝图。

珠江源漂流开漂庆典大会

天下第一罗盘

22万伏变电站

"马雄山"矿泉水

崛起的现代化工业

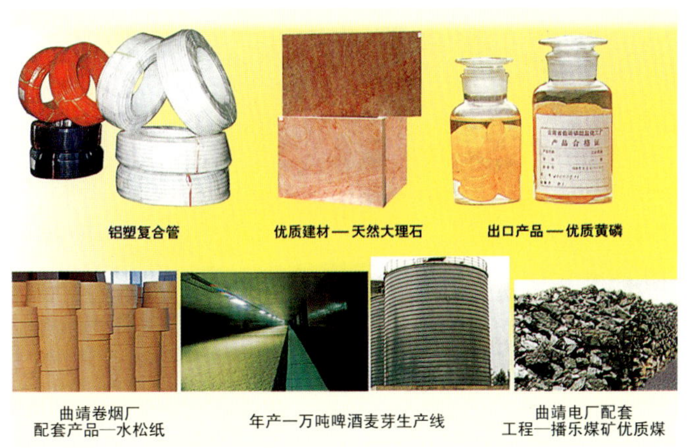

铝塑复合管　优质建材—天然大理石　出口产品—优质黄磷

曲靖卷烟厂配套产品—水松纸　年产一万吨啤酒麦芽生产线　曲靖电厂配套工程—播乐煤矿优质煤

沾益县工业实力雄厚。到2000年底，辖区内有中央、省、市、县属工业企业、乡镇企业、个体私营企业和个体工商户3800多家，形成了以电力、建筑材料、煤炭、化工、烟草、机械制造和食品加工为主的现代化工业体系。经过激烈的市场竞争，涌现了云维股份有限公司、沾益化肥厂、云达利铝合金制品有限公司、沾益毛纺厂、曲靖电厂、珠江源啤酒麦芽有限公司、黄磷厂、亚峰公司、益宁水泥厂、县烟草公司复烤厂等一批支撑一方经济的大型龙头企业和企业集团；创出了"云维牌"聚乙烯醇、"沾化牌"尿素、"珠源"啤酒、黄磷、可擦圆珠笔、"益宁牌"水泥等一批在国内外享有盛誉的名牌产品。云南云维股份有限公司是曲靖市首家在上海证券交易所挂牌上市的公司，被称为"珠源第一股"；云达利铝合金制品有限公司是全省著名的中外合资企业，年创汇100多万美元。

一个个生机勃勃的现代化企业，如同一颗颗耀眼的明珠，镶嵌在广袤的红土地上。沾益县热忱希望中外客商通过股份制、股份合作制及兼并、租赁等多种形式，与县内企业进行全方位合作，谋求更广阔的发展空间。

益宁水泥厂

生物农药--除虫菊生产基地

优质烤烟生产基地

曲靖市胡副市长视察烟苗漂浮湿润育苗技术

证书

列为中国'99昆明世界园艺博览会——云南名特优指定产品。

特发此证

中国'99昆明世界园艺博览会
云南名特优产品开发办公室
一九九九年五月八日

走向产业化的农业

农业是沾益的传统优势，是沾益的立县之本，在国民经济中占有举足轻重的地位。这里土地肥沃、气候温暖，是滇东有名的“粮仓”和云南著名的“烤烟之乡”。

珠江源头溪流淙淙，盘江两岸良田万顷，素有“小江南”之美誉。建县以来，县委、县政府全面实施“科技兴农”发展战略，在2个乡镇建起了优质大米基地，在7个乡镇建起了优质烤烟生产基地。全县以市场为导向，大力推进农业产业化进程,确定了以“公司+基地+农户”为模式，以区域化布局， 专业化生产、 企业化管理、规模化经营、一体化服务为手段，推动全县农业由传统农业向现代农业转变，由单一种植向多元化产业迈进。

目前，在调整农业产业化结构的进程中，全县已建成畜牧业基地、林果花卉基地、蚕桑基地、水产品基地、蔬菜基地、啤酒大麦基地、蓖麻基地、金盏菊基地、除虫菊基地。形成产业有布局、基地有规模、龙头有实力、产品有市场、农业大发展、农民有增收的发展新格局。2000年,全县实现农业总产值8.9亿元,粮食总产量1.92亿公斤，烤烟收购实现产值1.52亿元，猪、羊、牛出栏同步增长，存栏量分别达到 26万头、13万只和7.6万头。沾益县生产的烤烟以吸味香醇、燃烧性佳的显著特点走俏全国，倍受各大烟厂青睐。

目前,沾益的粮、烟、果、茶、花、猪、牛、羊、蚕、渔等十业逐步兴旺，农业产业化进程初见成效，为中外客商投资发展高效农业创造了广阔的前景。

万亩牧场

波尔山羊

沾益县地方税务局

省、市局领导检查指导正在建设中的办公大楼（前右二为省局党组书记、局长马登坤，前右一为市局党组书记、局长邓新中）

沾益县地方税务局党组三年来以抓好税收收入为中心，以加强基层建设和征管改革为重点，以提高干部职工素质和纳税人的纳税意识为先导，以两个文明建设和制度建设为保障。抓好队伍整顿和依法治税、民主评议行风工作，完善各项征管制度，强化税收征管和稽查力度，严格贯彻执行“加强征管、堵塞漏洞、惩治腐败、清缴欠税”的方针。

1998年全局共组织收入 8486.88万元；1999年再创辉煌，组织收入8607万元；2000年组织收入8304.1万元；截止到2001年4月30日，共组织收入 3070.8万元，占年度计划的34.25%，较上年同期增收756.2万元，增长32.67%，为建县之初的沾益的改革开放和稳定发展奠定了基础。

“两手抓，两手都要硬”，2000年底全局已全部创建为县级以上文明单位，其中省级 1个、市局 4个、县局7个，“八星级文明单位”创建获“满星”单位，连续三年获曲靖市地税系统目标责任制考核第一名和沾益县委、县政府授予年度工作“先进单位”荣誉称号。

省、市局领导检查指导正在建设中的办公大楼（中为省局党组成员、副局长陈华，左一为市局党组书记、局长邓新中）

初具雏形的综合办公大楼

发展中的昆明新区——东川

昆明市东川区委副书记
昆明市东川区人民政府代区长 和丽川

东川 地处昆明市东北部，是昆明市所辖五区之一。全区总面积1858.79平方公里。东川最高点拱王山主峰雪岭，海拔4344米，最低点位于金沙江与小江交汇处的小河口，海拔 695米。东川山高谷深，地势陡峻，是典型的深中切割山峡地貌，具有明显的立体气候。东川现有居住人口27.55万人，有彝族、苗族、回族、布依族等少数民族。全区辖10乡4镇。区政府所在地新村，距昆明直线距离125公里。

东川地方工业已建成冶金、化工、机械、建材、食品、酿造、电子、造纸、药品、陶瓷、印刷、服装等企业群；铜、铝、磷、铁等矿产资源开发、加工已初见成效，成为经济发展的骨干产业；化工、机械、陶瓷、制药等行业产品已成为东川出口创汇的主业。农业通过结构调整，发挥比较优势，突出特色，效益明显增强，石榴、酿酒葡萄、花卉、冬春早熟蔬菜等销往省内外，有极好的发展前景。东川境内公路总长785公里；铁路支线自塘子站至东川浪田坝，全长99.6公里。

东川素称“天南铜都”，具有2000多年的铜矿开发历史。东川矿产资源丰富，已探明的矿产资源主要有铜、金、铅、锌、铁、磷等，经济发展具有潜在的优势。东川铜矿是计划经济时期全国五大铜基地之一，铜的地质储量占全国第二位，现为全国八大铜生产矿山之一。东川生物资源丰富，境内有长苞冷杉、红椿、云南七叶树、南方铁杉、苏铁等国家二级保护珍稀植物，以及岩羊、穿山甲、红腹角鸡、白瓜锦鸡等国家二级保护动物。

大东公司制作的精美铜工艺品，受到省内外专家一致好评。公司将进一步围绕市场经济，做好铜工艺产品的开发工作，力争创造出“天南铜都”高附加值的终极产品。

五月的小红河谷，骄阳似火，菜农们正忙着收割洋葱，销往省外市场。

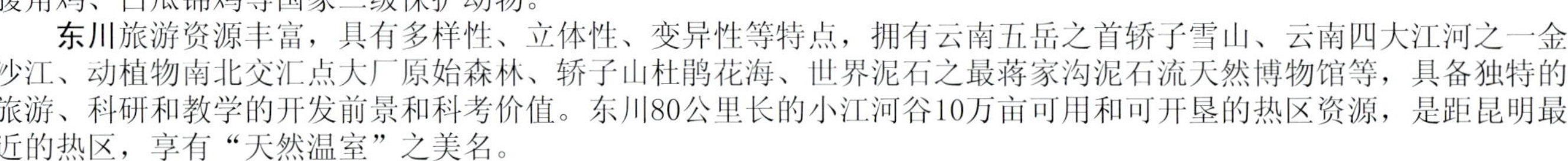

东川旅游资源丰富，具有多样性、立体性、变异性等特点，拥有云南五岳之首轿子雪山、云南四大江河之一金沙江、动植物南北交汇点大厂原始森林、轿子山杜鹃花海、世界泥石之最蒋家沟泥石流天然博物馆等，具备独特的旅游、科研和教学的开发前景和科考价值。东川80公里长的小江河谷10万亩可用和可开垦的热区资源，是距昆明最近的热区，享有“天然温室”之美名。

开放促开发，开发促发展。在新世纪的程途上，东川人民将进一步解放思想，深化改革，扩大开放，努力创新，把东川建成农业独具特色、工业结构优化、商贸旅游活跃、城市功能完善，具有亚热带风光特色的昆明新区。

东川物华天宝，开发前景广阔。热忱欢迎国内外、海内外的各方贤才佳宾前来合作、参观和指导，一道共同开发、利用东川资源，共谋发展。

独具特色的小红河谷热区

世纪之帆

昭通公路管理总段

昭通总段团结、奋进、务实的领导班子
右三:党委书记 洪昆亮 左三:总 段 长 赵 平 右二:党委副书记 陈宗友
左二:副总段长 刘家顺 右一:纪委书记 张建东 左一:副 总 段 长 孙义民

昭通收费站

昭通总段昭通至鲁甸施工工地

昭通公路管理总段 成立于1960年，隶属于云南省公路局，主要负责昭通地区境内国道、省道及部分县道公路的管理和养护，依法维护公路产权及征收高等级公路通行费。

昭通总段现有职工2756人，其中:固定职工1608人。下设8个公路管理段，1个公路管理所，1个机运队，4个收费站，128个管理站。管养昭通11个县市公路1695.3公里，其中:沥青路面454.4公里，水泥路面26.5公里，弹石路面41.4公里，砂石路面1173公里；拥有固定资产原值4480.53万元,净值3914.57万元。

昭通总段按照省交通厅、省公路局改革的要求，成立了昭通先行道路桥梁工程有限公司。该公司集公路修建、机械修理、房地产为一体，拥有管理、业务、技术人员等190人,其中:高职19人、中职46人;拥有大中型机械设备92台；注册资金 3000 万元，资产总值6718万元;具备公路工程施工总承包二级资质。公司以质量第一、信誉至上、以创安全优质工程和文明工程为企业的施工宗旨,竭诚为公路建设服务。

昭通总段建筑材料中心实验室为云南省城乡建设委员会确认的一级资质建材实验室。该实验室可进行岩石、混凝土、砂浆配合比、混凝土抗压、钢筋抗折强度、沥青、土工实验等。近年来，除完成本总段内部大中修实验外，还承担昭通地区大型工程昭通二级汽车专用公路、昭通渔洞水库水利工程等材料实验。实验数据准确可靠，深受用户信赖和好评。

总段将继续认真贯彻交通部“建养并重、强化管理、深化改革、调整结构、依靠科技、提高质量、依法治路、保障畅通”的方针，不折不扣地贯彻省交通厅、公路局的指示，实行公路管养分开，以改革为动力，以发展为主线，依靠科技，促进养路事业的发展。

昭通总段管养的二级汽车专用公路

德宏州潞西市

省工商局长何远灿(中),州工商局长路化成(右)到潞西市工商局听取赵国旺(左)局长汇报工作

1997年6月,潞西市工商局经检大队工作人员在风平乡那目村为假杂交稻受害农户退还购种款

德宏州潞西市工商行政管理局 建于1976年，现有干部职工125人，其中本科学历1人，大专33人，中专59人，高中23人，初中9人；有党员55人。设业务科室10个,工商所8个。辖区内有各类商品市场35个,个体工商户5697人,从业人员8780人；有私营企业137户,从业人员2690人，有各类工商企业690户。

近年来潞西市工商局以“三学”活动为契机，以体制改革为动力,行风评议树形象，“三学”教育抓关键，强化自身建设、廉政建设和文明窗口建设，确保“依法行政文明执法”，不断改进工作作风和服务质量,有力地打击假冒伪劣商品,保护消费者权益，促进了市场监管、行政执法各项职能的履行。2000年，潞西市工商局行风评议率为98%，查处非法购粮食案6件，出动人员2900人(次),车辆510辆(次)，罚款1.32万元；查处违法违章行为164起,查处制售假冒行为伪劣商品案件9件，案值9.075万元，查处侵害消费者合法权益案件332件，案值20.06万元。为维护潞西市场秩序,促进潞西市经济发展作出了积极的贡献。

2000年，潞西市工商局认真开展“户户讲道德，店店无假货”，“创诚信单位”和“光彩之星”评选活动，全市共有“户户讲道德，店店无假货”参赛门店300户，“光彩之星”21户，“诚

傣族群众自产的“竹叶帽”作为商品在市场进行交换。

芒市第一综合农贸市场

工商行政管理局

原省工商局副局长卢镇、州工商局局长长路化成、潞西市工商局局长赵国旺及城区九所工商所干部对农贸市场进行检查

潞西市工商局办证服务厅工作人员正在为个体户和企业主提供服务

信单位”27户。有消费者满意街1条，国家级文明市场1个,省级文明市场5个,市级文明市场9个。受表彰的单位有：国家级5个，省级 个，州级20个，市级7个；受表彰个人有：国家级1人,省级7人，州级26人，市级16人。

潞西市工商行政管理局,1995年3月被德宏州人民政府评为“扶持发展个体私营经济成绩显著单位”，1999年10月被潞西市委、市人民政府授予“先进工作机关”称号，在迎世博会维持市场秩序工作中成绩显著,受到省工商局的嘉奖,2000年市局的4个工商所被市委评为市级文明单位。

2000年12月省工商局长何远灿、省局公平交易局领导王一丁及州市有关领导与潞西市局全体工商干部合影

党组书记、局长：何　贵

领导班子总结“九五”计划，制定十五计划

国税办公大楼

征收大厅（马街分局）

昆明市西山区

昆明市西山国家税务局　负责西山区4个镇（马街、黑林铺、碧鸡、海口）、四乡(沙朗、厂口、团结、谷律)及棕树营街道办事处的税收征收管理工作。截至2000年，征管户数达7378户。

“九五”期间，局党组一班人在党组书记、局长何贵同志的带领下，团结带领干部职工，不畏困难，开拓进取，紧紧围绕组织收入这一中心工作，坚持两手抓，依法治税，深化改革，狠抓基础，强化管理，提高素质，廉政勤政。5年来，国税事业不断走向发展，从发展迈进辉煌，为国家建设和西山区经济发展作出了积极的贡献。

税收收入，连年超额完成任务。“两税”收入年平均递增7.4%，超“九五”计划6%的指标。5年来，共组织税收收入7.19亿元，其中“两税”收入累计完成6.88亿元，连年均实现了“三个确保”：确保了市局下达税收任务的圆满完成；确保了中央对地方的财政返还；确保了区政府与市政府签订的目标责任的落实。

严格依法治税。深入广泛地开展税法宣传，严肃税收法纪，规范税收秩序，巩固和完善了新税制。

税收征管改革取得显著成效。实现了工作重心向征管、向基层转移，基层征收一线的办公用房有了明显改善，交通、通讯装备进一步加强；在人员比例上，做到精简机关、充实基层，并重点增加了稽查人力；合理设置基层征收单位和纳税申报点，完成了“撤所建分局”的各项工作；以计算机为依托，加快了科技兴税的步伐，在海口、马街分局推行实施了“银税一体化”，黑林铺、棕树营分局实现了微机开填税票，机关各科室配备使用了计算机。

干部队伍建设取得显著效果。建立和完善了26项内部管理制度，使各项工作有章可循，提高了工作质量和

国家税务局

办事效率；鼓励干部职工参加学历教育，中专以上学历已占总人数的76%；同时，广泛开展业务培训和岗位练兵活动，2人获国税系统业务能手称号；狠抓国税“窗口”建设，精神文明建设迈上了新台阶。共创建“文明单位”：区级8个，市局10个，省级3个，共13个部门创建为各级、局文明单位，占部门总数的72%；党的建设进一步加强，发展新党员5名，局党总支多次被区委授予“先进党总支”，6人(次)被评为区的优秀共产党员，党组书记、局长何贵同志被评为市国税系统标兵，连续5年被区委授予优秀共产党员称号。

加强资金和资产管理，搞好总体规划，综合实力有了长足发展。积极筹措资金，用好有限的经费，大力兴办实事，综合实力显著增强：固定资产从1995年395万元发展到2000年达2368万元；职工住房从66套增加到156套，干部职工人均拥有一套住房；建盖了集现代化、多功能为一体的局机关业务办公大楼；交通装备从原有4辆车，发展到17辆车，实现了每个基层单位配备1辆轿车；建立了办实事的“十个一”工程，全局干部职工生活条件、福利待遇均有了较大改善。

西山区国税局“九五”工作硕果累累，展望未来，任重道远。全局职工决心在跨世纪发展的征途中，励精图治，再创辉煌。

地　　址：昆明市西山区马街体育路
党组书记、局　长：何　贵
副 局 长：李玉旭、邬　留
电　　话：(0871) 8109073
邮　　编：650100

国税领导与税务稽查正在分析研究案情

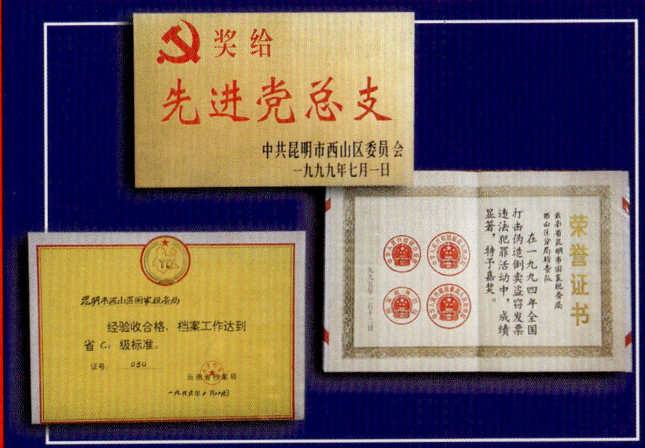

荣誉

国税宣传

税务人员聚精会神地进行计算机培训

西山国税五周年联欢会

昆明市盘龙区地方税务局

局长、党组书记 周鸿宾

昆明市盘龙区地方税务局 办公业务楼位于昆明市中心盘龙江畔，与盘龙江“桃源殷春”隔江相望，环境优美，交通便捷。实施工程建设基础挖掘时出土的立于大楼前的清代“税务告示碑”，标志着在这块商贸中心区域，税收自古以来就是国家财政来源。时至今日，依法纳税已是纳税人义不容辞的义务，为国聚财则是税务干部的神圣职责。

昆明市盘龙区地方税务局自1994年8月税务机构分设成立以来,在昆明市地方税务局党组和盘龙区委、区政府的正确领导下，历任领导班子带领全局干部职工，围绕税收中心工作,发扬团结奋进、艰苦创业精神，连续6年超额完成上级下达的税收任务，年年迈上新台阶。从1994年完成税收收入 1.48 亿元，至1999年完成税收收入4.65亿元,年均增长26.87%，年均增收税款 6334万元。全局组织的地方收入占盘龙区财政收入比重也逐年增长,由1994年的70%上升到1999年的88%,为盘龙区社会经济发展做出了积极贡献,受到了省、市地税局和盘龙区委、区政府的赞扬。

办税业务厅

该局在干部队伍和精神文明建设方面也取得了令人瞩目的成绩,努力造就“政治过硬、业务熟悉、作风优良” 的地税干部队伍。先后获得昆明市政府授予的市级“文明单位” 和“纠正行业不正之风”先进单位称号,被昆明市委、人大、政府授予“依法治税”先进集体，还多次被盘龙区委、人大、 政府授予年度工作先进单位和依法治理、普法工作先进集体,局征收处、管理一处等单位分别被省地税局和共青团省、市委授予 “青年文明号”。

个体办税业务厅

展望未来,**昆明市盘龙区地方税务局**将昂首迈进新的世纪，努力开创地方税收工作新局面,站在新的起点，经受新的考验，迎接新的挑战,为新世纪的地方税收事业做出新贡献。

工作区

工作区

会议厅

职工餐厅

依法纳税

是纳税人义不容辞的义务

为国聚财

是税务干部的神圣职责

昆明市盘龙区地方税务局

地址：云南省昆明市江滨西路5号

电话：0871—3156168

传真：0871—3156268

邮编：650051

办公业务楼

蓬勃发展的
云南师范大学竹类研究所

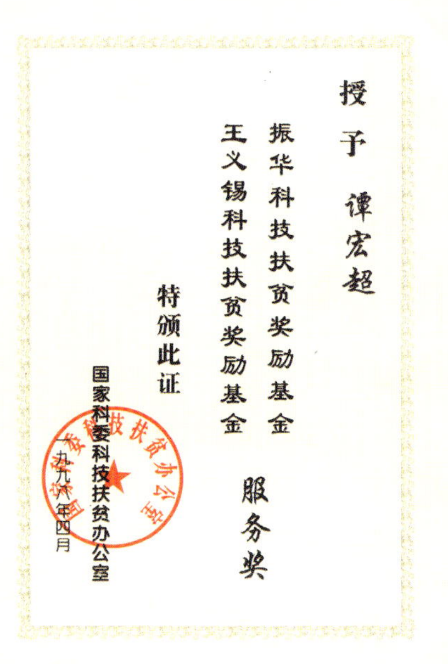

授予谭宏超

振华科技扶贫奖励基金
王义锡科技扶贫奖励基金

服务奖

特颁此证

国家科委科技扶贫办公室
一九九六年四月

所长谭宏超(右二)与国际竹藤组织总干事沙士卓博士在国际竹林培育、加工和利用学术研讨会上

荣誉证书

谭宏超同志：

你参加完成的丛生竹无性繁殖育苗技术试验研究项目荣获一九九四年度云南省科学技术进步三等奖。

特发此证，以资鼓励。

获奖人员：谭宏超 赵穗培 陈舒怀 伍聚奎 杨国忠

云南省人民政府
一九九五年元月

荣誉证书

谭宏超

你参加完成的丛生竹材笋两用林丰产技术研究和应用项目

荣获一九九七年度云南省科学技术进步三等奖。

特发此证，以资鼓励。

获奖人员：陈舒怀 谭宏超 谢正棠 [illegible]

云南省人民政府
一九九七年十一月

云南师范大学竹类研究所获奖证书

云南师范大学竹类研究所 依托云南师范大学生命科学学院和云南省大学科技园，科研设施完善，技术力量雄厚。全所现有科技人员23人， 施工队伍25人，其中9人具有高级技术职称。所长谭宏超教授是国际竹藤组织专家库委员、国家核心科技期刊《林业科技通讯》编委和云南师范大学学科带头人培养对象、全国振华科技扶贫先进个人。全所科研人员著有《中国主要经济竹种丰产栽培及加工利用》等五部共 200万字的专著，发表论文130多篇，协办科技杂志3种；有国内外竹子声像资料600分钟，幻灯片、彩色图片2万张；研究所还拥有实验室300平方米，组培室100平方米，竹产品展览室100平方米，竹种园100亩，竹产品实验工厂30亩。现同时在云南师大本部、云南省大学科技园、云南师大北院(省教育厅旁)办公。

近几年来，该所科研人员深入到南方各省市区，在竹类选种育种、快速繁殖育苗、丰产栽培技术以及竹产品加工利用等方面的教学、科研、科技开发、科技扶贫及示范推广等方面做了大量卓有成效的工作。到目前为止，研究所已在云南、贵州、四川、广西、广东和重庆等省市区建立了竹子快速繁殖苗圃16个，面积为2600亩，年生产毛竹、甜龙竹、龙竹、麻竹、慈竹、筇竹、杂交竹、香竹、云南箭竹、小薄竹、黄金间碧玉竹、琴丝竹、观音竹、紫竹、玉山竹等60多个竹种的优质竹苗5000多万株，畅销省内外。研究所还在全国范围内举办了40余期竹子快速繁殖育苗及丰产栽培技术培训班，培训技术人员3000多名，学员遍布南方各省。

云南师范大学竹类研究所是国际竹藤组织、中国竹藤产业协会和云南省林产工业协会成员，与国内外30余个单位建立了友好合作关系。该所充分发挥技术优势，以全部技术和部分资金作股，先后与云南省率先成立的竹产业公司—云南晨哲竹产业有限公司、云南轩泰工贸发展有限公司、云南省普文农场、云南省监狱管理局农科所、嵩明县皕雅苑花卉有限公司、云南曲靖市天合科技产业有限公司、深圳天俊股份实业有限公司、广东肇庆金团有限公司、弥勒县人民政府、华宁县人民政府、遵义市林业局等20余个单位合作，仅2000—2001年就在云南省11个地州市建立了优质竹子种苗基地4500亩，建成现代化快速育苗大棚150亩和5万亩丰产示范竹林基地，这些项目共计投资3500多万元。

该所主要服务项目：承担竹子快速育苗工程、竹类资源普查、竹产业发展总体规划设计、造竹规划设计、丰产竹林营造、竹产品加工以及竹产业工程可行性论证报告等项目。提供大量优质竹种苗，并回收竹材及鲜笋。

现在，以竹代木、以竹代钢、以竹代塑工程项目如雨后春笋在南方各省市区相继启动，为我国竹产业发展提供了契机。云南师范大学竹类研究所将再接再厉，向国内外竹产业同行学习，为我国竹产业发展作出更大贡献。

2001年3月中旬，由云南师范大学主持，国家林业局、省科技厅、林业厅、教育厅、生物创新办、财政厅等30余位领导参加了云南师范大学竹产业发展研讨会，与会领导对云南师范大学在近几年的竹产业工作和“十五”竹产业规划给予了充分肯定

丰产龙竹笋材两用林

毛竹种子

地　址：云南省昆明市121大街158号
云南师范大学308信箱
邮　编：650092
电　话：0871-5516184(办)　5328308(宅)
传　真：0871-5516542
联系人：贺帮钊　13888197703　13987108257
宋丽蓉　电子邮件:lr_seng@21cn.com
谭汝学　13700677978
电子邮件:hardy@21cn.com
谭宏超　13888197702　13608712319
石秉亮　13987742525

40天扦插苗全部生根展叶

昆明市职工

领导及开发人员合影

“程控工单自动化处理系统”获奖证书

职工技协活动是由工会领导、职工群众自愿结合，开展以技术攻关、技术协作为主要内容的一种群众性科技活动。**昆明市职工技术协会**遵循这一原则，在市总工会的正确领导下，在市委、市政府、省总工会的关心支持下，在广大技协干部、会员的共同努力拼搏下，发扬团结协作、艰苦奋斗、无私奉献的优良传统，以搞好基层技协工作和实施技协创新为重点，各级技协在促进企业技术进步，搞好国有企业的改革和发展中发挥了作用，为我市经济建设做出了贡献。

据不完全统计，2000年，昆明市职工技协进行技术开发5项，经济效益104.24万元；技术攻关83项,经济效益5340万元；合理化建议 1487项，实施83项，经济效益 301万元；技术转让8项,经济效益36.9万元；技术咨询3项，经济效益19350元；技术服务851项,经济效益 778.76万元；技术革新1项，经济效益60000元；技术改造30项，经济效益 36.2万元；技术练兵比武55项，参加 2895人次。技术培训94次，参加3231人次。

1999年，昆明市总工会职工技协及所属基层昆明市电信局工会职工技协带着昆明市电信局工会职工技协网管中心技协小组自行开发研制的“长途电话查询统计软件系统”和“网管中心办公自动化计算机网”两个项目，前往法国巴黎参加“第九十届巴黎国际发明展览会”。

“长途电话查询统计软件系统”对长途计费的查询、统计、分析等各方面均显示出了高效、准确和极强的实用性。“网管中心办公自动化计算机网”系统可以实现网管中心内部的通信（包括多媒体通信），可以接入INTERNET,涉及公交、人员、设备、工具、仪表、日常用品、技术资料、文化活动等中心工作各个方面的计算机自动化管理。这两个项目从其实用性，操作的先进性，经济价值等方面，都受到了观展来宾和评委的一致好评，被评为金奖。

昆明市职工技术协会
地址：昆明市书林街139号昆明市总工会内
电话：0871-3187921　3198587
邮编：650011

获奖证书及奖牌

2000年,昆明市总工会职工技协及所属基层昆明市电信局工会职工技协又带着“程控工单自动化处理系统” 参加了“巴黎国际发明展览会”。“程控工单自动化处理系统”采用多进程多线程的设计方法，运行效率高。此项参展项目又获得了金奖。

在展览会中得到的启示是：职工技协工作既要围绕企业的生产、经营开展活动,但更要积极努力地开发新产品和高附加值的产品,注重科技的开发要与生产、生活紧密结合,注重科技是为了提高人的生活质量的措施和手段，只有更多的科技创新，技协才有生命力，有后劲，有发展前途。

二十一世纪是我国现代化建设进入新时期的世纪， 昆明市职工技协将以一个崭新的面貌迎接新世纪的挑战，将积极响应全总十三届二次执委会上的精神， 继续深入开展“经济技术创新工程”，按照昆明市总工会 “奋战新世纪，创造新业绩”的工作思路，充分调动技协会员和广大职工群众的积极性、创造性,最大限度地发挥职工技协的作用。同时也要不断加强职工技协队伍的建设,巩固、调整、发展好现有的职工技协队伍,强化组织建设。充分发挥技协优势，努力发展职工技协事业，再创职工技协工作的新业绩。

“长途电话查询统计软件系统”调试运行

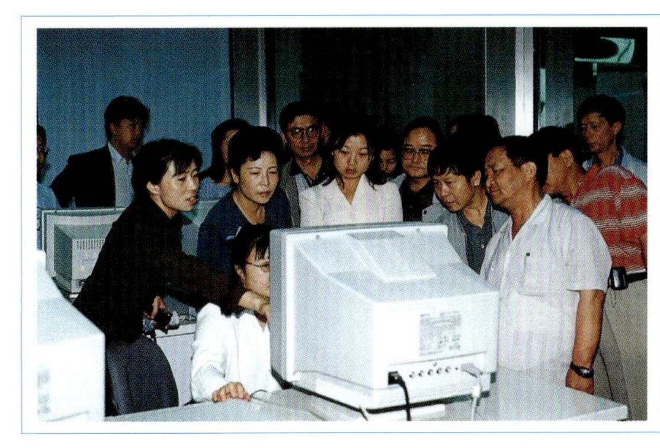

领导参观

云南省烟草澄江县公司

公司经理佘灿先

云南省烟草澄江县公司 成立于1984年1月，现有职工83人，其中：各类专业技术人员67人，中职4人，拥有资产总额 17312万元，属国有中型企业。公司成立16年来，致力于发展烤烟生产和卷烟市场供应，为广大烟农提供技术咨询、烟用物资供应、烟叶收购调运、烤烟生产优惠扶持政策兑现；经销省内各卷烟厂生产的名优卷烟，满足不同层次消费者的需求。在抓好烤烟生产的同时，公司还跨行业投资经营，先后投资4100万元参与旅游度假、水电开发等项目经营，取得初步成效。

公司办公楼之一

公司办公楼之二

加大农业科技投入

原县老领导、公司领导察看烤烟生长情况

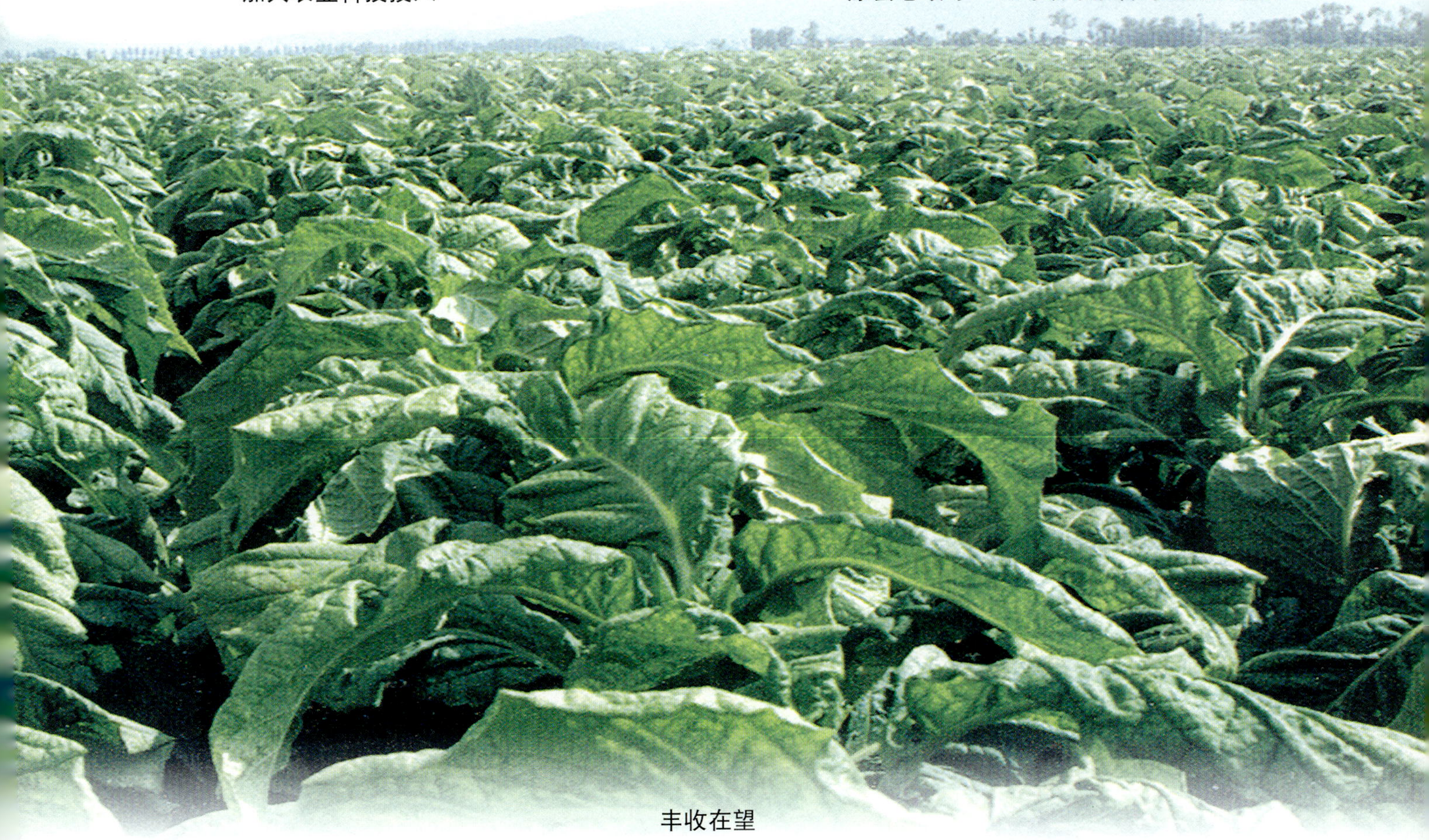

丰收在望

公司所属的澄江大酒店

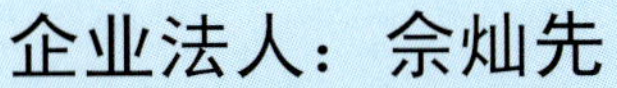

企业法人：佘灿先

地　　址：澄江县凤麓镇振兴路33号

电　　话：(0877)6911772

邮　　编：652500

发展中的师宗

师宗县烟草公司首届二次职代会

书记、经理徐国安在首届二次职代会上作工作报告

专卖局局长李桦在首届二次职代会上作司务公开工作报告

云南省烟草师宗县公司(师宗县烟草专卖局) 于1984年1月1日成立。1979年师宗县被列为全国烤烟生产基地县，1995年列为玉溪红塔集团原料基地县。师宗县烟草公司现已发展成为具有较强竞争实力的企业，该公司下设师宗县烟叶复烤厂，1995年与玉烟合作投资 1.4亿元建成了一条具有现代化年复烤能力达60万担的打叶复烤生产线和一条挂杆复烤生产线。该公司下设8个烟叶站，全系统拥有固定资产1.09亿元，占地面积578亩。

多年来，公司本着“以市场为导向，以质量求生存，以科技求发展，以信誉求合作，以管理求效益”的指导思想和“团结进取、开拓创新、求真务实、争创一流”的企业精神，作为各项工作的出发点，使师宗的烤烟生产得到了持续、稳定、协调、健康发展。烤烟生产水平和烟叶内在质量得到了大幅度提高，多次受到省内外专家及各级领导的高度评价。生产的烟叶除调给省内曲靖、昆明、玉溪烟厂外，曾调往省外28个烟厂，得到广大客户的高度信赖。

公司成立17年来，累计收购烟叶387万担，实现产值达12.5亿元，上缴国家税利5.6亿元，占财政收入的80%强，获得了较好的经济效益和社会效益，促进了师宗经济的发展和社会的全面进步。

展望未来，发展同障碍同在，机遇与挑战并存。师宗县烟草公司决心艰苦奋斗，再创烟草辉煌的美好前景。

烟草产业

市县领导在公司经理陪同下，到复烤厂检查烟叶等级。

国家烟草公司领导，省公司总农艺师，师宗县委、政府领导在师宗烟草公司领导的陪同下，视察师宗烤烟生产。

书记、经理：徐国安
专卖局局长：李　桦
地址：师宗县丹凤西路23号
电话：0874—5752346
邮编：655700
传真：0874—5752346

市县领导在烟草公司领导的陪同下，检查师宗的烤烟生产。

美国烟草专家、菲莫公司经理（右一）在曲靖卷烟厂厂长、书记魏剑（中）的陪同下视察师宗的白肋烟。

师宗县副县长贺国飞（左一）在烟草公司经理徐国安（右一）陪同下，检查少数民族培育的白肋烟壮苗。

云南会泽卷烟厂

云南会泽卷烟厂 坐落在历史文化名城、南方古丝绸之路入滇重镇——会泽，始建于1973年。经过近三十年曲折艰辛的发展，原来的街道小厂现已成为占地378亩，固定资产7.2亿元，拥有职工881人，年创税利 2.4亿元的国有中型企业。在高起点、高标准的技术改造与革新后，会泽卷烟厂现已拥有了具有国际九十年代最先进水平，从制丝、卷接、包装到成品入库的一整套自动化流水作业生产线，为优质名烟的生产打下了坚实的基础。本着“励精图治、自立自强、依靠科技、铸造辉煌”的企业精神，会泽卷烟厂以市场为导向，开拓奋进，锐意进取，狠抓管理，以建立优质原料基地、注重人才教育培养为基础，优化技术设施，主攻产品质量，从根本上实施名牌工程。九十年代以来，会泽卷烟厂开发研制的拳头产品“小熊猫”牌卷烟，畅销全国26个省(区)，其配方获“云南省科技进步二等奖”，品牌被评为云南名牌卷烟。1995年，“小熊猫”牌卷烟又被评为“全国亿万民众最喜爱的家用产品卷烟类特级金奖”。1997年底，会泽卷烟厂对“小熊猫”和“以礼河”牌卷烟进行了升档改造，改造后的产品，内在质量更高，包装设计精美新颖，其中特制“以礼河”牌卷烟，深受市场欢迎，1999年度，荣获“省烟草公司科技进步二等奖”、“省科技进步三等奖”，其外观设计还荣获“云南省卷烟包装设计奖”。1999年国庆前夕，为庆祝建国五十周年，迎接澳门回归祖国，会泽卷烟厂隆重推出了更高档次的企业形象产品——“精品小熊猫”牌香烟，作为国庆和回归盛典的献礼，目前销售势头极佳。会泽卷烟厂已形成了多档次、多价位的优质系列产品，深受消费者青睐。

会泽卷烟厂从 1993年起就先后进入了“全国500家最大工业企业”、“中国烟草加工业最佳经济效益企业”、“云南最佳经济效益企业”行列，并荣获“中国行业一百强企业”称号。会泽卷烟厂于 1999年9月获得北京新世纪质量认证中心和英国国家质量保证有限公司同时颁发的ISO9000国际质量体系认证证书，标志着会泽卷烟厂的经营发展走上了与国际接轨的路子。

昆明肉鸡场

KUNMING BROILER'S FARM

昆明肉鸡场 地处云南省会昆明市城东，距东二环路（大树营立交桥）3公里，北距“世界园艺博览园”6公里仅一山之隔，南距昆明火车站8公里,距昆明国际机场11公里。场直属于昆明市农业局，是国有（投资2600多万元人民币）独资的综合性肉鸡生产经营企业。初建成于1988年，占地200余亩，下设：

A、种鸡场：1、原种鸡,9000只存栏能力；2、父母代种鸡，7万套（常年产蛋鸡35万套)存栏能力；3、孵化场，年300万只雏鸡的生产能力。

B、昆牧饲料厂：年2.5万吨的生产能力。

C、屠宰冷冻厂：机械化生产线年单台班300万只的生产加工能力，并配套有500吨组合式冷库。

云南“武定壮鸡”父母代种鸡群

场始终遵循“微利、守信”的经营宗旨和原则，并一贯坚持求实求是地致力于优质良种肉鸡的开发与推广。今后将继续与各专家、商家、场家和广大农村养户携手合作，为农村生态养鸡、农民增收和云南地方良种鸡资源的开发,以及云南“绿色优质精品肉鸡产业”的开发与发展作出积极有效的工作和应有的贡献。

机械化屠宰加工生产线

饲料厂控制室

地址:昆明市官渡区金马镇郭家凹村
邮编:650216
电话:厂部办公室:0871-3841864
销售营业部:0871-3841862(传真)
种　鸡　场:0871-3820242
饲　料　厂:0871-3820252 3813971
屠宰冷冻厂:0871-3841861
活鸡批发部:0871-5638321

种鸡厂一角

云南省祖代肉种鸡场

云南省祖代肉种鸡场 始建于1995年，系云南省农业厅直属单位，是我省肉鸡饲养业的核心企业。场址位于昆明东郊小哨，总占地面积18公顷，总投资2000余万元。现饲养狄高曾祖代、祖代种鸡8000余套,父母代种鸡20000套，云凤乌鸡5000套；年向社会提供20余万套种雏鸡和250余万羽商品代雏鸡。

1997年，我场从澳大利亚狄高家禽发展公司引进狄高肉用型曾祖代、祖代种鸡以及先进技术和管理方法，生产和销售狄高红羽父母代种雏鸡和商品代肉仔鸡苗。狄高肉鸡是世界著名的肉鸡品种，生产性能优越，适应性强，在不同的气候条件和农村条件下均可饲养。商品代肉用仔鸡饲养42天，体重即达 2.10公斤，料肉比 1:1.95；后期连续生长性能较好，饲养90～100天，体重可达5.0公斤；羽毛颜色与土鸡相似，肉质鲜美，近似于土鸡，适合农村、城镇各层次消费者的需求。

狄高商品代乌鸡

法定代表人：贾 兴 华
电　　话：0871-7391479（代传真）
0871-7391018
邮　　编：650212
地　　址：昆明东郊小哨

狄高商品代雏鸡

狄高种母鸡具有独特的“隐性白羽”遗传性状；父本公鸡生长发育良好，产肉多，可作为地方品种改良之亲本。

在“九五”期间，我场利用自身的技术优势和云南地方良种鸡资源，以及狄高鸡稳定的遗传特性，经试验，培育出具有地方特色的“云凤乌鸡”。云凤乌鸡具有生长发育快、抗病能力强、饲料报酬高、体态丰满、肉味鲜美、营养价值高等特点；饲养90日龄，母鸡体重达2公斤以上、公鸡体重达2.5公斤以上，饲养期比本地乌鸡提早40～45天，成活率在95%以上，肉料比1:2.5。2001年投放市场后，受到广大养殖户和消费者的青睐。

“十五”期间，我场将坚持“看市场、调结构、抓质量、强管理、靠科技、增效益”的方针，充分发挥技术优势、良种优势，不断地为农业增效、农民增收和农村剩余劳动力利用作出贡献。热忱欢迎各界人士与我们合作，共同为云南省的肉鸡饲养业的发展壮大而努力。

狄高父母代种鸡

狄高乌鸡父母代种鸡

《云南经济年鉴》连续荣获云南省新闻出版局授予的

1997、1998年年鉴系列综合特等奖　1999年年鉴系列综合一等奖

2000年年鉴系列综合特等奖

经云南省人民政府批准，由省人民政府经济技术研究中心主管的《云南经济年鉴》，于1992年正式创刊，为年刊，每年 9—10月出版1卷，每卷120多万字信息量，向国内外公开发行。年鉴内容丰富、翔实，较全面地汇集了云南省经济、社会发展方面在深化改革、对外开放中的新成就、新情况、新经验和主要问题，具有高度的权威性和信息性、资料性、可读性以及存史价值，可作为各级领导、各企事业单位、各行各业、以及国内外友好人士了解云南经济发展情况、进一步认识云南省情、准确制订工作方案、开展经贸活动和进行科研、文化、教育以及友好合作、经济协作等方面进行交流活动的重要参考、决策的依据。

2001年的《云南经济年鉴》，是创刊以来的第10卷。热烈欢迎国内外各界人士、各机关单位、各行各业和广大读者订阅！

编辑部地址：昆明市五华山，云南省人民政府经济技术研究中心办公楼

电　　话：(0871)3623087、3621538

邮　　编：650021

传　　真：(0871)3621538、3619083

楚雄彝族自治州经济发展概况

州长　夜礼斌

2000年，楚雄州紧紧围绕州八届人大五次会议确定的奋斗目标，抓住扩大内需、“西部大开发”和实施“十五”计划的历史性机遇，战胜重重困难，基本上实现了人代会批准的年度楚雄州国民经济和社会发展目标。

一、国民经济

2000年，楚雄州国民经济持续、快速、健康发展。楚雄州党委、政府始终坚持以经济建设为中心，以改革开放为动力，科技创新为重点，努力推进彝州国民经济整体素质的提高，充分发挥市场对资源配置的基础性作用，紧紧围绕奋斗目标加强对经济运行的宏观调控。继续落实扩大内需，构筑《西部大开发楚雄州行动计划》，认真执行积极的财政政策与稳健的货币政策；继续完善水、电、路、通信基础设施；扶强优势产业群体，调优产业结构；建设可持续发展的生态环境；以主导产业和交通优势为基础，积极稳妥地推进农村城市化；认真开展扶贫攻坚；推进社会保障制度改革；国有企业3年脱困目标基本实现。全州“十五”计划编制工作积极有序地展开，经过调查研究和测算、筛选培植优势产业，建立国民经济中长期计划目标预测模型，制定出发展对策和战略措施。强化投资，拉动了年内经济的快速增长，同时改善了发展经济的条件，促进了经济结构的调整，并努力缩小地区经济发展的水平差异。电力、畜牧业、建筑建材业、旅游业、生物制药、绿色食品、个私经济、信息业成为经济快速发展的强拉动因素。全州国内生产总值实际完成105.5亿元（现价），其中：第一产业32.7亿元，第二产业41亿元，第三产业31.8亿元。按1990年不变价，国内生产总值比上年增长7.7%，其中：第一产业增5.3%，第二产业增7.8%，第三产业增9.5%。全州实现社会消费品零售总额27.4亿元，比上年增长8.6%，全年平均居民消费价格环比总指数99.3%，非公有制经济创造的增加值占国内生产总值的21%，旅游业总收入达6.34亿元。较好地完成了世纪之交的奋斗目标。

二、农业、农村经济

2000年，各级党委、政府始终把农业、农民、农村经济放在一切经济工作的首位，认真贯彻落实党在农村的改革与发展战略方针，使农业在支持改革整体推进、促进经济发展与稳定社会中发挥着重要的作用。全年完成现价农业总产值51亿元，按1990年不变价计算，比上年增长4.7%；粮食总产量10.3亿公斤，增长0.54%，再创第7个丰收年；烤烟在继续执行“双控”政策的前提下，完成了收购量123.78万担，完成计划的111.3%；农田水利建设取得新进展，新增中低产田改造3.1万亩、灌溉面积2.1万亩、改善灌溉面积6.3万亩、新增库容1050万立方米、治理水土流失327平方公里、解决4.2万人和2.6万头大牲畜的饮水困难；农业种植结构进一步调整和优化，全州粮食作物和经济作物的种植比例为71:29，经济作物的比重增加了2个百分点；农业科技措施的推广和投入水平不断提高。植树造林2.33万公顷，完成年计划110%，全州森林覆盖率达到39.5%。畜牧业、渔业保持了较好的发展势头，肉类总产量17.45万吨，水产品产量5950吨，分别比上年增长7.5%和11.5%。乡镇企业持续健康发展，完成营业总收入140.38亿元，实现现价增加值28.72亿元，实现税金2.4亿元，分别增长27.8%、23.6%和19.1%。

三、工业

2000年，国有工业改革进一步深化，国有经济退出一般性竞争领域的机制初步建立，民营工业得到长足发展。(1) 云南红塔集团楚雄卷烟厂的产品促销力度进一步加大，成为扭转全州财政收入连续下滑的切入点。调整结构、培植工业优势产业被列入年度计划和“十五”计划，云南红塔集团楚雄卷烟厂年内归还银行贷款14.5亿元。(2) 优势产业群体达到了一定规模。全州烟草业增加值14.82亿元，生物制药增加值3.76亿元，绿色食品业实现增加值13.67亿元，同时增添了生态旅游特色内容，全州旅游业增加值4.34亿元；冶金建材业实现增加值1.21亿元。主要工业产品产量：卷烟44万箱，比上年下降13.7%；水泥43.5万吨，化肥3.48万标吨，原盐18.83万吨。禄丰德钢生产特色产品耐磨铸铁2万吨；全州自发电量4.269亿千瓦时，比上年增75.4%。非公有制工业较快发展，占工业产值的37.4%。(3) 工业总产值稳步增长。占全州三次产业总增量贡献比重的38.7%，股份制工业经济高速发展，集体及其它工业较快发展。全年工业总产值72.68亿元，比上年增8.5%，完成计划的98%；建筑业增加值5.4亿元，增长3.1%。全州现价工业总产值中，国有工业及年销售收入500万元以上企业的工业产值36.05亿元，增1.6%。重工业31.1亿元，增14.3%。按所有制划分：全州国有工业经济比上年下降8.8%；集体工业产值17.08亿元，增长12.5%；股份合作工业产值1.52亿元，下降2.4%；股份制工业经济产值7.91亿元，增长54%；外商及港澳台工业产值2.52亿元，下降19.8%；其它工业17.33亿元，增24.4%。(4) 工业结构、市场、产品质量发生重要变化。79户国有及控股企业实现利润1143.9万元，比上年增加利润4957.5万元，国企开始脱困。全州非烟草工业产值占81.2%。非公有工业产值占49.7%。工业产品综合产销率100.2%，比上年提高2.7个百分点。(5) 工业经济效益明显好转。全州116户独立核算国有工业和销售收入500万元以上非国企工业亏损面下降8.5个百分点，亏损额降14.1%。工业经济效益综合指数113.76%，增20.74个百分点；总资产贡献率14.78%，减1.88个百分点；资产保值增值率119.92%，增23.8个百分点；流动资金周转率1.52次，与上年基本持平；成本费用利税率2.13%，增3.1个百分点；全员劳动生产率3.99万元/人，增加1586元/人；资产负债率68.76%，减少4.47个百分点。

2000年，全州工业发展中值得注意的问题是：(1) 财源支柱卷烟产量连续下降，相关产业同时受到影响。(2) 工业高新技术产品少，结构调整以实物产量规模不断萎缩为代价。(3) 扩大内需投资主要用于基础设施建设，资金回收慢。搞了项目设施未促进工业生产大发展，楚雄州在民族自治州中的经济地位有所下降，经济重心外移。工业新项目大项目不多，生产性项目管理薄弱，搞了设施建设对拉动经济增长的作用不明显。

四、固定资产投资

2000年，全社会固定资产投资保持正常增长，投资主体开始多元化。(1) 充分发挥了政府引导投入的作用。对国家和省已安排的计划投资项目，主要是水、电、路、通信、扶贫、社会事业等公益设施项目，出台实施了“以贷垫拨、政府贴息”加快项目开工和施工。年内投资由下降转为上升。(2) 注重直接产品生产项目的建设，用有偿扶持资金扶强优势产业。对烟草业、医药工业、绿色食品业、特色旅游业、冶金建筑业和生物资源创新工程进行规划，引导使用有偿资金，促进彝州经济发展。(3) 引入新机制保投资增长，拉动经济发展。国有企业退出一般性竞争领域，非公有制大力进入，充分发挥好法人在投资项目达成、管理和技术创新中的带动作用，推行投资主体多元化。发挥好市场融资机制在交通、教育等社会公益项目中的作用，大力引进巨额建设资金，减轻财政投资负担。(4) 重点建设项目进展良好。正在建设的南华——永仁高等级公路南华到赵家店段于2000年10月28日开工。牟元公路竣工。开发元谋热坝支撑项目丙巷河中型水库可行性研究报告已批复，前期工作积极展开。楚雄市、禄丰县、双柏县上报增列国家生态建设重点县（市）的规划已完成。(5) 在总投资中：基建10.44亿元，比上年增17.6%；更改1.56亿元，增31.2%；房地产1.01亿元，增7.5%；其它2.56亿元，下降13.1%；农村集体2.56亿元，增7.7%；城镇私人4.15亿元，增17.4%；农村购买生产性固定资产投资额0.65亿元，增34.2%。由于各级重视和加强固定资产投资管理，并用科学方法加以引导，2000年，累计完成全社会固定资产投资22.93亿元，比上年增长12.9%，完成年计划的92.1%，投资对国内生产总值增长的拉动为2个百分点。

五、交通、邮电、旅游

2000年底，全州已建成高速公路58公里，年内新增公路316公里，通车里程达1.41万公里。全年客运量1206万人，旅客周转量7.19亿人公里，货运量1167万吨，货运周转量7.53亿吨公里。

全州拥有程控电话交换机容量15.8万门，已装固定电话13.3万部，每百人5.21部，97.7%的乡镇及81.8%的行政村办开通了程控电话，大部分乡镇街道有公用电话；61个乡镇政府驻地可用移动电话，用户达6.9万；寻呼网络覆盖广大山乡。邮政普遍服务得到巩固。

年内楚雄州对新兴旅游业在统筹规划、扩大宣传、硬化设施、强化品牌、突出特色等方面做了大量的工作，努力与建设民族文化大省接轨。共接待国内外游客189.7万人，总收入3.51亿元，分别比上年增12.9%和12%。

六、改革与开放

2000年，全州体制改革不断深化、整体推进。(1)国企改革进入第3个关键年，带动了面上改革。全州工商企业改制又有新成就。全州县及县以上国有、集体企业569户，已改制540户，改制面达到95%，比上年提高5个百分点。(2)帮助解决热点、难点问题。针对地方电网和滇中电网分开运行，对小水电限制发电的不利因素，协调老虎山电站上大电网，提高了发电还贷能力。支持滇中万吨铜冶厂搞联合。按债转股政策和发挥法人在资金、技术、市场开拓方面的作用，实现了禄丰钢铁厂由德钢兼并重组，极大地调动了生产潜力和增加税收能力，最终得到广大职工的拥护，成为现代企业制度改革的成功典范。(3)社会保障制度改革的覆盖面和参与度扩大。全州已有6万职工和27万农村居民参加养老保险，确保了国企退休人员养老金和下岗职工生活费用按时足额支付；失业、生育保障体系逐步完善；在地方财政困难、地震的情况下，兑现了118个乡镇的最低生活保障救灾费。(4)农村改革进一步深化，农村城镇化战略推进了社会二元结构的调整，党在农村的政策全面落实，减轻了农民负担，农村村级行政管理体制改革顺利完成。粮食流通体制改革促进了农业结构调整，加快了农业产业化的进程，对名、特、优、新农产品需求量明显增大。乡镇企业中股份制经济发展较好，合作制经济由于机构重叠、机制不活而整体效益差。(5)住房制度改革促进了房地产业的迅速发展。(6)投融资、外贸企业体制改革取得了可喜成果，2000年，全州对外开放以楚雄经济技术开发区为重点，投资环境得到到改善，项目引资、利用外资、培植创汇产业等工作有了新的进展。抓住了昆交会、世博会、楚雄火把节等重大经贸活动机遇开展交流与合作，不断提高对外开放水平。2000年实际利用外资118万美元。楚雄经济技术开发区和广通经贸开发区在建项目7项，投资9.6亿元，其中基础性项目占52%，投资数占36.6%；非有形产品项目数占36%，投资数占66.1%。开发区年内净增21项，投资2.6亿元。利用州外国内资金3.6亿元。全州外贸进出口824万美元，开发区实现产值13.5亿元。

七、财政、金融、保险

2000年，全州财政收支平衡难度大，年内地税部门开展了建筑安装营业税专项检查，强化控管代征，扶强主税源产业，给小企业创造宽松的环境吸纳社会的散闲资金；大力培植第三产业增加税收的同时增加了就业机会；医药工业、电力工业、个私经济成为税源亮点。对社会发展、扶贫、基础设施、产业结构调整的引导投入力度大，“一保吃饭、救灾，二保建设”的方针得到落实。同时积极向上级争取了农、林、水、退耕还林、交通建设和培植生物制药、绿色食品、冶金矿产、特色旅游等项目的资金支持。财政在支持养老基金、最低生活保障制度、医疗、住房公积金、粮改风险基金、再就业补助达2.2亿元。支出1.47亿元主要用于姚安“1·15”和武定“8·21”地震恢复重建，确保灾区教、科、文、卫正常运转。集中财力办大事的新意识开始形成，等、靠、要的思想逐步克服。在减收和支出压力加大的宏观形势下，财政运行基本平稳。全年累计完成财政总收入17.55亿元，为预算数的97.9%，比上年下降5.1%，其中完成地方财政收入7.73亿元，比上年增长3.7%；完成上划中央增值税和消费税累计9.82

亿元，受卷烟产量影响大下降达10.9%；全州财政支出19.11亿元，比上年增长13%，其中县（市）级增长幅度达15.3%。

金融业继续向好的方向发展，存贷规模增大、逆差缩小。金融机构年末各项存款余额100.4亿元，比年初（下同）增长5.67%，其中企业存款39.06亿元，增1.54%；储蓄存款52.6亿元，增8.12%。金融机构年末各项贷款余额88.12亿元，增2.84%，建筑业、农业、乡镇企业短期贷款分别增63.1%、13.7%和10.52%。而工业、商业的短期贷款下降7.05%和1.79%。

保险事业健康发展。新参加人寿保险人数71.1万人，累计保费收入1.34亿元，上了亿元大关；年内赔付3051万元。财产保险累计保费收入7794万元，处理赔案12.3万件，累计赔款金额4086万元。

八、扶贫与人民生活

2000年，全州紧紧围绕扶贫攻坚目标，开展以工代赈，争取无偿投资，发动群众参加交通、水利、农田建设、林草工程扶贫。22个温饱示范村、专项扶贫贷款、智力技能培训扶贫、小额信贷及贴息贷款、异地扶贫搬迁、42个攻坚乡年内倾斜投入共计1.5亿元。全年又有2万人脱贫，尚有8.2万人未能解决温饱，占全州农村总人口的3.8%，贫困人口比重被控制在2000年允许的计划目标5%范围以内，云南“五七”扶贫攻坚计划由楚雄承担的部分如期完成。

人民生活水平进一步提高。全年在岗职工人均工资8971元，城镇居民可支配收入5911元，农民人均纯收入1575元，分别比上年增长12.7%、6.81%和3.6%。全年平均居民消费和商品零售价格总指数下降0.7和1.4个百分点。城镇登记失业率控制在3%，低于年度计划3.5%的控制目标。城镇和农村人均居住面积分别达20.7平方米和27.1平方米；98.9%的行政村通了公路，80%的行政村有自来水；地震等受灾户3.9万户共11.8万人。

九、科技、教育

科教兴州战略顺利实施。科技创新、科技进步拉动经济增长、推动社会进步的力度加大。联合科研院所、大专院校制定生物资源创新及医药工业等重点产业规划。2000年实施科技试验、示范、推广、开发项目共149项，投资644.7万元，科委系统颁发州级科技进步奖65项，其中一等奖7项、二等奖13项、三等奖45项。向省申报科技成果3项。科技对国民经济增长贡献率为38.3%。

教育事业迅速发展，素质教育普遍受到重视。楚雄师专招生1080人，比上年增加377人，在校生1929人；8所中专努力调优专业结构，招生2396人，在校生6548人；普通中学172所，招生4.09万人，在校12.67万人；小学1199所，招生3.46万人，在校23.87万人，小学入学率99.56%。各类成人技术培训41.06万人次。提高初中、高中毕业升学率成为新的任务，师专改办院校条件基本具备。

十、人口、环境

人口低水平增长，现代生育观念深入人心。2000年末，全州总人口250.89万人，比上年增长0.76%；非农业人口33.69万人，增长2.9%。人口自然增长率6.86‰。

环境保护、生态建设力度加大。牟定、南华、姚安、大姚、永仁、武定、元谋7个生态建设重点县的项目实施效果良好，元谋县完成了退耕还林试点2万亩。全州28个国有林场大部分已转向造林育林。州内自然保护区面积逐步扩大。城乡饮水条件改善，城镇工矿“废气、水、渣”处理加强。全州工业企业废水排放达标41.7%，处理率87.7%；废气除尘率84.2%，废气处理率89.3%；工业固体综合利用率达47.7%。森林覆盖率逐步恢复，环境质量逐渐改善。

昭通地区经济发展概况

行署专员　晏友琼

2000年，地委、行署在省委、省政府的正确领导下，认真贯彻落实党的十五大、十五届四中、五中全会及省委六届九次、十次、十一次全会精神，以学习实践江泽民同志“三个代表”重要思想为动力，坚持“经济要发展、文化要繁荣、民族要团结、社会要稳定、环境要健康、人民要满意”的工作要求，紧紧围绕“抓住一个机遇（西部大开发），打好两个攻坚战（扶贫攻坚和国企改革），缓解三个制约因素（生态、人口和财政），培育六个支柱产业（畜牧业、绿色食品、天然药物、旅游、建筑建材和人力资源），促进全区经济持续快速健康发展和社会全面进步”总体工作思路，组织和带领全区各族干部群众，克服困难，艰苦奋斗，顺利完成了国民经济发展的主要任务目标。全年全区国内生产总值完成106.5亿元，比上年增长7%，其中第一产业增长4.1%，第二产业增长5.5%；第三产业增长10.9%

一、农业

在“九五”前4年粮食生产连年丰收，总量供求基本平衡，丰年有余的基础上，2000年各县市根据市场需求，对农作物种植结构进行了较大力度的调整，粮食和经济作物仍获得全面丰收。粮食产量达130.25万吨，比上年增长3.8%，再创历史最高水平；烤烟生产面积减少，质量提高，收购总量5.67万吨，增长3%，其中中上等烟叶增长6.6%；其它经济作物获得较好收成；肉类总产达19.03万吨，增长5.4%。乡镇企业总收入52亿元，增长20.9%。

在国家实施天然林资源保护工程和加大西部地区退耕还林（草）力度的情况下，全区林业生产呈现较快的发展势头。11个县市全面启动了国家生态环境建设重点县工程，彝良和巧家两县还被国家和省列为退耕还林试点县，全区全年造林面积3.2万公顷，其中退耕还林8874公顷。农田水利基本建设继续加强，全年新增有效灌溉面积2830公顷。

认真贯彻“自力更生，生产自救，各方支持，共同富裕”的扶贫方针，坚持收缩战线、突出重点、以特困村为主战场，以特困户为主要对象，狠抓小额信贷扶贫、异地开发扶贫、世行贷款西南扶贫、攻坚乡农田建设扶贫、安居工程、科技扶贫、绿色扶贫、畜牧扶贫、温饱工程等工作，有力地促进了贫困群众增产增收。除丧失劳动能力的民政救济对象和需要实施异地开发及大面上少数零星分散的30万左右贫困人口外，全区已如期实现整体上基本解决温饱的目标。

二、工业、建筑业

2000年，全区工业生产呈现快速增长。全年完成工业增加值25.18亿元，比上年增长8%，其中全部国有及年销售收入500万元以上非国有工业企业增加值达17.62亿元，增长3.82%。主要能源、原材料及支农产品生产保持了一定的增长，但部分日用轻纺产品及耐用消费品生产受竞争能力弱及市场需求制约等因素影响，产量有不同程度的下降，其中，原煤、木材产量受国家政策的影响，分别比上年下降35.4%和34.75%；水泥、塑料薄膜和卷烟生产良好，分别增长23.2%、9.7%和2.5%。

全年全区建筑业实现利税0.32亿元，比上年增长28%。建筑业实行投标承包的单位施工个数达389个。增加房屋建筑施工面积100.5万平方米，下降3.7%，其中竣工面积66.95万平方米，增长19.6%；建筑企业亏损面由13.3%减少到4.3%。

三、固定资产投资

2000年在国家继续实行积极的财政政策和其他扩大内需政策的推动下，全区固定资产投资保持了较快增长，全社会固定资产投资完成41.7亿元，比上年增长4.3%。其中基本建设投资完成32.6亿元，更新改造投资4.55亿元。重要建设项目进展顺利。内昆铁路年内完成投资18.9亿元，昭麻公路和巧威公路分别完成投资4亿元和0.39亿元；渔洞水库枢纽工程已竣工蓄水，灌区工程正紧张进行，3件中型水库建设全面展开，年内完成投资0.87亿元。年末新增有效灌溉面积1万亩，水库容量3.64亿立方米；新增中等学校学生席位1.15万个，小学校学生席位1.95万个，医院病床40张，城市自来水供水能力0.5万吨/日，发电装机1.13万千瓦；城市道路扩建长度4公里，扩建面积12万平方米。

四、交通、邮电

2000年，全区运输邮电实现增加值8.17亿元，比上年增长3.21%。完成货物运输周转量11.22亿吨公里，增长4.4%；完成邮电业务总量1.78亿元，增长61.8%。全区市内电话达12.39万部，增加4.48万部，年末移动电话用户达到5.47万户，新增3.77万户。交通运输条件继续改善，公路通车里程达1.21万公里。

五、商业流通

全区市场商品销售稳定增长。2000年全社会消费品零售总额23.6亿元，比上年增长7.4%。其中城市消费品零售增长11.3%，农村增长2.8%。农业生产资料销售完成3.18亿元，比上年下降6个百分点。

六、财税、金融、保险业

2000年，在减收因素较多的情况下，切实加大工作力度，强化税收征管，确保了财政收入稳定增长。中央“两税”完成9.82亿元，比上年增收3129万元，地方一般预算收入完成5.28亿元，下降2.2%。在政策性增资、增人增资、基本建设财政配套支出等刚性支出大幅增加的情况下，各级各部门坚决贯彻执行中央“加强征管，堵塞漏洞，惩治腐败，清缴税费”的十六字方针，努力培植财源，严格预算约束，加强“人、车、会、话”管理，确保了财政收支基本平衡，节支工作成效明显。

年末，全区金融机构存款余额达78.4亿元，比上年末增长14.2%。其中城乡居民储蓄存款余额达33.98亿元，增长13.8%。银行贷款继续保持稳定增长，年末贷款余额69.4亿元，增长13.4%，重点支持了农业生产、基础设施建设和地县骨干工商企业的生产经营。

保险事业不断发展壮大。全年保费收入1.12亿元，比上年增长6.7%。其中财产保险保费收入0.59亿元，寿险保费收入0.53亿元，分别增长3.5%和9.7%。1年来，保险公司在支持地方抗灾救灾、保护人民生活等方面做了大量工作，全年支付各类赔款0.33亿元。

八、教育、科技和社会事业

教育事业在改革调整中加快发展。2000年全区有2个县市36个乡镇通过“普九”验收，有4个县市实现了“两基”。全区小学适龄儿童入学率达98.01%，巩固率达97%；初中入学率达到51.6%。全年扫除青壮年文盲9万人。职业教育、高等教育和成人教育继续发展，办学水平和办学质量进一步提高。

科技管理体制改革逐步深化，科研队伍不断壮大，科普工作广泛开展。2000年全区狠抓实用技术研究和科技成果推广运用，实施科技项目89项，科技对经济的贡献率已达34.9%。对农业的贡献率达38.4%，对工业的贡献率达20.3%。全年全区获省级科技进步奖2项，星火奖1项。

2000年全区有各种艺术表演团体12个，文化站162个，公共图书馆12个，档案馆13个，广播电台2座，电视人口覆盖率81.5%。年末全区医院共有病床4700张；专业卫生技术人员5200人，其中医生800多人。年内地区运动员参加全国、省、地比赛共获奖牌109枚，其中金牌36枚、银牌44枚、铜牌29枚。

积极实施可持续发展战略，计划生育、生态建设和环境保护进一步加强。全区共投入环保经费1672万元，关停了一批污染严重的小企业，关停率达到93.5%。广大群众的环境保护意识不断增强。

社会保障事业进一步巩固提高。年末全区参加失业保险职工人数达4.18万人；有4.87万人参加了基本养老保险；有2.13万人参加了基本医疗保险。

九、存在问题

主要问题是：(1) 扶贫攻坚难度大，任务艰巨；(2) 生态环境脆弱，自然灾害频繁，农民增收缓慢；(3) 基础设施落后，制约着加快发展的步伐；(4) 经济结构不合理，经济运行质量不高；(5) 国有企业机制不活，生产经营困难；(6) 第三产业发展滞后，市场流通不畅；(7) 科技教育发展滞后，劳动者素质亟待提高；(8) 财源结构单一，财政收支矛盾尖锐。

红河哈尼族彝族自治州经济发展概况

州长　白成亮

2000 年，中共红河州州委、州人民政府认真贯彻党的各项方针政策和政府现场办公会精神，加大投资力度，积极启动消费，扩大对外贸易，紧紧抓住西部大开发的机遇，带领各族人民开拓前进，使全州经济实力得到显著加强，社会事业全面进步。农业连年喜获丰收，工业生产连续增长，财政金融运行平稳，人民生活进一步改善。2000 年全州实现国内生产总值 143.75 亿元 (现价)，比上年增长 8.0%，其中：第一产业 36.86 亿元，增长 3.2%，比 1995 年增长 26.1%；第二产业 62.79 亿元，增长 10.0%，比 1995 年增长 81.9%；第三产业 44.10 亿元，增长 8.8%，比 1995 年增长 49.8%。人均国内生产总值为 3663 元，比上年增长 7.0%。

一、农　业

农业基础不断加强，农村经济持续稳定发展，乡镇企业快速发展，扶贫攻坚力度进一步加大。面对低温、霜冻、雪灾及农产品价格仍然走低等严峻形势，全州各级政府把农业和农村经济放在发展经济工作的首位，按照稳粮调结构、稳粮保增收的思路，加强农业基础建设，采取积极措施，大力推广农业科技，积极引导农民调整生产结构，全年实现农业总产值 58.79 亿元，比上年增长 3.4%。粮食再次获得丰收，粮食产量达 126.04 万吨，比上年增长 2.1%。农业生产条件得到进一步改善，以水利和生态建设为重点，增加农业投入，全年财政支农资金达 1.48 亿元，比上年增长 4.1%；全年新增库容 1.04 亿立方米，新增有效灌溉面积 7.17 万亩，累计建成高稳产农田 234.5 万亩；农业机械总动力达 13.95 亿瓦特，农业化肥施用量（折纯）11.70 万吨，农村用电量达 2.92 亿千瓦小时。治理水土流失面积 139 平方公里，全年完成造林面积 4.8 万公顷，其中经济林 2.68 万公顷，封山育林面积 6.76 万公顷。主要农产品产量有增有减，受国家“双降”“双控”的影响烤烟产量比上年下降 10.3%，受霜冻、雪灾影响甘蔗产量下降 18.4%、水果下降 0.1%，而油料增长 11.2%，蔬菜增长 9.0%，茶叶增长 5.7%，橡胶增长 12.6%。肉类总产达 15.94 万吨，增长 6.5%，水产品产量达 1.57 万吨，增长 11.8%。

乡镇企业稳步发展，全州乡镇企业不断深化改革，加大发展扶持力度，2000 年完成乡镇企业总收入 103.22 亿元，比上年增长 16.72%；完成乡镇工业总产值 38.37 亿元，增长 15.30%；乡镇工业增加值 18.10 亿元，增长 11.86%。

加大扶贫攻坚力度。全年共组织各项扶贫资金 4.7 亿元，又解决了 10.6 万农村贫困人口的温饱问题；解决了农村 11.8 万人饮水困难。

二、工　业

工业生产保持较快增长，结构进一步改善，经济效益明显好转。2000 年实现工业增加值 53.2 亿元，比上年增长 9.5%。全州辖区工业总产值完成140.1亿元，增长11.6%。地方工业总产值完成101.6亿元，增长14.1%，其中，国有经济增长0.7%，股份合作经济下降8.3%，股份制经济增长21.1%，外商及港澳台投资企业增长14.2%，私营经济增长27.1%，其它经济增长11.2%。个体私营经济和股份制经济成为推动全州工业生产持续发展的主要力量。重工业增长快于轻工业，轻工业产值52.76亿元，增长7.9%，重工业产值48.82亿元，增长19.9%。辖区内主要产品产量中，达两位数以上增长率的有发电量、化肥（折纯）、合成氨、黄磷，分别增长19.4%、24.9%、20.7%、10.4%；保持稳定增长的有10种有色金属、卷烟、水泥、干电池，分别增长6.4%、8.0%、5.5%、5.1%；受霜冻、雪灾和国家限产压井政策的影响，糖和原煤、焦炭产量比上年有较大幅度的下降，分别下降29.5%、37.5%、17.6%。全部独立核算国有企业及年产品销售500万元以上非国有企业的产品销售率达98.4%，实现利润4.98亿元，增长49.5%。亏损企业减少，亏损面由上年的38.4%下降到33.9%。国有企业3年脱困目标基本实现。全州358户计划改制企业中已累计完成改制349户，占97.5%。2000年国有商业银行剥离不良资产企业110多户。

三、固定资产投资

固定资产投资继续扩大，投资结构进一步调整。2000年全州地方全社会固定资产投资完成32.71亿元，比上年增长13.3%，其中，基本建设投资15.64亿元，增长15.4%，更新改造投资4.89亿元，增长69.4%，商品房投资3.59亿元，下降13.1%，城乡集体、个体和其它投资8.59亿元，增长3.5%。基础设施建设得到有力加强，全年农林牧渔水利投资1.65亿元，增长184.5%；公路建设和通信业投资4.98亿元，增长48.2%。在农田水利建设方面，建水绵羊冲水库、蒙自五里冲水库三期工程已全面竣工投入使用，弥勒雨补水库枢纽、泸西阿味水库工程进展顺利。在技术改造方面，红河州磷肥厂磷铵翻番工程、建水红塔蓝鹰卷烟纸技改工程和个旧、蒙自、建水、泸西4县市农村电网改造工程已投入使用。在公路交通建设方面，河口中越大桥已竣工投入使用；鸡街至石屏和通海至建水一级公路已全线开工建设；个冷二级公路、石林至泸西二级公路、河口至红河三级油路改造工程进展顺利。

通过投资建设，全年新增的主要生产能力有：原煤2万吨/年，电解铅1.2万吨/年，炼锌7500吨/年，水泥5万吨/年，卷烟7.2万箱/年，新建公路174公里，改建公路337公里，水库容量3000万立方米，有效灌溉面积9.36万亩，商业冷库500吨，粮食仓库4024平方米，各类学校面积9.55万平方米，新增学生席位3.5万个，医院病床822张，城市自来水4.2万吨/年，城市道路20公里，电池3000万只/年，程控交换机5000线，电话8000部。

四、交通·邮电

交通运输持续发展。2000年末，全州通车公路里程达1.43万公里，比上年增长3.6%。全州民用汽车拥有量达6.5万辆，增长8.8%，其中，私人拥有汽车2.5万辆，增长11.5%。全年公路运输完成货物周转量26.35亿吨公里，比上年增长8.8%；旅客周转量11.66亿人公里，比上年下降20.7%。

邮电通信事业迅猛发展。2000年全州完成邮电业务总量6.90亿元，比上年增长91.7%；其中邮政业务总量0.33亿元，电信业务总量6.10亿元。全州电话用户达29.19万户，电话普及率达7.47%，移动电话11万户。

五、国内贸易·市场物价

由于国家继续实施扩大内需的宏观政策，全州消费品市场日益活跃，但市场物价下滑之势仍未得到控制。2000年全州社会消费品零售总额完成38.8亿元，比上年增长7.7%，提高了2.6个百分点。分城乡看，城镇消费市场偏淡，比上年下降6.0%；农村市场较为活跃，比上年增长11.7%。分经济类型看，私有经济和其他经济快速增长，分别增长12.5%、18.3%，而国有经济和集体经济呈下降趋势，分别下降4.5%、0.5%。2000年物价仍是下滑之势，个旧市商品零售价格指数为96.9%，居民消费品价格指数为97.0%。

六、对外贸易·旅游

对外贸易持续快速发展。在国家积极的外贸出口政策指导下，红河州制定了开放带动战略，积极开拓对外贸易市场，保持了对外贸易的持续快速发展势头。全州外贸进出口总额完成1.62亿美元，比上年增长23.5%，其中，出口完成1.23亿美元，增长14.1%，进口完成0.39亿美元，增长67.7%。边境小额贸易完成4069万美元（海关统计数），比上年增长13.0%。

旅游业稳步发展。全年共接待国内外旅游者214.91万人次，其中：海外旅游者2.91万人次，比上年下降39.0%；国内旅游者212万人次，增长9.8%。旅游总收入为8.34亿元，增长0.9%。

七、财政·金融·保险

财政收入保持增长。积极发挥财政职能，抓收入，控支出，调结构，保重点，强监管，增效益，促平衡，全州财政总收入完成30.68亿元，比上年增长12.2%。其中，上划中央两税收入完成19.86亿元，增长15.9%；地方财政收入完成10.82亿元，增长6.0%。全州财政总支出23.99亿元，比上年结算数增长9.3%。

金融运行良好。2000年末全州金融机构各项存款余额为167.26亿元，比上年末增长12.5%，其中，城乡居民储蓄存款103.40亿元，比上年末增长15.70%；金融机构各项贷款余额为129.93亿元，比上年末增长6.5%。全年货币净投放31.09亿元，增长2.2%。

保险事业发展步伐有所减缓。全州各种保险承保金额为291.77亿元，比上年下降19.4%，保费收入1.65亿元，下降46.3%。全州共支付各类赔款1.51亿元，增长6.3%。

八、人口·人民生活

2000年末，全州总人口为394.15万人，比上年末增长0.9%，出生人口5.45万人，死亡人口2.80万人。

人民生活进一步改善。2000年城镇居民可支配收入5523元，增长8.1%；农民人均纯收入为1373元，增长5.1%。在岗职工人均年工资为8224元，增长8.5%。城镇人口登记失业率为1.88%。建立和启动了城市居民最低生活保障制度及农村社会养老保险。

九、社会事业

科技进步和科技推广步伐加快。认真实施科技兴州战略，建立企业技术创新机制，加快利用高新技术对传统产业进行技术改造，大力推进产学研一体化进程。2000年全州实施国家级重点科技项目计划1项、省级重点科技计划46项、州级重点科技计划35项，实施省院、校科技合作3项。并完成了以下5项科技兴州的重大项目：优质农产品专项资金计划5个；结构调整示范县2个；科技扶贫11项；科技示范园3个；中小型科技企业创新资金1项。申请专利57项，获专利授权43项。科技对农业的贡献率从上年的40.7%提高到了41.5%，对国民经济的贡献率从上年的38%提高到了40%。

教育事业进一步发展。2000年全州共有各级各类学校3780所，其中普通中学220所，普通小学2297所，成人技术培训学校1039所，幼儿园185所。全州初中在校学生14.55万人，入学率达69%，巩固率为92.88%；小学在校学生45.26万人，入学率达99.1%，巩固率为99.7%；成人技术培训在校学生33.14万人，完成成人技术培训68.87万人。又扫除青壮年文盲5.69万人。已有8个市县实现了普及九年义务教育和基本扫除青壮年文盲的两基工作目标。

文化事业健康发展。1999年末，全州共有艺术表演团体13个，文化（群艺）馆（站）169个，公共图书馆（站）15个；广播人口覆盖率达88.6%，电视人口覆盖率达88.5%；全年出版报纸32种187.37万份、杂志12种2.39万册、图书8万册。

卫生事业继续发展。2000年末共有卫生机构256个，床位1.05万张，其中医院、卫生院9758张。卫生技术人员9815人，其中医生4718人，护师、护士3198人。全州共有防疫、防治机构21个。农村医疗条件不断改善。农村乡镇卫生院119个，床位1714张，卫生技术人员1543人。村设置的医疗点数1562个，乡村医生和卫生员3599人。

十、存在问题

主要问题是：（1）农村经济结构调整步伐较慢，乡镇企业结构不合理，农产品价格仍然偏低，农民增收困难；（2）企业生产经营困难，科技开发创新能力弱，市场竞争力不强；（3）有效需求不足，产品科技含量低、市场占有率低，名牌产品少；（4）投融资渠道单一，建设资金短缺；（5）长期以来形成的产业产品结构、所有制结构、城乡结构不合理的矛盾仍然存在等。

文山壮族苗族自治州经济发展概况

州长　王永奎

2000年，文山壮族苗族自治州各族人民，解放思想，抓住机遇，迎接挑战，励精图治，艰苦创业，扎实工作，开拓进取，全面完成和超额完成了2000年国民经济和社会发展“九五”计划目标，成为文山州自建国以来经济社会发展最快、最好的时期。国内生产总值70.8亿元，占计划的100.3%，比上年增长8.3%，其中第一产业完成增加值26.9亿元，第二产业17.6亿元，第三产业26.3亿元，分别占计划的94.1%、100.6%、107.3%，分别增长3.2%、10.0%和13.8%。三次产业结构比例由上年的41.9:24.23:33.9调整到38:24.9:37.1。

一、农业、农村经济

2000年，全州粮食总产量10.3亿公斤，占计划的102.5%，增长3.6%。农民人均有粮350公斤，纯收入710元，分别增加10公斤和49元。粮食生产连续8年获得丰收，经济作物种植面积增加，粮经比例从8.7:1.3调整到8.4:1.6，结束了向外面调粮的历史。科技对农业的贡献率达39.6%。共投入资金4128万元，建成基本农田13.18万亩，比计划增长9.8%。

完成人工造林30.56万亩，占计划数的122.2%；封山育林44万亩，森林覆盖率达21.35%，连续14年实现无重大森林火灾。农村能源建设稳步推进，建成沼气池1.04万口，节柴改灶8262余户。珠江、红河、盘龙河流域生态防护林一期工程已启动。

大牲畜存栏111.87万头，生猪存栏202.83万头，出栏146.80万头，出栏率为72.4%。肉类总产量1.42万吨，增长15.0%。畜牧业产值14.1亿元，增长12.1%，实现税费5707万元，增长13%。水产品产量405.7万公斤，增长15.2%。

建成无公害三七种植基地5.36万亩。三七产业全年完成总产值3.8亿元，缴税2906万元；种植烤烟11.3万亩，收购烟叶23.32万担，实现农特税收2227万元，烟农收入1.01亿元。种植辣椒22.6万亩，总产量189.9万公斤，产值949.5万元。建成八角基地5.25万亩，乌骨鸡、高峰牛养殖基地建设初见成效。

二、扶贫攻坚、人民生活

2000年，全州共投入各项扶贫资金4.99亿元，增长5%。国家外交部、高检院、冶金总局，上海市3区1县，省直17个单位，州直和省驻文山133个单位参与挂钩扶贫。共下派干部102人，协调引进扶贫资金3531.6万元。捐物折价61.70万元。全州有3.4万名党员、干部与3.54万户贫困户开展结对帮扶。上海3区1县投入资金1413.92万元，实施帮扶项目148项，援建温饱试点村36个，在20个乡镇164个村民委实施了小额信贷扶贫，建成希望小学37所、白玉兰卫生所66所。又有24.74万贫困人口基本解决温饱，有15.07万人、5.4万头大牲畜解决饮水困难，280户1126人搬出岩洞住进新居。

全州8县县城建立了城市居民最低生活保障制度。城乡居民储蓄存款34.8亿元，比上年增长9.8%。城镇居民人均可支配收入5757元，增加625元。农村社会养老保险事业持续发展，人民群众居住条件不断改善，城乡市场销售平稳，商品供应充足，社会公共设施建设得到加强。

落实义务兵优待政策，提高了“三属”人员的抚恤补助标准。为因战和其他肢残人员安装假肢42例，完成白内障复明术120例，安置876名残疾人就业。

三、财税、金融

全年全州地方一般预算收入3.7亿元，增长

4.9%，全面完成“九五”财政收入计划；地方一般预算支出14.2亿元，增长9.6%；上缴中央两税1.368亿元，增长31.6%。

全州金融机构各项存款59.2亿元，比上年末增6.5亿元，增长12.4%；各项贷款余额53.6亿元，增5.8亿元，增长12.0%。全州保险费收入9742万元，增长7.4%，保险赔付率：人保49.54%，人寿36.71%。

四、建　设

2000年，全社会固定资产投资额15.4亿元，比上年增长4.5%。原定156个战恢项目有110个已产生效益。

2000年，全州水利共投资8269万元，比上年增2.1%，重点投入山区“五小”工程、改造中低产田、治理水土流失等建设。电力建设投资1.35亿元，累计装机容量达23.59万千瓦。马鹿塘电站正在进入开工前的准备工作，至2000年全州装机容量比1995年增长1.1倍，年发电量从5.57亿千瓦时增加到9.57亿千瓦时，乡镇通电率达100%，村委会通电率达97.4%，户通电率达88.6%，全州形成了一个较为完备的地方电网，马关、丘北等6县实现了农村水电初级电气化。农村电网“两改一同价”工作全面启动。

全州乡镇以上基本实现了通信交换程控化、传输光缆化，全州电话机总容量已达18万线，移动电话交换机容量4.8万户，电话普及率达3.4部/百人。全州通电话村716个，占76.74%。

城镇基础建设取得重大突破，完成了8县县城第二轮总规修编和45个乡镇政府所在地的集镇总体规划，8个县城总面积比“八五”时期扩大一倍，城市化水平由1995年的10%提高到15%。城镇供水达7.2万吨/日。全州城镇绿化面积705.8公顷，覆盖率达15.4%。城镇的环境卫生面貌有了明显改善。景区环保管理得到加强，被省列入2000年限期治理达标排放的33家企业，通过治理已完成达标任务。

五、各项改革

2000年，全州企业改革取得新成果。国有企业改革完成301户，占总户数的95.5%。文山电力集团正在开展上市的准备工作，水泥集团和三七集团的组建正在抓紧进行。矿业秩序通过整顿治理已全面好转。矿业总产值4.73亿元，创利税3700万元。

乡镇企业改革不断深化。全年实现营业总收入83.6亿元，占计划的101.7%，增长20.1%；总产值61.9亿元，占计划的101.5%，增长3.6%。完成301户改制任务，占应改制户数的95.6%。非公有制经济占GDP的比重由上年的22.5%上升至23.9%，对国民经济增长的贡献率为38.6%。

流通体制改革进一步深入。全州社会消费品零售总额27.1亿元，占计划的99.5%，增长9.3%。商品零售价格指数96.7%，居民消费价格指数96.3%。建立化肥淡季储备制度。

六、对内对外开放

2000年，全州共签订各类合作项目76个，已启动实施70个，到位资金2.7亿元。外贸自营出口2059万美元，占计划的187.2%；调供出口4.4亿元，占计划的101.1%，增长13.8%；边贸进出口总额4.9亿元，增长26.0%。全州外贸自营出口超额完成了省下达的计划，外贸调供出口、边贸进出口及边境小额贸易有较大增长。

旅游业发展加快，旅游人数不断增多。全年共接待旅客144.47万人次，增长20.5%，旅游总收入4.97亿元，增长55.7%。

七、社会事业

全年有55项科技成果获省州科技进步奖，其中有9项获省星火奖，科技成果转化率达80%；完成技改投资8500万元，开发了一批科技含量较高、适销对路的新产品；民营科技企业发展到36户；科技进步对工业、农业和国民经济的贡献率分别达27.4%、39.6%、31.1%。小学适龄儿童入学率98.2%，小学毕业生升学率81.5%，初中毕业生升学率38.3%；高考录取率为54.34%，达全省平均水平；扫除青壮年文盲1.53万人，文盲率降到5.5%；多渠道筹集资金1.023亿元，新建扩建校舍12.75万平方米，排除危房4.29万平方米，启动贫困地区义务教育工程项目学校201所，竣工136所。

加大扶贫开发与计划生育相结合的力度。2000年末全州总人口323.97万人，自然增长率为 11.63‰，比省下达的控制数少 1.41 个千分点。广播、电视人口覆盖率分别达 86.9% 和 85.5%，基本实现“村村通广播电视”目标。实施千里边疆文化长廊建设项目 6 项，投入建设资金 53 万元，已竣工 3 项。群众性体育发展迅速，在校生体育达标率为 97.7%；年内获国家和省的各类竞赛金牌 6 枚、银牌 17 枚、铜牌 18 枚。全州 8 县的卫生初级保健工作达到合格县标准，有 151 个村（办）启动了合作医疗，预防保健工作取得明显成效。

八、存在问题

主要问题是：(1) 基础设施滞后，生产力水平不高，市场发育不够，城乡差距大；(2) 地方财政困难，自我积累和自我发展能力弱；(3) 农村群众贫困面大，城乡居民增收困难；(4) 思想解放不够，对外开放层次低，招商引资能力弱；(5) 经济结构调整力度不大，非公有制经济比重小；(6) 科技教育落后，人口素质不高等。

思茅地区经济发展概况

行署专员　李元书

2000 年，思茅地区抓住西部大开发机遇，突出抓好农民增收和财政增长，加快基础设施建设，培植壮大特色产业，打好国有企业发展和农村扶贫两个攻坚战，进一步扩大对内对外开放，加快社会事业发展和民主法制进程，全区经济发展、社会进步、民族团结、边疆稳定，为“九五”计划的实施划上了一个圆满的句号。全区国内生产总值达 53 亿元，按可比口经计算，比上年增长 7.2%，其中，第一产业增长 2.2%，第二产业增长 11.0%，第三产业增长 11.4%。

一、农业和农村经济

2000 年，全区各级党委、政府认真贯彻落实党在农村的各项政策，全面完成了农村土地承包延长 30 年的工作，农业和农村经济的战略性调整进一步推进，促进了农业和农村经济发展。全区实现农业增加值 19.58 亿元，比上年增长 2.2%。粮食总产量达 82.10 万吨，增长 2.7%，取得了连续 15 年丰收的好成绩。经济作物面积继续扩大，茶叶、油料产量增加。由于受霜冻灾害影响，咖啡、甘蔗产量减少。冬季农业开发面积比上年有所增加，复种指数比上年提高 3.6 个百分点。优质稻种植面积达到 20 万亩，比上年增加 8 万亩。

继续贯彻执行国家天然林保护政策，新增人工造林合格面积 32 万亩，其中工程造林 16 万亩。森林防火取得“十四战十四捷”的好成绩，受到省政府表彰。完成了森林分类区划汇总工作并通过了省级评审验收，全区划定生态公益林占总林地面积 35.2%，商品林占 64.8%。完成了云南思茅国家级现代林业开发项目可行性研究并通过省计委、省林业厅主持的评审论证。林产业持续发展，主要林产品产量：橡胶 0.92 万吨，比上年增长 10.8%；松脂产量 4.98 万吨，增长 3.8%；工业木材 56.90 万立方米，减少 15.8%；人造板 17.87 万立方米，增长 21.2%。

畜牧业生产平稳发展。生猪、牛、羊存栏基本保持稳定，出栏分别比上年增加 5.3%、2% 和 9.6%。肉类总产量达 7.14 万吨。渔业生产快速发展，全年水产品产量达 9183 吨，增长 24.9%。

农业投入继续增加，农业生产条件进一步改善。农田水利建设完成各类水利工程 4 万余件，新增灌溉面积 4.4 万亩，改善灌溉面积 27.6 万亩，新建成高稳产农田地 10.9 万亩，水利化程度比上年提高 1 个百分点。

乡镇企业稳步发展。总产值达亿元，比上年增长 16.52%，实现营业总收入 19.87 亿元，增长20.7%，实现利税2.22亿元，增长19.2%，实交税金0.97亿元，增长25.9%。

二、工　业

工业生产平稳增长，企业效益明显提高。通过深化企业改革，强化内部管理，调整优化产业和产品结构，强化市场营销，实施蔗糖产业战略性调整，全年完成工业增加值9.29亿元，按可比价计算，比上年增长4.0%，除食糖和部分林产品产量下降外，主要工业产品原煤、发电量、水泥、人造板等产量均比上年增长。国有工业企业亏损面比上年降低7.7个百分点，亏损额下降63.3%。实现利税总额2.08亿元，比上年增长21.2倍。蔗糖产业通过巩固提高，实现整体扭亏为盈。

三、固定资产投资

随着西部大开发项目和扩大内需政策逐步落实，全区固定资产投资规模快速扩张。基础设施建设得到加强。全区完成固定资产投资总额23.08亿元，比上年增长31.1%，是全区历史上完成投资额最高的一年。其中国有单位投资完成17.47亿元，增长22.8%；集体单位投资完成1.57亿元，增长16.4%；城乡居民个人投资完成2.52亿元，增长39.0%。

重点工程建设项目进展顺利。元磨公路全面开工，工程施工进展顺利，年内已完成投资10.5亿元；景普公路改造建设基本完工，完成投资6162万元；恩普公路基础路面改造完工，完成投资6410万元。水利建设稳步推进，镇沅腚坑河水库、景东南洋河水库分别完成投资2025万元和1918万元，思茅大中河水库完成投资2115万元。思茅机场跑道工程前期准备工作就位。农村电网改造累计完成投资1.31亿元。完成乡镇文明卫生路建设74公里、10县（市）的市政建设、绿化美化成效显著。

四、扶贫攻坚

全区各级政府认真落实扶贫攻坚目标责任制。“五大工程”、对口帮扶、机关挂钩扶贫和干部结对帮扶、小额信贷、异地开发扶贫各项措施进一步落实。全区共投入各类扶贫资金2.9亿元其中，财政扶贫资金1.4亿元，扶贫贷款1.27亿元，上海对口帮扶资金1364万元，国家冶金局对口帮扶资金777万元，完成坡改梯7.68万亩，新开水田6969亩，实现20个村通电、5个村通电话，解决了5.87万人、3.77万头大牲畜的饮水困难，小额信贷累计发放资金1.17亿元。异地开发扶贫积极稳步推进，思茅市、江城县累计接收昭通、怒江2个地州移民4222户1.72万人，区内异地搬迁850户3821人，年内解决了10万贫困人口的温饱问题。

五、交通·邮电

全区交通运输得到较快发展。全年新增公路通车里程75.8公里，年末公路通车里程达1.65万公里。全区交通运输集团公司的组建工作已基本完成。

全年实现邮电业务总量2.50亿元。全区拥有城市电话用户达9.33万户，其中住宅电话用户7.75万户，乡村电话用户达3.83万户，其中住宅电话用户3.34万户；移动电话用户达4.76万户，无线寻呼用户8.94万户。

六、财政·金融·保险

财政收入继续保持较快增长。全年完成财政总收入6.21亿元，比上年增长9.5%。其中，地方财政收入4.51亿元，上划中央“两税”1.7亿元；分别增长11.1%和5.9%。财政支出15.5亿元，比上年增长22.7%。金融机构年末存款余额65.03亿元，比上年增长15.5%。各项贷款余额52.36亿元，增长8.4%。保险事业不断发展壮大。全区各种保费总收入达1.43亿元，比上年增长11.0%。全区有507户企业参加了企业财产保险。有97.65万人次参加了人寿保险。保险公司年内处理各种财产险赔案7647件，支付赔款3913.4万元；处理人身险赔案2.16万件，支付赔款2844.1万元。

七、商业流通·市场物价

在国家扩大内需、城乡居民收入提高等多种因素作用下，市场销售平稳增长。全年实现社会消费品零售总额20.43亿元，比上年增长7.3%，其中城市消费品零售额15.15亿元，增长7.6%，农村消费品零售额5.28亿元，增长6.2%。全区市场物价总水平继续全面走低。全年商品零售价格比上年下降4.0%，居民消费价格和农业生产资料价格分别下降3.2%和1.6%。

八、对内对外开放

积极组团参加"昆交会"、"上交会"、"民交会"，加大宣传思茅的力度，扩大与上海、昆明等地的经济技术协作。在首届中国民营企业交易会上引进资金2.7亿元，完成商品成交额9200万元，比上年增长6.7%。国家一类开放口岸思茅港经过7年的建设，已通过省级初验。

九、科教兴思

深入实施"科教兴思"战略。广泛开展农业科技联产承包责任制。继续实施热区联合开发项目和科技扶贫项目，加大先进适用科学技术，特别是农村适用技术的推广力度，开展了良种、良法的引进、试验、示范和推广。建成了上海援建的科技中心。积极开展创建科技先进县活动和党政一把手科技实绩考核工作。加大对科技的投入，财政用于科技的投入比上年增长8%，其中科技三项费比上年增长84%，全年安排实施科研项目24项，年内获得科技奖励成果3项，其中：地厅级1项，县市级2项。科技进步对经济增长的贡献率达到35%。全区全面完成了"普六"任务，5个县（市）实现了"普九"。年内完成了2.5万青壮年扫盲任务，青壮年文盲率由上年的10.2%下降到9.5%。集中办学取得显著成效，农村文明学校建设取得较大进展。教学质量有所提高，高考录取新生1399人，比上年增加63人。新增校舍12.5万平方米，办学条件进一步改善。

十、社会事业

加大了"文化精品工程"、"民族文化工程"、"千里边疆文化长廊工程"的建设力度，文化基础设施得到加强，民族文化事业进一步发展。现代舞剧"云海丰碑"参加省新剧目展演并获好评。景谷县荣获"全国文化先进县"称号，钟山乡被文化部命名为"民族艺术之乡"。体育事业进一步发展，景谷县荣获"全国体育先进县"称号，墨江、镇沅等县场馆建设取得较大进展。认真贯彻预防为主的方针，加强了对传染病、地方病的监测和防治工作、传染病发病率比上年下降了18.8%，认真组织实施好妇幼卫生"降消"项目，孕产妇死亡率比上年下降22.37%；切实加强县、乡、村三级医疗卫生网络建设和"6268"卫生防疫体系建设，积极稳妥地推进乡村医疗机构一体化管理体制，景东、墨江、江城、澜沧等贫困县医院建设项目已启动，到位资金730万元。广播电视完成431座"村村通"工程验收和"186"村级卫星收转站新建改造任务，实现了全区所有通电行政村通广播电视，启动了地县广播电视光缆传输工程。全区广播、电视覆盖率分别上升到88.44%和90.76%。

十一、人口·资源与人民生活

人口与计划生育工作进一步加强，实现了与省签订的目标任务。全区人口出生率为17.87‰，死亡率为7.59‰，自然增长率为10.28‰，分别比上年下降1.03、0.21和0.82个千分点。年末全区总人口为248.44万人。

各级政府和广大干部群众的环保意识进一步增强，实现了省重点考核的44家企业、地区重点考核的24家企业的污染源达标排放目标。3个国有森工局实施天然林保护工程进展顺利，珍稀动植物资源保护工作进一步加强。水资源、矿产资源、土地资源得到重视。完成水土流失治理面积189.8平方公里。

居民收入稳定增长。城镇居民人均可支配收入为5130元，比上年增长8.2%；农民人均纯收入1117元，比上年增长4.5%。全区在岗职工工资总额达10.53亿元，增长9.1%，职工年均工资为7523元，增长10.1%。全区有各类社会福利事业单位65个，收养散居孤老残幼691人；"三条保障线"政策得到落实，确保了企业离退休人员基本养老金和城市居民最低生活保障金的按时足额发放，基本保证了国有企业下岗职工的基本生活，全区国有、城镇集体企业养老保险参保率达100%。

十二、存在问题

主要问题是：（1）农业基础仍较脆弱，主要农副产品价格持续走低，产业结构调整任务重，农民收入增长缓慢，贫困面大，扶贫攻坚的任务繁重。（2）国有企业整体经济效益不够理想，部分企业经营困难，企业改革任务重。（3）财源单一，经济结构不合理的矛盾突出，财政收支难越来越突出，投资渠道单一。开放程度低，个私经济比重小，发展慢。（4）科技教育文化落实，劳动者素质低。

西双版纳傣族自治州经济发展概况

州长 岩 庄

2000年，全州各族干部群众以省政府在西双版纳州召开第三次现场办公会为契机，大力调整经济结构，不断加强农业基础，努力发展特色经济，继续扩大对外开放，高度重视环境保护，着力改善宏观环境，使全州经济社会保持了协调发展，取得了经济建设的新成就，较好地完成了“九五”计划的各项任务。

一、综合实力

2000年全州实现国内生产总值46.26亿元，按可比价计算，比上年增长6.6%；比1995年增长53%，年均递增10.1%。人均国内生产总值5421元，比上年增长5%。

2000年全州地方财政收入3.26亿元，比上年增长5.1%，比1995年增长74%，其中，营业税收入增长0.8%，农业四税收入增长5.5%。地方财政支出6.48亿元，比上年增长14.6%。

二、产业结构

在2000年全州国内生产总值中，第一产业增加值18.51亿元，第二产业增加值7.46亿元，第三产业增加值20.28亿元，分别比上年增长4.1%、2%和10.3%。三次产业结构比例为40:16:44，与1995年相比，第一产业下降12个百分点，第二产业基本持平，第三产业提高12个百分点。

巩固提高第一产业。以增加农民收入为重点，落实党在农村的各项政策和改革措施，推进农业结构调整，改善农业生产条件，在稳定胶、粮、糖、茶4大传统产业的同时，大力发展冬季农业和反季农业。2000年全州实现现价农业总产值25.82亿元，不变价农业总产值19.90亿元，比上年增长2.1%。全年生产干胶13.76万吨、粮食34.73万吨、甘蔗122万吨、茶叶1.36万吨，分别比上年增长1.4%、1.1%和下降1.4%、2.2%。全年肉类总产量达到2.3万吨，下降1.6%，水产品产量达到8143吨，增长7.9%。实现乡镇企业营业收入9.63亿元。保持了农业和农村经济的全面发展。

优化壮大第二产业。坚持市场导向，调整产品结构，深化企业改革，提高技术水平，全州工业总体效益逐步好转。2000年全州国有及年销售收入500万元以上的非国有独立核算工业企业实现利税总额3380.7万元，经济效益综合指数为46.9%，比上年上升29.84个百分点。但由于严重寒流造成甘蔗受灾较重，影响了糖产量的增加，致使全州工业总产值出现了负增长。2000年实现工业现价总值7.57亿元，完成不变价总值6.54亿元，比上年下降16.7%。全年生产白糖14.05万吨、精制茶3691吨、水泥17.4万吨，分别比上年下降22%、20.3%和增长4.8%。全年发电量为3.58亿千瓦时，增长8.4%。建筑业总产值完成1.79亿元，下降3.3%。

推进发展第三产业。2000年全州国内生产总值中，第三产业的增加值比1999年增长了2.6个百分点。旅游支柱产业的形成，带动了全州第三产业的快速增长；进出口贸易的发展，成为第三产业的重要支撑点。同时，各项社会服务业也取得了新的成绩。2000年，全州金融存款余额45.79亿元，贷款余额29.57亿元。各种保险金额238.5亿元。货物运输量618.8万吨，下降22.1%。邮电业务总量达到2.2亿元，增长8.6%。房地产开发投资完成1718万元，比上年增长0.2%。

三、特色经济

按照州委提出的“旅游兴州、生物强州、口岸活州、文化立州、依法治州”的发展思路，大力发展特色经济，旅游经济、生物经济、口岸经济不断成长、壮大。

做大做强旅游经济。丰富和优化旅游产品，主要景点着力健全功能、强化管理、改善服务、依法经营，加强形象宣传和市场促销。抓住假日旅游和各种民族节日活动，发展出境旅游，建成一批新的景区、景点，带动了全州旅游经济的平稳发展。2000 年，全州接待国内游客 237.7 万人次，比上年下降 6.8%，接待海外游客 4.48 万人次，下降 17%，旅游综合收入 18.30 亿元，下降 4.3%。

创优创新生物经济，以市场为导向、科技为依托、创新为重点，巩固提高传统产业，培植壮大新兴产业。全州生物经济开发已奠定一定的基础，新兴产业开发面积达 18 万亩。生物制药已有几个品牌问世，鲜果汁已打进欧洲市场，鲜切花已走向国内市场。中科院与云南省合作兴建的“万种植物园”项目开始启动，从 2000 年起每年各投资 500 万元，最终使植物种类达到 1 万种。西双版纳制药厂龙血竭胶囊生产线开始投产。2500 亩的热带花卉示范园区建设前期工作基本完成。

搞活搞好口岸经济。毗邻多国的区位、水陆空并举的交通、多级口岸的条件，是西双版纳州得天独厚的优势。抓住云南建设国际大通道和中、老、缅、泰 4 国签署澜沧江——湄公河通航协议的机遇，加强对外合作，优化开放环境，建设物流平台，促进对外经济贸易的快速发展。2000 年全州边境贸易总额达到 13.68 亿元，比上年增长 42.6%，其中，边境小额贸易完成 8.65 亿元，增长 75.4%；边民互市成交额 4.08 亿元，下降 0.5%；对外经济技术合作 7885 万元，增长 57.5%；一般贸易完成 1517 万元。同时，磨憨国家级口岸边境贸易区建设开始启动，绿色禁毒工程取得新的成果，口岸基础建设进一步加强。

四、基础建设

加强交通、能源、通信、农业、旅游、市政等基础设施建设，增加容量，提升档次，优化发展环境，缓解制约经济发展的矛盾，夯实现代化建设的基础，是全州工作的一个重点。抓住国家扩大内需的机遇，做好重点项目的前期工作。加大地方配套资金的投入，积极争取国家和省的支持，基础建设取得了新的进展。2000 年全州固定资产投资完成 13.46 亿元，比上年下降 3.9%，其中，基本建设投资完成 10.06 亿元，比上年下降 1.1%。年内竣工交付使用的有景洪南过境高等级公路、勐养至基诺山公路改造、关累公路、景洪港码头、州图书馆等项目。景洪至勐海勐混二级公路、勐腊大沙坝水库、澜沧江景洪段防洪大堤、澜沧江大沙坝整治、景洪第二自来水厂、景洪污水处理厂和景洪港联检大楼等一批重点工程正在抓紧建设。

五、市场流通

实施扩大内需政策，加强市场体系建设，2000 年全州市场商品丰富、消费活跃、物价平稳。全州社会消费品零售总额 13.30 亿元，比上年增长 4.7%。从构成的经济类型看，国有经济、集体经济比上年下降 21.1% 和 20.9%，个私经济、其他经济分别比上年增长 17.8%、9.4%。农民对非农业居民销售 3.47 亿元，比上年增长 13.1%，集市贸易成交额 7.05 亿元，比上年增长 13.1%。市场物价继续呈现走低的态势。商品零售价格指数比上年上升 0.9%，居民消费价格总指数比上年下降 0.3%，农业生产资料价格指数比上年上升 0.4%。

六、生态环境

热带雨林构成的自然保护区和旅游风景区是西双版纳州独特的自然资源。保护生态环境，确保绿色永恒，关系全州的可持续发展。各级党委、政府始终把生态环境保护工作摆在重要位置，促进经济、社会、生态的协调发展。首先是保护好生态资源。认真贯彻退耕还林的政策，组织实施天然林保护工程，落实禁伐、禁猎和禁止毁林开荒的有关措施。2000 年纳板河流域自然保护区升格为国家级自然保护区，使全州自然保护区面积扩大到 402 万亩；完成植树造林 8.7 万亩，封山育林 30.29 万亩，义务植树 173.76 万株；累计退耕还林 18.5 万亩，甘蔗下山 3.6 万亩；受国家林业局、国家计委委托，省有关部门到州内检查验收了国家级自然保护区实施总体设计一期建设项目，制定完成了《退耕还林 10 万亩柚木造林可行性研究报告》；中国科学院西双版纳热带植物园的民族植物区建设工程启动；全州森林覆盖率达到 63.68%。其次是搞好环境保护。加大实施《西双版纳2000年排污单位达标排放考核实施方案》的力度，省列重点的32个项目全部完成，州列重点治理项目完成66个；实施城镇绿化、美化、亮化建设工程，启动了景洪污水处理厂和县市生态垃圾建设项目；关停了污染严重的景洪造纸厂和一批乡镇小胶厂、小砖厂，搬迁了景洪水泥厂。抓紧制定《西双版纳傣族自治州环境保护条例》。

七、人民生活

2000年末，全州总人口85.35万人，按同比口径计算，比上年增长1.9%，人口自然增长率11.04‰，比上年下降0.47个千分点。2000年全州农民人均纯收入1742元，扣除物价因素实际增长3.3%；城镇居民人均可支配收入5733元，扣除物价因素实际增长2.8%；全部在岗职工人均工资7297元，比上年增长7.7%。城镇居民人均居住面积19.45平方米，农村居民人均住房面积23.35平方米。全州7个扶贫攻坚乡已有5个乡通过省级验收，“九五”期间共投入扶贫资金2.12亿元，解决了37个乡镇287个自然村9540户4.99万人的温饱问题。

2000年全州经济建设取得了新的成就，实现了稳步发展。但从总体上看，全州经济增长呈减缓态势，除宏观环境和外部因素外，经济结构不合理，基础建设滞后，市场发育程度低，劳动者素质不高，自然灾害频繁等亦是一些重要原因，这些问题有待于进一步认真加以解决。

大理白族自治州经济发展概况

州长　李映德

2000年，大理州各级在党中央、国务院和省委、省人民政府的领导下，坚持以邓小平理论和江泽民总书记“三个代表”重要思想为指导，以“三讲”教育为动力，团结和带领全州各族人民，认真组织实施州十届人大三次会议审议批准的国民经济和社会发展计划，抓住国家实施西部大开发战略和云南省人民政府大理现场办公会的机遇，深化改革，扩大开放，调整结构，开拓市场，突破重点，克服难点，狠抓各项工作落实，促进了国民经济的持续健康发展，推动了社会全面进步，为“九五”计划的顺利完成画上了圆满句号。全州国内生产总值完成134.7亿元，比上年增长7.4%，其中第一产业45亿元，增长3%，第二产业39亿元，增长8%，第三产业50.7亿元，增长10%。全州财政总收入比上年增长7.4%，其中地方财政收入增长13%。

一、农业和农村经济

全州投入农业和农村的项目资金达2.83亿元，比上年增长17.8%，完成园田化建设3.7万亩，梯地化建设10.5万亩，全州水利化程度从上年的68.7%上升到70%；全年农村用电量2.8亿千瓦时，同比增长2.73%。粮食与经济作物的种植结构比例从80:20调整到77:23；粮食总产量达13.19亿公斤，连续夺得第11个丰收年；油料产量2.81万吨，比上年增长46.39%；大牲畜年末数96.35万头；肉猪出栏数214.81万头，肉类总产量2.36亿公斤，畜牧业持续23年增产，现价总产值比上年增长6.3%，外销率达到26%；乡镇企业营业总收入达81.4亿元，增长16%；天然林保护和退耕还林工作稳步推进，完成退耕还林还草5.6万亩，发展经济林果18.94万亩，水果产量9123.8万公斤，比上年增10.59%。全州农林牧业总产值77.30亿元，同比增长5.35%，其中：农业产值46.86亿元，比上年增长4.85%；林业总产值4.26亿元，增长18.15%；牧业产值24.42亿元，增长5.07%；农村经济总收入达158.16亿元，增长6.5%。

二、工业生产及非公有制经济

从自治州企业改革和发展的具体实际出发，制定并组织实施了“进、退、留”战略，一批重大工业技改项目开工建设，企业的关、停、并、转、破工作在一些方面取得突破，完成了国有企业3年改革脱困目标。全州完成现价工业总产值70.85亿元（统计新口径），比上年增长8.2%，其中，国有增长7.86%，集体增长5.94%，非公有制增长9.13%。重工业产值29.59亿元，比上年增长14.65%，轻工业产值41.26亿元，增长4.32%。全州发电量20.30亿千瓦时，增长85.5%；水泥产量187.56万吨，增长6.75%；关停小煤窑工作取得较大成效，原煤产量75.29万吨，比上年下降41.18%。有色金属、原盐、乳制品、卷烟、复烤烟叶等列入计划考核的主要产品产量多数都比上年增长。全州85户国有及限额以上非国有工业企业实现销售收入增长9%，产品产销率达94%，利税合计增长13%。扭亏增盈完成了省下达的任务，工业运行的整体效益提高。私营企业从1240户增加到1380户，“三资”企业从43户增加到46户，个体私营企业上缴财政的税收1.52亿元，比上年增长9%。

三、四大支柱产业培植

烟草产业，全州收购烤烟98.35万担，收购总值4.56亿元，上等烟比例为31.7%，中等烟比例为55.3%，烟叶等级合格率达77.59%；卷烟生产完成产量37万箱，实现工业产值13.60亿元，比上年分别增长2.3%和1.2%，“两烟”上缴财政的税收达9.18亿元，占全州财政总收入的45.7%，比上年增长3.6%。旅游业，全年接待国内外游客525万人次，其中国外旅游者10万人次，实现旅游外汇收入2000万美元，旅游经济总收入22亿元，比上年分别增长8%和5.8%。生物资源开发，南白瓜、魔芋、苦良姜、山嵛菜、白蘑菇、红花等特色产品的种植基地初具规模，一批加工企业相继建成投产，实现产值17.5亿元，比上年增长12.9%。建材建筑业，全州实现建材工业总产值8.98亿元，比上年增长3.2%，完成建筑业总产值21.35亿元，比上年增长3.33%。

四、固定资产投资及重点基础设施建设

全社会累计完成固定资产投资31.70亿元，比上年增长3.9%，其中，国有经济投资15.90亿元，增长6.45%；集体单位投资3.14亿元，增长28.3%。全州城镇化进程加快，年内有23个乡实现撤乡建镇，使建制镇总数达到51个，全州城镇化水平从13.5%提高到15%以上；年内房地产开发投资3.47亿元，增长12.79%，新开工房地产建筑面积37.8万平方米，完成住宅面积8.28万平方米；祥云小官村水库竣工，鹤庆三锅桩水库主体工程完成关闸蓄水，装机容量7.8万千瓦的徐村电站全部机组投产发电，仓容达9000万公斤的大理国家粮食储备库建成验收，关宾二级公路、剑兰公路竣工投入使用，大理机场一级公路已开工建设，引水济洱等一批重大项目的前期工作取得了进展。据测算，全州投资拉动国内生产总值增长1个多百分点。

五、财政金融运行态势

全州财政收入实现了预算目标，国税、地税和财政部门组织的收入分别增长4.2%、6.4%和40.95%。地方财政一般预算支出完成21.38亿元，比上年增长11.74%。全面推行了政府采购制度、财政统发工资和乡镇财务零户统管制度，强化预算管理，全州财政当年收支平衡，县级财政赤字进一步减少。全州金融机构各项存、贷款余额分别为125.8亿元和88.80亿元，分别比上年末增长14.6%和21.1%；全州金融机构现金收入、支出分别为369.40亿元和366.36亿元，同比分别增长12.38%和11.38%；城乡居民储蓄存款余额69.60亿元，增长17%，人均储蓄2100元，增长15.1%。对农业、乡镇企业和个体私营企业的贷款扶持力度加大。

六、内贸和外经外贸工作

全州新建市场7个，市场总数累计达到338个，社会消费品零售总额37亿元，比上年增长4.1%；城乡集市贸易成交额25亿元，增长15.8%；农业生产资料销售总额6.17亿元，增长20.85%。全州商品零售价格指数为98.6%。全州外贸出口874万美元，增长9.5倍，进口555万美元，增长2.7倍。以中国首届民营交易会、昆明国际旅游节、昆交会、昆明国际花卉节、大理三月街民族节等大型节庆活动为契机，

积极开展对外合作，千方百计招商引资，全年达成外资协议项目117项，引进资金实际到位4.12亿元。

七、交通、信息产业

随着假日经济的带动，铁路、机场、高速公路的建成开通，基础设施的改善和体制的创新，全州交通运输及以邮政、电信为主的信息产业获得了较快发展。2000年全州拥有3.46万辆民用汽车，比上年增长4.76%；公路通车里程8338公里；全年完成货物运输总量3296万吨，增长96. 66%，旅客运输量5499万人次，增长145.82%；航空旅客运输量11.57万人次。全州当年邮政、电信业务总量2.65亿元，同比增长39.47%，全州固定电话用户21.67万户，移动电话用户11.49万户，比上年分别增长78.04%和158.94%，电话普及率达6.8%。

八、扶贫工作

全州当年投入贫困地区的各类扶贫资金3.65亿元，比上年增加1.35亿元，建成小水窖池1.99万个，建成人畜饮水工程46件；坡改梯10万亩，中低产田地改造4.96万亩；新修公路298.25公里，改善公路546.6公里；新增输电线路227.1公里，农户通电率93.06%；经济林果面积177.63万亩，比上年增加12.05万亩，户均3.13亩。全州贫困地区有5.4万人解决了温饱。

九、教育、卫生、人口等社会事业

全州具有中专以上学历和初级以上职称的人才7.64万人，占总人口的比重由1995年的1.6%提高到2.34%，乡土人才3.34万人，实现了本世纪末的人才开发总目标。州内高等学校在校学生数3867人，中等专业学校在校学生数6505人，全州当年扩大高中招生28个班，普中在校学生数18.08万人，职中在校学生数7526人。10个县市实现了“普九”，12个县市实现基本扫除青壮年文盲。小学适龄儿童入学率99.7%，初中毛入学率99.25%；高校录取4002人，占高考总数的48.6%，其中少数民族被录取学生占49.3%。顺利完成了全州第五次人口普查任务；全州全年人口自然增长率8.59‰。全州卫生病床数7723张，行政村卫生室覆盖率99.82%，基本实现人人享有初级卫生保健的目标。广播、电视覆盖率达到86.47%和93.57%。科技为经济建设服务取得新成绩，一批科技成果和实用技术转化成了现实生产力。全州始终把保护生态环境，确保绿色永恒，坚持可持续发展作为大事来抓，已着手制定、规划《苍山保护条例》和《鸡足山保护条例》，认真组织实施了新修改颁布的《洱海管理条例》，生态环境保护工作迈出了新的步伐。

十、精神文明建设及社会稳定工作

启动“文明小区”试点23个，评出“十星户”2.82万户，命名州级文明系统2个、文明单位142个，“文明走廊”、“百县乡镇宣传文化工程”、“西部开发助学工程”建设进展顺利。实施民族文化大州建设工程开始起步，在一些方面取得成果，大理市、弥渡县和鹤庆新华村分别被国家文化部命名为“洞经音乐民间艺术之乡”、“花灯民间艺术之乡”、“金银铜器民间艺术之乡”。以确保社会安定、治安稳定为重点，严厉打击严重刑事犯罪和经济犯罪，加强了扫黄打非和查禁社会丑恶现象，创建无毒社区和社会治安综合治理工作进一步加强。行政机关全面推行了执法责任制，创建“人民满意单位”和开展“人民满意的公务员”活动取得成效，为改革、建设和发展创造了良好的条件。

十一、人民生活

据统计抽样调查，全州农民人均纯收入1789元，比上年增加38元，城镇居民人均可支配收入6956元，比上年增长8.4%；在岗职工年平均工资9385元，同比增长17.42%；城乡居民人均住宅面积分别从上年的13.83平方米和22平方米增加到14.73平方米和22.5平方米，吃穿用的消费水平提高。按国务院和省人民政府的要求，顺利完成了“1.15”地震灾区的应急抢险任务，按计划实施了恢复重建工作，祥云、宾川、弥渡3县地震灾区群众生产生活正常，经济社会发展。

十二、存在问题

主要问题是：（1）市场需求和投资需求明显不足，消费难以形成热点，经济增长乏力；（2）结构调整中存在趋同性和盲目性，特色产业发展不快，加之现有产品技术含量不高、竞争力不强、流通不畅，农民增收的难度大；(3) 减收增支因素多，财政收支矛盾加剧，债务负担沉重，县乡财政困难；(4) 对外开放的力度不大，非公有制经济发展不快。

保山地区经济发展概况

行署专员　王广兴

2000 年，保山地区各族人民认真贯彻党和国家的一系列方针政策，解放思想，深化改革，团结奋斗，努力拼搏，全区继续保持了经济发展、社会进步、民族团结、边疆稳定的良好局面。国民经济持续稳定增长。全区实现国内生产总值 70.42 亿元，比上年增长 7.7%。其中，第一产业增加值 29.86 亿元，增长 5%；第二产业增加值 13.08 亿元，增长 9.2%，其中工业增加值 7.62 亿元，增长 3%；第三产业增加值 27.49 亿元，增长 9.1%。

一、农业·农村经济

2000 年，全区农业总产值（现价）45.02 亿元，比上年增长 6.13%。粮食产量 91.7 万吨，增长 5.59%，再创历史新高；油料产量 2.62 万吨，增长 64.31%。经济作物面积扩大，占农作物总播种面积的比重达到 26.68%。烤烟产量 2.93 万吨，香料烟产量 0.29 万吨，甘蔗产量 180.71 万吨，茶叶产量 1.06 万吨，咖啡产量 0.49 万吨，水果产量 3.06 万吨，蔬菜种植面积 24.28 万亩。天然林资源保护工程开始启动，人工造林质量不断提高，全年共造林 16.09 万亩。

畜牧业生产稳步发展，全年肉猪出栏数 136.56 万头，比上年增长 4.89%；全区肉类总产量 12.72 万吨，增长 5.81%。全年水产品产量 9367 吨，增长 20.52%。

农业生产条件继续改善。年末，全区拥有农业机械总动力 6.38 亿瓦特，大、中、小型拖拉机 2.42 万台，农用载重汽车 1668 辆，排灌动力机械 2148 台，全区农村用电量 1.34 亿千瓦小时，增长 4.26%，已实现村村通电。农田水利建设得到加强，全年新增有效灌溉面积 4.7 万亩。年末全区拥有各种水库 263 座，库容 3.54 亿立方米。

乡镇企业稳步前进，个私经济发展较快。全区乡镇企业营业总收入 36.07 亿元，比上年增长 12.8%；乡镇企业总产值 28.12 亿元，增长 14%。2000 年末，有个体工商户 2.98 万户，私营企业 468 户，个私经济从业人员 4.99 万人，上缴税金 1.14 亿元，增长 43.77%，占财政总收入的 19.01%，个私经济已逐步发展成为全区经济新的增长点。

二、工业·建筑业

工业生产平稳增长。全年完成工业总产值 24.51 亿元，比上年增长 6.97%。从经济类型看，国有工业产值 2.82 亿元，下降 7.59%；集体工业产值 2.58 亿元，下降 4.06%；股份合作工业产值 10.37 亿元，增长 9%；三资工业产值 1.25 亿元，下降 0.16%；个体私营等其他工业产值 7.49 亿元，增长 28.74%。从轻重工业看，轻工业产值 14.64 亿元，增长 4.52%；重工业产值 9.87 亿元，增长 14.64%。工业产品受市场制约，产量有增有减。食糖产量 19.91 万吨，减 8.61%；机制纸和纸板 6570 吨，减 14.13%；精制茶 3078 吨，增 113%；酒精 15598 吨，减 10.93%；原煤 2107 万吨，减 13.16%；发电量 7.47 亿千瓦小时，增 16.89%；水泥 39.78 万吨，增 0.35%；木材 68.56 万立方米，增 19.34%；金属硅 1.90 万吨，增 44.89%。工业经济效益明显好转，全部国有及年销售收入 500 万元以上非国有独立核算工业企业实现利润

3763万元，综合经济效益指数91.06，比上年提高84.25点，是1995年以来的最高值。产销衔接较好，工业企业产品销售率为101.28%，比上年提高5.94个百分点。

建筑业生产快速发展，全社会建筑业完成增加值5.46亿元，比上年增长19.6%，占第二产业的比例为41.7%，比上年提高6.8个百分点。

三、固定资产投资

在国家继续实行积极的财政政策和其他扩大内需政策的推动下，固定资产投资呈稳定增长态势。全年全社会固定资产投资完成15.53亿元，比上年增长5.73%。按经济类型分，国有单位投资8.51亿元，下降2.4%；城乡集体所有制单位投资1.96亿元，增长17.95%；城乡居民个人投资3.40亿元，增长15.22%；其他经济类型投资1.67亿元，增长22.21%。按投资管理渠道分，基本建设投资7.20亿元，比上年增长10.78%；更新改造投资1.92亿元，下降34.26%；房地产开发投资1.08亿元，增长76.52%；农村集体投资1.82亿元，增长30.54%；农村私人投资2.45亿元，增长15.48%；城乡私人投资0.95亿元，增长14.11%。全年施工项目810个，其中年内新开工项目668个。

重点建设取得新的成绩。全年施工的重点项目11项，完成投资3.34亿元，完成年度计划投资的96.8%。年内重点工程项目保腾、施七油路面工程、龙陵岔河水库、昌宁明山水库等项目工程已建成投入使用。大保公路、腾冲大河水库、云保线等重点建设进展顺利。

四、交通·邮电

交通客货运输平稳发展。全年货运量1290万吨，比上年增长12.86%；货物周转量12.90亿吨公里，下降2.5%；客运量787万人次，下降1.4%；旅客周转量7.76亿人公里，增长17.99%。到2000年末，全区公路总里程9219公里，比上年增加703公里。全区民用汽车拥有量2.02万辆，比上年增加2045辆。

邮电通信业快速发展。全年邮电通信业务总量2.05亿元，比上年增长37.56%。年末市话容量达8.55万门，农话容量3.52万门，总容量达12.07万门；移动电话4.76万部。全区电话普及率4.22部/百人，其中城市电话普及率16.86部/百人。已通程控电话的乡镇80个，占全部乡镇的96.4%。

五、国内外贸易

国内市场商品销售稳定增长，全年实现社会消费品零售总额20.71亿元，比上年增长9.47%。其中：城镇12.15亿元，增长17.73%；农村8.56亿元，增长3.66%。分经济类型看，国有经济实现社会消费品零售总额5.03亿元，增长8.85%；集体经济1.65亿元，下降0.30%；个体私营等其他经济类型14.03亿元，增长10.97%。农民对非农业居民的零售额3.15亿元，增长10.45%。全社会农业生产资料销售额4.72亿元，下降12.89%。

边境贸易和外贸出口增加。全年外贸进出口总额3990万美元，比上年下降9.9%。其中：出口总额2503万美元，增长99.3%；进口1487万美元，下降53.1%。在进出口总额中，一般贸易1228万美元，下降57.64%；外商投资企业74万美元，增长54.16%；边境贸易2537万美元，增长75.8%，其中：进口1435万美元，增长40.4%；出口1102万美元，增长161.8%。年末全区有“三资”企业36户，全年实际利用外资40.82万美元，比上年下降89.7%。

旅游事业保持较快发展。全年到区内旅游的海外游客4.69万人次，旅游外汇收入949.48万美元，分别比上年增长5.83%和23.38%。国内游客187.49万人次，旅游收入3.6亿元，分别比上年增长13.6%和51.15%。全区旅游总收入4.4亿元，比上年增长46.01%。

市场物价总水平呈下降趋势。全年居民消费价格总水平比上年下降3.20%；商品零售物价总水平比上年下降3.6%。

六、财政·金融·保险

财政收入实现了恢复性增长。全区财政总收入完成6.01亿元，比上年增长5.9%；一般预算收入完成3.94亿元，增长1.55%；完成财政总支出10.55亿元，比上年增长8.76%。

金融运行平稳。年末金融机构各项存款余额65.53亿元，比上年增长12%。其中：企业存款余额14.89亿元，增长15%；城乡居民储蓄存款余额44.77亿元，增长11%。年末金融机构贷款余额66.52亿元，增长9%。全年金融机构实现现金收入175.36万元，现金支出177.39亿元，收支相抵累计投入现金2.03亿元。

全年保费收入1.02亿元，比上年增长9.19%，其中，财产险保费收入4196万元，寿险保费收入5990万元。支付各类赔款4018万元，其中，财产险赔款2368万元，寿险赔款1650万元。

七、教育·科技·环保事业

教育事业取得新的进展。高中教育阶段规模进一步扩大，在校生1.79万人。初中在校生11.25万人，普及九年义务教育和基本扫除青壮年文盲的目标初步实现。小学适龄儿童入学率达99.62%，小学毕业升学率94.79%。

科技事业不断发展。全区组织实施省级科技项目10项，新开展地级科技项目19项。年末全区拥有独立核算科研机构4个，人员112人。有各类专业技术人员3.29万人，其中获得高级技术职务任职资格的548人，中级7334人，初级1.91万人。

环境保护事业得到加强。全面完成了2000年工业污染源达标排放任务，全区环保活动资金达2799万元，比上年增加2209万元。全区有环境保护系统人员64人，各级环境监测站3个，高黎贡山国家级自然保护区1个，龙陵小黑山省级自然保护区1个，腾冲地热火山县级自然保护区1个。

八、人口·人民生活

2000年全区年末总人口234.46万人，比上年增加2.44万人，人口自然增长率9.1‰，比上年上升1.17个千分点。

城乡居民收入有所增长。全年城镇居民人均可支配收入5796元，比上年增长6.2%。全年农民人均纯收入1409元，增长4.9%。全区城镇职工年平均工资7962元，增长14.97%。居民居住条件继续改善，年末城镇建成区面积29.53平方公里，城市化水平达18.5%，城镇人均居住面积13平方米，农村人均居住面积21平方米。

社会保障事业进一步巩固提高，全区机关和事业单位职工退离休人员按规定参加了基本养老保险和社会统筹，3.43万企业职工参加了基本养老保险，1.22万企业离退休人员参加了社会统筹。社会福利事业继续发展，享受社会保障人数1.15万人，享受救济人数24.12万人次。年内再就业人员4525人。全年新解决农村4.7万贫困人口的温饱。

九、存在问题

主要问题是：（1）经济结构调整缓慢，产业单一，特别是工业经济结构单一、总量偏小的问题进一步明显；（2）农业结构调整周期长，投入有限，老产业在削弱，新产业短时间难以见效，区域经济的发展受到制约；（3）基础设施滞后，城镇化水平低于全国和全省的水平，交通制约仍然突出；（4）财政困难，收支矛盾加剧，用于建设的资金严重不足；（5）扶贫攻坚任务重，农民增收缓慢，城市低收入职工生活困难；（6）各级各部门仍然存在着思想解放不够、创新意识不强、观念旧、机制死、办法少的问题，少数干部素质低，作风飘浮，不适应市场经济形势的要求，在困难面前无所作为，工作局面打不开。

德宏傣族景颇族自治州经济发展概况

州长　管国忠

2000年，德宏傣族景颇族自治州辖潞西、瑞丽2市和梁河、盈江、陇川3县，总面积1.15万平方公里。有65个乡镇、341个行政村，3673个农业合作社。居民总户数23.31万户，总人口101.83万人，其中农业人口82.88万人，少数民族人口52.72万人，分别占总人口的81.39%和51.77%。

2000年，州委、州政府团结依靠全州各族人民，坚持以邓小平理论和党的十五届五中全会精神为指导，从德宏实际出发，坚决贯彻中央、省委一系列重大决策和部署，以经济建设为中心，深入推进各项改革，加快产业结构调整，大力培育支柱产业，大兴绿色产业，千方百计促进国民经济发展，取得了新的成绩。2000年全州完成国内生产总值36.7亿元，按可比价计算，比1999年增长7%。其中：第一产业完成12.2亿元，增长0.8%；第二产业完成9.1亿元，增长11.5%；第三产业完成15.4亿元，增长9.5%。“九五”完成的国内生产总值，比1995年增长36.2%；人均国内生产总值3635元，五年平均递增5.3%。

“九五”期间和2000年的经济工作，总体上是协调、稳健发展，但还存在许多困难和问题。一是制定了能够发展的路子，但措施不够细化，有待进一步落实；二是骨干企业不多，现有企业的产业结构还需加大调整力度；三是引进人才滞后，致使发展现代农业和绿色产业面临许多难题；四是农业基础地位仍较脆弱，农民增收缓慢，扶贫任务艰巨；五是项目资金需求与金融信贷的供需矛盾突出，一些项目因无资金开发而搁置；六是国企改革步伐缓慢，企业仍未完全摆脱困境。

一、农　业

2000年，在坚持农业基础地位的前提下，继续稳定完善家庭联产承包制，增加投入，主攻农田水利基本建设，增加机械化作业，进一步改善农业生产条件。同时，加大农业产业结构调整力度，推进农业科技先进技术运用，增加农业科技含量，从而保障了农业和农村经济的继续发展。全州农、林、牧、渔业总产值18.7亿元，按可比价格计算，比上年增长1.7%，其中：农业产值12.9亿元，增1.1%；林业产值1.6亿元，增3.5%；牧业产值3.3亿元，下降7%；渔业产值0.8亿元，增7.9%。

主要农产品产量，多数保持增长势头。粮食总产39.68万吨，比上年增长4.5%；油菜籽产量1.63万吨，增40.6%；茶叶4734吨，增3.4%。甘蔗产量下滑，总产180万吨，比上年减少14.6%。

畜牧渔业生产稳步发展，产品产量均有增加。猪、牛、羊肉产量达2.85万吨，增长11.1%，其中猪肉2.58万吨，增10.9%。牛奶产量达616吨，增48.8%；禽蛋产量1366吨，增18.3%；肉猪出栏31.86万头，增9.1%；生猪年末存栏51.39万头，增2.7%；羊年末存栏6.3万只，增9.9%。水产品产量达9325吨，增8.8%。大牲畜年末存栏下降7.8%，总数仅有19.41万头。

乡镇企业总体稳步发展，全州企业总数1.72万个，从业人员3.88万人，营业总收入9.28亿元，比上年增长4.8%，实现税金3018万元，利税总额达6368万元，税利均比上年减少。

二、工　业

“九五”以来，州政府高度重视工业经济的

发展，在充分利用和发挥热区资源优势的同时，大力加快工业经济结构的调整，积极培育新的工业经济体系。由于顺利完成了蔗糖“四三”工程，使工业日处理甘蔗能力由1995年的1.4万吨提高到2000年的3万吨，有力地支撑了全州工业经济的持续发展。全年工业总产值完成20.3亿元，按可比价计算，比上年增长9.7%。其中国有经济产值11.6亿元，增长7.4%；集体经济产值1.7亿元，下降13.4%；其它经济产值7亿元，增长22.7%。按轻重业工业划分，轻工业产值13.8亿元，增长9.7%；重工业产值6.5亿元，增长9.4%。

支撑全州工业的主要工业产品产量都有增加，食糖33.19万吨，比上年增长9%；酒精3.19万吨，增3.7%；原煤10.16万吨，增20.22%；发电量6.359亿千瓦小时，增长32.7%；水泥42.59万吨，增19.4%；中成药79吨，增12.9%；精制茶、精制纸及纸板、木材、混合饲料分别比上年减少33.1%、6.6%、65.9%和44.7%。

2000年工业经济效益有所提高，扭亏增盈成效显著。全州109户国有及年销售收入500万元以上的非国有独立核算工业企业中，亏损企业62户，比上年减亏14户，亏损额7602万元，比上年减亏1.76亿元；11户制糖企业，有10户扭亏为盈，全行业实现利润3117万元，比上年减亏1.77亿元。

工业经济中，建筑行业继续保持了较快的发展速度。全年建筑业总产值9994万元，比上年增长39%，房屋建筑面积22.36万平方米，增长34%；房屋建筑竣工面积14.5万平方米，增长1.5倍。

三、交通·邮电

2000年全州交通运输业持续发展，全年完成货物运输量1072.3万吨，比上年增长7.3%；货物周转量6.898亿吨公里，增长4.6%。旅客运输量542.5万人，增长13.7%；旅客周转量4.052亿人公里，下降4.8%。

邮电通信业快速发展。全年完成邮电通信业务总量2.5亿元，比上年增长45%。程控交换机总容量15.5万门，固定电话用户8.69万户，移动电话用户4.93万户，全州电话普及率达到每百人8.6部；互联网用户稳步增加，达到3538户。

四、贸易·旅游

2000年，在中央和省出台一系列经济措施的推动下，全州国内和对外贸易平稳增长。国内社会商品零售总额16.6亿元，比上年增长2.4%。按行业划分，批发零售贸易业零售额完成9.4亿元，增长1.8%；餐饮业完成1.8亿元，增长9.1%；制造零售额完成1.4亿元，增长7.2%；其它行业零售额完成4亿元，下降0.6%。按经济类型区分，国有及国有控股经济零售额完成2.6亿元，下降10.1%；集体及股份合作经济零售额完成1.2亿元，增长1.2%；其它经济零售额12.8亿元，增长5.4%，其中个体经济零售额7亿元，增长6.7%。

对外贸易仍处于恢复性增长，全年进出口总额21.4亿元，比上年增长13.8%，其中进口总额3亿元，增长13%；出口总额18.4亿元，增长14%。

旅游业因多种因素制约，在困难中求发展。全年接待国内外游客183.23万人次，比上年下降0.5%，其中接待国内游客179.25万人次，下降0.4%；接待海外游客3.98万人次，下降5.7%。全年实现旅游总收入9.13亿元，比上年下降17.3%，其中国内旅游收入5.61亿元，下降32%；旅游外汇收入4232万美元，增长26.4%。

六、财政·金融

2000年，在发展生产的基础上，财政金融形势好转。财政增收，实现一般预算收入2.2亿元，比上年增长7.5%，其中增值税4034万元，增长10.9%；营业税4875万元，下降12.7%；企业所得税1501万元，增长64%；农业税763万元，增长3%；农业特产税3976万元，增长39.3%。财政一般预算支出7.2亿元，比上年增长12.2%；其中农林水气事业支出5346万元，教育事业支出1.492亿元，行政管理支出1.204亿元，分别比上年增长25.4%、18.4%和6.5%。

金融运转秩序良好，全州各金融机构存款余额52亿元，比上年增长17.3%。其中企业存款11.4亿元，增长15.9%；城乡居民储蓄存款余额36.7亿元，增长17.1%。各金融机构贷款余额39.1亿元，增长6.2%。

保险事业稳步前进，人寿保险发展迅速。全年保费收入1亿元，比上年增长11.1%，其中财产险保费收入0.43亿元，增长2.4%；人寿险保费收入0.57亿元，增长18.6%。

六、人民生活

2000年，城乡居民收入增加，物价总水平比上年降低1.7%，人民生活继续得到改善。城镇居民人均可支配收入7008元，比上年增长10.2%；农村居民人均纯收入1142元，增长3.3%。在岗职工8.39万人，比上年下降2.2%；工资总额6.5亿元，人均7743元，分别比上年增长9.9%和12.3%。

社会保障事业进一步完善。全州有1.98万人参加养老保险，其中离退休人员5594人；有1.31万名职工参加了基本医疗保险。社会福利事业也得到加强，孤寡老人和孤儿得到社会救助，6503名生活特困者得到国家救济。

丽江地区经济发展概况

行署专员　和段琪

一、“九五”综述

“九五”期间，面对各类复杂局势和重大自然灾害、重大政策调整的影响，丽江地委、行署团结带领全区干部群众，同心协力，开拓进取，克服了困难，使全区经济社会保持了持续、快速、健康发展。一是地震恢复重建取得全面胜利，经济发展的基础大为增强；二是旅游产业异军突起，对全区经济社会发展起到了重要的支撑作用；三是经济结构调整初见成效，开发了一批特色生物资源产品；四是对外开放成效显著，开放型经济得到推进；五是认真实施天然林保护工程和退耕还林还草工程，可持续发展战略得到较好贯彻；六是扶贫攻坚成效显著，城乡人民生活继续改善，各项社会事业和精神文明建设取得新进展。

“九五”的5年，全区国内生产总值和人均国内生产总值年均增长分别为9.1%和8.1%，分别高于全省同期增速0.7和1.0个百分点。全社会固定资产投资年均增长22.5%；社会消费品零售总额年均增长5.2%；海内外旅游人数和旅游业总收入年均分别增长29.1%和41.8%；地方财政收入和城镇居民人均可支配收入年均实际增长15.1%和13.9%；年末总人口和人口自然增长率控制在计划指标之内。可以说，“九五”时期是丽江地区建国以来经济增长速度最快、经济增长质量最好、社会面貌变化最大的5年，为“十五”发展奠定了良好基础。

二、2000年经济社会发展综述

2000年，地委、行署根据党中央、国务院，省委、省政府的部署，组织带领全区干部群众，抓住中央扩大内需、继续实行积极的财政政策、启动和实施西部大开发战略的机遇，切实抓好经济社会发展的各项工作。一年来，国民经济持续增长，社会事业取得进步，经济发展环境继续改善，人民生活水平得到提高，保持了团结稳定的社会政治局面，基本实现了预期的经济社会发展目标。全年完成国内生产总值30.83亿元，比上年同期增7.0%，其中，第一、二、三产业分别为9.34亿元、7.91亿元和13.58亿元，分别比上年同期增长2.4%、6.1%和12.9%。地方财政收入完成2.15亿元，增长3.4%；社会消费品零售总额完成9.29亿元，增长6%；固定资产投资完成13.23亿元，增长27.6%，是近几年来投资增长最快的一年；社会事业全面进步，科技对国民经济增长的贡献率提高到35.72%；农民人均纯收入882元，增长6.8%；城镇居民人均可支配收入6117元，增长12.7%。

三、农业·农村经济

坚持把农业放在经济工作的首位，进一步改善农业生产条件，加大科技兴农力度，农业生产稳步发展。全区农业总产值完成15.35亿元（当年价），按不变价格计算比上年增3.6%，其中，种植业8.01亿元，增1.8%；林业1.23亿元，增30.2%；畜牧业5.46亿元，增5.6%。因种植结构调整和自然灾害影响，粮食总产为40.48万吨，下降2.4%。油料全年总产7350吨，增10.9%；烤烟完成1.15万吨，增24.3%；甘蔗10.28万吨，下降2.0%；水果3.57万吨，增8.6%。

农业生产结构调整力度加大。经济作物种植面积扩大，比上年增加2468公顷，占农作物总播种面积的比重由上年的7.1%上升到8.6%。蔬菜生产在结构调整中增长较快，全年种植面积比上年增16.0%。品种结构进一步优化，精细品种增加。

畜牧业生产稳步发展。全年肉类总产量6.23万吨，增7.7%，其中：猪牛羊肉产量5.88万吨，增7.2%；年末大牲畜存栏44.45万头，猪存栏82.36万头，羊存栏93.49万只。渔业平稳发展，全年水产品产量5657吨，比上年增长1.6%。

林业工作抓住生态环境建设这个根本，认真实施天保工程和退耕还林试点工程，取得显著成效。全年落实森林管护面积108.42万公顷，超计划22万公顷；安置4939人。丽江县列入全国退耕还林试点县，共完成还林还草4.14万亩。造林绿化工作取得新进展。完成人工造林14万亩；封山育林完成81.64万亩，超计划31.64万亩；四旁植树完成306.54万株，超计划6.54万株；义务植树265.84万株。各级领导办绿化点27个，办点人数143人，完成绿化造林面积2800亩。开展了用种6.6万公斤的飞播造林。护林防火创历史最好水平，仅发生火警10次，无一般以上火灾；林火次数、受害面积均低于控制数，火案查处率达100%。

继续加强农田水利等农业基础设施建设。华坪务坪水库、丽江拉市隧洞引水工程震后整治、宁蒗三岔河水库加固修复等工程取得新进展，全年新增高稳产农田2.24万亩，农业生产条件得到改善。

乡镇企业稳定发展。年末乡镇企业达4.1万户，从业人员10.21万人。全年完成乡镇企业营业总收入22.45亿元，比上年增长17.2%；实现利税总额2.74亿元，增长12.8%。

扶贫攻坚取得重要进展。建成了一批农水扶贫工程，修通15个行政村的公路，又有13个行政村通电，22个行政村通程控电话，完成绿色扶贫1.81万亩，新增小额信贷900万元。有4万多群众解决了温饱问题。

四、工　业

进一步深化企业改革，切实抓好国企脱困工作，工业生产经营状况得到改善，工业生产逐月回升，改变了近几年来持续下降的局面。全年全部工业总产值为10.46亿元。按不变价计算比上年下降0.7%。从轻重工业看，轻工业产值3.48亿元，增5.7%；重工业产值6.98亿元，下降3.7%。在木材、煤炭等下降的情况下，抓好电力、水泥等有市场的产品产销工作，促进了工业生产的回升。从主要产品产量完成情况看，纳入统计的46种主要产品中，比上年同期增长的有20种，占44%，产销衔接状况得到继续改善。全年国有及年产品销售收入500万元以上的非国有工业企业产品销售率达99.48%。随着生产的回升和各项脱困措施的落实，大部分企业效益有所好转，国有企业脱困工作取得新进展。全区企业亏损面下降3.7个百分点，亏损企业亏损额减少40.2%，利税总额增长1.5倍。又有4户国有重点骨干企业完成改制、改组任务，到2000年末，累计完成改制、改组89户，尚有27户未完成改制、改组任务。年内批准组建成立“宣科纳西古乐文化有限公司”、“丽江森龙旅行社有限责任公司”和“丽江金辉实业有限公司”。

五、固定资产投资

在国家实施西部大开发政策的积极推动下，进一步加强投资管理和招商引资工作，加大基础设施建设力度，固定资产投资快速增长，成为推动经济稳步增长的主要因素之一。全年完成社会固定资产投资13.23亿元，比上年增长27.6%。按经济类型分，国有单位投资7.04亿元，增9.5%；集体单位投资7523万元，下降28.5%；城乡居民个人投资2.20亿元，增1.01倍；其他单位投资3.23亿元，增长80.5%。从各县完成情况看，丽江、永胜、华坪、宁蒗4县分别比上年增长7.9%、34.7%、14.4%和42.8%，地直增61.2%。从固定资产投资的计划管理类别看，基本建设增47.82%，更新改造下降50.63%，其他投资增10.03%，房地产开发增81.05%。

投资结构有所调整。基础产业、基础设施投资中的农林牧渔水利投资1.61亿元，比上年增2倍多；交通运输邮电通信业投资2.35亿元，增15.0%，旅游基础设施得到进一步加强。丽江最大的招商引资项目、总投资4.5亿元的玉龙雪山高尔夫球场开工建设。完成了丽江新城变电站、丽江县城东过境路改造工程；丽宁路工程、丽维路石鼓至中心段改造、祥宁线永胜段改造、华坪二级路二期等工程进展顺利。丽江古城南门小区恢复建设开始启动，全区农网改造、4县水厂改造、丽江古城“三线”入地、七星街建设等工程达到阶段性目标。

六、交通运输·邮电业

交通运输需求平稳。全年各种运输方式完成货物运输周转量6.236亿吨公里，比上年下降4.3%，其中：公路6.229亿吨公里，民航65万吨公里。完成旅客运输周转量5.998亿人公里，下降18.5%，其中：公路4.411亿人公里，民航1.587亿人公里。

邮电通信业继续保持较快发展。邮电通信业完成邮电业务总量1.70亿元，增78.3%。年末局用交换机总容量达12.36万门。移动通信、无线寻呼等业务进一步扩大，全区固定电话普及率达到7部/百人。

七、国内贸易·市场物价

在国家启动消费需求的多项政策作用下，在旅游业持续发展和投资快速增长的情况下，消费品市场稳定增长。全年社会消费品零售总额完成9.29亿元，比上年增长6.0%，扣除物价下降因素，实际增长7.7%。主要特点是：(1) 农村市场回升较快，全年农村消费品零售额实现2.99亿元，实际增长9.4%，增幅比上年提高8个百分点；(2) 个体私营经济继续活跃，全年完成零售额3.66亿元，实际增长13.7%。

市场物价在低位平稳运行。全年商品零售价格总水平比上年下降1.6%；居民消费价格下降2.2%；农业生产资料价格下降0.3%。

八、旅游业·生物资源开发产业

旅游业保持了持续快速发展的势头。假日旅游、昆明国际旅游节、丽江国际东巴文化旅游节等节庆活动有力地推动了旅游业的发展，春节、“五一”和“十一”3个长假期的拉动作用突出。全年共接待国内外游客290.37万人次，比上年增长3.6%；实现旅游业总收入18.66亿元，增长17.6%。主要特点：(1) 国际旅游较快增长。全年接待海外游客9.22万人次，比上年增长33.6%，其中：外国游客5.76万人次，增长13.8%；港、澳、台胞3.46万人次，增长87.0%。国际旅游外汇收入2756万美元，比上年增长29.3%。(2) 国内旅游保持稳步发展。全年国内旅游人数281.15万人次，比上年增长2.8%；国内旅游收入16.36亿元，增16.1%。结合全省旅游规划编制，着手开展全区旅游规划编制工作。完成老君山旅游开发详规，启动泸沽湖开发规划修编工作。加大旅游产品开发、旅游促销和市场管理力度，丽江黄山民俗旅游、泸沽湖摩梭风情民俗旅游开始起步。成功组织了丽江国际东巴文化旅游节、开通丽江至上海航班，组团参加了上海旅游交易会。

生物资源开发取得良好进展。苦良姜种植发展到2万亩，实现产值2290多万元。映华集团被列为国家级农业产业化龙头企业，省政府在永胜县召开皂素专题会议，对基地建设等给予了大力支持。青刺果原料基地发展到2.3万亩，青刺果油抗氧化研究取得成功，已开工建设日产10吨的青刺果油生产线，产品深加工和新产品开发取得新进展。螺旋藻、山嵛菜、青梅、芸豆、三川火腿、球根花卉、魔芋等生物资源开发也取得较好成效。

九、财政·金融·保险业

财政实现增收节支。全年完成地方财政收入2.15亿元，比上年增收704万元，增长3.4%，其中：一般预算收入2.11亿元，增长3.3%。完成地方财政支出7.93亿元，比上年增长3.7%，其中：一般预算支出7.92亿元，增长3.6%。支出增加较多的项目主要是：基本建设支出同比增长223.1%；科技投入增长44.1%；支农支出增长38.3%。

年末金融机构各项存款余额为40.02亿元，比年初增长7.5%，其中：城乡居民储蓄存款余额24.53亿元，比年初增长12.0%。年末金融机构各项贷款余额为31.24亿元，比年初增长12.3%。

全年保费收入6739万元，比上年增长9.2%，其中：财产险保费收入3157万元，人寿险保费收入3582万元。

十、科技·教育·文化·卫生·体育

努力实施科教兴丽战略。全年实施科技计划项目28项，投入科技资金200多万元，起到了较好的示范、带头作用。科技扶贫步伐加快，4个科技扶贫示范乡基本实现解决温饱的目标。宏观管理进一步强化，地委、行署出台了《关于进一步加强科学技术工作的决定》和《丽江地区科学技术奖励办法（试行）》，为科技工作营造了良好的政策环境。科技成果项目获奖15项，其中：一等奖1项，二等奖4项，三等奖10项。科技对国民经济增长的贡献率达35.72%。

教育改革和发展取得新成绩。努力巩固“两基”成果，实施素质教育。适应高校扩招规模，扩大高中教育规模。全区普通高中招生3378人，在校生7994人，分别比上年增长31.1%和18.3%。职业中学招生1268人，在校4469人。各类中等专业学校招生1027人，在校2534人。全区初中毛入学率达85.42%；小学学龄儿童入学率达98.28%。普通初中和小学辍学率分别为3.6%和1.98%。

文化事业健康发展。围绕建设民族文化大区的目标，加大了民族传统文化的发展和宣传力度，创作了一批优秀节目，《蓝月亮》、《丽江古城》等作品在全国、全省评比中获奖。群众性文体活动健康发展，文化市场不断净化。建成多媒体数字互动电视系统，实现丽江电视台节目在区内联网传输。全区电视覆盖率达85.2%。

卫生事业不断进步。初级卫生保健顺利推进，加大了药品执法监督力度。年末全区拥有卫生机构107个，床位2432张，卫生技术人员2737人。农村乡（镇）共有卫生院64个、床位905张，卫生技术人员880人。成功举办第四届七星国际越野挑战赛。全年举办县级以上运动会38次，参赛运动员8656人次，又有5.5万人达到国家体育锻炼标准。

十一、人口·环境·人民生活

控制人口增长取得积极成效。全区人口出生率、死亡率分别为12.95‰和6.92‰。年末总人口为109.99万人，其中：少数民族人口62.92万人，占总人口的57.2%。环境保护和生态建设取得新进展。列入年度达标的28户企业，关闭9户、停产3户、16户验收达标。加大程海、泸沽湖治理力度，明确了环保重点区域。丽江古城排污、泸沽湖、永胜县城污水处理工程和农业生态建设工程进展顺利。全区工业废气处理率73.85%，工业废水处理率83.27%，工业固体废物综合治理率5.1%。

城乡居民生活水平进一步提高。年末各类经济类型单位在岗职工5.87万人，比年初下降3.1%；全年在岗职工工资总额5.04亿元，职工年平均工资8588元，比上年增长10.5%。城镇居民人均可支配收入6117元，增12.7%。由于粮食减产，多数农产品价格仍在低位运行，农民收入增长持续减缓。全年农民人均纯收入882元，比上年增长6.8%。

怒江傈僳族自治州经济发展概况

州长　欧志明

2000年，全州各族人民在省委、省政府的领导下，坚持改革开放和扶贫攻坚，克服自然灾害频繁发生等各种困难，使国民经济持续快速健康发展，综合经济实力增强，农业和农村经济全面发展，基础设施建设成绩显著，科技兴州和社会事业全面进步，较好地完成了“九五”计划提出的重要任务和目标。

全州国内生产总值完成11.10亿元，比上年增长7.5%；其中，第一产业3.23亿元，第二产业4.21亿元，第三产业3.65亿元，分别比上年增长3.1%、5.9%和13.4%。

“九五”期间，州委提出的“871111”扶贫攻坚计划即到2000年，农民人均纯收入达800元、人均有粮食350公斤、人均存栏1头猪、人均存栏1只羊、人均有1亩基本农田（地）、人均有1亩经济林。2000年末，全州农业人口总数为39.59万人，农民人均可支配收入达857元，人均有粮410公斤，人均存栏猪1.03头、羊0.92头，人均基本农田（地）面积1.03亩，人均经济林木1.52亩，全面实现了“871111”计划目标。

一、农　业

加强对农业的领导和资金的投入，优化和调整农村产业结构，不断改善农业生产条件，推广12项重大科技项目，全州粮食总产连续5年获得增产，农村经济得到进一步发展，农民收入不断提高。农业总产值4.98亿元，其中农业产值2.88亿元，林业产值5619万元，牧业产值1.522亿元，渔业产值144万元。2000年全州粮食总产量达到16.36万吨，比上年增长3.6%。农业结构调整不断推进，种植业、林业、畜牧业产值比重由“八五”末的50.8:10.7:28调整为47.9:11.3:30.6。全州油料、甘蔗、蔬菜等经济作物在结构调整中得到很大发展，特别是蔬菜得到较快发展。2000年全州经济作物种植面积达15万亩，其中蔬菜种植面积达9.08万亩，油菜1万亩。根据怒江州尚有8万多人未解决温饱的实际，在稳定发展粮食生产的基础上，在粮食自足有余地区、城郊地区，适度调整种植业结构，加大芸豆、甘蔗、蔬菜、苹果等经济作物的种植规模，大力发展茶叶、水果等经济果木和药材。

全年农村经济总收达5.64亿元，比上年增长7%；农民人均所得达835元，增长6.2%。在农村经济总收入中，农业收入1.7亿元，林业收入2980万元，牧业收入1.27亿元，渔业收入66万元，第三产业收入7712万元。

年内完成植树造林15万亩，完成年计划的155%；34万公顷天然林保护工程全面实施；退耕还林（草）试点工程已启动，签订合同4952户，兑现粮食196万公斤，完成退耕还林（草）0.96万亩，宜林荒山造林3.7万亩，还草1.3万亩，封山育林3.2万亩。泸水县及全州有24个乡（镇）实现无森林火灾；森林病虫害防治均达到省下达的控制指标。

2000年畜牧业生产保持了稳定增长，畜产品市场供应充足，价格平稳。年末，全州大小牲畜存栏94.91万头，出栏37.51万头，分别比上年增长3.97%、12.39%。其中生猪存栏40.87万头，出栏24.90万头，增长3.95%和10.18%。山绵羊存栏36.45万只，增长4.78%；出栏11.16万只，增长17.82%。牛存栏14.65万头，出栏1.41万头，分别增长1.92%和10.31%。猪、牛、羊、禽肉产量1.94万吨，增长10.74%；禽蛋产量555吨，增长9.25%；奶产量37吨，增长12.12%。农民人均肉奶蛋占有量达50.03公斤。

水产养殖得到迅速发展。全州水产养殖面积

达635亩，全州水产品总量达265吨，渔业总产值265万元。

去冬今春，全州共投入农田建设资金1725.4万元，其中：中央827万元，省级675万元，州级配套29.5万元，县级部门70万元，群众集资123.9万元；群众投入劳动工日53.1万个工日，共完成各类型的农田地改造3.2万亩，田间渠条建设62条37.4公里，完成田间机耕路10条11.88公里，完成GFRP玻璃水窖配PEX管道节水技术、安装水窖136个335立方米，实现旱地水浇500亩。共新增300公斤以上的基本农田地1.56万亩。

水利水电建设取得新的进展。全州投入水利建设资金1200万元，其中：以工代赈资金374万元。扶贫攻坚资金265万元，省级配套资金246万元，其它资金79万元，县财政投入139万元，乡镇及群众自筹97万元。群众投入劳动工日608.76万个工日。完成2060件水利工程的新建、改造、加固和岁修任务，完成土石方869.88万立方米。新增灌溉面积6508亩，改善灌溉面积10.96万亩。解决2.05万人、3.5万头牲畜的饮水困难。

年内共完成水土流失治理面积40.33平方公里，坡改梯4850亩，水土保持1.96万亩，结果林1192亩，保土耕作、封禁治理、退耕还林果措施3.41万亩，投入治理资金152万元。

2000年，全州有乡镇企业1.02万个，其中，集体52个，私营93个，个体1万个；从业人员3.06万人。营业收入8.08亿元，比上年增长32.2%。现价总产值完成7.19亿元，增长27.9%。现价工业总产值完成3.57亿元，增长33.9%；实交税金4060万元，增长46.7%。

主要农产品产量：粮食16.36万吨，油料846.6吨，甘蔗2.22万吨，烤烟17吨，水果5791吨，茶叶920吨。

二、工　业

工业生产稳定发展。2000年，全州工业总产值7.16亿元，比上年增长14.74%。其中，国有经济1.18亿元，比上年减少15.07%；集体经济1.47亿元，增长12.24%；其他经济4.51亿元，增长27.37%。轻工业1.38亿元，重工业5.78亿元。国有、国有控股和上规模的集体、民营工业企业的产值、销售收入和实现利税同步增长。

全州共投入资金3628.8万元，其中省级投入403.5万元，州县自筹和企业贷款3279.3万元，完成35KV输电线路21公里，10KV输电线路37.54公里，解决了13个行政村用电和1.83万户人家用电。全州完成总发电量1.44亿千瓦时，比上年同期增长39.7%。电力销售收入3922万元。

“九五”期间，全州产业结构调整取得明显成效，与1995相比，第一产业增长18.77%，第二产业增长75.68%，第三产业增长56.6%，三次产业占GDP的比重由1995年的41.8:28.2:30.0调整为29.2:37.8:33.0。三次产业结构调整为二、三、一。

国企改革步伐明显加快。到2000年底，全州62户国有企业（其中工业企业31户）完成改制41户。其中：改为有限责任公司15户，股份合作制5户，有偿转让5户，兼并4户，依法破产重组2户，租赁经营4户，实行承包经营或资产经济责任6户。盘活资产1亿多元。此外，商业粮食流通企业的改组、改制工作已全面开展。

主要工业产品产量：铜精矿含铜量3608吨，铅精矿含铅量3717吨，锌精矿含锌量2.81万吨，钨精矿折含量620吨，精盐6.24万吨，木材3.2万立方米，配混合饲料205吨，饮料酒335吨，大理石板材1.31万平方米，锌8212吨。

三、固定资产投资

2000年，固定资产投资明显下降，全社会固定资产投资4.18亿元，比上年下降16.32%。其中国有单位投资2.9亿元，下降20.13%，集体单位投资2774万元，下降104.87%，城乡个人投资4692万元，下降30.30%。

四、交通·邮电

交通建设发展加快。全年完成交通基础设施建设投资7800万元，比上年增长4%。完成片古岗公路34公里改造、吴进桥至贡山公路水毁缺口修复、碧福桥至福贡子显甲31公里四级油路、新建腊门里人马吊桥、修复丙腮桥和光罗桥等工程；开工建设花桥坝至六库4公里二级公路、六兰公路啦井至大树子段93公里改造、丙中路39公里改造等工程。全州260个行政村有

166个村（办事处）通了公路，有56个村通了标准的人马驿道，通公路率和通路率分别达到64%和85%。

2000年，全州通信能力增强。全州完成放号4760户，市话局用交换机容量为2.68万门，农话局用交换机容量为9616门。有移动电话用户1.34万户，交换总容量4万门。

五、商贸·物价·旅游

全州消费品零售总额完成4.49亿元，比上年增长9.1%；其中国有经济1.33亿元，集体经济3577万元，个体经济1.66亿元，其它经济1.14亿元，分别比上年增长6.2%、0.3%、0.9%和0.5%。

商品零售价格指数为98.4%，居民消费价格指数98.6%，农业生产资料价格指数97.2%。

2000年，全州个体和私营经济较快发展。全州个体工商户8073户，注册资金7524万元，从业人员3.14万人，分别比上年增长4%、39%和8%。私营企业户158户，注册资金1.33亿元，从业人员3628人，分别比上年增长33%、5%和31%。私营企业实现总产值1.93亿元，上缴税金1970万元，分别比上年增长19%和28%。

旅游事业有所发展。2000年，全州接待海外游客3155人，比上年增长418.91%；外汇收入148.48万美元，增长676.16%。边境一日游人数1.05万人，边境一日游收入40.77万美元。国内旅游者40.72万人，国内旅游收入1.3亿元，增长98.13%，旅游收入1.45亿元，比上年增长100.44%。

六、财政·金融·保险

2000年，全州财政增长较快，金融和保险继续发展。全年财政收入9669万元，财政支出4.95亿元，分别比上年增长15.26%、10.7%。金融机构各项存款余额13亿元，比上年增长38.07%；城乡居民储蓄存款5.86亿元，增长4.37%。各项贷款余额10亿元，增长6.84%。全州保费收入1154.60万元，支出883.9万元，储金业务保费收入71.10万元，财险陪付率76.55%，比上年增长12.48%。

七、社会各项事业

科技以农业增产、农民增收为目标，以体制创新和提高科技成果转化为重点，以农业产业结构调整为方向，重点实施了19项科技三项计划和20个推广培训项目。各类科技措施推广面积49.8万亩，农业科技推广覆盖率达53%。引进推广了和田系列专用复合肥50吨，引进了高蛋白玉米、芥兰型优质油菜，人生果、芦荟等新产品种试验示范已成功。同时推了皇天嘉天然芸苔素植物生长调剂281.8亩。举办各类农村适用技术培训1500多期，受训农民达23万人次。科技对国民经济、农业和工业的贡献率分别达28.67%、31.63%和29.43%，比上年分别提高了0.8、0.6和0.5个百分点。

2000年，全州教育基础设施建设得到进一步加强。全州小学实验室达标23所，体育场达标35所，理科教学设备达标155所，图书馆藏书达标的77所；普通中学实验室达标10所，体育达标2所，理科教学设备配备达标12所，教学分组实验达标7所，体育器材达标4所，图书馆达标3所，图书馆藏书达标4所，藏书总量18.56万册。全州各级各类学校共有图书61.57万册。全州4个县全部通过“普六”验收，圆满完成了“九五”期间基本普及初等义务教育的任务。全州小学适龄儿童入学率97.79%，辍学率2.98%；初中毛入学率49.61%，初中学生辍学率7.31%。

全州共办有乡（镇）成人技校29所，其中有6所为合格成人技校；办有村、社农民文化技术学校194所，共举办各种农村实用技术培训453期，培训人员7.89万人次。

年内，全州开办扫盲夜校班（点）719个，有1.65万人参加扫盲学习，青壮年文盲率降到12.3%。此外，从集中办学和合理利用教育资源为重点，进一步调整规范学校布点，全州一师一校教学点653个，比上年减少20个。在原“三校合并”（农校、卫校、财校）的基础上，与原师范学校合并，完成了“四校合并”组建怒江州民族中等专业学校的任务。

年内，对外文化宣传和交流取得突破性进展。州民族歌舞团2次赴石家庄、3次赴昆明，共完成对外演出48场，完成州内接待性演出26场，累计观众达10余万人次，其中参演的中央电视台“2000年春节民族歌舞晚会”、“中国昆明国际艺术节云南少数民族优秀剧（节）目调演”和“石家庄云南民族文化节”等重大演出活动对宣传怒江、提高怒江起了积极的作用。以实施“民族文化工程”为龙头进行的农民业余合唱艺术得到了进一步弘扬。兰坪、泸水2县组织35人的农民合唱团再次应邀赴北京参加“第五届中国国际合唱节”，并获铜奖殊荣。在云南电视台直播的“迎接新千年、跨越新世纪”文艺晚会、“中国昆明国际旅游节”和“上海旅游招商会”上，全州各族儿女大打民族文化品牌，先后组织40余人的傈僳族、怒族、独龙族方队参加“中国昆明旅游节开幕式大型艺术游演”活动和大型舞台剧目《一个美丽的地方》，受到组委会好评。

农村合作医疗建设稳中有进，基层医疗条件有所改善。年内，全州有29个乡镇有15个乡镇开展合作医疗，260个村办事处有82个村开展合作医疗。

八、人民生活

城乡人民生活进一步改善。到2000年，全州职工工资为2.57亿元，职工年平均工资为9631元，其中，国有单位9279元。全年安置470人就业。

年内解决了2.5万贫困人口的温饱问题，实现计划目标，农民人均纯收入922元，农民人均有粮410公斤，分别比上年增长5.8%和2.5%，农民人均居住面积14平方米。

九、存在问题

主要问题是：农业基础设施脆弱，农民收入增长缓慢，解决温饱难度大；项目前期工作薄弱，支柱产业尚未形成，财政供需矛盾日益加剧；企业整体素质和竞争力低，城市低收入群众生活困难；市场体系不健全，流通渠道不顺畅，推进各项改革的力度不够大等。

迪庆藏族自治州经济发展概况

州长　康仲民

2000年，迪庆藏族自治州紧紧抓住西部大开发和停伐天然林两大机遇，积极调整产业结构，努力培育新的支柱产业，围绕迪庆经济社会发展思路，加强农业基础建设，加快国有企业改革步伐，大力发展非公有制经济，实现了全州国民经济持续健康发展和社会事业的全面进步。农业和农村经济稳步发展，工业生产得到较快增长，固定资产投资稳中有增，基础设施有所改善，教育、卫生、文化、体育等各项社会事业得到较快发展，城乡居民物质文化生活有了进一步提高。全州呈现出经济发展、社会稳定、民族团结、宗教有序的大好局面。据统计，全州实现国内生产总值9.23亿元，比上年增长8.30%。其中：第一产业完成增加值3.23亿元，增长2.30%；第二产业完成增加值1.94亿元，增长16.61%；第三产业完成增加值4.06亿元，增长10.20%。

一、农　业

农业全面发展，农村经济稳步增长。各级党委政府高度重视农业生产，坚持把发展农业放在经济工作的首位。大力推广农牧业实用技术，在种植业上主要推广了以“种子工程”、“温饱工程”为龙头的10项农业增产技术，畜牧业上重点推广了畜种改良和草料建设等4项措施。农业科技覆盖率、科技贡献率分别达到63%和37%。全州农业总产值达4.64亿元，比上年增长4.54%。全年粮食总产量达13.48万吨，比上年增5985吨。

畜牧养殖业快速发展。以实施“种草养畜综

合发展示范项目”为基础，以畜种改良和草料建设为突破口，加快畜牧业发展，畜牧支柱产业框架基本成型。2000年全州大小牲畜存栏达90.10万头（只），出栏达20.10万头（只）。其中：大牲畜年末存栏数27.83万头，比上年减少2.32%，大牲畜出栏数1.83万头，增长41.50%，肉类总产量（含家禽肉产量）1.17万吨，增长7.34%。

林业工作成效显著，继续积极实施“天保”工程，荒山造林绿化与综合开发利用同步发展。全年完成造林面积9.44万亩，封山育林20.2万亩，义务植树92万株。按新标准计算，全州森林覆盖率达到65.5%。全州建立健全了护林防火、资源林政、森林病虫害防治、野生动植物保护、农村能源建设等管理机构，初步形成了比较健全的森林资源保护体系。林业国际合作、交流取得较大进展，先后启动了中芬（芬兰）合作“中甸高寒山区植树造林试验示范区”；中新（新西兰）合作“中甸农村综合发展项目”等项目。这些交流与合作，在全州造林绿化和野生动植物保护以及社区发展中发挥了重要的作用。

乡镇企业保持较快增长。全州乡镇企业营业总收入达4.57亿元，比上年增长24%；乡镇企业总产值4.74亿元，增长29%。

全州把扶贫工作作为重点，紧紧围绕解决贫困地区人口温饱和增加收入这两个根本问题，加大工作力度，千方百计增加扶贫投入，使扶贫工作由救济式扶贫向开发式扶贫转变，由分散扶贫向重点攻坚扶贫转变。扶贫工作继续坚持全社会动员开展挂钩扶贫，实施扶贫到户，小额信贷工作在全州19个贫困乡开展。年内共安排233个扶贫项目，投入7957万元信贷资金，扶贫户1.72万户。当年解决温饱人口2.87万人。到2000年末，全州未解决温饱人口4.21万人，占总人口的11.90%。

二、工　业

国有企业改革脱困3年目标基本实现。现有的国有企业基本完成改制，其中22户改制为股份合作制，4户改制为有限责任公司。全州全年工业总产值完成2.8亿元，按可比价计算，比上年增长22.76%。其中全部独立核算国有企业及年产品销售收入500万元以上非国有独立核算企业产值1.27亿元，增长16.03%；500万元以下非国有工业企业产值1.54亿元，增长28.54%。在工业总产值中，轻工业产值1.02亿元，增长12.94%；重工业产值1.78亿元，增长26.39%。按经济类型分，国有经济工业产值完成4629万元，下降0.98%；集体经济4616万元，下降14.18%；非公有制经济1.88亿元，增长43.66%。主要工业产品产量中，发电量5.05亿千瓦小时，增长25.14%；水泥1.67万吨，减少23.74%；铁合金5334吨，增长33.95%；砖瓦3661万块，增长23.27%。

三、固定资产投资

全州重点加强了城市基础设施、交通通信、城市住房、教育等方面的建设，固定资产投资保持一定增长。全社会固定资产投资完成7.47亿元，比上年增长2.75%。其中国有经济投资5.46亿元，增长16.32%；集体经济投资1256万元，下降25.19%；城乡私人投资7904万元，增长42.77%；其他经济投资1.09亿元，下降41.08%。在固定资产投资中，基本建设投资6.24亿元，增长1.19%，更新改造投资450万元，下降8.16%，其它投资2649万元，下降85.70%。

四、交通·邮电

交通运输业继续得到较快发展，公路基础设施不断完善。全州年末公路通车里程3167公里，比上年增长2.6%。其中等级公路2685公里，比上年增长3.8%，占总公路里程的84.78%。国道214线中松二级公路的开工建设，实现了州内高等级公路零的突破。迪庆香格里拉机场全年航班数404架次，客运量达6.2万人次。

邮电通信业继续保持较快发展，一个从地面到空中，从城市到农村的邮电通信网已经初步形成。全州29个乡（镇）全部实现传输光缆化、电话交换程控化。全州光缆总长度达935公里，形成了以光缆为主、卫星为辅的立体电信传输网。固定电话普及率达5.14部/百人，固定电话机总数1.76万部，无线寻呼1.23万户，移动电话7561户。全州邮电业务总量完成3109万元，比上年增长31.24%。其中：电信业务总量2584万元，增长15.72%；邮政业务总量245万元，增长80.15%；通信建设的各项指标名列全藏区第一位。

五、财政·金融·保险

财政收入稳步增长。全年地方财政一般预算收入5855万元，比上年增长18.07%；地方财政一般性支出5.03亿元，增长14.55%。当年财政自给率11.65%，比上年下降0.6个百分点。

金融运行良好，存、贷款增长，货币投放减少。年末金融机构各项存款余款14.59亿元，比年初增长14.89%。城乡居民储蓄存款6.1亿元，增长12.59%。年末金融机构各项贷款余额12.43亿元，比年初增长15.52%。全年累计货币投放3.29亿元，比上年下降16.29%。

保险事业发展较好。全年各种保险保费收入1522万元，比上年增长5.40%。2000年全州共有4334名职工参加养老保险统筹，征收基金251万元，支付失业保险费92.1万元，使232名失业职工和2261名国有企业职工得到救助。

六、旅　游

起步于1994年的迪庆州旅游业，在短短的6年间实现了突飞猛进的发展。2000年接待国内外游客106.25万人次，其中海外游客6.76万人次，旅游总收入6.72亿元，比上年增长22.84%。旅游企业迅速发展，已拥有国内旅行社32家，旅游车船公司4家，旅游客车近40辆，旅游船10余艘，出租车300余辆，宾馆饭店达87家，其中涉外饭店42家。目前，迪庆旅游业初步形成了一个包括饭店旅游业、旅行社业、旅游餐饮业、旅游娱乐业、旅游风景区和旅游商品购物等在内的综合产业体系，对全州经济增长、财政增收和扩大就业起到了积极的促进作用。

七、社会事业

科技事业不断发展，全力实施科教兴州战略，科技与经济进一步结合。年内全州实施科技发展项目共14项，推广了农机新技术、新机具的引进和农业机械作业技术的培训；举办农村实用技术培训班208期，培训人员3.39万人次。

教育事业发展步伐加快。全州29个乡（镇）基本普及了六年义务教育，普及九年义务教育开始实施。全州有幼儿园6所，在园幼儿3292人，小学945所，其中一师一校教学点586个。小学在校学生4.11万人，小学适龄儿童入学率98%，比上年提高1.7个百分点；辍学率5.7%，比上年下降1.75个百分点。中学25所，其中完全中学5所，高初中在校生1万人，其中高中在校生1698人，初中在校生8328人。职业中学4所，在校学生984人。教师进修学校3所1部。办学条件得到改善，到2000年底，全州各级各类学校校舍面积达50.04万平方米，9所学校配备了语音室，11所学校配备了微机室，4所学校按完一中标准配备了教学仪器，55所学校按标准配备了教学仪器，建设远程教育网点25个，村完小以上的学校也按标准配备了教学仪器。师资队伍得到了加强，双语教学开始起步。

卫生事业健康发展，医务水平有所提高，州县医疗条件有所改善。全州拥有卫生机构44个，卫生机构床位数794张，比上年增长2.19%；其中医院床位439张，增长7.86%；专业卫生技术人员1149人，增长1.77%，其中医生761人，增长1.74%。民族医药的开发，特别是藏医、藏药的开发进入一个崭新的发展时期。

文化事业蓬勃发展。全州共有文化事业机构42个，其中艺术表演团体2个，艺术表演场所2个，文化馆3个，群众艺术馆1个，文化站29个，公共图书馆3个，博物馆1个，文物管理所1个。广播电台1座，广播电视卫星收转站1361座，广播人口覆盖率42.3%，电视人口覆盖率84.85%。《迪庆报》出版发行147期7100份。

体育事业发展较快。全年组织各类体育运动会16次，参加运动员1.14万人。年内参加省及省以上运动会运动员44人，获奖牌13枚，其中金牌4枚，银牌5枚，铜牌4枚。

八、人口与人民生活

到2000年末，全州总人口35.35万人。全年出生人口6192人，人口出生率17.59‰，死亡人口3092人，人口死亡率8.78‰，人口自然增长率8.81‰。全州总户数8万户，家庭户规模平均4.2人。

城乡居民生活水平进一步提高。年末全州单位从业人员2.11万人，其中在岗职工2.07万人，比上年下降0.85%。单位从业人员劳动报酬2.55亿元，增长16.94%，其中在岗职工工资2.53亿元，增长16.88%；在岗职工年平均工资1.23亿元，增长17.67%。农民人均纯收入734元，增长5.92%。城乡居民人均储蓄存款1779元，比上年增长8.94%。城乡居民生活进一步改善。

九、存在问题

主要问题是：农业基础仍然薄弱，抵御自然灾害的能力还不强，农村贫困面还比较大，农民增收困难；工业经济整体质量和效益不高；科技教育落后；市场体系不够健全，流通渠道不顺畅；对外开放水平有待进一步提高。

临沧地区经济发展概况

行署专员　李国伟

“九五”期间，临沧地区进一步深化区情认识，突出发展重点，创新工作方法，团结奋斗，顽强拼搏，克服困难，使“九五”成为全区经济社会发展较快较好的时期之一。特别是2000年，全区坚决贯彻落实中央扩大内需的一系列重大方针政策，调整结构，深化改革，扩大开放，经济发展出现了重要转机；同时，更加准确地定位了区情形象，更加明晰地制定了发展思路，更加开拓地创新了工作方法，全区呈现经济发展、社会进步、民族团结、边防巩固的良好形势。

2000年，全区完成国内生产总值55亿元，按可比口径计算，比1999年增长8.2%，比“八五”末增长19.46%，年均递增9.8%。其中，第一、二、三产业增加值分别为25.25亿元、14.17亿元和15.58亿元，分别比1999年增长3%、20.3%和7.5%，分别为“八五”末的1.47倍、1.89倍和2.24倍，年均分别递增6.95%、11.7%和13.4%。工农业总产值为43.9亿元（1990年不变价），比1999年增长3.2%，为“八五”末的1.45倍。人均国内生产总值2417元，年均递增10.2%。国内生产总值提前4年、人均国内生产总值提前2年实现翻两番的第二步战略目标。

一、农业和农村经济

2000年，全区上下始终把农业放在国民经济的首位，认真贯彻落实党的农村政策，切实加强领导，多渠道增加投入，改善农业基础条件，落实科技推广措施，战胜各种自然灾害，确保各项支农服务工作到位，大力推进农业和农村经济结构调整，农业产业化经营和市场化程度得到进一步提高，农业获得了全面丰收，农村经济有了进一步发展。全区完成农业总产值23.1亿元（1990年不变价），比1999年增长2.8%，为“八五”末的1.37倍，年均递增6.5%。累计建成稳产高产农田10.01万公顷，水利化程度提高到30.3%，比“八五”末上升了3.35个百分点。粮食连年增产，总产量达到76.3万吨，比1999年增长2.9%，“九五”期间年平均递增2.6%，农产品短缺状况基本结束，农业生产综合能力大大提高。农业内部结构进一步优化，甘蔗、茶叶、畜牧、橡胶、林果等支柱产业和新兴产业得到巩固提升加快发展。甘蔗种植面积控制在96.7万亩内，以新台糖系列良种为主的高优蔗园面积已建成4.7万亩，名列全省第一，甘蔗产量309万吨，比1999年增长4.1%；茶园面积64.2万亩，产量2.1万吨，建成无性系高优生态茶园1.04万亩，面积和产量仍居全省第一。以澳洲坚果、咖啡为主的生物资源开发产业进一步发展，种植咖啡4.04万亩，澳洲坚果1.18万亩，烤烟3.01万亩，香料烟600亩，核桃79.45万亩，热带水果16.5万亩，橡胶25.86万亩。畜牧业稳步发展，全区大牲畜存栏67.3万头，肉类总产6.79万吨，比1999年增长7.6%，禽蛋产量0.23万吨，比1999年增长21%。

乡镇企业出现了速度、效益同步增长的势头，营业总收入19.7亿元，比1999年增长

16.3%，为“八五”末的2.17倍，年均递增16.8%；创利税2.5亿元，比1999年增长74.6%。

二、工业

工业生产紧紧围绕“有进有退，有所为有所不为”的结构调整方针，通过调整优化工业经济结构，加快实施重点带动方略，加强企业内部管理和加快体制机制创新等工作，把成本管理、提高质量、开拓市场、争创效益作为企业改革与发展的生命线工程来抓，工业生产平稳增长，经济效益有所回升。全区完成工业总产值20.8亿元（1990年不变价），比1999年增长3.7%，为“八五”末的1.55倍，年平均递增9.2%。其中，轻工业产值8.2亿元，比1999年增长0.9%，重工业产值12.6亿元，比1999年增长8.3%。主要工业产品产量有所增长。食糖产量30.89万吨，精制茶叶0.96万吨，发电量61.5亿千瓦时，水泥产量39.65万吨，变压器5.3万千伏安。全部国有及年销售收入500万元以上非国有独立核算工业实现工业增加值4.44亿元，比1999年增长1.1倍。

三、固定资产投资

全区紧紧抓住国家实施积极财政政策和西部大开发战略的机遇，突出重点，调动有限的人、财、物力，主攻交通、城建、水利为重点的基础设施建设，不断改善全区经济社会的发展环境。全社会固定资产投资完成13.84亿元，比1999年增长9%，为“八五”末的1.99倍，年均递增14.7%，其中，基本建设投资7.68亿元，更新改造投资0.71亿元，农村集体投资0.63亿元，城镇工矿和私人建房投资1.34亿元，农村私人建房投资1.42亿元，房地产投资1.72亿元。“九五”期间，全社会固定资产投资累计达到51.6亿元，是“八五”期间的1.4倍。新建成投产4件中型和5件小（一）型水利工程，新增库容5189万立方米，新增地方电力装机容量6.87万千瓦。临沧民用机场已建成通航，22.5公里的临沧机场二级路建成通车，115公里的盘姑公路全线贯通，祥临二级路澜沧江至临沧段、云保线云县至习谦二级路、羊耿二级公路等前期工作取得实质性进展。全区新增通车里程5111公里，全部乡镇和行政村通公路。以临沧县城为中心，各县县城为重点，相继实施了一批城建项目，以临沧华旭经济适用住房小区为代表的地县经济适用住房建设取得突出成效，城镇道路、供排水、电力、通信及城市绿化取得较大发展。

四、交通运输和邮电业

交通运输业稳步发展。在市场竞争机制的作用下，交通运输业方便灵活，服务项目增加。年末全区拥有民用汽车1.6万辆，比1999年增长8.5%，比“八五”末增长61.22%，年均递增10%。年末公路里程1.24万公里，比1999年增长3.9%，比“八五”末增长70.3%。完成货运量1479万吨，增长10.2%，货物周转量12.11亿吨公里，增长21.2%，客运量465万人，增长29.2%，旅客周转量4.56亿人公里，增长26.8%。

邮电通信继续保持快速发展的态势。全年完成邮电业务总量1.81亿元，比1999年增长51%，比“八五”末增长5.99倍。全区电话发展到9.2万部，其中私人住宅电话达7.51万部；移动电话3.86万户，无线传呼5.29万户。

五、商业和物价

国内消费品货源充裕，市场繁荣，消费量持续增长。全年社会消费品零售总额15.14亿元，比1999年增长8.6%。其中城市市场增长5.6%，农村市场增长11.1%。集市贸易成交额达7.7亿元，比1999年增长0.9%。市场物价继续回落，全区商品零售价格指数为98.2%，居民消费价格指数为97.7%，农业生产资料价格指数为97.8%。

六、财政金融和保险业

财政收入稳步增长。全区财政收入连续上3亿元、4亿元、5亿元大关，达到5.1亿元，比1999年增长3.6%，比“八五”末增长87.7%，人均财政收入达到229元，比“八五”末增加97.2元。地方一般预算收入3.61亿元，比1999年增长2.7%。财政支出11.05亿元，比1999年增长7.3%，比“八五”末增长2.05倍。人均财政支出497元，比“八五”末增加235.3元。金融运行平稳，保险业务进一步拓宽。年末金融机构存款余额40.4亿元，比1999年增长11.1%，比“八五”末增长1.2倍；各项贷款余额44.7亿元，比1999年增长4.8%，比“八五”末增长1.3倍。年末货币净投放量5.23亿元，比1999年下降39.4%，比“八五”末增长95.6%，年末货币流通量18.76亿元，比1999年增长22%，比“八五”末增长4.86倍。财政收入的较快增长和金融投入能力的增强，有力地支持了经济的发展。

全区财产保险收入和人身保险收入分别为4149万元和3370万元，分别比1999年增长10.6%和15.1%；赔偿支出分别为2012万元和392万元，分别比1999年增长16.8%和30.7%。农村养老保险收入884万元，比1999年增长9.4%。

七、经济结构调整

全区把经济结构调整放在区域经济发展的重要位置，坚持“三个定位”（即定位于市场、定位于资源、定位于特色），实施三条方略（即积零成整、积小胜为大胜；重点突破、以点带面；创新机制、资本运营的发展方略），突出交通、城建两个重点，开发8个片区（即临云、凤山、永康、南伞、勐撒、孟定、勐勐、勐董片区），着力调整产业结构，大力巩固提升支柱产业，努力推动非公有制经济成为新的经济增长点。全区国民经济中的一、二、三产业的比重由“八五”末的54.5∶23.6∶21.9调整为45.9∶25.8∶28.3。非公有制经济增加值占国内生产总值的比重由“八五”末的8.5%提高到17.8%，提供的税收已占财政收入的14.09%。巩固提升蔗糖、茶叶、水电三大支柱产业取得明显成效。城乡结构调整取得新进展，城镇化水平提高了3.74个百分点。企业改革不断深入，列入改制任务的150户国有企业在所有制结构、企业组织结构、多元持股的改革上取得重大突破。全区建立了养老失业保险和城镇居民最低生活保障线制度，确保了国有企业离退休人员养老金和下岗职工基本生活费的按时足额发放。城镇职工基本医疗保险制度、医疗体制改革开始实施，并取得初步成效。财政、粮食流通体制改革等取得积极进展。

八、对内对外开放和旅游业

围绕加快推进“东联昆明、西向缅甸、北接楚大、南下湄公”的对外开放战略的实施，坚持对内对外开放并举，引进来走出去结合，着力改善投资环境，不断拓展合作区域，开拓市场，搞活流通，优势互补，互惠互利，拓宽思路，优化环境，全方位、多层次、宽领域的对内对外开放格局逐步形成。批准外商直接投资项目9个，实际利用外资368.53万美元。横向经济联合与协作继续发展，全年共签订横向经济联合协作项目96个，投资总额1.57亿元，比1999年增长19.5%，创产值3.69亿元，比1999年增长2.1倍，创税利7376万元，比1999年增长3.9倍。引进区外资金7178万元。进出口贸易快速发展，完成进出口额1.21亿元，比1999年增长14.4%，其中进口3133万元，出口8961万元，分别比1999年增长14.8%和14.3%。

旅游业稳步发展，成功举办了首届昆明国际旅游节临沧分会场。到临沧旅游的人数55.36万人次，比1999年增加16.3万人次，其中海外旅游者2.25万人次，比1999年增加0.43万人次，旅游业收入1.9亿元，比1999年增长47.9%，创外汇1200万美元，比1999年增长37.9%。

九、社会事业

全区认真实施“科教兴临”战略，共安排科技三项经费213.5万元，实施各类科技项目238个，有效地促进了工农业生产的发展，科技进步对经济增长的贡献率提高了7.63个百分点。教育、科技、文化、卫生等社会事业发展步伐加快。全面普及了六年义务教育和基本扫除了青壮年文盲，已有2个县、45个乡镇基本普及了九年义务教育。年末，全区拥有各类学校3707所，其中，大专1所，中等专业学校5所，普通中学121所，职业中学11所，进修学校8所，小学3515所，特殊教育学校1所，幼儿园45所，全部在校生36.63万人。适龄儿童入学率、巩固率分别由“八五”末的97.35%和92.71%提高到99%和96.95%。

全区年末人口为224万人，人口自然增长率控制在11.27‰以内，比1999年下降1.11个千分点。坚持实施可持续发展战略，切实加强生态环境建设及环境保护工作，森林覆盖率达到41%，比“八五”末提高了0.95个百分点。新增治理水土流失面积418.3平方公里，累计达到1293.3平方公里。

十、扶贫攻坚与人民生活

围绕“九五”扶贫攻坚计划，全区按照“统一领导、统一规划、统一政策、统一实施、统一督检”的要求，坚持“自力更生、生产自救、各方支持、共同富裕”的扶贫方针，动员和争取社会一切可能力量参与扶贫，从强化水、电、路等六大工程入手，强化措施，狠抓落实，扶贫攻坚计划基本完成。全区累计投入各类扶贫资金13.89亿元，建成基本农田（地）76.59万亩，农民人均达到1.03亩；新植经济林果71.28万亩，经济作物65.71万亩；解决了34.19万人和21.33万头大牲畜饮水困难；新增通电村238个，通公路村282个，通电话村68个，全部行政村实现通公路、通电、通电话目标；建成村卫生室893个、文化室755个。扶贫资金及项目管理走向规范化，社会扶贫全面启动，全区有8126名党员干部与6966户贫困户结成帮扶对象。通过扶贫攻坚，贫困地区经济实力明显增强，贫困地区生产生活条件明显改善，经济结构进一步优化，社会事业进一步发展，人民生活明显改善。农民人均纯收入已由“八五”末的432元增加到760元，年均增长10.8%，人均占有粮食由270公斤增加到329公斤，人均居住面积由13.7平方米增加到14.77平方米。累计有68.83万贫困人口解决了温饱问题，有1个县、41个扶贫攻坚乡提前和如期实现基本解决温饱目标，一部分农民跨越温饱向小康迈进，贫困率由“八五”末的42.6%下降到6.3%。城镇居民人均可支配收入由“八五”末的4364元增加到6283元，人均民居住面积由7平方米增加到9.77平方米。

十一、存在问题

2000年，在经济运行中存在的主要问题是：(1) 经济结构不合理，劳动者科技文化素质低，基础设施明显落后，仍然是制约全区经济社会发展的三个根本性因素；(2) 思想观念开拓创新差距较大；(3) 经济运行质量不高，发展后劲不足，经济实力在全省仍处于弱势；(4) 企业整体素质和竞争力不强；(5) 农民收入增长缓慢，城镇低收入职工生活困难，巩固扶贫成果，改善和提高城乡人民生活水平和生活质量的任务相当艰巨；(6) 各项改革力度还不够，对外开放环境还不够宽松；(7) 财政自给能力弱，建设资金严重短缺；(8) 生态环境较为脆弱；(9) 城镇化水平低，产业化发展步伐较为缓慢；(10) 维护社会稳定，搞好社会治安任务繁重。

第五篇　城市经济发展概况

昆明市盘龙区经济发展概况

区长　王道兴

一、经济综述

2000年，盘龙区广大干部群众解放思想，抓住机遇，开拓创新，圆满完成年度各项主要经济指标任务，国民经济保持平稳、健康发展，全区国内生产总值完成11.5亿元，比上年增长8.5%；财政总收入完成6.89亿元，增长1.47%；地方财政收入完成5.37亿元，增长8.17%。社会消费品零售总额完成23.39亿元，增长10.03%；商饮服务业收入完成41.83亿元，增长10.05%；工业总产值完成4.54亿元，增长3.54%；建安产值完成2.84亿元，增长4.5%。全区国民经济均保持良好的增长势头。围绕商贸、旅游、信息、房地产、服务等多业并举的商贸中心战略的实施，把市场培育作为重点，拓展市场。积极支持会计、审计、咨询、法律、技术服务等中介机构的发展，优化、扩充、提升第三产业，使第三产业在全区经济发展中始终保持着支柱产业的地位。与此同时，工业企业注意进行结构调整，使工业生产得到不断巩固和提高。加快对内对外开放步伐，努力拓展进出口业务，合同利用外资395万美元，外贸、边贸供货出口710.7万美元，出口创汇22万美元，国内经济协作资金4.65亿元。新成立盘龙江旅行社，适应旅游工作的开展并取得较好效益。为加快私营个体经济的发展，区政府把落实政策、做好服务和解决实际问题作为工作重点，使之成为全区财政收入的重要来源。年内全区个体工商户已达8965户，私营企业325户。个体工商户和私营从业人员1.47万人，注册资金2.638亿元。盘龙区被省政府评为“个体私营经济发展先进集体”。全年完成固定资产投资3.46亿元，分别用于城市基础设施建设，重点工程和教育、卫生、政法、机关职工宿舍等，有效地拉动经济增长。加大企业改革的力度，深化企业改革，昆明松花实业股份有限公司和盘龙区国有资产投资经营公司已挂牌成立。出台《盘龙区关于加强集体企业体制改革的若干意见》，在集体企业资产处置，股份设置等方面有实质性进展，对集体企业围绕产权制度改革具有较强的指导作用。年内完成《盘龙区国民经济和社会发展第十个五年计划纲要（草案）》的制定。

二、工　业

2000年，盘龙区工业继续在产业结构调整中保持稳步增长。全年完成工业总产值4.538亿元，完成年计划的100.53%，比1999年增长3.54%。围绕区委、区政府发展商贸中心战略，二、三产业的比重调整为12∶88。年内，由于受市场供需变化影响，主要工业产品的产量有升有降。上升的产品有木制家具、多色印刷品，塑料制品、水泥预制构件、偏锡酸、氯化亚锡、二氧化锡、卷烟胶。下降的产品有服装、软体家具、单色印刷品、水泥排水管、建筑金属用品、汽车配件、汽车手拖车箱以及民用锅炉等。年内，增大技术创新与新产品的开发，投入科技资金404万元，加大对企业技术创新的扶持力度。全年共开发新产品7项，企业的竞争能力和经济效益有所提高。昆明乳胶厂与昆明大学高分子材料研究所合作开发热塑弹性注射法望远镜橡塑包皮，云南安达电梯公司开发交流变频电脑控制高速客、货运电梯，取得较好效益，全年共完成产值460万元。昆明桓威科高科技有限公司开发的自动电脑识伪点钞机经国家日用电器质量检测中心认证推向市场。年内区直属企业继续贯彻“安全第一、预防为主”的方针。全年无任何火灾事故。因工伤亡数，因工重伤数均为零。开展大的专项安全检查6次，各种安全隐患整改率达100%。全年区属工业亏损企业34家，亏损金额增加196.09万元，企业发展后劲不足的矛盾日渐突出，产业结构优化升级的任务还十分繁重。

三、商　贸

2000年，认真落实“以商贸为基础，大力发展与旅游业相配套相适应的餐饮服务业，促进第三产业发展”的方针，全区商贸经济稳步发展。全年商饮服务实现销售总额41.827亿元，完成年度计划的100.05%，比上年增长10.05%。其中国有企业销售额6.84亿元，占全区总额的16.35%；集体经济销售额6.84亿元，占47.57%；个体经济销售总额11.77亿元，占28.14%。全区实现社会消费品零售总额23.39亿元，完成年计划100.03%，比上年增长10.03%。年内，樱花购物中心在积极推行企业改制的同时，相继建立起红联超市东华连锁店、永昌连锁店、白云连锁店，并向市外延伸网点，在玉溪开设红联超市连锁店。同时本着“谁投资、谁所有、谁受益”的原则，鼓励建设商业网点，开发项目，从事商贸活动。年末，全区以大、中型商厦为中心的区域性商业群已初步形成。樱花购物中心在6月底完成改制为樱花（集团）实业股份有限公司；盘龙区食品公司在企业整体改革条件还未成熟之前，调整原有的经营机制，对新成立的昆明嘉珀食品加工厂实行股份合作制管理，增强职工的责任感和工作积极性，增强产品的创新意识，使企业生产的“姥姥园”产品在较短时间内打开昆明市场，同时开发具有云南乡土特色的“红土情”系列产品，9月获国家知识产权局第九届新产品、新技术博览会金奖。围绕建设盘龙商贸中心的战略目标，区商贸委一方面巩固和发展民营企业，一方面注重开发创办市场和大力发展社区服务业。区街道商贸经济显示出强劲的势头。2000年全区街道经济商业营业额为11.6亿元，占全区总额的27.92%，已成为全区经济的重要支柱之一。在业态结构调整上，昆明樱花购物中心于年初推出网上超市；金碧饮食公司把净菜销售引入超市；长春饮食公司9月接管世博园世界美食风味广场一半的经营权，成为世博园中经营餐饮大户。在“百城万店无假货”活动中，青年路83家经营户与区商贸委签订责任书，取得明显效果。区商业经济仍然存在结构不尽合理，缺乏经营管理人才等问题，市场培育的任务仍然很艰巨。

四、财政·税务

2000年，全区财税职工、干部群策群力，采取切实有效措施，加强收入组织，强化支出管理，努力增收节支，圆满地完成年度财政收入预算任务。全年，全区总体财政收入完成6.899亿元，其中地方财政收入完成5.375亿元，比上年增长8.17%。从收入结构上看，各项税收入库5.089亿元，占地方收入的94.68%，其它收入和罚没收入等非税收入入库1656万元，占地方收入的3.08%，教育费附加及排污费等专项收入入库1203万元，占地方收入的2.24%。从税种上看，营业税、企业所得税继续发挥着主体税种的优势，个人所得税则有较大幅度的增长。全年以上3种税收入库3.615亿元，占地方收入增收总额的83.27%。特别是个人所得税完成较好，全年入库达4875万元，比上年增长48.81%。个体私营经济企业全年上交税收6342万元，比上年增长26.03%，已成为区级财源的重要组成部分。2000年，全区上划两税收入完成1.524亿元，比上年增长1.47%，从而保证税收返还基数的实现。全区财政支出4.791亿元，完成预算99.12%，比上年增支5395万元，增长12.96%。支出增长的主要原因是，政策性增资和新增人员增加支出、公安群防群治经费增支和环卫绿化设施及城市管养增支。市财政转支付市级部分商业老企业养老保险金，使社会保障支出增加1925万元。在地方财政支出中，教育事业支出6161万元，占财政支出的12.86%，比上年增长 12.7%，超过地方财政收增幅 4.59 个百分点。行政管理费支出 4090 万元，公检法司支出 3555 万元，基本养老金已全部纳入区社会保险系统实行统筹管理。城市维护费支出达 1.092 亿元，高居地方财政支出的首位，同时反映盘龙区城市建设和管理的任务繁重。收支两抵结余 938 万元，其中结转下半年支出 426 万元，净结余 512 万元，实现收支平衡并略有结余。

昆明市五华区经济发展概况

区长　高劲松

“九五”期间五华全区干部、群众和各族人民在市、区党委和政府的领导下，高举邓小平理论伟大旗帜，努力实践江总书记“三个代表”的重要思想，牢牢把握改革、开放和稳定的大局，根据区委、区政府提出的由发展区属经济向发展区域经济转变的总体思路，明确“以经济建设为中心，以改革开放为动力，以城市建设与管理为重点”的指导思想，强化政府“监督、管理、服务、协调”的职能，克服困难，开拓进取，勇于创新，加快城市基础设施建设，营造良好的生活环境和发展环境，加大产业结构调整力度，发展特色经济，使全区经济保持了持续、健康、平稳增长，圆满完成了年度计划和“九五”计划的各项经济指标，全区综合实力增强，人民生活总体上达到小康水平，各类商品专营市场发展迅速，购物环境明显改善，投资环境、人居环境进一步优化，城区综合功能和发展基础跃上一个新台阶，为新世纪实现第三步战略目标奠定了坚实的基础。

一、主要经济指标

2000 年，全区国民经济实现稳步、快速、健康发展。区域内国民生产总值达到 80.7 亿元，较上年增长 13.5%（现行价）；人均 GDP1.81 万元，同比增长 9.4%。其中区属国内生产总值 9.66 亿元，增长 11.5%，占区域内国内生产总值的 12%，是“八五”末的 2.3 倍，“九五”期间年均增长 18.4%，为“九五”计划的 115%；社会商品零售总额 34.81 亿元，较上年增长 25.2%，创历史最高增幅，是“八五”计划末 1995 年的 2.5 倍，“九五”期间年均增长 23.3%，其中个私经济及其他经济逐步占据主导地位，占社会商品零售总额的 85.4%。工业总产值完成 4.98 亿元，比上年增长 0.8%，是 1995 年的 1.5 倍，为“九五”的 65.5%，年均增长 7.5%；二、三产业的比重由 1996 年 21.8:78.2 优化为 12.7:87.3，初步形成以第三产业为主，第二产业中传统产业逐步减退的局面，生物制药、电子信息等技术含量高、附加值大的行业逐步发展壮大，社区服务、中介服务、项目代理等新兴行业迅速扩展。地方财政收入完成 5.45 亿元，较上年增长 8.6%，是 1995 年的 2.1 倍。“九五”期间共完成地方财政收入 47 亿元，比“八五”时期增长 86.2%。全区经济总量保持持续平稳增长，综合实力进一步增强，促进了社会各项事业的发展。

二、商贸服务业

通过产业结构调整，到“九五”末的 2000 年全区经济基本实现以第三产业为主导，产业结构向符合中心城区功能方向演化的战略性调整。第三产业内部行业结构向多元化方向发展，新兴行业呈快速发展的趋势。资金、技术集约化程度有所提高。螺蛳湾市场通过开辟精品、名品交易区提高对消费需求的适应能力，市场第四交易区银企合作取得阶段性成果，回笼资金 2128 万元，完成税收 150 万元，还贷清欠 1775 万元，有效降低资金负债率；新长江联网通讯有限公司面对激烈竞争，积极从通讯技术领域寻求发展的新路子；风驰明星集团与恒通广告强强联合，大举进军互联网业务，为产业升级奠定了坚实基础；五华企业发展总公司、锦华集团、五华房地产经营开发公司等企业改制工作已起步；大滇公司抓住高校后勤改革的机遇，与云南民族学院签定建盖学生公寓的合作协议，并且还和省交通科研所、滇池旅游度假区管委会合作开发 MpC 双燃料环保项目；大观商业城消费热区势头强劲，好又多购物广场看好，柏联广场又开门迎客，昆都商城夜市已颇具规模，全区市场繁荣，购销两旺。社会消费品零售总额大幅飚升，城市商贸格局雏形初成。

三、工　业

根据地域、经济结构、布局等特点加大对工业的调整力度，进一步优化产业结构。对全区经济空间布局中的重点片区、重点项目和重点企业深入调查，跟踪服务，协调关系，帮助解决困难，促进了生产的发展。1 年来，坚持做好春城卷烟厂的改革、解困的发展工作，使企业在激烈的竞争中保持平稳运行；大滇企业发展总公司等一批老骨干企业积极推进二次创业，企业发展总公司积极与高校合作，与云南大学签定技术合作协议，组成股份公司，合作开发“单克隆”抗体项目；万通冶化公司引进韩国资金 350 万美元合作改造企业，提高生产能力和市场竞争力。全区全年工业总产值实现 4.98 亿元（不变价），在 1999 年较 1998 年下降 6%的基础上增长 0.8%，超计划 0.8 个百分点。

四、个私经济

2000 年个私经济在深化改革，结构调整中得到长足发展。“九五”期间，个体工商户新增 2442 户，达到 1.39 万户，私营企业由 82 户增加到 475 户。年销售额在全区社会消费品零售总额中已由 1995 年的 45.5%上升到 65.2%，国有、国有控股和集体、股份合作经济分别由 15.9%和 16%下降为 6.3%和 8.3%。其他经济由 22.6%减少为 20.2%。个私经济和其他成分经济已经占居全区经济的主导地位，成为全区经济新的增长点。

五、外向型经济

继美国沃尔玛集团落户大观商业城并取得良好经济效益和社会效益的基础上，又积极促成引进资金 5000 万美元在昆成立分公司，发展周边分店的协议签约；协助台湾好又多集团与新村街道办事处威恒利公司理顺合作关系，促成好又多购物广场顺利开业；与相关部门协调关系，推进百盛、肯德基进驻柏联广场，百盛超市、柏联广场已开门迎客；引进韩国资金改造万通冶化公司设备、设施，提高生产能力。到 2000 年末区内外商投资企业已发展到 315 户。全年实际利用外资 3500 万美元，外贸旅游创汇 3000 万美元。累计引进外资 1.719 亿美元。

六、固定资产投资

2000 年计划固定资产投资项目 33 个，计划投资 3.92 亿元，实际完成投资 2.207 亿元，为年度计划的 56.3%，其中基本建设计划投资项目 18 个，完成投资 8005 万元，为计划的 34%；房地产开发项目 15 个，完成投资 1.408 亿元，为年度计划的 90.2%。年内制定出台《五华区严格控制区级财政资金基本建设项目投资超概算的规定》、《关于区属建设工程管理实行政府职能部门责任人制的通知》等措施，实现了责任到人，保证了项目的经济、高质、高效完成。金盾小区、先锋小学教学楼、昆五中综合楼、西寺塔梅花苑、五华区戒毒所、五华游泳馆改造等项目竣工投入使用，区医院住院楼主体工程竣工验收，华昌路拓改工程，永昌小区、虹山小区环境整治等项目顺利实施，取得了良好的环境效益和社会效益。“九五期间，全区累计完成固定资产投资 6.99 亿元，为“八五”时期 1.91 亿元的 3.6 倍，其中竣工投入使用重点项目 16 个。特别是“世博会”期间，共拓宽改造主干道路 16 条，兴建大中型城市广场和街心花园 6 个，人行天桥 4 座，完成 15 条街道的“穿鞋戴帽”和美化亮化工程，建成 10 所学校教学楼、区防疫保健计划生育服务中心、区综合文化活动中心、区看守所等一批社会事业基础设施。

七、财政收支

2000 年，全区完成财政收入 9.425 亿元，较上年增收 7592 万元，增长 8.76%，其中上划中央两税收入 3.975 亿元，增加 3270 万元，增长 8.96%；地方财政收入 5.45 亿元，为年度预算的 102.46%，比上年增收 4322 万元，增长 8.61%，是 1995 年的 2.1 倍。“九五”时期累计完成财政收入47亿元，较“八五”增长86.2%，年均增长14.6%。区级财政支出6.416亿元，为年计划的99.77%，比上年减少支出277万元。

八、城市建设与管理

城市建设与管理实现跨跃式发展，完成华昌路拓改，西寺塔梅园，华山东路、莲花池等10个公厕改建等一批市改公用设施建设；协助昆明市完成省政府周边地区道路改造工程；改造三类房1.1万平方米，安置117户拆迁户，为48户无房户解决了住房问题。继续贯彻执行小街小巷改造项目20万元以上由政府补贴的政策，鼓励和支持办事处抓好社区环境建设。由街道办事处出资改造的篆塘路、北门街、如安街等工程已启动。城市绿化水平进一步提高，全年植草坪4590平方米，种灌木3.93万株，面山造林23万株。重大节庆活动期间沿东风西路等主要街道摆放鲜花118万盆，营造出东风西路鲜花大道、“荷塘月色”、省博物馆花卉节节徽和“吉祥如意”、小西门“南国风情”、五华体育馆“孔雀迎宾”、金碧广场“金碧秋吟”等精品绿化景点。新增绿地1.96万平方米。“九五”时期，新增绿地24万平方米，绿地率已达19.7%，绿化覆盖率23%，评出花园式单位61个，城市绿化面貌为之一新。改革垃圾清运方式，启动垃圾管理工程，在部分地区实施垃圾分类袋装投放、分类收集，探索无害化、资源化处理垃圾的新路子。环境影响评价执行率及“三同时”执行合格率均为100%；烟尘控制区、噪声达标监测区覆盖率100%，烟尘排达标率9.64%；工业固体废弃物综合利用率88.4%；禁煤、禁磷、禁白完成率95%以上，居住环境进一步优化。全年查处占道经营、建筑废土运输污染道路等违章事件5575起。推行完善“五个一”新型道路保洁法，建立“环卫质量社会监督考核体系”和“市容监察监督岗巡查体系”，在全省率先实施计算机称重和固体废弃物微机管理系统工程。

九、人民生活

到2000年末养老保险参统单位已达851个，6.55万人，比上年增加144个，1.07万人，机关、事业单位、国有及集体企业参统率100%；失业保险参统1288户，9万余人；在区参统的1.85万名企业离退休职工养老金实现100%社会化发放。向收入低于182元的1.79万人发放最低生活保障金447万余元，支出社会救济金372万元。工伤及女工生育保险覆盖率98.6%。登记失业人员5423人，失业安置率99.64%。安置残疾人266人就业。

十、存在问题

存在的主要问题是：国有资产营运效益较低；国有企业改革、经济结构调整任务较重；经济增长、财政增收困难加大；人才机制不够完善；经济可持续发展能力有待增强；城市环境改造、建设任务艰巨；就业形势严峻等。

昆明市官渡区经济发展概况

区长 张 忠

“九五”期间，官渡区各族人民，解放思想，实事求是，抓住机遇，锐意进取，全面完成了国民经济和社会发展第九个五年计划，使“九五”时期成为官渡区经济社会发展最好最快的时期之一。

一、国民经济

2000年，全区国内生产总值由1995年的36.41亿元，增加到92.40亿元，是“八五”末期的2.5倍，年均增长16.7%，人均达2.47万元。全区财政总收入完成9.802亿元，是“八五”末期的2.5倍，年均增长19.7%，其中地方财政收入完成7.268亿元，是“八五”末期的2.7倍，年均增长21.8%。社会消费品零售总额达59.24亿元，是“八五”末期的2.2倍，年均增长17.1%。农民人均纯收入4425元，是“八五”末期的1.76倍，年均增长12%。

经过5年的发展，全区经济增长的质量和效益明显提高，综合实力进一步增强，提前3年实现小康奋斗目标。产业结构更趋优化，一、二、三产业在国民经济中的比重由“八五”末期的18∶36∶46变为2000年的11∶37∶52。区域功能发生巨变，已由传统的农业区发展成为新型的城乡兼容区，现代化城市新区的格局初步形成。

二、农　业

以实现农业增产和农民增收为目标，认真实施农业产业化战略，大力调整农业产业结构，加快了传统农业向现代农业的转变。

农业基础设施建设不断加强，生产条件进一步改善。“九五”期间，区财政对农业投入累计达3.5亿元，以坝区建设排涝工程和山区建设水浇地、高稳产田为重点，全区共组织实施农田水利建设项目287项，建成吨粮田1400公顷，改善灌溉面积1.68万公顷，水利化程度达77.4%。

以名特优新产品生产为核心，狠抓基地建设、规模生产，使蔬菜、花卉、畜牧、禽蛋等农副产品生产规模不断扩大，以双龙大白菜、子君花卉为代表的一批名特优农副产品的品牌效应和比较优势逐步显现，农产品商品率明显提高。5年来，全区先后实施了16个国家级滇池沿湖农业资源综合开发型示范项目，形成一批上规模、上档次的产供销一体化企业，推进了全区农业产业化进程。

与此同时，加强生态环境的保护和建设，大力开展植树造林和水土保持工作，实施天然林、人工林保护和退耕还林还草工程。2000年，全区森林覆盖率达48%，实现了“九五绿化官渡大地”的奋斗目标。

三、乡镇企业

“九五”期间，全区大力推进乡镇企业机制创新和技术创新，不断加大结构调整力度，实现了乡镇企业速度与效益的同步增长。2000年，乡镇企业营业总收入完成495.2亿元，比1999年增长17.6%，是“八五”末期的3.9倍，年均增长31%，其中个私企业营业收入完成282亿元，占全区乡镇企业营业总收入的57%；乡镇企业工业总产值达152.2亿元，年均增长24.8%；企业个数由1995年的2.09万个增加到3.85万个；累计新上项目和技改项目691项，总投资33.29亿元。

按照“调结构、上效益、强科技、增后劲”的发展思路，推动企业通过改制形成新的机制优势。以福保农工商公司、阳光数控公司为代表的一批优势企业、龙头企业、高新技术企业得到快速发展，一些不适应市场变化、污染严重、能耗高的企业被关停并转迁。工业布局日趋合理，工业企业不断向中远郊地区转移。1998年开始筹建的官渡工业园区已基本完成基础设施建设，协议引进企业65家，意向引进资金3亿元。

四、城乡基础设施建设

“九五”期间，全区紧紧围绕昆明市城市总体规划，坚持建管并重和属地管理的原则，以规划为龙头，基础设施建设为重点，管理机制创新为保障，加大城乡规划、建设和管理力度，城市化进程不断加快。

5年来，全区先后编制、调整完善了10个乡镇的城镇规划、关上中心区规划以及246个村社的村镇规划，并对关上中心区进行了大规模的开发建设，使关上中心区成为昆明市一个环境优美、功能齐备的城市新区。小城镇建设显著成绩，建成了以福保小康村为代表的一批现代化农民新村，官渡镇被列为昆明市重点建设的20个明星小城镇。同时，积极参与昆明市规划片区的开发建设，初步建成了独具特色的滇池路旅游休闲开发片区和昆明市次级中心城区——北市区。全区城市面积达75平方公里，占昆明市城市面积的一半以上，已步入城市化快速发展时期。

5年来，全区固定资产投资累计完成99.2亿元，其中重点工程建设项目153项，投资51.4亿元。完成了龙泉路、穿金路、春城路、广福路、官南路等城乡道路和关上地区1.2万线电信远端模块局以及宝象河水库饮水工程等一大批交通、通信和供水供气建设项目，城市功能日趋完善。

城市经济快速发展。房地产业的支柱地位不断巩固，相继开发建设了金星、金康园、金实、江东花园等一批起点高、居住环境好的住宅小区，开发面积151.77万平方米，完成投资22.43亿元。市场网络建设不断完善，全区共建成各类市场197个，形成了东、南、北3个大的市场群体，成为昆明市最主要的商品集散中心。在继续抓好商贸、饮食、交通运输等传统产业的基础上，积极发展信息、咨询、旅游等新兴产业，拓展了全区城市经济的发展空间。

城市环境综合整治成效显著。围绕'99世博会及“创建中国优秀旅游城市”等一系列大型活动，高标准完成了盘龙江沿岸、废弃米轨以及春城路等路段的建设和绿化工程，新增道路绿化面积45万平方米，建成了24平方公里的烟尘控制区，城市面貌焕然一新，人居环境明显改善。坚持建管并重的方针，探索出适合官渡实际的城市管理新体制，初步实现了城市管理的制度化、规范化。

五、各项改革取得明显突破，外向型经济健康发展

按照“集体资产股份化、经营管理企业化、收益分配股红化”的改革思路，在城郊农村推行了集体资产经营管理体制改革，成立股份合作社156个，进一步理顺了集体经济管理关系，建立了新的管理体制，促进了集体经济的发展和城市化农村的稳定。区属企业和乡镇企业改革步伐不断加快，完成了1808家乡镇集体企业清产核资工作，组建企业集团15家，有限责任公司12家，股份制企业14家，股份合作制企业11家；按照“三改一加强”工作方针，在区属国有企业中开展了股份制、股份合作制、租赁、承包、合并等多种形式的改革，对供销社、商业集团公司所属企业进行了解困改制工作。此外，覆盖全社会、多层次的失业、养老、最低生活保障等社会保障体系初步建立，财税、住房、医疗等改革工作进展顺利。

对内对外开放取得新进展，引进项目、资金、技术、人才和先进管理经验的工作力度不断加大。5年来，全区新发展“三资”企业73家，协议总投资1.188亿美元，引进外资6732万美元；发展国内横向联营企业321家，协议总投资16亿元，引进区外资金14亿元；外贸出口额达4887万美元。

六、精神文明建设成绩显著，社会各项事业全面进步

坚持把社会主义精神文明建设摆到更加突出的位置，开展多种形式的精神文明创建活动。全区各级文明单位达到708个，其中市级以上文明单位195个，被省政府命名为创建文明村镇先进县（区）。在全区80%以上的村社开展了“十星级文明户”的评选活动，促进了农村精神文明建设。

5年来，区财政对科技三项费累计投入2457万元，组织实施重点科技项目和星火计划项目129项，科技进步贡献率达54%。现代农业科技实用技术的推广力度不断加大，重点扶持了一批科技型企业的技术创新，星火骨干企业在运用新技术、新工艺，提高产品质量等方面取得了新的突破；始终把教育放在优先发展的战略位置，全面完成了《官渡区教育改革和发展六年规划(1995—2000)》。大力实施素质教育，深化学校人事制度改革，教育管理水平和教学质量明显提高，区四中建成并投入使用，区三中建设前期工作进展顺利；文化工作坚持“一手抓繁荣，一手抓扫黄打非”，城乡文化网络日趋完善，群众性文化活动蓬勃开展，基本实现了村村通广播电视的目标。文物发掘和保护工作卓有成效，《官渡区志》编纂出版，文化市场秩序进一步规范；卫生事业得到较快发展，社会卫生服务体系建设不断加强，医疗条件进一步改善，农村合作医疗制度初步建立，“人人享有医疗卫生保健”的目标基本实现；计划生育工作成效显著，落实“三不变”，巩固“三为主”，推广“三结合”，5年年均人口自然增长率为5.64‰；全民健身活动蓬勃开展，竞技体育水平得到提高。

“九五”期间，官渡区先后被命名为全国文化先进区、全国计划生育“三为主”先进区、全国100个计划生育协会工作先进区、中国民间艺术之乡和省“双拥”模范城。

七、存在问题

官渡区经济和社会生活中还存在一些不容忽视的矛盾和问题，主要表现在：国民经济整体素质不高；经济运行过程中的结构性矛盾依然突出；科技的推广运用力度不够，工业尤其是高新技术产业发展滞缓；城市管理水平不高，城乡差别明显；山区开发力度不够；环境保护工作任务艰巨；社会治安形势仍然严峻等。

昆明市西山区经济发展概况

区长 张 辉

2000年，西山区各族人民坚持以经济建设为中心，发扬“团结务实，勤奋自强，开拓创新”的西山精神，深化改革，转变作风，以城市经济为龙头带动农村发展，实施产业结构调整，保持了经济繁荣，社会稳定，民族团结的大好局面。全区完成国内生产总值19.041亿元，比上年增长8.7%。其中第一产业9543万元，第二产业9.229亿元，第三产业8.858亿元，分别比上年增长6.5%、8.1%、9.5%。人均国内生产总值2.07万元，比上年增长11.9%。粮食总产量4772万公斤。全年社会消费品零售总额21.3亿元，完成固定资产投资5.56亿元。

一、农 业

各级部门认真贯彻中央农村工作会议精神，围绕“农业增产、农民增收、农村稳定”这一中心目标，强化基础，依靠科技，稳粮调结构，提质增效益，发展城郊型现代农业，农业增长方式开始由粗放型向集约型方向转变。全年实现农业总产值1.58亿元，比上年增长5.3%；粮食总产量4772万公斤，平均亩产319公斤。种植烤烟800公顷，收购调拨166.58万公斤，其中，中上等烟占91.4%。全区蔬菜、花卉等经济作物种植面积达5040公顷，粮经比例达到1:1。年末生猪出栏9.48万头，禽类出栏64万只。肉类总产量883.1万公斤，禽蛋产量133.3万公斤，牛奶产量142万公斤。

全区预算安排支援农业生产资金达732万元，全年共建成各类农业水利建设工程43件，建成高稳产田地666.7公顷，水浇地266.7公顷，解决1.1万人，2400头大牲畜的饮水困难。绿化造林1731.4公顷，封山育林666.7公顷，森林覆盖率为54.6%，全区连续13年未发生重大森林火灾。全面实现灭荒任务，治理水土流失面积20平方公里。12月，被国家水利部、国家财政部命名为“全国水土保持生态环境建设示范区”。

二、工 业

全区工业生产和乡镇企业克服市场有效需求不足、产品销售不畅、资金短缺等困难，工业生产下滑局面得以扭转。乡镇企业依托区位优势和资源优势求发展，逐步形成了建筑建材、机电加工、生物制药、矿冶化工、绿色食品加工、商饮娱乐、交通运输等多门类的产业结构。一、二、三产业营业收入比例依次为0.61:25.39:73，形成以第三产业为主，二产业相匹配的格局。非公有制经济成为区域经济新的增长点。

全区完成工业总产值37.22亿元，比上年增长9%。有各种经济类型工业企业3105个，其中国有企业1个，集体企业415个，股份合作企业3个，联营企业1个，私营企业34个，外商及港澳台商投资企业2个，个体经营2649个。工业主要产品产量为：磷矿石199.62万吨，混合饲料6658吨，农用化肥10.19万吨，水泥4.78万吨，大理石板材4798平方米，电线1020公里。

乡镇企业积极推行以产权制度为重点的改革，9%以上的乡镇集体企业完成了各种形式的改革，其中改为股份制企业63家，组建省级集团3个，市级集团6个。至年末，全区有乡镇企业2.5万个，比上年增长19.6%。“九五”期间年递增18.98%；从业人员10.19万人，比上年增长4%，年递增9.55%；实现营业收入220.19亿元，比上年增长20.9%，年递增44.26%；实现总产值165.52亿元，比上年增长14.56%，年递增39.37%，其中工业总产值35.3亿元，比上年增长10.8%，年递增19%。

实缴税金2.46亿元，比上年增长11.8%，年递增9.2%。涌现上千万元以上纳税大户2户，百万元以上纳税大户28户。营业收入过亿元企业4个，1000万元以上企业50个。非公有制企业增至2.44万个，比上年增长17.3%；从业人员6.71万人，比上年增长11.3%；完成营业收入151.6亿元，占乡镇企业营业总收入的68.86%；实缴税金1.29亿元，占乡镇企业纳税总额的52.49%。

三、国有商贸企业改革

全区召开了深化区属国有企业改革工作会议，制定并着手实施《关于西山区国有企业进行公司制（股份合作制）改制的试行意见》，国有商贸企业在下岗分流、实施再就业工程基础上，进一步完善了对国有企业的目标责任考核。粮食体制改革从新粮食年度起，小麦、玉米两个品种退出合同定购和保护价收购范围，实行农业税征收双轨制。受假日经济和生产资料价格上扬等因素推动，消费品零售市场有所好转，全年社会消费品零售总额完成21.3亿元，比上年增长18.2%。其中批零商贸业完成11.97亿元，餐饮业完成5.7亿元，农业生产者完成2.98亿元，分别比上年增长15%、26%和20%。社会农副产品收购总额完成3.34亿元，农业生产资料总购进6584万元，总销售7235万元。年末累计各类市场83个，个体工商户1.09万户，从业人员1.42万人。

四、财政·税收

全区实现总体财政收入3.984亿元，比上年增长17.26%。其中地方财政收入2.79亿元，增长16.3%；“两税”上划中央1.193亿元，增长16.4%。全年实际支出2.77亿元，比上年增长19.4%。

驻区金融机构加大改革、监管和贷款结构调整等方面的工作力度，支持地方经济的发展。年末各项存款余额达49.6亿元，各项贷款余额28.08亿元，分别比上年增长7%和10.4%。

五、城乡建设·固定资产

全区城乡规划进一步加强，海口镇片区规划被列入2001年昆明市指令性计划，团结、厂口2个乡被列入“明星小城镇”建设计划。完成了厂口乡集镇规划调整，建成了西山区城市建设区内第一座防洪泵站。按照创建“园林城市”的目标要求，加强城市道路绿化、美化建设，生态建成区绿化覆盖率为27.9%，被评为昆明市首届国际花卉节特殊贡献单位。工业污染源完成达标排放任务。随着城市化进程的加快，西山区已由过去的传统城郊农业区变成集教育、科研、高新技术、商贸、旅游、信息、现代农业为一体的现代化新区。

全区审批生产性和非生产性项目427个，总投资计划5.93亿元，建筑面积94万平方米，用地计划263.8公顷。其中新办项目审批65个，总投资计划2.24亿元，建筑面积36.2万平方米，用地计划110.8公顷；补办项目审批362个，总投资计划3.7亿元，建筑面积57.8万平方米，用地计划152.9公顷。全社会固定资产投资总额5.56亿元，比上年下降23%。

六、对外经济贸易·旅游

全区继续加大对外宣传和招商引资力度，改善政府服务，先后组织参与首届中国昆明国际旅游节、2000年“昆交会”、首届中国民营企业交易会等一系列大型活动。全年新增外商投资企业2户，总投资206万元，完成经济协作项目64项。其中省外18项，省内46项，引进资金4.85亿。在“民交会”上，民营企业签约项目8个，成交金额4.73亿元，居全市参展团前列。

年内，西山区旅游业蓬勃发展，生态旅游已成为新的经济亮点。全年新增旅游项目2个，“农家乐”旅游项目47户，累计达98户、1746个床位。接待游客157万人次，旅游总收入7778万元。其中乡村（居民）“农家乐”旅游项目接待游客77万人次，收入855万元；西山开发的“豹子箐”、“桂皇阁”等景区（点）接待游客14万人次，营业收入155万元。在省市扶持下，由团结乡龙潭小村集体开发建设的“欢喜滑草场”，被定为2001年昆明国际旅游节滑草邀请赛赛场。

七、社会各项事业

全区实施科教兴区和可持续发展战略，全年科技三项费用150万元，实施各类科技成果转化和技术创新项目11项。科技进步对国民经济增长的贡献率达47.7%，比“八五”期间的

34.8%增长12.9%。农业先进实用技术推广应用率达88%，农作物良种覆盖率达99%。9月，西山区获国家科技部“全国科技工作先进区”称号。教育体制改革不断深入，全年安排教育事业费955万元，办学条件得到改善。西山区首部区级志书《西山区志》由北京中华书局公开出版。全区开展了丰富多彩的群众性文化娱乐和“文化、卫生、科技”三下乡活动。城乡人人享有初级卫生保健的目标基本实现。

八、人民生活

随着收入的增加，城乡人民的生活水平、生活环境、生活质量不断提高。年内，城镇居民人均可支配收入达7563元，比上年同期增长7.2%，人均消费支出6844元，增长7.5%；农民人均可支配收入3708元，比上年增长7.8%。

全区下拨救灾专款30万元，救济粮16.5万公斤，棉被、衣物等2000余件，捐赠旧衣物6.2万件，为2.46万人解决了御寒困难，向1391户、2472人发放最低生活保障金181.6万元。全年实施扶贫项目28项，发放小额扶持资金23.4万元，扶持农户257户。100%的足额发放247名已签订协议下岗职工的基本生活保障费76.8万元，培训转业转岗国有企业下岗职工300人。分流安置实现再就业下岗职工203人，分流安置率达82%。

九、存在问题

存在的困难和问题主要是：经济运行中结构性不合理的矛盾仍然突出，经济组织中的体制创新、科技创新步伐不快，使企业在激烈的市场竞争中缺乏后劲；财政收支矛盾突出，税基不牢，区、乡财政管理和分配体制亟待理顺；少数干部忧患意识、服务意识、全局意识不够强，还不适应市场经济发展的要求；产业结构调整的步伐不够快，部分山区群众增收缓慢。

昆明市东川区经济发展概况

区长　冯应松

2000年，东川各族人民在市委、市政府和区委的领导下，坚持以邓小平理论为指导，全面贯彻执行中央“抓住机遇、深化改革、扩大开放、促进发展、保持稳定”和省委、市委提出的“团结稳定、平稳过渡、促进发展”的方针，继续解放思想，开拓进取，继上年实现区划调整平稳过渡，经济恢复性增长目标的基础上，努力推动东川经济和社会各项事业健康发展，保持了民族团结和社会稳定，人民生活得到改善。全区国内生产总值完成6.388亿元，比上年增长6.2%，其中第一产业增加值1.35亿元，比上年下降1.5%，第二产业增加值2.889亿元，增长7.5%，第三产业增加值2.147亿元，增长6.6%；与“八五”末期相比，国内生产总值增长18.4%，年均增长3.4%，一、二、三产业年均分别增长2.7%、3.1%、4.3%。农业总产值完成1.186亿元，增长17.8%，年均递增3.3%；工业总产值完成9.938亿元，增长36%，年均增长6.3%。

一、农　业

2000年，全区继续贯彻党在农村的各项方针政策，围绕小江热区特色农业开发，进行农业产业结构调整，实施“3111”工程取得进展，种植酿酒葡萄3300亩，石榴1620亩，枣类2000亩，冬早蔬菜2.2万亩。农田水利建设力度加大，完成各类水利、水保工程1470件，建成水浇地、高稳产农田1.3万亩、小水窖8116个，新增灌溉面积1.55万亩，解决了5500人、4500头大牲畜饮水困难；治理水土流失面积15平方公里，全区水利化程度达到49%。退耕还林

（草）初见成效，完成退耕还林（草）2万亩，荒山造林4.58万亩，封山育林4180亩，种草1万亩。年内有2750户、1.1万人解决了温饱问题，实现了到本世纪末基本解决温饱的目标。乡镇企业营业收入3.504亿元，上缴税金1395万元，分别比上年增长17.9%、13.2%。全区粮食总产量6.96万吨，比上年增长3.2%，农民人均有粮突破300公斤，农民人均纯收入930元。

二、工　业

企业改革取得突破性进展，工业生产继续增长，总体效益趋于好转。地方工业总产值完成6.711亿元，增长7.4%，全区销售总值完成7.981亿元，产销率100.46%。主要工业品产量有升有降，精矿含铜产量2.28万吨，增长10.4%；发电量1.072亿千瓦时，增长7.9%；大输液2123万瓶，增长12.3%；铝锭生产1.3万吨，下降14.4%。企业改革初见成效。东川矿务局关闭破产工作已启动，东川磷化学工业总公司、东川糖厂已列入国家关闭破产计划，各项工作正抓紧进行。招商引资1200多万元，组建云南金星黄金工业有限公司，实施“两卡”金矿的开采。社会保障体系基本建立，企业离退休人员、下岗职工分别按月领到离退休金和生活补助费，5300多人领到了城镇居民最低生活保障费。

三、城镇建设

2000年，全区重点基础设施和城镇建设取得新进展。农村电网改造一期工程已经完成，每年可减轻农民负担620万元，城网改造正抓紧施工。在美化绿化的基础上，注重城市街道光亮的改造及维护，分别完成了新村路、春晓路等街道的路灯改造，新村路南段人行道新铺、翻铺工程，更新树木1000余株。因民镇1200平方米、汤丹镇1540平方米的市场建设，以及阿旺农贸市场和格勒村的规划设计已经完成，全年累计完成全社会固定资产投资1.233亿元，比上年增长46.7%。

四、交通·邮电

东川铁路支线改造工程已基本完成，客货列车已经开通，新杨公路维修工程全面启动，龙东公路已完成招投标的各项工作，小江公路实行先保通后上等级，已兴建2座桥梁。全区公路货运量完成391万吨，货物周转量3.456亿吨公里，客运量115万人，旅客周转量1.639亿人公里。邮电业务总量完成1997万元。

五、商贸　金融

2000年，全区国内消费品市场继续回升，市场物价趋于稳定。全年社会消费品零售总额实现2.376亿元，比上年增长9.1%，商品零售价格指数为98.5%，上升1.1个百分点。健全财税征收责任制，11个乡镇实现收支平衡，推行政府采购制度，节约采购资金13.7万元，落实收支两条线，实现预算外资金统筹174万元。全区行政收入5481万元，比上年增长19%，其中地方财政收入3320万元，增长8.9%；财政支出2.131亿元，增长32.2%。金融部门稳健经营，存款增加，金融机构年末存款余额11.382亿元，比上年增长12.6%，其中，城乡居民储蓄存款余额7.329亿元，增长11.1%；贷款余额6.204亿元，下降12.8%。

六、社会发展

全区33个行政执法主体单位推行“三制”，“三五”普法和“二五”依法治区工作通过验收，按期完成了第五次人口普查任务。多渠道筹措教育经费2300余万元，改善了办学条件，“普九”工作力度加大，“两基”教育通过省市人民政府检评验收。全区普通中学在校生1.28万人，小学在校生2.66万人，学龄儿童入学率99.02%。城乡医疗卫生条件继续改善，全区有卫生技术人员1241人，医生512人，医院床位1230张。强化计划生育措施，超生数大幅度下降，全区人口自然增长率10.5‰，计划生育率为历史最好成绩。2000年末总人口29.68万人，其中非农业人口6.75万人，少数民族人口2.06万人。

城乡居民收入有所增加，人民生活水平得到提高，全年农民人均纯收入比上年增长3.2%，居民人均可支配收入5573.56元，增长9.1%，人均年消费性支出4756.69元，增长20%，在岗职工年平均工资7277元，增长11.8%。昆明至东川有线电视光缆开通，全区实现了广播电视村村通。

七、存在问题

主要问题是：（1）经济结构性矛盾突出，经济整体素质和效益不高；（2）农业基础薄弱，扶贫攻坚任务艰巨；（3）企业生产经营困难，就业压力增长；（4）生态环境恶劣，基础设施建设滞后；（5）地方财政拮据，后续财源乏力。基于上述困难和问题，加之其它方面的原因，东川“九五”计划没有完成，翻两番的目标未能实现。

安宁市经济发展概况

市长　谭永仁

2000年，安宁市紧紧抓住世纪之交的发展机遇，成功地举办了建市5周年庆典活动暨首届安宁艺术节系列活动，展现了建市5年来经济社会发展的巨大成就，推动了全市国民经济持续发展，社会各项事业全面进步，为新世纪安宁市的腾飞打下了坚实的基础。

一、经济建设稳步发展

2000年，全市实现国内生产总值36.08亿元，比上年增长5.7%，其中：市属国内生产总值完成14.33亿元，增长5.8%。第一产业增加值3.03亿元，增长4.6%；第二产业增加值22.42亿元，增长7.2%；第三产业增加值10.63亿元，增长2.4%。人均国内生产总值达到1.44万元。

（一）区域经济发展势头强劲，经济效益好于往年。2000年，在市域经济中，以昆钢为首的大型企业，各项经济指标都走在全国同行业的前列，投资22亿元新的改扩建工程冷轧生产线和四号焦炉全面开工建设；大黄磷也基本渡过了难关，投入了正式生产；云化、安化、盐矿和安宁化肥厂、金盛新型材料厂等一批大中型企业生产经营良好；一批上亿元、上几亿元的新科技项目已经或正在进入安宁落户，以工业为主导的经济格局展示出了良好的发展前景。

工商企业改革基本完成，被列入2000年改制任务的57户国有中小型企业和集体企业已完成了55户的改制任务，企业改制面达到96%。

市域内工商企业在深化产权制度改革的同时，进一步增强了企业的科技进步和创新意识。通过积极引进新技术和实施技术改造，努力开发新产品和创名牌，强化企业经营管理，取得了较好的经济效益。2000年，市域工业企业实现工业总产值69.79亿元，比上年增长16.5%，其中：市属工业总产值完成22.34亿元，增长27.4%。全市实现社会消费品零售总额8.46亿元。

（二）农业结构调整步伐加快，农村经济稳步发展。2000年，全市农业及农村工作，坚持以市场为导向，以调整结构为重点，以农民增收为目标，促进了农村经济的持续、稳定发展。各乡镇按照“一乡一业，一村一品”的发展思路，新增了2.85万亩的产业结构调整面积，粮经比例达到了5∶5的水平。在结构调整中，浅水藕、蔬菜、草坪、花卉等定单农业和观光农业发展势头较好。烤烟生产从产量到质量比往年又有新的提高，上等烟比例达41.11%，中上等烟比例达92.9%，各项生产技术指标居昆明市各县（区）前列。收购金额3962万元，增长11.51%，实现税收1275万元。水稻、小麦新品种的推广取得了新突破，粮食平均单产比上年增加12公斤。在小春遭受严重冻害的情况下，仍获得了全年粮食总产6.77万吨的好收成。乡镇企业完成营业收入63.97亿元，比上年增长18.4%；实现增加值9.31亿元，增长10.5%。

全面实施了天然林保护工程，坚决遏制了超限额采伐、毁林开荒和乱占林地的行为。首批太平、温泉、草铺7439亩25度以上坡地退耕还林工程已全面启动。绿化造林、护林防火连续5年取得较好的成绩。

农村和农业生产条件进一步改善。全年省市县乡四级累计投入资金7633.4万元，先后完成了车木河水库改造扩容工程、螳螂川二期险段续建工程等785件水利工程建设，使全市农田水利化程度达到了80%以上。

（三）对内对外开放取得新成绩，商贸、旅游业发展有所下降，非公有制经济发展较为迅猛。紧紧抓住国家实施西部大开发战略和发展次级城市的历史机遇，改善投资环境，拓宽合作领域，大力提高对内对外开放水平。认真贯彻执行国家和省市制定的各项优惠政策，采取调低土地价格，以土地换项目、放宽户籍制度等政策措施，形成了全方位、多层次、宽领域的开放新格局。全年共引进项目29个，签定意向性合作协议资金约22.5亿元；已到位资金9000多万元，建成或启动建设项目9个。

全市商贸、旅游业发展有所下降。2000年，全市实现社会消费品零售总额8.47亿元，比上年下降3.8%。其中非公有制经济实现社会消费品零售额6.31亿元，占全市的74.5%。全市工商业出口总额2.29亿元，比上年增长4.2倍。“三资”企业实现营业收入4.11亿元，下降5.3%；利润总额2073万元，下降69.7%。全年共接待游客137万人次，下降2.8%；旅游综合收入1.13亿元，下降11.7%。

非公有制经济发展迅猛、在产业和产品结构上发生了重大变化，涉及冶金采掘、交通运输、建筑建材、磷化工及商贸旅游等多种行业，已成为全市国民经济的重要组成部分。2000年，全市非公有制经济已发展到9009户，实现营业收入62.58亿元，实交税金4038万元，比上年增长7.6%。

（四）财政收支平衡，金融信贷平稳运行。财税部门确保了全年财政的收支平衡。2000年，全市共完成财政收入5.947亿元，比上年增长1.3%。其中：地方财政收入2.779亿元，下降3.1%。全市地方财政支出5.02亿元，增长5.7%。

2000年末，全市各项存款余额37.86亿元，比上年末增15.8%；各项贷款余额44.80亿元，比上年末下降14.2%。货币净投放量2.731亿元，下降34.8%。全面清理整顿了全市农村合作基金会，首期兑付偿还了个人股金本息9871.2万元。全市保险金额71.49亿元，比上年下降18.5%；保费收入6030万元，增长20.1%；支付已结案件赔偿1724万元，增长6.2%。

（五）固定资产投资下降，邮电事业迅速增长。随着经济效益下滑，固定资产投资有所下降，全年完成固定资产投资7.7亿元，比上年下降11.5%。其中：市属完成固定资产投资4.2亿元，增长20%。

2000年，全市实现邮电业务总量6066万元，比上年增长60.7%。年末电话装机总量5.4万部，增长24%。电话普及率达到21.7%，比上年提高4个百分点。

（六）社会保障体系进一步得到巩固和完善。社会养老保险管理社会化工作得到加强，机关事业单位养老保险、企业养老保险、工伤保险、生育保险、失业保险等都进一步得到巩固和完善。认真贯彻实施《城市居民最低生活保障条例》，保证了国有企业下岗职工和城市困难居民的基本生活。全市1030人享受城镇最低生活保障待遇，全年发放最低生活保障金145.19万元。为事业单位人事制度改革和深化工商企业改革工作提供了有力保障。

切实做好全市职工住房制度改革，全年共出售单位住房620套6.18万平方米；完成房屋确权办证508件1.59万平方米。全面实行住房公积金制度，缴存住房公积金覆盖面达99%以上，累计归集资金3950万元。

城乡居民生活水平进一步提高。农民人均纯收入2716元，比上年增长3%。城镇居民人均可支配收入达7600元。农民人均居住面积达27.9平方米，城镇居民人均住房使用面积20.48平方米。

二、以建市5周年庆典为契机，城市形象工程建设取得显著成绩

以建市5周年庆典为契机，市政府集中财力、物力，完成了百花东湖建设、昆钢大迎门至温河北路改造、中华路西段延长线路面铺设、320国道城区2公里城市形象、续建安居房、筹建安宁市博物馆等10大工程建设。并以前所未有的力度和气魄，实施了“绿、亮、美”工程，在全市开展了“园林绿化年活动”，新增城市绿化面积13.72万平方米，城市绿地率达32%，

绿化覆盖率达35%，人均公共绿地增加到15平方米；新装城市新建道路路灯175组1776盏；全市摆放鲜花8万多盆；依法加强了城市市容市貌的管理，保持了洁美、有序的市容环境面貌。

紧紧抓住国家实施西部大开发战略和发展中等次级城市的机遇，结合城市发展推动和建设园林生态城市战略的实施，完成了《安宁城市形象设计》的课题研究，提出了《安宁城市总体规划》的思路与对策，聘请西南林学院完成了《安宁园林生态城市总体规划研究》的编制工作，并经省市有关专家和部门推荐申报了云南省科技成果进步奖的评选。切实加强了城市片区规划、分期规划和控制性规划。在加大城区规划建设和绿化美化的基础上，加强了对农村集镇绿化建设的管理和指导。八街、草铺2个集镇被列为了昆明市的明星小集镇。圆满完成了全市2000年12月31日前所有工业和乡镇企业污染物排放达标工作。财政拨出30万元专款，对兴街关圣宫和古茶花实施了修缮和保护工程。经专家论证、人大审议通过，命名滇翠柏和梅花作为市树、市花。争创云南省首批园林城市工作顺利通过了建设部门的验收。荣获了“全国小城镇建设先进市”称号。

三、科、教、文、卫等各项社会事业取得新的进展

积极实施科教兴市战略，为安宁市的跨世纪发展奠定基础。大力引进和推广应用工业、农业和第三产业的新兴科技。积极参与完成了年产10万吨硫酸钾“九五”国家重点科技攻关项目的前期准备和论证工作，由昆明盐矿控股，安宁市工业总公司参股，组建了云南钾肥工业有限责任公司；完成了市委、市政府计算机局域网、多媒体会议室建设，根据政府上网工程的要求，完成了《安宁市政府网页》制作及上网发布。结合国家实施西部大开发战略，着手制定了《安宁市引进高层次技术人才和管理人才的实施意见》。与西南林学院、昆明理工大学建立了市校合作关系。制定出台了《安宁市关于加快教育改革和发展的实施意见》，为实现教育资源的合理配置，搬迁连城中学，兴建宝兴学校，妥善地安置了连中的师生。

教育工作在进一步巩固“两基”教育成果的基础上，全面实施素质教育，以提高教育教学质量和办学效益为重点，以“减负增效”为突破口，完成了《安宁市第二个教育发展六年规划》的制定。确立了教育基础“适度超前发展”的思路。

文化工作坚持为大众服务的方向，继续开展了春节文化系列活动。举办了10场农村文艺汇演；成功地组织和举办了安宁撤县设市5周年庆典暨首届安宁艺术节文化系列活动。

卫生防病防疫工作坚持做到两个“确保”，加强对鼠疫、霍乱等传染病的监测，有效地控制了传染病的发生和流行。各项卫生工作改革有序推进，农村合作医疗进一步巩固，全市10个乡（镇）均开展合作医疗，目前已开展的村委会有43个，合作医疗覆盖率为59.7%。

承办并积极组队参加了昆明市第四届农民运动会，取得了团体总分第一名和团体“体育道德风尚奖”的好成绩。圆满完成了安宁市2000年国民体质监测任务。

通过不懈努力，安宁市档案馆晋升省一级先进馆的工作已于11月21日经昆明市档案局考评，顺利通过验收；在完成了2000年版《安宁年鉴》编辑出版工作的同时，1998年版《安宁年鉴》参加全国地方年鉴优秀成果评选荣获综合二等奖。统计工作荣获了“全国统计系统先进集体”称号。

四、存在问题

主要问题是：（1）农业基础设施依然薄弱，抵御自然灾害的能力还不强，农业产业化经营程度偏低；（2）经济结构调整和所有制结构调整任务繁重；（3）科技教育发展水平还不高，科技创新能力不强；（4）培育和壮大支柱产业仍需努力和探索等。

曲靖市麒麟区经济发展概况

区长　杨　宁

2000年，曲靖市麒麟区坚持加强农业和农村工作，调整产业结构，深化经济体制改革，扩大对内对外开放，继续实施科教兴区和可持续发展战略，加大扶贫攻坚力度，加强民主法制建设，提高机关工作效率，促进和推动了全区经济的持续、健康发展。全区国内生产总值75.13亿元，比上年增长8.5%。其中第一产业增加值5.62亿元，第二产业增加值40.81亿元，占54.3%；第三产业增加值28.7亿元，占38.2%，一二三产业分别比上年增长4.5%、9.5%和7.4%。

一、农　业

全年农业现行价总产值9.92亿元，比上年增长4.85%。

夏收粮食因灾减产，秋收粮食获得好收成。全年粮食总产1.878亿公斤，比上年减少1.98%。烤烟移栽10.73万亩，比上年增加787亩，比区政府下达计划减少1.63万亩；烤烟产量1564.8万公斤，产值1.22亿元，分别比上年下降4.1%和12.2%。桑园面积1.18万亩，蚕茧产量27.9万公斤，比上年减产33.9%。水果年产516万公斤，增长10%。蔬菜年产1.574亿公斤，增长56.4%。油菜籽年产79.1万公斤，下降14.4%。

肉类生产3.85万吨，增加11.5%。其中猪肉3.58万吨，增9.6%，牛羊肉775吨，增31.1%，禽肉1866吨，增53.1%。牛奶455吨，增84.2%。蛋类2091吨，增10.5%。生猪年末存栏29.25万头，增0.1%。肉猪出栏37.61万头，增0.1%。羊年末存栏3.98万只，增4.5%，大牲畜存栏5.2万头，增2.2%。年末水产养殖面积9273亩，全年鱼产量3862吨，增长0.89%。

全区乡镇企业4924个，从业人员5.53万人，乡镇企业营业总收入33.11亿元，比上年增长15.1%。

个体工商户9698户，从业人员1.48万人，注册资金6922万元；私营企业233户，从业人员3407人，注册资金1.944亿元。非公有制经济占国内生产总值18.5%。

二、工　业

2000年，全年辖区内工业总产值62.46亿元，比上年增长15.6%，其中：区属工业总产值9.57亿元，下降34%；辖区内轻工业总产值41.16亿元，增长4.49%，重工业总产值21.3亿元，增长8.17%；辖区内国有工业总产值44.57亿元，增长15.31%，集体工业总产值1.81亿元，下降77.2%，个体、私营和其他经济类型工业总产值16.08亿元，增长28.84%。

主要工业产品产量：原煤108.97万吨，比上年减13.43%；焦炭44.2万吨，增19.94%；水泥18.69万吨，减7.3%；发电量3.353亿千瓦小时，减3.17%；塑料制品0.76万吨，增1.33%；卷烟84万箱，增1.8%；布838万米，增3.97%；服装11.17万件，减46.6%；化肥3.06万吨，增20%；生铁7.56万吨，增103.7%；汽车1.91万辆，增204.7%。

三、固定资产投资

全年社会固定资产投资14.13亿元，比上年减少7.8%，投资50万元以上的基本建设，更新改造项目164个，减少38.1%，竣工投产项目89个，减少13.6%，竣工住宅21.42万平方米，减少64.17%。

四、交通和邮电

全年共计投人资金489万元改建公路3条8.4公里。至此，全区拥有公路440.6公里，其中沥青路面占63.2%，乡（镇）全部通沥青公路，村公所（办事处）全部通车。曲胜高速公路麒麟段共完成投资2.288亿元。

全年完成邮电业务总量2.598亿元，比上年增长38.6%。年末电话机总数7.4万部，移动电话用户4.86万户，无线寻呼用户3.18万户。

五、批发零售贸易业

全年社会消费品零售总额12.76亿元，比上年增长8.9%，其中：城市零售额8.36亿元，增4.3%，农村市场零售额4.4亿元，增19%；国有经济零售额2.42亿元，增1.8%，集体经济零售额2.37亿元，降5.3%，个体、私营经济零售额6.42亿元，增9.6%，其他经济零售额2.37亿元，增28.37%。城乡集市贸易成交额4.01亿元，比上年增8.38%。

六、城市建设

2000年城区面积增加0.5平方公里，城区共计23.5平方公里；城市道路89.75公里141.2万平方米；城市供水综合生产能力8.6万吨/日，供水管道274.1公里，自来水普及率99.5%；城市排水管道密度每平方公里6.77公里，污水日处理能力4.7万吨，污水处理率98.2%，垃圾无害化处理率95.37%；园林绿化面积496公顷，其中：建成区绿化覆盖面积252公顷，公共绿地面积52公顷，人均公共绿地面积2.5平方米，建成区绿化覆盖率10%；液化石油气用气人口16.5万人，供气总量5200吨，城市用气普及率65%；公共汽车120辆；出租汽车1529辆。

七、财政·金融·保险

2000年地方财政收入1.675亿元，地方财政支出2.54亿元。

年末各项存款余额78.50亿元，其中居民储蓄存款余额34.31亿元，各项贷款余额58.07亿元。

全年保险收入1.368亿元，保险业务赔款4081万元；人寿保险承保人数36.53万人；家庭财产保险1.53万户；为烤烟保险12万亩。

八、教育·文化·科学·卫生·体育

年末有各类学校203所，在校学生12.24万人。其中：大学1所，在校学生2600多人；中专、普通中学、职业中学共50所，在校学生4.89万人；小学107所，在校学生5.51万人；幼儿园44所，在园儿童1.55万人。小学入学率99.93%，初中毛入学率99.66%。

全区艺术团体3个，文化馆（站、中心）13个，文化事业机构10个，公共图书馆2个，影剧院3个。

2000年获市级科技成果奖3项，其中：科技进步奖2项，星火奖1项。

卫生机构40个，病床2820张，有专业卫生技术人员2694人。

被国家验收评定为全国体育先进区，举办了第二届区直机关职工运动会。

九、职工·工资

2000年辖区内在岗职工年平均工资1.12万元，比上年增2246元，增长24.82%。其中：国有经济单位在岗职工年平均工资收入1.16万元，比上年增2288元，增长24.44%；城镇集体单位在岗职工年平均工资收入1.03万元，比上年增1835元，增长21.5%。2000年企业单位在岗职工年平均工资1.23万元，增长31.11%；事业单位在岗职工年平均工资1.05万元，增长15.46%；机关在岗职工年平均工资1.02万元，增长8.98%。

十、人口·人民生活

年末户籍总人口60.64万人，比上年末增加8501人，增长1.42%。其中：非农业人口21.76万人，增长1.61%。全年人口自然增长率10.44‰。

据抽样调查资料显示，城镇居民人均可支配收入6234元，比上年增长6.7%；人均实际支出7197元，增长10.2%。全年农民人均纯收入2410元，增长3.57%。

十一、存在问题

主要问题是：(1) 经济结构不合理，技术创新滞后和劳动者科技文化素质偏低，深层次矛盾制约着全区经济的发展。(2) 结构调整难、农民增收难、财政平衡难、企业解困难的“四难”问题短期难以解决。(3) 全区产业结构，所有制结构、城乡结构、就业结构、财政分配结构等还存在严重的不合理的现象。(4) 企业的竞争力不强，整体素质不高，城镇化水平低，社会各项事业发展不尽人意等。

玉溪市红塔区经济发展概况

区长　杨德运

2000年，玉溪市红塔区在上级党委、政府的领导下，全面贯彻党的十五届四中、五中全会精神，坚持以经济建设为中心，坚持两个文明一起抓，深入实施科教兴区和可持续发展战略，狠抓各项措施的落实，采取积极有效的措施，克服诸多社会矛盾，从而保持了全区国民经济和社会各项事业健康稳定发展。全区实现国内生产总值210.48亿元，按可比价减少2.4%，不含玉溪红塔集团为42.38亿元，按可比价增长3.0%。在国内生产总值中，第一产业2.89亿元，增长9.1%；第二产业167.85亿元，减1.9%；第三产业39.74亿元，减4.3%。三次产业在国内生产总值中的比重分别为1.4%、79.8%、18.8%。

一、农业·农村经济

认真落实党在农村的各项基本政策，以增加农民收入为重点，大力推进农业和农村经济结构调整，加快农业科技进步和创新，加强农业基础设施建设和生态环境保护，改善农业生产条件，保持了农业生产的稳定增长。全年实现农业总产值2.882亿元，比上年增长6.6%。农业商品率为68.6%，比上年提高1.3个百分点；年末全区农村劳动力总数为17.48万人，其中从事第一产业的占52.4%，从事二、三产业的占47.6%，比上年减少1.8个百分点。

2000年，全区粮食种植面积21.44万亩，比上年减少1.91万亩。粮食总产1.083亿公斤，减8.6%。粮食单产505公斤，减0.4%。油料总产624.6万公斤，增长11.5%。烤烟收购652万公斤，增长7.6%。上等烟比例55.9%，连续7年居玉溪市第一。全年投入造林资金69万元，育苗49亩，完成造林面积9000亩，封山育林24万亩。年内出栏肥猪24.3万头，增长2.9%。猪、牛、羊肉总量1946.9万公斤，增长2.1%。利用水面养殖面积1.15万亩，鱼类产量118万公斤，增长0.4%。全年累计投入建设资金2086万元，完成各项水利工程702件，全区农田水利化程度达到88.0%。

二、乡镇企业

继续深化和完善乡镇企业改革，加大对个体私营企业的管理力度，加快乡镇企业产品结构调整步伐，大力发展第三产业，加速优势产业、高新技术产业的培植。到年底，全区597户集体企业已有536户进行了不同形式的改革改制，改制面达89.8%。其中产权转让115户，承包经营179户，租赁经营36户，兼并12户，有限责任公司52户，股份合作制5户，摘帽123户，组建集团公司4户，涉及产权变更的企业占全部改制企业的59.1%。按新统计口径，全年乡镇企业营业收入96.99亿元，比上年增长13.8%；实现利税总额5.38亿元，增长20.1%；实交国家税金3.35亿元，增长19.2%。全区个体工商户1.97万户，从业人员6.82万人。私营企业293户，个体私营企业实现营业收入69亿元，占乡镇企业营业收入71.7%，提高1.4个百分点。年末乡镇企业固定资产原值达到34.4亿元，增长1.9%。年内有12个企业通过ISO9002标准认证，有1个企业通过ISO9001标准认证。

三、工　业

继续深化和完善企业改革，围绕改革、脱困两大目标，切实加强对企业改革、改制工作的领导，加大企业改革、脱困力度，加快企业技术进步，强化企业管理，提高企业整体素质和竞争力，促进工业生产平稳增长。全年完成工业总产值（1990年不变价）81.1亿元，增长6.4%。其中，区属工业总产值34.5亿元，增长

15.8%。区属全部国有及年销售收入500万元以上非国有独立核算工业企业产品销售收入28.76亿元，增长7.0%。实现利税3.12亿元，增长28.9%。总资产贡献率8.09%，资产保值增值率110.4%，资产负债率64.5%，流动资产周转率1.23次，成本费用利润率6.27%，全员劳动生产率4.17万元/人，产品销售率97.64%。区属工业经济效益综合指数114.88%，提高13.23个百分点。企业亏损面由1999年的34.2%下降到33.8%，亏损额4909万元，减26.5%。

四、固定资产投资·建筑业

2000年，全社会固定资产投资总额19.2亿元，比上年增长14.5%。区属固定资产投资8.922亿元，减1.2%。区属固定资产投资施工项目31个，竣工项目20个，竣工率64.5%。施工项目中投资较大的有：玉江路投资2.8亿元，完成1.8亿元；玉带路、环湖路投资1.25亿元，已在年内竣工验收；第五中学投资3652万元，也在年内竣工投入使用。

全年全区有资质等级的建筑施工企业97个，其中二级17个，三级49个，四级31个。全年实现利润总额2156万元，增长39.5%。年末从业人数2.67万人，减4.1%。

五、交通·邮电

2000年，全区公路通车里程达到1230公里，其中省道40公里，县道80公里，乡村道路1035公里。年末拥有各类汽车1.44万辆，其中载客汽车6727辆，载货汽车7653辆。

邮电通信现代化程度不断提高，立体通信网络发展迅速。到年末，全区移动电话用户达到7.14万户，增长169.9%。全区局用交换机容量达到8.92万门，增长11.8%。年末电话用户总数达到6.51万户，增长16.1%，其中城市4.72万户，农村1.79万户。计算机互联网（拨号注册）用户达到3844户。

六、商业·物价

2000年，全区消费市场货源充足，消费增长平稳。社会消费品零售总额13.8亿元，比上年增长4.5%。其中城市零售额11.39亿元，增长6.1%；农村零售额2.454亿元，减2.1%。在社会消费品零售总额中，农民对城镇居民零售额为2.437亿元，增长32.3%。商品交易市场成交额6.49亿元，增长32.0%。

全区农业生产资料总购进1.561亿元，比上年增长25.1%。销售总额1.745亿元，增长12.2%。

全区商品零售价格总水平98.4%，居民消费价格总指数99.5%，农业生产资料价格指数96.4%。

七、财税·金融·保险

认真贯彻落实中央积极的财税政策，继续深化各项财税改革，调整和优化支出结构，加强支出管理，严格税收征管，促进依法治税，确保财政收支平衡。全年完成地方一般财政预算收入2.209万元，比上年增长6.8%，其中区级收入9055万元，增长2.3%；乡镇级收入1.304亿元，增长10.2%。中央两税收入累计完成1.512亿元，减0.7%。地方财政一般预算支出累计完成4.342亿元，增长0.3%，其中用于农村生产性支出4973万元，增长6.6%。

金融运行平稳，各项存款增加，工、农业贷款略减。全区金融机构各项存款余额140.3亿元，增长5.6%。各项贷款余额82.9亿元，减5.6%，其中农业贷款0.67亿元，减27.7%；工业贷款11.1亿元，减14.2%。储蓄存款余额43.98亿元，增长18.0%。累计现金投放5.19亿元，增长153.6%。

全区各种财产保险金额达到433亿元，增长0.1%；各种财产保费业务收入1.428亿元，增长11.2%，全区人寿保险金额89.4亿元，减11.2%；保费收入4336万元，增长18.2%；财产保险结案赔款5081万元，增长0.8%；支付人身保险赔款869万元，增长0.3%。

八、城乡基础建设

城乡基础设施建设步伐加快，设施日臻完善。以绿化为突破口，加强城市环境卫生治理，以改造“亮光”工程为重点，提高城市美化程度。城区人口人均绿地面积6.1平方米，街道全长79.6公里，有街道路灯5685盏，无害公厕40座，市容环卫车26辆。投资1342.93万元，改扩建乡村道路59.9公里。投资922.6万元，新建扩建市场面积2.86万平方米。完成北城镇、研和镇集镇总体规划的审批，完成春和镇、洛河乡、小石桥乡集镇总体规划的评审，着手进行大营街集镇的规划编制工作。继续推进农村旧村改造，全年有5个乡镇（街道办事处）的部分村社进行了旧村改造，共拆除旧房2955户6021间，腾地面积366亩，批建房用地1347户，面积574亩。

九、社会事业

2000年，全区有中小学104所，在校学生5.63万人；小学适龄儿童入学率99.97%，巩固率99.98%，升学率99.30%；初中适龄少年入学率98.81%，初中毕业生升高中阶段报考率66.6%，录取率92.75%，高考录取率70.1%，比玉溪市平均录取率高28个百分点；有幼儿园135所，比上年增24所，在园幼儿1.35万人，增0.6%。全年实施科技计划37项，有6个项目列入省院省校科技合作项目计划，6个项目列入市院市校科技合作项目计划，2个项目列入省级科技攻关计划，7个项目列入玉溪云南省农业高新技术示范园区计划，共争取省、市科技部门无偿资金支持1545万元。到年底，全区有高新技术企业8户（国家级3户，省级5户）。有文艺表演团体3个，群众艺术馆2个，图书馆2个，乡镇文化站11个。全年送戏下乡演出331场。年末，全区有广播台1座，乡镇广播站9个，卫星电视地面接收站63座，有线电视主干线1051公里，有线电视用户10.28万户，电视覆盖率达98.5%。全区有卫生机构304个，医疗机构共有病床1546张，有卫生专业技术人员3072人，每万人有卫生技术人员81人；儿童计划免疫“四苗”覆盖率98.7%。全年举办各种体育运动会65次，中小学生体育达标率为99.9%，年内通过全国体育先进县区检查验收工作，红塔区被正式命名为“全国体育先进县区”。组队参加省四届城市运动会，获单项金牌17枚，银牌34枚，铜牌15枚，荣获团体总分第二名。

十、人民生活

2000年末，全区总人口37.73万人，增长1.9%，其中农业人口25.82万人。人口自然增长率9.00‰。区属单位职工平均工资9619元，比上年增长12.9%。据城乡住户抽样抽查，红塔区城市居民全年人均收入7662元，增长5.8%；农村居民家庭人均纯收入3400元，增长1.5%。年末城市居民人均住房面积19.9平方米，增1.8平方米，住房配套率达到89%；农村居民人均生活住房面积48.2平方米，增1.2平方米。

十一、存在问题

主要问题是：(1) 政府在抓经济发展方面的工作力度还不够大。产业产品结构调整的步伐不大，投资拉动经济发展的力度不够，企业经济效益仍然不理想，企业改革攻坚的任务还十分艰巨。(2) 农业产业结构调整效果不明显，农产品价格下滑的趋势难以遏制，解决农民增产不增收的难度继续增大。(3) 工作作风还未完全达到人民群众的愿望和上级要求，勤政廉政任重道远，少数部门服务意识不强，求真务实的作风还不够。(4) 社会矛盾和社会治安形势依然严峻。

昭通市经济发展概况

市长　杨嘉华

一、经济发展情况

2000年，昭通市在面对有效需求不足、财政收支矛盾突出、自然灾害频繁的情况下，紧紧抓住经济建设这个中心，解放思想，更新观念，艰苦奋斗，锐意进取，在各方面取得显著成绩。市属国内生产总值完成13.89亿元，比上年增长

7.94%，比1995年增长40.6%。其中，第一产业增加值完成5.44亿元，比上年增长1.9%，比1995年增长8.1%；第二产业增加值完成2.28亿元，比上年增长10.9%，比1995年增长46.18%；第三产业增加值完成6.17亿元，比上年增长11.2%，比1995年增长73.77%。

（一）农　业

昭通市是一个农业市，农业在国民经济中占有举足轻重的地位。市政府始终把农业和农村工作摆在全市工作的重要位置，紧紧围绕农民增收和农村稳定两大目标，积极调整农村产业结构，加大科技投入，稳定党在农村的各项政策，切实保护和调动农民的生产积极性，不断巩固和强化农业的基础地位，农业和农村经济稳定发展。农业总产值达7.71亿元，比上年增长2%，比1995年增长26.19%；粮食总产量达21.47万吨，比上年增长1.32%，比1995年增长10.78%；肉蛋奶总产量4.24万吨，比上年增长1.5%，比1995年增长52.4%；烤烟收购19.76万担，产值达6658.9万元，比上年增长48.9%；乡镇企业工业总产值达2.64亿元，比上年增长18.19%，比1995年增长1.41倍。

（二）工　业

工业生产平稳发展，全市工业总产值达3.42亿元，比上年增长9.51%，比1995年增长55.34%。

（三）财　政

地方一般预算收入完成1.07亿元，比年初预算增长8.83%，比1995年增长56.39%；支出完成1.78亿元，比年初预算增长7.2%，比1995年增长40.13%。

（四）人民生活

全市社会消费品零售总额达5.71亿元，扣除不可比因素，比上年增长4.63%；城镇居民人均可支配收入达6257.20元，比上年增长6.87%；农民人均纯收入1023元，比上年增长2.83%；人均居住面积20.89平方米，比上年增长1.52%；物价保持稳定。

（五）交通建设

新建和改扩建29个行政村的通村公路、18个乡镇1公里长的水泥路及雨坪等乡村公路，启动了第一条收费公路牛角湾至洒渔大桥段的改扩建工程。

（六）固定资产投资

“九五”期间，全社会固定资产投资累计达11.56亿元，比“八五”期间增长86.45%，其中，2000年完成3.84亿元，比上年增长41.2%。“九五”是昭通市固定资产投资最大的时期之一。

（七）科教文卫

进一步加大科教兴市实施力度，把教育摆到优先发展的战略地位，顺利实现了“两基”目标。广播、电视人口覆盖率由“八五”末的87%和66%分别提高到90%和80%。计划生育工作进一步加强，2000年底，全市人口自然增长率为12.6‰，比“八五”末降低0.67个千分点。

（八）各项改革

到2000年底，完成31户企业改制，占应改企业的79%。财政、教育、城市管理体制等改革稳步推进。实施了养老保险和城镇居民最低生活保障制度，确保了企业离退休人员养老金和职工基本生活费的按时足额发放。制定出台了对内搞活、对外开放的具体措施，对内对外开放进一步扩大。

二、主要经验

“九五”期间工作取得好成绩的主要经验是：(1) 始终坚持解放思想、实事求是的思想路线和“三个有利于”的标准；(2) 始终坚持把扶贫攻坚作为一项最大的政治任务来抓；(3) 把基础设施建设作为经济工作的重中之重；(4) 坚持“两手抓、两手都要硬”的方针；(5) 正确处理改革、发展、稳定三者的关系；(6) 改进工作作风，说实话、办实事。

三、存在问题

主要问题是：(1) 农民收入增长缓慢；(2) 企业整体效益不佳；(3) 财政收支矛盾突出；(4)“两生”形势严峻。

宣威市经济发展概况

市长　司宪年

2000年，宣威市紧紧围绕年初确定的各项任务，以“农民增收、企业增效、财政增长和社会全面进步”为目标，抓住机遇，深化改革，扩大开放，积极调整优化结构，努力提高经济增长质量，实现了经济增长、事业发展、民族团结和社会进步。市属国民生产总值达24.03亿元，比上年增1.56亿元，增7%，其中第一产业10.37亿元，增5.5%；第二产业5.54亿元，增5.7%；第三产业8.1亿元，增9%。

一、农　业

2000年，宣威市以认真贯彻落实党在农村的基本政策为动力，以农民增收和农村稳定为目标，切实抓好村级行政体制改革，强化农业基础，积极优化农业内部结构，大力推进农业产业化进程，促进了农业和农村经济的全面发展。全年完成农村经济总收入26.25亿元，比上年增6.5%。全市粮食总产量4.73亿公斤，烤烟收购63.9万担，实现产值3.05亿元，完成了年初计划；生猪存栏100万头，肥猪出栏99.5万头，分别比上年增0.6%和7.8%；种植马铃薯52.6万亩（其中加工型马铃薯4.46万亩），蓖麻10余万亩，商品蔬菜3万亩，其它经济作物种植也有新的突破，粮经比例由上年的79:21调整为74:26。农业生产条件进一步改善，各级共投资6605.5万元，完成水利工程5046件，农田建设3.4万亩，新增灌溉面积2.8万亩，改造中低产田地2.77万亩，治理水土流失65.3平方公里，全市水利化程度达39%，高稳农田累计达55万亩。扶贫攻坚工作取得新成绩，各级共安排资金1343万元，完成扶贫项目244个，解决了3万贫困人口的温饱问题。林业工作再上新台阶，全市森林覆盖率达39.16%，被评为“全国造林绿化百佳县”和“全国林业生态建设先进县”。

二、工商企业

2000年，市委、市政府认真贯彻落实党的十五届四中全会和全省国企改革和发展工作会议精神，按照提质增效的总体目标，出台了《关于企业改革和发展的意见》，因市制宜，一企一策，积极推进企业改革。通过采取资产重组，增强了企业活力，实现了工商经济持续增长。全年市属工业实现增加值6.43亿元，比上年增7%；客运量905万人次；邮电业总量7902万元。主要工业产品产量，除原煤同比下降外，其余均有不同程度增长。全市商贸流通企业扭亏脱困步伐加快，亏损势头有所遏制。全年共完成社会消费品零售总额10.77亿元，比上年增7.5%，农副产品采购总值3.18亿元，比上年增减6.3%。

三、非公有制经济

认真按照上级有关政策精神，围绕放宽政策、完善机制、拓宽领域、扩大规模、提高素质，切实搞好协调服务，减轻企业负担，不断创造完善乡镇企业、个体私营经济的良好发展环境；深化乡镇集体企业的改革改制，抓好结构调整，推动二次创业，加大对非公有制经济的择优扶持力度，非公有制经济在规模、档次上日渐提高，市场竞争力不断增强。2000年，按新口径计算，全市乡镇集体企业完成营业总收入38.5亿元，比上年增15.9%；私营企业97户，注册资金1.028亿元；个体工商户1.06万户，注册资金1.056亿元，从业人员2.65万人。非公有制经济占GDP比重达22%。

四、基础设施建设

2000年，全市固定资产投资坚持以解决资金缺口、加快施工进度、提高工程质量为重点，按照国家产业政策和投资方向，严格程序管理，加大投资规模，加快结构调整，全年共审批下达新开工项目102个，计划总投资1.622亿元，比上年增长112%；在建项目投资加快，辖区内完成固定资产投资16.4亿元（其中市属5.4亿元，比上年增11%），水利、能源、交通、通信、住房等各项基础设施建设得到进一步加强。重点项目建设进度加快，城市二期供水工程累计完成投资3400余万元，年内已竣工投用；东过境公路累计完成投资1.250亿元，即将建成通车；宣威电厂五期扩建配煤矿井建设完成投资9000万元；电网改造6880万元的市属投资计划基本完成；国家生态工程建设任务完成并通过初验，累计完成投资2435万元。市乡公路、乡村公路的建设与管养得到加强，新建改建市乡公路6条72.8公里。通信建设发展迅速，各乡镇均实现了光纤传输和程控交换，全市电话装机容量达8.9万门。

五、对外开放

以经济技术开发区为前沿，进一步完善政策、管理和服务体系，为招商引资创造良好的软、硬环境。同时，采取“走出去”的办法，充分利用昆交会、民洽会等有利时机，加强对外交流和经济技术协作。全年共签订全资合作项目12个，总投资7.1亿元，合同引进资金6.3亿元；签订贸易合同12个，贸易合同额2.15亿元。招商引资项目涉及旅游开发、旧城改造、市政设施建设、农业产业结构调整等领域，对外开放整体水平明显提高。

六、财政·金融

面对严峻的财政形势，全市上下始终坚持适度从紧的财政政策，加大了各种增收节支措施的落实力度，缓解了矛盾困难，保证了机关正常运转和各种急、特、重支出的需要。全年地方一般性预算收入完成1.826亿元，比上年增4.57%，一般性预算支出完成3.917亿元，增15.22%。金融工作通过加强监管，优化信贷结构，提高了信贷质量和效益，金融秩序稳定，运行平稳。年末银行存款余额24.04亿元，比上年增9.6%；贷款余额23.67亿元，增1.2%。

七、社会事业

科教事业稳步发展。全年共建成科技示范村38个，科技示范户1.26万户，获曲靖市科技星火奖3项，科技进步对经济增长的贡献率达38%；“两基”成果得到进一步巩固，为大中专院校输送新生2305人，教育综合考核连续5年居曲靖市首位。医疗卫生工作进一步加强，三级卫生网络进一步完善，疫病防治、妇幼保健、食品卫生、医政药政管理进一步理顺和加强。文化事业蓬勃发展，被省人民政府命名为“先进文化市”。体育运动广泛开展，竞技体育取得突破，在全国第五届残运会上，宣威市运动员取得2金1银1铜的优异成绩。广播电视发展迅速，节目质量进一步提高，综合信息网络建设进展加快，电视覆盖率达95%。人民生活水平进一步提高。2000年末，全市总人口为129.93万人，人口自然增长率为7.45‰。商品零售价格总指数98.4%，居民消费品价格总指数98.5%。

八、存在问题

主要问题是：（1）农业基础依然薄弱，农民增收困难，贫困面大，扶贫攻坚任务艰巨；（2）工商企业效益低下，负担沉重；（3）财源税基不稳，收支矛盾十分突出；（4）结构不合理的矛盾短期内难于彻底解决，转变经济增长方式的任务十分繁重；（5）基础设施建设滞后，农田水利、交通、通信和市政基础设施建设还须进一步加强。

楚雄市经济发展概况

市长　张之政

2000年，楚雄市各项工作在困难较大的情况下取得了显著成效。全市经济社会稳步发展，综合经济实力进一步增强，经济总量提前翻两番，现代化建设第二步战略目标顺利实现，人民生活显著改善，基本实现了小康目标，社会主义市场经济体制初步建立。全市呈现出政治安定、社会稳定、民族团结、经济发展的良好局面。

一、自然状况

楚雄市位于云南中部，城区东至昆明162公里，西距大理176公里，是通往滇西及缅甸等地的交通要道。是楚雄彝族自治州首府。楚雄于1983年9月经国务院批准撤县建市。1986年2月被列为国家乙类开放城市，1992年8月被批准建立省级经济技术开发区。全市国土面积4425平方公里，辖19个乡（镇），152个村民委员会。全市总人口47.4万人。

二、国民经济

2000年底，全市国内生产总值达40.1亿元，按可比口径计算，5年平均增长6.7%。市属工农业总产值（1990年不变价计算）达15.6亿元，完成“九五”计划的133.9%，年均递增17%，其中：农业总产值4.4亿元，完成“九五”计划的98.6%，年均递增4.7%；工业总产值达11.2亿元，完成“九五”计划的156.2%，年均递增25.5%。2000年粮食总产量1.941亿公斤，平均递增3.2%。社会消费品零售额11.873亿元，完成“九五”计划的91.6%，年均递增12%。乡镇企业营业总收入35.5亿元，年均递增36.7%。财政自收收入2.476亿元，完成“九五”计划的96%，年均递增9.1%。

三、基础设施建设

“九五”期间，楚雄市认真贯彻国家扩大内需政策，以'99昆明世博会、省政府楚雄办公会建设项目的实施为契机，多方争取资金，加大投入，加强基础设施建设。通过努力，水利、交通、通信、能源、城市等基础设施建设取得较大进展。5年间，全社会固定资产投资累计完成33.86亿元，是“八五”期间的2.38倍。以“五小”水利为重点的农业基础设施建设得到加强，5年净增有效灌溉面积4.62万亩，新增稳高农田地8.3万亩。西静河水库等重点工程顺利完工，全市库容总量到1.753亿立方米，水利化程度达76.8%，极大地改善了农业生产条件，提高了城市供水能力。新增通车里程123.4公里，基本实现了全市村村通公路目标。全市152个村民委员会实现了村村通电。同时，认真组织实施农村电网改造工程。建成沼气池4428口，改善了农村能源结构。全市所有乡（镇）和多数村民委员会开通了程控电话，坝区所有乡（镇）开通了移动电话，全市固定电话用户达4.92万户，移动电话用户达2.6万户；建成有线电视光缆线路300公里，成为全州最大的光缆网络，卫星地面接收站发展到近200座。鹿城南路改造、320国道、龙川江河道综合改造、桃源湖改造、龙川江综合治理、太阳历文化园建设、污水处理厂建设等一批市政工程相继完工，市政设施明显改善。城市建成区面积达15.5平方公里，城市化水平达26.4%。城市功能日益完善，中心城市的地位更加突出，辐射带动作用大为增强，正向具有浓郁民族风情的现代化中等生态城市的目标迈进。

四、结构调整

按照调优第一产业、调强第二产业、调快第三产业的思路，不断加强农业基础，发展优质高效农业，大力推进工业结构优化升级，增强企业竞争力，加快发展旅游、流通、中介服务以及教育等行业，调整优化产业结构。2000年，第一产业实现增加值6.3亿元，第二产业实现增加值22.1亿元，第三产业实现增加值11.7亿元。一、二、三产业的比重由1995年的18:58:24调整为16:55:29。大力发展非公有制经济，调整优化所有制结构。2000年末，个私企业发展到1.03万户，从业人员达2.43万人，非公有制经济占国内生产总值的比重达30.6%。按照“稳粮、抓钱、调结构”的工作思路，变国家实施烤烟“双控”和天然林禁伐带来的压力为动力，着力推进农业产业结构调整，扩大名、特、优、新及附加值高的农产品种植，积极开辟农民增收致富新途径。2000年，全市种植经济作物的面积达20.5万亩，粮经比例由上年的81:19调整为73:27，农村经济总收入达19.1亿元，比上年增长3.4%，促进了农民增收。按照“集中力量扶持一批，创造条件放活一批，积极稳妥淘汰一批”的要求，以建立现代企业制度为目标，推进市属国有、集体经济的战略性调整和战略性改组，盘活存量资产，进一步调整优化了企业组织结构和产品结构。提高了企业的市场竞争力。把小集镇建设作为一项大战略来抓，积极探索和实践“以地生财、以财建镇、以镇招商、以商带农”的小集镇发展路子，加大建设力度，完善集镇基础设施，强化集镇功能，一批各具特色的中心集镇已建成，进一步优化了城乡结构。

五、各项改革

认真贯彻落实党的十五届四中全会精神，按照省、州的统一部署，出台了《市委、市政府贯彻落实党的十五届四中全会精神，进一步推进楚雄市企业改革和发展的实施意见》、《楚雄市企业经营者年薪制试行实施办法》及《楚雄市企业经营管理者选聘制试行办法》，完善了市级领导挂点联系企业制度，加强了对企业改革的领导，加大了协调服务力度，调动了企业经营者的积极性，促进了市属工商企业改革的深化。全市75户市属工商企业全面进行了不同形式的改革改制，一批特困企业的改革脱困取得新进展，企业的各项自主权利得到落实，企业活力明显增强，效益得到提高；以职工养老保险、失业保险、医疗保险为重点的社会保障制度改革全面推进，建立了城市居民“三条保障线”，城市居民最低生活保障线提高至169元，城镇职工普遍享受社会保障待遇。

六、对外开放

牢固树立“只有大开放，才能大发展”的观念。在进一步对内搞活的同时，大力实施对外开放战略，不断加强和完善城市基础设施建设，营造优美、宜人的环境；花大力气抓好投资软环境建设。全面贯彻落实对外开放的各项优惠政策及措施，加大对外宣传力度，转变政府职能，简化审批程序，强化服务职能。提供优质、高效、快捷的服务，不断优化对外开放环境。以开发区为龙头，以各类经贸洽谈会和商品交易会为契机，加强横向经济技术合作，外引内联，加大招商引资力度，拓宽利用外资领域，鼓励外商进行多种形式的投资。到2000年底，全市三资企业户数发展到18户。“九五”期间，三资企业实际利用外资1545万美元，出口创汇985万美元。全市对外开放水平进一步提高，外向型经济进一步扩展。楚雄经济技术开发区始终坚持“团结、高效、开拓、奋进”的开发精神，发挥其观念新、机制活、工作实、效率高、服务优的管理体制和运行机制的优势，开拓创新、大胆实践、克难奋进，加快发展。至今，建成区面积已发展到3.7平方公里，累计投入基础设施建设资金3.32亿元。区内水、电、路、通信等基础设施日趋完善，加之其优惠的土地出让、税收等政策和“高效、务实、快捷、方便、周到”的服务环境，使外来投资者纷至沓来，盘龙云海、万裕春光药业有限公司等投资规模大、产业关联度高的企业已在区内安家落户，以民族药业为代表的一批高新技术产业正在逐步形成。

七、人民生活

一是着力抓好扶贫攻坚工作。在全面加强贫困地区农业基础设施建设，改善生产、生活条件的同时，认真抓好单位挂钩扶贫及党员干部结对扶贫工作，动真情、扶真贫、求实效，通过局部“输血”，增强“造血功能”，促进贫困地区脱贫致富；二是以加快生物资源开发创新为主线，加大农业产业结构调整力度，积极探索和开辟农民增收致富新途径，千方百计增加农民收入；三是努力抓好再就业工作，加强实用知识及技能的培训，积极组织劳务输出，促进城镇下岗、失业人员再就业农村富余劳动力的合理有序转移。全市城镇居民人均可支配收入和农民人均纯收入分别由1995年的3750元和1059元增加到2000年的6694元和1837元，全市人民的生活质量明显提高。

八、各项社会事业

坚持实施“科教兴市”战略。5年累计投入教育资金2.548亿元，教育设施明显改善，“两基”成果得到巩固和提高，素质教育全面推进，各类教育协调发展。科技成果转化加快，科技覆盖面进一步拓宽，科技创新能力增强，2000年科技进步对经济增长的贡献率达43.1%。科技、文化、卫生三下乡等城乡文化系列活动健康开展，丰富了群众文化生活。“人人享有初级卫生保健”工作顺利通过省级验收。人口年自然增长率控制在8‰以内，人口质量进一步提高；广播人口覆盖率达到84%，电视人口覆盖率达到86%。

九、存在问题

存在的主要问题：(1) 解放思想、观念更新不够；(2) 基础设施仍然薄弱；(3) 结构调整步伐缓慢，经济结构仍然不尽合理，经济运行质量有待于提高；(4) 财政收支难度大，农民增收困难；(5) 对外开放力度还不够，招商引资成效不明显。

个旧市经济发展概况

市长 李润权

2000年，个旧市各级党委、政府依靠各族人民，大胆开拓，锐意进取，紧紧围绕中央实施西部大开发战略和积极的财政政策，抓住省政府红河现场办公会机遇，坚持“一个突破（个旧老工业城市改造和提升），两个超越（立足有色，超越有色，立足老城，超越老城），三大目标（把个旧建设成为云南省最大的有色金属冶炼中心、云南省重要的生物加工业基地、云南省一流的精品城市）”的工作思路，认真组织实施个旧市第十三届人民代表大会第三会议批准的国民经济和社会发展计划。国内生产总值、工业总产值、地方财政收入稳定增长；外贸进出口增幅较大；市场销售平稳回升。全年完成国内生产总值25.6亿元，比上年增长9.1%，超额完成年计划增长6%的目标。其中：第一产业2.388亿元，增长6.7%；第二产业14.21万元，增长9.4%；第三产业9.010亿元，增长9.0%。实现了“九五”计划良好终局。

一、农 业

2000年，个旧市把农民增收、农村稳定放在农业和农村工作的重要位置来抓，大力推进农村经济结构的调整。克服了年初雪灾、霜冻和农产品价格下降等因素带来的负面影响，保持了农村经济的稳步发展。全年实现农业总产值3.9亿元，比上年增长6.5%；农村经济总收入达30.23亿元，比上年增长3.5%。

加大种植业结构调整。全年农作物播种面积32.1万亩，其中经济作物11万亩。粮经比例由上年的75.5∶24.5调整到65.7∶34.3，完成了年初确定的计划目标。同时进一步改善了农业基础设施。完成各类农田水利工程505件。其中，新修沟渠90条63.6公里，增加灌溉面积0.15万亩，改善灌溉面积0.54万亩。新建生产生活水窖413个，解决0.28万人和0.11万头大牲畜饮水困难。贫困地区生产生活条件进一步改善，1639人实现温饱。加快了荒山荒地绿化。以经济林、竹林为主体，组织实施绿色通道、干果基地、珠江防护林为主要内容的造林绿化工程。完成造林5.19万亩，其中经济林1.28万亩，竹林1.81万亩。玉米、番茄制种、青刀豆、糯玉米、花卉等新产品获得较快发展；牛奶、优质米等特色农业产业化已具雏形。实现了农业产业结构性调整的良好开局。全年粮食总产量完成6.47万吨，比上年减少2.56%。肉类总产量完成1.5万吨，增长2.04%。蔬菜总产量完成7.03万吨，增长40.6%。全年完成工程造林5.19万亩。增长98.92%。

二、工　业

2000年完成地区工业总产值38.77亿元（1990年不变价），其中市属完成21.5亿元，比上年增长9.2%，为年计划的104.7%，在市属工业总产值中，国有企业完成7.227亿元，增长4.5%；集体企业完成8.40亿元，增长5.4%；个私工业完成5.481亿元，增长20.6%；个私工业的增幅快于国有和集体经济，为年计划的107%，增长8.7%；轻工业完成1.483亿元，从轻重工业看，重工业完成20.018亿元，为年计划的81.97%，增长17.1%，轻工业出现新转机。

主要产品产量：2000年地区完成矿产有色金属总量7.74万吨，比上年增长1.84%，其中市属完成2.82万吨，为计划的104.44%，比上年（下同）下降15.1%，锡精矿金属量1.03万吨，为计划的83.7%，减少15.79%；铅精矿金属量4811吨，为计划的60.14%，下降45.12%；铜精矿金属量6082吨，为计划的91.46%，下降7.95%。地区完成有色金属冶炼产品产量13.18万吨，增长8.2%，其中市属完成9.33万吨，增长9.31%。冶炼主要产品中，地区完成精锡3.29万吨，增长4.66%，其中市属完成1.34万吨，为计划的107.22%，增长12.51%；地区完成电铅6.50万吨，增长4.8%，其中市属完成5.54万吨，为计划的110.84%，增长4.99%。有色金属矿产总量增速低于冶炼总量增速，出现了原料、市场“两头在外”的发展势头，为“建成全省最大的有色金属冶炼中心”奠定了基础。

三、固定资产投资

为迎接建市50周年，个旧市加大基础设施建设力度。地区全年完成固定资产投资9.775亿元，比上年增长25.93%，其中，基本建设3.733亿元，增长28.21%，更新改造1.376亿元，增长198.3%，房地产开发2.115亿元，下降8.9%。共完成个旧湖排洪排污隧道工程、个旧湖一期底泥疏挖工程、沿湖建筑物改造工程、市区北入口广场工程、湖滨广场工程、过境路灯光工程、通宝门至青杉里道路改造工程、人民医院外科大楼主体工程、中医院综合楼工程、建设路和金湖东路、西路及中山路、五一路亮化美化工程以及文化宫北门改造工程、老阴山道路改造工程等22项工程。全市城镇房地产开发投资3.12亿元，商品房施工面积56.89万平方米，住宅竣工面积41.25万平方米。城镇居民人均住房面积从1999年的9.51平方米增加到10.41平方米。

四、交通、邮电

个冷公路续建工程、鸡石公路施工有新进展。过境公路一期工程、黄草坝至蔓耗公路竣工并通过省级验收。冷墩至黄草坝、蔓耗至清水河公路和个冷公路贾沙围墙、个冷公路至贾沙丫洒底公路开工建设。建设四级乡村公路18公里。与温州环宇隧道工程有限公司签订总投资3.8亿元的个屯公路隧道建设意向性协议书。依法对全市道路客运市场及道路交通安全进行综合治理。通信事业继续发展。移动通信基础设施总投资2450万元。电话交换机总容量增至10.06万门；固定电话用户增至6.57万户；中国移动通信移动电话用户增至3.6万户，占全州拥有量1/3。163、169因特网用户达到4483户。

五、商业、物价、对外贸易

2000年，全市社会消费品零售总额完成8.51亿元，扣除物价因素，比上年增长9%；社会商品零售价格总指数96.9%，比上年下降3.1%。外贸继续保持良好增长势头，当年全市完成进出口总值1.073亿美元，比上年增长34%。

六、财政、金融、保险

全年实现财政总收入3.75亿元，比上年增长6.86%。其中，完成地方财政收入1.87亿元，增长9.15%；上划中央税金1.88亿元，增长4.69%。实现了中央和地方收入的同步增长。地方财政支出2.61亿元，按可比口径计算比上年增长8.98%。通过实施政府采购制度，提高了财政资金的使用效益，资金节约率7.25%。

金融业平稳运行，年末各项存款余额48.82亿元，比年初增长8.92%。其中，城乡居民储蓄存款余额28.2亿元，增长12.8%。各项贷款年末余额29.45亿元，比年初增长29.25%。信贷结构逐步发生变化，信贷政策向消费信贷倾斜，新增建房、购车等个人消费信贷。保险业优化险种结构和扩大保户面有新进展。当年理赔金额达5038万元。

七、社会事业

科技发展取得新成效，以技术创新为主线，实施科技合作项目10项。完成科技成果42项。教育事业向前推进，依法治教力度加大，“两基”巩固，“两全”落实，农村中小学生辍学率明显下降。“跨世纪素质教育工程”、“跨世纪园丁工程”全面启动，教育质量不断提高，个旧一中高考升学率创历史最高纪录。文化、教育、广电事业健康发展，荣获“云南省文化先进市”称号。以春节、第八届滇中南艺术节、市庆为重点，成功组织“锡都之光”等系列庆祝活动。体育事业不断进步。群众体育出现好局面，实现市人大常委会1993年提出的2000年全市2/3乡镇达到体育先进乡镇的决议目标。城区办事处被评为全国城市体育先进社区。申办2004年全省第五届城运会获得成功。广播电视事业有新发展，建成广播电视光缆线路110多公里，解决农村270多户1000余人看电视难的问题。卫生改革稳步推进。爱国卫生运动再创佳绩，受到全省第四次城市卫生检查团的赞誉。全市人口自然增长率为2.54‰。

八、人民生活

城乡居民收入增加，农民人均纯收入2036元，比上年增加102元。城镇居民人均可支配收入5523元，增加413元。在岗职工年人均工资7604元，增加492元。社会保障体系不断完善，全年累计支付国有企业下岗职工基本生活保障费268.82万元。帮助500多名下岗职工实现再就业。认真实施城镇最低生活保障制度，全年对城镇贫困居民发放保障金356.3万元。

九、存在问题

主要问题是：（1）新的支柱产业尚未形成，财政负担过大，可用于生产建设的资金短缺；（2）矿山深部开拓和资源接替进展缓慢，工业技术更新投入不足，产品科技含量低，市场竞争力不强；（3）企业负债率高，再就业形势严峻，完善社会保障任务艰巨；（4）农业基础设施比较薄弱，农业产业化程度不高，农民收入结构单一，南部山区和北部坝区经济社会发展差异较大；（5）污染治理和生态环境保护工作繁重等。

开远市经济发展概况

市长　马汝祥

2000年，在上级党委、政府的正确领导下，全市各族人民团结奋斗，求真务实，开拓创新，致力于基础设施建设，调整经济结构，培育新的经济增长点，打好扶贫攻坚战，基本完成了“九五”计划预期目标，全市呈现出经济发展，社会进步，民族团结的大好局面。全市完成国内生产总值（GDP）20.43亿元，按可比价格计算，比上年增长6.54%，比1995年增长49.05%，年均递增8.31%。其中，第一产业年均递增4.97%，第二产业年均递增5.02%，第三产业年均递增13.41%，一、二、三产业的比重由1995年的20:48:32调整为18:41:41。人均国内生产总值由1995年的5434元增加7800元。

一、农　业

在全面完成农村第二轮土地承包合同续签工作的基础上，紧紧围绕农民增收的目标，以农业产业结构调整为主线，加强农业基础设施建设，大力推广农业新技术。全年实现农业总产值2.017亿元，比上年增长4.14%，比1995年增长27.31%，年均递增4.95%；农村经济总收入9.289亿元，比1995年增长1.64倍，年均递增21.45%。粮食产量8.10万吨，比上年增长2.07%，蔬菜、水果、肉类等主要农产品产量逐年提高，甘蔗、烤烟生产稳步发展，为农民的脱贫致富作出了突出贡献。乡镇企业得到了快速发展，2000年乡镇企业总收入同口径比上年增长16.13%，比1995年增长3.4%倍，年均递增34.23%；乡镇企业工业产值同口径比上年增长13.31%，比1995年增长1.7倍，年均递增22.10%。

二、工　业

深化企业改革，加快技术进步，强化企业管理，实施企业逾期贷款置换，为企业发展创造条件。全市完成工业总产值17.13亿元，比上年增长5.06%，比1995年增长35.44%，年均递增6.26%；其中市属工业产值5.637亿元，比上年增长8.77%，比1995年增长58.22%，年均递增9.61%。狠抓企业扭亏增盈工作，连续5年完成州政府考核的扭亏增盈任务。

三、商贸流通

先后建成了滇东南建材批发市场、小商品批发市场、红河州机动车交易市场等各类有形商品市场，启动了滇南蔬菜水果批发市场、开远粮食批发市场。全年完成社会消费品零售总额5.115亿元，比上年增长6.86%，比1995年增长40.73%，年均递增7.1%；城乡集贸成交额2.267亿元，比1995年增长43.97%，年均递增7.56%。

四、财政·金融

全年完成财政总收入2.049亿元，比1995年增长45.91%，年均递增7.85%，其中，一般预算收入1.278亿元，比1999年增长6.49%；完成财政总支出1.910亿元，比1995年增长80.46%，年均递增12.53%。金融机构各项存款、贷款余额分别比1995年增长69.11%和40.59%，有力地支持了经济的发展。

五、非公经济

启动了“云南开远个体私营经济实验区”建设，出台了一系列优惠政策，采取鼓励和扶持非公经济快速发展的有效措施。2000年，全市个体私营户6476户，从业人员1.59万人，注册资金2.104亿元，个体私营企业上缴税金达到1581.8万元，比上年增长62.25%。

六、改革开放

国有企业三年改革与脱困目标基本实现，实现了“红河光明”股票的成功上市及证券营业部正式对外营业。云南开远糖厂列入国家企业兼并破产计划，依法实施破产工作顺利完成，新重组的明威公司运行良好。基本建立了养老、失业保险和城镇居民最低生活保障线制度，确保了国有企业离退休人员养老金和下岗职工基本生活费的按时足额发放。完成了职工医疗保险制度改革试点工作，基本建立了职工医疗保险制度和职工大病补充医疗保险制度。顺利完成了农村村级体制改革，实行村民自治。“九五”期间全市共签订招商引资项目36项，总投资4.16亿元，引进资金1.4亿元，引进先进设备20台（套）。共接待海内外游客34.1万人次，旅游收入1.4亿元。乡镇企业银通饲料厂赴沪创办了“上海彩凤磷钙饲料有限公司”，产品远销国内外。首届中国民营企业交易会期间，签约8项，签约资金8170万元，并成功地举办了“开远市人民政府新闻发布会”，提高了开远市的知名度。

七、基础设施建设

“九五”期间，全社会固定资产投资累计完成33亿元，比“八五”期间增长83.33%。投资8055万元，完成水利工程2652件。其中，完成农村人畜饮水工程865件，解决了1.57万人、6044头大牲畜的饮水问题。新增灌溉面积6912亩，改善灌溉面积8.91万亩。水利化程度达51%。改造了开——小公路、中——碑公路，完成了白草公路一期工程，卧大公路改造正式启动，实现了乡乡通柏油路，行政村村村通公路的目标。“九五”期间，新建和改建乡村公路268公里，全市通车里程达916公里。城市建成区面积14平方公里，城市化水平达41%，绿化覆盖率达36%。人民中路、灵泉西路、河滨路、南北过境公路、建设东路、兴远街等重要路段的新建和改造工程相继完工。新华书店、文化大厦、开远一中科技楼等建设项目相继竣工。启动了开远职教中心、广播电视中心、人民医院门诊大楼和开远田径场扩建项目。电信业务完成4360万元，邮政业务完成592万元，移动电话达1.5万部，固定电话4.3万部。

八、社会事业

巩固提高“两基”成果，不断深化教育改革，加大教育投入，全面推行素质教育。先后有22名学生喜获“红烟桃李奖”，10名教师荣获“红烟园丁奖”。5年共实施重点科技项目67项，其中2000年实施科技项目26项。加快了信息网络建设，建成了开远市人民政府公众信息网站。科技进步为国民经济增长的贡献率达40%。继续巩固和发展卫VI、卫VII项目取得的实质性成果，积极推进农村合作医疗，进一步健全妇幼卫生保健网络系统，保健覆盖率达100%。坚持“三为主”、“三结合”的计划生育方针。2000年，计划生育率达96.19%，人口自然增长率为4.70‰。先后被命名为“全国武术之乡”，“云南省文化先进市”。“全国体育先进市”等称号。全市电视覆盖率达92%，广播覆盖率达87.2%。编辑出版了《开远市志》和《开远前进五十年》。完成了第五次人口普查登记工作。

九、人民生活

2000年，全市职工年人均工资收入9936元，比上年增长7.10%，比1995年增长51.07%，年均递增8.60%；农民人均纯收入1859元，比上年增长6.05%，比1995年增长87.97%，年均递增13.45%。完成居民经济适用住房16万平方米，城镇居民人均居住面积8.02平方米。城乡居民人均储蓄存款6044元。

十、存在问题

主要问题是：(1) 广大干部群众的思想观念和认识水平与社会主义市场经济体制的要求不相适应；(2) 所有制结构与经济发展的要求不相适应；(3) 城乡发展不平衡，城镇化水平低与改革开放的要求不相适应；(4) 工业结构矛盾突出，市属企业整体素质不高，产品科技含量低，缺乏市场竞争力；(5) 对生产性项目的研究、储备、实施不够。

思茅市经济发展概况

市长　柳　彬

一、“九五”经济发展概述

全市各族人民在市委和市人民政府的领导下，把握以经济建设为中心、深化改革，扩大开放，以开放促开发，抓机遇，促发展，抓特色经济建支柱产业的思路，努力打牢农业、科教和交通能源通信基础，培育林产业、绿色食品、建筑建材、商贸旅游和畜牧渔业等5大支柱产业，发展非公有制经济，加快城镇化建设步伐，促进了全市综合经济实力的增强，各项社会事业的进步和各族群众物质文化生活水平的提高，基本上完成了经市人大一届四次会议通过的“九·五”计划。

“九·五”期间，国民生产总值从1995年(基期数) 4.153亿元达到2000年的8.033亿元，增长93.4%，5年平均递增14.1%；其中，第一产业增长54.9%，年均递增9.2%，第二产业增长107.8%，年均递增15.7%，第三产业增长108.2%，年均递增15.8%。经济结构得到有效的调整：第一、二、三产业的比重由27.6:28.7:43.7调为22.1:30.8:47.1。

工农业总产值(现行价)从4.195亿元达到7.436亿元，增长77.2%，年均递增12.1%；其中工业产值从2.418亿元达到4.715亿元，增长94.9%，年均递增14.3%，农业产值从

1.777亿元达到2.720亿元，增长53.1%，年均递增8.9%。

全年粮食总产量从4.39万吨达到5.10万吨，增长16%，年均递增3%。

累计完成固定资产投资总额17.59亿元，完成计划数的176%。

社会消费品零售总额从3.991亿元达到6.299亿元，增长57.8%，年均递增9.5%。财政收入从3127万元达到8077万元，增长158.3%，年均递增20.9%，财政支出从5652万元增到1.361亿元，增长140.8%，年均递增19.2%。

全部职工人均年工资从3952万元达到6957万元，年均递增11.9%，城镇居民人均可支配收入从3653元达到6100元，年均递增10.8%。农村经济总收入从1.421亿元达到2.416亿元，年均递增11.2%，农民人均纯收入从928元达到1422元，年均递增8.9%。

二、2000年经济发展概况

2000年，面对市场疲软，投资和需求严重不足，农产品价格走低，农民增收乏力等困难，全市以农民增收、企业增效和财政增长为工作重点，着力调整产业结构，培育支柱产业，稳步推进各项改革，扩大对内对外开放，发展非公有制经济，认真做好扶贫攻坚，加强基础设施建设，实施科教兴市和可持续发展战略，是知难而进，稳步发展的一年。国民生产总值比1999年增长5.98%；其中第一产业1.774亿元，同比增长0.66%，第二产业2.474亿元，下降10.73%，第三产业3.785亿元，增长24.29%。工农业总产值（现行价）同比增长5.27%，90年不变价总产值4.269亿元，同比增长6.85%。人均国民生产总值4468元，增长1.87%。

（一）农业。在遭受低温霜冻等自然灾害情况下，采取稳粮调结构，着力抓好大春生产，冬季农业开发和订单农业，大力推广实用科技和种植优质稻、杂交玉米；建设防护林、商品林、现代林业，实行封山育林，保护森林资源；深化农村改革，完成撤销村公所改设村委会工作；发展畜牧渔业，加强水利、农田、治理水土流失等基础设施建设。实现农业总产值（不变价）1.504亿元，同比下降2.43%，现行价总产值增长1.13%。农村经济总收入下降0.1%。乡镇企业总收入3.327亿元，下降1.67%，实现利税1751万元，下降26.83%。

年末耕地面积21.54万亩，粮食播种24.91万亩，总产量同比增长6.27%。油料产量1194吨，茶叶3021吨，水果5828吨，考烟315吨，橡胶478吨，咖啡815吨。造林2973公顷，松脂3674吨，木材采伐2.24万立方米。肉类总产5582吨，增长3.37%，其中猪牛羊肉4915吨，增长2.67%，禽蛋272吨，牛奶66吨，水产品2240吨。

全市有效灌溉面积4630公顷，水利化程度32.2%。农业机械总动力6.41万瓦，农业化肥施用量（折纯）2789吨，农村用电量786万千瓦小时。复种指数145.16%。

（二）工业。狠抓国有企业改革脱困，因企施策，强化内部管理、节能降耗和市场营销，组织清收应收账款，工业生产呈稳定增长态势。完成工业总产值（不变价）2.765亿元，同比增长7.96%，现行价工业产值增长7.83%，工业增加值（现行价）1.674亿元，增长9.36%，工业产品产销率94.1%，利税总额3706万元，增长96.2%。

主要产品产量：人造板7万立方米，锯材2.3万立方米，发电量5552万千瓦小时，自来水537万吨，配混合饲料9674吨，精制茶1062吨，松香2854吨，松节油656吨，栲胶881吨，水泥9.27万吨，茶叶机械1280台，甲醛5319吨，木材13.19万立方米，地板条867立方米，刨切单板81.37万立方米，啤酒4300吨。

年均从业人员9199人，全员劳动生产率5.12万元/人。

（三）交通运输·邮电业。交通运输和邮电通信事业整体水平有所提高。年末公路通车里程599公里。货物运输量332万吨，增长5.1%，货物周转量9611万吨公里，增长1.2%；旅客运输量553万人，增长0.4%，客运周转量4.729亿人公里，增长40.6%。

邮电业务总量6434万元，增长1.7%。年末住宅电话3.42万户，无线寻呼用户3.65万户，移动电话1.64万户。安装IC卡公用电话388部，固定电话普及率18.68%。

（四）固定资产投资·建筑业。全社会固定资产投资额3.186亿元，下降33.7%。其中国有单位2.203亿元，下降32.3%，集体单位1536万元，下降6.2%，城乡居民个人投资2881万元，增长33.4%；基本建设投资2.133亿元，下降11%，更新改造1021万元，下降16.7%。

重点工程思茅河二期治理，城区10公里供水管网改造、建材市场、通商路和莲花路一期工程、3万平方米城市路面修复及南岛河流域综合治理顺利竣工。

建筑业总产值6.466亿元，年末职工6086人，全员劳动生产率8.63万元/人，全社会竣工住宅面积15.02万平方米，其中城镇11.4万平方米。建筑业完成增加值7779万元。

（五）国内商业和市场物价。全社会消费品零售总额同比增长5.5%，其中国有及其控股经济完成1.526亿元，增长14.7%，集体及股份合作经济9954万元，增长5%，私营经济2.736亿元，增长17.9%，其他经济1.041亿元，下降24%。集市贸易成交额2.458亿元，增长13.1%。农业生产资料销售总额5794万元，增长1.47%。

市场物价总水平继续回落，商品零售价格指数下降3.9%，居民消费价格指数下降3.1%，农业生产资料价格指数下降1.2%；集市贸易消费品价格指数96.32%（上年为100%）。

（六）非公有制经济和旅游业。年内，市委、市人民政府召开了非公有制经济研讨会，出台了《关于加快非公有制经济发展的实施意见》，市财政注入50万元垫底资金，成立了非公有制经济担保基金协会，积极为非公有制经济发展经营服务，营造了良好的环境。年末，全市个体户和私营企业5182户、从业人员9750人，注册资金1.25亿元，含新注册个体户713户，私营企业18户；全年个体私营经济依法纳税2178万元，占财政收入的27%；非公有制经济占国内生产总值的比重达25.7%，占全市社会消费品零售总额的60%（其中个体私营经济占43.4%），占工业总产值的40%（含个体私营经济占13.2%），非公有制经济正成为全市经济发展的新增长点。

对外开放进一步扩大，开展了多层次、多领域、多形式的联合与协作，累计利用外资1.6亿元，建成了红塔木中密度纤维板生产线、金凤大酒店等5户外商投资企业。约有41.5万人次到思茅旅游观光（其中接待外国游客400余人次），旅游收入4480万元。

（七）财政·金融·保险。

全市财税工作突出抓收入，控支出、调结构、保重点、强监管、增效益、促平衡，建设特色财源，重点扶持林板、林化、咖啡、冬农开发、现代林业、有机茶园和茉莉花示范基地等项目建设，对企业技改项目贴息，培植稳固的地方财源，完成财政收入8077万元，增长11.6%，财政支出1.361亿元，增长20.9%。

金融机构各项存款余额22.73亿元，增长10.5%，各项贷款余额13.859亿元，增长14.9%；城乡居民储蓄存款金额11.553亿元，增长11.95%。

人寿保险费收入1917万元，增长6.1%，已决赔款案件8302件，赔款额691万元，增长36.8%。各种财产保险费收入1666万元，增长4%，已决赔款案件2555件，赔款额1165万元，增长27.6%。

（八）城市建设。城市基础设施建设完成投资1895万元，除完成一批重点工程外，新增街道绿化面积9657平方米，草坪7725平方米，新安装路灯110盏。巩固了创建文明安全卫生城市成果，城市面貌进一步美化。优先发展沿江、沿路小城镇。

（九）扶贫攻坚。（1）2000年底，全市已先后建立了踏清河、营盘山、漫老江、大中河等4个异地扶贫开发区，共接纳安置怒江州、昭通地区的泸水县、福贡县、永善县、鲁甸县、大关县、巧家县等6个县的贫困人口4058户、1.62万人，其中2000年安置864人；同时安置了市外本地区内异地转移贫困人口617户、1.84万人，两项合计安置4675户、1808人。（2）从1996年～2000年，异地扶贫投入各类资金1.131亿元，其中无偿6168.61万元，银行贷款6950万元。基地开发5.72万亩，其中茶园3.20万亩（含复垦2万亩），咖啡2.38万亩（定植2.09万亩），香椿1340亩。新建简易住房4476户、22.3万平方米，完全小学6所，初小12所，共67个班，入学1592人，入学率92%。开发区的安居工程、教育、卫生及水电路等基础设施初具规模。市内扶贫重点是省级贫困乡龙潭和云仙乡，投资112.97万元，其中省投100万元，地区4万元。实施治水、改土、“五小水利工程”，已解决了2330人和3400头牲畜的饮水问题。全市贫困人口从1999年的1.11万人减至2000年的8824人。

（十）社会事业。继续实施科技兴市和可持续发展战略，各项社会事业取得进展。财政用于科技的投入增长10.9%。引进和推广良种良法，发展特禽养殖，推进市院（大学）、市校合作，全年完成工农业科技项目16个，科技对农业、工业经济增长的贡献率分别为43.3%和40.2%。组织实施科技试验、示范、推广、科普宣传培训，共252期2.5万人员，放映科普录像66场，观众达3.5万人。

教育经费收入4000万元，增长8.8%。全市已形成从幼儿到初等教育和职业教育较为完善的教育体系。拥有幼儿园15所，在园幼儿4769人，教职工304人；小学98所，学生2.14万人，教职工1487人；普通中学17所，含完全中学3所，学生9574人（含初中7503人）教职工1034人；职业技术学校6所，学生1936人，教职工212人。适龄儿童入学率99.5%，高考、中考升学率分别62.5%、74.6%。

组织实施“文化精品工程”、“民族文化工程”和“千里边疆文化长廊工程”建设，文化艺术团体下乡演出40场次，观众1.5万人。

卫生事业贯彻“预防为主”方针，加强对传染病监测和防治工作，乡村卫生组织一体化建设稳步推进。拥有病床1057张，卫生专业技术人员1149人。开展“科技、文化、卫生”三下乡活动和全民健身活动，成功举办了第二届农民体育运动会。

完成农村小片区电视网5个，“村村通”工程通过地区验收。电视覆盖97.5%，广播覆盖率100%。

环保工作实现工业污染源达标排放并完成污水处理厂前期工作。治理水土流失面积20平方公里。

（十一）精神文明和民主法制建设。通过“三讲”教育和学习江泽民总书记“三个代表”重要思想，各级领导干部普遍受到了一次深刻的马克思主义教育和全心全意为人民服务的宗旨教育，转变了干部和机关作风，推进以法治市、巩固“三五”普法成果和城乡民主法制建设进程。严肃查处和纠正在干部任用、人事管理和发展党员工作中的错误和问题，不断推动党风廉政建设和反腐败斗争。

（十二）人民生活。2000年，全市辖4乡4镇、52个村民委员会（含1个街道办事处），总人口18.32万人，其中农业人口10.56万人，非农业人口7672人；少数民族人口5.87万人，占总人口32.1%。人口密度每平方公里46.65人。

职工总数4.22万人，年人均工资6957元，增长11.3%。城镇居民人均可支配收入6100元，增长4.5%；农民人均纯收入1422元，增长2.6%。城镇居民新建住宅19.27万平方米，农村新建3.62万平方米；城乡居民人均住房面积：城镇16.96平方米，农村18.49平方米。

安置城镇就业429人。初步建立了“三条保障线”制度，共有233户企业，1.6万人参加养老保险统筹，年征收养老保险金3170万元；建立了城市居民最低生活保障制度，累计发放保障金42.3万元，已有6061人得到救济保障。

三、存在问题。

主要问题是：(1) 经济结构调整缓慢，经济增长后劲不足。第一产业比重偏大，基础薄弱，农民增收缓慢，劳动生产率和科技含量低，抗御自然灾害能力弱；第二产业支柱单一，依重林产工业，其他产业在短期内难以形成优势，市场风险大；第三产业领域狭窄，对经济发展的支持和服务功能不足，信息咨询等新兴行业起步晚。(2) 投融资机制不活，投资主体单一，多元化格局尚未形成。投资主要依靠国有和财政资金，民间投资增长缓慢，外资投入极少。(3) 所有制结构调整滞后，非公有制经济发展不足，尤其是个体私营经济发展缓慢。(4) 农村经济增长缓慢，贫困面还较大，城镇低收入职工家庭生活困难，城乡扶贫济困的任务相当艰巨等。

景洪市经济发展概况

市长　岩　甩

2000年，在州委、州政府的领导下，市委、市政府团结和带领全市干部和各族人民，经过不懈努力，保持了国民经济的持续发展和社会全面进步。全市国内生产总值达13.59亿元（按可比价格计算，下同），比1999年增长5.6%。其中，第一产业增长5.2%，第二产业增长4.6%，第三产业增长6.3%；人均国民生产总值达6596元。工农业总产值11.14亿元，下降3.02%。

一、农业

农业和农村经济保持稳定。2000年全市农业总产值达9.21亿元，比上年增长0.05%。投入支农资金792万元，新建各类水利工程81件，新增灌溉面积2.1万亩，水利化程度达39.14%，建成2.31万亩不同层次主稳产农田，改善了农业生产条件，粮食总产量达13.21万吨；认真实施天然林保护工程，完成退耕还林规划，毁林开荒、乱砍滥猎现象得到有效制止；完成市级自然保护区建设，森林管护面积36.79万公顷，公益林建设达7600公顷，森林覆盖率达67.2%，连续5年无森林火灾，有效地改善了生态环境；畜牧渔业、冬季农业开发和菜篮子建设有了较大发展，肉类上市量达1016.3万公斤；乡镇企业继续稳步发展，实现营业总收入4.996亿元。

二、工业

工业生产坚持以建立现代企业制度为方向，以市场为导向，以提高企业效益为目标，深入开展“转机制，抓管理，练内功，增效益”活动，不断深化企业改革，转换企业经营机制，调整产业产品结构，拓宽工业发展路子，继续开展扭亏增盈工作。2000年完成工业总产值1.932亿元，比上年下降15.44%。

三、财政、金融

2000年财政收入继续保持了增长势头。全市地方财政收入完成1.55亿元。比上年增长2.5%，上划中央“两税”完成3537万元，增长3.6%；地方财政支出1.94亿元，基本实现了收支平衡。金融机构存款余额28.83亿元，贷款余额18.53亿元。

四、商贸、旅游

2000年对外经济贸易总额达3.66亿元；接待国内游客206.61万人次，国外游客4.24万人次；旅游总收入10.64亿元人民币，创汇1050万美元，分别比上年下降4%和7.5%。流通领域进一步扩大，实现社会消费品零售总额8.073亿元；市场物价平稳，全市商品零售价格总指数比上年有所增长，为国民经济正常运行创造了宽松的环境。

五、人民生活

继续坚持科教扶贫和开发式扶贫的方针，全市共投入扶贫资金140万元，解决了5000多人的温饱问题。人民收入稳步增长，生活水平进一步提高，农民人均纯收入达1872元，比上年增长3.9%。城镇居民人均收入6001元，比上年增长0.5%，城镇人均住房面积达到20.4平方米。人民生活水平和质量有较大提高。

六、科教文卫体

教育工作实现“普九”达标。出台了《景洪市科技事业“十五”计划和2010年发展规划》，科教兴市战略在全市稳步实施。科技进步对经济增长贡献率达42%，科技创先工作继续保持全国先进县（市）行列。卫生工作继续全面实施卫Ⅵ、卫Ⅶ项目。开展了以灭鼠为重点的爱国卫生工作，积极争创全国卫生城市。计划生育工作继续巩固“三为主”成果，积极推行“三结合”工作，全市人口自然增长率为4.7‰。

七、存在问题

2000年在工作中存在的问题是：（1）受国际国内市场的影响，粮食、橡胶、白糖等农产品价格持续处于低谷，农民和农场职工的经济利益受到较大影响，消费需求不旺，导致财政收入增幅不大；（2）经济结构调整困难大，力度不够，制约着财政收入的稳步增长；（3）实现优势农业壮大和传统产业升级的难度大；（4）城市基础设施建设欠帐过多，财力非常困难；（5）旅游精品景点少，服务质量不高；（6）企业改制工作步履艰难，国有企业和集体企业的效益不好，下岗、待岗人员增多，社会就业压力加大。

大理市经济发展概况

市长　杨志东

2000年，大理市经济结构调整取得明显成效，经济运行质量和效益进一步提高；农业二次创业全面推进，农村经济稳步发展；工业生产不断增长，运行态势好转；商业贸易稳定，财政金融形势较好；民主法制建设不断加强，社会事业协调进步。

一、国民经济

2000年，全市国内生产总值预计完成56.96亿元，同比增长8.15%，其中，第一产业6.96亿元，增长4.04%；第二产业30.20亿元，增长3.35%；第三产业19.80亿元，增长18.21%。财政总收入完成4.83亿元，同比增长14.90%，其中，地方一般预算收入完成3.43亿元，同比增长20.7%。辖区工业总产值（1990不变价）完成28亿元，同比增长8.53%。农业总产值（1990年不变价）完成4.55亿元，同比增长2.94%。乡镇企业营业总收入完成34.15亿元，同比增长23.06%，现价总产值完成32.54亿元，同比增长22.24%。全年接待国内外旅游者445万人次，旅游业直接收入14.77亿元。累计签订经协及招商引资项目44项，合同及协议资金12.09亿元。社会消费品零售总额15.57亿元，同比增长2.70%。城镇居民人均可支配收入6955元，同比增长8.40%，农民人均纯收入2905元，同比增长5.48%。

二、旅　游

围绕推进“以旅活市”战略，进一步加强和完善旅游基础设施建设，规范旅游行业管理，提高旅游服务水平，旅游支柱产业快速发展，联动作用日益增强。全市旅游业已基本形成食、住、行、游、购、娱为一体的综合配套服务体系。全市直接、间接从事旅游业人员约13万人。认真组织编制大理市旅游业发展详细规划。抓住国家扩大内需和实施西部大开发的历史机遇，争取并启动实施了金梭岛环岛路、大理古城二期改造、南诏德化碑公园碑林、三塔路等一批基础设施和旅游景点景区建设项目。加强旅游宣传促销，参加了国际国内旅游交易会等旅游宣传推介会，制作了中、英、日、法、德等多种文字的中国优秀旅游城市《大理》导游图；建立了“大理旅游信息网站”。成功举办了世纪之春首届郁金香花展、首届大理旅游节和云南省第四届城市运动会。加强旅游行业管理和队伍建设，促进旅游服务工作规范化。围绕“环境、质量、秩序”三个重点，坚持辖区管理，加强旅游稽查，整治旅游市场秩序。加强了在服务窗口行业推行民族服装和主要交通沿线白族民居整治工作。一批旅游景点（区）和旅行社进入了国家级先进行列，顺利通过了国家旅游局“中国优秀旅游城市”复核。

三、企业改革

坚持“有进有退”、“有所为有所不为”和扶优扶强的原则，国有大中型企业3年改革脱困工作目标基本实现。列入省重点脱困企业的大理苍洱实业集团有限责任公司和大理泰兴实业有限公司巩固和发展了改革脱困成果，盈利水平有了提高。大理造纸股份有限公司围绕配股目标努力开展工作，已正式被国家证监委批准配股。大理啤酒（集团）有限责任公司积极做好企业改制、“10+10”技改及上市的前期工作。大理民族纺织厂被列入国家2000年全国企业兼并破产计划项目，破产工作正按计划推进。企业产权制度改革取得新的成绩。大理汽车运输公司、大理通用机械厂、下关针棉织品厂、大理市制帽厂、下关布鞋厂、海滨饭店、达利公司及大理市外贸公司通过出让资产，用出让收益一次性妥善安置职工。大理航运公司、正阳商场等企业国有股权全部退出。大理南星化工有限责任公司关闭解散工作基本完成。

社会保障制度改革进一步推进。确保了下岗职工基本生活保障费、失业救济金、城市居民最低生活保障费及离、退休人员养老金的按时足额发放。社会保险覆盖面和基金收缴率比往年有较大幅度的增长。行政事业单位职工医疗保险制度启动运行。成立了大理市国有资产经营公司。进一步深化了教育、卫生等改革，各项改革顺利推进。

四、农业·农村经济

加强农业基础设施和生态环境建设，进一步改善农业生产条件。重点实施了湾桥至喜洲中心示范区园田化建设工程、设施化高效农业示范区和三文笔农建大道示范工程；以凤仪、海东水毁工程修复为重点，加强了河道治理和灌溉渠系建设，强化了险堤病库的除险加固和河道清淤除障工作。清碧溪综合治理、隐仙溪小流域水土保持综合治理及湾桥石岭泵站技改工程全面启动。农村水电初级电气化建设工作通过省级验收，完成了东环海公路绿色走廊工程、日援项目上关绿化工程及洱海东坡补植补造工作，天然林保护工程全面启动，实现了苍山无森林火灾的目标。加大了农村新型沼气池建设力度。顺利接收和安置了重点森工企业及职工。农业结构调整和科技兴农措施继续稳步推进。小春粮经种植比例由上年的5.4∶1调整至3.6∶1，粮食作物调减2.2万亩，经济作物增加3.1万亩（含复种），小春种植业产值达1.32亿元，比上年增1277万元。启动了农产品信息服务中心，完成了现代化设施农业栽培示范建设项目。实现烤烟农林特产税及附加126万元。苍山百合、鲜食玉米、山药、南白瓜子种植面积扩大。大春实现种植产值2.25亿元，比上年增547.93万元。全年种植业总产值达3.56亿元，比上年增长5.9%。蔬菜、畜牧、水产、林果等各业保持了稳定健康发展。加强了村镇规划建设管理，将白族民居建筑风格整治和小康村建设结合起来，大力整治村容村貌、环境卫生。认真组织开展农村合作基金会的清理整顿工作。农村两个文明建设协调发展，小康村建设继续上档次上水平。

五、城乡建设

围绕建设中等规模城市目标，加快基础设施建设步伐。抓住国家扩大内需、实施西部大开发战略的机遇，扩大投融资渠道，投资1亿多元，相继完成了文献路、大理石城二期改造、人民广场拆迁改造和环城南路部分路段改造、关平路城市形象改造、民族广场灯光工程及浮雕和广发大厦建设。大理经济开发区被省批准为省级高新技术产业开发区，大理旅游度假区继续加强区内基础设施建设，感通旅游索道投入运营。飞机场一级公路、下关南入口形象广场一期工程已启动实施。继续加大房地产开发和小城镇建设力度，制定了《大理市进一步加快房地产开发及小城镇建设实施办法》，启动了龙泉、弥陀寺、打渔村居住组团建设。大胆尝试旧城改造招标路子，公开拍卖了大理古城直管公路。加快小城镇建设步伐，喜洲镇被列入全国小城镇综合开发示范镇，凤仪镇被列入全国经济综合型小城镇开发项目。七里桥乡、喜洲镇白族民居示范点等一批小城镇建设项目顺利实施。七里桥等5个乡“撤乡建镇”工作已上报审批。300套市级经济适用房建设全面完成。圆满完成第一期民居建筑风格整治工作任务。继续巩固和深化城市环卫、城管监察改革，实行了“条块结合，以块为主，职责明确，联动配合”的城市管理机制，狠抓市容市貌整治，城市形象继续改观。

六、财税工作·非公经济·招商引资

按照“搞活大流通，建立大市场”的目标，组织开展了市场体系建设规划编制和市场建设工作，启动了兴盛商业城、金贝商业城、大理市农业生产资料批发市场建设，完成了文献建材城、金兴家具城等专业市场建设，预计投资达1.7亿元。抓住三月街民族节、昆交会、民交会等时机，积极开拓城乡市场，千方百计扩大购销，使大理市滇西交通枢纽和商贸中心的地位和作用得到进一步巩固和发挥。切实做好财税金融工作，促进经济快速发展。加大财政监督和管理力度，制定出台了《大理市预算外资金收缴分离实施办法》，加强非税收入的管理。严格执行税收政策，依法组织收入，狠抓增收节支，强化会计管理，全面推行政府采购和乡镇财务“零户统管”。大力发展个体私营经济。至2000年底，全市共有个体工商户1.5万户，户均注册资金1.49万元，私营企业664户，比上年增154户，户均注册资金67万元。非公有制经济正从原始资本积累逐步向规模化方向发展。认真落实招商引资优惠政策。广泛吸引国内外经济组织和社会资本参与大理市经济结构调整和社会各项事业建设。全市新签经协及招商引资项目44项，引进市外协议及合同资金12.09亿元，有8户企业设立办事处，22户企业开店办厂。抓住国家实施西部大开发和省人民政府大理现场办公会的机遇，积极搞好项目储备，共储备项目65个，总投资54.83亿元。

七、社会事业

按照社会事业“四个相适应”和争创一流的目标要求，教育、科技、文化、卫生、广播电视、计划生育等社会各项事业在改革中顺利发展，取得可喜成绩。大理一中晋升为省一级二等完中；市职二中顺利通过省级示范职中验收；完成了17所中小学内部管理体制改革的试点工作，在全省教育内改工作经验交流会上作了发言交流。全市小学毕业水平测试综合成绩评比连续4年名列全州第一，中考成绩位居全州前茅。认真推进“科教兴市”战略，加强各种先进适用技术的推广应用。建立了大理市农产品加工实验室、大理成言生物研究所和大理瑞鹤黑熊繁育研究所等3家重点实验室。围绕新、特、优、稀产品开发和规模化生产，积极扶持大理石工艺品、优势农产品、特色生物资源、民族旅游商品和环保节能产品等技术含量高、附加值高的产品开发。科技对经济发展的贡献率不断提高。文化工作成绩显著，大理市被文化部命名为“中国民间艺术洞经音乐之乡”。开展了对歌舞娱乐场所、电子游戏、电脑网吧的专项治理工作，净化了文化市场。卫生工作扎实有力。卫生防疫、地方病防治和爱国卫生工作成效显著，顺利通过第四次全省卫生城市检查；医疗机构内部管理体制改革稳步推进。全市已达到初级卫生保健普及阶段合格标准。广播通讯《如果苍山不再忧虑》荣获云南省广播电视政府奖一等奖；电视节目实现天天有新闻。在云南省第四届城市运动会上，大理市体育代表团获得金牌总数第二的历史最好成绩。全市10个乡（镇）全部达到体育先进乡（镇）标准。流动人口计划生育管理得到加强。市计生服务站和10个乡（镇）的计生服务所（室）已全部建立。完成了第五次人口普查工作和10个乡（镇）村级建档工作。

八、存在问题

主要问题是：（1）城市基础设施建设滞后，市政、旅游、交通等基础设施与加快全市经济社会发展目标要求仍有很大差距；（2）经济结构性矛盾突出，优化结构、推进城乡一体化任务繁重；（3）投融资机制不活，政府性债务负担重，财政收支矛盾突出，市级财源后劲不足，乡（镇）财政平衡难度大；（4）保护生态环境，实现可持续发展任务重等。

保山市经济发展概况

市长 李树云

2000年，保山市委、市人民政府团结和带领83万各族人民，抓住国家实施西部大开发战略和云南省实施“两省一通道”建设的历史性机遇，加大经济结构调整特别是农业和农村经济结构调整力度，克服了因国内市场急剧变化带来的传统支柱产业支撑力减弱、农产品价格持续走低以及自然灾害频繁等困难，保持了国民经济持续稳定增长，推进了社会全面进步。全市完成国内生产总值28.31亿元，按可比口径计算（下同）比上年增长8.8%，比“八五”期末增长76.3%，5年平均递增12.0%，其中：第一产业完成增加值10.87亿元，比上年增长7.0%，5年平均递增7.4%；第二产业完成增加值6.57亿元，比上年增长8.0%，5年平均递增13.9%；第三产业完成增加值10.87亿元，比上年增长10.7%，5年平均递增16.7%。一、二、三产业比重为38.4:23.2:38.4。全市人均国内生产总值3412元，比上年增长6.8%，比“八五”期末增长67.0%，5年平均递增10.6%。

一、农村·农村经济

2000年，保山市委、市政府继续坚持以确保农民增收、农村稳定为目标，以“稳粮调结构、提质增效益”为中心，引导农民依靠科技进步与搞活市场营销，积极调整农业产业和农产品结构，大力推进冬季农业开发，着力发展地方特色农业，在自然灾害频繁和农产品市场价格持续低迷的不利情况下，继续保持了全市农村经济的持续稳定发展，实现了农民增收、农村稳定的目标。主要农产品产量与1999年相比：粮食3.17亿公斤，增长10.7%；甘蔗48.3万吨，减少14.5%；烤烟16.39万担，增长7.6%；香料烟4.32万担，增长8.9%；潞江小粒咖啡豆4841吨，增长35.4%；油料144万公斤，增长76.3%；茶叶1.71万担，增长2.5%；蚕茧1万担，减少3.5%；商品蔬菜7520万公斤，增长7.8%；畜禽肉类总产量4520.7万公斤，增长0.9%；禽蛋152万公斤，增长3.2%。牛奶103.8万公斤，增长4.6%。鱼类总产量3316吨，增长23%。当年完成人工造林4.66万亩、退耕还林2.53万亩。乡镇企业按新的统计口径统计，全年实现营业总收入21.7亿元，比上年增长10.5%。上缴税金5854万元，增长10.1%。全市实现现价农业总产值16.69亿元，增长7%。全市农民人均纯收入1552元，比上年增加53元。

二、工业·建筑业

2000年是实现国企改革脱困的决战之年。保山市委、市政府以创新机制为目标，以产权制度改革为重点，结合企业的实际，采取股份制、股份合作制、合资经营、依法破产等多种形式，全力推进企业改革，着力加强企业管理，使全市企业改革和发展取得了比较好的成效。全市36户国有工业企业已完成改制改革的有29户，其余7户已依法进入破产程序。通过改革和加强企业管理，已有三分之二的企业基本实现了脱困目标，整个工业的经济效益有了比较明显的好转。全年完成工业总产值（现价）8.89亿元，按可比口径计算，比上年增长5.7%。实现工业增加值2.49亿元，工业增加值率比上年提高14.4个百分点。全年完成主要工业产品产量：食糖5.39万吨，比上年减17.3%；啤酒2.53万吨，增长30.4%；面粉4.3万吨，增2.4%；面条1.2万吨，增长13%；粉丝5000吨，增长27.5%；饵丝7500吨，减少2.3%；鲜冻肉6012吨，增长29%；皮鞋26万双，增长44%；洗涤用品1461吨，增长30.3%；发电量1.41

亿千瓦时，增长13.7%；电力变压器3.96万千伏安，增长32%；水泥4.28万吨，减少14.2%；金属硅4429吨，增长28.6%。主要工业产品产销率达到104.4%，比上年提高13.3个百分点。

到2000年底，全市城乡有资质等级的建筑施工企业已发展到19户，常年固定从业人员1.76万人，拥有固定资产原值1.24亿元，当年实现营业总收入5.16亿元，实现施工现价总产值3.47亿元，完成增加值1.3亿元，实现利税总额2296万元。

三、固定资产投资

2000年，全市固定资产投资额保持了较快增长。全年完成固定资产投资总额4.71亿元，比上年增长10.8%。其中：基本建设投资完成1.49亿元，增长66.6%；更新改造投资完成0.25亿元，下降57.9%；房地产开发投资完成0.65亿元，增长35.1%；城乡集体投资完成0.79亿元，下降2.6%；城乡个体投资完成1.53亿元，增长4.4%。重点建设项目完成情况是：农田水利建设投入资金4191万元，完成各类水利工程2300件（含岁修工程），当年新增农田灌溉面积1.5万亩，改善农田灌溉面积11.46万亩，治理水土流失面积15.2平方公里，解决了1.94万人和6300多头大牲畜的饮水困难；在交通建设方面，大（理）——保（山）高速公路保山段58.8公里建设工程已完成投资6.48亿元，完成总工程量的50.6%。云（县）——保（山）公路二级路标改建工程保山段32.47公里建设已全线开工。全长120公里的沙（河）——瓦（马）公路改扩建工程已基本完成路基开挖和挡墙支砌。全长30余公里的沙（河）——丙（麻）公路弹石路面铺筑工程已基本完工。在城镇建设方面，保山新市区建设迈出了新步伐，旧城改造取得新突破，农村小集镇建设也取得新进展。日供水3万吨保山市第三水厂建设基本竣工。容量500万公斤的白马庙国家粮食储备库工程建设竣工并通过上级验收。保山造纸厂异地搬迁改扩建工程基本建成投产。保山市第八中学建设完成投资1010万元，并开始部分招生。猛林异地扶贫开发工程全面启动。保山盆地天然气二期开发工程已成功打井2口。

四、城镇建设

2000年，保山市委、市政府坚持把城镇建设作为拉动市域经济发展的“发动机”，继续实施城镇建设带动经济发展战略，促进城镇规模、质量、功能、形象都发生了较大变化。

（一）保山新市区建设迈出新步伐。全年投入资金1.62亿元，启动建设项目248个，总建筑面积22.68万平方米。在新区启动实施了占地总面积35.97公顷的九隆、杏花、昌河3个经济适用住房小区建设，启动实施了永昌文化园、保山八中、泰龙建材商场、北片区民营商贸园区、河图果蔬批发市场等重点项目建设。城市建成区面积已扩大到9.6平方公里，城市常住人口达到10.2万人。

（二）保山市旧城改造取得新突破。重点对岔路村（永昌文化园规划区）、振兴路至建设路、人民路至象山路、保岫西路西段、府门街、车家街等路段进行了拆迁改造，并实施了王官收费站至大沙河口大街改扩建工程，共拆迁住户206户，拆除破旧房屋建筑面积3.01万平方米，盘活土地存量2.63万平方米。全年完成投资3亿元。

（三）加强了城市文化工程建设，认真实施了“城市文明畅通工程”，大力实施了城市绿化工程，进一步增加了城市的文化内涵，提高了城市文化品位。

（四）加快了农村集镇建设。完成了下村、西邑、老营、勐林等集镇建设规划、铺筑农村集镇街道混凝土路面3.2万平方米。

五、交通·邮电

保山市委、市政府坚持不懈地把加强公路交通建设作为改善投资环境，发展市域经济的硬件工程来抓。围绕改善交通运输条件，主要抓了以下几点：1、积极配合上级主管部门抓好国道大保高速公路和省道云保公路建设；2、有计划、有重点地分期分批改造扩建市乡公路，提高市乡公路等级，到2000年末，四级公路里程已达到1357.8公里，同比增长57%；3、大力加强乡村公路建设，到2000年末，全市乡村公路里程已达到1128.6公里，同比增加493公里，已实现了村村通公路的奋斗目标。与此同时，交通运输工具拥有量也随之较快增长，到2000年末，全市全社会交通运输工具拥有量已达到2.89万辆，同比增长11%。保山市区和郊区开通公共汽车13路76辆，办证营运出租小汽车372辆。2000年，全市完成货运量670.2万吨、货运周转量4.082亿吨公里，分别比上年增长12.9%和5.5%；完成客运量469.66万人、客运周转量3.773亿人公里，分别比上年增长11.2%和12%。

邮政电信业继续保持快速增长态势。2000年末，全市城乡固定电话用户已达到4.16万户，其中：市区3.1万户，农村1.06万户，全市城乡每百户拥有电话19.45部。无线寻呼达到3.63万户、移动电话达到2.77万部。互联网注册用户达到了763户。2000年共实现邮电业务总量1.09亿元，比上年增长69.7%。

六、国内商业贸易·物价

通过深化改革，调整经营结构，努力开拓市场、扩大购销，搞活流通，使全市商业贸易继续保持了平稳增长。主要经济指标完成情况：商品购进总额2.3亿元，比上年增长3.2%；商品销售总额2.71亿元，下降3.9%；城乡集市贸易成交额6.18亿元，增长16%；全社会消费品零售总额9.3亿元，增长8.6%。其中，国有及国有控股商业完成2.13亿元，增长19.7%；集体商业完成0.36亿元，下降19.3%，个体私营商业完成6.81亿元，增长7.5%。

市场物价仍然处于低迷状态。全年居民消费价格总指数为95.5%，商品零售价格总指数为95.6%，农业生产资料价格总指数为101.9%，农副产品收购价格总指数为94.9%。

七、对外经济·对外开放

随着亚洲金融危机的缓解和国家继续实行出口退税等鼓励出口政策，保山市2000年对外经济开始呈现恢复性增长势头。外贸出口商品总值完成1828万元，比上年增长1倍。边贸进出口总额完成2718万元，增长142.2%。

继续积极实行“以资源换资金，以存量换增量，以开放促开发，以开发促发展”的对外开放战略，借助外力发展自己。如在保山市第三水厂、泰龙建材商场、九隆小区、永昌文化园等重点项目建设中，共引进外资7000多万元，保证了这些重点项目建设的顺利实施。在经济协作方面，积极参加了第8届中国昆明出口商品交易会，实现销售合同额8000多万元，达成引资项目3项，协议引进资金额近1亿元。另外，随着旅游业的发展，当年接待来自海外27个国家和地区的游客2076人次。

八、财政·金融·保险

2000年，在财政总体状况仍然吃紧的情况下，通过积极培植财源，严格依法征管，认真落实各项增收节支措施，并按照“一要吃饭、二要建设”的原则合理科学地安排调度资金，从而保证了财政收支平稳运行。全年完成财政总收入2.04亿元，比上年增长4.1%，其中完成地方财政收入1.44亿元，比年初预算增长2%。全年完成财政总支出2.62亿元，增长8.2%。当年消除历年滚存赤字894万元。

金融运行良好，存贷稳定增长。2000年末，全市金融系统各项存款余额为32.87亿元，比上年增长14%，其中，城乡居民储蓄存款余额19.73亿元，增长11%；全市金融系统各项贷款余额33.92亿元，增长11%。

保险事业稳步发展。全年保险保费收入3625万元，比上年增长2.4%。累计投保金额75.34亿元，增长4.6%。已决赔款1354万元，下降18.9%。其中：财产保险保费收入1657万元，下降4.6%，保险金额19.42亿元，已决赔案金额912万元，赔付率为55.1%；人寿保险保费收入1968万元，保险金额55.92亿元，已决赔案金额442万元。

九、个体私营经济

保山市委、市政府继续按照放心、放胆、放手的要求，着力在营造环境和搞好服务上下功夫，围绕城镇建设和培植支柱产业，大力促进个体私营经济的发展。到2000年底，全市个体工商户已发展到1.33万户，比上年增长7.4%。私营企业已发展到181户，增长1.7%。个体私营企业从业人员2.74万人，增长3.6%。注册资本金达1.89亿元，增长18.9%。全年实现营业总收入7.72亿元，增长6.1%。缴纳税金3772万元，增长16.7%。

十、人口·人民生活

2000年，全市年末总人口82.95万人，人口自然增长率为 9‰。在总人口中，农业人口 72.02 万人，占 86.8%；非农业人口 10.93 万人。家庭户平均人口 3.9 人。

城乡居民收入增长依然比较缓慢。2000 年城镇居民年人均可支配收入为 5796 元，比上年增长 6.3%；人均年消费支出 4531 元，下降 0.9%；全市农民人均纯收入 1552 元，增长 3.6%。

社会保障事业得到重视。年内对城镇 632 户、1501 人发放最低生活保障补助金 117.3 万元。全年共投放救灾扶贫周转金 24 万元，扶持困难户 559 户。对 677 位五保老人实行了集中供养或分散供养。全市行政事业单位和国有、集体、私营企业累计收缴养老保险保费 3490 万元，发放养老金 3401 万元。完善和组建再就业服务中心（站）31 个，在职业介绍机构登记求职的 1319 人中，有 1152 人实现了就业。

十一、存在问题

主要问题是：(1) 经济结构不合理，支柱产业单一，非公有制经济发展不充分，实力不强，工业企业市场竞争力弱，效益不高，国企改革难度大。(2) 农业产业结构调整步伐缓慢，有效需求不足，城乡市场不旺，农民增收困难。(3) 就业压力大，社会保障体系滞后。(4) 基础设施薄弱，投入十分有限，财政增收难度大。(5) 各级干部和群众的思想观念与发展社会主义市场经济的要求还存在着差距。

潞西市经济发展概况

市长 管国照

“九五”期间，潞西市各族干部群众以经济建设为中心，牢牢把握“抓住机遇、深化改革、扩大开放、促进发展，保持稳定”的基本方针，明确了全市经济体制改革的重点和目标任务，把调整经济结构和产业结构，以农民增收，企业增效，财政增长作为总揽全市经济工作的指导思想。2000 年全市国内生产总值完成 12.7 亿元，按可比价计算 5 年平均递增 8%，其中第一产业 3.5 亿元，平均递增 4.4%；第二产业 3.3 亿元，年均增 8.5%；第三产业 5.9 亿元，年均增 10.3%。人均国民生产总值 3883 元，年均增 5.2%。

一、农业·农村经济

2000 年，市政府始终把农业和农村工作放在经济工作的首位。稳定完善以家庭承包为基础的双层经营体制，顺利完成了第二轮土地承包延长 30 年的合同续签到户工作，认真贯彻落实减轻农民负担的各项政策。对农村合作基金会进行了全面清理整顿，化解了农村金融风险、保护了农民利益，农业产业结构调整初见成效。2000 年，全市农业总产值 5.309 亿元，比上年增长 2.0%，比“八五”末增 26.7%；粮食总产 12.8 万吨，比上年增 0.4%，比“八五”末下降 14.5%；甘蔗总产 59.5 万吨，比上年减 15.5%，比“八五”末增 41.9%；茶叶总产量 2162 吨，比上年增 10.1%，比“八五”末增 0.3%；生产肉蛋奶等畜禽产品 1.1 万吨，比上年增 17.2%，比“八五”末增 31.8%；水产品 2068 吨，比上年增 8.0%，比“八五”末增 107.6%，植树造林 16.3 万亩，绿色产业种植有山苍籽 3 万亩，咖啡 2 万亩，印楝 4800 亩，茶油树 2500 亩。农业基础设施建设得到加强。改造中低产田 11.6 万亩，建设高稳产农田 8.3 万亩，改善灌溉面积 9.43 万亩，新增有效灌溉面积 1.37 万亩，水利化程度从“八五”期间的 37%增加到 40.2%。实现了村村通电。农业机械化程度大为提高。加快粮食仓库建设，仓容量比“八五”期间增34%。

乡镇企业健康发展，全市乡镇企业已发展到7719户，从业人员1.5万人，营业收入2.5亿元，年缴税金705万元。

二、工　业

坚持以经济效益为中心，组织指导工业生产，抓好产品销售、产品结构调整、扭亏增盈和“双增双节”、清理三角债等工作。全年工业总产值4.899亿元，年均增9.7%，比上年增12.6%。食糖从3.5万吨增加到7.5万吨，年均增16.5%；水泥从14.7万吨增到20.7万吨，年均增7.1%；发电量从1.3万千瓦小时增加到3.2亿千瓦小时，年均增20.4%。

三、第三产业

2000年，全市社会消费品零售总额6.126亿元，年均增5.6%，比上年增1.3%。全市共有个体工商户6312户，从业人员1.03万人，注册资金6828万元；私营企业147户，从业人员2951人，注册资金7526万元。全市城乡集体贸易成交额达2.026亿元，比上年5.5%。全年出口总额1.646亿元，比上年同期下降23.3%，其中进口1662万元，比上年同期增31.3%，出口1.480亿元，比上年减26.7%。年内完成旅游社会总收入1.497亿元，外汇收入25.8万美元，完成税收55万元，接待国内外游客36.77万人次。旅行社完成营业额351万元，税收7.1万元。

四、扶贫攻坚工作

“九五”期间全市共投入扶贫资金975万元，实施扶贫开发项目451件，重点扶持的“五乡六村”，农民人均纯收入从578元增加到752元，增30%；农民人均占有粮食从305公斤增加到368公斤，增20.6%。基本解决了5571户、2.78万人的温饱问题。使贫困人口从“八五”末的6.5万人下降到3.72万人。城镇居民人均可支配收入1995年的5018元上升到7693元，增长53.3%，年均增长7.4%。农民人均纯收入从1995年的866元上升到1073元，增长23.9%，年均增长3.6%。小额信贷工作在全市3个乡实施涉及覆盖710个行政村，79个合作社。

五、财政·金融

财税金融工作取得新的成绩。5年间，财政收入由6376万元，增加到9171万元，年均增长7.5%；财政支出年均增长7.8%，收支平衡状况有所改善。银行存款余额由7.9亿元增加到20.1亿元，年均增长30.9%；银行贷款余额由7.8亿元增加到14.1亿元，年均增长16.2%。

六、人民生活

2000年潞西市城镇居民人均生活费收入6499元，比上年增6.4%；农民人均纯收入1073元。全市职工工资总额1.248亿元，比上年增15.9%；职工平均工资6971元，增16.9%。年末城镇居民人均住房面积20.4平方米，农村居民人均居住面积19.6平方米。

七、固定资产投资

2000年，完成固定资产投资1.689亿元，比上年减25.1%。5年累计基础设施建设投入资金6167万元，是前5年的5.48倍。完成了潞盈公路潞西段40公里三级油路，江东8公里、西山18.5公里、五岔路7公里、象滚塘山区段12公里，三台山勐丹11.2公里和勐戛23公里弹石路改建，以及风平至那目段3.23公里三级路、轩岗丙茂8.44公里路基工程，完成了11个乡镇的文明路建设。全市84个村都通了公路。至2000年底，全市公路通车总里程达2489公里。全市基本实现了城乡通信网络传输、交换数字化，市域14个乡镇开通了移动电话。2000年全市程控电话交换机总容量5.1万门，市话用户达2.9万户，乡村用户达5000多户，公用电话674部。广播、电视覆盖率分别达91%、95%，实现了村村通广播电视的目标。水利电力基础设施大为改善。5年来，全市多渠道筹集水利电力建设资金达7288万元，比“八五”增加4234万元；盼望已久的勐板河水库于1999年12月30日开工，工程进展顺利。城乡电网建设5年共投入821万元，建设110千伏以上变电站12座，主变压器容量达1.3万千伏安，线路长度达1712.8公里，全市电力供应紧张状况得到改善。城市化进程加快，市政建设成绩显著。5年来，芒市市政建设共投入资金2亿元，改善了市民工作、生活环境。获得省级文明卫生城市称号。

八、社会各项事业

“九五”期间，潞西市基础教育取得显著成绩，成人教育、职业教育得到发展。始终把“两基”作为教育工作的重中之重。加强了硬件设施建设，扩大了办学规模，改善了办学条件。2000年基本实现了“两基”，并实现了“实验教育普及市”。市职业高级中学被省教育厅评定为“省级示范职业高级中学”。

“九五”科技扶贫工作完成，被省授予科技扶贫先进单位。认真开展农科教统筹工作，积极抓好农函大办班教学管理，被省评为农函大办学先进集体。狠抓科技创先工作，并取得成效，获省级科技创先实现单位。与中国农科院茶叶研究所、云南省农科院生物研究所建立了市、所合作关系，研究开发生态茶和脱毒马铃薯项目。重视信息网络建设，建立了因特网站。

计划生育工作成效显著。2000年人口自然增长率5.98‰，比1995年的9.3‰降低3.32个千分点；计划生育率90.38%，比1995年的73.22%上升17.16个百分点，计划外多孩率比1995年下降5.09个百分点。

九、存在问题

主要问题是：（1）农业基础薄弱；（2）基础设施有待进一步改善；（3）支柱产业单一、缺乏品牌；（4）财政收支矛盾突出，经济发展较为缓慢，（5）农民增收难度大，企业的总体效益、运行质量比较差；（6）就业压力大，不稳定因素多，社会治安形势依然严峻等。

瑞丽市经济发展概况

市长　思利章

2000年，瑞丽市紧紧抓住西部大开发的历史机遇，深入贯彻落实党中央、国务院和省委、省政府的各项方针政策，坚持深化改革，扩大开放，强化基础，调整结构的方针，经过全市各族干部群众，团结一致，艰苦努力，国民经济和社会发展取得了新成绩。较好地完成了年初确定的宏观调控目标。

一、国民经济持续稳步发展

全年完成国内生产总值8.013亿元，比上年增长11.7%（按可比价格计算，下同），完成了年度计划数的101.8%。其中，第一产业1.899亿元，增长5.4%，第二产业1.756亿元，增长25.5%，第三产业4.358亿元，增长6.8%。

全年国内生产总值完成“九五”计划的101.8%，比1995年增长17.6%，年均递增3.3%，其中：第一产业年递增4.7%，第二产业年递增0.9%，第三产业年递增4.4%，三次产业的比重为23∶22∶55。人均国内生产总值7357元，比1995年增加1022元，增长16.1%，年均递增3%。

二、工农业

工农业总产值3.829亿元（1990年不变价），比上年增长3.8%，完成年度计划数的98%，其中工业总产值2.040亿元，增长4.3%。农业总产值1.789亿元，增长3.2%。主要工业产品产量：食糖3.31万吨，酒精2973吨，机制纸2165吨，发电量2571万千瓦小时，原煤2.46万吨。工业产品销售率达到97.55%，全年实现工业生产扭亏为盈的目标，共盈利338万元。

农业和农村经济：全年粮食总产5.03万吨，甘蔗总产量27.8万吨，猪牛羊肉总产量3658吨，禽蛋奶产量305.5吨，水产品产量2466吨。乡镇企业总产值3.01亿元，比上年增长2.3%。农村人均产粮698公斤，比上年减0.4%，农民人均纯收入1858元，比上年增长0.7%。完成种植柠檬1万亩、毛叶枣1262亩、柚子6400亩、咖啡5600亩、麻竹4250亩、甘蔗下水田1.6万亩的任务。

三、固定资产投资

全社会固定资产投资完成4.354亿元，比上年增长102.1%，完成年度计划数的194.4%。完成和正在抓紧实施岗勐路、人民路、新光路、瑞宏路、电信大楼、华丰批发市场、瑞丽江国界河流治理、姐告联检大楼、市民族科技馆、瑞丽一中科学楼、污水处理厂、弄岛小城镇等一批重大建设项目。新建了市乡公路40公里。全年房屋施工面积30.47万平方米，竣工面积11.74万平方米。

四、财政金融

全年财政总收入完成1.439亿元，比上年增长6.87%，超额完成年初计划数，财政支出1.203亿元，比上年增长13.8%。金融机构各项存款余额16.47亿元，贷款余额7.703亿元，年末居民储蓄存款余额12.70亿元，比上年增长14.1%。

五、内外贸易

全年外贸进出口总值完成17.49亿元（海关数），比上年增长16.3%，其中出口总值16.28亿元，增长17.6%，进口总值1.210亿元，增长0.9%。边贸进出口总值12.65亿元，增长23.5%，完成年计划数的110%，其中出口总值8.636亿元，增长9%，进口总值4.013亿元，增长73%

全年引进内联企业项目42项，项目总投资2.128亿元，实际到位资金9681万元。全年消费品零售总额3.889亿元，比上年增长1%。

全年旅游人数152万人次，比上年下降11.6%，其中海外人数下降31%，国内人数增长2%，全年旅游总收入2.485亿元，比上年减少14%，占全市GDP的31%。

六、社会事业

在认真实施“科教兴市”战略中，一方面重视科普宣传工作，引进和培养了一批科技人才，另一方面结合市情，在农业、工业、文化、卫生等领域，推广和运用先进科技成果，取得了良好的成效，全年荣获省、州、市科技进步奖13项，科技进步对国民经济增长的贡献率达到35%。

教育在巩固“两基”成果的同时，教学质量，升学率不断提高，中、小学升学率和入学率分别达到75.66%、99.97%，高考升学率居全州各县市之首。农村卫生“三项”建设工作得到加强，对乡镇卫生院逐步进行了改造和建设，为农村医疗服务创造了条件，全市医疗保健、地方病以及各种传染病的防治水平也不断提高。文化工作，结合农村及市场需求，增加了图书流通量和文艺演出场次，强化了文化市场的管理。全年开展各类群众性体育运动会达30余场。广播电视基本实现“村村通”的目标，覆盖率达到95%以上。全市年末总人口10.96万人，比上年增长1.3%，人口自然增长率为6.8‰。社会保障制度的改革，扩大了养老、医疗、失业等社会保险征收范围，建立了城镇居民最低保障制度。年末城镇登记失业率为1%。城镇居民人均可支配收入7386元，比上年增长13%。

七、存在问题

主要问题是：(1）农产品流通不畅，产业结构调整效益缓慢，农民增收困难；(2）工商企业创新不足，效益不佳；(3）投融资渠道单一，新上项目较少，集体和个体投资不旺；(4）环保意识较差，偷砍盗伐问题突出，严重破坏了生态环境；(5）劳动力市场容量不足，就业压力增大。

第六篇　经济研究概况

云南省人民政府经济技术研究中心工作概况

一、决策咨询课题研究

2000 年，云南省政府经济技术研究中心（以下简称省经研中心）紧紧围绕省委、省政府中心工作开展决策咨询课题研究，取得了一批重要的研究成果。根据省委、省政府主要领导指示开展的《云南建设以水电为主的电力支柱产业研究》，集中有关方面专家、学者，对云南电力发展的历史和现状、巨大的开发潜力以及辉煌远景进行了深入的探讨和论证，明确地提出了把以水电为主的电力产业作为云南新的支柱产业来建设的咨询报告。这一咨询建议得到了省委、省政府领导的充分肯定，把以水电为主的电力产业作为云南省继烟草、矿业、生物、旅游之后的第五大支柱产业来建设已经形成领导决策。与此同时，省经研中心还组织开展了建设“绿色经济强省、民族文化大省、中国连接东南亚、南亚的国际大通道”“三大战略目标”的深化、细化研究以及《云南在西部大开发中的产业发展与对策研究》，《云南 16 个地州市发展战略研究》，《加入 WTO 对云南经济的影响及对策研究》以及《建设中华生物谷研究》，《培育、建设云南会展产业研究》等 70 多项决策咨询课题研究任务。

二、重要文稿起草、写作

2000 年，省经研中心为省委、省政府领导起草、写作的重要文稿达 210 多篇。主要有：令狐安书记在省委六届十次全会上的总结讲话，省政府关于“十五”计划建议的说明，省政府在版纳、红河、大理、丽江四地州现场办公会上的讲话，省政府九大高原湖泊治理、保护现场办公会上的讲话以及省政府主要领导在全省党政机构改革动员大会上的讲话，在全省生物资源开发创新工作会议上的讲话，在省政府经济社会发展咨询会议上的讲话，在全省外经贸工作会议上的讲话等。同时，也还为其他省领导起草了一批重要讲话和文稿。

三、深入开展调查研究

省经研中心把深入开展调查研究作为 2000 年工作的重要内容，中心领导亲自带队，一是深入全省各地州市县开展调查研究，与 16 个地州市领导共同研究如何抓住西部大开发机遇，明确特色、目标、方向，加快本地区发展的战略，受到地州市领导的热烈欢迎。二是到上海浦东、广东深圳、浙江温州就开发区、经济特区、个私经济的发展进行调研，一方面拓宽了研究人员的视野，一方面为省领导提交了借鉴经济发达省区先进经验，加快云南省经济发展的观点新颖、针对性强的专题调研报告。省政府主要领导批示，将几份调研报告作为“参阅件”印发全省各地州参考。

四、承办重要会议

根据省政府主要领导指示，承办了省政府经济社会发展咨询团第三次会议。应邀到会的国内外专家、顾问紧紧围绕会议主题，坦城进言献策，就云南如何抓住西部大开发机遇，在新世纪求得新发展提出了很多好的意见和建议。

为贯彻朱镕基总理加强与东南亚国家的合作与交流的重要指示，争取中央有关部委对云南确立的“三大战略目标”的支持，按照省委、省政府主要领导同志的指示，11 月初，承办了在北京召开的“把云南建成中国连接东南亚、南亚的国际大通道汇报会”。全国政协副主席陈锦华及中央国家机关 11 个部委的 20 余位领导同志应邀到会，在听取了云南省党政领导的汇报后作了重要指示和讲话。汇报会在国家机关各部委产生较大影响，对云南省“三大战略目标”的实施起到了积极的推动作用。

根据省委、省政府决定，省经研中心与省经贸委紧密配合，承办了“中国首届民营企业交易会”，其间为主举办了“民交会论坛”。邀请了国务院发展研究中心副主任陈清泰、国家外经贸部副部长孙振宇、四川新希望集团董事局主席刘永好、北京四通集团总裁段永基、黑龙江东方集团董事局主席张宏伟等在内的53位领导及知名专家、民营企业家登坛发表演讲。“民交会论坛”的成功举办，对推动云南省经济结构调整，加快民营企业的发展发挥了重要作用。

五、举办WTO研讨班、培训班

按照省委、省政府领导指示，省经研中心与云南行政学院、昆明理工大学合作，邀请国际著名科学家、诺贝尔奖获得者杨振宁博士、南开大学亚太经合组织研究中心主任宫占奎博士等13位专家、学者莅昆，举办了“WTO与云南经济高级研讨班”。梁公卿副省长亲自主持了研讨班的开班仪式，省级机关各厅局、各高校的300多名厅、处级干部参加了研讨班的学习。随后，又分别在云南行政学院、昆明理工大学举办了9期“WTO与云南经济培训班”。885名来自全省各地州市县、有关部门的领导同志和国有、个私企业的厂长（经理）参加了培训。“高级研讨班”和“培训班”的举办，为云南广大干部、企业家了解WTO的基本知识，如何在加入WTO后从云南实际出发，应对挑战、化解风险、抓住机遇做了思想上的准备。受到了省领导的充分肯定和有关方面的热烈欢迎。

六、编辑、出版工作

2000年，省政府经济技术研究中心遵照省政府领导的指示，与省政府办公厅及有关部门合作，及时编辑出版了《云南省新出台重要政策及有关措施》、《解放思想、更新观念典型事例百例汇编》、《云南省实施西部大开发战略招商引资政策汇编》、《云南省实施西部大开发战略招商引资项目汇编》。

由省经研中心编辑出版的书刊有：《云南年鉴（2000）》、《云南经济年鉴（2000）》、《云南经济论坛（2000）1－6期》、《WTO与云南经济》、《WTO与云南经济培训班学习资料汇编》、《云南名地概览》等。

云南省社科院经济所工作概况

2000年，省社科院经济所全体工作人员，认真学习和深刻领会中央经济工作会议及云南省政府工作报告，坚持以马克思主义、毛泽东思想、邓小平理论及江泽民同志“三个代表”重要思想为指导，圆满地完成了2000年的科研工作任务。

一、科研工作情况

（一）完成的科研课题　（1）云南省社科院2000年重大课题“2000年经济发展报告”；（2）云南省政府批准立项，由美国福特基金会资助的“中国云南省天然林资源保护工程社区调研项目”；（3）云南省社科院下达课题“云南农业产业化经营实证研究”；（4）美国洛克菲勒兄弟基金会资助的“中国西南森林资源权属与森林资源持续管理研究”；（5）与云南省电力公司合作课题“大朝山电站移民搬迁问题研究”；（6）国际农发基金会资助课题“绿色的回报——云南景谷县林业分权政策研究”；（7）参与完成省政府与美国大自然保护协会合作项目“滇西北地区文化保护产业发展行动计划研究”；（8）牟定县委托课题“牟定县国民经济和社会发展‘十五’计划及2010年远景目标纲要”；（9）省社科规划项目“云南省农户行动研究”；（10）云南省劳动和社会保障学会课题“云南省劳动力资源配置现状的调查与研究”；（11）省委课题“中国西部大开发中的云南扶贫攻坚问题研究”；（12）参与完成美国福特基金会资助的“中国西南生物资源管理的社会文化研究”。

（二）单项研究成果　“贫困与扶贫”，载于《进入21世纪的中国农村》一书，光明日报出版社2000年8月出版；“云南公有制实现形式研究”《云南社会科学》2000年第1期；“国际援华农村项目与可持续发展”《21世纪的中国农村可持续发展》社会科学文献出版社2000年11月出版；“评农行对小额信贷的误解”2篇，分别载于《经济学消息报》2000年6月23日、7月21日第1版；“最大限度发挥‘龙头’企业作用”《云南经济日报》2000年10月29日第2版。此外，经济所科研人员还对扶贫、农业产业化发展、农村经济发展、农村经济结构调整、林业经济、畜牧业经济等问题进行了研究，成果分别刊于《云南经济研究》等杂志及报刊。

二、进入省委省政府决策情况

2000年经济所主持研究成果有4项进入了省委省政府决策咨询参考。分别为：（1）“2000年云南经济发展报告”；（2）“2000年云南固定资产投资分析报告”；（3）“2000年云南林业发展过程的农户行为态度分析”；（4）“国家宏观调控措施对云南影响甚大，全省800万农民返贫应引起高度重视”。

三、引进国际资金

2000年9月，经济所在美国威斯康星大学、美中环境基金和泰国清迈大学协助下申请全球环境基金项目“中国云南省多部门与地方参与山地生态系统生物多样性保护示范项目”获得GEF总部75万美元的无偿资助，项目区在云南省南涧县无量山自然保护区和云县后箐乡勤山小流域。

四、参与及主持学术活动情况

（一）2000年3月3～7日、5月21～24日分别主持召开了“中国云南省天然林资源保护工程社区调研项目”启动会及信息交流会。

（二）有10余名研究人员分别参加了“西部大开发与滇台经济合作研讨会”、“美国华盛顿大学农村发展研究学术交流会”、“泰国第二届国际东南亚地区山地资源管理与保护中政府行为研讨会。

云南省经济研究所工作概况

2000年，云南省经济研究所在江泽民总书记“三个代表”思想的指导下，认真学习贯彻中国共产党第十五届五中全会以及云南省委第六届十一次全会精神，进一步调整研究方向，紧紧围绕省委、省政府和省计委工作重点，以应用对策研究为主，坚持理论与实际相结合的方针，按照贴近宏观、贴近决策的原则，加强对全省经济发展和改革开放中的重大现实问题和理论问题开展深入的调研工作，全年完成的各项研究成果数量大大超过往年，其成果质量得到进一步提高，较好的发挥了经济咨询的作用。

一、完成的主要研究成果

围绕省委、省政府和省计委的中心工作，参与了省政府、省计委组织的各类现场调研及云南“十五”计划的专题调研和规划研究，参与完成了《云南“十五”人口就业或社会保障专题规划》、《云南“十五”固定资产投资专题规划》、《促进云南个私经济“十五”大发展》等10项专题（专项）规划、11篇研究报告：参加了云南“十五”计划“建议”及“纲要”、《西部大开发战略实施意见》、《中国云南省委、省政府关于西部大开发的实施意见》等的编写工作。

承接了来自省政府经济研究中心、省科委、省社会科学院、省外资办、省创新办、民主党派联合国ITC组织云南项目办等部门及昆明、玉溪、丽江等地（市）、县委托的研究课题41项。重点完成了《宏观经济运行周期分析》、《云南省委、省政府关于加快发展生物资源开发创新产业的决定（草案）》、《云南环保产业发展研究》、《云南省人口与计划生育工作管理机制研究》、《居民收入分配的基本理论与原则》、《云南民族贫困地区经济政策调整问题研究》、《玉溪市技术创新与高新技术产业发展十年规划》、《滇西北生物多样性保护与开发行动计划》等25项课题。正在进行《云南省环保产业重点选择研究》、《云南跨世纪环保产业发展重点选择》、《云南生物资源创新产业开发的若干重要问题研究》、《永德县政府编制第十个五年计划的纲要研究》、《鹤庆县"十五"计划基本思路》、《丽江县"十五"计划基本思路》等13项研究。新开展了《进一步扩大云南省投资规模对策研究》、《云南省城市、城郊结合部发展研究》、《云南经济运行特点与调控对策研究》3项研究。

全年全所科研人员完成以上各项调研、科研任务累计约150万字，在省内外刊物上发表论文22篇，调研报告8篇，阶段性成果11项，科研成果获得"云南省计委科技进步奖"三项。

二、学术活动

（一）按照省计委领导的指示，成功地承办了"第八次全国计划部门研究所所长会议"。来自国家计委的领导和国家计委宏观研究院、各省（区）、市计委领导及研究所长40多人在昆明聚会，就"各地制定'十五'规划中如何按照比较优势对经济结构进行战略性调整"和"各地结合实施西部大开发政策的基本思路"等专题开展深入的讨论和广泛的交流。会议期间，有关专家还为云南省各部门和计划工作者作了《制定"十五"计划的指导思想》、《国家对西部大开发的政策及地区采取的对策措施》、《加入WTO对我国经济社会发展的影响及对策措施》的专题报告，在全省经济界引起强列的反响。

（二）积极参加省计委学术委员会主办的"结构调整问题研究会"、省政协主办的"西部开发论坛学术报告会"、省经济形势分析会、省农经学会主办的"农村金融、物价形势分析会"等多学科、多形式的学术活动。

三、出版及资料工作

（一）《经济问题探索》杂志2000年出版12期，共发表各类文章500余篇，约150万字。在保持刊物特色的基础上，新增设了"西部大开发"专栏，共发表文章40余篇，并发表了省计委编制"十五"规划的专题重头文章。第三次被测定为全国中文核心期刊。

（二）积极进行图书采编。2000年全年采购图书369册（套），累计藏书5.18万册，订阅和交换期刊300多种。录入专题目录索引资料1.35多万条，并积极拓展对外资料信息服务。

（三）2000年《学习参考资料》共印发23期，约28万字，《经济研究简讯》共印发22期，约19万字，《高新技术产业》专刊，约3.7万字。

重要学术会议简介

"知识经济与云南发展"研讨会　2月16日在昆明召开。研讨会由省社科联、云南人民广播电台和昆明紫金公司共同举办，来自全省高等院校的教授、社科理论工作者及论文作者近30人参加了研讨。

与会同志充分肯定了《"知识经济与云南发展"系列广播》开播的重要意义，深入探讨了知识经济的一些重要问题：（1）知识经济对发展地方经济和云南经济的意义；（2）知识经济与素质教育、知识经济与教育改革创新及人力资源的问题；（3）知识经济与高科技产业、云南信息产业的问题；（4）知识经济与企业的关系，企业如何借助知识经济来进行发展。熊思远教授还介绍了我国加入WTO及西部开发的情况，对企业如何适应WTO带来的变化做了进一步的探讨。

省社科联学会秘书长工作会议　3月16日

在昆明召开。近80位学会秘书长或副秘书长参加了会议。会议进行了3项议程：（1）省社科联常务副主席胡润传达了全省宣传工作会议精神。（2）副主席袁显亮作1999年学会工作总结，充分肯定了各学会、协会、研究会在过去一年中所取得的成绩，安排了2000年的学会工作。在学会工作总结中，袁显亮副主席要求各学会在新千年里认真学习，贯彻全省宣传工作会议精神，团结和组织本学会的学术科研、教学和实际工作，围绕中央西部大开发战略，以及云南省当前开展的“解放思想、更新观念”大讨论等重大主题开展宣传和研讨工作，为全省经济发展、社会稳定和民族团结作出积极的贡献。（3）部署了省社科联第二次先进学会和先进工作者评选表彰活动的有关工作。

云南省“解放思想、开拓市场、搞好营销”理论研讨会。由省社科联和省市场学会于4月27日至28日在昆明联合举办。省内企业界的厂长、经理、营销主管及市场营销学专家、教授共80余人参加研讨。与会同志围绕会议主题分析了当前市场，交流了认识和经验，并就如何开拓市场搞好营销进行了深入的探讨，取得了一些共识。（1）从目前的市场形势来看，我国已基本形成了买方市场，而且是主要以满足吃穿用等生理、生活需要为消费方向的结构性买方市场；（2）传统产业、民族产业在加入WTO的带动下仍有较大的发展潜力，要抓住机遇，选准市场切入点，调整产业结构；（3）随着知识经济时代的到来，应抓紧转变观念，学习营销知识，树立现代营销观念，为企业和生存发展创造条件；（4）在知识经济时代，锐意创新、开拓市场是企业生存和发展的关键。

2000年保险理论研讨会　由省保险学会于6月15日至16日在昆举办。会议主要议题是：在中国即将加入WTO，保险日益国际化、市场化，实施西部大开发战略和云南省建设绿色经济强省、民族文化大省、连接东南亚、南亚国际大通道的“三大目标”的新形势下，对今后云南省保险行业如何学习借鉴国外和省外先进的保险科学技术和管理经验，不断开拓创新，研究开发适应企业、民众和市场需要的新险种，搞好保险业务结构调整，加强电子商务建设和如何提高服务水平和质量，增强市场竞争实力以及实现保险业务快速健康发展，壮大云南民族保险事业等问题进行研讨。

“新世纪农村经济与科学技术发展”经验交流会　由省农村经济学会和省农民企业家联谊会于6月1日至2日在昆联合召开。60余位会员代表参加了交流。省市场学会会长吴健安、省政府生物创新办公室候明明在会上分别作题为“中国买方市场的形成及其特征”、“西部大开发云南怎么办”的报告；会长董恒秋以“西部大开发与农民增收”为题从政策、科技、投入三个方面对“云南省如何在西部大开发中实现三大战略”的问题作了深入探讨；省委农工部副部长李国华作了题为“西部大开发与建设云南绿色经济强省”的报告。与会同志围绕会议主题，从“解放思想、更新观念，加大科技力度，促进农村经济的持续发展”出发，对“如何在新世纪、在西部开发中发展农村经济”、“科学技术与农村经济”、“云南三大战略的实施”等问题进行了交流探讨。

积极参与西部大开发理论研讨会　7月1日由省领导科学决策研究会在昆召开。70多名会员和论文作者参加研讨，原省政协主席、名誉会长刘树生，省政协副主席、研究会顾问江巴吉才，省社科联副主席袁显亮到会指导。省计委副主任欧阳坚在会上作了关于西部大开发的专题报告。参加研讨、交流的论文有30篇，论文作者以马列主义、毛泽东思想和邓小平理论为指导，在深入学习党中央关于西部大开发的战略决策的基础上，紧密结合云南省及本行业、本地区实际，精心选题，科学论证，因而大多数论文主题突出、观点正确、论据充分、说服力强、有决策参与价值。

新时期云南畜牧业改革与发展对策研讨会　7月28日至29日在昆明召开，省畜牧业经济研究会、省畜牧兽医学会、省养猪协会的会员代表百余人参加了研讨。省农业厅厅长潘政扬、原省经研所所长胡桐元、省农业厅副厅长杨志明在会上分别以“面对改革和加入WTO，畜牧业该怎样发展”、“区域经济”、“抓住新时期发展机遇，加快云南畜产品市场开发”为题做报告。与会代表听取报告后，针对当前畜牧业改革和发展中的热点、难点问题展开了探讨，并在“WTO与云南畜牧业”、“西部大开发与畜牧业”、畜牧业结构调整”、“畜牧业现代化、信息化建设”及“畜牧业人才培养”等方面取得了一定的共识。

2000年档案学术论文研讨会　10月17日至20日在罗平县召开。研讨会以西部大开发为主题，紧扣档案工作的理论与实践，共收到论文300多篇。这些论文涉及到档案学基础理论、农业农村档案、企业档案、科技档案、重点建设项目档案、城市建设档案、专业档案、机关档案、少数民族档案、综合档案馆业务、档案信息资源开发、档案利用与服务、档案价值鉴定、档案编研工作、电子文件及电子档案管理、计算机网络建设、档案保护技术、档案法制建设、档案干部队伍建设、档案宏观管理、档案工作改革等20多个方面的内容，是世纪之交档案学术方面的一次“百花齐放、百家争鸣”的盛会。

省市场学会2000年年会暨加入WTO后云南企业市场营销研讨会　11月18日至19日在昆明召开。省内市场学营销专家教授及企业界的经理、厂长等80余人参加研讨，提交论文9篇，大会发言20人。会议围绕以下议题进行了深入探讨：我国加入WTO后对云南省金融、企业、市场营销环境的影响及对策问题；企业应对加入WTO面临挑战的思考；云南企业面对西部开发的战略思考；中国大中小型企业加入世贸组织及发展电子商务；如何提高企业国际竞争力；科技商品的特点及价格形成；探索供销社改革的成功之路。

云南省第五次（1996～1998年度）社会科学优秀成果获奖项目

荣誉奖（3项）

成果题目	成果形式	发表时间及地点	申报人姓名
马克思主义民族理论与中国解决民族问题的实践	专著	1996年6月云南人民出版社出版	王连芳、李文辉
解放思想　加快发展——云南省解放思想大讨论文集	专著	1997年4月云南教育出版社出版	云南日报理论部
中国古代土地国有制史	专著	1997年1月云南人民出版社出版	李　埏、武建国

一等奖（4项）

成果题目	成果形式	发表时间及地点	申报人姓名
国有资产商品化问题探索	专著	1998年4月湖南人民出版社出版	秦光荣
新编云南省情	资料类	1996年云南人民出版社出版	编委会
中国大城市土地增值问题研究——对昆明市地区土地增值的实证分析	论文	1996年第4号增刊《计算机应用研究》	王力宾
纳西东巴骨卜和象形文骨卜书	论文	北京大学《国学研究》第四卷（1997）	戈阿干

二等奖（17项）

成果题目	成果形式	发表时间及地点	申报人姓名
走向廉洁——反腐倡廉机制研究	专著	1996年12月云南民族出版社出版	课题组
云南山地民族生活方式的传承和选择	专著	1998年1月云南人民出版社出版	杨士杰
生存与选择——云南少数民族地区的人口、生态、环境	专著	1997年12月云南人民出版社出版	云南省人口发展战略研究中心
寨神——哈尼族文化实证研究	专著	1998年3月云南民族出版社出版	李克忠
西方政治思想史纲	教材	1997年8月高等教育出版社出版	马啸原
昆明方言的文化内涵	专著	1997年3月云南教育出版社出版	张映庚
语言美学论稿	专著	1996年12月云南人民出版社出版	骆小所
云南对外交通史	专著	1997年6月云南民族出版社出版	陆　韧
云南支柱产业论	专著	1997年12月云南人民出版社出版	张宝三等
中国市场化改革的社会学底蕴	论文	1998年第4期《管理世界》	聂元飞等
我国利率市场化改革的几个问题	论文	1996年第3期《云南财贸学院学报》	李国疆
从发展过程看东亚经济奇迹	论文	1997年第2期《中国社会科学》	杨先明
澜沧江流域人口生态特征及人口资源开发利用研究	论文	1996年第3期《中国人口、资源与环境》	吕昭河、张　震
清代前期西南边疆地区商品经济的发展	论文	1997年第2期《民族研究》	方　慧、徐中起
论发展市场经济与建设精神文明	论文	1996年第6期《云南师范大学学报》	薛祖国
当代云南边境民族地区的毒品问题与禁毒斗争	论文	1998年《中国边疆研究通报》第2集	鲁　刚
少数民族政治关系分析	论文	1998年第2期《云南社会科学》	周　平

三等奖（118项，略）

第七篇　云南大事记

中共云南省委大事记

2000年

1月

1日　省委书记、省军区党委第一书记令狐安一行，代表省委、省人民政府和全省4200万各族人民，把新春的祝福带给常年守卫在南疆的部队官兵。

驻守在文山壮族苗族自治州境内的边防某部，是一支英雄的部队。多年来，他们把驻地当故乡，视人民为父母，在急难险重、扶贫攻坚、建设千里文化边防线等任务中大显身手，与驻地人民结下了深厚友谊，亲如一家，情似鱼水。令狐安是第5次与这支部队的官兵共同欢度元旦佳节。

令狐安一行还先后看望了驻麻栗坡县的边防武警、内卫武警部队，瞻仰了烈士陵园。

8日　20名“云南省见义勇为先进个人”和在“争创人民满意的政法干警（单位）”活动中涌现出来的50个先进单位、50名先进个人，在昆受到省委、省政府的隆重表彰。令狐安在会上作了讲话。

13日　省委副书记王学仁代表省委、省人大常委会、省政府、省政协深入省一建司、十四冶三公司等困难企业调研，并看望了干部职工。他针对企业面临的困难和问题提出4点意见：一是组织干部职工认真学习和贯彻落实党的十五届四中全会和省委六届八次、九次会议精神，把思想统一到中央和省委的精神上；二是千方百计筹措资金，争取各方面支持，在年关之前妥善安排好离退休职工和下岗职工的生活，让大家过好年；三是企业领导班子在困难面前要更加坚定信心，振奋精神，严以律己，树立形象，与职工同甘共苦，努力工作，发挥好主心骨的作用；四是做好职工思想政治工作，保持企业稳定。

14日　省委副书记王天玺，在北京乘京昆“玉溪号”K61次列车，考察该车“创建文明示范列车”的情况。

17日　省委副书记王天玺率春节慰问组，代表省委、省人大常委会、省政府、省政协看望慰问一平浪煤矿、十四冶二井司等困难企业及部分职工。11时，王天玺一行来到一平浪煤矿，听取矿领导工作汇报后指出，这几年来，一平浪煤矿在开采等各方面条件十分艰难的情况下，保证了煤矿的正常运转，扭亏为盈，是非常不容易的。王副书记要求，企业在转换经济机制过程中，要加大转岗转业、多种经营力度，不断寻找新的路子。随后，王天玺一行来到邢开强、杨有林、张应春等困难职工家中慰问，并分送了慰问金。14时，王天玺一行又乘车赶往十四冶二井司，了解企业情况，慰问困难职工。随即，王天玺一行又来到了困难职工李明富、孙太金、姜秀政等家里，亲切地询问职工们的生活、身体情况，关爱之心溢于言表。尔后，王天玺深入姚安县和南华县地震灾区察看灾情，特别嘱咐在场的各级领导，一定要及时帮助解决好受灾群众的吃、住、穿、医和孩子们的上学问题，抓紧学校恢复重建工作，确保3月1日正常开学。

21时30分，在有州县有关领导参加的现场办公会上，王天玺听取了楚雄彝族自治州州委、州政府及姚安县委、县政府的汇报后，充分肯定了州县在姚安“1·15”地震救灾抗灾工作取得的成绩，并指出，灾区社会安定，受灾群众精神状态好，各级干部及时赶往受灾一线，部队出动快，整个救灾工作秩序井然，有成效。

20日　省委书记令狐安主持召开省委第130

次常委（扩大）会议，听取姚安一带地震抗震救灾情况汇报，研究进一步做好抗震救灾工作。会议强调，要突出解决好灾民的生活尤其是居住问题，保证灾民安全过冬，绝不允许出现冻死、饿死人的情况。副省长李汉柏在会上汇报了姚安一带地震灾情和抗震救灾的情况。

同日　省委召开第130次省委常委（扩大）会议，听取了全省农业生产遭受霜冻灾害及抗灾情况汇报。据省民政厅情况反映，全省因灾造成直接经济损失55亿元。省委常委会要求，要加强对抗霜冻工作的领导，切实做好灾区群众的救济和安置工作。

21日　中共云南省委在昆明召开出席省九届人大三次会议和省政协八届三次会议的中共党员代表、委员会议。省委书记令狐安在讲话时要求，出席“两会”的中共党员代表和委员要进一步统一思想，明确要求，为开好“两会”，圆满完成会议的各项任务奠定基础，在新的一年里更好地发挥人大、政协作用。

在新春佳节即将来临的时候，省委副书记孙淦率领省委、省人大常委会、省政府、省政协慰问团走访慰问了西南仪器厂、云南化工厂，并到部分困难职工家中慰问。

14～19日，省委副书记王学仁深入西双版纳傣族自治州和思茅地区就抓好当前抗灾救灾工作，着力调整农业、农村经济结构等方面的工作作了重要指示，动员干部群众树立信心，切实采取有力措施，抗灾救灾。

22～24日　省委书记令狐安、省委副书记王学仁，副省长李汉柏，驻滇某集团军副军长刘永新等领导一同深入抗震救灾第一线，冒雨察看了姚安县和大姚县地震重灾区灾情。令狐安强调，要突出解决好受灾群众的住、吃、穿、医，尤其是居住问题，要把他们的生活问题作为当前和今后抗震救灾工作的头等大事来抓，确保他们安全过冬。

在重灾区之一的左门乡，令狐安一行看望了生病的学生，走访了受灾群众和乡直机关。他们又冒雨深入受灾最严重的官屯乡官屯村仔细察看灾情，询问受灾群众的生活生产情况。

王学仁还代表省委、省政府慰问了楚雄州抗震救灾指挥部全体人员，鼓励他们继续坚守岗位，切实做好抗震救灾协调指挥工作，夺取抗震救灾的全面胜利。

30～31日　在省委书记令狐安的陪同下，中共中央政治局委员、中央书记处书记、国务院副总理温家宝代表党中央、国务院，到姚安、大姚等县察看地震灾情，看望慰问受灾群众，部署抗震救灾工作。温副总理勉励大家坚定信心，自力更生，艰苦奋斗，恢复生产，重建家园。他强调，灾区的各级党委和政府要从讲政治的高度，把受灾群众的安置作为当前的主要工作来抓，确保他们居有所住，衣可御寒，食能温饱，病有所医，确保灾区群众安全过冬，让他们在大灾之后过一个安定、祥和、温暖的春节。

2月

3日　省委书记令狐安在昆明市嵩明县和官渡区察看霜冻雪灾、考察冬季农业开发情况时强调，全省各级干部对灾情要引起高度重视，采取积极措施，动员人力物力，全力以赴投入抗灾救灾工作，确保2000年各项任务的完成。

省委书记令狐安和省委副书记王学仁在昆明市市长张成寅及有关部门负责人的陪同下，先后到嵩明县杨桥乡白鹤办事处下甸心村、嵩阳镇木作办事处下木作村、阳光现代农业创汇有限公司花卉基地、官渡区小哨乡英茂花卉产业有限公司花卉基地、官渡区矣六乡关锁办事处等地察看小春作物、蔬菜、花卉等农作物受灾情况，考察冬季农业开发情况。令狐安、王学仁走入田间地头、大棚温室，仔细察看蚕豆、小麦、蔬菜花卉等作物受灾情况，与农民交谈，询问了解农户损失程度和补救措施，热情鼓励受灾企业和农户要树立信心，生产自救，想方设法把损失弥补回来。

15日　省委召开常委会议，汇报了贯彻落实全国西部地区开发会议精神，省委提出，要把新一轮解放思想、更新观念大讨论和西部大开发有机结合起来，进一步解放思想，更新观念，作好组织准备、舆论准备、项目准备、政策准备，抓住难得的历史机遇，积极投入西部大开发，为云南省的跨世纪发展作出贡献。会上，副省长黄炳生汇报了全国西部地区开发会议精神及省政府的贯彻意见，省委政策研究室、省计委等有关部门汇报了“中国西部大开发云南行动计划”课题研究情况及项目准备情况。

令狐安特别强调，在西部大开发中，要深化

改革，扩大开放，正确处理好自力更生和争取外援的关系，把云南省制定的一系列政策落到实处，创造一个好的外商投资环境。

16～17日　省委副书记王天玺在昆明地区就宣传思想工作、精神文明建设进行调研。他强调，昆明要在建设民族文化大省中，发扬世博精神，当好排头兵，推动云南省精神文明建设再上新台阶。

24日　中共云南省委、省人民政府在昆明召开大会，隆重纪念云南解放暨野战军进军云南50周年。令狐安、王天玺、孙淦、尹俊、杨健强、牛绍尧、陈培忠、赵淑敏、张宝三、邱创教、卢邦正、刘北辰、李汉柏、陈勋儒、孟继尧、和占钧、麦赐球、张学文、王继堂、陶昌廉、刘亚红、马子龙、朱心文、王本志、冯兰群、王永银等领导出席大会。

在滇的全国人大常委会委员普朝柱、全国政协常委和志强；原省级老领导刘明辉、孙雨亭、梁家、刘树生、李桂英；中共云南地下党、滇桂黔边纵队的老同志代表祁山、杨一堂、陈盛年；原昆明军区老领导陈家贵、胡荣贵、李文清、张景华；野战军代表王启明、侯良辅、郑刚等出席了大会。省委书记令狐安在大会上发表了重要讲话。

29日　省委书记令狐安在武定县作“三讲”教育动员，拉开了云南省县（市）级“三讲”教育工作的序幕。

在动员会前，令狐安召开了武定县部分离退休老同志的座谈会，听取了他们对县级领导班子“三讲”教育的意见。省委副书记孙淦，省委常委、组织部部长黄维彬以及楚雄彝族自治州有关领导出席了会议。

3月

15日　省委召开常委扩大会议，在认真研究全省安全生产的形势，总结经验的基础上，寻找差距，部署工作。省委要求各级党委、政府、以及全省人民进一步提高认识，高度重视安全生产工作，把安全生产作为一件大事抓紧抓好，确保人民生命财产安全。受省委书记令狐安委托，省委副书记孙淦主持了省委常委扩大会议。

3月中旬　省委副书记孙淦在红河哈尼族彝族自治州就县（市）级“三讲”教育工作进行调研，他在听取红河州委及元阳县委、河口县委的工作汇报后，对红河州“三讲”教育工作给予了充分的肯定，对下一步工作提出6点要求：一是县级“三讲”教育工作很重要，中央领导很重视。省、州的领导要按照中央的要求，到县级指导好“三讲”教育工作。二是要把江总书记在广东高州市领导干部“三讲”教育动员大会上的重要讲话以及令狐安同志在武定县“三讲”教育动员大会上的讲话作为县（市）级“三讲”教育的重要学习内容，深入学习，提高认识。三是要保证“三讲”教育不走过场。四是要欢迎群众监督，并自觉接受群众的监督。五是要处理好“三讲”教育与当前工作的关系。

23日　中共云南省委举行第137次常委会，传达学习全国人大和政协“两会”和中央人口资源环境工作座谈会精神，研究贯彻意见。会议提出，要从观念、思路、政策入手，抓紧实施西部大开发云南战略，促进人口资源环境与经济社会协调发展。

省委书记令狐安主持了会议。常委会听取了省人大常委会常务副主任张宝三传达九届全国人大三次会议精神、省政协副主席江巴吉才传达全国政协九届三次会议精神。会上，传达了中央人口资源工作座谈会精神，副省长陈勋儒汇报了云南省的贯彻意见。

24日　省委副书记王学仁到晋宁县GPIT技术小春作物的试验区考察。他指出，GPIT技术已取得了显著的试验成果，有选择地发展高新科学技术产品，发挥特色，突出优势，才能促进云南省经济持续、快速、健康向上发展。当前要围绕农村经济发展和农民增收的问题，扩大内需，拉动经济增长，这是稳定农村的重要环节。要围绕市场进行结构调整，根据市场的需要，需要种什么就种什么，要从云南省不同地区的实际情况出发，依托资源调整结构。在当前实施西部大开发战略中，要依靠科技调整，加大科技含量，提高科技水平，增加效益。要在农业产业中培植出主导产业，扶持龙头企业。

4月

4月1日　全省地厅级主要领导干部财税研讨班在昆明结束。省委书记令狐安在会上强调，在推进西部大开发过程中，要转变思想观念、完善开发思路以及明确方针政策，扎扎实实抓好2000年各项任务的落实。

令狐安在谈到实施西部大开发和加快发展时，要求树立5个观念：一是树立自力更生、艰苦奋斗的思想观念；二是树立依靠大开放求大发展的思想观念；三是树立资源开发利用与保护并重的思想观念；四是树立效益和速度相统一的思想观念；五是树立加快产业结构和所有制结构调整步伐，是促进区域经济发展和解决财政问题的关键的思想观念。

关于深化投融资体制改革问题，令狐安说，首先，要进一步完善国有资产管理体制和营运机制；其次，要改革建设性财政资金的管理使用办法；其三，积极拓宽融资渠道，加大融资力度；四是积极探索风险投资机制的建设问题；五是认真解决建立国有资产投入——退出——再投入——再退出机制的问题。特别是在盘活国有存量资产方面，如国有资产置换的规范问题，解决市场价格价值和投入价值不一致的问题等等，要尽快研究出切实可行的办法。

令狐安说，各级党政领导干部要深刻理解和认真领会中央强调的“经济要发展，人口数量要控制，人口素质要提高”这句话的丰富内涵，努力实现省委提出的目标任务。

令狐安还对加强党的建设问题特别是各级领导班子的建设问题作了具体的指示。要求各级党委、政府，要结合本地区本部门的实际，认真贯彻执行。

省委、省人大常委会、省政府、省政协主要领导参加了会议。

同日　省委书记令狐安书记到巍山彝族回族自治县永建乡看望省州县集中整治工作队、“村建”工作队和当地干部群众时指出，严重危害人民生命财产和社会稳定的违法犯罪分子，一定要坚决打击，决不手软。他要求县乡领导要结合西部大开发战略，进一步完善和理顺经济发展思路，突出自身特色，以市场为导向，努力调整农村经济结构。

2～3日　省委书记令狐安在大理市主持召开滇西7地州县级“三讲”教育工作座谈会。听取大理、丽江、楚雄、临沧、怒江、保山、迪庆7地州的县级“三讲”教育进展情况汇报和7地州对省委领导班子和领导干部“三讲”教育整改措施落实情况的意见和建议，对下一步的工作提出了要求。

令狐安、孙淦、黄维彬和中央“三讲”教育检查组秦晓峰同志发表了讲话。

令狐安说，总的来看各地州委领导重视，措施得力；各县（市）委态度端正，学习认真；督导组、巡视组作风深入，要求严格。但是，工作中还存在着发展不平衡，认识不到位等问题，需要认真加以解决。

1～4日　省委副书记王学仁深入临沧地区，先后参观考察了云县的无公害蔬菜基地，幸福民族乡的冬季农业开发，永德县的脱毒洋芋良种繁育基地，永康芒果和干果种植基地，镇康县勐堆乡甘蔗良种培育基地，南伞镇边贸和小城镇建设，耿马傣族佤族自治县勐撒茶叶高产种植园等现场，就农业和农村经济结构调整、巩固原优势产业和培植新兴产业、抓住机遇加快基础设施建设、扶贫攻坚工作等问题，同当地干部群众座谈，广泛听取意见，并作了重要讲话。

7日　省委在昆明召开省直有关单位和部分地州市党组（委）书记座谈会，征求对省级领导班子和领导干部“三讲”教育整改措施落实情况的意见和建议。省委书记令狐安主持座谈会。省委、省人大常委会、省政府、省政协的领导参加座谈会听取意见和建议。中央“三讲”教育检查组到会听取意见和建议。中央“三讲”教育检查组组长杨兴富在座谈会上就搞好省级领导班子和领导干部“三讲”教育回头看、抓好县级“三讲”教育提出了要求。

令狐安对省级领导班子和领导干部“三讲”教育回头看工作作了安排。

11日　省委书记令狐安在昆明市南窑商品批发市场火灾现场察看灾情时强调，全省要从这场火灾事故中认真吸取教训，有火灾隐患的，必须严加整治，各级领导和有关部门在防火安全工作中，宁当恶人，不做罪人。

令狐安还说，追求经济效益固然重要，消防安全更为重要。他强调，各地各部门要从这次事故中吸取教训。

12日　中共云南省委召开省级领导班子和领导干部“三讲”教育“回头看”活动动员大会。省委书记令狐安作动员讲话。他对省级班子及成员的“三讲”教育“回头看”活动提出3点要求：一是深刻领会江泽民同志“三个代表”的重要论述，进一步增强共产党员的政治责任感和使命感；二是高度重视，狠抓落实，认真开展“回头看”活动；三是高标准高质量开展自看自查，巩固和扩大“三讲”教育成果。

省委、省人大常委会、省政府、省政协领导班子成员出席了大会。

15日　省委在昆明召开离退休省级老同志座谈会，征求对省委、省人大常委会、省政府、省政协四套领导班子和领导干部“三讲”教育后整改措施落实情况的意见。

省委书记令狐安主持座谈会。省委、省人大常委会、省政府、省政协领导出席座谈会。中央“三讲”教育检查组组长杨兴富出席座谈会并讲了话。同时，出席会议的老同志也提出了意见和建议。

16日　省委在昆明召开座谈会，征求民主党派云南地方组织和省工商联负责人对中共云南省委、省人大常委会、省政府、省政协四套领导班子和领导干部“三讲”教育整改措施落实情况的意见。

中共云南省委书记令狐安主持座谈会。中共云南省委、省人大常委会、省政府、省政协领导出席座谈会。中央“三讲”教育检查组组长杨兴富出席座谈会。

民革、民盟、民建、民进、农工、致公、九三、台盟云南省委和省工商联的负责人参加座谈会。

17日　中共云南省委举行第139次常委会，专题研究分析当前云南省经济运行形势。会议强调，各级各部门要转变作风，深入基层，切实加强对经济工作的领导，确保今年既定目标的实现。

省委书记令狐安主持会议。省委常委、常务副省长牛绍尧代表省政府就云南省一季度经济运行基本情况和拟采取的对策措施作了汇报。

省委书记令狐安在总结讲话中强调：要认清形势，增强信心，突出重点，狠抓落实，形成合力，加强指导，努力改进领导作风，确保云南省经济保持持续、快速、健康发展。

18日　省委召开全省解放思想大讨论专题会议，对前一段工作进行全面总结，对下一步工作做了部署。省委书记令狐安在会上作了重要讲话。省委副书记王天玺主持会议。

令狐安对前一段解放思想大讨论作了简要总结回顾，予以充分肯定，对下一步的工作着重讲了4点意见：一要紧紧围绕建立社会主义市场经济体制这一长期任务，紧紧扣住“调整结构、开拓市场、搞活流通”这一专题，把解放思想、转变观念这场大讨论全面、深入地推进下去。二要紧紧围绕实施西部大开发战略，着重从观念上、思路上、对策上深化解放思想、转变观念。在实施西部大开发战略的观念、思路、对策上，都要开展专题讨论，前提是观念先行。这条做不到，加快西部大开发也是不可能的。三要从深入剖析典型入手，紧紧抓住影响云南改革开放的难点、热点和重点问题，开展专题性讨论。宣传部门、经济管理部门、行政部门要与自己的业务紧密结合起来，肯动脑子，博闻广见，讨论就会深入下去，也就能解决问题。四要与省地级“三讲”教育“回头看”和县级“三讲”教育进行整改紧密结合。

19日　省委副书记王天玺在曲靖市县处级干部“解放思想、更新观念”专题研讨班上强调，解放思想、更新观念是一项长期、艰苦和复杂的任务，当前，要紧紧围绕西部大开发这一主题，结合当前的经济工作，结合县级“三讲”教育，把新一轮解放思想大讨论引向深入。

20日　云南省省级领导班子和领导干部“三讲”教育“回头看”活动情况通报会在昆明召开。省委、省人大常委会、省政府、省政协领导班子成员出席通报会。会上，省委书记令狐安，通报了省委、省政府领导班子和领导干部“三讲”教育“回头看”活动情况。省人大常委会和省政协作了书面通报。中央“三讲”教育检查组组长杨兴富出席通报会并讲话。

23日　省委副书记孙淦到大关县进行了“三讲”教育动员。他强调，2000年党建工作的重中之重，仍然是切实抓好“三讲”教育，并以此推动改革、发展、稳定各项工作的落实。还就围绕内昆铁路、昆水公路开通后，搞好“两路”经济带开发，加快个体私营经济发展步伐，发展绿色经济和畜牧产业等方面的问题发表了重要意见。

在“三讲”教育动员前，孙淦听取了县委、县政府工作汇报，召开了部分离退休干部座谈会。

24日，孙淦同志在昭通召开了地区的四套

班子领导和部分离退休干部座谈会，听取了对省级四大班子“三讲”教育“回头看”的意见和建议。

23～27日　省委副书记王学仁在怒江傈僳族自治州调研时强调，要抓住西部大开发的重大历史机遇，加强基础设施建设，着力调整农业农村经济结构，千方百计增加农民收入，加强脱贫步伐；以“三讲”教育为契机，全面提高干部队伍素质。

王学仁先后深入兰坪、福贡、贡山等县以及部分乡镇村寨看望当地干部群众，就农村工作和县级“三讲”教育情况进行调研。在对怒江州近年来经济社会发展取得成绩给予充分肯定的同时，对当前要重点抓好的工作提出了具体要求。

同日　省委书记令狐安到思茅地区调查研究，先后听取了墨江、普洱、澜沧、孟连等县开展“三讲”教育、当前经济工作和春耕生产的汇报。令狐安在调研中强调，一定要把认真搞好县级“三讲”教育与做好当前经济工作紧密结合起来，一定要把贯彻落实江总书记“三个代表”和开展“致富思源、富而思进”的讨论落到实处。他还考察了普洱国营茶场、澜沧果园、蔬菜承包户的生产以及玉溪市元江茉莉花、芦荟的种植和茉莉花茶的生产经营情况。对元江积极吸引外来资金、按照市场需求调整产业结构的做法给予了充分肯定。思茅地区主要领导和省级有关部门人员随同调研。

23～25日　省委副书记王天玺在丽江地区调研时强调，要以县级领导班子和领导干部“三讲”教育为动力，抓机遇、变观念、打基础、兴科教、调结构、建支柱、讲文明、评十星，把解放思想大讨论引向深入，全面加快经济社会发展步伐。

26～27日　省委副书记王天玺在丽江地区调研之后，于4月26日和27日先后到大理白族自治州和楚雄彝族自治州调研。他在大理州作解放思想大讨论专题报告时指出，要加快发展，就必须解放思想、更新观念。这是关乎全省大局，关乎以什么样的姿态投入西部大开发、跨入21世纪的大问题，全省各地各级要积极响应省委的号召，投入解放思想、更新观念大讨论。

在大理，王天玺在大理州委、州政府领导的陪同下观看了白剧《情暖苍山》。

在楚雄州调研期间，王天玺深入楚雄市、南华县和禄丰县了解情况。他听取了南华县委、县政府的工作汇报后，对该县的“三讲”教育工作给予了充分肯定，希望通过“三讲”教育，进一步促进全县经济社会发展。在楚雄市，他视察了市政建设、紫溪山林场；观看了彝族舞剧《威楚余韵》并检查了群众文化活动开展情况。在禄丰县，他到罗川乡视察了滴水灌溉农业基地和小城镇建设、考察了新发掘出的恐龙化石，并就如何抓住西部大开发机遇加快罗川农业综合开发、小城镇建设和以恐龙化石为龙头的古生物旅游开发保护等方面的工作提出了要求。

在楚雄调研期间，王天玺还作了《解放思想，建设彝州》的专题报告。

“五一”劳动节前夕　省委书记令狐安来到正在施工建设中的昆曼公路玉元段看望慰问筑路职工。他说，在这样艰苦困难的条件下能修出这样好的路，是一件很了不起的事。云南的公路建设与发展取得了两大可喜成果。一是从从施工水平、质量、速度到管理都取得了明显进步。二是培育出一支从事设计、施工、监理的高等级公路建设人才队伍。他要求全省公路建设者进一步树立精品意识，狠抓施工质量，确保施工安全，深化公路建设的投融资和管理体制改革，力争多修路，修好路；新闻工作者要多宣传筑路工人可歌可泣的英雄事迹；各类企业要严格按合同办事，确保施工质量，按期完成任务；全省各地各部门都要强化服务意识，全力支持公路建设，省委办公厅、宣传部、政研室和省交通厅等单位的同志随同参加慰问。

5月

9日　省委书记令狐安专程前往武定县听取该县“三讲”教育情况汇报后，强调这次“三讲”教育中好的经验要长期坚持下去。通过民主生活会，把群众的意见原汁原味地反馈给领导干部，还要经常性地开展谈心、交心，有话讲在当面，开展批评和自我批评，对重大问题要多征求意见，取得共识和统一，以讲党性、守制度、讲感情来维护团结。

12日　省委书记令狐安主持召开第141次省委常委会议。会议传达了中央“三讲”办领导听取云南检查组汇报后的讲话精神，研究讨论进一步深入开展好“三讲”教育工作。会议强调，县以上各级领导班子要转变作风、明确责任，狠抓各项“三讲”教育整改措施的落实，扎实促进改革开放和经济发展。会议还要求，要认真准备，突出重点，开好省级领导班子民主生活会；要严格按照全国第三次“三讲”教育工作会议精神，坚定不移地抓好县（市、区）级“三讲”教育工作。

16 日　召开中国西南 6 省区市西部大开发昆明研讨会。来自中央有关部委和四川、贵州、重庆、西藏、云南、广西 6 省区市的代表、专家学者以及东南有关省市的代表汇集春城，共商大西南迎接西部大开发战略实施的大计。

中共中央政治局委员、中国社会科学院院长李铁映亲临会议指导并作重要讲话。本次研讨会，由李铁映同志倡议、中国社会科学院和云南省共同发起，邀请中央有关部委和西南各省区市共同举办。

上午，在连云宾馆举行的研讨会开幕式，中共云南省委书记令狐安致词。接着，他结合云南实际谈了对西部大开发的一些认识。他希望中央各部委和各兄弟省区市的领导、各位专家、记者对云南的工作提出宝贵意见。

会上，中国社科院西部发展研究中心主任陈栋生，中央政策研究室副主任肖万钧，上海市政府副秘书长李关良，交通部副部长李居昌，贵州省委副书记、常务副省长王寿亭等同志先后致词和发言，共同就抓住机遇积极实施西部大开发战略，再造西南秀美河山发表了意见。

出席会议的有关方面领导还有：中共中央委员、中国社会科学院常务副院长王洛林，国务院研究室副主任李德水，国家林业局副局长李育才，重庆市委副书记刘志忠，四川省副省长邹广严，广西壮族自治区党委常委、区人民政府副主席王汉民，广西壮族自治区党委常委、宣传部长潘琦，西藏自治区党委宣传部常务副部长格桑朗杰，云南省委副书记、秘书长王学仁，云南省委常委、常务副省长牛绍尧等。

在为期两天的研讨中，与会代表就西南地区在西部大开发中所面临的理论和实践问题进行广泛的探讨和交流，形成共识并推进西南地区以及西部的合作。

19 日　省委、省政府在昆明召开省级党政机构改革动员大会，动员和部署云南省省级党政机关机构改革工作。省委书记令狐安在大会上讲了 3 个问题：一是要从讲政治的高度，坚决贯彻落实中央批准的机构改革方案；二是共产党员和党的各级组织，要以“三个代表”为准则，在机构改革中发挥模范带头作用；三是正确处理好机构改革和其他各项工作的关系，特别要集中精力抓好经济工作。他论述了机构改革的重要性和紧迫性后还指出，在机构改革期间，特别要强调加强组织纪律，严肃执行党纪、政纪，真正做到令行禁止，以实际行动不折不扣地坚决落实中央批准的机改方案。

20 日　省委召开第 144 次常委扩大会议。会议传达学习讨论了江总书记“三个代表”重要思想，部署云南省组织学习工作。会议强调，各级党组织特别是党员领导干部要认真学习，深刻领会江泽民同志“三个代表”重要思想的重大意义，带头实践“三个代表”的重要思想，与当前“三讲”教育及开展的“回头看”活动紧密结合起来，在见实效上下功夫。

常委会听取并讨论了江总书记“三个代表”的重要思想及《中共党的建设工作领导小组会议纪要》。会议还要求，各级党组织要把认真组织学习和贯彻江总书记“三个代表”重要思想。

6 月

10 日　省委书记令狐安来到昆明国贸中心，考察本届昆交会云南省部分地州市的展台。他十分关注云南地产品的参展情况，勉励各地一定要通过昆交会把云南的优质产品推向国际大市场。

13～18 日　中共中央政治局常委、中央书记处书记、中央纪委书记、全国总工会主席尉健行，在云南考察工作时强调，各级领导干部要带头廉洁自律，管好自己的配偶、子女。

尉健行在中共云南省委书记令狐安，省委副书记孙淦、王学仁，省委常委、省纪委书记陈培忠等省领导的分别陪同下，先后到昆明、楚雄、大理等地进行考察，深入昆明电缆厂、昆明高新技术产业开发区、呈贡斗南花卉交易市场、隆格兰花卉公司、昆明世博园、楚雄彝族自治州彝族十月太阳历文化园、大理古城等，还看望了基层纪检干部、工会干部。尉健行多次召开座谈会，听取进一步深入开展反腐败斗争的建议和意见。

在听取中共云南省委、省政府的工作汇报

后，尉健行对云南省各方面工作取得的成绩给予了充分肯定。他希望云南广大干部和各族人民按照江泽民总书记“三个代表”重要思想的要求，在省委的领导下，进一步深化改革，扩大开放，维护稳定，加强各民族团结，在实施西部大开发战略的进程中作出更大的贡献。

尉健行还指出，近几年来，少数高中级领导干部利用职权和职务上的影响为其配偶、子女谋取非法利益，已经成为当前一个突出的腐败现象，广大干部群众对此反映十分强烈。这些干部置中央的有关规定于不顾，对其配偶、子女利用自己职权和职务上的影响经商办企业，非法敛财、违法乱纪，或不闻不问，或暗中支持，袒护包庇，有的甚至直接参与其中，严重败坏了党的风气，影响极为恶劣。其中一些人因此受到党纪国法的制裁，身败名裂，教训十分深刻。这些严酷的事实表明，中央明确提出省（部）、地（厅）级领导干部的配偶、子女，不准在该领导干部管辖的业务范围内个人从事可能与公共利益发生冲突的经商办企业活动等规定是非常必要的，是从严治党的一项重要措施，是“三个代表”精神的具体体现，也是着眼于防范、具有回避性质的一项重要规定，是对领导干部的保护和爱护。各级领导干部一定要深刻领会中央规定的重要意义和精神实质，增强执行规定的自觉性。为了使这项规定真正落到实处，各地区和各行业主管机关都要针对各自的实际情况和行业特点，对省（部）、地（厅）级领导干部可能利用自己掌握的行政审批权，或者施加职务上的重要影响，为其配偶、子女在其管辖的业务范围内个人经商办企业谋取非法利益，妨碍市场公平竞争，引起群众强烈不满的，要提出一两条禁止从业的明确的具体的政策规定，并坚决贯彻执行。对违反规定又不纠正的，按照中央的规定，该领导干部应当辞去现任职务，或者对其进行组织处理。领导干部的配偶、子女个人经商办企业活动，即使不属于该领导干部管辖的业务范围的，领导干部也不准为他们提供任何形式的方便条件。对省（部）、地（厅）级领导干部对其配偶、子女利用自己职权和职务上的影响个人经商办企业谋取非法利益，不管不问、听之任之，尽管本人没有参与的，以及配偶、子女利用其职权和职务上的影响收受礼金、有价证券和贵重物品的，都要按照党风廉政建设责任制的规定追究该领导干部的责任。各级党委和纪检监察机关对这项规定的执行情况，要加强监督检查，主动发现和处理问题。

中旬　省委书记令狐安分别听取了省委组织部、宣传部、统战部和省纪委、省委政法委以及省公安厅、省检察院、省高级人民法院“三讲”教育“回头看”情况的汇报。他指出，全省各级领导班子和领导机关要认真实践江总书记“三个代表”的重要思想，紧紧围绕西部大开发和经济建设这个中心，狠抓“三讲”教育的整改落实工作，加强党风廉政建设，以自己的表率作用全面推进云南省的各项工作。

王天玺、陈培忠、秦光荣、黄维彬等分别参加听取汇报。

20日　省委书记令狐安在省委驻各地州市委县（市）级“三讲”教育督导组工作汇报会上强调，要以“三个代表”重要思想为指导，深入搞好县（市）“三讲”教育整改工作。

他强调：一是要抓好继续深入学习贯彻江泽民同志“三个代表”重要思想的工作，搞好县市“三讲”教育，推动当前各项工作。二是要认真搞好全省县市“三讲”教育的总结工作。三是要进一步抓好县市“三讲”教育整改方案和措施的落实。

省委副书记、省委“三讲”教育领导小组副组长孙淦主持了汇报会。中央检查组成员、省委驻16个地州市的督导组组长、省委“三讲”办公室负责人参加了会议。

下旬　省委副书记王学仁在嵩明县、寻甸回族彝族自治县就村级体制改革问题进行调研时强调，当前各级党政领导要认真学习、深刻领会、努力实践江泽民总书记“三个代表”的重要思想，抓住西部大开发的历史机遇，进一步完善经济发展思路，推进产业结构调整，加快经济发展速度，增加农民收入；要加强领导，精心组织、稳步推进村级体制改革，强化基层民主政治建设。

省委副书记王学仁率省直有关部门和昆明市的领导先后到嵩明、寻甸县，听取县委和部分试点乡镇党委村级体制改革工作进展情况汇报，与当地干部群众进行座谈，就如何搞好村级体制改革听取他们的意见和建议。在充分肯定两县前一段工作所取得成绩的基础上，王学仁就进一步搞好村级体制改革工作提出了要求。

25～29日　省委书记令狐安在武定县发窝乡山品村调研时指出，只有时刻不忘记人民群众，才能真正做到江泽民同志提出的“三个代表”，才能始终坚持党的实事求是的思想路线。

7月

6日　省委召开了第147次常委会议，会议传达学习了中央思想政治工作会议精神，并研究云南省的贯彻意见。会议提出，云南省今年和今后一段时间思想政治工作的重要任务，就是学习贯彻好江泽民总书记在中央思想政治工作会议上的重要讲话。

省委书记令狐安主持常委会。会议听取了省委宣传部副部长毕国光传达中央思想政治工作会议精神。

会议决定，在9月份召开全省思想政治工作会议，将进一步传达学习贯彻中央思想政治工作会议和江泽民重要讲话精神；总结、交流云南省加强和改进思想政治工作的典型经验；表彰奖励云南省思想政治工作和精神文明建设的先进集体和个人；研究云南思想政治工作面临的新情况、新问题；对进一步加强思想政治工作作出部署。

10日　省委书记令狐安在玉溪红塔集团调研时强调，云南烟草业务必认清全国烟草大形势，深化改革，提高效益，在激烈的市场竞争中真正形成大集团的拳头优势。云南红塔集团必须加快改制步伐，深化改革时不我待，失不再来，务必态度坚决、目标明确、方法得当。

令狐安在红塔集团与公司领导进行了座谈。他要求红塔集团进一步加强管理，降低成本；狠抓创新，提高产品质量；总结经验，进一步开拓市场；加强领导班子建设，把江泽民总书记“三个代表”的重要思想落实到实际工作中去。

省委常委、常务副省长牛绍尧参加了调研。

12日　部分地州市国有企业改革与发展座谈会在昆举行。省委书记令狐安强调，国有企业改革和发展是各级党委、政府的“一把手工程”，全省上下务必把这项工作作为“天大的事”；深化国有企业改革要努力实现观念创新、制度创新、技术创新、管理创新；全面加强企业领导班子建设、管理和监督。

本次座谈会召开之前，省委书记令狐安和省委常委、常务副省长牛绍尧带领省有关部门负责同志，于7月10～12日到玉溪、曲靖、昆明的部分国有企业进行了调研。

座谈会由牛绍尧主持。昆明、玉溪、曲靖、红河、昭通、楚雄等地州市领导和企业负责人介绍了国企改革发展的经验、困难和问题。省有关部门负责人也发了言。

14日　云南省县（市、区）级“三讲”集中教育工作总结大会在昆明召开。省委书记、省委“三讲”教育领导小组组长令狐安在大会总结讲话时强调，“三讲”集中教育虽然已经告一段落，但讲学习、讲政治、讲正气则是一项长期任务，深入整改的任务还很重。

省委副书记、省委“三讲”教育领导小组副组长孙淦主持大会。省委副书记、省委“三讲”教育领导小组副组长王天玺，省人大常委会主任尹俊，省委常委、省委组织部部长黄维彬，省政协常委副主席赵淑敏，省委“三讲”领导小组的其他成员出席了大会。

中央“三讲”教育检查组组长杨兴富在大会上讲话指出，云南省的县（市、区）级“三讲”集中教育，符合中央有关文件精神的要求，领导重视，高标准、严要求，工作扎实，进展顺利，发展健康。

26日　省委书记令狐安主持召开第148次省委常委会议听取了上半年全省经济形势分析汇报，会议提出，在上半年经济运行逐月好转的基础上，全省必须再接再厉，狠抓各项措施的落实，确保实现全年经济发展目标。

省委常委会听取了省委常委、常务副省长牛绍尧汇报上半年经济形势和省政府对下半年经济工作的安排。

会议强调，要进一步狠抓落实，真正把省委、省政府已经确定的做好今年经济工作的各项部署、措施落到实处，省里对下半年经济工作的各项重点要抓好督办落实工作。下半年的经济工作要突出重点，抓住关键。重点抓好卷烟销售、烟草业发展重大政策研究、烟草集团化改制、争取国家国债投入、理顺银企关系、农民增收、完成重大基础设施建设项目和技改项目等项工作，确保全年经济发展目标的全面完成。

同日　在召开的第148次省委常委会上，令狐安听取了云南省矿业发展情况汇报时强调，下决心做强云南矿业这一全省国民经济的支柱产业。

省委常委会原则确认了省政府发展矿业支柱产业的主要思路、发展目标、发展重点。

主要思路是：以市场为导向，以资源为基础，以骨干企业为依托，以科技进步为动力，以增强竞争力为关键，以提高经济效益为中心，坚定不移地走具有云南特色的8条路子：依托老企业内涵扩大再生产；面向国内外开放型办矿；引进和创造一流技术科技兴矿；找准突破口发展精深加工；以龙头企业、名牌产品带动产业建设；矿电结合；多渠道筹集资金加大开发力度；坚持可持续发展。经过5到10年的努力，把云南矿业建成开放、高效、特色鲜明、在全国独树一帜的重要产业。

发展目标是："十五"和"十一五"期间，力争通过一批重大项目的技术改造和建设，使矿业在企业规模、产品开发、技术进步等方面实现质的飞跃。到2010年，争取实现矿业工业总产值1000亿元左右，利税100亿元左右，完全确立矿业作为云南支柱产业的地位。

发展重点：近期仍以磷化工、有色金属加工为重点，同时积极扶持以褐煤液化为主的煤化工和贵金属深加工。

会议原则同意省政府加快建设矿业支柱产业的主要对策和措施。

25日、27日　省委书记令狐安在云南红酒业有限公司和云南花卉示范园区等单位考察时强调，生物资源是云南省四大支柱产业中最具发展潜力的创新开发产业，各级政府要全力支持，为加快生物资源开发大开绿灯。

结束云南花卉示范园区的考察后，令狐安一行又到云南省肉牛牧草研究中心进行了考察调研。

25～26日　省委副书记王学仁在曲靖市就村级体制改革情况进行调研时强调，各级党委要把村级体制改革工作作为一件大事来抓，切实加强领导，精心组织，圆满完成任务。

30日　省委在昆明召开地州市委书记会议，听取各地州市上半年工作情况汇报，对下半年工作进行研究。省委书记令狐安，省委副书记王天玺、孙淦、王学仁，省委常委杨健强出席会议。16个地州市委书记在会上总结分析了各地上半年的工作情况，谈了下半年的工作打算和安排。

7月30～31日　中共云南省委六届十次全体会议于在昆举行。全会的主要任务是深入贯彻落实江泽民同志关于"三个代表"的重要思想，以加强领导班子建设和领导机关建设为重点，加强党的建设，同时总结上半年工作，部署下半年工作。认真审议并原则通过了《中共云南省委关于贯彻落实江泽民同志"三个代表"重要思想的决定》。

令狐安在会议结束前作总结讲话时，对后5个月的工作作了重要部署和明确要求。

8月

3日　省委书记令狐安主持召开第150次常委会议，听取贯彻落实中央政治局常委、书记处书记、中央纪委书记、全国总工会主席尉健行考察云南期间所作重要指示情况的汇报。

会议原则通过了省纪委提交本次常委会讨论的关于认真学习贯彻尉健行同志在云南考察期间重要讲话的意见。

会议认为，今年6月13～18日，尉健行在云南省考察工作期间所作的重要讲话，充分体现了以江泽民同志为核心的党中央关于加强党风廉政建设和反腐败斗争的指导方针和原则，对云南省党的建设特别是反腐倡廉工作提出了更高的要求。认真学习领会和贯彻落实尉健行重要讲话精神，对云南省进一步加强党的建设，深入开展党风廉政建设和反腐败斗争，必将起到重要的指导和推动作用。

会议要求，全省各级党组织要把学习贯彻尉健行重要讲话作为当前和今后一个时期的重要任务，组织党员干部认真学习，推动各项工作的开展。

11日　省委副书记王学仁在丽江地区考察村级体制改革试点工作时强调，各级党组织要全面贯彻落实省委六届十次全会精神，认真学习和努力实践江泽民同志提出的"三个代表"重要思想，扎扎实实地抓好村级体制改革工作，不断加强农村民主法制建设。

30日　省委书记令狐安主持召开第152次省委常委会议，研究贯彻落实中央有关经济工作重要精神的意见，对云南省当前和今后一段时期的经济发展作了部署。会议还研究了加快云南发展生物资源开发创新产业的问题。

省委常委会讨论并通过了省政府提出的贯彻

中央有关经济工作重要精神的实施意见。

9月

13日　为全面贯彻落实江泽民总书记“三个代表”的重要思想，切实解决好思想观念方面阻碍云南省改革和发展的实际问题，省委作出决定，把当前正在开展的解放思想大讨论延续至年底，并为此发出通知，要求全省上下增强继续开展解放思想、更新观念大讨论的自觉性和主动性；明确思路，把握重点，深化和拓展大讨论的内容，把解放思想、更新观念大讨论引向深入。

15日　省委书记令狐安在中国科学院昆明动物研究所和中国医学科学院医学生物研究所考察生物资源开发创新时强调，生物技术的推广应用对云南的未来发展影响十分重大，云南在生物资源开发利用方面具有相对优势，要在发展特色产业和实施西部大开发战略中，充分发挥这个优势，把生物资源开发创新这一支柱产业做强做大。他说，云南非常注重和渴望高新技术，在涉及畜牧业发展的高新技术推广运用中，动物所可以和政府行为相结合，一方面在推广运用成熟的高新技术过程中，发挥政府的指导作用，让农户在高科技成果中得到实惠；一方面，动物所也能取得较好的经济效益，发展壮大自己的科研实力。

令狐安在考察了医学生物研究所的脊髓灰质炎减毒和甲型肝炎减毒活疫苗室及医学灵长类研究中心后，听取了研究所负责人的工作汇报，肯定了研究所在领导班子建设、干部人事改革、人才培养和科研项目开发等方面取得的成绩。

令狐安要求，各级党委、政府和职能部门要进一步深化对生物资源开发创新的认识，齐心协力，加快发展。

19日　全省生物资源开发创新工作会议在昆明连云宾馆召开。由省委、省政府召开的这次会议的主要任务是，围绕实施国家西部大开发战略和把云南省建成“绿色经济强省”的目标，提高认识、完善思路，明确任务，制定政策，加快生物资源开发创新。

省委书记令狐安在会上以《加快生物资源开发创新，促进绿色经济强省建设》为题作了讲话。省委副书记王学仁主持会议。

21～22日　省委理论学习中心组就加强思想政治工作，努力开创云南思想政治工作新局面进行了认真的学习研讨，参加学习的省领导共同认为，全省各级党组织和党员干部务必提高对加强党的思想政治工作重要性的认识，按照“三个代表”的要求，积极探索新形势下做好思想政治工作的创新途径，切实提高思想政治工作的针对性和实效性，为云南省经济社会的全面发展提供坚实的思想政治保证。

由省委书记令狐安主持，省委常委、副省长和省人大常委会、省政协党组主要负责同志参加的省委理论学习中心组，会议认真学习了毛泽东、邓小平、江泽民同志对思想政治工作的重要论述和在中央思想政治工作会议上的讲话，对云南省思想政治工作面临的新形势、新情况和新问题进行了深入分析和研究，为既将召开的全省思想政治工作会做了思想理论准备。

下旬　令狐安率领有关部门的负责人先后到省建工集团、东川矿务局、云南铜业集团有限公司和江川县农村考察两个文明建设，了解基层思想政治工作和领导班子建设情况，认真听取了干部群众的意见，并对为何做好基层思想政治工作提出了要求。他要求各级党委、政府要积极调整财政支出结构，加大养老保险社会化建设步伐。对关闭破产企业出现的连带问题，要认真研究，分项负责，落实到人。要按分级负责的原则，切实加强对农村思想政治、宣传文化工作和阵地建设的指导，采取创建“十星文明户”活动等各种有效形式，解决好农村工作中的盲点和空白点问题。

25日　省委在昆召开思想政治工作会议。省委书记令狐安在会上号召全省各级党组织和各级领导干部以高度的历史使命感、饱满的政治热情和科学的创新精神，努力开创云南省思想政治工作的新局面。

这次会议的主要任务是：认真学习和贯彻落实江泽民同志在中央思想政治工作会议上的讲话，以及中央有关重要文件精神，深入分析研究省思想政治工作面临的新形势、新情况和新问题，进一步提高全省各级党组织和党员干部对加强党的思想政治工作重要性的认识，积极探索新形势下做好思想政治工作的有效途径，切实提高思想政治工作的针对性和实效性，为顺利实现跨世纪发展的各项奋斗目标提供坚实的思想政治保证。

省委副书记孙淦、王学仁、省人大常委会主任尹俊，省委常委、昆明市委书记杨健强，省委常委、省委政法委书记秦光荣，省委常委、省委组织部长黄维彬，省政协党组书记、常务副主席赵淑敏等出席会议。

省委副书记王天玺主持会议。令狐安在会上作重要讲话。省委常委、省委组织部长黄维彬，在会上宣读了省委关于表彰思想政治工作先进集体和先进个人代表的决定。主席台的领导同志为75个先进集体和25名先进个人颁了奖。

28日　省委副书记王学仁率有关方面领导到昆明市官渡区福保村和西山区团结乡进行调研后提出，在有条件的地方发展乡村旅游，无疑是一条实现农民增收的好路子。王学仁在考察中指出，抓住西部大开发的有利机遇，在城郊和风景名胜区发展乡村旅游有5点好处：一是带动了相关产业的发展，如种植业、养殖业、加工业等，为农村产业结构调整找到了一条好路子；二是使农村剩余劳动力得到最大转移，有效地增加了农民收入；三是弥补了一些热点旅游景区的设施和接待能力不足的缺陷；四是促进了农民与外来游客间的信息、文化交流，提高了农民素质；五是改善了农村环境卫生条件，提高了农民生活质量，促进了农村精神文明建设发展进程。

10月

10日　省委副书记王学仁在昆明柴石滩水库工地调研时强调，千万不能忽视农业基础设施建设，要抓住西部大开发的历史机遇，坚持不懈大干农田水利建设，不断改善生产条件，促进国民经济持续健康发展。

11～12日　中共云南省委举行第155次常委（扩大）会议，传达党的十五届五中全会精神，研究云南省初步贯彻意见。

省委书记令狐安主持并传达了十五届五中全会精神。令狐安传达了中国共产党十五届五中全会的精神、江泽民同志重要讲话精神、朱镕基同志《关于制定国民经济和社会发展第十个五年计划建议的说明》的主要内容和关于人事方面的问题。

关于云南省的初步贯彻意见，令狐安主要讲了4点：一是认真学习宣传贯彻全会精神，进一步统一认识；二是以十五届五中全会精神和江泽民同志“三个代表”的重要思想为指导，结合云南实际，认真做好全省“十五”计划的修改充实完善提高工作；三是精心准备，在认真调研的基础上，11月上中旬召开省委六届十一次全会，全面贯彻十五届五中全会精神。四是以十五届五中全会精神为动力，突出重点，转变作风，狠抓落实，认真做好2000年最后两个多月的各项工作，完成“九五”计划的各项任务。

与会同志结合云南实际，畅谈学习十五届五中全会精神的体会，并对云南进一步学习宣传贯彻十五届五中全会精神提出了具体建议。

13日　中共云南省委在昆明人民胜利堂召开副厅级以上党员干部大会，传达贯彻党的十五届五中全会精神。

省委书记令狐安就党的十五届五中全会会议概况、会议的主要精神作了传达，并提出了云南贯彻意见。他强调，我们一定要根据形势发展的需要，紧密结合云南实际，把学习不断引向深入，真正把十五届五中全会精神变成推进云南各项工作的强大动力。

14日　中共云南省委在省委统战部召开党外人士情况通报会。省委书记令狐安在会上通报了中共十五届五中全会精神，并向与会的省级民主党派、工商联和党外人士通报了中共云南省委学习贯彻党的十五届五中全会精神的初步意见，希望大家从自己的优势、专长和特点出发，认真组织学习十五届五中全会精神，统一认识，同以江泽民同志为核心的中共中央保持一致。同时，进一步搞好调查研究，积极为云南省制定好国民经济和社会发展“十五”计划提出意见和建议，为不断提高全省各族人民的生活水平而共同努力。

省政协副主席、省委统战部部长江巴吉才主持了会议。

14～15日　云南省党政代表团赴浙、沪、苏学习考察，重点学习借鉴浙江省发展民营经济、培育建设市场的经验，上海市发展高新技术产业、国有企业改革、加快城市基础设施建设和市委总揽全局协调各方的经验，江苏省发展乡镇企业和外向型经济的经验，商讨云南与上海继续实施对口帮扶协作和与浙苏两省进一步加强合作的事宜。

15～17日　省委副书记王学仁在楚雄彝族自治州调研时强调，当前的首要任务是要认真学习十五届五中全会精神，把干部群众的思想认识统一到会议精神上来，结合实际抓好贯彻落实，努力推进战略性结构调整，不断巩固农业基础地位，千方百计增加农民收入，确保国民经济持续健康发展。

14～18日　省委书记令狐安等省领导率云南省党政代表团赴浙江省学习考察，滇浙双方领导人在会谈中商定了新的合作思路：以西部大开发为契机，以市场为导向，以优势互补为基础，进一步巩固发展民间合作，拓展政府、企业和社会力量协作，相互全面开放市场，形成沿海沿边的整体合力，开创两省联动发展的新局面。

16日　令狐安一行与浙江省委书记张德江、省长柴松岳等党政领导进行了亲切友好的会谈。双方商定，将重点在以下几个方面开展合作：一是相互全面开放商品、资本、技术、信息、人才、劳务等市场，共同开拓国内外市场。双方承诺对对方企业与省内企业一视同仁，联合开拓东南亚和南亚市场。浙江将利用市场大省的优势，采取联销、代销等多种形式，支持云南产品开拓市场。二是进一步推进民营企业之间的合作。云南将对浙江民营企业到滇投资提供优惠政策和优质服务。三是全面加强科技、教育、人才培训的合作。以浙大为依托，共建云南特色产业的新技术开发研究基地，以云南的资源和市场为依托，建设浙大科技成果转化的产业化基地。四是积极推进旅游业的合作。五是建立两省领导的定期联系制度。

省党政代表团访浙期间，昆明市与杭州市、宁波市举行了结为友好城市签字仪式。双方一批企业还签署了浙江省与云南省合作项目的协议，协议金额和合同销售额共计5.89亿元。

副省长邵琪伟，省政协副主席、省工商联会长苏正国和省有关部门负责人参加了考察。全国工商联也派员参加了考察活动。

18～21日　中共云南省委书记令狐安率领云南省党政代表团在上海学习考察。令狐安表示，双方应巩固帮扶协作成果，不断拓宽合作领域，继续扩大双向开放，携手开拓国内外市场。

中共中央政治局委员、上海市委书记黄菊，市长徐匡迪等与令狐安一行亲切座谈并分别陪同考察。黄菊提出沪滇要加强合作，携手并进，"再学习、再探索、再创新"，走出东西部联动发展的新路子。

令狐安一行在上海重点考察了上海的城市建设、文化建设、高新技术产业和外向型经济的发展。他们先后考察了上海城市规划展示馆、上海美术馆、上海图书馆、上海国际网球中心、高科技园、国家人类基因组南方研究中心、浦东软件园、东方网、上海通用汽车公司、华虹NEC电子有限公司、东方明珠塔、上海国际会议中心、上海产权交易所和技术产权交易中心、上海华显数字影像技术有限公司、上海全光网络科技股份有限公司、松江工业园区、上海卷烟厂等。上海"一年一个样，三年大变样"的发展和着眼未来，着眼建设国际经济、金融、贸易中心的发展思路，使云南党政代表团深受启发。

徐匡迪向云南省党政代表团介绍了上海国民经济和社会发展情况，并就沪滇合作谈了具体设想。

在省党政代表团考察上海的同时，云南经贸代表团与上海的40多个部门和企业进行洽谈，初步洽谈的项目达40多项，涉及资金52.3亿元。项目涉及医药、生物资源开发、旅游和科技合作等。上海参加洽谈的企业对云南的旅游资源开发、环境保护、滇池污染治理、电站建设等一批重点项目表示了极大的兴趣，愿意到云南进一步商谈。上海复旦大学等一批高校十分看好云南的生物工程、生物资源开发等项目。云南部分民营企业家也十分看好上海的投资环境，表示愿到上海发展。

云南省副省长邵琪伟，省政协主席、省工商联合会会长苏正国和省有关部门负责人参加了党政代表团的考察活动。

21～25日　中共云南省委书记令狐安率领云南省党政代表团赴江苏省学习考察。中共江苏省委书记回良玉、省长季允石等领导同志会见了云南省党政代表团一行。双方就贯彻实施中央西部大开发的战略，加强两省合作与交流等问题进行了深入广泛的会谈，达成了共识。滇苏双方共同表示要以市场为导向，以企业为主休，开展多形式、多领域的合作，促进双方联动发展。双方商定将重点在以下几个方面开展合作：相互支持，共同开拓国内外市场；促进农业科技和农产品贸易等方面的合作；加强科技、教育、文化领域的合作；全面推进旅游业的合作；开展在基础设施建设方面的合作；进一步做好合作组织协调工作。

24日　滇苏经济合作、项目签字仪式在南京举行，此次共13个项目签署协议，涉及资金16亿元。副省长邵琪伟，省政协副主席、省工商联合会会长苏正国和省有关部门负责人参加了考察活动。

26日　赴浙江、上海、江苏学习考察归来的省党政代表团在昆召开总结会，座谈学习体会，研讨如何借鉴先进经验办好云南的事情。省委书记令狐安在讲话中强调，要再学习、再认识、再教育、再创新，学习、消化、运用好这次考察成果，一心一意搞好云南经济建设。

在总结会上，副省长邵琪伟、省政协副主席苏正国以及孔祥庚、张金康、章振国、李现武、尉琪瑛、林文兰、汪正新、顾伯平、贺光曙、熊清华等代表团成员先后发言，他们结合云南实际畅谈考察体会，从解放思想、更新观念、体制和机制、基本建设、文化建设、开放程度、城市化发展、干部年轻化和知识化、开发区带动作用等方面查摆云南与浙沪苏的差距，同时也谈了云南省在前进中取得的成就和发展的优势、潜能，表示要增强紧迫感和自信心，正视差距，鼓足士气，学习兄弟省市先进经验办好云南的事情。

令狐安在总结讲话时说，通过这次考察，我们既要看到差距，增强紧迫感，又要看到成绩，增强自信心。必须正视，同沿海两省一市相比，我们不同程度地存在思想旧、机制死、路子窄、办法少、步子慢的问题；同时我们也看到，云南省确定的发展目标、思路和战略是正确的，我们有自己的优势和潜力。我们要结合云南省“十五”计划的制定，要认真研究解决一些主要问题，如重点产业、优势产业的规划，资本市场的建设和投融资体制的改革，市场体系和机制的建立、产权机制创新、信息化建设等。他要求对考察成果的落实要建立责任制，一项一项地研究云南省的改进措施。

26日　省委副书记王学仁在红河哈尼族彝族自治州就扶贫攻坚和村级体制改革工作进行调研时强调，当前，贫困地区在贯彻落实党的十五届五中全会精神中，要结合实际，把不断提高人民群众生活水平作为一切工作的出发点和落脚点，加大力度，增加投入，尽快解决边疆民族贫困地区群众的温饱问题。

11月

月初　省委副书记孙淦在思茅地区调研时强调，要认真学习贯彻十五届五中全会精神，结合实际制定好“十五”发展规划，进一步落实“三讲”教育整改措施，加强干部队伍建设和管理，加强法制建设，为实施西部大开发和省委提出的“三大战略目标”创造良好的社会和法制环境。调研期间，孙淦听取了思茅地委的工作汇报，与政法部门的领导进行了座谈，深入到江城哈尼族彝族自治县、边防哨所、检查站及企业进行调查研究。

10月27～11月2日　省委书记令狐安主持召开9次座谈会，征求有关部门领导和专家学者对《中共云南省委关于制定国民经济和社会发展第十个五年计划的建议（草案）》的修改意见。与会人员畅所欲言，从各个方面对省委的《建议》提出了修改意见。省委《建议》起草组的同志们，分16个专题分别介绍了文件起草的有关情况，并自始至终参加了座谈会。令狐安要求，文件起草组的同志们要认真吸收各位领导和专家学者们的意见和建议，仔细修改省委的《建议》，有关内容要与云南省的《纲要》和《关于制定云南省国民经济和社会发展第十个五年计划建议的说明》相衔接，使《建议》体现省委和全省各族人民的意志。

省委常委、常委副省长牛绍尧，副省长邵琪伟及有关部门的负责同志、专家学者共计200多人（次）分别参加了座谈会。

8日　省委召开会议，征求部分省级老领导对《中共云南省委关于制定国民经济和社会发展第十个五年计划的建议（草案）》的修改意见。省委书记令狐安，省委常委牛绍尧到会听取了意见。和志强、梁家、李桂英、朱奎、党向民、余佐、祁山、李树基、梁林、李明德等老领导，对云南未来的经济社会发展给予了极大的关注，令狐安代表省委向老同志对云南省经济建议和各项工作一如既往地关心支持表示衷心感谢。

同日　中共云南省委召开会议，征求各民主党派、省工商联以及无党派人士对《中共云南省委关于制定国民经济和社会发展第十个五年计划的建议（草案）》的修改意见。

中共云南省委书记令狐安主持会议，省委常

委牛绍尧到会听取了意见。

高晓宇、刘北辰、麦赐球、王兆民、舒自尧、万彤、郝箴、杨晓红、苏庆春、杨懿焜等各民主党派、省工商联的负责人以及无党派人士代表先后在会上发了言。令狐安在听取了各方面的建议和意见后代表省委表示感谢。

10日 省委召开第157次常委会，对将提交省委六届十一次全会讨论的《中共云南省委关于制定国民经济和社会发展第十个五年计划的建议（草案）》等文件进行了认真讨论。省委书记令狐安主持会议。

在讨论中，大家认为，省委的《建议》经过进一步修改后，将成为新世纪前5年云南省经济和社会发展的重要指导性文件。省委常委会同意将省委《建议》提交省委六届十一次全会审议。大家还讨论了省委全会的其它有关文件。

13日 省委、省政府在昆召开报告会。会上，省委书记令狐安向全省副厅级以上干部通报云南省党政代表团赴浙沪苏学习考察的情况。他强调，要正视差距，转变作风，狠抓落实，加快发展，把云南建成西部投资环境和生活环境最好的省份之一。

全省县（市）委书记出席通报会。令狐安在报告中就这次学习考察的情况，结合云南实际，着重谈了学习考察3省（市）的主要经验和体会，以及云南如何正视差距，加快发展的问题。他重点介绍了3省（市）值得云南学习借鉴的主要经验，即党委统揽全局、协调各方的经验，改革创新的经验，发展开放型和外向型经济的经验，走出去开拓市场的经验，发展区域块状经济的经验，推进城乡经济一体化发展的经验。

令狐安说，我们在考察中一致感到形势逼人。云南在经济社会发展上与3省（市）的差距，主要表现为不同程度、不同层次地存在着观念旧、机制死、路子窄、办法少、步子慢、水平低的问题。云南绝不能满足过去已有的成绩，必须正视差距，才能加快发展。

14～16日 中国共产党云南省第六届委员会第十一次全体（扩大）会议，在昆明召开。省委委员40人，省委候补委员6人出席会议。省纪委委员及有关方面的负责同志列席会议。

全会由省委常委会主持。会议审议并通过了《中共云南省关于制定国民经济和社会发展第十个五年计划的建议》。省委书记令狐安同志作了重要讲话。

全会号召，全省共产党员和各族干部群众，要紧密团结在以江泽民同志为核心的党中央周围，高举邓小平理论伟大旗帜，努力实践“三个代表”的重要思想，解放思想，振奋精神，开拓进取，求实创新，为实现云南经济社会的跨世纪发展而努力奋斗。

11月28～12月2日 省委副书记王天玺在西双版纳傣族自治州、思茅地区、元江哈尼族彝族傣族自治县的茶叶科研、生产企业进行茶产业专题调研时强调，“十五”期间，要抓住“西部大开发”和澜沧江——湄公河次区域开发的历史机遇，进一步解放思想、更新观念，大胆进行体制创新、机制创新、政策创新和技术创新，把茶产业培育成云南的大产业，重振茶产业雄风。

12月

4日 省委召开常委会扩大会议，传达学习中央经济工作会议精神，讨论云南省贯彻这一会议的意见。省委书记令狐安主持会议，并传达了中央经济工作会议精神。会议提出，要就关乎云南省经济社会发展的重要问题，认真组织专题调研，对农业和农村工作、结构调整、如何深化国有企业改革等方面的重点问题进行调研，拿出具体的、有针对性和可操作性的意见和建议。

会议最后强调，落实中央经济工作会议精神的关键，在于各级领导干部率先垂范，真抓实干，坚决落实江泽民总书记和朱镕基总理在中央经济工作会上的要求，痛下决心狠刹官僚主义和形式主义两股歪风，不空喊口号，不做表面文章，大力减少应酬，把更多时间和精力用到深入基层、调查研究、解决实际问题、关心人民群众生活上来。全省上下要团结一致、奋力拼搏，争取完成全年的各项任务，确保明年工作有个良好的开局。

6日 中共云南省委召开在昆副厅级以上在职党员干部大会，传达中央经济工作会议精神，要求切实抓好贯彻落实。副省级以上离退休老领导和在昆副厅级以上现职党员干部参加了会议。

同日 云南省首期教育转化“法轮功”练习者学习班举行座谈会，省委副书记王天玺到会向从“法轮功”精神枷锁中解脱出来的原“法轮功”练习者表示祝贺：希望至今仍为痴迷者通过学习，提高认识，早日从“法轮功”邪教的阴影中走出来，回到社会大家庭中来。

18～19日　省委副书记王学仁率领调研组分别对开远市、个旧市新建企业组建工会工作进行调研。王学仁强调，要放心、放胆、放手发展非公有制企业。同时，各级领导及企业主要按照“三个代表”的要求，坚定不移地执行党的全心全意依靠工人阶级的方针，深刻认识新建企业组建工会的重要意义，自觉推动新建企业组建工会。

12月中旬　省委书记令狐安分别听取了省财政、计划、经贸、劳动和社会保障、农业、林业、水利、扶贫、乡镇企业、教育、科技等委办厅局和科协党组的工作汇报，指出，要坚持用一分为二的观点认真总结“九五”工作，认清形势，振奋精神，确定一个科学合理的发展速度和目标，扎扎实实做好新世纪开局之年的各项工作。

28日～29日　省委副书记王学仁在玉溪调研时强调，在农业农村工作中，要切实抓好农业农村经济结构战略性调整，千方百计增加农民收入，确保农村经济再上台阶。

云南省人民政府大事记

2000年

1月

4日　省政府召开第30次常务会议，讨论拟提请省九届人大三次会议的计划和财政报告及《关于政府工作报告的说明》(送审稿)。

5日　省政府九届三次全会在昆明召开，讨论拟提请省九届人大三次会议审议的《政府工作报告》(讨论稿)，并举办科技讲座。

7日　滇港合资“云南新世界医药投资有限公司”签字仪式在昆明举行。副省长邵琪伟到场对滇港合作表示祝贺。

8日　云南省第一条出省高速公路——胜境关至曲靖高速公路正式开工建设。副省长牛绍尧出席开工仪式。

10日　省政府召开抗灾保增收电视电话会，要求各地牢固树立抗灾防灾夺丰收思想，把各项抗灾防灾措施落到实处。副省长黄炳生到会并讲话。

15日　6时9分和7时37分，姚安、南华、大姚一带先后发生5.9级和6.5级地震，造成严重损失。灾情发生后，国务院发来慰问电。副省长李汉柏带领慰问团赶赴灾区慰问群众，指导抗震救灾工作。

20日　省政府在香港特别行政区举行中国昆明国际旅游节推介会。

22日　云南省第九届人民代表大会第三次会议在昆明人民胜利堂隆重开幕。省政府主要领导代表省人民政府向大会作《政府工作报告》。副省长牛绍尧、梁公卿、李汉柏、程映萱、邵琪伟、陈勋儒出席会议。

24日　省政府召开“1·15”姚安地震抗震救灾新闻发布会暨救灾捐赠动员大会。

25日　省委、省政府在昆明召开云南省人口资源环境工作座谈会。

27日　4时55分15秒，丘北县境内发生5.5级地震，造成巨大经济损失。灾情发生后，副省长陈勋儒率有关部门负责人奔赴灾区查看灾情，慰问受灾群众。

2月

2日　省政府召开第31次常务会议，贯彻落实省九届人大三次会议精神，部署省政府2000年重点抓好的各项工作任务，传达贯彻国务院西部地区开发工作会议精神。

13日　省政府举行中国昆明国际旅游节指挥部动员大会，要求全力做好昆明国际旅游节筹备工作。邵琪伟副省长在动员大会上讲话。

12日～13日　省政府领导率有关部门负责

人深入昆明市东川区企业、农村、重点工程建设现场考察工作，对东川今后经济社会发展提出新的要求与希望。

17日　省政府领导在全省外经贸工作会议上强调：面对新形势，我们要适时调整和完善外经贸发展思路，采取更为有效的政策措施，实施三大战略，全力推动出口创汇。

16日～17日　省委书记令狐安和省政府领导深入部分企业、高校、科研院所调研，总结云南省技术创新工作的典型经验。

21日　省政府召开第32次常务会议，研究拟提交全省创新工作会议和城镇建设工作会议研讨的《关于贯彻〈中共中央国务院关于加强技术创新，发展高科技，实现产业化的决定〉的实施意见》和《关于加快城镇建设的决定》等文件，以及云南高新技术产业风险专项资金管理等问题。

25日　省委、省政府在昆明召开云南省技术创新工作会议。

同日　省政府领导主持召开西部大开发云南行动计划领导小组第一次会议，会议提出：全省上下要抓住机遇，做好准备，积极投入到西部大开发中去。副省长牛绍尧出席会议并讲话。

26日　全省城镇建设工作会议在昆明召开。省政府主要领导在会上就云南省城镇建设的8个方面作了工作部署。

28日　省政府在南华县召开姚安地震灾区恢复重建现场办公会，研究部署姚安地震灾区的恢复重建工作。会议提出力争2001年底以前全面完成恢复重建任务。李汉柏副省长主持会议。

3月

9日　省政府召开全省经协工作会议，提出要紧扣西部大开发和全省经济社会发展目标，大力实施双向开放战略，努力形成全方位、多层次、宽领域的开放格局。

13日　全省社会治安综合治理工作会议在昆明举行，李汉柏副省长代表省委、省政府与各地、州、市及省综治委成员单位签订2000年综合治理目标管理责任书。

15日　省委、省政府召开全省安全生产工作紧急电视电话会议。牛绍尧副省长对切实做好云南省安全生产工作提出7条要求。

同日　省政府在宁蒗召开地震灾区恢复重建现场办公会。李汉柏副省长在会上要求进一步发动群众，迅速掀起恢复重建高潮，全面完成地震灾区恢复重建任务。

17日　省政府召开加强银企合作促进经济发展座谈会，通报当前金融运行及经济形势，部署下一步工作。副省长牛绍尧、程映萱出席座谈会并讲话。

21日　云南省人民政府、浙江大学在昆明举行科技教育人才合作座谈会。

22日　省政府召开第33次常务会议，讨论《云南省收费公路管理条例》等地方性法规草案，研究中国昆明国际旅游节筹备工作等。

24日　云南省人民政府与浙江大学举行科技、教育、人才培养合作意向签字仪式，双方签署了浙江大学代表团访滇纪要。

同日　全省烟草系统厂长座谈会在昆明召开。省政府领导出席会议并作了重要讲话，并对全省烟草工作提出具体要求。

27日　省政府召集冶金、有色、化工和轻纺等行业、部门的主要领导召开座谈会，分析研究当前全省工作经济形势，并现场解决企业面临的一些突出问题。

30日　亚洲面积最大的花卉生产基地——云南省花卉示范园在嵩明县开工兴建。黄炳生副省长参加了开工庆典。

31日　“滇池水污染治理技术研究”项目启动仪式在北京举行，陈勋儒副省长参加了启动仪式。

4月

2日　省委、省政府研究巍山地区经济发展问题现场会在巍山县召开。李汉柏副省长出席会议并讲话。

3日　省政府召开西双版纳州现场办公会。

7日　云南省人民政府、国家开发银行《金融合作协议》签字仪式在昆明正式签定。

10日　首届中国昆明国际旅游节开幕。

11日　全省退耕还林还草试点示范工作会议在昆明召开。会议要求各地要高度重视，加强领导，确保示范工作的成功。

17日　省政府召开全省经济工作电视电话会议，全面分析总结一季度全省经济运行情况，安排部署后三个季度的经济工作。

18日　省政府召开第35次常务会议，讨论

《关于深化云南省投融体制改革的若干意见》和《云南省融资担保管理暂行办法》等有关文件。

20日　中国、老挝、缅甸和泰国4国政府在缅甸边境城市大其力正式签署澜沧江——湄公河商船通航协定。中国代表团副团长、云南省副省长牛绍尧代表中国政府出席签字仪式。

29日　省政府召开第36次常务会议，讨论云南省即将出台的国有企业改革发展的有关配套文件，并决定首批废止部分政府规章。

5月

8日　省政府召开第37次常务会议，重点讨论省政府红河现场办公会筹备事宜。

12日　省政府召开电视电话会议，要求各地抓紧当前春耕生产的有利时机，集中精力落实措施，抓好今年农业生产。黄炳生副省长到会并讲话。

16日　省政府召开副厅以上干部会议，提出解放思想、更新观念、转变作风、狠抓落实，齐心协力把云南经济搞上去。

同日　云南磷肥工业有限公司、云南磷化学工业（集团）公司、云南沾益化肥厂、易门矿务局4家企业实现债转股，涉及金额31.62亿元，是云南省最大的一批债转股企业。副省长邵琪伟出席了债转股签字仪式。

17～18日　西南六省区市西部大开发昆明研讨会在昆明召开。

19日　省委、省政府召开省级党政机构改革动员大会，动员和部署云南省省级党政机构改革工作。

21日　东西部企业跨地区跨行业跨所有制合作新实体——云电光彩投资有限公司成立。副省长牛绍尧在成立大会上讲话。

22日　全省国有企业改革和发展工作会议在昆明召开。牛绍尧副省长在会上部署当前国企改革工作并提出5条要求。

23日　省政府召开全省个私企业座谈会。

同日　省防汛抗旱指挥部召开2000年第一次全体成员会议，研究部署全省的防汛工作。黄炳生副省长出席会议并讲话。

24日　省政府召开外商和省外投资企业座谈会。

27日　省政府在红河州召开现场办公会。

31日　省政府召开第38次常务会议，讨论《中共云南省委、云南省人民政府关于进一步改善投资环境、扩大对内对外开放，迎接西部大开发的若干意见》等文件。

6月

2日　由省政府批准并投资的“云大科技微生物资源研究中心”、“云南大学药学院”挂牌成立。黄炳生副省长出席成立大会并代表省政府表示祝贺。

6日　第八届中国昆明出口商品交易会在昆明国贸中心隆重开幕。

同日　云南省与英国比利顿公司合作投资5亿美元，共同开发世界级铅锌矿——兰坪铅锌矿的协议正式在昆明签署。

7日　中国与泰国在云南省景洪市合资建设电站投资意向书正式签订。

10日　省政府与摩尔多瓦共和国代表团在昆明饭店举行经贸洽谈会。

14日　省级党政机构改革“三定”工作会议在昆明召开。李汉柏副省长在会上通报了省级党政机关“三定”工作的进展情况，对省级机关机构改革的“三定”工作作了进一步的动员和部署。

15日　省政府召开第39次常务会议，讨论并原则通过《云南省珠宝玉石饰品质量监督管理办法》和《云南省城市建设档案管理规定》草案，对省政府下一步机构改革工作进行安排部署。

16～17日　省政府经济社会发展咨询团第三次会议在昆明举行。

20日　丽江地区永胜县和宁蒗县发生特大冰雹、洪涝灾害，给两地群众生产生活造成巨大损失。灾情发生后，省政府派出以陈勋儒副省长为组长的工作组到灾区了解灾情、指导工作、慰问群众。

23日　省委、省政府在德宏州瑞丽市召开“姐告边境贸易区”现场办公会，讨论决定姐告边境贸易区及有关口岸进一步深化改革、扩大开放等一系列重大政策和措施。

25日　省政府召开第40次常务会议，研究全省生物资源开发创新工作会议筹备事宜，讨论中国国际花卉节总体方案。

7月

2日　首届中国民族服装服饰博览会在昆明

国贸中心隆重开幕。国务院副总理吴邦国出席开幕式并宣布首届中国民族服装服饰博览会开幕。

同日　云南省政府与加拿大蒙特利尔市政府在昆明签署《云南省与蒙特利尔市关于环境保护友好合作备忘录》、《中国云南省与蒙特利尔市合作培训云南高级公务员和科技人员协议》和《云南省环境保护局与魁北克水净化公司合作协议》。邵琪伟副省长与蒙特利尔市长布尔克分别在备忘录和协议上签字。

5日　省政府召开全省烟叶收购工作会议，提出2000年烟叶收购工作要进一步落实“控得住、稳得住”的工作方针，加强领导，坚持标准，严格按合同收购。牛绍尧副省长出席会议并讲话。

4～5日　省政府领导率省级有关部门负责人到玉溪市、元江县、新平县调研，了解农业产业结构调整和生物资源开发创新情况。

7日　省政府领导出席省人大会议，听取省人大对《省委、省政府关于加快发展生物资源开发创新产业的决定》（征求意见稿）意见。

12日　牛绍尧副省长在全国安全生产工作电视电话会云南分会场强调：各地区、各部门和各单位要把安全生产工作做深做细做实。

21日　副省长陈勋儒率省级有关部门及昆明市政府有关负责人对昆明市部分重点工业污染排放企业进行专项检查，强调指出：各级政府和企业一定要把达标排放作为企业生命工程来抓，打好攻坚战，确保2000年达标排放工作如期完成。

24～25日　省政府在昆明召开全省经济形势分析座谈会。牛绍尧副省长在会上对下半年全省经济工作提出6点具体要求。程映萱副省长出席了会议。

27日　省委、省政府召开电视电话会议，贯彻落实国务院第五次全国人口普查电视电话会议精神，动员部署全省第五次人口普查工作。副省长牛绍尧在会上要求各地要进一步强化政府行为，高质量地完成人口普查任务。

8月

1日　省政府召开2000年全省工业污染源达标排放电视电话会议。陈勋儒副省长在会上通报全省各地工业污染源达标排放情况，并对下一步工作提出具体要求。

同日　省政府召开全省上半年经济运行电视电话会，牛绍尧副省长在会上指出：云南省经济运行呈现逐月加快势头。

2日　省政府召开第41次常务会议，审议《云南省反窃电条例》、《云南省体育经营性活动管理条例》、《云南省消防条例》等地方性法规、法规草案，决定废止部分政府规章、规范化性文件及省直部门制定的规范性文件。

3日　云南省政府和广东省政府在昆明签署“云电送粤”协议书。

5～9日　牛绍尧副省长深入德宏、保山、大理3地州，对公路建设情况进行调研。

7～9日　省政府领导在全省烟草系统厂长经理会议上提出：全省烟草系统要以规范、改革、创新、增效为重点搞好下半年工作。

10日　省政府召开第42次常务会议，讨论通过《云南省人民政府关于改革投资项目审批制度的决定》。

10～11日　省政府召开经济工作座谈会，听取专家学者对云南省当前经济形势和制定“十五”规划及2010年长远规划的意见。

12日　国家有关部门与省政府在北京签署《关于在滇中央所属企事业单位管理体制改革问题商谈纪要》。牛绍尧副省长出席签字仪式。

14日　省政府召开云南磷肥工业有限公司现场办公会。

16日　省政府在昆明召开经济工作座谈会，听取原省级老领导对编制“十五”规划的意见和建议。

17～19日　云南民族文化大省建设第二次高级研讨会在昆明召开。

18日　云南省外商投资服务楼、昆明外商投资服务中心正式建成并投入运行。

21日　省政府在昆明召开省直政府系统座谈会，深入学习江泽民总书记“三个代表”重要思想，认真贯彻省委六届十次全会精神。

27日　云南省第一个经济“小特区”瑞丽市姐告边境贸易区举行成立揭牌仪式。

28～29日　云南省西部大开发领导小组第二次会议提出：要以中央和省委关于“十五”规划编制和实施西部大开发战略的要求为指导，解放思想，更新观念，进一步做好西部大开发的专题研究。

30日　省政府召开第43次省政府常务会议，贯彻落实中央关于当前经济工作的有关精神，研究促进云南省经济增长的对策措施，讨论《关于加快社会力量办学的若干意见（送审稿）》等。

9月

3日　省政府领导率省旅游局、昆明市、西山区政府主要领导到西山区团结乡进行“农家乐”乡村居民旅游调研。

5日　省政府领导率云南代表团出席在重庆召开的第16次六省区市七方经济协调会。

同日　中国国家电力公司、云南电力集团有限公司、云南省开发投资有限公司与泰国GMS大众电力公司在昆明签署了《中泰投资者合作投资开发云南景洪水电站投资协议书》。

7日　省政府、昆明市政府联合召开中国昆明国际花卉节昆明地区动员大会，提出国际花卉节要争创国内一流、国际先进黄炳生副省长出席动员会并讲话。

8日　省委、省政府在昆明震庄宾馆召开全省经济工作汇报会，向前来云南省考察的国家计委主任曾培炎一行，汇报上半年云南省经济形势、“十五”计划和西部大开发战略纲要以及恳请国家计委纳入“十五”计划和西部大开发战略的重大项目等经济工作。

13日　省政府在昆明召开全省外贸工作座谈会，贯彻传达令狐安书记关于做好全省外贸工作5点指示，部署后4个月的工作。邵琪伟副省长出席座谈会并对下半年外经贸工作提出要求。

13～14日　省政府领导率省、昆明市政府有关部门负责人对昆明地区部分生物资源开发创新企业和科研机构进行考察调研。

18日　由中国进出口银行支持云南承建的缅甸最大水电建设项目——邦郎电站10亿人民币出口卖方信贷合同在昆明正式签订。邵琪伟副省长代表省政府讲话。

19～20日　全省生物资源开发创新工作会议在昆明连云宾馆召开。

23日　省政府在昆明召开九大高原湖泊水污染综合防治现场办公会。

25日　省政府主要领导在省政府办公厅会见加拿大蒙特利尔市市长助理齐文一行，双方就蒙滇合作有关事宜交换意见。

25～26日、省政府在昆明召开全省固定资产投资工作会议。

30日　云南省人民政府与国家电力公司在昆明签署《关于进一步加快云南电力发展，实施“西电东送”战略的会谈纪要》。

同日　黄炳生副省长在昆明与中国林业科学院院长江泽慧就中国林业科学院与云南省联合共建“特色生物资源开发工程技术中心”有关事宜进行专题研究。

10月

5～6日　省政府领导在昆明市官渡区和寻甸县就水资源的保护开发利用、重点工程建设和“农家乐”的发展问题进行调研。

11日　省政府组织省外资办、侨办、计委、经贸委、工商、税务、铁路、海关等10余个省级部门和昆明市政府、昆明经济技术开发区等有关负责人，进行现场办公，帮助外资企业解决生产经营中遇到的困难和问题。

12日　省政府召开第44次常务会议，研究云南省当前经济工作和省政府大理、丽江现场办公会筹备事宜。

17日　省政府在昆明召开全省经济运行分析会，以党的十五届五中全会精神为指导，分析云南省当前经济形势，要求全省上下切实抓好后几个月的经济工作，确保完成全年经济发展目标。

18日　省政府召开全省经济工作电视电话会议，要求全省各族干部紧急行动起来，确保完成全年的经济增长目标。

26日　牛绍尧副省长在全国“打假”联合行动电视电话会议云南分会场讲话，要求全省各级政府要充分认识联合行动的重要意义，突出重点，形成合力，扎扎实实抓好打假工作。

30日　云南商业集团有限公司、云南轻纺集团有限公司、云南石油化工集团有限公司、云南省国有资产经营有限责任公司正式成立。

11月

9日　省政府召开全省第五次人口普查电视电话会议，通报全省普查登记进展情况。

10日　省政府领导在昆明接见北京中关村经贸投资考察团一行，就经贸合作事宜进行了交谈。

11日　中国绿色食品2000年昆明博览会在昆明世博交易展览中心隆重开幕。黄炳生副省长出席了开幕式。

15日　省政府在广西举办云南省投资环境暨招商引资推介会，为首届中国民交会、第二届中国昆明国际旅游节、第九届昆交会招商引资。邵琪伟副省长向前来参加推介会的中外来宾介绍了云南省省情及对外开放情况。

16日　省政府领导在中共云南省委六届十一次全会上就《中共云南省委关于制定国民经济和社会发展第十个五年计划的建议（草案）》作了说明。

19日　省政府召开丽江地区现场办公会。

22日　省政府在昆明召开首届中国民营企业交易会省内动员会，要求各地抓住机遇，加快发展非公有制经济。

23日　省政府在大理召开现场办公会。

25～26日　省政府在宁蒗县地震灾区召开办公会，李汉柏副省长在会上要求加快进度，加强收尾，圆满完成宁蒗恢复重建任务。

12月

1日　省委、省政府在北京云南省驻北京办事处召开"把云南建成中国连接东南亚南亚国际大通道"汇报会。牛绍尧副省长向与会者介绍了大通道的基本构想和重点项目。

5日　印中缅孟加强区域合作国际研讨会在印度新德里举行。邵琪伟副省长参加会议并表示，云南将进一步加强与南亚各国的交流。

6日　省政府领导在省委召开的在昆副厅级以上在职党员干部大会上传达中央经济工作会议精神，要求切实抓好贯彻落实。

6～7日　云南省第二次个体私营经济工作会议在昆明召开。

8～12日　首届中国民营企业交易会在昆明国贸中心隆重举行。此次交易会共签订各类合作项目1180项，总成交额291.94亿元人民币、3.2亿美元。

13日　国家开发投资公司、云南省开发投资有限公司、云南电力集团有限公司在昆明签定曲靖电厂二期工程建设投资协议。牛绍尧副省长出席签字仪式。

19日　省政府在开远市召开"西电东送"现场办公会议。牛绍尧副省长出席会议并讲话。

22日　全省工业结构调整工作座谈会在昆明结束。牛绍尧副省长出席座谈会并讲话。

同日　2000年云南省省院省校科技合作成果洽谈会在昆明闭幕。梁公卿副省长到会并讲话。

25日　云南省上海对口帮扶协作领导小组第四次联席会议在昆明召开。会议提出，2001年进一步扩大扶贫协作规模，拓展经济社会合作领域，提升合作层次，共同促进两地经济发展和社会进步。滇沪双方签署了一批合作项目，涉及资金101亿元。

26日　云南省"九五"技改重点工程——昆钢板带工程正式奠基开工。

27日　省政府召开第45次常务（扩大）会议，讨论拟请省九届人大四次会议审议的《政府工作报告》（草案）和《云南省国民经济和社会发展"十五"计划纲要》（草案），安排部署2001年工作。

第八篇　云南国民经济统计资料

2000年人口与自然资源

指　　标	单　　位	2000年	指　　标	单　　位	2000年
全省年底人口总数	万人	4240.8	星云海	平方公里	39.0
人口密度	人/平方公里	108	程　海	平方公里	78.8
全省土地面积	万平方公里	39.4	泸沽湖	平方公里	51.8
其中：山地高原	万平方公里	37	主要河流境内河长		
民族自治地区土地面积	万平方公里	27.67	大盈江	公里	186
			陇川江	公里	332
全省荒山荒地面积	万公顷	1290.4	怒　江	公里	547
其中：宜农荒地	万公顷	286.7	澜沧江	公里	1170
全省森林面积	万公顷	1287.32	金沙江	公里	1560
全省水面面积	万公顷	27.9	元　江	公里	692
主要湖泊湖面面积			南盘江	公里	677
滇　池	平方公里	306.3	全省水力资源蕴藏量	亿千瓦	1.04
洱　海	平方公里	250.0	全省铁矿保有储量	亿吨	21.73
抚仙湖	平方公里	212.0	全省煤矿保有储量	亿吨	239.51
阳宗海	平方公里	31.0			

主要年度国民经济主要指标

指　　标	单　位	1952 年	1978 年	1985 年	1990 年	1995 年	1999 年	2000 年
年末总人口	万人	1695	3091	3418	3731	3989.63	4192.4	4240.8
年末社会劳动者	万人	761	1313	1672	1923	2149	2244.0	2268.5
国内生产总值（当年价）	亿元	11.78	69.05	164.96	451.67	1207	1855.74	1955.09
农业总产值	亿元	9.60	40.02	88.88	211.72	474.46	642.47	680.86
工业总产值	亿元	3.81	55.43	136.26	345.26	1079.54	1561.08	1589.36
轻工业产值	亿元	2.30	23.84	65.93	181.14	584.60	793.88	802.70
重工业产值	亿元	1.51	31.60	70.33	164.12	494.94	767.20	786.66
主要工农业产品产量								
粮　食	万吨	451	864	935	1061	1188.91	1399.25	1467.8
油　料	万吨	3.37	5.51	11.81	13.31	19.58	20.62	26.98
甘　蔗	万吨	30.13	160.01	479.77	661.88	1055.92	1526.53	1420.29
烤　烟	万吨	0.57	12.26	41.00	43.60	76.07	60.95	64.61
水　果	万吨		11.62	21.18	31.97	55.71	73.83	76.95
茶　叶	万吨	0.36	1.78	3.11	4.48	6.40	7.51	7.94
猪牛羊肉	万吨	8.36	29.23	56.82	74.74	120.45	180.35	191.51
水产品	万吨	0.14	1.12	2.65	4.60	8.44	15.53	16.62
布	万米	3641	10507	15152	17974	13964	6143	5855
机制纸及纸板	万吨	0.08	5.12	10.17	15.43	30.41	23.90	22.32
糖	万吨	2	14	33	51	94.21	162.52	152.25
卷　烟	万箱	2	63	206	448	680.45	603.97	612.77
自行车	万辆		0.01	25.01	34.03	8.55	—	—
钢	万吨	0.25	35.12	56.16	80.15	140.50	178.72	189.41
成品钢材	万吨	0.13	25.59	45.96	68.97	144.34	182.01	183.71
原　煤	万吨	28	1483	1638	2227	2803.20	2664	2216
发电量	亿千瓦小时	0.52	52.51	75.45	125.78	228.42	298.20	317.46
农用化肥	万吨					121.46	177.78	197.22
水　泥	万吨	1	131	308	471	996.93	1622.77	1642.80

续表

指　　标	单　位	1952 年	1978 年	1985 年	1990 年	1995 年	1999 年	2000 年
木　材	万立方米	5	212	332	245	391	182.53	127.16
运输邮电								
货运周转量	亿吨公里	1.54	62.34	154.11	260.67	307.71	443.09	479.52
旅客周转量	亿人公里	1.32	24.25	72.84	87.67	137.93	237.99	237.94
邮电业务总量	万元	264	3016	6675	12737	139729	612636	990739
全社会固定资产投资	亿元	0.59	15.04	46.28	75.74	380.57	717.28	697.94
国有单位投资	亿元	0.59	13.44	31.99	51.22	262.84	498.35	466.20
基本建设	亿元	0.58	11.77	21.47	28.01	133.32	355.02	342.12
更新改造	亿元	0.01	1.66	9.78	17.57	96.45	82.65	81.12
社会消费品零售总额	亿元	4.87	28.38	84.44	145.59	369.55	538.95	583.17
进出口总额	万美元	32	10420	20953	54842	189609	165967	181283
出　口	万美元	5	6948	12901	43449	121548	103443	117516
进　口	万美元	27	3472	8053	11393	68061	62524	63767
地方财政收入	亿元	1.87	11.76	27.41	77.43	98.35	172.67	180.75
地方财政支出	亿元	0.99	18.28	36.70	90.76	235.10	378.05	414.11

注：进出口数字 1998 年以前为外贸业务数，且不含边境贸易，1999 年和 2000 年为海关进出口统计数。

主要时期国民经济指标增长速度

	2000 年比各年增长						平均每年增长			
	1952 年	1978 年	1985 年	1990 年	1995 年	1999 年	1953～2000 年	1979～2000 年	“八五”时期	“九五”时期
年末总人口	1.5 倍	37.2	24.1	13.7	6.3	1.2	1.9	1.4	1.3	1.2
年末社会劳动者	2 倍	72.8	35.7	18.0	5.6	1.1	2.3	2.5	2.3	1.1
国内生产总值	33.1 倍	6.4 倍	2.8 倍	1.4 倍	49.8	7.1	7.6	9.5	10.2	8.4
农业总产值	7.0 倍	2.2 倍	1.1 倍	69.3	35.9	6.5	4.4	5.5	4.5	6.3
工业总产值	176 倍	10.1 倍	4.5 倍	2.2 倍	53.3	8.1	11.4	11.6	15.8	8.9
轻工业	141 倍	11.9 倍	4.4 倍	1.9 倍	39.0	5.5	10.9	12.3	15.7	6.8
重工业	220 倍	8.7 倍	4.6 倍	2.5 倍	67.8	10.4	11.9	10.9	15.9	10.9
主要工农业产品产量										
粮　食	2.3 倍	69.9	57.0	38.3	23.5	4.9	2.5	2.4	2.3	4.3

续表

	2000年比各年增长						平均每年增长			
	1952年	1978年	1985年	1990年	1995年	1999年	1953～2000年	1979～2000年	"八五"时期	"九五"时期
油　料	7.0倍	3.9倍	1.3倍	1.0倍	37.8	30.8	4.4	7.5	8.0	6.6
甘　蔗	46.1倍	7.9倍	2.0倍	1.1倍	34.5	-7.0	8.4	10.4	9.8	6.1
烤　烟	112.4倍	4.3倍	57.6	48.2	-15.1	6.0	10.4	7.8	11.8	-3.2
水　果		5.6倍	2.6倍	1.4倍	38.1	4.2		9.0	11.7	6.7
茶　叶	21.1倍	3.5倍	1.6倍	77.2	24.1	5.7	6.7	7.0	7.4	4.4
猪牛羊肉	21.9倍	5.6倍	2.4倍	1.6倍	59.0	6.2	6.7	8.9	10.0	9.7
水产品	117.7倍	13.8倍	5.3倍	2.6倍	96.9	7.0	10.5	13.0	12.9	14.5
布	60.8倍	-44.3	-61.4	-67.4	-58.1	-4.7	1.0	-2.6	-4.9	-16.0
机制纸及纸板	278倍	3.4倍	1.2倍	44.7	-26.6	-6.6	12.4	6.9	14.5	-6.0
糖	75.1倍	9.9倍	3.6倍	2.0倍	61.6	-6.3	9.4	11.5	13.1	10.1
卷　烟	305倍	8.7倍	2.0倍	36.8	-9.9	1.5	12.7	10.9	8.7	-2.1
钢	757倍	4.4倍	2.4倍	1.4倍	34.8	6.0	14.8	8.0	11.9	6.2
成品钢材	1412倍	6.2倍	2.2倍	1.7倍	27.3	0.9	16.3	9.4	15.9	4.9
原　煤	78.1倍	49.4	35.3	-0.5	-20.9	-16.8	9.5	1.8	4.7	-4.6
发电量	610倍	5.0倍	3.2倍	1.5倍	39.0	6.5	14.3	8.5	12.7	6.8
水　泥	1642倍	11.5倍	4.3倍	2.5倍	64.8	1.2	16.7	12.2	16.2	10.5
木　材	24.4倍	-40.0	-61.7	-48.1	-67.5	-30.3	7.0	-2.3	9.8	-20.1
运输邮电										
货运周转量	310倍	6.7倍	2.1倍	84.0	55.8	8.2	12.7	9.7	3.4	9.3
旅客周转量	179倍	8.8倍	2.3倍	1.7倍	72.5	持平	11.4	10.9	9.5	11.5
全社会固定资产投资		45.4倍	14.1倍	8.2倍	83.4	-2.7		19.1	41.0	16.5
国有单位投资	789倍	33.7倍	13.6倍	8.1倍	77.4	-6.5	14.9	17.5	42.6	16.3
基本建设	589倍	28.1倍	14.9倍	11.2倍	1.6倍	-3.6	14.2	16.6	43.0	25.5
更新改造			7.3倍	3.6倍	-15.9	-1.9			41.9	1.3
社会消费品零售总额	119倍	19.5倍	5.9倍	3.0倍	57.8	8.2	10.5	14.7	20.5	9.6
进出口总额						9.2			28.2	
出　口						13.6			22.8	
进　口						2.0			43.0	
财政收入					83.8	4.7				12.9
财政支出	417倍	21.7倍	10.3倍	3.6倍	76.1	9.5	13.4	15.2	21.0	12.0

注：1999年及以后的进出口总数因口径与往年不一样故不可比。

2000年底独立核算国有工业企业固定资产原价及流动资产合计

单位：亿元

	固定资产原价		流动资产合计		
	合计	生产经营用	合计	存货	产成品
总计	983.15	813.95	494.89	90.61	32.87
其中：					
中央企业	472.29	405.56	242.16	17.25	3.36
地方企业	421.69	325.54	206.86	60.50	28.19
国有联营企业	1.54	1.46	0.92	0.25	0.12
国有独资公司	87.63	81.40	44.94	12.62	1.21
按轻重工业分					
轻工业	330.11	271.19	228.25	26.32	12.88
重工业	653.04	542.76	266.64	64.29	19.99
按企业规模分					
大型企业	593.68	513.46	314.49	44.57	10.63
中型企业	160.02	133.84	72.89	21.14	8.88
小型企业	229.45	166.65	107.51	24.90	13.36

主要年份国内生产总值及其构成

	1952年	1978年	1980年	1985年	1990年	1995年	1999年	2000年
国内生产总值（亿元）	11.78	69.05	84.27	164.96	451.67	1206.68	1855.74	1955.09
第一产业	7.27	29.46	35.89	66.07	168.13	305.27	412.17	436.26
第二产业	1.82	27.58	33.98	65.41	157.80	536.63	825.12	843.24
第三产业	2.69	12.01	14.40	33.48	125.74	364.78	618.45	675.59
国内生产总值构成（%）								
第一产业	61.7	42.7	42.6	40.1	31.2	25.3	22.2	22.3
第二产业	15.4	39.9	40.3	39.7	34.9	44.5	44.5	43.1
第三产业	22.9	17.4	17.1	20.2	27.8	30.2	33.3	34.6

2000年农业总产值、中间消耗、增加值及构成

单位：亿元

指标	总产值	中间消耗	农业增加值	占总产值比重%	
				中间消耗	增加值
合计	680.86	246.36	434.5	36.2	63.8
1、农业产值	416.33	140.73	275.6	33.8	66.2
2、林业产值	49.70	13.09	36.61	26.3	73.7
3、牧业产值	201.50	88.03	113.47	43.7	56.3
4、渔业产值	13.32	4.52	8.80	33.9	66.1

2000年全部国有及500万元以上非国有独立核算工业企业主要经济效益指标

	综合经济效益指数%	产品销售率（%）	总资产贡献率（%）	资产负债率（%）	成本费用利润率（%）	全员劳动生产率（元/人）	流动资产用转次数（次）
总　计	142.69	98.79	16.35	55.43	8.39	46221	1.31
在总计中							
国有企业	167.00	99.32	20.79	50.91	11.73	52541	1.36
集体企业	79.99	97.54	7.56	74.11	0.63	24379	1.55
在总计中							
轻工业	243.18	99.81	32.96	40.35	17.46	98680	1.58
重工业	82.55	97.66	5.46	65.29	2.48	24573	1.11
按企业规模分							
在总计中：							
大型企业	212.91	99.58	25.31	43.89	15.40	90417	1.42
中型企业	85.91	97.14	7.12	69.72	2.08	22152	1.22
小型企业	87.43	98.05	6.17	66.21	2.72	24348	1.17

主要年份能源利用经济效益指标

年　份	能源消费量（万吨标煤）	工业部门消　费	亿元工业产值耗能（万吨）	亿元国民生产总值耗能（万吨）	吨能创造工业产值（元）	吨能创造国民生产总值（元）
1952	19.0	11.4	1.6	0.6	6048	16737
1978	1065.9	692.8	6.5	7.5	1523	1342
1985	1298.3	761.1	3.7	4.9	2740	2043
1990	1954.8	1143.6	3.2	5.3	3171	1884
1995	2640.6	1688.6	2.8	3.4	3623	2969
1996	2818.9	1746.0	2.7	3.3	3726	3059
1997	3429.0	2128.5	3.2	3.6	3170	2763
1998	3364.5	2222.9	3.4	3.3	2954	3041
1999	3288.0	2125.2	3.2	3.0	3153	3336
2000	3206.8	1960.7	2.8	2.7	3635	3664

2000年云南省主要进口商品总值

单位：万美元

商品名称	进口金额
合　计	63767
活动物	43
肉及食用杂碎	2
鱼、甲壳动物、软体动物及其他水生无脊椎动物	149
花卉及其他活植物；插花及装饰用簇叶	74
食用蔬菜、根及块茎	122
食用水果及坚果甜瓜或柑桔属水果的果皮	1074
咖啡、茶、马黛茶及调味香料	42
谷　物	2
子仁及果实、工业用或药用植物、稻草、秸秆及饲料	137
虫胶、树胶、树脂及其他植物液、汁	62
编结用植物材料、其他植物产品	222
动植物油、脂、精制食用油脂、动植物蜡	212
糖及糖食	15
谷物、粮食粉、淀粉或乳的制品、糕饼点心	6
蔬菜、水果、坚果或植物其他部分的制品	50
杂项食品	12
饮料、酒及醋	3
食品工业的残渣及废料、配制的动物饲料	44
烟草、烟草及烟草代用品的制品	11
盐、硫磺、泥土及石料、石膏料、石灰及水泥	2278
矿砂、矿渣及矿灰	12626
矿物燃料、矿物油及其蒸馏产品、沥青物质、矿物蜡	124
无机化学品、贵金属、稀土金属、放射性元素及其同位素	7940
有机化学品	587
药　品	54
肥　料	248

续表

商品名称	进口金额
鞣、染料浸膏、染料、颜料、油漆及清漆	116
精油及香膏、芳香料制品及化妆盥洗品	151
肥皂、洗涤剂、润滑剂、人造蜡、调制蜡、光洁剂、蜡烛	23
蛋白类物质、改性淀粉、胶、酶	46
杂项化学产品	562
塑料及其制品	1408
橡胶及其制品	377
生皮（毛皮除外）及皮革	49
木及木制品、木炭	4895
软木及软木制品	26
木浆及其他纤维状纤维素浆、回收（废碎）纸或纸板	505
纸及纸板、纸浆、纸或纸板制品	962
书籍、报刊及其他印刷品、稿件及设计图纸	41
羊毛、动物细毛或粗毛、马毛纱线及其机织物	93
其他植物纺织纤维、纸纱线及其机织物	7
化纤长丝及其织物	58
化学纤维短纤及其织物	5158
絮胎、毡呢、特种纱线、线、绳、索、缆及其制品	16
浸渍、涂布、包覆或层压的纺织物、工业用纺织制品	55
针织物及钩编织物	2
针织或钩编的服装及衣着附件	4
非针织或钩编的服装及衣着附件	3
鞋靴、护腿和类似品及其零件	23
已加工羽毛、羽绒及其制品、人造花、人发制品	8
石料、石膏、水泥、石棉、云母及类似材料的制品	76
陶瓷产品	13
玻璃及其制品	69
珍珠、宝石、贵金属、包贵金属及其制品、仿首饰、硬币	2293

续表

商品名称	进口金额
钢　铁	2653
钢铁制品	125
铜及其制品	7
铝及其制品	58
锡及其制品	94
贱金属工具、器具、利口器、餐匙、餐叉及其零件	64
贱金属杂项制品	16
动力、机器、机械器具及其零件	12556
电机、电气设备、录放机、电视机、广播通讯设备	1991
铁道运输工具及铁道运输设备	779
车辆运输工具（铁道及电车道车辆除外）	336
航空器、航天器及其零件	8
光学、照相、计量、检验、医疗、精密仪器及设备	1805
钟表及其零件	2
家具、寝具、褥垫、未列名灯具及照明装置	72
玩具、游戏品、运动用品及其零件、附件	8
杂项制品	8

2000年云南省主要出口商品总值

单位：万美元

商品名称	出口金额
合　计	117511
活动物	10
肉及食用杂碎	2
鱼、甲壳动物、软体动物及其他水生无脊椎动物	116
乳品、蛋品、天然蜂蜜、其他食用动物产品	502
其他动物产品	3
花卉及其他活植物、插花及装饰用簇叶	74

续表

商品名称	出口金额
食用蔬菜、根及块茎	6054
食用水果及坚果、甜瓜或柑桔属水果的果皮	1062
咖啡、茶、马黛茶及调味香料	1878
谷　物	667
制粉工业产品、麦芽、淀粉、菊粉、面筋	130
子仁及果实、工业用或药用植物、稻草、秸秆及饲料	394
虫胶、树胶、树脂及其他植物液、汁	178
动植物油脂、精制食用油脂、动植物蜡	69
编结用植材料、其他植物产品	10
肉、鱼、甲壳动物、软体动物及其制品	102
糖及糖食	20
谷物、粮食粉、淀粉或乳的制品、糕饼点心	192
蔬菜、水果、坚果或植物其他部分的制品	312
杂项食品	68
饮料、酒及醋	274
食品工业的残渣及废料、配制的动物饲料	16
烟草、烟草及烟草代用品的制品	7755
盐、硫磺、泥土及石料、石膏料、石灰及水泥	2382
矿砂、矿渣及矿灰	160
矿物燃料、矿物油及其蒸馏产品、沥青物质、矿物蜡	2323
无机化学品、贵金属、稀土金属、放射性元素及其同位素	15586
有机化学品	1717
药　品	1293
肥　料	6353
鞣、染料浸膏、染料、颜料、油漆及清漆	585
精油及香膏、芳香料制品及化妆盥洗品	1280
肥皂、洗涤剂、润滑剂、人造蜡、调制蜡、光洁剂、蜡烛	430
蛋白类物质、改性淀粉、胶、酶	34

续表

商 品 名 称	出 口 金 额
炸药、烟火制品、火柴、引火合金、易燃材料制品	148
照相及电影用品	21
杂项化学产品	618
塑料及其制品	294
橡胶及其制品	359
生皮（毛皮除外）及皮革	29
皮革制品、鞍具及挽具、旅行用品、手提包及类似容器	239
木及木制品、木炭	1654
稻草、秸秆、针茅或其他编结材料、篮筐及柳条编结品	4
纸及纸板、纸浆、纸或纸板制品	407
书籍、报刊及其他印刷品、稿件及设计图纸	30
蚕丝及其织物	387
棉花及其织物	2096
其他植物纺织纤维、纸纱线及其机织物	39
化纤长丝及其织物	449
化学纤维短纤及其织物	3411
絮胎、毡呢、特种纱线、线、绳、索、缆及其制品	145
地毯及纺织材料的其他铺地制品	57
特种布、簇绒织物、花边、装饰毯、装饰带、刺绣品	521
浸渍、涂布、包覆或层压的纺织物、工业用纺织制品	95
针织物及钩编织物	117
针织或钩编的服装及衣着附件	352
非针织或非钩编的服装及衣着附件	1557
其他纺织制成品、成套物品、旧衣着及旧纺织品、碎织物	818
鞋靴、护腿和类似品及其零件	304
帽类及其零件	22
雨伞、阳伞、手杖、鞭子、马鞭及其零件	99
已加工羽毛、羽绒及其制品、人造花、人发制品	70

续表

商　品　名　称	出　口　金　额
石料、石膏、水泥、石棉、云母及类似材料的制品	159
陶瓷产品	422
玻璃及其制品	155
珍珠、宝石、贵金属、包贵金属及其制品、仿首饰、硬币	3748
钢　铁	4185
钢铁制品	1050
铜及其制品	7
镍及其制品	2
铝及其制品	2688
铅及其制品	5985
锌及其制品	2372
锡及其制品	14090
其他贱金属、金属陶瓷及其制品	226
贱金属工具、器具、利口器、餐匙、餐叉及其零件	191
贱金属杂项制品	361
动力、机器、机械器具及其零件	4873
电机、电气设备、录放机、电视机、广播通讯设备	4996
铁道运输工具及铁道运输设备	54
车辆运输工具，（铁道及电车道车辆除外）	1928
船　舶	792
光学、照相、计量、检验、医疗、精密仪器及设备	1927
钟表及其零件	50
家具、寝具、褥垫、未列名灯具及照明装置	161
玩具、游戏品、运动用品及其零件、附件	480
杂项制品	231
艺术品、收藏品及古物	2

1989～2000年边境贸易进出口总额

单位：万元

年 份	总 额	出口额	进口额
1989	101182	67612	33570
1990	107874	72148	35726
1991	127848	84375	43473
1992	189072	127404	61668
1993	234471	171322	63149
1994	21193	120238	91555
1995	190036	96882	93153
1996	113920	37838	76082
1997	61540	34875	26665
1998	108520	73795	34725
1999	238220	191912	46308
2000	294942	230199	64743

注：本表根据昆明海关数折算。

1990～2000年实际利用外资额

单位：万美元

项 目	1990年	1995年	1996年	1997年	1998年	1999年	2000年
总 计	1096	34479	33800	31334	29786	23765	22062
一、对外借款	359	11979	15800	14834	15218	8380	9250
双边政府混合贷款	228	8044	4926	1162	1045	1077	
国际金融组织贷款		3025	10140	13522	13972	7273	
商业性货款		910	734	150	200		
出口信贷	76						
外国银行现汇贷款	55						
对外发行债券、股票							
二、外商直接投资	260	22500	18000	16500	14568	15385	12812
合资经营企业	234	15599	12042	11038	9677	11813	
合作经营企业	26	1012	828	759	21	2061	
独资企业		5889	5130	4703	4870	1511	
合作开发							

1980～2000 年进出口贸易总额

单位：万美元

年　份	进出口总额	出口总额	进口总额	差　额（＋出超，－入超）
1980	11037	9601	1436	+8165
1981	13474	10331	3143	+7188
1982	13614	10927	2687	+8240
1983	14724	11852	2872	+8980
1984	15076	11138	3938	+7200
1985	20953	12901	8052	+4849
1986	26537	19893	9644	+7249
1987	34217	26226	7991	+18235
1988	44388	34196	10192	+24004
1989	54768	37442	17326	+20116
1990	54842	43449	11393	+32056
1991	55051	40097	14954	+25143
1992	67056	46653	20403	+26250
1993	84008	52291	31717	+20574
1994	134406	91016	43390	+47625
1995	189609	121548	68061	+53487
1996	192220	109631	82589	+27042
1997	193698	117224	76474	+40750
1998	190329	117376	72953	+44423
1999	165967	103443	62524	+40919
2000	181283	117516	63767	+53749

注：本表 1998 年以前为外贸业务数，且不含边境贸易，1999 年以后为海关进出口统计数。

2000 年云南省与西南五省区主要经济指标

	单　位	云　南	四　川	贵　州	广　西	西　藏	重　庆
年末人口	万人	4240.8				259.83	
国内生产总值（当年价）	亿元	1955.09	4010.25	993.32	2035.55	117.42	1589.6
农业总产值	亿元	680.86	1438	412.0	826.9	51.21	412.7

续表

	单位	云南	四川	贵州	广西	西藏	重庆
工业总产值	亿元	1063.36	2039.47	621.25	993.01	17.63	956.74
轻工业产值	亿元	556.63	855.60	201.56	402.30	6.23	328.40
重工业产值	亿元	506.73	1183.87	419.69	590.70	11.40	628.34
主要工农业产品产量							
粮　食	万吨	1467.8	3568.5	1161.3	1667.2	96.22	1131.24
油　料	万吨	26.98	193	74	58.6	4	31.06
甘　蔗	万吨	1420.29	166.7	66.66	2937.9		
烤　烟	万吨	64.61	9.4	31.24	1.7		7.69
水　果	万吨	76.95	252.4	31.1	360.1	0.74	81.68
茶　叶	万吨	7.94	5.5	1.84			1.45
猪牛羊肉	万吨	191.51	521.1	116.2	230.1	14.93	122.45
水产品	万吨	16.62	51.2	6.2	239.9		20.03
布	亿米	0.59	6.03	0.69	0.87		2.26
机制纸	万吨	8.38	47.46	4.86	76.89		5.34
糖	万吨	152.25	7.79	1.14	325.76		0.19
卷　烟	万箱	612.77	128.65	187.35	72.33		46.5
钢	万吨	189.41	602.35	166.9	104.73		179.69
成品钢材	万吨	183.71	541.34	150.9	102.63		156.98
原　煤	万吨	2216	3799.15	3676.75	706.67	2.13	1149.9
发电量	亿千瓦小时	317.46	564.61	406	288.77	6.61	167.9
水　泥	万吨	1642.80	2766.42	783.88	2198.35	49.32	1402.8
工业木材	万立方米	89.15	0.04	19.95	320	12.28	0.02
运输邮电							
货运周转量	亿吨公里	479.52	600.08	385.25	770.6	9.2	354.36
旅客周转量	亿人公里	237.94	603.16	231.27	465.0	6.2	270.45
邮电业务总量	亿元	99.07	162	42.71	95.3	3.84	85.82
全社会固定资产投资	亿元	697.94	1403.9	380	660	66.47	655.81

续表

	单　位	云　南	四　川	贵　州	广　西	西　藏	重　庆
国有单位投资	亿元	466.20		240		62.95	
社会消费品零售总额	万元	583.17	1523.8	343.5	859.16	42.87	643.58
外贸进出口总额	亿美元	18.13	25.45	6.6	20.38	1.30	17.85
出　口	亿美元	11.75	13.94	4.2	14.93	1.13	9.95
进　口	亿美元	6.38	11.51	2.4	5.45	0.17	7.90
地方财政收入	亿元	180.75	233.96	85.01	147.05	5.38	104.46
地方财政支出	亿元	414.11	446.79	199.73	258.02	59.97	202.46
城镇居民人均可支配收入	元	6325	5894	5122	5834	6448	6276
农民人均纯收入	元	1479	1915	1375	1865	1331	1892

注：工业总产值统计范围为国有工业及年销售收入500万元以上的非国有工业企业。

2000年云南主要经济指标在全国的位次

	单　位	指　标　值		云南在全国的位次
		云　南	全　国	
年末人口	万人	4240.8	126583	13
国内生产总值（当年价）	亿元	1955.09	89403.5	18
第一产业	亿元	436.26	14212	15
第二产业	亿元	843.24	45487.8	16
第三产业	亿元	675.59	29703.7	19
农业总产值	亿元	680.86	24776.5	15
工业总产值	亿元	1063.36	84870.62	20
轻工业产值	亿元	556.63	33929.40	16
重工业产值	亿元	506.73	50941.22	26
全社会固定资产投资	亿元	697.94	32619	
国有单位投资	亿元	466.20		
社会消费品零售总额	亿元	583.17	34152.6	23
进出口总额	亿美元	18.13	4743	22
出　口	亿美元	11.75	2492	23
进　口	亿美元	6.38	2251	

续表

	单　位	指　标　值		云南在全国的位次
		云　南	全　国	
财政收入	亿元	180.75	13380	16
财政支出	亿元	414.11	15879	
城镇居民人均可支配收入	元	6324.64	6280	10
农民人均纯收入	元	1478.60	2253	27
农产品产量				
粮　食	万吨	1467.8	46251	14
油　料	万吨	26.98	2950	23
甘　蔗	万吨	1420.29	6640	3
烤　烟	万吨	64.61	222	
水　果	万吨	76.95	6120	
茶　叶	万吨	7.94	68	
猪牛羊肉	万吨	191.51		
水产品	万吨	16.62	4290	
工业产品产量				
布	亿米	0.59	277	25
机制纸	万吨	8.38	1483	21
糖	万吨	152.25	700	2
卷　烟	万箱	612.77	3397	1
钢	万吨	189.41	12850	18
成品钢材	万吨	183.71	12593	20
原　煤	万吨	2216	99800	
发电量	亿千瓦小时	317.46	13556	19
水　泥	万吨	1642.80	59700	14
木　材	万立方米	89.15	4500	8

注：工业总产值统计范围为国有工业及年销售收入500万元以上的非国有工业企业。

（本篇统计资料系由云南省统计局　供稿）

第九篇　部分企事业单位概况

云南临沧博大高岭土有限责任公司

云南临沧博大高岭土有限责任公司　是临沧第一家股份制企业。公司拥有资产4200万元，建有总储量达2000万吨以上的优质高岭土矿山一座。现有年处理原矿5万吨、年产精矿3.5万吨的高岭土生产线一条。公司依靠独特的资源优势已成为西南储量最大、质量最优的优质高岭土开发基地。

公司位于214国道旁的临沧县博尚镇，距云南临沧县城20公里，距广大铁路308公里，与临沧飞机场毗邻，交通便利。

公司拥有地测、采矿、选矿、质检、营销、计算机、财会等各类专业人才，生产工艺先进，具有较强的生产、开发能力。同时，公司注重职工队伍素质的建设，努力塑造新一代高素质、善合作、贡献社会的博大人。公司目前开发的精陶、填料、超细、改性高岭土具有高白度、低铁钛的特点，被广泛应用于高档日用瓷、建陶、造纸、橡塑、油漆、化工、石油裂化催化剂等诸多领域，深受广大用户的好评，被广泛誉为“中国第一土”。

公司立足现在，放眼未来，将一如既往地向广大客户提供高质量的产品和良好的售后服务。让我们携起手来，开创美好的明天。

公司地址：云南·临沧·博尚镇
电　　话：0883－2680088　2680188
传　　真：0883－2680248
邮　　编：677008

INTRODUCTION TO YUNNAN LIN－CANG BODA KAOLINE CO., LTD

Yunnan Lincang Boda Kaoline Co., Ltd is the first stock－system enterprise in Lincang. Own property of 42,000,000 yuan; build up a high－quality kaoline mine which general reserves come up to more than 20,000,000 tons; have a production line of kaoline which annual raw one of treatment is 50,000 tons and annual output of concentrate is 35,000 tons. Depending of unique superiority has become into a development base of high－quality kaoline, the largest in reserves and the best in quality in the Southwest.

This company lies in Boshang of Licang County beside 214 state road, keeps 20km away from lincang County Seat, keeps 308km away from the Guangda Railway, nears to lincang Airport and has transport facilities.

This company owns all kinds of professional staff in geologic prospecting, mining ore dressing, quality inspection, marketing, computer, finance and accounting, has advance workmanship of producton, fairly strong ability of production and creation. In the meantime, this company pays attention to consturction of staff quality and tries best to build up a new generation of Boda people, At present refined ceramics, filling, superfine and modified kaoline developed by this company have the features of high whiteness and low ferrotitanium, which are applied widely in the field of top－grade daily ceramics, building ceramics, electroceramics, paper making, rubber plastics, paint chemical industry, oil cracking catalyst and etc. So our products are deeply received by the vast consumers and are famed as “The First Earth in China”.

This company keeps a foothold now and looks towards the future, with high quality products and good after service. Let's go hand in band to create a beautiful tomorrow。

Add: Boshang, lincang, Yunnan
Tel: 0883－2680088　0883－2680188
Fax: 0883－2680248
Postcode: 677008

云南西双版纳国有大渡岗茶场

云南西双版纳国有大渡岗茶场　位于景洪市境内，这里海拔1300～1700米，四周原始森林环绕，夏无酷暑，冬无严寒，常年云、雨、雾、露交叉覆盖，具有得天独厚的植茶条件。“高山云雾出好茶”，这里种植的云南大叶茶，叶片肥厚宽展，生长快，产量高，生产加工的茶叶，外形美观，白毫显露，具有水浸出物多，清香馥郁，不起茶垢的特点，大渡岗茶因此而声名鹊起，大名远播东南亚和欧美一些国家和地区。

这里原是西双版纳农垦分局下属的直属单位，曾经种植过多种经济作物，但均未形成规模，企业一度陷入困境。

经多方论证，人们惊讶地发现，这片土地竟是一块适宜种茶的宝地。1980年，大渡岗茶场成立。建场伊始，没有资金，缺乏劳动力，连一间象样的房子都没有。大渡岗人没有被困难吓倒。缺资金到银行贷款，没有劳动力就招临时工，砍坝、烧荒、开沟，硬是从荆棘中开垦出一丘丘的梯田，经过几年的努力，终于建成了1.5万亩密植、速生、高产的一流茶园。在销售上，大渡岗人南征北战，为了扩大产品的知名度，原任场长周世文亲自带着2箱茶叶找到亚运会筹委会集资部，经多次努力，大渡岗茶被指定为第十一届亚运会专用产品，大渡岗茶因而一炮打响。茶场原来以绿茶为主，加工能力小，产品单一，劳动生产率低，而国际市场上红碎茶畅销。大渡岗人知难而上，在上级有关部门的支持、帮助下，克服重重困难，成功地引进英国汉保罗公司生产的CTC红碎茶生产线。用该机生产的CTC红碎茶，1990年挺进广州秋季交易会，国外客商品尝以后，连连说：“中国又出了一种好茶”。

大渡岗人坚持“以质量求生存，以名优特求发展”的办场宗旨，成立了全面质量管理小组和名优茶研制小组，制定了茶叶加工技术规程，对职工进行全员技术培训，考核上岗，建立严格的商品质量检审制度，使整个产品从原料进厂，到加工包装成形的各工艺流程都处于全面质量管理的监督之下。生产的CTC红碎茶被列为中国商品出口免检产品。继“龙山毫针”、“龙山龙虾”、“龙山云毫”、“龙山旋风”4种名茶之后，又成功研制出“玉环”、“龙珠”、“银钩”、“碧螺春”4大名茶，先后有6个产品获云南省名茶称号，4个产品2次获中国茶叶名牌称号。产品除被第十一届亚运会指定为专用产品以外，还被第三届中国艺术节指定为专用产品，并入编21世纪国际茶叶保健饮品推广名录。

大渡岗人发扬“艰苦创业，无私奉献，勇于开拓”的老农垦精神，把一个昔日荒凉的山岗建设成一个以茶名扬四方的国家二级企业，中国企业最佳形象AAA级企业。

如果说第一次创业描绘了“高山云雾茶飘香”的壮丽景色，那么第二次创业就是更显大渡岗人的风流。

1993年，新一届领导班子经过调查研究后认为，虽然大渡岗已发展到一定规模，但是产业结构单一，人均资源占有率低，劳动生产率低，职工工资在版纳垦区仍为最低，企业还戴着贫困的帽子。要想脱贫致富奔小康，就要走一业为主，多业并举的路子，提出了第二次创业的口号，掀起了二次创业的高潮。

首先要巩固现有茶园基础，在大田管理上严格按技术规程进行管理，不断提高茶叶单产；在加工上严把质量关，产量由原来的1290吨上升到2883吨；在销售上立足国内，面向世界，并于1997年争取到茶叶进出口经营自主权，成立了茶叶进出口公司，建立昆明茶叶中转站，开展对外贸易业务，当年创汇4.36万美元。为了解决茶叶用肥需求量大、价格高的矛盾，又自筹资金兴建了年产万吨的复合肥厂，投产第二年便略有盈利。

1996年，又抓住州政府出让“四荒地”的有利时机，在澜沧江边创建了大渡岗茶场盘江橡胶开发有限责任公司。该公司采用股份制的形式，国家、集体、个人共同投资，开发区的职工以劳折资入股，即节约了投资，又充分调动了职工的积极性。公司成立之初，条件非常艰苦，交通不便，饮水困难，蚊虫叮咬，疾病流行，茶场的主要领导轮番进驻开发区指导工作，从公司成立到3.5万亩橡胶的种植建园，茶场的主要领导都亲自坐镇指挥，这些实际行动给开发区干部职工以极大的精神鼓舞。仅用3年多的时间就建立了1个指挥部、11个生产队，建盖简易房屋1万多平方米，架通电线、广播线3万多米，架接自来水管6000多米，修筑简易道路120公里，种植橡胶3.5万亩、开挖防牛沟23公里，投资1940万元，干部职工入股282万元，占股本的27%。这样的规模和速度在云南农垦史上都是罕见的，走出了一条低投入、高效益的开发路子。实行股份制，也是国有企业改革的一种大胆的、有益的尝试，被云南农垦总局称之为“大渡岗模式”而加以推广。同时，为了实现茶场“以短养长”的战略，以职工自营经济的形式，由场出资育苗，根据职工谁种植谁受益的原则，在新开垦的橡胶保护带上种植西番莲2220亩、试管香蕉500亩、套种咖啡1000亩，在原有茶园中套种龙眼1.7万株，促进了职工自营经济的发展。

1997年，又与昆明咖啡集团公司、云垦旅游总公司合作，在景洪市林业局、大渡岗乡政府的支持下，筹征土地，创建了咖啡股份公司，现已建3个咖啡生产队，种植咖啡2000余亩，目前长势良好。

“巍巍龙山擎天地，甘洒汗水写春秋”。经过大渡岗人的努力，一个濒临绝境的农垦企业又起死回生了，如今正阔步走在脱贫致富奔小康的大道上。

2000年度大渡岗茶场茶叶产品获奖情况

绿茶获国际优秀成果金奖。

龙山云毫一级、CTC红茶获云南省名牌续展产品。

CTC红茶碎二、碎五，龙山云毫一级、二级4个产品获省第二届“云茶杯”优质产品。

工夫红茶一级、CTC红茶碎五获国际名茶金奖，龙山云毫一级获国际名茶银奖，CTC绿茶碎五获国际名茶优质奖。

昆明制药集团股份有限公司

昆药2000年迈出四大步　2000年，昆明制药集团股份有限公司以发展作为企业工作的主题，以改革、开放和技术进步为动力，在西部大开发中迈出了四大步：

一、取得了较好的经济效益

2000年，昆药取得了建厂50年最好的经济效益。昆药实现产值4.8亿元，比上年增长13%；实现销售收入5.12亿元，比上年增长12%；实现利税7782万元，比上年增长12%；实现利润5700万元，比上年增长59%。截至2000年12月31日，昆药在全国133家重点医药企业中产品销售收入排名第22位。在企业发展的同时，员工收入也相应增加，2000年公司本部员工人均年收入为1.84万元，比上年增长10.2%。

二、昆药股票发行上市成功

昆明制药（股票代码600422）4000万A股股票于2000年11月16日在上海证券交易所上网定价发行，12月6日，成功上市交易。昆药股票上市，使昆药净资产由上市前的1亿元左右扩大到5亿多元，开创了昆药产品经营和资本经营并肩运行的新局面。昆药现已具备了从一个全国二流企业发展成为全国一流企业的实力，进入了重要的发展时期。

三、创新了企业经营管理方针

2000年，昆药确立了“以利润为中心、以特色为重点”的经营方针，这是昆药经历了近50年的探索，总结了昆药正反两方面的经验制定出来的，是昆药经营管理方针的重大创新，是昆药经营管理思想的历史性飞跃，开创了科学管理的新时代。

四、技术进步取得新突破

截至2000年12月，粉针剂、大容量注射剂（昆明康普来特制药有限公司）、小容量注射剂、片剂（昆明贝克诺顿制药有限公司）、蒿甲醚原料药5个项目已顺利通过中国药品GMP认证，为昆药大力发展天然药物和开拓国内外市场奠定了坚实的基础。昆药目前申请专利46项，已有6项发明专利和14项外观设计专利获授权，6项授权发明专利全部为天然药物；填补云南省空白的高科技冻干粉针“络泰”新产品，荣获中国专利15年成就展最佳项目；2001年1月28日，蒿甲醚胶囊（血防灵）被首届国际蒿甲醚防治血吸虫病学术会议认定为当今世界上最好的防治血吸虫病新药，蒿甲醚在治疗疟疾和防治血吸虫病方面已创出2个世界第一。

2000年7月1日，国务院副总理吴邦国视察昆药，称赞昆药的现代企业制度改革很成功，天然药物的开发很有成效，合资公司的经营很有成绩，并题词：“发展天然药物，造福人类健康”，鼓励昆药进一步发展。

董事长、党委书记、总裁：李南高

公司地址：中国云南省昆明市国家高新技术开发区科医路166号。

邮政编码：650118

电　　话：0871－8182312

传　　真：0871－8181968

E－Mail：Kpc@pbpublic.km.yn.cn

Http：//WWW.kpc.com.cn

中国有色十四冶勘察设计工程公司

中国有色十四冶勘察设计工程公司　创建于1985年，现有职工160名，70%为各类专业技术人员，是从事工程勘察、工程测量、设计和地基与基础工程施工为主的独立企业法人。公司成立17年来，先后有15项勘察设计工程获上级部门嘉奖，工程优良率达70%以上，曾被评为“1994年云南勘察设计单位综合实力50强”，1993年以来连续荣获昆明市政府“重合同守信用企业”。

公司热忱欢迎各界同仁与我们合作，在西部大开发中共谋发展。

经理：杨曾钰（高级工程师）

地址：昆明市西站12号

电话：0871－5315026、5340124（传真）

邮编：650031

E－mail：km14y@public.km.yn.cn

云　南　无　线　电　厂

云南无线电厂　是集科研、开发、设计、生产及销售为一体，兼营多种电子产品的无线通讯企业，同时也是总装备部定点的军品生产企业。

工厂现有职工500余人，工程技术人员200人，占地130余亩，内有电器零件分厂、奥宇机电有限责任公司、表面处理分厂、通讯机分厂、机械设备分厂、旗华电器厂、中外合资昆明果王饮料有限公司、光电公司以及4个研究室等分支机构。

企业秉持以人为本，以市场为导向的宗旨，锐意创新，开拓进取，开发生产的红外报警系统、消防报警系统、多种类型防毒报警系统、电视监控管理系统遍布各行各业，能承担大型移动通讯系统各类集群通讯网的工程设计、现场施工任务、安全防范报警系统，是集卫星定位、超短波通讯、计算机技术为一体的高新技术产品。经过不懈努力，企业生产的各种规格的网络机柜、监控操作台、电视幕墙以前所未有的速度向国际先进水平靠拢。企业现已通过ISO9000质量体系认证，在1996年度及1997年度安全技术防范工程建设和行业资格年审中，被云南省公安厅技防办连续2年评为先进企业。

21世纪是科技信息的世纪，全球经济一体化的世纪。着眼这一大背景，云无人将百尺竿头，更进一步，以完善的管理体系，灵活的经营方式、高素质的技术人员、齐备的技术设备，确保产品质量赢得用户广泛的信赖和高度的评价，为发展我国民族工业作出应有的贡献。

地址：昆明市教场西路39号
邮编：650223
电话：0871－5151862、5153319
传真：0871－5153298
E－mail：ynwxdc@ynmail.com

云南和田科工贸有限公司

云南和田科工贸有限公司　属民营企业，下属昆明双凤宏科有机肥厂与云南科技环境保护研究所2个实体，注册资本561万元，实有资产逾1300万元，现有员工62人，占地25亩，生产生活建筑面积逾1万平方米，水电设施配套。3年来，承担着省科委“利用藻渣污泥生产有机肥”，防止二次污染滇池的“火炬”项目，现年设计生产能力为3万吨，已于1997年11月建成投产，成为全国首家大面积干燥处理污泥藻渣为有机复混肥的单位（详见新华社1998年11月15日报道）。经过几年的努力，公司产品已取得省农业厅肥料登记证和省技术监督局的化工产品生产认可证，并被认定为2000年度国家重点新产品。2000年昆明市科委已将“和田”肥连续3年列为科技计划推广项目。同年，国家计委将公司申报的《藻渣、污泥无害化处理及制备10万吨/年复混肥》项目批准列为国家高技术产业推进项目，该项目完成时公司每年可向广大农户提供质优价廉的高效有机无机复混肥。这项环保成果，已引起省内外关注，1998年7月、9月，四川、武汉等地相继来人，商谈技术转让事宜。从1999年起，省、市土肥站做了大量的试验示范工作，为今后的大面积推广打下了很好的基础。

“和田”有机无机复混肥，有不同系列，普适性广，自1995年5月开始，业经省、市有关农业专家连续几年做试验，鉴定意见是肥效好，有防止土壤板结前景，是很好的环保型肥料，宜于推广。

企业自投产到正常运转至今，日处理污泥藻渣量9～20车，大致可解决昆明市排污一半的量，为财政节约了上千万元运出填埋费用，为市郊节约了大片供填埋的山地。同时，将污泥作无害化处理后制成有机肥料，变废为宝，成本低廉，使用中也有益于改良土质。可以说“和田”肥的持续生产，具有很好的社会效益、经济效益、生态效益，是一项“两个防止多方受益”（指防止滇池二次污染，防止农田老朽化，有利于国家、政府、农业、环保和投资者）的千秋功业。

昆明市有关部门在滇池面源地区削减化肥施用量为20%，将公司生产的“和田”有机无机复混肥作为了替代肥之一。公司为把昆明早日建成现代化的国际旅游城市，实实在在地贡献着自己的力量。对此，我们已竭尽全力。为使这项有良好社会效益、经济效益、生态效益的事业持续地发展下去，做得更大、更好，尤需社会各界在“和田”肥的示范推广上予以理解支持，我们必以实绩不负众望。

地　　址：昆明机场双凤路191号
电　　话：0871－7015071　7160573
联 系 人：李树钢
手　　机：13987691861

昆明市昆橡胶带有限责任公司

昆明市昆橡胶带有限责任公司　位于昆明市官渡区南坝民胜村。占地1万多平方米，是专业生产运输带、传动带、大倾角挡边带的企业。公司除以上产品外，还生产各类工程桥梁、高架桥预制构件所需橡胶充气气囊系列软模，力车内外胎，橡胶杂件，工业及民用塑料容器等5大系列100多个品种。公司具有当今国内橡胶行业较先进的1200T、3200T大型平板硫化机。一流的生产工艺，高素质人才的严格管理，保证了产品的质量。自投产以来，产品已销往省内外水泥厂、糖厂、纸厂、矿山、砖厂以及昆钢、昆明水泥厂、云南水泥厂等大型企业，远销越南、缅甸等东南亚国家，深得广大用户的好评和青睐。

公司本着“科技领先、优质高效、顾客至上、遵信守约”的质量方针，“以质量求生存、以信誉求发展”的宗旨，以优于市场标价做保证，为用户提供热忱、周全、完善的服务。

公司董事长张文友、总经理张文富携全体员工欢迎广大新老客户来电来函联系业务，并莅临指导。

地址：云南省昆明市官渡区南坝民胜村
电话：4570777
传真：4580036
邮编：650228

昆明万力通地产评估有限公司

昆明万力通地产评估有限公司　是根据国务院办公厅《关于清理整顿经济鉴证类社会中介机构的通知》及国土资源部《关于土地评估机构与政府主管部门脱钩的通知》的要求，经云南省国土资源厅批准，于2000年6月26日由原昆明市西山区地价评估事务所脱钩改制成的中介服务机构。

公司持有由云南省国土资源厅颁发的国家B级《土地估价机构资格证书》。主要从事：地价地产评估；基准地价测算；地产投资效益分析；课税；司法仲裁；地产政策、法规、信息、地产手续咨询；代理、代办土地手续及其他需要进行评估的事务。

公司秉承客观、公正、科学的原则，热忱为社会各界提供优质、高效的服务。

地　　址：昆明西二环路西山区土地管理局办公大楼5楼。
法人代表：孙向阳
电　　话：（0871）8227847　8185332　8229667
联 系 人：陈　桓　13888238887
陈　刚　13888230166
邮　　编：650118
传　　真：0871－8229667
E－mail：kmwaniton@km169.net

昆明高中压阀门厂

昆明高中压阀门厂　是目前云南省内惟一的生产各类高、中、低压阀门的企业。始建于1992年，后因生产发展需要，迁至昆明市小石坝收费站旁。工厂占地11亩，建有铸造车间、金加工车间、组装车间、锻压车间、库房、办公楼、职工宿舍等，总计使用面积1万多平方米。

铸造车间有冲天炉、中频炉、电热恒温退火炉、电热烘炉、混砂机、抛丸机、清砂机等铸造设备。除生产各种阀门坯件外，还可对外加工生产灰铸铁、球墨铸铁、可锻铸铁等各类机械产品。

金加工车间有各类车床、钻床、铣床、刨床等主要设备24台，可加工生产通径1000mm以下，压力32兆帕以内的各种高、中、低压阀门。

组装车间有试压设备2台，能满足各类阀门的压力检测需要。

锻压车间有大、小汽锤3台，可为用户加工生产各类标准、非标准锻钢管路配件及其他机械零件。

本厂生产的长弓牌钢制闸阀，经云南省质量管理协会检验，审定为质量信得过产品。并将本厂生产的各类高、中、低压阀门列为向用户的推荐品牌。

本厂按JB、GB标准生产的各类通用阀门，主要用于石油、化工、制糖、造纸、矿山、冶金、发电、环保、供水等行业。还可按用户需要设计、制作各种标准、非标准，及特殊阀门和管道配件。

本厂生产的阀门，质量可靠，价格优惠，品种齐全，实行“三包”。除满足云南省内各企业的需要外，还销往全国各地。

本厂宗旨是：不断创新，将质量最好，价格最优的产品推向市场，奉献给广大用户。

厂　　址：昆明市三公里小石坝收费站旁。
电　　话：7202045、7426476
昆明市门市：东二环路847、848号金马立桥下
电　　话：3859553、3843789
厂长手机：13908855421
传　　真：3820849

云南正红环保节能有限公司

云南正红环保节能有限公司　是民营企业，为云南省民营科技实业家协会理事单位。法人、公司总经理郝正义是云南省民协副理事长，副总经理李继红为常务理事。该公司属高新技术产业，从事生物质能的固化、气化、准气化燃烧技术的研究及产品开发。现已开发《正红牌》ZL型和ZLZ型高效生物质准气化环保节能灶、ZLJ型高效生物质微型秸秆气化炉、SGS型生物质致密固化机4种系列产品，获国家4项专利（①ZL97 2　27406.5，②ZL97 2 2047.3，③ZL97 2 26792.1，④ZL98 2 29748.3）。该公司产品还荣获《云南省优秀发明创造奖》、《国际发明金奖》、《香港新产品新技术博览会金奖》等荣誉。

目前该公司生产的产品，ZL、ZLZ 2种型号是以柴和固化物质作燃料，ZLJ型以秸秆、锯末、杂草、树叶、废旧塑料、泡沫、垃圾等农林

牧废弃物作燃料。各种炉型都十分节能，无烟、无味，结构简单，操作简便，炉温都在1000℃以上，火力超过液化气炉灶，热效率均大于50%。ZLZ型还可配合大铸铁锅的马蹄灶使用，2尺4寸大铸铁锅装满24公斤水，只用1.2公斤柴在30分钟左右即烧开，煮饭煮猪食均适宜；ZLJ型是专门配烧柴以外的生物质，1次装料2～3公斤草可连续燃烧1个半小时，装其他物质还可连续燃烧2～3小时以上，中途可以控制火力大小，可以捂火，捂火时间都在12小时以上，捂火后可热启动，一箱3～5公斤秸秆燃料可供一户一日三餐用火。

2001年现已订货50万台，2002年～2003年每年订货量现已达200万台，销向全国各省市。现在云南省红河州和文山州已全州性推广，其他各地州和市县都有产品在用户手中使用，深受广大农村用户好评。

《正红牌》高效生物质准气化炉灶系列产品有以下8大优点：（1）结构简单，使用方便，重量轻（18～25公斤），（2）价格便宜，适用性能强；（3）不用辅助电源、鼓风机化学添加剂；（4）引火方便，用户易操作；（5）不排放和溢焦油，无烟、无味、清洁卫生；（6）不会发生爆炸，使用安全可靠；（7）科技含量高，技术成熟，性能好，适用地域广；（8）产品用材精良，使用寿命每台都在3年以上，且配有零部件，方便用户就地更换和维修。

正红炉灶：农家之宝　用的是气　烧的是草

云南正红环保节能有限公司

地址：昆明市园博路中段云山村路口左侧

电话：0871－5631838　5639612

传真：0871－5639612

昆 明 市 向 阳 糕 点 厂

昆明市向阳糕点厂　是以生产中、西式糕点为主的企业，品种150多个，尤以滇式名特糕点著称。该厂始建于1954年，经过近半个世纪的艰苦创业，目前已发展成为云南省、昆明市重点糕点食品骨干企业之一。随着企业知名度的日益提高，所注册认定的“双塔”牌糕点、月饼，也占有很大的市场份额。

该厂是云南省最具潜力的食品糕点企业。多年来，有19种产品荣获国家商业部、省、市等不同级别的优质、优良产品证书39项，国家银、铜奖各2枚。1995年“硬壳火腿月饼”和“云腿红饼”又荣获中国糖制品焙烤行业协会金奖和银奖。1997年“硬壳火腿月饼”再次获得第三届国际新技术名优产品金牌。2000年“双塔”牌云腿月饼和新开发的云腿鲜花饼双双荣获第九届中国专利新技术博览会金奖。在跨入新世纪初年，向阳糕点厂“双塔”牌糕点系列的几个主导产品“硬壳火腿月饼、鲜花云腿、蜂蜜奶酥、奶油曲奇酥、奶油荞酥”参加中国食品工业协会主办的“中国食品骨干企业国家质量达标产品集中展示活动，被中国食品工业协会鉴定为《国家质量达标产品》，特颁发了荣誉证书。

法人代表：陈天福（董事长、厂长）

电　　话：0871－4141538

厂　　址：昆明市西坝新村12号

云 南 省 盐 业 总 公 司

云南省盐业总公司　是云南省惟一集食盐生产、销售为一体的国有专营企业，正式成立于1964年。隶属于云南轻纺集团有限公司（成建制转体前为省轻纺工业厅），下辖昆明盐矿及分布全省各地的25个分（支）公司，共有职工1100余人。负责云南省食盐和工业盐的生产及云南省所有食盐、大部分工业盐的营销工作。

云南食盐生产历史悠久，源远流长。在距今2100年前的汉代即已有滇盐生产的记载，到民国时期，云南盐的税收已位居第二，仅次于田赋。1932年开始在食盐中加碘。盐的生产及大额的税收，对云南的政治、经济、社会的发展起着重要作用。盐税是云南历代财政收入的重要来源，因而历代朝廷及历届政府都非常重视云南盐业生产及云南盐政机构的建设与完善。这一切都为今天云南盐业的发展提供了充足的底蕴。

云南省盐业总公司现有资产4.83亿元，并实现税利3980万元。随着改革开放的不断深入，总公司按照国家有关法规强化食盐专营工作，为消除碘缺乏病积极做贡献。2000年，云南省合格碘盐供应量达26.2万吨。合格碘盐食用率达87.9%；全省碘盐覆盖率达98.3%。为实现多元化发展，总公司根据市场需求，积极进行产业结构调整。除巩固食盐专营的成果外，按照现代企业制度积极拓展其它产业。拥有全资的丽江云燕宾馆、云南省盐业服务中心、云南白象实业开发公司、大理凤仪转运中心、安宁晶盐实业公司以及控股的大理苍洱酒店、中港合资的云南白象彩印包装有限公司等多种经营企业。形成集盐的生产、运销、转运服务及旅游、塑料彩印等为一体的发展格局。同时为适应新形势，公司正进行建立现代企业制度等方面的改制工作。

地址：昆明市春城路石家巷3号
邮编：650011
传真：0871－3132762
电话：0871－3135927、3120174

安 宁 复 合 肥 厂

安宁复合肥厂　始建于1987年7月，是中国复合肥生产较早的厂家之一。该厂位于云南省的化工基地安宁市，厂址在安宁市草铺镇龙山脚下，距320国道仅百米之遥，地理位置和交通条件十分优越。

该厂年产各种化肥20余万吨，产品有“双优”牌复合肥、“龙山”牌过磷酸钙。其中获国家专利生产的杀虫型“双优”牌三元素含硫复合肥为主导产品，年生产能力为5万吨，“双优”牌优质复合肥，连续5次获得1993～1998年全国统检合格证书，并被省技术监督局授予“合格企业”及云南省化工厅1996年授予“先进集体”等称号。在昆明市2000年大中企业排污达标抽检中，获“一级”达标排放表扬单位，产品质量获化学工业部“二级”质量认证。

“双优”牌杀虫型三元素含硫复合肥是采用古巴独特的配方以及先进的工艺加工而成。该厂还有针对各种农作物的专用肥，其中有水稻专用肥、果树专用肥、西瓜专用肥、玉米专用肥、大蒜专用肥、蔬菜专用肥、棉花专用肥、橡胶专用肥、咖啡专用肥、甘蔗专用肥等。

“双优”牌杀虫型三元素含硫复合肥和“龙

山”牌过磷酸钙产品，远销东南亚，出口越南、缅甸，并在全国各地都有一定的市场占有率，在云南各地、县均有销售，特别在临沧、保山、大理、德宏、曲靖、思茅、西双版纳等地州获得用户一致好评，连续7年成为耿马糖厂、云县糖厂等大中型糖厂生产甘蔗专用肥的定点厂家之一。

“龙山”牌过磷酸钙是采用云南优质磷矿石，经过先进的工艺生产而成，矿石全磷含量均在34%以上，水溶性强，含微量元素：硫、镁、铁、锌、钙大于28%，年生产磷矿粉8万吨，过磷酸钙12万吨，“杀虫型”粒状过磷酸钙5万吨。其中根据各用户要求，杀虫型粒状过磷酸钙分为优等品18－20、一等品16—18、合格品14—16、12—14等多种规格，多种产品，水份低于国标，小于7%，产品不结块，不板结。本厂对用户郑重承诺：货真价实、无效退款、假一赔十，并对本厂产品负法律责任。

该厂的产品在配方上科学、合理，严格按GB—15603－94标准生产，在出厂前，做到严格把好质量关，不合格产品杜绝出厂。该厂技术力量雄厚，现有在职员工180人，其中具有各种专业技术职称15人。该厂可根据用户当地的土质情况，为用户调配适合各种农作物生长的专用肥。

地址：昆畹公路40公里处
厂长：杨显试
电话：8674118
邮编：650300

师　宗　县　自　来　水　厂

师宗县自来水厂　始建于1973年，最大的供水管为DN200，其它的供水管为DN100。随着城市规模的扩大、人民生活水平的提高和建筑物的增高，已出现供水不足、压力不够的情况，原来铺设的供水管出现破损、断裂的情况，从而影响整个城市的实际需求，同时制约着社会经济的发展。

在上级政府及主管部门的正确领导和各相关部门的大力支持下，于1998年12月开始投资兴建一座日供水能力为1万立方米的水处理厂，于1999年12月竣工投入使用，已经满足并超出整个县城的用水需求。

师宗县自来水厂共有职工38人，全厂以优质供水为重点，牢固树立全心全意服务大众的行业道德，在激烈的市场竞争中，克服困难，求真务实，开拓进取，提供优质服务，满足人民需要，在全厂职工的共同努力下，取得了优异的成绩。曾在1995年、1996年分别受到上级的表彰，授予“先进集体”荣誉称号。并在2000年12月被云南省建设厅授予“先进集体”荣誉称号。面对此荣誉，我们将会更加努力，加大紧迫感，赶上时代的步伐，争取以最大的功绩回报社会。我们坚信，师宗自来水厂的明天会更加辉煌、灿烂。

厂址：师宗县丹凤镇南通街
厂长：饶卫平
书记：杨文志
主任：毛永辉
电话：0874－5757607、5752361
邮编：655700

云　南　省　种　羊　场

云南省种羊场　是云南省农业厅领导下的事业种畜场，它的前身是1942年建立的西南绵羊改进所。是以培育种羊、种牛、种兔为主要任务，同时肩负着为社会推广种草养畜的科研成果和配套技术的国家级重点种畜场。全场占地面积2.4万亩，其中人工草场1.2万亩，有技术人员45人。经过数十年的努力，已初步建成现代化草地畜牧业生产示范场，是西南地区较大的种畜生产科研基地。

该场饲养培育的种畜品种有：波尔山羊、罗姆尼半细毛羊、考摩型细毛羊、云岭黑山羊、美系短角肉牛和德系安哥拉长毛兔。

地址：云南省寻甸天生桥
电话：0871－2619168、2619169
传真：2619006
邮编：655205

云南中科生物产业有限公司

云南中科生物产业有限公司　由云南新联化工厂、云南大学、昆明植物研究所、上海昆虫研究所及云南高新创业、深圳洋浦耀龙、海南滨港3家风险投资公司组成。主要从事无公害生物农药的研究和开发，已获得国家农药“三证”，是国家农药定点生产厂，印楝素、昆虫信息素产业化生产为国内第一家。已生产出“爱禾牌”系列印楝素生物农药及杨树透翅蛾、亚洲玉米螟、甜菜夜蛾、斜纹夜蛾、小菜蛾等系列昆虫信息素。

法人代表：冯沙克
联 系 人：王　锐
电　　话：0871－8310710　8323338
传　　真：0871－8323458
网　　址：Http：//WWW.neemzksw.com
地　　址：昆明市高新技术产业开发区海源中路20号
邮　　编：650106

姐告——全国惟一的边贸特区

姐告边境贸易区　是2000年4月经国务院批准设立的中国第一个实行“境内关外”特殊政策的边贸特区。是云南省委、省政府贯彻实施中央西部大开发战略，实施云南省“三大战略目标”的重大举措。2000年6月23日云南省委、省政府召开姐告现场办公会，明确了姐告边境贸易区的发展目标：借鉴海外自由贸易区和国内经济特区、保税区的成功经验，充分发挥姐告地区的区位优势，将姐告边境贸易区建成集贸易、加工、仓储、旅游四大功能为一体的、面向东南亚、南亚开放的重要口岸和我省扩大对外开放的的试验区、示范区，成为展示社会主义物质文明和精神文明建设成就的窗口。

姐告边境贸易区位于云南西部德宏州瑞丽市城区东南方向4公里处，国土面积2.4平方公里，区位优势得天独厚。姐告东北南三面与缅甸北部商业重镇木姐市相连，具有良好的对外开放性；西临瑞丽江，隔江与瑞丽城区相望，具有良好的天然封闭管理条件，是设立边贸特区和实施特殊管理最理想的地区。姐告处在中国瑞丽市和缅甸木姐市这两个国家级对外开放口岸城市的衔接部位，是中缅两国贸易的“中转站”和“集散地”，是发展进出口加工业、国际仓储业和跨国旅游业不可多得的宝地。姐告是滇缅公路和云南通往印度的史迪威公路的交汇点，是中国大西南通往东南亚、南亚国际市场的陆路咽喉，是中缅贸易最重要的口岸。

姐告边境贸易区的前身是1991年省政府批准设立的姐告边境贸易经济区。云南省委、省政府于1999年10月向国务院上报《关于设立云南省姐告边境保税区的请示》。2000年4月24日，国家计委报请国务院同意，下发了国家计委办公厅287号文件，正式批准设立实行“境内关外”特殊政策的姐告边境贸易区。2000年6月23日，云南省委、省政府在德宏州瑞丽市召开了姐告边境贸易区现场办公会，明确了在姐告边境贸易区实行特殊的优惠政策和管理模式，确定了姐告边境贸易区的性质、功能和发展目标。国家海关总署于2000年8月25日下发了《中华人民共和国海关对云南姐告边境贸易区监管的暂行办法》，对姐告边境贸易区实行特殊的管理模式，海关“关境线”为姐告大桥中心横线，海关管理机构移至姐告大桥西侧。

根据省委、省政府现场办公会决定，海关、公安边防、检验检疫等各联检机构按照“境内关外”双线管理的要求，本着积极支持姐告边境贸易区发展的原则，兼顾一般贸易、边境贸易、易货贸易、转口贸易、边民互市、边境旅游购物等不同贸易方式，最大限度地做到方便、快捷、通畅。

云南省建设厅已批准了重新调整的姐告边境贸易区控制性详细规划，姐告边境贸易区规划为“商贸、加工、仓储、旅游”四大功能区。姐告边境贸易区的近期发展目标，是力争用3～5年的时间，将姐告边境贸易区建成我省软硬环境最好、最开放的边境口岸进出口商品加工区、仓储转运中心和跨国旅游景区。

姐告现场办公会后，德宏州委、州政府集中力量全面贯彻会议精神，抓紧研究制定了《贯彻落实省委、省政府姐告边境贸易区现场办公室会议精神实施意见》，海关、检验检疫、公安边防和德宏州有关部门分别制定了各自的实施方案和服务承诺；建立了姐告边境贸易区管理机构。姐告边境贸易区管理委员会作为德宏州政府派出机构，享有州级经济管理权限。有关联检部门为管委会的成员单位，负责办理有关业务并与管委会共同做好边境贸易区的管理工作。按照精简、高效和“小政府、大服务”的原则，管委会下设8个职能部门，行使州级政府的经济管理权限。在外商投资、土地使用、城建规划等方面，享有国家级开发区的有关权限。按照财权和事权相结合的原则，在姐告边境贸易区设立一级财政。

目前，姐告边境贸易区已具备了较为配套完善的基础设施条件，区内已形成布局合理的城市交通、供电、供水、排水、电信的网络系统。完善的基础设施条件为外来投资者提供了理想的硬件条件。同时，姐告边境贸易区完成了土地基准地价的测算和审定工作，土地出让价格确定在每亩10万～25万元之间，对成片开发建设鼓励类项目的投资，土地出让价还进一步优惠。

畹告边境贸易区的主要优惠政策有：一是投资贸易政策：各国商品均可在畹告展示销售；允许一般贸易、加工贸易、转口贸易、过境贸易、边境小额贸易、边民互市和国际经济技术合作等各种贸易形式在畹告并存发展。二是工商管理政策：在畹告投资和兴办企业实行直接登记制，实行“一站式”审批，放宽企业设立条件，免收工商管理各项规费。三是税收政策：所得税实行“免三减二”；房产税和土地使用税免征5年；国税从2000年7月1日起暂缓征收；免征一切行政性收费；四是特殊的出入境管理办法：联检单位后设于畹告大桥西侧办公，将瑞丽江畹告大桥中心横线设立为海关关境线。从缅甸进入畹告的物资，海关不实行监管，从国内运往畹告的货物，越过畹告大桥关境线视为出口，执行国家出口管理规定和税收政策；对出入境人员实行“一线管出，二线管进”的双线管理办法。

结合畹告边境贸易区产业发展规划的“商贸、加工、仓储、旅游”四大功能，我们重点鼓励投资以下领域和项目：

1、鼓励企业开展边境贸易、一般贸易、过境贸易和经济技术合作。鼓励投资兴建各种专业批发市场和展销中心。

2、重点引进一批科技含量高，加工程度深，市场前景广阔的加工项目。一方面发展利用缅甸特有而且资源丰富的玉石、珍贵木材、藤条、牛皮、海鲜等为原材料的加工业；其次，是引进利用国内生产的半成品经畹告组装出口的农机、家电、摩托车、自行车以及百货、服装等组装和加工项目。

3、引进实力雄厚的大型财团投资建设具有较大规模和现代设施的进出口商品大货场、保税仓库、熏蒸仓库和冷冻库。

4、引进有实力和具有旅游项目开发经验的中外企业，重点鼓励投资成片开发集休闲、度假、娱乐和免税购物为一体的瑞丽江沿江旅游开发项目。

畹告边境贸易区自实施新的管理措施和新的优惠政策以来，出现了喜人的变化，畹告的开发工作已初见成效。一是中缅贸易出现了大幅度增长，二是房地产市场明显复苏，三是前来考察、投资的国内外客商日益增多。

畹告边境贸易区的设立，新举措的全面实施，不仅加快了畹告的发展，而且有效地拉动德宏州经贸的发展。2000年，全州外经贸企业共完成进出口贸易总值26亿元，同比增长15%。特别是对瑞丽市的辐射拉动作用尤为突出。瑞丽市外经贸企业2000年共完成进出口贸易总值5.8亿元，同比增长34.5%。市外经贸企业实现首次全行业盈利。

2000年是畹告开发史上极不寻常的一年。畹告边境贸易区的管理体制、优惠政策和管理办法实现了重大突破，新老领导班子进行了顺利交替，畹告的产业发展和功能规划进行了重大调整，畹告的开发、贸易全面启动和复苏，经济日益活跃、繁荣。

（德宏州瑞丽畹告边境贸易区管理委员会）

广西玉柴机器股份有限公司

广西玉柴机器股份有限公司（简称“玉柴”）成立于1993年5月，属国家大型一类企业，是中国首家中外股份制并在美国纽约上市的公司。公司前身为广西玉林柴油机总厂，创建于1951年，地处广西玉林市。公司总资产为33.85亿元，净资产24.21亿元，员工4800人。

玉柴企业精神：顽强进取、刻意求实、竭诚服务、致力文明。

驻云南办事处
电话：0871－8187412
传真：8183479
地址：昆明市黑林铺海源中路1号
邮编：650106

昆明市东川区审计局

东川区审计局　于1983年9月建立，现有干部职工20人，其中本科学历5人，专科学历10人，中级职称13人。设有6个科。局长合光乾，副局长张美荣，总审计师李国惠。

建局17年来，按照审计署在不同时期提出的“边组建、边工作”，“抓重点、打基础”，“积极发展、逐步提高”和“依法审计、服务大局、围绕中心、突出重点、求真务实”的审计工作方针，围绕经济工作这个中心，认真履行审计监督职能，共完成审计项目484个，查出违纪金额1.43亿元，应上缴财政912万元。为维护国家财经法规，促进被审计单位改进管理，提高资金使用效益，加强廉政建设，发挥了积极作用。

电　话：2122850
联系人：刘邦发
地　址：昆明市东川区审计局
邮　编：654100

昆明市盘龙区绿化处

盘龙区绿化处　是盘龙区人民政府下属的职能部门。1987年1月由昆明市绿化处及原盘龙区绿化工程队合并而成。本处自成立以来，为昆明的绿化事业作出了应有的贡献。

我处性质为事业单位。主要职能：负责盘龙区区域内城市绿化的管理和维护，每年节日及政治活动的鲜花设计及摆放，以及审批、监督盘龙区内各单位的绿化及树木砍伐。同时我处还利用自身优势面向社会，承接各种类型、规模的园林绿化工程设计、施工及管理，经营各类花草树木，提供本专业的技术咨询及技术服务。

我处现有注册资金1500万元。主要经济来源为财政拨款，部分为自收自支。拥有2500平方米的办公楼，机构齐全；有一个26亩的苗圃及联营公司3家，计500多亩苗场；拥有价值500多万元的花木几千种。各类绿化设备齐全，有浇水车、吊车、高空修剪车、喷药车、剪草机、绿篱修剪机、喷药机等各种机械设备。

我处现有在编职工132人，有专业技术人员24人。其中：高级工程师1人，副研究员1人，园林、水电、建筑工程师9人。有能力承接大、中型规模的绿化工程及综合性绿化工程的设计、预算及施工（水景、石山、雕塑、喷泉、土建等）。近年来，我处先后承接了大小100多个绿化工程（综合性工程）。如：东风广场的3次绿化改造工程、盘龙江绿化带工程、废弃米轨铁路绿化工程、席子营小区绿化工程、王旗营小区绿化工程、麻线营小区绿化工程、董家湾小游园改造工程、东风广场西侧小游园改造工程、拓东体育场改造工程、盘龙区内主要街道及街心花园的多次绿化改造工程和各机关、学校、单位等绿化工程以及每年鲜花摆放的设计和实施。

随着城市的发展，改革的深化，我处今后将逐渐面向社会、走向市场，同时也将我们的实力展现在春城人民面前。

地址：昆明市新迎小区田园路
电话：3313276
邮编：650233

禄劝县土地管理局“九五”期间工作概况

“九五”时期，禄劝县土地管理工作在县委、县人民政府的领导下，在市局的帮助指导下，认真学习和努力实践邓小平理论和江泽民同志“三个代表”的重要思想，紧紧围绕县委、县人民政府的中心工作，严格执行土地管理法律、法规，认真履行土地管理职能，团结奋斗，开拓进取，求真务实，各项工作取得优异的成绩。

一、完成土地利用现状调查工作，摸清了全县土地资源的现状、利用特点、土地潜力及存在问题，明确了利用方向。在此基础上根据西部大开发的需要，开展了国土资源调查评价，全面掌握了全县土地资源的家底，完成县乡两级土地利用总体规划工作，为制定全县国民经济和社会发展“十五”计划和长远规划提供了科学依据。

二、按照中央文件的要求，圆满完成了非农业建设用地大清理，掌握了非农建设用地总量、结构及分布特点，以及建设用地的状况和特点，为制定“控制总量、盘活存量、集约利用”的工作思路奠定了基础，根据不同情况进行处理，为新《土地管理法》的实施创造了条件。

三、加强土地开发和复垦工作，实现耕地的占补平衡。针对人多耕地少的县情，在管理中进一步加强土地县情和法制教育，增强土地忧患意识，严把非农建设用地审批关，加强土地开发复垦工作。先后投入10多万元开发复垦耕地1000余亩，实现了耕地的占补平衡。

四、深化土地使用制度改革，为经济建设服务。在做好国有土地使用权出让的同时，在全县范围开展小集镇、小宗地的出让工作，使土地有偿使用的地域范围由城市扩大到农村集镇，采用拍卖出让方式，推进了土地市场化进程，为集镇建设提供了新的资金渠道，促进了小集镇的建设。

五、完善执法监察体系，大力开展违法用地查处工作。

六、切实加强干部队伍建设，依法行政水平明显提高。以“三讲”教育和行风评议为契机，大力加强干部职工的理论学习和思想教育工作，政治意识、大局意识、责任意识和服务意识明显增强。以新法颁布实施为契机，全面进行业务知识培训，提高了业务水平和依法行政的能力。

回顾“九五”，信心百倍，展望未来，任重道远。我们决心在县委、县政府领导下，紧紧围绕土地基本国策，以保护耕地为核心、用途管制制度为重点，带领全县土地战线上的干部职工开拓进取，奋力拼搏，全面开创土地管理新局面。

（禄劝县土地管理局　供稿）

云南省交通科学研究所

云南省交通科学研究所　是省级独立的技术开发性研究机构，成立于1974年。现有职工106人，各类专业技术人员84人。拥有固定资产近2000万元。

该所成立以来，针对云南公路海拔高、坡大、弯急，汽车动力下降，行车事故较多，以及云南省不产汽油的情况，在汽车节能与环保，汽车行车安全，汽车代用燃料，汽车检测技术，汽车高新技术推广应用，金属刷镀、热喷涂等领域开展研究。完成了数十项科研课题，曾获国家三等发明奖1项，全国科学大会奖1项，国家科技进步二等奖1项，交通部和云南省政府颁发的科技奖36项，云南省交通厅和昆明市科技奖53项。与此同时，积极开展科技成果推广。解放牌CA－10B型汽车"四大件"改造技术和金属涂镀新技术在全国推广应用后，取得了较显著的经济和社会效益。

在坚持科研的同时，该所充分发挥其人才、技术和装备优势，为省内外汽车产品制造企业和汽车用户，以及其他客户进行汽车安全检测、肇事机动车技术鉴定、汽车新产品定型试验、汽车产品质量鉴定、刷镀热喷涂和燃润滑油化验等方面的技术服务，取得了较好的社会经济效益。我所长期坚持客观公正服务的原则，赢得广大客户的好评。我所在汽车检测技术方面的综合实力，得到了有关部门的认可。经云南省交通厅、国家机械工业局行业管理司和交通部能源管理办公室等管理机构批准，相继建立了"云南省公路汽车行业工程技术中心"、"云南省汽车新产品鉴定试验站"和"交通部汽车运输行业能源利用监测中心云南高原监测站"。

八十年代末以来，我所开展了机电交通工程的研究、设计和施工工作，特别是针对云南山区公路的特点，开发了公路收费、监控及计算机管理系统，成果在云南省部分高等级公路收费站推广应用后，受到了用户的好评，曾获得一项云南省科技进步三等奖。经过多年的工作，我所已建立起一支以高级工程师、工程师和技师为骨干的研究、设计、施工专职队伍，购置了大量的仪器设备，取得了交通部颁发的公路交通工程通信、监控和收费综合系统工程的资质证书（目前止，云南只有我所取得此资质）。具备了承担各级公路干线交通工程通信、中央控制和收费管理系统施工的条件。

法定代表人：岳波（副所长、高级工程师）
单 位 地 址：昆明市拓东路石家巷9号
电　　　话：0871－3163895
传　　　真：0871－3169721

昆明市环境科学研究所

昆明市环境科学研究所　成立于1978年。经过二十多年的发展，业务范围从调研、评价逐步扩展到了研究、设计、治理、高新开发等各个领域。

我所现有成员中高、中级科技人员占75%以上。拥有国家环保局和建设部颁发的环境工程乙级设计执照，有超过15年的环境工程设计史；拥有国家环保局颁发的乙级环境影响评价证，有超过20年的环境影响评价史。取得了中国环境管理体系ISO14000咨询机构的资质。

除环境工程治理和环境评价以外，我所主要从事地方环境问题研究\规划和环保技术引进开发工作。主要成果有《滇池富营养化调查研究》、《滇池水污染防治九五计划及2010年规划》、"高浓度难降解有机废水CWO处理技术"、"植物无糖组织培养技术"等。曾多次获得省市科技进步奖，"八五"期间的攻关成果获国家科技进步二等奖。在云南省环保领域里享有良好的声誉。

为了适应市场的需要，我所将重点向两个领域转化。现阶段的研究、评价和规划部分将逐步向国际上通行的咨询公司方向转化，工程设计部分将逐步向工程公司的方向发展。工程中心将在政府的支持下，不断吸收、消化和推出新颖、实用、有发展前途的环保技术，更好地为政府、为社会服务。

地　　址：昆明市新闻南路1号
邮　　编：650032
所　　长：钱　彪
联系电话：4145671
传　　真：4145671　4141223

中国科学院昆明植物研究所花卉研究基地

中国科学院昆明植物研究所花卉研究基地 是国家8个创新工程基地之一“西南生物资源与生物多样性保护与研究基地”的重要组成部分，拥有雄厚的科研力量和优越的花卉开发研究条件。现有多名高、中级研究人员和在读博士、硕士研究生。研究人员多年来一直从事花卉研究工作，花卉产业化研究经验丰富，多次获得国家级和省级科技成果奖，出版了多部专著。是集花卉研究和开发于一体的研究组织。

地址：云南省昆明市北郊黑龙潭中科院昆明植物研究所

Add：Heilongtan，Kunming650204，Yunnan，China

联系人：胡虹（Hu Hong）

电话：0871－5217983　5150660－3005

e－mail：huhong58@163.net

Tel：86－871－5217983（office）

Fax：86－871－5150227

国家体育总局昆明体育电子设备研究所

国家体育总局昆明体育电子设备研究所 是1979年成立的科研事业单位，现有职工120人，下设3个管理部，6个科研开发部和2个机电工程部。主要研究项目有：（1）体育场、馆、池、体育工艺设计；（2）各种竞技体育比赛用电子计时计分系统及电子显示屏；（3）体育比赛软件设计及竞技体育信息系统网络化实施；（4）竞技体育比赛服务。这些年来，共研发了田径、游泳、摔跤、武术、举重、射击等60多项产品，现已遍布意大利、尼泊尔等20多个国家及国内各省市，在国内、国际比赛中深受好评，得到了世界各地用户的信赖和支持。

所　长：傅天序

副所长：洪玉明

电　话：0871－3315048、3316487

传　真：3316490

地　址：昆明市董家湾苏家村

邮　编：650041

昆 明 亚 华 自 动 化 研 究 所

昆明亚华自动化研究所 是一家科工贸结合的多元化经济实体，是集科研设计、制造、工程、销售自动化设备及电子元器件为一体的股份制企业。主要从事电气自动化、电脑控制、电气传动、电力电子设备的开发、生产、应用。还从事民用建筑的防盗报警，变频自动恒压供水，供热系统恒温调节装置，灯光控制设备的制造。在工程方面，承接工程设计、工程安装、电气咨询、电气检测调试。在销售方面，主要是特殊电器、特种电源、电子元器件等的销售。

法人代表：孙鑫华

地　　址：昆明市小坝下河埂新村2号

电　　话：0871－5641263　5641655

邮　　编：650224

传　　真：0871－5641263

云　南　音　乐　台

云南音乐台（云南人民广播电台音乐广播）是云南省第一座以播出高保真立体声音乐节目为主要内容的专业广播电台，经广播电影电视部批准，1995 年 12 月 18 日正式开播。

云南音乐台坚持“二为”方向和“双百”方针，弘扬主旋律，提倡多样化，以提供健康丰富的音乐文化产品，满足听众精神文化生活的需要，为两个文明建设服务为宗旨。

云南音乐台使用 FM97、FM100 两个频率、以双声道调频立体声方式同步播出。每天播音 17 小时，从 7 点开始至 24 点结束。覆盖昆明地区及部分地州。

云南音乐台拥有国际先进水平的数字录音系统，能制作高质量的立体声音乐节目。多轨电脑录音系统能为盒带、CD 唱片、MTV 等提供高保真立体声节目源，多种规格的录音机房能录制不同类型的音乐节目，直播机房装有自动播控系统，用电脑操作播放节目。

云南音乐台与国内外广播电台、唱片公司、音像公司等广播音像制作机构建有业务联系，庞大的音乐传媒和音乐制作网络，使音乐台能及时了解国内外最新音乐动态，获得国内外最新录制的音乐节目。

云南音乐台拥有雄厚的节目资源，它荟萃了古今中外音乐精品，能向听众提供高层次艺术享受。它播出的内容丰富，品种多样。既有高雅音乐，又有通俗音乐；既有古典音乐，又有现代音乐；既有外国音乐，又有民族音乐。除音乐类节目外，还办有综艺类和各种信息类、服务类节目。各种节目注重欣赏性、知识性、娱乐性、趣味性、服务性的统一，能满足各种年龄、各种层次、各种不同爱好听众的收听需要。

云南音乐台采用以直播为主，录播为辅的播出方式。直播快捷、生动、亲切、感人，能与听众交流，听众参与性强；录播节目制作精细，音响效果好，节目质量高，能反复聆听，细细品味。

云南音乐台具有多种社会功能，除作为音乐传媒外，还经常举办各种社会音乐文化活动，与国内外文化艺术界、音像出版界、音乐教育界、文化娱乐界、工商企业界等进行广泛的合作，是社会各界兴办社会活动良好的合作伙伴。

云南音乐台传输手段先进，编播力量雄厚，信息资源丰富，传播覆盖广阔，收听效果良好，是广大听众获取音乐信息、欣赏音乐节目、提高音乐欣赏水平、进行文化娱乐和交流思想感情的良好渠道。也是国内外工商企业界树立企业形象，提高产品知名度理想的广告媒介。

电　话：5331956

联系人：申　丽

云　南　经　贸　进　修　学　院

由中国致公党云南省委创办的**云南经贸进修学院**是经原云南省教委批准成立，具有学历教育资格，现已纳入我省统一招生计划的一所社会力量办学院校，同时也是云南省劳动就业局、省财政厅的定点培训单位。学院位于昆明市莲花池畔，风景秀丽，环境幽静，是理想的求学之地。经过 5 年多的发展，学院已拥有一批高素质的教师队伍，同时，还形成了多渠道、多层次、多形式的办学格局。开办了各种形式的函授大专班、本科班、成人高考，中考辅导班以及会计证培训班，在校生人数近千人。学院坚持以信誉求生存、以质量求发展的方针。先后结业毕业的500多名学生都已顺利就业。学院舞蹈班学生排练的节目曾多次参加大型专场演出。2001年4月应缅甸佤邦政府邀请，到缅甸演出，获当地政府“舞赴佤邦歌飘异境、德艺双馨四海传情”的嘉奖锦旗。

云南经贸进修学院将在以往取得的成绩基础上，不断努力，不断创新，为云南的经济发展做出应有的贡献。

法人代表：李福纯
联 系 人：马存义
电　　话：5177835
校　　址：昆明市教场中路226号
邮　　编：650223

云南省大理城乡建设学校

云南省大理城乡建设学校　是在改革开放中诞生，在社会主义计划经济与社会主义市场经济、计划招生与指导性招生的两个转轨中成立、发展、壮大起来的一所省（部）级重点中等专业学校。

根据建设部“一省两校”布局，该校于1985年2月26日经省计委、省教育厅批准筹建，1987年9月12日正式成立招生。1992年1月2日，云南省人民政府再次就该校办学问题作了批复，明确学校为省州共管，以省为主（省建设厅主管）的管理体制，办学规模640人，面向全省招收初中毕业生，从而使学校走上了健康发展的轨道。

在省州政府和上级主管部门的领导、关心、支持下，经过15年的办学努力，学校现占地77亩，校舍建筑面积2.2万多平方米，拥有各类实验室9个，计算机166台，实现了校内联网，并能访问因特网，建立了“大理之窗”网络信息中心，学校所有教室都能使用闭路电视，建有56座语音室1个，226座多媒体报告厅1个，12台套电子阅览室1个，图书馆藏书6.3万多册。

学校开设有工业与民用建筑、城镇规划、建筑经济、城镇建设、市政工程、风景园林、建筑设计技术、物业管理等8个专业。现有教职工116人，在校生1092人，共培养、培训6700多名专门人才，为云南经济建设做出了积极贡献。

学校办学15年多以来各方面成绩突出，有较好的声誉，取得了较好的办学效益和社会效益，得到了上级的充分肯定和社会的好评，先后被评为大理州、市文明单位，云南省城乡建设系统教育先进集体，大理州建设系统先进党组织、先进单位，大理市社会治安综合治理先进单位、安全文明小区。1996年被省教委评为合格中专，2000年被建设部评为建设教育工作先进集体，2000年11月云南省人民政府正式批准为省（部）级重点中专学校。

云南省大理城乡建设学校创办以来，积极探索与社会主义市场经济相适应的办学道路，形成了自己的办学特色，办出了生机和活力。

一、深化教育体制改革，建立与学校发展相适应的精干的办学管理运行机制。学校设立了党总支，下设2个党支部；学校内设机构有党政办公室、教务处、学生处、总务处。实行校长负责制、全员聘任制，并实行了动态结构工资制度。办学指导思想和培养目标明确，锐意改革，积极进取。教学、学生、行政、后勤管理等各方面制度规范、管理严格，在一定范围内引进竞争机制和激励机制。基础设施和教学设备建设日趋完善；行政后勤工作井然有序，食堂生活不断改善；学生管理严格；教学管理和组织规范，并不断加强。

二、坚持社会主义办学方向，认真贯彻党的教育方针，注重教育工作和思想政治工作，始终把德育工作放在首位。成立了德育工作领导组和业余党校，充分发挥工会、团委、职代会、学生会的作用，设置社会治安综合治理办公室，把综合治理和精神文明建设作为德育工作的重要内容常抓不懈。从而形成了勤奋、求实、文明、进取的良好校风。学生纪律严、作风正、素质好，德、智、体全面发展。

三、遵循教育规律，紧密结合市场经济的特点，结合本省、本地区、本校的实际，走适合本校建设和发展的道路，探索出了一条推动学校全面建设和发展的行之有效的办学道路。

（一）强化基础课教学，坚持把实践性教学作为系统工作来抓，在提高学生运用专业知识于实际的能力上狠下功夫。

①抓好文化课教学，强化计算机教学，为毕业生就业、深造和参加高等职业教育应试和适应知识经济时代打好基础，使学生理论扎实，基础知识牢固。1998 年 1 月，3 个班学生参加全省数学统考，学校获集体成绩优异奖，11 名学生获个人成绩优异奖；1997 年组织学生参加大理州建设局和大理州土木工程协会“农房设计竞赛”，有 5 名学生获佳作奖；2000 年组织部分师生参加大理州建设局和大理州土木建筑学会举办的 1999 年至 2000 年度“大理州村镇街道商住楼设计方案”比赛，其中获二等奖的学生 1 名，获三等奖的师生 2 名，获鼓励奖的学生 7 名。

②从 1991 年开始，在工民建专业先行实施“6－1－1”教改方案，毕业设计尽可能真题真做，“城镇规划”、“城镇建设”专业学生在指导教师带领下，先后完成了大理州 12 个县市 46 个乡、村镇的规划任务，并被采用，其中有 2 个乡镇规划被大理州建设局评为优秀规划设计项目，与大理州建设局规划处完成的大理市凤鸣镇控制性详规，获省建设厅佳作奖。

学校由于强化基础课教学，把实践性教学作为系统工作来抓，从而探索出了培养理论扎实、基础牢、动手能力强的建设类中等专业技术人才路子。毕业生上岗后，动手能力强，适应快，普遍受到社会好评。

（二）以市场为导向，以需求为准绳。紧紧围绕社会需求设置专业和确定招生人数，并根据社会对人才的需求情况确定和适时转换专业，且多个专业属省内首开，使毕业生都能很快就业，98%专业对口，学有所用，用有所为。

（三）紧密结合本省实际，积极探索多层次、多渠道、多形式办学道路。以中专教育为主，同时办好职工中专班、职高班、职业中专班、高职班和各类专业技术培训班。先后在个旧市建安公司技校、丽江地区教委、楚雄建筑职业学校等单位设立了办学点；重庆建筑大学和云南省电大在该校设立了“工民建”专业大专班办学点；昆明理工大学也在该校设置了面向滇西的成人高等教育教学点。与此同时，学校积极开展短期培训，举办各种培训班，培训各类专业技术人才，并于 2001 年上半年受怒江州人民政府的委托，完成怒江州民族中专“工民建”班专业课和实践性环节教学任务。

（四）培养“双师型”教师，不断提高教师的综合素质。为适应教育教学发展的需要，该校在不断提高教师政治思想素质的同时，还注意提高教师的专业技术水平，使教师达到一专多能、一专多用，走上讲台能上课，下了讲台能搞学生管理，会做学生思想工作；在实习场所会施工组织和管理；走入社会能设计、会规划、会监理。培养“双师型”教师的做法主要是：一是通过任课、听课、学历教育等途径，提高教师的教学水平；二是将教师派到施工、设计、质监、环境监测、乡镇等部门或单位进行实践性锻炼；三是选派专业教师参加国家注册建筑师、注册结构师、监理工程师、造价师资格考试，现有 3 名教师被注册为二级注册建筑师，2 名教师被注册为国家一级注册结构工程师；四是安排部分专业教师参与学校设计所和校办公司从事建筑工程设计和乡镇规划及建筑工程施工，提高教师的动手能力。从而培养了一支理论性、实践性强的“双师型”教师队伍。

（五）适应知识经济对人才培养的需要，积极开发运用计算机技术。该校计算机开发和运用发展迅速，目前，已形成了该校的优势和办学的一大特色。1998 年 12 月成立了计算机培训服务中心，1999 年 5 月成立“大理之窗”网络信息中心。培训服务中心现有 3 个机房，共 166 台微机。“大理之窗”网站于 1999 年 5 月正式开通，成为大理州首家宣传大理的网站，拥有国际域名 www.chinadali.net，并在多家著名搜索引擎注册。计算机中心在确保计算机教学，提高师生计算机运用水平的基础上，积极开展计算机软件开发的有偿服务业务，先后完成了“运动会管理信息系统”、“建筑工程质监管理信息系统”、“学籍管理信息系统”、“金岛多媒体触控查询系统”等软件开发项目，其中“建筑工程质监管理信息系统”、“学籍管理信息系统”通过云南省建设厅科技成果鉴定。“中心”已完成本校多媒体网络教室、intenet 多媒体网络教室、CAD 多媒体网络教室、本校办公网、大理州质检站办公网等网络工程。同时，还面向社会进行计算机运用培训 430 多人，取得了较好的经济和社会效益。

（六）积极探索后勤社会化路子。学校采取放开小食堂，搞活大食堂的方法，招标承包小食堂，每年就可以节省经费 20 多万元，从而使学校集中资金改善办学条件。

（七）立足实际，积极探索产教结合道路。该校始终坚持以教学为中心，在确保教学任务完成、不断提高教学质量的前提下，结合行业积极创办搞活校办产业。其中综合服务公司、建筑规划设计所、计算机中心等产业正在健康发展，成为目前经济效益、社会效益、办学效益、环境效益明显的为数不多的校办产业之一。尤其是综合服务公司所设置的分支机构就有 10 多个，为学校消化富余人员 9 人，仅此一项，每年就可为学校节省开支近 10 万元，并为学校的建设和发展起到了经费补充作用。与此同时，该公司建筑防水施工业务遍及大理州 12 县市和丽江、迪庆、怒江、保山、德宏等地州。建筑规划设计所紧密结合教学，组织师生积极开展建筑设计和村镇规划有偿服务业务，先后完成了近 50 个村镇规划，并被各级政府采用；完成了大理监狱宿舍楼、办公楼，洱源粮贸大楼，清华洞公路管理总段综合楼等多项建筑设计任务，既锻炼、培养了师资队伍，又行之有效地强化了学生实践性教学环节，提高了学生的动手能力。目前，学校呈现出了教学带产业、产业促教学的良好势头。

目前，全体师生员工正乘云南省人民政府正式批准该校为省（部）级重点中专的强劲东风，落实整改措施，面向新世纪，认真制订“十五”发展规划，描绘发展蓝图，把学校推向一个崭新的发展阶段，迎接教育事业发展的又一个春天。

地址：大理市洱河北路

电话：0872－2221753

邮编：671000

（云南省大理城乡建设学校　供稿）

昆明第三十中学（南菁学校）

昆明第三十中学　位于昆明市北门街，是一所历史悠久、教育教学质量较高的普通完中。现有在职教职工 130 多人，32 个教学班，在校学生 1750 多人。

学校的前身为昆明南菁学校，创办于 1931 年，曾被誉为滇中名校。自改革开放以来，学校坚持社会主义的办学方向，全面提高教育教学质量，积极推行内部管理体制改革，实行校长负责制、岗位责任制、全员聘任制和考核奖惩制等一系列改革。努力扩大办学规模，提高办学效益。近几年来学校坚持以解放思想为目的的“先导工程”，以充分发挥党员干部模范带头作用为目的的“先锋工程”，以塑造学校良好形象为目的的“塑形工程”为主题开展工作，促进了学校的健康发展。学校 1985 年被评为昆明市文明单位，1994 年被评为二级二等完全中学，1997 年晋升为二级一等完全中学。1995 年被评为昆明市劳动技术教育合格学校，1997 年评为五华区文明学校，1998 年评为昆明市文明学校，2000 年评为昆明市“学科学、破迷信”优秀学校。

校长：闻正学

电话：5152795

书记：王中南

电话：5115020

昆明市西山区碧鸡中学

昆明市西山区碧鸡中学　地处昆明西郊滇池之滨，是一所典型的城郊结合部农村中学，始建于1976年，经两度更迁发展至今，占地19亩，绿化面积占45%，有教学楼、学生宿舍、教师宿舍、食堂、餐厅各1幢，校舍总面积4928平方米；有标准篮球场2块，200米跑道小型运动场1块；有语音室、电脑室、阅览室及物理、化学、生物实验室，各种教学器材配备达到中学一类标准。现有教职工45人，平均年龄31.5岁，大专以上学历41人，中职教师13人；有教学班10个，在校学生近400人。

该校在发展过程中取得过较好的成绩。坚持“德育为先、五育并举”开展德育工作，重视教学管理，教学成绩在本区内多次名列前茅。学校领导班子本着“团结、务实、高效”的原则强化学校内部管理，在教职工中实行“逐级聘任、转岗分流”制，优化了教师队伍，对学生实行“全天候、半封闭、半军事化”管理，使学校教育得到社会的一致好评。

目前，碧鸡中学被省教委确定为首家“当代教育科学实验基地”。碧鸡中学全体师生正以饱满的精神状态和热情，为建设现代化的学校而努力。

书记、校长：李艳宏
副　校　长：李华云
电　　　话：8412050
邮　　　编：650111

罗平县环城第一中学

罗平县环城第一中学　位于县城南云贵路5号。建于1986年，校园占地40.6亩，地势平坦，环境优美，是教书育人的好地方。学校有实验室、电脑室、语音室、会议室、图书室……。现有在校生1681人，教职工92人。学校先后被评为罗平县文明学校，曲靖市文明学校，曲靖市教研教学先进单位，曲靖市绿化美化甲级学校，同时还被定为曲靖市素质教育试点学校，曲靖市半军事化管理试点学校等。

学校始终坚持教育为社会主义建设服务的办学方向，全面贯彻党的教育方针。自1999年3月以来，学校实行半军事化封闭式管理，探索出一条“以军辅德，以军促智，以军健体”的育人之路。同时，学校本着“封闭式管理，开放式教学”的指导思想，进一步搞好工作，把学校办得生机勃勃，充满活力，为上级学校输送了一批又一批的优秀学生。

该校十分重视教学工作，本着向教研教改要质量的指导思想，积极从事教学研究，推广“目标教学法”、“情景教学法”等。中考升学率逐年上升，名列全县前茅。1999年中考，录取曲靖一中4人，位于全县第一名；录取曲一中、中专、中师44人，位于全县第二名，升学率达52.8%。学校还开办了音、体、美特长班，积极推进素质教育，培养学生的特长。2000年中考，录取曲一中、中专、中师96人，特别是音、体、美升学25人，学校的教育教学又上了新台阶。

从严管理，不断探索创新是该校不断前进的成功之路。在县教育局、环城乡党委政府的领导和关心下，环城一中将以崭新的姿态迎接新世纪的挑战。

该校书记、校长敖仕东被罗平县委表彰为优秀共产党员，还荣获省教委、曲靖市委、市机关工委表彰的先进个人等光荣称号。

书记、校长：敖仕东
电　　　话：0874－8262830
邮　　　编：655800

罗平县环城第二中学

罗平县环城第二中学　位于城中云贵路段石坝河畔，始建于1994年。学校占地面积75亩，校舍建筑总面积1.35万平方米，包括教学楼、教师宿舍、男女生宿舍楼、餐厅、浴室。有1块全县惟一的标准400米跑道的运动场，中间为足球场。近年来，县上组织的篝火晚会、“腊峰杯”足球赛均在我校举行。教学区、住宿区、运动区布局合理，是教师教书育人、学生读书求知的理想场所。

学校设施齐全，设备先进，有微机室、语音室、音乐室、美术室、实验室和图书室。现有教学班级26个，学生1700余人；教职工78人，其中专任教师73人；中学高级教师2人，本科学历4人，其余均为专科。

学校建校6年来，始终坚持正确的政治方向，认真贯彻党的教育方针，培养有理想、有道德、有文化、有纪律的社会主义事业接班人。为向高一级学校输送优秀人才，为全面推进素质教育，学校规范管理，面向全体学生，使全体学生在各方面都得到和谐的发展。一份耕耘，一份收获，1996届（1）班毕业的学生杨碧春去年高考被“北京理工大学”录取，1997届（8）班毕业的学生肖双生获得曲靖一中奖学金；历年历次的知识竞赛中，获市、省、国家级的都有，1996年的全国英语能力测试中，有2位同学分别获国家级、省级优胜奖。1999年的全国英语竞赛中，学校初二学生方静获国家级一等奖。1999年云南省初中语文知识竞赛中有3人获省级二等奖，2000年初中生化学竞赛中，1人获省一等奖，1人获市一等奖，1人获市二等奖。历年的升学考试中，无论是平均分、优秀率或是录取总数，均居全县首位。化学教师刘幸勤于教研，在各类刊物上发表了论文，破格晋升了中职。2001年又在《民族少年报》上发表了2篇论文。

2001年，是学校深化改革，锐意进取的一年。学校领导以身作则，各负其责，且有计划、有步骤地做好校务工作。

在大步迈进21世纪的今天，罗平县环城二中在各级党委、政府、教委的领导下，正以饱满的热情全面贯彻党的教育方针，实施学校提出的“以质量求生存，以特色求发展”的办学宗旨，全体教职工“团结、善诱、务实、创新”，托起明天的太阳。

校长：刘毅峰　中学高级教师
书记：李晓道　中学高级教师
电话：0874－8261982

罗平县板桥二中

罗平县板桥二中　位于风景秀丽，群山环抱的“双龙田”的“龙珠”上，环境幽静，是个静心攻读的好地方。

板桥二中于1995年筹建，1996年9月正式招生。现有教职工68人，在校生1200余人，24个教学班。学校行政班子由3人组成，校长李嘉宝，教务主任彭仕伟，总务主任陈荣兴。1998年12月由上级任命张保元为政教副主任。学校党支部成立于1997年4月，支委由3人组成：书记李嘉宝（兼组织委员），彭仕伟任宣传委员，陈荣兴任纪检委员。同年3月成立板桥二中工会委员会，由赵德良任工会主席。团总支成立于1996年8月，李俊任书记，根据工作需要，1999年12月成立板桥二中团委，书记何米，到1999年底学校领导班子组建完毕。

教师队伍建设不断完善，1996年8月有教职工21人，1997年进18人，1998年进14人，1999年进11人，2000年进9人。先后有6名教师调离学校。学校现有中学高级教师1人，中学一级3人，小学高级2人，中学二级（含小学一级）43人，中学三级2人，技工1人。学校鼓励教职工在职或离职进修，教师合格率为92%，尚不合格者都在参加学历达标的学习。

1996年9月正式招收首届新生332人，其中女生162人，分为6个教学班；1997年招收480人，其中女生235人，编成8个教学班；1999年招收450人，其中女生220人；2000年招收460人，其中女生223人。

在上级的关心支持下，经过4年的不懈努力，教师的勤奋工作，学生的刻苦学习，教育教学成绩突出：1999年首届初中毕业，就为上级学校和地方输送了大批合格人才，录取曲靖一中、中专、师范、高中等各级各类学校人数150余人。2000年更是锦上添花，录取曲一中4人（县第一名），中专、师范、高中等各级各类学校160余人。

参加各级各类竞赛的成绩同样喜人。教师参加曲靖市青年教师课堂竞赛获二等奖1人，县级一等奖2人，二等奖1人，三等奖1人。学生参加省级竞赛获语文类一等奖4人，三等奖1人，还有多项县级奖。

学校占地面积44.23亩，校舍建筑面积1.01万平方米。教学楼1幢，共有32个教室，10个办公室；教师宿舍2幢，学生宿舍2幢，学生食堂1幢。计划再盖1幢综合大楼，全部竣工预计投资700万元。

学校实行半军事化管理，管理规范化，以“三个面向”为办学宗旨，向管理要质量，以质量求生存，注重抓学生的素质教育。本着“教书育人，服务育人，管理育人”的原则，领导教师精诚团结，敬岗爱业，学校建校历史虽短，但由于大家齐抓共管，心往一处想，劲往一处使，教育教学成绩得到上级领导的肯定，初步赢得社会各界的信赖。学校于1998年通过“普九”验收，被评为“二级二等”初级中学，2000年被罗平县委、县政府评为“文明单位”、“先进集体”，同时被县教育局评为先进集体”，连续4年被板桥镇党委、镇政府评为“先进集体”。学校正向更高更远的目标前进。

书记、校长：李嘉宝
教务主任：彭仕伟
总务主任：陈荣兴
政教副主任：张保元
地　　址：罗平县城之东双龙田
邮　　编：655808
电　　话：0874－8741177

石林彝族自治县第一中学

石林彝族自治县第一中学　简称石林一中，位于距世界著名风景区——云南石林10公里的县城内。其前身是“路南简易乡村师范”，1937年改为县立初级中学；1971年发展成完全中学。现有初高中教学班各14个，在校学生1700余人。校园占地64.1亩，绿地面积占校园总面积40%，1985年被评为绿化甲级学校，景色秀丽，空气清新。房屋依山而建，层层如梯，总建筑面积1.92万平方米，各种教学设施齐备。现有教职工129人，专职教师90人，其中高级教师12人，一级教师47人。

在长期的办学过程中，石林一中形成了优良的传统。民主革命时期以“爱国、民主、进步”为校训，成为云南几个著名的民主堡垒之一。抗日战争初期，云南大学附中疏散到该校，许多著名学者、民主人士如李公朴、闻一多、楚图南、刘桂武等到校讲学或演讲，传播民主思想。1943年，师生组织发动了被闻一多先生称为“小五四”运动的驱赶反动县长许良安的“倒许运动”，并取得了胜利。解放战争时期，大批师生投笔从戎参加革命，不少人献出了宝贵的生命。

新中国建立后，石林一中发扬优良传统，进一步形成了“团结、求实、进取、奉献”的校风，为祖国社会主义建设事业培养了上万名各级各类人才。

近年来，在邓小平教育思想的指导下，石林一中狠抓领导班子建设，以思想政治教育为先导，以素质教育为宗旨，以培养学生的创新精神和实践能力为重点，以改革开放和教育教学科研为动力，以科学管理为手段，全面贯彻党的教育方针，全面推进素质教育。加强教育教学科研，全面推行“三制”改革，完善各种规章制度，依法治校，严格考评奖惩等，使学校管理工作制度化、规范化、科学化，办学效益明显提高。据不完全统计，1994年以来，教师在国家级和省市级刊物上发表论文近100篇，学生参加各种学科竞赛获国家省市级奖120多人次。初高中会考、中考、高考成绩一直名列全县第一，毕业生思想品德合格率100%，毕业率100%，升学率人数、升学率一年一台阶不断上升。如1999年高考，上线人数140多人，最后录取200多人，升学率近70%，比全国49%的录取率高出20个百分点；中考再创历史的最高纪录，中考成绩700分以上的全县有26人，其中我校就有22人，占84.6%，取得了总平均分第一、全科及格率第一、平均分优秀率第一的好成绩。精神文明建设也取得了显著成绩。1997年命名为市文明学校，1998年晋升为省文明学校和昆明市花园式单位，1999年被昆明市评为社会综合治理先进单位。

在新世纪即将来临之际，石林一中正积极申报省一级学校。她将带着更好的业绩，迈着更坚实的步伐跨进二十一世纪。

该校党支部书记、校长、中学高级教师朱玉和，是1999年春毕业的西南师大教育管理系专业研究生。1998年被评为云南省先进教育工作者，1999年又被评为石林县有突出贡献的专业人才。

党支部副书记：潘勇国（中学高级教师）

副校长：张文武

电　话：0871－7790039

地　址：石林县城文庙

邮　编：652200

陆 良 县 芳 华 中 学

陆良县芳华中学　四周环水，风景秀丽，是一座花园式的学校。得天独厚的地理环境，是芳华中学的优势所在，现代化的、美丽的校舍掩映于苍松翠柏之中，四季鲜花盛开，鸟语花香，空气清新，令人心旷神怡，是教书育人的好地方。

20世纪80年代到90年代中期，学校在上级各部门的统一领导下，在全校师生的努力下，学校德智体美劳方面都得到全面发展并取得较好成绩，尤其是教学成绩喜人，多年中考一直居于全县前列，受到了省地县的多次表彰，也吸引了周围县市、乡镇的许多学生到学校就学，成为初级中学中的佼佼者，为上一级学校输送了大量的合格人才，也为当地经济建设培养了大批人才。

随着初等教育的普及，在上级各部门的支持下，学校规模不断扩大，现有教学班25个，学生1500多人，教职员工106人。功能齐备的“十室”建设及各类配套建设，均达国家Ⅱ类一级标准及以上。

目前，学校在芳华镇党委、镇政府和各级教育主管部门的领导和支持下，组成了以学校党政领导为核心，以政教、共青团、工会、教务、总务为群体的领导班子。全方位制定了以德育为首位、以教学及教学改革为中心、以师资队伍建设为重点、以教研的保证、以后勤管理为后盾的管理措施。学校教学面向全体学生，全面实施素质教育，充分调动教职员工的积极性，全面贯彻党的教育方针，提高办学水平，教育教学质量稳步上升。

学校的治校方针是：组织一个团结务实的领导班子，建设一支高素质的师资队伍，营造一个清静优美的育人环境，培养大批建设祖国的合格人才。

校长：马里华

电话：0874－6991104（办）

地址：陆良县芳华镇

邮编：655609

陆 良 县 三 岔 河 镇

陆良县三岔河镇　是珠江水系上游红土高原上富饶的鱼米之乡。全镇辖24个村，288个村民小组，人口10.51万人。全镇总面积121.4平方公里，其中坝区面积86平方公里，有耕地6.27万亩，人均0.62亩。

该镇经过50多年的发展，成为陆良县商品粮基地。1990年曾荣获国家农业部颁发的“全国农牧渔业丰收奖”；1992年至1998年连续7年被评为“省级文明单位”，1993年被评为“全省综合实力百强乡镇”，1997年荣获“全国群众体育先进集体”，1998年被命名为“云南省乡镇企业百强乡镇”，1999年又被评为“曲靖市乡镇企业30强乡镇”等数十项荣誉称号。

三岔河盛产优质粳米；鲤鱼、鲫鱼、草鱼、花白鲢、鲇鱼等鱼类；肉细味美，营养丰富，特别是名特稀优产品——鲇鱼，食用价值和药用价值较高。蚕茧生产渐成支柱，仔猪、洋芋、茨菇、藕等绿色食品和粉丝、面粉、豆腐、豆腐皮、荞三香等远销深圳、广州、昆明及周边县市。闻名遐迩的“龙海山牌”水泥独占鳌头，成为全市最大的乡镇企业。

万亩荷花池——白水塘是云南省独特的农业

风景旅游区，游人络绎不绝，是人们旅游观光、垂钓弄莲、避暑消夏的胜地。

三岔河镇曾先后3次掀起群众办学的热潮，形成了“党以育人为本，政以重教为先，民以兴学为荣，师以从教为乐”的良好风尚。恢复高考至今，有2600余人考取大中专院校，为社会输送了大批优秀人才。

如今，镇领导坚持从实际出发，立足长远，因地制宜，量力而行，先后投资4000多万元，建成了紫溪园商场，群众可以天天赶集，日上市赶集人数均在4～5万人，月成交额在百万元以上。

镇长：金碧荣

书记：朱慧富

电话：0874－6971182

邮编：655603

陆良县三岔河镇棠梨学校

棠梨学校　校园环境优美，教学大楼雄伟，运动场广阔，师资力量雄厚，教学设施齐全，是所融初中、小学、幼儿教育为一体的综合性示范学校。

学校创办于光绪年间。自从改革开放以来，划地19亩重新建校。多方面集资50万元，共尽义务工2270多个。1981年9月1幢4层教学大楼拔地而起，2幢教师宿舍顺利竣工，建筑面积达4143平方米。而后，又集资10多万元，改善了办学条件，率先实现了“一无两有”和“六配套”。进入90年代，棠梨人民再次集资40多万元，又建1幢950平方米的实验楼。经过近20年的努力，共投资113万元。1991年国家教委以及省市地州有关领导视察该校时，给予高度赞扬：“依靠人民办教育，办好教育为人民的典范”。学校先后被定为镇、县级农村示范小学，成了县、省乃至全国群众集资办校的典范。

创一所名校，兴一方教育。这是历届学校领导、棠梨干部群众的共同心声。小学入学率2000年达99.8%，巩固率99.9%，普及率100%。扫除青壮年文盲3768人，先后开设了蚕桑班、裁缝班、家电维修班，开办了初三职业教育“3+1”班，为当地培养大批适应经济发展的劳动生力军。

多年来，学校教学成绩名列全镇前茅，为上级学校输送了大量的合格人才。据统计，自从恢复高考至今，棠梨大学生已超100人，其中研究生3人，留学1人，中专生200多名，现担任着科局级以上干部45人，在农村带头致富的企业家、老板17人。他们在各自的岗位上为四化建设做出贡献。

该校连年获奖。1998年10月被曲靖市授予“绿化美化甲级学校”；1999年10月荣获县级“文明学校”称号。

1997年校园舞蹈操比赛获镇级第一名，同年被列为云南省农村体育卫生工作会议参观点；1998年1月获市体育卫生验收合格学校，同年12月，在陆良县举行的少先队大检阅活动中，获得特等奖；2001年4月，学校男女球队代表镇参加县举行的小学生篮球、乒乓球赛，分别获得县级男篮、女篮亚军。

校　　长：谢发明（县优秀教师）

副 校 长：岔从然

教导主任：陈永坤

地　　址：陆良县三岔河镇

电　　话：0871－6971125

邮　　编：655603

陆良县芳华小学

陆良县芳华小学　创办于1942年。新中国成立后，短短几年，发展到在校学生300多人，教职工10多人。“文革”期间，学校受到冲击，教学秩序混乱，硬件投入不足，严格制约着教育的发展。

党的十一届三中全会后，尊师重教的风气很快形成，芳华小学也开始了新的腾飞。1983年，征地15亩，发动群众投资投劳，积极争取上级支持，新建了一栋3层12个教室的教学楼，同时完成了围墙、大门、厕所、厨房等配套设施的建设。1985年建起了教师宿舍楼。1995年，再征地5亩，建起了综合楼。1997年，又建起了1幢单元式教职工宿舍，解决了师生的住校问题。如今，学校拥有仪器室、图书室、实验室、德育室、少先队科技活动室、体育室。学生平均拥有图书15册，教学用房达到规定标准，拥有Ⅰ、Ⅱ类自然实验仪器各1套，班班有投影器，学校有彩电、放像设备、广播器材，现已筹备多媒体教室，开设计算机课。

1998年，学校被评为全镇示范小学。教师配备齐全，有音、体、美专职教师。学校狠抓内部管理上台阶，成立了党小组、校委会、教研组，制定了各项严格的规章制度，建立了一套完整的评价方案，教育教学质量逐步提高。并积极从应试教育转向素质教育和创新教育。为了使学生的成长全面、健康，学校根据山区办学特点，成立了各项兴趣小组，使学生综合素质有了很大提高。

目前，学校占地20亩，有教职工48人，专任教师中具有大专学历的20人，中师24人，高中2人，合格率达100%。在校学生950多人。有幼儿到六年级31个班，“四率”达100%。

学校获得文艺、体育、党务等多项奖励。连续几年获县的质量优秀奖。教师在各级报刊发表文章45篇，获奖40篇；参加各级专题讲座25次，演讲获奖15人次，优质课获奖25人次；有5人参加语、数等学会。教师共获上级各项奖励106人次。学生获各种竞赛奖中，有县级70人次，市级30人次，省级19人次，国家级7人次。

该校校长徐福生，小学高级教师，曾荣获县级优秀共产党员和县级优秀教育工作者等光荣称号。

校　址：云南省陆良县芳华镇
副校长：郭华明
电　话：0874－6991161
邮　编：655609

陆 良 县 板 桥 小 学

陆良县板桥小学　为板桥镇的实验、示范小学，始创于1903年，前身为芦旗堡私塾，1906年移至板桥街（粮管所处）为小学堂，1910年命名为板桥小学，1955年迁至现址。

党的十一届三中全会以来，板桥小学为当地经济的发展作出了巨大的贡献，为本地和上级各类学校输送了大批合格人才。先后筹集资金143万元，新扩建了教学大楼、教师宿舍及幼儿园，改善了办学条件。整个学校占地14亩，校舍建筑面积4038平方米，现有固定资产139万元。至1999年3月，学校共有教职工41人，学历合格率为100%，具有大专以上学历教师13人；22个教学班，学生1125人（其中幼儿班5个，学生302人）。

近年来，板桥小学在从应试教育转向素质教育方面作了有益的探索和实践，以“不断进取，坚持探索素质教育”为己任，以“创一流办学水平，全面贯彻方针，造就跨世纪人才”为目标来抓好学校工作。

一、重视启蒙教育，提高幼儿素质。

为了全面贯彻党的教育方针，坚持保教结合，1995年9月投资32万元兴建1幢一流的、建筑风格独特的2层综合楼为板桥幼儿园。该园自创办以来，先后上示范观摩课23节次，举办教师培训9次，取得了好成绩。1996年3月代表镇参加陆良县幼儿教师自制教玩具比赛获团体一等奖；有15人次的论文、优质课获县级以上表彰奖励；1997年12月在板桥镇举办的幼儿广播体操比赛中获团体一等奖。

二、抓学习，创造良好的育人环境。

党的十四届六中全会《决议》明确指出：“大力提倡爱岗敬业，诚实守信，办事公道，服务群众，奉献社会的职业道德”。通过学习，强化了教师的职业道德，在全校师生中树立起了“校兴我荣、校衰我耻”的主人翁精神，广大教职工以校为家，以苦为乐，为造就跨世纪人才创造了良好的育人环境，在1997年1月举行的“光辉旗帜”读书演讲比赛中获镇团体二等奖。

三、抓管理，健全各种管理机制。

该校认真做到“有章可循、有法可依、以章治教”，向管理要质量，靠管理求发展。自1993年起，在连续6年板桥镇的教育教学综合考评中，板桥小学均名列第一名，教学质量保持前二名。同时，他们还注重培养青年教师和学科带头人，有63人次在县级以上的论文、演讲、优质课评比中获奖，代表镇参加的小学教师基本功大赛获团体三等奖。此外，还担负着本镇兄弟学校观摩、学习的示范课教学，几位教学能手还经常被外校请去示范交流。

四、抓活动，全面提高师生素质。

经常开展各种有益活动也是板桥小学的特点之一。1996年首届少先队大检阅中荣获惟一的一等奖；2000年10月又代表镇参加了县的少先队大检阅，取得了较好的成绩；1997年曾获第二届教师排球比赛第一名；1998年6月获雏鹰知识争章竞赛活动一等奖；1999年元旦师生文艺比赛获二等奖；2001年4月又代表镇参加了县、市青少年卡拉OK演唱比赛获得了好评。

数年艰苦创业，几载辛勤劳动，换来可喜成绩，得到各级表彰。板桥学校先后被陆良县委、宣传部、教委授予“德育工作先进集体”、陆良县“绿化美化甲级学校”、陆良县“体育工作先进学校”、陆良县“文明单位”，曲靖市教委授予“文明学校”的光荣称号。

校　长：梁学昌
副校长：陈　杰
地　址：陆良县板桥
邮　编：655602
电　话：0874－6951157

昆明挺路威服装有限公司

昆明挺路威服装有限公司 系工商局注册的新型现代企业。公司拥有厂房 5000 多平方米，展厅 1000 多平方米，引进应用先进服装设备，聘请设计师和专业技术人才。公司新生产的“挺路威”服饰，用料高档，制作精细，款式新颖、雅致，得到广大消费者的喜爱和相关部门的认可，被列为 2001 年全国消费者协会知名品牌。职业装、西服、休闲服、女装、西裤等深受消费者欢迎。

热忱欢迎各界人士、单位团体前来订购，公司将为你提供一流的产品和优质便捷的服务。

地　址： 昆明市西园路船房小区清泉大院一幢（80、75、62、22、4 路公交车经过门口）
邮　编： 650032
电　话： 4123358
董事长： 王一敏
总经理： 王一华

个旧市金陵有色金属有限责任公司

（大屯龙井花果山庄农场）

云南省私营企业 100 强

个旧市金陵有色金属有限责任公司 是一个以有色金属矿产品采选、加工、销售及农场果园种植养殖、旅游、休闲度假为主的生产和服务性企业。大屯龙井花果山庄农场距个旧市区 22 公里，交通方便，环境幽雅，集餐饮、住宿、娱乐、垂钓为一体，并承办各种会议。附有停车场、歌舞厅。公司全体员工竭诚为各位嘉宾服务。

总 经 理： 朱金陵
公司总部： 个旧市金湖西路（市国税局旁）
农场地址： 个旧市大屯白沙冲龙井花果山
电　话：（0873）2149595　2843158
邮　编： 661000

第十篇　附　　录

云南省注册会计师协会年检公告

（2000年度）

会计师事务所

昆明地区

1、事务所代码：53010001

云南亚太会计师事务所有限公司

法人代表　杨守仁

地址：昆明市拓东路23号

邮编：650011

联系电话：0871－3184387

资产评估资格：证券、整体

注册会计师：99　注册评估师：23

2、事务所代码：53010002

云南云审会计师事务所有限公司

法人代表　温　琳

地址：昆明市翠湖北路23号

邮编：650031

联系电话：0871－5131405

资产评估资格：整体

注册会计师：34　注册评估师：10

3、事务所代码：53010003

云南光大会计师事务所有限公司

法人代表　张家礼

地址：昆明市东风东路62号4楼

邮编：650041

联系电话：0871－3153193

资产评估资格：整体

注册会计师：43　注册评估师：5

4、事务所代码：53010004

云南云达会计师事务所有限公司

法人代表　谭克文

地址：昆明市环城西路21号

邮编：650031

联系电话：0871－5328179

资产评估资格：整体

注册会计师：27　注册评估师：6

5、事务所代码：53010005

云南云信会计师事务所有限公司

法人代表　孙素云

地址：昆明市东风东路125号邮电宾馆内

邮编：650041

联系电话：0871－3390918

注册会计师：5

6、事务所代码：53010006

云南云建会计师事务所有限公司

法人代表　张凤谟

地址：昆明市北京路658号附12号

邮编：650011

联系电话：0871－5115100

资产评估资格：整体

注册会计师：24　注册评估师：7

7、事务所代码：53010007

昆明云欣会计师事务所有限公司

法人代表　孙执金

地址：昆明市塘双路铁路局大院82幢

邮编：650011

联系电话：0871－3022623

资产评估资格：单项

注册会计师：12　注册评估师：2

8、事务所代码：53010008

云南耕耘会计师事务所有限公司

法人代表：米开先

地址：昆明市学府路2号教委大楼3楼

邮编：650021

联系电话：0871－5191726

资产评估资格：整体

注册会计师：7　注册评估师：4

9、事务所代码：53010009

云南云岭会计师事务所有限公司

法人代表　张素华

地址：昆明市大观路152号

邮编：650032

联系电话：0871－5321199

资产评估资格：整体

注册会计师：20　注册评估师：5

10、事务所代码：53010010

云南云能会计师事务所有限公司

法人代表　李向丹

地址：昆明市拓东路94号东园大厦6楼

邮编：650011

联系电话：0871－3150630

资产评估资格：整体

注册会计师：19　注册评估师：6

11、事务所代码：53010012

云南东陆会计师事务所有限公司

法人代表：李碧琼

地址：昆明市一二一大街云大信息楼

邮编：650091
联系电话：0871－5033620
资产评估资格：整体
注册会计师：20 注册评估师：8

12、事务所代码：53010013
云南汇通会计师事务所有限公司
法人代表：杨 苍
地址：昆明市东风东路145号昆明饭店内1楼
邮编：650041
联系电话：0871－3193293
资产评估资格：整体
注册会计师：15 注册评估师：5

13、事务所代码：53010014
云南天赢会计师事务所有限公司
法人代表：杨 勇
地址：昆明市昆铁得胜大厦B栋
邮编：650011
联系电话：0871－3133220
资产评估资格：整体
注册会计师：27 注册评估师：14

14、事务所代码：53010015
云南华信会计师事务所有限公司
法人代表：陶 琴
地址：昆明市金实小区华信综合楼
邮编：650000
联系电话：0871－5719819
资产评估资格：整体
注册会计师：25 注册评估师：5

15、事务所代码：53010016
昆明亚太会计师事务所有限公司
法人代表：钱 敏
地址：昆明市东风东路108号4楼
邮编：650041
联系电话：0871－3133215
资产评估资格：整体
注册会计师：29 注册评估师：5

16、事务所代码：53010017
云南兴华会计师事务所有限公司
法人代表：陈德明
地址：昆明市东风西路197号
邮编；650031
联系电话：0871－5310224
资产评估资格：单项
注册会计师：30 注册评估师：3

17、事务所代码：53010018
云南凌云会计师事务所有限公司
法人代表：王述元
地址：昆明市护国路49号聚兴大厦3楼
邮编：650021
联系电话：0871－3192208
注册会计师：16 注册评估师：1

18、事务所代码：53010019
云南中庆会计师事务所有限公司
法人代表：杨银秀
地址：昆明市人民中路右弼大厦15楼
邮编：650021
联系电话：0871－3645599
资产评估资格：整体
注册会计师：22 注册评估师：4

19、事务所代码：53010020
云南云新会计师事务所有限公司
法人代表：蒋臣炳
地址：昆明市翠湖南路152号
邮编：650031
联系电话：0871－5335934
资产评估资格：单项
注册会计师：14 注册评估师：2

20、事务所代码：53010022
云南正太会计师事务所有限公司
法人代表：李 翔
地址：昆明市祥云街55号银佳大厦19楼
邮编：650021
联系电话：0871－3643696
注册会计师：7

21、事务所代码：53010023
天一（云南）会计师事务所
负责人：王著琴
地址：昆明市人民中路36号如意大厦9楼
邮编：650051
联系电话：0871－3131939
资产评估资格：证券、整体
注册会计师：30 注册评估师：14

22、事务所代码：53010024
云南中立会计师事务所有限公司
法人代表：罗 毅
地址：昆明市书林街书林花园5幢7楼
邮编：650021
联系电话：0871－3166383
资产评估资格：整体
注册会计师：21 注册评估师：2

23、事务所代码：53010025
昆明鸿润会计师事务所有限公司
法人代表：辛元鸿
地址：昆明市青年路145号
邮编：650051
联系电话：0871－3137751
资产评估资格：整体
注册会计师：19 注册评估师：4

24、事务所代码：53010026
昆明博扬会计师事务所有限公司
法人代表：杨昆慧
地址：昆明市江滨西路盘龙地税大厦9楼
邮编：650021
联系电话：0871－3139946
资产评估资格：整体
注册会计师：12 注册评估师：5

25、事务所代码：53010027
昆明信联会计师事务所有限公司
法人代表：施惟翰
地址：昆明市民权街66号
邮编：650021
联系电话：0871－3638587
资产评估资格：整体
注册会计师：8 注册评估师：3

26、事务所代码：53010028
昆明仁和会计师事务所有限公司
法人代表：杨玉琴
地址：昆明市西昌路6号
邮编：650032
联系电话：0871－4153330
资产评估资格：整体
注册会计师：11 注册评估师：4

27、事务所代码：53010029
昆明精诚会计师事务所有限公司
法人代表：余琼华

地址：昆明市官渡区关上关岭路13号
邮编：650200
联系电话：0871－7174241
资产评估资格：整体
注册会计师：6　注册评估师：5

28、事务所代码：53010030
昆明大地会计师事务所有限公司
法人代表：那田骐
地址：昆明市兴隆小区2组团13栋
邮编：650100
联系电话：0871－8233433
资产评估资格：整体
注册会计师：11　注册评估师：4

29、事务所代码：53010032
呈贡南天会计师事务所有限公司
法人代表：李艳红
地址：云南省呈贡龙城镇双龙路东大河旁
邮编：650500
联系电话：0871－7476490
资产评估资格：单项
注册会计师：5
资产评估项目负责人：2

30、事务所代码：53010033
昆明安泰会计师事务所有限公司
法人代表：蒋本义
地址：云南省安宁市财政局
邮编：650300
联系电话：0871－8697085
资产评估资格：整体
注册会计师：7　注册评估师：4
资产项目负责人：3

31、事务所代码：53010034
安宁正宇会计师事务所有限公司
法人代表：刘建国
地址：云南省安宁市连然镇金方路21号
邮编；650300
联系电话：0871－8693002
资产评估资格：单项
注册会计师：13　注册评估师：1
资产评估项目负责人：1

32、事务所代码：53010035
昆明兴嵩会计师事务所有限公司
法人代表：马明顺
地址：云南省嵩明县嵩明镇兴云路26号
邮编：651700
联系电话：0871－7911024
注册会计师：7

33、事务所代码：53010036
寻甸敬业联合会计师事务所
法人代表：崔懋溪
地址：云南省寻甸县仁德镇南中街20号
邮编：655200
联系电话：0871－2663356
注册会计师：2

34、事务所代码：53010037
昆明同心会计师事务所有限公司
法人代表：王耀祖
地址：云南省晋宁县政府大院内
邮编：650600
联系电话：0871－7892473
注册会计师：5

35、事务所代码：53010038
禄劝通泰联合会计师事务所
执行合伙人：陈绍宗
地址：云南省禄劝县屏山镇南街26号
邮编：651500
联系电话：0871－8914477
注册会计师：2

36、事务所代码：53010039
云南鹏骧会计师事务所有限公司
法人代表：叶世驰
地址：云南省富民县永定街46号
邮编：650400
联系电话：0871－4160088
资产评估资格：整体
注册会计师：13
注册评估师：6

37、事务所代码：53010040
云南谊林会计师事务所有限公司
法人代表：郭立贤
地址：云南省宜良县寿山路6号
邮编：652100
联系电话：0871－7596056
注册会计师：9

38、事务所代码：53010041
昆明至诚会计师事务所有限公司
法人代表：李玉龙
地址：昆明市东川区桂苑街财政局内
邮编：654100
联系电话：0871－2121284
资产评估资格：整体
注册会计师：5　注册评估师：2

39、事务所代码：53010116
云南华昆会计师事务所有限公司
法人代表：史金生
地址：昆明市东风西路139号10楼
邮编：650032
联系电话：0871－3139848
资产评估资格：整体
注册会计师：44　注册评估师：13

昭通地区

40、事务所代码：53210042
昭通永信会计师事务所有限公司
法人代表：陈　勇
地址：云南省昭通市迎丰路南段
邮编：657000
联系电话：0870－2157047
资产评估资格：整体
注册会计师：12
注册评估师：2
土地估价师：1

41、事务所代码：53210043
昭通立信联合会计师事务所
执行合伙人：肖　壁
地址：云南省昭通市小石桥250号
邮编：657000
联系电话：0870－2224141
注册会计师：4

42、事务所代码：53210044
威信九龙会计师事务所有限公司
法人代表：龚文仲
地址：云南省威信县审计局内
邮编：657800
联系电话：0870－6124495
注册会计师：3

43、事务所代码：53210045

水富瑞达（联合）会计师事务所
执行合伙人：李奇瑞
地址：云南省水富县人民东路丰华市场
邮编：657800
联系电话：0870－8636259
注册会计师：2

44、事务所代码：53210046
永善正大（联合）会计师事务所
执行合伙人：张祥林
地址：云南省永善县景新镇兴隆街73号
邮编：657300
联系电话：0870－4121472
注册会计师：2

45、事务所代码：53210047
巧家诚信联合会计师事务所
执行合伙人：陈顺德
地址：云南省巧家县金江路口
邮编：654600
联系电话：0870－7122122
注册会计师：3

46、事务所代码：53210048
盐津正中联合会计师事务所
执行合伙人：刘效忠
地址：云南省盐津县盐井大街242号
邮编：657500
联系电话：0870－6620101
注册会计师：2

47、事务所代码：53210049
绥江瑞亨会计师事务所有限公司
法人代表：黄开全
地址：云南省绥江县中城镇县府街
邮编：657700
联系电话：0870－7624268
注册会计师：4

曲靖地区

48、事务所代码：53220050
曲靖鑫诚会计师事务所有限公司
法人代表：刘耀明
地址：云南省曲靖市麒麟南路225号
邮编：655000
联系电话：0874－3125728
资产评估资格：整体
注册会计师：19　注册评估师：4

49、事务所代码：53220051
曲靖新光（联合）会计师事务所
执行合伙人：李荣武
地址：云南省曲靖市南宁北路11号
邮编：655000
联系电话：0874－3120493
注册会计师：6

50、事务所代码：53220052
曲靖公信会计师事务所有限公司
法人代表：黄朝清
地址：云南省曲靖市翠峰路
邮编：655000
联系电话：0874－3315687
资产评估资格：整体
注册会计师：8　注册评估师：4

51、事务所代码：53220053
会泽忠诚会计师事务所有限公司
法人代表：施加玲
地址：云南省会泽县钟屏镇东内街150号
邮编：654200
联系电话：0874－5122575
资产评估资格：单项
注册会计师：5　土地估价师：1
资产评估项目负责人：1

52、事务所代码：53220054
师宗弘扬（联合）会计师事务所
执行合伙人：杨祖尧
地址：云南省师宗县丹凤镇青年路26号
邮编：655700
联系电话：0874－5758658
注册会计师：3

53、事务所代码：53220055
陆良同乐会计师事务所有限公司
法人代表：高建桥
地址：云南省陆良县中枢镇
邮编：655600
联系电话：0874－6220598
资产评估资格：单项
注册会计师：6
资产评估项目负责人：1

54、事务所代码：53220056
罗平九龙会计师事务所有限公司
法人代表：孔益仙
地址：云南省罗平县乡镇企业局院内
邮编：655800
联系电话：0874－8224746
注册会计师：2

55、事务所代码：53220058
富源云东会计师事务所有限公司
法人代表：毛嘉吉
地址：云南省富源县中安街301号
邮编：655500
联系电话：0874－4612283
资产评估资格：单项
注册会计师：5　注册评估师：1
资产评估项目负责人：1

56、事务所代码：53220059
富源金城会计师事务所有限公司
法人代表：方映松
地址：云南省富源县胜境大街中段
邮编：655500
电话：0874－4612996
注册会计师：5

57、事务所代码：53220060
宣威广信联合会计师事务所
执行合伙人：周均良
地址：云南省宣威县榕城镇城双路北段
邮编：655400
联系电话：0874－7122264
资产评估资格：单项
注册会计师：3
资产评估项目负责人：1

58、事务所代码：53220061
宣威中信联合会计师事务所
执行合伙人：范廷沛
地址：云南省宣威县榕城镇财政局
邮编：655400
联系电话：0874－7137533
资产评估资格：整体
注册会计师：4　注册评估师：2
资产评估项目负责人：1

楚雄州

59、事务所代码：53230062

楚雄中大会计师事务所有限公司
法人代表：刘春华
地址：云南省楚雄市北浦路104号
邮编：675000
联系电话：0878－3121457
资产评估资格：整体
注册会计师：9
资产评估项目负责人：3

60、事务所代码：53230063
云南华昆（楚雄）会计师事务所有限公司
负责人：李同荣
地址：云南省楚雄市团结路龙飞巷
邮编：675000
联系电话：0878－3010171
资产评估资格：整体
注册会计师：13　注册评估师：1
资产评估项目负责人：2

61、事务所代码：53230064
云南华能会计师事务所有限公司
法人代表：熊应菊
地址：云南省楚雄市三市街115号
邮编：675000
联系电话：0878－3125586
注册会计师：8

62、事务所代码：53230065
双柏垠华会计师事务所有限公司
法人代表：郭长德
地址：云南省双柏县妥甸镇
邮编：675100
联系电话：0878－7712392
注册会计师：2

63、事务所代码：53230066
永仁星源（联合）会计师事务所
执行合伙人：尹绍伟
地址：云南省永仁县如安街
邮编：651400
联系电话：0878－6712672
注册会计师：3

64、事务所代码：53230067
元谋诚信会计师事务所有限公司
法人代表：李常木
地址：云南省元谋县体育馆3楼
邮编：651300
联系电话：0878－8212731
注册会计师：5

玉溪地区

65、事务所代码：53240068
玉溪汇励会计师事务所有限公司
法人代表：孙庆华
地址：云南省玉溪市红塔区棋阳路131号
邮编：653100
联系电话：0877－2037588
资产评估资格：整体
注册会计师：9
注册评估师：3
资产评估项目负责人：5

66、事务所代码：53010116
云南华昆（玉溪）会计师事务所有限公司
负责人：期晓岐
地址：云南省玉溪市玉兴路7号
邮编：653100
联系电话：0877－2021308
资产评估资格：整体
注册会计师：6
资产评估项目负责人：2

67、事务所代码：53240070
玉溪永信会计师事务所有限公司
法人代表：李继荣
地址：云南省玉溪市东风路中段方圆楼4楼
邮编：653100
联系电话：0877－2061728
资产评估资格：单项
注册会计师：7
注册评估师：1
土地估价师：1

68、事务所代码：53240071
澄江平正会计师事务所有限公司
法人代表：许绍平
地址：云南省澄江县振兴路17号
邮编：652500
联系电话：0877－6917782
注册会计师：4

69、事务所代码：53240072
通海安鑫会计师事务所有限公司
法人代表：周家虎
地址：云南省通海县秀山镇财政局内
邮编：652700
联系电话：0877－3012401
资产评估资格：单项
注册会计师：5
资产评估项目负责人：2

70、事务所代码：53240073
新平坤达会计师事务所有限公司
法人代表：方红田
地址：云南省新平县桂山镇中横街62号
邮编：653400
联系电话：0877－7011939
注册会计师：4

71、事务所代码：53240074
峨山新财会计师事务所有限公司
法人代表：陈金荣
地址：云南省峨山县财政局内
邮编：653200
联系电话：0877－4011133
注册会计师：5

72、事务所代码：53240075
元江星原会计师事务所有限公司
法人代表：袁保程
地址：云南省元江县澧江路67号
邮编：653300
联系电话：0877－6018696
资产评估资格：单项
注册会计师：3
房地产估价师：2

73、事务所代码：53240076
江川星湖会计师事务所有限公司
法人代表：傅树明
地址：云南省江川县湖滨路10号
邮编：652600
联系电话：0877－8014996
注册会计师：6

74、事务所代码：53240077
华宁新颖会计师事务所有限公司
法人代表：金　虹
地址：云南省华宁县宁州镇
邮编：652800

联系电话：0877－5011302
注册会计师：4

75、事务所代码：53240078
易门佳诚会计师事务所有限公司
法人代表：郁保寿
地址：云南省易门县财政局内
邮编：651100
联系电话：0877－4961221
注册会计师：4

红河州

76、事务所代码：53250079
红河大成会计师事务所有限公司
法人代表：解水萍
地址：云南省个旧市五一路58号
邮编：661400
联系电话：0873－2138838
资产评估资格：整体
注册会计师：16　注册评估师：2
资产评估项目负责人：3

77、事务所代码：53250080
红河明鑫联合会计师事务所
执行合伙人：王　明
地址：云南省个旧市川庙街梧桐大厦
邮编：661000
联系电话：0873－2122475
资产评估资格：整体
注册会计师：3
注册评估师：1
资产评估项目负责人：4

78、事务所代码：53250081
个旧锡都会计师事务所有限公司
法人代表：张成伟
地址：云南省个旧市青年路31号
邮编：661000
联系电话：0873－2127852
资产评估资格：整体
注册会计师：8　注册评估师：3

79、事务所代码：53250082
弥勒立信会计师事务所有限公司
法人代表：朱保寿
地址：云南省弥勒县桃园路31号
邮编：652300
联系电话：0873－6133384
注册会计师：3

80、事务所代码：53250083
蒙自瀛州会计师事务所有限公司
法人代表：周　洪
地址：云南省蒙自县安宁街12号
邮编：661100
联系电话：0873－3642811
注册会计师：4
注册评估师：1

81、事务所代码：53250084
开远方圆会计师事务所有限公司
法人代表：朱映仙
地址：云南省开远市灵泉西路532号
邮编：661600
联系电话：0873－7122088
资产评估资格：单项
注册会计师：3
注册评估师：1
资产评估项目负责人：1

文山州

82、事务所代码：53250085
文山安信会计师事务所有限公司
法人代表：梁远正
地址：云南省文山县州财政局招待所
邮编：663000
联系电话：0876－2183890
资产评估资格：整体
注册会计师：15
注册评估师：2
资产评估项目负责人：3

83、事务所代码：53250086
文山正达会计师事务所有限公司
法人代表：袁洪波
地址：云南省文山县果园小区
邮编：663000
联系电话：0876－2126490
资产评估资格：整体
注册会计师：12
注册评估师：3
资产评估项目负责人：2

思茅地区

84、事务所代码：53270087
思茅诚挚会计师事务所有限公司
法人代表：李树清
地址：云南省思茅市振兴中路51号
邮编：665000
联系电话：0879－2122374
资产评估资格；整体
注册会计师：12
注册评估师：5
资产评估项目负责人：3

85、事务所代码：53270088
思茅思联会计师事务所有限公司
法人代表：程克敏
地址：云南省思茅市环城西路257号
邮编：665000
联系电话：0879－2123200
注册会计师：11

86、事务所代码：53270089
墨江通达（联合）会计师事务所
执行合伙人：王立章
地址：云南省墨江县新建路10号
邮编：654800
联系电话：0879－4231286
资产评估资格：整体
注册会计师：2
注册评估师：3
资产评估项目负责人：1

87、事务所代码：53270090
景谷欣然联合会计师事务所
执行合伙人：罗承昌
地址：云南省景谷县城文明路5号
邮编：666400
联系电话：0879－5221319
注册会计师：2

西双版纳州

88、事务所代码：53280091
西双版纳允诚会计师事务所有限公司
法人代表：杨希耘
地址：云南省景洪市景洪北路9号
邮编：666100
联系电话：0691－2132178
资产评估资格：整体
注册会计师：2　注册评估师：2
资产评估项目负责人：1

89、事务所代码：53280092

西双版纳绿圆会计师事务所有限公司
法人代表：陈文祥
地址：云南省景洪市景洪东路 19 号
邮编：666100
联系电话：0691－2124034
资产评估资格：单项
注册会计师：6
资产评估项目负责人：3

大理州

90、事务所代码：53290093
大理同济会计师事务所有限公司
法人代表：李远廉
地址：云南省大理市下关人民南路
邮编：671000
联系电话：0872－2124811
资产评估资格：整体
注册会计师：9　注册评估师：1
资产评估项目负责人：4

91、事务所代码：53290094
大理聚诚会计师事务所有限公司
法人代表：熊有明
地址：云南省大理市下关建设东路 94 号
邮编：671000
联系电话：0872－2124369
资产评估资格：整体
注册会计师：11　注册评估师：2
资产评估项目负责人：4

92、事务所代码：53290095
大理振兴会计师事务所有限公司
法人代表：李国萍
地址：云南省大理市下关振兴街联贸大厦
邮编：671000
联系电话：0872－2120171
资产评估资格：整体
注册会计师：9　注册评估师：2
资产评估项目负责人：1

93、事务所代码：53290096
大理北斗会计师事务所有限公司
法人代表：宋汝亮
地址：云南省洱源县玉湖镇兴源路
邮编：671200
联系电话：0872－5124039
资产评估资格：单项
注册会计师：5　土地估价师：2
资产评估项目负责人：1

94、事务所代码：53290097
弥渡正兴联合会计师事务所
执行合伙人：徐贵和
地址：云南省弥渡县弥城锦屏街
邮编：675600
联系电话；0872－8161345
注册会计师：2

95、事务所代码：53290098
宾川永正联合会计师事务所
执行合伙人：张忠祥
地址：云南省宾川县牛井镇西街 37 号
邮编：671800
联系电话：0872－7142040
注册会计师：2

保山地区

96、事务所代码：53300099
保山永顺联合会计师事务所
执行合伙人：那顺发
地址：保山市永昌镇保岫西路 58 号
邮编：678000
联系电话：0875－2121826
资产评估资格：整体
注册会计师：3　注册评估师：1
资产评估项目负责人：1

97、事务所代码：53300100
保山中信会计师事务所有限公司
法人代表：杨立和
地址：云南省保山市正阳北路市图书馆 4 楼
邮编：678000
联系电话：0875－2121317
资产评估资格：单项
注册会计师：10　注册评估师：2

98、事务所代码：53300101
腾冲志信会计师事务所有限公司
法人代表：杨志清
地址：云南省腾冲县城关镇凤山南路 57 号
邮编：679100
联系电话：0875－5125034
资产评估资格：单项
注册会计师：5
资产评估项目负责人：2

99、事务所代码：53300102
施甸昌隆会计师事务所有限公司
法人代表：谢应良
地址：云南省施甸县交通局 2 楼
邮编：678200
联系电话：0875－8125593
注册会计师：5

德宏州

100、事务所代码：53310103
德宏求实会计师事务所有限公司
法人代表：张兴洲
地址：云南省潞西市芒市镇青年路 37 号
邮编：678400
联系电话：0692－2121103
注册会计师：7

101、事务所代码：53310104
德宏永兴联合会计师事务所
执行合伙人：段　萍
地址：云南省潞西市青年路 36 号
邮编：678400
联系电话：0692－2123573
资产评估资格：单项
注册会计师：2　注册评估师：2

102、事务所代码：53310105
盈江中元会计师事务所有限公司
法人代表：周树芹
地址：云南省盈江县永胜路文化巷 1 号
邮编：678700
联系电话：0692－8180986
资产评估资格：整体
注册会计师：12
资产评估项目负责人：3

丽江地区

103、事务所代码：53320106
丽江高原会计师事务所有限公司
法人代表：贺正洪
地址：云南省丽江县大研镇香格里

大道
邮编：674100
联系电话：0888－5162314
资产评估资格：整体
注册会计师：4　注册评估师：4
资产评估项目负责人：4

104、事务所代码：53320107
丽江意诚会计师事务所有限公司
法人代表：王洪全
地址：云南省丽江县汇德市场
邮编：674100
联系电话：0888－5123350
注册会计师：5

怒江州

105、事务所代码：53330108
怒江江峡联合会计师事务所
执行合伙人：赵学义
地址：云南省泸水县六库镇文化路9号
邮编：673100
联系电话：0886－3623561
资产评估资格：单项
注册会计师：3
资产评估项目负责人：2

106、事务所代码：53330109
怒江云峡（联合）会计师事务所
执行合伙人：杨光裕
地址：云南省兰坪县城人民路3号
邮编：671400
联系电话：0886－3626163
注册会计师：2

迪庆州

107、事务所代码：53340110
维西阳光（联合）会计师事务所
执行合伙人：杨顺才
地址：云南省维西县保和镇小平街23号
邮编：674600
联系电话：0887－8628080
注册会计师：2

108、事务所代码：53340111
迪庆驰谌联合会计师事务所
执行合伙人：吴永三
地址：云南省中甸县政府大院内
邮编：674400
联系电话：0887－8224132
注册会计师：1

临沧地区

109、事务所代码：53350112
临沧安信会计师事务所有限公司
法人代表：朱庆云
地址：云南省临沧县凤翔镇
邮编：677000
联系电话：0883－2123875
资产评估资格：单项
注册会计师：10　土地估价师：1
资产评估项目负责人：1

110、事务所代码：53350113
凤庆时代会计师事务所有限公司
法人代表：陈凤生
地址：云南省凤庆县武烈街27号
邮编：675900
联系电话：0883－4211632
注册会计师：3

111、事务所代码：53350114
云县中誉会计师事务所有限公司
法人代表：周希唐
地址：云南省云县爱华镇打铁街1号
邮编：675800
联系电话：0883－3211843
资产评估资格：整体
注册会计师：10

资产评估机构

112、云南正太资产评估有限公司
法人代表：杨　春
地址：昆明市滇池路2号20层A座
邮编：650034
联系电话：0871－4156079
资产评估资格：整体
注册评估师：8　土地估价师：2
房地产估价师：1

113、云南通达资产评估有限公司
法人代表：李　猛
地址：昆明市小菜园古楼路120号
邮编：650051
联系电话：0871－5152758
资产评估资格：单项
土地估价师：9　房地产估价师：1

114、云南瑞尔资产评估有限公司
法人代表：唐雅丽
地址：昆明市西昌路189号
邮编：650032
联系电话：0871－4150301
资产评估资格：单项
房地产估价师：8

115、云南银信资产评估有限公司
法人代表：胥劲松
地址：昆明市马市口2号楼3楼
邮编：650021
联系电话：0871－3610917
资产评估资格：整体
注册评估师：3　房地产估价师：4

116、云南佳信资产评估有限公司
法人代表：王　景
地址：昆明市北京路559号附2号七楼
邮编：650051
联系电话：0871－3113599
资产评估资格：单项
注册评估师：3

云南省注册会计师协会　制
2001年7月

云南省文化事业发展第十个五年计划纲要（摘要）

省委、省政府提出的要用5～10年的时间建成云南民族文化大省，这是党的十五大提出的建设有中国特色的社会主义文化在云南的重要实践，是党代表先进文化前进方向的要求，是云南参与西部大开发，实现跨世纪发展的战略目标。要实现以上宏伟目标，迫切需要文化事业有一个大的提高和发展。必须从社会主义事业兴旺发达和民族振兴的高度，充分认识文化建设的重要性和紧迫性，牢牢把握住这一历史机遇，锐意开拓，深化改革，积极进取，克服困难，全面规划，分步实施，进一步发展云南省的文化事业。

一、“九五”时期云南省文化事业发展的回顾。

（一）全省文化事业基本概况

1999年末，全省文化部门共有各类机构6093个，从业人员2.21万人，其中艺术表演团体130个，4662人；艺术表演场所39个，416人；公共图书馆147个，1558人；群众艺术馆20个，470人；文化馆127个，1420人；文化站1580个，2457人；文物保护管理机构97个，460人；博物馆27个，477人；艺术展览机构1个；文物商店2个，48人；电影发行机构144个，1806人；电影放映单位3263个（电影院437座），6910人。全省现有县以上各级人民政府批准公布的文物保护单位1680个，其中全国重点文物保护单位24个，省级文物保护单位209个。全省文博单位有文物藏品23万件。

（二）取得的主要成就

“九五”期间云南省积极开展创建全国文化先进县及省级文化先进县等创优争先活动，至1999年全省命名文化先进县29个，其中全国先进文化县10个、全国文化先进集体6个、全国文化系统先进工作者8人，全国边疆文化长廊建设先进县6个，中国民间艺术之乡11个，全国文化市场先进集体1个，全国劳模1人，云南省劳动模范8人。

——文艺创作演出空前繁荣活跃。全省广大文化艺术工作者以艺术创作为中心任务，以深化改革为动力，深入群众、深入生活，认真实施文化精品工程，推出了一批思想深刻、艺术精湛、制作精良、风格多样的优秀作品，丰富活跃了城乡群众的文化生活。

——社会文化事业全面发展。狠抓“民族文化工程”，创建文化先进县，组织实施少儿文艺“蒲公英”计划，图书事业“知识工程”，圆满完成了世博会等重大演出活动。

——文化基础设施建设取得新的成就。“九五”期间全省文化系统大搞文化基础设施建设，认真组织实施千里边疆文化长廊工程。

——文物工作成绩显著。广大文物工作者坚持“保护为主，抢救第一”的方针和“有效保护，合理利用，加强管理”的原则，坚持保护、维修与利用并举，考古发掘与研究取得新进展，博物馆在社会教育中发挥日益重要的作用。

——文化市场繁荣发展。截至1999年底，全省文化市场经营单位已达2.24万家，从业人员5.36万人，全省文化市场吸收就业能力为12.9人/万人。拥有固定资产11.39亿元。文化娱乐业已成为文化产业的支柱型行业。

——对外文化交流日益活跃。“九五”前4年云南省共派出174起1672人赴几十个国家进行文化艺术交流，41起621人前往港、澳、台地区进行交流，接待了来自世界75个国家和地区的2828人来云南省进行文化艺术交流。

二、十五计划的总体思路和目标任务

云南文化事业实现“十五”规划的总体思路是：以邓小平理论和党的十五大建设有中国特色社会主义文化及江泽民同志“三个代表”的重要思想为指导，以建设云南民族文化大省为目标，坚持文艺“为人民服务，为社会主义服务”的方向和“百花齐放，百家争鸣”的方针，以满足人民群众日益增长的文化需求为出发点，以繁荣文艺为中心任务，以深化改革为动力，以保障公益文化事业，宏观调控文化产业为两翼，努力保护文化资源，稳步发展公益文化事业，加快培育和发展文化产业，扩大对外交流，全面提高全社会的文化生活质量。经过10～15年的努力，云南民族文化基本形成结构合理、设备完善、设施功能齐全、精品不断、人才辈出、活动丰富、特色浓郁、效益显著、辐射力强、产业发展具有广泛影响的民族文化新格局，建成富有特色的民族文化大省。

（云南省文化厅 供稿）

东川区“九五”林业建设情况及“十五”林业发展展望

一、“九五”林业建设情况

“九五”期间，东川区坚持以“长防”建设为重点，以改善生态环境，再造秀美山川为目标，启动实施了天然林保护工程、林业重点防护林工程、退耕还林（草）等工程项目，坚持标本兼治，以生物治理为主，工程治理为辅，走治理、开发的林业发展路子，把绿化造林摆在了突出的重要位置，在绿化造林、森林保护、森林防火等方面有了新的突破，圆满实现了“九五”林业发展目标。

——绿化造林有了新的进展。“九五”期间，各级党委、政府把恢复和增加森林植被，建设好“长防”林作为林业工作的首要任务来抓，认真落实全民搞绿化，全社会办林业的方针，坚持“一手抓造林，一手抓保护”，取得了明显的治理成效，有效地保护和发展了森林资源，使泥石流灾害有所缓解，森林覆盖率明显提高，生态环境有所改善，据统计，1996年至2000年，全区累计完成营造林41.5万亩，其中：人工造林21.8万亩，森林覆盖率由1995年的20.6%提高到26%，基本建成了东部、北部、西部三大防护林基地。造林绿化涌现出了“百佳乡”1个，“千佳村”3个，全省造林先进集体1个，全区造林绿化先进集体6个。

——生态环境有所改善。过去东川区十年九旱，近年来随着森林植被的增加，降雨量也随之增加。据气象部门统计资料表明：东川区1992、1993、1994年降雨量分别为530、640、761毫米，而1995、1996、1997年降雨量分别为969、895、975毫米，降雨量呈逐年上升的趋势。由于植被的增加，拦截地表径流的能力增强，水土流失状况有所缓减，全区水土流失面积由“八五”期间的66.9%下降到52.7%。

——社会效益和经济效益逐渐明显。随着生态环境的逐步改善，农业生产基础条件有了一定的好转。抗御自然灾害的能力有所增强，粮食产量大幅度增长，1995、1996年粮食总产分别达到了6万吨、6.5万吨，1997年在自然灾害严重的情况下，仍达到了5.6万吨，1998、1999、2000年实现了连续3年好收成，农民人均有粮由1992年的173公斤增加到300公斤，农民人均纯收入增加到了900元，增长了2.5倍。

——交通状况明显改善。十年前，每当雨季来临，东川公路、铁路经常中断，大量生产、生活物资进出受阻，全区人民常常为泥石流担忧，为交通而发愁。近年来，由于城市后山面山开展了植树造林，增加了植被，公路垮塌现象大为减少，用于支出恢复公路水毁、垮塌的资金也相应减少。还新修了小江公路，龙东公路已开始动工建设，开展了村村通公路工程。

二、“十五”林业发展展望

今后5年，是东川区实施西部大开发中退耕还林的重要时期，要求采取切实有效措施，加快退耕还林（草）、封山绿化步伐，有效遏制水土流失严重的势头，坚决停止对天然林采伐，禁止毁林毁草开垦，认真实施退耕还林（草），对25°以上的陡坡耕地有计划地退耕还林还草，实施好退耕还林草、林业重点生态建设工程、林业以工代赈、农业综合开发等林业建设工程项目，继续使生态环境得到改善。到2005年，新增治理水土流失面积125平方公里，使水土流失面积控制在1000平方公里以内，实施退耕造林5万亩，荒山造林15万亩，补植被造林5万亩，全民义务植树420万株，森林限额年采伐控制在0.86万立方米以内。新增森林面积15万亩，森林覆盖率由现在的26%提高到31.3%，基本消除林区及乡镇林业站危房，林业科技覆盖率达70%以上，森林病虫害防治率达85%以上，林业各类案件查处率达90%以上，力争实现无森林火灾。

（东川区林业局　供稿）

珠江源头第一县——沾益

［基本情况］沾益县是共和国最年轻的一个县。1997年5月，经国务院批准，设立地级曲靖市，原县级曲靖市分设麒麟区和沾益县。1998年4月25日，沾益县正式举行挂牌仪式。

沾益县地处珠江源头，位于云南省东部。全县39万人口，土地面积2801平方公里，辖3镇7乡，120个村民委员会（办事处），856个村民小组，居住着汉、回、苗、彝等23个民族。境内最低海拔1650米，最高海拔2673米。年平均气温14.24℃。

沾益县交通发达，通信便利，贵昆、昆柏铁路贯穿境内，320、326国道直贯南北，曲靖至胜境关高等级公路沾益段2年后将投入使用，全县乡村公路纵横交错，形成四通八达的交通网络。全县10个乡（镇）全部开通了程控电话，基本实现了“三通”，移动电话基本实现了“三覆盖”，为沾益的改革开放提供了有利条件。境内山川起伏，河流纵横，水利资源十分丰富。南盘江径流面积达1000余平方公里，花山、西河、白浪3大水库是曲靖市的主要水源。肥沃的土地，适宜的气候为农业发展开辟了广阔的前景。旅游资源十分丰富，全县境内有珠江源头、花山湖、毒水人文景观、云南第二奇观天生洞、玉林山公园等旅游景点，旅游业发展前景广阔。矿产资源储量丰富，矿种多，主要有煤、磷、铜、铁、钒、钼、镍、铅锌、石灰岩、白云岩、粘土、建筑用砂、地热水、矿泉水等10多种，特别是煤、磷、石炭岩储量大、质量好，开发潜力较大。

沾益县是一个典型的以农业为主、山区占1/3国土面积的农业县，县委、县政府始终把发展农村经济作为经济建设的重点来抓，在农业产业结构调整和产业建设上取得了新的成绩。巩固了粮、烟、蚕、桑、畜牧等支柱产业，培育了蓖麻、万寿菊、除虫菊、啤酒大麦、食用菌、蔬菜等新型产业，农业产业群体正在逐步形成。

工业强县是沾益发展的中长期目标。县域内工业门类齐全，主要有滇东镁厂、云南云维有限公司、云南沾益化肥厂、云南省沾益毛纺织有限公司、云南省沾益磷肥厂、云南省沾益汽修总厂、曲靖发电有限责任公司、云南曲靖磷酸盐化工厂、沾益县啤酒麦芽有限责任公司、云达利铝合金制品有限公司等中央、省、市、县工矿企业和中外合资企业，这些企业的发展将影响和带动沾益经济和社会的发展。

第三产业发展迅速，建筑、建材、服务业等有了较快的发展。县委、县政府制定出台了一系列优惠政策，鼓励、引导发展非公有制经济，不断提高非公有制经济在全县国民经济中的比重。

“九五”期间特别是1997年恢复县置以来，沾益县经济持续、快速、健康发展。全县国内生产总值（GDP）由1995年的12.67亿元增加到2000年的16.58亿元，年平均增长6.96%，其中建县3年来，国内生产总值平均增长7.00%，

2000年比上年增长7.81%。2000年完成农业增加值5.70亿元，比上年增长7.60%；乡镇企业实现增加值2.82亿元，按可比口径计算比上年增长9.30%；第二产业“九五”期间年均增长7.76%。工业增加值年平均增长10.88%。第三产业实现增加值3.66亿元，比上年增长10.65%，九五”期间年均增长11.26%。人民生活水平进一步改善，全县农民人均纯收入从“八五”末期的1273元增加到2000年2013元，城镇居民人均可支配收入由3603元增加到5958元。

走进新世纪，沾益县围绕省委、省政府提出的“三大目标”和国家实施西部大开发的历史机遇，结合沾益实际，制定出今后沾益经济社会发展的主要任务：主攻第一产业结构调整，深化第二产业体制改革，加快发展第三产业，放心、放胆、放手发展非公有制经济。并在“优粮、强烟、调结构、树支柱、建市场、活流通、转机制、增效益”的具体工作中取得实质性进展，努力创建新世纪的辉煌。

［城市建设］沾益是新县，3年来沾益建设工作根据1998年沾益县城的总体规划，实施三步走的目标。第一步，依托老城，重点开发建设望海寺新区和玉龙小区。第二步，跨过贵昆铁路，围绕玉林山环形发展。第三步，向西向南推进，沿320国道向许家山一带发展。

望海寺新区建设规划用地2389.2亩。规划设计由广场、人工湖和4纵6横10条主干道构成具有“山水园林”城市特色的新型片区。贯穿南北的2条主干道分别为40米、60米，其余分别为24米宽路面。到目前为止，经过近3年的艰苦努力，望海寺新区已投资9652万元，部分道路土路基已基本形成，广场、人工湖正加紧建设，17个部委办局已进场建盖办公楼，上百户个体工商户已进场建盖商贸城。

玉龙小区占地193亩，小区于1999年6月开工建设，2000年6月竣工交付使用，一期建设总投资8500万元，共建盖11万平方米，930套经济适用住房。为不断满足沾益城市建设的需要，目前，又开工建设了玉龙小区二期住宅工程，二期工程计划总投资3300万元，将建盖别墅26套，单元房140套，总建筑面积2.6万平方米，预计年底竣工交付使用。

新老城区连动发展。(1)贷款326万元对原有自来水厂进行改扩建，日供水从原来的0.6万吨提高到1.4万吨。(2)投资200多万元新装城区路灯292盏，对18条街道进行维修改造。(3)在加大对城区主要街道卫生监督和管理力度的同时，在城区全面推行“门前五包，门内达标”责任制，筹资45万元，购置3台垃圾清运专用车，在城区主要街道推行袋装垃圾，组建了市容纠察大队，通过以治脏、治乱为重点的工作，县容县貌得到了改变。(4)结合创建文明走廊工程，投资280万元，对320国道许家山下至东风闸全长2400米的干线进行彻底改造，铺筑人行道，安装路沿石，新建花池，培植草坪，彻底改变了320国道沾益城区段的环境，树立了窗口形象。(5)投资160万元新建了一个占地300亩的垃圾填埋场，目前，一期工程已完成，并投入使用。(6)投资1700万元配合南盘江治理改造，增加了南盘江沾益段的防洪能力。

［交通］截至2000年底，全县拥有各类公路1883.5公里（其中国道省道3条145公里，县道11条224公里，乡道75条540公里，村道550条974.5公里）。全县地方柏油路4条73公里，10个乡（镇）已有7个乡（镇）通了柏油路。120个村（办事处）全部通公路，850个自然村85%可通汽车，全县公路密度0.67公里。

“九五”计划执行情况良好，特别是新建县以来（1997—2000年），全县共完成了地方公路柏油路面改建5条73公里，总投资2703万元，其中上级计划经费占38.1%，县贷款占16.64%，乡（镇）和社会集资占45.26%（即沾益——大坡24公里，盘江乡7公里，珠江源公路14公里，播乐乡25公里，腰一新路17公里，城区小河底0.7公里）。这5条地方经济干线公路改建后连通了全县公路网络，促进了全县经济发展、文明建设、旅游事业发展。

［科技］2000年，沾益县科技工作按照县委、县政府的统一部署，加强宏观管理，加大科技宣传、引进、试验、示范和成果转化力度，科技与经济紧密结合，经过1年的努力工作，“科教兴县”的战略实施步伐不断加快，成绩令人鼓舞。(1)首届科教兴县活动于2000年3月20～24日顺利举办。活动的开展为全县各级领导和群众学习科技知识提供了有效途径，增强了广大

群众的科技意识。(2)技术市场发展壮大，2000年县技术市场为农村能源建设提供沼气物资100套。全县农村技术市场发展到7家。引进模糊控制技术，研制生产禽类孵化出雏两用机，容量分别为3000枚和5000枚，适合家庭和小型养殖场使用。(3)网络建设成绩喜人。政府上网工程由县科技局信息中心筹建并负责维护的网站——珠源热线从1999年5月1日开通以来，坚持每周更新一次，2000年访问人数已突破1万人次，并于2000年度购置了自己的服务器，将网站平台建在五机关办公大楼内，于年内建成县五机关办公大楼计算机局域网。网络彩树型拓扑结构，垂直干线速率可达1000兆，水平信息点速率可达100兆，首期工程可接通218台计算机，是目前比较先进的网络系统。(4)草拟了《沾益县高新科技发展“十五”规划初稿》，对沾益县信息工作发展作出长远规划和设计。

［环境保护］沾益县地处珠江源头，环境形势严峻。恢复县置3年来，县委、政府将环保工作纳入“十五”计划并贯彻落实，致使县域环境污染和生态破坏加剧的趋势基本得到控制，环境质量有了较大改善。(1)设立了独立建制的一级局，乡镇设立了环保工作站，制定出台了全市第一部地方性环保规范性文件《沾益县环境保护管理办法》及其他一系列规章制度，形成了完整的环保管理网络。(2)列入2000年国家和省重点考核的17家企业，全部提前实现了污染源达标排放工作。(3)辖区内珠江、长江水系工程造林、封山育林、退耕还林、低效林改造取得显著的成效，全县森林覆盖率达到了32.24%。(4)珠江上游南盘江沾益境内综合整治初见成效，各种污染物排放指标基本得到控制。(5)沾益垃圾处理场和污水处理厂建设取得阶段性效果。(6)沼气示范县建设全面启动，显示了良好的社会、经济、环保效益。(7)全县生态示范县建设工程启动，省级珠江源自然保护区获准建设，并同时申报国家级自然保护区。(8)强化了污染治理硬件建设，“九五”期间全县共投入环境污染治理资金2.824亿元，建成工业污染治理设施86台套。(9)各种污染物总量大幅削减，废水削减量70.84万吨，废气削减量2.169亿标立方米，烟尘削减量1804.9吨，COD削减量914.75公斤，悬浮物削减量10.13吨，氨氮削减量1.25吨，(10)依法全面征收排污费，积累了一定的污染治理基金，“九五”期间辖区共征收排污费1668.4万元，其中县环保局征收136万元。

［工业］截至2000年全县有电力、冶金、机械、化工、纺织、建材、食品、印刷等门类；独立核算国有及国有控股工业企业17户；年销售收入500万元以上非国有工业企业23户。2000年，工业生产持续增长，产品销售收入大幅增加，实现产销两旺；亏损面有所减少、亏损额急剧降低，应收帐款明显减少，企业净资产有所增加，整体效益明显改善，工业增加值增幅较大，工业总产值16.67亿元，比1999年增加2.72亿元，增加了19.5%；其中，含乡镇企业在内的县属工业企业工业总产值3.82亿元，比1999年增加3.87%，乡镇企业工业总产值2.14亿元，比1999年增加12.97%；中央、省、市属工业企业工业总产值12.85亿元，比1999年增加2.58亿元，增加25.12%，增幅较大。

2000年主要工业产品产量：合成氨18.92万吨，比1999年增长20.3%；农用化肥15.81万吨，比1999年增长18.95%，其中氮肥14.31万吨，比1999年增长21.34%；精甲醇7144吨，比1999年增长56.53%；水泥30.18万吨，比1999年减少0.17%；原煤20.11万吨，比1999年减少4.47%；合成纤维聚合物1.52万吨，比1999年减少16.16%；火力发电量22.43亿度，比1999年减少8.78%。

由于工业生产持续增长和经济效益的总体好转，工业占全部产业的比重上升，在全县经济比重结构中占有重要的位置。2000年全县完成国内生产总值16.58亿元，工业5.01亿元，占国内生产总值的30.22%，比1999年上升了2.07个百分点，由于工业增加值的增长，影响全县国内生产总值比1999年上升34.2个百分点，占2000年GDP增长率7.81%的一半以上。

［商业］近年来，县商业系统不断转换企业内部机制，提高企业市场适应能力、应变能力和竞争能力，完善“国有民营”和承包租赁经营，强化内部管理，为沾益经济的恢复、发展、社会的稳定作出了应有的贡献。

［外贸］沾益县对外经济贸易公司是经国家外经贸部批准享有进出口经营权的国有外贸企业，主要经营黄磷、磷酸、磷铁、五钠、蚕茧、

蜂蜜、芸豆、干姜、辣椒干、猎鬃等产品。同时承办技术进出口，中外合资经营，合作生产及“三来一补”业务，经营对外贸易和转口贸易。1999年创汇2.52万美元；2001年昆交会上，公司签订了外销合同20万美元，内销合同200万元，并与荷兰、英国、法国、印度、香港等客商建立了稳定的贸易关系；2001年1至6月出口创汇30万美元，提前并超额完成了市外经委下达的10万美元的出口创汇任务。

［乡镇企业］全县乡镇企业工作以乡镇企业二次创业为主题，以改革、发展、提高为指导方针，坚持实施“抓改革、创新机制；抓调整、优化结构；抓科技，提高素质；抓管理，提高效益；抓队伍，保障落实”的工作策略，充分发挥沾益的资源优势和区位优势，结合农业产业化、小城镇建设和道路交通建设，调整优化乡镇企业产业结构、产品结构和所有制结构，不断完善运行机制，强化企业内部管理，乡镇企业保持了较快的增长速度，主要经济指标稳定增长。

2000年，全县拥有乡镇企业3630个，营业收入10.508亿元，完成现价总产值9.038亿元，完成不变价工业产值1.883亿元，税收2861万元，年末拥有固定资产原值3.646亿元。

主要产品产量：原煤28.88万吨，焦炭10.01万吨，水泥14.50万吨，砖1.44亿块，瓦111万片，大理石板材2000平方米，塑料制品1320吨，石料123吨，发电量705.90万千瓦时，酒类（白酒）2388吨。

［矿产资源］沾益县境内矿产资源丰富，矿种多，潜在经济价值可观，主要有煤、磷、铜、铁、钒、钼、镍、铅锌、石灰岩、白云岩、粘土、建筑用砂、地热水、矿泉水等10多种，年产值在2亿元以上，开发利用前景巨大。特别是煤、磷、石灰岩储量大、质量好，可开发为优势产业，沾益县的煤炭储量1.5亿吨，年产量约25万吨；磷矿储量达2.9亿吨，平均品位约20%，作为一种非常重要的化工原料，磷矿开发加工有着广阔而长远的市场前景；石灰岩遍布县内各乡（镇），分布广、层位多、厚度大，可作冶金溶剂，电石和水泥原料，总储量超过万亿吨；钒、钼、镍为磷矿伴生矿；白云岩、粘土、建筑用砂总储量超过千万立方米，目前主要用于建筑行业。

［煤炭工业］沾益县煤炭工业继续围绕建煤炭支柱产业的既定目标，上下同心，踏实苦干，不懈努力，开拓前进。2000年取得了生产上台阶、安全创水平、煤炭生产经营产销两旺，供求平衡的好成绩。全县乡镇煤矿生产原煤27.5万吨，同比增长30.9%；生产总值1632万元，同比增长30.6%；销售原煤27.1万吨，同比增长13.8%；实现销售收入1375万元，增长10%；煤炭产品产销率达100%以上，货款回收率达100%；上缴税金158万元，同比增长5%；安全生产再登新高，全县有证矿井杜绝了伤亡事故的发生，继1999年后，原煤生产百万吨残废率再次为零。

［烟草业］沾益县烟草业坚持“市场引导，计划种植，择优布局，依靠科技，主攻质量，以质取胜”的生产方针，牢固树立5个观念：发展观念、质量观念、市场观念、改革观念和效益观念，自1997年12月至1999年底种植烤烟39万亩，收购烤烟92.8万担，产值3.6亿多元，上交农特税1亿多元，销售烤烟126万担，（其中撤地设市分家20万担），卷烟销售3万箱。

2000年面对烤烟“双控”的严峻形势，坚持以市场为导向，以主攻质量，提高烟叶等级合格率为中心，抓好烤烟生产各个环节的科技措施，全县约定种植面积11.92万亩，收购烤烟29.36万担，产值1.2亿元，中上等烟98%，等级合格率为81%（其中上等烟合格率为78.9%，中等烟合格率为82%），销售烤烟39万担，回收资金2.97亿元，创利税6197万元。县烟草公司连续几年被评为“重合同、守信用”先进单位。

［农业］沾益县农业自1997年恢复县置以来，农村经济结构得到了较大优化，农民收入稳步增加，农村和农村工作得到了持续健康发展。2000年农业总产值8.905亿元，比1995年的7.508亿元增长17%。其中：种植业产值5.024亿元，占农村总产值56.4%；畜牧业产值3.590亿元，占40.3%；渔业产值1978万元，占2.2%；林业产值932万元，占1%。在种植业中粮食作物与经济作物的比重由1995年的73.5∶26.5上升为2000年的67.2∶32.8，经济作物比重提高6.3%。经济、社会和生态效益均得到明显提高。2000年全县粮食总产19.16万吨，农

村经济总收入14.837亿元，农民人均纯收入2013元，分别比“九五”期末增长11.5%、79.6%、58%，农村人均占有粮食571公斤，比1995年的536公斤增长6.5%。

2000年初步建成了蚕桑、水果、种子、水产、啤酒大麦、生物农药原料生产基地。全县桑园面积3.1万亩，年产茧98.2万公斤，产值1521万元，比1995年增43%和90%，从业农户4884户，占全县总农户的6%，户均年收入3000余元；水果面积2.45万亩，水果总产410万公斤，总产值410万元，分别比1995年增15%、20.6%，从业农户4000余户，占全县总农户的5%，户均收入1000余元；建杂交玉米制种基地2500亩，年产种45万公斤，产值205万元，常规良种基地600亩，年产常规良种25万公斤，产值70万元，已基本实现基地+公司，产、加、销一条龙经营模式，作业农户1000余户，户均收入2000余元；水产养殖面积2.52万亩，其中池塘精养面积5700亩，水产品总量2826吨，总产值1978万元，比1995年的550吨、460万元增414%和330%。从业人员1750人；肉类总产3.5万吨，肉猪出栏35.11万头，肉牛出栏1.41万头，肉羊出栏5.6万只，奶类总产9.29万公斤，家禽出栏45万只，均比1995年有较大幅度增长；蔬菜面积2.2万亩，种植面积4.4万亩，总产蔬菜4.4万吨，总产值2438万元，其中：商品蔬菜基地2500亩，地膜蔬菜6000亩；到2001年种植啤酒大麦原料面积4.5万亩，预计总产400万公斤，可实现产值440万元；生物农药原料（除虫菊）是沾益县2000年外引的1个重大项目，已列为全国的最大的生物资源原料生产基地。2000年预计收购干花30余吨，产值40余万元。加工企业正在建设中，一期工程计划投资2000万元，已引进1套年加工100万公斤除虫菊干花加工设备。万寿菊绿色产业的开发在云南省尚属首家，2000年试种3000亩，实现产值150万元，2001年种植5000亩，预计将实现产值250万元。

［畜牧业］沾益县把发展畜牧业作为农民增收的重要措施和农村经济结构调整中新的经济增长点来培植。近年来，扶持和发展了大批规模养殖户，引进了许多国内外优良品种，种植了多种类型的草场，大力推广畜牧实用配套技术，使沾益畜牧业连续20年持续稳定发展。2000年肉类总产量3.604万吨，全县人均占有肉量93.98公斤，居曲靖市第一位，云南省前列；奶类总产170吨，禽蛋产量1496吨；生猪出栏35.2万头，出栏率达123%。畜牧业产值3.59亿元，畜牧业产值占农业产值的40.31%。初步形成了三分天下有其一的局面，有效保障了市场供给和物价稳定，促进了农业和农村经济的发展，为农民增收和农村稳定作出了积极贡献。

［林业］沾益县林业工作紧紧抓住国家实施西部大开发，把生态环境建设作为切入点，不断艰苦创业，开拓进取，积极争取各类项目工程，充分发挥林业的“生态、经济、社会”三大效益。先后组织实施“长防林工程”、“天然林保护工程”、“德援项目”、“退耕还林”、“农村能源”等林业重点工程建设，完成了“珠江源自然保护区”、“大坡海峰湿地保护区”、“珠防”等工程项目的规划设计工作。同时建立健全了各种管理制度，森林资源得到有效保护，受到表彰和好评，林业工作正朝着健康有序方向发展。其中德援项目，完成造林1776.1公顷；封山育林1884公顷；建了望塔1座；开防火线6.5公里；建培训中心670平方米，中心苗圃种子仓库80平方米；晒场1000平方米；新修公路6公里。目前该项目各单项工程全部结束，造林任务也基本结束，现处于补植完善阶段。长防林工程至今已完成各类人工造林17.4万亩，封山育林19.6万亩，2000年完成造林1821.02公顷，该项目分布在全县10个乡（镇）。天然林保护工程完成造林67公顷，封山育林1000公顷，人工促进天然更新734公顷，森林保护2.6万顷。招聘的517名林管员、护林员已全部上岗。

［旅游］沾益县历史悠久，有十分丰富的旅游资源。西有被称为“云南省第二奇观”的天生洞溶洞公园、山塘桥等；南有形如莲花的玉林山，为著名的古刹胜地；北有“省级风景名胜区”、“国家级森林公园”我国第三大河流珠江发源地的珠江源头马雄山风景区；还有“滇东明珠”之美称的花山湖及九龙峡谷，三叠天生洞瀑布、九孔古桥、石佛停舟、五尺古道，更有万倾森林，林涛阵阵，鸟语花香，山明水秀的诸葛亮剑刻摩崖“毒水”等自然景观和人文景观。

［天生洞公园］天生洞公园位于沾益县城

5.8公里，占地20.10公里，属珠江第一洞，有云南第二奇观之称，洞中几十种传说令人神往，全园绿树成荫，四季花香，洞水流畅，小鸟歌唱。1989年开放以来，共接待中外游人160万人次，取得了一定的社会效益与经济效益。

天生洞是大自然经历3.5亿年造就的地下岩溶溶洞，1993年中央电视台《三国演义》摄制组曾在溶洞内拍摄了“七擒孟获”、“乐渡泸水”、“维路问津”等集。

［玉林公园］玉林公园坐落于沾益县城玉林山，占地面积21.33公顷，园内树木苍翠成荫，环境秀丽优美，景致明快幽深，是一座森林公园。园内有造形独特的彩虹门、双环亭、松涛亭、蘑菇亭，具有时代特色的花架、游乐场等。1995年建有“边纵六支队烈士纪念园”，1997年被云南省人民政府命名为“省级爱国主义教育基地”。

公园承接各种绿化工程、园林规划设计、园林绿化、草坪施工和管理、花卉租赁业务。

公园负责人：陈飞

地址：沾益县城玉林山

联系电话：0874－3163370

传呼：1270077882

邮编：655031

［沾益名特产］

马雄山矿泉水：采自海拔2150米，原始自然地貌保持良好，是无污染的洁净天然矿泉水。

经云南省矿泉水鉴定委员会实地采样，化验鉴定各项指标符合饮用天然矿泉水国家标准。其中偏硅酸含量37.86mg/L，并含钾（K^+）0.33mg/L，钠（$N_a{}^+$）4.04mg/L，钙（$C_a{}^+$）18.26mg/L，镁（$M_{a2}{}^+$）3.36mg/L，锶0.037mg/L，硒0.0002mg/L等对人体有裨的微量元素。具有调节体液酸碱平衡，促进肝功能康复，促进胰岛功能、软化血管的作用，常饮对身体颇有裨益。“马雄山”牌天然矿泉水进入市场后即得到了普遍好评和喜爱，曾荣获“第六届中国国际食品博览会金奖”、“云南名特优产品”、“第七届北京博览会推荐产品”、“中国昆明国际旅游节曲靖分会场指定产品”等荣誉称号。

“天生洞”酱咸菜系列产品：

韭菜花：本地名特产，用料考究，传统工艺手工腌制。特点：香味浓郁，脆嫩味美，甜、咸、辣味适口，风味独特。实为酱菜珍品。

豆豉：选用上等黄豆，辅以十余种配料精制成。特点：香鲜可口，成颗酥化，荤素皆宜，风味独具，随意加工，各具特色，为居家旅游佳品。

大头菜：以本地特产大头菜为原料，优质酱料腌渍，色泽黑中透红，如玫瑰糖般，故名“玫瑰大头菜”。咸脆无渣，食用方便，为佐餐佳品。

盐酸菜：选用上好青菜、鲜辣椒为主料，加甜酒等十余种配料精制而成。特点：红黄亮脆、酸中带辣，回味微甜，风味独特。富含多种维生素和粗纤维，营养丰富。

泡菜：全部选用本地天然蔬菜，采用传统工艺，科学配方，精心酿制，保持产品原有特色和味道。产品品种多样，各有特色，卫生方便，生熟食俱佳，佐餐烹调皆宜。

云南省行政区划表

地区	所辖县、市、区	数量
昆明市	盘龙区　五华区　西山区　官渡区　东川区　**安宁市** 呈贡县　晋宁县　富民县　宜良县　嵩明县 石林彝族自治县　禄劝彝族苗族自治县　寻甸回族彝族自治县	5 市辖区 1 市 8 县
曲靖市	麒麟区　**宣威市**　沾益县　马龙县　富源县　罗平县 师宗县　陆良县　会泽县	1 市辖区 1 市 7 县
玉溪市	红塔区　江川县　澄江县　通海县　华宁县　易门县 峨山彝族自治县　新平彝族傣族自治县 元江哈尼族彝族傣族自治县	1 市辖区 8 县
昭通地区	**昭通市**　鲁甸县　巧家县　盐津县　大关县　永善县　绥江县 镇雄县　彝良县　威信县　水富县	1 市 10 县
楚雄彝族自治州	**楚雄市**　双柏县　牟定县　南华县　姚安县　大姚县 永仁县　元谋县　武定县　禄丰县	1 市 9 县
红河哈尼族彝族自治州	**个旧市**　**开远市**　蒙自县　建水县　石屏县　弥勒县　泸西县 元阳县　红河县　绿春县 屏边苗族自治县　河口瑶族自治县　金平苗族瑶族傣族自治县	2 市 11 县
文山壮族苗族自治州	文山县　砚山县　西畴县　马关县　丘北县　广南县 富宁县　麻栗坡县	8 县
思茅地区	**思茅市**　镇沅彝族哈尼族拉祜族自治县　普洱哈尼族彝族自治县 景东彝族自治县　景谷傣族彝族自治县　墨江哈尼族自治县 孟连傣族拉祜族佤族自治县　澜沧拉祜族自治县 西盟佤族自治县　江城哈尼族彝族自治县	1 市 9 县
西双版纳傣族自治州	**景洪市**　勐海县　勐腊县	1 市 2 县
大理白族自治州	**大理市**　祥云县　宾川县　弥渡县　永平县　云龙县　洱源县 剑川县　鹤庆县 南涧彝族自治县　巍山彝族回族自治县　漾濞彝族自治县	1 市 11 县
保山地区	**保山市**　施甸县　腾冲县　龙陵县　昌宁县	1 市 4 县
德宏傣族景颇族自治州	**潞西市**　**瑞丽市**　梁河县　盈江县　陇川县	2 市 3 县
丽江地区	丽江纳西族自治县　永胜县　华坪县　宁蒗彝族自治县	4 县
怒江傈僳族自治州	泸水县　福贡县　兰坪白族普米族自治县　贡山独龙族怒族自治县	4 县
迪庆藏族自治州	中甸县　德钦县　维西傈僳族自治县	3 县
临沧地区	临沧县　凤庆县　云　县　永德县　镇康县 双江拉祜族佤族布朗族傣族自治县　耿马傣族佤族自治县 沧源佤族自治县	8 县
合　计	**3 地级市　5 地区　8 自治州 12 县级市　80 县　29 自治县 7 市辖区**	**128 个县市、区**

（云南省民政厅提供）

(滇）新登字06号

责任编辑：思继春
特约编审：张淑静
装帧设计：筱 青 麦书睿 李志明

云南经济年鉴

(2001)

主 编：车志敏 祝培礼 张淑静

云南省人民政府经济技术研究中心、云南省人民政府研究室主管
《云南经济年鉴》编辑部 编辑
地址：昆明市五华山云南省人民政府办公大楼
邮编：650021 电话：(0871)—3621538、3623087
传真：(0871)—3621538

云南德宏民族出版社 出版·发行
出版日期：2001年10月第一版

深圳市（宝安）新兴印刷厂 印刷
开 本：889×1194 1/16 印张：35 字数：120万
彩色插图：198P
国际发行：中国·北京市·中国国际图书贸易总公司
地 址：北京市车公庄西路35号 电话：(010) 68412055
出版号：ISBN 7—80525—601—2
·国内外发行·
国内定价：人民币180元

中缅之旅
A trip to Myanmar across the border
昆明—保山—腾冲—芒市—瑞丽
这条线路可沿滇缅公路游览西南丝绸之路的名胜古迹，观赏神奇的高黎贡山、火山地热景观，体验傣、景颇、傈僳族等少数民族风情，饱览瑞丽江、大盈江两岸秀丽风光，领略中缅边贸互市繁华景象以及中缅边境的亚热带田园风光，并可考察珠宝市场，享受亲自淘宝之乐趣。
民族风情之旅
A trip for collecting folklore
昆明—玉溪—思茅—西双版纳
游览这条线路可观赏绮丽的热带、亚热带原始森林景观，考察丰富的动植物资源，体验以傣、基诺、拉祜、佤族等多种浓郁的民族风情，饱览中老、中缅边境的风光，探寻流经中南半岛六国的澜沧江—湄公河原始神秘的水上之旅。
图例
省会驻地
地、(市)州驻地
县、市、区驻地
湖泊及河流
景区、景点名称
准轨铁路
窄轨铁路
在建铁路
高等级公路
在建 规划
国道
主要干道
西藏
缅甸
缅甸
云
德钦
梅里雪山风光
白马雪山自然保护区
中甸
贡山
三江并流风景名胜区
维西
玉龙雪山风景名胜区
丽江
福贡
兰坪
剑川
鹤庆
永胜
泸水
云龙
洱源
宾川
六库
大理风景名胜区
高黎贡山自然保护区
永平
大理市
祥云
弥渡
保山市
巍山
腾冲地热火山风景名胜区
腾冲
梁河
盈江
瑞丽江—大盈江风景名胜区
潞西市
龙陵
瑞丽市
施甸
昌宁
凤庆
云县
南涧
景东
永德
镇康
临沧
耿马
双江
景谷
沧源
普洱
思茅市
西盟
澜沧
孟连
西双版纳风景名胜区
景洪市
勐海